GRUNDRISSE DES RECHTS

Brox / Walker · Besonderes Schuldrecht

W0410217

Besonderes Schuldrecht

Begründet von

Dr. Hans Brox †
ehemals Bundesverfassungsrichter und
o. Professor
an der Universität Münster

seit der 25. Auflage fortgeführt von

Dr. Wolf-Dietrich Walker
o. Professor an der
Universität Gießen

42., aktualisierte Auflage 2018

C.H.BECK

www.beck.de

ISBN 978 3 406 71804 5

© 2018 Verlag C.H.Beck oHG
Wilhelmstraße 9, 80801 München
Druck und Bindung: Druckerei C.H.Beck, Nördlingen
(Adresse wie Verlag)

Satz: Thomas Schäfer, www.schaefer-buchsatz.de
Umschlaggestaltung: Druckerei C.H.Beck, Nördlingen

Gedruckt auf säurefreiem, alterungsbeständigem Papier
(hergestellt aus chlorfrei gebleichtem Zellstoff)

Vorwort zur 42. Auflage

Das Konzept dieses Grundrisses besteht nach wie vor darin, den ersten Einstieg in das Besondere Schuldrecht und gleichzeitig eine effiziente Wiederholung des Grundwissens zu ermöglichen. Wer zur Examensvorbereitung tiefer einsteigen will, erhält Anregungen durch Hinweise auf weiterführende Literatur und auf wichtige aktuelle Entscheidungen insbesondere des Bundesgerichtshofs.

Dieser Grundriss wurde für die Neuauflage wiederum vollständig auf Änderungsbedarf überprüft, überarbeitet und aktualisiert. Die jüngsten gesetzlichen Rechtsentwicklungen sind berücksichtigt. Das betrifft insbesondere die Auswirkungen des Finanzaufsichtsrechtergänzungsgesetzes vom 6.6.2017 (BGBl. I 1495), des Dritten Gesetzes zur Änderung reiserechtlicher Vorschriften vom 17.7.2017 (BGBl. I 2394), des Gesetzes zur Einführung eines Anspruchs auf Hinterbliebenengeld vom 17.7.2017 (BGBl. I 2421) und des Gesetzes zur Umsetzung der Zweiten Zahlungsdiensterichtlinie vom 17.7.2017 (BGBl. I 2446) auf die Vorschriften des Besonderen Schuldrechts. Das Gesetz zur Reform des Bauvertragsrechts und zur Änderung der kaufrechtlichen Mängelhaftung vom 28.4.2017 (BGBl. I 969), das in der Vorauflage an den betroffenen Stellen bereits angekündigt war, ist nunmehr als seit 1.1.2018 geltendes Recht eingearbeitet. Es hat im Kaufrecht zur gesetzlichen Regelung der Aus- und Einbaukosten im Rahmen der kaufrechtlichen Mängelhaftung (§ 439 III), zum erleichterten Rückgriff des Verkäufers in einer Lieferkette (§§ 445a, 445b) und zur Neustrukturierung der Regelungen über den Verbrauchsgüterkauf (§§ 474 – 479) geführt. Ferner wurde durch dieses Gesetz das Werkvertragsrecht in wichtigen Fragen neu geregelt und um Sondervorschriften über den Bauvertrag, den Verbraucherbauvertrag, den Architekten- und Ingenieurvertrag sowie über den Bauträgervertrag erweitert. Rechtsprechung und Schrifttum sind in dem Umfang, wie es dem Konzept des Buches entspricht, bis Januar 2018 eingearbeitet oder jedenfalls nachgewiesen. Das betrifft insbesondere wichtige Entscheidungen im Kaufrecht zur Sachmängelhaftung des Verkäufers, im Mietrecht zu doppelten Schriftformklauseln, Schriftformheilungsklauseln und Rechtzeitigkeitsklauseln im Mietvertrag sowie zur Eigenbedarfskündigung durch den Vermieter und im Deliktsrecht zur Störereigenschaft des Betreibers eines Internetportals. Meinen Mitarbeiterinnen und Mitarbeitern sowie aufmerksamen Lesern der Vorauflage danke ich für ihre hilfreichen Hinweise und Anregungen.

Gießen, im Januar 2018 *Wolf-Dietrich Walker*

Inhaltsübersicht

4. Kapitel. Werkvertrag und ähnliche Verträge

5. Kapitel. Auftrag, Geschäftsbesorgungsvertrag, Maklervertrag, Verwahrung und Gastwirtshaftung

6. Kapitel. Bürgschaft und sonstige vertragliche Schuldverhältnisse

7. Kapitel. Geschäftsführung ohne Auftrag

8. Kapitel. Ungerechtfertigte Bereicherung

9. Kapitel. Unerlaubte Handlungen

Inhaltsverzeichnis

2. Kapitel. Mietvertrag, Pachtvertrag, Leasing, Leihe und Darlehen

3. Kapitel. Dienstvertrag und Behandlungsvertrag

Abkürzungsverzeichnis

aA	anderer Ansicht
ABl. EG/EU	Amtsblatt der EG/EU
Abs.	Absatz
AcP	Archiv für die civilistische Praxis
aE	am Ende
aF	alte Fassung
AfP	Archiv für Presserecht
AG	Aktiengesellschaft
AGB	Allgemeine Geschäftsbedingungen
AGBG	Gesetz zur Regelung des Rechts der Allgemeinen Geschäftsbedingungen
AGG	Allgemeines Gleichbehandlungsgesetz
AktG	Aktiengesetz
AMG	Arzneimittelgesetz
Anm.	Anmerkung
AP	Arbeitsrechtliche Praxis
ArchBürgR	Archiv für Bürgerliches Recht
arg. e	Argument aus
Art.	Artikel
AS	Allgemeines Schuldrecht
AT	Allgemeiner Teil
AtomG	Gesetz über die friedliche Verwendung der Kernenergie und den Schutz gegen ihre Gefahren (Atomgesetz)
Aufl.	Auflage
BAG	Bundesarbeitsgericht
BAGE	Entscheidungen des Bundesarbeitsgerichts
BauGB	Baugesetzbuch
BayObLG	Bayerisches Oberstes Landesgericht
BB	Betriebs-Berater
BBG	Bundesbeamtengesetz
Bd.	Band
Beil.	Beilage
BeschFG	Beschäftigungsförderungsgesetz
BeurkG	Beurkundungsgesetz
BG	Die Berufsgenossenschaft
BGB	Bürgerliches Gesetzbuch
BGBl.	Bundesgesetzblatt
BGH	Bundesgerichtshof

BGHZ	Entscheidungen des Bundesgerichtshofes in Zivilsachen
BMV-Ä	Bundesmanteltarifvertrag Ärzte
BPflV	Bundespflegesatzverordnung
BRRG	Beamtenrechtsrahmengesetz
BS	Besonderes Schuldrecht
BSHG	Bundessozialhilfegesetz
BT-Drs.	Bundestagsdrucksache
BVerfG	Bundesverfassungsgericht
BVerfGE	Entscheidungen des Bundesverfassungsgerichts
c. i. c.	culpa in contrahendo
CISG	Convention on Contracts for International Sale of Goods
CR	Computer und Recht
DAR	Deutsches Autorecht
DB	Der Betrieb
ders.	derselbe
dh	das heißt
dies.	dieselbe(n)
Diss.	Dissertation
DNotZ	Deutsche Notar-Zeitschrift
DRiZ	Deutsche Richterzeitung
DStR	Deutsches Steuerrecht
DZWiR	Deutsche Zeitschrift für Wirtschaftsrecht
E	Entwurf
EFZG	Entgeltfortzahlungsgesetz
EG	Europäische Gemeinschaft
EGBGB	Einführungsgesetz zum Bürgerlichen Gesetzbuch
Einf.	Einführung
Einl.	Einleitung
Einzelh.	Einzelheiten
ErbbauRG	Gesetz über das Erbbaurecht
ErbR	Erbrecht
EU	Europäische Union
EuGH	Gerichtshof der Europäischen Gemeinschaften
evtl.	eventuell
EWiR	Entscheidungen zum Wirtschaftsrecht
f., ff.	folgend (-er, -e, -es), folgende
FamRZ	Zeitschrift für das gesamte Familienrecht
FN	Fußnote
FS	Festschrift

G	Gesetz
GBO	Grundbuchordnung
gem.	gemäß
GenTG	Gentechnikgesetz
GewO	Gewerbeordnung
GG	Grundgesetz
ggf.	gegebenenfalls
GmbHG	Gesetz betreffend die Gesellschaften mit beschränkter Haftung
GoA	Geschäftsführung ohne Auftrag
GOZ	Gebührenordnung für Zahnärzte
grds.	grundsätzlich
Grundz.	Grundzüge
GS	Großer Senat
GVG	Gerichtsverfassungsgesetz
GWB	Gesetz gegen Wettbewerbsbeschränkungen
HPflG	Haftpflichtgesetz
Halbs.	Halbsatz
HausbauVO	Verordnung über Abschlagszahlungen bei Bauträgerverträgen
HausTWG	Gesetz über den Widerruf von Haustürgeschäften und ähnlichen Geschäften
HGB	Handelsgesetzbuch
HK	Handkommentar
hL	herrschende Lehre
hM	herrschende Meinung
HOAI	Honorarordnung für Architekten und Ingenieure
HR	Handelsrecht
HRefG	Handelsrechtsreformgesetz
Hs.	Halbsatz
idF	in der Fassung
idR	in der Regel
insbes.	insbesondere
InsO	Insolvenzordnung
iSd	im Sinne des, der
iSe	im Sinne eines, einer
iSv	im Sinne von
IuR	Informatik und Recht
iVm	in Verbindung mit
JA	Juristische Arbeitsblätter
JR	Juristische Rundschau
JurA	Juristische Analysen

JURA	Juristische Ausbildung
JuS	Juristische Schulung
JZ	Juristenzeitung
KG	Kommanditgesellschaft
KHEntgG	Krankenhausentgeltgesetz, 13. Aufl., 1994
LM	Lindenmaier/Möhring, Nachschlagewerk des Bundesgerichtshofs
LMK	Lindenmaier/Möhring – Kommentierte BGH-Rechtsprechung
LuftVG	Luftverkehrsgesetz
LZ	Leipziger Zeitschrift für Deutsches Recht
mAnm	mit Anmerkung
MDR	Monatsschrift für Deutsches Recht
mE	meines Erachtens
MedR	Medizinrecht
MHbeG	Minderjährigenhaftungsbeschränkungsgesetz
MHG	Gesetz zur Regelung der Miethöhe
mN	mit Nachweisen
Mot.	Motive zum Entwurf eines Bürgerlichen Gesetzbuches
mwN	mit weiteren Nachweisen
NJW	Neue Juristische Wochenschrift
NJW-RR	Neue Juristische Wochenschrift – Rechtsprechungs-Report
Nr.	Nummer
NZA	Neue Zeitschrift für Arbeits- und Sozialrecht
NZM	Neue Zeitschrift für Miet- und Wohnungsrecht
NZV	Neue Zeitschrift für Verkehrsrecht
OGHZ	Entscheidungen des Obersten Gerichtshofes für die Britische Zone in Zivilsachen
OHG	Offene Handelsgesellschaft
OLG	Oberlandesgericht
PatG	Patentgesetz
PdW	Prüfe dein Wissen
PostG	Gesetz über das Postwesen
ProdHaftG	Produkthaftungsgesetz
Prot.	Protokolle der Kommission für die 2. Lesung des Entwurfs des Bürgerlichen Gesetzbuches

RabelsZ .... Zeitschrift für ausländisches und internationales Privatrecht
RE .... Regierungsentwurf zur Schuldrechtsreform
RG .... Reichsgericht
RGRK .... Das Bürgerliche Gesetzbuch, Kommentar hrsg. v. Reichsgerichtsräten und Bundesrichtern
RGZ .... Entscheidungen des Reichsgerichts in Zivilsachen
RiL .... Richtlinie
RiW .... Recht der internationalen Wirtschaft
Rn. .... Randnummer
Rpfleger .... Der Deutsche Rechtspfleger
RRa .... Reiserecht aktuell
Rspr. .... Rechtsprechung
RVO .... Reichsversicherungsordnung

s. .... siehe
S. .... Seite, Satz
SAE .... Sammlung Arbeitsrechtlicher Entscheidungen
SEPA .... Single Euro Payments Area
SGB .... Sozialgesetzbuch
SJZ .... Süddeutsche Juristenzeitung
sog. .... so genannt
Sonderbeil. .... Sonderbeilage
StGB .... Strafgesetzbuch
StPO .... Strafprozessordnung
str. .... streitig
StVG .... Straßenverkehrsgesetz
StVO .... Straßenverkehrs-Ordnung
StVZO .... Straßenverkehrs-Zulassungs-Ordnung

TVG .... Tarifvertragsgesetz

ua .... unter anderem
UmweltHG .... Umwelthaftungsgesetz
UStG .... Umsatzsteuergesetz
usw .... und so weiter
uU .... unter Umständen
UWG .... Gesetz gegen den unlauteren Wettbewerb

VerbrKrG .... Verbraucherkreditgesetz
VerlG .... Verlagsgesetz
VersR .... Versicherungsrecht (Zeitschrift)
vgl. .... vergleiche
VO .... Verordnung
VOB .... Vergabe- und Vertragsordnung für Bauleistungen

Vorbem.	Vorbemerkung
VuR	Verbraucher und Recht
VVG	Versicherungsvertragsgesetz
VwGO	Verwaltungsgerichtsordnung
WG	Wechselgesetz
WHG	Wasserhaushaltsgesetz
WM	Wertpapiermitteilungen
WoVermRG	Gesetz zu Regelung der Wohnungsvermittlung
WuM	Wohnungswirtschaft und Mietrecht
zB	zum Beispiel
ZBB	Zeitschrift für Bankrecht und Bankwirtschaft
ZEuP	Zeitschrift für Europäisches Privatrecht
ZEV	Zeitschrift für Erbrecht und Vermögensnachfolge
ZfA	Zeitschrift für Arbeitsrecht
ZGS	Zeitschrift für das gesamte Schuldrecht
ZHR	Zeitschrift für das Gesamte Handelsrecht und Konkursrecht, ab 1962 für das gesamte Handelsrecht und Wirtschaftsrecht
ZIP	Zeitschrift für Wirtschaftsrecht und Insolvenzpraxis
ZJS	Zeitschrift für das Juristische Studium
ZLR	Zeitschrift für das gesamte Lebensmittelrecht
ZMR	Zeitschrift für Miet- und Raumrecht
ZPO	Zivilprozessordnung
ZRP	Zeitschrift für Rechtspolitik
zT	zum Teil
ZVG	Zwangsversteigerungsgesetz
ZVR	Zwangsvollstreckungsrecht
ZZP	Zeitschrift für Zivilprozess

Paragrafen ohne Gesetzesangabe sind solche des BGB.

Schrifttumsverzeichnis

1. Lehrbücher, Grundrisse, Grundkurse und Repetitorien:

Althammer, Schuldrecht III – Besonderer Teil 2: Gesetzliche Schuldverhältnisse, 2015 (zit. *Althammer* SchuldR III)
Baur/Stürner, Sachenrecht, 18. Aufl., 2009 (zit. *Baur/Stürner* SachenR)
Brox/Henssler, Handelsrecht, 22. Aufl., 2016 (zit. *Brox/Henssler* HandelsR)
Brox/Rüthers/Henssler, Arbeitsrecht, 19. Aufl., 2016 (zit. *Brox/Rüthers/Henssler* ArbR)
Brox/Walker, Allgemeiner Teil des BGB, 41. Aufl., 2017 (zit. *Brox/Walker* BGB AT)
Brox/Walker, Allgemeines Schuldrecht, 42. Aufl., 2018 (zit. *Brox/Walker* SchuldR AT)
Brox/Walker, Erbrecht, 27. Aufl., 2016 (zit. *Brox/Walker* ErbR)
Brox/Walker, Zwangsvollstreckungsrecht, 11. Aufl., 2018 (zit. *Brox/Walker* ZwangsVollstrR)
Buck-Heeb, Examens-Repetitorium Besonderes Schuldrecht 2 – Gesetzliche Schuldverhältnisse, 6. Aufl., 2017 (zit. *Buck-Heeb* SchuldR BT 2)
Däubler, BGB kompakt, 3. Aufl., 2008 (zit. *Däubler* BGB)
V. Emmerich, BGB-Schuldrecht, Besonderer Teil, 14. Aufl., 2015 (zit. *Emmerich* BGB SchuldR)
Esser/Weyers, Schuldrecht, Bd. II: Besonderer Teil, Teilbd. 1, 8. Aufl., 1998; Teilbd. 2, 8. Aufl., 2000 (zit. *Esser/Weyers* SchuldR BT I/2)
Fikentscher/Heinemann, Schuldrecht, 11. Aufl., 2017 (zit. *Fikentscher/Heinemann* SchuldR)
Greiner, Schuldrecht Besonderer Teil, 2011 (zit. *Greiner* SchuldR BT)
Grigoleit/Auer, Schuldrecht III Bereicherungsrecht, 2. Aufl., 2016 (zit. *Grigoleit/Auer* SchuldR III)
Grunewald, Bürgerliches Recht, 9. Aufl., 2014 (zit. *Grunewald* BürgerlR)
Gursky, Schuldrecht, Besonderer Teil, 5. Aufl., 2005 (zit. *Gursky* SchuldR BT)
Harke, Besonderes Schuldrecht, 2011 (zit. *Harke* SchuldR BT)
Hirsch, Schuldrecht Besonderer Teil, 3. Aufl., 2014 (zit. *Hirsch* SchuldR BT)
Huber/Bach, Examens-Repetitorium, Besonderes Schuldrecht 1, Vertragliche Schuldverhältnisse, 5. Aufl., 2016 (zit. *Huber/Bach* SchuldR I)
Kaiser, Bürgerliches Recht, 12. Aufl., 2009 (zit. *Kaiser* BürgerlR)
Kittner, Schuldrecht, 3. Aufl., 2003 (zit. *Kittner* SchuldR)
Larenz, Lehrbuch des Schuldrechts, Bd. II, 1. Halbbd., 13. Aufl., 1986 (zit. *Larenz* SchuldR BT II/1)
Larenz/Canaris, Lehrbuch des Schuldrechts, Bd. II, 2.Halbbd. (zit. *Larenz/Canaris* SchuldR BT II/2)

Löhnig, Schuldrecht II, Besonderer Teil 1: Vertragliche Schuldverhältnisse, 2009 (zit. *Löhnig* SchuldR II BT/1)
Looschelders, Schuldrecht Besonderer Teil, 12. Aufl., 2017 (zit. *Looschelders* SchuldR BT)
Medicus, Gesetzliche Schuldverhältnisse, 5. Aufl., 2007 (zit. *Medicus* Gesetzl. Schuldverhältnisse)
Medicus/Lorenz, Schuldrecht II, Besonderer Teil, 17. Aufl., 2014 (zit. *Medicus/Lorenz* SchuldR BT)
Medicus/Petersen, Bürgerliches Recht, 26. Aufl., 2017 (zit. *Medicus/Petersen* BürgerlR)
K. Müller, Schuldrecht Besonderer Teil, 1990 (zit. *K. Müller* SchuldR BT)
Musielak/Hau, Grundkurs BGB, 15. Aufl., 2017 (zit. *Musielak/Hau* GK BGB)
Musielak/Hau, Examenskurs BGB, 3. Aufl., 2014 (zit. *Musielak/Hau* EK BGB)
Oechsler, Vertragliche Schuldverhältnisse, 2013 (zit. *Oechsler* Vertragl. Schuldverhältnisse)
Oetker/Maultzsch, Vertragliche Schuldverhältnisse, 4. Aufl., 2013 (zit. *Oetker/Maultzsch* Schuldverhältnisse)
Paulus, Schuldrecht BT/1 Vertragliche Schuldverhältnisse, 2018 (zit. *Paulus* SchuldR BT/1)
Peifer, Schuldrecht – Gesetzliche Schuldverhältnisse, 5. Aufl., 2016 (zit. *Peifer* SchuldR)
Prütting, Sachenrecht, 36. Aufl., 2017 (zit. *Prütting* SachenR)
Reinicke/Tiedtke, Bürgschaftsrecht, 3. Aufl., 2008 (zit. *Reinicke/Tiedtke* BürgschaftsR)
Reinicke/Tiedtke, Kaufrecht, 8. Aufl., 2009 (zit. *Reinicke/Tiedtke* KaufR)
Röthel, Schuldrecht BT/2, 2. Aufl., 2012 (zit. *Röthel* SchuldR BT/2)
Schellhammer, Schuldrecht nach Anspruchsgrundlagen samt BGB Allgemeiner Teil, 9. Aufl., 2014 (zit. *Schellhammer* SchuldR AGL)
Schlechtriem, Schuldrecht, Besonderer Teil, 6. Aufl., 2003 (zit. *Schlechtriem* SchuldR BT)
R. Schmidt, Schuldrecht BT II, 11. Aufl., 2016 (zit. *R. Schmidt* SchuldR BT II)
Schmidt/Brüggemeier, Grundkurs Zivilrecht, 7. Aufl., 2006 (zit. *Schmidt/Brüggemeier* ZivilR)
Staake, Gesetzliche Schuldverhältnisse, 2014 (zit. *Staake* Gesetzl. Schuldverhältnisse)
Teichmann, Vertragliches Schuldrecht, 4. Aufl., 2008 (zit. *Teichmann* Vertragl. SchuldR)
Tonner, Schuldrecht – Vertragliche Schuldverhältnisse, 4. Aufl., 2016 (zit. *Tonner* SchuldR)
Wandt, Gesetzliche Schuldverhältnisse, 8. Aufl., 2017 (zit. *Wandt* Gesetzl. Schuldverhältnisse)
Wörlen/Metzler-Müller, Schuldrecht BT, 12. Aufl., 2016 (zit. *Wörlen/Metzler-Müller* SchuldR BT)

2. Kommentare:

Alternativkommentar BGB Alternativkommentar zum Bürgerlichen Gesetzbuch, Bd. 3, Besonderes Schuldrecht, 1979 (zit. Alternativkommentar BGB)

Bamberger/Roth, Kommentar zum Bürgerlichen Gesetzbuch, Bd. 1 (§§ 1–610), 3. Aufl., 2012; Bd. 2 (§§ 611–1296), 3. Aufl., 2012 (zit. Bamberger/Roth/*Bearbeiter*)

Bamberger/Roth/Hau/Poseck, Beck'scher Online-Kommentar zum BGB, Stand 2017 (zit. BeckOK BGB/*Bearbeiter*)

Dauner-Lieb/Langen, Nomos Kommentar BGB, Bd. 2 Schuldrecht, Teilbd. 1 (§§ 241 – 610) und 2 (§§ 611 – 853), 3. Aufl., 2016 (zit. NK-BGB/*Bearbeiter*)

Erman, Handkommentar zum Bürgerlichen Gesetzbuch, Bd. 1, 15. Aufl., 2017 (zit. Erman/*Bearbeiter*)

Herberger/Martinek/Rüßmann/Weth/Würdinger, Juris PraxisKommentar BGB, Schuldrecht, Bd. 2 Schuldrecht, 8. Aufl., 2017 (zit. HMRW SchuldR/*Bearbeiter*)

Jacoby/v. Hinden, Studienkommentar BGB, 15. Aufl., 2015 (zit. Jacoby/v.Hinden/*Bearbeiter*)

Jauernig, Bürgerliches Gesetzbuch, 16. Aufl., 2015 (zit. Jauernig/*Bearbeiter*)

Münchener Kommentar zum Bürgerlichen Gesetzbuch, Bd. 3 (§§ 433–534), 7. Aufl., 2016; Bd. 3a (§§ 491–515 nF), 7. Aufl. 2017, Bd. 4 (§§ 535–613h), 7. Aufl., 2016; Bd. 5/1 (§§ 631–651), 7. Aufl. 2018, Bd. 5/2 (§§ 651a–704), 7. Aufl. 2017, Bd. 6 (§§ 705–853), 7. Aufl., 2017 (zit. MüKoBGB/*Bearbeiter*)

Palandt, Bürgerliches Gesetzbuch, Kommentar, 77. Aufl., 2018 (zit. Palandt/*Bearbeiter*)

Prütting/Wegen/Weinreich, BGB Kommentar, 12. Aufl., 2017 (zit. Prütting/Wegen/Weinreich/*Bearbeiter*)

RGRK, Das Bürgerliche Gesetzbuch, Kommentar, herausgegeben von Reichsgerichtsräten und Bundesrichtern, II. Bd., 12. Aufl., 1978 ff. (zit. RGRK/*Bearbeiter*)

Schulze/Dörner/Ebert/Hoeren/Kemper/Saenger/Schreiber/Schulte-Nölke/Staudinger, Bürgerliches Gesetzbuch, Handkommentar, 9. Aufl., 2016 (zit. HK-BGB/*Bearbeiter*)

Soergel, Bürgerliches Gesetzbuch, Bände zum Besonderen Schuldrecht zT 12. Aufl., 2005 ff., zT 13. Aufl., 2007 ff. (zit. Soergel/*Bearbeiter*)

v. Staudinger, Kommentar zum Bürgerlichen Gesetzbuch, Teilbände zum Besonderen Schuldrecht, 2003 ff. (zit. Staudinger/*Bearbeiter*)

3. Fallsammlungen:

Balzer/Kröll/Scholl, Die Schuldrechtsklausur, 4. Aufl., 2015 (zit. *Balzer/Kröll/Scholl* SchuldR)

Becker, Vertragliche Schuldverhältnisse, Fallsammlung mit Lösungen, 2002 (zit. *Becker* Vertragl. Schuldverhältnisse)

Braun, Der Zivilrechtsfall, 5. Aufl., 2012 (zit. *Braun* Zivilrechtsfall)

Dauner-Lieb/Arnold/Dötsch/Kitz, Fälle zum Neuen Schuldrecht, 2002 (zit. *DADK* Fälle SchuldR)
Dörner, Schuldrecht 2, Gesetzliche Schuldverhältnisse, 5. Aufl., 2002 (zit. *Dörner* SchuldR II)
Fezer, Klausurenkurs zum Schuldrecht Besonderer Teil, 9. Aufl., 2014 (zit. *Fezer* SchuldR BT)
Fritzsche, Fälle zum Schuldrecht I, Vertragliche Schuldverhältnisse, 7. Aufl., 2016 (zit. *Fritzsche* SchuldR I)
Fritzsche, Fälle zum Schuldrecht II, Gesetzliche Schuldverhältnisse, 4. Aufl., 2017 (zit. *Fritzsche* SchuldR II)
Höland/Lode/Meyer, Fälle mit Lösungen aus dem Schuldrecht, 2004 (zit. *Höland/Lode/Meyer* SchuldR)
Köhler/Lorenz, BGB – Schuldrecht II, Besonderer Teil (Prüfe dein Wissen), 19. Aufl., 2011 (zit. *Köhler/Lorenz* SchuldR II)
Marburger/Sutschet, 20 Probleme aus dem Schuldrecht Besonderer Teil I, 6. Aufl., 2006 (zit. *Marburger/Sutschet* SchuldR)
Martinek/Omlor, Grundlagenfälle zum BGB für Anfänger, 2. Aufl., 2011 (zit. *Martinek/Omlor* BGB für Anfänger)
Martinek/Omlor, Grundlagenfälle zum BGB für Fortgeschrittene, 2. Aufl., 2011 (zit. *Martinek/Omlor* BGB für Fortgeschrittene)
Olzen/Maties, Zivilrechtliche Klausurenlehre mit Fallrepetitorium, 8. Aufl., 2015 (zit. *Olzen/Maties* ZivilR)
Schack/Ackmann, Das Bürgerliche Recht in 100 Leitentscheidungen, 6. Aufl., 2011 (zit. *Schack/Ackmann* BürgerlR)
Sutschet, 20 Probleme aus dem Schuldrecht, Besonderer Teil II, 2008 (zit. *Sutschet* SchuldR)
Werner/Saenger, Fälle für Fortgeschrittene im Bürgerlichen Recht, 6. Aufl., 2017 (zit. *Werner/Saenger* BürgerlR für Fortgeschrittene)
Wieling/Finkenauer, Fälle zum Besonderen Schuldrecht, 7. Aufl., 2012 (zit. *Wieling/Finkenauer* BesSchuldR)

4. Ausgewählte Werke zur Schuldrechtsreform im Allgemeinen:

Canaris, Schuldrechtsmodernisierung 2002, 2002 (zit. *Canaris* Schuldrechtsmodernisierung)
Dauner-Lieb/Heidel/Lepa/Ring, Das neue Schuldrecht, 2002 (zit. *DHLR* SchuldR)
Dauner-Lieb/Konzen/Schmidt, Das neue Schuldrecht in der Praxis, 2003 (zit. *Dauner-Lieb/Konzen/Schmidt* Neues SchuldR)
Ehmann/Sutschet, Modernisiertes Schuldrecht, 2002 (zit. *Ehmann/Sutschet* SchuldR)
Ernst/Zimmermann (Hrsg.), Zivilrechtwissenschaft und Schuldrechtsreform, Tübingen, 2001, mit Beiträgen zum Besonderen Schuldrecht von Ernst, Köndgen, Mansel, Peters, Pfeiffer, W.-H. Roth, Schlechtriem, Seiler und Zimmer (zit. *Ernst/Zimmermann* Zivilrechtswissenschaft und Schuldrechtsreform)

Henssler/v. Westphalen, Praxis der Schuldrechtsreform, 2. Aufl., 2003 (zit. *Henssler/v.Westphalen* Schuldrechtsreform Praxis)
Huber/Faust, Schuldrechtsmodernisierung, 2002 (zit. *Huber/Faust* SchuldRMod)
Kohte/Micklitz/Rott/Tonner/Willingmann, Das neue Schuldrecht – Kompaktkommentar, 2003 (zit. KMRTW-SchuldR/*Bearbeiter*)
Lorenz/Riehm, Lehrbuch zum neuen Schuldrecht, 2002 (zit. *Lorenz/Riehm* Neues SchuldR)
Olzen/Wank, Die Schuldrechtsreform, 2002 (zit. *Olzen/Wank* Schuldrechtsreform)
Schmidt-Räntsch, Das neue Schuldrecht, 2002 (zit. *Schmidt-Räntsch* Neues SchuldR)
Schulze/Schulte-Nölke (Hrsg.) Schuldrechtsreform vor dem Hintergrund des Gemeinschaftsrechts, Tübingen, 2001, mit Beiträgen zum Besonderen Schuldrecht von Bülow, P. Bydlinski, Dörner, Eidenmüller, Schmidt-Räntsch und Westermann (zit. *Schulze/Schulte-Nölke* Schuldrechtsreform)
Schwab/Witt, Examenswissen zum neuen Schuldrecht, 2. Aufl., 2003 (zit. *Schwab/Witt* Examenswissen Neues SchuldR)
H. P. Westermann, Das Schuldrecht 2002, 2002 (zit. *Westermann* SchuldR)

Einführung

Das Schuldrecht ist im zweiten Buch des BGB in den §§ 241–853 geregelt. Die ersten sieben Abschnitte mit den §§ 241 – 432 bilden das Allgemeine Schuldrecht. Diese Vorschriften gelten nicht nur für einzelne, sondern für alle oder jedenfalls für mehrere Arten von Schuldverhältnissen. Das Besondere Schuldrecht ist im achten Abschnitt mit den §§ 433–853 geregelt. Es enthält Vorschriften über einzelne Schuldverhältnisse. Dazu gehören die vertraglichen Schuldverhältnisse wie vor allem aus Kaufvertrag, Mietvertrag, Darlehensvertrag, Dienstvertrag und Werkvertrag sowie die gesetzlichen Schuldverhältnisse der Geschäftsführung ohne Auftrag, der ungerechtfertigten Bereicherung und der unerlaubten Handlung. Die Darstellung in diesem Buch orientiert sich weitgehend am Aufbau des Gesetzes und behandelt zuerst die vertraglichen und anschließend die gesetzlichen Schuldverhältnisse.

Die gesetzliche Regelung des Schuldrechts ist seit dem Inkrafttreten des BGB am 1.1.1900 bis zum 31.12.2001 im Kern unverändert geblieben. Der Gesetzgeber hat im Jahr 2001 die Verpflichtung zur Umsetzung von drei EU-Richtlinien zum Anlass genommen, das damals verbreitet als reformbedürftig angesehene Schuldrecht grundlegend umzugestalten. Das Schuldrechtsmodernisierungsgesetz ist am 1.1.2002 in Kraft getreten. Es hat zu tiefgreifenden Änderungen auch des Besonderen Schuldrechts, insbesondere des Kaufrechts, geführt. Zahlreiche damit verbundene Streitfragen wurden inzwischen durch intensive Diskussionen im Schrifttum und durch die nach und nach ergangene Rechtsprechung geklärt. In der Praxis scheint die Anwendung des geänderten Schuldrechts zu funktionieren.[1] Allerdings führt die fortlaufende Einfügung vor allem von verbraucherschützenden Vorschriften zu verschiedenen Detailfragen im allgemeinen (zB §§ 312 ff.) und im besonderen Schuldrecht (zB §§ 675c ff.) dazu, dass die Lesbarkeit und Verständlichkeit des BGB leiden. Es besteht die Gefahr, dass das lange als gesetzestechnisch vorbildlich angesehene BGB immer mehr seine innere Geschlossenheit verliert.

1 Einen Überblick über die Rechtsprechung zu den ersten fünf Jahren „neues" Schuldrecht gibt *Lorenz* NJW 2007, 1.

1. Kapitel. Kauf, Tausch und Schenkung

1 **Schrifttum:** *Eckert/Maifeld/Matthiessen*, Handbuch des Kaufrechts, 2. Aufl., 2014; *Grunewald*, Kaufrecht, 2006; *Leible*, Kaufvertrag (§§ 433–480 BGB), in: Gebauer/Wiedemann, Zivilrecht unter Europäischem Einfluss, 2. Aufl., 2010, 403; *Reinicke/Tiedtke*, Kaufrecht, 8. Aufl., 2009.

Das Besondere Schuldrecht des BGB enthält drei Typen von Verträgen, die auf die Veräußerung eines Vermögensgegenstandes gerichtet sind, nämlich Kauf, Tausch und Schenkung. Im Kaufvertrag (§§ 433 ff.; dazu → §§ 1 ff.) verpflichtet sich der Verkäufer zur Übertragung eines Gegenstandes und der Käufer zur Zahlung des Kaufpreises. Beim Tauschvertrag (§ 480; dazu → § 8) bestehen die Verpflichtungen beider Vertragsparteien jeweils in der Übertragung eines Gegenstandes. Auch der Schenkungsvertrag (§§ 516 ff.; dazu → § 9) ist meist auf die Veräußerung eines Gegenstandes gerichtet; sie soll aber nach der Vereinbarung der Parteien unentgeltlich erfolgen. Der wirtschaftlich wichtigste Vertragstyp ist der Kauf.

§ 1. Begriff und Abschluss des Kaufvertrags

2 **Fall a:** V, der Eigentümer einer trächtigen Stute, verkauft an K das erwartete Fohlen. Als dieses tot geboren wird, verlangt V den Kaufpreis. → Rn. 5

Fall b: A hat eine Forderung gegen B, die aber erst in drei Monaten fällig wird. Da er sofort Geld benötigt, fragt er, ob er diese Forderung an C verkaufen kann. C ist bereit, für die Forderung den Gegenwert in Geld abzüglich eines Gewinns zu zahlen. → Rn. 6

Fall c: Witwe A überlässt die Arztpraxis ihres verstorbenen Mannes dem Arzt B für 200.000 Euro. Sind die Kaufregeln anwendbar? → Rn. 8

I. Begriff

Der Kauf ist ein gegenseitiger Vertrag, in dem sich der eine Vertragspartner (Verkäufer) zur Veräußerung eines Vermögensgegenstandes und der andere (Käufer) zur Zahlung einer Geldsumme verpflichtet (vgl. § 433).

Der Kauf ist ein schuldrechtliches Verpflichtungsgeschäft. Durch ihn wird die sachenrechtliche Zuordnung des Kaufgegenstandes nicht verändert.

Das Eigentum an der Kaufsache geht erst durch das Verfügungsgeschäft, dh durch die Übereignung nach §§ 929ff., vom Verkäufer auf den Käufer über.

Soweit die Vertragsbestimmungen oder die gesetzlichen Regeln über den Kauf nichts anderes vorschreiben, greifen die Vorschriften des Allgemeinen Schuldrechts ein.

Da der eine Vertragspartner sich mit Rücksicht auf die Gegenleistung des anderen zur Leistung verpflichtet, handelt es sich beim Kauf um einen gegenseitigen Vertrag.[1] Wegen der gegenseitigen Abhängigkeit der beiderseitigen Verpflichtungen greifen die Regeln der §§ 320–326 ein, sofern das Kaufrecht keine Spezialvorschriften enthält.

Beispiel: Der Käufer ist nach § 320 I berechtigt, die Kaufpreiszahlung zu verweigern, bis der Verkäufer die Kaufsache liefert.[2]

II. Abschluss

Der Kaufvertrag setzt voraus, dass die Parteien sich mindestens über den Kaufgegenstand und den Kaufpreis einig sind. 3

Anwendbar sind die Regeln des Allgemeinen Teils des BGB über den Vertrag (§§ 145ff.), die Willenserklärung (§§ 116ff.) und die Geschäftsfähigkeit (§§ 104ff.).

Allein durch die Lieferung unbestellter Waren (bewegliche Sachen, die nicht aufgrund von Zwangsvollstreckungsmaßnahmen oder anderen gerichtlichen Maßnahmen verkauft werden, § 241a I) kommt kein Kaufvertrag zustande. Der Lieferant hat deshalb keine vertraglichen Ansprüche. Wenn es sich bei dem Lieferanten um einen Unternehmer iSv § 14 und bei dem Empfänger um einen Verbraucher iSv § 13 handelt, ist dieser nicht einmal kraft Gesetzes zur Herausgabe oder zum Nutzungsersatz verpflichtet.[3] Das ergibt sich aus § 241a I, der durch Gesetz vom 27.6.2000 eingefügt[4] und durch Gesetz vom 20.9.2013 mit Wirkung zum 13.6.2014 geändert wurde.[5] Solche gesetzlichen Ansprüche des Unternehmers bestehen nur dann, wenn die Lieferung an den Empfänger irrtümlich erfolgte und der Empfänger dies erkannt hat oder zumindest hätte erkennen können (§ 241a II). Eine Zusendung unbestellter Wa-

---

1 *Brox/Walker* SchuldR AT § 3 Rn. 2.
2 *Brox/Walker* SchuldR AT § 13 Rn. 12ff.
3 Dazu *Berger* JuS 2001, 649.
4 BGBl. I 897 (899).
5 BGBl. I 3642 (3643).

ren liegt – im Gegensatz zu der bis 12.6.2014 geltenden Rechtslage – auch dann vor, wenn dem Verbraucher statt der bestellten eine nach Qualität und Preis gleichartige Ware angeboten und er auf sein Recht zur kostenlosen Rücksendung hingewiesen wird. Wenn der Unternehmer dem Verbraucher eine solche gleichartige Ware anbieten will, muss er vor der Versendung der Ware die Annahmeerklärung des Verbrauchers dazu einholen.

1. Kaufgegenstand

4 Kaufgegenstand können nach §§ 433 I, 453 Sachen und Rechte sein. Es ist nicht erforderlich, dass der Verkäufer Eigentümer der Sache oder Inhaber des Rechts ist.

a) Sachen. Sachen sind sowohl Mobilien als auch Grundstücke. Auch Tiere können Gegenstand eines Kaufvertrags sein; denn § 90a erklärt auf sie die für Sachen geltenden Vorschriften für entsprechend anwendbar. Die Kaufsache kann im Vertrag nach individuellen Merkmalen konkret bestimmt (= Stückkauf; zB ein bestimmtes gebrauchtes Kraftfahrzeug) oder aber nur nach allgemeinen Merkmalen gekennzeichnet sein (= Gattungskauf;[6] zB ein neuer VW Golf).

5 Selbst eine zukünftige Sache, die also zur Zeit des Vertragsschlusses noch gar nicht besteht, kann verkauft werden.

Im **Fall a** kann ein aufschiebend bedingter Kauf vereinbart sein, wenn der Vertrag unter der Bedingung steht, dass das Fohlen lebend zur Welt kommt. Tritt diese Bedingung nicht ein, braucht der Kaufpreis nicht gezahlt zu werden. Ergibt aber die Auslegung des Vertrags, dass K eine Chance gekauft hat (Hoffnungskauf), so liegt ein unbedingter Kaufvertrag vor, und K muss den Kaufpreis zahlen. Haben die Parteien einen Kaufpreis vereinbart, der üblicherweise für ein lebendes Fohlen gezahlt wird, so spricht das für einen aufschiebend bedingten Kauf. Ist dagegen der Preis geringer, so kann daraus möglicherweise auf ein Spekulationsgeschäft, also auf einen Hoffnungskauf, geschlossen werden.

6 **b) Rechte.** Rechte können verkauft werden, sofern sie übertragbar sind. In Betracht kommen zB Forderungen, Grundpfandrechte (Hypothek, Grund- und Rentenschuld), Erbbaurechte, Immaterialgüterrechte (Patent, Gebrauchsmuster, Marke). Auch zukünftige und dem Verkäufer nicht zustehende Rechte können Gegenstand des Kaufvertrags sein.

Im **Fall b** kauft C eine noch nicht fällige Forderung. Auf dieses Geschäft sind die Regeln des Rechtskaufs anwendbar. – Zum Factoring: → § 7 Rn. 59 ff.

6 *Brox/Walker* SchuldR AT § 8 Rn. 1 ff.

c) Sonstige verkehrsfähige Güter. Darüber hinaus sind alle verkehrsfähigen Güter als Kaufgegenstände anerkannt (vgl. Prot. II, 51), selbst wenn sie weder Sache noch Recht sind (zB Elektrizität).[7] 7

Auch **Standardsoftware** kann Gegenstand eines Kaufvertrags sein.[8] Das sind solche Computerprogramme, die für eine Vielzahl von Anwendern entwickelt wurden, ohne auf die speziellen Bedürfnisse Einzelner Rücksicht zu nehmen.

Beispiele: Textverarbeitungs-, Spielprogramme, Datenbank.

Wenn Software dagegen nach genauen Anforderungen des Bestellers erst entwickelt oder wenn ein bereits vorhandenes „Grundprogramm" nach den individuellen Wünschen des Bestellers umgearbeitet wird, ist Werkvertragsrecht anwendbar.[9] Dann wird nämlich mit der Herstellung des Programms ein Erfolg geschuldet.

Der Verkauf eines Unternehmens kann in **einem** Kaufvertrag erfolgen. Die 8 Erfüllung geschieht durch **mehrere** Verfügungsgeschäfte (Übereignung der einzelnen Gegenstände, zB des Geschäftsgrundstücks, der Ladeneinrichtung, der Waren, Abtretung der noch ausstehenden Forderungen). Auch der Verkauf einer Arzt- oder Anwaltspraxis **(Fall c)** ist möglich.[10] Allerdings ist die Übertragung der Patientenkartei oder der Handakten nur mit Einwilligung des Patienten oder Mandanten zulässig.[11] – Zum Leasing: → § 15.

2. Kaufpreis

Der vom Käufer zu entrichtende Kaufpreis (§ 433 II) muss **in Geld** 9 bestehen.[12] Wird als Gegenleistung eine Sache oder ein Recht geschuldet, liegt Tausch vor. Hat der Käufer dagegen außer dem Kaufpreis noch Nebenleistungen anderer Art zu erbringen, so handelt es sich dennoch um einen Kaufvertrag.

Ist ein Vertrag zwar auf Veräußerung eines Gegenstandes gerichtet, besteht 10 aber das Entgelt nicht in einem Kaufpreis, sondern zB in einer Dienstleistung, ist kein Kauf, sondern ein gemischter Vertrag gegeben.[13] Dennoch ist es gerechtfertigt, die Kaufregeln entsprechend anzuwenden; das gilt vor allem für die Mängelhaftung derjenigen Vertragspartei, die wie ein Verkäufer zur Veräu-

7 Einzelheiten: *Peukert* in: Leible/Lehmann/Zech, Unkörperliche Güter im Zivilrecht, 2011, 95.
8 Vgl. BGHZ 110 (130); *BGH* NJW 2000, 1415.
9 *BGH* NJW 1987, 1259; *OLG Köln* NJW 1988, 2477.
10 Vgl. BGHZ 43 (46).
11 Vgl. BGHZ 116 (268, 274).
12 Zur Geldschuld *Brox/Walker* SchuldR AT § 9 Rn. 1 ff.
13 *Brox/Walker* SchuldR AT § 4 Rn. 12 ff.

ßerung eines Gegenstandes verpflichtet ist. – Kein gemischter Vertrag, sondern ein Kaufvertrag liegt nach der Rechtsprechung des BGH in der Regel vor, wenn beim Kauf eines Neuwagens vereinbart wird, dass der Verkäufer den Altwagen des Käufers unter Anrechnung auf den Kaufpreis in Zahlung nimmt.[14]

3. Form

11 Regelmäßig kann der Kaufvertrag formlos, also auch mündlich geschlossen werden. Nur in besonderen Fällen verlangt das Gesetz eine bestimmte Form.

Wichtige gesetzliche Formvorschriften: § 311b I (Grundstückskaufvertrag),[15] § 311b III (Kauf des gegenwärtigen Vermögens des Verkäufers),[16] § 311b V, IV (Kaufvertrag zwischen gesetzlichen Erben über den Nachlass eines noch lebenden Dritten),[17] § 2371 (Erbschaftskauf).[18]

§ 2. Pflichten der Parteien des Kaufvertrags

1 **Schrifttum:** *Grunewald*, Kaufrecht, 2006; *Kitz*, Die Dauerschuld im Kauf, 2005; *Reinicke/Tiedtke*, Kaufrecht, 8. Aufl., 2009.

Fall a: V verkauft dem K ein Bild, das er dem D geliehen hat. K soll sich nach dem Kaufvertrag selbst darum kümmern, das Bild von D zu erhalten. Wie erfüllt V den Vertrag? → Rn. 3, 6

Fall b: K kauft sein Fahrrad, das ihm vor einiger Zeit gestohlen worden ist, dem V ab. Später weigert er sich, den Kaufpreis zu zahlen. → Rn. 4

Fall c: Das verkaufte Grundstück ist mit einer Hypothek belastet, die aus Versehen im Grundbuch gelöscht worden war. Der Käufer beruft sich auf § 433 I 2. → Rn. 10

Fall d: K überweist den Kaufpreis auf das Konto des V bei der Postbank, das auf der Rechnung angegeben ist. V verlangt Barzahlung. → Rn. 18

Die wichtigsten Pflichten der Kaufvertragsparteien sind in § 433 geregelt. § 433 I behandelt die Pflichten des Verkäufers. § 433 II bestimmt die Pflichten des Käufers.

---

14 BGHZ 46, 338; vgl. *Brox/Walker* SchuldR AT § 8 Rn. 15.
15 *Brox/Walker* SchuldR AT § 4 Rn. 20ff.
16 *Brox/Walker* SchuldR AT § 4 Rn. 25.
17 *Brox/Walker* SchuldR AT § 4 Rn. 27.
18 Dazu *Brox/Walker* ErbR Rn. 799.

I. Hauptleistungspflichten des Verkäufers beim Sachkauf

Beim Sachkauf ist der Verkäufer verpflichtet, dem Käufer die Sache zu übergeben und das Eigentum an ihr frei von Sach- und Rechtsmängeln zu verschaffen (§ 433 I 1, 2). 2

1. Pflicht zur Eigentumsverschaffung

Die Pflicht zur Verschaffung des Eigentums bedeutet, dass der Verkäufer den Käufer zum Eigentümer der gekauften Sache machen muss. 3

Wie das Eigentum übergeht, bestimmt sich nach dem Sachenrecht: Zum Erwerb des Eigentums an einem Grundstück sind Auflassung und Eintragung im Grundbuch erforderlich (§§ 925, 873). – An einer beweglichen Sache erlangt der Käufer das Eigentum, wenn er sich mit dem Eigentümer darüber einigt, dass das Eigentum auf ihn übergehen soll, und der Verkäufer ihm die Sache übergibt (§ 929 S. 1). Außer der Einigung ist eine Besitzübergabe nicht erforderlich, wenn der Käufer schon im Besitz der Sache ist (§ 929 S. 2). Soll das Eigentum auf den Käufer übergehen, der Verkäufer aber zB noch einen Monat lang leihweise im Besitz der Kaufsache bleiben, kann die Übereignung durch Einigung und Vereinbarung eines Besitzmittlungsverhältnisses (hier: Leihe) erreicht werden (§§ 929, 930). Ist ein Dritter im Besitz der Kaufsache **(Fall a)**, kann der Verkäufer durch Einigung und Abtretung des Herausgabeanspruchs gegen den Dritten das Eigentum auf den Käufer übertragen (§§ 929, 931). – Ist der Verkäufer nicht Eigentümer der Kaufsache, kann er trotzdem seine Eigentumsverschaffungspflicht erfüllen, wenn nämlich der Käufer durch gutgläubigen Erwerb vom Nichtberechtigten das Eigentum erlangt (§ 892; §§ 932 ff.; § 366 HGB). Das Gleiche gilt, wenn ein Dritter auf Veranlassung des Verkäufers dem Käufer das Eigentum überträgt.

Ist beim Vertragsabschluss nicht der Verkäufer, sondern – wie im **Fall b** – der Käufer schon Eigentümer der Kaufsache, dann besteht keine Eigentumsverschaffungspflicht. Der Kaufvertrag ist zwar wirksam (vgl. § 311a I), aber der V braucht gem. § 275 I nicht zu leisten. Die Übereignung an K ist unmöglich. K hat sein Eigentum am Fahrrad nämlich weder durch den Diebstahl noch durch eine eventuelle Veräußerung des Diebes an V verloren (vgl. § 935). V muss dem K allerdings nach § 985 den Besitz an dem Fahrrad verschaffen. 4

2. Pflicht zur Übergabe

Die Pflicht zur Übergabe bedeutet, dass der Verkäufer (oder auf seine Veranlassung ein Dritter) dem Käufer den unmittelbaren Besitz an der Kaufsache zu verschaffen hat. 5

Wie das erreicht wird, ergibt sich aus § 854; der Käufer muss die tatsächliche Gewalt über den Gegenstand erlangen (§ 854 I). Erfolgt die Übereignung einer beweglichen Kaufsache durch Einigung und Übergabe (§ 929 S. 1), so ist die Besitzverschaffung schon ein Teilstück der Übereignung.

6 Die Parteien können auch vereinbaren, dass die Übergabe nicht an den Käufer, sondern an einen Dritten erfolgen soll (zB beim Weiterverkauf). Ferner kann die Übergabeverpflichtung vertraglich ausgeschlossen werden, ohne dass dadurch das Rechtsgeschäft den Charakter des Kaufvertrags verliert.

Soll zB der Verkäufer durch Einigung und Vereinbarung eines Besitzmittlungsverhältnisses (§§ 929, 930) übereignen dürfen, so kann damit die Pflicht zur Verschaffung des unmittelbaren Besitzes abbedungen sein. – Im **Fall a** hat V mit der Übereignung nach §§ 929, 931 seine Pflichten erfüllt; es soll Sache des K sein, die Kaufsache von D herauszuverlangen und sich so den unmittelbaren Besitz zu verschaffen.

3. Pflicht zur mangelfreien Verschaffung

7 Der Verkäufer hat dem Käufer die Sache frei von Sach- und Rechtsmängeln zu verschaffen (§ 433 I 2). Da bei der Lieferung einer mangelhaften Sache für die Rechte des Käufers nach den §§ 437 ff. besondere Regeln gelten, werden Einzelheiten zu den Sach- und Rechtsmängeln im Zusammenhang mit den Rechtsfolgen der Verletzung der Verkäuferpflicht aus § 433 I 2 behandelt (→ § 4 Rn. 6 ff.). An dieser Stelle soll für die Bedeutung der Verkäuferpflicht aus § 433 I 2 folgender Überblick gegeben werden:

8 **a) Frei von Sachmängeln.** Die verkaufte Sache ist frei von Sachmängeln, wenn sie bei Gefahrübergang die vereinbarte Beschaffenheit hat (§ 434 I 1) oder – falls es an einer Beschaffenheitsvereinbarung fehlt – wenn sie sich für die nach dem Vertrag vorausgesetzte oder für die gewöhnliche Verwendung eignet (§ 434 I 2).

Beispiele für Sachmängel: Eine Brauerei liefert einem Gastwirt ungenießbares Bier. Der verkaufte PC hat eine defekte Festplatte. Das Bügeleisen wird nicht warm.

9 Der Wortlaut des § 433 I 2 stellt nunmehr ausdrücklich klar, dass auch die Sachmängelfreiheit zur Hauptleistungspflicht des Verkäufers gehört. Vor der Schuldrechtsmodernisierung wurde von der hM im Schrifttum vertreten, beim Stückkauf gehöre die Sachmängelfreiheit nicht zur Erfüllungspflicht, so dass der Verkäufer auch mit einer mangelhaften Sache den Kaufvertrag erfüllen könne. Er sei lediglich Gewährleistungsansprüchen des Käufers ausge-

setzt.[1] Diese Ansicht ist jedenfalls seit der Schuldrechtsreform überholt. Zu den Konsequenzen, die sich aus der Einbeziehung der Sachmängelfreiheit in die Erfüllungspflicht des Verkäufers ergeben, → § 4 Rn. 1 f., 40.

b) Frei von Rechtsmängeln. Die Sache ist frei von Rechtsmängeln, wenn Dritte in Bezug auf die Sache keine oder nur die im Kaufvertrag übernommenen Rechte gegen den Käufer geltend machen können (§ 435 S. 1). 10

Beispiel: Ein verkauftes Grundstück darf nicht mit einer Hypothek zugunsten eines Dritten belastet sein. Eine Ausnahme gilt nur, wenn die Parteien im Grundstückskaufvertrag vereinbart haben, dass der Käufer die auf dem Grundstück lastenden Hypotheken unter Anrechnung auf den Kaufpreis übernimmt. Dann liegt in der Belastung des Grundstücks mit einer Hypothek kein Rechtsmangel (vgl. § 435 S. 1). Im **Fall c** haben die Parteien eine solche Vereinbarung nicht getroffen. Allein durch die versehentliche Löschung war die Hypothek nicht untergegangen. Allerdings erwirbt K das Grundstück lastenfrei, wenn er beim Erwerb die Existenz der Hypothek nicht kennt (§ 892). Dann hat V seine Verkäuferpflicht aus § 433 I 2, dem K das Grundstück frei von Rechtsmängeln zu verschaffen, erfüllt. Ist K dagegen bösgläubig, erwirbt er nur das mit der Hypothek belastete Grundstück. Dieses hat dann einen Rechtsmangel, so dass V seine Verpflichtung aus § 433 I 2 nicht erfüllt hat.

II. Hauptleistungspflichten des Verkäufers beim Rechtskauf

Beim Rechtskauf (→ § 1 Rn. 6) finden gem. § 453 I die Vorschriften über den Kauf von Sachen entsprechende Anwendung. Mithin ist der Verkäufer verpflichtet, dem Käufer das Recht mangelfrei zu verschaffen (§ 433 I 1, 2) und, wenn das Recht zum Besitz einer Sache berechtigt, die Sache frei von Sach- und Rechtsmängeln zu übergeben (§ 453 III). 11

1. Pflicht zur Verschaffung des Rechts

Die Pflicht zur Verschaffung des Rechts bedeutet, dass der Verkäufer den Käufer zum Inhaber des Rechts machen muss.

Wie der Käufer das Recht erwirbt, richtet sich nach der Art des zu übertragenden Rechts. So geht zB eine Forderung durch Abtretungsvertrag über (§ 398); auch wenn bei dem Forderungskauf und seiner Erfüllung durch den Verkäufer äußerlich nur ein einziger Vertrag geschlossen wird, so ist rechtlich doch zwischen dem Kaufvertrag (= Kausalgeschäft, Verpflichtungsgeschäft)

---

1 Zur Problematik siehe 26. Aufl. Rn. 58.

und dem Abtretungsvertrag (= Erfüllungsgeschäft, Verfügungsgeschäft) zu unterscheiden. – Eine Hypothekenforderung geht, wenn es sich um eine Buchhypothek handelt, durch Einigung und Eintragung im Grundbuch über (§§ 873, 1154 III). Zur Übertragung einer Briefhypothek sind eine schriftliche Abtretungserklärung und die Übergabe des Hypothekenbriefs erforderlich (§ 1154 I, II).

2. Pflicht zur Übergabe

12 Die Pflicht zur Übergabe, die beim Rechtskauf für den Verkäufer dann besteht, wenn das Recht zum Besitz einer Sache berechtigt, bedeutet, dass der Verkäufer dem Käufer den unmittelbaren Besitz an der rechtszugehörigen Sache zu verschaffen hat. Sie entspricht der Übergabepflicht beim Sachkauf.

Beispiele: Erbbaurecht (§ 1 ErbbauRG), Nießbrauch (§§ 1036 I, 1059), Wohnungsrecht (§ 1093).

3. Pflicht zur mangelfreien Verschaffung

13 Auch beim Rechtskauf gehört die Mangelfreiheit zur Erfüllungspflicht des Verkäufers (§§ 453 I, 433 I 2).[2] Die Pflicht zur mangelfreien Verschaffung bedeutet hier grundsätzlich nur die Freiheit von Rechtsmängeln; denn das verkaufte Recht als solches kann keinen Sachmangel haben.

14 Wenn allerdings das verkaufte Recht zum Besitz einer Sache berechtigt, muss der Verkäufer dem Käufer auch die Sache selbst frei von Sach- und Rechtsmängeln übergeben (§ 453 III). Obwohl es sich um einen Rechtskauf handelt, gehört insoweit also auch die Freiheit von Sachmängeln zur Erfüllungspflicht.

Beispiele: Beim Verkauf eines Erbbaurechts, das gem. § 1 I ErbbauRG dazu berechtigt, auf einem fremden Grundstück ein eigenes Gebäude zu haben, muss der Verkäufer dem Käufer auch das mit dem Erbbaurecht belastete Grundstück frei von Sach- und Rechtsmängeln übergeben. Entsprechendes gilt beim Verkauf eines Miet- oder Pachtrechts für die Mangelfreiheit der Miet- oder Pachtsache.

---

2 Zur Sachmängelgewährleistung beim Rechtskauf *Zimmermann* AcP 213 (2013), 652.

III. Nebenleistungspflichten und Schutzpflichten des Verkäufers

Außer den genannten Hauptleistungspflichten können sich für den Verkäufer Nebenleistungspflichten und Schutzpflichten[3] aus dem Gesetz oder durch Vertragsauslegung unter Berücksichtigung des Grundsatzes von Treu und Glauben (§§ 133, 157, 242) ergeben (vgl. auch § 241 II). 15

Die Pflicht kann in einem positiven Tun, aber auch in einem Unterlassen bestehen. Im Einzelnen kommen zB in Betracht: Tragung der Kosten für die Übergabe der Sache (§ 448 I) oder für die Begründung und Übertragung des verkauften Rechts (§ 453 II), Verpacken, Versenden oder Versichern der Ware, Erteilen von Auskünften, Übergabe einer Gebrauchsanweisung,[4] Unterweisen in Handhabung und Wartung,[5] Bereithalten von Ersatzteilen, Vorlage richtiger Bilanzen beim Unternehmenskauf, Unterlassen von Wettbewerb beim Verkauf eines Unternehmens.

IV. Pflicht des Käufers zur Kaufpreiszahlung

Die Pflicht zur Kaufpreiszahlung (§ 433 II) ist Hauptleistungspflicht des Käufers. Sie bedeutet, dass der Käufer den Preis in bar zu entrichten hat. Er muss also Geldscheine und Geldstücke in der vereinbarten Höhe an den Verkäufer übereignen (§ 929). 16

Ist der Marktpreis als Kaufpreis bestimmt, so wird – wenn nichts anderes vereinbart ist – nach allgemeinen Auslegungsgrundsätzen im Zweifel der Marktpreis am Erfüllungsort zur Erfüllungszeit gemeint sein (§§ 133, 157).

Preisänderungsvorbehalte in AGB[6] für Waren, die innerhalb von vier Monaten nach Vertragsabschluss geliefert werden sollen, sind unwirksam (Einzelheiten: § 309 Nr. 1).

Sofern der Vertrag für die Kaufpreiszahlung keinen Zeitpunkt vorsieht, besteht die Zahlungspflicht mit Abschluss des Vertrags (vgl. § 271 I). Da der Käufer aber nicht vorleistungspflichtig ist, steht ihm gegenüber dem Zahlungsanspruch des Verkäufers die Einrede des nicht erfüllten Vertrags zu (§ 320).[7] 17

---

3 Zur Abgrenzung *Brox/Walker* SchuldR AT § 2 Rn. 11.
4 Dazu *Krebber* AcP 201 (2001), 333.
5 Vgl. BGHZ 47, 312.
6 *Brox/Walker* SchuldR AT § 4 Rn. 28 ff.
7 *Brox/Walker* SchuldR AT § 13 Rn. 12 ff.

Im Übrigen können die Parteien eine Vorleistungspflicht des Käufers oder des Verkäufers vereinbaren. So bedeuten zB die Klauseln „Kasse gegen Dokumente“ oder „Kasse gegen Lieferschein“, dass der Käufer gegen Aushändigung des entsprechenden Papiers zahlen muss, ohne die Kaufsache erhalten zu haben.[8] Lässt sich der Verkäufer vom Käufer erfüllungshalber (§ 364 II) eine Forderung abtreten, die erst in drei Monaten fällig wird, so ist darin regelmäßig die Vereinbarung einer Stundung der Kaufpreisforderung bis zur Fälligkeit der abgetretenen Forderung zu erblicken.

18 Gibt der Verkäufer auf seinen Briefen oder Rechnungen eine Kontonummer **(Fall d)** an, so darf der Käufer mit Recht daraus schließen, dass sein Vertragspartner statt mit Barzahlung auch mit einer Überweisung des Kaufpreises einverstanden ist. Der Kaufpreisanspruch ist mit der Gutschrift auf dem Konto des Verkäufers erfüllt; denn von diesem Zeitpunkt an kann der Verkäufer über den Betrag verfügen.

V. Abnahmepflicht des Käufers

19 Die Pflicht zur Abnahme, die nach § 433 II nur beim Sachkauf von Bedeutung ist, besagt, dass der Käufer die vom Verkäufer bereitgestellte Kaufsache an sich zu nehmen hat.

Aus dem Wortlaut des § 433 II und der Entstehungsgeschichte[9] ergibt sich, dass es sich um eine (einklagbare) Pflicht des Käufers handelt.[10] Der Verkäufer soll von der Sorge um Erhaltung und Aufbewahrung der Kaufsache befreit werden. Diese Pflicht besteht aber nicht, wenn die Sache mit einem Rechts- oder Sachmangel behaftet ist.

20 Regelmäßig wird die Abnahmepflicht lediglich als Nebenleistungspflicht des Käufers eingeordnet. Nur ausnahmsweise haben die Parteien die Abnahme als Hauptleistungspflicht begründet. Das ist der Fall, wenn der Verkäufer für den Käufer erkennbar an der Räumung des Lagers ein besonderes Interesse hat. Die Unterscheidung ist jedoch (anders als vor der Schuldrechtsreform)[11] bei der Abnahmepflicht kaum von Bedeutung, da auch Nebenleistungspflichten eingeklagt werden können[12] und die Verletzung der Abnahmepflicht den Verkäufer unabhängig von deren Einordnung als Haupt- oder Nebenleistungspflicht nach § 323 zum Rücktritt berechtigt.

---

8 Vgl. BGHZ 41, 215; *BGH* NJW 1987, 2435.
9 Mot. II, 318; Prot. II, 52 ff.
10 RGZ 57, 108.
11 Vgl. dazu 26. Aufl. Rn. 16.
12 *Brox/Walker* SchuldR AT § 2 Rn. 8.

VI. Nebenleistungspflichten und Schutzpflichten des Käufers

Außer der soeben erörterten Abnahmepflicht können sich weitere Nebenleistungspflichten und Schutzpflichten (vgl. § 241 II) aus der getroffenen Vereinbarung unter Berücksichtigung der Verkehrssitte (Handelsbräuche!) und aus dem Gesetz ergeben. Die gesetzlich bestimmten Pflichten sind abdingbar. Es ist bei der Prüfung zunächst immer von der Parteivereinbarung auszugehen. 21

1. Vertragliche Nebenleistungspflichten

Aus dem Vertrag ist zB zu entnehmen, ob der Käufer den Kaufpreis zu verzinsen, die Transportkosten zu bezahlen und das Verpackungsmaterial zurückzugeben hat. 22

Beim Kauf von Flaschenbier können die Flaschen mitverkauft sein, so dass keine Rückgabepflicht besteht. Möglich ist aber auch, dass der Käufer verpflichtet sein soll, Flaschen derselben Brauerei oder aber andere Einheitsbierflaschen zurückzugeben (darlehensähnliche Gattungsschuld).[13] Das beim Kauf neben dem Kaufpreis gezahlte „Flaschenpfand“[14] kann als Vertragsstrafe vereinbart sein.[15]

2. Gesetzliche Nebenleistungspflichten

Aus dem Gesetz ergeben sich abgesehen von der allgemeinen Rücksichtnahmepflicht (vgl. § 241 II) folgende Nebenleistungspflichten des Käufers: 23

Er hat die **Kosten der Abnahme** und der **Versendung** der Kaufsache nach einem anderen Ort als dem Erfüllungsort zu tragen (§ 448 I; zum Versendungskauf: → § 3 Rn. 19ff.).

Beim Kauf eines Grundstücks oder Grundstücksrechts fallen ihm die **Kosten für Beurkundung des Kaufvertrags**, für die **Auflassung** und die **Eintragung im Grundbuch** zur Last (§ 448 II).

Die genannten Regeln sind auch beim Rechtskauf anwendbar, wenn das Recht zum Sachbesitz berechtigt (§ 453 I).

---

13 *BGH* NJW 1956, 298.
14 Einzelheiten: *Martinek* JuS 1987, 514; *Kollhosser/Bork* BB 1987, 909.
15 *BGH* BB 1963, 1400.

§ 3. Verletzung der Pflichten des Verkäufers aus § 433 I 1

1 **Schrifttum:** Siehe die Angaben zu → § 4. Ferner: *Bachmann*, Gefahrübergang und Gewährleistung, AcP 211 (2011), 395; *Böffel*, Die Kohärenz von Schickschulden und Versendungskäufen gem. § 447 BGB, JA 2017, 818; *Borges*, Der Leistungsort (Erfüllungsort) beim Versandhandel, DB 2004, 1815; *Dubischar*, Der fehlgeschlagene Grundstückskauf, JuS 2002, 131, 231; *Lettl*, Übungsklausur – Bürgerliches Recht: Schwierigkeiten beim Versendungskauf, JuS 2004, 314; *Peters*, Die Erfüllungsgehilfen des Verkäufers neu hergestellter Sachen, ZGS 2010, 24; *Schermaul*, Die Auswirkung des § 474 IV BGB auf den Versendungskauf, JuS 2014, 781; *Stieper*, Gefahrtragung und Haftung des Verkäufers bei Versendungskauf fehlerhafter Sachen, AcP 208 (2008), 818; *Tiedtke/Schmitt*, 40 Probleme aus dem Kaufrecht, 2. Aufl., 2009; *Vuia*, Praxisrelevante Probleme bei der Rückabwicklung von Kaufverträgen über Gebrauchtwagen, NJW 2015, 1047; *Wertenbruch*, Gefahrtragung beim Versendungskauf nach neuem Schuldrecht, JuS 2003, 625.

Fall a: Die von V an K verkaufte Vase gehört dem E, dem sie gestohlen worden war. V hielt sich für den Eigentümer. Rechte des K? → Rn. 3, 5, 10, 32, 38

Fall b: V verkauft während einer Bootsfahrt an K einen Ring. Als er dem K den Ring übergeben will, fällt dieser über die Reling und versinkt im Wasser. K besteht auf Erfüllung des Kaufvertrags. → Rn. 6, 10, 38

Fall c: Bevor V den verkauften Gebraucht-Pkw an K übergibt, wird das Fahrzeug durch einen von V verursachten Verkehrsunfall zerstört. → Rn. 10, 38

Fall d: Wie ist die Rechtslage, wenn im Fall c der K für den Verkehrsunfall verantwortlich ist? → Rn. 11, 39

Fall e: K holt die gekaufte Vase (Einzelstück) nicht zum vereinbarten Termin bei V ab. Danach wird sie im Lager des V aus einem von ihm nicht zu vertretenden Grund gestohlen. Kann K vom Vertrag zurücktreten? → Rn. 16, 18, 34, 39

Fall f: V in Mainz verkauft an den Händler K in Wiesbaden 100 Herrenanzüge (Erfüllungsort Mainz). Auf Bitten des K schickt V durch den D die Ware nach Wiesbaden. Bei einem von D verschuldeten Verkehrsunfall verbrennen die Anzüge. Muss K trotzdem den Kaufpreis zahlen? → Rn. 22, 28

Fall g: V teilt dem K mit, dass er ihm das verkaufte Kopiergerät nicht liefern werde, weil er sich wegen der schlechten Geschäftslage kein neues Gerät kaufen könne und den verkauften Kopierer weiter selbst benötige. Möglichkeiten des K? → Rn. 34

Fall h: Als V an dem vereinbarten Kalendertag versucht, die Kaufsache bei K abzuliefern, trifft er diesen nicht an. Bei dem nächsten Ablieferungsversuch zwei Tage später erklärt K den Rücktritt vom Vertrag und verweigert die Annahme. → Rn. 36

Wie bei jedem Schuldverhältnis können auch beim Kauf bei der Erfüllung der beiderseitigen Pflichten Störungen auftreten. Sie werden meist verkürzt als „Leistungsstörungen" bezeichnet. Für sie gelten grundsätzlich die Normen des Allgemeinen Schuldrechts. Für die Leistungspflicht und die Schadensersatzpflicht sind also die Bestimmungen der §§ 275 ff. maßgeblich. Da es sich um einen gegenseitigen Vertrag handelt, gelten ferner die §§ 320 ff. für die Einrede des nicht erfüllten Vertrags, für das Rücktrittsrecht sowie für den Anspruch auf die Gegenleistung. Diese allgemeinen Regeln werden allerdings für den Kauf durch die §§ 437 ff. ergänzt. 2

Leistungsstörungen beim Kauf können sowohl auf Seiten des Verkäufers als auch auf Seiten des Käufers auftreten. Im Folgenden soll mit den Leistungsstörungen beim Verkäufer begonnen werden, und zwar mit der Nichterfüllung der Pflichten aus § 433 I 1 zur Übereignung und Übergabe der Kaufsache an den Käufer. Danach ist der Verkäufer nicht nur verpflichtet, Handlungen vorzunehmen, die etwa zur Übereignung der Kaufsache oder zum Übergang des verkauften Rechts auf den Käufer erforderlich sind. Er schuldet vielmehr den Erfolg, also den Eigentums- oder den Rechtsübergang sowie den Übergang des Besitzes an der verkauften Sache. Sofern dieser Erfolg nicht eintritt, hat der Verkäufer seine Pflichten aus dem Kaufvertrag nicht, jedenfalls nicht vollständig, erfüllt. 3

Im **Fall a** liegt wegen des Dritteigentums von E nicht nur ein Rechtsmangel iSv §§ 433 I 2, 435 vor. Vielmehr hat V seine Pflicht zur Übereignung aus § 433 I 1 nicht erfüllt. K kann wegen § 935 selbst bei Gutgläubigkeit kein Eigentum an der Vase erwerben.

Bei Verletzung der Verkäuferpflichten aus § 433 I 1 ergeben sich folgende Rechte des Käufers:

I. Erfüllungsanspruch des Käufers

Solange der Verkäufer eine seiner Hauptleistungspflichten aus § 433 I 1 (→ § 2 Rn. 2 ff.) nicht erfüllt hat, steht dem Käufer ein (klagbarer) Anspruch auf Vertragserfüllung zu. 4

Beispiele: Anspruch auf Übereignung der Kaufsache oder auf Abtretung der verkauften Forderung. Anspruch auf Übergabe des verkauften Grundstücks.

5 Der Anspruch des Käufers auf Übereignung und Übergabe gegen den Verkäufer ist allerdings gem. § 275 I ausgeschlossen, soweit die Erfüllung dem Verkäufer objektiv oder subjektiv unmöglich ist (§ 275 I). Das gilt unabhängig davon, ob die Unmöglichkeit schon bei Vertragsschluss gegeben war (anfängliche Unmöglichkeit) oder erst nach Vertragsschluss eingetreten ist (nachträgliche Unmöglichkeit).

Im **Fall a** wird V nur dann wegen Unmöglichkeit von seiner Pflicht zur Übereignung frei, wenn es sich bei der verkauften Vase um eine Stückschuld (zB handgefertigtes Einzelstück, das nicht durch eine gleichwertige Vase ersetzt werden kann[1]) handelt. Bei einer Gattungsschuld muss er dem K eine andere Vase derselben Gattung verschaffen.

6 Der Verkäufer wird auch dann frei, wenn die Erfüllung in einem groben Missverhältnis zum Leistungsinteresse des Käufers steht und der Verkäufer deshalb die Erfüllung verweigert (§ 275 II). Der Anwendungsbereich dieser Vorschrift ist gering, zumal der Gesetzgeber die Fälle der wirtschaftlichen Unmöglichkeit im Sinne einer bloßen Leistungserschwerung nicht über § 275 II, sondern nach den Grundsätzen des Wegfalls der Geschäftsgrundlage (§ 313) lösen will.[2]

Fall b wird als Schulbeispiel für § 275 II angesehen. Das Suchen und Bergen des Ringes steht in einem groben Missverhältnis zum Leistungsinteresse des K.

7 Wenn der Verkäufer in Folge des Umstandes, der zur Unmöglichkeit geführt hat, anstelle des geschuldeten Kaufgegenstandes einen Ersatz oder einen Ersatzanspruch erlangt hat (sog. stellvertretendes commodum, zB eine Versicherungsforderung), kann der Käufer gem. § 285 I die Herausgabe dieses Ersatzgegenstandes oder die Abtretung des Ersatzanspruches verlangen.

II. Schicksal der Gegenleistungspflicht des Käufers

8 Fraglich ist, welche rechtlichen Folgen sich aus der Verletzung der Verkäuferpflichten aus § 433 I 1 für die Gegenleistungspflicht des Käufers zur Zahlung des Kaufpreises aus § 433 II ergeben. Insoweit ist zu unterscheiden:

---

1 Vgl. *BGH* NJW 2006, 2839 ff.
2 BT-Drs. 14/6040, 130.

1. Bei Fortbestand der Leistungspflicht des Verkäufers

Dem Käufer steht die **Einrede des nicht erfüllten Vertrags nach § 320** zu. Danach kann er die Kaufpreiszahlung verweigern, bis der Verkäufer seine Verpflichtungen zur Übereignung und Übergabe der Kaufsache erfüllt.[3] § 320 greift allerdings nur ein, wenn die Leistungspflicht des Verkäufers noch fortbesteht, nicht dagegen, wenn sie gem. § 275 ausgeschlossen ist. 9

Außerdem kommt sie dem Käufer nur dann zugute, wenn er den Kaufpreis noch nicht gezahlt hat. Andernfalls muss er vom Vertrag zurücktreten (§ 323 I), um den gezahlten Kaufpreis nach § 346 I zurückfordern zu können.

2. Bei Ausschluss der Leistungspflicht des Verkäufers

a) Wegfall der Gegenleistungspflicht. Falls der Verkäufer wegen Unmöglichkeit (§ 275 I), groben Missverhältnisses zwischen Aufwand und Leistungsinteresses des Käufers (§ 275 II) oder wegen Unzumutbarkeit (§ 275 III) von seiner Leistungspflicht frei wird, entfällt gem. § 326 I 1 sein Anspruch auf die Kaufpreiszahlung[4] **(Fälle a, b, c).** 10

b) Fortbestand der Gegenleistungspflicht bei Verantwortlichkeit des Käufers. Allerdings bleibt der Käufer gem. § 326 II 1, 1. Fall zur Kaufpreiszahlung verpflichtet, wenn er für den zur Unmöglichkeit führenden Umstand allein oder weit überwiegend verantwortlich ist[5] **(Fall d).** 11

Gemäß § 326 II 1, 2. Fall besteht die Gegenleistungspflicht ebenfalls fort, wenn die Unmöglichkeit der Verkäuferpflicht während des Annahmeverzugs des Käufers eintritt. Dieses Ergebnis folgt auch aus § 446 S. 3 zum Übergang der Preisgefahr (→ Rn. 14 ff.) bei Annahmeverzug des Käufers.

c) Fortbestand der Gegenleistungspflicht bei Geltendmachung des stellvertretenden commodums. Ferner bleibt der Käufer zur Kaufpreiszahlung verpflichtet, wenn er nach § 285 vom Verkäufer die Herausgabe des Ersatzgegenstandes oder die Abtretung des Ersatzanspruches verlangt, den der Verkäufer für den geschuldeten Kaufgegenstand erlangt hat (§ 326 III 1).[6] 12

---

3 *Brox/Walker* SchuldR AT § 13 Rn. 12 ff.
4 *Brox/Walker* SchuldR AT § 22 Rn. 30 ff.
5 *Brox/Walker* SchuldR AT § 22 Rn. 37 ff.
6 *Brox/Walker* SchuldR AT § 22 Rn. 46.

13 **d) Fortbestand der Gegenleistungspflicht nach Gefahrübergang.** Schließlich muss der Käufer den Kaufpreis auch dann zahlen, wenn die Übereignungspflicht des Verkäufers wegen zufälligen Untergangs der Kaufsache ausgeschlossen ist und dieser Untergang erst nach dem Zeitpunkt eingetreten ist, in dem die sog. Preisgefahr (= Gegenleistungsgefahr) schon auf den Käufer übergegangen war. Der **Zeitpunkt des Übergangs der Preisgefahr** ist für den Kauf in den §§ 446, 447 geregelt. Danach geht beim Kauf die Preisgefahr nicht erst im Zeitpunkt der vollständigen Vertragserfüllung, sondern uU schon früher auf den Käufer über. Zwei Fälle sind zu unterscheiden:

14 aa) Gemäß **§ 446 S. 1** geht die Preisgefahr grundsätzlich schon **mit der Übergabe der verkauften Sache** auf den Käufer über.

Gemeint ist der Fall, dass zwar der Besitz, nicht aber auch schon das Eigentum auf den Käufer übertragen wurde. Wenn nämlich der Verkäufer sowohl seine Besitz- als auch seine Eigentumsverschaffungspflicht erfüllt hat, liegt keine Verletzung der Verkäuferpflichten aus § 433 I 1 vor.

Der Grund für die Regelung des § 446 S. 1 besteht darin, dass der Käufer von der Übergabe an die Sache nutzen kann; dann soll er auch den Nachteil tragen, wenn die Sache nachträglich untergeht, zumal sie sich in seinem Machtbereich befindet und er selbst am besten auf ihren Schutz achten kann.

15 (1) Unter **Übergabe** ist die Verschaffung des **unmittelbaren Besitzes** zu verstehen. Mittelbarer Besitz reicht nicht aus, weil damit die Sache noch nicht in den tatsächlichen Machtbereich des Käufers gelangt.

Das schließt nicht aus, dass die Parteien die nachgiebige Bestimmung des § 446 S. 1 vertraglich abbedingen und mittelbaren Besitz für den Gefahrübergang ausreichen lassen. Ob das gewollt ist, muss durch Vertragsauslegung ermittelt werden. Ist zB eine Übereignung nach den §§ 929, 930 vorgesehen, kann die Vereinbarung eines Besitzmittlungsverhältnisses die Gefahr auf den Käufer dann übergehen lassen, wenn dieser vom Verkäufer für die Überlassung eine Miete zu verlangen berechtigt ist, ihm also die Nutzungen und damit der wirtschaftliche Wert der Kaufsache zustehen.

16 Scheitert die Übergabe, weil der Käufer trotz ordnungsgemäßen Angebots (§§ 294 ff.) die Kaufsache nicht annimmt, geht nach § 446 S. 3 die Gefahr schon mit dem **Annahmeverzug** (§ 293) auf den Käufer über. Diese Regelung deckt sich bzgl. der Gegenleistungspflicht des Käufers inhaltlich mit § 326 II 1, 2. Fall. Eine eigenständige Bedeutung hat der in § 446 S. 3 geregelte Gefahrübergang aber für den

Zeitpunkt, der für die Bestimmung des Sachmangels im Sinne von § 434 I (→ § 4 Rn. 21 f.) und für die Verteilung von Nutzungen und Lasten auf Verkäufer und Käufer maßgeblich ist (§ 446 S. 2).

Im **Fall e** ist K in Annahmeverzug geraten (vgl. § 296), als er die Vase nicht zum vereinbarten Termin bei V abgeholt hat. Damit ist gem. § 446 S. 3 die Gefahr des zufälligen Untergangs auf ihn übergegangen. Der erst nachher erfolgte Diebstahl der Vase lässt die Zahlungspflicht des K nicht entfallen. Dieses Ergebnis kann auch mit § 326 II 1, 2. Fall begründet werden.[7]

(2) Dem **Untergang** der Kaufsache, also deren Vernichtung, ist trotz des engen Wortlauts des § 446 S. 1 wegen der gleichen Interessenlage auch der endgültige Besitzverlust der Sache (zB Entziehung durch einen Dritten) gleichzustellen. Es genügt, dass der Verkäufer nach § 275 I–III von seiner Leistungspflicht frei geworden ist (vgl. § 326 I 1). 17

(3) Der Untergang der Kaufsache, der zum Ausschluss der Leistungspflicht des Verkäufers führt, muss **zufällig** erfolgen. Zufall bedeutet in diesem Zusammenhang, dass der Untergang weder vom Käufer (sonst bleibt die Zahlungspflicht schon nach § 326 II 1, 1. Fall bestehen) noch vom Verkäufer zu vertreten sein darf. Das Verhalten eines Dritten (Dieb im **Fall e)** schließt den Zufall iSv § 446 S. 1 (vorbehaltlich § 278) nicht aus. 18

bb) Beim **Versendungskauf** geht die Gefahr gem. **§ 447 I** schon dann auf den Käufer über, wenn der Verkäufer die Sache an die Transportperson ausgeliefert hat, obwohl die Sache dem Käufer zu diesem Zeitpunkt weder übereignet noch übergeben ist. Der Zeitpunkt des Gefahrübergangs ist also in § 447 I gegenüber § 446 S. 1 weiter vorverlegt. Grund: Die Versendung erfolgt im Interesse des Käufers. 19

§ 447 hat allerdings durch die Schuldrechtsreform an Bedeutung verloren. § 447 I gilt nämlich gem. § 475 II beim Verkauf einer beweglichen Sache von einem Unternehmer an einen Verbraucher **(Verbrauchsgüterkauf, § 474 I**; → § 7 Rn. 4b f.) nur ausnahmsweise, wenn der Käufer ohne Veranlassung durch den Verkäufer die zur Versendung vorgesehene Person oder Anstalt mit der Ausführung beauftragt hat. Liegt ein solcher Ausnahmefall nicht vor, bleibt es gem. § 446 dabei, dass die Gefahr erst übergeht, wenn der Käufer Besitz an der Sache erlangt. § 447 II findet keine Anwendung (§ 475 III 2). 20

(1) Der Gefahrübergang nach § 447 I setzt zunächst voraus, dass die Kaufsache **an einen anderen Ort als an den Erfüllungsort** ver- 21

7 So zB *Looschelders* SchuldR BT Rn. 189.

sendet wird. Erfüllungs- oder Leistungsort ist der Ort, an dem die Leistungshandlung des Schuldners (hier des Verkäufers) erbracht werden muss.[8] Wenn der Verkäufer also verpflichtet ist, dem Käufer die Kaufsache zu bringen (Bringschuld), so ist der Wohnsitz des Käufers der Erfüllungsort. Demgemäß greift § 447 I im Fall der Bringschuld bei einer Versendung an den Käufer nicht ein, da die Sache nicht an einen anderen als den Erfüllungsort versandt wird. Die Gefahr geht dann nach § 446 S. 1 über. Handelt es sich jedoch um eine Hol- oder um eine Schickschuld,[9] ist in beiden Fällen der Wohnsitz des Verkäufers der Erfüllungsort, so dass bei einer Versendung an den Käufer die erste Voraussetzung für die Anwendung des § 447 I gegeben ist.

22 Ob es sich im Einzelfall um eine Bringschuld handelt oder nicht, muss durch Auslegung des Vertrags unter Berücksichtigung der Verkehrssitte ermittelt werden. Die Holschuld ist als gesetzlicher Regelfall anzusehen (§ 269 I, II). Selbst wenn der Verkäufer verpflichtet ist, auf seine Kosten die Kaufsache dem Käufer zu schicken (Nebenleistungspflicht des Verkäufers), ändert das am Erfüllungsort (beim Verkäufer) nichts (vgl. § 269 III).

Im **Fall f** handelt es sich um einen Versendungskauf nach § 447 I, da der Ort der gewerblichen Niederlassung des Verkäufers nach der Parteivereinbarung Erfüllungsort sein soll.

23 Eine Versendung „nach einem anderen Ort" liegt nicht nur beim Transport in eine andere Stadt vor, sondern auch bei einem Transport innerhalb derselben Stadt (Platzgeschäft); denn Erfüllungsort ist nach § 269 die Wohnung oder die Niederlassung des Schuldners. Außerdem ist kein einleuchtender Grund dafür vorhanden, die Versendung etwa innerhalb einer Großstadt anders zu behandeln als das Verschicken in eine benachbarte Stadt.

24 § 447 geht davon aus, dass die Kaufsache vom Erfüllungsort (Wohnsitz, gewerbliche Niederlassung des Verkäufers) versandt wird. Falls sie dagegen von einem anderen Ort verschickt wird, greift § 447 nicht ein. Ist der Käufer jedoch mit einer Versendung von einem anderen Ort einverstanden, so ist es nicht unbillig, mit der Absendung die Gefahr auf ihn übergehen zu lassen. Eine solche Vereinbarung ist möglicherweise in Klauseln wie „ab Werk" oder „ab Hafen" zu sehen.

25 (2) Die Versendung muss auf ausdrückliches oder stillschweigendes **Verlangen des Käufers** erfolgen. Dafür genügt es, wenn der Käufer

8 *Brox/Walker* SchuldR AT § 12 Rn. 11.
9 *Brox/Walker* SchuldR AT § 12 Rn. 12, 14.

nach Vertragsschluss diesen Wunsch äußert. Verschickt der Verkäufer dagegen eigenmächtig, zB um in seinem Lager Platz zu bekommen, scheidet § 447 aus.

In der Art der Versendung ist der Verkäufer frei. Selbst wenn er von einer besonderen Anweisung des Käufers abweicht, ändert das am Gefahrübergang nach § 447 I nichts. Jedoch ist der Verkäufer dem Käufer für den Schaden verantwortlich, der dadurch entsteht, dass er von einer solchen Anweisung ohne dringenden Grund abgewichen ist (§ 447 II, gem. § 475 III 2 nicht anwendbar beim Verbrauchsgüterkauf [→ § 7 Rn. 4bf.]).

(3) Der Gefahrübergang tritt mit **Auslieferung der Kaufsache an die Transportperson** (Spediteur, Frachtführer, Post, Bahn) ein. „Auslieferung" bedeutet Übergabe an die Transportperson. Der Verkäufer muss alles getan haben, damit die Ablieferung beim Käufer bewirkt werden kann. So muss er unter anderem die Anschrift des Käufers angeben. Der Abschluss eines Beförderungsvertrags genügt nicht; denn damit scheidet die Sache noch nicht aus dem Machtbereich des Verkäufers aus. Es reicht aber aus, dass die Sache an eigene Leute übergeben worden ist, welche die Sache zur Transportperson bringen sollen.[10] 26

(4) Nach § 447 I iVm § 446 geht nur die Gefahr des **zufälligen Untergangs** auf den Käufer über. Wie bei § 446 S. 1 ist kein Zufall gegeben, wenn den Verkäufer ein Verschulden trifft. 27

Das ist zB der Fall, wenn er die Kaufsache unsachgemäß verpackt oder der Transportperson eine fehlerhafte Weisung erteilt hat und dadurch der Transportschaden entsteht. Eine Verletzung der Sorgfaltspflicht des Verkäufers kann darin bestehen, dass er die Kaufsache zu einer Zeit abschickt, in der er damit rechnen musste, dass sie ihr Ziel nicht erreicht (zB Naturkatastrophe). Ein Verschulden des Verkäufers kann auch dann vorliegen, wenn er die Transportperson nicht sorgfältig ausgewählt hat (culpa in eligendo)[11] und dadurch ein Schaden entsteht.

Im **Fall** f muss K den Kaufpreis zahlen. Zur Zeit des Gefahrübergangs (§ 447 I) waren die Anzüge noch nicht verbrannt. Der V ist für die Zerstörung der Anzüge auch nicht verantwortlich. Durch diese Zerstörung entsteht dem K ein Schaden, da er für sein Geld keine Ware bekommt. Er hat jedoch (sofern nicht § 421 HGB eingreift) keinen Anspruch auf Schadensersatz gegen D, da er mit ihm keinen Vertrag geschlossen hat. Dagegen hat V gegen D einen Anspruch, jedoch (wegen § 447 I) keinen Schaden. Nach den Regeln über die sog. Drittschadensliquidation kann der Anspruchsberechtigte V aber den Schaden des K bei D liquidieren, und er muss den Ersatz oder Ersatzanspruch an K weitergeben. 28

---

10 Str.; vgl. MüKoBGB/*Westermann* § 447 Rn. 16.
11 *Brox/Walker* SchuldR AT § 20 Rn. 38.

29 Wenn der Verkäufer die **Versendung durch eigene Leute** durchführt und diese den Untergang der Kaufsache schuldhaft verursachen, wird deren Verschulden nach § 278 dem Verkäufer zugerechnet (str.). Es handelt sich dann nicht um einen zufälligen Untergang. Beim Versendungsverkauf gehört der Transport zwar nicht zur Leistungspflicht des Verkäufers. Ihn trifft aber die Schutzpflicht (§ 241 II), die Rechtsgüter und Interessen des Gläubigers nicht zu beeinträchtigen.[12] Würde bei einem Eigentransport § 278 nicht eingreifen, käme lediglich eine Haftung des Verkäufers nach § 831 in Betracht, die jedoch oft an der Entlastungsmöglichkeit des Verkäufers aus § 831 I 2 scheitern würde (→ § 48 Rn. 6ff.).

III. Schadensersatzanspruch des Käufers

1. Bei Verzögerung der Leistung

30 Kommt der Verkäufer mit der Erfüllung einer Pflicht aus § 433 I 1 in Schuldnerverzug (§ 286), so kann der Käufer außer der Erfüllung auch Schadensersatz wegen Verzögerung der Leistung verlangen (§§ 280 I, II, 286).[13] Unter den weiteren Voraussetzungen des § 281 (erfolgloser Ablauf einer angemessenen Frist zur Leistung) kann der Käufer bei Verzögerung der Leistung des Verkäufers auch Schadensersatz statt der Leistung verlangen. Anstelle des Schadensersatzes steht dem Käufer ein Anspruch auf Ersatz der Aufwendungen zu, die er im Vertrauen auf Erhalt der Leistung gemacht hat und billigerweise machen durfte (§ 284).

2. Bei Unmöglichkeit der Leistung

31 Der Käufer hat auch dann einen Schadensersatzanspruch gegen den Verkäufer, wenn dessen Leistung nach Vertragsschluss unmöglich geworden ist (nachträgliche Unmöglichkeit). Dieser Anspruch setzt aber gem. § 280 I voraus, dass der Verkäufer die Unmöglichkeit zu vertreten hat **(Fall c)**. Der Anspruch ist dann auf Schadensersatz statt der Leistung gerichtet (§ 283).[14] Wie sich im Umkehrschluss aus § 283 S. 2 ergibt, muss der Käufer dem Verkäufer in diesem Fall keine angemessene Frist zur Leistung setzen; eine solche Fristsetzung wäre

12 Ebenso *Looschelders* SchuldR BT Rn. 196f.
13 *Brox/Walker* SchuldR AT § 23 Rn. 30.
14 *Brox/Walker* SchuldR AT § 22 Rn. 50ff.

im Fall einer unmöglichen Leistung auch sinnlos. Die Schadensberechnung erfolgt nach der Differenztheorie, wenn der Käufer wegen § 326 I 1 keinen Kaufpreis zahlt (Schaden = Wertdifferenz zwischen Kaufsache und Kaufpreis).

Ein Anspruch auf Schadensersatz statt der Leistung ist auch dann gegeben, wenn die Unmöglichkeit schon bei Vertragsschluss vorlag (anfängliche oder ursprüngliche Unmöglichkeit). In diesem Fall ergibt sich der Anspruch aus § 311a II 1.[15] Der Schadensersatzanspruch wegen anfänglicher Unmöglichkeit setzt nicht voraus, dass diese vom Verkäufer zu vertreten ist, sondern nur, dass dieser das Leistungshindernis bei Vertragsschluss kannte oder kennen musste (§ 311a II 2). 32

Im **Fall a** lag das Übereignungshindernis (Dritteigentum des E) schon bei Vertragsschluss vor. Wenn V, der sich für den Eigentümer hielt, seine Unkenntnis vom Eigentum des E nicht zu vertreten hat, haftet er nicht nach § 311a II auf Schadensersatz.

Auch bei Unmöglichkeit steht dem Käufer anstelle des Anspruchs auf Schadensersatz statt der Leistung ein Aufwendungsersatzanspruch zu (§§ 284, 311a II 1). 33

Diese Rechtsfolgen der anfänglichen objektiven und subjektiven Unmöglichkeit gelten seit der Schuldrechtsmodernisierung gleichermaßen für den Sachkauf und für den Rechtskauf. Bis zum 31.12.2001 waren die Rechtsfolgen der anfänglichen objektiven Unmöglichkeit für den Sachkauf (Nichtigkeit des Kaufvertrags nach § 306 aF) und für den Rechtskauf (Schadensersatzpflicht des Verkäufers nach § 437 aF)[16] verschieden geregelt. Mit dem Wegfall des § 306 aF ist auch die davon abweichende Regelung des § 437 aF für die Gewährleistung beim Rechtskauf entfallen.

IV. Rücktritt

1. Bei Verzögerung der Leistung

Verzögert der Verkäufer die Erfüllung seiner Pflichten aus § 433 I 1, kann der Käufer unter den Voraussetzungen des § 323 vom Vertrag zurücktreten.[17] Voraussetzung dafür ist in der Regel, dass er dem Verkäufer erfolglos eine angemessene Frist zur Leistung bestimmt hat. Diese Fristsetzung ist gem. § 323 II entbehrlich, wenn der Verkäufer 34

15 *Brox/Walker* SchuldR AT § 22 Rn. 64 ff.
16 Dazu 26. Aufl. Rn. 27 ff.
17 *Brox/Walker* SchuldR AT § 23 Rn. 57 ff.

die Leistung ernsthaft und endgültig verweigert **(Fall g)**. Sie ist ferner entbehrlich, wenn der Schuldner (Verkäufer) die Leistung nicht zu einem vertraglich vereinbarten Termin oder innerhalb einer vereinbarten Frist bewirkt, obwohl die termin- oder fristgerechte Leistung für den Gläubiger (Käufer) wesentlich ist (relatives Fixgeschäft). Die Wesentlichkeit muss sich aus einer Mitteilung des Gläubigers an den Schuldner vor Vertragsschluss oder aus sonstigen Umständen ergeben, die den Vertragsschluss begleiten. Schließlich braucht eine Nachfrist nicht gesetzt zu werden, wenn im Fall einer nicht vertragsgemäß erbrachten Leistung Umstände vorliegen, die unter Abwägung der beiderseitigen Interessen den sofortigen Rücktritt rechtfertigen (die Kaufsache ist für den Käufer aufgrund der Verspätung nicht mehr verwendbar).

35 Hat der Verkäufer nur eine Teilleistung rechtzeitig erbracht, kommt ein Rücktritt des Käufers von dem ganzen Vertrag gem. § 323 V 1 nur in Betracht, wenn er an dieser Teilleistung kein Interesse hat. Andernfalls ist nur ein Teilrücktritt möglich.

36 Der Rücktritt des Käufers wegen Leistungsverzögerung des Verkäufers ist ausgeschlossen, wenn der Käufer für die Verspätung allein oder weit überwiegend verantwortlich ist oder wenn der Grund für die vom Verkäufer nicht zu vertretende Verspätung zu einer Zeit eintritt, in welcher der Käufer sich im Annahmeverzug (§§ 293 ff.) befindet (§ 323 VI; **Fall h)**.

2. Bei Unmöglichkeit der Leistung

37 Der Käufer kann ferner dann vom Kaufvertrag zurücktreten, wenn dem Verkäufer die Erfüllung seiner Pflichten aus § 433 I 1 unmöglich ist und er deshalb nach § 275 I von seiner Leistungspflicht frei wird (§ 326 V).[18] Gleiches gilt, wenn der Verkäufer deshalb von seiner Übereignungs- und Übergabepflicht frei wird, weil die Erfüllung dieser Pflichten zwar möglich ist, aber einen unverhältnismäßigen Aufwand erfordert oder dem Verkäufer aus anderen Gründen nicht zugemutet werden kann (§ 326 V iVm § 275 II, III).

38 Das Rücktrittsrecht nach § 326 V ist insbesondere bei der irreparablen Schlechtleistung von Bedeutung; denn gem. § 326 I 2 behält in diesem Fall der Verkäufer den Anspruch auf den Kaufpreis, so dass der Käufer am Rücktritt interessiert sein kann. Gleiches gilt bei einer teilweisen Unmöglichkeit,

18 *Brox/Walker* SchuldR AT § 22 Rn. 81 ff.

weil der Verkäufer gem. § 326 I 1, 2. Halbs. dann den Kaufpreisanspruch, der auf den geleisteten Teil entfällt, behält. Der Käufer kann dann gem. §§ 326 V, 323 V 1 zurücktreten, wenn er an der Teilleistung kein Interesse hat. Schließlich mag das Rücktrittsrecht nach § 326 V für den Käufer eine Rolle spielen, wenn er den Grund für die Nichtleistung des Verkäufers nicht kennt und deshalb auch nicht weiß, ob seine Pflicht zur Kaufpreiszahlung schon nach § 326 I 1 entfallen ist. Falls allerdings klar ist, dass der Käufer nach § 326 I 1 von der Zahlungspflicht frei wird, bringt ihm der Rücktritt vom Vertrag keine zusätzlichen Vorteile **(Fälle a, b, c)**. Deshalb hat der § 326 V insgesamt nur eine begrenzte Bedeutung.

Für den Rücktritt des Käufers wegen Befreiung des Verkäufers von seiner **39**
Leistungspflicht nach § 275 I–III gelten gem. § 326 V grundsätzlich die Voraussetzungen des § 323. Deshalb ist der Rücktritt ausgeschlossen, wenn etwa die Unmöglichkeit der Verkäuferleistung allein oder weit überwiegend vom Käufer zu vertreten ist **(Fall d)** oder zu einer Zeit eingetreten ist, in der sich der Käufer im Annahmeverzug befand **(Fall e)**. Allerdings ist entgegen § 323 I eine Fristsetzung entbehrlich; sie wäre bei Unmöglichkeit auch sinnlos.

Rechtsfolgen bei Nichterfüllung der Verkäuferpflichten aus § 433 I 1

I. Erfüllungsanspruch des Käufers
1. Grundsatz: Fortbestand des Erfüllungsanspruchs
2. Ausnahme: Wegfall des Erfüllungsanspruchs bei Unmöglichkeit gem. § 275 I und in den Fällen des § 275 II, III → dann aber Anspruch des Käufers auf das stellvertretende commodum (§ 285)

II. Gegenleistungspflicht des Käufers
1. Bei Fortbestand des Erfüllungsanspruchs: Einrede des nicht erfüllten Vertrags gem. § 320
2. Bei Wegfall des Erfüllungsanspruchs gem. § 275:
   a) Grundsatz: Wegfall der Gegenleistungspflicht (§ 326 I 1)
   b) Ausnahmen: Fortbestand der Gegenleistungspflicht
      aa) Bei Verantwortlichkeit des Käufers (§ 326 II 1)
      bb) Bei Geltendmachung des stellvertretenden commodums gem. § 285 (§ 326 III 1)
      cc) Bei zufälligem Untergang nach Gefahrübergang (Preisgefahr)
         (1) Nach Übergabe der Kaufsache (§ 446 S. 1)
         (2) Während Annahmeverzugs des Käufers (§ 446 S. 3)

(3) Nach Übergabe an Transportperson beim Versendungskauf (§ 447)

III. Schadensersatzanspruch oder Aufwendungsersatzanspruch (§ 284) des Käufers

1. Wegen Verzögerung der Erfüllung: §§ 280 I, II, 286; §§ 280 I, III, 281
2. Wegen Unmöglichkeit der Erfüllung:
   a) Wegen nachträglicher Unmöglichkeit: §§ 280 I, III, 283
   b) Wegen anfänglicher Unmöglichkeit: § 311a II 1

IV. Rücktrittsrecht des Käufers

1. Wegen Verzögerung der Erfüllung: § 323 I (aber § 323 V)
2. Wegen Unmöglichkeit der Erfüllung: § 326 V

§ 4. Verletzung der Pflichten des Verkäufers aus § 433 I 2

1 **Schrifttum:** *Andreae*, Die aktuelle Rechtsprechung zum Gebrauchtwagenkauf, NJW 2007, 3457; *Arnold*, Die eigenmächtige Mängelbeseitigung durch den Käufer, ZIP 2004, 2412; *Czerny*, Die wichtigsten Anspruchsgrundlagen des kaufrechtlichen Gewährleistungsrechts – ihr Aufbau und Verhältnis zueinander, JURA 2015, 1024 und 1157; *Dauner-Lieb/Arnold*, Die Falschlieferung beim Stückkauf, JuS 2002, 1175; *Derleder*, Das ius variandi des Käufers bei Sach- und Rechtsmängeln, in: Dauner-Lieb/Konzen/Schmidt, Das neue Schuldrecht in der Praxis, 2003, 411; *ders.*, Der Wechsel zwischen den Gläubigerrechten bei Leistungsstörungen und Mängeln, NJW 2003, 998; *ders.*, Der Kauf aus privater Hand nach neuem Schuldrecht, NJW 2005, 2481; *Fervers*, Das System der schuldrechtlichen Anspruchsgrundlagen im Kaufrecht, JURA 2015, 11; *Grigoleit/Herresthal*, Grundlagen der Sachmängelhaftung im Kaufrecht, JZ 2003, 118; *Gröschler*, Die Pflicht des Verkäufers zur Aufklärung über Mängel nach neuem Kaufrecht, NJW 2005, 1601; *Grunewald*, Kaufrecht, 2006; *Herrler*, Gefahr unbemerkter Beschaffenheitsvereinbarungen im Immobilienkaufvertrag, NJW 2016, 1767; *Heyers/Heuser*, Qualitative Unmöglichkeit – eine verkannte Rechtsfigur, NJW 2010, 3057; *Höpfner/Fallmann*, Die Reform des kaufrechtlichen Gewährleistungsrechts 2018, NJW 2017, 3745; *Hoeren*, Gewährleistung bei Softwareüberlassungsverträgen, in: Dauner-Lieb/Konzen/Schmidt, Das neue Schuldrecht in der Praxis, 2003, 515; *Hofmann/Pammler*, Die Rechte des Käufers vor Übergabe bei unbehebbarem Mangel des Kaufgegenstandes, ZGS 2004, 91; *Horn*, Der kaufrechtliche Ausbesserungsanspruch, NJW 2017, 289; *Jäckel/Tonikidis*, Der kaufrechtliche

Ausbesserungsanspruch, JuS 2013, 302; *Jansen,* Gewährleistung trotz Annahmeverzugs und Untergangs der Kaufsache?, ZIP 2002, 877; *Jud,* Das Recht der Zurückweisung im Kaufrecht, JuS 2004, 841; *Lamprecht,* Nochmals: Gewährleistung trotz Annahmeverzugs und Untergangs der Kaufsache?, ZIP 2002, 1790; *Lehmann-Richter,* Die Anwendbarkeit von § 320 I 1 BGB im Kaufrecht bei vereinbartem Ausschluss der Mängelrechte des Käufers, JURA 2002, 585; *Looschelders,* Die neuere Rechtsprechung zur kaufrechtlichen Gewährleistung, JA 2007, 673; *S. Lorenz,* Grundwissen – Zivilrecht: Neuregelungen im Gewährleistungsrecht zum 1.1.2018, JuS 2018, 10; *ders.*, Recht des Käufers zur Zurückweisung einer mangelhaften Sache – Voraussetzungen und Grenzen, NJW 2013, 1341; *ders.*, Rücktritt, Minderung und Schadensersatz wegen Sachmängeln im neuen Kaufrecht: Was hat der Verkäufer zu vertreten?, NJW 2002, 2497; *Müggenberg,* Der Kauf von Altlastengrundstücken nach der Schuldrechtsmodernisierung, NJW 2005, 2810; *Nietzsch/Osmanovic,* Die kaufrechtliche Sachmängelhaftung nach dem Gesetz zur Änderung des Bauvertragsrechts, NJW 2018, 1; *Peters,* Die Erfüllungsgehilfen des Verkäufers neu hergestellter Sachen, ZGS 2010, 24; *Redeker,* Die Verkäuferhaftung beim Unternehmens- und Grundstückskauf, NJW 2012, 2471; *Reinicke/Tiedtke,* Kaufrecht, 8. Aufl., 2009; *Reischl,* Grundfälle zum neuen Schuldrecht, 4. Teil. Neuerungen im Kauf- und Werkvertragsrecht, JuS 2003, 865; *Ring,* Abgas-Manipulationssoftware und Gewährleistungsrechte der Käufer, NJW 2016, 3121; *Schall,* Nochmals: Die Anwendbarkeit des Sachmangelrechts im Falle unbehebbarer Mängel im Kaufrecht, NJW 2011, 343; *Schlinker,* Die Sachmängelrechte im Kauf- und Werkvertragsrecht im Falle mangelhafter Drittleistung, AcP 207 (2007), 399; *Steenbuck,* Das Recht des Käufers von Fahrzeugen mit überhöhten Abgaswerten, MDR 2016, 185; *Sutschet,* Probleme des kaufrechtlichen Gewährleistungsrechts, JA 2007, 161; *Tiedtke,* Zur Rechtsprechung des BGH auf dem Gebiet des Kaufrechts, JZ 2008, 395 und 452; *Tiedtke/Schmitt,* 40 Probleme aus dem Kaufrecht, 2. Aufl., 2009; *Wertenbruch,* Gewährleistung beim Kauf von Kunstgegenständen nach neuem Schuldrecht, NJW 2004, 1977; *ders.*, Die Besonderheiten des Tierkaufs bei der Sachmängelgewährleistung, NJW 2012, 2065; *v. Wilmowsky,* Pflichtverletzungen im Schuldverhältnis, JuS 2002, Beil. zu Heft 1/2002; *Witt,* Der Dieselskandal und seine kauf- und deliktsrechtlichen Folgen, NJW 2017, 3681.

Fall a: V verkauft an K die Ladung eines bestimmten Schiffes. Beide gehen davon aus, dass es sich um Walfischfleisch handelt. Bei der Ablieferung stellt sich heraus,

1. dass das Walfischfleisch verdorben ist, → Rn. 14
2. dass es sich um genießbares Haifischfleisch handelt. → Rn. 9

Fall b: Der gekaufte Pkw ist bereits 60 000 km gelaufen, obwohl der Kilometerzähler nur 20 000 km anzeigt. Außerdem wird das Fahrzeug nicht zugelassen, weil die Bremsen nicht funktionieren und die Fahrzeug-Ident.-Nr. nicht mit der Eintragung im Kraftfahrzeugbrief übereinstimmt. K will mindern. → Rn. 9, 14, 62

Fall c: K entdeckt bei der Lieferung des gekauften Kühlschrankes an dessen Seitenwand einen kleinen Lackfehler und will am liebsten vom Kaufvertrag zurücktreten, jedenfalls aber den Kaufpreis herabgesetzt haben. V meint, wegen einer solchen Bagatelle habe K überhaupt keine Rechte. → Rn. 9, 62

Fall d: K kauft bei V ein Fernsehgerät des Herstellers H, nachdem er in einer Fernsehwerbung des H gesehen hat, dass dieses Gerät auch über eine Kindersicherung verfüge. Das erweist sich später als unzutreffend. Als K das Gerät gegen Rückzahlung des Kaufpreises zurückgeben will, verweist V ihn auf eventuelle Ansprüche gegen H. → Rn. 18

Fall e: K erwirbt beim Autohändler V einen gebrauchten Pkw. Dieser weist solche technischen Veränderungen auf, dass er nicht zum Verkehr zugelassen wird. Als K deshalb vom Vertrag zurücktreten will, beruft V sich darauf, er habe selbst von diesen Veränderungen keine Kenntnis gehabt. Außerdem sei im Kaufvertrag „gekauft wie besichtigt" vereinbart. → Rn. 12, 14, 32, 34

Fall f: Schreinermeister K, der von V einen Festmeter Eichenholz gekauft hat, schickt das Holz, weil es morsch ist, an V zurück und verlangt mangelfreies Eichenholz. V ist nur bereit, den Kaufpreis zurückzuzahlen, weil ihn die Beschaffung von Ersatzholz unverhältnismäßig teuer käme. → Rn. 40, 46

Fall g: K, der von V eine Vase für 90 Euro gekauft hat, will wegen eines Fehlers der Vase mindern. V verlangt deshalb von K 80 Euro, da die fehlerhafte Vase diesen Wert hat. K meint, er habe weniger zu zahlen, da die Vase ohne den Fehler einen Wert von 120 Euro habe. → Rn. 71

Fall h: Der beim Fachhändler gekaufte PC hat ein defektes Netzteil. Kann K nach erfolgloser Fristsetzung für die Lieferung eines anderen Gerätes den PC zurückgeben sowie Rückzahlung des Kaufpreises und Ersatz der (höheren) Kosten verlangen, die er für eine Beschaffung bei einem anderen Händler aufwenden muss? → Rn. 14, 80, 86, 94

Fall i: V verkauft dem K 100 Flaschen eines bestimmten Weines. Bei der Überprüfung der Lieferung stellt K fest, dass 10 Flaschen fehlen. Eine Ersatzbeschaffung ist dem V nicht möglich. Kann der erboste K die gelieferten 90 Flaschen zurückgeben und Schadensersatz wegen Nichterfüllung des ganzen Vertrags verlangen? → Rn. 26, 64, 65, 100

Fall j: Im Schaufenster des V liest K ein Schild „Garantiert frische Bücklinge eingetroffen". K kauft einen Bückling und erkrankt nach dessen Genuss an einer Fischvergiftung. Er verlangt von V Ersatz der Arztkosten. → Rn. 90, 91, 122

I. Überblick

1. Einrede des nicht erfüllten Vertrags, Zurückbehaltungsrecht und Mängelrechte

Nach § 433 I 2 hat der Verkäufer die verkaufte Sache dem Käufer frei von Sach- und Rechtsmängeln zu verschaffen. Die Sach- und Rechtsmängelfreiheit gehört zu den Hauptleistungspflichten des Verkäufers (→ § 2 Rn. 7 ff.). Die Lieferung einer mangelhaften Sache ist keine ordnungsgemäße Erfüllung. Dem Käufer steht die Einrede des nicht erfüllten Vertrags nach § 320 zu, so dass er berechtigt ist, die Bezahlung des Kaufpreises abzulehnen. Das gilt grundsätzlich auch bei geringfügigen Mängeln, sofern nicht im Einzelfall Treu und Glauben entgegenstehen.[1] Die Pflicht des Käufers zur Abnahme nach § 433 II (→ § 2 Rn. 19 f.) steht zwar nicht im Gegenseitigkeitsverhältnis zur Übereignungspflicht des Verkäufers und wird daher von § 320 nicht erfasst. Aber der Käufer ist gem. § 273 im Hinblick auf seinen Anspruch auf Lieferung einer mangelfreien Sache (§ 433 I 2) berechtigt, die Abnahme selbst bei kleineren Mängeln der Sache zu verweigern.[2] Er kommt dadurch nicht in Annahmeverzug (§§ 293 ff.).

Die weiteren Rechte des Käufers nach Übergabe und Übereignung 2
der mangelhaften Kaufsache ergeben sich aus den §§ 437 ff. Diese Vorschriften wurden im Rahmen der Schuldrechtsreform zum 1.1.2002 vollständig neu gefasst. Danach kann der Käufer vorrangig **Nacherfüllung** verlangen (§§ 437 Nr. 1, 439). Insoweit hat er grundsätzlich ein Wahlrecht, ob er die Beseitigung des Mangels oder die Lieferung einer mangelfreien Sache verlangt (§ 439 I). Die anderen in § 437 genannten Rechte stehen ihm grundsätzlich erst nach dem fruchtlosen Ablauf einer dem Verkäufer zur Nacherfüllung gesetzten Frist zu. Er kann entweder nach §§ 440, 323 und 326 V von dem Vertrag **zurücktreten** (§ 437 Nr. 2, 1. Fall) oder nach § 441 den **Kaufpreis mindern** (§ 437 Nr. 2, 2. Fall). Rücktritt und Minderung stehen nach dem Gesetzeswortlaut in einem Alternativverhältnis zueinander. Daneben kann der Käufer nach Maßgabe der §§ 440, 280, 281, 283 und 311a II **Schadensersatz** oder nach § 284 **Ersatz vergeblicher Aufwendungen** verlangen (§ 437 Nr. 3). Schadensersatz und Aufwendungsersatz können grundsätzlich neben Rücktritt oder Minderung geltend gemacht werden. Das ergibt sich daraus, dass § 437 Nr. 3 durch ein „und" mit der vorhergehenden Nummer 2 dieser Vorschrift verbunden ist (vgl. auch § 325). Die Mängelrechte des Käufers sind in § 437 abschließend aufgezählt. Ein Recht des Käufers zur **Selbstvornahme** der Mangelbeseitigung auf Kosten des Verkäufers wird jedenfalls von der Rechtsprechung verneint (→ Rn. 40a).

---

1 *BGH* NJW 2017, 1100 Rn. 21 ff. (kleinerer Lackmangel an gekauftem Pkw) mAnm *Riehm* JuS 2017, 463 und Anm. *Wilke* EWiR 2017, 237.
2 *BGH* ZIP 2016, 2420 Rn. 30 ff.

3 Soweit § 437 auf die allgemeinen Vorschriften zum Rücktrittsrecht, zum Schadensersatz und zum Aufwendungsersatz verweist, hat der Gesetzgeber die Mängelrechte des Käufers in das allgemeine Leistungsstörungsrecht der §§ 280 ff., 323 ff. integriert. Das ist konsequent, weil die Lieferung einer mangelhaften Sache eine Form der Nichterfüllung der Verkäuferpflichten ist (§ 433 I 2) und die Nichterfüllung eine Pflichtverletzung iSv § 280 bzw. eine nicht vertragsgemäß erbrachte Leistung iSv § 323 bedeutet. Diese Regelungen werden lediglich durch besondere Bestimmungen für Rücktritt und Schadensersatz in § 440 ergänzt. Auch der Nacherfüllungsanspruch ist nichts anderes als der Erfüllungsanspruch des Käufers; er ist gegenüber dem originären Erfüllungsanspruch aus § 433 I 2 in § 439 lediglich besonders ausgestaltet. Nur das Recht des Käufers auf Minderung des Kaufpreises (§ 441) ist eine kaufrechtliche Besonderheit, die über das allgemeine Leistungsstörungsrecht hinausgeht.

2. Anwendungsbereich der §§ 437 ff. über die Mängelrechte des Käufers

4 Die §§ 437 ff. über die Mängelrechte des Käufers gelten unmittelbar für den Sachkauf iSv § 433. Als Kaufsache kommen alle beweglichen und unbeweglichen Sachen in Betracht. Unerheblich ist, ob es sich um einen Stückkauf oder um einen Gattungskauf handelt. Die §§ 437 ff. finden über § 453 I ferner auf den Kauf von Rechten und sonstigen Gegenständen entsprechende Anwendung.

Mit der Ausdehnung des Kaufrechts einschließlich der Mängelrechte des Käufers auf „sonstige Gegenstände" folgt der Gesetzgeber der bisherigen Rechtsprechung, die die Vorschriften des Kaufrechts zB auf die entgeltliche Übertragung von Unternehmen oder Unternehmensteilen, von freiberuflichen Praxen, von Elektrizität und Fernwärme, von (nicht geschützten) Erfindungen, technischem Know-how, Software, Werbeideen usw angewendet hat.[3]

5 Weiterhin gilt die kaufrechtliche Mängelhaftung über die Verweisungsnorm des § 480 für Tauschverträge und gem. § 650 S. 1 für Verträge, die die Lieferung herzustellender oder zu erzeugender beweglicher Sachen zum Gegenstand haben. Schließlich fallen auch kaufähnliche Verträge, die auf die entgeltliche Veräußerung oder Belastung eines Gegenstandes gerichtet sind (zB Lieferung von Sachen gegen Leistung von Diensten), in den Anwendungsbereich der Vorschriften über Sach- und Rechtsmängel beim Kauf.

Zwar hat der Gesetzgeber im Rahmen der Schuldrechtsreform die vorher für kaufähnliche Verträge geltenden §§ 445, 493 aF, die für die Rechte des

3 BT-Drs. 14/6040, 242.

Käufers bei Rechts- und Sachmängeln auf das Kaufrecht verwiesen haben, gestrichen. Er hat aber ausdrücklich klargestellt, dass die Anwendung des Kaufrechts auf kaufähnliche Verträge eine Selbstverständlichkeit sei und nicht besonders geregelt werden müsse.[4]

II. Mangel der Kaufsache

Schrifttum: *Adolphsen*, Die negative Beschaffenheitsvereinbarung im Kaufrecht, FS Schapp, 2010, 1; *Bacher*, Die Haftung für Sachmängel im Kraftfahrzeughandel, MDR 2016, 1186; *Berger*, Der Beschaffenheitsbegriff des § 434 Abs. 1 BGB, JZ 2004, 276; *Brand*, Probleme mit der „Ikea-Klausel", ZGS 2003, 96; *Dastis/Lotz*, Die Abgrenzung von Sach- und Rechtsmängeln, JURA 2017, 1355; *Dauner-Lieb/Arnold*, Die Falschlieferung beim Stückkauf, JuS 2002, 1175; *Ebers/Henninger*, Mangelhafte Montageanleitung und Verpackungsmängel im neuen Kaufrecht, JURA 2006, 58; *Eichelberger/Zentner*, Tiere im Kaufrecht, JuS 2009, 201; *Grigoleit/Herresthal*, Die Beschaffenheitsvereinbarung und ihre Typisierungen in § 434 I BGB, JZ 2003, 233; *Haedicke*, Rechtskauf und Rechtsmängelhaftung, 2003; *Heiderhoff/Skamel*, Teilleistung im Kaufrecht, JZ 2006, 383; *Jerger/Bühler*, Rechte des Käufers eines beschlagnahmten Fahrzeugs, NJW 2017, 1639; *Kleinhenz/Junk*, Die Haftung des Verkäufers für Falschangaben beim Unternehmenskauf, JuS 2009, 787; *Kniefert*, Wann ist ein Pferd mangelhaft?, NJW 2007, 2895; *Kohler*, Kaufrechtliche Rückgewährpflichten bei Aliud- und Peius-Lieferung gemäß § 439 Abs. 4 BGB im Konflikt mit § 241a BGB, AcP 204 (2004), 606; *Kreutz*, Die kaufrechtliche Gewährleistung und ihre Grenzen – Überlegungen zu § 434 III Alt. 1 BGB bei Lieferung eines höherwertigen aliud durch den Verkäufer, JA 2017, 655; *Lettl*, Die Falschlieferung durch den Verkäufer nach der Schuldrechtsreform, JuS 2002, 866; *Looschelders*, Beschaffenheitsvereinbarung, Zusicherung, Garantie, Gewährleistungsausschluss, in: Dauner-Lieb/Konzen/Schmidt, Das neue Schuldrecht in der Praxis, 2003, 395; *S. Lorenz*, Aliud, peius und indebitum im neuen Kaufrecht, JuS 2003, 36; *Marx*, Fallstricke in Pferderechtsprozessen seit Abschaffung des Viehgewährleistungsrechts, NJW 2010, 2839; *Müller*, Die Unterscheidung zwischen „Beschaffenheit" und „Umweltbeziehung" im kaufrechtlichen Gewährleistungsrecht, WM 2017, 929, 981; *Musielak*, Die Falschlieferung beim Stückkauf nach dem neuen Schuldrecht, NJW 2003, 89; *Ostendorf*, Die Grenzlinien des Mangelbegriffs vor dem Hintergrund der Voraussetzungen und Rechtsfolgen des gesetzlichen Mängelhaftungssystems, JZ 2011, 822; *Pahlow*, Der Rechtsmangel beim Sachkauf, JuS 2006, 289; *Palzer*, Grundfragen des Unternehmenskaufs im Lichte der jüngeren Rechtsprechung, JURA 2011, 917; *Schapiro*, Die Angaben zum Kunstwerk in den Versteigerungsbedingungen von Auktionshäusern, JZ 2013, 549; *Schulze*, Falschlieferung beim Spezieskauf – Unzulänglichkeiten des Gesetzes?, NJW 2003, 1022; *Stöber*, Die Echtheit der Kaufsache als Gegenstand ei- 6

4 BT-Drs. 14/6040, 203.

ner Beschaffenheitsvereinbarung, JA 2017, 561; *Thier,* Aliud- und Minus-Lieferung im neuen Kaufrecht des Bürgerliches Gesetzbuches, AcP 203 (2003), 399; *Tiedtke/Schmitt,* Die Falschlieferung durch den Verkäufer, JZ 2004, 1092; *Tröger,* Grundfälle zum Sachmangel nach neuem Kaufrecht, JuS 2005, 503; *Vieweg*, Gebrauchs- und Betriebsanleitungen im Kaufrecht, Gebrauchs- und Betriebsanleitungen in Recht und Praxis, 2007, 33; *Wagner,* Der Fehlerverdacht als Produktfehler, JZ 2016, 292; *Weiler,* Haftung für Werbeangaben nach neuem Kaufrecht, WM 2002, 1784; *Wertenbruch,* Gewährleistungsrechte des Käufers bei polizeilicher Beschlagnahme der Kaufsache, ZGS 2004, 366; *Zerres,* Der Begriff des Sachmangels im neuen Kaufrecht, JA 2002, 713.

Alle Rechte des Käufers aus § 437 haben zur Voraussetzung, dass die Kaufsache mangelhaft ist. Wenn der Käufer Mangelbeseitigung verlangt, obwohl gar kein Sachmangel vorliegt, kann er gegenüber dem Verkäufer schadensersatzpflichtig sein (→ § 6 Rn. 4). Ein Mangel kann in Form eines Sachmangels (§ 434) oder eines Rechtsmangels (§ 435) vorliegen. Die im Einzelfall möglicherweise schwierige Abgrenzung zwischen Sach- und Rechtsmängeln ist ohne besondere Bedeutung, da an beide Mängelarten identische Rechtsfolgen geknüpft sind.

Die rechtliche Gleichstellung von Sach- und Rechtsmängeln wurde erst durch die Schuldrechtsreform mit Wirkung zum 1.1.2002 hergestellt. Bis dahin galten bei Rechtsmängeln gem. §§ 434ff., 440 aF die Regeln des allgemeinen Leistungsstörungsrechts über Unmöglichkeit, während bei Sachmängeln das besondere Gewährleistungsrecht der §§ 459ff. aF maßgeblich war.[5]

7 Die **Beweislast** für das Vorhandensein von Mängeln richtet sich grundsätzlich nach § 363.[6] Daran hat sich durch die Neuregelung der Mängelrechte des Käufers zum 1.1.2002 nichts geändert.[7] Danach trifft die Beweislast für Mängel den Käufer, sobald dieser die Kaufsache als Erfüllung angenommen hat. Bis zu diesem Zeitpunkt muss der Verkäufer den Negativbeweis erbringen, dass kein Mangel vorliegt.

1. Sachmangel

8 Der Begriff des Sachmangels ist in § 434 ausführlich geregelt. Er setzt eine Beschaffenheitsabweichung bei Gefahrübergang (§ 434 I), einen Montagefehler (§ 434 II) oder eine Falsch- bzw. Zuweniglieferung (§ 434 III) voraus.

---

5 Einzelheiten dazu siehe 26. Aufl. Rn. 19ff., 57ff.
6 Vgl. *BGH* NJW 1985, 2328 (2329).
7 BT-Drs. 14/6040, 217.

Für das Vorliegen eines Sachmangels spielt es – in Abweichung zur Gesetzeslage vor dem 1.1.2002 (vgl. § 459 I 2 aF) – keine Rolle mehr, ob es sich nur um einen geringfügigen Mangel handelt **(Fall c)**. Daher stellt **jede** Abweichung von der vereinbarten Beschaffenheit einen Sachmangel dar. Allerdings ist ein Rücktritt bei Unerheblichkeit des Mangels ausgeschlossen (→ Rn. 61 ff.).

a) Beschaffenheitsabweichung bei Gefahrübergang.

aa) Nach § 434 I 1 ist die Sache mangelhaft, wenn sie bei Gefahr- 9
übergang die **vereinbarte Beschaffenheit** nicht hat.

Die Norm legt den bisher von der hM vertretenen sog. **subjektiven Fehlerbegriff** zugrunde, indem in erster Linie auf den Inhalt der getroffenen **Vereinbarung** abgestellt wird.[8] Die Vereinbarung kann auch konkludent erfolgen oder sich aus den Umständen ergeben.[9] Sie ist aber nicht schon im Zweifel zu bejahen, sondern muss eindeutig feststellbar sein.[10] Eine Beschaffenheitsvereinbarung setzt voraus, dass der Verkäufer in vertragsgemäß bindender Weise die Gewähr für das Vorhandensein einer Eigenschaft der Kaufsache übernehmen und damit seine Bereitschaft zu erkennen geben will, für alle Folgen des Fehlens dieser Eigenschaft einzustehen.[11] Beschreibt der Verkäufer den Kaufgegenstand vor oder bei Vertragsschluss etwa in einer Annonce, einem Prospekt oder Katalog oder in einem Verkaufsgespräch in einer bestimmten Weise, so werden, wenn der Käufer vor diesem Hintergrund seine Kaufentscheidung trifft, die Erklärungen des Verkäufers ohne Weiteres zum Inhalt des Vertrags und damit zum Inhalt einer Beschaffenheitsvereinbarung.[12] Eine etwaige Formbedürftigkeit des Vertrags gilt auch für die Beschaffenheitsvereinbarung. Deshalb führen vorvertragliche Angaben des Verkäufers eines Hauses zu dessen Wohnfläche in aller Regel nicht zu einer wirksamen Beschaffenheitsvereinbarung, wenn sie nicht in die notarielle Kaufvertragsurkunde aufgenommen werden.[13] Entsprechendes gilt für vorvertragliche Angaben zum Baujahr eines Gebäudes, die in dem notariellen Kaufvertrag nicht enthalten sind.[14]

---

8 Zu dem vor der Gesetzesänderung bestehenden Meinungsstreit bezüglich der verschiedenen damaligen Fehlerbegriffe vgl. 26. Aufl. Rn. 61 f.
9 *BGH* NJW 2016, 1815 Rn. 9 mAnm *Faust* JZ 2016, 1012 und Anm. *Gutzeit* JuS 2016, 841; dazu ferner *Herrler* NJW 2016, 1767.
10 *BGH* NJW 2018, 146 Rn. 18.
11 *BGH* NJW 2018, 150 Rn. 16; 2017, 2817 Rn. 13; NJW 2016, 3015 Rn. 34.
12 BT-Drs. 14/6040, 212.
13 *BGH* NJW 2016, 1815 Rn. 15 ff.
14 *BGH* NJW 2017, 150 Rn. 18.

Ob bei einer Internetauktion allein aufgrund der Angebotsbeschreibung eine Beschaffenheitsvereinbarung (zB hinsichtlich der Echtheit eines angebotenen Objekts) mit dem Meistbietenden zustande kommt, kann nur im Einzelfall durch Auslegung unter umfassender Würdigung aller Umstände ermittelt werden;[15] ein niedriger Startpreis (zB ein Euro) schließt eine solche Vereinbarung nicht von vornherein aus (→ auch Rn. 37).

Beispiele: Im **Fall a, 2** ist das Haifischfleisch mangelhaft iSd § 434 I 1, da es als Walfischfleisch verkauft wurde; es mag sich im Übrigen um genießbares Fleisch handeln. Im **Fall b** wird man mangels abweichender Vereinbarung davon ausgehen können, dass die auf dem Kilometerzähler angegebene Laufleistung zu der zwischen den Parteien vereinbarten Beschaffenheit gehört. Die tatsächlich höhere Laufleistung fällt daher unter § 434 I 1. Gleiches gilt für den Lackfehler am Kühlschrank im **Fall c**; denn beim Kauf eines neuen Kühlschrankes ist die einwandfreie Lackierung zumindest stillschweigend vereinbart. Hat ein verkauftes Haus nicht die vereinbarte Wohnfläche, liegt darin mangels vereinbarter Beschaffenheit ein Sachmangel; die Beschaffenheitsvereinbarung ist aber nur wirksam, wenn sie mit dem Grundstückskaufvertrag notariell beurkundet ist.[16] Falls ein Neuwagen gekauft wird, liegt ein Sachmangel iSd § 434 I vor, wenn das Fahrzeug zur Zeit des Verkaufs nicht mehr unverändert produziert wird[17] oder sich nicht mehr in dem unbenutzten und unbeschädigten Zustand befindet, wie es vom Hersteller ausgeliefert worden ist.[18] Steht ein „fabrikneues"[19] Fahrzeug vor seiner Auslieferung längere Zeit unbenutzt beim Verkäufer, kann allein dieser Umstand einen Mangel begründen; der Käufer eines Neuwagens will regelmäßig kein Lagerfahrzeug erwerben, das überdurchschnittlich lange (zB über ein Jahr) beim Händler gestanden hat. Deshalb entspricht auch ein „Jahreswagen" nicht der vereinbarten Beschaffenheit, wenn schon zwischen Herstellung und Erstzulassung mehr als zwölf Monate liegen.[20] In der im Gebrauchtwagenkaufvertrag enthaltenen Eintragung „HU (TÜV) frei" ist die stillschweigende Vereinbarung zu sehen, dass sich das Fahrzeug zum Zeitpunkt der Übergabe in einem für die Hauptuntersuchung nach § 29 StVZO geeigneten verkehrssicheren Zustand befindet und dass die Hauptuntersuchung durchgeführt wurde.[21] – Dagegen ist mit der Beschaffenheitsangabe „Vorführwagen" ein bestimmtes Alter des Fahrzeugs nicht vereinbart; denn unter Vorführwagen versteht man allgemein nur, dass das Fahrzeug dem Händler im Wesentlichen zum Zwecke von Besichtigungen und Probefahrten gedient hat und noch nicht auf einen Endabnehmer zugelas-

15 *BGH* NJW 2012, 2723f.
16 *BGH* NJW 2016, 1815 Rn. 15ff.
17 *BGH* NJW 2003, 2824.
18 *BGH* NJW 2013, 1365 mAnm *Schwab* JuS 2013, 1031.
19 Dazu *BGH* NJW 2004, 160; 2016, 3015 (3019); vgl. auch → Rn. 88.
20 *BGH* NJW 2006, 2694; 2016, 3015 (3019).
21 *BGH* NJW 2015, 1669 (1670); dazu *Gutzeit* JuS 2016, 65.

sen war.[22] Ferner führt beim Gebrauchtwagenkauf die Angabe des Verkäufers „Unfallschäden: laut Vorbesitzer keine" weder zu einer positiven noch zu einer negativen Beschaffenheitsvereinbarung.[23] Mit dem Hinweis „laut Vorbesitzer" bringt der Verkäufer hinreichend zum Ausdruck, dass es sich dabei nicht um eigenes Wissen handelt, sondern lediglich um eine Wissensmitteilung über die Angaben des Vorbesitzers.[24] Sie kann allerdings zu einer Schadensersatzpflicht des Verkäufers nach §§ 280 I, 241 II, 311 II führen, wenn er die Angaben des Vorbesitzers nicht richtig und vollständig wiedergibt. Ebenso wie in der Angabe „laut Vorbesitzer" liegt auch in der Angabe (zB des Datums der Erstzulassung des verkauften Fahrzeugs) „laut Kfz-Brief" keine Beschaffenheitsvereinbarung darüber, dass das Fahrzeug vor der Erstzulassung keine längere Standzeit als ein Jahr hatte.[25]

Auch dann, wenn ein Muster oder eine Probe vor oder bei dem Vertragsschluss nicht nur zu Werbezwecken vorgelegen hat, sondern zur Darstellung und Festlegung der Eigenschaften der Kaufsache, ist die Beschaffenheit des Musters oder der Probe als Beschaffenheit der verkauften Sache vereinbart worden. Eine Abweichung von dem Muster oder der Probe in der Beschaffenheit stellt dann einen Sachmangel nach § 434 I 1 dar.[26]

Den Begriff der **Beschaffenheit** hat der Gesetzgeber bewusst nicht 10
definiert. Er umfasst jedenfalls solche Eigenschaften, die der **Kaufsache physisch anhaften**.

Beispiele: Hausschwamm, Ungenießbarkeit von Lebensmitteln, fehlende Verkehrssicherheit eines Kraftfahrzeugs,[27] Sprung in der Vase, körperlicher Defekt eines Hundes.[28]

Nach dem bis zur Schuldrechtsreform geltenden Kaufrecht waren 10a
als Fehler iSv § 459 aF aber auch solche Mängel anerkannt, die sich zwar erst aus der **Beziehung der Kaufsache zur Umwelt** ergeben, aber in der tatsächlichen Beschaffenheit der Kaufsache ihren Grund haben. Unter dieser Voraussetzung liegt auch eine Beschaffenheitsabweichung iSv § 434 I vor.[29]

Beispiele: Eine Eigentumswohnung in einem Gewerbegebiet darf aufgrund öffentlich-rechtlicher Vorschriften nur von einem bestimmten Personenkreis

---

22 *BGH* NJW 2010, 3710ff.
23 *BGH* NJW 2008, 1517 (1518) mAnm *Walker* LMK 2008, 261783.
24 *BGH* NJW 2013, 2107 (2108).
25 *BGH* NJW 2016, 3015 (3018).
26 BT-Drs. 14/6040, 212.
27 *BGH* NJW 2017, 153 Rn. 14, 24 (sporadisch hängenbleibendes Kupplungspedal).
28 *BGH* NJW 2005, 2852.
29 *BGH* NJW 2013, 1671 (1672).

benutzt werden;[30] Unbewohnbarkeit eines Hauses aus gesundheitspolizeilichen Gründen; das als „echter Jawlensky" verkaufte Bild stammt von einem unbekannten Maler;[31] das als Bauland verkaufte Grundstück darf wegen eines öffentlich-rechtlichen Bauverbotes nicht bebaut werden, das verkaufte Haus wird von schadstoffhaltigem Grundwasser durchströmt[32] oder es ist ganz oder teilweise ohne Baugenehmigung errichtet worden.[33] Die Abgrenzung zu einem Rechtsmangel, der zB bei privatrechtlichen Baubeschränkungen eines Grundstückes angenommen wird, kann schwierig sein. Sie hat aber wegen der identischen Rechtsfolgen für Sach- und Rechtsmängel (§ 437) keine besondere Bedeutung mehr. Die Entwicklung der Rechtsprechung zum Beschaffenheitsbegriff bleibt abzuwarten. Sehr weitgehend nimmt der BGH an, dass es sich auch bei dem Bestehen einer Herstellergarantie für ein Kraftfahrzeug um eine Beziehung zwischen der Kaufsache und der Umwelt handele.[34] Danach liegt in dem Fehlen einer Herstellergarantie ein Mangel in Form einer Beschaffenheitsabweichung.

10b Schließlich kann die Beschaffenheit einer Sache sogar durch solche Umstände geprägt werden, die **vollständig außerhalb der Kaufsache** selbst liegen.[35]

Beispiele: Mieterträge und aufzuwendende Betriebskosten eines Grundstückes,[36] Ertragsfähigkeit eines Unternehmens, Lärmbelästigungen von einem anderen als dem Kaufgrundstück. Hier könnte man auch das Fehlen einer Herstellergarantie für ein gekauftes Kraftfahrzeug einordnen, wenn man insoweit nicht schon einen Mangel aufgrund der Beziehung der Kaufsache zur Umwelt annimmt.

Derartige Umstände haben zwar nach dem bis zur Schuldrechtsreform geltenden Kaufrecht keinen Fehler der Kaufsache dargestellt; sie konnten nur Gegenstand einer zugesicherten Eigenschaft sein. Aus dem Wegfall der Vorschriften über zugesicherte Eigenschaften und aus dem Bekenntnis des Gesetzgebers zum subjektiven Fehlerbegriff folgt aber, dass alles, was früher Gegenstand einer zugesicherten Eigenschaft sein konnte, nunmehr als Beschaffenheit iSv § 434 I 1 vereinbart werden kann.[37]

---

30 *BGH* NJW 2001, 65.
31 BGHZ 63, 369.
32 *BGH* NJW 2013, 1671 (1672).
33 *BGH* NJW 2011, 142; 2013, 2182 (2183).
34 *BGH* NJW 2016, 2874 Rn. 15 mAnm *Müller* mAnm *Lindacher*, EWiR 2016, 699 und mAnm *Gutzeit* JuS 2016, 1122.
35 Offengelassen von *BGH* NJW 2016, 2874 Rn. 13.
36 *BGH* NJW 2011, 1217 (1218).
37 *BGH* NJW 2016, 2874 Rn. 10.

Möglich ist auch eine **negative Beschaffenheitsvereinbarung**, die zur **Haftungsbegrenzung** eingesetzt werden kann (zu Besonderheiten beim Verbrauchsgüterkauf → § 7 Rn. 9). 11

Beispiel: Ein erst wenige Wochen alter Pkw wird unter Hinweis auf Gebrauchsspuren verkauft. Aufgrund dieser Vereinbarung liegt in den Gebrauchsspuren kein Sachmangel. Das gilt, obwohl die Sache hinter der üblichen Beschaffenheit und dem, was der Käufer nach der Art der Sache erwarten kann (bei einem fast neuen Pkw keine Gebrauchsspuren), zurück bleibt; denn darauf kommt es bei Vorliegen einer (negativen) Beschaffenheitsvereinbarung nicht an.

bb) Soweit die Beschaffenheit nicht vereinbart ist, liegt ein Sachmangel vor, wenn die Sache sich nicht für die **nach dem Vertrag vorausgesetzte Verwendung** eignet (§ 434 I 2 Nr. 1). Auch diesem Fall liegt der subjektive Fehlerbegriff zugrunde. Die vertragliche Verwendungseignung fehlt nicht erst, wenn sie ganz aufgehoben ist, sondern bereits dann, wenn sie lediglich gemindert ist.[38] Dafür kann es ausreichen, wenn mit der Verwendung der Sache erhebliche Gesundheitsgefahren oder das Risiko eines großen Schadens verbunden sind.[39] 12

Dem § 434 I 2 Nr. 1 kommt in der Praxis durchaus eine Bedeutung zu, weil zwischen den Parteien vielfach keine Beschaffenheit der Sache vereinbart wird. Je alltäglicher ein Geschäft ist, umso häufiger fehlt es an einer (vollständigen) Vereinbarung über die Beschaffenheit der Sache im Einzelnen. Die Vorstellungen der Parteien richten sich vielmehr darauf, dass die Sache für einen bestimmten Verwendungszweck tauglich sein soll. In den Fällen, in denen der Käufer bei Vertragsabschluss dem Verkäufer den Verwendungszweck mitteilt, ist zwar möglicherweise – je nach den Umständen des Einzelfalls – bereits eine konkludent **vereinbarte Beschaffenheit** iSd § 434 I 1 anzunehmen. Wenn eine solche vereinbarte Beschaffenheit nicht angenommen werden kann, die Parteien aber dennoch nach ihrer Vorstellung im Vorfeld des Vertrags von einer bestimmten Verwendung ausgegangen sind, kann auf § 434 I 2 Nr. 1 zurückgegriffen werden. Nach dem Gesetzeswortlaut und dem Willen des Gesetzgebers soll für § 434 I 2 Nr. 1 gerade eine gemeinsame Vorstellung vom Verwendungszweck der Parteien ausreichen.[40]

Im **Fall b** dürfte die Abweichung zwischen der Fahrzeug-Ident.-Nr. und der Eintragung im Kfz-Brief einen Sachmangel in diesem Sinne darstellen;[41] denn die Zulassungsfähigkeit des Fahrzeugs gehört (mangels abweichender Vereinbarung) jedenfalls zu der nach dem Vertrag vorausgesetzten Verwen-

38 *BGH* NJW 2017, 153 Rn. 15.
39 *BGH* NJW 2017, 2817 Rn. 18 (mit einem Virus infiziertes Ebersperma zur Besamung von Zuchtsauen).
40 Vgl. BT-Drs. 14/6040, 213.
41 So früher schon BGHZ 10, 242.

dungseignung. Das gilt auch im **Fall e**. Dagegen reicht es nach dem BGH für eine vertraglich vorausgesetzte Eignung als Rennpferd nicht aus, wenn das klinisch unauffällige Pferd von der physiologischen Norm abweicht, so dass eine geringe Möglichkeit besteht, dass das Pferd seine Eignung als Rennpferd verlieren wird; vertragliche Verwendungseignung sei nicht identisch mit Idealnorm.[42] Aus diesem Grund fehlt es auch bei einem hochpreisigen Dressurpferd nicht allein wegen eines bloßen „Röntgenbefundes", aus dem sich keine klinischen Auswirkungen ergeben, nicht an der vertraglich vorausgesetzten Verwendungseignung.[43] Falls dagegen eine bei einer Kunstauktion zu einem hohen Aufrufpreis versteigerte Skulptur als museal bezeichnet und einer bestimmten Stilepoche zugeschrieben wird, fehlt ihr – wenn nicht schon eine Beschaffenheitsvereinbarung vorliegt – jedenfalls die zu erwartende Eignung als Sammlerstück und Wertanlage, wenn es sich um eine neuzeitliche Fälschung handelt.[44]

13 cc) Haben die Parteien weder die Beschaffenheit vereinbart noch eine bestimmte Verwendung vorausgesetzt, hat die Sache einen Sachmangel, wenn sie sich nicht **für die gewöhnliche Verwendung eignet** oder nicht diejenige Beschaffenheit aufweist, die bei **Sachen der gleichen Art üblich** ist und die der Käufer nach der Art der Sache **erwarten kann** (§ 434 I 2 Nr. 2). Hierbei geht es um einen objektiven Fehlerbegriff, für den es nicht auf die Vorstellung der Vertragsparteien, sondern auf diejenige eines Durchschnittskäufers ankommt. Deshalb kann die gewöhnliche Verwendungseignung von einer vertraglich vorausgesetzten Verwendungseignung abweichen.[45]

14 Welche Beschaffenheit erwartet werden kann, bestimmt sich nach dem Erwartungshorizont eines Durchschnittskäufers.[46] Den Vergleichsmaßstab bilden dabei Sachen der gleichen Art, was vor allem beim Kauf gebrauchter Sachen zu berücksichtigen ist. Ein gebrauchter Pkw etwa ist nicht von der gleichen Art wie ein Neuwagen desselben Typs, darf also nicht mit diesem verglichen werden. Bei einem Gebrauchtwagen werden beispielsweise das Alter und die Laufleistung die berechtigten Erwartungen des Käufers wesentlich beeinflussen, während diese Umstände bei einem Neuwagen keine Rolle spielen. Umgekehrt gehört es nach der Rechtsprechung des BGH zwar bei einem Neuwagen und einem Jahreswagen zur üblichen und von einem verständigen Käufer zu erwartenden Beschaffenheit, dass das Fahrzeug vor der Erstzulassung keine längere Standzeit als ein Jahr hatte.[47] Dagegen gehört es beim Kauf eines Gebrauchtwagens mit einer Zulassung oberhalb eines Jahreswa-

42 *BGH* NJW 2007, 1351 f.; dazu *Kniefert* NJW 2007, 2895.
43 *BGH* NJW 2018, 150 Rn. 22 ff. mAnm *Müller*.
44 *BGH* NJW 2013, 3570 (3571).
45 *BGH* NJW 2017, 2817 Rn. 16; NJW-RR 2012, 1078 Rn. 16.
46 BT-Drs. 14/6040, 214; *BGH* NJW 2009, 2807.
47 *BGH* NJW 2004, 160 unter II 3.

gens nicht zur üblichen Beschaffenheit des Fahrzeugs, dass das Produktionsdatum zeitnah zum Datum der Erstzulassung liegt, weil hier der Standzeit eine geringere Wertschätzung zukommt.[48] Auch ein Gebrauchtwagen kann allerdings mangelhaft sein, wenn er zwar ordentlich fährt, aber lauter ist oder mehr verbraucht, als es bei vergleichbaren Gebrauchtwagen üblich und zu erwarten ist, oder wenn er einen Unfall hatte, der mehr als einen Bagatellschaden verursacht hat.[49] Auch bei Kraftfahrzeugen, die mit einer Abgas-Manipulationssoftware ausgestattet sind, dürfte es an der üblicherweise zu erwartenden Beschaffenheit fehlen, so dass ein Mangel nach § 434 I 2 Nr. 2 vorliegt.[50] Bei einem gekauften Tier gehört es nicht zu dessen üblicher Beschaffenheit, dass es in jeder Hinsicht der Idealnorm entspricht.[51]

Die Ungenießbarkeit des Fleisches **(Fall a, 1)** ist auf jeden Fall zumindest ein Sachmangel der Kaufsache iSd § 434 I 2 Nr. 2, wenn die genauen Absprachen und Vorstellungen der Parteien bei Vertragsschluss nicht feststellbar sein sollten, so dass nicht schon § 434 I 1 oder I 2 Nr. 1 einschlägig ist. Bei einem zu Wohnzwecken dienenden Gebäude darf der Käufer mangels gegenteiliger Aufklärung durch den Verkäufer erwarten, dass es nicht akut mit Mardern befallen ist.[52] Bei Futtermitteln, die zur Verfütterung an der Lebensmittelgewinnung dienende Tiere vorgesehen sind, kann sogar schon der **konkrete Verdacht** einer erheblichen Dioxinbelastung als Sachmangel gem. § 434 I 2 Nr. 2 anzusehen sein.[53] Gleiches gilt nach einer zur Produkthaftung ergangenen Entscheidung des EuGH[54] bei Herzschrittmachern und implantierbaren Defibrillatoren, die zu einer Produktserie gehören, bei der potenzielle Fehler festgestellt wurden. Hier wird die Fehlerhaftigkeit des Produkts bejaht, ohne dass an dem konkreten Gerät ein Fehler festgestellt werden muss. Die Entscheidung dürfte nicht verallgemeinerungsfähig sein. In den **Fällen b und e** liegt in den Gründen, aus denen der gekaufte Pkw nicht zugelassen wird, jedenfalls ein Sachmangel nach § 434 I 2 Nr. 2, wenn man eine vertraglich vorausgesetzte Verwendung iSv Nr. 1 verneinen sollte. Entsprechendes gilt im **Fall h** für den PC mit dem defekten Netzteil. Der BGH hat bei einer Werkzeugmaschine einen Sachmangel nach § 434 I 2 Nr. 2 angenommen, wenn sie nicht in der Lage ist, Werkstücke einwandfrei zu bearbeiten, für die eine solche Maschine üblicherweise eingesetzt wird.[55]

Beim **Unternehmenskauf** (→ § 1 Rn. 8) ist ein Sachmangel zB dann anzunehmen, wenn die zum Unternehmen gehörenden Einzelgegenstände und Rechte einen Zustand aufweisen, der die vorausgesetzte Tauglichkeit des Un- **15**

48 *BGH* NJW 2016, 3015 (3021) (Standzeit von 19,5 Monaten vor der Erstzulassung bei Gebrauchtfahrzeugen nicht unüblich).
49 *BGH* NJW 2008, 53 (54); 2008, 1517 (1518) mAnm *Walker* LMK 2008, 261783.
50 *Ring* NJW 2016, 3121 (3122) mwN aus der Instanzrechtsprechung.
51 *BGH* NJW 2018, 150 Rn. 24, 27; 2007, 1351 (1352).
52 *OLG Hamm* NJW-RR 2017, 892 Rn. 16.
53 *BGH* NJW 2015, 544 (547).
54 *EuGH* NJW 2015, 1163 Rn. 43 mAnm *Mäsch* JuS 2015, 556; dazu *Wagner* JZ 2016, 292.
55 *BGH* NJW 2016, 2495 Rn. 17 mAnm *Witt*.

ternehmens in Frage stellt.[56] Dagegen soll nach der Rechtsprechung vor der Schuldrechtsreform kein Sachmangel vorliegen, wenn Umsatz oder Ertragsfähigkeit des Unternehmens hinter den Erwartungen der Parteien zurückbleiben[57] bzw. bestimmte Charaktereigenschaften eines maßgeblichen Mitarbeiters des verkauften Unternehmens fehlen.[58] Seit der Neufassung des § 434 dürften auch unrichtige Angaben des Veräußerers zum Ertrag oder Umsatz des Unternehmens einen Beschaffenheitsmangel darstellen. Dann fehlt es allerdings schon an der vereinbarten Beschaffenheit (→ § 434 I 1, → Rn. 10), so dass es auf die übliche und zu erwartende Beschaffenheit nicht mehr ankommt.

16 dd) Zu der Beschaffenheit nach § 434 I 2 Nr. 2 gehören auch Eigenschaften, die der Käufer nach den **öffentlichen Äußerungen** des Verkäufers, des Herstellers (§ 4 I, II ProdHaftG) oder seines Gehilfen insbesondere in der **Werbung** oder bei der **Kennzeichnung** über bestimmte Eigenschaften der Sache erwarten kann (§ 434 I 3, 1. Halbs.).

17 § 434 I 3 dient in systematischer Hinsicht der Ergänzung des § 434 I 2 Nr. 2 („gehören auch"). Er bezieht sich auf besondere, in der Sphäre des Verkäufers liegende Umstände, die die Erwartungen des Käufers beeinflussen können, ohne jedoch Inhalt des Verkaufsgesprächs zu sein. § 434 I 3 ist damit gegenüber § 434 I 2 Nr. 2 lex specialis.

Bei Äußerungen des Verkäufers selbst ist der Anwendungsbereich des § 434 I 3 daher eher gering. Macht nämlich der Verkäufer während des Verkaufsgesprächs selbst Werbeaussagen, die konkrete, die Kaufentscheidung der Kaufsache beeinflussende Eigenschaften der Kaufsache betreffen, wird regelmäßig eine entsprechende Beschaffenheitsvereinbarung anzunehmen sein. Eine Abweichung der tatsächlichen Beschaffenheit der gelieferten Sache begründet dann schon einen Sachmangel nach § 434 I 1. Von § 434 I 3 können etwa Angaben des Verkäufers in einem Exposé erfasst sein, mit dem er das Verkaufsobjekt im Internet beworben hat.[59]

18 Bedeutung kommt § 434 I 3 in erster Linie bei öffentlichen Äußerungen des Herstellers oder seines Gehilfen zu, da diese häufig keinen unmittelbaren Einfluss auf die zwischen den Parteien getroffene Vereinbarung über die Beschaffenheitsmerkmale der Kaufsache haben. Derjenige, der aber seiner Kaufentscheidung derartige öffentliche Äußerungen zugrunde legt, soll auf die inhaltliche Richtigkeit vertrauen können.[60] Der Gesetzgeber setzt mit dieser Vorschrift den von der Rechtsprechung schon vor der Schuldrechtsreform eingeschlagenen Weg fort, zB fehlerhafte Angaben des Herstellers eines

---

56 Vgl. *BGH* NJW 1969, 184; 1979, 33.
57 BGHZ 69, 53; *BGH* NJW 1977, 1538; **aA** *Immenga* AcP 171, 1.
58 *BGH* NJW 1991, 1223.
59 *BGH* NJW 2017, 150 Rn. 7; 2018, 146 Rn. 21.
60 BT-Drs. 14/6040, 214.

neuen Pkw über den Kraftstoffverbrauch als Sachmangel zu werten.[61]

Im **Fall d** hat das Fernsehgerät einen Sachmangel nach § 434 I 2 Nr. 2 iVm S. 3. Der Verkäufer wird durch die Bindung an Werbeaussagen des Herstellers über konkrete Eigenschaften der Kaufsache und die damit verbundene Haftung für ein Drittverhalten auch nicht in unzumutbarer Weise in seiner Rechtsstellung beeinträchtigt. Denn schließlich profitiert er von der Werbung durch Dritte, weil sie seinen Absatz fördert und Werbeaussagen kaufentscheidend sein können.

Der Herstellerbegriff bestimmt sich nach § 4 I, II ProdHaftG. Danach ist Hersteller derjenige, der das Endprodukt, einen Grundstoff oder ein Teilprodukt hergestellt hat (§ 4 I 1 ProdHaftG). Vom Herstellerbegriff ist aber auch derjenige erfasst, der sich durch das Anbringen seines Namens, seiner Marke oder eines anderen unterscheidungskräftigen Kennzeichens als Hersteller ausgibt. Auch der Importeur von Verbrauchsgütern gilt unter den Voraussetzungen des § 4 II ProdHaftG als Hersteller.

Gehilfen iSd § 434 I 3 sind Hilfspersonen, die für den Hersteller bei Äußerungen über Tatsachen (Eigenschaften der Sache) eingeschaltet werden (zB Werbeagentur).

Der Verkäufer haftet aber nicht für Werbeaussagen von Dritten, 19
wenn er die Äußerung des Herstellers bzw. dessen Gehilfen **nicht kannte** und auch **nicht kennen musste** (§ 434 I 3, 2. Halbs., 1. Fall). Die Unkenntnis des Verkäufers darf also nicht auf Fahrlässigkeit beruhen (vgl. § 122 II). Von ihm ist zu erwarten, dass er sich – soweit möglich und zumutbar – über fremde Werbung hinsichtlich der von ihm verkauften Produkte informiert.

Der Verkäufer **haftet auch dann nicht** über § 434 I 3, wenn die 20
Äußerung des Herstellers bzw. dessen Gehilfen im Zeitpunkt des Vertragsschlusses **in gleichwertiger Weise berichtigt** war (§ 434 I 3, 2. Halbs., 2. Fall) oder sie die **Kaufentscheidung nicht beeinflussen** konnte (§ 434 I 3, 2. Halbs., 3. Fall).

Die Berichtigung der Werbeaussage ist dann in gleichwertiger Weise gemacht, wenn sie in derselben oder einer vergleichbar wirksamen Aufmachung vorgenommen wurde. Dazu reicht zB die Berichtigung der Werbeaussage in einer bedeutenden überregionalen Tageszeitung, wenn auch die Werbeaussage selbst in einer solchen erfolgt ist. Dagegen wäre es unzureichend, wenn eine groß angelegte fehlerhafte Plakatwerbung durch eine eher unauffällige Anzeige in einer Tageszeitung berichtigt würde.[62] Nach dem Zweck dieser Bestimmung kommt es also darauf an, dass die ursprünglich unzutreffende Werbeaussage im Zeitpunkt des Kaufs so berichtigt ist, dass sie keinen Einfluss

---

61 BGHZ 132, 55; *BGH* NJW 2007, 2111 (2112); *LG Düsseldorf* NJW-RR 2017, 304.
62 BT-Drs. 14/6857, 59.

mehr auf die Kaufentscheidung haben kann. Dann sind aber auch die Voraussetzungen des dritten Ausnahmetatbestandes erfüllt, weil eine derart berichtigte Werbeaussage nicht mehr geeignet ist, die Kaufentscheidung zu beeinflussen. Der 2. Ausnahmefall (Berichtigung) ist praktisch ein Sonderfall des 3. Ausnahmetatbestandes (keine Einflussmöglichkeit).

21 ee) Die Beschaffenheitsabweichung muss **im Zeitpunkt des Gefahrübergangs** vorliegen (§ 434 I 1).

Beim **Verbrauchsgüterkauf** (§§ 474 ff.; → § 7 Rn. 1 ff.) ist § 476 zu beachten. Danach wird bei einem Sachmangel, der sich innerhalb von sechs Monaten seit Gefahrübergang zeigt, kraft Gesetzes (§ 477) **vermutet**, dass die Sache **bereits bei Gefahrübergang mangelhaft** war. Eine Ausnahme gilt nur, wenn diese Vermutung mit der Art der Sache oder des Mangels unvereinbar ist (so im Zweifel bei Gebrauchtwaren).

Mit Gefahrübergang iSv § 434 I 1 ist der Übergang der Preisgefahr gemeint, der für den Kauf in den §§ 446, 447 geregelt ist. Danach ist der maßgebliche Zeitpunkt, in dem die Beschaffenheitsabweichung vorliegen muss, weder derjenige des Vertragsschlusses noch derjenige der vollständigen Vertragserfüllung. Vielmehr ist wie folgt zu unterscheiden:

22 (1) Gemäß § 446 S. 1 geht die Gefahr (Preisgefahr) der zufälligen Verschlechterung der Kaufsache grundsätzlich schon **mit der Übergabe der verkauften Sache** oder mit dem **Annahmeverzug** des Käufers auf diesen über. Einzelh. zu § 446: → § 3 Rn. 14 ff.

Beispiel: Wenn K die Kaufsache nicht zum vereinbarten Termin bei V abholt, kommt er in Annahmeverzug (§§ 293 ff.). Damit geht gem. § 446 S. 3 die Gefahr der zufälligen Verschlechterung auf ihn über. Falls danach die bei V bereitgestellte Kaufsache durch Unachtsamkeit eines Kunden beschädigt wird, werden dadurch keine Mängelrechte gegen V ausgelöst.

23 (2) Beim **Versendungskauf** geht die Gefahr der zufälligen Verschlechterung gem. § 447 I schon dann auf den Käufer über, wenn der Verkäufer die Sache auf Verlangen des Käufers an die Transportperson ausgeliefert hat, obwohl die Sache dem Käufer zu diesem Zeitpunkt weder übereignet noch übergeben ist. Einzelh. zu § 447: → § 3 Rn. 19 ff.

Beispiel: V lässt auf Wunsch des Händlers K die von diesem gekauften 100 Herrenanzüge durch D an den Sitz des K transportieren, obwohl als Erfüllungsort der Sitz des V vereinbart ist. Wenn die Anzüge bei einem von D verschuldeten Verkehrsunfall verschmutzt werden, kann K nicht mindern, sondern muss den vollen Kaufpreis zahlen. Zur Zeit des Gefahrübergangs (§ 447 I) hatten die Anzüge noch keinen Mangel. Dadurch entsteht dem K ein Schaden, da er für sein Geld keine einwandfreie Ware bekommt. Diesen Schaden kann V nach den Regeln der Drittschadensliquidation bei D liquidieren. Er muss allerdings den Ersatz an K weitergeben (so schon → § 3 Rn. 28).

Beim **Verbrauchsgüterkauf** gilt § 447 nur in Ausnahmefällen (→ § 7 Rn. 4b f.). Im Übrigen richtet sich der Gefahrübergang nach § 446.

b) Montagefehler. aa) Ein Sachmangel ist ferner dann gegeben, 24
wenn die vereinbarte **Montage** durch den Verkäufer oder dessen Erfüllungsgehilfen **unsachgemäß durchgeführt** worden ist (§ 434 II 1).

Die Vorschrift stellt Montagefehler ausdrücklich einem Sachmangel gleich. Dabei ist vor allem an Fälle zu denken, in denen eine zunächst mangelfreie Sache geliefert wird, die nur dadurch mangelhaft wird, dass der Verkäufer sie sodann unsachgemäß montiert oder aufstellt. Dazu gehört zB die Beschädigung einer Waschmaschine infolge fehlerhaften Wasseranschlusses durch den Verkäufer, wodurch Wasser in Teile der Maschine eindringt, die eigentlich trocken bleiben sollten.[63] Darüber hinaus sollen aber auch die Fälle erfasst werden, bei denen allein die Montage selbst fehlerhaft ist, ohne dass dies zu einer Beeinträchtigung der Beschaffenheit führt. Beispielsweise ist daran zu denken, dass bei einer vom Verkäufer einzubauenden Küche einzelne Schränke unsachgemäß (schief), an der Wand angebracht werden, auch wenn die Schränke als solche ohne Weiteres genutzt werden können und diese Montage nicht zu Qualitätsmängeln wie Rissen oder Kratzern geführt hat.[64]

Durch die Vorschrift des § 434 II 1 werden auch schwierige Abgrenzungsprobleme zu anderen Vertragstypen vermieden. Hat der Verkäufer im Kaufvertrag die Montageverpflichtung übernommen, bestimmen sich die Sachmängelrechte nach dem Kaufrecht, ohne dass eine exakte dogmatische Einordnung des Vertrags als Kauf- oder Werkvertrag oder als gemischter Vertrag vorgenommen werden muss.

bb) Ein Sachmangel liegt bei einer zur Montage bestimmten Sache 25
auch dann vor, wenn die **Montageanleitung mangelhaft** ist, es sei denn, die Sache ist fehlerfrei montiert worden (§ 434 II 2; sog. „IKEA-Klausel").

Diese Norm knüpft **allein** an den Umstand der Mangelhaftigkeit der Montageanleitung an. Es spielt keine Rolle, ob der Verkäufer die Anleitung selbst erstellt hat oder den Mangel aus sonstigen Gründen zu vertreten hat. Allerdings muss der Verkäufer für einen derartigen Mangel der Montageanleitung nicht einstehen, wenn der Mangel sich nicht ausgewirkt hat, weil zB der Käufer aufgrund eigener Sachkenntnis die Montageanleitung nicht benötigt und fehlerfrei montiert.

---

63 BT-Drs. 14/6040, 215.
64 BT-Drs. 14/6040, 215.

Die Beweislast für den Ausnahmetatbestand einer fehlerfreien Montage liegt beim Verkäufer („es sei denn").

Nicht erfasst werden von § 434 II 2 fehlerhafte **Bedienungs- und Gebrauchsanleitungen**. Allerdings können diese schon eine Beschaffenheitsabweichung nach § 434 I darstellen. Andernfalls kommen Schadensersatzansprüche gem. § 280 wegen Schutzpflichtverletzung im vorvertraglichen oder im vertraglichen Schuldverhältnis in Betracht.

26 **c) Falsch- und Zuweniglieferung.** Schließlich steht es – anders als nach dem bis zur Schuldrechtsreform geltenden Recht – einem Sachmangel gleich, wenn der Verkäufer eine andere Sache (aliud) oder eine zu geringe Menge (Quantitätsmangel) liefert (§ 434 III). Eine Zuweniglieferung in diesem Sinne liegt nur vor, wenn der Verkäufer aus Sicht des Käufers mit der Mindermenge seine ganze Verbindlichkeit erfüllen will (versteckte Zuweniglieferung). Dagegen steht eine als solche erkannte (offene) Zuweniglieferung einem Sachmangel nicht gleich. Der Käufer kann sie vielmehr – falls nichts anderes vereinbart ist – als gem. § 266 unzulässige Teilleistung zurückweisen, so dass Nichterfüllung der gesamten Verbindlichkeit gegeben ist. Ebenso greift § 434 III nicht ein, wenn der Käufer die Teillieferung erkennt und als solche annimmt. Dann wird der gelieferte Teil nicht dadurch mangelhaft, dass die Restlieferung ausbleibt. In diesem Fall liegt vielmehr eine nicht unter das Mängelrecht fallende Teillieferung vor (→ Rn. 69).

Umstritten ist, ob § 434 III nur bei der Falschlieferung beim Gattungskauf[65] oder auch bei derjenigen beim Stückkauf (sog. Identitätsabweichung)[66] anwendbar ist. Falls man die Anwendbarkeit beim Stückkauf verneint, hat der Käufer, dem eine falsche Sache geliefert worden ist, weiterhin seinen Erfüllungsanspruch, der gem. § 195 in drei Jahren verjährt. Stellt man dagegen gem. § 434 III auch in diesem Fall die Lieferung eines aliud einem Sachmangel gleich, hat der Käufer in erster Linie einen Nacherfüllungsanspruch (→ Rn. 40ff.), der gem. § 438 I Nr. 3 regelmäßig in zwei Jahren verjährt (→ Rn. 124). Der Gesetzeswortlaut, der nicht zwischen Gattungskauf und Stückkauf unterscheidet, sowie die Absicht des Gesetzgebers, schwierige Abgrenzungen zwischen Schlechtleistung und aliud entbehrlich zu machen,[67] sprechen für die letztgenannte Ansicht.

65 So zB *Lettl* JuS 2002, 866 (871) mwN.
66 So zB *Dauner-Lieb/Arnold* JuS 2002, 1175f.; *Looschelders* SchuldR BT Rn. 71; *Tiedtke/Schmitt* JZ 2004, 1092.
67 BT-Drs. 14/6040, 216.

Die Interessenlage von Käufer und Verkäufer ist bei Falschlieferung (zB Zusendung eines Lehrbuchs zum Sachenrecht, obwohl der Studierende ein bestimmtes Schuldrechtslehrbuch bestellt hatte) und Zuweniglieferung **(Fall i)** nicht grundsätzlich anders als beim Sachmangel im engeren Sinne. Deshalb erscheint die gleiche Behandlung beider Fälle sachgerecht.[68]

Wenn der Verkäufer irrtümlich eine **wertvollere als die geschuldete Sache** liefert (BMW statt VW) und der Käufer seinen Nachlieferungsanspruch nicht geltend macht, stellt sich die Frage, ob und nach welcher Vorschrift der Verkäufer das wertvollere aliud zurück verlangen kann. § 439 V[69] (→ Rn. 42) greift jedenfalls unmittelbar nicht ein; denn danach kann der Verkäufer nur dann Rückgewähr der mangelhaften Sache verlangen, wenn er zum Zwecke der (vom Käufer verlangten) Nachlieferung eine mangelfreie Sache nachliefert. Zum Teil wird dem Verkäufer ein Bereicherungsanspruch nach § 812 I 1, 1. Fall gewährt.[70] Wenn man mit der Gegenansicht[71] in dem Kaufvertrag einen Rechtsgrund für die Lieferung des wertvolleren aliud sieht, weil § 434 III diesen Fall einem Sachmangel gleichstellt, der ebenfalls nicht zur Rechtsgrundlosigkeit der Leistung führt, kann man sich noch mit § 242 helfen: Der Käufer, der treuwidrig seinen Nachlieferungsanspruch nicht geltend macht und damit die unmittelbare Anwendbarkeit des § 439 IV verhindert, muss sich nach dem Rechtsgedanken des § 162, der eine spezielle Ausprägung des Grundsatzes von Treu und Glauben ist, so behandeln lassen, als ob die Voraussetzungen des § 439 V vorliegen würden. Er ist dann Zug um Zug gegen Lieferung der richtigen Sache zur Herausgabe des wertvolleren aliud verpflichtet.

Eine **Zuviellieferung** wird von § 434 III nicht erfasst. In diesen Fällen kann 27
der Verkäufer das zu viel Geleistete nach bereicherungsrechtlichen Grundsätzen zurückfordern, es sei denn, die Parteien haben den ursprünglichen Kaufvertrag entsprechend erweitert. Umgekehrt braucht der Käufer das zu viel Geleistete nicht zu zahlen, und er kann vom Verkäufer die Rücknahme verlangen.[72]

2. Rechtsmangel

Die Mängelrechte des Käufers nach § 437 bestehen auch dann, 28
wenn die Kaufsache mit einem Rechtsmangel behaftet ist (§ 433 I 2). Dieser ist in § 435 definiert. Danach liegt ein Rechtsmangel vor, wenn ein Dritter in Bezug auf die Kaufsache Rechte gegenüber dem Käufer geltend machen kann, die nicht bei der Vereinbarung zwischen Verkäufer und Käufer berücksichtigt wurden. Damit sind zunächst **ding-**

68 BT-Drs. 14/6040, 216.
69 Abs. 4 soll nach einem Gesetzentwurf der Bundesregierung vom 18.5.2016 (BT-Drs. 18/8486, 9) zu Abs. 5 werden.
70 ZB *S. Lorenz* JuS 2003, 36 (39); *Tiedtke/Schmitt* JZ 2004, 1092 (1098) (aber erst nach Anfechtung der Tilgungsbestimmung).
71 ZB *Musielak* NJW 2003, 89 (90).
72 Zu den Besonderheiten gem. § 377 HGB bei nicht ordnungsgemäßer Rüge beim Handelskauf siehe *Brox/Henssler* HandelsR Rn. 416, 418.

liche Rechte eines Dritten (zB Pfandrecht, Nießbrauch, Dienstbarkeit,[73] Hypothek) gemeint. Aber auch das **allgemeine Persönlichkeitsrecht** eines Dritten[74] und **schuldrechtliche Rechte** eines Dritten, die dieser gegenüber dem Käufer geltend machen kann (zB Miet- oder Pachtrecht wegen §§ 566 I, 581 II, → § 12 Rn. 5 ff.; Wohnnutzungsverbot aufgrund Vereinbarung zwischen den Miteigentümern),[75] können die Mängelrechte des Käufers auslösen. Gleiches gilt für **öffentlich-rechtliche Beschränkungen und Bindungen**, die die Nutzung der Kaufsache beeinträchtigen und nicht auf deren Beschaffenheit (dann Sachmangel) beruhen (zB Veräußerungsverbot, Veränderungssperre, Beschlagnahmerecht, Sozialbindung einer mit öffentlichen Mitteln geförderten Wohnung, Verpflichtung des Eigentümers zur Veräußerung eines Teils des Grundstücks als Straßenbauland an die Gemeinde).[76]

Deshalb leidet ein verkauftes gebrauchtes Fahrzeug an einem Rechtsmangel, wenn es bei Gefahrübergang in dem Schengener Informationssystem (SIS) zum Zwecke der Sicherstellung und Identitätsfeststellung eingetragen ist und diese Eintragung bei der Geltendmachung von Mängelrechten fortbesteht. Mit der Eintragung ist nämlich die konkrete Gefahr verbunden, dass bei der Fahrzeugzulassung oder einer polizeilichen Kontrolle das Fahrzeug behördlich sichergestellt oder beschlagnahmt wird.[77]

28a Vielfach wird im Grundstückskaufvertrag vereinbart, dass der Käufer die auf dem Grundstück lastenden Hypotheken oder Grundschulden unter Anrechnung auf den Kaufpreis übernimmt. Die Existenz solcher „im Kaufvertrag übernommenen Rechte“ stellt keinen Rechtsmangel dar (vgl. § 435 S. 1).

29 Wenn der Verkäufer das verkaufte Grundstück oder Grundstücksrecht zwar lastenfrei (frei von Rechten Dritter) übertragen hat, im Grundbuch aber ein in Wirklichkeit nicht bestehendes Recht eingetragen ist, steht das gem. § 435 S. 2 einem Rechtsmangel gleich. Der Grund dafür liegt in der Gefahr, dass ein Dritter das zwar nicht existierende, aber im Grundbuch eingetragene Recht gutgläubig erwirbt (§ 892).

---

73 *BGH* NJW 2000, 222.
74 BGHZ 110, 196.
75 Dazu *BGH* NJW 2004, 364.
76 Vgl. RGZ 105, 390 f.; *BGH* NJW 1991, 915 (916); 2004, 1802; 2017, 1666 Rn. 18 ff. mAnm *Heese*, JZ 2017, 529; Anm. *Schwab* JuS 2017, 683; Anm. *Singbartl/Henke* EWiR 2017, 271.
77 *BGH* NJW 2017, 3292 Rn. 10 mAnm *Schwab*, JuS 2017, 683; NJW 2017, 1666 Rn. 22 ff. mAnm *Heese*, JZ 2017, 529; Anm. *Schwab* JuS 2017, 683; Anm. *Singbartl/Henke* EWiR 2017, 271.

Im Umkehrschluss aus § 435 S. 2 folgt, dass die unberechtigte Geltendmachung von solchen Rechten, die nicht im Grundbuch eingetragen sind, keinen Rechtsmangel bedeutet.

Schließlich stellt § 436 II klar, dass öffentlich-rechtliche Abgaben 30
und Lasten keine Rechtsmängel nach § 435 sind und damit auch keine Mängelrechte des Käufers auslösen. Das betrifft etwa die Pflicht des Eigentümers zur Zahlung von Grundsteuern und Anliegerbeiträgen. Derartige Abgaben und Lasten kann der Verkäufer ohnehin nicht beseitigen. Außerdem muss der Käufer mit ihnen rechnen.

Mangel der Kaufsache

I. Sachmangel (§ 434)
1. Beschaffenheitsabweichung bei Gefahrübergang (§ 434 I)
   a) Beschaffenheitsabweichung
      aa) Fehlen der vereinbarten Beschaffenheit (§ 434 I 1)
      bb) Fehlen der vertraglich vorausgesetzten Verwendungseignung (§ 434 I 2 Nr. 1)
      cc) Fehlen der gewöhnlichen Verwendungseignung (§ 434 I 2 Nr. 2)
      dd) Fehlen der Eigenschaften, die aufgrund öffentlicher Äußerungen in der Werbung oder bei der Kennzeichnung zu erwarten sind (§ 434 I 3)
   b) Bei Gefahrübergang (§§ 434 I 1, 446, 447); Vermutung beim Verbrauchsgüterkauf (§ 477)
2. Montagefehler
   a) Unsachgemäße Durchführung (§ 434 II 1)
   b) Fehlerhafte Anleitung (§ 434 II 2)
3. Falsch- und Zuweniglieferung (§ 434 III)

II. Rechtsmangel (§ 435) = Beim Kaufvertrag nicht berücksichtigte Rechte Dritter an der Kaufsache

III. Ausschluss und Einschränkung der Mängelrechte

Schrifttum: *Arnold*, Die arglistige Täuschung im BGB, JuS 2013, 865; *Emmert*, Vereinbarte Beschaffenheit der Kaufsache und Haftungsausschluss des Verkäufers, NJW 2006, 1765; *Goldschmidt*, Wissenszurechnung beim Unternehmenskauf, ZIP 2005, 1305; *Looschelders*, Beschaffenheitsvereinbarung, Zusicherung, Garantie, Gewährleistungsausschluss, in: Dauner-Lieb/Kon- 31 zen/Schmidt, Das neue Schuldrecht in der Praxis, 2003, 395; *Maier-Reimer/Niemeyer*, Unternehmenskaufvertrag und AGB-Recht, NJW 2015, 1713; *Meyer*, Vereinbarungen über die Grenzen der Wissenszurechnung, WM 2012, 2040; *Muthers*, Beschaffenheitszusage und Gewährleistungsausschluss, ZGS 2004, 289; *Niesse/Ghassemi-Tabar*, Grundstückskauf – Die Arglisthaftung des Verkäufers, MDR 2013, 569; *Stölting*, Der Ausschluss von Mängelrechten beim Nicht-Verbrauchsgüterkauf, ZGS 2005, 299; *Stoppel*, Untersuchungspflichten auf Verkäuferseite im Zusammenspiel mit Untersuchungsobliegenheiten auf Käuferseite, ZGS 2006, 49; *Weißhaupt*, Haftung und Wissen beim Unternehmenskauf, WM 2013, 782; *Wertenbruch*, Gewährleistung beim Unternehmenskauf, in: Dauner-Lieb/Konzen/Schmidt, Das neue Schuldrecht in der Praxis, 2003, 493; *v. Westphalen*, „Garantien" bei Lieferung von Maschinen und Anlagen – Todesstoß für Haftungsbegrenzungen durch §§ 444, 639 BGB?, ZIP 2002, 545; *Wolf/Kaiser*, Die Mängelhaftung beim Unternehmenskauf nach neuem Recht, DB 2002, 411.

Die Mängelrechte des Käufers setzen voraus, dass sie nicht im Einzelfall vertraglich oder gesetzlich ausgeschlossen sind.

1. Vertraglicher Ausschluss

31a Die Vorschriften der §§ 437 ff. sind grundsätzlich abdingbar. Die Mängelrechte können ausdrücklich oder stillschweigend durch Vertrag zwischen Verkäufer und Käufer ausgeschlossen oder beschränkt werden (§ 311 I und arg. e §§ 444, 475 I, III).[78]

31b **a) Vereinbarung des Ausschlusses.** Das geschieht meist in Kaufverträgen über Grundstücke und oft beim Verkauf gebrauchter Sachen („unter Ausschluss jeder Gewährleistung", „gekauft wie besichtigt"). Ein umfassender Haftungsausschluss erfasst auch die nach öffentlichen Äußerungen des Verkäufers zu erwartenden Eigenschaften (§ 434 I 3) der Kaufsache.[79]

Eine reine Besichtigungsklausel bezieht sich allerdings in der Regel nur auf bei der Besichtigung wahrnehmbare, insbesondere sichtbare Mängel der Kaufsache. Das sind nur solche Mängel, die bei einer den Umständen nach zumutbaren Prüfung und Untersuchung unschwer zu erkennen sind.[80] Wird dabei an eine Besichtigung durch den Käufer angeknüpft, kommt es auf die Wahrnehmbarkeit durch ihn an und nicht darauf, ob eine sachkundige Person den Mangel hätte erkennen können.[81] Ein Haftungsausschluss für „sichtbare und unsichtbare Mängel" erfasst im Zweifel nicht solche Mängel, die erst zwischen

---

78 Vgl. *BGH* NJW 1984, 1452.
79 *BGH* NJW 2017, 150 Rn. 12; *BGH* ZIP 2017, 2153 Rn. 22 ff.
80 *BGH* NJW 1996, 2025; NJW 2005, 3205 (3208).
81 *BGH* NJW 2016, 2495 Rn. 22 mAnm *Witt*.

Vertragsschluss und Gefahrübergang entstehen;[82] denn ohne weitere Anhaltspunkte kann nicht davon ausgegangen werden, dass der Käufer sich auf ein derartiges Risiko einlassen will.

Ob der Käufer eines Grundstücks, der bei dessen Weiterverkauf einen Haftungsausschluss vereinbart, verpflichtet ist, seinem Vertragspartner etwaige Mängelansprüche gegen den Erstverkäufer abzutreten, kann nur durch Vertragsauslegung festgestellt werden.[83]

b) Haftungsausschluss bei Beschaffenheitsvereinbarung. Allerdings muss ein Gewährleistungsausschluss möglicherweise ausgelegt werden. Wenn etwa eine Beschaffenheitsvereinbarung (zB für die Unfallfreiheit des verkauften Fahrzeugs oder für eine bestimmte Wohnfläche des verkauften Hauses) getroffen und gleichzeitig ein Gewährleistungsausschluss vereinbart wird, kann dieser nur so ausgelegt werden, dass er sich nicht auf den Gegenstand der Beschaffenheitsvereinbarung, sondern nur auf Mängel iSv § 434 I 2 Nr. 1, 2[84] und § 434 I 3[85] bezieht. Das gilt selbst bei einer lediglich konkludenten Beschaffenheitsvereinbarung, sofern sie nicht formunwirksam ist.[86] Wenn die Vertragsparteien neben einem „Gewährleistungsausschluss" ausdrücklich die Rechtsmängelfreiheit zum Gegenstand ihrer Vereinbarung gemacht haben, ist der Gewährleistungsausschluss so auszulegen, dass er sich nur auf Sachmängel bezieht.[87] – Dagegen muss eine öffentliche Äußerung des Verkäufers iSv § 434 I 3 nicht zu einer Beschaffenheitsvereinbarung führen; sie steht daher einem Haftungsausschluss nicht entgegen.[88] 31c

c) Haftungsausschluss bei arglistigem Verschweigen eines Mangels oder bei Garantieübernahme. Außerdem kann sich der Verkäufer auf eine Vereinbarung, durch welche die Rechte des Käufers wegen eines Mangels ausgeschlossen oder beschränkt werden, nicht berufen, soweit er den Mangel **arglistig verschwiegen** oder eine **Garantie für die Beschaffenheit der Sache übernommen** hat (§ 444). 32

aa) **Arglist** iSv § 444 setzt zumindest Eventualvorsatz voraus.[89] Ein Verkäufer handelt daher arglistig, wenn er den Mangel kennt oder ihn zumindest für 32a

82 *BGH* NJW 2003, 1316 f.
83 *BGH* NJW 2004, 1873.
84 *BGH* NJW 2013, 1074 (1076); 2013, 1733; 2016, 1815 Rn. 9 mAnm *Faust* JZ 2016, 1012 und Anm. *Gutzeit* JuS 2016, 841.
85 Ein Ausschluss der Haftung für solche Mängel ist zulässig (*BGH* ZIP 2016, 1930 Rn. 15 ff.).
86 *BGH* NJW 2016, 1815 Rn. 9.
87 *BGH* NJW 2017, 3292 Rn. 24 mAnm *Schwab* JuS 2017, 683.
88 *BGH* NJW 2018, 146 Rn. 24 ff.
89 *BGH* NJW 2017, 150 Rn. 21; 2016, 2315 Rn. 16.

möglich hält und zugleich weiß oder doch damit rechnet und billigend in Kauf nimmt, dass der Käufer den Mangel nicht kennt und bei einer Kenntnis den Vertrag nicht mit dem vereinbarten Inhalt geschlossen hätte.[90] Leichtfertige oder grob fahrlässige Unkenntnis des Verkäufers vom Mangel reicht nicht aus, selbst wenn der Verkäufer sich bewusst einer Kenntniserlangung verschließt.[91] An der Arglist fehlt es im **Fall e**. Ferner reicht es für Arglist nicht aus, dass der Verkäufer eines Hausgrundstücks, der in der Vergangenheit einen Fachmann mit der umfassenden Beseitigung eines Mangels (Befall eines Blockhauses mit einem Schädling) beauftragt hat, den Erfolg der Sanierungsbemühungen nicht selbst überprüft hat.[92] Wenn allerdings Arglist vorliegt, kann der Verkäufer sich auch dann nicht auf einen Haftungsausschluss berufen, wenn das arglistige Verschweigen für den Kaufentschluss des Käufers gar nicht ursächlich war.[93] § 444 schützt nämlich anders als § 123 nicht die Freiheit der Willensentschließung des Vertragspartners,[94] sondern sanktioniert die Unredlichkeit des Verkäufers beim vertraglichen Haftungsausschluss. Der Verkäufer hat sein Recht, sich auf den Haftungsausschluss zu berufen, verwirkt. Verschweigt bei einer Mehrheit von Verkäufern nur einer arglistig einen Mangel, können sich sämtliche Verkäufer gem. § 444 nicht auf einen vereinbarten Haftungsausschluss berufen. Andernfalls würden die Rechte des getäuschten Käufers in einem Maße beeinträchtigt, wie es mit dem erkennbaren Willen des Gesetzgebers nicht vereinbar wäre.[95]

32b bb) Mit **Garantie** ist in § 444 die sog. Beschaffenheitsgarantie gemeint.[96] Die Übernahme einer Garantie (→ Rn. 89 ff. und 115 ff.) für die Beschaffenheit der Sache ist dann anzunehmen, wenn der Verkäufer erklärt, dass die Kaufsache bei Gefahrübergang eine bestimmte Eigenschaft habe, verbunden mit der Erklärung, verschuldensunabhängig für alle Folgen ihres Fehlens einstehen zu wollen.[97] Der Begriff der Beschaffenheitsgarantie iSd § 444 ist enger als der Garantiebegriff in § 443, der auch eine Garantie für die Haltbarkeit der Sache und für andere Anforderungen als die Mängelfreiheit der Sache erfasst (→ Rn. 115 ff.).

Der Käufer ist für das Vorliegen des arglistigen Verhaltens oder der Übernahme einer Beschaffenheitsgarantie beweispflichtig.[98] Gelingt ihm der Beweis, bleibt der Kaufvertrag mit seinem übrigen Inhalt trotzdem wirksam („nicht berufen").[99] Die Teilnichtigkeit soll nach dem Willen des Gesetzgebers grundsätzlich – abweichend von § 139 – nicht zur Gesamtnichtigkeit führen.

---

90 *BGH* NJW 2017, 3292 Rn. 26 mAnm *Schwab* JuS 2017, 683; 2013, 2182 (2183); NJW-RR 2017, 468 Rn. 19.
91 *BGH* ZIP 2016, 1930 Rn. 21 mwN.
92 *BGH* NJW 2016, 2315 Rn. 19.
93 *BGH* NJW 2011, 3640 (3641) mAnm *Lorenz* LMK 2011, 323580 und Anm. *Faust* JuS 2012, 354.
94 Dazu *Brox/Walker* BGB AT Rn. 450.
95 *BGH* ZIP 2016, 1386 Rn. 15 ff.
96 BT-Drs. 14/6040, 240 und 14/7052, 184, 197; *BGH* NJW 2007, 1346 (1348).
97 BT-Drs. 14/6040, 236.
98 *BGH* NJW 2011, 1280 (1281).
99 Vgl. auch BT-Drs. 14/6040, 240.

Das Verhältnis zwischen Haftungsausschluss und Garantie spielt eine große Rolle beim **Unternehmenskauf.** Hier will und muss der Verkäufer regelmäßig – weil das beim Unternehmenskauf üblich ist und erwartet wird – für bestimmte Beschaffenheitsmerkmale (zB Richtigkeit einer Bilanz, Leistungsfähigkeit von Maschinen) verschuldensunabhängig einstehen, aber auch nur dafür und nur in Form von Schadensersatz und nur bis zu vereinbarten Höchstgrenzen. Die gesetzlichen Mängelrechte werden also eingeschränkt oder ausgeschlossen und durch die Übernahme spezieller Garantien ersetzt. 32c

Die Beschränkung von Garantien auf bestimmte Beschaffenheitsmerkmale ist zulässig. Dagegen war es nach der Schuldrechtsreform zunächst heftig umstritten, ob es mit § 444 vereinbar ist, wenn bei einer solchen beschränkten Garantie gleichzeitig die Mängelrechte hinsichtlich nicht von der Garantie erfasster Mängel ausgeschlossen werden.[100] Nach dem Wortlaut des § 444 in seiner ursprünglichen Fassung konnte der Verkäufer sich nämlich nicht auf einen Haftungsausschluss berufen, **wenn** (irgend-)eine Garantie übernommen wird, und nicht nur, **soweit** eine Garantie reicht. Entscheidend für die Zulässigkeit des Haftungsausschlusses sprach jedoch schon damals der Sinn des § 444. Die Vorschrift regelt den Fall, dass sich das Erklärungsverhalten des Verkäufers widerspricht. Wenn dieser einerseits eine Zusicherungsgarantie iSe unbedingten Einstandspflicht übernimmt, soll er diese Einstandspflicht nicht andererseits durch einen Haftungsausschluss wieder einschränken können. Soweit aber der vereinbarte Haftungsausschluss außerhalb der Reichweite der übernommenen Garantie liegt, fehlt es an einem Widerspruch im Erklärungsverhalten, der durch § 444 aufgelöst werden müsste.[101] Die Zulässigkeit eines Ausschlusses der Mängelrechte bei gleichzeitiger Übernahme einer beschränkten Garantie hat der Gesetzgeber durch eine Änderung des § 444 mit Wirkung zum 8.12.2004[102] klargestellt. Seitdem steht die übernommene Garantie einem vereinbarten Haftungsausschluss nur entgegen, **soweit** sie reicht.

Entsprechendes gilt nach dem BGH auch dann, wenn in einem Kaufvertrag zugleich eine bestimmte Beschaffenheit der Kaufsache und ein pauschaler Ausschluss der Sachmängelhaftung vereinbart sind; dann ergebe die Auslegung der Vereinbarung regelmäßig, dass der Haftungsausschluss sich nur auf andere Mängel als Abweichungen von der vereinbarten Beschaffenheit beziehe.[103]

d) Haftungsausschluss beim Verbrauchsgüterkauf. Der Anwendungsbereich des § 444 erfährt eine erhebliche **Einschränkung beim Verbrauchsgüterkauf** iSd § 474 über neue oder gebrauchte Sachen 33

100 Dagegen zB *v. Westphalen* ZIP 2002, 545 ff.; dafür zB *Wolf/Kaiser* DB 2002, 411 (419).
101 Ebenso die Stellungnahme des BMJ zu § 444, ZGS 2003, 307.
102 BGBl. I 3102 (3103).
103 *BGH* NJW 2007, 1346 (1349).

(→ § 7 Rn. 1, 3). In diesem Fall kann sich der Unternehmer auf eine vor Mitteilung eines Mangels an ihn getroffene Vereinbarung, die zum Nachteil des Verbrauchers von den §§ 433–435, 437, 439–443 abweicht, nicht berufen (→ § 476 I 1). Damit sind die Mängelrechte in dem für die Praxis bedeutsamen Fall des Verbrauchsgüterkaufs nicht zum Nachteil des Käufers abdingbar, sondern (einseitig) zwingendes Recht. Eine Ausnahme von dem zwingenden Charakter der gesetzlichen Regelung der Käuferrechte macht § 476 III jedoch für den Schadensersatzanspruch (→ § 437 Nr. 3) des Verbrauchers. Dieser kann also auch beim Verbrauchsgüterkauf nach Maßgabe des § 444 ausgeschlossen bzw. beschränkt werden.

34 Beim Verkauf eines Gebrauchtwagens durch einen Händler an einen Verbraucher kann daher die Haftung für Mängel nicht ausgeschlossen werden **(Fall e)**. Gibt dagegen der kaufende Verbraucher beim Kauf eines Neuwagens seinen Gebrauchtwagen in Zahlung,[104] so ist die Haftung des Käufers wegen der normalen Verschleißmängel regelmäßig stillschweigend ausgeschlossen. Dem Händler, der über hinreichende technische Kenntnisse verfügt, ist es zuzumuten, den Altwagen vor der Inzahlungnahme zu untersuchen. § 476 I steht dem Haftungsausschluss in dieser Konstellation nicht entgegen. Diese Vorschrift bezweckt nämlich nur den Schutz des kaufenden Verbrauchers, dem seine gesetzlichen Mängelrechte bleiben sollen.[105] Dagegen will § 476 I nicht verhindern, dass Mängelrechte gegen den Verbraucher wegen der von ihm erbrachten Gegenleistung ausgeschlossen werden. Vielmehr steht ein solches Ergebnis mit dem Verbraucherschutzgedanken gerade in Einklang.

35 **e) Haftungssausschluss und AGB-Kontrolle.** Werden beim Verkauf neu hergestellter Sachen die Mängelrechte des Käufers durch AGB ausgeschlossen bzw. beschränkt, kann auch ein Verstoß gegen § 309 Nr. 8b vorliegen.

Der Anwendungsbereich dieser Vorschrift ist allerdings eher gering. Beim Verbrauchsgüterkauf iSd § 474 sind schon nach § 476 I grundsätzlich keine abweichenden Regelungen zum Nachteil des kaufenden Verbrauchers zulässig. Nur soweit in AGB das Recht auf Schadensersatz ausgeschlossen bzw. beschränkt wird (vgl. § 475 III), findet auch beim Verbrauchsgüterkauf eine Inhaltskontrolle nach §§ 307–309 statt, also auch nach § 309 Nr. 8b (§ 475 III). Bei Geschäften zwischen Unternehmern findet die Vorschrift wegen § 310 I keine Anwendung. Ein formularmäßiger Ausschluss der Mängelrechte in Kaufverträgen zwischen Verbrauchern fällt zwar in den Anwendungsbereich des § 309 Nr. 8b, Formularverträge im Verhältnis Verbraucher-Verbraucher über die Lieferung neuer Waren kommen aber in der Praxis sehr selten vor.

104 *Brox/Walker* SchuldR AT § 8 Rn. 15.
105 Vgl. BT-Drs. 14/6040, 244.

2. Kenntnis oder grob fahrlässige Unkenntnis des Käufers vom Mangel

Wenn der Käufer den **Mangel der Kaufsache bereits beim Vertragsschluss kennt**, bedarf er keines Schutzes (§ 442 I 1). Er wird dann nicht in seinen berechtigten Erwartungen enttäuscht, wenn er die Sache trotzdem kauft. Das gilt selbst dann, wenn der Verkäufer den Mangel arglistig verschweigt;[106] denn dieses Verschweigen wird wegen der Kenntnis des Käufers für den Abschluss des Vertrags nicht ursächlich. Maßgeblicher Zeitpunkt für die Kenntnis des Käufers ist grundsätzlich das Zustandekommen des Vertrags durch Angebot und Annahme. Insoweit gilt eine Besonderheit, wenn bei einem Grundstückskaufvertrag zunächst der Käufer das Angebot abgibt und später der Verkäufer in getrennter Urkunde die Annahme erklärt. Hier kommt es nach der Rechtsprechung des BGH[107] für einen Ausschluss der Mängelrechte grundsätzlich darauf an, ob der Käufer bei Beurkundung seines Angebots Kenntnis vom Mangel hatte. Denn nach diesem Zeitpunkt kann er das Zustandekommen des Vertrags in der Regel nicht mehr verhindern, so dass er eine später erlangte Kenntnis bei seiner Entscheidung zum Abschluss des Vertrags nicht mehr berücksichtigen kann. In solchen Fällen behält er also seine Mängelrechte, selbst wenn er vor der Annahmeerklärung durch den Verkäufer Kenntnis vom Mangel erlangt. 36

Erlangt der Käufer erst nach dem Vertragsschluss Kenntnis von dem Mangel, führt dies nicht zu einem Haftungsausschluss.[108] Der Gesetzgeber hat den bis 31.12.2001 geltenden § 464 aF, nach dem die Annahme einer mangelhaften Sache in Kenntnis des Mangels zu einem Verlust der Mängelrechte führte, im Hinblick auf die Verbrauchsgüterkaufrichtlinie bewusst gestrichen.

Grob fahrlässige Unkenntnis des Käufers von einem Mangel der Kaufsache schließt die Mängelhaftung ebenfalls regelmäßig aus (§ 442 I 2). Grobe Fahrlässigkeit liegt vor, wenn die Unkenntnis auf einer besonders schweren Vernachlässigung der im Verkehr erforderlichen Sorgfalt beruht. 37

---

106 RGZ 102, 394 f.

107 *BGH* NJW 2012, 2793 (2794 ff.) (auch mit Hinweisen auf Ausnahmen von diesem Grundsatz).

108 So auch *BGH* NJW 2011, 2953 (2954) mAnm *Göddecke* EWiR 2012, 107 (kein Haftungsausschluss bei Kenntniserlangung erst zum Zeitpunkt des Wirksamwerdens eines zunächst formnichtigen Grundstückskaufvertrags); darauf Bezug nehmend *BGH* NJW 2012, 2793 (2795).

Geht der Meistbietende bei der Internetversteigerung eines unter Angabe des Markennamens angebotenen wertvollen Luxusobjekts von dessen Echtheit aus, kann eine grob fahrlässige Unkenntnis von der Unechtheit nicht allein aus dem niedrigen Startpreis von einem Euro geschlossen werden; denn erfahrungsgemäß werden auch wertvolle Objekte oft mit niedrigen Startpreisen angeboten, um eine Vielzahl von sich gegenseitig überbietenden Interessenten zu Geboten zu veranlassen und dadurch einen hohen Preis zu erzielen.[109]

Von der Regel, dass grob fahrlässige Unkenntnis die Rechte des Käufers ausschließt, macht das Gesetz zwei **Ausnahmen** (§ 442 I 2):

Wenn der Verkäufer den Mangel arglistig verschwiegen hat, soll er wegen seines zu missbilligenden Verhaltens trotz der groben Fahrlässigkeit des Käufers für den Fehler einstehen.

Wenn der Verkäufer eine Garantie für die Beschaffenheit der Sache übernommen hat (→ Rn. 87 ff.), soll sich der Käufer auf die Richtigkeit der abgegebenen Erklärung verlassen dürfen. Deshalb sind die Mängelrechte gegeben, selbst wenn der Käufer den Fehler grob fahrlässig nicht erkannt hat.

3. Verkauf durch öffentliche Versteigerung

38 Beim **Pfandverkauf in öffentlicher Versteigerung** unter der Bezeichnung als Pfand ist die Mängelhaftung im Interesse des Pfandgläubigers grundsätzlich ausgeschlossen (§ 445). Gemeint ist der Pfandkauf nach §§ 1235 I, 1236 ff. Für die Versteigerung in der Zwangsvollstreckung bestimmen § 806 ZPO[110] und § 56 S. 3 ZVG dieselbe Rechtsfolge. Um jedoch den schutzwürdigen Belangen des Erstehers Rechnung zu tragen, lässt § 445 zwei Ausnahmen zu, die denen des § 442 I 2 entsprechen. Danach haftet der Verkäufer beim Pfandverkauf für einen Mangel, den er arglistig verschwiegen hat, sowie dann, wenn er eine Garantie für die Beschaffenheit der Sache übernommen hat.

4. Verletzung der Rügepflicht beim beiderseitigen Handelsgeschäft

39 Ist der Kauf für beide Vertragsparteien ein Handelsgeschäft (§ 343 HGB), muss der Käufer die gelieferte Ware unverzüglich untersuchen und gefundene Mängel dem Verkäufer unverzüglich anzeigen (§ 377 I HGB). Andernfalls verliert er seine Mängelansprüche, sofern es sich nicht um einen unerkennbaren Mangel handelt (§ 377 II HGB).[111]

---

109 *BGH* NJW 2012, 2723 f.
110 *Brox/Walker* ZwangsVollstrR Rn. 408 f.
111 Einzelheiten: *Brox/Henssler* HandelsR Rn. 398 ff.

IV. Nacherfüllung

Schrifttum: *Ackermann,* Die Nacherfüllungspflicht des Stückverkäufers, JZ 2002, 378; *Augenhofer/Appenzeller/Holm*, Nacherfüllungsort und Aus- und Einbaukosten, JuS 2011, 680; *Auktor/Mönch,* Nacherfüllung – nur noch auf Kulanz?, NJW 2005, 1686; *Bacher,* Ersatzlieferung nach Einbau der mangelhaften Kaufsache, MDR 2014, 629; *Bauerschmidt/Harnos*, Die Reichweite der Nacherfüllung bei fortschreitender europäischer Privatrechtsangleichung, JA 2012, 256; *Bitter,* Der Nachlieferungsanspruch beim Stück-, Vorrats- und Gattungskauf in Sachmängelfällen sowie beim Untergang der Sache, ZIP 2007, 1881; *Braun*, Schadensersatz bei Selbstvornahme, ZGS 2006, 328; *Brömmelmeyer,* Der Nacherfüllungsanspruch des Käufers als trojanisches Pferd des Kaufrechts?, JZ 2006, 493; *Brors*, Die Bestimmung des Nacherfüllungsorts vor dem Hintergrund der Verbrauchsgüterkaufrichtlinie, NJW 2013, 3329; *Büdenbender,* Der Nacherfüllungsanspruch des Käufers – Wahlschuld oder elektive Konkurrenz?, AcP 205 (2005), 386; *Büdenbender/Binder,* Der Umfang des kaufrechtlichen Nacherfüllungsanspruchs nach § 439 BGB im Lichte der EuGH-Rechtsprechung zu Aus- und Einbaukosten, DB 2011, 1736; *Bydlinski,* Die Konsequenzen voreiliger Selbstverbesserung, entwickelt aus den zentralen gesetzlichen Wertungen, ZGS 2005, 129; *Canaris,* Die Nacherfüllung durch Lieferung einer mangelfreien Sache beim Stückkauf, JZ 2003, 831; *Cziupka,* Käuferirrtum bei der Bestimmung des Nacherfüllungsorts, NJW 2013, 1043; *Cziupka/Kliebisch*, Die Beschädigung der Kaufsache bei der Nachbesserung, JuS 2008, 855; *Dauner-Lieb/Dötsch,* Dauerthema Selbstvornahme, ZGS 2005, 10; *Derleder/Sommer,* Die Nacherfüllung nach arglistiger Täuschung, JZ 2007, 338; *Ebel,* Anspruch auf Lieferung einer mangelfreien Ersatzsache bei einem Stückkauf, JA 2004, 566; *Ebert,* Das Recht des Verkäufers zur zweiten Andienung und seine Risiken für den Käufer, NJW 2004, 1761; *Faust,* Grenzen des Anspruchs auf Ersatzlieferung bei der Gattungsschuld, ZGS 2004, 252; *ders.*, Kaufrecht: Reichweite des Anspruchs auf Ersatzlieferung, JuS 2011, 744; *Fischinger,* Nutzungsherausgabeanspruch des Verkäufers bei Nachlieferung?, JURA 2007, 606; *Förster,* Die Pflicht des Verkäufers zur Ersatzlieferung in den sog. Einbaufällen, ZIP 2011, 1493; *Greiner,* Aktuelle Entwicklungen zum Umfang der kaufrechtlichen Nacherfüllung – die Rechtssache Gebr. Weber vor dem EuGH, ZGS 2010, 353; *Gsell,* Grenzen der Nutzungsentschädigung bei Rückgabe einer mangelhaften Kaufsache, JuS 2006, 203; *dies.,* Beschaffungsnotwendigkeit und Ersatzlieferung beim Stück- und beim Vorratskauf, JuS 2007, 97; *dies.*, Nacherfüllung und Einbau einer mangelhaften Kaufsache, FS Picker, 2010, 377; *dies.*, Nacherfüllung beim Kauf und Transportlast des Käufers, JZ 2011, 988; *Gutzeit,* Gibt es einen kaufrechtlichen Ausbesserungsanspruch?, NJW 2007, 956; *ders.*, Der arglistig täuschende Verkäufer, NJW 2008, 1359; *Haedicke,* Die Mängelbeseitigungspflicht des Verkäufers bei fehlerhafter Montageanleitung, ZGS 2006, 55; *Harke,* Aus- und Einbau als verschuldensunabhängige Verkäuferpflicht – ein 40

Deutungsversuch, ZGS 2011, 536; *Heimermann*, Nutzungsersatz des Käufers bei der Lieferung einer mangelhaften Sache – Pflicht zur richtlinienkonformen Rechtsfortbildung contra legem, ZGS 2009, 211; *Hellwege*, Die Rechtsfolge des § 439 Abs. 2 BGB – Anspruch oder Kostenzuordnung?, AcP 206 (2006), 136; *Herresthal/Riehm,* Die eigenmächtige Selbstvornahme im allgemeinen und besonderen Leistungsstörungsrecht, NJW 2005, 1457; *Herrler/Tomasic*, Nutzungsersatzpflicht im Fall der Neulieferung, ZGS 2007, 209; *Höpfner*, Von Dachziegeln und Bodenfliesen – Zur Frage der Rücknahme- und Ausbaupflicht des Verkäufers im Fall der Nacherfüllung, ZGS 2009, 270; *Höpfner/Fallmann*, Die Reform des kaufrechtlichen Gewährleistungsrechts 2018, NJW 2017, 3745; *Horn*, Der kaufrechtliche Ausbesserungsanspruch, NJW 2017, 289; *Jaensch*, Übungsklausur Zivilrecht: Gewährleistungsrecht – Ein- und Ausbaukosten mangelhafter Fliesen, JuS 2009, 131; *ders.*, Der Umfang der kaufrechtlichen Nacherfüllung, NJW 2012, 1025; *Jacobs*, Die kaufrechtliche Nacherfüllung, in: Dauner-Lieb/Konzen/Schmidt, Das neue Schuldrecht in der Praxis, 2003, 371; *Kaiser*, EuGH zum Austausch mangelhafter eingebauter Verbrauchsgüter, JZ 2011, 978; *dies.*, Gesetzgeber gefordert: Aus- und Einbaupflicht des Verkäufers, JZ 2013, 346; *Kamanabrou*, Die Unverhältnismäßigkeit der Nachlieferung, NJW 2010, 1031; *dies.*, Der Nachlieferungsanspruch beim Stückkauf, ZGS 2004, 57; *Kirsten,* Zur Unverhältnismäßigkeit der Nacherfüllung im Kaufrecht, ZGS 2005, 66; *Kohler,* Kaufrechtliche Rückgewährpflicht bei Aliud- und Peius-Lieferung gemäß § 439 Abs. 4 BGB im Konflikt mit § 241a BGB, AcP 204 (2004), 606; *Lamprecht,* Selbstvornahme des Gläubigers und Vorrang der Erfüllung nach neuem Schuldrecht, ZGS 2005, 266; *S. Lorenz,* Grundwissen – Zivilrecht: Neuregelungen im Gewährleistungsrecht zum 1.1.2018, JuS 2018, 10; *ders.*, Voreilige Selbstvornahme der Nacherfüllung im Kaufrecht: Der BGH hat gesprochen und nichts ist geklärt, NJW 2005, 1321; *ders.,* Nacherfüllungsanspruch und Obliegenheiten des Käufers: Zur Reichweite des „Rechts zur zweiten Andienung", NJW 2006, 1175; *ders.*, Aus- und Wiedereinbaukosten bei der kaufrechtlichen Nacherfüllung zwischen Unternehmern, NJW 2013, 207; *ders.*, Sachverständigenkosten und Nacherfüllung, NJW 2014, 2319; *Lorenz/Arnold*, Grundwissen – Zivilrecht: Der Nacherfüllungsanspruch, JuS 2014, 7; *Ludwig,* Wechselwirkung der Rechtsprechung von BGH und EuGH zum kaufrechtlichen Nacherfüllungsanspruch, ZGS 2011, 544; *Mankowski,* Das Zusammenspiel der Nacherfüllung mit den kaufmännischen Untersuchungs- und Rügeobliegenheiten, NJW 2006, 865; *ders.*, Nachbesserung und Verbesserung beim Kauf, NJW 2011, 1025; *ders.*, Hat der Verkäufer unter dem BGB wirklich ein eigenes subjektives Recht zur zweiten Andienung?, JZ 2011, 781; *Müller*, Sachmängel – Die Angemessenheit der Nachfristsetzung, MDR 2017, 10; *Musielak*, Die Nacherfüllung beim Stückkauf, NJW 2008, 2801; *Nemeczek*, Der Anspruch auf Ersatz von Transportkosten im Kaufrecht und sein Verhältnis zum Nacherfüllungsort, NJW 2016, 2375; *Nietzsch/Osmanovic*, Die kaufrechtliche Sachmängelhaftung nach dem Gesetz zur Änderung des Bauvertragsrechts, NJW 2018, 1; *Oechsler,* Praktische Anwendungsprobleme des Nacherfüllungsanspruchs, NJW 2004, 1825; *Pammler,* Zum Ersatzlieferungsanspruch beim Stückkauf, NJW 2003, 1992; *Picht*, Gesetzgeberische Aus- und Einbauten in der kaufrechtlichen Nacherfüllung, JZ 2017, 807; *Picker/Nemeczek*, Der Nacherfüllungsort im Kaufrecht, ZGS 2011, 447; *Pils*, Der Ort der Nacherfüllung, JuS 2008, 767; *Purnhagen*, Zur Auslegung der Nacherfüllungsverpflichtung – ein Paukenschlag aus Luxemburg, EuZW 2011, 626; *Reinking*, Leistungsort der Nacherfüllung im Kauf- und Werkvertragsrecht, NJW 2008, 3608; *Ringe*, Der Nacherfüllungsort im Kaufrecht, NJW 2012, 3393; *Roth*, Stückkauf und Nacherfüllung durch Lieferung einer mangelfreien Sache, NJW 2006, 2953; *Sambat*, Der Kostenvorschussanspruch des Käufers zur Mängelbeseitigung, JURA 2014, 455; *Schollmeyer/Utlu*, Die Nacherfüllung im Kauf, JURA 2009, 721; *Schroeter*, Das Wahlrecht des Käufers im Rahmen der Nacherfüllung, NJW 2006, 1761; *ders.*, Das Recht zur zweiten Andienung im System des Schuldrechts, AcP 207 (2007), 28; *Schubel/Koch*, Die Nacherfüllung als Haftungsfalle: Das deutsche Kaufrecht auf dem Weg zum Garantiesystem?, DB 2004, 119; *Skamel*, Nacherfüllung und Schadensersatz beim Einbau mangelhafter Sachen, NJW 2008, 2820; *ders.*, Nacherfüllungsverlangen in der Berufungsinstanz, NJW 2010, 271; *Staudinger/Artz*, Nacherfüllung im Kaufrecht und Gerichtsstand des Erfüllungsorts, NJW 2011, 3121; *Stodolkowitz*, Die Reichweite der Leistungspflicht des Verkäufers im Rahmen der Nacherfüllung, JA 2010, 492; *ders.*, Gefahrtragung während der Nacherfüllung im Kaufrecht, ZGS 2009, 496; *Stöber*, Der Umfang der Nachlieferungspflicht des Verkäufers bei Einbau der mangelhaften Kaufsache durch den Käufer, ZGS 2011, 346; *Thürmann*, Der Ersatzanspruch des Käufers für Aus- und Einbaukosten einer mangelhaften Kaufsache, NJW 2006, 3457; *Tiedtke/Schmitt*, Ersatzlieferung beim Stückkauf, JuS 2005, 583; *Tonner/Wiese*, Selbstvornahme der Mängelbeseitigung durch den Käufer, BB 2005, 903; *Traut*, Selbstvornahme durch den Verkäufer?, JURA 2013, 12; *Tröger*, Inhalt und Grenzen der Nacherfüllung, AcP 212 (2012), 296; *Unberath/Cziupka*, Der Leistungsort der Nacherfüllung, JZ 2008, 867; *Weidt*, Der Rückgriff des Verkäufers im neuen Mängelhaftungsrecht, NJW 2018, 263; *V. Wiese*, Der Rückgewähranspruch des Verkäufers bei aliud- und sonstig mangelhaften Lieferungen, AcP 206 (2006), 902; *Wilhelm*, Einrede des Verkäufers gegen die Leistungspflicht gem. § 275 Abs. 2, § 439 BGB bei nachträglichem Verlust oder Beschädigung der Kaufsache: Vorrang der schuldvertraglichen Vereinbarung, DB 2004, 1599; *Witt*, Aus- und Einbaukosten in der Sachmängelhaftung bei einem Kaufvertrag zwischen Unternehmen, NJW 2014, 2156.

Falls die genannten Voraussetzungen (Sachmangel oder Rechtsmangel, kein Ausschlussgrund) vorliegen, kann der Käufer in erster Linie Nacherfüllung nach §§ 437 Nr. 1, 439 verlangen. Dagegen kommen Rücktritt, Minderung und Schadensersatz grundsätzlich erst dann in Betracht, wenn zuvor eine dem Verkäufer gesetzte Frist zur Nacherfüllung fruchtlos verstrichen ist. Dadurch ist mit dem Nacherfüllungsanspruch des Käufers – anders als vor der Schuldrechtsreform – gleichzeitig ein **Recht des Verkäufers zur zweiten Andie-**

nung im Sinne einer letzten Chance verbunden. Der Vorrang der Nacherfüllung entspricht auch den Interessen der Vertragsparteien in der Rechtswirklichkeit; denn beide Parteien sind bei Auftreten eines Mangels in erster Linie an einer Reparatur oder einem Umtausch und nicht an einer Rückabwicklung des Vertrags oder an einer Herabsetzung des Kaufpreises interessiert.

Da die Mängelfreiheit nunmehr zur Leistungspflicht des Verkäufers gehört (vgl. § 433 I 2), ist es vom Gesetzgeber konsequent, dem Käufer grundsätzlich vorrangig einen Anspruch auf Nacherfüllung zu gewähren (§§ 437 Nr. 1, 439). Im **Fall f** braucht K sich nicht von vornherein auf eine Rückabwicklung des Vertrags einzulassen (→ Rn. 46). Bei dem Anspruch auf Nacherfüllung handelt es sich um einen Erfüllungsanspruch, der durch die Vorschrift des § 439 näher ausgestaltet ist und gegenüber dem originären Erfüllungsanspruch gem. § 433 I 2 besonderen Regelungen unterworfen ist.

40a Aus dem Vorrang der Nacherfüllung folgt auch, dass dem Käufer **kein Recht zur Selbstvornahme der Mangelbeseitigung auf Kosten des Verkäufers** zusteht. Zwar wird in der Literatur zT das Gegenteil vertreten.[112] Durch die Selbstvornahme ohne Fristsetzung oder vor Fristablauf werde die Nacherfüllung unmöglich. Diese Unmöglichkeit habe der Käufer aufgrund der voreiligen Selbstvornahme zu vertreten. Deshalb behalte der Verkäufer zwar seinen Anspruch auf Kaufpreiszahlung (§ 326 II 1). Er müsse sich aber die durch die Selbstvornahme des Käufers ersparten Nacherfüllungsaufwendungen anrechnen lassen (§ 326 II 2). Falls der Kaufpreis bereits vollständig bezahlt sei, habe der Käufer gem. § 326 IV iVm §§ 346 ff. insoweit einen Erstattungsanspruch. Jedoch wird ein Selbstvornahmerecht insbesondere vom BGH überzeugend abgelehnt.[113] Der Gesetzgeber hat dem Käufer anders als dem Mieter (§ 536a II; → § 11 Rn. 18) und dem Besteller beim Werkvertrag (§§ 634 Nr. 2, 637; → § 24 Rn. 34 ff.) bewusst keinen Aufwendungsersatzanspruch im Falle der Selbstbeseitigung von Mängeln eingeräumt. Ein solcher Anspruch steht im Widerspruch zum Vorrang der Nacherfüllung. Dem Verkäufer darf nicht durch Selbstvornahme die Möglichkeit genommen werden, sich den Kaufpreis durch eine „zweite Andienung" endgültig zu verdienen. Zwar muss der Verkäufer auch die Kosten einer von ihm geschuldeten Nacherfüllung tragen. Aber durch die Selbstvornahme

112 ZB *Lorenz* NJW 2003, 1417; *Katzenstein* ZGS 2004, 349; *Lerach* JuS 2008, 953.
113 *BGH* NJW 2006, 1195 (1197); 2006, 988 (989); 2005, 1348 ff.; zustimmend *Dauner-Lieb* ZGS 2005, 169; Palandt/*Weidenkaff* BGB § 437 Rn. 4a; kritisch *Lorenz* NJW 2005, 1321.

verliert er die Möglichkeit, die Kaufsache darauf zu untersuchen, ob der behauptete Mangel besteht, ob er schon bei Gefahrübergang vorgelegen hat und wie er beseitigt werden kann (vgl. § 439 IV;[114] → Rn. 45 f.). Darin liegt eine ungerechtfertigte Verschlechterung seiner Verteidigungsmöglichkeiten.

1. Nachbesserung oder Nachlieferung

a) Wahlrecht des Käufers. Bei der Geltendmachung des Nacherfüllungsanspruchs hat der Käufer ein **Wahlrecht**. Er kann entweder die Beseitigung des Mangels **(Nachbesserung)** oder die Lieferung einer mangelfreien Sache **(Nachlieferung)** verlangen (§ 439 I). Dieses **Wahlrecht** des Käufers ist im Grundsatz nicht beschränkt. 41

Der Gesetzgeber wollte es in erster Linie dem Käufer überlassen, auf welche Weise das Vertragsziel der Lieferung einer mangelfreien Sache doch noch erreicht werden kann. Er soll nicht damit belastet werden, sich auf Nachbesserungsversuche eines als unzuverlässig erkannten Verkäufers einlassen zu müssen.[115]

Dem Wahlrecht des Käufers liegt nach hM keine Wahlschuld iSd § 262[116] zugrunde. Die beiden Arten der Nacherfüllung stehen zueinander vielmehr im Verhältnis elektiver Konkurrenz.[117] Der Käufer ist deshalb an seine getroffene Wahl nicht gem. § 263 II gebunden. Er kann vielmehr bis zum Untergang des Anspruchs – in den Grenzen von Treu und Glauben – noch zur anderen Art der Nacherfüllung wechseln. Der Käufer verliert seinen Anspruch auf ein „fabrikneues" Fahrzeug somit nicht dadurch, dass er Nachbesserung verlangt.[118]

Der Käufer muss seinen Nacherfüllungsanspruch gegen den Verkäufer geltend machen. Ein taugliches Nacherfüllungsverlangen muss auch die Bereitschaft des Käufers umfassen, dem Verkäufer die Kaufsache am Erfüllungsort (→ Rn. 41b) für eine entsprechende Untersuchung zur Verfügung zu stellen. Der Verkäufer braucht sich auf ein Nacherfüllungsverlangen des Käufers nicht einzulassen, bevor dieser ihm nicht Gelegenheit zur Untersuchung der Kaufsache gegeben hat.[119]

---

114 Abs. 3 soll nach einem Gesetzentwurf der Bundesregierung vom 18.5.2016 (BT-Drs. 18/8486, 9) zu Abs. 4 werden.
115 BT-Drs. 14/6040, 231.
116 *Brox/Walker* SchuldR AT § 8 Rn. 8 ff.
117 Palandt/*Weidenkaff* BGB§ 439 Rn. 5; *Reinicke/Tiedtke* KaufR Rn. 411 ff.
118 *BGH* NJW 2013, 1365 mAnm *Schwab*, JuS 2013, 1031.
119 *BGH* NJW 2013, 1074 (1076); 2010, 1448; ZIP 2015, 2132 (2134) mAnm *Litzenberger/Dawirs* EWiR 2016, 143.

41a **b) Transport-, Wege- und Materialkosten bei der Nacherfüllung.** Die zum Zwecke der Nacherfüllung erforderlichen Aufwendungen, insbesondere Transport-, Wege-, Arbeits- und Materialkosten, hat der Verkäufer zu tragen **(§ 439 II)**. Zu diesen Aufwendungen gehören auch Sachverständigenkosten, die dem Käufer entstehen, um die Ursache der Mangelerscheinung aufzufinden und zur Vorbereitung der Rechte aus § 437 die Verantwortlichkeit für den Mangel zu klären.[120] Bei § 439 II handelt es sich nach Ansicht der Rechtsprechung um eine eigene, vom Verschulden des Verkäufers unabhängige Anspruchsgrundlage.[121]

Beim Verbrauchsgüterkauf kann der Verbraucher wegen der vom Verkäufer nach § 439 II zu tragenden Kosten einen *Vorschuss* verlangen (§ 475 VI; → § 7 Rn. 7). Einen solchen Vorschussanspruch hatte der BGH schon vor Inkrafttreten des § 475 VI am 1.1.2018 aufgrund einer entsprechenden Auslegung des § 439 II anerkannt.[122]

41b **c) Aus- und Einbaukosten bei der Nacherfüllung.** Gem. **§ 439 III 1,** der durch Gesetz vom 28.4.2017[123] mit Wirkung zum 1.1.2018 neu eingefügt wurde, muss der Verkäufer auch die Kosten für den Ausbau der vom Käufer bereits eingebauten mangelhaften Kaufsache und für den Einbau der im Wege der Nacherfüllung gelieferten mangelfreien Ersatzsache tragen.

Beispiele: Der Käufer hat mangelhafte Parkettstäbe[124] oder Bodenfliesen[125] gekauft und im Vertrauen auf die Mangelfreiheit eingebaut. Danach entdeckt er den Mangel. Die fehlerhafte Ware muss also wieder ausgebaut und die fehlerfreie Ersatzware erneut eingebaut werden. Die Kosten dafür hat gem. § 439 III der Verkäufer zu tragen.

41c **aa) Rechtsprechung zu den Aus- und Einbaukosten bis zum 31.12.2017.** Die Kostentragungslast für die Aus- und Einbaukosten war nach der Schuldrechtsreform 2002 zunächst umstritten und Gegenstand zahlreicher Entscheidungen und Stellungnahmen im Schrifttum.

Der **EuGH**[126] hat die **Kostentragungspflicht des Verkäufers bejaht**. Dieser sei dann, wenn der Verbraucher das mangelhafte Ver-

120 *BGH* NJW 2014, 2351 mAnm *Schwab* JuS 2015, 361.
121 *BGH* NJW 2014, 2351 (2352); krit. dazu *Lorenz* NJW 2014, 2319 (2321 ff.).
122 *BGH* NJW 2017, 2758 Rn. 29 ff. mAnm *Wendehorst*.
123 BGBl. I 969. Zur Begründung BT-Drs. 18/8486.
124 *BGH* NJW 2008, 2837.
125 *BGH* NJW 2009, 1660.
126 *EuGH* NJW 2011, 2269 mAnm *Pfeiffer* LMK 2011, 321439 und Anm. *Klees* EWiR 2011, 489. Siehe ferner die Besprechungsaufsätze von *Büdenbender/Binder* DB 2011, 1736; *Faust* JuS 2011, 744; *Förster* ZIP 2011, 1493; *Jaensch* NJW 2012, 1025; *Kaiser* JZ 2011, 978; *Lorenz* NJW 2011, 2241; *Purnhagen* EuZW 2011, 626.

brauchsgut gutgläubig und seinem Verwendungszweck entsprechend eingebaut hat, verpflichtet, entweder selbst den Ausbau dieses Verbrauchsguts vorzunehmen und das als Ersatz gelieferte Verbrauchsgut einzubauen oder die notwendigen Kosten für den Ausbau und den Einbau zu tragen. Dieses Ergebnis begründet der EuGH mit Art. 3 III der Verbrauchsgüterkaufrichtlinie.[127] Danach hat der Verbraucher beim Kauf einer mangelhaften Sache einen Anspruch auf unentgeltliche Nachbesserung oder Ersatzlieferung, und die Ersatzlieferung hat ohne erhebliche Unannehmlichkeiten für den Verbraucher zu erfolgen. Der Käufer ist also im Wege der Nacherfüllung so zu stellen, wie er im Falle vertragsgemäßer Lieferung stehen würde; dann wären ihm die Ausbaukosten und die Kosten für den erneuten Einbau auch nicht entstanden. Könnte er diese Kosten nicht vom Verkäufer ersetzt verlangen, könnten diese mit der Ersatzlieferung verbundenen zusätzlichen finanziellen Belastungen ihn davon abhalten, seinen Nacherfüllungsanspruch überhaupt geltend zu machen. Das würde der Effektivität des Verbraucherschutzes bei der Nacherfüllung entgegenstehen. Die Kostenbelastung des Verkäufers hält der EuGH für zumutbar, weil dieser den vertragswidrigen Zustand zwar nicht verschuldet, aber doch verursacht habe.

Der **BGH** war **ursprünglich anderer Ansicht**. Er hat im Parkettstäbe-Fall entschieden, dass der Verkäufer die Kosten für den Einbau der mangelfreien Ersatzware nicht im Wege der Nacherfüllung zu tragen brauchte.[128] Diese Kosten gingen über die ursprüngliche Erfüllungspflicht des Verkäufers aufgrund des Kaufvertrags hinaus. Eine Haftung des Verkäufers für diese Kosten komme nur unter dem Gesichtspunkt des Schadensersatzes statt der Leistung (also nicht neben dem Nacherfüllungsanspruch) gem. §§ 437 Nr. 3, 280 I, III, 281 ff. (→ Rn. 97 ff., 101 ff.) in Betracht. Deshalb hafte der Verkäufer nicht, wenn er die in der mangelhaften Lieferung liegende Pflichtverletzung nicht zu vertreten habe (§ 280 I 2). Die Frage, ob der Verkäufer im Wege der Nacherfüllung die Kosten für den Ausbau der mangelhaften Kaufsache tragen muss, obwohl diese Kosten eine andere als die nachzuliefernde mangelfreie Sache betreffen, hatte der BGH im Bodenfliesen-Fall dem EuGH zur Entscheidung vorgelegt.[129] Der Generalanwalt beim EuGH hatte in seinen Schlussanträgen vom 18.5.2010

127 RiL 1999/44/EG vom 25.5.1999.
128 *BGH* NJW 2008, 2837 (2839).
129 *BGH* NJW 2009, 1660 (1663); dazu *Lorenz* NJW 2009, 1633; *Unberath/Cziupka* JZ 2009, 313.

noch vorgeschlagen, einen Anspruch des Käufers gegen den Verkäufer auf Tragung dieser Kosten abzulehnen. Der EuGH hat jedoch anders entschieden.

Der BGH hat diese **Vorgaben des EuGH** mit Urteil vom 21.12.2011 **umgesetzt.**[130] Er kam darin durch richtlinienkonforme Auslegung des § 439 I, 2. Fall zu dem Ergebnis, dass die dort geregelte Nacherfüllungsvariante „Lieferung einer mangelfreien Sache" auch den Ausbau und Abtransport der mangelhaften Kaufsache umfasst.[131] Gleiches muss dann auch für die Kosten des Einbaus der nachgelieferten Sache gelten. Allerdings hat danach der Käufer kein Wahlrecht, ob er die Aus- und Einbauarbeiten selbst gegen Kostenerstattung durchführt oder ob er dem Verkäufer den Aus- und Einbau gestattet. Vielmehr kann der Verkäufer entscheiden, ob er die erforderlichen Arbeiten vornimmt oder sich – in angemessener Höhe (→ Rn. 45) – an den hierfür anfallenden Kosten beteiligt.[132]

Diese richtlinienkonforme Auslegung des § 439 I hat der BGH allerdings entsprechend dem Anwendungsbereich der Richtlinie auf Kaufverträge zwischen einem Unternehmer und einem Verbraucher (sog. B2C-Verträge) beschränkt.[133] Bei Verträgen zwischen Unternehmern (B2B)[134] oder zwischen Verbrauchern (C2C)[135] gehören der Ausbau der mangelhaften Sache und der Einbau der Ersatzsache dagegen nicht zur „Lieferung einer mangelfreien Sache" iSd § 439 I, 2. Fall.[136]

41d **bb) Kodifizierung der Rechtsprechung und Sinn des § 439 III.** Die Rechtsprechung zur Haftung des Verkäufers für die Aus- und Einbaukosten bei Verbraucherverträgen wurde in dem neu eingefügten § 439 III 1 kodifiziert und auf solche Kaufverträge ausgedehnt, die keine Verbraucherverträge sind.[137] Durch diese Ausdehnung hat auch ein Unternehmer als Käufer einer mangelhaften Sache einen verschuldensunabhängigen Anspruch gegen den Verkäufer auf Ersatz der Aus- und Einbaukosten. Das kommt insbesondere Handwerkern

---

130 *BGH* NJW 2012, 1073 mAnm *Höpfner* JZ 2012, 473 und Anm. *Jaensch* EWiR 2012, 173; siehe auch *Jaensch*, NJW 2012, 1025.
131 *BGH* NJW 2012, 1073 (1075 f.); bestätigt in NJW 2013, 220.
132 *BGH* NJW 2012, 1073 (1076).
133 Business to Consumer.
134 Business to Business.
135 Consumer to Consumer.
136 *BGH* NJW 2013, 220 (221 ff.) mAnm *Gsell* LMK 2013, 343739; *Korte* EWiR 2013, 73; Anm. *Mörsdorf* JZ 2013, 191 (fehlerhaftes Granulat für einen Kunstrasensportplatz); bestätigt in NJW 2014, 2183 (2184).
137 Dazu *Ulber* JuS 2016, 584.

zugute, die mangelhafte Ware einkaufen und aufgrund eines Werkvertrags bei einem Besteller einbauen.[138] Sie wurden nach der früheren Rechtslage unangemessen benachteiligt. Sie mussten nämlich im Wege der Mängelhaftung die Aus- und Einbaukosten bei dem Besteller tragen, hatten aber als Unternehmer selbst keinen entsprechenden Anspruch gegen ihren Lieferanten. Das wurde durch die Einfügung des § 439 III und der §§ 445a, 445b (→ Rn. 48aff., 143ff.) geändert.

cc) Voraussetzungen und Inhalt der Ersatzpflicht des Verkäufers. Die Pflicht des Verkäufers zum Ersatz der Aus- und Einbaukosten gilt für **beide Arten der Nacherfüllung**, also unabhängig davon, ob die Nacherfüllung durch Mangelbeseitigung oder durch Lieferung einer mangelfreien Sache erfolgt. Voraussetzung für die Ersatzpflicht ist, dass der Käufer eine mangelhafte Sache **gemäß ihrer Art und ihrem Verwendungszweck eingebaut** hat. Ohne diese Einschränkung müsste der Verkäufer auch in solchen Fällen für die Aus- und Einbaukosten einstehen, in denen der Käufer nicht schutzwürdig ist und die Ansprüche für den Verkäufer nicht vorhersehbar waren. 41e

Der Verkäufer hat **kein Wahlrecht**, ob er den Aus- und Einbau selbst vornimmt oder ob er bei einer Vornahme durch einen Dritten die Kosten dafür trägt. Nach § 439 III 1 ist er vielmehr im Rahmen der Nacherfüllung verpflichtet, dem Käufer seine Aufwendungen für den Ein- und Ausbau zu ersetzen. Das schließt allerdings nicht aus, dass der Käufer sich mit einem Ein- und Ausbau durch den Verkäufer einverstanden erklärt. 41f

dd) Ausschluss der Ersatzpflicht des Verkäufers. Die Ersatzpflicht des Verkäufers ist gem. § 442 I ausgeschlossen, wenn der Käufer die Mangelhaftigkeit der Sache bei Vertragsschluss kannte. Falls der Käufer diese Kenntnis erst nach Vertragsschluss, aber vor dem Einbau erlangt, kann er die später anfallenden Ein- und Ausbaukosten gem. **§§ 439 III 2, 442 I** ebenfalls nicht ersetzt verlangen. Er ist im Hinblick auf diese Kosten nicht schutzwürdig. Von ihm kann vielmehr erwartet werden, dass er zunächst seinen Nacherfüllungsanspruch aus § 439 I geltend macht, bevor er sehenden Auges eine mangelhafte Sache verbaut. 41g

d) Erfüllungsort für die Nacherfüllung. An welchem **Ort** die Nacherfüllung erbracht werden muss, ist umstritten. Als Nacherfül- 41h

138 BT-Drs. 18/8486, 39.

lungsort kommen der ursprüngliche Erfüllungsort der Primärleistungspflicht, der bestimmungsgemäße aktuelle Belegenheitsort der Kaufsache und der nach § 269 zu bestimmende Ort in Betracht. Der BGH[139] hält mangels eigenständiger Regelung des Nacherfüllungsorts den § 269 für anwendbar. Danach richtet sich der Erfüllungsort in erster Linie nach der Parteivereinbarung, in zweiter Linie nach den Umständen, insbesondere der Natur des Schuldverhältnisses, hilfsweise nach dem Wohnsitz oder der gewerblichen Niederlassung des Verkäufers. So ergebe sich etwa in Reklamationsangelegenheiten bei Ladengeschäften des täglichen Lebens aus den Umständen (Verkehrsauffassung), dass der Käufer die mangelhafte Ware zum Zwecke der Nacherfüllung am Sitz des Verkäufers vorlegen müsse. Entsprechendes gelte zB bei erforderlichen Nachbesserungsarbeiten an beim Händler gekauften Kraftfahrzeugen, zumal hier meist Diagnose- und Reparaturarbeiten erforderlich seien, die sinnvoll nur in der Werkstatt (am Betriebsort) des Verkäufers vorgenommen werden könnten. In dem vom BGH entschiedenen Fall hätte der in Frankreich ansässige Käufer eines Campinganhängers diesen gem. § 269 I „nach den Umständen" zur Nacherfüllung in die in Deutschland gelegene Werkstatt des Verkäufers bringen müssen.

41i Es ist zwar durchaus fraglich, ob diese Ansicht des BGH mit Art. 3 III der Verbrauchsgüterkaufrichtlinie vereinbar ist. Danach hat nämlich die Nacherfüllung ohne erhebliche Unannehmlichkeiten für den Verbraucher zu erfolgen. Der BGH stellt jedoch darauf ab, dass der Käufer die mit dem Rücktransport möglicherweise verbundenen erheblichen Unannehmlichkeiten vermeiden kann, weil er bei Unzumutbarkeit der Nacherfüllung gem. § 440 S. 1, 3. Fall sogleich die Sekundärrechte (Rücktritt, Minderung und Schadensersatz) geltend machen und anfallende Transportkosten gem. § 439 II ersetzt verlangen kann.[140] Fraglich bleibt allerdings, ob die nach § 269 I mögliche Vereinbarung des Nacherfüllungsortes damit in Einklang steht, dass die Bestimmungen der Verbrauchsgüterkaufrichtlinie zugunsten des Verbrauchers zwingend sind.

139 *BGH* NJW 2017, 2758 Rn. 21 mAnm *Wendehorst*; 2013, 1074 (1076); 2011, 2278 mit zustimmender Anm. *Wösthoff/Klönne* EWiR 2011, 487; kritisch dazu *Augenhofer/Appenzeller/Holm* JuS 2011, 680; *Brors* NJW 2013, 3329; *Gsell* JZ 2011, 988; *Jaensch*, NJW 2012, 1025 (1030); *Staudinger/Artz* NJW 2011, 2321.

140 *BGH* NJW 2017, 2758 Rn. 22 mAnm *Wendehorst*; 2017, 153 Rn. 21, 37, (46).

2. Rechtsfolgen der Nacherfüllung

Wenn der Verkäufer zum Zwecke der Nacherfüllung je nach Wahl 42
des Käufers eine mangelfreie Sache liefert oder mangelfrei nachbessert, führt dies zum Erlöschen seiner Leistungspflicht (§§ 433 I, 437 Nr. 1, 362 I). Das gilt auch bei verspäteter Nacherfüllung, sofern der Käufer noch nicht wirksam auf die Mängelrechte des § 437 Nr. 2 (Rücktritt oder Minderung) und 3 (Schadensersatz statt der Leistung) übergegangen ist (→ Rn. 60, 77, 93). Zudem hat der Verkäufer gegen den Käufer einen Anspruch auf Rückgewähr der zuvor gelieferten mangelhaften Sache nach Maßgabe der §§ 346–348 (§ 439 V). Äußerst umstritten war bis zum April 2008, ob in diesem Fall der Verkäufer gem. §§ 439 V, 346 I, 100 auch die Herausgabe der gezogenen Nutzungen, also die Gebrauchsvorteile, verlangen kann. Dafür sprachen der klare Gesetzeswortlaut und der eindeutig erklärte Wille des Gesetzgebers.[141] Auf Vorlage des BGH[142] hat der EuGH die Frage, ob § 439 V und die daraus folgende Nutzungsherausgabepflicht bzw. Wertersatzpflicht des Käufers mit dem Grundsatz der unentgeltlichen Ersatzlieferung nach Art. 3 II–IV der RiL 1999/44/EG vom 25.5.1999 (Verbrauchsgüterkauf-Richtlinie)[143] in Einklang stehe, verneint.[144] Nach Art. 3 der Verbrauchsgüterkauf-Richtlinie habe die Nacherfüllung unentgeltlich zu erfolgen. Der **Verbraucher** solle nicht durch drohende finanzielle Belastungen davon abgehalten werden, seine Rechte (auf Nacherfüllung) geltend zu machen. Deshalb müsse jede finanzielle Forderung des Verkäufers im Zusammenhang mit der Erfüllung seiner Verpflichtung zur Herstellung eines vertragsmäßigen Zustands des Kaufgegenstands beim Verbrauchsgüterkauf ausgeschlossen sein.

Der BGH hat dieser Rechtsprechung des EuGH zu den Folgen der Nacherfüllung beim Verbrauchsgüterkauf zunächst durch eine richtlinienkonforme Rechtsfortbildung Rechnung getragen. § 439 V sei einschränkend dahingehend anzuwenden, dass die in Bezug genommenen Vorschriften über den Rücktritt nur für die Rückgewähr der mangelhaften Sache selbst eingriffen, hingegen nicht zu einem Anspruch des Verkäufers auf Herausgabe der gezo-

---

141 So BT-Drs. 14/6040, 232 f. und die **hM** im Schrifttum; zB Bamberger/Roth/*Faust* BGB § 439 Rn. 33 ff.; Erman/*Grunewald* BGB § 439 Rn. 19; MüKoBGB/*Westermann* § 439 Rn. 17 f.; *Reinicke/Tiedtke* KaufR Rn. 432 ff.; **aM** zB *Gsell* NJW 2003, 1969 (1971 f.); Palandt/*Weidenkaf* BGB, § 439 Rn. 25; *Rott* BB 2004, 2478.

142 *BGH* NJW 2006, 3200 (3201).

143 ABl. EG Nr. L 171 v. 7.7.1999, 12.

144 *EuGH* NJW 2008, 1433 ff.; dazu *Herresthal* NJW 2008, 2475; *Mörsdorf* ZIP 2008, 1409; *Westermann* EWiR 2008, 425.

genen Nutzungen oder auf Wertersatz für die Nutzung der mangelhaften Sache führten.[145] Inzwischen hat der Gesetzgeber in **§ 475 III 1** klargestellt, dass beim Verbrauchsgüterkauf der Verkäufer keinen Anspruch auf Herausgabe der Nutzungen oder auf Wertersatz hat. Zum Teil wird vertreten, die Lösung müsse zur Vermeidung von Wertungswidersprüchen auch außerhalb des Verbrauchsgüterkaufs gelten.[146]

Wenn die vom Käufer gewählte Nachlieferung oder Nachbesserung nicht mangelfrei erfolgt, kann der Käufer – soweit der Nacherfüllungsanspruch nicht gem. §§ 275, 439 IV[147] (→ Rn. 43 ff.) ausgeschlossen ist – entweder die gewählte Form der Nacherfüllung einklagen oder (weil § 263 II nicht gilt; → Rn. 41) die Nacherfüllung in der anderen Form verlangen (also zB Neulieferung nach misslungener Reparatur). Für das Fehlschlagen der Nachbesserung trägt der Käufer die Beweislast.[148] Auch bei nachträglicher Unmöglichkeit der gewählten Form kann der Käufer noch Nacherfüllung in der anderen Form wählen oder auf ein anderes Mängelrecht übergehen.

3. Ausschluss oder Einschränkung des Nacherfüllungsanspruchs

43 Der Anspruch auf Nacherfüllung kann im Einzelfall **ausgeschlossen oder beschränkt** sein:

a) Unmöglichkeit. Ein Ausschluss des Nacherfüllungsanspruchs kommt zunächst nach allgemeinen Regeln wegen **objektiver oder subjektiver Unmöglichkeit** nach § 275 I in Betracht. Die Unmöglichkeit des Nacherfüllungsanspruchs setzt voraus, dass der Verkäufer **weder nachbessern noch einen mangelfreien Ersatz liefern kann**. Beide Formen der Nacherfüllung müssen ihm unmöglich sein. Dies ist insbesondere der Fall, wenn bestimmte Individualisierungsmerkmale zum Inhalt des Kaufvertrags gemacht wurden, die der Verkäufer nicht erfüllen kann (zB Verkauf einer gefälschten „Mona Lisa").

44 Wenn sich die Unmöglichkeit dagegen nur auf **eine Form der Nacherfüllung**, also auf die Nachlieferung oder Nachbesserung beschränkt, so ist auch nur insoweit ein Ausschluss des Nacherfüllungsanspruchs anzunehmen (vgl. „soweit" in § 275 I).[149] Der Anspruch

---

145 *BGH* NJW 2009, 427 (429) mAnm; *Gsell* JZ 2009, 522.
146 ZB *Gsell* JZ 2009, 522 (526).
147 Abs. 3 soll nach einem Gesetzentwurf der Bundesregierung vom 18.5.2016 (BT-Drs. 18/8486, 9) zu Abs. 4 werden.
148 *BGH* NJW 2009, 1341. Zum Umfang der Beweislast *BGH* NJW 2011, 1664 mit krit. Anm. *Lorenz* LMK 2011, 317572.
149 Ebenso *Looschelders* SchuldR BT Rn. 93.

des Käufers beschränkt sich dann auf die noch mögliche Form der Nacherfüllung. Dies kommt beispielsweise beim Kauf einer bestimmten mangelhaften gebrauchten Sache (zB Gebrauchtwagen mit Getriebeschaden) in Betracht: Wenn eine Nachlieferung ausgeschlossen ist, weil es eine vergleichbare mangelfreie Sache nicht gibt,[150] bleibt dem Käufer nur noch sein Recht auf Nachbesserung.

Das bedeutet aber nicht, dass beim Stückkauf insbesondere gebrauchter Sachen niemals ein Nachlieferungsanspruch in Betracht kommt. Wenn es dem Käufer einer bestimmten gebrauchten Sache nicht auf die Individualisierung ankommt, so dass sein Leistungsinteresse auch durch die Lieferung eines anderen gleichwertigen gebrauchten Gegenstandes befriedigt werden kann, steht ihm neben dem Nachbesserungsanspruch wahlweise der Nachlieferungsanspruch zu. Das ist vor allem bei gebrauchten, aber neuwertigen Sachen anzunehmen, bei denen der Stückkauf wirtschaftlich betrachtet einem Gattungskauf ähnlich ist.[151] Diese Möglichkeit wird allerdings beim Kauf eines gebrauchten Pkw in der Regel ausscheiden, wenn die Kaufentscheidung aufgrund des bei einer persönlichen Besichtigung gewonnenen Eindrucks getroffen wurde.[152] Der Nachlieferungsanspruch kann außerdem gem. §§ 439 IV, 275 III ausgeschlossen sein (→ Rn. 47f.).

b) Unverhältnismäßige Kosten. Nach § 439 IV 1 kann der Verkäufer die vom Käufer gewählte Art der Nacherfüllung bereits dann verweigern, wenn sie nur mit **unverhältnismäßigen Kosten** möglich ist. Die Vorschrift ist eine besondere Ausprägung des Grundsatzes von Treu und Glauben. Sie dient insbesondere dem nicht gewerblichen Verkäufer und dem Händler ohne Reparaturwerkstatt. Für die Beurteilung der Unverhältnismäßigkeit der Kosten sind nach dem Wortlaut des § 439 IV 2 insbesondere der Wert der Sache in mangelfreiem Zustand und die Bedeutung des Mangels (sog. absolute Unverhältnismäßigkeit) sowie die Frage zu berücksichtigen, ob auf die andere Art der Nacherfüllung ohne erhebliche Nachteile für den Käufer zurückgegriffen werden könnte (sog. relative Unverhältnismäßigkeit). 45

Beispiele zur relativen Unverhältnismäßigkeit: Bei geringwertigen Sachen des Alltags (zB Armbanduhr für 10 Euro) wird beispielsweise eine Nachbesserung in der Regel mit unverhältnismäßigen Aufwendungen verbunden sein, so dass dann nur eine Nachlieferung in Betracht kommen wird.[153] Kann um-

150 BT-Drs. 14/6040, 232.
151 So zB *BGH* NJW 2006, 2839 (2840f.); *OLG Braunschweig* NJW 2003, 1053, für einen tageszugelassenen Pkw; *Canaris* JZ 2003, 831 (833ff.).
152 *BGH* NJW 2006, 2839 (2841).
153 BT-Drs. 14/6040, 232.

gekehrt zB der Mangel einer Waschmaschine durch einfaches Auswechseln einer Schraube behoben werden, so könnte eine vom Käufer verlangte Lieferung einer neuen Waschmaschine vom Verkäufer wegen damit verbundener unverhältnismäßiger Aufwendungen verweigert werden.[154] Entsprechendes gilt, wenn der Käufer eines Pkw wegen eines Funktionsmangels des elektrischen Außenspiegels Nachlieferung verlangt, obwohl eine Nachbesserung durch Austausch eines elektronischen Bauteils mit geringen Kosten möglich wäre.[155] Auch bei einem Kraftfahrzeug, das mit einer Abgas-Manipulationssoftware ausgestattet ist, die mit geringem Aufwand beseitigt oder umprogrammiert werden kann, wäre die Lieferung eines neuen Fahrzeugs für den Verkäufer mit unverhältnismäßigen Kosten verbunden.[156]

Bei der Prüfung, ob eine **absolute Unverhältnismäßigkeit** vorliegt, müssen im Rahmen einer Interessenabwägung alle Umstände des Einzelfalls berücksichtigt werden. Einen Anhaltspunkt für eine Unverhältnismäßigkeit bei Grundstückskaufverträgen sieht der BGH darin, dass die Kosten der Nacherfüllung den Verkehrswert des Grundstücks im mangelfreien Zustand oder 200 % des mangelbedingten Minderwerts übersteigen.[157] Z. T. werden 150 % des Werts oder 200 % des mangelbedingten Minderwerts vorgeschlagen.[158] Neben diesem Anhaltspunkt können aber weitere Umstände des Einzelfalls zu berücksichtigen sein. Vor allem ist es von Bedeutung, inwieweit der Verkäufer den Mangel zu vertreten hat; denn bei vorsätzlichen Pflichtverletzungen kann es dem Verkäufer auch zumutbar sein, ansonsten unverhältnismäßige Kosten zu ersetzen.[159] In dem sog. Bodenfliesen-Fall[160] betrug der Kaufpreis über die Fliesen 1.382,27 Euro, während die Kosten für einen kompletten Austausch der eingebauten mangelhaften Fliesen mit 5.830,57 Euro angegeben wurden; diese Mängelbeseitigungskosten wurden vom BGH als absolut unverhältnismäßig angesehen.

Beim **Verbrauchsgüterkauf** (→ § 7 Rn. 1 ff.) ist die Anknüpfung des Leistungsverweigerungsrechts des Verkäufers an die absolute Unverhältnismäßigkeit mit Art. 3 III der Verbrauchsgüterkaufrichtlinie[161] nicht vereinbar. Danach ist die Unverhältnismäßigkeit nämlich nur durch einen Vergleich zwischen den beiden Nacherfüllungsmöglichkeiten der Nachbesserung und der Nachlieferung (also Anknüpfung allein an eine relative Unverhältnismäßigkeit) zu ermitteln. Der

154 BT-Drs. 14/6040, 232.
155 *BGH* NJW 2014, 213 (214).
156 *Ring*, NJW 2016, 3121 (3125).
157 *BGH* NJW 2015, 468 (472 f.) mAnm *Keil* EWiR 2014, 651 und Anm. *Riehm* JuS 2014, 833.
158 *Bitter/Meid*, ZIP 2001, 2114 (2121).
159 *BGH* NJW 2015, 468 (472 f.) mAnm *Keil* EWiR 2014, 651 und Anm. *Riehm* JuS 2014, 833.
160 *BGH* NJW 2009, 1660; *EuGH* NJW 2011, 2269.
161 RiL 1999/44/EG.

EuGH[162] hat im Bodenfliesen-Fall auf Vorlage des BGH[163] ausdrücklich klargestellt, dass beim Verbrauchsgüterkauf der Verkäufer die Nacherfüllung nur bei relativer Unverhältnismäßigkeit (und bei Unmöglichkeit) verweigern darf. Da in dem entschiedenen Fall eine Nachbesserung unmöglich war, durfte eine Nachlieferung einschließlich der damit verbundenen Aus- und Einbaukosten nicht allein wegen der absoluten Höhe dieser Kosten verweigert werden. Eine begrenzte Entlastung des Verkäufers ermöglicht der EuGH dadurch, dass der Anspruch des Verbrauchers auf Erstattung der Aus- und Einbaukosten auf einen Betrag beschränkt werden kann, der dem Wert des mangelfreien Verbrauchsguts und der Bedeutung der Vertragswidrigkeit angemessen ist.[164] Allerdings darf durch eine solche Beschränkung der Ersatzpflicht der Nacherfüllungsanspruch nicht ausgehöhlt werden.

Auch insoweit hat der BGH die Vorgaben des EuGH durch Urteil vom 21.12.2011[165] umgesetzt. Zwar sei eine richtlinienkonforme Auslegung des § 439 IV (damals noch Abs. 3) nicht möglich. Die Vorschrift könne aber für den Verbrauchsgüterkauf im Wege richterlicher Rechtsfortbildung teleologisch reduziert werden, und zwar in dem Sinne, dass der Verkäufer bei absoluter Unverhältnismäßigkeit kein Leistungsverweigerungsrecht habe. Er sei lediglich berechtigt, den Käufer hinsichtlich der Aus- und Einbaukosten auf eine Kostenerstattung in Höhe eines angemessenen Betrags zu verweisen. Für dessen Bestimmung hat der BGH die Aufstellung allgemeiner Richtwerte ausdrücklich abgelehnt.[166] Im Bodenfliesen-Fall hat er bei einem Wert der mangelfreien Bodenfliesen von 1.200 Euro und einem lediglich optischen Mangel ohne Funktionsbeeinträchtigung einen Betrag von 600 Euro für angemessen gehalten.

Unter den Voraussetzungen des § 439 IV 1 beschränkt sich der Anspruch des Käufers auf die **andere Art der Nacherfüllung** (§ 439 IV 3, 1. Hs.). Der Gesetzgeber stellt damit ausdrücklich klar, was ohnehin aus § 439 IV 1 folgt. Der Verkäufer ist nach § 439 IV 3, 2. Hs. berechtigt, auch die andere als die gewählte Art der Nacherfüllung zu verweigern, falls sie ebenfalls nur mit unverhältnismäßigen Kosten möglich wäre; das kann dann nur eine absolute Unverhältnis- 46

162 *EuGH* NJW 2011, 2269 (2274).
163 *BGH* NJW 2009, 1660 (1661 f.); dazu *Unberath/Cziupka* JZ 2009, 313.
164 *EuGH* NJW 2011, 2269 (2274).
165 *BGH* NJW 2012, 1073 (1076 ff.).
166 *BGH* NJW 2012, 1073 (1079).

mäßigkeit sein. In diesem Fall steht der Einwand unverhältnismäßiger Kosten dem Nacherfüllungsanspruch in Gestalt beider Formen entgegen.[167] Der Käufer ist dann auf die Rechte aus § 437 Nr. 2 und 3 beschränkt. Diese kann er allerdings sofort geltend machen, ohne dass es einer Nachfristsetzung zur Nacherfüllung bedarf (vgl. § 440 S. 1). Das gilt jedoch nicht, wenn es sich um einen Verbrauchsgüterkauf (→ § 7 Rn. 1 ff.) handelt. Denn bei diesem führt nur eine relative Unverhältnismäßigkeit dazu, dass der Verkäufer zur Verweigerung dieser kostenaufwendigen Nacherfüllungsart berechtigt ist. Falls sich dagegen nur eine der beiden Abhilfearten als möglich erweist (so im sog. Bodenfliesen-Fall die Nachlieferung), darf diese nicht wegen Unverhältnismäßigkeit verweigert werden.[168] Der Nacherfüllungsanspruch des Verbrauchers kann allenfalls auf einen Betrag beschränkt werden, der dem Wert des mangelfreien Verbrauchsguts und der Bedeutung der Vertragswidrigkeit angemessen ist.[169] Diese Lösung der Rechtsprechung, wonach der Verkäufer sich **beim Verbrauchsgüterkauf** nicht auf ein Leistungsverweigerungsrecht wegen absoluter Unverhältnismäßigkeit berufen kann, ist durch Gesetz vom 28.4.2017 mit Wirkung zum 1.1.2018 in dem neuen § 475 IV kodifiziert worden.

Im **Fall f** (kein Verbrauchsgüterkauf) ist eine Nachbesserung des Eichenholzes unmöglich und eine Nachlieferung mit unverhältnismäßigen Kosten verbunden. V kann deshalb die Nacherfüllung verweigern. Andererseits ist K nicht auf die Möglichkeit des Rücktritts beschränkt; er kann auch Schadensersatz geltend machen.

47 **c) Grobes Missverhältnis zwischen Aufwand und Leistungsinteresse.** Liegt keine Unmöglichkeit im Sinne des § 275 I vor, kann der Verkäufer trotzdem die Nacherfüllung verweigern, soweit diese einen Aufwand erfordert, der unter Beachtung des Inhalts des Schuldverhältnisses und der Gebote von Treu und Glauben in einem **groben Missverhältnis** zu dem Leistungsinteresse des Gläubigers steht (§ 275 II). Der Anwendungsbereich dieser Vorschrift beim Nacherfüllungsanspruch im Kaufrecht ist aber sehr gering. Denn diese Vorschrift soll Fälle erfassen, in denen die Behebung des Leistungshindernisses zwar theoretisch möglich wäre, dies aber kein vernünftiger Gläubiger ernsthaft erwarten kann, also Ausnahmesituationen, die wertungsmäßig der Unmöglichkeit im Sinne des § 275 I nahe kommen (Schulbeispiel: der verkaufte Ring liegt auf dem Grund eines Sees). Dann wird aber im Regel-

---

167 *BGH* NJW 2015, 468 (472 f.) mAnm *Keil* EWiR 2014, 651 und Anm. *Riehm* JuS 2014, 833.
168 *EuGH* NJW 2011, 2269 (2274).
169 *EuGH* NJW 2011, 2269 (2274); → Rn. 41a.

fall die Nacherfüllung mit unverhältnismäßigen Kosten verbunden sein, so dass bereits die Voraussetzungen eines Leistungsverweigerungsrechts nach § 439 IV vorliegen. In solchen Fällen kann es aber im Ergebnis dahingestellt bleiben, ob (auch) die engen Voraussetzungen des § 275 II vorliegen.[170]

d) Unzumutbarkeit. Schließlich kann der Verkäufer die Nacherfüllung gem. § 275 III auch dann verweigern, wenn er sie persönlich zu leisten hat und sie ihm unter Abwägung seines Interesses an dem Freiwerden von seiner Leistungspflicht mit dem Leistungsinteresse des Käufers nicht **zugemutet** werden kann (vgl. § 275 III). Auch die Einrede des § 275 III wird allerdings beim Nacherfüllungsanspruch praktisch keine Rolle spielen. Der Nacherfüllungsanspruch ist nämlich wie der originäre Erfüllungsanspruch nach § 433 I grundsätzlich keine höchstpersönliche Leistungspflicht. Außerdem liegt die Unverhältnismäßigkeitsgrenze des § 439 IV unterhalb der Schwelle des Unzumutbarkeitseinwandes des § 275 III, so dass in aller Regel ohnehin ein Leistungsverweigerungsrecht nach § 439 IV bestehen wird. **48**

4. Rückgriff des Verkäufers in einer Lieferkette

Durch Gesetz vom 28.4.2017 wurde § 445a neu eingefügt. Er gewährt dem Verkäufer gegenüber seinem Lieferanten einen zusätzlichen Anspruch (Abs. 1) und erleichtert ihm die Geltendmachung seiner Rechte aus § 437 gegenüber seinem Lieferanten (Abs. 2). **48a**

Nach § 445a I hat der Letztverkäufer in einer Lieferkette (Hersteller – Großhändler – Einzelhändler – Endabnehmer), der von seinem Käufer (dem Endabnehmer) zu Recht auf Nacherfüllung in Anspruch genommen wurde, gegen seinen Lieferanten einen Anspruch auf Ersatz der Nacherfüllungsaufwendungen (Transport-, Wege-, Arbeits- und Materialkosten, Ein- und Ausbaukosten). Bei § 445a I handelt es sich um eine selbständige Anspruchsgrundlage für einen Aufwendungsersatzanspruch, der neben die Ansprüche aus § 437 tritt. Voraussetzung für den Anspruch ist, dass es sich um den Verkauf neu hergestellter Sachen handelt und dass der Mangel bereits bei Gefahrübergang auf den Verkäufer vorhanden war. **48b**

Dieser Aufwendungsersatzanspruch ist unabhängig von dem sonst zu beachtenden Vorrang der Nacherfüllung. Aber auch für die Geltendmachung der Rechte des Verkäufers gegen seinen Lieferanten aus § 437 ist eine vorherige Fristsetzung nicht erforderlich (§ 445a II). **48c**

Muss ein Lieferant gem. § 445a I Aufwendungsersatz an seinen Käufer leisten, kann er gem. § 445a III Rückgriff bei seinem Vorlieferanten nehmen. Auf diese Weise können die Nachteile des Mangels **48d**

170 *Looschelders* SchuldR BT Rn. 93.

der Kaufsache bis an den Unternehmer weitergegeben werden, in dessen Bereich der Mangel entstanden ist.

48e Einen solchen erleichterten Rückgriff des Verkäufers gab es bis zum Inkrafttreten des § 445a nur beim Verbrauchsgüterkauf (§ 478 II aF). Er wurde in § 445a I auf diejenigen Fälle ausgedehnt, in denen der Kaufvertrag am Ende der Lieferkette zwischen zwei Unternehmern geschlossen wird.

48f Der Aufwendungsersatzanspruch nach § 445a I soll nach dem ebenfalls mit Wirkung zum 1.1.2018 neu eingefügten § 445b I in zwei Jahren ab Ablieferung der Sache verjähren. § 445b II regelt eine besondere Ablaufhemmung für die Ansprüche des Verkäufers gegen seinen Lieferanten. Danach soll die Verjährung frühestens zwei Monate nach dem Zeitpunkt eintreten, in dem der anspruchsberechtigte Verkäufer die Ansprüche seines Käufers erfüllt hat. Diese Regelung entspricht dem früheren, nur für Verbrauchsgüterkäufe geltenden § 479 II aF. Durch sie wird verhindert, dass der Rückgriffsanspruch schon verjährt ist, bevor er überhaupt geltend gemacht werden konnte.

V. Rücktritt

49 **Schrifttum:** *Erger*, Der Rücktritt des Käufers beim „Montagsauto", NJW 2013, 1485; *Höpfner*, Der Rücktrittsausschluss wegen „unerheblicher" Pflichtverletzung, NJW 2011, 3693; *Keiser*, Pflichten im Rückgewährschuldverhältnis und Schadensersatz wegen eines Sachmangels, NJW 2014, 1473; *Kohler*, Rücktrittsausschluss im Gewährleistungsrecht bei nachträglicher Nacherfüllungsunmöglichkeit – Wiederkehr der §§ 350, 351 BGB aF?, AcP 203 (2003), 539; *Kulke*, Rücktrittsrecht bei geringfügigem Mangel wegen Arglist des Verkäufers?, ZGS 2006, 412; *Riehm*, Irrungen und Wirrungen zur Fristsetzung und ihrer Entbehrlichkeit, NJW 2014, 2065; *Wertenbruch*, Die eingeschränkte Bindung des Käufers an Rücktritt und Minderung, JZ 2002, 862.

Ziel des Rücktrittsrechts (§ 437 Nr. 2, 1. Fall) ist die Rückabwicklung des Vertragsverhältnisses unter Rückgewähr der empfangenen Leistungen (§ 346 I). Das Recht des Käufers, vom Vertrag zurückzutreten, bestimmt sich nach Maßgabe der §§ 440, 323 und 326 V (§ 437 Nr. 2, 1. Fall). Über diese gesetzliche Verweisung wird mit § 323 die zentrale Rücktrittsvorschrift des allgemeinen Leistungsstörungsrechts[171] für anwendbar erklärt. Das Rücktrittsrecht nach § 437

171 *Brox/Walker* SchuldR AT § 23 Rn. 57 ff.

Nr. 2, 1. Fall richtet sich damit maßgeblich nach den allgemeinen Regeln, wobei die besonderen Bestimmungen des § 440 ergänzend zu beachten sind.

1. Erfolglose Bestimmung einer Nachfrist

Der Käufer muss dem Verkäufer grundsätzlich eine **angemessene Frist zur Nacherfüllung** gesetzt haben. Das folgt aus § 323 I, auf 50
den § 437 Nr. 2, 1. Fall verweist. Für eine wirksame Fristsetzung ist die Angabe eines bestimmten Zeitraums oder eines bestimmten Endtermins nicht erforderlich. Es genügt vielmehr, wenn der Käufer durch das Verlangen nach „sofortiger", „unverzüglicher" oder „umgehender" Nacherfüllung oder durch vergleichbare Formulierungen deutlich macht, dass dem Verkäufer für die Erfüllung nur ein begrenzter (bestimmbarer) Zeitraum zur Verfügung steht.[172]

a) Bedeutung der Nachfrist. Durch das Erfordernis einer Nachfristsetzung hat der Gesetzgeber den Vorrang des Nacherfüllungsanspruchs gegenüber dem Rücktrittsrecht abgesichert. Der Käufer soll zunächst seinen Nacherfüllungsanspruch verfolgen, bevor er andere Mängelrechte geltend machen kann. Umgekehrt bekommt der Verkäufer mit der Fristsetzung eine letzte Chance, den mit der Rückabwicklung des Vertrags verbundenen wirtschaftlichen Nachteil abzuwenden (Recht zur zweiten Andienung; → Rn. 40). Die Obliegenheit des Käufers, dem Verkäufer zuerst Gelegenheit zur Nacherfüllung zu geben, beschränkt sich nicht auf eine Aufforderung zur Nacherfüllung. Vielmehr umfasst sie auch die Bereitschaft des Käufers, dem Verkäufer die Kaufsache zur Überprüfung der erhobenen Mängelrüge für eine entsprechende Untersuchung zur Verfügung zu stellen. Denn die Gelegenheit zur Nacherfüllung soll dem Verkäufer auch die Prüfung ermöglichen, ob überhaupt ein Mangel gegeben ist, ob dieser schon bei Gefahrübergang vorlag und wie er beseitigt werden kann.[173]

In der Notwendigkeit einer Nachfrist liegt eine Abweichung von der bis zum 31.12.2001 geltenden Rechtslage, wonach der Käufer sofort Wandelung verlangen konnte.

Die Nachfristsetzung bezieht sich nicht auf den originären Erfüllungsanspruch, sondern auf den Nacherfüllungsanspruch. Das ergibt sich aus der aus-

---

172 *BGH* ZIP 2016, 1538 Rn. 25.
173 *BGH* NJW 2010, 1448; ZIP 2015, 2132 (2134) mAnm *Litzenberger/Dawirs* EWiR 2016, 143.

drücklichen Erwähnung der Nacherfüllung in § 323 I. Wenn der Käufer nach erfolgloser Bestimmung einer Frist für die Nacherfüllung vom Vertrag zurücktreten will, braucht er nicht noch einmal eine Frist zur „Leistung" (vgl. § 323 I) zu setzen.[174]

51 **b) Angemessenheit der Nachfrist.** Welche Frist im Einzelfall **angemessen** ist, muss im Streitfall der Richter unter Berücksichtigung der Interessen beider Vertragspartner ermitteln. Dabei ist vorrangig zu prüfen, ob die Parteien eine Frist vereinbart haben.[175] Ohne Vorliegen einer Vereinbarung ist in erster Linie auf die Interessen des Käufers abzustellen;[176] denn sein Anspruch aus § 433 I 2 ist nicht erfüllt worden. Aber auch die Verkäuferinteressen dürfen nicht unberücksichtigt bleiben. Die Frist muss deshalb im Einzelfall so lang sein, dass der Verkäufer tatsächlich in der Lage ist, die Leistung mangelfrei zu erbringen.

Beispiel: Wenn etwa ein Kfz-Vertragshändler im Rahmen der Nacherfüllung aus mehreren hundert verkauften Fahrzeugen eine Abgas-Manipulationssoftware entfernen muss, ist eine Nachfrist von 14 Tagen nicht angemessen. Die Frist ist vielmehr so zu bemessen, dass er (ggf. in Zusammenarbeit mit zuständigen Behörden) ein Konzept für die Problemlösung und eine Strategie für deren Umsetzung entwickeln und umsetzen kann. Das gilt jedenfalls dann, wenn es für den Käufer unerheblich ist, wann die Softwarekorrektur vorgenommen wird.

Ist danach die vom Käufer gesetzte Frist zu kurz, so ist die Fristsetzung nicht wirkungslos; vielmehr wird dadurch eine angemessene Frist in Lauf gesetzt.

52 **c) Entbehrlichkeit der Nachfrist.** Die Nachfristsetzung kann **ausnahmsweise entbehrlich** sein, so dass der Käufer – ohne zunächst Nacherfüllung begehren zu müssen – sofort vom Kaufvertrag zurücktreten kann.

aa) Zunächst ist die Nachfristsetzung unter den Voraussetzungen des **§ 323 II** entbehrlich (vgl. § 440 S. 1). Das ist gem. § 323 II Nr. 1 der Fall, wenn der Verkäufer die Nacherfüllung **ernsthaft und endgültig verweigert** (§§ 440 S. 1; 323 II Nr. 1). Dafür reicht das bloße Bestreiten eines Mangels nicht aus; erforderlich ist vielmehr, dass der Schuldner eindeutig zum Ausdruck bringt, er werde seinen Vertrags-

174 BT-Drs. 14/6040, 221.
175 *BGH* ZIP 2016, 1538 Rn. 36.
176 BT-Drs. 14/6040, 234.

pflichten nicht nachkommen.[177] Ferner ist eine Ausnahme gegeben, wenn der Verkäufer nicht zu einem vertraglich vereinbarten Termin oder innerhalb einer bestimmten Zeit (relatives Fixgeschäft) eine mangelfreie Sache liefert, obwohl sich aus einer Mitteilung des Käufers an den Verkäufer oder aus den vertragsbegleitenden Umständen ergibt, dass die termin- oder fristgerechte Lieferung für den Käufer wesentlich ist (§ 323 II Nr. 2); darauf deuten Vertragsformulierungen wie „fix", „spätestens", „genau" usw hin. Schließlich ist bei einer nicht termin- oder fristgerechten Leistung eine Nachfristsetzung auch dann verzichtbar, wenn im Falle einer nicht vertragsgemäß erbrachten Leistung **besondere Umstände** vorliegen, die unter Abwägung der beiderseitigen Interessen den sofortigen Rücktritt rechtfertigen (§ 323 II Nr. 3).

Die besonderen Umstände können sich insbesondere aus der Art des Mangels oder der Sache ergeben. Beispielsweise ist bei diesem Auffangtatbestand an Fälle zu denken, in denen die Parteien zwar kein Fixgeschäft vereinbart haben, die zeitliche Verzögerung bei der Erfüllung einer Verkäuferpflicht aus § 433 I 2 aber dazu führt, dass – aufgrund seiner besonderen Art – der Kaufgegenstand nicht wie vorgesehen verwendet werden kann (die Nacherfüllung mangelhafter Saisonartikel kann erst nach Ablauf der Saison abgeschlossen werden).[178] – Ferner ist ein die sofortige Rückabwicklung rechtfertigendes Käuferinteresse im Regelfall anzuerkennen, wenn der Verkäufer dem Käufer einen ihm bekannten Mangel bei Abschluss des Kaufvertrags arglistig verschwiegen hat (→ § 4 Rn. 127); denn durch die Täuschung ist die für eine Nacherfüllung erforderliche Vertrauensgrundlage beschädigt.[179] Das gilt auch dann, wenn die Mangelbeseitigung nicht durch den Verkäufer selbst, sondern durch einen von diesem beauftragten Dritten erfolgen müsste.[180] Wenn allerdings der Käufer dem Verkäufer trotz Entbehrlichkeit einer Nachfrist eine solche Frist zur Behebung des Mangels setzt und der Mangel auch fristgerecht behoben wird, erlischt damit das Rücktrittsrecht des Käufers; denn mit der Fristsetzung gibt der Käufer zu erkennen, dass sein Vertrauen in die Bereitschaft des Verkäufers zur ordnungsmäßigen Nacherfüllung trotz des arglistigen Verschweigens des Mangels fortbesteht.[181]

bb) Weitere Ausnahmetatbestände vom Erfordernis der Nachfrist- **53**
setzung sieht **§ 440 S. 1** vor:

---

177 *BGH* NJW 2017, 1666 Rn. 31 mAnm *Heese* JZ 2017, 529; Anm. *Schwab* JuS 2017, 683; Anm. *Singbartl/Henke* EWiR 2017, 271; NJW 2015, 3455 Rn. 33; 2011, 3435 (3436); 2006, 1195 (1197).

178 Vgl. BT-Drs. 14/6040, 186.

179 *BGH* NJW 2010, 1805; NJW 2007, 835 (837) mwN; NJW 2008, 1371 (1372 f.); dazu *Gutzeit* NJW 2008, 1359.

180 *BGH* NJW 2008, 1371 (1373).

181 *BGH* NJW 2010, 1805 mAnm *Looschelders* LMK 2010, 305065.

(a) Zunächst ist der Fall genannt, dass der Verkäufer **beide Arten der Nacherfüllung** gemäß § 439 IV **verweigern** kann (§ 440 S. 1, 1. Fall). Das setzt voraus, dass sowohl Nachlieferung als auch Nacherfüllung mit unverhältnismäßigen Kosten verbunden sind. Außerdem muss sich der Verkäufer auch auf die Einrede berufen. Besteht dagegen die Einrede nur hinsichtlich der einen Art der Nacherfüllung, so muss der Käufer dem Verkäufer für die andere Art der Nacherfüllung eine Frist setzen, bevor er zurücktreten kann.

54 (b) Weiterhin ist die Nachfristsetzung entbehrlich, wenn die vom Käufer gewählte Art der Nacherfüllung **fehlgeschlagen** ist (§ 440 S. 1, 2. Fall). Es ist dem Käufer nämlich nicht zuzumuten, nach vergeblichen Nachbesserungsversuchen des Verkäufers erst noch weitere Nacherfüllungsversuche mit ungewissen Erfolgsaussichten abzuwarten, bevor er die anderen Mängelrechte geltend machen kann. Von einem Fehlschlagen der Nacherfüllung ist auszugehen, wenn der Verkäufer trotz Aufforderung durch den Käufer die Nacherfüllung nicht in angemessener Frist vorgenommen hat, auch wenn im Einzelfall mit der Aufforderung durch den Käufer eine Fristsetzung nicht verbunden war.[182]

Für die Nachbesserung hat der Gesetzgeber in § 440 S. 2 zur praktischen Erleichterung eine Richtgröße vorgegeben. Nach dieser Vorschrift gilt eine Nachbesserung nach dem erfolglosen zweiten Versuch als fehlgeschlagen, wenn sich nicht insbesondere aus der Art der Sache oder des Mangels oder den sonstigen Umständen etwas anderes ergibt.

55 (c) Schließlich erklärt § 440 S. 1, 3. Fall eine Nachfristsetzung für entbehrlich, wenn die dem Käufer zustehende Art der Nacherfüllung ihm **(dem Käufer!) unzumutbar** ist. Damit sollen Fälle erfasst werden, in denen eine Abhilfe des Mangels mit erheblichen Unannehmlichkeiten für den Käufer verbunden ist, wobei auf die Art der Sache und den Zweck abzustellen ist.[183] Eine solche Unzumutbarkeit der Nacherfüllung kann etwa bei einem sog. „Montagsauto" gegeben sein. Mit diesem Schlagwort wird ein Neufahrzeug qualifiziert, wenn der bisherige Geschehensablauf aus Sicht eines verständigen Käufers bei wertender und prognostischer Betrachtung die Befürchtung rechtfertigt, das Fahrzeug werde wegen seiner Fehleranfälligkeit auch künftig niemals über längere Zeit frei von herstellungsbedingten Mängeln sein.[184] Ferner kann eine Unzumutbarkeit für den Käufer darin liegen, dass der Verkäufer sich als unzuverlässig oder fachlich nicht kompetent erweist oder dem Verkäufer schon beim ersten Nachbesserungsversuch gravierende Fehler unterlaufen

182 BT-Drs. 14/6040, 222.
183 BT-Drs. 14/6040, 233 f.
184 *BGH* NJW 2013, 1523 (1524).

sind;[185] dann braucht der Käufer sich entgegen § 440 S. 1, 3. Fall nicht auf einen zweiten Nachbesserungsversuch einzulassen.[186] Eine Unzumutbarkeit iSv § 440 S. 1, 3. Fall liegt auch dann vor, wenn der Verkäufer die vom Käufer gewählte Art der Nachbesserung zwar nicht endgültig verweigert, aber vom zukünftigen Auftreten des Mangels abhängig gemacht hat, so dass dem Käufer eine gefahrlose Weiternutzung der Kaufsache nicht möglich ist.[187]

cc) Aus §§ 437 Nr. 2, 1. Fall, *326 V* ergibt sich, dass von einer Nachfristsetzung auch dann abgesehen werden kann, wenn der Schuldner nach § 275 I–III nicht zu leisten braucht. Dabei geht es um Fälle, in denen die **Nacherfüllung unmöglich** ist (§ 275 I), der Aufwand für die **Nacherfüllung in einem groben Missverhältnis zu dem Leistungsinteresse des Käufers** steht (§ 275 II, wirtschaftliche Unmöglichkeit) oder die **Nacherfüllung bei höchstpersönlicher Verpflichtung** (im Kaufrecht nicht von Bedeutung) **unzumutbar** ist (§ 275 III). 56

Unmöglichkeit der Nacherfüllung liegt etwa dann vor, wenn der Mangel eines verkauften Gebrauchtwagens in einem Unfallschaden besteht;[188] denn die Eigenschaft als „Unfallfahrzeug" kann auch durch eine ordnungsmäßige Reparatur nicht beseitigt werden.

Im Fall der wirtschaftlichen Unmöglichkeit ist der Käufer allerdings erst dann zu einem Rücktritt nach § 326 V ohne vorherige Fristsetzung berechtigt, wenn der Verkäufer sich auf sein Leistungsverweigerungsrecht nach § 275 II beruft.[189]

2. Erklärung des Rücktritts

Der Rücktritt ist ein Gestaltungsrecht. Es wird durch einseitige empfangsbedürftige Willenserklärung ausgeübt. Der Käufer hat ihn gegenüber dem Verkäufer zu erklären (§ 349). Er ist formfrei möglich, selbst wenn der Kaufvertrag formbedürftig war (so § 456 S. 2 für den Wiederkauf), und er braucht nicht begründet zu werden. Die Rücktrittserklärung wird mit Zugang beim Verkäufer wirksam (§ 130 I). Der Käufer ist an den erklärten Rücktritt gebunden und kann ihn nicht nach seinem freien Willen zurücknehmen. 57

Er kann daher beispielsweise nach erklärtem Rücktritt nicht mehr zur Minderung übergehen. Bei **mehreren Käufern oder Verkäufern**

185 *BGH* ZIP 2016, 1538 Rn. 38; NJW 2015, 1669 (1670); dazu *Gutzeit* JuS 2016, 65.
186 *OLG Saarbrücken* NJW-RR 2013, 1388 mAnm *Schwab* JuS 2014, 358.
187 *BGH* NJW 2017, 153 Rn. 17ff.
188 *BGH* NJW 2008, 1517 (1518).
189 *BGH* NJW 2013, 1074 (10779.

kann das Rücktrittsrecht nur von allen Käufern und gegen alle Verkäufer ausgeübt werden (§ 351 S. 1). Erlischt das Rücktrittsrecht für einen der Berechtigten, so erlischt es auch für die übrigen (§ 351 S. 2).

58 Bis zum 1.1.2002 war im Gesetz bei Sachmängeln kein Rücktrittsrecht vorgesehen. Stattdessen hatte der Käufer einen Anspruch auf Wandelung. Zwar fanden auf die Wandelung über § 467 aF grundsätzlich die Rücktrittsregeln Anwendung. Trotzdem gab es gegenüber dem Rücktrittsrecht Besonderheiten, weil die Wandelung kein Gestaltungsrecht war, sondern der Käufer einen Anspruch auf Wandelung hatte. So war beispielsweise für die Vollziehung der Wandelung ein Einverständnis des Käufers erforderlich – eine einseitige Erklärung genügte nicht (vgl. § 465 aF). Zu der Frage, wie dieses Einverständnis herbeizuführen war, hatten sich mehrere Theorien gebildet.[190] Dieser Meinungsstreit ist seit der Schuldrechtsreform überholt.

3. Rechtsfolgen des Rücktritts

59 **a) Rückabwicklungsschuldverhältnis.** Durch den Rücktritt erlöschen die beiderseitigen Leistungspflichten, und es entsteht ein Rückabwicklungsschuldverhältnis, für das nach §§ 437 Nr. 2, 1. Fall, 323 die allgemeinen Rücktrittsregeln der §§ 346 ff. gelten.[191] Die Parteien haben also die empfangenen Leistungen Zug um Zug zurückzugewähren (§§ 346, 348).

Der Verkäufer hat nicht nur den empfangenen Kaufpreis zurückzuerstatten, sondern auch die erlangten Zinsen (gezogene Nutzungen nach §§ 346 I, 100) herauszugeben. Umgekehrt muss der Käufer die Kaufsache zurückübereignen. Ob beim Rücktritt eines Verbrauchers die Kosten für einen ggf. erforderlichen Ausbau der zurückzuübereignenden Sache ebenso wie die Ausbaukosten im Rahmen der Nacherfüllung (→ Rn. 41a) vom Verkäufer zu tragen sind, ist zwar vom BGH noch nicht entschieden. Aber wertungsmäßig sollten die Nacherfüllung und der Rücktritt, der vielleicht gerade nach erfolgloser oder verweigerter Nacherfüllung erfolgt, insoweit gleich behandelt werden.[192] Ferner hat der Käufer auch die gezogenen Nutzungen herauszugeben (§ 346 I) und für nicht gezogene Nutzungen, soweit ihm die Nutzungsziehung möglich gewesen wäre, Wertersatz zu leisten (§ 347 I 1). Zum Nutzungsersatz beim Verbrauchsgüterkauf → § 7 Rn. 4c.

60 **b) Folgen für die anderen Mängelrechte.** Ferner führt der Rücktritt zum Erlöschen des Nacherfüllungsanspruchs und des Minderungsrechts des Käufers. Das folgt aus dem Wegfall der beiderseitigen Leistungspflichten. Dagegen können Schadensersatz- und Aufwen-

190 Dazu 26. Aufl. Rn. 77 ff.
191 Dazu *Brox/Walker* SchuldR AT § 18 Rn. 15 ff.
192 *Keiser* NJW 2014, 1473 (1477).

dungsersatzansprüche grundsätzlich neben dem Rücktritt geltend gemacht werden (vgl. § 325 sowie § 437 Nr. 2 aE: „und"). Eine Ausnahme gilt für den kleinen Schadensersatz (→ Rn. 93). Will der Käufer die mangelhafte Sache (nach Rücktrittsregeln) zurückgeben, kann er nicht gleichzeitig den mangelbedingten Minderwert oder die Kosten für die Reparatur der mangelhaften Sache ersetzt verlangen.

4. Ausschluss des Rücktrittsrechts

In einer Reihe von Fällen ist der Rücktritt ausgeschlossen. 61

a) Unerheblichkeit des Mangels. Für den Rücktritt gibt es eine Bagatellgrenze. Er ist ausgeschlossen, wenn der Sachmangel unerheblich ist (vgl. § 437 Nr. 2, 1. Fall iVm § 323 V 2: „Pflichtverletzung unerheblich"). Das gilt auch bei einem Rücktrittsrecht nach §§ 437 Nr. 2, 1. Fall, 326 V, wenn also der Schuldner nach § 275 I–III nicht zu leisten braucht. Der Gesetzgeber hat damit das Rücktrittsrecht gegenüber den anderen Mängelrechten, die eine solche Bagatellgrenze nicht vorsehen, eingeschränkt.

Ob die mit einem Mangel verbundene Pflichtverletzung erheblich 62
ist, muss unter Berücksichtigung aller Umstände, vor allem des Verwendungszwecks und der Verkehrsanschauung ermittelt werden. Der Verstoß gegen eine Beschaffenheitsvereinbarung indiziert die Erheblichkeit.[193] Maßgeblich ist der Zeitpunkt der Rücktrittserklärung; eine danach erfolgte provisorische Beseitigung des Mangels bleibt unberücksichtigt.[194] Eine unerhebliche Pflichtverletzung ist in der Regel zu verneinen, wenn der Verkäufer über das Vorhandensein eines Mangels arglistig getäuscht hat.[195] Das Vertrauen des arglistig handelnden Verkäufers in den Bestand des Rechtsgeschäfts verdient keinen Schutz. Liegt keine arglistige Täuschung vor, kann ein unerheblicher Sachmangel insbesondere dann vorliegen, wenn er innerhalb kürzerer Frist von selbst verschwindet oder leicht behoben werden kann.

Beispiele: Die vorübergehende Feuchtigkeit eines Neubaus ist kein erhebli- 63
cher Mangel, da sie bald vergeht. Der verkaufte Pkw hat einen Karosserieschaden, dessen Beseitigung nur 1 % des Kaufpreises ausmacht.[196] Ein Kraftstoffmehrverbrauch von weniger als 10 % gegenüber den Herstellerangaben gilt

193 *BGH* NJW 2013, 1365 (1366) mAnm *Schwab* JuS 2013, 1031.
194 *BGH* NJW 2009, 508; bestätigt in NJW 2011, 3708 und 2013, 1365 (1366).
195 *BGH* NJW 2006, 1960 (1961) mit krit. Anm. *Gsell* EWiR 2006, 549.
196 *BGH* NJW 2005, 3490 (3493).

nach der Rechtsprechung als unerheblicher Mangel.[197] Auch die Ausstattung eines Fahrzeugs mit einer Abgas-Manipulationssoftware wird allgemein als unerheblicher Mangel angesehen; denn dieser kann mit geringem Aufwand beseitigt werden und beeinträchtigt nicht die Gebrauchstauglichkeit des Fahrzeugs.[198] Bejaht man im **Fall b** bei Nichtübereinstimmung von Fahrzeug-Ident.-Nr. und Kraftfahrzeugbrief einen Sachmangel, dann ist zu prüfen, ob er leicht (zB durch vorläufige Zulassung bis zum Abschluss des eigentlichen Zulassungsverfahrens) behoben werden kann.[199] Im **Fall c** dürfte es sich bei dem kleinen Lackfehler an dem Kühlschrank um einen unerheblichen Mangel handeln, zumal er sich nicht auf der Frontseite, sondern an einer Seitenwand befindet. Etwas anderes mag im Einzelfall gelten, wenn gerade die Seitenwand gut zu sehen ist. Bei Unerheblichkeit scheidet ein Rücktritt des K aus; er kann aber mindern (vgl. § 441 I 2).

Gegenbeispiele: Bei einem behebbaren Mangel übersteigt der Mangelbeseitigungsaufwand einen Betrag von 5 % des Kaufpreises.[200] Die Lieferung eines Kraftfahrzeugs in einer anderen als der bestellten Farbe stellt in der Regel einen erheblichen Sachmangel dar, und zwar selbst dann, wenn der Käufer ursprünglich eine andere Farbe in Betracht gezogen hatte.[201] Das Eindringen von Feuchtigkeit in den Innenraum eines verkauften älteren Gebrauchtfahrzeugs mit hoher km-Leistung ist kein geringfügiger Mangel, wenn es sich um ein luxuriöses Geländefahrzeug handelt.[202] Ein sicherheitsrelevanter Mangel bei einem Kraftfahrzeug ist auch dann nicht geringwertig, wenn sich der Beseitigungsaufwand noch nicht abschätzen lässt.[203]

64 **b) Bagatellgrenze beim Quantitätsmangel.** Ob auch bei einem Quantitätsmangel schon die Erheblichkeit der Zuweniglieferung zum Rücktritt berechtigt (§ 323 V 2) oder in diesem Fall eine Teilleistung anzunehmen ist, die nur bei fehlendem Interesse an der Teilleistung ein Rücktrittsrecht gewährt (§ 323 V 1), ist umstritten. Nach § 434 III steht es einem Sachmangel gleich, wenn der Verkäufer eine zu geringe Menge liefert (→ Rn. 26). Schließt man aus dieser Gleichstellung von Sachmängeln und Zuweniglieferung, dass eine einheitliche Behandlung derartiger Fälle erfolgen soll,[204] reicht für das Rücktrittsrecht des Käufers die Erheblichkeit des Mengendefizits iSd § 323 V 2 aus (könnte im **Fall i** zu bejahen sein). Legt man dagegen § 434 III eng aus, dass nämlich dort nur geregelt werden soll, dass

197 *BGH* NJW 2007, 2111 (2112).
198 *Ring*, NJW 2016, 3121 (3123 f.).
199 Vgl. BGHZ 10, 242 (247 f.).
200 *BGH* NJW 2017, 153 Rn. 28; 2014, 3229 (3231) mit zust. Anm. *Gsell* EWiR 2014, 585 und Anm. *Riehm* JuS 2015, 68.
201 *BGH* NJW-RR 2010, 1289 (1291 f.).
202 *BGH* NJW 2009, 508.
203 *BGH* NJW 2017, 153 Rn. 30.
204 So BT-Drs. 14/6040, 187.

die Zuweniglieferung (Teillieferung) ein Mangel ist und deshalb Mängelrechte auslöst, nicht dagegen, unter welchen Bedingungen sie zum Rücktritt berechtigt,[205] kann der Käufer gem. § 437 Nr. 2, 1. Fall iVm § 323 V 1 (Teilleistung) nur dann vom ganzen Vertrag zurücktreten, wenn er kein Interesse an der Teilleistung hat (dürfte im **Fall i** zweifelhaft sein).

Die erstgenannte Ansicht entspricht nicht nur der Begründung des **65**
Regierungsentwurfs zu § 323, sondern auch der Verbrauchsgüterkaufrichtlinie 1999/44/EG. In deren Art. 3 VI ist der Anspruch des Verbrauchers auf Vertragsauflösung (wie in § 323 V 2) nur für den Fall der geringfügigen Vertragswidrigkeit ausgeschlossen. Diese Ansicht findet auch im Wortlaut des § 434 III eine Stütze. Die Formulierung „Einem Sachmangel steht es gleich …" lässt sich jedenfalls ohne weiteres so auslegen, dass eine Zuweniglieferung wie ein Sachmangel nach § 323 V 2 und nicht wie eine Teillieferung nach § 323 V 1 behandelt werden muss. Dafür spricht schließlich auch der Sinn und Zweck des § 434 III. Der Gesetzgeber hat mit der Gleichstellung von Sachmangel und Zuweniglieferung zum Ausdruck bringen wollen, dass für den Käufer die Interessenlage in beiden Fällen gleich ist.[206]

Nach dieser Ansicht kann im **Fall i** der K gem. § 323 V 2 zurücktreten, wenn man in der Lieferung von nur 90 % keine lediglich unerhebliche Abweichung sieht. Auf einen Interessenwegfall kommt es nicht an.

Für die von der Gegenansicht vertretene Anwendung des § 323 V 1 spricht allerdings, dass diese Vorschrift andernfalls gerade im Kaufrecht und wegen der dem § 434 III entsprechenden Regelung des § 633 II 3 auch im Werkvertragsrecht keinen Anwendungsbereich hätte. Davon abgesehen lässt es sich durchaus bezweifeln, ob die nur geringe Rücktrittseinschränkung des § 323 V 2 im Falle der Zuweniglieferung wirklich sachgerecht ist.

Nach dieser Ansicht kann im **Fall i** der K gem. § 323 V 1 zwar dann zurücktreten, wenn er an der Lieferung von lediglich 90 Flaschen kein Interesse hat, etwa weil er für eine Festveranstaltung 100 Flaschen derselben Sorte benötigt. Fehlt es jedoch an einem solchen Interessenwegfall (so wohl der Regelfall), muss er den geminderten Kaufpreis für die 90 Flaschen zahlen.

c) Verantwortlichkeit des Käufers für den Mangel. Der Rücktritt **66**
ist auch dann ausgeschlossen, wenn der Käufer für den Umstand, der

205 So zu § 281 angedeutet in BT-Drs. 14/7052, 185; vgl. auch *Looschelders* SchuldR BT Rn. 110.
206 Vgl. BT-Drs. 14/6040, 216.

ihn zum Rücktritt berechtigen würde, **allein oder weit überwiegend verantwortlich** ist (§ 437 Nr. 2, 1. Fall iVm § 323 VI, 1. Fall). Der Käufer soll also die Preisgefahr tragen, wenn der Mangel der Kaufsache auf seine Verantwortlichkeit zurückzuführen ist.

Beschädigt der Käufer beispielsweise die Kaufsache zwar nach Vertragsschluss, aber vor der Übergabe an ihn, ist ihm das Rücktrittsrecht verwehrt. Denn schließlich ist er selbst für den Sachmangel verantwortlich.

67 **d) Mangeleintritt bei Annahmeverzug des Käufers.** Ein Rücktrittsrecht des Käufers scheidet ferner aus, wenn der vom Verkäufer nicht zu vertretende Eintritt des Mangels (der an sich den Käufer zum Rücktritt berechtigen würde) zu einer Zeit eintritt, zu welcher der Käufer **im Verzug der Annahme** ist (§§ 437 Nr. 2, 323 VI, 2. Fall). Die Gegenleistungsgefahr soll somit auf den Käufer auch dann übergehen, wenn er sich im Annahmeverzug befindet.

Im Kaufrecht hat § 323 VI, 2. Fall allerdings in der Regel keine Bedeutung. Denn eine Beschaffenheitsabweichung stellt nur dann einen Sachmangel iSv § 434 I dar, wenn sie bei Gefahrübergang vorliegt. Dieser tritt nach § 446 S. 3 mit Annahmeverzug des Käufers ein.

68 **e) Treu und Glauben.** Schließlich kann auch der Grundsatz von Treu und Glauben (§ 242) im Einzelfall zum Ausschluss des Rücktrittsrechts führen.

Dabei ist insbesondere an solche Fälle zu denken, in denen der Verkäufer trotz Nachfristsetzung nicht mit dem Rücktritt rechnen musste. Das betrifft Sondersituationen, in denen sich aus einer ausdrücklichen Erklärung des Käufers oder den Umständen ergibt, dass die Nachfristsetzung nicht als endgültig – und den Weg zu den Sekundärrechten der § 437 Nr. 2 und 3 eröffnend – gemeint war.[207] Das werden seltene Ausnahmefälle sein, die zudem kaum beweisbar sein dürften. Ferner erlischt ein an sich gegebenes Rücktrittsrecht, wenn der Käufer dem Verkäufer trotz Entbehrlichkeit einer Nachfrist wegen arglistigen Verschweigens des Mangels eine solche Frist setzt und der Mangel fristgerecht behoben wird (→ Rn. 52).

5. Teilrücktritt

69 Wenn von einer Menge verkaufter Sachen erkennbar nur ein Teil geliefert wird und der Käufer diese Lieferung als Teilleistung akzeptiert, liegt beim Ausbleiben der Restlieferung kein dem Sachmangel gleichstehender Quantitätsmangel vor (→ Rn. 64). Das Rücktritts-

207 BT-Drs. 14/6040, 222.

recht des Käufers richtet sich dann nicht nach § 323 V 2, sondern nach § 323 V 1. Danach kommt grundsätzlich nur ein Teilrücktritt bzgl. der nicht gelieferten Kaufgegenstände in Betracht. Vom ganzen Vertrag kann der Käufer nur dann zurücktreten, wenn er an der Teilerfüllung kein Interesse (mehr) hat.

Ein Interessenwegfall ist etwa dann anzunehmen, wenn es für den Käufer günstiger ist, im Ganzen neu abzuschließen,[208] als nur den Rest bei einem anderen Lieferanten zu kaufen.

VI. Minderung

Schrifttum: *Korth*, Minderung beim Kauf, 2010; *Peukert*, § 326 Abs. 1 S. 2 BGB und die Minderung als allgemeiner Rechtsbehelf, AcP 205 (2005), 430; *Stöber*, Das Verhältnis der Minderung zu Rücktritt und Schadensersatz im Kaufgewährleistungsrecht, NJW 2017, 2785; *Walter*, Die Minderung bei Grundstückskaufverträgen, MDR 2017, 315. 70

Statt zurückzutreten kann der Käufer nach § 441 den Kaufpreis mindern (§ 437 Nr. 2, 2. Fall). Das Minderungsrecht ist ein besonderes Mängelrecht des Käufers, das es im allgemeinen Leistungsstörungsrecht nicht gibt.

1. Erfolglose Bestimmung einer Nachfrist

Aus der Formulierung des § 441 I 1, wonach der Käufer „statt zurückzutreten" mindern kann, folgt, dass bis auf die Erheblichkeit des Mangels (vgl. § 441 I 2) sämtliche Voraussetzungen für den Rücktritt vorliegen müssen.[209] Deshalb findet auch § 323 I Anwendung, der durch das Erfordernis der erfolglosen Bestimmung einer Frist für die Nacherfüllung den Vorrang des Nacherfüllungsanspruchs (§§ 437 Nr. 1, 439; → Rn. 40) absichert. Da § 441 für die Minderung insoweit keine besonderen Bestimmungen enthält, kann auf die Ausführungen zur Nachfristsetzung beim Rücktritt einschließlich ihrer Entbehrlichkeit (→ Rn. 49 ff.) verwiesen werden.

2. Berechnung der Minderung

Minderung bedeutet **Herabsetzung des Kaufpreises** (vgl. 71
§ 441 III 1). Diese erfolgt nicht einfach dadurch, dass der Käufer an-

---

208 *BGH* NJW 1990, 2550.
209 BT-Drs. 14/6040, 235.

stelle des vereinbarten Kaufpreises den wirklichen Wert der (mangelhaften) Kaufsache zu zahlen hat. Vielmehr legt das Gesetz die sog. **relative Berechnungsmethode** zugrunde. Der Kaufpreis ist in dem Verhältnis herabzusetzen, „in welchem **zur Zeit des Vertragsschlusses** der Wert der Sache in mangelfreiem Zustand zu dem wirklichen Wert gestanden haben würde" (§ 441 III 1). Es ist also folgende Gleichung aufzustellen:

$$\frac{\text{vereinbarter Kaufpreis}}{\text{geminderter Kaufpreis (X)}} = \frac{\text{Wert ohne Mangel}}{\text{Wert mit Mangel}}$$

Der zu zahlende (geminderte) Preis X beträgt demnach:

$$X = \frac{\text{Wert mit Mangel} \times \text{vereinbarter Kaufpreis}}{\text{Wert ohne Mangel}}$$

Im **Fall g** hat der Käufer zu zahlen:

$$X = \frac{80 \times 90}{120} = 60 \text{ Euro}$$

Hier hat der Käufer einen für sich günstigen Vertrag abgeschlossen, da er die Vase, die mangelfrei 120 Euro wert war, für 90 Euro gekauft hat. Hätte er anstelle des vereinbarten Preises von 90 Euro den Wert der Vase in mangelhaftem Zustand, also 80 Euro, zu zahlen, so würde der Käufer benachteiligt, da er den bei Vertragsschluss erzielten Vorteil verlieren würde.

Hat umgekehrt der Verkäufer mit dem Kauf ein gutes Geschäft gemacht, indem er im **Fall g** die Vase mit einem Wert von 120 Euro zum Preis von 150 Euro verkauft hat, dann würde er benachteiligt, wenn der Käufer wegen des Mangels nur den wirklichen Wert der Vase (80 Euro) zu entrichten hätte. Hier beträgt der geminderte Preis nach der obigen Formel 100 Euro.

72 Im Übrigen ist die Minderung, soweit erforderlich, durch **Schätzung** zu ermitteln (§ 441 III 2).

Eine Regelung über die Berechnung des Minderungsbetrags für den Fall, dass der **Käufer** für den Mangel ausnahmsweise **mitverantwortlich** ist, hat der Gesetzgeber nicht für erforderlich gehalten. Dies soll sich nach dem Rechtsgedanken des § 254 richten.[210]

---

210 BT-Drs. 14/6040, 235.

3. Geltendmachung und Folgen der Minderung

a) Ausübung des Minderungsrechts. Das Minderungsrecht ist wie das Rücktrittsrecht kein Anspruch, sondern ein **Gestaltungsrecht.** Es wird durch einseitige Erklärung gegenüber dem Verkäufer ausgeübt (§ 441 I 1). Bei mehreren Verkäufern oder Käufern kann die Minderung ebenso wie der Rücktritt nur von allen oder gegen alle erklärt werden (§ 441 II). Selbst in den Fällen, in denen die Verpflichtung des Verkäufers zur Nacherfüllung entfällt (§ 275 I–III), wird der Käufer nicht kraft Gesetzes von seiner Verpflichtung zur Zahlung des Kaufpreises frei (§ 326 I 2), sondern es bedarf einer Minderungserklärung. 73

Vor der Schuldrechtsreform war die Minderung ebenso wie die Wandelung nicht als Gestaltungsrecht, sondern als Anspruch (auf Herabsetzung des Kaufpreises) geregelt (§ 462 aF). Zur Vollziehung der Minderung war das Einverständnis des Verkäufers erforderlich (§ 465 aF). Wie die Vollziehung erfolgte, wenn der Verkäufer sein Einverständnis verweigerte, war umstritten.[211] Der Theorienstreit ist seit dem 1.1.2002 überholt. 74

b) Einrede vor Zahlung des Kaufpreises. Solange der Kaufpreis noch nicht vollständig gezahlt ist, steht dem Käufer die Einrede der Minderung zu. Er kann dann in Höhe des Minderungsbetrags die Kaufpreiszahlung verweigern. 75

c) Erstattung des Minderungsbetrags nach Zahlung des Kaufpreises. Hat der Käufer bereits mehr als den geminderten Kaufpreis gezahlt, so ist der Mehrbetrag vom Verkäufer zu erstatten (§ 441 IV 1). Auf diesen (selbständigen) Anspruch finden die Rücktrittsvorschriften der §§ 346 I, 347 I[212] entsprechende Anwendung. Der Käufer kann also auch die gezogenen und unter Umständen die entgegen der Regeln einer ordnungsgemäßen Wirtschaft nicht gezogenen Nutzungen verlangen. 76

d) Folgen der Minderung für die anderen Mängelrechte. Die Ausübung des Minderungsrechts führt zum Erlöschen des Nacherfüllungsanspruchs. Wenn sich die Zahlungsverpflichtung des Käufers verringert, kann keine Verpflichtung zur mangelfreien Verschaffung mehr bestehen. Auch der Rücktritt ist durch die Minderung ausgeschlossen. Rücktritt und Minderung stehen nämlich in einem Alternativverhältnis zueinander und schließen sich gegenseitig aus (vgl. 77

211 26. Aufl. Rn. 82, 77.
212 Dazu *Brox/Walker* SchuldR AT § 18 Rn. 15 ff.

§ 437 Nr. 2: „zurücktreten oder … mindern", § 441 I: „statt zurückzutreten").

Schadensersatz- und Aufwendungsersatzansprüche können dagegen nach allerdings umstrittener Ansicht grundsätzlich **neben** der Minderung verlangt werden (vgl. § 437 Nr. 2 aE: „und").[213] Dabei ist der Minderungsbetrag auf den Schadensersatz anzurechnen. Ebenfalls umstritten ist, ob der Käufer trotz erklärter Minderung noch zum Schadensersatz wechseln kann oder ob er an die Ausübung des Gestaltungsrechts der Minderung gebunden ist. Der BGH lässt einen nachträglichen Wechsel zum (kleinen) Schadensersatz statt der Leistung (§ 281 I 1; → Rn. 93) jedenfalls dann zu, wenn die Minderung mangels Berechenbarkeit des Minderungsbetrags nicht durchführbar ist.[214] Dagegen ist der (große) Schadensersatzanspruch statt der **ganzen** Leistung (§ 281 I 3; → Rn. 94 ff.) nach ausgeübter Minderung ausgeschlossen, da sich in diesem Fall der Käufer entschieden hat, die mangelhafte Sache zu behalten.

4. Ausschluss des Minderungsrechts

78 Da der Käufer „statt zurückzutreten" (vgl. § 441 I 1) mindern kann, ist das Minderungsrecht grundsätzlich dann ausgeschlossen, wenn dem Käufer die Ausübung des Rücktrittsrechts versagt ist (→ Rn. 61 ff.). Insbesondere besteht ein Minderungsausschluss, wenn der Käufer für den Mangel allein oder weit überwiegend verantwortlich ist (§ 437 Nr. 2, 1. Fall iVm § 323 VI, 1. Fall).

Das Minderungsrecht ist aber – anders als das Recht zum Rücktritt – auch in Bagatellfällen (unerhebliche Mängel) nicht ausgeschlossen. Nach § 441 I 2 findet der Ausschlussgrund des § 323 V 2 keine Anwendung.

VII. Schadensersatz

79 **Schrifttum:** *Arnold/Dötsch,* Ersatz von „Mangelfolgeaufwendungen", BB 2003, 2250; *Braun,* Zahlungsansprüche des Käufers bei Schlechtleistung des Verkäufers, ZGS 2004, 423; *Ehmann/Sutschet,* Schadensersatz wegen kaufrechtlicher Schlechtleistungen – Verschuldens- und/oder Garantiehaftung?, JZ 2004, 62; *Eichel,* Minderung und kleiner Schadensersatz in Kauf- und Werkrecht, JuS 2011, 1064; *Grigoleit/Riehm,* Der mangelbedingte Betriebs-

213 Siehe zum Meinungsstand *BGH* NJW 2011, 1217 (1219 mwN); ferner BT-Drs. 14/6040, 226.
214 *BGH* NJW 2011, 1217 (1219 f.).

ausfallschaden im System des Leistungsstörungsrechts, JuS 2004, 745; *Gruber*, Der Anspruch auf Ersatz von Nutzungs- und Betriebsausfall bei Lieferung einer mangelhaften Sache, ZGS 2003, 134; *Gutzeit*, Unverhältnismäßige Verkäuferhaftung beim „kleinen" Schadensersatz, NJW 2015, 445; *Jaensch*, Übungsklausur – Zivilrecht: Gewährleistungsrecht – Ein- und Ausbaukosten mangelhafter Fliesen, JuS 2009, 131; *Janz*, Die Rechte des Käufers bei eigener Mängelbeseitigung nach Ablauf der Nachfrist, 2008; *Lorenz*, Nacherfüllungskosten und Schadensersatz nach „neuem" Schuldrecht – was bleibt vom „Dachziegel"-Fall?, ZGS 2004, 408; *Mankowski*, Die Anspruchsgrundlage für den Ersatz von „Mangelfolgeschäden" (Integritätsschäden), JuS 2006, 481; *Rubner/Dötsch*, (Original-)Referendarexamensklausur – Bürgerliches Recht: Mangel- und Mangelfolgeschäden, JuS 2004, 798; *Schneider/Katerndahl*, Ein- und Ausbaukosten mangelhafter Kaufsachen im unternehmerischen Rechtsverkehr, NJW 2007, 2215; *Schur*, Der Anspruch des Käufers auf Schadensersatz wegen eines Sachmangels, ZGS 2002, 243; *ders.*, Schadensersatz wegen Verzögerung der Nacherfüllung und Schlechtleistung im Kaufrecht, JA 2006, 223; *Tiedtke/Schmitt*, Der Anwendungsbereich des kaufrechtlichen Schadensersatzes statt der Leistung nach §§ 437 Nr. 3, 280 Abs. 1 und 3, 281 Abs. 1 BGB, BB 2005, 615; *Walker*, Verschulden im Zivilrecht, Ad Legendum 2015, 109; *Weller*, Die Verantwortlichkeit des Händlers für Herstellerfehler, NJW 2012, 2312.

Neben Rücktritt oder Minderung kann der Käufer nach Maßgabe der §§ 440, 280, 281, 283 und 311a Schadensersatz verlangen (§ 437 Nr. 3, 1. Fall). Wie das Rücktrittsrecht ist also auch der Schadensersatzanspruch des Käufers nach der Schuldrechtsreform nicht (mehr) speziell im Kaufrecht geregelt, sondern ergibt sich grundsätzlich aus den Vorschriften des allgemeinen Leistungsstörungsrechts, auf die § 437 Nr. 3, 1. Fall verweist. Diese Bestimmungen werden durch § 440 geringfügig ergänzt. Die Voraussetzungen des Schadensersatzanspruchs hängen davon ab, welchen Schaden der Käufer ersetzt verlangt.

1. Schadensersatz statt der Leistung

a) Schadensersatz wegen eines behebbaren Mangels. Ist der Mangel der Kaufsache behebbar, wird der Verkäufer von seiner Nacherfüllungspflicht nicht nach § 275 I–III frei. In diesen Fällen kann der Käufer **Schadensersatz statt der Leistung** nach §§ 437 Nr. 3, 281, 280 I[215] verlangen. 80

215 Vgl. *Brox/Walker* SchuldR AT § 23 Rn. 34 ff.

aa) Der Anspruch hat folgende **Voraussetzungen**:

(1) Der Verkäufer muss die ihn nach § 433 I 2 treffende **Pflicht, dem Käufer die Sache frei von Mängeln zu verschaffen, verletzt** haben (→ Rn. 6 ff.). Nur dann kommt § 437 überhaupt zur Anwendung. In der Nichtlieferung einer mangelfreien Sache liegt zugleich die von §§ 280 I, 281 I vorausgesetzte Pflichtverletzung. Diese Pflichtverletzung führt nur dann zur Anwendung des § 281, wenn der Mangel der Kaufsache behebbar ist. Für den Verkäufer darf kein Leistungshindernis iSd § 275 I–III bestehen; andernfalls gelten nämlich die §§ 311a II, 283 (→ Rn. 97 ff.).

Im **Fall h** kann das defekte Netzteil ausgewechselt werden. Es handelt sich also um einen behebbaren Mangel.

81 (2) Der Käufer muss dem Verkäufer grundsätzlich erfolglos eine **angemessene Frist zur Nacherfüllung** gesetzt haben (§§ 437 Nr. 3, 1. Fall, 281 I 1). Durch das Erfordernis einer Nachfristsetzung hat der Gesetzgeber den Vorrang des Nacherfüllungsanspruchs auch gegenüber dem Schadensersatzanspruch abgesichert. Bei behebbaren Mängeln soll der Käufer primär seinen Nacherfüllungsanspruch verfolgen, bevor er auf Schadensersatz übergehen kann. Zur Angemessenheit der Frist → Rn. 51. Bis zum Ablauf der Frist kann der Verkäufer der Pflicht zum Schadensersatz statt der Leistung durch eine erfolgreiche Nacherfüllung noch entgehen, obwohl er ursprünglich nicht mangelfrei geliefert hat.

82 Die **Nachfristsetzung** kann aber in Ausnahmefällen **entbehrlich** sein, so dass der Käufer sofort Schadensersatz verlangen kann:

(a) Zum einen kann sich die Entbehrlichkeit der Nachfristsetzung aus § 281 II ergeben (vgl. § 440 S. 1: „Außer in den Fällen des § 281 II"): Dort ist zunächst der Fall geregelt, dass der Verkäufer die Nacherfüllung **ernsthaft und endgültig verweigert** (§§ 437 Nr. 3, 1. Fall, 281 II, 1. Fall). Weiterhin gilt eine Ausnahme beim Vorliegen **besonderer Umstände**, die unter Abwägung der beiderseitigen Interessen die sofortige Geltendmachung des Schadensersatzanspruchs rechtfertigen (§§ 437 Nr. 3, 281 II, 2. Fall). Dabei ist an sog. „Just-in-time-Verträge" zu denken, bei denen der eine Teil dem anderen Teil zu einem bestimmten Zeitpunkt liefern muss, wenn dessen Produktion ordnungsgemäß betrieben werden soll.[216] Ferner machen besondere Umstände zB beim Kauf eines Tieres eine Nachfristsetzung

216 BT-Drs. 14/6040, 140.

entbehrlich, wenn dessen Gesundheitszustand eine sofortige tierärztliche Behandlung erforderlich erscheinen lässt, die vom Verkäufer nicht rechtzeitig veranlasst werden könnte.[217]

(b) Weitere Ausnahmetatbestände sieht – der auch beim Rücktritt 83
geltende – § 440 S. 1 vor. Danach ist die Bestimmung einer Nachfrist entbehrlich, wenn der Verkäufer **beide** Arten der **Nacherfüllung** gemäß § 439 IV **verweigern** kann (§ 440 S. 1, 1. Fall; → Rn. 53), wenn die vom Käufer gewählte Nacherfüllung **fehlgeschlagen** ist (§ 440 S. 1, 2. Fall; → Rn. 54) oder wenn die dem Käufer zustehende Art der Nacherfüllung ihm **(dem Käufer!) unzumutbar** ist (§ 440 S. 1, 3. Fall; → Rn. 55).

(3) Der Verkäufer muss die Nichtlieferung einer mangelfreien Sa- 84
che bis zum Ablauf der Nachfrist **zu vertreten haben** (§ 280 I). Umstritten ist, ob sich das Vertretenmüssen auf die ursprüngliche Nichtlieferung einer mangelfreien Sache[218] oder auf die unterbliebene Nacherfüllung[219] beziehen muss oder alternativ auf einen von beiden Zeitpunkten beziehen kann.[220] Die Gesetzesbegründung zu § 281 spricht für die letztgenannte Ansicht. Danach ist der Schadensersatzanspruch „von einer Fristsetzung durch den Gläubiger sowie davon abhängig, dass der Schuldner schuldhaft nicht leistet oder nicht nacherfüllt".[221] Es reicht also aus, wenn der Verkäufer entweder die mangelhafte Leistung oder (bei ursprünglich nicht zu vertretender Mangelhaftigkeit) die unterbliebene Nacherfüllung innerhalb der Frist zu vertreten hat. Das ist auch sachgerecht. Es macht keinen Unterschied, ob das Vertretenmüssen sich auf ein Verhalten vor oder nach der Fristsetzung bezieht, sofern dieses nur ursächlich dafür ist, dass bis zum Ablauf der Nacherfüllungsfrist nicht mangelfrei geliefert wird.

(a) Grundsätzlich hat der Verkäufer Vorsatz und Fahrlässigkeit zu 85
vertreten (§ 276 I 1). Ein solches **Verschulden** ist zu bejahen, wenn die Nichtlieferung einer mangelfreien Sache bis zum Fristablauf zumindest auf Fahrlässigkeit des Verkäufers beruht.

Damit erfährt der Anwendungsbereich des gewährleistungsrechtlichen Schadensersatzes beim Kaufvertrag nach der Schuldrechtsreform eine deutliche Erweiterung. Nach dem früheren § 463 aF konnte der Käufer lediglich beim Fehlen einer zugesicherten Eigenschaft oder beim arglistigen Verschwei-

---

217 *BGH* NJW 2005, 3211; NJW 2006, 988 (989).
218 So zB *Huber/Faust* SchuldRMod Kap. 13 Rn. 111.
219 So zB *Lorenz/Riehm* Neues SchuldR Rn. 535.
220 So zB *Looschelders* SchuldR BT Rn. 124 ff.; *Reinicke/Tiedtke* KaufR Rn. 540 ff.
221 BT-Drs. 14/6040, 140.

gen eines Fehlers[222] Schadensersatz verlangen. Nunmehr genügt bereits leichteste Fahrlässigkeit bezüglich der Nichtlieferung einer mangelfreien Sache, um einen Schadensersatzanspruch zu begründen.

Welche Sorgfaltsanforderungen iSd § 276 II an den Verkäufer gestellt werden können, hängt von den Umständen des Einzelfalls und der Verkehrsanschauung ab.

Dabei spielen insbesondere die Sachkunde und Kenntnisse sowie die Beschaffungsmöglichkeiten des Verkäufers eine Rolle. So kann von dem Fachhändler eine höhere Sorgfalt beim Versuch der Nachbesserung oder beim Bemühen um die Lieferung einer mangelfreien Ersatzsache als von einem privaten Verkäufer erwartet werden. Auch hat der Hersteller der Ware gegenüber dem Händler höhere Sorgfaltspflichten bezüglich der Untersuchung der Mangelfreiheit der Sachen. Weiterhin hat die Produktart einen nicht unerheblichen Einfluss auf den vom Verkäufer zu beobachtenden Sorgfaltsmaßstab. Bei hochwertigen und teuren Produkten oder aufwendigen Einzelstücken wird eher eine Untersuchungspflicht des Verkäufers angenommen werden können als bei billiger Massenware.

86 Das **Vertretenmüssen** des Verkäufers ist nach der Gesetzesfassung **zu vermuten**. Der Verkäufer hat sein Nichtvertretenmüssen zu beweisen (zur Beweislastverteilung vgl. §§ 283 S. 1; 280 I 2: „Dies gilt nicht, wenn … nicht zu vertreten"). Das dürfte im **Fall h** dem V bei der hier unterstellten Behebbarkeit des Mangels schwer fallen.

87 (b) Ausnahmsweise hat der Verkäufer die Nichtlieferung einer mangelfreien Sache auch ohne Verschulden zu vertreten, wenn er vertraglich eine **Garantie** übernommen hat (§ 276 I 1 aE).

In dem § 276 I 1 ist neben der Garantie auch die **Übernahme eines Beschaffungsrisikos** erwähnt. Sie spielt aber für die Mängelhaftung des Verkäufers keine Rolle. Sie bedeutet lediglich, dass der Verkäufer auch ohne Verschulden nach den §§ 280 I, III, 283 zum Schadensersatz verpflichtet ist, wenn es ihm nicht gelingt, die verkaufte Sache zu besorgen und wenn er deshalb nach § 275 I von seiner Leistungspflicht frei wird.[223]

88 Die Bedeutung der Garantie iSv § 276 I 1 ergibt sich aus ihrem systematischen Standort in der Regelung über das Vertretenmüssen. Die Garantie ersetzt das Verschulden als Voraussetzung für das Vertretenmüssen. Bei einer Verkäufergarantie verspricht der Verkäufer, für eine bestimmte Beschaffenheit, die Haltbarkeit oder für außerhalb der Mängelfreiheit liegende Anforderungen der Kaufsache auf jeden Fall

222 Dazu 26. Aufl. Rn. 88 f.
223 Siehe auch *Looschelders* SchuldR BT Rn. 141.

(also auch ohne Verschulden) einzustehen (→ Rn. 115 ff.). Sie spielt nur dann eine Rolle, wenn ein Recht des Käufers ein Vertretenmüssen des Verkäufers voraussetzt. Das ist nur beim Schadensersatzanspruch nach § 437 Nr. 3 iVm § 280 oder § 311a der Fall, nicht dagegen beim Nacherfüllungsanspruch sowie beim Minderungs- und beim Rücktrittsrecht.

Mit der Garantie iSv § 276 I 1 wollte der Gesetzgeber vor allem die 89
vor der Schuldrechtsreform geltende verschuldensunabhängige Schadensersatzpflicht des Verkäufers beim Fehlen einer zugesicherten Eigenschaft nach § 463 aF ersetzen.[224] Die Erweiterung des Garantiebegriffs in § 443 durch Gesetz vom 20.9.2013 mit Wirkung zum 13.6.2014[225] (→ Rn. 115 ff.) führte auch zu einem entsprechenden Verständnis der Garantie iSv § 276.

Garantierte **Eigenschaften** sind alle rechtlichen und tatsächlichen 90
Umstände, die auf die Wertschätzung der Sache Einfluss haben. Die Zusicherung, dass ein bestimmter Fehler nicht vorhanden sei, steht der Zusicherung einer Eigenschaft gleich.

Allgemeine Anpreisungen („hochfeine Biere", „garantiert frische Bücklinge", **Fall j)** sind daher nicht ausreichend. Auch Angaben in Prospekten und Katalogen beschreiben in der Regel nur die Beschaffenheit der Kaufsache (vgl. § 434 I 3), stellen aber keine Zusicherungen iSe Garantie dar.

Die Übernahme einer Garantie ist formlos möglich und kann auch 91
stillschweigend erfolgen.[226] Das ist etwa dann der Fall, wenn ein Handelsbrauch oder eine Verkehrsübung besteht, wonach die Angaben des Verkäufers als zugesichert gelten.[227] Regelmäßig ist das aber nicht anzunehmen. Immer muss ein entsprechender Verpflichtungswille des Verkäufers festgestellt werden. Eine stillschweigende Garantieübernahme darf nicht vorschnell angenommen werden, nur um dem Käufer aus Billigkeitsgründen einen vom Verschulden des Verkäufers unabhängigen Schadensersatzanspruch zu gewähren. Der BGH stellt in ständiger Rechtsprechung an die Annahme einer stillschweigenden Zusicherung in der Regel strenge Anforderungen;[228] lediglich beim Verkauf eines Pkw durch einen Gebrauchtwagenhändler ist der BGH im Hinblick auf die besondere Schutzbedürftigkeit des Käufers großzügiger.

224 BT-Drs. 14/6040, 132.
225 BGBl. I 3642 (3652).
226 Vgl. BGHZ 59, 160; *BGH* NJW 1996, 836.
227 *BGH* NJW-RR 1991, 1401.
228 Vgl. BGHZ 128, 111 (114); *BGH* NJW 1996, 836; 2000, 3130 (3131).

Beispiele: Beim Verkauf von Lebensmitteln nehmen beide Parteien zwar grundsätzlich an, dass die gekauften Sachen ohne Gesundheitsbeschädigung genossen werden können. Ist das nicht der Fall, liegt zwar ein Sachmangel vor; man kann aber nicht ohne weiteres davon ausgehen, dass der Verkäufer eine Garantie für die Genießbarkeit übernommen hat **(Fall j)**. Dagegen hat die Rechtsprechung beim Fahrzeugkauf in Formulierungen wie „fabrikneu",[229] „werkstattgeprüft",[230] „TÜV neu",[231] „fahrbereit",[232] „Austauschmotor"[233] sowie bei Angaben zum Kilometerstand[234] das Vorliegen einer Zusicherung bejaht. Mit der Angabe „Generalüberholung" eines Motors garantiere der Verkäufer, dass in einer Werkstatt sämtliche beweglichen Motorteile ausgebaut und, soweit erforderlich, entweder hergerichtet oder erneuert und die feststehenden Teile auf ihre Unversehrtheit hin untersucht wurden.[235] Dagegen soll die Typenbezeichnung eines Pkw nicht die Zusicherung umfassen, dass das Fahrzeug mit einem dem Typ entsprechenden Motor ausgerüstet ist.[236]

92 Ergänzend sei erwähnt, dass im Garantiefall dem Käufer neben dem Anspruch auf Schadensersatz wegen zu vertretender Lieferung einer mangelhaften Sache nach den §§ 437 Nr. 3, 280, 276 I 1 gegen den Verkäufer oder gegen einen Dritten (zB den Hersteller) die über die gesetzlichen Mängelrechte hinausgehenden Rechte aus der Garantieerklärung zustehen, sofern eine solche **(unselbständige) Garantie** iSd § 443 (→ Rn. 115 ff.) **für die Beschaffenheit oder Haltbarkeit** der Sache oder für über die Mängelfreiheit hinausgehende **sonstige Anforderungen** übernommen wurde.

93 bb) Die Geltendmachung des Schadensersatzanspruchs führt zum Erlöschen des Nacherfüllungsanspruchs (§§ 437 Nr. 3, 281 IV). Der Käufer bekommt über §§ 437 Nr. 3, 281, 280 I **Schadensersatz statt der Leistung**. Ersetzt wird also der sog. **Mangelschaden** (→ Rn. 100). Für die Berechnung dieses Anspruches gibt es zwei Möglichkeiten:

(1) Grundsätzlich ist der Käufer darauf beschränkt, den sog. **kleinen Schadensersatz** zu verlangen (§ 281 I 1). Er behält die mangelhafte Sache und verlangt im Übrigen, so gestellt zu werden, als ob gehörig erfüllt worden wäre. Er kann dann in erster Linie als Schaden die Zahlung der Differenz zwischen dem Wert der gelieferten mangelhaften Sache und dem Wert der Sache im mangelfreien Zustand verlangen. Der Ersatz des reinen Minderwertes führt damit praktisch

---

229 *BGH* NJW 2000, 2018; 2004, 160; 2005, 1422 (fabrikneu auch bei Tageszulassung).
230 *BGH* NJW 1983, 2192.
231 BGHZ 103, 275.
232 BGHZ 122, 256; *BGH* NJW 2007, 759 (761).
233 *BGH* NJW 1981, 1268.
234 *BGH* NJW 1975, 1693; *OLG Koblenz* NJW 2004, 1670.
235 *BGH* NJW 1995, 956.
236 *BGH* NJW 1985, 967; vgl. auch *BGH* NJW 1991, 1880.

zu dem gleichen Ergebnis wie eine Minderung (→ Rn. 71), auch wenn es bei der Minderung um die Anpassung des Kaufpreises, beim Schadensersatz dagegen um die Kompensation eines Wertverlustes geht. Statt des reinen Minderwertes können aber auch die uU höheren Kosten, die für eine Beseitigung des Mangels erforderlich sind (Selbstvornahme nach Ablauf einer angemessenen Nacherfüllungsfrist), ersetzt verlangt werden, soweit diese nicht unverhältnismäßig sind; unverhältnismäßige Kosten braucht der Verkäufer weder im Wege der Nacherfüllung (§ 439 IV) noch im Wege des Schadensersatzes zu tragen.[237] Außerdem stellt auch der sog. unmittelbare Vermögensschaden, der auf dem Sachmangel beruht, eine ersatzfähige Schadensposition im Rahmen des Mangelschadens dar. Dieser Vermögensschaden kann insbesondere in Schadensersatzpflichten des Käufers bestehen, die ihre Ursache darin haben, dass der Käufer die bereits weiterverkaufte Sache wegen deren Mangelhaftigkeit an seinen Vertragspartner nicht mangelfrei liefern kann. Wenn der Käufer die Sache wegen des Mangels schon nicht (mit Gewinn) weiter verkaufen konnte, ist der entgangene Gewinn ersatzfähig.

(2) Der Anspruch auf den sog. **großen Schadensersatz** (wahlweise 94
zum kleinen Schadensersatz) steht dem Käufer gem. § 281 I 3 („Schadensersatz statt der **ganzen** Leistung") nur zu, wenn der **Mangel erheblich** ist. Beim großen Schadensersatzanspruch gibt der Käufer die mangelhafte Sache zurück und verlangt Ersatz des Schadens, der ihm infolge Nichterfüllung des ganzen Vertrags entstanden ist. Der Käufer erhält also den bereits gezahlten Kaufpreis zurück und kann als Nichterfüllungsschaden zB die Kosten der Ersatzbeschaffung, den entgangenen Gewinn oder die Freistellung von der Haftung aus Weiterverkäufen verlangen. Beim Kauf eines Neuwagens kann er außer dem bar bezahlten Kaufpreisteil auch den für seinen in Zahlung gegebenen Altwagen auf den Kaufpreis angerechneten Geldbetrag beanspruchen.[238]

Zur Erheblichkeit des Mangels → Rn. 62. Nach der Fassung des Gesetzeswortlauts ist zu vermuten, dass der Mangel erheblich ist. Die Beweislast für Unerheblichkeit liegt beim Verkäufer (vgl. § 281 I 3: „… kann der Gläubiger Schadensersatz … nicht verlangen, wenn die Pflichtverletzung unerheblich ist").

237 *BGH* NJW 2015, 468 (471 ff.) mAnm *Gutzeit* NJW 2015, 445; Anm *Keil* EWiR 2014, 651 und Anm *Riehm* JuS 2014, 833.
238 Vgl. BGHZ 128, 111.

Im **Fall h** macht K den großen Schadensersatz geltend. Ob die Voraussetzungen vorliegen, ist allerdings fraglich. Wenn das Netzteil mit geringem Aufwand in wenigen Minuten ausgewechselt werden kann, dürfte dem V der Nachweis möglich sein, dass es sich um einen unerheblichen Mangel handelt. K ist dann auf den kleinen Schadensersatz beschränkt.

95 Der Verkäufer kann beim großen Schadensersatz die bereits übergebene mangelhafte Kaufsache nach Rücktrittsregeln zurückfordern (§§ 281 V, 346 ff.). Der Käufer hat also auch die gezogenen Nutzungen herauszugeben (vgl. §§ 281 V, 346 I) und muss sich einen eventuellen Untergang oder eine Verschlechterung der Kaufsache auf seinen Schadensersatzanspruch mindernd anrechnen lassen (§§ 281 V, 346 II 1 Nr. 3).

96 (3) Umstritten ist, ob der **Maßstab der Erheblichkeit** des Mangels iSd § 281 I 3 für die Geltendmachung des großen Schadensersatzanspruchs **auch bei Quantitätsabweichungen** gilt oder ob in diesen Fällen eine Teilleistung anzunehmen und deshalb ein fehlendes Interesse an der Teilleistung iSd § 281 I 2 erforderlich ist. Die Problematik stellt sich in vergleichbarer Weise beim Rücktrittsrecht (vgl. § 437 Nr. 2 iVm § 323 V 1 [Interessenwegfall] bzw. mit § 323 V 2 [Erheblichkeit]; → Rn. 64 mwN zum Meinungsstand). Wie dort verdient die erste Ansicht den Vorzug. Wortlaut („Einem Sachmangel steht es gleich …") sowie Sinn und Zweck der Gleichstellung in § 434 III (Bestehen einer vergleichbaren Interessenlage bei Sachmangel und Zuweniglieferung)[239] sprechen dafür, die Zuweniglieferung beim kaufvertraglichen Mängelrecht ohne Einschränkung mit einem Sachmangel iSd § 434 I–II gleich zu behandeln (vgl. auch die Ausführungen bei der Rücktrittsproblematik nach § 323 V 1 bzw. 2 → Rn. 65).

Unter welchen Voraussetzungen eine Zuweniglieferung als unerheblich einzuordnen ist, lässt sich nicht pauschal (etwa in Form eines Prozentsatzes) sagen, sondern hängt von den Umständen des Einzelfalls ab (→ Rn. 62). Im **Fall j** (dort aber unbehebbarer Mangel) dürften die Voraussetzungen für einen Anspruch des K auf großen Schadensersatz gegeben sein.

97 **b) Schadensersatz wegen eines unbehebbaren Mangels.** Wenn dem Verkäufer die Behebung des Mangels durch Nacherfüllung unmöglich ist oder ein grob unverhältnismäßiger bzw. unzumutbarer Aufwand erforderlich wäre, um den Mangel zu beseitigen, ist der Verkäufer von seiner Leistungspflicht zur Nacherfüllung nach Maßgabe des § 275 I–III befreit. Dann kann der Käufer sofort auf das

239 Vgl. BT-Drs. 14/6040, 216.

Recht zum Schadensersatz nach § 437 Nr. 3, 1. Fall übergehen, ohne vorher – wie bei behebbaren Mängeln – erfolglos eine Frist zur Nacherfüllung bestimmen zu müssen. Für den Schadensersatzanspruch kommen verschiedene Anspruchsgrundlagen in Betracht, je nachdem, ob das Hindernis für die ordnungsgemäße Erfüllung schon bei Vertragsschluss vorlag oder erst später eingetreten ist.

aa) Liegt das **Leistungshindernis schon bei Vertragsschluss** vor, 98
kann der Käufer **Schadensersatz statt der Leistung** nach §§ 437 Nr. 3, 311a II 1[240] verlangen.

Anders als vor der Schuldrechtsreform (vgl. § 306 aF) steht nunmehr die anfängliche objektive Unmöglichkeit der Wirksamkeit des Kaufvertrags, die Voraussetzung für einen Anspruch auf **Schadensersatz statt der Leistung** (§ 437 Nr. 3) ist, nicht entgegen (vgl. § 311a I).

Beispiele für ein anfängliches Leistungshindernis: Ein Kunsthändler verkauft ein Gemälde eines berühmten Malers, welches kurz vor Vertragsschluss durch einen Säureanschlag irreparabel beschädigt wurde. Das verkaufte Haus war ganz oder teilweise ohne Baugenehmigung errichtet worden und ist auch nicht genehmigungsfähig.[241]

(1) Der Schadensersatzanspruch nach §§ 437 Nr. 3, 311a II hat ne- 99
ben dem Vorliegen eines Mangels iSd §§ 437, 434 f. folgende **Voraussetzungen**:

(a) Es müssen die für alle Mängelrechte geltenden Voraussetzungen der §§ 437, 434 f. (Mangel; kein Ausschluss der Mängelrechte) gegeben sein.

(b) Der Verkäufer muss **von seiner Verpflichtung zur Nacherfüllung nach § 275 I–III befreit** sein (→ Rn. 43 ff.; vgl. § 311a I). In den Fällen des § 275 II und III ist dazu die einredeweise Geltendmachung des Leistungsverweigerungsrechts erforderlich.

(c) Das Leistungshindernis muss bereits **im Zeitpunkt des Vertragsschlusses** bestehen (vgl. § 311a I aE).

(d) In subjektiver Hinsicht ist erforderlich, dass der Verkäufer wusste oder hätte wissen können, dass ein Leistungshindernis iSd § 275 I–III besteht (vgl. § 311a II 2). Ihm muss also zumindest infolge Fahrlässigkeit unbekannt geblieben sein, dass ihm die Lieferung einer mangelfreien Sache nicht möglich oder nur unter grob unverhältnismäßigem Aufwand möglich wäre. Welche Sorgfaltsanforderungen insoweit an den Verkäufer gestellt werden, hängt von den Umständen

240 Vgl. *Brox/Walker* SchuldR AT § 22 Rn. 64 ff.
241 *BGH* NJW 2011, 142.

des Einzelfalls ab. Nach § 311a II 2 wird das **Vertretenmüssen** des Verkäufers **vermutet**. Dieser hat also seine fehlende Verantwortlichkeit zu beweisen.

Falls die Unkenntnis des Verkäufers von einem Leistungshindernis iSd § 275 I–III nicht auf Fahrlässigkeit beruht, haftet der Verkäufer ausnahmsweise verschuldensunabhängig, wenn er nämlich vertraglich die **Garantie** für eine bestimmte Eigenschaft der Kaufsache oder das sog. Beschaffungsrisiko übernommen hat (§ 276 I 1).[242]

100 (2) Unter den genannten Voraussetzungen bekommt der Käufer den Schaden ersetzt, der in seinem Vermögen dadurch entstanden ist, dass die Kaufsache nicht mangelfrei ist, sondern einen Mangel aufweist **(Schadensersatz statt der Leistung**; sog. **Mangelschaden)**. Für dessen **Berechnung** gibt es zwei Möglichkeiten, nämlich den kleinen Schadensersatz und (bei Erheblichkeit des Mangels) den großen Schadensersatz (→ Rn. 94).

Nach hier vertretener Ansicht kommt der große Schadensersatz auch bei einem erheblichen Quantitätsmangel in Betracht, selbst wenn die Zuweniglieferung nicht das Interesse am ganzen Vertrag entfallen lässt (→ Rn. 96). Deshalb kann im **Fall i** der erboste K den großen Schadensersatz geltend machen.

101 bb) Sofern die **Unbehebbarkeit des Mangels erst nach Vertragsschluss** entsteht, ergibt sich der Schadensersatzanspruch des Käufers aus den §§ 437 Nr. 3, 283, 280 I.[243] Der Anspruch ist ebenfalls auf **Schadensersatz statt der Leistung** gerichtet.

Beispiel für ein nachträgliches Leistungshindernis: Ein Kunsthändler verkauft ein Gemälde eines berühmten Malers, welches nach Vertragsschluss, aber noch vor Gefahrübergang (also grundsätzlich vor Übergabe, vgl. § 446; → § 3 Rn. 14 ff.), durch einen Säureanschlag irreparabel beschädigt wurde.

102 (1) Der Schadensersatzanspruch nach §§ 437 Nr. 3, 1. Fall, 283, 280 I hat neben dem Vorliegen eines Mangels iSd §§ 437, 434 f. folgende **Voraussetzungen**:

(a) Es müssen die für alle Mängelrechte geltenden Voraussetzungen (Mangel; kein Ausschluss der Mängelrechte) vorliegen.

(b) Der Verkäufer muss **von seiner Verpflichtung zur Nacherfüllung nach § 275 I–III befreit** sein (→ Rn. 43 ff.; vgl. § 283 S. 1). In den Fällen des § 275 II–III ist dazu die einredeweise Geltendmachung des Leistungsverweigerungsrechts erforderlich.

242 → Rn. 87 ff. und *Brox/Walker* SchuldR AT § 20 Rn. 46 ff.
243 Vgl. *Brox/Walker* SchuldR AT § 22 Rn. 50 ff.

(c) Das Leistungshindernis muss **nach Vertragsschluss** (arg. e § 311a [„bei Vertragsschluss"] und § 283 S. 1) entstanden sein.

(d) Der Verkäufer muss die aus dem Kaufvertrag **folgende Pflicht, keine Ursache für ein Leistungshindernis** iSd § 275 I–III zu setzen, **verletzt** haben (§§ 283 S. 1, 280 I 1).

(e) Der Verkäufer muss diese Pflichtverletzung iSv § 276 zu vertreten haben. Das setzt regelmäßig Verschulden voraus. Dazu muss der Verkäufer zumindest infolge Fahrlässigkeit nicht verhindert haben, dass nach Vertragsschluss ein Leistungshindernis iSd § 275 I–III eingetreten ist. Welche Sorgfaltsanforderungen diesbezüglich von dem Verkäufer verlangt werden können, hängt von den Umständen des Einzelfalls ab. Das **Vertretenmüssen** des Verkäufers wird **vermutet**. Er hat sein Nichtvertretenmüssen zu beweisen (zur Beweislastverteilung vgl. §§ 283 S. 1, 280 I 2).

Der Verkäufer haftet ausnahmsweise auch ohne Verschulden, wenn er vertraglich eine **Garantie** übernommen hat.[244]

(2) Der Käufer kann auch über § 283 S. 1 den **Mangelschaden** 103
(→ Rn. 100) in Form des kleinen oder wahlweise (bei Erheblichkeit des Mangels; §§ 283 S. 2, 281 I 3) des großen Schadensersatzes ersetzt verlangen. Macht der Käufer den großen Schadensersatz geltend, kann der Verkäufer die übergebene mangelhafte Kaufsache nach Rücktrittsregeln zurückfordern (§§ 283 S. 2, 281 V, 346 ff.; → Rn. 95).

2. Schadensersatz wegen Verzögerung der mangelfreien Leistung

Falls die Kaufsache zunächst einen Mangel hat, der später behoben 104
wird, kann der Käufer allein durch die Verzögerung der mangelfreien Leistung und durch die deshalb notwendige Nacherfüllung einen Schaden erleiden.

Beispiele: Weil die gelieferte Maschine nicht funktioniert und repariert werden muss, kann sie erst mit Verspätung in Betrieb genommen werden, so dass dem Käufer ein Betriebsausfallschaden entsteht. Dem Käufer entstehen Kosten für eine vorübergehende Ersatzanmietung.

Wenn in diesem Fall der Verkäufer auch die vom Käufer verlangte 105
Nacherfüllung verzögert, können dadurch weitere Schäden entstehen. Zu denken ist dabei insbesondere an Rechtsverfolgungskosten, die der Käufer für die Durchsetzung des Nacherfüllungsanspruches aufwenden muss.

---

244 → Rn. 87 ff. und *Brox/Walker* SchuldR AT § 20 Rn. 44.

Beispiel: Nachdem die für die Reparatur der defekten Maschine gesetzte Frist fruchtlos abgelaufen ist, erhebt der Käufer Klage auf Nacherfüllung. Dadurch entstehen ihm Anwalts- und Gerichtskosten.

Dieser auf der Verzögerung der Nacherfüllung beruhende Schaden (insbes. Rechtsverfolgungskosten) ist unstreitig gem. §§ 437 Nr. 3, iVm § 280 I, II nur unter den Voraussetzungen des § 286 (Schuldnerverzug des Verkäufers)[245] zu ersetzen.[246] Die dafür grundsätzlich notwendige Mahnung dürfte in aller Regel in der Aufforderung zur Nacherfüllung iVm der Fristsetzung zu sehen sein.[247]

106 Dagegen war lange umstritten, ob die Voraussetzungen des Verzuges auch für den Anspruch auf Ersatz der Betriebsausfallschäden vorliegen müssen, die trotz fristgerechter Nacherfüllung schon durch die Mangelhaftigkeit der gelieferten Kaufsache verursacht wurden. Nach der Ansicht des Gesetzgebers sollen derartige Schäden unabhängig von den Verzugsvoraussetzungen unmittelbar nach § 280 I ersatzfähig sein.[248] Gegen diese Ansicht spricht zwar der Wortlaut des § 280 II, wonach Schadensersatz wegen Verzögerung der Leistung (hier: Verzögerung der mangelfreien Leistung)[249] nur unter den zusätzlichen Voraussetzungen des § 286 verlangt werden kann. Außerdem führt die Nichtanwendung des § 286 zu dem auf den ersten Blick nicht einleuchtenden Ergebnis, dass der Verkäufer, der die Kaufsache wenigstens liefert (wenn auch nicht mangelfrei), strenger haftet (nämlich ohne Verzug) als derjenige Verkäufer, der überhaupt nicht liefert.[250] Der BGH[251] hält den mangelbedingten Nutzungsausfallschaden des am Vertrag festhaltenden Käufers trotzdem unmittelbar nach §§ 437 Nr. 3, 280 I für ersatzfähig. Bei der Lieferung einer mangelbehafteten Sache dringe der Verkäufer in gefährlicherer Weise als bei einer bloßen Verzögerung in die Gütersphäre des Käufers ein. Dieser könne sich vor den Folgen einer Verzögerung durch kalendermäßige Bestimmung des Liefertermins oder durch Mahnung leichter schützen. Eine haftungsrechtliche Überforderung des Verkäufers werde durch das Erfordernis des Vertretenmüssens (§ 280 I 2) verhindert.

245 *Brox/Walker* SchuldR AT § 23 Rn. 2ff.
246 BT-Drs. 14/6040, 225.
247 Ebenso *Looschelders* SchuldR BT Rn. 136.
248 BT-Drs. 14/6040, 225; so auch *Canaris* ZIP 2003, 321 (326f.).
249 Vgl. *BGH* NJW 1985, 2526.
250 NK-BGB/*Dauner-Lieb* § 280 Rn. 61.
251 *BGH* NJW 2009, 2674ff. m. zust. Anm. *Grunewald* EWiR 2009, 731.

3. Schadensersatz wegen Verletzung sonstiger Rechtsgüter (Mangelfolgeschaden)

Die mangelhafte Lieferung der Kaufsache kann dazu führen, dass dem Käufer ein Schaden entsteht, der über die mangelbedingte Wertminderung der verkauften Sache hinausgeht. Diese mittelbaren Schäden, die der Käufer durch Verletzung seiner sonstigen Rechte, Rechtsgütern oder rechtlich geschützten Interessen erleidet, werden als sog. **Mangelfolgeschäden** bezeichnet. 107

Beispiel: Der gekaufte Tank explodiert in Folge eines Mangels und verletzt den Körper sowie das Eigentum des Käufers.

Den Ersatz des Mangelfolgeschadens kann der Käufer als **Schadensersatz wegen Pflichtverletzung** nach §§ 437 Nr. 3, 1. Fall, 280 I verlangen. Dies folgt aus einem Umkehrschluss zu § 280 III. Dort ist geregelt, dass Schadensersatz **statt der Leistung**, also der Mangelschaden, nur unter den zusätzlichen Voraussetzungen der §§ 281 ff. verlangt werden kann. Daher muss also der Schadensersatzanspruch des § 280 I gerade andere Schäden erfassen als den reinen Mangelschaden.[252] 108

Ein Schadensersatzanspruch wegen Verletzung sonstiger Rechtsgüter kommt im Übrigen auch dann in Betracht, wenn dieser Schaden gar nicht auf einem Mangel der Kaufsache, sondern auf der Verletzung einer Schutzpflicht beruht (→ § 6 Rn. 3 f.). Anspruchsgrundlage ist dann unmittelbar § 280 I.

a) Voraussetzungen des Anspruchs 109

aa) Es müssen die **für alle Mängelrechte geltenden Voraussetzungen** der §§ 437, 434 f. (Mangel; kein Ausschluss der Mängelrechte) gegeben sein (→ Rn. 6 ff. und 31 ff.).

bb) Der Verkäufer muss eine **Pflichtverletzung** begangen und **zu vertreten** haben (§§ 437 Nr. 3, 1. Fall, 280 I). Die Pflichtverletzung liegt darin, dass er entgegen § 433 I 2 dem Käufer die Kaufsache nicht frei von Sach- und Rechtsmängeln verschafft hat. Das Vertretenmüssen iSv § 276 setzt idR **Verschulden** voraus. Der Verkäufer muss also erkannt oder in Folge von Fahrlässigkeit nicht erkannt haben, dass die Kaufsache einen Mangel hat. Ausnahmsweise haftet er auch ohne Verschulden, wenn er eine **garantiemäßige Einstandspflicht** iSd § 276 I 1 aE übernommen hat.[253] 110

---

252 BT-Drs. 14/6040, 225.
253 Dazu *Brox/Walker* SchuldR AT § 20 Rn. 45.

111 **b) Ersatzfähiger Schaden.** Gemäß §§ 437 Nr. 3, 1. Fall, 280 I ist der reine **Mangelfolgeschaden** zu ersetzen. Davon sind die Schadenspositionen, die das Erfüllungsinteresse des Käufers betreffen (zB Minderwert, entgangener Gewinn), abzugrenzen. Denn die Mangelschäden werden nicht nach § 280 I ersetzt, sondern nur unter den Voraussetzungen der §§ 281 ff. (vgl. § 280 III).

Abgrenzungsschwierigkeiten zum Schadensersatz wegen Verzögerung nach den §§ 437 Nr. 3, 280 II, 286 können sich etwa in den Fällen eines mangelbedingten Nutzungsausfalls ergeben (→ Rn. 106).[254] Zur Konkurrenz der §§ 437 Nr. 3, 280 I mit deliktischen Ansprüchen → Rn. 141 f.

VIII. Aufwendungsersatz

112 **Schrifttum:** *Dedek,* Entwertung von Aufwendungen durch Schlechterfüllung im Kaufvertrag, ZGS 2005, 409.

Statt Schadensersatz („oder") kann der Käufer – neben Rücktritt[255] oder Minderung (vgl. § 325 sowie § 437 Nr. 2 aE: „und") – Aufwendungsersatz nach § 284[256] verlangen (§ 437 Nr. 3, 2. Fall). Auch der Aufwendungsersatzanspruch des Käufers ist im Kaufrecht nicht besonders geregelt: Vielmehr findet über die Verweisungsnorm des § 437 der § 284 Anwendung.

Beispiel: Die Parteien haben einen notariell beurkundeten Grundstückskaufvertrag geschlossen. Nachdem der Käufer festgestellt hat, dass im Erdboden größere Mengen an Giftmüll gelagert sind, erklärt er den Rücktritt vom Kaufvertrag. Er verlangt vom Verkäufer die gezahlten Beurkundungskosten (vgl. § 448 II) zurück. Weitere Aufwendungen können etwa Maklergebühren sowie die Kosten für Einbau und Transport der gelieferten Sache sein.[257]

1. Voraussetzungen des Anspruchs

113 Der Käufer muss gegen den Verkäufer einen Anspruch auf Schadensersatz nach Maßgabe der §§ 437 Nr. 3, 1. Fall, 440, 280, 281, 283 und 311a haben (§§ 437 Nr. 3, 2. Fall, 284). Dies folgt daraus,

---

254 Ferner NK-BGB/*Dauner-Lieb* § 280 Rn. 58; *v. Wilmowsky* Beilage zu JuS 2002/Heft 1, S. 20.
255 *BGH* NJW 2005, 2848.
256 *Brox/Walker* SchuldR AT § 22 Rn. 71 ff.
257 BGHZ 87, 104 (noch zu § 467 S. 2 aF); *BGH* NJW 2005, 2848 (Kosten für Überführung und Zulassung eines Kfz bei späterer Rückabwicklung wegen Mängeln).

dass der Ersatz vergeblicher Aufwendungen nur **anstelle** des Schadensersatzes verlangt werden kann. Da **somit sämtliche Voraussetzungen eines Schadensersatzanspruchs** des Käufers (→ Rn. 79 ff.) gegeben sein müssen, gilt also insbesondere auch das Verschuldensprinzip.[258]

2. Ersatzfähige Aufwendungen

Nach § 284 sind die Aufwendungen zu ersetzen, die der Käufer im **Vertrauen** auf den Erhalt der Leistung gemacht hat und billigerweise machen durfte. Wann die Grenze der Billigkeit überschritten ist, hängt von den Umständen des Einzelfalles ab. **Vergeblich** sind Aufwendungen, wenn sie sich wegen der nicht vertragsgerechten Leistung des Verkäufers als nutzlos erweisen. Das ist etwa dann anzunehmen, wenn der Käufer die Kaufsache wegen ihrer Mangelhaftigkeit zurückgibt.[259] **114**

Ein Aufwendungsersatzanspruch **scheidet** aber **aus**, wenn der **Zweck** der Aufwendungen **auch ohne die Pflichtverletzung des Verkäufers nicht erreicht** worden wäre (§§ 437 Nr. 3, 2. Fall, 284 aE). Aufwendungen, die ohnehin – also auch bei Lieferung einer mangelfreien Sache – verfehlt sind, dürfen mangels Kausalität der Pflichtverletzung nicht dem Verkäufer auferlegt werden.

Beispiel: Wer beim Verkauf letztlich unverkäuflicher Kunstwerke ein Ladenlokal anmietet, macht in jedem Fall einen Verlust.[260]

IX. Rechte aus einer Beschaffenheits- und Haltbarkeitsgarantie

Schrifttum: *Braunschmidt/Vesper*, Die Garantiebegriffe des Kaufrechts, JuS 2011, 393; *Fahl/Griedinghagen*, Die Haltbarkeitsgarantie im Vergleich mit der gesetzlichen Gewährleistung – eine Handlungsanleitung, ZGS 2004, 344; *Hammen*, Zum Verhältnis der Garantie zu den Mängelrechten aus § 437 BGB, NJW 2003, 2588; *Picht*, Die kaufrechtliche Garantie im Verbraucherrechterichtlinien-Umsetzungsgesetz, NJW 2014, 2609; *M. Stöber*, Beschaffenheitsgarantien des Verkäufers, 2006. Siehe ferner die Nachweise bei → Rn. 31. **115**

Neben den gesetzlichen Mängelrechten aus § 437 können dem Käufer auch Rechte aus einer ihm gegenüber abgegebenen bzw. an

258 BT-Drs. 14/6040, 144.
259 *BGH* NJW 2005, 2848 (2850).
260 BT-Drs. 14/6040, 144.

ihn gerichteten **Garantie** zustehen (vgl. § 443 I: „unbeschadet der gesetzlichen Ansprüche“ iSv „unbeschadet der Mängelrechte“). Damit ist die sog. unselbständige Garantie gemeint. Darunter versteht § 443 I die Verpflichtung, zusätzlich zu der gesetzlichen Mängelhaftung insbesondere „den Kaufpreis zu erstatten, die Sache auszutauschen, nachzubessern oder in ihrem Zusammenhang Dienstleistungen zu erbringen, falls die Sache nicht diejenige Beschaffenheit aufweist oder andere als Mängelfreiheit betreffende Anforderungen nicht erfüllt, die in der (Garantie-)Erklärung oder einschlägigen Werbung beschrieben sind“.

116 Bis zur Schuldrechtsreform hatte es trotz der Üblichkeit in der geschäftlichen Praxis keine ausdrückliche gesetzliche Regelung zur Garantie gegeben. Der Gesetzgeber ging bis dahin davon aus, dass der Sinn von Garantiefristen sehr unterschiedlich sein könne und ganz von den Umständen des Einzelfalles abhänge.[261] Im Rahmen der Schuldrechtsreform wurde in § 443 zumindest die unselbständige Garantie geregelt. Die Vorschrift wurde durch Gesetz vom 20.9.2013[262] mit Wirkung zum 13.6.2014 neu gefasst.[263] Die selbständige Garantie, die einen über die Mängelfreiheit hinausgehenden Erfolg zum Gegenstand hat, ist dagegen weiterhin gesetzlich ungeregelt. Sie kommt im Kaufrecht in der Praxis ohnehin nur selten vor.

1. Voraussetzungen einer unselbständigen Garantie

117 **a) Abschluss des Garantievertrags.** Nach dem Wortlaut muss eine Garantie des **Verkäufers**, des **Herstellers** oder eines **sonstigen Dritten** vorliegen. Ein Garantievertrag zwischen Käufer und Hersteller kommt etwa zustande, wenn der Hersteller einer Ware einen Garantieschein beilegt und der Käufer das darin enthaltene Angebot auf Abschluss eines Garantievertrags durch den Kauf der Ware stillschweigend annimmt.[264] Der Zugang dieser Annahmeerklärung ist nach § 151 entbehrlich. Ein entsprechendes Angebot, welches der Käufer stillschweigend annehmen kann, kann sich aber auch aus der **einschlägigen Werbung** (vgl. § 443 I) ergeben. Sonstige Dritte können alle Garantiegeber sein, die am Vertrieb der Ware beteiligt oder interessiert sind.

118 **b) Inhalt des Garantievertrags.** Nach § 443 gibt es drei Arten der Garantie, nämlich eine **Beschaffenheits- und eine Haltbarkeitsga-**

---

261 Vgl. BT-Drs. 14/6040, 237 mit Hinweisen auf Motive II, 240 f.
262 BGBl. I 3642 (3652).
263 Zur Neufassung *Picht* NJW 2014, 2609.
264 Vgl. BGHZ 104, 82 (85 f.); *Looschelders* SchuldR BT Rn. 165.

rantie (dazu § 443 II) sowie die Garantie für andere als die Mängelfreiheit betreffende Anforderungen. Es bleibt der **Festlegung des Verkäufers bzw. des Herstellers oder eines Dritten** überlassen, welche Beschaffenheitsmerkmale oder sonstigen Anforderungen der Kaufsache von der Garantie erfasst werden sollen. Gleiches gilt für die Dauer, für die eine bestimmte Beschaffenheit garantiert werden soll. Die Voraussetzungen des Garantiefalls müssen sich also **aus der Garantieerklärung bzw. den Garantiebedingungen** selbst ergeben. Gegebenenfalls sind sie – ebenso wie die Frage, ob überhaupt eine Garantie- oder nur eine Beschaffenheitsvereinbarung vorliegt – im Wege der Auslegung festzustellen.

Beim Verkauf eines gebrauchten Kraftfahrzeugs legt der BGH die Angabe des Verkäufers zur km-Leistung im Falle eines Privatverkaufs als Beschaffenheitsvereinbarung, bei einem Verkauf durch einen Händler als Garantiezusage aus.[265] Eine Garantie kann in ihrem Umfang beispielsweise dadurch begrenzt werden, dass nur einzelne Teile der Kaufsache oder bestimmte Eigenschaften in die Garantie einbezogen werden. Beim Gebrauchtwagenverkauf übernimmt der Verkäufer durch die Angabe „fahrbereit" nur die Gewähr dafür, dass das Fahrzeug nicht mit verkehrsgefährdenden Mängeln behaftet ist, aufgrund derer es bei einer Hauptuntersuchung als verkehrsunsicher eingestuft werden müsste; damit ist aber nicht ohne weiteres eine Haltbarkeitsgarantie in dem Sinne verbunden, dass das Fahrzeug auch über einen längeren Zeitraum fahrbereit bleibt.[266] Die Geltungsdauer kann durch einen Zeitraum bestimmt sein, aber auch zB durch die Kilometerleistung eines Kraftfahrzeugs bzw. die Betriebsstunden einer Maschine oder durch eine Kombination beider Merkmale. Der Fristbeginn kann besonders festgelegt sein. Ist das nicht der Fall, so wird die Garantiefrist in der Regel mit der Übergabe an den Käufer beginnen. Auch können für einzelne Teile oder Eigenschaften unterschiedliche Garantiefristen eingeräumt werden. Dagegen kann aber **nicht** vorgesehen werden, dass eine Garantie **alle Eigenschaften** der Kaufsache erfasst.[267] Der Verkäufer eines Kraftfahrzeugs darf eine als Zusatzleistung erteilte unentgeltliche Garantie (auch formularmäßig) davon abhängig machen, dass der Käufer die nach den Herstellerangaben regelmäßig erforderlichen Wartungen (Inspektionen) in einer Vertragswerkstatt des Herstellers durchführen lässt.[268] Wenn der Käufer für eine solche Garantie allerdings ein zusätzliches Entgelt zahlen muss, hält der BGH solche Klauseln wegen unangemessener Benachteiligung des Käufers (§ 307 I 1) für unwirksam, soweit sie Garantieansprüche unabhängig da-

265 *BGH* NJW 2007, 1346 (1348f.).
266 *BGH* NJW 2007, 759 (761).
267 BT-Drs. 14/6040, 239.
268 *BGH* NJW 2008, 843f.

von ausschließen, ob die Verletzung der Wartungsobliegenheiten für den eingetretenen Schaden überhaupt ursächlich geworden ist.[269]

Eine Haltbarkeitsgarantie des Verkäufers, Herstellers oder eines sonstigen Dritten (§ 443 II) geht insofern über eine Beschaffenheitsvereinbarung hinaus, als auf die Voraussetzung des § 434 I 1, wonach die Beschaffenheitsabweichung bei Gefahrübergang vorliegen muss, verzichtet wird. Beschaffenheitsgarantien haben ihre wesentliche Bedeutung dann, wenn sie von einem Dritten, insbesondere dem Hersteller, übernommen werden; denn die Beschaffenheitsvereinbarung verpflichtet nur den Verkäufer. Aber auch der Verkäufer kann eine über die gesetzlichen Mängelrechte hinausgehende Beschaffenheitsgarantie übernehmen, zB mit dem Inhalt, dass er dem Käufer abweichend von den §§ 437 Nr. 2, 323 V 2 ein Rücktrittsrecht auch für den Fall eines unerheblichen Mangels einräumt.

Mit „anderen als die Mängelfreiheit betreffende Anforderungen" ist zB die Übernahme einer Garantie für zukünftige Umstände gemeint, bei denen es sich nicht um Eigenschaften der Kaufsache selbst handelt und deren Fehlen damit keinen Mangel nach § 434 begründet. Als Beispiel wird in der Gesetzesbegründung der Fall genannt, dass der Verkäufer eines Grundstücks den zukünftigen Erlass eines Bebauungsplans zusagt.[270]

2. Beweislast für den Garantiefall

119 Die Beweislast für das Vorliegen der anspruchsbegründenden Voraussetzungen des Garantiefalls liegt **beim Käufer**. Er muss also darlegen und beweisen, dass eine Garantie gegeben worden ist, ein Mangel zu ihrem sachlichen Geltungsbereich gehört und der Mangel innerhalb der Garantiefrist aufgetreten ist. Gelingt ihm dieser Beweis, greift zu seinen Gunsten die **gesetzliche Vermutungsregel des § 443 II** ein. Danach wird bei einer Haltbarkeitsgarantie vermutet, dass ein während ihrer Geltungsdauer auftretender Sachmangel die Rechte aus der Garantie begründet. Der Verkäufer muss dann das Gegenteil (zB Verursachung des Mangels durch den Käufer) beweisen (§ 292 ZPO).

---

269 *BGH* ZIP 2011, 1719 (1722).
270 Vgl. BT-Drs. 17/12637, 68.

3. Besonderheiten beim Verbrauchsgüterkauf

Beim Verbrauchsgüterkauf iSd § 474 muss die Garantieerklärung den besonderen formalen Erfordernissen des § 479 I, II[271] genügen (→ § 7 Rn. 16). Die Wirksamkeit der Garantieverpflichtung wird durch die Nichterfüllung dieser Anforderungen aber nicht berührt (§ 479 III). 120

Allerdings kann darin die Verletzung von Schutz- und Aufklärungspflichten erblickt werden, die nach Maßgabe der §§ 311 II, 241 II, 280 zu Schadensersatzansprüchen führen kann. Daneben kommen unter Umständen auch ein Schadensersatz- bzw. Unterlassungsansprüche nach §§ 8 und 9 UWG bzw. ein Unterlassungsanspruch nach § 2 UKlaG in Betracht[272] (→ § 7 Rn. 17).

4. Rechte des Käufers im Garantiefall

Liegt ein Garantiefall vor, stehen dem Käufer die **Rechte** aus der Garantie **zu den in der Garantieerklärung und der einschlägigen Werbung angegebenen Bedingungen** gegenüber demjenigen zu, der die Garantie gegeben hat (Garantiegeber; § 443 I aE). Das kann der Verkäufer oder ein Dritter, insbesondere der vom Verkäufer verschiedene Hersteller der Sache, sein. 121

Welche Rechte dem Käufer zustehen, ergibt sich also nicht aus dem Gesetz, sondern ausschließlich aus dem **Inhalt der Garantieerklärung**. Beispielsweise muss eine Haltbarkeitsgarantie für den Fall, dass ein Mangel nicht schon bei Gefahrübergang vorliegt, sondern sich erst in der Garantiefrist zeigt, nicht etwa alle gesetzlichen Mängelrechte gewähren; sie kann sich zum Beispiel auf Nachbesserungs- oder Ersatzlieferungsansprüche beschränken. Der Käufer wird dadurch nicht benachteiligt, weil ihm die gesetzlichen Mängelrechte ohnehin erhalten bleiben und die Garantie nur zusätzliche Rechte oder dieselben Rechte unter erleichterten Voraussetzungen gewährt.[273]

Wenn die Garantiebedingungen keine Regelungen über die Rechte des Käufers im Garantiefall vorsehen, wird das so zu verstehen sein, dass der Käufer alle im Gesetz bei Sachmängeln vorgesehenen Rechte hat.[274]

---

271 Der Inhalt des § 477 soll nach einem Gesetzentwurf der Bundesregierung vom 18.5.2016 (BT-Drs. 18/8486, 45) in § 479 aufgenommen werden.
272 Vgl. BT-Drs. 14/6040, 247.
273 Vgl. BGHZ 104, 82 (86).
274 BT-Drs. 14/6040, 239.

122 **Neben** den Rechten aus der Beschaffenheits- oder Haltbarkeitsgarantie steht dem Käufer im Garantiefall insbesondere der verschuldensabhängige Schadensersatzanspruch nach Maßgabe der §§ 437 Nr. 3, 1. Fall, 440, 280, 281, 283 bzw. 311a (jeweils iVm § 276 I 1 aE) zu, sofern dieses Recht nicht wirksam ausgeschlossen ist (→ § 444 Rn. 32). Aber auch die anderen Mängelrechte des Käufers nach § 437 können grundsätzlich neben einer Haftung aus einer Beschaffenheits- oder Haltbarkeitsgarantie bestehen **(Fall j),** obwohl in § 443 ungenau nur von gesetzlichen **Ansprüchen** die Rede ist. Garantiemäßige Einstandspflichten des Verkäufers und des Dritten (Herstellers) können nebeneinander bestehen. Entsprechendes gilt für den Anspruch des Käufers gegen den Dritten aus einer Garantie iSd § 443 und seinem Anspruch gegen den Verkäufer aus Gewährleistungsrecht.

Rechtsfolgen bei Nichterfüllung der Verkäuferpflichten aus § 433 I 2

I. Einrede des nicht erfüllten Vertrags (§ 320)
II. Mängelrechte des Käufers
1. Kein Ausschluss der Mängelrechte
   a) Ausschluss kraft Vereinbarung
      Besonderheiten:
      aa) Kein Haftungsausschluss bei Arglist und bei Übernahme einer Beschaffenheitsgarantie durch den Verkäufer (§ 444)
      bb) Eingeschränkter Haftungsausschluss in AGB (§ 309 Nr. 8b)
      cc) Eingeschränkter Haftungsausschluss beim Verbrauchsgüterkauf (§ 476)
   b) Ausschluss kraft Gesetzes
      aa) Kenntnis oder grob fahrlässige Unkenntnis des Käufers vom Mangel (§ 442)
      bb) Verkauf durch öffentliche Versteigerung (§ 445)
      cc) Verletzung der Rügepflicht beim Handelskauf (§ 377 I HGB)
2. Die einzelnen Mängelrechte des Käufers
   a) Nacherfüllungsanspruch (§§ 437 Nr. 1, 439) = Nachbesserung oder Nachlieferung nach Wahl des Käufers (Ausschluss gem. §§ 275, 439)

b) Rücktrittsrecht (§§ 437 Nr. 2, 440): erst nach erfolglos gesetzter Nacherfüllungsfrist oder bei Entbehrlichkeit der Fristsetzung (§§ 440, 323 I, II; §§ 437 Nr. 2, 326 V) (Ausschluss gem. §§ 323 V 2, VI, 242)
c) Minderungsrecht (§§ 437 Nr. 2, 441): erst nach erfolglos gesetzter Nacherfüllungsfrist oder bei Entbehrlichkeit der Fristsetzung (§ 441 I 1: „statt zurückzutreten") (Ausschluss gem. § 323 VI)
d) Schadensersatzanspruch (§§ 437 Nr. 3, 440)
e) Aufwendungsersatzanspruch (§§ 437 Nr. 3, 284)
f) Garantieanspruch (§ 443 I)

X. Verjährung

Schrifttum: *Auktor*, Die Verjährung der Gewährleistungsrechte bei mangelhafter Nacherfüllung nach § 439 BGB, NJW 2003, 120; *Bolthausen/Rinker*, „Kettengewährleistung" als Folge des Schuldrechtsmodernisierungsgesetzes, ZGS 2006, 12; *Gramer/Thalhofer*, Hemmung oder Neubeginn der Verjährung bei Nachlieferung durch den Verkäufer, ZGS 2006, 250; *Grützner/Schmidt*, Verjährungsbeginn bei Garantieansprüchen, NJW 2007, 3610; *Hofmann/Pammler*, Mängeleinrede beim Kauf – die Lage nach der Schuldrechtsreform, ZGS 2004, 293; *Klas/Kleesiek*, Die Problematik der „Kettengewährleistung", NJW 2010, 3339; *Menges*, Kettengewährleistung – Neubeginn der Verjährung als Folge kaufrechtlicher Nachlieferung, JuS 2008, 394; *Peters*, Verjährungsfristen bei Minderung und mangelbedingtem Rücktritt, NJW 2008, 119; *Rösler*, Arglist im Schuldvertragsrecht, AcP 207 (2007), 564; *Rühl*, Die Verjährung kaufrechtlicher Gewährleistungsansprüche, AcP 207 (2007), 614; *Werkmeister*, Zur Verjährung des kaufrechtlichen Nacherfüllungsanspruchs, JURA 2013, 38. 123

Die Verjährungsfristen für Sachmängelansprüche beim Kauf wurden im Rahmen der Schuldrechtsmodernisierung mit Wirkung zum 1.1.2002 vollständig neu geregelt und gegenüber dem bis dahin geltenden Recht deutlich verlängert.

1. Ansprüche auf Nacherfüllung, Schadensersatz und Aufwendungsersatz

Für die Mängelansprüche des Käufers enthält § 438 Sonderregelungen sowohl bezüglich der Dauer der Verjährungsfrist als auch bezüglich des Beginns der Frist: 124

a) Dauer der Verjährungsfrist. Hinsichtlich der Dauer der Verjährungsfrist sind nach § 438 I, III vier Fälle zu unterscheiden:

aa) Sofern keine Sonderregelung eingreift, verjähren die Ansprüche auf Nacherfüllung, Schadensersatz und Ersatz vergeblicher Aufwendungen (§ 437 Nr. 1, 3) in zwei Jahren *(§ 438 I Nr. 3).*

Da gem. § 434 III die Lieferung einer falschen Sache oder einer zu geringen Menge einem Sachmangel gleichsteht, gilt auch insoweit die 2-Jahres-Frist des § 438 I Nr. 3 und nicht etwa die 3-Jahres-Frist des § 195, die für den Erfüllungsanspruch maßgeblich ist.

125 bb) Bei einem Bauwerk verjähren die Ansprüche gem. **§ 438 I Nr. 2a)** grundsätzlich in fünf Jahren. Dieselbe Frist gilt gem. **§ 438 I Nr. 2b)** bei einer Sache, die entsprechend ihrer üblichen Verwendungsweise für ein Bauwerk verwendet worden ist und dessen Mangelhaftigkeit verursacht hat.

Dadurch wird der Bauhandwerker geschützt, der nach § 634a I Nr. 2 innerhalb der fünf Jahre dauernden Verjährungsfrist für ein mangelhaftes Bauwerk haftet. Falls die Mangelhaftigkeit des Bauwerks auf der Mangelhaftigkeit von Sachen beruht, die der Bauhandwerker seinerseits von einem Lieferanten erworben hat, soll er auch innerhalb dieser fünf Jahre noch Rückgriff bei seinem Lieferanten nehmen können.

Nicht jede bewegliche Kaufsache, die mit einem Bauwerk verbunden wird, wird „für ein Bauwerk" verwendet. Daran fehlt es nach einer Entscheidung des VIII. Zivilsenats des BGH etwa, wenn eine Photovoltaikanlage auf einem Scheunendach angebracht wird, um durch Einspeisung des erzeugten Solarstroms Einnahmen zu erzielen. Die Photovoltaikanlage wird nämlich nicht für das Bauwerk Scheune verwendet. Ansprüche wegen Mangelhaftigkeit dieser Anlage unterliegen deshalb nicht der fünfjährigen (§ 438 I Nr. 2), sondern der zweijährigen (§ 438 I Nr. 3) Verjährungsfrist.[275] Anders hat allerdings der VII. Zivilsenat des BGH entschieden. Danach soll die nachträglich zur dauernden Nutzung (etwa auf dem Dach einer Tennishalle) fest eingebaute Photovoltaikanlage doch eine Funktion für das Gebäude erfüllen, weil dieses aufgrund einer Funktionserweiterung nunmehr auch Trägerobjekt einer solchen Anlage sei.[276]

126 cc) Ansprüche wegen Rechtsmängeln, die Dritte aufgrund dinglichen Rechts zur Herausgabe hinsichtlich der Kaufsache berechtigen (sog. Eviktionshaftung), verjähren gem. **§ 438 I Nr. 1a)** in 30 Jahren. Diese lange Verjährungsfrist beruht darauf, dass auch der Käufer gem. § 197 I Nr. 2 den Herausgabeansprüchen eines Dritten aus Eigentum und anderen dinglichen Rechten 30 Jahre lang ausgesetzt ist.

---

275 *BGH* NJW 2014, 845 mAnm *Schwab* JuS 2014, 747.
276 *BGH* NJW 2016, 2876 Rn. 24 ff. (zu § 634a I Nr. 2).

dd) Wurde der Mangel arglistig verschwiegen, unterliegen die Ansprüche der regelmäßigen Verjährungsfrist des § 195 (**§ 438 III 1**). Bei Bauwerken tritt die Verjährung jedoch nicht vor Ablauf der 5-Jahres-Frist ein (**§ 438 III 2**). 127

Der Verkäufer handelt arglistig, wenn er in Kenntnis des Mangels die Unkenntnis des Käufers ausnutzt und einen Umstand nicht mitteilt, der den Käufer vernünftiger Weise vom Kauf (mit diesem Inhalt) abgehalten hätte. Dafür ist Vorsatz erforderlich; grobe Fahrlässigkeit reicht nicht aus.

Beispielsweise muss der Verkäufer eines Grundstücks Mitteilung davon machen, wenn dieses als „wilde" Müllkippe[277] oder als Werksdeponie[278] genutzt worden ist oder wenn die Gefahr gelegentlicher Überschwemmungen besteht.[279] Der Verkäufer eines Gebrauchtwagens muss auf einen Unfallschaden hinweisen.[280]

Arglist kann schon dann vorliegen, wenn der Verkäufer ohne tatsächliche Grundlagen „ins Blaue hinein" unrichtige Angaben macht.[281] Hat er allerdings zur Zeit seiner Erklärung, ihm seien erhebliche Mängel nicht bekannt, keine Erinnerung mehr an das Vorliegen eines offenbarungspflichtigen Mangels, liegt keine Arglist vor.[282]

Dem arglistigen Verschweigen eines Mangels steht das arglistige Vorspiegeln einer Eigenschaft gleich; es ist kein einleuchtender Grund für verschiedene Verjährungsfristen in beiden Fällen erkennbar.

b) Beginn der Verjährungsfrist. Auch hinsichtlich des Beginns der Verjährungsfrist ist zu unterscheiden: 128

Nach § 438 II beginnt die Verjährung bei Grundstücken mit der Übergabe, im Übrigen mit der Ablieferung der Sache. Unter **Übergabe** wird im Regelfall die Übertragung des unmittelbaren Besitzes verstanden.[283] **Ablieferung** liegt vor, wenn die Ware so in den Machtbereich des Käufers verbracht wird, dass dieser sie untersuchen kann.[284]

Die regelmäßige Verjährungsfrist des § 195, die bei arglistigem Verschweigen des Mangels gilt, beginnt nach § 199 I erst mit dem Schluss des Jahres, in dem der Käufer von dem Mangel Kenntnis erlangt oder ohne grobe Fahrlässigkeit erlangen müsste. 129

c) Hemmung und Neubeginn der Verjährung. Solange die Vertragsparteien über den Nacherfüllungsanspruch verhandeln, ist die 129a

---

277 *BGH* NJW 1991, 2900.
278 *BGH* NJW 1995, 1549.
279 *BGH* NJW 2007, 835 (836).
280 BGHZ 29, 148 (150).
281 *BGH* NJW-RR 1986, 700; *OLG Naumburg* NJW 2014, 1113 f. mAnm *Witt*.
282 *BGH* NJW 2001, 2326.
283 *BGH* NJW 1996, 586.
284 BGHZ 93, 338 (345); *BGH* NJW 2000, 1415 – Ablieferung von Software.

Verjährung gem. § 203 **gehemmt**. Gleiches gilt analog § 203 für die Dauer des Nacherfüllungsversuchs. Eine Anerkennung des Nacherfüllungsanspruchs durch den Verkäufer, die auch in der Lieferung einer Ersatzsache liegen kann, führt bzgl. des gerügten und nicht beseitigten Mangels gem. § 212 I Nr. 1 zum **Neubeginn** der Verjährung. Allerdings kann nach der Rechtsprechung des BGH[285] nicht in jedem Nachbesserungsversuch ein solches Anerkenntnis gesehen werden, zumal die Nachbesserung oft nur aus Kulanz oder zur gütlichen Beilegung eines Streits erfolgt. Nur wenn sich aus den Umständen des Einzelfalles (insbes. aus Dauer, Umfang und Kosten der Nachbesserung) für den Käufer erkennbar ergibt, dass der Verkäufer in dem Bewusstsein nachbessert, dazu verpflichtet zu sein, kann von einem konkludenten Anerkenntnis der Mängelbeseitigungspflicht ausgegangen werden.

130 **d) Vertragliche Vereinbarung der Verjährung.** Sowohl die Dauer als auch der Beginn der Verjährung können durch vertragliche Vereinbarung abweichend von § 438 geregelt werden.

Eine vertragliche **Verkürzung** kommt jedoch nicht in Betracht für eine Haftung des Verkäufers wegen Vorsatzes (§ 202 I). Beim Verbrauchsgüterkauf (→ § 7 Rn. 1) ist eine Verkürzung der Verjährungsfrist bei neuen Sachen auf maximal zwei Jahre, bei gebrauchten Sachen bis auf ein Jahr zulässig (§ 475 II).

Bei einer Verjährungsregelung in AGB ist neben der Generalklausel des § 307 I (unangemessene Benachteiligung, Verstoß gegen das Transparenzgebot[286]) vor allem § 309 Nr. 8b) ff) zu beachten.[287] Danach ist eine Verkürzung der 5-Jahres-Frist des § 438 I Nr. 2 in AGB nicht zulässig. Die Fristen des § 438 I Nr. 1, 3 können durch AGB nur bis zur Mindestdauer von einem Jahr verkürzt werden.

Eine vertragliche **Verlängerung** der Frist ist gem. § 202 II nur bis zu einer Höchstfrist von 30 Jahren zulässig. Sie kommt deshalb nur für die Fristen des § 438 I Nr. 2 und 3 in Betracht.

---

285 *BGH* NJW 2006, 47 (48).

286 Zu einer intransparenten Verkürzung der Verjährungsfrist beim Gebrauchtwagenkauf *BGH* NJW 2015, 2244 (2245).

287 Zur AGB-Kontrolle von Verjährungsklauseln *BGH* NJW 2006, 47 ff.

2. Folge der Verjährung des Nacherfüllungsanspruchs für das Rücktritts- und das Minderungsrecht

Die genannten Verjährungsregeln des § 438 gelten für die Gestaltungsrechte des Rücktritts und der Minderung nicht unmittelbar, da § 194 I nur Rechtsansprüche, nicht aber Gestaltungsrechte der Verjährung unterwirft. Deshalb sind in § 438 I auch das Rücktritts- und das Minderungsrecht nicht genannt. 131

Dagegen unterliegen Ansprüche des Käufers aus dem durch Rücktritt entstehenden Rückgewährschuldverhältnis der Verjährung. Diese Ansprüche werden nicht von § 438 erfasst. Es gilt vielmehr die dreijährige Regelverjährung der §§ 195, 199.[288]

a) Ausschluss von Rücktritt und Minderung. Nach § 438 IV iVm § 218 I ist der Rücktritt allerdings ausgeschlossen, wenn der Anspruch auf Leistung oder Nacherfüllung verjährt ist und der Schuldner (Verkäufer) sich hierauf beruft. Für die Minderung findet diese Regelung nach § 438 V entsprechende Anwendung. Für die Rechtzeitigkeit kommt es auf den Zeitpunkt der Ausübung des Gestaltungsrechts an.[289] 132

b) Fortbestand der Mängeleinrede. Trotz einer Unwirksamkeit des Rücktritts nach § 218 I kann der Käufer gem. § 438 IV 2 die **Zahlung des Kaufpreises** insoweit **verweigern**, als er aufgrund des Rücktritts dazu berechtigt sein würde. Entsprechendes gilt nach § 438 V iVm § 438 IV 2 auch für das Minderungsrecht. Diese Regelung hilft dem Käufer allerdings nur dann, wenn er noch nicht bzw. nur teilweise den Kaufpreis gezahlt hat. Außerdem endet die Mängeleinrede jedenfalls mit Ablauf der regelmäßigen Verjährungsfrist des § 195 von drei Jahren. 133

XI. Konkurrenzen

Schrifttum: *Brors,* Zu den Konkurrenzen im neuen Kaufgewährleistungsrecht, WM 2002, 1780; *Derleder,* Sachmängel- und Arglisthaftung nach neuem Schuldrecht, NJW 2004, 969; *Fischinger/Lettmaier,* Sachmangel bei Asbestverseuchung – Anwendbarkeit der c.i.c. neben den §§ 434ff. BGB, NJW 2009, 2496; *Gsell,* Deliktsrechtlicher Eigentumsschutz bei „weiterfressendem" Mangel, NJW 2004, 1913; *Häublein,* Der Beschaffenheitsbegriff und seine Bedeu- 134

288 *BGH* NJW 2007, 674 (677).
289 *BGH* NJW 2006, 2839 (2842).

tung für das Verhältnis der Haftung aus culpa in contrahendo zum Kaufrecht, NJW 2003, 388; *Heßeler/Kleinhenz*, Der kaufrechtliche Anspruch auf Schadensersatz für Weiterfressungsschäden, JuS 2007, 706; *U. Huber*, Eigenschaftsirrtum und Kauf, AcP 209 (2009), 143; *Kleinhenz/Junk*, Die Haftung des Verkäufers für Falschangaben beim Unternehmenskauf, JuS 2009, 787; *Kuhn*, Argumente zur Sperrwirkung von Ansprüchen als Beitrag zur Reduzierung des zivilrechtlichen Lernstoffs, JURA 2013, 975; *Mertens*, Culpa in contrahendo beim zustande gekommenen Kaufvertrag nach der Schuldrechtsreform, AcP 203 (2003), 818; *Schur*, Eigenschaftsirrtum und Neuregelung des Kaufrechts, AcP 204 (2004), 883; *Staudinger/Ewert*, Täuschung durch den Verkäufer, JA 2010, 241.

Da das BGB dem Käufer bei einem Mangel die besonderen Rechte der §§ 437ff. gewährt, erhebt sich die Frage, ob beim Vorliegen eines solchen Mangels neben den Gewährleistungsvorschriften die Bestimmungen über die Anfechtung, über die Pflichtverletzungen im vorvertraglichen Schuldverhältnis und über die unerlaubten Handlungen anwendbar sind. Hierbei ist zwischen der Zeit vor und der Zeit nach dem Gefahrübergang zu unterscheiden:

Da die §§ 437ff. einen Mangel beim Gefahrübergang voraussetzen, scheiden diese Bestimmungen nach richtiger Ansicht **vor** dem Gefahrübergang aus. Deshalb bestehen keine Bedenken, bis zum Gefahrübergang die allgemeinen Vorschriften (zB beim Irrtum über eine verkehrswesentliche Eigenschaft der Kaufsache, § 119 II) anzuwenden.[290]

Eine Konkurrenz zwischen den §§ 437ff. und den allgemeinen Vorschriften kommt also regelmäßig nur für die Zeit **nach** dem Gefahrübergang in Betracht. Hier gelten folgende Regeln:

1. Anfechtung

135 **a) Irrtum über verkehrswesentliche Eigenschaft.** Bei einem Sachmangel kann der **Käufer** sich zugleich in einem Irrtum über eine verkehrswesentliche Eigenschaft der Sache befunden haben, weil er von ihrer Mangelfreiheit ausgegangen ist. Dennoch ist ihm eine Anfechtung nach § 119 II verwehrt;[291] die §§ 437ff. sind Spezialvorschriften.

136 Der Ausschluss einer solchen Anfechtung ergibt sich vor allem aus Folgendem:

Das Nachlieferungsrecht des Verkäufers würde unterlaufen.

---

290 *Looschelders* SchuldR BT Rn. 174.
291 HM; vgl. zu den §§ 459ff. aF BGHZ 34, 32 (34).

Die Bestimmung des § 438 Abs. 1 Nr. 3 über die Verjährungsfrist von zwei Jahren würde bedeutungslos, wenn man neben den Sachmängelvorschriften noch eine Anfechtung wegen Eigenschaftsirrtums zuließe, die bei späterer Kenntniserlangung vom Anfechtungsgrund auch noch nach Ablauf der Verjährungsfrist möglich wäre (vgl. § 121).

Im Interesse des Verkäufers hat der Käufer bei einem beiderseitigen Handelsgeschäft Mängel der Kaufsache unverzüglich zu rügen, wenn er Ersatzansprüche erheben will (§ 377 HGB).[292] Mit dieser Vorschrift wäre es nicht zu vereinbaren, wenn der Käufer, der die Ware nicht auf Fehler untersucht hat und deshalb erst nach Jahr und Tag den Mangel entdeckt, nunmehr wegen Irrtums anfechten könnte. Denn durch die Anfechtung würde er wirtschaftlich dasselbe erreichen, was er nur bei unverzüglicher Rüge durch Rücktritt hätte erzielen können.

Aus § 442 I 2 ist zu entnehmen, dass der Käufer wegen eines Sachmangels, der ihm infolge grober Fahrlässigkeit unbekannt geblieben ist, keine Rechte haben soll (→ Rn. 37). Dieser im Gesetz vorgesehene Ausschluss von Rechten würde umgangen, wenn man eine Anfechtung nach § 119 II zuließe.

Auch der **Verkäufer**, der sich über einen Mangel geirrt hat, kann **137**
nicht nach § 119 II anfechten, da er sich auf diese Weise der Mängelhaftung entzöge. Dagegen steht ihm ein Anfechtungsrecht zu, sofern sich der Eigenschaftsirrtum nicht auf einen Mangel bezieht; denn insoweit scheidet eine Konkurrenz zu den §§ 437 ff. aus. Die Anfechtung ist auch zulässig, wenn sicher ist, dass der Käufer keine Mängelansprüche geltend machen wird.[293]

b) Arglistige Täuschung. Wird beim Verkauf einer mangelhaften **138**
Sache gleichzeitig der Tatbestand der arglistigen Täuschung erfüllt (§ 123), so steht dem Käufer auch die Möglichkeit der Anfechtung offen.[294] Denn hier muss der getäuschte Käufer besonders geschützt werden. Da bei einer arglistigen Täuschung neben dem Kaufvertrag in der Regel auch das Erfüllungsgeschäft anfechtbar ist, kann eine Anfechtung für den Käufer günstiger sein als ein Rücktritt mit seinen schwächeren (schuldrechtlichen) Wirkungen.

Hat der Käufer wirksam angefochten, ist der Vertrag vernichtet, so dass Mängelansprüche nicht gegeben sind.[295] Der Käufer kann nach § 823 II (iVm § 263 StGB) oder nach § 826 Schadensersatz verlangen. Der Verkäufer ist um den bereits gezahlten Kaufpreis ungerechtfertigt bereichert (§ 812).

---

292 *Brox/Henssler* HandelsR Rn. 409 ff.

293 *BGH* NJW 1988, 2597: das als Werk eines unbekannten Malers verkaufte Bild erweist sich als wertvolles Meisterwerk; dazu *Köhler/Fritzsche* JuS 1990, 16.

294 RGZ 96, 156; 104, 1; *BGH* NJW 1958, 177; BGHZ 60, 316.

295 *BGH* NJW 1960, 237.

139 **c) Sonstige Anfechtungsgründe.** Eine Anfechtung aus anderen Gründen als nach §§ 119 II, 123 (zB wegen Erklärungsirrtums nach § 119 I) wird durch die Sachmängelvorschriften **nicht ausgeschlossen**; denn hier taucht das Konkurrenzproblem nicht auf.

2. Culpa in contrahendo (c. i. c.)

140 Bei schuldhafter Verletzung zB einer Offenbarungs- oder Auskunftspflicht des Verkäufers im vorvertraglichen Schuldverhältnis[296] kann eine Schadensersatzhaftung gem. §§ 280, 311 II in Betracht kommen. Ob ein solcher Anspruch durch die §§ 437 ff. ausgeschlossen ist oder neben den Mängelrechten des Käufers besteht, ist umstritten. Diese Konkurrenzfrage ist insbesondere wegen der verschiedenen Verjährungsregelungen von Bedeutung. Die Mängelansprüche verjähren in zwei Jahren seit Ablieferung der Kaufsache (§ 438 I 3, II). Dagegen unterliegt der Anspruch aus c. i. c. der Regelverjährung von drei Jahren (§ 195), die gem. § 199 I zudem erst am Ende des Jahres beginnt, soweit nicht ein anderes bestimmt ist, in dem der Käufer Kenntnis von den anspruchsbegründenden Umständen erlangt. Es ist danach zu unterscheiden, worauf sich die Pflichtverletzung bezieht:

Falls die Pflichtverletzung des Verkäufers zB in der fehlerhaften oder nicht erfolgten Aufklärung über die sachgerechte Bedienung der mangelfreien Kaufsache besteht und darin kein Mangel nach § 434 I liegt (→ Rn. 25), greifen die §§ 437 ff. nicht ein. Sie können dann einen Schadensersatzanspruch des Käufers aus c. i. c. (§§ 280, 311 II) auch nicht ausschließen.

Wenn sich dagegen die Verletzung einer Aufklärungs- oder Beratungspflicht auf einen Mangel der Kaufsache bezieht, nehmen der BGH[297] und die wohl hM[298] grundsätzlich eine Sperrwirkung der §§ 437 ff. an. Die Käuferrechte bei einem Mangel der Kaufsache seien in §§ 437 ff. abschließend geregelt. Insbesondere dürfe der Vorrang der Nacherfüllung (→ Rn. 40, 50) nicht dadurch umgangen werden, dass der Käufer wegen c. i. c. Naturalrestitution in Form der Vertragsaufhebung verlange. Eine Ausnahme gelte nur dann, wenn der Verkäufer seine vorvertraglichen Aufklärungspflichten arglistig oder jedenfalls vorsätzlich verletzt habe; er sei dann in keiner Weise schutzbedürftig und hafte auch wegen Verschuldens bei Vertrags-

---

296 *Brox/Walker* SchuldR AT § 5.
297 *BGH* NJW 2016, 3015 (3021); 2009, 2120 (2122); 2010, 858 (859).
298 ZB *Looschelders* SchuldR BT Rn. 178; Palandt/*Weidenkaff* BGB § 437 Rn. 51af.

schluss.[299] Der Schadensersatzanspruch könne dann auf Zahlung des Betrags gerichtet sein, um den der Käufer die Kaufsache zu teuer erworben habe.[300]

Eine beachtliche Gegenansicht[301] geht dagegen von einer Anspruchskonkurrenz aus. Danach haftet der Verkäufer für eine vorvertragliche Pflichtverletzung auch dann aus c. i. c., wenn sie sich auf einen Mangel der Kaufsache bezieht und kein Fall von Arglist vorliegt. Es bestehe kein Grund, den Verkäufer bei einer vorvertraglichen Pflichtverletzung durch eine ausschließliche Anwendung der §§ 437 ff. insbesondere verjährungsrechtlich zu privilegieren.

3. Unerlaubte Handlung

Die Ansprüche aus unerlaubter Handlung (vgl. §§ 40 ff.) werden durch die Mängelansprüche nicht ausgeschlossen. Sie haben andere Voraussetzungen (§§ 823 I, II, 826) und gehen weiter (§§ 844 ff.) als die Mängelvorschriften. Es gilt auch die regelmäßige Verjährungsfrist von drei Jahren nach § 195, nicht dagegen die 2-Jahres-Frist des § 438 I Nr. 3. **141**

Ob bei einem Mangel, der zur Zerstörung der Sache geführt hat, ein Anspruch aus unerlaubter Handlung in Betracht kommt, ist umstritten. Wird zB ein gebrauchter Sportwagen mit vorschriftswidriger Bereifung verkauft und der Wagen später durch Platzen eines Reifens zerstört,[302] ist die Haftung aus § 823 I von Bedeutung, wenn die Mängelansprüche verjährt sind. Grundsätzlich begründet der Mangel einer Sache keine Eigentumsverletzung; der Käufer erwirbt das Eigentum an einer von Anfang an mit einem Mangel behafteten Sache. Sofern der Mangel sich aber zunächst auf einen abgegrenzten Teil der Sache beschränkte und später zur Zerstörung der gesamten Sache führt **(sog. weiterfressender Mangel)**, soll sich nach Auffassung des BGH ein Schadensersatzanspruch für den Verlust der Sache aus § 823 I ergeben.[303] Der Käufer habe in diesen Fällen bereits teilweise mangelfreies Eigentum erworben, so dass hinsichtlich dieses Teils eine Verletzung des deliktsrechtlich geschützten Integritätsinteresses vorliege. **142**

---

299 *BGH* NJW 2016, 3015 (3021 f.); 2016, 1815 Rn. 24 mAnm *Faust* JZ 2016, 1012 (1015) und Anm. *Gutzeit* JuS 2016, 841 (843); 2009, 2120 (2122); 2010, 858 (859).
300 *BGH* NJW 2016, 1815 Rn. 24.
301 ZB MüKoBGB/*Emmerich* § 311 Rn. 138 ff. mwN zum Meinungsstand.
302 *BGH* NJW 1978, 2241; 2004, 1032.
303 Einzelheiten und umfangreiche Nachweise in → § 45 Rn. 6.

XII. Aufwendungsersatzanspruch des Verkäufers und Rückgriff in einer Lieferkette

143 **Schrifttum:** *Höpfner/Fallmann*, Die Reform des kaufrechtlichen Gewährleistungsrechts 2018, NJW 2017, 3745; *S. Lorenz*, Grundwissen – Zivilrecht: Neuregelungen im Gewährleistungsrecht zum 1.1.2018, JuS 2018, 10; *Nietzsch/Osmanovic*, Die kaufrechtliche Sachmängelhaftung nach dem Gesetz zur Änderung des Bauvertragsrechts, NJW 2018, 1; *Picht*, Gesetzgeberische Aus- und Einbauten in der kaufrechtlichen Nacherfüllung, JZ 2017, 807.

Fall a: Händler V verkauft 13 Monate nach Belieferung durch Großhändler G eine neu hergestellte bewegliche Sache an Käufer K. Dieser macht nach einem weiteren Jahr wegen eines von Anfang an vorhandenen produktionsbedingten Mangels gegenüber V Minderung des Kaufpreises geltend. Als V umgehend seinerseits gegenüber G mindern will, beruft dieser sich auf Verjährung. → Rn. 148

Die **§§ 445a, 445b** erleichtern im Fall einer Lieferkette (zB Hersteller – Großhändler – Einzelhändler) dem Verkäufer beim Verkauf neu hergestellter Sachen einen Rückgriff gegenüber seinem Lieferanten. Dadurch soll vor allem verhindert werden, dass der Letztverkäufer (idR der Einzelhändler) die Nachteile tragen muss, wenn er von seinem Käufer wegen eines Sachmangels in Anspruch genommen wird, der nicht in seinem Bereich verursacht wurde, sondern auf einen Fehler im Herstellungs- oder Lieferprozess zurückzuführen ist. Aber auch ein Zwischenhändler soll die Folgen eines Mangels im Ergebnis nicht tragen müssen, wenn der Mangel nicht bei ihm, sondern beim Vorlieferanten oder beim Hersteller verursacht wurde. Deshalb bestimmt § 445a III, dass die Rechte des Verkäufers nach § 445a I, II im Fall einer Lieferkette nicht nur dem Letztverkäufer, sondern jedem Lieferanten gegenüber seinem jeweiligen Verkäufer zustehen, sofern es sich bei diesem um einen Unternehmer handelt.

144 Bis zum 31.12.2017 waren die Regeln zum erleichterten Rückgriff des Verkäufers in einer Lieferkette noch in den §§ 478, 479 verortet. Sie galten nur für den Fall, dass der Endabnehmer ein Verbraucher war. Durch Gesetz vom 28.4.2017[304] wurde die Rückgriffsmöglichkeit des Verkäufers in einer Lieferkette in §§ 445a, 445b auf alle Kaufverträge ausgedehnt. Sie gilt deshalb auch in solchen Fällen, in denen es sich bei dem letzten Kaufvertrag in der Lieferkette nicht um einen Verbrauchsgüterkauf, sondern um einen Kaufvertrag zwischen zwei Unternehmern handelt (→ § 4 Rn. 48a ff.). § 478 enthält seitdem

304 BGBl. I 969.

nur noch Sonderregelungen für den Unternehmerrückgriff beim Verbrauchsgüterkauf, die von §§ 445a, 445b abweichen.

1. Aufwendungsersatzanspruch gegen den Lieferanten

Der Verkäufer kann beim Verkauf neu hergestellter Sachen von seinem jeweiligen Lieferanten gem. **§ 445a I** Ersatz der Aufwendungen verlangen, die er im Verhältnis zu seinem Käufer bei der Durchführung einer Nacherfüllung zu tragen hatte. Dabei geht es insbesondere um Transport-, Wege-, Material- und Arbeitskosten (§ 439 II), um Aus- und Einbaukosten (§ 439 III) sowie um Kosten nach § 475 IV, VI. Mit der gesetzlichen Formulierung, dass der Verkäufer die Kosten „zu tragen hatte", ist gemeint, dass der Verkäufer zur Nacherfüllung verpflichtet gewesen sein musste und ihm auch kein Leistungsverweigerungsrecht zustand. Aufwendungen, die der Letztverkäufer nur kulanzweise übernommen hat, werden von dieser Regelung nicht erfasst. § 445a I ist eine selbständige Anspruchsgrundlage.[305] Voraussetzung des Anspruchs ist, dass der Mangel bereits beim Übergang der Gefahr auf den Unternehmer vorhanden war und nicht erst zB durch falsche Lagerung bei ihm entstanden ist. 145

Der Aufwendungsersatzanspruch **verjährt** in zwei Jahren ab Ablieferung der Sache (§ 445b I), nicht erst ab Entstehung des Anspruchs (vgl. § 200). Mit „Ablieferung" ist auch hier die Übergabe der Sache von dem in Anspruch genommenen Lieferanten an den anspruchsberechtigten Unternehmer gemeint. Für die Ablaufhemmung gilt zugunsten des Letztverkäufers und jedes anderen Verkäufers im Rahmen einer Lieferkette (§ 445b III) die besondere Regelung des § 445b II. 146

2. Erleichterter Rückgriff beim Lieferanten

Wenn der Verkäufer die verkaufte neu hergestellte Sache wegen eines Mangels zurücknehmen musste (im Rahmen einer Nacherfüllung oder infolge eines Rücktritts oder der Erfüllung eines großen Schadensersatzanspruchs) oder der Käufer den Kaufpreis gemindert hat, kann er Rückgriff bei seinem Lieferanten (zB Großhändler) schon unter den Voraussetzungen der §§ 437 ff. nehmen. Insofern schafft **§ 445a II** keinen zusätzlichen Anspruch. Die Vorschrift regelt allerdings Erleichterungen bei der Geltendmachung dieser Rechte. Der Unternehmer soll die zurückgenommene Sache möglichst problemlos 147

305 BT-Drs. 18/8486, 41.

an seinen Lieferanten „durchreichen“ oder die Minderung an ihn „weitergeben“ können. Deshalb bestimmt § 445a II, dass der Verkäufer bei Geltendmachung seiner Rechte aus § 437 gegenüber seinem Lieferanten keine Frist setzen muss, wie es nach den §§ 281 I, 323 I an sich erforderlich wäre.

148 Für die Rückgriffsansprüche nach § 437 gelten die **Verjährungsfristen des § 438** (meist zwei Jahre ab Ablieferung an den Unternehmer, der Rückgriff nimmt). Allerdings bestimmt **§ 445b II** eine **besondere Ablaufhemmung.** Danach verjährt der Rückgriffsanspruch frühestens zwei Monate nach dem Zeitpunkt, in dem der rückgriffsberechtigte Unternehmer die Ansprüche des Käufers erfüllt hat. Durch diese Regelung wird verhindert, dass der Rückgriffsanspruch schon verjährt ist, bevor er überhaupt geltend gemacht werden kann; denn von der Ablieferung an einen Großhändler bis zur Geltendmachung der Mängelrechte des Verbrauchers gegenüber dem Letztverkäufer können die zwei Jahre schon abgelaufen sein.

Im **Fall a** kann V gegenüber G noch mindern. Zwar sind seit der Lieferung von G an V schon mehr als zwei Jahre vergangen, aber wegen der Ablaufhemmung des § 445b II ist das Minderungsrecht des V noch nicht verjährt.

149 Die **Ablaufhemmung endet** allerdings spätestens fünf Jahre nach der Ablieferung vom Lieferanten an den rückgriffsberechtigten Unternehmer (§ 445b II 2). Dadurch wird insbesondere der Hersteller geschützt. Lange Lagerungszeiten bei Groß- und Einzelhändlern können nämlich einen späten Verkauf an den Verbraucher zur Folge haben, so dass der Hersteller im Wege des Rückgriffs noch weit über zwei Jahre nach dem Zeitpunkt, in dem er die Sache seinem Käufer (Großhändler) abgeliefert hat, in Anspruch genommen werden könnte. Dieses Risiko wird durch die 5-Jahres-Frist im Interesse der Kalkulierbarkeit für den Hersteller begrenzt.

§ 5. Verletzung der Pflichten des Käufers aus § 433 II

1 Zahlt der Käufer den vereinbarten Kaufpreis nicht oder nimmt er die Kaufsache nicht ab, so ergeben sich für den Verkäufer folgende Rechte:

I. Erfüllungsanspruch

Der Verkäufer hat nach § 433 II einen (klagbaren) Anspruch auf Zahlung und Abnahme. Das gilt hinsichtlich der Abnahme unabhängig davon, ob sie ausnahmsweise als Hauptleistungspflicht neben der Zahlungspflicht vereinbart ist oder ob sie (wie im Regelfall) nur eine Nebenleistungspflicht darstellt.

II. Einrede des nicht erfüllten Vertrags

Sofern der Verkäufer nicht vorzuleisten hat, kann er bis zur Kaufpreiszahlung seine Leistung (Übergabe und Übereignung) verweigern (Einrede des nicht erfüllten Vertrags nach den §§ 320ff.).[1] 2

III. Schadensersatz

Wenn der Käufer mit seiner Verpflichtung aus § 433 II in Schuldnerverzug kommt (§ 286), kann der Verkäufer gem. § 280 I, II Schadensersatz wegen Verzögerung der Leistung verlangen. Dieser Anspruch auf Ersatz des **Verspätungsschadens**[2] steht dem Verkäufer nicht nur bei verspäteter Kaufpreiszahlung, sondern auch dann zu, wenn der Käufer mit der Abnahme in Verzug gerät und diese Abnahmepflicht lediglich eine Nebenleistungspflicht des Käufers darstellt. Bei verspäteter Abnahme kann der Anspruch zB auf Ersatz von Lagerkosten für die nicht abgenommene Kaufsache gerichtet sein. 3

Unabhängig von dem Schadensersatz wegen Verzuges kommt der Käufer durch die Nichtannahme der Kaufsache unter den Voraussetzungen der §§ 293ff. in Gläubigerverzug (= Annahmeverzug). Die Rechtsfolgen des Gläubigerverzuges ergeben sich aus den §§ 300ff. Sie bestehen unter anderem in einer Haftungserleichterung für den Verkäufer, der gem. § 300 I während des Annahmeverzuges nur Vorsatz und grobe Fahrlässigkeit zu vertreten hat. 4

Neben dem Ersatz des Verspätungsschadens kann der Verkäufer beim Verzug des Käufers nach den §§ 280 I, III, 281 auch Schadensersatz statt der Leistung verlangen. Das gilt auch dann, wenn der Käufer nur mit der Abnahme der Kaufsache im Verzug ist, weil es sich bei der Abnahme entweder um eine Hauptleistungspflicht oder jedenfalls um eine Nebenleistungspflicht handelt. 5

---

1 *Brox/Walker* SchuldR AT § 13 Rn. 12ff.

2 *Brox/Walker* SchuldR AT § 23 Rn. 2ff.; zum Schadensersatz wegen Nichteinhaltung von Zahlungs- und Abholfristen bei Ebay-Käufen Wietfeld, JURA 2013, 851.

IV. Rücktritt

6 Unter den Voraussetzungen des § 323 (erfolglose Bestimmung einer angemessenen Nachfrist für die Erfüllung der Käuferpflichten aus § 433 II) kann der Verkäufer vom Kaufvertrag zurücktreten.

Das gilt auch dann, wenn der Verkäufer seine Pflichten aus § 433 I schon erfüllt und dem Käufer den Kaufpreis vorübergehend gestundet hatte und wenn der Käufer nach Ablauf der Stundungszeit nicht zahlt. Der bis zum 31.12.2001 geltende § 454 hatte für diesen Fall das Rücktrittsrecht des Verkäufers ausgeschlossen, um den Käufer durch den Rücktritt nicht unbillig zu belasten, wenn er den Kaufgegenstand bereits verbraucht oder umgestaltet hat. Diese Regelung wurde jedoch als rechtspolitisch verfehlt angesehen und im Rahmen der Schuldrechtsmodernisierung gestrichen.

§ 6. Verletzung von Nebenleistungspflichten und Schutzpflichten

1 Wenn der Verkäufer oder der Käufer eine Nebenleistungs- oder eine Schutzpflicht (§ 241 II) verletzt, besteht für die jeweils andere Partei möglicherweise ein Erfüllungs- oder ein Schadensersatzanspruch.

I. Erfüllungsanspruch

Ein klagbarer Erfüllungsanspruch ist nur dann gegeben, wenn es sich um eine (einklagbare) **Nebenleistungspflicht** handelt.

Beispiele: Wenn der Verkäufer dem Käufer keine Bedienungsanleitung für die verkaufte Maschine verschafft oder ihn nicht in die Bedienung einweist, kann der Käufer auf Erfüllung dieser Pflichten klagen. Wenn der Käufer die Abnahme der Kaufsache verweigert, kann der Verkäufer auch dann auf Abnahme klagen, wenn die Abnahme nicht als Hauptleistungspflicht vereinbart ist.

2 Demgegenüber ist eine **Schutzpflicht** (§ 241 II, zB Hinweis auf Gefahren bei Benutzung der Kaufsache) nicht einklagbar,[1] weil ihr kein Forderungsrecht der anderen Partei entspricht und mit ihr kein

1 *Brox/Walker* SchuldR AT § 2 Rn. 11 ff.

Leistungszweck verfolgt wird. Eine Verletzung solcher Pflichten kann allerdings einen Schadensersatzanspruch des Vertragspartners auslösen.

II. Schadensersatzanspruch

Bei schuldhafter Verletzung einer **Nebenleistungspflicht** kann 3
dem Vertragspartner ein Schadensersatzanspruch wegen Pflichtverletzung nach § 280 zustehen.

Beispiele: Verstoß gegen ein vereinbartes Wettbewerbsverbot; verspätete Auskunftserteilung; mangelhafte Verpackung der Kaufsache.

In diesen Fällen kann der Käufer unter den zusätzlichen Voraussetzungen des § 281 (erfolglose Bestimmung einer angemessenen Frist) auch die Leistung des Verkäufers ablehnen und Schadensersatz statt der Leistung verlangen.[2]

Falls der Verkäufer eine **Schutzpflicht** iSv § 241 II verletzt, kann 4
der Käufer ebenfalls Schadensersatz wegen dieser Pflichtverletzung verlangen.[3] Ein Schadensersatz statt der Leistung steht ihm gem. § 282 aber nur dann zu, wenn ihm die an sich mögliche Leistung durch den Verkäufer nicht mehr zuzumuten ist.

Beispiel: Der Verkäufer beschädigt bei den ersten von vielen Teillieferungen mehrfach die Eingangstür und Einrichtungsgegenstände des Käufers. Wegen dieser Sachschäden kann der Käufer Schadensersatz nach § 280 I verlangen. Ob er die weiteren Teillieferungen ablehnen, bei einem anderen Verkäufer bestellen und die Mehrkosten von dem ersten Verkäufer ersetzt verlangen kann, hängt gem. § 282 davon ab, ob ihm die Fortsetzung des Vertragsverhältnisses mit dem ersten Verkäufer wegen dessen Nebenpflichtverletzungen nicht mehr zumutbar ist.

Auch der Käufer kann wegen Schutzpflichtverletzung gem. § 280 I schadensersatzpflichtig sein. Wenn er vom Verkäufer Mangelbeseitigung verlangt, obwohl gar kein Sachmangel vorliegt und er das auch erkannt oder fahrlässig nicht erkannt hat, muss er dem Verkäufer den dadurch verursachten Schaden (zB Kosten der Anreise und der Untersuchung der Sache) ersetzen.[4]

---

2 *Brox/Walker* SchuldR AT § 24 Rn. 8 ff.
3 *Brox/Walker* SchuldR AT § 25 Rn. 3 ff.
4 *BGH* NJW 2008, 1147 (1148); im Grundsatz zustimmend *Thole* AcP 209 (2009), 498; zT kritisch dazu *Kaiser* NJW 2008, 1709.

III. Rücktritt

5 Bei der Verletzung einer **Nebenleistungspflicht** kann die andere Vertragspartei unter den Voraussetzungen des § 323 I (erfolglose Bestimmung einer angemessenen Frist zur Leistung) vom Vertrag zurücktreten.[5]

Beispiele: Der Verkäufer kann zurücktreten, wenn der Käufer trotz Fristsetzung die Annahme der Kaufsache verweigert. Der Käufer ist zum Rücktritt berechtigt, wenn der Verkäufer ihn nicht innerhalb der gesetzten Frist in die Bedienung der gekauften Maschine einweist.

Allerdings ist der Rücktritt ausgeschlossen, wenn die Pflichtverletzung unerheblich ist (§ 323 V 2).

6 Bei einer **Schutzpflichtverletzung** (vgl. § 241 II) kommt ein Rücktritt des Vertragspartners gem. § 324 nur unter engeren Voraussetzungen in Betracht.[6] Die Pflichtverletzung muss so gravierend sein, dass ihm ein Festhalten am Vertrag nicht mehr zuzumuten ist. Insoweit gilt Entsprechendes wie für den Schadensersatzanspruch.

Beispiel: Wenn der Verkäufer bei der ersten von mehreren Teillieferungen die Eingangstür des Käufers beschädigt, kann dieser zwar Schadensersatz nach § 280 verlangen; aber ein Festhalten am Vertrag dürfte ihm kaum unzumutbar sein. Kommt es auch bei den folgenden Teillieferungen mehrfach zu Beschädigungen, kann die Schwelle zur Unzumutbarkeit überschritten sein.

§ 7. Besondere Arten des Kaufs

I. Verbrauchsgüterkauf

1 **Schrifttum:** *Bülow/Artz,* Verbraucherprivatrecht, 4. Aufl., 2014; *Eichelberger/Zentner,* Tiere im Kaufrecht, JuS 2009, 201; *Georg,* Neuregelung der Nacherfüllungsverweigerung beim Verbrauchsgüterkauf, NJW 2018, 199; *Greiner/Benedix,* Das Verbrauchsgüterkaufrecht zwischen europarechtlichen Vorgaben und Grenzen des Richterrechts, ZGS 2011, 489; *Grohmann/Gruschinske,* Beweislastumkehr gem. § 476 BGB – Tendenz zu einem effizienten Verbraucherschutz?, ZGS 2005, 452; *Gsell,* Die Beweislast für den Sachmangel beim Verbrauchsgüterkauf, JuS 2005, 967; *dies.*, Sachmangelbegriff und Reichweite der Beweislastumkehr beim Verbrauchsgüterkauf, JZ 2008, 29; *Höpfner,* Nutzungsersatzpflicht beim Rücktritt vom Kaufvertrag, NJW 2010, 127; *Hof-*

5 *Brox/Walker* SchuldR AT § 24 Rn. 26 ff.
6 *Brox/Walker* SchuldR AT § 25 Rn. 9.

mann, Agenturvertrag im Gebrauchtwagenhandel, JuS 2005, 8; *Jacobs,* Der Rückgriff des Unternehmers nach § 478 BGB, JZ 2004, 225; *Katzenmeier,* Agenturgeschäfte im Gebrauchtwagenhandel, NJW 2004, 2632; *Keiser,* Letztverkäufer- und Werkunternehmerregress wegen Kosten für den Aus- und Neueinbau mangelhafter Sachen im Wege der Nacherfüllung, JuS 2014, 961; *Klöhn,* Beweislastumkehr beim Verbrauchsgüterkauf, NJW 2007, 2811; *Koch,* Die Erweiterung des Anwendungsbereichs der Beweislastumkehr im Kaufrecht, NJW 2017, 1068; *Kohler,* Fälligkeit beim Verbrauchsgüterkauf, NJW 2014, 2817; *Lepsius,* Obliegenheiten versus unternehmerische Dispositionsfreiheit als taugliche Prinzipien bei der gegenwärtigen und künftigen Interpretation der §§ 478, 479 BGB?, AcP 207 (2007), 340; *Liauw,* Besonderheiten beim Verbrauchsgüterkauf, JURA 2014, 388; *Looschelders,* Die Rechtsfolgen der Gesetzesumgehung durch Agentur- und Strohmanngeschäfte beim Verbrauchsgüterkauf, JR 2008, 45; *S. Lorenz,* Grundwissen – Zivilrecht: Neuregelungen im Gewährleistungsrecht zum 1.1.2018, JuS 2018, 10; *ders.*, Sachmangel und Beweislastumkehr beim Verbrauchsgüterkauf – Zur Reichweite der Vermutungsregelung in § 476 BGB, NJW 2004, 3020; *ders.*, Grundwissen – Zivilrecht: Verbrauchsgüterkauf, JuS 2016, 398; *ders.*, Grundwissen – Zivilrecht: Unternehmerregress (§§ 478, 479 BGB), JuS 2016, 872; *Maultzsch,* Schuldrechtsmodernisierung 2001/2002: Der Regress des Unternehmers beim Verbrauchsgüterkauf, JuS 2002, 1171; *ders.*, Der Ausschluss der Beweislastumkehr gem. § 476 BGB a. E., NJW 2006, 3091; *M. Müller,* Die Umgehung des Rechts des Verbrauchsgüterkaufs im Gebrauchtwagenhandel, NJW 2003, 1975; *Nietsch,* System und Gestaltung des Rückgriffs in der Lieferkette, AcP 210 (2010), 722; *Picht,* Gesetzgeberische Aus- und Einbauten in der kaufrechtlichen Nacherfüllung, JZ 2017, 807; *ders.*,Verletzung der Informationspflicht aus § 477 BGB bei Internetkäufen – die Rechtsnatur von eBay-Offerten ist wieder im Fokus, JR 2015, 405; *Raue,* Der mangelhafte „Ladenhüter" beim Verbrauchsgüterkauf – Zur Funktionsweise der Ablaufhemmung im § 479 II BGB, JURA 2007, 427; *Reuter,* Pferdeauktion und Verbrauchsgüterkauf, ZGS 2005, 88; *Roth,* Beweislastumkehr beim Verbrauchsgüterkauf, ZIP 2004, 2025; *Saenger/Veltmann,* § 476 BGB – Gesetzliche Haltbarkeitsgarantie?, ZGS 2005, 450; *Sagan/Scholl,* § 476 BGB: Rückwirkungs- oder Grundmangelvermutung? Neuere Fragen nach der Entscheidung des EuGH v. 4.6.2015 (Faber), JZ 2016, 501; *Schermaul,* Die Auswirkung des § 474 IV BGB auf den Versendungskauf, JuS 2014, 781; *Schinkels,* Die Abgrenzung von zulässiger Beschaffenheitsvereinbarung und Umgehung der Gewährleistung beim Verbrauchsgüterkauf, ZGS 2003, 310; *Schroeter,* Probleme des Anwendungsbereichs des Verbrauchsgüterkaufrechts, JuS 2006, 682; *Schulte-Nölke,* Anforderungen an haftungsbeschränkende Beschaffenheitsvereinbarungen beim Verbrauchsgüterkauf, ZGS 2003, 184; *Sendmeyer,* Die Ablaufhemmung der Verjährung im Unternehmerregress, NJW 2008, 1914; *Sölting,* Zulässigkeit negativer Beschaffenheitsvereinbarungen in Verbrauchsgüterkaufverträgen, ZGS 2004, 96; *Tiedtke,* Zur Rechtsprechung des BGH auf dem Gebiet des Kaufrechts – Teil 2, JZ 2008, 452; *Tiedtke/Burgmann,* Gewährleistungs- und Haftungsausschluss beim Verkauf gebrauchter Sachen an und zwischen Verbrauchern,

NJW 2005, 1153; *Tiedtke/Schmitt,* Der Händlerregress im Rahmen des Verbrauchsgüterkaufs, ZIP 2005, 681; *Tröger,* Voraussetzungen des Verkäuferregresses im BGB, AcP 204 (2004), 115; *Wagner,* Der Verbrauchsgüterkauf in den Händen des EuGH: Überzogener Verbraucherschutz oder ökonomische Rationalität?, ZEuP 2016, 87; *Westermann,* Zu den Gewährleistungsansprüchen des Pferdekäufers, ZGS 2005, 342; *Graf v. Westphalen,* Die Beweislastumkehr zu Gunsten des Pferdekäufers nach § 476 BGB, ZGS 2004, 341; *ders.,* Zur Auslegung von § 476 BGB bei Verschleiß und Bedienungsfehlern, ZGS 2005, 210; *Wietoska,* Die Beweislastumkehr in § 476 BGB in der Praxis des Gebrauchtwagenkaufs, ZGS 2004, 8; *Witt,* Beweislastumkehr nach § 476 BGB bei äußerlichen Beschädigungen der Kaufsache, NJW 2005, 3468.

Fall a: Herrenausstatter V schickt dem K den Anzug, den K auf der Durchreise bei ihm gekauft hat, auf Bitte des K an dessen Wohnsitz. Beim Transport durch einen Paketdienst geht der Anzug verloren. Muss K den Anzug bezahlen? → Rn. 4d

Fall b: K kauft bei V eine elektrische Säge. Als diese nach 3 Wochen nicht mehr funktioniert, verlangt er von V Nachlieferung. V weigert sich, weil die Säge zunächst in Ordnung gewesen und vermutlich wegen übermäßigen Gebrauchs defekt geworden sei. → Rn. 12

Wenn ein Verbraucher (§ 13) von einem Unternehmer (§ 14) eine bewegliche Sache kauft, handelt es sich um einen Verbrauchsgüterkauf (§ 474 I 1). Voraussetzung ist, dass der Unternehmer bei dem konkreten Rechtsgeschäft in Ausübung seiner gewerblichen oder selbständigen beruflichen Tätigkeit und nicht zu privaten Zwecken handelt. Das entscheidet sich nach der objektiv zu bestimmenden Zweckrichtung des Rechtsgeschäfts.[1] Nach § 474 I 2 liegt auch dann ein Verbrauchsgüterkauf vor, wenn der Vertrag neben dem Verkauf einer beweglichen Sache die Erbringung einer Dienstleistung durch den Unternehmer zum Gegenstand hat (zB Montage, Installation, sonstige Handreichungen). Auf den Verbrauchsgüterkauf finden grundsätzlich die §§ 433 ff. Anwendung. Ergänzend gelten die besonderen Regelungen der §§ 475–479. Sie dienen dem Schutz des Verbrauchers in seiner Eigenschaft als Käufer.

2 Die mit der Schuldrechtsmodernisierung am 1.1.2002 in Kraft getretenen Sonderregelungen für den Verbrauchsgüterkauf dienen der Umsetzung der sog. Verbrauchsgüterkaufrichtlinie 1999/44/EG. Deren Vorgaben werden weitgehend bereits durch die neu gefassten §§ 433 ff., die für alle Kaufverträge gelten, erfüllt. Deshalb beschränken sich die §§ 474 ff. auf einzelne ergänzende Sonderregelungen. Durch Gesetz vom 28.4.2017[2] wurden die §§ 474 ff. mit

---

1 *BGH* ZIP 2017, 2153 Rn. 41.
2 BGBl. I 969.

Wirkung zum 1.1.2018 neu gefasst. Seitdem enthält § 474 nur noch die Definition des Verbrauchsgüterkaufs und den Hinweis auf die ergänzend anwendbaren Vorschriften. Die einzelnen auf den Verbrauchsgüterkauf anwendbaren Vorschriften sind in dem neu gefassten § 475 I–VI geregelt. Der Regelungsgehalt der früheren §§ 478, 479 zum Rückgriff des Unternehmers in einer Lieferkette ist auch auf solche Fälle ausgedehnt worden, in denen der Käufer am Ende der Lieferkette kein Verbraucher ist. Deshalb wurde der wesentliche Inhalt der §§ 478, 479 aF in die §§ 445a, 445b verschoben.

1. Anwendungsbereich der §§ 474 ff.

Nach der Legaldefinition des Verbrauchsgüterkaufs in § 474 I 1 3
finden die §§ 474 ff. nur unter bestimmten personellen und sachlichen Voraussetzungen Anwendung. Als Käufer muss ein Verbraucher (§ 13) und als Verkäufer ein Unternehmer (§ 14) beteiligt sein. Die §§ 474 ff. gelten daher nicht für Kaufverträge zwischen Verbrauchern oder zwischen Unternehmern sowie dann, wenn der Verbraucher als Verkäufer und der Unternehmer als Käufer am Vertrag beteiligt sind. Die Verbrauchereigenschaft des Käufers hat das Gericht in einem Rechtsstreit zu prüfen, sofern es dafür tatsächliche und rechtliche Anhaltspunkte gibt, selbst wenn der Käufer sich nicht auf seine Verbrauchereigenschaft beruft.[3]

Für die Unternehmereigenschaft des Verkäufers kommt es nur darauf an, dass dieser in Ausübung seiner gewerblichen oder selbständigen beruflichen Tätigkeit und nicht zu privaten Zwecken[4] handelt (§ 14). Dazu gehört beim Verbrauchsgüterkauf nicht, dass der Verkäufer mit seiner Geschäftstätigkeit die Absicht verfolgt, einen Gewinn zu erzielen, zumal diese Absicht dem Verbraucher beim Vertragsschluss häufig verborgen bleibt.[5] Ferner ist es unschädlich, wenn es sich bei dem Verkauf um ein für den Verkäufer branchenfremdes Nebengeschäft handelt; denn nach der Wertung des § 344 HGB gelten die von einem Unternehmer vorgenommenen Geschäfte als solche, die zu seiner gewerblichen oder selbständigen beruflichen Tätigkeit gehören.[6]

Wenn der Käufer zwar Verbraucher ist, dem Verkäufer aber einen gewerblichen Verwendungszweck angibt und damit vorspiegelt, Unternehmer zu sein, darf er sich nach Treu und Glauben nicht auf die ihn schützenden §§ 474 ff. berufen.[7]

Schiebt auf Verkäuferseite der Unternehmer einen Verbraucher als Strohmann vor, um damit das Geschäft den Regeln des Verbrauchsgüterkaufs zu

3 *EuGH* NJW 2015, 2237 (2238) mAnm *Gutzeit* JuS 2016, 459.
4 Zur Abgrenzung zwischen Verbraucher- und Unternehmerhandeln *BGH* NJW 2018, 150 Rn. 30 ff.
5 *BGH* NJW 2006, 2250 (2251); 2013, 2107 f.
6 *BGH* NJW 2011, 3435 (3436).
7 *BGH* NJW 2005, 1045.

entziehen und die Sache unter Ausschluss der Mängelhaftung zu verkaufen, liegt in der Regel kein unwirksames Scheingeschäft nach § 117 I vor, sondern ein wirksamer Kaufvertrag zwischen den Verbrauchern.[8]

Ferner muss Kaufgegenstand eine (neue oder gebrauchte) bewegliche Sache sein; Kaufverträge über Grundstücke und über Rechte werden nicht erfasst. Ob die Kaufsache zum Verbrauch bestimmt ist, spielt keine Rolle. Treffender als „Verbrauchsgüterkauf" ist deshalb der Begriff „Verbraucherkauf".

Schließlich nimmt § 474 II 2 den Kauf gebrauchter Sachen in einer öffentlichen Versteigerung (vgl. § 383 III),[9] an der der Verbraucher persönlich teilnehmen kann, ausdrücklich vom Anwendungsbereich der §§ 474 ff. aus. Zu den gebrauchten Sachen im Sinne dieser Vorschrift gehören nicht automatisch Tiere. Sofern sie noch jung (zB sechs Monate altes Fohlen) und noch nicht (zB als Reittier) benutzt worden sind, gelten sie als „neu".[10]

2. Abweichung von den allgemeinen Vorschriften zum Kaufrecht

4 In § 475 I–VI ist aufgelistet, welche Vorschriften aus dem allgemeinen Schuldrecht oder aus dem Kaufrecht beim Verbrauchsgüterkauf nicht oder nur modifiziert anwendbar sind.

4a **a) Leistungszeit.** Wenn die Parteien des Verbrauchsgüterkaufs keine Leistungszeit vereinbart haben und eine solche auch nicht den Umständen zu entnehmen ist, kann der jeweilige Gläubiger die Leistung abweichend von § 271 I nicht sofort, sondern nur **unverzüglich** verlangen **(§ 475 I 1).** Darin liegt eine Verlängerung der Erfüllungsmöglichkeit; denn mit „unverzüglich" ist „ohne schuldhaftes Zögern" gemeint (§ 121 I). Diese besondere Regelung zum Fälligkeitszeitpunkt gilt gleichermaßen für die vom Unternehmer und die vom Verbraucher zu erbringende Leistung. Allerdings regelt § 475 I 2 für die Leistungspflicht des Unternehmers eine Höchstfrist von 30 Tagen nach Vertragsschluss. Unberührt bleibt das Recht des jeweiligen Schuldners aus § 271 I, die geschuldete Leistung sofort zu bewirken (§ 475 I 3).

4b **b) Gefahrübergang. § 475 II** schränkt die Anwendbarkeit des § 447 I (Gefahrübergang beim Versendungskauf) ein. Danach geht die Gefahr des zufälligen Untergangs und der zufälligen Verschlechterung nur dann auf den Käufer über, wenn dieser die für die Versen-

8 *BGH* ZIP 2013, 269 (270).
9 Zum Begriff der öffentlichen Versteigerung *BGH* NJW-RR 2010, 1210.
10 *BGH* NJW 2007, 674 (676); BT-Drs. 14/6040, 245.

dung bestimmte Person oder Anstalt mit der Ausführung beauftragt hat und der Unternehmer dem Käufer diese Person oder Anstalt nicht zuvor benannt hat. In einem solchen Fall ist nämlich der Beförderer der Sphäre des Käufers zuzurechnen. Von diesen Fällen abgesehen bleibt es bei der Regel des § 446, wonach der Gefahrübergang nicht schon mit der Auslieferung an die zur Versendung bestimmte Person eintritt, sondern erst mit der Übergabe der Sache an den Käufer oder wenn dieser im Verzug der Annahme ist.

c) Nutzungsersatz. Wenn der Verkäufer einer mangelhaften Sache zum Zwecke der Nacherfüllung eine mangelfreie Sache liefert, kann er vom Käufer die Rückgabe der mangelhaften Sache nach den §§ 346–348 verlangen (§ 439 V). Beim Verbrauchsgüterkauf ist der Käufer allerdings entgegen § 346 I nicht zur Herausgabe oder zum Ersatz der bisher gezogenen Nutzungen verpflichtet **(§ 475 III 1)**. Diese Regelung ist durch Art. 3 II–IV der Richtlinie 1999/44/EG vom 25.5.1999 (Verbrauchsgüterkauf-Richtlinie)[11] vorgegeben.[12] Wenn der Verbraucher dagegen nicht Nacherfüllung verlangt, sondern vom Vertrag zurücktritt, muss er im Rahmen der Rückabwicklung auch Nutzungswertersatz nach § 346 I leisten.[13] Das ist für den Rücktritt vom 15. Erwägungsgrund der Richtlinie 1999/44 EG gedeckt. 4c

d) Haftungsbegrenzung. Nach **§ 475 III 2** finden die §§ 445 (Haftungsbegrenzung beim Verkauf im Rahmen öffentlicher Versteigerungen, die nicht mehr unter § 474 II 2 fallen [zB Versteigerung neuer Sachen]) und 447 II (Gefahrtragung beim Versendungskauf, wenn der Verkäufer von einer Anweisung des Käufers über die Art der Versendung abweicht) keine Anwendung. Der **Ausschluss des § 445** beim Verbrauchsgüterkauf beruht darauf, dass die dort vorgesehene Haftungsbegrenzung mit der Verbrauchsgüterkaufrichtlinie nicht vereinbar wäre. Die **Unanwendbarkeit des § 447 II** beruht darauf, dass § 475 II für den Gefahrübergang beim Versendungskauf eine Sonderregelung enthält. 4d

Im **Fall a** muss V zwar nicht mehr liefern; denn der Übereignungsanspruch des K ist nach Konkretisierung gem. § 275 I untergegangen. Allerdings braucht K gem. § 326 I auch nicht den Kaufpreis zu zahlen; denn mangels Anwendbarkeit des § 447 I ist die Preisgefahr (→ § 3 Rn. 13, 19ff.) noch nicht auf ihn übergegangen.

---

11 ABl. EG Nr. L 171 v. 7.7.1999, 12.
12 *EuGH* NJW 2008, 1433; vgl. auch *BGH* NJW 2009, 427; → Rn. 42.
13 *BGH* NJW 2010, 148f.; zustimmend *Höpfner* NJW 2010, 127ff.

Der Grund für den weitgehenden Ausschluss des § 447 I liegt darin, dass nach der Verkehrsauffassung der Verbraucher auch beim Versendungskauf davon ausgehen kann, den Kaufpreis nur dann bezahlen zu müssen, wenn die Ware bei ihm eingetroffen ist. Zudem ist der Verkäufer eher als der Käufer in der Lage, die Versendung zu steuern und das Beförderungsrisiko zu versichern. Im Übrigen schließt der Verkäufer den Vertrag mit dem Spediteur, dem Frachtführer oder der sonstigen zur Versendung bestimmten Person, so dass ihm wegen der Beschädigung der Sache beim Transport vertragliche Ersatzansprüche zustehen können.

5 **e) Beschränkung des Leistungsverweigerungsrechts des Unternehmers wegen Unverhältnismäßigkeit.** Das Recht des Verkäufers aus § 439 IV, die einzig mögliche Art der Nacherfüllung wegen unverhältnismäßiger Kosten (absolute Unverhältnismäßigkeit) zu verweigern, wird beim Verbrauchsgüterkauf für den Unternehmer durch **§ 475 IV 1** weitgehend ausgeschlossen. Das ist durch die Verbrauchsgüterkaufrichtlinie vorgegeben (siehe schon → § 4 Rn. 45).[14] Nur in dem besonderen Fall, in dem die einzig mögliche Art der Nacherfüllung aufgrund von Transport-, Wege-, Arbeits- und Materialkosten (§ 439 II) oder aufgrund der Aus- und Einbaukosten (§ 439 III) zu unverhältnismäßigen Kosten führen würde, kann der Unternehmer den Aufwendungsersatz auf einen angemessenen Betrag beschränken (§ 475 IV 2). Bei der Bemessung dieses Betrags sind gem. § 475 IV 3 insbesondere der Wert der Sache im mangelfreien Zustand und die Bedeutung des Mangels (zB Verwendungsbeeinträchtigung oder lediglich ästhetischer Mangel) zu berücksichtigen.[15]

6 **f) Erleichterte Minderungs- und Rücktrittsmöglichkeit beim Leistungsverweigerungsrecht des Unternehmers wegen Unverhältnismäßigkeit.** Wenn der Verkäufer von seinem beschränkten Leistungsverweigerungsrecht nach § 475 IV 2 Gebrauch macht, bedeutet das für den Käufer, dass er einen Teil der Kosten selbst tragen muss. Zum Ausgleich für diese Unannehmlichkeit braucht er dann, wenn er wegen der Belastung mit einem Teil der Kosten lieber mindern oder vom Vertrag zurücktreten will, nach **§§ 475 V, 440 I** vorher keine Frist zur Nacherfüllung zu setzen.

7 **g) Vorschussanspruch des Verbrauchers.** Für den Fall, dass der Verbraucher einen Anspruch nach § 439 II, III auf Ersatz von den dort genannten Aufwendungen im Rahmen einer Nacherfüllung hat,

14 Zur Begründung BT-Drs. 18/8486, 43.
15 Näher dazu BT-Drs. 18/8486, 44 f. Kritisch zu § 475 IV *Georg* NJW 2018, 199.

kann er gem. **§ 475 VI** vom Unternehmer einen Vorschuss verlangen. Der Anspruch besteht bereits vor Durchführung von Nacherfüllungsmaßnahmen, auch wenn noch gar nicht feststeht, ob der vom Käufer behauptete Mangel überhaupt vorliegt. Er soll den Verbraucher davor schützen, mit diesen vom Verkäufer zu tragenden Kosten in Vorlage treten zu müssen.[16] Der BGH[17] hatte einen solchen Vorschussanspruch schon vor Inkrafttreten des § 475 VI am 1.1.2018 aufgrund einer entsprechenden Auslegung des § 439 II anerkannt; ohne einen Vorschussanspruch könnte der Verbraucher wegen der zunächst von ihm vorzulegenden Transportkosten von der Geltendmachung seiner Rechte abgehalten werden.

Stellt sich nach dem Transport zum Nacherfüllungsort aufgrund einer Untersuchung der Kaufsache heraus, dass diese gar keinen relevanten Mangel hat, lagen die Voraussetzungen für einen Kostenerstattungsanspruch nach § 439 II und für eine Vorschusspflicht nach § 475 VI nicht vor. Der Verkäufer hat den Vorschuss dann ohne Rechtsgrund geleistet und kann nach § 812 I 1, 1. Fall Rückzahlung verlangen.[18]

3. Vertragliche Einschränkung der Mängelrechte

Der Unternehmer kann sich auf eine Vereinbarung, die bestimmte Rechte des Verbrauchers bei Mängeln der Kaufsache einschränkt, gem. **§ 476 I** nicht berufen, wenn sie vor der Mitteilung eines Mangels an den Unternehmer getroffen wurde. Das gilt auch dann, wenn eine solche Vereinbarung nicht schon gem. §§ 307ff. (Inhaltskontrolle bei AGB) unzulässig ist. **8**

Darin liegt eine Einschränkung der Vertragsfreiheit im Interesse des Verbrauchers. Sie war durch die Verbrauchsgüterkaufrichtlinie vorgegeben. Wegen der Beschränkung auf Vereinbarungen vor Mitteilung des Mangels werden nachträglich abgeschlossene Vergleiche zwischen Verbraucher und Unternehmer nicht ausgeschlossen.

Dagegen modifiziert § 476 nicht die Voraussetzungen der Mängelrechte. Wenn der Verbraucher also mindern, zurücktreten oder Schadensersatz wegen Nichterfüllung verlangen will, muss er dem Unternehmer grundsätzlich vorher eine Frist zur Nacherfüllung setzen (§§ 281 I 1, 323 I, 441).[19]

---

16 BT-Drs. 18/8486, 45.
17 So *BGH* NJW 2017, 2758 Rn. 29ff. mAnm *Wendehorst*.
18 *Wendehorst* NJW 2017, 2762.
19 *BGH* ZIP 2011, 1571 (1574).

9 § 476 I erfasst abweichende Vereinbarungen, die den Anspruch des Käufers auf Nachbesserung (§§ 437 Nr. 1, 439) sowie sein Rücktritts- und sein Minderungsrecht (§§ 437 Nr. 2, 440, 441) betreffen. Der vertragliche Ausschluss oder die Beschränkung des Schadensersatzanspruches (§§ 437 Nr. 3, 440, 280 ff.) ist dagegen – soweit er nicht in unzulässigen AGB (vgl. §§ 307–309) vereinbart wird – zulässig (§ 476 III).

Gemäß § 476 I 2 kann das Verbot eines im Voraus vereinbarten Haftungsausschlusses auch nicht durch andere Gestaltungsformen umgangen werden. Dabei geht es insbesondere um zwei Fälle. Beim **Agenturgeschäft** verkauft der Kraftfahrzeughändler (Unternehmer) ein in Zahlung genommenes Kraftfahrzeug als Vertreter des Vorbesitzers (Verbraucher). Darin wird nur dann ein unzulässiges Umgehungsgeschäft zur Ausschaltung der §§ 474 ff. gesehen, wenn der Händler bei wirtschaftlicher Betrachtungsweise als der Verkäufer anzusehen ist, weil er das wirtschaftliche Risiko des Kaufs (erzielbarer Kaufpreis) zu tragen hat.[20] Der Händler muss sich dann so behandeln lassen, als hätte er den Vertrag selbst geschlossen.[21] Entsprechendes gilt bei anderen Vertragsgestaltungen, durch die ein Eigengeschäft des Unternehmers verschleiert und damit die Vorschriften über den Verbrauchsgüterkauf umgangen werden sollen.[22] Ob von dem Umgehungsverbot auch eine Haftungsbegrenzung durch **negative Beschaffenheitsvereinbarung** (→ § 4 Rn. 11) erfasst wird, ist fraglich.[23] Das ist zu verneinen, wenn die Vereinbarung ernst gemeint und dem Käufer erkennbar ist, worauf er sich einlässt. Die Beschaffenheitsvereinbarung ist dem Haftungsausschluss vorgelagert. Sie weicht auch bei der Vereinbarung negativer Beschaffenheitsmerkmale nicht von den §§ 433 ff. ab, sondern ist in § 434 I 1 vorgesehen. Auch an einen Verbraucher kann deshalb bei entsprechender Vereinbarung ein fast neuer Pkw „mit (unüblichen) Gebrauchsspuren“ verkauft werden, ohne dass ein Sachmangel vorliegt.

10 Die Verjährung (§ 438) der Mängelrechte des Käufers (§ 437) kann beim Verbrauchsgüterkauf durch Rechtsgeschäft nur dann uneingeschränkt erleichtert werden, wenn die Vereinbarung nach Mitteilung des Mangels an den Unternehmer getroffen wird. Eine vorher getroffene Vereinbarung ist unzulässig, wenn dadurch die Verjährungsfrist von zwei Jahren bei neuen Sachen oder von einem Jahr bei gebrauchten Sachen unterschritten wird **(§ 476 II).**

Das betrifft nicht nur die ausdrückliche Verkürzung der Verjährungsfrist, sondern auch eine solche, die etwa durch Vorverlegung des Verjährungsbeginns erreicht wird.

20 *BGH* NJW 2005, 1039.
21 *BGH* NJW 2005, 1039; 2007, 759 (760).
22 *BGH* NJW 2007, 759 (760).
23 Offen gelassen von *BGH* NJW 2008, 1517 (1518).

4. Vermutung der Mangelhaftigkeit bei Gefahrübergang

Wenn der Käufer Mängelrechte (§§ 437 ff.) geltend macht, muss er grundsätzlich deren Voraussetzungen beweisen. Dazu gehört das Bestehen eines Sachmangels, der schon „bei Gefahrübergang" (§ 434 I 1) vorlag und nicht erst nachher (etwa durch übermäßigen Gebrauch) eingetreten ist. Ein solcher Beweis wird einem Käufer, der den Mangel erst nach Gefahrübergang entdeckt, häufig nicht möglich sein. Hier hilft dem Käufer beim Verbrauchsgüterkauf § 477. 11

a) Beweislastumkehr hinsichtlich des maßgeblichen Zeitpunkts für den Mangel. § 477 regelt hinsichtlich des Zeitpunkts, zu dem der Mangel vorgelegen haben muss, für den Verbrauchsgüterkauf eine **Beweislastumkehr** zugunsten des Käufers. Wenn sich der Sachmangel innerhalb von sechs Monaten seit Gefahrübergang zeigt, wird vermutet, dass die Sache bereits bei Gefahrübergang mangelhaft war **(Fall b)**, selbst wenn auch die Möglichkeit besteht, dass der Mangel erst nachträglich durch den Käufer verursacht wurde.[24] Dagegen erstreckt sich die Beweislastumkehr nicht auf die Voraussetzung, dass überhaupt ein Sachmangel vorliegt.[25] 12

§ 477 beruht auf den Vorgaben der Verbrauchsgüterkaufrichtlinie. Die Vorschrift trägt der Erfahrung Rechnung, dass in der Regel der Unternehmer hinsichtlich der Mangelfreiheit bei Gefahrübergang die besseren Beweismöglichkeiten hat als der Verbraucher. Wenn der Verbraucher die Kaufsache durch einen Dritten hat einbauen lassen, besteht zwar die Möglichkeit, dass dieser den Sachmangel verursacht hat. Das ändert aber nichts an den Beweisschwierigkeiten des Verbrauchers. Deshalb ist § 477 auch in diesem Fall anwendbar.[26]

Die in § 477 vorgesehene Beweislastumkehr findet bei allen Ansprüchen zwischen einem Verbraucher und einem Unternehmer Anwendung, bei denen es im Zusammenhang mit Mängelrechten des Verbrauchers darauf ankommt, ob die verkaufte Sache bei Gefahrübergang mangelhaft war. Das gilt auch dann, wenn die Mangelhaftigkeit bei Gefahrübergang nur Vorfrage für einen anderen Anspruch ist. Wenn etwa der Verbraucher, der dem Verkäufer entgegen § 439 II (→ § 4 Rn. 41) die Nachbesserungskosten erstattet hat, diese Kosten wegen ungerechtfertigter Bereicherung zurück verlangt, kann er sich im Zusammenhang mit der Rechtsgrundlosigkeit seiner Leistung auf § 477 berufen.[27]

---

24 *BGH* NJW 2007, 2621 (2622) (defekte Zylinderkopfdichtung, die auch nach Gefahrübergang durch Überhitzung des Motors durch zu geringen Kühlmittelstand oder Überbeanspruchung verursacht worden sein kann); dazu *Gsell* JZ 2008, 29.
25 *BGH* NJW 2007, 2621 (2622); 2006, 434 (436); 2005, 3490 (3491 f.); 2004, 2299; kritisch dazu *Roth* ZIP 2004, 2025.
26 *BGH* NJW 2005, 283.
27 *BGH* NJW 2009, 580; dazu *Fischinger* NJW 2009, 563.

13 **b) Reichweite der Vermutung.** Die Reichweite der Vermutung ist umstritten. Nach bisheriger Rechtsprechung des BGH[28] bezieht sie sich nur darauf, dass der später entdeckte konkrete Mangel (zB gelockerter Zahnriemen, der zu einem Motorschaden bei einem Kraftfahrzeug führt), bereits bei Gefahrübergang vorlag. Wenn der Verkäufer diese Vermutung widerlegen kann (zB durch den Nachweis, dass der feste Sitz des Zahnriemens bei Gefahrübergang geprüft wurde), müsse der Käufer nachweisen, dass dieser erst nach Gefahrübergang entstandene Mangel auf einem anderen, latenten Mangel beruhe, der schon bei Gefahrübergang vorgelegen habe (zB Materialfehler des Zahnriemens, der im Laufe der Zeit zu dessen Lockerung führte).

Nach der Gegenansicht[29] erstreckt sich die Vermutung des § 477 bei einem innerhalb von sechs Monaten nach Gefahrübergang aufgetretenen Mangel auch darauf, dass die Ursache für diesen Mangel schon bei Gefahrübergang vorgelegen habe. Für diese Ansicht spricht der mit § 477 bezweckte Schutz des Verbrauchers. Dieser soll durch § 477 gerade davor bewahrt werden, den ihm meist gar nicht möglichen Nachweis zu führen, dass ein später aufgetretener Mangel schon bei Gefahrübergang angelegt war.

Die letztgenannte Ansicht wird durch eine Entscheidung des EuGH vom 4.6.2015 zu Art. 5 III der Verbrauchsgüterkaufrichtlinie bestätigt.[30] Dieser Entscheidung lag ein Fall zugrunde, in dem ein gekaufter Gebrauchtwagen vier Monate nach Gefahrübergang bei einer Fahrt Feuer fing und dadurch zerstört wurde. Die Ursache für das Feuer konnte nicht mehr geklärt werden, weil das Fahrzeug verschrottet wurde. Nach der Entscheidung des EuGH muss bei einem Mangel, der innerhalb von sechs Monaten nach Lieferung der Kaufsache offenbar geworden ist, der Verbraucher als Käufer weder die Ursache des Mangels noch den Umstand beweisen, dass der Mangel dem Verkäufer zuzurechnen ist. Vielmehr ist zu vermuten, dass der Mangel „zumindest im Ansatz" bereits bei Gefahrübergang vorlag, auch wenn er sich erst nachher herausgestellt hat. Folglich muss der Verkäufer die Vermutung des § 477 durch den Nachweis widerlegen, dass der Grund für den Mangel in einem Umstand liegt, der erst nach

---

28 *BGH* NJW 2014, 1086 mAnm *Schwab* JuS 2015, 71.

29 *Looschelders* SchuldR BT Rn. 272 ff.; *Lorenz* NJW 2014, 2319 (2322); *Medicus/Lorenz* SchuldR BT Rn. 243 f.

30 *EuGH* NJW 2015, 2237 (2241) mAnm *Hübner* und Anm. *Gutzeit*, JuS 2016, 459; dazu auch *Sagan/Scholl*, JZ 2016, 501.

Gefahrübergang eingetreten ist.[31] Dieser Nachweis wird dem Verkäufer vermutlich selten gelingen. Der BGH hat seine Rechtsprechung zur Reichweite der Vermutung des § 477 inzwischen durch eine richtlinienkonforme Auslegung dieser Vorschrift derjenigen des EuGH angepasst.[32]

c) Widerlegung der Vermutung. Der Verkäufer kann die Vermu- 14
tung des § 477 nur dadurch **widerlegen**, dass er etwa durch ein Sachverständigengutachten nachweist, dass der konkrete Mangel (zB gelockerter Zahnriemen bei einem Kfz-Motor oder akute Verletzung eines Pferdes) erst nach Gefahrübergang eingetreten ist und dass auch der Grund oder Ursprung des Mangels in einem Handeln oder Unterlassen nach Gefahrübergang liegt.[33] Gelingt ihm dieser Nachweis nicht, kann der Verbraucher seine Sachmängelrechte geltend machen.

d) Vereinbarkeit der Vermutung mit der Art der Sache und des 15
Mangels. Allerdings greift die Vermutung des § 477 nach dessen letztem Halbsatz nicht ein, wenn sie mit der Art der Sache oder des Mangels unvereinbar ist.

Die **Art der Sache** steht der Vermutung bei solchen Sachen entgegen, die auf Verbrauch und Verschleiß angelegt sind (Lebensmittel, Saisonpflanzen, Autoreifen). Dagegen reicht es für einen Ausschluss der Vermutung nicht, dass es sich um eine gebrauchte Sache handelt.[34] Auch wenn Gegenstand eines Kaufes ein Tier ist, greift grundsätzlich die Vermutung des § 477 ein.[35]

Mit der **Art des Mangels** ist die Vermutung etwa bei solchen Tierkrankheiten nicht vereinbar, bei denen der Zeitraum zwischen Infektion und Ausbruch oft ungewiss ist.[36] Gleiches gilt für solche Mängel, die (wie zB ein deutlich sichtbarer Kratzer auf der Oberfläche der Kaufsache) auf den ersten Blick erkennbar sind; denn solche Mängel werden vom Käufer im Zweifel schon bei Gefahrübergang gerügt, so dass eine spätere Beanstandung auch für ein späteres Auftreten spricht.[37] Dagegen wird die Vermutung nicht allein dadurch ausgeschlossen, dass es sich um einen Mangel handelt, der typischerweise jeder-

---

31 Siehe nochmals *EuGH* NJW 2015, 2237, insbes. Ls. 4 und Rn. 72 ff.
32 *BGH* NJW 2017, 1093 Rn. 28 ff. mAnm *Gsell* JZ 2017, 576; *Sagan/Scholl* EWiR 2017, 47; Anm. *Gutzeit* JuS 2017, 357; vorher schon *Hübner* NJW 2015, 2241; MüKoBGB/*Lorenz* § 476 Rn. 4; *Palandt/Weidenkaff* BGB § 476 Rn. 8.
33 *EuGH* NJW 2015, 2237 (2241).
34 *BGH* NJW 2005, 3490 (3492).
35 *BGH* NJW 2006, 2250 (2251).
36 Vgl. etwa *BGH* NJW 2006, 2250 (2253) (auch zur Abgrenzung zu solchen Mängeln, bei denen die Vermutung des § 476 eingreift).
37 Ebenso *BGH* NJW 2006, 1195 (1196); 2005, 3490 (3492) (Erkennbarkeit im konkreten Fall verneint).

zeit auftreten kann[38] oder der bei Gefahrübergang für beide Vertragsparteien äußerlich nicht erkennbar ist.[39]

5. Formelle Voraussetzungen für Garantieerklärungen

16 Die Rechte des Käufers aus § 443 im Falle einer Garantie gelten uneingeschränkt auch beim Verbrauchsgüterkauf. Zusätzlich enthält **§ 479** Sonderbestimmungen zugunsten des Verbrauchers im Hinblick auf die formellen Voraussetzungen für die Garantieerklärung. Diese muss einfach und verständlich abgefasst sein, einen Hinweis auf das Nebeneinander von Garantie und gesetzlichen Rechten des Verbrauchers (§§ 437 ff.) sowie die erforderlichen Angaben für die Geltendmachung der Garantierechte enthalten (§ 479 I). Außerdem kann der Verbraucher verlangen, dass ihm die Garantieerklärung in Textform (§ 126b) zur Verfügung gestellt wird (§ 479 II).

Durch § 479 soll der Verbraucher vor einer Irreführung durch unklare Garantiebedingungen geschützt werden. Unter dem Gesichtspunkt der Verständlichkeit wird regelmäßig eine Abfassung der Garantie in deutscher Sprache erforderlich sein. Je nach den zu erwartenden Erkenntnismöglichkeiten des Adressatenkreises kann aber auch eine einfache Erklärung in Englisch ausreichen (zB Garantie für einen PC).

17 Ein Verstoß gegen die Anforderungen des § 479 I, II führt allerdings nicht zur Unwirksamkeit der Garantieverpflichtung (§ 479 III); andernfalls würde sich die dem Schutz des Verbrauchers dienende Regelung zu seinem Nachteil auswirken. Der Verwender unklarer Garantieerklärungen kann nach § 2 UKlaG zB von einem Verbraucherschutzverband auf Unterlassung in Anspruch genommen werden.

6. Sonderregeln zum Rückgriff des Unternehmers in einer Lieferkette beim Verbrauchsgüterkauf

18 Die **§§ 445a, 445b** (→ § 4 Rn. 143 ff.) erleichtern im Fall einer Lieferkette (zB Hersteller – Großhändler – Einzelhändler) dem Verkäufer beim Verkauf neu hergestellter Sachen einen Rückgriff gegenüber seinem Lieferanten und sie gewähren dem Verkäufer einen Anspruch auf Ersatz der Aufwendungen, die er im Rahmen der Nacherfüllung gegenüber seinem Käufer tragen muss.

---

38 *BGH* NJW 2006, 1195 (1196) (Defekt eines Katalysators); 2007, 2619 (2620) (bestimmte Tierkrankheiten).
39 *BGH* NJW 2007, 2619 (2620).

Durch Gesetz vom 28.4.2017[40] wurden diese bis dahin nur beim Verbrauchsgüterkauf bestehenden Rechte des Verkäufers in einer Lieferkette in §§ 445a, 445b mit Wirkung zum 1.1.2018 auf alle Kaufverträge ausgedehnt, also auch auf solche Fälle, in denen es sich bei dem letzten Kaufvertrag in der Lieferkette nicht um einen Verbrauchsgüterkauf, sondern um einen Kaufvertrag zwischen zwei Unternehmen handelt (→ § 4 Rn. 143 ff.). Für den Fall, dass es sich bei dem letzten Vertrag in einer Lieferkette um einen Verbrauchsgüterkauf handelt, enthält der ebenfalls zum 1.1.2018 neu gefasste § 478 folgende Sonderregelungen für den Unternehmerrückgriff, die von §§ 445a, 445b abweichen:

a) Beweislast. Die für Rückgriffs- und Aufwendungsersatzansprü- 19
che geltende Voraussetzung, dass der Mangel bei Gefahrübergang auf den anspruchsberechtigten Unternehmer vorgelegen haben muss (vgl. §§ 434 I 1, 445a I), wird von diesem in der Regel kaum bewiesen werden können. Hier gilt zu seinen Gunsten gem. § 478 I die Beweislastumkehr des § 477, die auch dem Verbraucher zugutekommt. Die Frist von sechs Monaten, in der sich der Mangel zeigen muss, beginnt nicht schon mit dem Gefahrübergang auf den rückgriffsberechtigten Unternehmer, sondern erst mit dem Gefahrübergang auf den Verbraucher.

b) Einschränkung der Vertragsfreiheit. Wie im Verhältnis zwi- 20
schen dem Verbraucher und dem Letztverkäufer (vgl. § 476 I) ist im Rahmen einer Lieferkette auch im Verhältnis zwischen jedem Verkäufer und seinem Lieferanten die Vertragsfreiheit eingeschränkt, soweit von der gesetzlichen Regelung der Mängelrechte (außer Schadensersatz) zum Nachteil des rückgriffsberechtigten Unternehmers abgewichen werden soll (§ 478 II, III). Auf eine solche Vereinbarung kann sich der Lieferant nur berufen, wenn dem Unternehmer statt der gesetzlichen Rechte ein gleichwertiger Ausgleich (zB Preisnachlässe oder günstige Zahlungsbedingungen) eingeräumt wird.

---

40 BGBl. I 969.

Wichtige Besonderheiten beim Verbrauchsgüterkauf (§§ 474 ff.)
I. Fälligkeit der Leistungen im Zweifel nicht sofort, sondern nur unverzüglich (§ 475 I)
II. Nur ausnahmsweise Gefahrübergang nach § 447 beim Versendungskauf (§ 475 II, III 2)
III. Keine Nutzungsherausgabe oder Wertersatz bei Rückgabe der mangelhaften Sache (§ 475 III 1)
IV. Keine Haftungsbegrenzung nach § 445 bei öffentlichen Versteigerungen (§ 475 III 2)
V. Beschränkung des Leistungsverweigerungsrechts bei der Nacherfüllung wegen absoluter Unverhältnismäßigkeit (§ 475 IV)
VI. Erleichterte Minderungs- und Rücktrittsmöglichkeit des Verbrauchers beim Leistungsverweigerungsrecht des Unternehmers wegen Unverhältnismäßigkeit (§ 475 V)
VII. Vorschussanspruch des Verbrauchers für Aufwendungen bei der Nacherfüllung (§ 475 VI)
VIII. Einschränkung des vertraglichen Ausschlusses von Mängelrechten (§ 476 I)
IX. Einschränkung von vertraglichen Verjährungserleichterungen (§ 476 II)
X. Vermutung der Mangelhaftigkeit bei Gefahrübergang (§ 477)
XI. Besondere formelle Anforderungen für Garantieerklärungen (§ 479)
XII. Beweislastregelung und Einschränkung der Vertragsfreiheit beim Rückgriff des Unternehmers gegenüber seinem Lieferanten in einer Lieferkette (§ 478)

II. Kauf unter Eigentumsvorbehalt

21 **Schrifttum:** *Brox,* Das Anwartschaftsrecht des Vorbehaltskäufers, JuS 1984, 657; *Bülow,* Kauf unter Eigentumsvorbehalt, JURA 1986, 169, 234; *Deneke,* Der überraschende Eigentumsvorbehalt, JuS 1988, 965; *Fritsche/Würdinger,* Konkludenter Eigentumsvorbehalt beim Autokauf, NJW 2007, 1037; *Haas/Beiner,* Das Anwartschaftsrecht im Vorfeld des Eigentumserwerbs, JA 1997, 115; *Habersack/Schürnbrand,* Der Eigentumsvorbehalt nach der Schuldrechtsreform, JuS 2002, 833; *Samhat,* Die Pflicht des Vorbehaltsverkäufers

zur Verschaffung eines Anwartschaftsrechts, JR 2014, 501; *P. Schlosser,* Der Eigentumsvorbehalt, JURA 1986, 85; *Schulze/Kienle,* Kauf unter Eigentumsvorbehalt – eine Kehrtwende des Gesetzgebers?, NJW 2002, 2842; *Wagner,* Zur Kollision von verlängertem Eigentumsvorbehalt und eingeschränktem Abtretungsverbot, JZ 1988, 698.

Fall d: V schickt dem K das verkaufte Fernsehgerät mit der Rechnung, die den deutlichen Vermerk enthält: „Die Ware bleibt bis zur vollständigen Bezahlung mein Eigentum". → Rn. 25, 26, 30.

Fall e: Wie ist die Rechtslage, wenn V im Fall d erst eine Woche nach Übersendung des Geräts die Rechnung mit dem genannten Vermerk an K schickt? → Rn. 26

Fall f: Was ändert sich, wenn K beim Kaufabschluss ein Formular unterschrieben hat, in dem ua der genannte Vermerk enthalten war? → Rn. 25, 27

Fall g: Händler H bezog Möbel von der Fabrik F unter Eigentumsvorbehalt und trat alle Forderungen aus künftigen Weiterverkäufen dieser Möbel an F ab. Vor den Absprachen mit F hatte H bereits einen Bankkredit aufgenommen und zur Sicherheit der Bank B alle Forderungen aus künftigen Verkäufen übertragen. Wem stehen die Forderungen zu? → Rn. 34

1. Bedeutung

Im Normalfall ist der Verkäufer aufgrund des Kaufvertrags verpflichtet, dem Käufer die Sache zu übergeben und das Eigentum an ihr zu verschaffen (§ 433 I 1); bis zur Kaufpreiszahlung kann er jedoch nach § 320 seine Leistung verweigern (→ § 5 Rn. 2). Dadurch ist der Verkäufer hinreichend gesichert: Er braucht erst zu liefern, wenn der Käufer den Kaufpreis zahlt.

In vielen Fällen möchte der Käufer die Kaufsache jedoch sofort besitzen und nutzen, ohne sie gleich vollständig bezahlen zu müssen. Der Verkäufer ist häufig auch an einem solchen Geschäft interessiert, da er seine Ware absetzen will. Verschafft er aber dem Käufer ohne sofortige Bezahlung Besitz und Eigentum an der Sache, so ist das Geschäft für ihn zu riskant. Zwar hat er einen Kaufpreisanspruch gegen den Käufer (§ 433 II); er kann auch bei Nichtzahlung nach §§ 280, 281 vorgehen und Schadensersatz wegen Nichterfüllung verlangen oder vielleicht vom Vertrag zurücktreten (§ 323). Aber dabei handelt es sich immer nur um rein schuldrechtliche, möglicherweise nicht realisierbare Ansprüche gegen den Käufer; ein Recht an der Kaufsache steht dem Verkäufer nicht mehr zu. Er kann beispielsweise nicht verhindern, dass ein Gläubiger des Käufers die diesem gehörende Kaufsache durch den Gerichtsvollzieher pfänden und versteigern lässt.

Ein Recht an der Kaufsache hätte der Verkäufer, wenn ihm ein Sicherungsrecht an der Sache für die noch ausstehende Kaufpreisforderung bestellt würde. 22

Beim Verkauf eines Grundstücks ist das durch Bestellung einer Hypothek in Höhe des Restkaufpreises möglich. Die Einräumung eines Pfandrechts scheidet jedoch beim Verkauf einer beweglichen Sache aus, weil der Käufer sofort unmittelbarer Besitzer der Sache werden soll und die §§ 1205f. eine Pfandrechtsbestellung ohne unmittelbaren Besitz des Gläubigers nicht zulassen.

23 Der Verkäufer ist genügend – dinglich – gesichert, wenn er bis zur restlosen Zahlung des Kaufpreises Eigentümer der Kaufsache bleibt. Das kann dadurch erreicht werden, dass der Verkäufer dem Käufer die gekaufte Sache sofort übergibt und beide sich darüber einig sind, dass das Eigentum auf den Käufer erst dann übergeht, wenn der gesamte Kaufpreis gezahlt ist (Eigentumsvorbehalt). Der nach § 929 für den Eigentumsübergang erforderliche Übereignungsvertrag der Parteien wird also unter der aufschiebenden Bedingung (§ 158 I) der vollständigen Kaufpreiszahlung geschlossen. Der Verkäufer bleibt bis zum Eintritt der Bedingung (vollständige Kaufpreiszahlung) Eigentümer der Kaufsache. In diesem Augenblick verliert er ohne weiteres sein Eigentum an den Käufer.

Der Kauf unter Eigentumsvorbehalt ist in § 449 besonders geregelt. Bei dieser Vorschrift handelt es sich im Wesentlichen um eine Auslegungsregel. So ist es auch zu erklären, dass der Eigentumsvorbehaltskauf gesetzessystematisch nicht bei den besonderen Arten des Kaufs (§§ 454ff. im Untertitel 2) eingeordnet ist.

2. Voraussetzungen

24 Beim Kauf unter Eigentumsvorbehalt schließen die Parteien einen **unbedingten Kaufvertrag** und zu seiner Erfüllung einen **bedingten Übereignungsvertrag** hinsichtlich der Kaufsache (§ 449 I).

Da § 925 II eine bedingte Auflassung nicht zulässt, kommt ein Kauf unter Eigentumsvorbehalt bei Grundstücken nicht in Betracht.

25 **a) Inhalt des Kaufvertrags.** Im Kaufvertrag vereinbaren die Parteien Lieferung unter Eigentumsvorbehalt. Das geschieht oft durch eine Klausel im Formularvertrag **(Fall f)** oder durch Bezugnahme auf AGB,[41] die eine entsprechende Klausel enthalten.

Im **Fall d** ist bei Abschluss des Kaufvertrags kein Eigentumsvorbehalt vereinbart. Die Übersendung der Rechnung mit dem Vermerk des Eigentumsvorbehalts kann als Angebot auf Abänderung des Kaufvertrags (§ 311 I) aufgefasst werden; die Annahme des Angebots steht dem K frei.

41 *Brox/Walker* SchuldR AT § 4 Rn. 28ff.

Ist der Eigentumsvorbehalt in den AGB des Verkäufers vorgesehen und schließen die Einkaufsbedingungen des Käufers einen Eigentumsvorbehalt aus, so gelten insoweit weder die AGB des Verkäufers noch die des Käufers.[42] Gleichwohl erlangt der Käufer aber kein unbedingtes Eigentum, da er wegen der ihm bekannten Verkaufsbedingungen die Übersendung der bestellten Sache nur als Angebot zur Übertragung des bedingten Eigentums verstehen konnte.[43]

b) Bedingte Übereignung der Kaufsache. Die Übereignung der Kaufsache erfolgt nach §§ 929ff. Dabei steht die dingliche Einigung unter der aufschiebenden Bedingung (§ 158) der vollständigen Kaufpreiszahlung. 26

Im **Fall d** ist die der Sendung beigefügte Rechnung mit dem Vermerk des Eigentumsvorbehalts sachenrechtlich bedeutsam: K kann nur aufschiebend bedingtes Eigentum erwerben, weil V eine bedingte Einigungserklärung abgegeben hat. – Wenn beim Autokauf der Verkäufer den Fahrzeugbrief bis zur vollständigen Kaufpreiszahlung einbehält, kann der Käufer das regelmäßig nur dahin verstehen, dass der Verkäufer ihm das Eigentum am Fahrzeug nur unter der aufschiebenden Bedingung der vollständigen Zahlung des Kaufpreises übertragen will.[44] Im **Fall e** ist K bereits Eigentümer des Geräts geworden; daran kann auch die später eintreffende Rechnung mit dem genannten Vermerk als einseitige Erklärung des V nichts mehr ändern.

3. Wirkungen

a) Schuldrechtliche Folgen. Die schuldrechtlichen Folgen eines im Kaufvertrag vorgesehenen Eigentumsvorbehalts **(Fall f)** sind: 27

aa) Der Verkäufer muss nach dem Kaufvertrag die Kaufsache übergeben und dem Käufer aufschiebend bedingtes Eigentum verschaffen. Damit hat er seine Leistungshandlung erbracht. Unbedingtes Eigentum erwirbt der Käufer unabhängig vom Willen des Verkäufers mit dem Eintritt der Bedingung (Kaufpreiszahlung).

bb) Mit der Übergabe der Kaufsache geht die Preisgefahr auf den Käufer über (§ 446 S. 1; → § 3 Rn. 14ff.).

cc) Da der Eintritt des Leistungserfolgs (Eigentumserwerb durch den Käufer) von der Kaufpreiszahlung abhängig gemacht ist, hat der Verkäufer den Kaufvertrag noch nicht vollständig erfüllt.[45] Wenn der Kaufpreis nicht vereinbarungsgemäß gezahlt wird, kann der Verkäufer gem. § 323 nach erfolgloser Bestimmung einer angemessenen Zah- 28

---

42 BGHZ 61, 282.
43 *BGH* NJW 1982, 1751.
44 *BGH* NJW 2006, 3488 (3489).
45 *BGH* NJW 1954, 1325 (1326); Palandt/*Weidenkaff* BGB § 449 Rn. 8; str.

lungsfrist vom Vertrag zurücktreten. Erst danach kann er aufgrund des Eigentumsvorbehalts die Sache vom Käufer herausverlangen (§ 449 II).

Die nach § 455 aF erleichterte Rücktrittsmöglichkeit des Vorbehaltsverkäufers ohne Fristsetzung ist mit Inkrafttreten des Schuldrechtsmodernisierungsgesetzes am 1.1.2002 entfallen.

29 dd) Die Pflicht, die Kaufsache frei von Rechten Dritter zu verschaffen (§ 433 I 2), ist im Allgemeinen erst im Zeitpunkt des Eigentumsübergangs zu erfüllen.[46]

30 **b) Sachenrechtliche Folgen.** Die sachenrechtlichen Folgen der aufschiebend bedingten Übereignung **(Fall d)** sind:

aa) Der Verkäufer bleibt bis zum Eintritt der Bedingung Eigentümer und mittelbarer Besitzer (§ 868) der Kaufsache. Er kann also Herausgabe von jedem nicht berechtigten Besitzer nach § 985 verlangen, allerdings entsprechend § 986 I 2 nur an den Käufer. Dem Verkäufer stehen weiterhin die Besitzschutzansprüche nach § 869 zu.

Dem Herausgabeanspruch des Verkäufers gegen den Käufer steht ein Recht des Käufers zum Besitz (§ 986) gegenüber, das sich aus dem Kaufvertrag ergibt.

Das Recht zum Besitz entfällt jedoch, wenn der Verkäufer vom Kaufvertrag wirksam zurückgetreten ist (so jetzt ausdrücklich § 449 II).

Ist die Kaufpreisforderung verjährt und verweigert der Käufer deshalb die Zahlung des (restlichen) Kaufpreises, kann der Verkäufer zurücktreten und die unter Eigentumsvorbehalt veräußerte Sache vom Käufer herausverlangen (so jetzt ausdrücklich § 216 II 2).[47]

31 bb) Der Käufer erwirbt mit der bedingten Übereignung eine rechtlich geschützte, dingliche **Anwartschaft**. Sie ist eine Vorstufe zum Vollrecht (Eigentum), das der Käufer mit dem Eintritt der Bedingung ohne Weiteres erlangt.

Die dingliche Anwartschaft wird heute in vieler Hinsicht wie ein dingliches Recht behandelt; §§ 985, 1004 und 823 I (sonstiges Recht) sind anwendbar. Der Käufer kann über das Anwartschaftsrecht verfügen, es also nach §§ 929 ff. übertragen und nach §§ 1205 ff. verpfänden (Näheres in den Lehrbü-

---

46 MüKoBGB/*Westermann* § 435 Rn. 6; RGZ 83, 214; vgl. aber auch *BGH* NJW 1961, 1252 f.

47 Zur Frage der Nutzungsvergütung [vor der Schuldrechtsmodernisierung am 1.1.2002] *BGH* NJW 1979, 2195; kritisch *Tiedtke* DB 1980, 1477.

chern des Sachenrechts). Das Anwartschaftsrecht erlischt, wenn die Bedingung nicht mehr eintreten kann (etwa durch Rücktritt vom Kaufvertrag nach § 323 oder Schadensersatzverlangen nach § 281).

4. Erweiterter und verlängerter Eigentumsvorbehalt

a) Erweiterter Eigentumsvorbehalt. Oft vereinbaren Verkäufer 32
und Käufer, dass das Eigentum an der Kaufsache nicht schon mit der restlosen Zahlung des Kaufpreises, sondern erst dann auf den Käufer übergehen soll, wenn dieser alle aus der Geschäftsverbindung mit dem Verkäufer herrührenden (auch künftigen) Forderungen beglichen hat (sog. erweiterter Eigentumsvorbehalt).

Erstreckt sich der Vorbehalt auf die Bezahlung aller (auch künftiger) Forderungen aus der Geschäftsverbindung mit dem Verkäufer, liegt ein **Kontokorrenteigentumsvorbehalt** vor.

Gegen die Zulässigkeit des erweiterten Eigentumsvorbehalts sind Bedenken erhoben worden.[48] Der Käufer erwirbt wegen des weiten Vorbehalts das Eigentum an den gekauften Sachen selbst dann nicht, wenn er diese längst bezahlt hat. Die Vereinbarung des erweiterten Vorbehalts kann deshalb wegen Missbrauchs der Vertragsfreiheit nach § 138 nichtig sein. Bei einer entsprechenden Klausel in AGB kommt ein Verstoß gegen § 307 in Betracht.

Sofern durch den Vorbehalt nicht nur die Forderungen des Verkäufers erfasst werden, sondern alle Forderungen von Lieferanten, die mit dem Verkäufer in einem Konzern verbunden sind, spricht man von einem **Konzerneigentumsvorbehalt**. Eine solche Vereinbarung ist gem. § 449 III nichtig.

b) Verlängerter Eigentumsvorbehalt. Der Eigentumsvorbehalt 33
allein ist für den Verkäufer als Sicherungsmittel unzureichend, wenn dieser damit einverstanden ist, dass der Käufer vor Zahlung des Kaufpreises die Kaufsache im Rahmen eines ordnungsmäßigen Geschäftsbetriebs weiterveräußert. Hier wird der Kunde des Käufers nach §§ 929, 185 I Eigentümer der Sache, so dass der Verkäufer das Eigentum verliert. Damit der Verkäufer auch dann noch gesichert ist, wird oft zwischen ihm und seinem Käufer ein verlängerter Eigentumsvorbehalt vereinbart: Der Verkäufer lässt sich schon im Voraus die Forderung seines Käufers gegen dessen Kunden, an den die Sache veräußert wird, abtreten (sog. **Vorausabtretungsklausel).** Der Käufer wird in vielen Fällen gleichzeitig ermächtigt, die Forderung gegen den Kunden einzuziehen. Für den Fall des Zahlungsverzuges behält

48 *Reinicke/Tiedtke* KaufR Rn. 1344 ff.; *Larenz* Schuldrecht BT II/1 § 43 II e 4; anders im kaufmännischen Verkehr: Palandt/*Weidenkaff* BGB § 449 Rn. 19.

sich dann der Verkäufer häufig den Widerruf der Einzugsermächtigung vor.

34 Die Vorausabtretung ist wirksam, wenn die einzelne Forderung wenigstens bestimmbar ist.[49] – Im **Fall g** sind die Forderungen des H aus den Möbelverkäufen zweimal zur Sicherung (der B und der F) abgetreten. Nur die erste Abtretung (zugunsten der B) ist wirksam (Grundsatz der Priorität).[50] Diese rein schematische Lösung benachteiligt den Warenlieferanten zugunsten der Bank, wenn die Globalzession an die Bank zeitlich vor den Abmachungen mit dem Lieferanten liegt. Um die Interessen des Warenlieferanten vor denen der kreditgebenden Bank zu berücksichtigen, hält man die Globalzession an die Bank gem. § 138 I für sittenwidrig, wenn sie auch solche Forderungen umfasst, die an den Warenlieferanten abgetreten werden müssen, um überhaupt Waren zu erhalten. Da der Käufer dem Verkäufer bei der Bestellung der Waren von der Globalzession nichts mitteilen wird und die Bank eine solche Täuschung in Kauf nimmt, ist die Zession wegen einer Verleitung zum Vertragsbruch nichtig (sog. Vertragsbruchtheorie).[51] Das gilt unabhängig davon, ob der Empfänger der Globalzession eine Bank oder selbst ein Warenlieferant ist.[52]

35 Der Verkäufer ist trotz des Eigentumsvorbehalts auch dann nicht genügend gesichert, wenn der Käufer die gelieferte Ware (zB Kleiderstoff) zu neuen Sachen (Kleidern) verarbeitet; denn durch die Verarbeitung wird der Käufer nach § 950 Eigentümer. Um das zu verhindern, enthält der Kaufvertrag oft eine sog. **Verarbeitungsklausel**: Der Käufer verarbeitet die gekaufte Ware für den Verkäufer, so dass dieser als Hersteller nach § 950 Eigentümer der neuen Sachen wird.[53]

III. Kauf als Teilzahlungsgeschäft

Schrifttum: → § 17 Rn. 1.

36 Kaufverträge werden häufig (insbesondere beim Kauf unter Eigentumsvorbehalt) mit der Vereinbarung geschlossen, dass der Käufer den Kaufpreis in Teilleistungen (Raten) entrichten darf. Diese Teilzahlungskäufe gehören zu den Teilzahlungsgeschäften, die in § 506 III definiert sind. Für sie gelten besondere Regelungen vor allem zum Schutz des Verbrauchers. Der Grund dafür liegt darin, dass Teilzahlungskäufe für beide Parteien, vor allem aber für den Käufer,

49 BGHZ 7, 365.
50 BGHZ 32, 361 (363).
51 Vgl. BGHZ 30, 149.
52 *BGH* NJW 1999, 2588.
53 Vgl. BGHZ 14, 114 (117); 20, 159; 46, 117.

nicht ungefährlich sind. Der Verkäufer muss befürchten, dass er den Kaufpreis wegen Vermögenslosigkeit des Käufers nicht ganz erhält. Zwar kann er bei Nichtzahlung vom Vertrag zurücktreten (§ 323) und die Sache zurückverlangen (§§ 346 I, 449 II); diese wird aber vielfach durch die Benutzung an Wert verloren haben.

Vor solchen Verlusten wird sich der Verkäufer durch entspre- 37
chende Vereinbarungen sichern. Dabei besteht die Gefahr, dass infolge der Unerfahrenheit und wirtschaftlichen Unterlegenheit des Käufers Bestimmungen in den Vertrag aufgenommen werden, die den Käufer übermäßig belasten (zB Verfall aller geleisteten Teilzahlungen bei nur ganz geringfügigem Kaufpreisrückstand). Dafür sollten schon das Abzahlungsgesetz von 1894 mit seinen Novellen von 1969 und 1974 und später das an seine Stelle getretene Verbraucherkreditgesetz vom 17.12.1990[54] schützen. Seit dem 1.1.2002 ist das VerbrKrG in das BGB integriert worden.

Gesetzessystematisch sind die Teilzahlungsgeschäfte nicht bei den 38
besonderen Arten des Kaufs, sondern neben dem Darlehensvertrag und den Ratenlieferungsverträgen als eine Art der Finanzierungshilfen eingeordnet (§§ 506 III, 507, 508). Das ist damit zu erklären, dass unabhängig von dem Vertragstyp der geschuldete Geldbetrag nicht sogleich in voller Höhe geleistet werden muss. Deshalb werden Einzelheiten zu den Teilzahlungsgeschäften im Zusammenhang mit den Finanzierungshilfen behandelt (→ § 18 Rn. 6ff.).

IV. Verbraucherverträge und besondere Vertriebsformen beim Kauf

Schrifttum: Siehe die Nachweise in AS § 19 Rn. 1.

Besondere Regeln zum Schutz des Verbrauchers gelten für solche 39
Kaufverträge, die zwischen einem Unternehmer (§ 14) und einem Verbraucher (§ 13) geschlossen werden (§§ 312, 312a). Das gilt insbesondere für Verbraucherverträge, die außerhalb von Geschäftsräumen angebahnt und abgeschlossen werden (zB Haustürgeschäfte; § 312b), für Fernabsatzverträge (§ 312c) sowie für Verträge im elektronischen Geschäftsverkehr (§ 312i).

---

54 BGBl. I 2840.

Die Haustürgeschäfte und die Fernabsatzgeschäfte waren bis Ende 2001 in jeweils eigenen Gesetzen, dem HausTWG[55] und dem FernAbsG[56] geregelt. Im Rahmen der Schuldrechtsmodernisierung wurden beide Gesetze in das BGB (§§ 312ff.) integriert. Gleichzeitig wurden in Umsetzung der Art. 10, 11 E-Commerce-Richtlinie 2000/31/EG neue Regelungen zu den Besonderheiten beim Vertragsschluss im elektronischen Geschäftsverkehr in das BGB aufgenommen. Durch Gesetz vom 20.9.2013[57] wurden zwecks Umsetzung der Verbraucherrechterichtlinie (2011/83/EU) die §§ 312ff. mit Wirkung zum 13.6.2014 unter der Überschrift „Grundsätze bei Verbraucherverträgen und besonderen Vertriebsformen" vollständig neu gefasst und zum Teil auch inhaltlich geändert.

Die systematische Einordnung der Verbraucherverträge und der besonderen Vertriebsformen im Allgemeinen Schuldrecht beruht darauf, dass diese nicht nur bei Kaufverträgen, sondern auch bei anderen Vertragsarten vorkommen. Gerade im Kaufrecht spielen sie allerdings eine bedeutende Rolle. Deshalb sollen ihre rechtlichen Besonderheiten hier kurz angedeutet werden:[58]

1. Verbraucherverträge

39a Bei Verbraucherverträgen (Verträge zwischen einem Unternehmer und einem Verbraucher, § 310 III) über eine entgeltliche Leistung (§ 312 I) hat der Unternehmer grundlegende Informationspflichten und es greifen zum Schutz des Verbrauchers besondere Grundsätze ein (§ 312a).[59] Dieser Verbraucherschutz gilt unabhängig von der jeweiligen Vertriebsform (also auch bei Ladengeschäften) grundsätzlich für alle Verbraucherverträge, soweit seine Anwendbarkeit nicht für einzelne Verträge in § 312 II – VII eingeschränkt ist.

Wenn ein Unternehmer einen Verbraucher anruft, um mit ihm einen Vertrag abzuschließen, muss er zu Beginn des Gesprächs seine Identität und den Zweck seines Anrufs offenlegen (§ 312a I). Vor dem Vertragsschluss muss er den Verbraucher über wesentliche Merkmale der Ware, den Preis, die Zahlungs- und Lieferbedingungen, das Bestehen von Mängelrechten und Garantien und ggf. weitere Umstände informieren (§ 312a II, Art. 246 EGBGB). Bei einem Verstoß des Unternehmers gegen seine Informationspflichten kommt

55 Dazu 26. Aufl. Rn. 122aff.
56 Dazu 26. Aufl. Rn. 122fff.
57 BGBl. I 3642 (3643ff.).
58 Siehe ferner *Brox/Walker* SchuldR AT § 19.
59 Dazu *Brox/Walker* SchuldR AT § 19 Rn. 3–6.

eine Schadensersatzhaftung des Unternehmers nach § 311 II Nr. 1 iVm § 280 I wegen Verletzung vorvertraglicher Pflichten in Betracht.

Für die Vereinbarung von Entgelten, die zusätzlich zu dem Preis für die Hauptleistung anfallen (zB Kosten für den Versand der Ware, für die Verwendung eines bestimmten Zahlungsmittels wie Kreditkartenzahlung, Kosten für die Inanspruchnahme von Auskunftsdiensten), regelt § 312a II 2 – V besondere Wirksamkeitsvoraussetzungen. Wenn eine solche Entgeltvereinbarung nach § 312a III – V nicht Vertragsbestandteil geworden oder unwirksam ist, bleibt der Vertrag im Übrigen wirksam (§ 312a VI). Der Verbraucher behält also seinen Anspruch auf Durchführung des Vertrags, ohne mit den in Abs. 3 – 5 genannten Nachteilen belastet zu werden.

2. Außerhalb von Geschäftsräumen geschlossene Verträge

40 Häufig werden nicht nur Hausfrauen und ältere Menschen außerhalb von Geschäftsräumen, insbesondere an der Haustür, durch einen (aufdringlichen) Werber oder Vertreter überrascht oder gar überrumpelt und zum Abschluss eines Vertrags (etwa über Bücher, Zeitschriften, Kosmetika) überredet, den sie später bedauern. Der Verbraucher soll davor geschützt werden, dass er aufgrund derartiger Praktiken Verpflichtungen eingeht, von denen er sich später nicht wieder ohne weiteres lösen kann. Diesem Schutz dienen die §§ 312 ff.

§ 312g räumt bei außerhalb von Geschäftsräumen geschlossenen Verträgen iSv § 312b, insbesondere bei sog. Haustürgeschäften, dem Verbraucher unter bestimmten Voraussetzungen das Recht zum Widerruf des Vertrags nach §§ 355, 356 ein.[60] Dieses Recht darf nicht durch eine Vereinbarung zum Nachteil des Verbrauchers eingeschränkt werden (§ 361 II). Solange dem Verbraucher ein Widerrufsrecht zusteht, ist seine Willenserklärung schwebend wirksam (vgl. § 312g I iVm § 355 I 1).

3. Fernabsatzverträge

41 Das besondere Kennzeichen von Fernabsatzverträgen iSv § 312c ist die fehlende physische Begegnung von Unternehmer (§ 14) und Verbraucher (§ 13). Typische Beispiele sind der Kauf im Versandhandel, aber auch elektronisch gestützte Käufe unter Einsatz neuer Kommunikationstechnologien. In diesen Fällen hat der Verbraucher keine

60 Dazu *Brox/Walker* SchuldR AT § 19 Rn. 7 ff.

Möglichkeit, die Ware vor Vertragsabschluss zu sehen und zu prüfen. Grundlage seiner Vertragsentscheidung sind lediglich die Informationen, die ihm vom Unternehmer zur Verfügung gestellt werden. Der Verbraucher ist deshalb schutzbedürftig.

Diesem Schutz dienen die §§ 312d ff.[61] Der Verbraucherschutz soll dadurch gewährleistet werden, dass dem Unternehmer verschiedene Informationspflichten auferlegt werden (§ 312d), die in Art. 246a EGBGB konkretisiert sind, sowie dadurch, dass dem Verbraucher ein Widerrufs- oder ein Rückgaberecht nach Maßgabe der §§ 355, 356 eingeräumt wird (§ 312g I). Abweichende Vereinbarungen zum Nachteil des Verbrauchers sind unzulässig (§ 361 II).

4. Verträge im elektronischen Geschäftsverkehr

42 Ein Kaufvertrag im elektronischen Geschäftsverkehr liegt vor, wenn sich ein Unternehmer zwecks Abschlusses eines Vertrags über die Lieferung von Waren der Telemedien bedient (§ 312i I). Die Eigenart solcher Verträge liegt wie bei außerhalb von Geschäftsräumen geschlossenen Verträgen und Fernabsatzverträgen in der besonderen Vertragsanbahnungs- und Vertragsabschlusssituation. Der Kunde (auch wenn er nicht Verbraucher iSv § 13 ist) kann bei Vertragsabschluss die Ware nicht prüfen, keine Rückfragen an den Unternehmer stellen, und er ist sich möglicherweise unsicher, ob und mit welchem Inhalt ein Vertrag zustande kommt. Im Interesse des Kundenschutzes erlegt § 312i I deshalb dem Unternehmer vier besondere Pflichten auf:[62] Er hat dem Kunden technische Mittel zur Verfügung zu stellen, mit deren Hilfe vor Abgabe der Bestellung Eingabefehler erkannt und korrigiert werden können (Nr. 1). Ferner muss er dem Kunden vor der Bestellung bestimmte Informationen, die in Art. 246c EGBGB aufgelistet sind, klar und verständlich mitteilen (Nr. 2). Zudem hat er den Zugang der Bestellung unverzüglich auf elektronischem Wege zu bestätigen (Nr. 3). Schließlich hat er dem Kunden die Möglichkeit zu verschaffen, bei Vertragsschluss die Vertragsbestimmungen abzurufen und in wiedergabefähiger Form zu speichern (Nr. 4). Abweichende Vereinbarungen sind nur unter Vertragsparteien, die nicht Verbraucher sind, zulässig (§ 312i II 2). Gegenüber Kunden, die Verbraucher sind, hat der Unternehmer weitergehende Pflichten zur Information und zur Gestaltung der Bestellsituation nach § 312j.

---

61 Dazu *Brox/Walker* SchuldR AT § 19 Rn. 7 ff.
62 Dazu *Brox/Walker* SchuldR AT § 19 Rn. 52 ff.

V. Kauf auf Probe

Fall h: K hat von V eine Maschine auf Probe gekauft und übergeben bekommen. Nachdem sie bei ihm ohne Verschulden vernichtet worden ist, teilt K dem V mit, er lehne den Kauf ab. V verlangt den Kaufpreis. → Rn. 43 **43**

Bei einem Kauf auf Probe oder auf Besichtigung steht die **Billigung** des gekauften Gegenstandes **im Belieben des Käufers** (§ 454 I 1). Der Kaufvertrag ist also unter der (aufschiebenden oder auflösenden) Bedingung (§ 158) geschlossen, dass der Käufer durch Willenserklärung gegenüber dem Verkäufer den Kaufgegenstand billigt; im Zweifel ist eine aufschiebende Bedingung gemeint (§ 454 I 2).

Damit der Käufer sich zur Billigung entschließen kann, hat der Verkäufer ihm die Untersuchung des Gegenstandes zu gestatten (§ 454 II). Der Verkäufer hat ein Interesse daran, dass der Vertrag nicht allzu lange in der Schwebe bleibt; deshalb kann er, sofern kein Termin vereinbart ist, dem Käufer eine angemessene Frist zur Erklärung setzen (§ 455 S. 1). Äußert sich der Käufer innerhalb der Frist nicht, so gilt sein Schweigen als Billigung, wenn ihm die Sache zum Zweck der Probe übergeben war (§ 455 S. 2).

Im **Fall h** besteht wegen der fehlenden Billigung des K kein wirksamer Kaufvertrag, so dass V keinen Kaufpreisanspruch hat. Würde K billigen, wäre der Kaufvertrag wirksam und damit § 446 (→ § 3 Rn. 14ff.) anwendbar.

Ob ein Kauf auf Probe vereinbart ist, muss durch Vertragsauslegung ermittelt werden. Die Parteien können auch etwas anderes gewollt haben: **44**

Beim **Prüfungskauf** handelt es sich – wie beim Kauf auf Probe – um einen bedingten Kauf. Die Billigung steht jedoch nicht im völligen Belieben des Käufers; er muss vielmehr billigen, wenn die objektive Prüfung positiv ausfällt.

Der **Kauf mit Umtauschvorbehalt** ist ein unbedingter Kaufvertrag. Der Käufer hat aber das Recht, anstelle der gekauften eine andere, etwa gleichwertige Sache zu verlangen, die der Verkäufer in seinem Geschäft führt.[63]

Der **Kauf zur Probe** ist ein Kaufvertrag, bei dem vom Käufer unverbindlich in Aussicht gestellt wird, dass er weitere derartige Sachen vom Verkäufer kaufe, wenn er mit der „Probe“ zufrieden sei.

---

63 *Looschelders* SchuldR BT Rn. 245.

VI. Wiederkauf

45 **Schrifttum:** *Benne,* Erlöschen des Wiederkaufrechts bei Mehrfachveräußerung eines Grundstücks, JA 1986, 239; *Stoppel,* Das System des Wiederverkaufsrechts unter besonderer Berücksichtigung der Mängelhaftung durch den Wiederverkäufer, JZ 2007, 218.

1. Voraussetzungen

a) Vereinbarung eines Wiederkaufrechts. Die Parteien eines Kaufvertrags können durch Vereinbarung dem Verkäufer ein Wiederkaufsrecht (= Rückkaufsrecht) einräumen (§§ 456 ff.). Eine solche Vereinbarung kann bereits im Kaufvertrag enthalten sein oder später zwischen den Parteien getroffen werden. Ist für den Kaufvertrag eine bestimmte Form vorgeschrieben (zB beim Grundstückskaufvertrag nach § 311b I), so bedarf auch die Abrede über das Wiederkaufsrecht des Verkäufers dieser Form.

Die Vereinbarung eines solchen Rechts wird vor allem von der Rechtsprechung als aufschiebend bedingter Rückkauf der verkauften Sache angesehen; Bedingung ist die Wiederkaufserklärung des Verkäufers.[64]

Die §§ 456 ff. sind nach der Rechtsprechung des BGH nicht anwendbar auf das Wiederverkaufsrecht des Käufers, durch welches der Verkäufer zum Rückkauf verpflichtet wird.[65] Ein Rückgaberecht, durch das dem Käufer das Absatzrisiko genommen werden soll, kann als Wiederverkaufsrecht auszulegen sein.[66]

46 **b) Ausübung des Wiederkaufrechts.** Der Verkäufer übt sein Recht durch einseitige empfangsbedürftige Willenserklärung gegenüber dem Käufer aus; diese bedarf nicht der für den Kaufvertrag bestimmten Form (§ 456 I).

Die Erklärung muss innerhalb der vertraglich[67] oder gesetzlich vorgesehenen Frist (§ 462) zugegangen sein. Steht das Wiederkaufsrecht mehreren gemeinschaftlich zu, kann es nur im Ganzen ausgeübt werden (vgl. § 461).

---

64 BGHZ 38, 369; anders: *Larenz* Schuldrecht BT II/1 § 44 II.
65 *BGH* NJW 1999, 941 mit krit. Anm. *Vollkommer/Heinemann* JZ 2000, 50.
66 *BGH* NJW 2002, 506.
67 Zur Wirksamkeit einer Vereinbarung, wonach das Wiederkaufsrecht erstmals nach 90 Jahren ausgeübt werden darf, siehe *BGH* NJW 2011, 515.

2. Folgen

a) Vor Ausübung des Wiederkaufrechts. Mit Abschluss der Vereinbarung und vor Ausübung des Wiederkaufsrechts trifft den Käufer eine Pflicht zur Erhaltung der Kaufsache; denn während dieser Zeit muss er damit rechnen, dass er durch Erklärung des Verkäufers zur Rückübereignung verpflichtet wird. Verletzt er seine Erhaltungspflicht, hat er Schadensersatz zu leisten (vgl. §§ 457 II 1, 458). 47

b) Nach Ausübung des Wiederkaufrechts. Nach Ausübung des Wiederkaufrechts entstehen die Verpflichtungen, die in § 433 genannt sind. Der Käufer (= Wiederverkäufer) muss die Kaufsache nebst Zubehör dem Verkäufer (= Wiederkäufer) frei von Sach- und Rechtsmängeln „herausgeben“ (= zurückübereignen und übergeben; § 457 I). Dieser hat den Kaufpreis zu zahlen, der im Zweifel dem im Kaufvertrag vereinbarten Preis entspricht (§ 456 II). Eine Minderung des Kaufpreises bei unverschuldeter Verschlechterung oder unwesentlicher Veränderung der Kaufsache durch den Wiederverkäufer ist ausgeschlossen (§ 457 II 2).[68] Für Verwendungen, die den Wert des Kaufgegenstandes erhöht haben, hat der Wiederkäufer auf Verlangen des Wiederverkäufers Ersatz zu leisten (§ 459 S. 1). Eine Einrichtung, mit der er die Kaufsache versehen hat, kann der Wiederverkäufer wegnehmen (§ 459 S. 2; § 258).[69] 48

VII. Vorkauf

Schrifttum: *Grunewald,* Umgehungen schuldrechtlicher Vorkaufsrechte, FS Gernhuber, 1993, 137; *Sarnighausen,* Formfreie Ausübung des Vorkaufsrechts nach § 505 I BGB im Hinblick auf Grundstückskaufverträge, NJW 1998, 37; *Schreiber,* Die Vorkaufsrechte des BGB, JURA 2012, 114; *Tiedtke,* Vorkaufsrecht und Fehlen der Geschäftsgrundlage des Kaufvertrages, NJW 1987, 874; *Wais,* Form und Vorkaufsrecht, NJW 2017, 1569. 49

Fall i: V vermietet sein Einfamilienhaus an M. Im notariell beurkundeten Mietvertrag wird ein Vorkaufsrecht des M vereinbart. Später erfährt M, dass V das Haus für 200.000 Euro an K verkauft hat, der inzwischen als Eigentümer im Grundbuch eingetragen worden ist. Rechte des M? → Rn. 49, 54

68 *Looschelders* SchuldR BT Rn. 249. Anders nach *BGH* NJW 1999, 941, wenn das Wiederverkaufsrecht des Käufers als Rückkaufsverpflichtung des Verkäufers ausgestaltet ist.

69 *Brox/Walker* SchuldR AT, § 10 Rn. 6 ff.

1. Begriff und rechtliche Einordnung

Das Vorkaufsrecht ist die Befugnis, einen Gegenstand von einem anderen (dem Vorkaufsverpflichteten) käuflich zu erwerben, sobald dieser den Gegenstand einem Dritten verkauft (vgl. § 463).

Die Vereinbarung eines Vorkaufsrechts wird von einer verbreiteten Ansicht als ein **doppelt bedingter Kauf** angesehen.[70] Die Bedingungen sind: Abschluss des Kaufvertrags mit dem Dritten und Ausübung des Rechts durch den Berechtigten. Nach anderer Auffassung handelt es sich bei dem Vorkaufsrecht um ein durch den Eintritt des Vorkaufsfalls **bedingtes Gestaltungsrecht**.[71] Für die Vereinbarung und Ausübung des Vorkaufsrechts hat diese dogmatische Einordnung keine wesentliche Bedeutung.

2. Voraussetzungen

49a **a) Begründung des Vorkaufsrechts.** Das Vorkaufsrecht kann auf Rechtsgeschäft oder Gesetz beruhen.

Beispiele: Parteivereinbarung, §§ 2034 ff. (Vorkaufsrecht des Miterben), §§ 24 ff. Baugesetzbuch (Vorkaufsrecht der Gemeinde).

Bei Grundstücken bedarf die vertragliche Einräumung eines Vorkaufsrechts **(Fall i)** der Form des § 311b I,[72] weil damit bereits eine bedingte Verpflichtung zur Veräußerung des Grundstücks eingegangen wird.

50 **b) Vorkaufsfall.** Bedingung für die Ausübung des Vorkaufsrechts ist der **Abschluss eines Kaufvertrags zwischen dem Vorkaufsverpflichteten und einem Dritten** über den betreffenden Gegenstand (§ 463; sog. Vorkaufsfall).

Bei anderen Verträgen, die – wie Tausch oder Schenkung – auch eine Verpflichtung zur Veräußerung enthalten, kann das Vorkaufsrecht nicht ausgeübt werden. Das gilt auch, wenn zwar ein Kaufvertrag geschlossen, dieser aber (etwa als Scheingeschäft, § 117 I) nichtig ist.[73] Hängt die Wirksamkeit des Kaufvertrags von einer behördlichen Genehmigung ab, ist die Ausübung des Rechts erst möglich, wenn die Genehmigung erteilt ist.[74] Wenn der Vorkaufsfall durch Zustandekommen eines rechtswirksamen Kaufvertrags erst einmal

---

70 *BGH* NJW 2000, 1033; Soergel/*Huber* Vor § 504 Rn. 7 f. mN.
71 Palandt/*Weidenkaff* BGB Vor § 463 Rn. 1; *Larenz* Schuldrecht BT II/1 § 44 III.
72 *BGH* NJW 2016, 2035 (2036); RGZ 72, 385; *Wais* NJW 2017, 1569 (1570 f.).
73 OGHZ 1, 327.
74 BGHZ 14, 1; 23, 342 (344); vgl. aber BGHZ 139, 29: Ausübung des Vorkaufsrechts vor Erteilung der Grundstücksverkehrsgenehmigung mit Wirkung auf den Genehmigungszeitpunkt.

eingetreten ist, entfällt er nicht, wenn dieser Kaufvertrag wieder aufgehoben wird.[75]

Gelegentlich versuchen der Vorkaufsverpflichtete und der Dritte, die Ausübung des Vorkaufsrechts zu verhindern. Das ist etwa dann anzunehmen, wenn sie gleichzeitig mit dem Grundstückskaufvertrag eine Vermietung des Objekts für mehrere Jahrzehnte unter Ausschluss des Rechts zur ordentlichen Kündigung allein zu dem Zweck vereinbaren, dem Vorkaufsberechtigten die Ausübung des Vorkaufsrechts zu verleiden. Dann kann der Kündigungsausschluss und wegen § 139 ggf. auch der gesamte Mietvertrag wegen Sittenwidrigkeit nach § 138 unwirksam sein.[76] Der Vorkaufsberechtigte, der sein Vorkaufsrecht trotzdem ausübt, ist dann an diese Vereinbarung nicht gebunden.

Selbst beim Vorliegen eines gültigen Kaufvertrags ist die Ausübung des Vorkaufsrechts ausnahmsweise ausgeschlossen, wenn der Käufer vertraglich zu einer nicht in Geld zu schätzenden Nebenleistung verpflichtet ist (vgl. § 466 S. 2; zB Pflege)[77] sowie in den Fällen der §§ 470, 471.

c) Ausübung des Vorkaufsrechts. Das Vorkaufsrecht wird durch 51
eine **empfangsbedürftige Willenserklärung** des Vorkaufsberechtigten gegenüber dem Vorkaufsverpflichteten **ausgeübt**; die Erklärung bedarf nicht der für den Kaufvertrag bestimmten Form (§ 464 I).

Damit der Berechtigte sich schlüssig werden kann, ob er von seinem Recht 52
Gebrauch machen soll, hat ihm der Vorkaufsverpflichtete den Inhalt des Kaufvertrags unverzüglich mitzuteilen (vgl. § 469 I). Verletzt der Vorkaufsverpflichtete diese Mitteilungspflicht und erfährt der Berechtigte deshalb erst nach Erfüllung des Kaufvertrags mit dem Erwerber davon, muss er dem Berechtigten Schadensersatz in Höhe der Differenz zwischen Verkehrswert und Kaufpreis leisten (§ 280 I).[78] Die Ausübung des Vorkaufsrechts ist nur wirksam, wenn dieses innerhalb der vertraglich oder gesetzlich vorgeschriebenen Frist (vgl. § 469 II) und, sofern das Recht mehreren gemeinschaftlich zusteht, im Ganzen ausgeübt wird (vgl. § 472).

Um den Verpflichteten nicht allzu lange zu binden, ist das Vorkaufsrecht nicht übertragbar und geht nicht auf den Erben über, sofern nichts anderes bestimmt ist (§ 473 S. 1; vgl. aber § 473 S. 2). Es handelt sich hier um ein relatives Veräußerungsverbot (§ 135). Eine Abtretung des Vorkaufsrechts im Einverständnis des Verpflichteten ist also wirksam.

Werden mehrere mit einem Vorkaufsrecht belastete Grundstücke zu einem Gesamtpreis verkauft, kann der Berechtigte die Ausübung des Vorkaufsrechts auf ein Grundstück beschränken. Er muss dann einen verhältnismäßigen Teil des Gesamtpreises entrichten. Wenn allerdings das von der Ausübung betroffene Grundstück nicht ohne Nachteil für den Verpflichteten von den übrigen

---

75 *BGH* NJW 2010, 3774 (3775).
76 *BGH* NJW-RR 2018, 15 Rn. 20.
77 RGZ 121, 137.
78 *BGH* NJW 2015, 1516f. mAnm *Hahn* EWiR 2015, 315 und Anm. *Riehm* JuS 2016, 67.

Grundstücken getrennt werden kann, ist entsprechend § 467 S. 2 der Vorkauf auf Verlangen des Verpflichteten auf alle Grundstücke zu erstrecken.[79]

3. Folgen

53 **a) Beziehung zwischen dem Vorkaufsberechtigten und dem Vorkaufsverpflichteten.** Mit der Ausübung des Vorkaufsrechts wird der Kaufvertrag zwischen dem Berechtigten und dem Verpflichteten wirksam, und zwar mit demselben Inhalt, den der Verpflichtete im Vertrag mit dem Dritten vereinbart hat (§ 464 II).

Der Vorkaufsberechtigte muss also die Leistungen erbringen, zu denen der Dritte sich im Vertrag mit dem Verkäufer verpflichtet hat. Das können außer der Kaufpreiszahlung auch Nebenleistungen sein. Ist der Vorkaufsberechtigte außerstande, eine solche Nebenleistung zu bewirken, so hat er deren Wert zu ersetzen (§ 466 S. 1). Hat der Dritte außer dem Gegenstand, hinsichtlich dessen ein Vorkaufsrecht besteht, noch andere Gegenstände gekauft und ist ein Gesamtkaufpreis vereinbart, so muss der Vorkaufsberechtigte einen verhältnismäßigen Teil des Gesamtpreises entrichten (§ 467; zur Berechnung → § 4 Rn. 71). Ist dem Dritten der Kaufpreis gestundet, so gilt das auch für den Vorkaufsberechtigten. Dieser kann aber dem Verkäufer weniger kreditwürdig sein; deshalb muss er eine entsprechende Sicherheit leisten (vgl. § 468), wenn er den Vorteil der Stundung für sich in Anspruch nehmen will.

54 **b) Beziehung zwischen dem Vorkaufsverpflichteten und dem Dritten.** Der Vorkaufsberechtigte tritt nicht anstelle des Dritten in den Kaufvertrag ein, den der Verkäufer mit dem Dritten geschlossen hat. Dieser Vertrag bleibt durch Ausübung des Vorkaufsrechts unberührt. Der Verkäufer ist sowohl dem Dritten als auch dem Vorkaufsberechtigten zur Erfüllung verpflichtet. Erfüllt er einen der beiden Verträge, kann er den anderen nicht mehr erfüllen, so dass er dem Partner dieses Vertrags schadensersatzpflichtig ist.

Um diese Folge zu vermeiden, empfiehlt sich eine Vereinbarung des Verkäufers mit dem Dritten, dass er nur zu erfüllen braucht, wenn der Vorkaufsberechtigte sein Recht nicht ausübt (Bedingung). Möglich ist auch die Vereinbarung eines Rücktrittsrechts des Verkäufers für den Fall, dass das Vorkaufsrecht ausgeübt wird. Eine Bedingung und ein Rücktrittsrecht haben aber keine Wirkung gegenüber dem Vorkaufsberechtigten (§ 465); andernfalls würde das Vorkaufsrecht vereitelt.

Übt M im **Fall i** sein Vorkaufsrecht aus, ist V ihm gegenüber zur Übereignung des Grundstücks verpflichtet. Diese Leistung ist jedoch dem V durch Übereignung an K unmöglich geworden, so dass M gegenüber V die Rechte aus §§ 280 ff. hat.

---

79 *BGH* NJW 2006, 1449 (1450).

c) **Beziehung zwischen dem Vorkaufsberechtigten und dem Dritten.** Der Vorkaufsberechtigte hat **gegenüber dem Dritten**, mit dem der Verkäufer den Kaufvertrag geschlossen hat, **keine Ansprüche.** Denn bei den §§ 463 ff. handelt es sich um ein **persönliches** Vorkaufsrecht, das sich nur gegen den Vorkaufsverpflichteten richtet. Bei einem Grundstück kommt jedoch auch ein dingliches Vorkaufsrecht (§§ 1094 ff.) in Betracht, das rechtsgeschäftlich durch Einigung und Eintragung im Grundbuch entsteht (§§ 873, 1094) und auch gegen den Dritten wirkt. 55

Im **Fall i** kann M nicht mit Erfolg gegen K vorgehen. Wäre ihm jedoch ein dingliches Vorkaufsrecht bestellt worden, wäre der Erwerb des K ihm gegenüber unwirksam. Er könnte von V die Auflassung und von K die Zustimmung verlangen, dass er (M) im Grundbuch als Eigentümer eingetragen wird.

VIII. Internationaler Kauf

1. UN-Kaufrecht (CISG)

Schrifttum: *Güllemann*, Internationales Vertragsrecht, 2. Aufl., 2014; *Honsell* (Hrsg.), Kommentar zum UN-Kaufrecht, 2. Aufl., 2010; *Magnus*, Probleme der Vertragsaufhebung nach dem UN-Kaufrecht (CISG) – OLG Düsseldorf, NJW-RR 1994, 506, JuS 1995, 870; *Piltz*, UN-Kaufrecht, 3. Aufl., 2001; *ders.*, Internationales Kaufrecht, 2. Aufl., 2008; *ders.*, Neue Entwicklungen im UN-Kaufrecht, NJW 2017, 2449; *Schlechtriem/Schroeter*, Internationales UN-Kaufrecht, 5. Aufl., 2013; *Schlechtriem/Schwenzer*, Kommentar zum Einheitlichen UN-Kaufrecht (CISG), 6. Aufl., 2013. 56

Der internationale Kauf wird durch das Übereinkommen der Vereinten Nationen vom 11.4.1980 über Verträge über den internationalen Warenkauf (CISG)[80] geregelt. Das am 1.1.1991 für die Bundesrepublik in Kraft getretene Abkommen ersetzt das „Einheitliche Gesetz über den Abschluss von internationalen Kaufverträgen über bewegliche Sachen" (EAG) sowie das „Einheitliche Gesetz über den internationalen Kauf beweglicher Sachen" (EKG). Sein Ziel ist es, für grenzüberschreitende Kaufverträge ein weltweit **einheitliches und einfaches Recht** zu schaffen.

Das Übereinkommen gilt für Kaufverträge über bewegliche Sachen (Waren), wenn die Parteien ihre Niederlassung in verschiedenen Vertragsstaaten haben oder wenn das Internationale Privatrecht zur Anwendung des Rechts 57

---

80 BGBl. II 1989, 586 (588).

eines Vertragsstaates führt (vgl. Art. 1 I CISG). Auf eine Grenzüberschreitung bei der Erfüllung des Kaufvertrags kommt es dagegen nicht an. Das Abkommen greift auch ohne Rücksicht darauf ein, ob die Verträge von Kaufleuten geschlossen werden oder nicht (Art. 1 III CISG). Ist das CISG anzuwenden, so sind die schuldrechtlichen und handelsrechtlichen Regeln des deutschen Kaufrechts grundsätzlich ausgeschlossen.

58 Das aus 101 Artikeln bestehende Übereinkommen ist in vier Teile gegliedert, von denen der zweite und dritte die materiell-rechtlichen Vorschriften enthalten.

Der zweite Teil regelt in seinen Art. 14–24 den **Abschluss** des internationalen Kaufvertrags, insbesondere das Vertragsangebot und die -annahme sowie den Zugang dieser Erklärungen. Die Bestimmungen ähneln denen des BGB (§§ 145 ff., 130).

Dagegen fehlen Vorschriften über die Stellvertretung, Willensmängel und Nichtigkeitsgründe. Insoweit bleibt es bei dem nach dem Internationalen Privatrecht anwendbaren nationalen Recht.

Der dritte Teil behandelt in den Art. 25–88 die **Rechte und Pflichten der Vertragsparteien** sowie die **Leistungsstörungen**, die ähnlich wie im BGB geregelt sind. Nach Art. 38 I CISG hat der Käufer schnellstmöglich auf ihre Vertragsmäßigkeit zu untersuchen. Er kann sich nach Art. 39 I nicht auf die Vertragswidrigkeit berufen, wenn er diese dem Verkäufer nicht innerhalb einer angemessenen Frist anzeigt.[81] Bei den Leistungsstörungen wird nicht zwischen Unmöglichkeit, Verzug und Schlechterfüllung unterschieden; vielmehr werden alle Fälle als Nichterfüllung der vertraglichen Verpflichtungen bzw. als Vertragsverletzungen behandelt (Art. 45 CISG). Rechtsfolgen einer Nichterfüllung können der Erfüllungsanspruch, das Recht auf Nachbesserung, Vertragsaufhebung oder Herabsetzung des Kaufpreises sowie auf Schadensersatz sein (Art. 46–2, 74–77 CISG).[82]

2. Geplant: Weitere Vereinheitlichung des Europäischen Kaufrechts

58a **Schrifttum:** *Kleinschmidt*, Einheitliche Verjährungsregeln für Europa?, AcP 213 (2013), 538; *Looschelders*, Das allgemeine Vertragsrecht des *Common European Sales Law*, AcP 212 (2012), 581; *Lorenz*, Das Kaufrecht und die damit verbundenen Dienstverträge im *Common European Sales Law*, AcP 212 (2012), 702; *Maultzsch*, Der Entwurf für eine EU-Richtlinie über den On-

81 Dazu *BGH* ZIP 2018, 130 Rn. 41 ff.
82 Zu den Voraussetzungen der Aufhebung des Vertrags wegen einer wesentlichen Vertragsverletzung: *BGH* NJW 1996, 2364.

line-Warenhandel und andere Formen des Fernabsatzes von Waren, JZ 2016, 236; *Stadler*, Anwendungsvoraussetzungen und Anwendungsbereich des *Common European Sales Law*, AcP 212 (2012), 473; *Staudenmayer*, Verträge über digitalen Inhalt, NJW 2016, 2719.

Zwecks einer Vereinheitlichung des Europäischen Kaufrechts hatte die Europäische Kommission am 11.10.2011 einen Vorschlag für eine Verordnung über ein Gemeinsames Europäisches Kaufrecht vorgelegt.[83] Dieser Vorschlag sah vor, dass bei grenzüberschreitenden Geschäften im Binnenmarkt die Vertragsparteien die Möglichkeit erhalten sollen, ein Gemeinsames Europäisches Kaufrecht zu wählen (Optionslösung). Der Vorschlag enthielt nach einleitenden Bestimmungen (Teil I) Regeln über das Zustandekommen eines bindenden Vertrags (Teil II), die Bestimmung des Vertragsinhalts (Teil III), Verpflichtungen und Abhilfen der Parteien (Teile IV, V), Schadensersatz und Zinsen (Teil VI), Rückabwicklung (Teil VII) und Verjährung (Teil VIII). Dieser Verordnungsvorschlag der Europäischen Kommission wurde damals sehr unterschiedlich beurteilt, vom Bundestag am 1.12.2011 abgelehnt und im Jahr 2015 von der Kommission wieder zurückgenommen.

Als Nachfolgeprojekt hat die Kommission am 9.12.2015 den Entwurf für eine EU-Richtlinie über den Online-Warenhandel und andere Formen des Fernabsatzes von Waren vorgelegt.[84] Dadurch soll die Entwicklung eines digitalen Binnenmarktes vorangetrieben werden. Die Richtlinie soll nur Kaufverträge im Online-Warenhandel und in anderen Formen des Fernabsatzes erfassen. Inhaltlich beschränkt sich dieser Entwurf auf Regelungen zur Feststellung der Vertragsmäßigkeit von Waren und zu den (Mängel-)Rechten des Käufers bei Vertragswidrigkeit. Die Regelungen sind halbseitig zwingend zugunsten des Verbrauchers ausgestaltet. Dieser kann sich nach Kenntniserlangung von der Vertragswidrigkeit auf eine vom Entwurf abweichende einvernehmliche Lösung mit dem Verkäufer einlassen. Ob der Kommissionsentwurf auf Akzeptanz stößt und ob er umgesetzt wird, bleibt abzuwarten. Es wurde bereits kritisiert, dass der Entwurf sich auf den Online-Handel und andere Formen des Fernabsatzes und innerhalb dieser Verträge auf das Gewährleistungsrecht des Käufers beschränkt.[85] Das stehe einer Vollharmonisierung des

83 KOM (2011) 635 endgültig.
84 COM (2015) 635 final; dazu *Maultzsch* JZ 2016, 236.
85 *Hoffmann* CEP-Analyse Nr. 19/2016; *Maultzsch* JZ 2016, 236 (249) (Zusammenfassung).

Kaufrechts entgegen, und es sei zweifelhaft, ob dadurch der Online-Handel im Binnenmarkt gefördert werden könne.

IX. Factoring

59 **Schrifttum:** *Bette,* Das Factoringgeschäft in Deutschland, 1999; *Bülow,* Recht der Kreditsicherheiten, 8. Aufl., 2013, Rn. 832 ff.; *Martinek,* Moderne Vertragstypen, Bd. I: Leasing und Factoring, 1991; *Mayer,* Factoring – zunehmende Anerkennung bei Banken und Sparkassen, DB 1998, Beil. 18, S. 28; *Munoz,* Reverse Factoring in Deutschland, JR 2013, 2; *Reinicke/Tiedtke,* Kaufrecht, 8. Aufl. 2009, Rn. 1389 ff.

1. Bedeutung

Beim Factoring, das aus den USA stammt, überträgt der Unternehmer alle seine Forderungen gegen seine Kunden auf den Factor (engl.: factor = Agent, Kommissionär). Dieser – meist eine Bank – schreibt den Gegenwert der abgetretenen Forderung unter Abzug der Provision dem Unternehmer gut, führt die Debitorenkonten des Unternehmers und zieht die Forderung bei ihrer Fälligkeit (notfalls gerichtlich) ein. Für den Unternehmer hat das den Vorteil, dass er sofort Geld zur Verfügung hat, sich einen Teil der Buchhaltung erspart und sich um die Einziehung der Forderung nicht zu kümmern braucht. Der Factor hat Anspruch auf das vereinbarte Entgelt (Factoring-Gebühr).

2. Abschluss und Arten des Vertrags

60 **a) Abschluss.** Der Unternehmer U („Anschlusskunde", „Anschlussfirma", „Klient") schließt mit dem Kreditinstitut B („Factor") einen Vertrag, wonach er sich verpflichtet, der Bank B alle in seinem Geschäftsbetrieb entstandenen und noch entstehenden Forderungen anzubieten. Der Bank wird das Recht eingeräumt, unter bestimmten Voraussetzungen (zB bei negativem Ergebnis der Prüfung der Kreditwürdigkeit des Schuldners) oder auch ohne besonderen Grund von dem Erwerb einer Einzelforderung abzusehen.

Gleichzeitig tritt U der B alle seine (gegenwärtigen und zukünftigen) Forderungen aus dem Geschäftsbetrieb ab. Diese Globalzession steht unter der Bedingung, dass die B die Einzelforderung annimmt.

61 **b) Arten.** Der Factoring-Vertrag ist ein gemischter Vertrag. In ihm sind unstreitig Elemente der Geschäftsbesorgung (zB Buchhaltung,

Forderungseinziehung) enthalten. Streitig ist, ob es sich des Weiteren um einen Forderungskauf oder um ein Darlehen handelt. Nach richtiger Ansicht wird man unterscheiden müssen:

aa) Beim **echten** Factoring trägt die Bank das Risiko, dass der Schuldner zahlt (Delkredererisiko). Der Forderungsabtretung liegt ein Kauf zugrunde.[86] Der Unternehmer (= Verkäufer) haftet der Bank als Käuferin nur für den rechtlichen Bestand, nicht für die Durchsetzbarkeit der Forderung. Das echte Factoring lässt sich dabei bei den besonderen Arten des Kaufs einordnen.

bb) Beim **unechten** Factoring trägt der Unternehmer das Risiko, 62
dass der Schuldner nicht zahlt; die Bank greift also bei Nichtzahlung auf den Unternehmer zurück. Indem die Bank dem Unternehmer zunächst den Gegenwert der abgetretenen Forderung gutschreibt, gewährt sie insoweit dem Unternehmer Kredit. Die Abtretung an die Bank dient der Sicherung dieses Kredits und erfolgt erfüllungshalber.[87]

3. Kollision zwischen Factoring und verlängertem Eigentumsvorbehalt

Die Globalzession beim Factoring kann mit der Vorausabtretung 63
beim verlängerten Eigentumsvorbehalt (→ Rn. 33) zusammentreffen, wenn der Unternehmer die Kaufpreisforderungen gegen seine Kunden im Rahmen eines verlängerten Eigentumsvorbehalts an seinen Lieferanten und im Rahmen eines Factorings an seine Bank abtritt. Zur Lösung dieser Kollision unterscheidet die Rechtsprechung danach, ob es sich um ein echtes oder unechtes Factoring handelt.

a) Beim echten Factoring. Beim echten Factoring spielt es im Er- 64
gebnis keine Rolle, ob die Factoring-Zession vor oder nach dem verlängerten Eigentumsvorbehalt erfolgt.

aa) Liegt die Factoring-Zession **vor** dem verlängerten Eigentumsvorbehalt, greift der Prioritätsgrundsatz ein. Dem steht auch nicht § 138 I (sog. Vertragsbruchtheorie;[88] → Rn. 34) entgegen. Diese Theorie wird angewandt, um die Interessen des Vorbehaltsverkäufers (= des Warenlieferanten) vor denen der Bank (= der Geldkreditgeberin) zu berücksichtigen. Das ist jedoch bei der Factoring-Zession regel-

86 So BGHZ 69, 257; 72, 20.
87 So BGHZ 58, 367.
88 Vgl. BGHZ 30, 149.

mäßig nicht erforderlich;[89] denn durch sie steht der Vorbehaltsverkäufer jedenfalls dann nicht schlechter als ohne die Zession, wenn er dem Käufer – wie häufig – eine Einziehungsermächtigung erteilt. Bei einem Factoring schreibt die Bank den Betrag auf dem Konto des Käufers gut; ohne Factoring-Zession überweist der Kunde den Betrag auf das Konto des Käufers. In beiden Fällen kann dieser also darüber verfügen.

Allerdings schreibt die Bank beim Factoring nur den Forderungsbetrag abzüglich des vereinbarten Entgelts gut. Dadurch werden jedoch die Interessen des Vorbehaltsverkäufers nicht beeinträchtigt; denn meist ist diese Gutschrift jedenfalls nicht geringer als der zwischen Vorbehaltsverkäufer und -käufer vereinbarte Kaufpreis.

65 bb) Erfolgt die Factoring-Zession **nach** dem verlängerten Eigentumsvorbehalt, ist nach dem Prioritätsgrundsatz der Vorbehaltsverkäufer Gläubiger der Forderung des Vorbehaltskäufers gegen den Kunden. Jedoch ist die dem Vorbehaltskäufer erteilte Einziehungsermächtigung regelmäßig dahin auszulegen, dass er die Forderung auch an die Bank abtreten kann; durch eine solche Abtretung werden die Sicherungsinteressen des Vorbehaltsverkäufers nicht beeinträchtigt.[90]

66 **b) Beim unechten Factoring.** Beim unechten Factoring stellt der BGH darauf ab, dass es sich dabei um ein Kreditgeschäft handele; deshalb müsse – anders als beim echten Factoring – wie bei der Globalzession an den Geldkreditgeber die Vertragsbruchtheorie (→ Rn. 34) angewandt werden.[91] Dem ist jedoch nicht zu folgen, wenn der Vorbehaltsverkäufer beim unechten Factoring nicht schlechter gestellt wird als beim echten Factoring. Regelmäßig besteht insoweit kein Unterschied; denn in beiden Fällen schreibt die Bank den Rechnungsbetrag dem Konto des Vorbehaltskäufers gut, und der Vorbehaltsverkäufer hat die gleiche Aussicht, dass das eingehende Geld vom Vorbehaltskäufer zur Zahlung des Kaufpreises verwendet wird.[92]

89 Vgl. BGHZ 69, 254.
90 BGHZ 72, 15 ff.
91 BGHZ 82, 50.
92 Einzelheiten: *Reinicke/Tiedtke* KaufR Rn. 1400 ff.

X. Teilzeit-Wohnrechteverträge, Verträge über langfristige Urlaubsprodukte, Vermittlungs- und Tauschsystemverträge

Schrifttum: *Eckert,* Time-Sharing-Verträge nach dem neuen Teilzeit-Wohnrechtegesetz, ZIP 1997, 2; *Martinek,* Das neue Teilzeit-Wohnrechtegesetz – missratener Verbraucherschutz bei Time-Sharing-Verträgen, NJW 1997, 1393. 67

1. Begriff und rechtliche Einordnung

Beim Teilzeit-Wohnrechtevertrag handelt es sich nach der Legaldefinition des § 481 I, III um einen für mehr als ein Jahr geschlossenen Vertrag zwischen einem Unternehmer (§ 14) und einem Verbraucher (§ 13) über die Nutzung eines (Teils eines) Wohngebäudes oder einer für Übernachtungszwecke gedachten beweglichen Sache für einen bestimmten oder noch zu bestimmenden Zeitraum eines Jahres zu Übernachtungszwecken gegen Zahlung eines Gesamtpreises. Erfüllt wird dieser Vertrag vom Unternehmer durch Übertragung des (dinglichen, mitgliedschafts- oder gesellschaftsrechtlichen) Teilzeit-Wohnrechts und vom Verbraucher durch Geldzahlung. Der Vertrag ist ein Rechtskauf iSv § 453 und gehört damit zu den besonderen Arten des Kaufs.

Der Teilzeit-Wohnrechtevertrag war bis zum 31.12.2001 im Teilzeit-Wohn- 68
rechtegesetz (TzWrG) geregelt. Dieses hat 1997 das Time-Sharing-Gesetz von 1994 abgelöst, mit dem die Time-Sharing-Richtlinie 94/47/EG umgesetzt wurde. Im Rahmen der Schuldrechtsmodernisierung wurde das TzWrG in das BGB integriert. Dadurch sollte dem Verbraucher wenigstens das Auffinden der gesetzlichen Regelung erleichtert und eine Abkoppelung der Regelungen über Teilzeit-Wohnrechte von den zivilrechtlichen Grundprinzipien verhindert werden. Durch Gesetz vom 17.1.2011[93] wurden zwecks Umsetzung der RiL 2008/122/EG[94] des Europäischen Parlaments und des Rates die §§ 481 ff. neu gefasst und um Regelungen für (hier nicht näher behandelte) Verträge über langfristige Urlaubsprodukte (§§ 481a, 486a) sowie Vermittlungsverträge und Tauschsystemverträge (§ 481b) erweitert.

2. Besondere Regeln zum Schutz des Verbrauchers

Die §§ 481 ff. dienen durchgehend dem Schutz des Verbrauchers in 69
seiner Eigenschaft als Erwerber des Teilzeit-Wohnrechts bzw. als

93 BGBl. I 34.
94 ABl. EU L 33 v. 3.2.2009, 10.

Partei eines der in §§ 481a, 481b genannten Verträge. Dieser Schutz wird durch folgende Einzelregelungen erreicht, von denen nicht zum Nachteil des Verbrauchers (auch nicht durch Umgehung) abgewichen werden darf (§ 487):

a) **Vorvertragliche Informationen.** Der Unternehmer, der den Abschluss von Teilzeit-Wohnrechteverträgen oder Verträgen iSv §§ 481a, 481b anbietet, hat jedem Verbraucher, der Interesse bekundet, rechtzeitig vor Abgabe von dessen Vertragserklärung bestimmte vorvertragliche Informationen (Einzelheiten: Art. 242 § 1 EGBGB) in Textform zur Verfügung zu stellen (§ 482 I). Auf diese Informationen muss auch in jeder Werbung hingewiesen werden (§ 482 II). Eine Verletzung der Informationspflicht kann nach § 356a III zu einem späteren Beginn der Widerrufsfrist nach § 355 II 1 führen und einen Schadensersatzanspruch des Verbrauchers nach § 280 I auslösen.[95]

70 b) **Amtssprache.** Der Teilzeit-Wohnrechtevertrag und die Verträge nach §§ 481a, 481b müssen in der Amtssprache des Mitgliedstaats der Europäischen Union abgefasst sein, in dem der Verbraucher seinen Wohnsitz hat oder dem er angehört (§ 483 I 1). Gibt es dort mehrere Amtssprachen, hat der Verbraucher ein Wahlrecht (§ 483 I 1). Gehört dieser einem anderen Mitgliedstaat an, kann er auch eine Amtssprache dieses Staats wählen (§ 483 I 2). Durch diese Regelung der Vertragssprache sollen Missverständnisse des Verbrauchers über seine Rechte und Pflichten vermieden werden. Erfüllt der Vertrag diese Anforderungen nicht, ist er nichtig (§ 483 III).

71 c) **Schriftform.** Der Vertrag bedarf der Schriftform, soweit nicht eine strengere Form (§ 311b I bei Wohnrecht in Form des Miteigentums) vorgesehen ist (§ 484 I 1). Ein formwidriger Vertrag ist gem. § 125 S. 1 nichtig. Der Unternehmer muss dem Verbraucher eine **Vertragsurkunde** oder eine Abschrift aushändigen (§ 484 II).

72 d) **Widerrufsrecht.** Dem Verbraucher steht gem. § 485 ein Widerrufsrecht nach § 355 zu. Darüber muss er vom Unternehmer belehrt werden (§§ 482a, Art. 242 § 2 EGBGB). Die Widerrufsfrist von zwei Wochen (§ 355 II 1) beginnt abweichend von § 355 II 2 mit dem Zeitpunkt des Vertragsschlusses oder des Abschlusses eines Vorvertrags (§ 356a II). Sie beginnt später zu laufen, wenn die vorvertraglichen Informationen oder der Vertrag nicht den formellen Anforderungen

95 *Looschelders* SchuldR BT Rn. 301.

der §§ 482 f. genügen (Einzelheiten: § 356a III, IV). Die Rechtsfolgen des Widerrufs sind zum Schutz des Verbrauchers in § 357b II teilweise abweichend von § 357 geregelt (insbesondere keine Nutzungsvergütung).

e) Anzahlungsverbot. Vor Ablauf der Widerrufsfrist darf der Unternehmer keine Anzahlungen des Verbrauchers fordern oder annehmen (§ 486). Dieses Anzahlungsverbot soll eine freie Widerrufsentscheidung des Verbrauchers sichern. Dieser muss nämlich nach geleisteter Anzahlung möglicherweise befürchten, der Unternehmer werde die Anzahlung nicht freiwillig zurückzahlen, und diese Befürchtung könnte ihn von der Ausübung des Widerrufs abhalten. 73

§ 8. Tausch

Schrifttum: *Heermann,* Ringtausch, Tauschringe und multilaterales Bartering, JZ 1999, 183. 1

Fall a: Nach dem Tausch seines Radios gegen einen CD-Player des B stellt A fest, dass der CD-Player defekt und deshalb 50 Euro weniger wert ist. A will mindern. → Rn. 2

Fall b: Da B den CD-Player schuldhaft zerstört hat und deshalb den Tauschvertrag nicht erfüllen kann, möchte A wissen, ob er sein Radio liefern muss und ob er wegen der Nichtlieferung des CD-Players dessen Wert in Geld verlangen kann. → Rn. 3

I. Begriff und gesetzliche Regelung

Der Tausch ist ein gegenseitiger Vertrag, in dem sich die Parteien zum Austausch von Sachen oder Rechten verpflichten. Im Unterschied zum Kaufvertrag wird also keine Kaufpreiszahlung vereinbart.

Auf den Tausch ist das Kaufrecht entsprechend anzuwenden (§ 480). Dabei ist jeder Vertragspartner hinsichtlich seiner Leistung als Verkäufer, hinsichtlich der ihm gebührenden Leistung als Käufer anzusehen.[1]

Jeder Tauschpartner muss also einerseits den von ihm geschuldeten Gegenstand dem anderen übertragen (§§ 480, 433 I). Andererseits muss er die Leistung seines Partners abnehmen (§§ 480, 433 II).

1 Mot. II, 367.

Jeder Partner haftet für Rechts- und Sachmängel seiner Leistung nach §§ 433 I 2, 434, 435.[2]

II. Besonderheiten

1. Minderung

2 Da an die Stelle der Kaufpreiszahlung die Leistung von Gegenständen tritt, ergibt sich für die Minderung (§ 441; → § 4 Rn. 70 ff.) die Besonderheit, dass ein (einheitlicher) Tauschgegenstand nicht wie ein Kaufpreis herabgesetzt werden kann. Die durch den Mangel bedingte Wertdifferenz zwischen Leistung und Gegenleistung muss unter Heranziehung des § 441 III, IV berechnet und durch Geldzahlung ausgeglichen werden[3] **(Fall a)**.

2. Schadensersatz statt der Leistung

3 Braucht einer der Tauschpartner seine Leistung nach § 275 nicht zu erbringen, so verliert er auch den Anspruch auf die Gegenleistung (§ 326 I). Hat er den Umstand, der ihn von der Leistungspflicht befreit, zu vertreten, so ist er dem Vertragspartner nach §§ 280, 283 zum Schadensersatz statt der Leistung verpflichtet. Hinsichtlich des Umfangs des Schadensersatzanspruches stellt sich die Frage, ob der Vertragspartner nur den Mehrwert der Leistung des anderen im Verhältnis zu seiner eigenen Leistung erhält (Differenztheorie) oder ob er trotz § 326 I 1 seine eigene Leistung erbringen und vollen Schadensersatz statt der Leistung verlangen kann (Surrogations- oder Austauschtheorie). Richtigerweise ist dem Vertragspartner ein Wahlrecht zwischen beiden Möglichkeiten einzuräumen **(Fall b)**. Es ist nicht einzusehen, warum er auf seiner Gegenleistung auch dann sitzen bleiben soll, wenn er sie weiterhin erbringen will. Dagegen lässt sich auch § 326 I nicht anführen; denn die Vorschrift bestimmt nur, dass der Vertragspartner zur Gegenleistung nicht mehr verpflichtet ist. Seine Leistungsberechtigung wird dadurch nicht ausgeschlossen.

Dies entspricht auch der vor Inkrafttreten der Schuldrechtsmodernisierung wohl überwiegenden Auffassung. Zwar entfiel bei einer zu vertretenden Unmöglichkeit nach § 325 aF der Anspruch auf die Gegenleistung nicht. Es ist jedoch nicht ersichtlich, dass der Gesetzgeber durch die Abkopplung des Un-

---

2 Zu einem solchen Fall beim Tausch eines Reitpferdes vgl. *BGH* NJW 2006, 988.
3 RGZ 72, 299.

tergangs der Gegenleistungspflicht vom Vertretenmüssen dem Gläubiger das Wahlrecht nehmen wollte.[4]

§ 9. Schenkung

Schrifttum: *Ernst*, Entgeltlichkeit – eine Untersuchung am Beispiel des Tauschs, der gemischten Schenkung und anderer Verträge, FS Picker 2010, 139; *Grundmann*, Zur Dogmatik der unentgeltlichen Rechtsgeschäfte, AcP 198 (1998), 457; *Haarmann*, Die Geltendmachung von Rückforderungsansprüchen aus § 528 BGB durch den Träger der Sozialhilfe nach dem Tode des Schenkers, FamRZ 1996, 522; *Huber*, Keine Haftung des Schenkers für Rechtsmängel, ZIP 2000, 1372; *Hüttemann*, Haftung des Schenkers für anfängliches Leistungshindernis, FS Picker, 2010, 377; *Kollhosser*, Ehebezogene Zuwendungen und Schenkungen unter Ehegatten, NJW 1994, 2313; *ders.*, Verfügbarkeit und Vererblichkeit des Rückforderungsanspruchs aus § 528 Abs. 1 Satz 1 BGB, ZEV 1995, 391; *Kopp*, Der Rückforderungsanspruch gegen den „Zweitbeschenkten" bei Verarmung des Schenkers (§§ 528 I, 822 BGB), JR 2012, 491; *Lorenz*, Grundwissen – Zivilrecht: Unentgeltliche Rechtsgeschäfte, JuS 2017, 6; *Poelzig*, Die Dogmatik der unbenannten unentgeltlichen Zuwendung im Zivilrecht, JZ 2012, 425; *Schlinker*, Sachmängelhaftung bei gemischter Schenkung, AcP 206 (2006), 28; *Schreiber*, Grundlagen des Schenkungsrechts, JURA 2013, 361; *Walker*, Rückabwicklung gemeinschaftsbezogener Zuwendungen nach dem Scheitern der Gemeinschaft, FS Rüßmann, 2013, 355; *ders.*, Haftungsprivilegierungen, JuS 2015, 865; *Wedemann*, Rückforderung wegen Verarmung des Schenkers versus Elternunterhalt, NJW 2011, 571. 1

Fall a: A schenkt dem B ein Gemälde als wertvolles Original. B lässt es restaurieren, wobei sich herausstellt, dass es sich um eine wertlose Fälschung handelt. B verlangt von A Ersatz der nutzlos aufgewandten Kosten und behauptet, A habe als Sachverständiger die Fälschung erkannt, jedenfalls aber grobfahrlässig nicht erkannt. → Rn. 18

Fall b: O schenkt seinem Neffen N 5000 Euro mit der Auflage, zu seinem 75. Geburtstag anzureisen und den ihm bekannten Lokalredakteur zu bitten, den Geburtstag in der Zeitung zu würdigen. N vergisst den Geburtstag. → Rn. 24, 25

Fall c: V will seinem Freund K sein Radio verkaufen, das – wie beide wissen – 300 Euro wert ist. Da K Geburtstag hat, überlässt V ihm das Gerät für 250 Euro mit der Bemerkung, der Rest sei sein Geburtstagsgeschenk. Bei der Feier kommt es zu einer Diskussion, bei der K den V zusammenschlägt. V verlangt das Radio zurück. → Rn. 30

---

4 NK-BGB/*Dauner-Lieb* § 283 Rn. 15.

I. Voraussetzungen

Die Schenkung ist eine unentgeltliche Zuwendung. Das Gesetz unterscheidet zwischen zwei Arten der Schenkung, nämlich der sog. Handschenkung (§ 516 I) und der sog. Vertragsschenkung (§ 518 I).

1. Handschenkung

2 § 516 regelt die sog. Handschenkung. Bei ihr geht es nicht um die Begründung einer Verpflichtung. Die Vorschrift setzt vielmehr eine Einigung zwischen dem Zuwendenden und dem Zuwendungsempfänger über die Unentgeltlichkeit einer bereits vollzogenen oder gleichzeitig erfolgenden Zuwendung voraus. Das ist die Vereinbarung eines Rechtsgrundes iSv § 812 mit dem Ergebnis, dass der Zuwendungsempfänger nach dem Willen der Parteien die Zuwendung behalten darf. Typische Beispiele für Handschenkungen sind Geburtstags-, Weihnachts- und sonstige Gelegenheitsgeschenke.

Der Zuwendungsempfänger braucht sich nicht gegen seinen Willen etwas schenken zu lassen. Er kann die Zuwendung vielmehr ablehnen (vgl. § 516 II 1, 2). Dann muss er das Zugewendete nach den §§ 812 ff. wieder herausgeben (§ 516 II 3).

Der Vollzug richtet sich nach sachenrechtlichen Grundsätzen, bei beweglichen Sachen also nach §§ 929 ff.[1] Die Handschenkung, die sofort vollzogen wird, ist **formlos gültig**. Aufgrund des sofortigen Vollzuges ist eine Warnung des Schenkers vor einer unbedacht eingegangenen Verpflichtung nicht erforderlich.

2. Vertragsschenkung

3 Davon zu unterscheiden ist die Vertrags- oder Versprechensschenkung. Sie ist in § 518 I geregelt.

a) **Schenkungsvertrag.** Dort ist von einem Vertrag die Rede, durch den eine Leistung schenkweise versprochen wird. Der Schenker verpflichtet sich, dem Beschenkten eine unentgeltliche Zuwendung zu machen. Hierbei handelt es sich nicht um einen gegenseitig, sondern um einen einseitig verpflichtenden Schuldvertrag. Er ist von dem Verfügungsgeschäft (zB Übereignung der geschenkten Sache, Abtretung der geschenkten Forderung) zu unterscheiden.

---

1 *BGH* NJW 2007, 2844.

b) Form des Schenkungsvertrags. Beim Schenkungsvertrag bedarf die Willenserklärung des Schenkers der **notariellen Beurkundung (§ 518 I).** Durch dieses Formerfordernis soll der Schenker vor leichtfertig erteilten Schenkungsversprechen geschützt werden. Dieses Schutzes bedarf er dann nicht, wenn er später sein Schenkungsversprechen erfüllt; daher wird der **Mangel der Form** durch die Bewirkung der versprochenen Leistung **geheilt** (§ 518 II; vollzogene Schenkung). 4

Die Schenkung ist vollzogen, wenn die Zuwendung erfolgt ist, der Schenkungsgegenstand also in das Vermögen des Beschenkten übergegangen ist (zB Übereignung der Sache, Abtretung der Forderung). Ein aufschiebend oder auflösend bedingter Vollzug reicht aus, weil auch hier der Schenker nicht mehr besonders gewarnt zu werden braucht. Dagegen stellt die Erteilung eines Schuldversprechens oder eines Schuldanerkenntnisses (§§ 780, 781; → § 33 Rn. 13 ff.) keinen Leistungsvollzug dar (vgl. § 518 I 2).

c) Form bei Schenkung von Todes wegen. Eine Schenkung von Todes wegen unterliegt den erbrechtlichen Formvorschriften (§ 2301 I). Wird die Schenkung von Todes wegen bereits zu Lebzeiten des Erblassers vollzogen, so sind die allgemeinen Schenkungsregeln anwendbar (§ 2301 II).[2] 5

3. Gegenstand der Schenkung

Die Bedeutung der Schenkung liegt unabhängig davon, ob es sich um eine Handschenkung oder eine Vertragsschenkung handelt, darin, dass es um eine Zuwendung geht und die Parteien sich über die Unentgeltlichkeit dieser Zuwendung einig sein müssen. 6

a) Zuwendung. Durch die Zuwendung muss das Vermögen des einen Vertragspartners (= Schenkers) verringert und der andere Vertragspartner (= Beschenkter) bereichert werden (§ 516 I).

aa) Die **Vermögensminderung** des Schenkers kann – wie bei Kauf und Tausch – in der Übereignung einer Sache oder in der Übertragung eines Rechts liegen. Der Schenker gibt aber auch dann etwas aus seinem Vermögen her, wenn er dem Vertragspartner etwa eine Schuld erlässt, ihn von einer Verbindlichkeit gegenüber einem Dritten befreit oder ihm ein dingliches Recht an einer Sache bestellt. 7

Eine Vermögensminderung auf Seiten des Schenkers setzt nicht voraus, dass der Schenkungsgegenstand selbst vorher zum Vermögen des Schenkers gehörte; es reicht vielmehr aus, dass der Schenker den

2 Vgl. *Brox/Walker* ErbR Rn. 743 ff.

Gegenstand mit seinen Mitteln von einem anderen beschafft (mittelbare Zuwendung).

Beispiel: Der Sohn schenkt seiner Mutter eine Waschmaschine, die der Verkäufer unmittelbar an die Mutter ausliefert (zum Vertrag zu Gunsten Dritter).

Dagegen fehlt es nach der gesetzlichen Wertung an einer Vermögensminderung, wenn dem Vertragspartner nur solche Leistungen gewährt werden, die entweder einen bloßen Gebrauch des Vermögens (zB Leihe, § 598; → § 16 Rn. 1 f.) oder der Arbeitskraft (zB Auftrag, § 662; → § 29 Rn. 1 ff.) des Leistenden ermöglichen.

Ein Vertrag, der die Verpflichtung zur unentgeltlichen Gebrauchsüberlassung einer Wohnung auf Lebenszeit zum Inhalt hat, ist ein Leihvertrag.[3]

Ebenso ist eine Entreicherung beim **Unterlassen eines Vermögenserwerbs** zum Vorteil eines anderen zu verneinen (§ 517).

8 bb) Der Vermögensminderung auf Seiten des Schenkers muss eine **Bereicherung** auf Seiten des Beschenkten entsprechen. Ob eine Vermögensmehrung besteht, ist durch einen Vergleich der tatsächlichen Vermögenslage vor und nach der Leistung zu ermitteln.

9 **b) Unentgeltlichkeit.** Die Parteien müssen sich über die Unentgeltlichkeit der Zuwendung einigen (§§ 516 I, 518 I). Während eine objektive Beurteilung darüber entscheidet, ob eine Zuwendung gegeben ist – hier also eine Bereicherungsabsicht nicht vorzuliegen braucht –, bestimmt sich die Unentgeltlichkeit der Zuwendung nach der Parteivereinbarung (§ 516 I: „einig sind, dass die Zuwendung unentgeltlich erfolgt“).

Eine Einigung über die Unentgeltlichkeit liegt dann vor, wenn der Zuwendung kein Gegenwert gegenübersteht. Die schenkweise Übereignung eines Grundstücks ist auch dann unentgeltlich, wenn die schuldrechtliche Vereinbarung den Hinweis darauf enthält, dass der Erwerber kraft Gesetzes in bestehende Mietverhältnisse mit den sich daraus ergebenden Verpflichtungen eintreten wird.[4] Denn die Übernahme dieser Pflichten resultiert nicht aus dem schuldrechtlichen Vertrag.

Dagegen ist Entgeltlichkeit und keine Schenkung gegeben, wenn Leistung und Gegenleistung in wechselseitiger Abhängigkeit versprochen werden (synallagmatische Verknüpfung).[5]

---

3 *BGH* NJW 1982, 820.
4 *OLG Hamm* NJW-RR 2014, 1350 (1351).
5 Vgl. *Brox/Walker* SchuldR AT § 3 Rn. 2.

Dabei ist nicht entscheidend, ob die Gegenleistung wirtschaftlich gleichwertig ist; auch der „Preis unter Freunden" ist Entgelt.[6] Die Gegenleistung braucht nicht in Geld zu bestehen; auch die Vornahme einer Handlung oder ein Unterlassen kann ein Entgelt darstellen. Beispiel: A verspricht seinem Nachbarn N 1.000 Euro. N verpflichtet sich seinerseits, ab 22 Uhr die Musikbox in seiner Gaststätte abzustellen.

Entgeltlichkeit kann aber auch dann vorliegen, wenn es an einer synallagmatischen Verknüpfung fehlt. So ist eine Verpflichtung zur Leistung entgeltlich, wenn sie an die Bedingung einer Gegenleistung geknüpft ist (konditionale Verknüpfung). 10

Beispiele: A verspricht dem N die 1.000 Euro unter der Bedingung, dass dieser die Musikbox abstellt. Hier ist die Leistung des A entgeltlich, obwohl N keine Verpflichtung übernimmt. Gleiches gilt nach Ansicht des BGH, wenn eine Zuwendung für den Fall zugesagt wird, dass ein bestimmtes Ereignis (Gewinn einer Meisterschaft durch eine vom Zuwendungsempfänger trainierte Mannschaft) eintritt. Hier soll die Zuwendung Gegenleistung für das erfolgreiche Bemühen um die Herbeiführung des Ereignisses sein.[7]

Unentgeltlichkeit scheidet ferner aus, wenn die Leistung zu dem erkennbaren Zweck erfolgt, den Leistungsempfänger zu einem bestimmten Verhalten zu veranlassen (kausale Verknüpfung). Dieses Verhalten wird als Gegenleistung für die eigene Leistung erwartet (anders als bei der Zweckschenkung; vgl. → Rn. 23). 11

Beispiel: A zahlt den Geldbetrag in der dem N bekannten Erwartung, dass dieser daraufhin ab 22 Uhr die Musikbox abstellt.

Schließlich fehlt es bei den sog. **ehebezogenen (unbenannten) Zuwendungen unter Ehegatten** an einer Einigung über die Unentgeltlichkeit.[8] Solche Zuwendungen sollen nicht zu einer einseitigen Begünstigung und einer frei verfügbaren Bereicherung des Empfängers und gleichzeitig zu einer endgültigen Vermögensminderung des zuwendenden Ehegatten führen, sondern der Verwirklichung, Ausgestaltung und Sicherung der ehelichen Lebensgemeinschaft dienen. Die Rechtsgrundlage dafür sieht der BGH nicht in einer Schenkung, sondern in einem familienrechtlichen Rechtsverhältnis eigener Art. Dieses kann wegen Zweckverfehlung gem. § 812 I 2, 2. Fall oder wegen Wegfalls der Geschäftsgrundlage (§ 313) rückabzuwickeln sein, 12

6 *BGH* NJW 1961, 604.
7 *BGH* NJW 2009, 2737 mit krit. Anm. *Kleinschmidt* JZ 2009, 1121.
8 BGHZ 84, 361 (364f.); 116, 167 (169); 129, 259 (263); *Walker* FS Rüßmann, 355 (356).

wenn die Ehe scheitert,[9] sofern nicht die §§ 1372 ff. über den Zugewinnausgleich als Spezialregelungen vorgehen.[10] Entsprechendes gilt bei Zuwendungen von erheblichem wirtschaftlichen Wert im Rahmen einer nichtehelichen Lebensgemeinschaft, wenn diese scheitert und beendet wird.[11] Dagegen handelt es sich bei **Zuwendungen von Schwiegereltern an Schwiegerkinder**, auch wenn sie im Hinblick auf die Ehe des eigenen Kindes erfolgen und diesem damit zugutekommen sollen, tatbestandlich um Schenkungen; denn bei den Schwiegereltern tritt eine endgültige Vermögensminderung ein.[12] Beim Scheitern der Ehe kommt eine Rückabwicklung nach den Grundsätzen über den Wegfall der Geschäftsgrundlage[13] oder nach § 812 I 2, 2. Fall in Betracht (→ § 40 Rn. 31 ff.).

13 Die Feststellung der Unentgeltlichkeit bereitet vor allem dann Schwierigkeiten, wenn das Rechtsgeschäft nach den äußeren Umständen sowohl eine Schenkung als auch ein entgeltlicher Vertrag sein kann.

14 Hat jemand dem Zuwendenden in der Vergangenheit Leistungen erbracht, insbesondere Dienste geleistet, und erfolgt daraufhin die Zuwendung, so handelt es sich nur dann um eine Schenkung, wenn beide Parteien davon ausgehen, dass die Zuwendung aus Dankbarkeit erbracht wird (zB als Dank für die Lebensrettung); daran ändert sich auch dann nichts, wenn durch die Zuwendung einer sittlichen Pflicht oder einer auf den Anstand zu nehmenden Rücksicht entsprochen wird (vgl. § 534). Ist aber die Zuwendung nach der Vorstellung der Parteien als Erfüllung einer Verbindlichkeit gedacht, so ist sie als Entgelt für die erbrachten Leistungen aufzufassen. Das ist regelmäßig etwa bei freiwilligen Ruhegeldzusagen des Arbeitgebers an den Arbeitnehmer und bei Trinkgeldern des Gastes an den Kellner der Fall.

II. Rechtsfolgen

15 Wie bei anderen Verträgen besteht auch beim Schenkungsvertrag die Pflicht zur Vertragserfüllung. Der Schenker haftet für Leistungsstörungen und daneben in engen Grenzen auch für Rechts- und Sachmängel. Wegen der Unentgeltlichkeit seiner Zuwendung wird

---

9 BGHZ 115, 261 (264 f.); 129, 259 (264); gegen die Anwendung des § 313 *Walker* FS Rüßmann, 355 (358).
10 Dazu *Walker* FS Rüßmann, 355 (357 f., 360).
11 *BGH* NJW 2008, 3277; 2013, 2187 mAnm *Wellenhofer* JuS 2014, 76; NJW 2014, 2638.
12 *BGH* NJW 2010, 2884.
13 *Brox/Walker* SchuldR AT § 27 Rn. 5–8, 10.

der Schenker jedoch in mancher Beziehung besser gestellt als andere Schuldner.

1. Erfüllungsanspruch

Gegenüber dem Anspruch des Vertragspartners auf Erfüllung des Schenkungsvertrags hat der Schenker ein aufschiebendes **Leistungsverweigerungsrecht**, soweit durch die Erfüllung sein eigener Unterhalt oder der seiner kraft Gesetzes unterhaltsberechtigten Angehörigen gefährdet wird (§ 519; **Einrede des Notbedarfs**).

2. Haftung für Leistungsstörungen

Der Schenker haftet nur für **Vorsatz und grobe Fahrlässigkeit**[14] 16
(§ 521). Dieser gegenüber § 276 gemilderte Haftungsmaßstab ist für alle Leistungsstörungen, die Verschulden voraussetzen, bedeutsam. Beim Verzug braucht der Schenker keine Verzugszinsen zu zahlen (§ 522). Die Haftungsprivilegierung bezieht sich nicht nur auf die Verletzung der Leistungspflicht, sondern auch auf diejenige von solchen Schutzpflichten, die mit dem Schenkungsgegenstand zusammenhängen.[15]

Die Haftungsmilderung spielt dagegen keine Rolle bei einer verschuldensunabhängigen Haftung. Deshalb hat der Schenker für sein anfängliches Unvermögen nach § 311a II einzustehen.[16]

3. Haftung für Rechts- und Sachmängel

a) Haftungsausschluss. Der Schenker haftet regelmäßig nicht für 17
Rechts- und Sachmängel (arg. e §§ 523 f.): „Einem geschenkten Gaul schaut man nicht ins Maul."

b) Ausnahmen. Von dieser Regel macht das Gesetz einige Ausnah- 18
men:

aa) Bei einem **arglistigen Verschweigen** eines Rechts- oder Sachmangels haftet der Schenker (§§ 523 I, 524 I), und zwar nur auf das **Vertrauensinteresse** (arg. e §§ 523 II, 524 II).

Im **Fall a** muss A nur dann die Restaurationskosten ersetzen, wenn er die Fälschung arglistig verschwiegen hat. Grobfahrlässige Unkenntnis reicht nicht

---

14 *Vgl. Brox/Walker* SchuldR AT § 20 Rn. 7 ff., 18.
15 *BGH* NJW 1992, 2474 (2475); 1985, 794 (795); *Walker* JuS 2015, 865 (866).
16 Zur Rechtslage vor dem 1.1.2002 *BGH* NJW 2000, 2101 f.

aus. Selbst Kenntnis schadet nicht, wenn A etwa davon ausging, dass auch B den Mangel erkannte; denn dann liegt keine Arglist vor.

19 bb) Sollte der Schenker vereinbarungsgemäß den Gegenstand **erst selbst erwerben** und dann dem Beschenkten zuwenden, so schadet bei einem Mangel bereits Kenntnis und grobe Fahrlässigkeit (Einzelheiten für Rechtsmängel: § 523 II; für Sachmängel: § 524 II).

III. Rückgabepflicht des Beschenkten

20 Das Schenkungsrecht kennt zwei besondere Gründe, die den Schenker zur Rückforderung des Geschenks berechtigen. Diese Abweichungen vom sonstigen Vertragsrecht beruhen darauf, dass die Schenkung uneigennützig erfolgt.

1. Bedürftigkeit des Schenkers

Der Schenker kann das Geschenk nach Bereicherungsrecht (§§ 818ff.) ganz oder teilweise zurückfordern, soweit er infolge Verarmung außerstande ist, seinen eigenen angemessenen Unterhalt[17] zu bestreiten oder seinen gesetzlichen Unterhaltspflichten nachzukommen (Einzelheiten: § 528). Unerheblich ist, ob der Notbedarf vor oder nach Vollziehung der Schenkung entstanden ist.[18]

Bedarf der Schenker nur eines Teils des unteilbaren Geschenks, richtet sich der Anspruch von vornherein auf Zahlung eines Betrags in Höhe des der Bedürftigkeit entsprechenden Wertteils des Geschenks.[19] Bei regelmäßig wiederkehrendem Unterhaltsbedarf des Schenkers geht der Anspruch auf wiederkehrende Leistungen des Beschenkten in einer dem Unterhaltsbedarf entsprechenden Höhe, bis der Wert des Schenkungsgegenstandes erschöpft ist.[20] – Hat der Beschenkte das Geschenk weiterverschenkt, kann der Schenker es vom letzten Empfänger zurückverlangen (§ 822 analog).[21] – Tritt die Bedürftigkeit des Schenkers erst nach dem Tod des Beschenkten ein, richtet sich der Anspruch gegen die Erben.[22] – Mit dem Tod des Schenkers erlischt der Anspruch wegen Notbedarfs dann nicht, wenn der Träger der Sozialhilfe den Anspruch nach § 94 SGB XII, § 33 SGB II auf sich übergeleitet hat[23] oder wenn die öffentliche Hand oder ein Dritter, um die Not des Schenkers abzu-

---

17 Dazu *BGH* NJW 2003, 1384 (1386f.).
18 *BGH* NJW 2007, 60.
19 *BGH* NJW-RR 2003, 53ff.; BGHZ 94, 141 (143f.).
20 *BGH* NJW 1996, 987; 2003, 2449 (2450).
21 *BGH* NJW 1989, 1478.
22 *BGH* NJW 1991, 2558.
23 BGHZ 96, 380; *BGH* NJW 2003, 2449 (2450).

wenden, mit der Hilfe anstelle des säumigen Beschenkten in Vorlage getreten ist.[24] Die Überleitungsanzeige kann auch noch nach dem Tod des Schenkers erfolgen.[25]

Zwischen mehreren gleichzeitig Beschenkten besteht hinsichtlich des Rückgewähranspruchs eine gesamtschuldnerartige Beziehung, die bei der Inanspruchnahme eines Beschenkten einen internen Ausgleichsanspruch entsprechend § 426 I auslöst.[26]

Das Rückforderungsrecht ist in einer Reihe von Fällen ausgeschlossen (vgl. §§ 528 I 2, 529, 534).

2. Widerruf der Schenkung durch den Schenker

Ein Rückforderungsrecht nach den Regeln über die Herausgabe ei- 21
ner ungerechtfertigten Bereicherung hat der Schenker auch dann, wenn ein Widerrufsgrund (grober Undank des Beschenkten) vorliegt und der Schenker den Widerruf gegenüber dem Beschenkten erklärt hat (§§ 530 f.). Dieses Widerrufsrecht wegen groben Undanks knüpft an die Verletzung der Verpflichtung zu einer von Dankbarkeit geprägten Rücksichtnahme auf die Belange des Schenkers an, die dieser von dem Beschenkten erwarten kann.[27]

Entscheidend ist eine Gesamtwürdigung des Sachverhalts unter Berücksichtigung auch des Verhaltens des Schenkers.[28] Maßgebend ist objektiv eine gewisse Schwere der Verfehlung und subjektiv eine tadelnswerte Gesinnung.[29] Wer sich von seinem Ehegatten trennt, nachdem er vorher von seinen Schwiegereltern eine unentgeltliche Zuwendung zum Bau eines Familienheims erhalten hatte, begeht allein durch die Trennung keinen groben Undank gegenüber den Schwiegereltern.[30] Das Verhalten eines Dritten rechtfertigt einen Widerruf nur dann, wenn der Beschenkte zu einem gegenläufigen Handeln sittlich verpflichtet war.[31]

Das Widerrufsrecht ist in einigen Fällen ausgeschlossen (vgl. §§ 532 ff.).

---

24 BGHZ 123, 264.
25 *BGH* NJW 1995, 2288; Einzelheiten: *Kollhosser* ZEV 1995, 391.
26 *BGH* NJW 1998, 537.
27 *BGH* NJW-RR 2013, 618.
28 BGHZ 46, 392.
29 *BGH* NJW 2014, 3021 (3022); 2000, 3201; NJW-RR 2013, 618.
30 *Walker* FS Rüßmann, 355 (364).
31 Vgl. BGHZ 91, 273.

IV. Sonderformen der Schenkung

1. Schenkung unter Auflage

22 **a) Begriff und Abgrenzung.** Eine Schenkung unter Auflage liegt vor, wenn nach Erbringung der Leistung durch den Schenker der Beschenkte seinerseits verpflichtet sein soll, die vom Schenker geforderte Auflage zu vollziehen (§ 525 I).

Die Verpflichtung des Schenkers und die in der Auflage enthaltene Verpflichtung des Beschenkten stehen nicht in einem Gegenseitigkeitsverhältnis. Der Beschenkte braucht seine Verpflichtung aus der Auflage erst dann zu erfüllen, wenn der Schenker geleistet hat. Dieser muss in jedem Fall leisten; seine Verpflichtung steht nicht unter der Bedingung der Leistung des Beschenkten und ist deshalb unentgeltlich. Darin besteht der Unterschied zur oben (→ Rn. 10) behandelten bedingungsmäßigen Verknüpfung zweier Leistungen, bei der Entgeltlichkeit gegeben ist.

23 Von der Schenkung unter Auflage ist die **Zweckschenkung** zu unterscheiden. Bei dieser wird vom Schenker mit der Zuwendung ein für den Beschenkten erkennbarer, bestimmter Zweck verfolgt (zB Veranlassung des Beschenkten zu einem bestimmten Verhalten). Im Gegensatz zur Schenkung unter Auflage soll nach der getroffenen Parteivereinbarung jedoch keine einklagbare Verpflichtung des Beschenkten begründet werden.[32] Soweit der nach dem Inhalt des Schenkungsvertrags verfolgte Zweck nicht eintritt, steht dem Schenker ein Bereicherungsanspruch nach § 812 I 2, 2. Fall zu.

24 Gegenstand der Auflage kann jede Verpflichtung des Beschenkten zur Erbringung einer Leistung sein. Diese Leistung kann, muss aber nicht aus dem Wert des Zugewendeten erfolgen und diesen verringern.

So mindert im **Fall b** wohl die Verpflichtung, das Geld zum Teil für Reisekosten auszugeben, die freie Verfügungsgewalt des N und damit den Wert des Geschenkes. Durch die Verpflichtung, den Redakteur zu benachrichtigen, wird der Wert der Schenkung jedoch nicht berührt.

25 **b) Rechtliche Besonderheiten.** Bei der Schenkung unter Auflage ergeben sich folgende Besonderheiten:

aa) Da die Verpflichtung des Schenkers nicht von der Leistungsverpflichtung des Auflageverpflichteten abhängig ist, kann der Schenker bei Nichtvollziehung der Auflage nicht nach allgemeinen Regeln vom Vertrag zurücktreten, sondern lediglich bei Vorliegen der Rücktritts-

---

32 Vgl. *BGH* NJW 1984, 233.

voraussetzungen für gegenseitige Verträge vom Beschenkten verlangen, dass dieser den Teil des Geschenks herausgibt, der zur Vollziehung der Auflage notwendig war. Art und Umfang dieses Anspruchs richten sich nach Bereicherungsrecht (§ 527 I).

Im **Fall b** ist N die Vollziehung beider Auflagen unmöglich geworden. Die Voraussetzungen des § 527 I iVm § 326 V liegen also vor. O kann aber lediglich Zahlung des Betrags verlangen, der für die von N geforderte Reise notwendig gewesen wäre. Dass N den Redakteur nicht benachrichtigt hat, gibt dem O kein weitergehendes Rückforderungsrecht, weil hierfür das Geschenk nicht hätte verwendet werden müssen.

bb) Reicht infolge eines Sach- oder Rechtsmangels des Schenkungsgegenstandes dessen Wert nicht zur Erfüllung der Auflage aus, steht dem Auflageverpflichteten ein Leistungsverweigerungsrecht zu (§ 526 S. 1). **26**

Hat der Beschenkte in diesem Fall die Auflage bereits erfüllt und stellt sich danach der wertmindernde Mangel des Schenkungsgegenstandes heraus, kann der Beschenkte Ersatz der über den Wert des Geschenkes hinausgehenden Aufwendungen verlangen (§ 526 S. 2).

2. Gemischte Schenkung

27 Eine gemischte Schenkung ist gegeben, wenn in einem Austauschvertrag (zB Kauf) vereinbart wird, dass der Differenzbetrag zwischen dem Wert einer unteilbaren Leistung (zB einer einheitlichen Kaufsache) und der Höhe der Gegenleistung (zB Kaufpreis) als unentgeltliche Zuwendung gelten soll. Eine gemischte Schenkung ist nicht schon dann zu bejahen, wenn ein unausgewogenes Verhältnis von Leistung und Gegenleistung besteht, wie etwa beim Kauf unter Freunden. Erforderlich ist vielmehr, dass sich die Parteien über die teilweise Unentgeltlichkeit der Leistung einig sind.[33]

28 Die Meinungen darüber sind geteilt, welchen Vorschriften ein solches aus verschiedenen Vertragstypen zusammengesetztes einheitliches Rechtsgeschäft unterliegt. Der Streit wird vor allem bei den Fragen der Formbedürftigkeit, der Gewährleistungsansprüche und der Rückforderungsrechte bedeutsam. Eine generelle Antwort für alle genannten Fragenbereiche dürfte sich nicht finden lassen. Abzustellen ist vielmehr darauf, ob die jeweils in Frage stehende Rechtsnorm

33 Vgl. *BGH* NJW 2012, 605.

nach ihrem Sinn und Zweck den Besonderheiten des jeweiligen Vertrags gerecht wird.[34]

29 So bedarf die in einem gemischten Vertrag enthaltene Schenkungszusage der Form des § 518; denn auch in diesem Fall muss der Versprechende vor übereilten Zusagen gewarnt werden. Bei einem Formverstoß beurteilt sich die Wirksamkeit des ganzen Vertrags nach § 139.

30 Eine andere Behandlung ist bei den Rückforderungsrechten (zB wegen groben Undanks, §§ 530f.) geboten. Wegen der Unteilbarkeit des Leistungsgegenstandes ist eine teilweise Rückgewähr nicht möglich. Deshalb muss hier darauf abgestellt werden, ob der Vertrag überwiegend entgeltlichen oder unentgeltlichen Charakter hat. Damit der unentgeltliche Charakter überwiegt, muss die Zuwendung des Schenkers den doppelten Wert im Vergleich zur Gegenleistung aufweisen.[35]

Überwiegt der entgeltliche Teil, sind die betreffenden Vertragsregeln (zB Kaufrecht) anwendbar, so dass etwa die unteilbare Leistung nicht durch Widerruf wegen groben Undanks zurückgefordert werden kann; andererseits wäre es nicht interessengemäß, wenn in einem solchen Fall auch der unentgeltlich geleistete Mehrwert dem Undankbaren verbleiben würde.

Im **Fall c** ist Kaufrecht anwendbar. Bei Widerruf wegen groben Undanks kann das Radio nicht zurückverlangt werden. Auch der Differenzbetrag von 50 Euro steht dem V hier wegen § 534 nicht zu.

34 Einzelheiten: MüKoBGB/*Koch* § 516 Rn. 34ff.
35 Vgl. *BGH* NJW 2012, 605 (606).

Schenkung

I. Arten
1. Handschenkung (§ 516)
2. Vertragsschenkung (§ 518 I)
   a) Notarielle Beurkundung des Schenkungsversprechens (§ 518 I)
   b) Heilung eines Formmangels durch Vollziehung der Schenkung (§ 518 II)

II. Gegenstand
1. Zuwendung
   – Vermögensminderung beim Schenker
   – Bereicherung des Beschenkten
2. Unentgeltlichkeit = Fehlen einer Gegenleistung
   – gemischte Schenkung möglich
   – Schenkung unter Auflage möglich (§ 525 I)

III. Rechtsfolgen
1. Erfüllungsanspruch des Beschenkten (Ausnahme: Einrede des Notbedarfs nach § 519)
2. Eingeschränkte Haftung des Schenkers für Leistungsstörungen (§§ 521–524)
3. Rückgabepflicht des Beschenkten bei Verarmung des Schenkers (§ 528)
4. Widerrufsrecht des Schenkers wegen groben Undanks (§ 530)

2. Kapitel. Mietvertrag, Pachtvertrag, Leasing, Leihe und Darlehen

1 Im Unterschied zu Kauf, Tausch und Schenkung, bei denen es um die Veräußerung eines Gegenstandes geht, handelt es sich beim Mietvertrag, beim Pachtvertrag und bei der Leihe um **Gebrauchsüberlassungsverträge**. Sie sind nämlich auf die zeitweise Überlassung des Gebrauchs eines Gegenstandes gerichtet. Mietvertrag (§§ 535 ff.; dazu → §§ 10 ff.) und Pachtvertrag (§§ 581 ff.; dazu → § 14) unterscheiden sich von der Leihe (§§ 598 ff.; dazu → § 16) durch die Entgeltlichkeit der Gebrauchsüberlassung. Mietvertrag und Leihvertrag berechtigen nur zum Gebrauch von Sachen, der Pachtvertrag dagegen berechtigt zum Gebrauch und zur Fruchtziehung. Gegenstand des Mietvertrags und der Leihe können lediglich Sachen sein; als Pachtobjekte kommen Sachen und Rechte in Betracht.

Gebrauchsüberlassungsverträge besonderer Art sind das (Geld-) Darlehen (§§ 488 ff.) und das Sachdarlehen (§§ 607 ff.). Gegenstand können hier nur Geld (§ 488 I) oder andere vertretbare Sachen (§ 607 I) sein, die – anders als beim Miet- oder Pachtvertrag und bei der Leihe – dem Vertragspartner übereignet werden. Am Ende der Vertragszeit sind nicht die überlassenen Gegenstände, sondern Sachen gleicher Art, Güte und Menge zurückzuerstatten.

§ 10. Das Mietverhältnis und seine Begründung

2 **Schrifttum:** *Blank/Börstinghaus,* Miete, 5. Aufl., 2017; *Bub/Treier,* Handbuch der Geschäfts- und Wohnraummiete, 4. Aufl., 2014; *Drettmann,* Die AGB-Kontrolle im Wohnraummietverhältnis, WuM 2012, 535; *Emmerich,* Aufklärungspflichten des Mieters, NJW 2011, 2321; *Emmerich/Sonnenschein,* Miete, 11. Aufl., 2014; *Gsell,* Wohnraummietrecht als Verbraucherrecht, WuM 2014, 375; *Hannemann/Wiegner,* Münchener Anwaltshandbuch Mietrecht, 4. Aufl., 2014; *Herrlein,* Die Rechtsprechung zur Wohnraummiete im ersten Halbjahr 2017, NJW 2017, 2801; *Kossmann/Meyer-Abich,* Handbuch der Wohnraummiete, 7. Aufl., 2014; *Müller-Hengstenberg/Kirn,* Vertragscharakter des Application Service Providing-Vertrags, NJW 2007, 2370; *Rolfs,* Allgemeine Gleichbehandlung im Mietrecht, NJW 2007, 1489; *Rolfs/Möller,* Widerrufsrechte im Wohnraummietrecht, NJW 2017, 3275; *Schmidt,* Die

abweichende Vereinbarung zu Lasten des Mieters, MDR 2014, 189; *Timme/Hülk*, Schriftform bei langfristigen Mietverträgen – ein Dauerproblem, NJW 2007, 3313; *Weller*, Der Mietvertrag als enfant terrible der Privatrechtsdogmatik?, JZ 2012, 881; *E. Wolf/Eckert/Ball/Günter*, Handbuch des gewerblichen Miet-, Pacht- und Leasingrechts, 10. Aufl., 2009.

Fall a: A hat bei B für sechs Tage ein Zimmer mit Frühstück zum Gesamtpreis von 400 Euro gemietet. Nach drei Tagen verlangt B 200 Euro als Abschlag. A verweigert die Zahlung, weil er als Mieter erst beim Auszug zu zahlen brauche. → Rn. 4

Fall b: Fabrikant M mietet von V mündlich ein unbebautes Grundstück als Lagerplatz auf unbestimmte Zeit mit einer Kündigungsfrist von zwei Jahren. Nach neun Monaten kündigt V zum Ablauf des ersten Mietjahres. Muss M am Ende des Jahres ausziehen? (Vgl. §§ 550, 578 I, 580a). → Rn. 12, 13

I. Begriff

Der Mietvertrag ist ein gegenseitiger Schuldvertrag, in dem sich die eine Partei (Vermieter) verpflichtet, der anderen Partei (Mieter) den Gebrauch einer Sache auf Zeit zu gewähren (§ 535 I 1), während die andere Partei sich verpflichtet, die vereinbarte Miete zu zahlen (§ 535 II).

Da der Mietvertrag als schuldrechtlicher Vertrag nur gegenseitige Pflichten begründet, ist es für die Wirksamkeit des Vertrags ohne Bedeutung, wenn der Vermieter nicht Eigentümer des Mietobjekts ist.[1]

1. Gebrauchsüberlassung

Der Mietvertrag ist auf die zeitweilige Überlassung des Gebrauchs 3
einer oder mehrerer Sachen gerichtet.

a) **Sache als Vertragsgegenstand.** Gegenstand des Mietvertrags kann nur eine Sache (vgl. § 535 I 1), dh ein körperlicher Gegenstand (§ 90), sein. Als Mietgegenstand kommen auch Teile von Sachen in Betracht, soweit sie sich zum Gebrauch eignen (zB Hauswand zu Reklamezwecken). Die vermietete Sache kann **beweglich (Fahrnismiete)** oder **unbeweglich (Grundstücks- und Raummiete)** sein. Es ist nicht erforderlich, dass der Vermieter Eigentümer des Mietgegenstandes ist (Beispiel: Untermiete).

---

1 *BVerfG* NJW 2013, 3774 (3775).

Als bewegliche Sache ist auch die auf einem Datenträger verkörperte Standardsoftware anzusehen. Wird diese also von dem Anbieter auf irgendeinem Speichermedium bereitgestellt und einem anderen für eine begrenzte Zeit zum Gebrauch (zB Online-Nutzung) überlassen, findet Mietvertragsrecht Anwendung.[2]

4 **b) Pflicht zur Gebrauchsüberlassung.** Der Vermieter schuldet nur die Überlassung des Gebrauchs einer Sache.

Aufgrund der Vertragsfreiheit (§ 311 I) können die Parteien jedoch vereinbaren, dass die eine Partei nicht nur den Gebrauch einer Sache zu gewähren, sondern auch weitere Leistungen zu erbringen hat (zB Miete eines Zimmers mit Frühstück, **Fall a**). Ein derartiger Vertrag ist kein reiner Mietvertrag, sondern ein sog. gemischter Vertrag.[3] Hier ist, soweit es sich um die Pflicht zur Gebrauchsüberlassung handelt, Mietrecht anwendbar.[4] Hinsichtlich der übrigen Leistungen gelten in der Regel die Vorschriften des Vertragstyps, dem die jeweilige Leistung zugehört. Auf die Gegenleistung, die den verschiedenen Leistungen der einen Partei als einheitliches Entgelt gegenübersteht, sind je nach der zu entscheidenden Rechtsfrage und den Besonderheiten des Vertrags entweder die Bestimmungen des Mietvertrags oder die eines anderen Vertragstyps anzuwenden.

Im **Fall a** ist der Mietvertrag über das „Zimmer mit Frühstück" ein gemischter Vertrag, bei welchem den verschiedenen Leistungspflichten des B (Überlassung des Zimmers, Bedienung, Frühstück) als einheitliches Entgelt die Zahlungsverpflichtung des A gegenübersteht. Von den Leistungspflichten des B kommt der zur Überlassung des Zimmers die größte Bedeutung zu. Auf sie entfällt wertmäßig auch der größte Teil des von A geschuldeten Entgelts. Aus diesen Gründen gilt für die Fälligkeit des Entgelts Mietrecht. Demnach muss A, da nichts anderes vereinbart ist, nach § 556b I iVm § 579 II die Miete zu Beginn, spätestens bis zum dritten Werktag des Zeitabschnitts, nach dem die Miete bemessen ist, entrichten. B kann daher von A die Zahlung eines Abschlags verlangen. Zur Fälligkeit der Miete → § 11 Rn. 23.

2. Miete

5 Der Mietvertrag setzt weiterhin voraus, dass für die Überlassung des Gebrauchs ein Entgelt, die Miete, zu entrichten ist (§ 535 II). Diese wird **regelmäßig** in einer **Geldleistung** bestehen. Es können aber auch Sach- oder Dienstleistungen (zB Naturalien, Hausmeisterdienste) als Miete vereinbart werden.[5]

---

2 *BGH* NJW 2007, 2394 f.
3 Vgl. *Brox/Walker* SchuldR AT § 4 Rn. 12 ff.
4 Vgl. *BGH* NJW 1963, 1449.
5 Mot. II, 372; **str.**

II. Bedeutung und gesetzliche Regelung

1. Bedeutung

Im Wirtschaftsleben spielt der Mietvertrag eine wesentliche Rolle. 6
Dabei kommt den Grundstücks- und Raummietverhältnissen eine besondere Bedeutung zu: Der Bedarf an Mieträumen ist groß. Denn die meisten Menschen wohnen zur Miete, und auch viele Gewerbebetriebe sind auf gemietete Räume angewiesen. Die gemieteten Grundstücke und Räume gehören vielfach zur Grundlage für die private Lebensgestaltung oder die wirtschaftliche Existenz der Mieter. Diese Besonderheiten gebieten es, die Grundstücks- und Raummietverhältnisse in mancher Hinsicht (zB Kündigung) anders zu behandeln als Mietverhältnisse über bewegliche Sachen.

2. Gesetzliche Regelung

a) Wohnungszwangswirtschaft. In seiner ursprünglichen Fassung 7
hatte das BGB der besonderen Bedeutung der Raummiete nicht hinreichend Rechnung getragen; denn es unterstellte diese Mietverhältnisse im Wesentlichen den gleichen Regelungen wie diejenigen über bewegliche Sachen. Aufgrund der nach beiden Weltkriegen herrschenden Wohnungsnot war der Gesetzgeber daher gezwungen, vor allem für die Wohnraummietverhältnisse Sondergesetze zu erlassen, die unter Einschränkung der Privatautonomie einen ausreichenden Schutz des Mieters gewährleisteten (sog. Wohnungszwangswirtschaft).

Die Wohnungszwangswirtschaft umfasste die öffentliche Wohnraumbewirtschaftung, die Mietpreisbindung und den Mieterschutz durch das Mieterschutzgesetz, welches das freie Kündigungsrecht des Vermieters beseitigte.

Infolge der starken Bautätigkeit seit der zweiten Hälfte des letzten Jahrhunderts hat sich gegenüber den ersten Jahren nach dem Zweiten Weltkrieg die Lage auf dem Wohnungsmarkt gebessert, wodurch sich der Gesetzgeber veranlasst sah, die Wohnungszwangswirtschaft in den sechziger Jahren stufenweise abzubauen.

b) Soziales Mietrecht. Zugleich mit dem Abbau der Wohnungs- 8
zwangswirtschaft hat der Gesetzgeber in dem Bestreben, ein soziales Mietrecht zu schaffen, zum Schutz des Mieters verschiedene, die Pri-

vatautonomie einschränkende Vorschriften in das BGB aufgenommen. Der Gesetzgeber ging bei der Reform des Mietrechts davon aus, dass sich in absehbarer Zeit ein freier, ausgeglichener Wohnungsmarkt ergeben werde und damit ein weiterer Schutz des Wohnraummieters nicht erforderlich sei. Diese Erwartung hat sich nicht erfüllt. Da der Bedarf an preisgünstigen Wohnungen weiterhin größer als das Angebot war und ist, brachte insbesondere das freie Kündigungsrecht des Vermieters vielfach Härten für den Mieter mit sich. Um hier Abhilfe zu schaffen, ist der Schutz des Wohnraummieters durch verschiedene Gesetze verstärkt worden. Entsprechende Regelungen sind seit dem 1.1.1975 Bestandteil des BGB.

9 **c) Mietrechtsreform 2001.** Für verschiedene Arten von Mietverhältnissen galten lange Zeit auch verschiedene rechtliche Regelungen. Bis zum 31.8.2001 war die gesetzliche Regelung des Mietrechts an der Vermietung beweglicher Sachen (Fahrnismiete) orientiert. Für die Miete von Grundstücken, Wohnräumen und anderen Räumen galten zahlreiche Sonderregelungen. Diese waren zum Teil nachträglich und an verschiedenen Stellen in das BGB eingefügt worden, zum Teil auch in Sondergesetzen geregelt. Diese Gesetzessystematik war unübersichtlich und wurde der besonderen Bedeutung des Wohnraummietrechts nicht gerecht. Durch das Mietrechtsreformgesetz vom 19.6.2001 wurde das Mietrecht mit Wirkung zum 1.9.2001 grundlegend neu geregelt.[6] Seitdem enthält das Gesetz neben allgemeinen Vorschriften, die für alle Mietverhältnisse gelten (§§ 535–548), einen geschlossenen Regelungskomplex für Wohnraummietverhältnisse (§§ 549–577a) und einzelne Regelungen für Mietverhältnisse über Grundstücke, andere Räume als Wohnräume und Schiffe (§§ 578–580a).

Auf eine eingehende Darstellung des gesamten Mietrechts, vor allem des sozialen Mietrechts, soll hier verzichtet werden. Einzelheiten können in den Kommentaren und in der Spezialliteratur zum Mietrecht nachgelesen werden.

9a **d) Mietrechtsänderungsgesetz 2013.** Am 1.5.2013 ist das Mietrechtsänderungsgesetz vom 11.3.2013 in Kraft getreten.[7] Dadurch wurden unter anderem die Pflicht des Mieters zur Duldung von Modernisierungsmaßnahmen (→ § 11 Rn. 31) sowie das Recht des Ver-

6 BGBl. I 1149.
7 BGBl. I 434. Gesetzgebungsmaterialien: BR-Drs. 313/12 und BT-Drs. 17/10485. Siehe dazu die Stellungnahmen von *Dietrich* ZMR 2012, 241 (325); *Flatow* NJW 2013, 1185 und *Hinz* ZMR 2012, 153.

mieters zur Mieterhöhung nach einer Modernisierung (→ § 11 Rn. 26) neu geregelt. Ferner wurde neu vorgesehen, dass der Mieter während eines Gerichtsverfahrens vom Gericht verpflichtet werden kann, für die Monat für Monat auflaufenden Mieten eine Sicherheit zu leisten (§ 283a ZPO). Dadurch soll der Vermieter davor geschützt werden, dass der Mieter nach einem lange dauernden Prozess nicht mehr in der Lage ist, die während des Prozesses aufgelaufenen Mieten zu bezahlen. Schließlich hat das Mietrechtsänderungsgesetz Erleichterungen für die Räumungsvollstreckung eingeführt (§ 940a ZPO).

e) Mietrechtsnovellierung 2015. Am 1.6.2015 ist das Gesetz zur 9b
Dämpfung des Mietanstiegs auf angespannten Wohnungsmärkten und zur Stärkung des Bestellerprinzips bei der Wohnungsvermittlung (Mietrechtsnovellierungsgesetz) in Kraft getreten.[8] Kern dieses Gesetzes ist die Einführung einer sog. Mietpreisbremse. Dadurch soll den zunehmenden Schwierigkeiten vor allem für einkommensschwächere Familien begegnet werden, eine für sie noch bezahlbare Wohnung zu finden. Zu diesem Zweck ist vorgesehen, dass in Gebieten mit angespannten Wohnungsmärkten bei einer Wiedervermietung die zulässige Höchstmiete nur bis 10 % über das Niveau der ortsüblichen Vergleichsmiete steigen darf. Näheres in → § 11 Rn. 24a.

III. Abschluss des Mietvertrags

1. Vertragsschluss und Einschränkung der Vertragsfreiheit

Die Begründung eines Mietverhältnisses setzt einen Vertrags- 10
schluss der Parteien voraus. Diese müssen sich über den Mietgegenstand und das Entgelt einig sein (zur Höhe der Miete → § 11 Rn. 24 f.).

Die Vertragsfreiheit des Vermieters ist durch das am 18.8.2006 in Kraft getretene **Allgemeine Gleichbehandlungsgesetz (AGG)**[9] eingeschränkt.[10] Das AGG dient der Umsetzung von vier EG-Richtlinien,[11] von denen allerdings nur zwei für das Mietrecht von Bedeutung sind. Danach darf ua beim Zugang zu Wohnraum niemand aus Gründen der Rasse oder wegen der ethnischen Herkunft, des Ge-

---

8 Gesetz vom 21.4.2015, BGBl. I 610.
9 *BGBl. I 1897.*
10 Dazu etwa *Rolfs* NJW 2007, 1489.
11 2000/43/EG, 2004/113/EG, 2000/78/EG und 2002/73/EG.

schlechts, der Religion oder Weltanschauung, einer Behinderung, des Alters oder der sexuellen Identität benachteiligt werden (§§ 1, 2 I Nr. 8 AGG). Der Vermieter darf also nicht frei darüber entscheiden, ob er etwa nur an einen Mann oder eine Frau, einen Katholiken, einen jungen oder älteren Interessenten vermietet. Die genannten Benachteiligungsverbote gelten allerdings gem. § 19 I Nr. 1, V AGG im Wesentlichen nur bei sogenannten Massengeschäften (bei Vermietung zum vorübergehenden Gebrauch und bei Vermietern, die insgesamt mehr als 50 Wohnungen vermieten). Kleinvermieter von Wohnraum sind nur an die Benachteiligungsverbote „Rasse" und „ethnische Herkunft" gebunden (§ 19 II AGG).

Von den meisten Benachteiligungsverboten (nicht aber von „Rasse" und „ethnische Herkunft") gibt es Ausnahmen, wenn ein sachlicher Grund vorliegt (§ 20 AGG). Diese spielen aber im Mietrecht eine geringere Rolle als bei anderen Massengeschäften.

Beispiele: Aus Gründen der Gefahrvermeidung (§ 20 I Nr. 1 AGG) darf der Abschluss des Mietvertrags mit solchen Mietern verweigert werden, die als religiös fanatisch (Religion) bekannt sind und Gewalttätigkeiten gegenüber anderen Mietern befürchten lassen. Möglicherweise darf auch die Vermietung einer Wohnung im oberen Geschoss eines Altbaus an einen Rollstuhlfahrer (Behinderung) verweigert werden, wenn kein Fahrstuhl vorhanden ist und eine Evakuierung im Brandfall oder bei anderen Notfällen nicht gewährleistet ist. Aber für eine solche Wohnung wird sich ein Rollstuhlfahrer auch kaum bewerben.

Die Einschränkung der Vertragsfreiheit durch das AGG bedeutet für den Vermieter keinen echten Kontrahierungszwang. Wenn dieser unter Verstoß gegen ein Benachteiligungsverbot eine Wohnung an einen Dritten vermietet, hat der Benachteiligte keinen Anspruch darauf, anstelle des Dritten Vertragspartei zu werden. Er kann allerdings Schadensersatz wegen seines materiellen Schadens und Entschädigung wegen seines immateriellen Schadens verlangen (§ 21 AGG).

2. Form

11 **a) Grundsatz: Formfrei.** Der Mietvertrag ist grundsätzlich formfrei. Er kann auch konkludent abgeschlossen werden.

So nimmt der BGH einen konkludenten Eintritt eines Ehegatten als weiteren Mieter in den von seinem Ehepartner mit dem Vermieter abgeschlossenen Mietvertrag an, wenn der Ehegatte im eigenen Namen Willenserklärungen gegenüber der Hausverwaltung abgibt, die Wohnung jahrelang alleine nutzt, Mietzahlungen leistet und Schönheitsreparaturen ausführt.[12]

Die Parteien können jedoch **Schriftform vereinbaren** (§ 127). Eine solche Vereinbarung ist üblich bei Mietverträgen über Gebäude und Grundstücke. Bei der Vermietung von Wohnungen werden häufig Musterverträge zugrunde gelegt. 11a

Mietverträge sehen oft für nachträgliche Vertragsänderungen Schriftform vor. Sie enthalten vielfach sog. **doppelte Schriftformklauseln**. Danach bedarf jede Vertragsänderung der Schriftform, und auch die Aufhebung dieses Formerfordernisses muss schriftlich erfolgen. Meist sind solche doppelten Schriftformklauseln in vorgedruckten Mietverträgen enthalten. Sie unterliegen dann einer AGB-Kontrolle. Gem. § 305b gilt der Vorrang der Individualabrede. Deshalb kann auch eine doppelte Schriftformklausel im vorformulierten Mietvertrag eine individualvertragliche mündliche oder konkludente Aufhebung des vertraglichen Schriftformerfordernisses nicht ausschließen.[13]

b) Ausnahme: Schriftform. Ein Mietvertrag über Wohnräume, sonstige Räume oder über ein Grundstück bedarf aber dann der Schriftform (§ 126), wenn er für länger als ein Jahr geschlossen wird (§§ 550 S. 1; 578). Diese Formvorschrift greift auch dann ein, wenn der Vermieter für eine längere Zeit als ein Jahr auf sein Recht zur Kündigung verzichtet.[14] Formbedürftig nach § 550 sind auch nachträgliche Vertragsänderungen wie eine Änderung der Miethöhe, sofern sie für mehr als ein Jahr vereinbart werden.[15] 12

Der Formvorschrift kommt keine Warnfunktion zu. Ihr Zweck besteht vielmehr allein darin, einem Dritten, der vom Vermieter den (Wohn-)Raum oder das Grundstück erwirbt und damit nach §§ 566, 578 (→ § 12 Rn. 5 ff.) anstelle des Vermieters in den Mietvertrag eintritt, die Unterrichtung über den Inhalt langfristig abgeschlossener Mietverträge zu erleichtern.[16]

§ 550 gilt einmal für alle Mietverträge über Wohnräume, sonstige Räume (§ 578 II) und Grundstücke (§ 578 I), die für eine bestimmte Mietzeit von über einem Jahr geschlossen werden. Die Form ist zum anderen aber auch bei Verträgen mit unbestimmter Mietzeit zu beachten, wenn eine Kündigungsfrist von mehr als einem Jahr vereinbart wird **(Fall b)**.

---

12 *BGH* NJW 2005, 2620 f.
13 *BGH* NJW 2017, 1017 Rn. 18 mAnm *Emmerich* JuS 2017, 1024.
14 *BGH* NJW 2007, 1742.
15 *BGH* NJW 2016, 311 Rn. 12 mAnm *Riehm* JuS 2016, 551.
16 **HM**; vgl. *BGH* NJW 2017, 3772 Rn. 29; 2014, 2102 (2104); 2014, 1087 (1089) mAnm *Emmerich* JuS 2014, 648; NJW 2010, 1518; 2008, 2178; 2007, 1742 (1743); BGHZ 52, 25; MüKoBGB/*Bieber* § 550 Rn. 1 f.; Prot. II, 149 ff., 154.

13 Die **Nichtbeachtung der Schriftform** hat keine Unwirksamkeit des ganzen Vertrags, sondern **nur** die **Nichtigkeit der Mietzeitabrede oder des Kündigungsverzichts** zur Folge. Der Mietvertrag gilt als auf unbestimmte Zeit geschlossen und kann durch Kündigung beendet werden, jedoch nicht für eine frühere Zeit als den Schluss des ersten Mietjahres (§ 550 S. 2).

Da im **Fall b** die Schriftform nicht gewahrt ist, konnte V drei Monate vor Jahresschluss (§ 580a I Nr. 3) zum Ende des ersten Mietjahres wirksam kündigen. M muss also den Lagerplatz am Jahresende räumen. – Die Schriftform ist auch dann nicht eingehalten, wenn ein zunächst formgemäß abgeschlossener Mietvertrag ohne Beachtung der gesetzlichen Schriftform geändert wird; in diesem Fall beginnt die Mindestlaufzeit mit dem Abschluss des Änderungsvertrags.[17]

14 Ob sog. **Schriftformheilungsklauseln** zwischen den Parteien des Mietvertrags durch Individual- oder Formularvertrag wirksam vereinbart werden können, wonach die Parteien sich verpflichten, alles zur Einhaltung der Schriftform beizutragen und den Vertrag nicht unter Berufung auf den Mangel der Schriftform zu kündigen, war lange umstritten.[18] Der BGH[19] hat im Jahr 2017 entschieden, dass solche Klauseln unabhängig davon, ob sie individualrechtlich oder in AGB vereinbart sind, unwirksam sind. § 550 sei aufgrund seines Schutzzwecks unabdingbar.

Selbst wenn man Schriftformheilungsklauseln als wirksam ansehen würde, wäre jedenfalls der Erwerber einer vermieteten Wohnung daran nicht gebunden, obwohl er gem. § 566 I in die aus dem Mietvertrag folgenden Rechte und Pflichten eintritt. Andernfalls würde der durch § 550 bezweckte Schutz des Erwerbers (→ Rn. 12) ausgehebelt.[20] Der Erwerber verstößt daher nicht gegen Treu und Glauben, wenn er trotz einer vom Veräußerer vereinbarten Schriftformheilungsklausel von seiner gesetzlichen Kündigungsmöglichkeit (§ 542 I) Gebrauch macht. Wenn dagegen eine Mietvertragspartei eine nachträglich getroffene Abrede, die nur für sie vorteilhaft ist, allein unter Berufung auf fehlende Schriftlichkeit zum Anlass nimmt, sich durch Kündigung von dem ihr inzwischen lästig gewordenen langfristigen Mietvertrag zu lösen, verstößt sie mit dieser Berufung auf den Schriftformverstoß gegen Treu und Glauben.[21] Die Kündigung ist dann unwirksam.

---

17 *BGH* NJW 1987, 948.
18 Zahlreiche Nachweise zum Meinungsstand bei *BGH* NJW 2014, 1087 (1089).
19 *BGH* NJW 2017, 3772 Rn. 34ff.
20 *BGH* NJW 2014, 1087 (1089f.) mAnm *Emmerich* JuS 2014, 648; NJW 2014, 2102 (2104).
21 *BGH* NJW 2017, 3772 Rn. 41.

3. Widerrufsrecht des Mieters bei Verbrauchermietverträgen

Wenn ein Mietvertrag zwischen einem Unternehmer als Vermieter und einem Verbraucher als Mieter geschlossen wird, handelt es sich um einen Verbrauchermietvertrag. Er fällt in den Anwendungsbereich des § 312. Sofern es um die Vermietung von Wohnraum geht, finden auf diesen Vertrag gem. § 312 IV ua die Definitionsnormen der §§ 312b und 312c über außerhalb von Geschäftsräumen geschlossene Verträge und Fernabsatzverträge sowie § 312g über das Widerrufsrecht des Verbrauchers bei solchen Verträgen Anwendung. Dieses Widerrufsrecht besteht nicht nur bei außerhalb von Geschäftsräumen oder im Fernabsatz abgeschlossenen Verbrauchermietverträgen, sondern auch bei Änderungsverträgen (insbesondere Mieterhöhungsvereinbarungen) und bei entgeltlichen Aufhebungsverträgen.[22] 15

§ 11. Rechte und Pflichten der Mietvertragsparteien

Schrifttum: *Abramenko*, Ungeregelte Folgen der Regelungen zur Mietpreisbremse, MDR 2015, 921; *Ahrens,* Mietrechtliche Garantiehaftung – Widersprüchlichkeiten im neuen Schuldrecht, ZGS 2003, 134; *Alexander*, Gesetzliche Pfandrechte an beweglichen Sachen, JuS 2014, 1; *Apitz*, Verbot der Hunde- und Katzenhaltung in der Mietwohnung?, WuM 2013, 127; *Artz*, Die Mietpreisbremse, MDR 2015, 549; *Beyer*, Schönheitsreparaturklauseln im Spiegel der BGH-Rechtsprechung, ZGS 2009, 353; *ders.*, Schönheitsreparaturen: Was ist den Vermietern nach den „BGH-Tornados" noch geblieben?, NJW 2008, 2065; *Blank,* Das Gebot der Rücksichtnahme nach § 241 Abs. 2 BGB im Mietrecht, ZGS 2004, 104; *ders.*, Renovierungsklausel im „Hamburger Mietvertrag", NJW 2009, 27; *Börstinghaus*, Die Begrenzung der Wiedervermietungsmiete für Wohnraum, NJW 2015, 1553; *ders.*, Die Zustimmungsklage im Mieterhöhungsverfahren, NJW 2012, 3077; *Derleder,* Der „mitgekaufte" Mieter, NJW 2008, 1189; *Eisenhardt*, Summierung formularvertraglicher und ausgehandelter Renovierungsklauseln, WuM 2013, 332; *Emmerich*, Aufklärungspflichten des Mieters, NJW 2011, 2321; *Flatow*, Vermieterpflichten bei Mieterstreitigkeiten, WuM 2014, 307; *Fleindl*, Die Rückforderung überzahlter Miete bei Verstößen gegen die „Mietpreisbremse", WuM 2015, 212; *Ghassemi-Tabar*, Umweltfehler als Mietmangel, NJW 2015, 2849; *Harsch*, Winterdienst – Übertragung der Pflichten des Vermieters auf den Mieter, MDR 2014, 373; *Herlitz*, Die Freizeichnung des Vermieters von der Ausführung von Schönheitsreparaturen in Formularmietverträgen, WuM 2015, 654; *Herrler*, Abwälzung von Schönheitsreparaturen durch Allgemeine Geschäftsbedingungen bei der Wohnraummiete – Wirksamkeitsanforderun- 1

22 Siehe dazu *Rolfs/Möller* NJW 2017, 3275.

gen, Folgen unwirksamer Klauseln und Reaktionsmöglichkeiten des Vermieters, JURA 2008, 248; *Hinz*, Mietminderung auf ungeklärter Tatsachengrundlage, NJW 2013, 337; *Horst*, Altersgerechter Umbau als Modernisierungsmaßnahme, WuM 2014, 454; *Jacoby*, Kaution bei Eigentümerwechsel, Zwangsverwaltung und Insolvenz, ZMR 2015, 1; *Kappes*, Reaktionsmöglichkeiten des Vermieters bei unwirksamen Schönheitsreparaturklauseln in laufenden Wohnraummietverhältnissen, NJW 2006, 3031; *Kießling*, Die Kaution im Miet- und Pachtrecht, JZ 2004, 1146; *Klocke*, Schönheitsreparaturpflicht und Umbaumaßnahmen nach Vertragsende, WuM 2014, 575; *Kohler*, Doppelvermietung – ein Glücksfall für die Mieter?, NZM 2008, 545; *Lange*, Zur Anwendbarkeit der Geschäftsführung ohne Auftrag im Mietrecht, ZGS 2009, 442; *Lehmann-Richter*, Der Mängelbeseitigungsanspruch des Mieters und Gegenrechte des Vermieters, NJW 2008, 1196; *ders.*, Beschaffenheitsvereinbarung, Freizeichnung oder Abwälzung – Anforderungen an wirksame Schönheitsreparaturklauseln in der Wohnraummiete, WuM 2016, 529; *Leuschner*, Die „Mietpreisbremse" – Unzweckmäßig und verfassungsrechtlich höchst bedenklich, NJW 2014, 1929; *Löhnig/Gietl*, Grundfälle zum Mietrecht, JuS 2011, 107; *Lorenz*, Zahlungsverzug und Verschulden, WuM 2013, 202; *Lorenz/Eichhorn*, Grundwissen – Zivilrecht: Die Gewährleistung im Mietrecht, JuS 2014, 783; *Lützenkirchen*, Besichtigungsrechte des Vermieters von Wohn- oder Gewerberaum, NJW 2007, 2152; *Oppermann/Steege*, Zur Duldungsproblematik bei der Ausstattung einer Wohnung mit Rauchwarnmeldern, WuM 2016, 3; *Petersen*, Gebrauchsüberlassung an Dritte im Mietrecht, JURA 2015, 459; *M. Schmid*, Verlust des Wohnungsschlüssels, JR 2014, 457; *ders.*, Der Angehörige in der Mietwohnung, WuM 2014, 115; *H. Schmidt*, Zum Jahrestag eines „D-Day" für Schönheitsreparatur-AGB, NJW 2016, 1201; *Schrader*, Schönheitsreparaturklauseln in Rechtsprechung und Examensklausuren, JURA 2010, 241; *Selk*, Schimmelbefall in vermieteten Wohnräumen, NJW 2013, 2629; *Streyl*, Schadensersatzansprüche wegen Schimmels, WuM 2016, 135; *Timme*, Rechtsfolgen vorbehaltloser Mietzahlung in Mangelkenntnis, NJW 2003, 3099; *ders.*, Verurteilung zur Zustimmung zur Mieterhöhung und Verzug des Mieters, NJW 2005, 2962; *Ulber/Lukes*, AGB- und Mietrecht: Vorliegen von AGB bei „Dritt"-Klauseln – Objektive Auslegung von AGB – Schönheitsreparaturklauseln und Kompensation – Quotenabgeltungsklauseln, JURA 2016, 1188; *Wall*, Mietrechtliche Probleme beim Einbau und Betrieb von Rauchwarnmeldern, WuM 2013, 3; *Wiek*, Unbegrenzte Mietbürgschaften außerhalb § 551 BGB?, WuM 2014, 119; *Wietz*, Das Gebrauchsrecht und die Selbstauskunft des Mieters an den Beispielen Tierhaltung und Rauchen, WuM 2014, 518; *ders.*, Informations- und Aufklärungspflichten in der Wohn- und Geschäftsraummiete, WuM 2016, 323; *Zehelein*, Der vertragsgemäße Zustand der Mietsache durch Vertragsschluss – was für eine Wohnung schuldet der Vermieter dem Mieter?, WuM 2014, 579.

Fall a: M hat von V ein Haus gemietet, dessen Dach schon vor Abschluss des Vertrags schadhaft war. Bei einem Gewitter regnet es durch; die Möbel des M werden beschädigt. M verlangt von V Reparatur des Daches innerhalb eines Monats und Ersatz seines Möbelschadens. Außerdem weigert er sich, bis zur Reparatur die volle Miete zu zahlen. → Rn. 11, 14, 16, 19

Fall b: Im Fall a hat M selbst das Dach sofort repariert. Kann er von V Ersatz der Reparaturkosten verlangen? → Rn. 18

Fall c: V vermietet am 15.3. an A ein Zimmer, das dieser am 1.4. beziehen soll. Am 30.3. vermietet V dasselbe Zimmer an B, der sofort einzieht. Rechte des A gegen V? → Rn. 12, 15

Fall d: M, der von V einen Bagger gemietet hat, vermietet diesen ohne Erlaubnis des V weiter an U. V fordert den M auf, die Benutzung des Baggers durch U zu unterbinden. Als M nichts unternimmt, verlangt V von M die Untermiete und von U den Bagger heraus. → Rn. 29, 32, 39

Fall e: M, der ab 1. 8. bei V ein Zimmer gemietet hat, kann infolge einer Erkrankung erst zwei Wochen später einziehen. Er will die volle Monatsmiete nicht zahlen. → Rn. 34

Fall f: Im Fall a hatte M den Schaden am Dach nach dem Einzug erkannt, V aber nichts davon mitgeteilt. Als M Schadensersatz begehrt, lehnt V ab und verlangt seinerseits Ersatz für die durch den Regen verursachten Schäden im Treppenhaus. → Rn. 13, 42

Fall g: M betreibt in gemieteten Räumen eine Kunsttöpferei. Als er von ihm hergestellte Vasen dem Käufer K bringen will, widerspricht Vermieter V unter Berufung auf sein Vermieterpfandrecht vergeblich dem Abtransport. Anschließend verlangt er von K Herausgabe der Vasen an M. → Rn. 47, 51, 52

I. Pflichten des Vermieters

1. Pflicht zur Gewährung des Gebrauchs

Hauptpflicht des Vermieters ist es, dem Mieter den Gebrauch der Sache während der Mietzeit zu gewähren (§ 535 I 1).

a) Gebrauchsüberlassung. Der Vermieter hat dem Mieter die Mietsache in einem gebrauchsfähigen Zustand zu überlassen (Gebrauchsüberlassungspflicht, § 535 I 1, 2); er muss dem Mieter die tatsächliche Gebrauchsmöglichkeit verschaffen. Dies erfordert in der Regel, dass dem Mieter (Allein- oder Mit-)Besitz (§§ 854, 866) an der Mietsache und ihrem etwaigen Zubehör (zB Hausschlüssel) eingeräumt wird. Bisweilen genügt es aber auch, wenn dem Mieter die Mietsache lediglich zugänglich gemacht wird, ohne dass er Besitz erlangt (zB Miete einer Hauswand als Reklamefläche).

Die Mietsache muss sich in einem Zustand befinden, der den vertragsgemäßen Gebrauch zulässt. Was zum vertragsgemäßen Gebrauch gehört und damit für den Zustand der Sache bestimmend ist, richtet sich nach der Vereinbarung der Parteien und der Verkehrssitte.

Beispiele: Eine Mietwohnung darf keine baulichen Mängel haben **(Fall a)**. Werden Räume für den Betrieb einer Gaststätte vermietet, so darf ihr baulicher Zustand der Erteilung der Gaststättenerlaubnis nicht entgegenstehen.[1] Eine mit Heizung vermietete Wohnung muss bei niedrigen Temperaturen beheizbar sein.

2 **b) Gebrauchserhaltung.** Der Vermieter ist weiterhin verpflichtet, dem Mieter die einmal eingeräumte Gebrauchsmöglichkeit während der Mietzeit zu erhalten (Gebrauchserhaltungspflicht), da die Gewährung des Mietgebrauchs eine Dauerverpflichtung ist.

aa) Erhaltung des Gebrauchs bedeutet zunächst einmal, dass der Vermieter dem Mieter die **Sache für die Dauer der Mietzeit zu belassen** hat. Er darf also dem Mieter den Besitz der Sache nicht entziehen, wenn der Gebrauch ohne Besitz nicht möglich ist. Der Vermieter ist ferner verpflichtet, den **vertragsgemäßen Gebrauch zu dulden** und Maßnahmen des Mieters, die den vereinbarten Gebrauch nicht überschreiten, zu gestatten (zB Anlage eines Telefons; Anbringung eines Praxisschildes bei Vermietung von Praxisräumen). Zur Erhaltung der Gebrauchsmöglichkeit gehört es aber auch, dass der Vermieter den **vertragsgemäßen Gebrauch nicht stört** und **Störungen Dritter** (zB nicht mehr sozialadäquate Lärmstörungen durch andere Mieter)[2] **abwehrt**, soweit ihm das möglich und zumutbar ist.

Beispiele: Sind Geschäftsräume nach dem Inhalt des Mietvertrags für den Betrieb eines bestimmten Geschäftes (zB Gaststätte, Lebensmittelgeschäft) vermietet worden, so darf der Vermieter nicht im selben Haus ein Konkurrenzgeschäft aufmachen oder die Eröffnung eines solchen Geschäftes durch einen Dritten zulassen.[3] Wird ein Mieter im Gebrauch durch das Verhalten eines anderen Mieters gestört, so muss der Vermieter für die Beseitigung der Störung sorgen; das ist ihm möglich und zumutbar, weil er den störenden Mieter aufgrund des Mietvertrags zur Einhaltung des vertragsgemäßen Gebrauchs anhalten kann (→ Rn. 37).

3 bb) Der Vermieter muss außerdem die Mietsache in dem vertragsgemäßen Zustand erhalten **(Instandhaltungspflicht**, § 535 I 2). Er hat demnach die während der Mietzeit dazu erforderlichen Erhaltungs- und Reparaturarbeiten vorzunehmen. Die Instandhaltungspflicht des Vermieters umfasst auch die Beseitigung der Abnutzungen der Mietsache, welche durch den vertragsgemäßen Gebrauch des Mieters verursacht worden sind. Diese Abnutzungen hat der Mieter

---

1 RGZ 94, 138.
2 Dazu etwa *BGH* NJW 2012, 1647.
3 RGZ 131, 274; *BGH* MDR 1961, 593.

nicht zu vertreten (§ 538); sie werden durch die Zahlung der Miete abgegolten.

Wird das vermietete Gebäude (etwa durch Brand) ohne Verschulden des Vermieters zerstört, ist dieser nicht zum Wiederaufbau verpflichtet. Denn die Wiederaufbaupflicht ist Ausfluss der Pflicht zur Gebrauchsüberlassung; wenn diese gem. § 275 I entfällt, besteht auch keine Wiederaufbaupflicht.[4]

Instandhaltung ist nicht zu verwechseln mit Modernisierung. Befindet sich die Wohnung in einem vertragsgerechten Zustand, braucht der Vermieter sie weder (zB durch bauliche Veränderung) zu modernisieren, noch muss er dem Mieter gestatten, selbst bauliche Veränderungen zum Zwecke der Modernisierung vorzunehmen.[5]

Die Instandhaltungspflicht des Vermieters ist **abdingbar**. Sie wird 4
deshalb oft dahin eingeschränkt, dass auf den Mieter von Wohn- und Geschäftsräumen die zur Beseitigung der normalen Abnutzung erforderlichen **Schönheitsreparaturen** abgewälzt werden. Das setzt eine Parteivereinbarung voraus. Sie wird in der Regel in einem Formularvertrag getroffen, was grundsätzlich zulässig ist.[6] Allerdings hält dieser oft einer **Inhaltskontrolle** wegen unangemessener Benachteiligung des Mieters (§ 307) nicht stand.

Unwirksam ist die Abwälzung der Schönheitsreparaturen auf den 4a
Mieter etwa dann, wenn die Wohnung dem Mieter bei Vertragsbeginn ohne angemessenen Ausgleich unrenoviert oder renovierungsbedürftig überlassen wird.[7] In solchen Fällen darf der Mieter formularmäßig zur Beseitigung der noch von seinem Vormieter hinterlassenen Gebrauchsspuren nur dann verpflichtet werden, wenn der Vermieter ihn zum Ausgleich dieser Benachteiligung so stellt, als habe er ihm die Wohnung in einem renovierten Zustand übergeben. Das kann etwa dadurch erfolgen, dass der Mieter zum Ausgleich für den Renovierungsaufwand für eine bestimmte Zeit keine oder weniger Miete zu entrichten hat.

Unzulässig sind ferner sog. **Fachhandwerkerklauseln**, durch die 4b
dem Mieter die Ausführung von Schönheitsreparaturen in Eigenleistung untersagt wird.[8] Ferner verstößt eine Klausel gegen § 307, wenn neben der Verpflichtung des Mieters zur Übernahme der Schönheitsreparaturen eine Endrenovierungspflicht unabhängig vom Zeitpunkt

4 Vgl. BGHZ 116, 336 für Pacht.
5 Vgl. *BGH* NJW-RR 2012, 262.
6 *BGH* NJW 2010, 2877 (2878); 2004, 2087 und 2586 (2587).
7 *BGH* NJW 2015, 1594 mAnm *Emmerich* JuS 2015, 840.
8 *BGH* NJW 2010, 2877 ff.

der letzten Schönheitsreparatur vereinbart wird **(Summierungseffekt)**.[9] Ein solcher Summierungseffekt aufgrund des Zusammentreffens zweier – für sich genommen – unbedenklicher Klauseln kann auch dann vorliegen, wenn nur eine davon formularmäßig vereinbart worden ist.[10] Auch unabhängig von einer Endrenovierungspflicht sind **starre Fristen** für Schönheitsreparaturen ohne Rücksicht auf die Intensität der Nutzung und die Verwendung langlebiger Renovierungsmaterialien wegen unangemessener Benachteiligung des Mieters unwirksam.[11] Gleiches gilt für eine **isolierte Endrenovierungsklausel**, wonach der Mieter bei Beendigung des Mietverhältnisses **unabhängig vom Zeitpunkt der letzten Schönheitsreparaturen** renoviert übergeben muss.[12]

4c Damit sich der Vermieter, der von dem ausziehenden Mieter mangels Fälligkeit der Schönheitsreparaturen keine Endrenovierung verlangen kann, wenigstens eine prozentuale Beteiligung des Mieters an den Renovierungskosten für die Abnutzung seit den letzten Schönheitsreparaturen sichern kann, wurden früher oft sog. **Quotenabgeltungsklauseln** vereinbart. Diese wurden ursprünglich unter bestimmten Voraussetzungen vom BGH grundsätzlich als zulässig angesehen.[13] Inzwischen geht der BGH aber davon aus, dass solche Quotenabgeltungsklauseln den Mieter nach § 307 I 1 unangemessen benachteiligen; der Mieter könne nämlich bei Vertragsschluss nicht realistisch einschätzen, welche Kostenbelastung bei Vertragsbeendigung auf ihn zukomme.[14]

4d Im Übrigen hält der BGH Endrenovierungsklauseln mit einer **Farbvorgabe** (zB „weiß“) für unwirksam, weil sie einen kostenbewussten Mieter daran hindern könnten, während der Laufzeit des Mietverhältnisses in anderen Farben zu dekorieren.[15] Der BGH akzeptiert eine Farbwahlklausel (weiß) nur dann, wenn der Mieter die Wohnung bei Mietbeginn mit einem neuen weißen Anstrich übernommen hat, die Klausel ausschließlich für den Zeitpunkt der Rückgabe gilt und dem Mieter noch einen gewissen Spielraum lässt.[16]

---

9 *BGH* NJW 2003, 3192; 2004, 2087; 2005 (2006 f.) (auch bei Geschäftsraummiete).
10 *BGH* NJW 2006, 2116 (2117).
11 *BGH* NJW 2006, 2915 (2916) und 1728; 2004, 2536; 2008, 3772 (für starre Fristen im Gewerberaummietvertrag).
12 *BGH* NJW 2007, 3776.
13 *BGH* NJW 2007, 3632; einschränkend schon NJW 2013, 2505 f.
14 *BGH* NJW 2015, 1871 (1873); dazu *Schmidt* NJW 2016, 1201.
15 *BGH* NJW 2011, 514.
16 *BGH* NJW 2012, 1280.

Da die Pflicht zur Übernahme von Schönheitsreparaturen eine einheitliche Rechtspflicht darstellt, führt eine in Teilen (zB nur bzgl. des Parkettbodens) unwirksame Klausel immer zur vollständigen Unwirksamkeit.[17] In der Praxis des Mietrechts spielen unwirksame Klauseln zur Abwälzung von Schönheitsreparaturen auf Mieter eine überragend wichtige Rolle. 4e

Zu den Schönheitsreparaturen gehören zB das Anstreichen bzw. Tapezieren von Wänden, Decken, Fußböden, Heizkörpern und -rohren, Innentüren sowie der Innenseiten von Außentüren und Fenstern.

2. Nebenleistungspflichten und Schutzpflichten

Außer der Pflicht zur Gewährung des Gebrauchs treffen den Vermieter weitere im Gesetz geregelte Pflichten und allgemeine Sorgfalts- und Schutzpflichten. 5

a) Aufwendungsersatz. Da der Vermieter für die Erhaltung der Mietsache sorgen muss, hat er dem Mieter die auf die Mietsache gemachten Aufwendungen zu ersetzen. Hinsichtlich der Rechtsgrundlage für die Pflicht zum Aufwendungsersatz ist zu unterscheiden: Wenn die Aufwendungen zur umgehenden Beseitigung eines Mangels zwecks Erhaltung oder Wiederherstellung des Bestands der Mietsache notwendig waren (zB Reparatur eines Wasserrohrbruches), muss der Vermieter nach § 536a II Nr. 2 Aufwendungsersatz leisten (→ Rn. 18). Alle anderen Aufwendungen des Mieters (zB Anstrich des Gartentores) sind vom Vermieter gem. § 539 I nach den Regeln der Geschäftsführung ohne Auftrag zu ersetzen.

Keine Pflicht zum Aufwendungsersatz besteht, soweit nach dem Mietvertrag den Mieter die Instandsetzungspflicht trifft. Maßnahmen des Mieters, die den Zustand der Mietsache verändern oder sie für einen anderen als den vertragsmäßigen Gebrauch herrichten, sind schon keine Aufwendungen iSv § 539 I.[18] Hier haftet der Vermieter höchstens nach § 951 iVm §§ 812 ff. 6

b) Duldung der Wegnahme von Einrichtungen. Der Vermieter muss die Wegnahme von Einrichtungen dulden (§ 539 II), die der Mieter mit der Mietsache verbunden hat, auch wenn sie in das Eigentum des Vermieters übergegangen sind (§§ 946 f., §§ 93 f.). Das Wegnahmerecht des Mieters wird in der Regel zwar erst bei Beendigung 7

17 *BGH* NJW 2010, 674.
18 Zu § 547 aF BGHZ 10, 171; 41, 157; str.

des Mietverhältnisses Bedeutung gewinnen; es kann aber auch schon während der Mietzeit ausgeübt werden. Nimmt der Mieter die Einrichtung weg, so muss er den alten Zustand der Mietsache wiederherstellen (§ 258).[19]

Hat der Mieter kein berechtigtes Interesse an der Wegnahme, kann der Vermieter die Ausübung des Wegnahmerechts durch Zahlung einer angemessenen Entschädigung abwenden (§ 552 I).

8 **c) Schutzpflichten.** Für den Vermieter ergeben sich aufgrund des Mietvertrags schließlich auch allgemeine Schutzpflichten (vgl. § 241 II). So hat er zB den Mieter über mögliche Gefährdungen, die von der Mietsache ausgehen, aufzuklären.

II. Folgen der Nicht- oder Schlechterfüllung der Vermieterpflichten

9 Erfüllt der Vermieter seine Pflichten nicht oder schlecht, so stehen dem Mieter die folgenden Rechte zu: Er braucht die mit erheblichen Sach- oder Rechtsmängeln versehene Mietsache gar nicht erst zu übernehmen.[20] Im Übrigen hat er, soweit nicht Unmöglichkeit vorliegt, zunächst einmal einen Erfüllungsanspruch. Wird ihm der Gebrauch nicht gewährt oder entzogen und beruht dies auf einem Sach- oder Rechtsmangel, stehen dem Mieter ausschließlich die Rechte aus §§ 536ff. zu; denn diese Bestimmungen gehen den allgemeinen Vorschriften über Leistungsstörungen vor. Nur wenn die Nicht- oder Schlechterfüllung nicht auf einem Sach- oder Rechtsmangel beruht, kann der Mieter nach den allgemeinen Regeln über Leistungsstörungen vorgehen. Da die §§ 536ff. die §§ 280ff., 323ff. ausschließen, ist also stets zuerst zu prüfen, ob die Vorschriften der §§ 536ff. eingreifen.

1. Erfüllungsanspruch

10 Wenn der Vermieter seinen Pflichten nicht nachkommt, kann der Mieter Erfüllung verlangen. Der Erfüllungsanspruch umfasst auch einen **Anspruch auf Nachbesserung** hinsichtlich der Mängel, die bei der Übergabe vorhanden sind oder während der Mietzeit entstehen; denn der Vermieter ist während der ganzen Mietzeit zur Instandhal-

19 *Brox/Walker* SchuldR AT § 10 Rn. 6f.
20 *BGH* NJW-RR 2007, 884 (885).

tung der Mietsache verpflichtet (§ 535 I 2). Weil es sich bei dem auf Mangelbeseitigung gerichteten Erfüllungsanspruch um eine Dauerverpflichtung handelt, unterliegt dieser Anspruch während der Mietzeit nicht der Verjährung.[21]

Die Verpflichtung des Vermieters zur Mangelbeseitigung endet dort, wo der dazu erforderliche Aufwand die **„Opfergrenze"** für den Vermieter überschreitet.[22] Deshalb kann sich der Vermieter gegenüber dem Mangelbeseitigungsverlangen auf § 275 II berufen, wenn zwischen dem Sanierungsaufwand einerseits und dem Nutzen der Reparatur für den Mieter sowie dem Wert des Mietobjekts und den daraus zu erzielenden Einnahmen andererseits ein krasses Missverhältnis besteht.

2. Mängelhaftungsansprüche

Beim Mietvertrag sind die Rechtsfolgen von Sach- oder Rechts- 11
mängeln der Mietsache gleich geregelt. Dem Mieter stehen jeweils die Rechte aus §§ 536, 536a zu (§ 536 III; vgl. ferner § 543 II Nr. 1).

a) Voraussetzungen

aa) Die Haftung des Vermieters für **Sachmängel** setzt voraus, dass die Sache bei der Überlassung des Gebrauchs mit einem Mangel behaftet ist, der ihre Tauglichkeit zum vertragsgemäßen Gebrauch aufhebt, oder dass ein solcher Mangel während der Mietzeit entsteht (§ 536 I). Erforderlich ist jedoch ein solcher Mangel, der die Tauglichkeit der Sache zu dem vertragsgemäßen Gebrauch nicht nur unerheblich mindert (§ 536 I 3). Allerdings bleibt eine solche Minderung der Tauglichkeit für die Dauer von drei Monaten außer Betracht, wenn sie aufgrund einer Maßnahme zur energetischen Sanierung nach § 555b Nr. 1 eintritt (§ 536 Ia). Dadurch sollen energetische Sanierungen erleichtert werden. Der Ausschluss des Minderungsrechts gilt auch, wenn die Maßnahme neben der energetischen Sanierung gleichzeitig der Erhaltung der Mietsache dient, zB bei der Wärmedämmung.[23]

Dem § 536 liegt ebenso wie dem § 434 I 1, I 2 Nr. 1 (→ § 4 Rn. 9, 12) der subjektive Fehlerbegriff zugrunde. Der Mangel kann der Sache körperlich anhaften (Schadhaftigkeit des Daches, **Fall a**; unzureichend vermauerte Wandöffnung in Ladenlokal, die Einbrüche erleichtert[24]). Er ist aber auch in solchen Umständen zu sehen, die der

---

21 *BGH* NJW 2010, 1292.
22 *BGH* NJW 2010, 2050 (2052).
23 BT-Drs. 17/10485, 18.
24 *BGH* NJW-RR 2006, 1157.

Sache zwar nicht unmittelbar anhaften, aber so auf sie einwirken, dass der vertragsgemäße Gebrauch beeinträchtigt wird (zB Eröffnung eines Konkurrenzgeschäfts im selben Haus;[25] behördliche Gebrauchsbeschränkungen;[26] erhöhte Lärmbelastung).[27] Allerdings begründet eine nachträgliche, von einem benachbarten Grundstück (zB von einem nachträglich errichteten Schulhofbolzplatz) ausgehende erhöhte Lärmbelästigung grundsätzlich keinen zur Minderung berechtigenden Mangel der Mietsache, wenn auch der Vermieter den Lärm gem. § 906 als unwesentlich oder ortsüblich entschädigungslos hinnehmen muss.[28] Bei gesetzlichen Gebrauchsbeschränkungen (zB ein gesetzliches Rauchverbot für Gewerberäume), die nichts mit dem konkreten Miet- oder Pachtobjekt zu tun haben, lehnt der BGH einen Sachmangel ab; das insoweit bestehende Verwendungsrisiko der Miet- oder Pachtsache trage bei Gewerberäumen der Mieter bzw. der Pächter.[29] Dagegen kann es einen Sachmangel darstellen, wenn die gemietete Wohnung zwar in Ordnung ist, aber eine Wohnfläche aufweist, die mehr als 10 % unter der im Mietvertrag angegebenen Fläche liegt.[30] Ist allerdings die Angabe der Wohnfläche im Mietvertrag mit der ausdrücklichen Einschränkung versehen, dass sie nicht zur Festlegung des Mietgegenstandes diene, liegt keine Beschaffenheitsvereinbarung hinsichtlich der Wohnfläche vor.[31] Dann führt eine Abweichung auch nicht zu einem Sachmangel.

Nach § 536 II ist auch das Fehlen oder der spätere Wegfall einer zugesicherten Eigenschaft ein Sachmangel.

12 bb) Die Haftung für **Rechtsmängel** greift nach § 536 III ein, wenn dem Mieter aufgrund des privaten Rechts eines Dritten der vertragsgemäße Gebrauch ganz oder teilweise tatsächlich entzogen wird; das Recht des Dritten kann dinglicher oder obligatorischer Art sein. § 536 III ist unmittelbar nur dann anwendbar, wenn dem Mieter der einmal eingeräumte Gebrauch entzogen wird. Nach dem Zweck die-

---

25 Vgl. RGZ 119, 353; *BGH* NJW 2013, 44 (46) (Verletzung einer Konkurrenzschutzabrede).

26 Vgl. *BGH* NJW 2017, 1104 Rn. 15; 2013, 44 (45 f.); NJW-RR 2012, 1480 (1481) (bestimmter Mietermix ist ohne ausdrückliche Vereinbarung keine Sollbeschaffenheit); NJW 1992, 3227.

27 *BGH* NJW 2013, 680 (jedenfalls Beschaffenheitsvereinbarung darüber möglich).

28 *BGH* NJW 2015, 2177 (2180).

29 *BGH* NJW 2011, 3151.

30 *BGH* NJW 2004, 1947; 2005, 2152 (auch bei Geschäftsraummiete); NJW-RR 2006, 801; NJW 2010, 292 (auch bei Wohnhaus mit Garten); 2011, 220 f.; 2011, 1282 (auch bei möbliertem Wohnraum); 2016, 239 (Bestätigung der Erheblichkeitsschwelle von 10 %).

31 *BGH* NJW 2011, 220 f.

ser Norm ist sie wegen der gleichen Interessenlage aber auch dann entsprechend anzuwenden, wenn dem Mieter infolge des Rechts eines Dritten der Gebrauch von vornherein nicht gewährt wird.

Im **Fall c** (Doppelvermietung) kann A den V aus Rechtsmängelhaftung in Anspruch nehmen. Da B aufgrund gültigen Mietvertrags das Zimmer benutzt und somit V ihm den Besitz nicht entziehen kann, scheidet ein Erfüllungsanspruch des A wegen Unmöglichkeit aus. A hat nur die Rechte aus §§ 536 ff.[32]

cc) Für den **Ausschluss der Mängelhaftung** sind die §§ 536b, 536d, 536 IV (Kenntnis des Mieters vom Mangel bei Vertragsschluss oder Annahme der mangelhaften Sache ohne Vorbehalt der Rechte) zu beachten; die Regelung ähnelt der beim Kauf (→ § 4 Rn. 31 ff., 36 f.). Die vorbehaltlose Ausübung einer Option zur Verlängerung des Mietvertrags führt aber nicht zum Ausschluss der Mängelrechte.[33] Dem Mieter stehen Mängelrechte auch dann nicht zu, wenn er dem Vermieter einen festgestellten Mangel nicht unverzüglich anzeigt (§ 536c II; **Fall f**).[34] Auch die Einrede des nicht erfüllten Vertrags (§ 320) wegen eines Mangels der Mietsache steht dem Mieter nur für solche Mieten zu, die erst nach Anzeige des Mangels an den Vermieter fällig werden.[35] Dagegen verliert der Mieter seine Rechte nicht allein deshalb, weil er bei nachträglicher Kenntniserlangung von einem Mangel die ungeminderte Miete vorbehaltlos weiterzahlt.[36] 13

Im Übrigen kann der Mieter selbst dann, wenn er beim Abschluss des Vertrags Kenntnis von einem Mangel hatte und deshalb gem. § 536b Minderung (§ 536) und Schadensersatz (§ 536a) ausgeschlossen sind, noch seinen Erfüllungsanspruch aus § 535 I 2 geltend machen. Der Erfüllungsanspruch ist nur dann ausgeschlossen, wenn die Mietvertragsparteien einen bei Überlassung vorhandenen (schlechten) Zustand als vertragsgemäß vereinbart haben.[37]

b) Folgen. Liegt ein Sach- oder Rechtsmangel vor, der nicht auf eine energetische Sanierung zurückzuführen ist und daher gem. § 536 Ia außer Betracht bleibt, so kann der Mieter regelmäßig neben seinem auf Beseitigung der Mängel gerichteten Erfüllungsanspruch folgende Rechte geltend machen: 14

32 *BGH* NJW 1961, 917; MDR 1962, 398.
33 *BGH* NJW 2015, 402 (403 ff.) mwN auch zur Gegenansicht.
34 Vgl. *BGH* NJW 2013, 1299 (keine Mietminderung, wenn dem Vermieter wegen Verletzung der Anzeigepflicht ein Schadensersatzanspruch nach § 536c II 1 zusteht).
35 *BGH* NJW-RR 2011, 447 (448).
36 *BGH* NJW 2003, 2601 (2603); 2005, 1503; anders noch zu § 539 aF *BGH* NJW 2000, 2663 (2664).
37 *BGH* NJW-RR 2007, 1021 (1022).

aa) Ist die Sache bei der Übergabe mit einem Mangel behaftet oder entsteht später ein solcher Mangel, so ist der Mieter kraft Gesetzes für den Zeitraum, während dessen der Gebrauch aufgehoben oder gemindert bzw. ihm ganz oder teilweise entzogen ist, **von der Entrichtung der Miete** ganz oder zum Teil **befreit** (§ 536 I, III; **Fall a)**. Die Befreiung setzt nicht voraus, dass der Vermieter den Mangel zu vertreten hat. Hat aber der Mieter den Fehler allein oder weit überwiegend schuldhaft verursacht, so wird er entsprechend dem Gedanken des § 326 II 1 nicht von der Mietzahlungspflicht frei.

15 bb) Der Mieter kann **Schadensersatz** verlangen, wenn der Sach- oder Rechtsmangel schon bei Vertragsschluss bestand (§ 536a I; Garantiehaftung; **Fall a)**. Das gilt nach umstrittener Ansicht selbst dann, wenn die Mietsache noch nicht überlassen worden ist,[38] wenn der Mangel erst später erkannt wird oder erst nach Vertragsschluss zur Funktionsuntüchtigkeit führt.[39] Entsteht ein solcher Mangel erst später, so hat der Mieter einen Schadensersatzanspruch nur, wenn der Vermieter den Mangel zu vertreten hat **(Fall c)** oder mit der Mängelbeseitigung im Verzug ist (§ 536a I). Der Anspruch aus § 536a I besteht neben dem Recht aus § 536.

16 Der Schadensersatzanspruch nach § 536a I umfasst nach hM auch die **Mangelfolgeschäden** (→ § 4 Rn. 107). Der Mieter kann somit auch Ersatz der Schäden verlangen, die er an seiner Gesundheit oder seinem Vermögen infolge des Mangels erlitten hat[40] **(Fall a**, Möbelschäden). Ersatzfähig ist auch der sog. Fortzugsschaden, der nach mangelbedingter Kündigung des Mieters (zB wegen Schimmelbildung oder wegen behördlicher Nutzungsuntersagung) durch dessen Umzug in eine andere Wohnung entsteht (Umzugskosten).[41] Dieser Schadensersatzanspruch setzt nicht einmal voraus, dass die Kündigung des Mieters nach §§ 543 I, 569 I (→ § 13 Rn. 34) berechtigt und formell wirksam ist.[42] Solche Mangelfolgeschäden muss der Mieter nach Grund und Höhe beweisen, was etwa dann von Bedeutung ist, wenn der Vermieter behauptet, die Schäden seien schon aufgrund eines früheren Ereignisses eingetreten.[43]

---

38 *BGH* NJW 1985, 1025; MüKoBGB/*Häublein* Vor § 536 Rn. 11; **aM** *BGH* NJW 1999, 635; 1997, 2813.
39 *BGH* NJW 2010, 3152 (Konstruktionsmangel eines Fensters).
40 *BGH* NJW 1962, 908; 1971, 424.
41 *BGH* NJW 2017, 1104 Rn. 11, 21.
42 *BGH* NJW 2013, 2660.
43 *BGH* NJW-RR 2006, 1238.

Ob der Vermieter für alle bei Vertragsschluss vorhandenen Mängel ohne Verschulden einstehen muss, ist allerdings umstritten. Zum Teil wird die Ansicht vertreten, die Garantiehaftung greife bei solchen Mängeln nicht ein, die der Vermieter auch bei äußerster Sorgfalt nicht habe erkennen können; denn der Mieter dürfe nur darauf vertrauen, dass der Vermieter vor Abschluss des Vertrags die Mietsache sorgfältig auf Mängel untersucht habe. Diese Auffassung ist jedoch mit dem Gesetz nicht vereinbar. Mit der Vorschrift des § 536a I wollte der Gesetzgeber gerade zum Schutz des Mieters eine umfassende Garantiehaftung des Vermieters anordnen.[44]

Wenn der Mietvertrag ein Vertrag mit Schutzwirkung zu Gunsten Dritter ist, können auch Dritte, die mit der Leistung des Vermieters in Berührung kommen und denen der Mieter zu Schutz und Fürsorge verpflichtet ist, nach § 536a Ersatz der ihnen zugefügten Schäden verlangen. 17

cc) Ist der Vermieter mit der Beseitigung eines Sachmangels im Verzug (§ 286), so kann der Mieter den **Mangel selbst beseitigen und Ersatz der erforderlichen Aufwendungen** verlangen (§ 536a II Nr. 1). In diesem Fall hat er auch einen Anspruch auf Vorschuss in Höhe der voraussichtlichen Beseitigungskosten.[45] „Erforderlich" sind nur solche Aufwendungen, die bei einer vernünftigen wirtschaftlichen Betrachtungsweise nötig und zweckmäßig sowie zu einer nachhaltigen Mangelbeseitigung geeignet sind.[46] 18

Das Selbstbeseitigungsrecht besteht auch, wenn die umgehende Beseitigung eines Mangels zur Erhaltung oder Wiederherstellung des Bestands der Mietsache notwendig ist (§ 536a II Nr. 2; zB Reparatur des Daches zur Erhaltung des Miethauses, **Fall b)**.

Liegen die Voraussetzungen des § 536a II Nr. 1 und 2 nicht vor, kann der Mieter bei einer eigenmächtigen Mangelbeseitigung die dafür erforderlichen Aufwendungen weder nach § 539 I iVm den Vorschriften über die GoA noch als Schadensersatz nach § 536a I vom Vermieter ersetzt verlangen.[47] Bei § 536a II handelt es sich insoweit um eine abschließende Spezialregelung.

dd) Der Mieter kann schließlich nach § 543 I, II 1 Nr. 1 den Mietvertrag **ohne Einhaltung einer Kündigungsfrist** kündigen (bei Wohnraummiete nicht abdingbar; § 569 V 1). Voraussetzung hierfür ist jedoch, dass der Mieter zuvor dem Vermieter unter Angabe der Mängel eine angemessene Frist für ihre Beseitigung gesetzt hat und 19

---

44 Vgl. Mot. II, 376; Prot. VI, 186.
45 *BGH* NJW 2010, 2049 (2050); 2008, 2432.
46 *BGH* NJW 2010, 2050 (2051 f.).
47 *BGH* NJW 2008, 1216 ff.

der Vermieter diese Frist hat verstreichen lassen (§ 543 III). Ohne vorherige Fristsetzung kann der Mieter von Wohnraum fristlos kündigen, wenn die sofortige Kündigung unter Abwägung der beiderseitigen Interessen gerechtfertigt ist (§ 543 III Nr. 2). Das kann (muss aber nicht) der Fall sein, wenn der Mieter deshalb kündigt, weil die Benutzung der Wohnung infolge des Sachmangels mit einer erheblichen Gesundheitsgefahr verbunden ist (§§ 543 I, III Nr. 2, 569 I).[48] Der BGH[49] hat eine Fristsetzung für entbehrlich gehalten, wenn der Vermieter eine behördliche Frist zur Herstellung eines brandschutzgerechten Zustands der Außenfassade hat verstreichen lassen und deshalb gegen den Mieter eine sofort vollziehbare Nutzungsuntersagungsverfügung ergangen ist.

Eine fristlose Kündigung durch den Mieter kommt schon **vor Übergabe des Mietobjekts** in Betracht, wenn der Vermieter sich trotz Fristsetzung weigert, das Mietobjekt durch Beseitigung von Mängeln in den vertraglich vereinbarten Zustand zu versetzen.[50]

Die fristlose Kündigung ist gem. §§ 543 IV, 536b ausgeschlossen, wenn dem Mieter bei Vertragsschluss der Mangel bekannt oder aus grober Fahrlässigkeit unbekannt war oder wenn er die mangelhafte Mietsache in Kenntnis des Mangels angenommen hat, ohne sich seine Mängelrechte vorzubehalten. Erhält der Mieter dagegen erst nachträglich Kenntnis von einem Mangel, führt allein seine vorbehaltlose Weiterzahlung der Miete nicht zu einem Verlust des Kündigungsrechts.[51] Eine analoge Anwendung des § 536b auf diesen Fall kommt mangels planwidriger Regelungslücke nicht in Betracht.[52]

Die Kündigung schließt die Geltendmachung der Rechte aus §§ 536, 536a für die vergangene Mietzeit nicht aus. – Im **Fall a** könnte M daher unabhängig von seinen Rechten gem. §§ 536, 536a mit Ablauf der von ihm bestimmten Frist nach § 543 I, II 1 Nr. 1, III fristlos kündigen.

3. Haftung des Vermieters nach allgemeinen Vorschriften

20 Der Vermieter haftet nach den allgemeinen Vorschriften des Schuldrechts (§§ 280 ff., 323 ff.), wenn die Nichterfüllung seiner Pflichten nicht auf einem Sach- oder Rechtsmangel beruht. Räumt

48 Dazu *BGH* NJW 2007, 2177 (2178).
49 *BGH* NJW 2017, 1104 Rn. 18.
50 *BGH* NJW-RR 2007, 884 (885).
51 Anders noch nach § 539 aF; dazu *BGH* NJW 2000, 2663 (2664).
52 *BGH* NJW 2007, 147 (148); 2005, 1503; 2003, 2601 (2603).

der Vermieter dem Mieter den Gebrauch der Sache nicht ein, so kann der Mieter nach §§ 280, 281 vorgehen. Schadensersatz aus §§ 280, 283 kann der Mieter aber nur verlangen, wenn der Vermieter die Mietsache schuldhaft völlig zerstört hat oder wenn der vertragsgemäße Zustand der Mietsache sich nicht herstellen lässt. An die Stelle des Rücktrittsrechts aus §§ 323, 326 V tritt das Recht zur fristlosen Kündigung aus § 543 I, II 1 Nr. 1, weil eine Rückabwicklung nach Rücktrittsrecht zu unlösbaren Schwierigkeiten führen würde. Wird die Mietsache ohne Verschulden der Parteien völlig und dauernd unbrauchbar, so werden beide von ihrer Leistungspflicht frei (§§ 275 I, 326 I 1).[53]

Ansprüche wegen Pflichtverletzung aus §§ 280, 281 I 1, die mit einem Sach- **21**
mangel in Zusammenhang stehen, sind durch § 536a ausgeschlossen, weil nach dieser Vorschrift auch für Mangelfolgeschäden gehaftet wird. Sie können allerdings bei der Verletzung von allgemeinen Schutz- und Sorgfaltspflichten in Betracht kommen (§§ 280, 282, 241 II), da § 536a insoweit keine Regelung enthält.

Für einen Anspruch aus vorvertraglicher Pflichtverletzung (§§ 280 I, 282, 241 II iVm § 311 II) wegen unterlassener Aufklärung über bestehende Mängel der Mietsache ist neben § 536a kein Raum.[54]

Rechtsfolgen bei Sach- und Rechtsmängeln der Mietsache

I. Erfüllungsanspruch einschließlich Nachbesserungsanspruch des Mieters (§ 535 I 1, 2)

II. Mängelrechte

1. Kein Ausschluss der Mängelrechte
   a) Ausschluss kraft Vereinbarung (beachte § 536d)
   b) Ausschluss kraft Gesetzes
      aa) Minderung der Tauglichkeit aufgrund einer Maßnahme zur energetischen Sanierung (§ 536 Ia)
      bb) Kenntnis oder grob fahrlässige Unkenntnis des Mieters vom Mangel (§ 536b)
      cc) Versäumte Mängelanzeige bei nachträglich auftretendem Mangel (§ 536c)
2. Die einzelnen Mängelrechte des Mieters
   a) Befreiung von der Entrichtung der Miete = Mietminderung (§ 536 I, III)

53 Vgl. zur Rechtslage vor dem 1.1.2002 *BGH* NJW-RR 1991, 204.
54 Vgl. zur Rechtslage vor dem 1.1.2002 *BGH* NJW 1980, 780; dazu aber auch BGHZ 136, 103.

b) Schadensersatzanspruch bei anfänglichem oder vom Vermieter zu vertretenden nachträglichem Rechts- oder Sachmangel (§ 536a I)
c) Selbstbeseitigungsrecht mit Aufwendungsersatzanspruch (§ 536a II)
d) Recht zur fristlosen Kündigung (§ 543 I, II 1 Nr. 1)

III. Pflichten des Mieters

1. Pflicht zur Zahlung der Miete

22 **Hauptleistungspflicht** des Mieters ist die Verpflichtung zur Leistung des vereinbarten Entgelts (§ 535 II).

a) Entrichtung in Zeitabständen. Die Miete ist meistens (zB bei Grundstücks-, Wohnraummiete) in wiederkehrenden Zeitabständen zu entrichten; durch die einzelne Zahlung wird die Gebrauchsüberlassung für den jeweiligen Abschnitt abgegolten. Die Miete kann aber auch als einmalige Leistung geschuldet sein; das ist vor allem bei Mietverträgen über eine kurze, fest bestimmte Zeit der Fall (zB bei Vermietung eines Buches, Ruderbootes).

23 **b) Fälligkeit.** Nach § 556b ist die Miete bei Mietverhältnissen über Wohnräume oder über andere Räume (§ 579 II) zu Beginn, spätestens bis zum dritten Werktag der einzelnen Zeitabschnitte zu entrichten, nach denen sie bemessen ist. Für die Rechtzeitigkeit der Mietzahlung genügt es, dass der Mieter seiner Bank den Überweisungsauftrag bis zum dritten Werktag eines Monats erteilt hat und sein Konto gedeckt ist.[55] Es schadet nicht, wenn die Gutschrift auf dem Empfängerkonto erst nach dem dritten Werktag erfolgt. Das folgt aus der Einordnung der Mietschuld als qualifizierte Schickschuld. Leistungsort ist gem. § 269 I der Wohnsitz des Schuldners. Dieser trägt zwar gem. § 270 I die Verlustgefahr, nicht aber die Verzögerungsgefahr.

Sog. **Rechtzeitigkeitsklauseln** in vorformulierten Mietverträgen, wonach die Miete bis zum dritten Werktag auf dem Vermieterkonto gutgeschrieben sein muss, sind wegen unangemessener Benachteiligung des Mieters gem. § 307 I 1 unwirksam.[56]

55 *BGH* NJW 2017, 1596 Rn. 18ff. mAnm *Emmerich* JuS 2017, 466.
56 *BGH* NJW 2017, 1596 Rn. 38ff. mAnm *Emmerich* JuS 2017, 466.

Bei Mietverhältnissen über Grundstücke oder über bewegliche Sachen ist die Miete am Ende der Mietzeit fällig (§ 579 I).

c) Höhe. Die Höhe der Miete können die Parteien grundsätzlich frei vereinbaren. Bei der Wohnraummiete bestehen zum Schutz des Mieters zahlreiche Sonderregelungen. 24

So richtet sich die Höhe der Miete für Sozialwohnungen und Wohnraum, der mit Hilfe staatlicher Förderung oder steuerbegünstigt errichtet wurde, nach dem Wohnungsbindungsgesetz sowie nach dem Wohnungsbaugesetz. Danach unterliegt die Höhe der Miete der Preisbindung; der Vermieter kann allenfalls die sog. Kosten- oder die Vergleichsmiete beanspruchen. Die Kostenmiete wird aufgrund einer Wirtschaftlichkeitsberechnung ermittelt. Um die Vergleichsmiete zu bestimmen, legen die Gemeinden sog. Mietspiegel an.[57]

Durch das Mietrechtsnovellierungsgesetz – MietNovG[58] wurde mit Wirkung zum 1.6.2015 für die Wohnungsvermietung in Gebieten mit angespannten Wohnungsmärkten eine sog. **Mietpreisbremse** eingeführt. Gem. § 556d II können die Länder durch Rechts-VO Gebiete mit angespannten Wohnungsmärkten ausweisen, in denen die Versorgung der Bevölkerung mit Mietwohnungen zu angemessenen Bedingungen besonders gefährdet ist. Dort darf dann bei einer Wiedervermietung die Miete zu Beginn des Mietverhältnisses die ortsübliche Vergleichsmiete höchstens um 10 % übersteigen (§ 556d I). Nur wenn schon der bisherige Mieter eine höhere Miete geschuldet hat, darf diese auch mit dem neuen Mieter vereinbart werden (§ 556e I). Die Mietpreisbremse gilt nicht bei der Vermietung von Neubauten und bei der erstmaligen Vermietung nach einer umfassenden Modernisierung (§ 556f). Sie gilt ferner nicht bei Mietverhältnissen über Wohnraum, der nur zum vorübergehenden Gebrauch vermietet wird, über möblierten Mietraum in einer zum Teil vom Vermieter selbst bewohnten Wohnung sowie über Wohnraum, den eine juristische Person des öffentlichen Rechts oder ein privater Träger der Wohlfahrtshilfe angemietet hat, um ihn Personen mit dringendem Wohnbedarf zu überlassen (Einzelheiten: § 549 II Nr. 1–3). Auch bei der Vermietung von Wohnraum in einem Studenten- oder Jugendwohnheim finden die §§ 556d ff. keine Anwendung (§ 549 III). Abweichende Vereinbarungen zum Nachteil des Mieters sind unwirksam (§ 556g I). 24a

57 Einzelheiten der Berechnung ergeben sich aus der Neubaumietenverordnung sowie aus der 2. Berechnungsverordnung; vgl. Palandt/*Weidenkaff* BGB Einf. v. § 535 Rn. 130.
58 Gesetz vom 21.4.2015, BGBl. I 610.

Ob diese Mietpreisbremse wirklich geeignet ist, vor allem einkommensschwachen Haushalten und Durchschnittsverdienern den Zugriff auf bezahlbaren Wohnraum zu verbessern,[59] wird sich erst noch erweisen müssen. Zum Teil werden negative Auswirkungen auf die Neubautätigkeit und eine zurückgehende Vermietungsbereitschaft befürchtet, und in der Mietpreisbremse wird ein verfassungsrechtlich bedenklicher Eingriff in die Eigentums- und Vertragsfreiheit gesehen.[60]

25 **d) Mieterhöhung.** Abgesehen von den Sonderregelungen der §§ 556d ff. über Mietvereinbarungen in Gebieten mit angespannten Wohnungsmärkten ist für Mietverhältnisse über nicht preisgebundenen Wohnraum eine Mieterhöhung nur nach Maßgabe der §§ 557 ff. zulässig. Eine Kündigung zum Zwecke der Mieterhöhung ist ausgeschlossen (§ 573 I 2).

Nach § 558 kann der Vermieter die Zustimmung des Mieters zu einer Erhöhung der Miete **bis zur ortsüblichen Vergleichsmiete** verlangen. Voraussetzung ist, dass die Miete seit 15 Monaten unverändert ist. Außerdem dürfen derartige Mieterhöhungen innerhalb von drei Jahren die Miete nicht um mehr als 20 % (sog. Kappungsgrenze) anheben (§ 558 III 1). Wenn in einer Gemeinde die Versorgung der Bevölkerung mit Wohnraum zu angemessenen Bedingungen gefährdet ist und diese Gemeinde durch Rechtsverordnung der jeweiligen Landesregierung in eine entsprechende Liste aufgenommen wurde, liegt die Kappungsgrenze bei 15 % (§ 558 III 2, 3). Das Mieterhöhungsverlangen ist dem Mieter in Textform zu erklären und zu begründen (§ 558a I). Zur Begründung kann etwa auf einen einfachen (§ 558c) oder qualifizierten Mietspiegel (§ 558d),[61] auf die Auskunft einer Mietdatenbank (§ 558e) oder auf ein dem Mieterhöhungsverlangen beigefügtes Sachverständigengutachten Bezug genommen werden (§ 558a II).

Der Mietspiegel ist eine Übersicht über ortsübliche Vergleichsmieten, die von den Gemeinden oder von Interessenvertretern der Vermieter und Mieter gemeinsam erstellt oder anerkannt worden ist (§§ 558c, 558d).

Fraglich ist, auf welche Wohnfläche sich die Mieterhöhung bezieht, wenn die im Mietvertrag vereinbarte von der tatsächlichen Wohnfläche abweicht. Der BGH hat früher (nur dann) auf die vertraglich vereinbarte Wohnfläche abgestellt, wenn die tatsächliche Flächenabwei-

---

59 Zu dieser Zielsetzung siehe die Begründung zum Regierungsentwurf vom 1.10.2014, 1.
60 *Leuschner* NJW 2014, 1929 (1932 f.).
61 Zu den Voraussetzungen *BGH* NJW 2013, 775; 2014, 292.

chung nicht mehr als 10 % beträgt.[62] Nach heutiger Rechtsprechung[63] kommt es für eine Mieterhöhung nach § 558 immer auf die für die tatsächliche Wohnungsgröße maßgebliche Vergleichsmiete an. Liegt die tatsächliche Wohnfläche über der im Mietvertrag angegebenen, ist bei Anwendung der Kappungsgrenze des § 558 III die zu Beginn des Vergleichszeitraums vereinbarte (zu niedrige) Ausgangsmiete der ortsüblichen Vergleichsmiete gegenüberzustellen.

Soweit der Mieter der Mieterhöhung nicht innerhalb von zwei Monaten zustimmt, kann der Vermieter innerhalb von weiteren drei Monaten auf Zustimmung klagen (§ 558b II).

Nach § 559 kann der Vermieter die jährliche Miete auch bei den **26**
meisten **Modernisierungsmaßnahmen** iSv § 556b um bis zu 11 % der aufgewendeten Kosten erhöhen. Der Mieter schuldet dann die erhöhte Miete ab dem dritten Monat nach Zugang der Erhöhungserklärung (§ 559b II). Bei den Modernisierungsmaßnahmen sind solche, die keinen Bezug zur Mietsache haben (Photovoltaikanlagen, deren erzeugter Strom an einen Energieversorger verkauft wird), nicht zu berücksichtigen; das ist daraus zu entnehmen, dass § 555b Nr. 2 in § 559 I nicht genannt wird. Gleiches gilt für notwendige Erhaltungsmaßnahmen. Wenn sie mit Modernisierungsmaßnahmen zusammenfallen, sind die jeweiligen Anteile durch Schätzung zu ermitteln (§ 559 II). Eine Mieterhöhung nach Modernisierung ist im Einzelfall ausgeschlossen, wenn sie für den Mieter auch unter Berücksichtigung der Vermieterinteressen eine nicht zu rechtfertigende Härte bedeutet (Einzelheiten: § 559 IV, V). Die Mietvertragsparteien haben auch die Möglichkeit, nach Abschluss des Mietvertrags eine Vereinbarung über die infolge von Modernisierungsmaßnahmen zu zahlende erhöhte Miete zu treffen (§ 555f Nr. 3).

Bei einer Mieterhöhung nach §§ 558, 559 steht dem Mieter nach § 561 ein **27**
Sonderkündigungsrecht zu.

Die Vertragsparteien sind auch berechtigt, für preisfreien Wohnraum eine sog. **Staffelmiete** zu vereinbaren, wonach der Mietzins sich nach Ablauf bestimmter Zeiträume in bestimmter Höhe ändern soll (§ 557a). Ebenfalls zulässig ist die Vereinbarung einer sog. **Indexmiete**, bei der die Miete durch den vom Statistischen Bundesamt ermittelten Preisindex für die Lebenshaltung aller privaten Haushalte in Deutschland bestimmt wird (§ 557b). Staffel- und Indexmiete müssen schriftlich vereinbart werden.

62 *BGH* NJW 2007, 2626 (2627).
63 *BGH* NJW 2016, 239 ff.

2. Nebenleistungspflichten und Schutzpflichten

28 **a) Einhaltung des vertragsgemäßen Gebrauchs.** Der Mieter darf den vertragsgemäßen Gebrauch der Mietsache nicht überschreiten; er ist insbesondere nicht befugt, die Mietsache einem anderen als dem vertraglich festgelegten Gebrauch zuzuführen (zB Benutzung einer Wohnung als Büro oder Erteilung von Musikunterricht in der Wohnung[64]). Diese Verpflichtung des Mieters wird im BGB nicht ausdrücklich bestimmt. Sie ergibt sich aber aus §§ 538, 540, 541, 543, in denen die Folgen einer Verletzung dieser Pflicht näher geregelt sind.

Bei einem Mietverhältnis über Wohnraum wird der Inhalt dieser Mieterpflicht häufig durch eine Hausordnung näher geregelt. Die Hausordnung ist für den Mieter verbindlich, wenn sie Gegenstand des Mietvertrags geworden ist.

Ob die Haltung von Haustieren in der Wohnung zum vertragsgemäßen Gebrauch gehört, hängt – falls die Mietvertragsparteien darüber nichts vereinbart haben – von einer umfassenden Interessenabwägung im Einzelfall ab. Oft enthalten Mietverträge aber Tierhaltungsklauseln. Ein vollständiges Verbot der Hunde- und Katzenhaltung in den Miet-AGB wird vom BGH gem. § 307 I, II Nr. 1 als unwirksam angesehen.[65] Dagegen kann die Haltung von Haustieren (außer Kleintieren) von der Zustimmung des Vermieters abhängig gemacht und diesem die Berechtigung zur Zustimmungsversagung eingeräumt werden, wenn durch die Tiere andere Hausbewohner oder Nachbarn beeinträchtigt werden. Falls aber die Zustimmung des Vermieters in dessen freies Ermessen gestellt wird, ist eine solche Tierhaltungsklausel wegen unangemessener Benachteiligung des Mieters gem. § 307 unwirksam.[66]

Wenn die Parteien eine das Rauchen in der Wohnung untersagende Vereinbarung nicht getroffen haben, überschreitet der rauchende Mieter selbst dann nicht den vertragsgemäßen Gebrauch, wenn er in der Wohnung während der Mietdauer rauchbedingte Ablagerungen verursacht.[67] Der Raucher kann aber aufgrund des mietvertraglichen Gebots der Rücksichtnahme (§ 241 II) gehalten sein, einfache und zumutbare Maßnahmen wie etwa die Lüftung über Fenster zur Vermeidung einer Beeinträchtigung der Mitmieter zu treffen.[68] Verstößt er dagegen und verursacht er dadurch eine Störung des Hausfriedens, kann darin ein wichtiger Grund für eine fristlose Kündigung liegen (§§ 543, 569 II).[69] Außerdem kann der auf einem Balkon rauchende Mieter von einem anderen Mieter, der dadurch mehr als unwesentlich gestört wird, gem. § 862 wegen Besitzstörung auf Unterlassung in Anspruch genommen werden.[70]

64 *BGH* NJW 2013, 1806.
65 *BGH* NJW 2013, 2507.
66 *BGH* NJW-RR 2013, 584 f.
67 *BGH* NJW 2006, 2915, 1917.
68 *BGH* NJW 2015, 1239 (1241).
69 *BGH* NJW 2015, 1239 (1240 f.).
70 *BGH* NJW 2015, 2023 (2024 f.).

Die Grenze des vertragsmäßigen Gebrauchs ist auch dann überschritten, wenn der Mieter in der Wohnung illegale Betäubungsmittel aufbewahrt. Die Begehung von Straftaten in der Wohnung ist vom vertragsmäßigen Gebrauch nicht erfasst und begründet das Risiko von Wohnungsdurchsuchungen, die zu Schäden an der Mietsache (zB durch Aufbrechen von Türen) führen können.[71]

Zur Einhaltung des vertragsgemäßen Gebrauchs gehört es auch, dass der Mieter **nicht ohne Erlaubnis** des Vermieters den Gebrauch der Mietsache Dritten überlässt, insbesondere **untervermietet** (§ 540; **Fall d)**. Auch für die Aufnahme des Lebensgefährten in die gemietete Wohnung bedarf der Mieter der Erlaubnis des Vermieters.[72] Dagegen greift § 540 nicht ein, wenn der Mieter die Sache dem Ehegatten, der nicht Mietvertragspartei ist, oder anderen Familienangehörigen mit überlässt. Das ergibt sich aus deren verfassungsrechtlich (Art. 6 GG) geschützten, engeren Beziehung zum Mieter.[73] Selbst nach der Trennung der Ehegatten verliert die Wohnung nicht ihren Charakter als Ehewohnung, solange der mietende Partner die Wohnung nicht endgültig aufgegeben und dem anderen Partner zur Nutzung überlassen hat.[74] **29**

Der Mieter hat in der Regel keinen Anspruch darauf, dass der Vermieter die Gebrauchsüberlassung erlaubt. Vielmehr hat er bei Verweigerung der Erlaubnis ein außerordentliches Kündigungsrecht (§ 540 I 2). Eine Ausnahme gilt allerdings bei der Wohnraummiete, wenn der Mieter für die Gebrauchsüberlassung eines Teils des Wohnraums an einen Dritten ein berechtigtes Interesse hat (§ 553 I 1). Dafür kann zB ein mehrjähriger berufsbedingter Auslandsaufenthalt des Mieters ausreichen, wenn der Mieter von mehreren Zimmern nur eines für sich weiter nutzen will, um einerseits die Kosten einer doppelten Miete zu vermeiden, aber andererseits noch eine Möglichkeit zum Lagern von Mobiliar und zum gelegentlichen Übernachten zu behalten.[75] Dann kann der Vermieter die Erlaubnis nur aus einem wichtigen Grund in der Person des Dritten, wegen Überbelegung oder sonstiger Unzumutbarkeit verweigern (§ 553 I 2). Nach § 553 II kann die Erlaubnis von einer Mieterhöhung abhängig gemacht werden. Die Erlaubnis des Vermieters wirkt nur im Verhältnis zwischen Mieter und Vermieter. Sie begründet also kein Vertragsverhältnis zwischen dem Vermieter und dem Untermieter. Wenn der Vermieter die Erlaubnis zur teilweisen Gebrauchsüberlassung unberechtigt verweigert, muss er dem Mieter seinen Mietausfallschaden gem. § 280 I ersetzen.

---

71 *BGH* NJW-RR 2017, 329 Rn. 12 ff. mAnm *Riehm* JuS 2017, 1022.
72 *BGH* NJW 2004, 56.
73 Ebenso *Looschelders* SchuldR BT, Rn. 446.
74 *BGH* NJW 2013, 1806.
75 *BGH* NJW 2014, 2717 mAnm *Emmerich* JuS 2015, 171.

30 **b) Obhut und Sorgfalt.** Den Mieter, dem die Mietsache übergeben worden ist, trifft eine Obhuts- und Sorgfaltspflicht hinsichtlich der Mietsache, da der Vermieter für die Dauer der Mietzeit nicht selbst der Sache die erforderliche Obhut zukommen lassen kann. Im Gesetz ist die Obhutspflicht nicht ausdrücklich geregelt; eine ihrer Folgen ist aber die Anzeigepflicht nach § 536c. Zur Obhuts- und Sorgfaltspflicht gehört es, dass der Mieter die Sache pflegt (zB die Wohnung sauber hält und lüftet).

31 **c) Duldung von Maßnahmen des Vermieters.** Dem Mieter obliegt außerdem eine Duldungspflicht bezüglich gewisser Maßnahmen des Vermieters (zB Instandhaltungsarbeiten: § 242). Der Mieter muss weiterhin zulassen, dass der Vermieter aus gegebenem Anlass (zB Feststellung des Zustandes, Neuvermietung) die Sache besichtigt, soweit dies nicht zur Unzeit geschieht.

Bei der (Wohn-)Raummiete gibt es spezielle Regelungen für die Duldungspflicht des Mieters hinsichtlich der erforderlichen Instandhaltungs- oder Instandsetzungsmaßnahmen **(Erhaltungsmaßnahmen** iSv § 555a I) und hinsichtlich **Modernisierungsmaßnahmen** (§§ 555b, 555d I). Für diese enthält § 555b einen abschließenden Katalog. Es handelt sich um Maßnahmen zur energetischen Modernisierung, zur nachhaltigen Erhöhung des Gebrauchswerts der Mietsache oder zur Verbesserung der allgemeinen Wohnverhältnisse, zur nachhaltigen Einsparung von Heizenergie und Wasser, zur Schaffung neuen Wohnraums sowie um Maßnahmen, die der Vermieter nicht zu vertreten hat (zB Erneuerung der veralteten Heizungsanlage[76] oder Einbau von Rauchmeldern[77] aufgrund öffentlich-rechtlicher Verpflichtung).

Bei Modernisierungsmaßnahmen besteht ausnahmsweise **keine Duldungspflicht**, wenn die Maßnahme im Einzelfall für den Mieter und seine Familie auch unter Berücksichtigung der berechtigten Vermieterinteressen und von Umweltbelangen eine **nicht zu rechtfertigende Härte** bedeuten würde (§ 555d II). Diese Umstände muss der Mieter bis zum Ablauf des Monats, der auf die ordnungsmäßige Modernisierungsankündigung folgt, dem Vermieter in Textform mitteilen (§ 555d III); danach ist er mit diesem Einwand ausgeschlossen und muss die Modernisierungsmaßnahme dulden.

76 *BGH* NJW 2009, 1736 (noch zur Rechtslage vor dem 1.5.2013).
77 *BGH* NJW 2015, 2487.

Erhaltungsmaßnahmen sind dem Mieter rechtzeitig anzukündigen, wenn ihre sofortige Durchführung nicht zwingend erforderlich ist (§ 555a II). Modernisierungsmaßnahmen muss der Vermieter dem Mieter spätestens drei Monate vor Beginn in Textform ankündigen (**Modernisierungsankündigung,** § 555c). Nach Zugang dieser Ankündigung steht dem Mieter gem. § 555e ein außerordentliches **Sonderkündigungsrecht** zum Ablauf des übernächsten Monats zu. Die Kündigung muss bis zum Ablauf des auf die Modernisierungsankündigung folgenden Monats ausgesprochen werden.

Vermieter und Mieter können über die zeitliche und technische Durchführung von Erhaltungs- und Modernisierungsmaßnahmen auch eine Vereinbarung treffen (§ 555f Nr. 1). Dadurch lassen sich etwaige Konflikte möglicherweise vermeiden.

d) Rückgabe der Mietsache. Der Mieter, dem der Besitz an der 32
Mietsache eingeräumt ist, hat nach Beendigung der Mietzeit dem Vermieter die Mietsache zurückzugeben (Rückgabepflicht, § 546 I). Diesen Anspruch hat der Vermieter, der zugleich Eigentümer der Sache ist, neben dem dinglichen Herausgabeanspruch aus § 985. Die Rückgabe der Mietsache steht nicht im Gegenseitigkeitsverhältnis zu den Vermieterleistungen; §§ 320ff. sind also insoweit nicht anwendbar. Rückgabe bedeutet, dass der Mieter dem Vermieter den unmittelbaren Besitz an der Sache einräumt.[78] Bei unbeweglichen Sachen wird der Rückgabe- oder Herausgabeanspruch auch als Räumungsanspruch bezeichnet. Hat der Mieter die Sache einem Dritten (befugt oder unbefugt) überlassen, so kann der Vermieter die Sache auch von dem Dritten zurückfordern (§ 546 II; **Fall d).**

Der Mieter muss die Sache in einem ordnungsgemäßen Zustand zurückgeben. Die Mietsache ist also, abgesehen von den durch den vertragsgemäßen Gebrauch verursachten Abnutzungen und Wertminderungen, dem Vermieter in dem Zustand zurückzugeben, in dem sie sich bei der Hingabe befand. Dazu gehört bei einer Wohnung auch, dass diese geräumt ist und grobe Verschmutzungen beseitigt sind (besenrein).[79] Wenn der Mieter eine Wohnung, die er in einem neutralen Anstrich übernommen hat, so „kunterbunt" gestrichen wieder zurückgibt, dass sie nicht vermietbar ist, muss er wegen Verletzung seiner Rücksichtnahmepflicht aus §§ 241 II, 242 gem. § 280 I Schadensersatz leisten.[80]

78 Vgl. BGHZ 56, 308; *BGH* NJW 2004, 774 (775).
79 *BGH* NJW 2006, 2915.
80 *BGH* NJW 2014, 143f. mAnm *Emmerich* JuS 2014, 360.

Erfüllt der Mieter seine Rückgabepflicht nicht freiwillig, muss der Vermieter auf Rückgabe bzw. Räumung klagen. Er darf die vermietete Wohnung nicht eigenmächtig ausräumen und in Besitz nehmen. In einer solchen sog. „kalten Räumung“ liegt eine unerlaubte Selbsthilfe, für deren Folgen der Vermieter gem. § 231 verschuldensunabhängig haftet.[81] Die Räumungsvollstreckung richtet sich nach §§ 885, 885a, 940a ZPO.[82]

IV. Folgen der Nicht- oder Schlechterfüllung der Mieterpflichten

33 Erfüllt der Mieter seine Pflichten nicht oder schlecht, so finden die Vorschriften des allgemeinen Leistungsstörungsrechts (§§ 275 ff., 320 ff.) Anwendung. Jedoch bestehen im Mietrecht einige Sondervorschriften.

1. Verletzung der Zahlungspflicht

a) Kündigungsrecht des Vermieters. Ist die Miete **in wiederkehrenden Zeitabschnitten** zu entrichten und kommt der Mieter mit der **Zahlung in Verzug**, scheidet ein Rücktritt nach § 323 aus. Hier ist nur die **außerordentliche Kündigung nach § 543 I, II 1 Nr. 3** unter den dort aufgeführten Voraussetzungen zulässig, also zB dann, wenn der Mieter für zwei aufeinander folgende Termine mit der Entrichtung der Miete oder eines nicht unerheblichen Teils der Miete (bei monatlicher Miete mehr als eine Monatsmiete)[83] in Verzug ist (§ 543 I, II 1 Nr. 3a). Das gilt unabhängig davon, ob die Miete monatlich oder in größeren Zeitabschnitten (zB jährlich) zu entrichten ist.[84] Diese Kündigung ist ausgeschlossen, wenn der Mieter vorher vollständig[85] zahlt und damit den Verzug heilt (§ 543 II 2). Allerdings können fortdauernd unpünktliche Zahlungen einen wichtigen Grund iSv § 543 I (Unzumutbarkeit) bilden; dann greift der Ausschluss des Kündigungsrechts nach § 543 II 2 (vollständige Zahlung) nicht ein.[86] Ein wichtiger Grund iSv § 543 I liegt ferner vor, wenn der Mieter mit ei-

81 *BGH* NJW 2010, 3434.
82 Einzelheiten: *Brox/Walker* ZwangsVollstrR Rn. 1047 ff., 1057 ff.
83 *BGH* NJW 2008, 3210.
84 *BGH* NJW-RR 2009, 21 (22).
85 *BGH* NJW 2016, 3437 Rn. 23.
86 *BGH* NJW 2006, 1585 (1586).

ner Sicherheitsleistung nach § 551 im Umfang der zweifachen Monatsmiete in Verzug ist (§ 569 IIa). Bei der Prüfung eines wichtigen Grundes ist zwar nach dem Gesetzeswortlaut insbesondere ein Verschulden der Vertragsparteien zu berücksichtigen. Ein wichtiger Grund kann aber auch unabhängig von einem Verschulden des Mieters allein in der objektiven Pflichtverletzung des Mieters in Form unpünktlicher Mietzahlungen und den daraus für den Vermieter folgenden negativen Auswirkungen liegen.[87]

Bei der Wohnraummiete kann der Mieter die außerordentliche Kündigung sogar durch nachträgliche Zahlung wieder unwirksam machen (§ 569 III Nr. 2). Wenn die Zahlung allerdings schuldhaft erst verspätet erfolgt und darin eine nicht unerhebliche Pflichtverletzung liegt, kann der Vermieter zur ordentlichen Kündigung berechtigt sein (§ 573 II Nr. 1; → § 13 Rn. 12.).[88]

Sowohl eine außerordentliche als auch eine ordentliche Kündigung wegen Zahlungsrückstands scheiden aus, wenn ein Mieter nach dem Tod des Vermieters nur wegen Ungewissheit bzgl. des richtigen Gläubigers nicht zahlt; seine Leistung unterbleibt dann infolge eines Umstandes, den er nicht zu vertreten hat.[89]

b) Keine Befreiung des Mieters bei persönlichem Hinderungsgrund. Nach § 537 I 1 wird der Mieter nicht dadurch von der Mietzahlung befreit, dass ihm wegen eines in seiner Person liegenden Grundes der Gebrauch der Sache unmöglich ist **(Fall e).** Dabei kommt es nicht darauf an, ob der Mieter den persönlichen Hinderungsgrund zu vertreten hat oder nicht. § 537 I 1 ist nur dann nicht anwendbar, wenn der Vermieter den Hinderungsgrund verschuldet hat (vgl. auch § 537 II) oder objektive Umstände die Ingebrauchnahme verhindern. Diese Vorschrift soll klarstellen, dass die Nichtausübung des Gebrauchs wegen eines in der Person des Mieters liegenden Grundes kein Fall der Unmöglichkeit ist.[90] Soweit der Mieter nach § 537 I 1 zur Zahlung der Miete verpflichtet bleibt, muss sich der Vermieter aber die ersparten Aufwendungen und die Vorteile aus einer anderweitigen Verwertung des Gebrauchs anrechnen lassen (§ 537 I 2). 34

c) Zahlungspflicht bei anderweitiger Vermietung nach Auszug des Mieters. Ist der Mieter trotz Weiterbestehens des Mietvertrags 35

87 *BGH* NJW 2016, 2805 Rn. 17f. mAnm *Schwab* JuS 2017, 780.
88 *BGH* WuM 2005, 250; NJW-RR 2006, 1585 (1586) (ständige unpünktliche Mietzahlungen).
89 *BGH* NJW 2006, 51 (52).
90 Mot. II, 399f.

endgültig ausgezogen und hat der Vermieter zu einer niedrigeren Miete weitervermietet, so kann der Mieter zur Zahlung der Mietdifferenz verpflichtet sein. Seine Berufung auf § 537 II, wonach der Mieter zur Zahlung der Miete nicht verpflichtet ist, wenn der Vermieter wegen der Überlassung des Gebrauchs der Mietsache an einen Dritten zur Gebrauchsüberlassung außerstande ist, verstößt gegen Treu und Glauben, wenn er aus einem Verhalten des Vermieters Rechte herleiten will, das er selbst herbeigeführt hat.[91]

2. Überschreitung des Gebrauchs

36 **a) Schadensersatzanspruch des Vermieters.** Bei einer schuldhaften Überschreitung des vertragsgemäßen Gebrauchs hat der Mieter wegen Pflichtverletzung (§ 280) Schadensersatz zu leisten. Ersatzfähig kann auch der Schaden sein, der beim Aufbrechen der Wohnungstür im Rahmen einer polizeilichen Durchsuchung der Wohnung entsteht, sofern eine Pflichtverletzung des Mieters kausal für die Wohnungsdurchsuchung und den dabei verursachten Schaden war.[92] An der Kausalität fehlt es, wenn die bei der Durchsuchung entdeckte Pflichtverletzung (Aufbewahren von illegalen Betäubungsmitteln) nicht Anlass für die Wohnungsdurchsuchung war, sondern lediglich als Zufallsfund entdeckt wurde. Im Fall der erlaubten Überlassung des Gebrauchs an einen Dritten hat er dessen Verschulden zu vertreten (§ 540 II).

36a Die Ansprüche des Vermieters wegen einer vom Mieter zu vertretenden Verschlechterung der Mietsache verjähren in sechs Monaten ab dem Zeitpunkt, in dem der Vermieter die Sache zurückerhält (vgl. § 548). Das gilt selbst dann, wenn die Ansprüche erst nach Beendigung des Vertrags entstanden sind[93] oder wenn die Rückgabe schon vor Beendigung des Mietverhältnisses erfolgt.[94] Für die Rückerlangung der Mietsache ist außer der Übertragung des Besitzes an der Wohnung vom Mieter an den Vermieter dessen Kenntnis von der Besitzaufgabe erforderlich. Diese Kenntnis ist nicht schon dann gegeben, wenn der Mieter den Schlüssel an den Hauswart oder die Hausverwaltung zurückgibt.[95]

Diese kurze Verjährungsfrist des § 548 I gilt auch für die Ansprüche, welche dem Vermieter wegen des Zustandes der Sache aus unerlaubter Handlung zu-

91 BGHZ 122, 163.
92 *BGH* NJW-RR 2017, 329 Rn. 16ff. mAnm *Riehm* JuS 2017, 1022.
93 *BGH* NJW 2005, 739 (741).
94 *BGH* NJW 2014, 684; 2012, 144; 2006, 1588.
95 *BGH* NJW 2014, 684 (685).

stehen.[96] Ihr unterfallen ferner Ansprüche des Vermieters auf Erfüllung der vom Mieter vertraglich übernommenen Instandhaltungspflicht bzw. auf Schadensersatz wegen deren Nichterfüllung; denn die Vorschrift bezweckt, zeitnah zur Rückgabe der Mietsache eine schnelle Klarstellung der Ansprüche wegen des Zustands der Mietsache zu erreichen.[97] Auch ein Dritter, der in den Schutzbereich des Mietvertrags einbezogen ist (→ Rn. 17aE), kann sich gegenüber einem Schadensersatzanspruch des Vermieters auf § 548 berufen.[98] § 548 ist entsprechend anzuwenden, wenn der Mietvertrag unwirksam ist und demnach nur gesetzliche Ersatzansprüche in Betracht kommen.[99] Entsprechendes gilt für Ansprüche des potenziellen Vermieters aus c. i. c. wegen Um- und Rückbaukosten, wenn es zu dem als sicher anzunehmenden Vertragsschluss nicht kommt, weil der Mietinteressent ohne triftigen Grund die Vertragsverhandlungen abbricht.[100]

b) Unterlassungs- und Beseitigungsanspruch des Vermieters. 37
Der Vermieter hat weiter einen Anspruch auf Unterlassung, wenn der Mieter die Sache vertragswidrig gebraucht und trotz Abmahnung des Vermieters den Gebrauch fortsetzt (§ 541). Ein Verschulden des Mieters wird nicht gefordert. Aus § 541 ergibt sich über den Wortlaut hinaus auch ein Anspruch auf Beseitigung einer Beeinträchtigung.[101] Im Mietvertragsrecht hat § 541 für den Unterlassungs- und Beseitigungsanspruch Vorrang vor § 1004.[102]

Beispiel: Anspruch auf Beseitigung einer vertragswidrig auf dem Balkon angebrachten Parabolantenne, durch die das ästhetische Erscheinungsbild des Gebäudes beeinträchtigt wird. Hier stellt sich oft das Problem, dass ausländische Mieter geltend machen, nur über eine Parabolantenne Sender empfangen zu können, die über Inhalte eines bestimmten Glaubens berichten. Dann hat eine fallbezogene Abwägung zwischen dem Eigentumsrecht des Vermieters (Art. 14 I 1 GG) und dem Informationsrecht (Art. 5 I 1 GG) sowie dem Grundrecht der Glaubens- und Religionsfreiheit (Art. 4 GG) des Mieters zu erfolgen. Dabei ist es zugunsten des Vermieters zu berücksichtigen, wenn die Wohnung mit einem Breitkabelanschluss verbunden ist und dem Mieter auch das Internet als Informationsquelle zur Verfügung steht.[103] Das reicht aber nach der Rechtsprechung des BVerfG dann nicht aus, wenn über die vom Vermieter bereitgestellte Technik eine angemessene Zahl[104] von Programmen aus

---

96 BGHZ 49, 278.
97 *BGH* NJW 2014, 920 (921); 2014, 684.
98 BGHZ 61, 227.
99 BGHZ 47, 53.
100 *BGH* NJW 2006, 1963 (1964 f.) (auch zum Beginn der Verjährungsfrist).
101 *BGH* NJW-RR 2007, 1243.
102 *BGH* NJW 2007, 2180.
103 *BGH* NJW 2008, 216 ff.
104 Eine bestimmte Zahl lässt sich aber nicht allgemein festlegen; *BGH* NJW-RR 2013, 1168.

dem jeweiligen Heimatland in der Heimatsprache nicht empfangen werden können.[105]

38 **c) Kündigungsrecht des Vermieters.** Der Vermieter kann den Vertrag aber auch fristlos kündigen, wenn der vertragswidrige Gebrauch darin besteht, dass der Mieter die Mietsache durch Vernachlässigung der ihm obliegenden Sorgfalt erheblich gefährdet oder sie unbefugt einem Dritten überlässt und er dadurch die Rechte des Vermieters in erheblichem Maße verletzt (§ 543 I, II Nr. 2). Allerdings ist die Kündigung erst nach erfolglosem Ablauf einer zur Abhilfe bestimmten angemessenen Frist oder nach erfolgloser Abmahnung zulässig (§ 543 III).

39 Der Vermieter hat aber keinen Anspruch gegen den Mieter auf Herausgabe der Untermiete[106] **(Fall d).** Ein solcher Anspruch ergibt sich insbesondere nicht aus bereicherungsrechtlichen Vorschriften. § 812 I 1, 2. Fall (Eingriffskondiktion) scheidet aus, weil der Mieter mit der Untervermietung nicht in die Gebrauchsmöglichkeit des Vermieters eingreift; dieser hat sich nämlich schon mit der Überlassung an den Mieter der Gebrauchsmöglichkeit begeben. Aus dem gleichen Grund kommt auch ein Anspruch analog § 816 I 1 nicht in Betracht.

40 Der Vermieter ist allerdings nicht berechtigt, das Mietverhältnis allein deshalb fristlos wegen vertragswidrigen Gebrauchs zu kündigen, weil die Wohnung durch Zuzug von Kindern des Mieters in erheblichem Umfang überbelegt ist und den Vermieter beeinträchtigende Auswirkungen nicht festzustellen sind.[107] Denn das Recht des Mieters, mit seinen nächsten Angehörigen zusammenzuleben, wäre in erheblichem Maße beeinträchtigt, wenn er stets mit einer fristlosen Kündigung zu rechnen hätte, weil sich seine Familie durch die Aufnahme von Kindern über ein bestimmtes Maß hinaus vergrößert und ihm eine andere Unterkunft nicht zur Verfügung steht. Der Vermieter darf den Mietvertrag aber kündigen, wenn sich aus der Überbelegung erhebliche Verschlechterungen der Mietsache ergeben.

3. Verletzung der Rückgabepflicht

41 Gibt der Mieter bei Beendigung des Mietverhältnisses die Mietsache nicht zurück, so verwandelt sich das beendete Mietverhältnis in ein nachvertragliches **Nutzungsverhältnis**. Dabei handelt es sich

---

105 *BVerfG* NJW 2013, 2180 (2181) (Parabolantennenwunsch türkischer Mieter turkmenischer Abstammung).
106 *BGH* NJW 1964, 1853; str.
107 BGHZ 123, 233.

um ein gesetzliches Schuldverhältnis. Aufgrund dieses Nutzungsverhältnisses kann der Vermieter, sofern das Unterlassen der Herausgabe seinem Willen widerspricht, für die Dauer der Vorenthaltung eine **Entschädigung in Höhe der vereinbarten** oder der (ggf. höheren) ortsüblichen[108] **Miete verlangen** (§ 546a I). Maßgeblich ist nicht die Miete, die nach § 558 im laufenden Mietverhältnis verlangt werden könnte, sondern die (oft höhere) ortsübliche Miete, die bei einer Neuvermietung verlangt werden könnte.[109] Dieser Anspruch, für den kein Verschulden des Mieters erforderlich ist, garantiert dem Vermieter eine Mindestentschädigung dafür, dass er die Sache noch nicht nutzen kann.[110] Der Vermieter ist im Rahmen des Nutzungsverhältnisses nicht mehr verpflichtet, die Mietsache in einem gebrauchstauglichen Zustand zu erhalten. Deshalb mindert sich sein Anspruch auf Nutzungsentschädigung nach § 546a I auch nicht, wenn erstmals nach Beendigung des Mietverhältnisses eine Verschlechterung der Mietsache eintritt.[111]

Fehlt es an einem Rückerlangungswillen des Vermieters, weil er zB trotz einer Kündigung des Mieters vom Fortbestand des Mietverhältnisses ausgeht, hat der Vermieter keinen Anspruch auf Nutzungsentschädigung nach § 546a. Er kann dann lediglich Herausgabe der tatsächlich gezogenen Nutzungen nach Bereicherungsrecht (§§ 812 I 1, 1. Fall oder I 2, 1. Fall, 818 II) verlangen.[112]

Ist dem Mieter wegen Untergangs der Sache die Rückgabe unmöglich geworden, so haftet er nicht nach § 546a I. In diesem Fall steht, sofern der Mieter den Untergang zu vertreten hat, dem Vermieter ein Anspruch aus §§ 280, 283 zu. Das gilt auch beim Verlust eines Schlüssels durch den Mieter. Die ggf. sehr hohen Kosten für einen Austausch der gesamten Schließanlage muss der Mieter aber nur ersetzen, wenn konkrete Anhaltspunkte für eine missbräuchliche Nutzung des Schlüssels durch Unbefugte bestehen, die objektiv Veranlassung zum Austausch der Schließanlage geben, und wenn der Vermieter den Austausch auch tatsächlich bewirkt.[113]

Ein weitergehender Schadensersatzanspruch (§§ 280 I, II, 286, 292 iVm §§ 987 ff.) des Vermieters gegen den Mieter wegen schuldhafter Vorenthaltung der Sache wird durch § 546a I nicht ausgeschlossen (§ 546a II; vgl. aber für die Wohnraummiete § 571 I).

---

108 Dazu *BGH* NJW 1999, 2808 f.
109 *BGH* NJW 2017, 1022 Rn. 15 ff.
110 Mot. II, 415.
111 *BGH* NJW 2015, 2795 (2796 f.) auch mit Hinweisen auf Ausnahmefälle.
112 *BGH* NJW 2017, 2997 Rn. 18 ff., 27 ff. mAnm *Riehm* JuS 2018, 170.
113 *BGH* NJW 2014, 1653 (1654).

Deshalb muss der herausgabepflichtige Mieter gem. §§ 546 I, 292 II, 987 I auch den Erlös (Nutzungen iSd §§ 100, 99 III) auskehren, den er ab dem Zeitpunkt der Rechtshängigkeit (Klage auf Herausgabe) durch Untervermietung erzielt.[114]

4. Verletzung sonstiger Pflichten

42 **a) Verletzung der Anzeigepflicht.** Verletzt der Mieter seine Anzeigepflicht, indem er einen von ihm festgestellten Mangel dem Vermieter nicht unverzüglich meldet (§ 536c I), so hat er dem Vermieter den daraus entstehenden Schaden zu ersetzen (§ 536c II 1; **Fall f,** Schaden im Treppenhaus). In diesem Fall muss der Vermieter die Verletzung der Anzeigepflicht beweisen.[115]

43 **b) Unterlassung von Schönheitsreparaturen.** Unterlässt der Mieter Schönheitsreparaturen, obwohl er sich dazu wirksam vertraglich verpflichtet hat (→ Rn. 4), ist er gem. §§ 280, 281 zum Schadensersatz verpflichtet. Der Vermieter muss also eine angemessene Frist zur Durchführung der Schönheitsreparaturen gesetzt haben, sofern die Fristsetzung nicht (zB wegen endgültiger Erfüllungsverweigerung des Mieters) nach § 281 II entbehrlich ist.

Ist eine Schönheitsreparatur nicht mehr erforderlich, weil der Mietraum nach Auszug des Mieters umgebaut worden ist oder der Nachmieter die Reparatur durchgeführt hat, so entfällt ein Anspruch des Vermieters nicht mangels Schadens. Vielmehr ist dann im Wege der ergänzenden Vertragsauslegung zu prüfen, ob die Parteien für einen solchen Fall eine Geldentschädigung des Mieters vereinbart hätten.[116] Eine bloße Umbauabsicht des Vermieters reicht dagegen vor ihrer tatsächlichen Umsetzung nicht aus, um aufgrund ergänzender Auslegung an die Stelle des Reparaturanspruchs einen Geldanspruch treten zu lassen.[117]

43a **c) Verletzung von Duldungspflichten.** Verletzt der Mieter seine Pflicht zur Duldung von Erhaltungs- oder Modernisierungsmaßnahmen (§§ 555a, 555d), liegt darin eine Vertragsverletzung, die den Vermieter von Wohnraum gem. § 573 II Nr. 1 zur ordentlichen Kündigung berechtigen kann (→ § 13 Rn. 12). Wenn der Mieter durch Verletzung der Duldungspflicht die Mangelbeseitigung durch den Vermieter verhindert, kann er sich nach Treu und Glauben ab dem

---

114 *BGH* NJW-RR 2009, 1522.
115 *BGH* NJW 2013, 1299f. (str.).
116 Vgl. BGHZ 77, 301; *BGH* NJW 2002, 2383.
117 *BGH* NJW 2014, 1521 (1522f.).

Zeitpunkt, zu dem eine geduldete Mangelbeseitigung abgeschlossen wäre, nicht mehr auf Minderung berufen.[118]

V. Vermieterpfandrecht

Der Vermieter von (Wohn-)Räumen oder Grundstücken erwirbt 44
kraft Gesetzes für seine Forderungen aus dem Mietverhältnis ein Pfandrecht an den eingebrachten Sachen des Mieters (§§ 562, 578). Durch dieses Pfandrecht soll dem Vermieter eine Sicherheit gegeben werden, weil er nicht sofort die volle Gegenleistung für die Gebrauchsüberlassung erhält. Auf das kraft Gesetzes entstandene Vermieterpfandrecht sind nach § 1257 die Vorschriften über das Vertragspfandrecht (§§ 1204 ff.) entsprechend anzuwenden.

1. Entstehung des Vermieterpfandrechts

a) Gültiger Mietvertrag. Das Vermieterpfandrecht setzt stets einen gültigen Mietvertrag über Grundstücke oder Räume voraus.

b) Forderungen aus dem Mietverhältnis. Das gesetzliche Pfand- 45
recht entsteht nur für Forderungen aus dem Mietverhältnis. Dabei ist es unerheblich, ob es sich um Miet- oder um Schadensersatzansprüche handelt (§ 562 I); denn das Vermieterpfandrecht soll den Vermieter wegen aller Forderungen aus dem Mietverhältnis sichern. Das Pfandrecht besteht auch für noch nicht fällige Mietforderungen, jedoch nur für die des laufenden und des folgenden Jahres; für künftige Entschädigungsforderungen kann das Pfandrecht dagegen nicht geltend gemacht werden (§ 562 II).

c) Eingebrachte Sachen des Mieters. Dem Vermieterpfandrecht 46
unterliegen alle eingebrachten, pfändbaren Sachen des Mieters.

aa) Das Pfandrecht erfasst **nur Sachen** (§ 90), nicht aber Forderungen des Mieters.

bb) **Eingebracht** ist eine Sache dann, wenn sie mit Willen des Mie- 47
ters zu einem nicht nur vorübergehenden Zweck in die gemieteten Räume gebracht wurde. Der Wille des Mieters braucht aber nicht auf die Entstehung des Pfandrechts gerichtet zu sein. Die Einbringung ist weder eine rechtsgeschäftliche noch eine rechtsgeschäftsähnliche Handlung; Geschäftsfähigkeit ist also nicht erforderlich.[119]

118 *BGH* NJW 2015, 2419 (2420).
119 Str.; vgl. *Larenz/Canaris* SchuldR BT II/2 § 48 V mN.

Dem Vermieterpfandrecht unterliegen aber nicht nur die in die Mieträume hineingebrachten Sachen, sondern auch solche, die der Mieter in den Räumen herstellt und deren Eigentümer er wird[120] **(Fall g).**

48 cc) Die eingebrachte Sache muss im **Eigentum des Mieters** stehen. Die Sicherung des Vermieters soll nur aus dem Vermögen des Mieters erfolgen. Maßgeblich sind die Eigentumsverhältnisse zum Zeitpunkt der Einbringung; eine spätere Sicherungsübereignung ändert an dem einmal entstandenen Vermieterpfandrecht nichts mehr.[121]

Hat der Mieter eine Sache eingebracht, die ihm nicht gehört, so entsteht das Pfandrecht nicht. Ein gutgläubiger Erwerb des Vermieterpfandrechts entsprechend dem gutgläubigen Erwerb eines Vertragspfandrechts (vgl. § 1207) ist nicht möglich. Der gutgläubige Erwerb des Vertragspfandrechts setzt nämlich voraus, dass der Erwerber unmittelbaren Besitz an der Sache erhält. Der Vermieter erlangt mit der Einbringung aber in aller Regel keinen Besitz, so dass § 1207 nach seinem Sinn und Zweck hier auch nicht entsprechend anwendbar ist. Aus § 1257 ergibt sich nichts anderes; denn der dortige Verweis auf die Vorschriften über das Vertragspfandrecht bezieht sich nur auf das kraft Gesetzes „entstandene" Pfandrecht, nicht aber auf den Entstehungstatbestand des § 1207. Erwirbt jedoch der Mieter nach der Einbringung Eigentum an der Sache, so entsteht in diesem Augenblick das Vermieterpfandrecht.

Auch das Anwartschaftsrecht (→ § 7 Rn. 31) unterliegt dem Vermieterpfandrecht.[122]

49 dd) Das Vermieterpfandrecht entsteht schließlich **nur an pfändbaren Sachen** (§ 562 I 2). Der Kreis der Sachen, die der Pfändung nicht unterliegen, ist in § 811 I ZPO bestimmt.[123]

2. Erlöschen des Vermieterpfandrechts

50 **a) Erlöschensgründe des Vertragspfandrechts.** Für das Vermieterpfandrecht gelten einmal die allgemeinen Erlöschensgründe des Vertragspfandrechts (§ 1257 iVm §§ 1242, 1252, 1255 f.).

Wie jedes Pfandrecht geht das Vermieterpfandrecht auch dann unter, wenn ein Dritter Eigentum an der Sache des Mieters erwirbt und der Dritte in Anse-

---

120 RGZ 132, 116.
121 *BGH* NJW 2014, 3775 ff. mAnm *Mitlehner* EWiR 2015, 249; dazu *Braun* JZ 2015, 346.
122 *BGH* NJW 1965, 1475; *Baur/Stürner* SachenR § 55 Rn. 41.
123 *Brox/Walker* ZwangsVollstrR Rn. 276 ff.

hung des Vermieterpfandrechts gutgläubig ist (§§ 936 I, II, 932 II). Er ist nicht in gutem Glauben, wenn er das Pfandrecht des Vermieters kennt oder es infolge grober Fahrlässigkeit nicht kennt. Grobfahrlässige Nichtkenntnis des Vermieterpfandrechts ist regelmäßig anzunehmen, wenn der Dritte die Sache in den Mieträumen erwirbt; denn in diesem Fall muss er damit rechnen, dass ein Vermieterpfandrecht besteht.[124]

b) Entfernung der Sache vom Grundstück. Einen besonderen Erlöschensgrund enthält § 562a. Danach geht das Vermieterpfandrecht unter, wenn die Sache von dem Grundstück entfernt wird. Erfolgt die Entfernung aber ohne Wissen oder gegen den Widerspruch des Vermieters, so erlischt das Pfandrecht nicht. 51

Das Vermieterpfandrecht soll aber die Lebens- und vor allem die Gewerbeverhältnisse des Mieters nicht beeinträchtigen.[125] Deshalb bestimmt das Gesetz, dass der Widerspruch des Vermieters unbeachtlich ist, wenn die Entfernung der Sache den gewöhnlichen Lebensverhältnissen entspricht (zB Weggabe zur Reparatur) oder die zurückbleibenden Sachen zur Sicherung des Vermieters offensichtlich ausreichen (§ 562a, S. 2). Der Widerspruch des Vermieters ist in entsprechender Anwendung des § 562a, S. 2 ferner dann unbeachtlich, wenn die Entfernung der Sache im regelmäßigen Betrieb des Geschäfts eines Mieters erfolgt (§ 578; **Fall g**).

Sind Sachen ohne Wissen oder trotz rechtserheblichen Widerspruchs des Vermieters weggeschafft worden, so besteht das Pfandrecht aber nicht zeitlich unbegrenzt fort. Es erlischt vielmehr unter den Voraussetzungen des § 562b II 2.

3. Rechte aus dem Vermieterpfandrecht

a) Selbsthilferecht. Der Vermieter kann die **Entfernung** der mit dem Pfandrecht belasteten Sachen von dem Grundstück **verhindern**; beim Auszug des Mieters darf er die Sachen sogar in seinen Besitz nehmen (§ 562b I). Damit wird dem Vermieter ein über § 229 hinausgehendes Selbsthilferecht zur Wahrung seines Vermieterpfandrechts gewährt. Dieses Recht besteht aber nur insoweit, als der Vermieter der Entfernung der Sachen zu Recht widersprechen kann. 52

Wenn der Vermieter die dem Vermieterpfandrecht unterliegenden Sachen des Mieters in Besitz genommen hat und diese dann von einem Dritten unter Berufung auf sein angebliches Eigentum heraus-

124 *BGH* NJW 1965, 1475.
125 Mot. II, 408.

verlangt werden, stellt sich die Frage, ob der Vermieter die Herausgabe wegen seines Vermieterpfandrechts verweigern kann. Das ist problematisch, weil ein Vermieterpfandrecht das Eigentum des Mieters an der Sache voraussetzt (→ Rn. 48). Lässt sich nicht klären, ob die Sache im Eigentum des Mieters oder des Dritten steht, kommt dem Vermieter die für den Mieter als früheren Besitzer streitende Eigentumsvermutung des § 1006 II zugute.[126]

Sind Sachen des Mieters ohne Wissen oder trotz des berechtigten Widerspruchs des Vermieters vom Grundstück entfernt worden, so steht dem Vermieter ein Anspruch auf Rückschaffung gegenüber dem jeweiligen Besitzer zu (§ 562b II; anders im **Fall g,** denn dort ist das Vermieterpfandrecht nach § 562a erloschen). Ist der Mieter ausgezogen, so kann der Vermieter Überlassung des Besitzes fordern.

53 **b) Verwertungsrecht.** Der Vermieter ist berechtigt, **bei Pfandreife** die dem Vermieterpfandrecht unterliegenden **Sachen** des Mieters zum Zweck seiner Befriedigung **durch Verkauf zu verwerten** (§§ 1257, 1228 ff.). Dagegen darf er die Sachen des Mieters nicht selbst nutzen, sofern nicht ein sog. Nutzungspfand (§ 1213) vereinbart ist. Trotzdem gezogene Nutzungen hat der Vermieter nach den Regeln über die Geschäftsführung ohne Auftrag herauszugeben (§§ 681 S. 2, 667; → § 36 Rn. 46).[127]

54 **c) Vorzugsweise Befriedigung aus Verwertungserlös.** Wird eine dem Vermieterpfandrecht unterliegende Sache auf Betreiben eines Gläubigers des Mieters gepfändet (§ 808 ZPO), so kann der Vermieter die Wegschaffung der Sache durch den Gerichtsvollzieher nicht nach § 562b verhindern. Er hat aber aufgrund seines Pfandrechts einen Anspruch darauf, dass er aus dem bei der Versteigerung durch den Gerichtsvollzieher erzielten Erlös vor dem pfändenden Gläubiger befriedigt wird (Anspruch auf vorzugsweise Befriedigung, § 805 ZPO).[128] Der Vermieter kann sein Pfandrecht jedoch nur wegen der Miete für das letzte Jahr vor der Pfändung geltend machen (§ 562d); diese Beschränkung gilt nicht für Schadensersatzansprüche sowie erst nach der Pfändung fällig werdende Mietforderungen.

---

126 *BGH* NJW-RR 2017, 1097 Rn. 10 ff. mAnm *Schwab* JuS 2017, 1026.
127 *BGH* NJW 2014, 3570 (3572).
128 *Brox/Walker* ZwangsVollstrR Rn. 1451 ff., 1459.

VI. Sonstige Mietsicherheiten

1. Zweck

Das Vermieterpfandrecht bietet dem Vermieter vielfach eine zu geringe Sicherheit. Denn es entsteht nur an pfändbaren Sachen des Mieters (§ 562 I 2), und Hausratsgegenstände sind oft gem. § 811 ZPO unpfändbar. Zudem wird bei der Verwertung gebrauchter Sachen meist nur ein geringer Erlös erzielt. Deshalb machen viele Vermieter den Abschluss eines Mietvertrags davon abhängig, dass der Mieter eine Sicherheit leistet. 55

Beispiele: Bereitstellung einer Geldsumme (Barkaution), Abtretung von Gehalts- und Lohnansprüchen, Bürgschaft (vgl. auch § 232).

2. Gesetzliche Regelung für vereinbarte Mietsicherheiten

Damit im Einzelfall gegenüber dem geschilderten Sicherungsinteresse des Vermieters auch das Schutzbedürfnis des Mieters berücksichtigt wird, stellt § 551 für Wohnraummietverhältnisse Regeln über die Vereinbarung von Sicherheiten auf, die nicht zum Nachteil des Mieters abbedungen werden können (§ 551 IV). 56

a) Zulässige Höhe. Die Sicherheit darf das Dreifache der monatlichen Miete (ohne Nebenkosten) nicht übersteigen (§ 551 I). Das muss auch bei Mehrfachsicherungen (zB Barkaution und Lohnabtretung) beachtet werden; diese dürfen insgesamt nicht mehr als drei Monatsmieten ausmachen. Eine Barkaution kann vom Mieter in drei gleichen Monatsraten erbracht werden, wobei die erste Teilleistung zu Beginn des Mietverhältnisses fällig ist (§ 551 II 2), die weiteren Teilzahlungen zusammen mit den unmittelbar folgenden Mietzahlungen (§ 551 II 3). Übersteigt die vom Mieter geleistete Kaution drei Monatsmieten, kann er den überschießenden Betrag nach § 812 I 2, 1. Fall zurückverlangen.[129] Wenn der Mieter mit der Sicherheitsleistung im Umfang von zwei Monatsmieten in Verzug ist, liegt darin ein wichtiger Grund für eine fristlose Kündigung (§ 569 IIa). 57

b) Anlagepflicht des Vermieters. Der Vermieter ist verpflichtet, die Barkaution bei einer Sparkasse oder Bank als Sparguthaben zum 58

129 *BGH* NJW 2011, 2570.

üblichen Zinssatz mit dreimonatiger Kündigungsfrist und von seinem Vermögen getrennt anzulegen (§ 551 III 1, 3). Durch die Vermögenstrennung soll gewährleistet werden, dass der Mieter auch bei Insolvenz des Vermieters nach Ende des Mietverhältnisses auf die Kaution zurückgreifen kann, soweit sie nicht für gesicherte Ansprüche des Vermieters zu verwenden ist.[130] Außerdem soll erreicht werden, dass sich das Pfandrecht der Bank zur Sicherung ihrer Forderungen gegen den Vermieter nicht auf das Kautionskonto erstreckt. Deshalb muss das Kautionskonto für jeden Gläubiger des Vermieters erkennbar als Sonderkonto (zB „Kautionskonto") ausgewiesen sein.[131] Die Zinsen (und Zinseszinsen) aus diesem Konto stehen dem Mieter zu, müssen jedoch auf dem Konto stehen bleiben (§ 551 III 3, 4).

Die Verzinsungspflicht besteht nicht bei Wohnräumen eines Studenten- oder Jugendwohnheimes (§ 551 III 5), um die Möglichkeit einzuräumen, die Kautionen global und höher verzinslich anzulegen, und dadurch die Mieten niedriger zu halten.

59 **c) Folgen bei Veräußerung der Mietsache.** Bei Veräußerung von Räumen oder eines Grundstücks tritt der Erwerber hinsichtlich der Mietsicherheit des Mieters kraft Gesetzes in die Rechte und Pflichten des Vermieters ein (§ 566a S. 1). Kann bei Beendigung des Mietverhältnisses der Mieter die Sicherheit von dem Erwerber nicht erlangen, so ist der Vermieter weiterhin zur Rückgewähr verpflichtet (§ 566a S. 2).

60 **d) Verwertung oder Rückzahlung der Kaution.** Nach Beendigung des Mietverhältnisses kann der Vermieter die Kaution verwerten, soweit noch gesicherte Ansprüche gegen den Mieter (rückständige Miete, Schadensersatz) offen sind. Andernfalls hat er sie dem Mieter zurückzuzahlen. Ihm steht aber eine angemessene Zeit von ggf. mehreren Monaten zur Verfügung, um vorher zu prüfen, ob er die Kaution noch zur Befriedigung offener Ansprüche benötigt.[132] Während der Dauer des Mietverhältnisses darf der Vermieter auf die Kaution nur wegen unbestrittener, nicht dagegen wegen streitiger Forderungen zugreifen. Eine davon abweichende Vereinbarung im Mietvertrag ist gem. § 551 IV unwirksam.[133]

---

130 BT-Drs. 9/2079, 11; *BGH* NJW 2008, 1152; 2014, 2496.
131 *BGH* NJW-RR 2015, 1289.
132 *BGH* NJW 2016, 3231 Rn. 12.
133 *BGH* NJW 2014, 2496.

§ 12. Stellung des besitzenden Mieters gegenüber Vermieter und Dritten

Schrifttum: *Derleder*, Der „mitgekaufte" Mieter, NJW 2008, 1189; *Derleder/Bartels*, Der Vermieterwechsel bei der Wohnraummiete, JZ 1997, 981; *Eisenhardt*, Verfassungskonforme Anwendung von § 571 BGB, WuM 1999, 20; *Gsell*, Räumungsklagen bei Eigentümer- und Vermieterwechsel, WuM 2012, 411; *Rüfner*, Eigentum und Vermieterstellung – Zur analogen Anwendung des § 566 BGB, FS Picker, 2010, 681; *Schmid*, Rechtsgeschäftlicher Mieter- und Vermieterwechsel, WuM 2013, 643; *ders.*, Rechte und Pflichten des Mieters bei Verkaufsabsichten des Vermieters, WuM 2014, 316. 1

Fall a: Der Mieter M wird häufig durch nächtliches Klavierspiel des über ihm wohnenden A gestört. M verlangt von A Unterlassung der Ruhestörung. A meint, nur der Vermieter könne ihm das verbieten. → Rn. 2

Fall b: V hat M Räume für den Betrieb einer Drogerie vermietet und überlassen. Später verkauft V sein Haus an E, der in dem Haus ebenfalls eine Drogerie eröffnet. M verlangt von E Schließung der Drogerie und Ersatz des Schadens, den er durch das Konkurrenzgeschäft erlitten hat. → Rn. 5, 6, 9

Fall c: Da E im Fall b nicht zahlt, verlangt M von V Ersatz seines Schadens. → Rn. 10

Fall d: M mietet von V ein Haus für monatlich 1500 Euro. Am 1. 2. veräußert V das Haus an E. Kurz vor der Veräußerung hat M dem V die Miete für ein Jahr im Voraus gezahlt. E verlangt von M am 3. 2. die Februarmiete. Kann E in den folgenden Monaten Miete verlangen? → Rn. 15

I. Schutz des Mieters als Besitzer

1. Schutz gegenüber dem Eigentumsherausgabeanspruch des Vermieters

Durch den Mietvertrag erlangt der Mieter für die Dauer der Mietzeit ein **obligatorisches Recht zum Besitz** der Mietsache. Aufgrund dieses Rechtes kann er, wenn der Vermieter als Eigentümer Herausgabe der Sache nach § 985 verlangt, die **Herausgabe verweigern** (§ 986 I).

Nach der Ansicht des **BVerfG** ist das Besitzrecht des Mieters an der gemieteten Wohnung Eigentum iSv Art. 14 I 1 GG; der Eigentumsschutz des Mieters steht demnach gerichtlichen Entscheidungen entgegen, welche die Bedeutung und Tragweite von Art. 14 I 1 GG für das Besitzrecht verkennen.[1]

2. Besitzschutzrechte

2 Als Inhaber des unmittelbaren Besitzes stehen dem Mieter gegenüber jedermann (auch Vermieter und Mitmieter; **Fall a)** die Besitzschutzrechte aus §§ 859, 861, 862 zu.

Im **Fall a** kann M von A Unterlassung des nächtlichen Klavierspielens verlangen (§ 862 I 2).

3. Ansprüche aus § 823 und § 812

3 Neben den Besitzschutzansprüchen, die kein Verschulden des Störers voraussetzen, hat der Mieter bei schuldhafter Entziehung oder Störung seines Besitzes einen **Anspruch aus unerlaubter Handlung** auf Ersatz des Schadens, der durch den Eingriff in den Besitz entstanden ist.

Dieser Schadensersatzanspruch folgt einmal aus § 823 II iVm § 858 als Schutznorm. Der Anspruch kann aber auch auf § 823 I gestützt werden; denn nach der hM steht der Besitz, welcher wie bei einem Mietverhältnis von einem Recht zum Besitz getragen wird, einem absoluten Recht im Sinne dieser Vorschrift gleich (→ § 45 Rn. 13).

Wird dem Mieter der Besitz entzogen, so kann er von dem neuen Besitzer auch aus § 812 I 1, 2. Fall (Eingriffskondiktion) Wiedereinräumung des Besitzes verlangen.

II. Schutz des Mieters bei Veräußerung beweglicher Mietsachen

4 Der Eigentümer, der seine Sache vermietet hat, kann weiterhin über sein Eigentum verfügen, insbesondere die Sache einem Dritten übereignen. Die Übereignung einer beweglichen Mietsache geschieht in der Weise, dass der Vermieter sich mit dem Dritten über den Eigentumsübergang einigt und diesem den gegen den Mieter gerichteten, noch nicht fälligen Herausgabeanspruch aus § 546 abtritt (§§ 929, 931). Der Dritte wird Eigentümer der Sache; er ist aber nicht

1 So BVerfGE 89, 1; kritisch dazu zB *Depenheuer* NJW 1993, 2561; *Rüthers* NJW 1993, 2587.

aus dem Mietvertrag zur Gebrauchsgewährung verpflichtet. Damit bestünde die Gefahr, dass der Dritte nach § 985 dem Mieter den vom Vermieter eingeräumten Besitz der Sache entzieht. Dem begegnet das Gesetz durch die Regelung des § 986 II. Nach dieser Vorschrift kann nämlich der Mieter sein gegenüber dem Vermieter begründetes Recht zum Besitz auch dem Herausgabeanspruch des Dritten entgegenhalten und die Herausgabe verweigern.

III. Schutz des Mieters bei Veräußerung unbeweglicher Mietsachen

Bei der (Wohn-)Raum- und Grundstücksmiete ist im Fall der Veräußerung des Grundstücks § 986 II nicht anwendbar; denn die Übereignung eines Grundstücks nach §§ 929 ff. ist nicht möglich. Sie erfolgt vielmehr nach §§ 873, 925 durch Auflassung und Eintragung in das Grundbuch. Aber auch der Mieter eines (Wohn-)Raums oder Grundstücks muss vor dem Entzug des Besitzes an der Mietsache geschützt werden, wenn der Vermieter über sein Grundstück verfügt. Dieser Schutz wird dadurch erreicht, dass nach §§ 566, 578 der neue Grundstückseigentümer anstelle des Vermieters in den Mietvertrag eintritt **(Kauf bricht nicht Miete; Fall b)**. § 566 stellt damit einen Fall der gesetzlichen Vertragsübernahme dar. 5

1. Voraussetzungen des Vertragsübergangs

Der gesetzliche Vertragsübergang nach § 566 setzt voraus, dass ein **gültiger Mietvertrag** besteht und dem Mieter **vor der Veräußerung bereits der Besitz an der Mietsache** überlassen worden ist; eine bloße Vermietung der Sache reicht für die Anwendung des § 566 nicht aus, wenn zur Zeit des Eigentumsübergangs auf den Erwerber der Besitz an der Mietsache dem Mieter noch nicht überlassen war oder von diesem nicht mehr ausgeübt wurde.[2] Es ist weiterhin erforderlich, dass der (Wohn-)Raum oder das Grundstück infolge **rechtsgeschäftlicher Veräußerung** vom Vermieter auf den Dritten übergeht **(Fall b)**. 6

Bei einer Veräußerung des Grundstücks im Wege der Zwangsversteigerung gelten gem. § 57 ZVG die §§ 566, 578 zwar auch, aber nur nach Maßgabe der 7

2 *BGH* NJW-RR 2016, 980 (982).

§§ 57a und 57b ZVG. Danach tritt der Erwerber zwar auch kraft Gesetzes in das Mietverhältnis ein; er kann den Mietvertrag aber unabhängig von den bestehenden Abreden über die Mietzeit mit gesetzlicher Frist zum ersten zulässigen Termin kündigen (§ 57a ZVG).[3]

§ 566 greift grundsätzlich nur bei **Identität zwischen dem Vermieter und dem Veräußerer** ein. Wird das Grundstück nicht durch den Vermieter, sondern durch den von diesem verschiedenen Eigentümer veräußert, stellt sich die Frage nach einer analogen Anwendbarkeit des § 566. Eine solche Analogie wurde von der Rechtsprechung lange verneint; der Erwerber konnte lediglich durch Vereinbarung mit dem Vermieter an dessen Stelle in den Mietvertrag eintreten, sofern der Mieter zustimmt.[4] Inzwischen wendet der BGH[5] **bei fehlender Identität zwischen Vermieter und Veräußerer § 566 analog** an, wenn die Vermietung des veräußerten Grundstücks mit Zustimmung und alleinigem wirtschaftlichen Interesse des Eigentümers erfolgt und der Vermieter kein eigenes Interesse am Fortbestand des Mietverhältnisses hat. Nur auf diese Weise kann eine Umgehung des Mieterschutzes durch Einschaltung von Dritten in die Vertragsbeziehungen verhindert werden.

8 Der gesetzliche Vertragsübergang findet nach §§ 567, 578 auch dann statt, wenn das Grundstück mit einem dinglichen Recht belastet wird, durch dessen Ausübung dem Mieter der Gebrauch entzogen oder eingeschränkt würde (zB Nießbrauch, §§ 1030 ff.).

2. Wirkungen des gesetzlichen Vertragsübergangs

9 **a) Eintritt des Erwerbers in das Mietverhältnis.** Mit dem Eintritt in den bestehenden Mietvertrag **gehen auf den Erwerber** für die Zeit, in der er Eigentümer des Grundstücks ist, **alle Rechte und Pflichten über**, die sich für den Vermieter aus dem Mietvertrag ergeben (§ 566 I; **Fall b)**. Soweit es für den Inhalt dieser Rechte und Pflichten zwischen Erwerber und Mieter auf den Beginn des Mietverhältnisses ankommt, ist auf den Beginn des ursprünglichen Mietverhältnisses zwischen Veräußerer und Mieter abzustellen. Das kann etwa von Bedeutung sein für die Länge der Kündigungsfrist bei Wohnraummietverhältnissen nach § 573c I 2, die von der Dauer des Mietverhältnisses abhängt (→ § 13 Rn. 10). Auch für die Frage, ob dem Mieter eine von

---

3 *Brox/Walker* ZwangsVollstrR Rn. 947.
4 *BGH* NJW 2003, 2158 (2159).
5 *BGH* BeckRS 2017, 121752 mAnm *Emmerich* JuS 2017, 1213.

ihm eingebrachte Sache gehört und deshalb vom Vermieterpfandrecht nach § 562 erfasst wird (→ § 11 Rn. 48), kommt es auf den Zeitpunkt der Einbringung der Sache in die Mieträume, nicht dagegen auf den Zeitpunkt der Übereignung an. Deshalb ändert eine Sicherungsübereignung nach Einbringung, aber vor Veräußerung der Mietsache nichts daran, dass die Sache vom Vermieterpfandrecht, das der Erwerber kraft Gesetzes erwirbt, erfasst wird; denn der Erwerber tritt gem. § 566 I an die Stelle des Veräußerers.[6] Hat der Mieter dem Vermieter Sicherheit geleistet, so gehen nach § 566a die sich daraus ergebenden Rechte ebenfalls auf den Erwerber über.

Im **Fall b** muss E den Konkurrenzbetrieb einstellen (→ § 11 Rn. 2) und nach § 536a I auch Schadensersatz leisten.

Allerdings ist § 566 restriktiv auszulegen. Die Vorschrift erfasst nur solche Rechte und Pflichten, die mietrechtlich zu qualifizieren sind oder in einem untrennbaren Zusammenhang mit dem Mietvertrag stehen. Der Erwerber tritt deshalb nicht in Rechte und Pflichten ein, die außerhalb des Mietverhältnisses liegen, auch wenn sie als zusätzliche Vereinbarung im Mietvertrag geregelt sind. Er ist daher nicht an ein zwischen Veräußerer und Mieter vereinbartes Ankaufsrecht gebunden.[7] 9a

b) Weiterhaftung des Veräußerers. Mit dem Vertragseintritt des Erwerbers wird der **bisherige Vermieter nicht von jeder Haftung befreit**. Er haftet, und zwar allein, für alle Geldansprüche aus dem Vertrag, welche in der Zeit seines Eigentums entstanden sind; der Erwerber haftet nur für die Ansprüche, die während der Dauer seines Eigentums entstehen. 10

Der bisherige Vermieter hat weiterhin nach § 566 II 1 wie ein selbstschuldnerischer Bürge (→ § 32 Rn. 28) für die Schadensersatzansprüche einzustehen, die dadurch erwachsen, dass der Erwerber die Pflichten aus dem Mietvertrag nicht erfüllt **(Fall c**; Haftung für den Schadensersatzanspruch aus § 536a). Nach Sinn und Zweck des § 566 II 1 muss der bisherige Vermieter auch für alle Geldleistungen haften, die der Erwerber aus dem Mietvertrag schuldet.[8] Diese Vorschrift soll nämlich den Mieter davor schützen, dass sich seine Stellung infolge des von ihm nicht zu verhindernden Wechsels des Vertragspartners verschlechtert.

---

6 *BGH* NJW 2014, 3775 (3777).
7 *BGH* NJW 2017, 254 Rn. 18 ff.; vgl. auch NJW 2012, 3032 Rn. 26.
8 *BGH* NJW 1969, 417.

11 Der Vermieter kann sich von seiner Haftung aus § 566 II 1 befreien, indem er dem Mieter von dem Eigentumsübergang Mitteilung macht (§ 566 II 2). In diesem Fall endet seine Bürgenhaftung, wenn der Mieter nicht zum nächstzulässigen Termin kündigt, zu diesem Zeitpunkt. – Hat der Vermieter den Eigentumsübergang angezeigt und ist dieser nicht erfolgt oder unwirksam, so muss er die angezeigte Übertragung in Ansehung der Mietforderung gegen sich gelten lassen (§ 566e, der dem § 409 entspricht).

12 c) **Folgen für Vorausverfügungen des Veräußerers und für Rechtsgeschäfte über zukünftige Mietansprüche.** Da nach § 566 mit dem Eintritt des Erwerbers dem Vermieter keine Rechte (auch keine Mietansprüche) aus dem Mietvertrag mehr zustehen, sehen die §§ 566b ff. zum Schutz des Mieters und des Erwerbers besondere Regelungen für die Fälle vor, in denen der Vermieter während seiner Vertragszeit über künftige Mietansprüche verfügt oder der Mieter die Miete im Voraus gezahlt hat. Nach diesen Vorschriften ist zu unterscheiden, ob es sich um **Verfügungen des Vermieters** über künftige Mietansprüche (§ 566b; zB Abtretung) oder um **Rechtsgeschäfte zwischen Vermieter und Mieter** hinsichtlich künftiger Mietansprüche (§ 566c; zB Stundung, Vorauszahlung) handelt.

13 Die §§ 566b f. sind nur anwendbar, wenn nach dem Erwerb durch den Dritten noch Miete aufgrund des Vertrags zu entrichten ist; denn nur dann kann von einer Verfügung oder einem Rechtsgeschäft über künftige Mietansprüche die Rede sein. Die §§ 566b f. greifen daher nicht ein, wenn die Miete vertragsgemäß als einheitliche Leistung sofort zu entrichten war. Der BGH wendet die §§ 566b f. auch dann an, wenn die Miete nach Zeitabschnitten bemessen ist und der Mieter aufgrund einer Vereinbarung der Parteien für spätere, nach der Veräußerung liegende Zeitabschnitte die Miete im Voraus zu zahlen hatte,[9] sowie neuerdings auch dann, wenn die nach dem Mietvertrag geleistete Vorauszahlung in einem Einmalbetrag erfolgt.[10]

14 aa) Eine Verfügung des Vermieters über die Miete, die auf die Zeit nach dem Eigentumsübergang entfällt **(Vorausverfügung)**, ist nur insoweit wirksam, als sie sich auf die Miete des laufenden Monats bezieht; wird das Eigentum erst nach dem 15. eines Monats übertragen, so ist die Verfügung auch für den folgenden Monat wirksam (§ 566b I). Der Erwerber muss aber jede Vorausverfügung gegen sich gelten lassen, wenn er sie im Zeitpunkt des Eigentumsübergangs kannte (§ 566b II). Als Vorausverfügung des Vermieters kommen Abtretung oder Verpfändung der künftigen Ansprüche in Betracht.

---

9 BGHZ 37, 346.
10 *BGH* NJW 1998, 595.

bb) Die zwischen dem Vermieter und dem Mieter geschlossenen **Rechtsgeschäfte über zukünftige Mietansprüche** (zB Stundung, Erlass, Aufrechnung, Vorauszahlung) haben nur im Umfang des § 566c gegenüber dem Erwerber Bestand. 15

Im **Fall d** muss M zwar nicht für Februar, wohl aber für die folgenden Monate dem E Miete zahlen. Im Umfang der doppelten Inanspruchnahme hat er gegen V einen Schadensersatzanspruch nach § 280 I; denn eine Vorauszahlungsvereinbarung ist in der Regel so auszulegen, dass der ursprüngliche Vermieter dafür einstehen will, dass der Mieter die Vorauszahlungen mit der jeweils fälligen Miete verrechnen kann.[11]

Dem § 566c kommt besondere Bedeutung in den Fällen zu, in denen der Mieter dem Vermieter einen Geldbetrag gezahlt hat, um die Mieträume zu erhalten. Da die Zahlungen regelmäßig zur Herstellung der Räume bestimmt und häufig auf die zu zahlende Miete anzurechnen sind, stellt sich bei einer Veräußerung der Wohnräume oder des Grundstücks die Frage, ob der Erwerber diese Leistungen gegen sich gelten lassen muss. 16

(1) Soll der gezahlte Betrag nach dem Mietvertrag jeweils in bestimmter Höhe auf die periodisch zu entrichtende Miete angerechnet werden, so handelt es sich um eine **Mietvorauszahlung**. Auf die Mietvorauszahlung ist § 566c grundsätzlich anwendbar. Damit besteht für den Mieter die Gefahr, dass er nach einem Wechsel des Eigentümers die Anrechnung auf die Miete nicht mehr verlangen kann. Hier hat die Rechtsprechung mit Recht eine wesentliche Einschränkung zum Schutz des Mieters vorgenommen. Der Erwerber muss die Vorauszahlungen, **die als Baukostenzuschuss gezahlt und verwendet worden sind**, gegen sich gelten lassen. Denn durch die Zuschussleistung des Mieters wurde ein sachlicher Wert geschaffen, der dem Erwerber als Eigentümer der Sache später zugutekommt, weil er nach Ablauf der Vertragszeit eine höhere Miete verlangen kann.[12] 17

(2) Die Hingabe des Geldes kann aber auch als Darlehen (dazu → § 17) erfolgen **(Mieterdarlehen)** mit der Abrede, dass der bezahlte Betrag in Raten zurückzuzahlen ist. Dabei wird häufig auch vereinbart, dass die jeweils fällige Rate mit dem fälligen Mietanspruch verrechnet werden soll. Da in diesen Fällen das Mieterdarlehen in einer sehr engen Beziehung zu dem Mietvertrag steht, sind die von der Rechtsprechung zur Mietvorauszahlung entwickelten Grundsätze auch hier anwendbar. 18

(3) Wird der Geldbetrag als Beitrag zu den Baukosten gezahlt, ohne dass ein vertraglicher Anspruch auf Rückzahlung oder Anrechnung auf die Miete besteht, so handelt es sich um einen **verlorenen Baukostenzuschuss**. § 566c ist 19

---

11 *BGH* NJW 1966, 1703.
12 Vgl. BGHZ 6, 202; 15, 296; *BGH* NJW 1967, 555; **aM** MüKoBGB/*Häublein* § 566c Rn. 13.

hier nicht anwendbar, weil der verlorene Baukostenzuschuss keine Vorauszahlung der Miete darstellt.

20 Soweit die Entrichtung der Miete an den Vermieter nach § 566c gegenüber dem Erwerber wirksam wäre, kann der Mieter gegen die Mietforderung des Erwerbers mit einer ihm gegenüber dem Vermieter zustehenden Forderung **aufrechnen** (§ 566d, 1; Ausnahmen: § 566d, 2, der dem § 406 entspricht).

§ 13. Beendigung des Mietverhältnisses

1 **Schrifttum:** *Beyer*, Die Beendigung des Mietverhältnisses – Teil 1: Der Regelfall: Die Kündigung, ZGS 2010, 547; Teil 2: Einzelne Kündigungstatbestände, ZGS 2011, 21; *Blank*, Die Kündigung wegen Zahlungsverzugs, WuM 2015, 3; *ders.*, Der Wegfall des Eigenbedarfs nach Ablauf der Kündigungsfrist (BGH, NJW 2006, 220), NJW 2006, 739; *Börstinghaus*, Kündigungsausschlussvereinbarungen in der Wohnraummiete nach der Rechtsprechung des BGH, ZGS 2009, 221; *J. Emmerich*, Auswirkungen der Mietrechtsänderungen auf Kündigungen, WuM 2013, 323; *Häublein*, Eigenbedarf und eigenbedarfsähnliche Kündigungsgründe, WuM 2014, 635; *Hinz*, Neue Akzente beim Eigenbedarf, NJW 2017, 3473; *Karabulut*, Die außerordentliche fristlose Kündigung des Mieters wegen Verzugs mit der Mietsicherheitsleistung nach § 569 Abs. 2a BGB, WuM 2014, 186; *Keinert*, Fälligkeitszeitpunkt des Anspruchs auf Rückgabe der Mietsache, WuM 2016, 195; *Löhnig/Gietl*, Grundfälle zum Mietrecht, JuS 2011, 202; *Martinek*, Kündigungsrechtsausschluss im „Studentenbuden"-Mietvertrag, NJW 2009, 3613; *Selk*, Eigenbedarf der GbR und Ende einer Ära: Pflichtverletzung des Vermieters beim Anbieten einer Alternativwohung, NJW 2017, 521; *Streyl/Wietz*, Die Mieteraustauschkündigung – „Eigenbedarf" zum Zwecke der Unterbringung von Flüchtlingen?, WuM 2015, 651; *Timme*, Verzicht des Mieters auf gesetzliches Kündigungsrecht, NJW 2004, 1639; *Wiek*, Der neue § 569 Abs. 2a BGB, WuM 2013, 195.

Fall a: V vermietet dem M für die Dauer der Roggenernte einen Mähdrescher, den M sofort an U weitervermietet. Als M trotz Abmahnung des V die Maschine dem U belässt, verlangt V ihre sofortige Rückgabe. → Rn. 2, 3

Fall b: V hat dem M das Ladenlokal fristgerecht gekündigt. M, der nach Ablauf der Kündigungsfrist ohne jede Erklärung das Ladenlokal weiterbenutzt, räumt erst nach 3 1/2 Wochen. V verlangt von M die volle Monatsmiete. → Rn. 1

I. Beendigung durch Zeitablauf

Ein Mietverhältnis, das für eine bestimmte Zeit eingegangen ist (befristetes Mietverhältnis), endet mit Ablauf dieser Zeit (§ 542 II), ohne dass es einer Kündigung bedarf. Etwas anderes gilt nur dann, wenn das Mietverhältnis ausdrücklich durch Vertrag oder stillschweigend dadurch verlängert wird, dass der Mieter den Gebrauch der Mietsache fortsetzt und weder der Vermieter noch der Mieter seinen entgegenstehenden Willen innerhalb von zwei Wochen dem anderen Teil erklärt (§ 545; **Fall b**).

Die Anfechtung dieser stillschweigenden Verlängerung durch eine Partei mit der Begründung, eine Verlängerungserklärung sei nicht gewollt gewesen, ist ausgeschlossen. Im **Fall b** muss M daher die volle Monatsmiete zahlen (§§ 545, 535 II).

Bei Mietverhältnissen, die für eine bestimmte Zeit geschlossen sind, ist die 2 ordentliche Kündigung (§ 542 I) ausgeschlossen, sofern nicht durch Auslegung ein entgegenstehender Wille ermittelt werden kann. Möglich bleiben jedoch die außerordentliche Kündigung unter Einhaltung der gesetzlichen Kündigungsfrist (zB § 540 I 2) und die außerordentliche fristlose Kündigung (zB § 543; **Fall a**). Mietverträge über eine längere Zeit als 30 Jahre können gem. § 544 nach 30 Jahren ordentlich gekündigt werden. Wenn eine Kündigung nicht in Betracht kommt, kann der Mieter unter bestimmten Voraussetzungen trotzdem seine vorzeitige Entlassung aus dem Mietvertrag verlangen, wenn er dem Vermieter einen geeigneten und zumutbaren Ersatzmieter (Nachmieter) stellt. Dieses Recht kann sich entweder aus einer entsprechenden Vereinbarung der Parteien (Ersatzmieter- oder Nachfolgeklausel) ergeben oder aus § 242, falls der Mieter ein berechtigtes Interesse an der vorzeitigen Beendigung des Mietverhältnisses hat (zB berufsbedingter Wohnortwechsel). Die Suche nach einem geeigneten Ersatzmieter obliegt allein dem Mieter.[1] An die Geeignetheit und Zumutbarkeit des angebotenen Nachmieters dürfen keine übertriebenen Anforderungen gestellt werden.[2]

1. Wirksame Befristungsvereinbarung

Eine bestimmte Mietzeit ist dann vereinbart, wenn das Ende im 3 Vertrag nach dem Kalender festgelegt ist oder das Mietverhältnis mit dem Eintritt eines bestimmten Ereignisses enden soll (zB Vermietung einer Maschine bis zum Ende der Ernte, **Fall a**).

---

1 *BGH* NJW 2015, 3780 f. mAnm *Streyl*.
2 *BGH* NJW 2003, 1246 (1247).

Befristete Mietverträge über Räume und über Grundstücke (§ 578) für eine längere Zeit als ein Jahr bedürfen der Schriftform (§ 550 S. 1; Sinn: → § 10 Rn. 11). Eine Nichtbeachtung der Form führt zu einem unbefristeten Mietverhältnis, das nur durch Kündigung nach Ablauf des ersten Mietjahres beendet werden kann (§ 550 S. 1 u. 2). Die ergänzende Auslegung des aufgrund der unwirksamen Befristung lückenhaften Vertrags kann aber zu dem Ergebnis führen, dass die Mietvertragsparteien für die Dauer der (unwirksamen) Befristung auf ihr Recht zur ordentlichen Kündigung verzichten; dann ist eine vor Ablauf der Mietzeit ausgesprochene Kündigung unwirksam.[3]

2. Besonderheiten bei befristeten Mietverhältnissen über Wohnraum

4 Ein Mietverhältnis über Wohnraum kann nur unter den Voraussetzungen des § 575 auf bestimmte Zeit eingegangen werden.

Diese mieterschützende Vorschrift ist allerdings nicht anwendbar bei Mietverhältnissen über Wohnraum, der nur zum vorübergehenden Gebrauch vermietet wird, der Teil der vom Vermieter selbst bewohnten Wohnung ist, den eine juristische Person des öffentlichen Rechts angemietet hat sowie bei Mietverhältnissen über Wohnraum in einem Studentenwohnheim (§ 549 II; → Rn. 19, 24 ff.).

Nach § 575 I 1 ist eine Befristung zulässig, wenn der Vermieter die Wohnung für sich nutzen oder die Räume wesentlich verändern oder die Räume, die wegen des Bestehens eines Dienstverhältnisses vermietet worden sind, an einen anderen zur Dienstleistung Verpflichteten vermieten will. Der Vermieter muss dem Mieter den Befristungsgrund bei Vertragsschluss schriftlich mitteilen. Anderenfalls gilt das Mietverhältnis als auf unbestimmte Zeit abgeschlossen (§ 575 I 2).

5 Gemäß § 575 II kann der Mieter frühestens vier Monate vor Ablauf der Befristung vom Vermieter verlangen, dass dieser ihm binnen eines Monats mitteilt, ob der Befristungsgrund noch besteht. Erfolgt die Mitteilung später, kann der Mieter eine Verlängerung des Mietverhältnisses um den Zeitraum der Verspätung verlangen.

Tritt der Grund der Befristung erst später ein, kann der Mieter eine entsprechende Verlängerung des Mietverhältnisses verlangen. Entfällt der Befristungsgrund, kann der Mieter eine Verlängerung des Mietverhältnisses auf unbestimmte Zeit verlangen (§ 575 III).

3 *BGH* NJW 2013, 2820.

II. Beendigung durch ordentliche Kündigung

Unbefristete Mietverhältnisse können durch Kündigung beendet 6
werden (§ 542 I). Der Regelfall ist die ordentliche Kündigung unter Einhaltung einer Kündigungsfrist. Daneben gibt es noch die außerordentliche befristete (→ Rn. 32) und die außerordentliche fristlose (→ Rn. 33) Kündigung.

Ebenso wie ein Mietverhältnis nach Ablauf der vereinbarten Mietzeit (→ Rn. 1) gilt auch ein gekündigtes Mietverhältnis als auf unbestimmte Zeit verlängert, wenn der Mieter den Gebrauch der Mietsache fortsetzt und keine der Parteien innerhalb von zwei Wochen einer Fortsetzung widerspricht (§ 545). Für den Vermieter beginnt die Frist mit dem Zeitpunkt, in dem er von der Fortsetzung Kenntnis erlangt (§ 545 S. 2 Nr. 2). Er kann den Widerspruch aber auch schon vor Beginn dieser Frist zusammen mit der Kündigung des Mietverhältnisses erklären.[4]

Ein befristeter **Verzicht** auf das Recht zur ordentlichen Kündigung, zB während der ersten beiden Jahre eines unbefristeten Mietverhältnisses, ist zulässig.[5] Das gilt auch für einen formularmäßigen Verzicht.[6] Der Mieter wird dadurch nicht unangemessen benachteiligt; denn bei der Notwendigkeit eines vorzeitigen Auszugs kann er einen Nachmieter stellen (→ Rn. 2).

1. Kündigungserklärung

a) Rechtliche Einordnung. Die Kündigung ist eine einseitige emp- 7
fangsbedürftige Willenserklärung. Sie ist bei der ordentlichen Kündigung darauf gerichtet, das Mietverhältnis nach Ablauf einer bestimmten Frist zu beenden. Aus der Kündigungserklärung muss für den Empfänger klar zu ersehen sein, dass dem Schuldverhältnis ein Ende gesetzt werden soll, damit er sich auf die vom Vertragspartner einseitig herbeigeführte Rechtsänderung einrichten kann. Die Kündigung darf daher ebenso wie andere Gestaltungserklärungen grundsätzlich nicht von einer Bedingung abhängig gemacht werden. Aus demselben Grund ist auch eine unbestimmt befristete Kündigung etwa zu dem Zeitpunkt, zu dem der Mieter Ersatzraum gefunden hat, unwirksam.[7]

Eine Ausnahme von der Bedingungsfeindlichkeit der Kündigung gilt nur, wenn der Empfänger die Bedingung selbst herbeiführen kann; denn dann ist für ihn erkennbar, ob und wann das Mietverhältnis endet.

---

4 *BGH* NJW 2010, 2124 (2125).
5 *BGH* NJW 2004, 1488.
6 *BGH* NJW 2004, 3117.
7 *BGH* NJW 2004, 284.

8 **b) Form und Begründung.** Die gegenüber dem Vertragspartner abzugebende Kündigungserklärung ist grundsätzlich nicht formbedürftig. Die Kündigung braucht in der Kündigungserklärung auch nicht begründet zu werden.

Etwas anderes gilt bei der Kündigung eines **Mietverhältnisses über Wohnraum**. Hier muss die Kündigung schriftlich erfolgen (§ 568 I). Außerdem soll der Vermieter die Kündigungsgründe in dem Kündigungsschreiben angeben und auf die Möglichkeit des Widerspruchs hinweisen (§§ 573 III, 568 II). Hinsichtlich der Begründung sind allerdings keine überspannten Anforderungen zu stellen. Es reicht aus, wenn der Kündigungsgrund so bezeichnet ist, dass er identifiziert und von anderen Gründen unterschieden werden kann. Bei einer Kündigung wegen Eigenbedarfs (→ Rn. 13) ist daher grundsätzlich die Angabe der Person, für die die Wohnung benötigt wird, und die Darlegung des Interesses, das diese Person an der Wohnung hat, ausreichend;[8] eventuelle Mitbewohner (zB Lebenspartner) brauchen nicht namentlich bezeichnet zu werden.[9] Folgen der Nichtbeachtung: §§ 573 III 2, 574 III. Ausnahmen bei möbliertem Wohnraum: § 549 II Nr. 2, → Rn. 26.

2. Kündigungsfristen

9 Die ordentliche Kündigung setzt zwar grundsätzlich keinen Kündigungsgrund voraus, ist aber stets an die Einhaltung bestimmter Kündigungsfristen gebunden. Die Länge der gesetzlichen Kündigungsfristen ist verschieden, je nachdem, ob es sich um Mietverhältnisse über Grundstücke, (Wohn-)Räume oder bewegliche Sachen handelt (vgl. §§ 573c, 580a).

10 Bei **Wohnraummietverhältnissen** schreibt § 573c für die Kündigung des Vermieters zwingende Mindestfristen vor. Sie können bis zu neun Monaten betragen. Kündigt der Mieter, so ist er nur an eine Frist von drei Monaten gebunden; für ihn können zudem durch Vertrag kürzere Fristen bestimmt werden (§ 573c IV). Besonderheiten bei möbliertem Wohnraum: → § 573c III, Rn. 25 ff.

3. Besonderheiten bei Wohnraummietverhältnissen

11 Für Wohnraummietverhältnisse ist das **Recht des Vermieters zur ordentlichen Kündigung weitgehend eingeschränkt.**

---

8 Vgl. *BGH* NJW 2017, 1474 Rn. 15; NJW-RR 2012, 14.
9 *BGH* NJW 2014, 2102.

a) Berechtigtes Interesse des Vermieters. Grundsätzlich kann der Vermieter nach § 573 I 1 solche Mietverhältnisse nur kündigen, wenn er ein berechtigtes Interesse an der Beendigung der Miete hat. 11a

aa) Die Auslegung und Anwendung des unbestimmten Rechtsbegriffs „berechtigtes Interesse" erfordert eine an den **Umständen des Einzelfalls** ausgerichtete **Abwägung der beiderseitigen Interessen**. Dabei ist zu berücksichtigen, dass sowohl die Rechtsposition des Vermieters als auch das vom Vermieter abgeleitete Besitzrecht des Mieters von der Eigentumsgarantie des Art. 14 I GG geschützt sind.[10] Bei dieser Interessenabwägung spielen allerdings auf Seiten des Mieters die in § 574 genannten Härtegründe noch keine Rolle; sie sind nach der klaren gesetzlichen Regelung erst bei einem Widerspruch des Mieters gegen die Kündigung (→ Rn. 19) zu berücksichtigen.[11] Als berechtigte Interessen des Vermieters werden im Prozess nur die im Kündigungsschreiben angegebenen Gründe berücksichtigt, soweit nicht neue Gründe nachträglich entstanden sind (§ 573 III). 11b

Kündigt der Vermieter mit der Begründung, er benötige die Wohnung zu beruflichen oder gewerblichen Zwecken (zB Betrieb einer Praxis), liegt weder ein Fall von § 573 II Nr. 2 (→ Rn. 13) noch ein solcher von § 573 II Nr. 3 (→ Rn. 15) vor. Die Berechtigung der Kündigung hängt deshalb nach § 573 I 1 von einer Interessenabwägung im Einzelfall ab.[12] Diese geht um so eher zugunsten des Vermieters aus, je näher der Fall bei der Regelung des § 573 II Nr. 2 liegt (Kündigung zu Wohn- und zu geschäftlichen Zwecken); dann reicht ein ernsthafter Nutzungsentschluss des Vermieters aus. Erfolgt die Kündigung dagegen allein zu geschäftlichen Zwecken, ähnelt der Fall eher dem § 573 II Nr. 3; dann muss der Vermieter darlegen, dass ihm ohne die Kündigung erhebliche wirtschaftliche Nachteile drohen.

Um eine Umgehung des Kündigungsschutzes zu vereiteln, bestimmt § 572, dass sich der Vermieter auf ein vereinbartes Rücktrittsrecht oder auf eine zum Nachteil des Mieters vereinbarte Bedingung nicht berufen kann, wenn der Wohnraum an den Mieter überlassen worden ist.

bb) **§ 573 II** nennt **drei typisierte Regeltatbestände**, bei deren Verwirklichung ein berechtigtes Interesse des Vermieters an der Beendigung des Mietverhältnisses gegeben ist: 12

(1) **Schuldhafte, nicht unerhebliche Vertragsverletzung** (§ 573 II Nr. 1). Sie liegt nicht nur dann vor, wenn nach §§ 543 ff. eine außer- 12a

---

10 *BGH* NJW 2017, 2018 Rn. 25 mAnm *Emmerich* JuS 2017, 1115.
11 *BGH* NJW 2017, 2018 Rn. 49 mAnm *Emmerich* JuS 2017, 1115.
12 Dazu im Einzelnen *BGH* NJW 2017, 2018 Rn. 37 f. mAnm *Emmerich* JuS 2017, 1115.

ordentliche fristlose Kündigung zulässig ist (→ § 11 Rn. 33, 38), sondern auch dann, wenn die Belange des Vermieters durch eine Verletzungshandlung des Mieters oder seines Erfüllungsgehilfen (§ 278)[13] vorsätzlich oder fahrlässig nicht nur ganz geringfügig beeinträchtigt worden sind.

Beispiele: Zahlungsverzug auch unterhalb der Grenzen des § 543 II Nr. 3, sofern er jedenfalls eine Monatsmiete übersteigt und die Verzugsdauer mindestens einen Monat beträgt,[14] wiederholte unpünktliche Mietzinszahlung,[15] vertragswidriger Gebrauch, Verletzung der Pflicht zur Duldung von Instandsetzungs- oder Modernisierungsmaßnahmen (→ § 11 Rn. 31),[16] unbefugte Gebrauchsüberlassung an einen Dritten, Vernachlässigung der Wohnung, Belästigungen des Vermieters. Bei einer ordentlichen Kündigung wegen schleppender Mietzahlungen ist eine vorherige Abmahnung nicht erforderlich, es sei denn, die Vertragsverletzung des Mieters erhält erst durch eine Abmahnung das für eine Kündigung erforderliche Gewicht.[17]

13 (2) **Eigenbedarf** des Vermieters, seiner Familienangehörigen oder von Personen, die zu seinem Haushalt gehören (§ 573 II Nr. 2). Zu den privilegierten Angehörigen des Vermieters werden aufgrund des nahen Verwandtschaftsverhältnisses auch seine Geschwister[18] sowie seine leiblichen Nichten und Neffen[19] gezählt. Eigenbedarf kommt zwar grundsätzlich nur in Betracht, wenn der Vermieter eine natürliche Person ist.[20] Juristische Personen können sich nicht darauf berufen, die vermietete Wohnung für sich selbst oder einen Familienangehörigen zu benötigen. Aber eine teilrechtsfähige Außen-GbR ist nicht als juristische Person zu qualifizieren. Sie kann sich nach der Rechtsprechung des BGH analog § 573 II Nr. 2 auf Eigenbedarf eines Gesellschafters oder dessen Angehörigen berufen.[21] Die Absicht des Vermieters, die vermieteten Räume selbst zu bewohnen oder von einer der genannten Personen bewohnen zu lassen, muss sich bei Ausspruch der Kündigung bereits hinreichend konkretisiert haben. Eine nur vage oder für einen späteren Zeitraum verfolgte Nutzungsabsicht

---

13 *BGH* NJW 2007, 428 (Mieterschutzverein als Erfüllungsgehilfe des Mieters).
14 *BGH* NJW 2013, 159 (160).
15 Dazu *BGH* NJW 2006, 1585 (1586f.).
16 *BGH* NJW 2015, 2417f.
17 *BGH* NJW 2008, 508 (510).
18 *BGH* NJW 2003, 2604.
19 *BGH* NJW 2010, 1290 (1291).
20 *BGH* NJW-RR 2007, 1460 (1461) (keine Eigenbedarfskündigung durch Vermieter-KG). Vgl. aber auch *BGH* NJW 2007, 2845 (zulässige Eigenbedarfskündigung durch Gesellschaft bürgerlichen Rechts als Vermieter wegen Eigenbedarfs eines Gesellschafters).
21 *BGH* NJW 2017, 547 Rn. 15ff.; dazu *Selk* NJW 2017, 521.

genügt nicht; das wäre eine unzulässige Vorratskündigung.[22] Die eigene Nutzungsabsicht reicht als Eigenbedarf aus, wenn er hierfür vernünftige, nachvollziehbare Gründe hat.[23] Dazu genügt zB der Wunsch, dem volljährig werdenden Kind die Begründung eines eigenen Hausstandes zu ermöglichen.[24] Nachvollziehbare Gründe können auch dann vorliegen, wenn der Vermieter die Wohnung nur teilweise bewohnen, im Übrigen als Büro für eine berufliche Tätigkeit nutzen will.[25] Eine unzureichende Unterbringung ist nicht erforderlich. Bei Streit um die Berechtigung einer Eigenbedarfskündigung haben die Gerichte den vom Vermieter geltend gemachten Wohnbedarf nicht auf Angemessenheit, sondern nur auf Rechtsmissbrauch zu prüfen.[26] Eine Eigenbedarfskündigung ist nicht schon dann rechtsmissbräuchlich, wenn sie bereits kurze Zeit nach Abschluss des Mietvertrags ausgesprochen wird, sofern der Eigenbedarf bei Abschluss des Mietvertrags noch nicht absehbar war.[27] Entgegenstehende Interessen des Mieters sind auf dessen Widerspruch ausschließlich nach § 574 zu berücksichtigen. Wenn der Vermieter allerdings einen unbefristeten Mietvertrag abschließt, obwohl er bereits bei Vertragsschluss erwägt, die Mietsache später selbst in Gebrauch zu nehmen, kann eine spätere Eigenbedarfskündigung nach § 242 wegen widersprüchlichen Verhaltens unwirksam sein, falls er den Mieter nicht über die Möglichkeit einer nur begrenzten Mietdauer aufklärt.[28] Das gilt aber nur bei tatsächlicher Kenntnis des Vermieters von einem späteren möglichen Eigenbedarf. Dagegen kann von ihm nicht verlangt werden, dass er vor Abschluss des Mietvertrags unaufgefordert Ermittlungen über einen möglichen künftigen Eigenbedarf anstellt (sog. Bedarfsvorschau).[29]

Bei einer Eigenbedarfskündigung hat der Vermieter dem Mieter **13a**
eine vergleichbare Wohnung, die ihm zur Zeit der Beendigung des gekündigten Mietverhältnisses[30] im selben Haus oder in derselben Wohnlage zur Verfügung steht und vermietet werden soll, zur An-

22 *BGH* NJW 2015, 3368 (3370).
23 *BVerfG* NJW 2014, 2417 (2419) (Eigenbedarf an einer Zweitwohnung); *BGH* NJW 1988, 904.
24 *BGH* NJW 2010, 3775.
25 *BGH* NJW 2005, 3782.
26 *BGH* NJW 2015, 1590 (1591).
27 *BGH* NJW 2013, 1596 (1597).
28 *BGH* NJW 2015, 1587 (1588 ff.) mAnm *Emmerich* JuS 2015, 649.
29 *BGH* NJW 2015, 1587 (1589) mAnm *Emmerich* JuS 2015, 649.
30 *BGH* NJW 2009, 1141 (keine Anbietpflicht bei einer zwar schon gekündigten, aber erst später frei werdenden anderen Wohnung).

mietung anzubieten (§ 241 II).[31] Andernfalls ist die Kündigung zwar nicht wegen Rechtsmissbrauchs (§ 242) unwirksam.[32] Aber die Verletzung der Rücksichtnahmepflicht hat einen Schadensersatzanspruch des Mieters nach § 280 I zur Folge.[33] Eine Kündigung wegen lediglich vorgetäuschten Eigenbedarfs ist unwirksam. Sie stellt zugleich eine Pflichtverletzung dar, die bei Verschulden gem. § 280 I zum Schadensersatz verpflichtet.[34] Eine Schadensersatzpflicht des Vermieters besteht auch dann, wenn die Mietparteien das Mietverhältnis aufgrund vorgetäuschten Eigenbedarfs durch Aufhebungsvertrag beenden.[35] Inhaltlich kann der Schadensersatz auf Wiedereinräumung des Besitzes gerichtet sein, sofern dem Vermieter das noch möglich ist.[36]

13b Fällt nach einer wirksamen Eigenbedarfskündigung nachträglich der Eigenbedarf weg, wird das von der Rechtsprechung nur dann zugunsten des Mieters berücksichtigt, wenn der Wegfall vor dem Ablauf der Kündigungsfrist eingetreten ist.[37]

14 Wenn an den vermieteten Wohnräumen nach der Überlassung an den Mieter Wohnungseigentum begründet und dieses veräußert worden ist, kann der Erwerber sich auf Eigenbedarf erst nach drei Jahren seit der Veräußerung an ihn berufen (§§ 573 II Nr. 2, 577a I S. 2). Entsprechendes gilt nach § 577a Ia, IIa, wenn ein ganzes Mehrfamilienhaus nach Überlassung an die Mieter an eine Personengesellschaft oder an mehrere Erwerber veräußert wird und erst nach Geltendmachung von Eigenbedarf durch die Gesellschafter die Umwandlung in Eigentumswohnungen erfolgen soll. Diese Frist verlängert sich auf bis zu zehn Jahre, sofern eine ausreichende Versorgung der Bevölkerung mit Mietwohnungen zu angemessenen Bedingungen in einem von der Landesregierung durch Rechtsverordnung bestimmten Gebiet besonders gefährdet ist (§ 577a II). – Werden Wohnräume, an denen nach der Überlassung an den Mieter Wohnungseigentum begründet worden ist, anschließend an einen Dritten verkauft, hat der Mieter ein Vorkaufsrecht[38] (Einzelheiten: § 577).[39]

15 (3) **Hinderung einer angemessenen wirtschaftlichen Verwertung** des Grundstücks (§ 573 II Nr. 3). Der Vermieter darf die Wohnung

31 *BGH* ZIP 2017, 122 Rn. 55, 60.
32 So noch *BGH* NJW 2010, 3775 (3776); 2003, 2604.
33 *BGH* ZIP 2017, 122 Rn. 56ff., 63 unter Aufgabe der früheren Rechtsprechung zur Nichtigkeit der Eigenbedarfskündigung.
34 *BGH* NJW 2015, 2324; 2009, 2059.
35 *BGH* NJW 2009, 2059.
36 Vgl. *BGH* NJW 2010, 1068 (1069) (im konkreten Fall verneint, weil der Vermieter die Wohnung schon weiter veräußert hatte).
37 *BGH* NJW 2006, 220 (221); *BVerfG* NJW 2006, 2033.
38 Aber nur beim ersten Verkauf, nicht bei nachfolgenden Verkäufen (*BGH* NJW 2007, 2699). Zu § 577 *Langhein* DNotZ 1993, 650; *Hammen* DNotZ 1997, 543.
39 Zu den Entstehungsvoraussetzungen des Vorkaufsrechts nach § 577 *BGH* NJW-RR 2017, 206 Rn. 16ff.

unabhängig von ihrer Vermietung wirtschaftlich nutzen und verwerten. Ein berechtigtes Kündigungsinteresse liegt zB vor, wenn der Verkauf des vermieteten Objekts oder die Begründung eines dinglichen Rechts (zB eines Erbbaurechts) nur dann für einen angemessenen Preis möglich ist, falls die Wohnung unvermietet ist. Dafür kann eine erhebliche Wertdifferenz zwischen einem Verkauf in vermietetem und in unvermietetem Zustand ausreichen.[40] Es ist zwar nicht erforderlich, dass ohne die geplante Verwertung ein Existenzverlust des Vermieters drohen würde.[41] Aber dem Vermieter müssen durch die Verhinderung einer konkret geplanten wirtschaftlichen Verwertung erhebliche Nachteile drohen.[42] Ferner ist ein berechtigtes Kündigungsinteresse des Vermieters nicht schon deshalb zu verneinen, weil er das vermietete Objekt in einem unrentablen Zustand erworben hat; ihm kann nämlich nicht zugemutet werden, dauerhaft Verluste ohne eine Verwertungsmöglichkeit hinzunehmen.[43] Wenn wegen des Alters und des schlechten Zustands eines Gebäudes ein Abriss mit anschließender Errichtung eines neuen Gebäudes geboten ist, kann ein erheblicher Nachteil des Vermieters iSd § 573 II Nr. 3 darin liegen, dass er andernfalls wirtschaftlich sinnlose Minimalsanierungsmaßen vornehmen müsste.[44]

Das Gesetz erkennt es nicht als angemessene Verwertung an, wenn die zu kündigende Wohnung anderweitig als Wohnraum vermietet wird, um damit eine höhere Miete zu erzielen (§ 573 II Nr. 3), oder wenn der Vermieter die Mieträume im Zusammenhang mit einer beabsichtigten oder nach Überlassung an den Mieter erfolgten Begründung von Wohnungseigentum veräußern will (§ 573 II Nr. 3). Durch die letztgenannte Bestimmung soll verhindert werden, dass die in § 573 II Nr. 2 festgelegte Kündigungsbeschränkung schon vom Veräußerer zugunsten des Erwerbers umgangen wird. Die Sperr- und Wartefrist des § 577a gilt auch für § 573 II Nr. 3.

Eine Kündigung des Vermieters zum Zwecke der Mieterhöhung bei Miet- **16**
verträgen über Wohnraum ist gem. § 573 I 2 ausgeschlossen. Der Vermieter hat jedoch das Recht, unter bestimmten Voraussetzungen die Zustimmung des Mieters zur Mieterhöhung zu verlangen (§§ 558 ff.). Stimmt der Mieter nicht zu, kann der Vermieter den Mieter auf Erteilung der Zustimmung verklagen (§ 558b II).

40 *BVerfG* NJW-RR 2004, 371.
41 BVerfGE 79, 283 (289 f.); *BGH* NJW-RR 2018, 12 Rn. 22.
42 Dazu *BGH* NJW-RR 2018, 12 Rn. 20 ff.
43 *BGH* NJW-RR 2011, 1517 f.
44 *BGH* NJW 2009, 1200; dazu *Rolfs/Schlüter* JZ 2009, 693.

17 **b) Entbehrlichkeit eines berechtigten Interesses. Ausnahmsweise** ist der in § 573 I 1 bestimmte Kündigungsschutz des Mieters gem. §§ 573af. in zwei Fällen zugunsten des Vermieters ausgeschlossen (zu einem weiteren Ausschluss bei möbliertem oder nur zum vorübergehenden Gebrauch überlassenen Wohnraum → Rn. 26, 28).

aa) Wenn der Vermieter mit dem Mieter in einem **Zweifamilienhaus** oder in einer Wohnung zusammenwohnt, kann der Vermieter kündigen, ohne dass ein berechtigtes Interesse an der Beendigung des Mietverhältnisses vorliegt (§ 573a I 1, II). Damit soll bei persönlichen Spannungen zu dem Mieter und seiner Familie die für den Vermieter infolge des nahen Zusammenlebens unzumutbare Lage beendet werden können, ohne dass die Gründe für die Zerrüttung des Mietverhältnisses gerichtlich aufgeklärt werden müssten.

In dem Kündigungsschreiben ist anzugeben, dass die Kündigung nicht auf § 573 I gestützt wird (§ 573a III). Die Kündigungsfrist verlängert sich im Interesse des Mieters um drei Monate (§ 573a I 2).

18 bb) Wenn der Vermieter die Absicht hat, mitvermietete Nebenräume (zB Dachboden, Keller), die bisher nicht zum Wohnen bestimmt sind, zum Zweck der Vermietung als Wohnraum auszubauen, kann er ebenfalls ohne ein berechtigtes Interesse im Sinne § 573 kündigen (§ 573b I).

Die Vorschrift, die verfassungsrechtlich unbedenklich ist,[45] soll die Schaffung zusätzlichen Wohnraums erleichtern.

Eine solche Kündigung ist auf die zum Ausbau bestimmten Räume beschränkt (= Teilkündigung). Der Mieter kann eine entsprechende Herabsetzung der Miete verlangen (§ 573b IV).

19 **c) Widerspruchsrecht des Mieters in Härtefällen.** Einen besonderen Schutz des Wohnraummieters gegenüber einer ordentlichen Kündigung des Vermieters sieht das Gesetz in § 574 vor. Danach kann der Mieter in besonderen Härtefällen der Kündigung widersprechen und vom Vermieter verlangen, dass das Mietverhältnis so lange fortgesetzt wird, „wie dies unter Berücksichtigung aller Umstände angemessen ist" (§§ 574, 574a I 1). Diese sog. **Sozialklausel**, die mit Schaffung des sozialen Mietrechts in das BGB eingefügt wurde, gilt nur für Mietverhältnisse über Wohnraum, soweit es sich nicht um eine Vermietung zu nur vorübergehendem Gebrauch, nicht um die Vermietung möblierter

---

45 *BVerfG* NJW 1992, 1498.

Zimmer und nicht um Vermietung an eine juristische Person des öffentlichen Rechts handelt (Einzelheiten: § 549 II; → Rn. 26, 28).

Der Widerspruch bedarf der Schriftform (§ 574b I); er muss in der Regel zwei Monate vor Beendigung des Mietverhältnisses gegenüber dem Vermieter erklärt werden (Einzelheiten: § 574b II). Erfolg hat der Widerspruch nur, wenn die Beendigung des Mietverhältnisses auch unter Berücksichtigung der berechtigten Interessen des Vermieters für den Mieter oder seine Familie eine nicht zu rechtfertigende Härte bedeutet. Eine solche Härte liegt schon dann vor, wenn angemessener Ersatzwohnraum zu zumutbaren Bedingungen nicht beschafft werden kann (§ 574 II). Bei der Würdigung der berechtigten Interessen des Vermieters sind nur die in dem Kündigungsschreiben nach § 573 III angeführten Gründe zu berücksichtigen, soweit nicht weitere Gründe nachträglich entstanden sind (§ 574 III). Ist dem Vermieter die Fortsetzung des Mietverhältnisses zu den bisherigen Bedingungen nicht zumutbar, so kann der Mieter die Fortsetzung nur zu angemessenen Bedingungen erreichen (§ 574a I 2). 20

Die Sozialklausel gilt nicht bei Mietverhältnissen, die aus einem der in § 575 I genannten Gründe zulässiger Weise befristet sind. 21

Eine wiederholte Anwendung der Sozialklausel kommt dann in Betracht, wenn das durch eine wesentliche Änderung der Umstände, die für die Dauer der ersten Verlängerung maßgebend waren, gerechtfertigt ist (Einzelheiten: § 574c).

d) Eintritt von Familienangehörigen in das Mietverhältnis bei Tod des Mieters. Beim Tod des Mieters kann der Vermieter von Grundstücken und anderen Räumen als Wohnräumen unter Einhaltung der gesetzlichen Kündigungsfrist kündigen (§ 580). Diese Regelung könnte bei Mietverhältnissen über Wohnraum für den überlebenden Ehegatten, den Lebenspartner oder für Familienangehörige, die mit dem Mieter in einem Haushalt lebten, zu einer unbilligen Härte führen. Deshalb bestimmt das Gesetz in § 563, dass bei der Wohnraummiete mit dem Tod des Mieters dessen Ehegatte oder Lebenspartner (Abs. 1) oder die Familienangehörigen (Abs. 2) in das Mietverhältnis eintreten, auch wenn sie nicht Erben des Mieters sind. Voraussetzung für den gesetzlichen Vertragsübergang ist, dass der Ehegatte, der Lebenspartner oder die Angehörigen mit dem verstorbenen Mieter einen gemeinsamen Hausstand geführt haben. Im Fall des § 563 kann der Vermieter das Mietverhältnis unter Einhaltung der gesetzlichen Kündigungsfrist nur kündigen, wenn in der Person des eintretenden Ehegatten, Lebenspartners oder Angehörigen ein wichtiger Grund zur Kündigung vorliegt (§ 563 IV); das kann zB bei der beruflichen Erteilung von Musikunterricht in der 22

Wohnung der Fall sein.[46] Waren beide Eheleute Mieter, so setzt der überlebende Ehegatte allein das Mietverhältnis fort; die Erben des verstorbenen Ehegatten werden nicht Vertragspartner (vgl. § 563a).

23 Treten weder der Ehegatte oder Lebenspartner noch Familienangehörige gem. § 563 in das Mietverhältnis ein und wird dieses auch nicht gem. § 563a mit überlebenden Mitmietern fortgesetzt, so wird es mit dem Erben fortgesetzt (§ 564 S. 1). Dann können sowohl der Erbe als auch der Vermieter das Mietverhältnis innerhalb eines Monats außerordentlich mit der gesetzlichen Frist kündigen (§ 564 S. 2). Dafür ist ein wichtiger Grund nicht erforderlich. Bei mehreren Erben muss die Kündigung gegenüber allen erfolgen.[47]

4. Besonderheiten bei möbliertem und vorübergehend überlassenem Wohnraum

24 Für die Beendigung eines Mietverhältnisses gelten Besonderheiten, wenn es sich um möblierten Wohnraum innerhalb der Vermieterwohnung handelt oder wenn der Raum zu nur vorübergehendem Gebrauch vermietet ist. In diesen Fällen wird der Mieter weniger geschützt als sonst bei der (Wohn-)Raummiete (→ Rn. 11 ff.). Eingeschränkt ist der Mieterschutz auch bei Wohnungen in Studenten- und Jugendwohnheimen sowie Wohnraum, den eine juristische Person des öffentlichen Rechts angemietet hat, um ihn Personen mit dringendem Wohnbedarf oder in der Ausbildung befindlichen Personen zu überlassen (§ 549 II, III).

25 **a) Möblierter Wohnraum.** Hat der Vermieter den Wohnraum ganz oder überwiegend mit Einrichtungsgegenständen auszustatten, so ist der Schutz des Mieters eingeschränkt, wenn der Raum Teil der vom Vermieter selbst bewohnten Wohnung ist (vgl. § 573c III). Hier besteht die Gefahr, dass die Vertragsparteien sich gegenseitig stören und ihr Verhältnis zueinander beeinträchtigt wird. Deshalb ist die Rechtsstellung des Vermieters verbessert.

26 aa) Die Vorschriften über die Schriftform der **Kündigungserklärung** (§ 568 I) und die Angabe der Kündigungsgründe (§ 573 III) sowie über den Hinweis auf die Möglichkeit des Widerspruchs durch den Mieter (§ 568 II) gelten nicht (§ 549 II Nr. 2). Eine formlose Kündigung reicht also aus.

bb) Die **Kündigungsfrist** ist kürzer. Sofern die Miete nach Monaten bemessen ist – was regelmäßig vereinbart sein dürfte –, so ist die Kündigung spätes-

46 *BGH* NJW 2013, 1806.
47 *BGH* NJW 2015, 473 (474).

tens am 15. eines Monats für den Ablauf dieses Monats zulässig (§§ 573c III, 549 II Nr. 2).

cc) Der **Kündigungsschutz** des Mieters gem. § 573, wonach der Vermieter nur zur Kündigung befugt ist, wenn er ein berechtigtes Interesse an der Beendigung des Mietverhältnisses hat, **gilt nicht** (§ 549 II Nr. 2). Ebenfalls nicht anwendbar ist der Kündigungsschutz bei Studenten- und Jugendwohnheimen und Wohnungen, die öffentliche Rechtsträger als Zwischenvermieter weitervermieten (§ 549 II Nr. 3, III). Hier ist unerheblich, ob leer oder möbliert vermietet ist.

dd) Die **Befristung** des Mietverhältnisses unterliegt gem. § 549 II nicht den Einschränkungen des § 575 (→ Rn. 4)

ee) Die sog. **Sozialklausel** des § 574, wonach der Mieter in Härtefällen der Kündigung des Vermieters widersprechen und die Fortsetzung des Mietverhältnisses verlangen kann, **gilt nicht** (§ 549 II Nr. 2).

Die genannten Besonderheiten bei Mietverhältnissen über möblierten Wohnraum greifen jedoch nicht ein, sofern dieser zum dauernden Gebrauch für eine **Familie** überlassen ist (vgl. § 549 II Nr. 2). Hier soll das soziale Mietrecht im Interesse der durch Art. 6 I GG geschützten Familie gelten. 27

b) Wohnraum zu vorübergehendem Gebrauch. Ist der Wohnraum zu nur vorübergehendem Gebrauch vermietet, bedarf der Mieter nach Ansicht des Gesetzgebers keines besonderen Schutzes, da der Wohnraum nicht der Mittelpunkt der Lebensführung des Mieters sei. Deshalb gilt für die Kündigungserklärung, den Kündigungsschutz und die Sozialklausel das oben [unter aa), cc) und dd)] Gesagte. 28

Streitig ist, ob **Studentenwohnraum** zu nur vorübergehendem Gebrauch vermietet ist. Allein aus der Tatsache, dass der Mieter Student ist, lässt sich jedenfalls nicht herleiten, dass nur zu vorübergehendem Gebrauch vermietet ist. Für Wohnraum, der Teil eines Studentenwohnheimes ist, gilt im Interesse einer gerechten Verteilung von Wohnheimplätzen der Kündigungsschutz des Mieters nach § 573 nicht (§ 549 III). Diese erleichterte Kündigungsmöglichkeit besteht allerdings nicht, wenn gar keine soziale Rotation der Mieter praktiziert wird, sondern eine vertragliche Verlängerungsautomatik auch „ewig Studierenden“ eine dauerhafte Wohnmöglichkeit eröffnet.[48] 29

48 *BGH* NJW 2012, 2881 f.

5. Besonderheiten bei Werkmietwohnungen

30 Der Mieterschutz ist bei Werkmietwohnungen eingeschränkt. Da diese vom Arbeitgeber oder von einem Dritten mit Rücksicht auf das Bestehen eines Dienstvertrags (meist zu einer günstigen Miete) vermietet werden, muss dem Vermieter eine Beendigung des Mietverhältnisses bei Beendigung des Arbeitsverhältnisses möglich sein (Einzelheiten: §§ 576 f.).

31 Von einer Werkmietwohnung ist eine **Werkdienstwohnung** zu unterscheiden. Die Überlassung einer solchen Wohnung ist Teil des zwischen den Vertragsparteien geschlossenen Dienstvertrags (zB Hausmeisterwohnung). Zum Schutz des Mieters bestimmt § 576b, dass mit der Beendigung des Dienstverhältnisses nicht automatisch die Pflicht zur Wohnraumüberlassung endet.[49]

III. Beendigung durch außerordentliche Kündigung

32 Das Gesetz kennt für die außerordentliche Beendigung von Mietverhältnissen die außerordentliche befristete und die außerordentliche fristlose Kündigung.

1. Außerordentliche befristete Kündigung

Die außerordentliche befristete Kündigung erlaubt eine vorzeitige Beendigung der Mietverhältnisse, die für eine bestimmte Zeit eingegangen sind oder bei denen eine die gesetzlichen Fristen übersteigende Kündigungsfrist vereinbart worden ist (vgl. §§ 540 I 2, 544, 555e, 563 IV, 563a II, 564).

2. Außerordentliche fristlose Kündigung

33 Die außerordentliche fristlose Kündigung führt zur sofortigen Beendigung des Mietverhältnisses. Nach § 543 I kommt eine solche Kündigung dann in Betracht, wenn ein **wichtiger Grund** vorliegt, der dem Kündigenden unter Berücksichtigung aller Umstände des Einzelfalles und unter Abwägung der beiderseitigen Interessen die Fortsetzung des Mietverhältnisses bis zum Ablauf der Kündigungsfrist unzumutbar macht (→ § 11 Rn. 19, 33, 38). Zu den Umständen, die bei der Interessenabwägung zu berücksichtigen sind, können

49 Dazu *Gaßner* AcP 186, 325.

auch Härtegründe auf Seiten des Mieters (zB Gesundheitsgefahren für einen bettlägerigen und pflegebedürftigen Mieter) gehören.[50]

Kündigungsgründe des Mieters 34

Nichtgewährung oder Entziehung des vertragsmäßigen Gebrauchs (§ 543 II Nr. 1; → § 11 Rn. 19); bei der Geschäftsraummiete geschäftsschädigende Äußerungen des Vermieters über den Mieter gegenüber Dritten.[51] – **Kündigungsgründe des Vermieters**: vertragswidriger Gebrauch (§ 543 II Nr. 2, zB Ausübung einer nach außen in Erscheinung tretenden Berufstätigkeit wie Erteilung von Musikunterricht in der Wohnung[52]); Mietrückstand (§ 543 II Nr. 3); wiederholt unpünktliche Mietzahlungen trotz mehrerer Abmahnungen.[53] Der Kündigungsgrund des Zahlungsverzugs entfällt nicht deshalb, weil der Mieter sich irrtümlich zur Minderung berechtigt hält, sofern er seinen Irrtum hätte erkennen können.[54]

Allen diesen Fällen ist gemeinsam, dass das Verhalten einer Vertragspartei der anderen die Fortsetzung des Mietverhältnisses unzumutbar macht. Liegt einer der Tatbestände des § 543 II vor, braucht die Unzumutbarkeit nicht zusätzlich geprüft zu werden.[55]

Für **Mietverhältnisse über Wohnräume** sind in § 569 auch folgende Umstände als wichtige Gründe iSv § 543 I definiert: Gesundheitsgefährdung des Mieters aufgrund der Beschaffenheit des Wohnraumes (§ 569 I); nachhaltige Störung des Hausfriedens (§ 569 II); Verzug mit einer Sicherheitsleistung im Umfang von zwei Monatsmieten (§ 569 IIa). § 569 II gilt im Wesentlichen auch für Mietverhältnisse über andere Räume als Wohnräume (§ 578 II).

§ 543 bestimmt nicht, dass die außerordentliche Kündigung innerhalb einer bestimmten Frist ab Kenntniserlangung vom Kündigungsgrund erklärt werden muss. Eine derartige Kündigungserklärungsfrist enthält zwar die allgemeine Regelung des § 314 III über die Kündigung von Dauerschuldverhältnissen aus wichtigem Grund (angemessene Frist). Aber der § 314 wird insgesamt durch § 543 als lex specialis verdrängt.[56] Das Kündigungsrecht kann daher allenfalls nach § 242 verwirkt werden, wenn der Berechtigte es über längere Zeit nicht geltend macht (Zeitmoment) und besondere Umstände die späte Geltendmachung als unredlich erscheinen lassen (Umstandsmoment).[57]

---

50 *BGH* NJW-RR 2017, 134 Rn. 19 ff.
51 *BGH* NJW-RR 2011, 89.
52 *BGH* NJW 2013, 1806.
53 *BGH* NJW 2011, 2570 (2571); 2011, 2202.
54 *BGH* NJW 2012, 2882 f.
55 *BGH* NJW 2007, 147 (148).
56 *BGH* NZM 2016, 791 mAnm *Emmerich* JuS 2017, 69.
57 Zur Verwirkung *Brox/Walker* SchuldR AT § 7 Rn. 7.

Beendigung von Mietverhältnissen

I. Beendigung durch Fristablauf bei befristeten Mietverhältnissen (§ 542 II)
1. Wirksame Befristungsvereinbarung (beachte §§ 550 S. 1, 578)
2. Bei Wohnraummiete: berechtigtes Interesse des Vermieters an der Befristung (§ 575)

II. Beendigung durch ordentliche Kündigung (§ 542 I)
1. Wirksame Kündigungserklärung (Formvorschrift bei Wohnraumkündigung: § 568 I)
2. Einhaltung der Kündigungsfrist (§§ 573c, 580a)
3. Besondere Voraussetzungen bei der Kündigung von Wohnraummietverhältnissen
   a) Berechtigtes Interesse des Vermieters (§ 573); entbehrlich in den Fällen der §§ 573a f.
   b) Widerspruchsrecht des Mieters (§ 574 = Sozialklausel)
   c) Eintrittsrecht der Angehörigen beim Tod des Mieters (§ 563) und Fortsetzung mit überlebenden Mietern (§ 563a)
4. Eingeschränkter Mieterschutz bei möbliertem und bei vorübergehend überlassenem Wohnraum (§ 573c II, III, § 549 II, III)
5. Eingeschränkter Mieterschutz bei Werkmietwohnungen (§§ 576 f.)

III. Beendigung durch außerordentliche Kündigung
1. Außerordentliche befristete Kündigung (§§ 540 I 2, 544, 563 IV, 563a II, 564)
2. Außerordentliche fristlose Kündigung (§ 543 I 2); Gründe: §§ 543 II, 569

IV. Folgen der Beendigung

1. Rechte und Pflichten der Vertragsparteien

35 Die Beendigung des Mietverhältnisses bringt für beide Vertragsteile Pflichten mit sich. Der Mieter muss die Mietsache zurückgeben (§ 546 I; → § 11 Rn. 32). Ob er unter bestimmten Voraussetzungen

schon vor Beendigung des Mietverhältnisses zur Rückgabe berechtigt ist, hat der BGH bisher offen gelassen; aber jedenfalls ist der Vermieter in dieser Zeit nicht verpflichtet, die Mietsache jederzeit „auf Zuruf“ (zB durch Schlüsselentgegennahme) zurückzunehmen.[58] Der Vermieter hat etwaige Aufwendungen des Mieters zu ersetzen (§ 539 I; → § 11 Rn. 5) und gegebenenfalls die Ausübung des Wegnahmerechts durch den Mieter zu dulden (§ 539 II; → § 11 Rn. 7). Wenn der Vermieter durch ein vertragswidriges Verhalten die außerordentliche Kündigung des Mieters veranlasst hat, muss er diesem den sog. Kündigungs- oder Kündigungsfolgeschaden (zB Umzugskosten) ersetzen.[59] Dagegen ist der Vermieter nach Beendigung des Mietverhältnisses grundsätzlich nicht mehr zur Fortsetzung von Versorgungsleistungen (zB Heizenergie) verpflichtet.[60]

Hat der Mieter die Miete für eine Zeit nach der Beendigung des Mietverhältnisses vorausbezahlt (**Mietvorauszahlung**; abwohnbarer Baukostenzuschuss, → § 12 Rn. 17), so kann er vom Vermieter nach § 547 I 1 die Rückzahlung des nicht abgewohnten Betrags verlangen. Der Vermieter muss die zurückzuzahlende Geldsumme vom Zeitpunkt des Empfangs an verzinsen. Hat der Vermieter die Beendigung nicht zu vertreten, so haftet er lediglich nach den Vorschriften über die ungerechtfertigte Bereicherung (§ 547 I 2). 36

§ 547 I gilt nicht für den **verlorenen Baukostenzuschuss**, weil dieser keine Mietvorauszahlung darstellt. In diesem Fall hat der Mieter bei vorzeitiger Beendigung des Mietverhältnisses einen bereicherungsrechtlichen Anspruch auf Rückzahlung des Zuschusses, soweit der Vermieter vorzeitig in den Genuss der Investitionen des Mieters kommt.[61] 37

Eine **Barkaution**, die zur Sicherung der Ansprüche des Vermieters geleistet worden ist, muss zurückgezahlt werden, wenn kein Sicherungsinteresse mehr besteht. Solange noch Nachforderungen gegen den Mieter aus einer noch vorzunehmenden Betriebskostenabrechnung offen sind, kann der Vermieter einen angemessenen Teil der Kaution auch nach Beendigung des Mietverhältnisses bis zum Ablauf der Abrechnungsfrist einbehalten.[62] Die Kaution ist vom Vermieter zu verzinsen; das folgt jedenfalls aus ergänzender Vertragsauslegung.[63] 38

2. Besonderheit bei gewerblicher Weitervermietung

Wenn der Mieter nach dem Mietvertrag den gemieteten Wohnraum gewerblich einem Dritten weitervermieten soll, tritt bei Beendigung 39

58 Vgl. *BGH* NJW 2012, 144.
59 *BGH* NJW 2017, 1104 Rn. 11, 21.
60 *BGH* NJW 2009, 1947.
61 *BGH* NJW 2009, 2374; dazu *Walker* LMK 2009, 284366.
62 *BGH* NJW 2006, 1422.
63 BGHZ 85, 345.

des Mietverhältnisses zwischen Vermieter und (Zwischen-)Mieter der Vermieter in die Rechte und Pflichten aus dem Mietverhältnis zwischen Zwischenmieter und Endmieter ein. Durch diese Konstruktion soll der Endmieter geschützt werden (Einzelheiten: § 565).[64] § 565 regelt ebenso wie § 566 (→ § 12 Rn. 6) einen Fall der gesetzlichen Vertragsübernahme.

§ 14. Pachtvertrag

1 **Schrifttum:** *Faßbender/Hötzel/Lukanow,* Landpachtrecht, 3. Aufl., 2005; HLBS-Kommentar Landpachtrecht, 2012; *E. Wolf/Eckert/Ball/Günter,* Handbuch des gewerblichen Miet-, Pacht- und Leasingrechts, 10. Aufl., 2009.

Fall a: V hat sein eingerichtetes Hotel für zehn Jahre an P verpachtet, das dieser mit seiner Ehefrau betreibt. Als P nach zwei Jahren stirbt, kündigt V deshalb den Pachtvertrag gegenüber Frau P als Erbin. Wirksam? → Rn. 6

Fall b: V hat sein Fabrikgrundstück mit allem Zubehör an P verpachtet. Nach zwei Jahren bedarf der mitverpachtete Gabelstapler einer Generalüberholung. Wer muss die Kosten tragen? → Rn. 7

Fall c: Im Fall b hat P das Inventar zum Schätzungswert mit der Verpflichtung übernommen, es bei Beendigung der Pacht zum Schätzungswert zurück zu gewähren. Muss P den vollen Pachtzins zahlen, wenn der Gabelstapler durch Zufall zerstört wird? Wer muss die Kosten einer Neuanschaffung tragen? → Rn. 8

I. Begriff

Der Pachtvertrag ist ein gegenseitiger Schuldvertrag, in dem sich der Verpächter verpflichtet, dem Pächter den Gebrauch des verpachteten Gegenstandes und den Genuss der Früchte für die Dauer der Pachtzeit zu gewähren, während der Pächter sich verpflichtet, dem Verpächter die vereinbarte Pacht zu leisten (§ 581 I).

Beim Pachtverhältnis steht nicht der Gebrauch, sondern die Fruchtziehung durch den Pächter im Vordergrund. Daher kommen als **Pachtobjekte** – anders als beim Mietverhältnis – alle **körperlichen** und **unkörperlichen Gegenstände** in Betracht, soweit Früchte (§ 99) aus ihnen zu ziehen sind. Gegenstand des Pachtvertrags können also auch Rechte und Unternehmen sein. Diese eignen sich als unkörper-

64 Zu den Auswirkungen auf das Verhältnis zwischen Vermieter und gewerblichem Zwischenmieter: *Leutner/Schmidt-Kessel* JZ 1996, 649.

liche Gegenstände zwar nicht zum Gebrauch; sie können jedoch Früchte abwerfen (zB Dividenden bei der Aktie, Erträge des Unternehmens).

Als **Früchte** des Pachtgegenstandes kommen sowohl die unmittelbaren als auch die mittelbaren Früchte in Betracht. Unmittelbare Früchte einer Sache sind nach § 99 I ihre Erzeugnisse (Obst der Obstplantage) und die bestimmungsgemäße Ausbeute (Kies aus der Kiesgrube). Mittelbare Früchte einer Sache sind die Einnahmen, die aufgrund ihrer Überlassung zum Gebrauch (zB Vermietung) oder zur Fruchtziehung (zB Verpachtung) erzielt werden. Zu den unmittelbaren Früchten eines Rechts gehören die aus ihm zu erzielenden Erträge (Jagdbeute als Frucht des Jagdrechts; § 99 II). Mittelbare Früchte eines Rechts sind alle Erträge, die aus der Überlassung seiner Nutzung erlangt werden (Pacht für die Verpachtung des Jagdrechts; § 99 III). 2

II. Rechte und Pflichten der Vertragsparteien

Auf die Verpachtung sind – mit Ausnahme der Landverpachtung – die Vorschriften des Mietrechts entsprechend anzuwenden (§ 581 II). Deshalb bestimmen sich die Rechte und Pflichten der Parteien im Wesentlichen nach Mietrecht. 3

1. Gewährung von Gebrauch und Fruchtgenuss

Der Verpächter hat dem Pächter den Gebrauch des Gegenstandes und den Genuss der Früchte zu gewähren, die nach den Regeln einer ordnungsmäßigen Wirtschaft als Ertrag anzusehen sind (§ 581 I 1). Für die **Überlassung des Gebrauchs** gilt das Gleiche wie bei der Miete (→ § 11 Rn. 1). **Gewährung des Fruchtgenusses** bedeutet, dass der Verpächter dem Pächter die Möglichkeit verschaffen muss, die Früchte des Gegenstandes zu Eigentum zu erwerben. Der Verpächter ist aber nicht verpflichtet, dem Pächter die Früchte zu liefern.

Bei der Verpachtung von Sachen erlangt der Pächter nicht schon allein durch den Pachtvertrag Eigentum an den Früchten (zB am Obst der verpachteten Obstplantage). Eigentum erwirbt er vielmehr nach § 956 mit der Trennung bzw. der Inbesitznahme der Früchte nur, wenn der Verpächter ihre Aneignung gestattet hat. Diese Aneignungsgestattung ist nicht mit dem Pachtvertrag identisch, auch wenn beide häufig zusammenfallen. Der Pachtvertrag gibt dem Pächter lediglich einen schuldrechtlichen Anspruch auf die Gestattung der Aneignung. Die Gestattung ist also Teil der Erfüllung des Pachtvertrags. 4

2. Besonderheiten

5 Das Pachtrecht enthält gegenüber dem Mietrecht einige Sonderregelungen, die entweder für alle Pachtverträge oder nur für bestimmte Sonderformen der Verpachtung gelten. Im Folgenden wird nur auf die wichtigsten Abweichungen eingegangen.

6 **a) Kündigung des Pachtvertrags.** Nach § 584a ist bei Pachtverträgen die außerordentliche befristete Kündigung (→ § 13 Rn. 32) in bestimmten Fällen ausgeschlossen.

Im **Fall a** ist die Kündigung unwirksam; denn der Tod des P berechtigt den V nicht zur Kündigung (§ 584a II iVm § 580).

Mit Rücksicht darauf, dass vor allem bei landwirtschaftlichen Grundstücken die Fruchtziehung meist nur während einer bestimmten Zeit des Jahres möglich ist und bei Beendigung des Pachtverhältnisses zeitaufwendige Maßnahmen erforderlich sind, sieht § 594a I 1 für die Landverpachtung eine Kündigung bis spätestens zum dritten Werktag eines Pachtjahres zum Schluss des nächsten Pachtjahres vor; die Kündigungsfrist kann allerdings verkürzt werden (§ 594a I 3).

7 **b) Besonderheiten bei mitverpachtetem Inventar.** Bei der Verpachtung landwirtschaftlich oder gewerblich genutzter Grundstücke wird häufig auch das Inventar mitverpachtet. Für diese Fälle sind die Erhaltung des Inventars und die Gefahrtragung in §§ 582ff. besonders geregelt.

aa) Wird ein Grundstück mit Inventar verpachtet (einfache Mitverpachtung des Inventars; **Fall b)**, so hat der Pächter für die Erhaltung des Inventars zu sorgen (§ 582 I). Er muss also die Kosten für die Beseitigung der Abnutzung tragen **(Fall b).** Der Verpächter bleibt jedoch verpflichtet, die Inventarstücke zu ersetzen, die ohne Verschulden des Pächters „in Abgang" gekommen sind (§ 582 II 1).

8 bb) Übernimmt der Pächter eines Grundstücks das Inventar zum Schätzungswert mit der Verpflichtung, es bei der Beendigung der Pachtzeit zum Schätzungswert zurück zu gewähren (§ 582a; **Fall c)**, so hat er nach den Regeln einer ordnungsgemäßen Wirtschaft für die Erhaltung des übernommenen Inventars zu sorgen (§ 582a II 1). Aufgrund dieser Verpflichtung muss er auch durch Zufall untergegangene Inventarstücke ersetzen. Bei dieser Verpachtung trägt der Pächter zudem die Gefahr des zufälligen Untergangs oder einer zufälligen Verschlechterung des Inventars; er wird also nicht nach §§ 582 II 1,

536 I von der Pflicht, die volle Pacht zu zahlen, befreit (§ 582a I 1; **Fall c**).

Im Unterschied zur Verpachtung nach § 582 kann der Pächter bei einer Verpachtung zum Schätzungswert über die einzelnen Inventarstücke innerhalb der Grenzen einer ordnungsgemäßen Wirtschaft verfügen (§ 582a I 2). Die vom Pächter neu angeschafften Stücke werden mit der Einfügung in das Inventar Eigentum des Verpächters (§ 582a II 2; dingliche Surrogation). Soweit am Ende der Pachtzeit das vom Pächter zurück zu gewährende Inventar mehr oder weniger wert ist als das bei Beginn des Pachtverhältnisses übernommene, ist der Unterschied in Geld auszugleichen (vgl. § 582a III 3, 4). 9

c) Besonderheiten beim Landpachtvertrag. Weitere Besonderheiten gelten für den Landpachtvertrag über ein landwirtschaftliches Grundstück (§§ 585 ff.). 10

§ 15. Leasing

Schrifttum: *Canaris,* Interessenlage, Grundprinzipien und Rechtsnatur des Finanzierungsleasing, AcP 190 (1990), 410; *Dornis,* Die „bestmögliche Rückläuferverwertung" – der Anfang vom Ende des Fahrzeugleasing, ZGS 2010, 109; *Emmerich,* Grundprobleme des Leasings, JuS 1990, 1; *Greiner,* Das Finanzierungsleasing zwischen Vertrag und Gesetz, NJW 2012, 961; *J. Hager,* Rechtsfragen des Finanzierungsleasing von Hard- und Software, AcP 190 (1990), 324; *Harriehausen,* Die aktuellen Entwicklungen im Leasingrecht, NJW 2017, 1443; *ders.*, Die Gewährleistungsansprüche im Finanzierungsleasingvertrag, NJW 2013, 3393; *Leenen,* Die Pflichten des Leasing-Gebers, AcP 190 (1990), 260; *Löhnig/Gietl,* Grundfälle zum Finanzierungsleasing, JuS 2009, 491; *Martinek,* Moderne Vertragstypen, Bd. I: Leasing und Factoring, 1991; *Omlor,* Finanzierungsleasing unter der neuen Verbraucherkreditrichtlinie, NJW 2010, 2694; *ders.*, Leasingrecht im Dreieck von Gewährleistungs-, Verbraucherschutz- und Aufsichtsrecht, JuS 2011, 305; *Peters,* Verbraucherdarlehensrecht und Leasing, WM 2016, 630; *Reinicke/Tiedtke,* Kaufrecht, 8. Aufl., 2009, 11. Kap.; *Reinking,* Auswirkungen der geänderten Sachmängelhaftung auf den Leasingvertrag, ZGS 2002, 229; *Rickmers,* Grenzen der erlasskonformen Vertragsgestaltung beim Finanzierungsleasing, ZGS 2011, 14; *ders.*, Die Vollamortisation im Pflichtengefüge des Finanzierungsleasingvertrags, ZGS 2011, 210; *Schattenkirchner,* Die aktuellen Entwicklungen im Leasingrecht, NJW 2013, 2398; *Schnauder,* Schadensersatz beim Kraftfahrzeugleasing – BGHZ 116, 22, JuS 1992, 820; *Skusa,* Anwendbarkeit der Verbraucherschutzvorschriften auf Leasing- und Mietkaufverträge, NJW 2011, 2993; *Tavakoli,* Das Leistungsverweigerungsrecht des Leasingnehmers, NJW 2010, 2768; *Tiedtke/Möllmann,* Auswirkungen der Schuldrechtsreform im Leasingrecht, DB 2004, 583; *Tiedtke/Peterek,* Die Rechtsprechung des BGH 1 zum Leasing seit 2004, DB 2008, 335; *Graf v. Westphalen,* Der Leasingvertrag, 7. Aufl., 2015; *ders.,* Auswirkungen der Schuldrechtsreform auf das Leasingrecht, ZIP 2006, 1653.

Fall a: N sucht beim Händler H eine Computeranlage aus, über die er einen Leasingvertrag mit der G schließt. Auf dem Rückweg wird N ohne eigene Schuld in einen Verkehrsunfall verwickelt, bei dem die Anlage zerstört wird. G verlangt von N Zahlung der Leasingraten. → Rn. 11

Fall b: In den auf dem Vertragsformular der G abgedruckten AGB ist eine Klausel enthalten, nach der die Gewährleistung der G ausgeschlossen ist. N wird aber ermächtigt, die der G gegen H zustehenden Rechte auszuüben. Später erklärt N wegen Mangelhaftigkeit der Anlage den Rücktritt gegenüber H; dieser nimmt die Anlage zurück. Kann G von N weiterhin Zahlung der Raten verlangen? → Rn. 14

Fall c: Nachdem N mit seiner Ratenzahlungsverpflichtung in Rückstand geraten ist, kündigt G den Leasingvertrag. Sie verlangt sofortige Zahlung aller rückständigen und zukünftigen Raten. → Rn. 17

Fall d: Dem N ist im Leasingvertrag das Recht eingeräumt worden, nach Ablauf einer bestimmten Mietzeit die Computeranlage zu kaufen. Als N mit den Raten in Rückstand geraten ist, holt G die Anlage bei N ab, der sie erst nach Tilgung des Rückstandes zurückbekommen soll. N meint, er brauche nun überhaupt keine Raten mehr zu zahlen. → Rn. 18

I. Begriff und Bedeutung

Das Leasing (to lease = vermieten, verpachten) ist in den USA entwickelt worden. An ihm sind regelmäßig drei Personen beteiligt: der Hersteller oder Lieferant, der Leasinggeber und der Leasingnehmer. Beim Leasing sind zwei Vertragsverhältnisse zu unterscheiden: Der Leasinggeber erwirbt die Leasingsache vom Hersteller/Lieferanten, mit dem er einen Kaufvertrag schließt. Zwischen dem Leasinggeber und dem Leasingnehmer kommt der eigentliche Leasingvertrag zustande. Darin verpflichtet sich der Leasinggeber, dem Leasingnehmer die Leasingsache zum Gebrauch zu überlassen; als Gegenleistung hat der Leasingnehmer ein ratenweise zu zahlendes Entgelt zu entrichten. Außerdem trägt er die Gefahr für die Beschädigung sowie den Verlust des Leasinggutes und hat für dessen Instandhaltung zu sorgen. Einzelheiten werden meist durch AGB geregelt.

2 Das Leasinggeschäft hat wegen seiner wirtschaftlichen Vorteile für die Beteiligten eine große praktische Bedeutung. Es verschafft dem Hersteller höhere Umsätze und bringt dem Leasinggeber eine günstige Kapitalnutzung. Der Leasingnehmer kann die von ihm benötigten Sachen nutzen, ohne sie

kaufen zu müssen. Er wird auch steuerlich begünstigt; denn er kann die Leasingraten in vollem Umfang als Betriebsausgaben absetzen und dadurch seinen steuerpflichtigen Gewinn verringern. Als Eigentümer müsste er das Leasinggut bilanzieren und könnte dafür nur die meist niedrigeren Abschreibungen vornehmen.

II. Arten

Beim Leasing sind drei Arten rechtlich zu unterscheiden: 3

1. Operating-Leasing

Das Operating-Leasing ist ein Vertrag, der entweder von vornherein nur eine kurzfristige Gebrauchsüberlassung vorsieht oder zwar auf unbestimmte Zeit geschlossen ist, dem Leasingnehmer aber das Recht zu kurzfristiger Kündigung einräumt. Der Leasingnehmer zahlt ein entsprechendes Entgelt für die zeitweilige Gebrauchsüberlassung; er kann sich wegen der Kurzfristigkeit des Vertrags oder der leichten Lösungsmöglichkeit jeweils die neuesten Anlagen beschaffen. Der Leasinggeber trägt also das Investitions- und Überalterungsrisiko. Er übernimmt in der Regel die Wartung des Leasingobjektes. Auf einen solchen Vertragstyp sind, soweit nichts anderes vereinbart worden ist, die Mietvertragsregeln anzuwenden.

Wenn dem Leasingnehmer vertraglich das Recht eingeräumt ist, das Leasingobjekt nach bestimmter Zeit unter Anrechnung der gezahlten Entgelte käuflich zu erwerben, handelt es sich um einen sog. **Mietkauf**; macht der Leasingnehmer von seinem Recht Gebrauch, wird das Mietverhältnis durch einen Kauf abgelöst, so dass die Kaufregeln anzuwenden sind.

2. Finanzierungs-Leasing

Beim Finanzierungs-Leasing spielt der Leasinggeber die Rolle eines Kreditgebers. Der Vertrag läuft über eine längere Zeit und ist während einer „Grundlaufzeit“ unkündbar. Das vom Leasingnehmer in der Grundlaufzeit insgesamt zu zahlende Entgelt entspricht den Anschaffungs- und Finanzierungskosten sowie dem Gewinn für den Leasinggeber. Nach den AGB,[1] die beim Finanzierungs-Leasing verwendet werden, ist der Leasinggeber von der Mängelhaftung sowie der Lastentragung freigestellt; dem Leasingnehmer werden aber die 4

1 *Brox/Walker* SchuldR AT § 4 Rn. 28 ff.

Gewährleistungsansprüche des Leasinggebers gegen den Hersteller/Lieferanten abgetreten. Der Leasingnehmer hat neben der Gefahr des Untergangs auch die der Beschädigung der Sache zu tragen. Außerdem treffen den Leasingnehmer die Kosten der Wartung und Instandhaltung der Sache. Nach alledem trifft hier – im Unterschied zum Operating-Leasing – den Leasingnehmer das Investitionsrisiko, während der Leasinggeber, der die Nutzungsmöglichkeit des Leasingnehmers finanziert, das Kreditrisiko trägt.

5 Weil der Leasingnehmer den Substanzwert des Leasingobjektes in Raten zahlt, kommt das Finanzierungs-Leasing einem Teilzahlungskauf (→ § 7 Rn. 36ff.) nahe. Rechtlich scheidet aber ein Kauf der überlassenen Sache aus, da der Leasinggeber dem Leasingnehmer kein Eigentum an der Sache verschaffen soll. Vielmehr steht auch hier die für einen Mietvertrag typische Pflicht zur entgeltlichen Gebrauchsüberlassung im Vordergrund. Deshalb entspricht das Finanzierungs-Leasing – wie das Operating-Leasing – am ehesten dem Mietverhältnis; es enthält aber auch Elemente anderer Vertragstypen (zB des Kaufs, da oft vertraglich eine Kaufoption zum Ende der Laufzeit eingeräumt ist).

6 Finanzierungsleasingverträge gehören unter den Voraussetzungen des § 506 II zu den sonstigen Finanzierungshilfen iSv § 506 I (→ § 18 Rn. 5).[2] Falls sie zwischen einem Unternehmer und einem Verbraucher vereinbart werden, sind gem. § 506 I 1 zum Schutz des Verbrauchers verschiedene Vorschriften, die für Allgemein-Verbraucherdarlehensverträge gelten, entsprechend anzuwenden (→ Rn. 21).

3. Hersteller-Leasing

7 Beim Hersteller-Leasing schließt der Hersteller/Lieferant selbst oder eine von ihm zu diesem Zweck gegründete, wirtschaftlich mit ihm verflochtene Gesellschaft den Leasingvertrag. Statt des für das Finanzierungs-Leasing typischen Dreiecksverhältnisses zwischen Hersteller, dem von ihm unabhängigen Leasinggeber und dem Leasingnehmer stehen sich hier nur Leasinggeber und Leasingnehmer gegenüber. Dabei kommt es dem Hersteller/Lieferanten wesentlich darauf an, seine Waren abzusetzen. Das Finanzierungsinteresse tritt demgegenüber in den Hintergrund. Da auch hier die entgeltliche Gebrauchsüberlassung wesentlicher Vertragsbestandteil ist, sind die mietrechtlichen Bestimmungen zugrunde zu legen.

---

2 MüKoBGB/*Schürnbrand* § 506 Rn. 31.

III. Vertragspflichten und Folgen ihrer Verletzung

Die Vertragspflichten und die Folgen ihrer Verletzung richten sich nach den verschiedenen Vertragsverhältnissen. Dabei ist der Vertrag zwischen Hersteller/Lieferant und Leasinggeber von dem Vertrag zwischen Leasinggeber und Leasingnehmer zu unterscheiden. 8

1. Pflichten im Verhältnis zwischen Hersteller/Lieferant und Leasinggeber

a) Anwendbarkeit des Kaufrechts. Im Verhältnis von Hersteller/ Lieferant und Leasinggeber gilt Kaufrecht. Der Hersteller/Lieferant ist also insbesondere zur Eigentums- und Besitzverschaffung (§ 433 I 1), der Leasinggeber zur Zahlung des Kaufpreises (§ 433 II) verpflichtet.

Kann der Leasinggeber die Leasingsache nicht ohne Inanspruchnahme eines Kredits erwerben, stehen ihm die üblichen Finanzierungsmöglichkeiten zur Verfügung. Dabei kann zwischen Leasinggeber und Hersteller/Lieferant ein Eigentumsvorbehalt (→ § 7 Rn. 21 ff.) vereinbart werden. Eine andere Möglichkeit besteht darin, dass der Leasinggeber den Kaufpreis durch Aufnahme eines Darlehens finanziert, die Leasingsache der Bank zur Sicherheit übereignet und zur Tilgung der Darlehensraten die Ratenforderungen gegen den Leasingnehmer an die Bank abtritt. Zunehmend findet sich in der Praxis auch die Vertragsgestaltung, nach der die Bank dem Leasinggeber kein Darlehen gewährt, sondern die Leasingforderungen ankauft (sog. **Forfaitierung**).

b) Rechtsfolgen bei Pflichtverletzungen des Herstellers/Lieferanten. Die Rechtsfolgen bei Nichterfüllung durch den Hersteller/ Lieferanten ergeben sich aus §§ 280 ff. und §§ 320 ff. (→ § 3 Rn. 30 ff.). Ist die gelieferte Sache mangelhaft, greifen die Gewährleistungsregeln ein (dazu → § 4). Umgekehrt kann der Hersteller/Lieferant die Lieferung der Leasingsache von der Kaufpreiszahlung abhängig machen (→ § 5 Rn. 2). 9

2. Pflichten im Verhältnis zwischen Leasinggeber und Leasingnehmer

Die Pflichten von Leasinggeber und Leasingnehmer ergeben sich aus dem zwischen ihnen geschlossenen Leasingvertrag. Dabei handelt es sich um einen entgeltlichen Gebrauchsüberlassungsvertrag, so dass grundsätzlich mietrechtliche Vorschriften anwendbar sind. 10

a) Pflichten des Leasinggebers. Der Leasinggeber ist demnach gem. § 535 S. 1 zur **Gebrauchsüberlassung** verpflichtet; er muss dem Leasingnehmer also die tatsächliche Nutzungsmöglichkeit einräumen (→ § 11 Rn. 1).

Nach den mietrechtlichen Vorschriften träfe den Leasinggeber außerdem die Pflicht zur **Gebrauchserhaltung** und **Instandhaltung** der Sache (→ § 11 Rn. 2ff.). Das würde jedoch dem Finanzierungszweck des Leasingvertrags zuwiderlaufen. Deshalb sind diese Pflichten in den AGB der Leasinggeber regelmäßig abbedungen. Diese Überwälzung der Sach- und Preisgefahr auf den Leasingnehmer ist für den Leasingvertrag typisch und wird allgemein für zulässig gehalten.[3] Beim Kfz-Leasing gilt das jedoch nur, wenn dem Leasingnehmer für den Fall des völligen Verlustes und der erheblichen Beschädigung ein kurzfristiges Kündigungsrecht eingeräumt wird, das freilich mit einer Verpflichtung des Leasingnehmers zur Ausgleichszahlung verbunden sein kann.[4]

11 **b) Folgen der Nicht- oder Schlechterfüllung durch den Leasinggeber.** aa) Bei **Nichterfüllung der Gebrauchsüberlassungspflicht** haftet der Leasinggeber dem Leasingnehmer nach den allgemeinen Regeln über Leistungsstörungen (→ § 11 Rn. 20), sofern die Nichterfüllung weder auf einem Rechts- noch auf einem Sachmangel beruht.

Wie bei der Miete tritt an die Stelle des Rücktrittsrechts gem. § 323 das Kündigungsrecht nach § 543 I, II 1 Nr. 1, III, IV. Das Kündigungsrecht besteht nur so lange, wie der Leasinggeber die Sach- und Preisgefahr trägt. Der Übergang der Preisgefahr ist beim Leasingvertrag jedoch – entgegen § 326 I und anders als beim Mietvertrag – nach kaufrechtlichem Vorbild (→ § 3 Rn. 13ff.) ausgestaltet. Es gelten also die §§ 446f. Der Leasingnehmer trägt demnach ab Übergabe (§ 446 S. 1) oder Auslieferung an die Transportperson (§ 447 I) das Risiko des zufälligen Untergangs oder der zufälligen Verschlechterung. Im **Fall a** ist N daher zur Zahlung aller Leasingraten verpflichtet.

12 bb) Bei einem **Rechtsmangel** greift § 536 III ein. Der Leasingnehmer ist also von der Pflicht zur Zahlung der Leasingraten befreit, wenn ihm die Leasingsache aufgrund des privaten Rechts eines Dritten entzogen wird (→ § 11 Rn. 12).

So braucht der Leasingnehmer zB keine Leasingraten mehr zu zahlen, wenn die Bank, welcher der Leasinggeber die Leasingsache zur Sicherheit übereignet hat, die Sache aufgrund ihres Sicherungseigentums herausverlangt.

---

3 BGHZ 68, 118; 81, 298; 106, 304 (309).
4 *BGH* NJW 1987, 377; 1998, 2284 und 3270.

cc) Ist die Leasingsache mit einem **Sachmangel** behaftet, gelten grundsätzlich die mietrechtlichen Gewährleistungsvorschriften der §§ 536ff. (→ § 11 Rn. 14ff.). 13

Allerdings sind die mietrechtlichen Gewährleistungsvorschriften in der Praxis nahezu bedeutungslos, weil in aller Regel ein Gewährleistungsausschluss vereinbart wird.

Das ist im Falle einer Individualvereinbarung ohne weiteres zulässig. Geschieht die Freizeichnung durch AGB, sind solche Klauseln nur wirksam, wenn der Leasinggeber seine Gewährleistungsrechte gegen den Hersteller/Lieferanten an den Leasingnehmer abtritt; andernfalls wäre der Leasingnehmer rechtlos gestellt.[5] § 309 Nr. 8b) aa) steht der Wirksamkeit einer solchen Klausel nicht entgegen.[6]

Übt der Leasingnehmer das vom Leasinggeber abgetretene Rücktrittsrecht gegenüber dem Hersteller/Lieferanten in dem Sinne erfolgreich aus, dass der Lieferant den **Rücktritt akzeptiert,** wandelt sich gem. § 346 I iVm §§ 437 Nr. 2, 323 I oder 326 V der zwischen Leasinggeber und Hersteller/Lieferant bestehende Kaufvertrag in ein Abwicklungsschuldverhältnis um (→ § 4 Rn. 59). Der Leasinggeber muss die Leasingsache rückübereignen und erhält dafür den gezahlten Kaufpreis zurück. Gleichzeitig bewirkt der Rücktritt, dass dem Leasingvertrag von vornherein die Geschäftsgrundlage fehlt.[7] Der Leasingnehmer ist vom Zeitpunkt der Rücktrittserklärung an von der Pflicht zur Zahlung der Leasingraten befreit **(Fall b).** Könnte der Leasinggeber einerseits die Leasingraten verlangen und erhielte er außerdem den Kaufpreis zurück, zöge er einen ungerechtfertigten Vorteil aus der Mangelhaftigkeit der Leasingsache. Die bereits gezahlten Leasingraten kann der Leasingnehmer zurückverlangen. Der BGH hat diesen Rückzahlungsanspruch vor der Schuldrechtsreform (nach einer Wandelung des Kaufvertrags über die Leasingsache) auf § 812 I 1, 1. Fall gestützt.[8] § 313 III 1 spricht für eine Anwendung der §§ 346ff.[9] Für die bis zum Rücktritt gezogenen Nutzungen muss der Leasingnehmer Wertersatz leisten (§ 346 II).[10] 14

Auf diese Weise wird der zwischen Leasinggeber und Leasingnehmer vereinbarte Gewährleistungsausschluss nicht umgangen. Zwar ist die Haftung 15

5 BGHZ 68, 118; 81, 298.
6 Noch zu § 11 Nr. 10a AGBG *BGH* NJW 1985, 129; 1985, 1547.
7 *BGH* NJW 1985, 796.
8 *BGH* NJW 1985, 796; 1990, 314.
9 *Reinicke/Tiedtke* KaufR Rn. 1724.
10 Nach *BGH* NJW 1990, 314 im Rahmen von § 812.

des Leasinggebers für Sachmängel ausgeschlossen. Das bedeutet aber nicht, dass der Leasingvertrag auch dann unverändert fortbestehen soll, wenn der Leasingnehmer für den Leasinggeber das Rücktrittsrecht ausübt. Indem der Leasinggeber dem Leasingnehmer die Befugnis zur Ausübung seiner Gewährleistungsrechte einräumt, erklärt er zugleich, das Ergebnis gegen sich gelten zu lassen.[11]

15a Falls dagegen der Lieferant den **Rücktritt** des Leasingnehmers **nicht akzeptiert**, steht bis zu einer gerichtlichen Klärung des Rücktrittsrechts nicht fest, ob für den Leasingvertrag zwischen Leasinggeber und Leasingnehmer die Geschäftsgrundlage weggefallen ist. Deshalb gewährt der BGH dem Leasingnehmer in diesem Fall erst dann ein Recht zur vorläufigen Einstellung der Zahlung der Leasingraten, wenn er aus dem erklärten Rücktritt klageweise gegen den Lieferanten vorgeht.[12]

16 c) **Pflichten des Leasingnehmers.** Der Leasingnehmer ist in erster Linie zur Zahlung der Leasingraten verpflichtet (§ 535 II; → § 11 Rn. 22).

Neben den üblichen mietrechtlichen Nebenpflichten (Obhuts- und Sorgfaltspflichten, Rückgabepflicht; → § 11 Rn. 28 ff.) findet sich in den AGB der Leasinggeber häufig die Pflicht des Leasingnehmers, die Leasingsache auf eigene Rechnung zu versichern. Die Klausel ist rechtlich nicht zu beanstanden; denn der Leasinggeber hat ein berechtigtes Interesse daran, dass die in seinem Eigentum stehende Leasingsache ausreichend geschützt wird. Außerdem kommt die Versicherung dem Leasingnehmer im Schadensfall selbst zugute.

17 d) **Folgen der Nicht- oder Schlechterfüllung durch den Leasingnehmer.** aa) Bei **Nichterfüllung der Ratenzahlungspflicht** ist der Leasinggeber nach § 543 I, II 1 Nr. 3 (oder den entsprechenden Bestimmungen seiner AGB) zur **Kündigung** des Vertrags berechtigt.

Kündigt der Leasinggeber, kann er auf jeden Fall die rückständigen Raten verlangen. Die AGB der Leasinggeber enthalten darüber hinaus regelmäßig Klauseln, wonach im Falle der Kündigung sämtliche noch ausstehenden Raten sofort fällig werden. Das ist nach Ansicht des BGH mit dem Wesen des Leasingvertrags nicht vereinbar und deshalb unwirksam.[13] Allerdings steht dem Leasinggeber ein Anspruch auf Ersatz des Schadens zu, der ihm durch seine vom Leasing-

11 *BGH* NJW 1985, 1535.
12 *BGH* NJW 2010, 2798 (2800).
13 *BGH* NJW 1991, 221.

nehmer veranlasste Kündigung entstanden ist. Dabei handelt es sich nach der Rechtsprechung um einen Anspruch eigener Art, der eine Nachfristsetzung (heute gem. § 281) nicht voraussetzt.[14] Der ersatzfähige Schaden umfasst den entgangenen Gewinn, den der Leasinggeber bis zum Zeitpunkt einer nach dem Vertrag zulässigen ordentlichen Kündigung erzielt hätte.[15] Der Leasinggeber muss sich jedoch ersparte Aufwendungen und andere infolge der Kündigung entstandene Vorteile anrechnen lassen.[16]

Im **Fall c** kann G daher die rückständigen Leasingraten sowie den Verwaltungs- und Refinanzierungsaufwand nebst entgangenem Gewinn beanspruchen. Hiervon sind etwaige Neuvermietungs- oder Verkaufserlöse abzusetzen.

Oft will sich der Leasinggeber nicht durch Kündigung endgültig 18
vom Vertrag lossagen, sondern die Sache nur bis zur Tilgung des Zahlungsrückstandes zurücknehmen. Ein derartiges **vorläufiges Rückholrecht** ist dem Mietvertragsrecht fremd. Auch beim Leasingvertrag stehen sich das Verschaffen der Gebrauchsmöglichkeit und das Entgelt gegenüber. Soweit der Leasinggeber seine Gebrauchsüberlassungspflicht nicht erfüllt, kann der Leasingnehmer dem Ratenzahlungsverlangen des Leasinggebers die Einrede nach § 320 entgegenhalten **(Fall d)**.[17]

Eine Klausel über ein vorläufiges Rückholrecht in den AGB ist dagegen 19
wirksam.[18] Der Leasinggeber hat ein berechtigtes Interesse daran, sein Eigentum zu schützen. Andererseits ist der vertragsbrüchige Leasingnehmer nicht schutzwürdig. Da der Leasingnehmer die Leasingraten häufig nur durch den Gebrauch des Leasingobjekts aufbringen kann, wird das vorläufige Rückholrecht in eine Kündigung und damit eine endgültige Rücknahme des Leasingguts übergehen.

bb) Bei schuldhafter **Verletzung einer Schutzpflicht** haftet der 20
Leasingnehmer nach den §§ 280 ff. auf Schadensersatz.

Beispiele: Der Leasingnehmer wartet die Leasingsache nicht fachgerecht; er schützt sie nicht vor Witterungseinflüssen; die Leasingsache ist nach Ablauf der Mietzeit infolge einer zu starken Beanspruchung übermäßig abgenutzt.

e) Anwendbarkeit von Verbraucherschutzvorschriften. Auf Fi- 21
nanzierungsleasingverträge zwischen einem Unternehmer (§ 14) und

14 *BGH* NJW 1984, 2687.
15 *BGH* NJW 1991, 221.
16 *BGH* NJW 1982, 870.
17 *BGH* NJW 1982, 870.
18 Vgl. *BGH* WM 1978, 406.

einem Verbraucher (§ 13) finden – soweit nicht eine Ausnahme nach §§ 506 IV, 491 II–IV eingreift – insbesondere folgende Verbraucherschutzvorschriften entsprechende Anwendung (§ 506):

aa) Der Vertrag bedarf der **Schriftform** (§ 492 I). Bei Nichteinhaltung der Form ist der Vertrag nichtig (§ 125); eine Heilung des Formmangels gem. § 494 II ist hier ausgeschlossen (§§ 507 I, 506 III).

22 bb) Dem Leasingnehmer steht ein **Widerrufsrecht** zu (§§ 495 I, 355), über das er zu belehren ist (§§ 506 I, 492 II Nr. 1, Art. 247 § 6 EGBGB).

23 cc) Die Unwirksamkeit eines **Einwendungsverzichts** (§ 496 I; → § 17 Rn. 53) und das **Verbot der Verpflichtung, eine Wechselverbindlichkeit einzugehen, sowie der Entgegennahme eines Schecks** zum Zwecke der Sicherung von Ansprüchen des Leasinggebers (§ 496 III; → § 17 Rn. 55 f.) sind zu berücksichtigen. Das gilt auch für die Regelungen über die Verzugszinsen, die Tilgungsverrechnung und das Kündigungsrecht (§§ 497 ff.; → § 17 Rn. 57 ff.).

3. Pflichten im Verhältnis zwischen Hersteller/Lieferant und Leasingnehmer

24 Der Leasingnehmer schließt zwar im Regelfall nur einen Vertrag mit dem Leasinggeber. Sucht der sachunkundige Leasingnehmer die Leasingsache beim Hersteller/Lieferanten selbst aus und lässt er sich dabei von diesem aufklären und beraten, kann zwischen Leasingnehmer und Hersteller/Lieferant ein selbständiger Beratungsvertrag zustande kommen, so dass der Hersteller/Lieferant dem Leasingnehmer wegen schuldhafter Verletzung seiner Beratungspflichten auf Schadensersatz haftet, wenn sich die Leasingsache als mangelhaft oder unbrauchbar erweist. Möglich ist auch ein Anspruch aus §§ 280, 282, 311 II, III, sofern der Hersteller/Lieferant an dem Abschluss des Leasingvertrags ein eigenes wirtschaftliches Interesse hat oder wegen eigener Sachkunde besonderes Vertrauen in Anspruch nimmt.

§ 16. Leihe

1 **Fall a:** A leiht dem B für den Bau einer Garage seine Betonmischmaschine. Während der Bauarbeiten wird sie durch Zufall erheblich beschädigt. A und B verlangen voneinander Reparatur der Maschine. → Rn. 2, 6

Fall b: B leiht sich von A für eine Spanienreise dessen Pkw. Unterwegs muss B einen Ölwechsel vornehmen und die Lichtmaschine auswechseln lassen. B verlangt Erstattung der Auslagen. → Rn. 3, 6

I. Begriff

Die Leihe ist ein Vertrag, bei dem sich der Verleiher verpflichtet, dem Entleiher den – zeitlich begrenzten – Gebrauch einer Sache unentgeltlich zu gestatten (§ 598). Sie ist von einem bloßen Gefälligkeitsverhältnis ohne rechtliche Bindung der Beteiligten zu unterscheiden.[1]

Gegenstand der Leihe können wie bei der Miete (bewegliche oder unbewegliche) **Sachen**, nicht aber Rechte sein.

Die Gebrauchsgestattung muss **unentgeltlich** erfolgen. Der Leistung des Verleihers steht keine Leistung des Entleihers gegenüber. Die Leihe ist damit kein gegenseitiger Vertrag, so dass die §§ 320 ff. nicht anwendbar sind.

Im täglichen Leben wird häufig von Leihe gesprochen, obwohl es sich rechtlich um Miete handelt (zB „Leihwagen“, „Leihbücherei“).

II. Vertragspflichten und Folgen ihrer Verletzung

1. Pflichten des Verleihers

a) Gestattung des Gebrauchs. Der Verleiher hat dem Entleiher 2 während der Dauer des Leihverhältnisses den **Gebrauch der Sache zu gestatten** (§ 598). Regelmäßig muss er ihm dazu für diese Zeit auch den Besitz überlassen, nicht aber den Besitz durch aktives Tun verschaffen; denn „Gestattung“ des Gebrauchs ist weniger als „Gebrauchsgewährung“ oder „Gebrauchsüberlassung“ iSv § 535.[2] Da der Verleiher die Sache unentgeltlich zu überlassen hat, braucht er sie – anders als der Vermieter – weder in einen gebrauchsfähigen Zustand zu versetzen noch sie während der Leihzeit instand zu halten **(Fall a)**.

b) Ersatz von Verwendungen. Macht der Entleiher **Verwendungen** 3 auf die Sache, die nicht nur der gewöhnlichen Erhaltung dienen, so muss ihm der Verleiher dafür Ersatz nach den Vorschriften über die Geschäftsführung ohne Auftrag leisten (§ 601 II 1; **Fall b**, Lichtmaschine). Weiter gibt § 601 II 2 dem Entleiher ein Recht zur Wegnahme der Einrichtungen, mit denen er die Sache versehen hat. Diese Ansprüche des Entleihers verjähren in sechs Monaten nach Beendigung des Leihverhältnisses (§ 606).

---

1 Vgl. *Brox/Walker* SchuldR AT § 2 Rn. 27 ff.
2 *BGH* NJW-RR 2013, 1007.

2. Folgen der Nicht- oder Schlechterfüllung

4 Da der Verleiher seine Leistung erbringt, ohne eine Gegenleistung zu erhalten, ist seine Haftung erheblich eingeschränkt. Sie entspricht der Haftung des Schenkers (→ § 9 Rn. 15 ff.). Bei allen Leistungsstörungen haftet der Verleiher nur für **Vorsatz und grobe Fahrlässigkeit** (§ 599), bei Sach- und Rechtsmängeln nur dann, wenn er den Mangel arglistig verschwiegen hat (§ 600).

3. Pflichten des Entleihers

5 **a) Einhaltung des vertragsgemäßen Gebrauchs, Rückgabe, Schutzpflichten.** Der Entleiher hat – abgesehen von der Zahlung eines Entgelts – weitgehend die gleichen Pflichten wie der Mieter (→ § 11 Rn. 22 ff.). Er darf den vertragsmäßigen Gebrauch der Sache nicht überschreiten, sie insbesondere nicht ohne Erlaubnis des Verleihers einem Dritten überlassen (§ 603). Er muss die entliehene Sache nach Beendigung der Leihe dem Verleiher zurückgeben (§ 604). Während der Leihzeit treffen ihn Schutzpflichten gem. § 241 II, insbesondere zur sorgfältigen Aufbewahrung.

Wie der Mieter hat der Entleiher Veränderungen und Verschlechterungen der Sache, die auf vertragsgemäßem Gebrauch beruhen, nicht zu vertreten (§ 602). Falls nichts anderes vereinbart ist, braucht der Entleiher also insoweit nicht den Zustand der Sache wiederherzustellen, der zu Beginn der Leihzeit bestand.

6 **b) Tragung der gewöhnlichen Erhaltungskosten.** Anders als der Mieter (vgl. § 535 I 2; → § 11 Rn. 2 ff.) muss der Entleiher zum Ausgleich für die unentgeltliche Gebrauchsüberlassung die gewöhnlichen Erhaltungskosten der Leihsache tragen (§ 601 I; Kosten für den Ölwechsel, **Fall b**). Über das gewöhnliche Maß hinausgehende Aufwendungen zur Erhaltung der geliehenen Sache muss der Entleiher nicht machen **(Fall a)**. Aus §§ 241 II, 242 kann sich aber die Pflicht ergeben, den Verleiher auf die Notwendigkeit bestimmter Maßnahmen hinzuweisen.

4. Folgen der Nicht- oder Schlechterfüllung

7 Der Entleiher haftet bei einer Verletzung seiner Vertragspflichten nach den allgemeinen Vorschriften für Vorsatz und jede Fahrlässigkeit (§ 276).

Überschreitet der Entleiher den vertragsgemäßen Gebrauch der Sache, so haftet er auch dann, wenn die Sache zufällig verschlechtert oder zerstört wird, es sei denn, der Schaden wäre auch bei vertragsgemäßem Gebrauch entstanden.[3]

Die Ersatzansprüche des Verleihers verjähren in sechs Monaten nach Rückgabe der Sache (§ 606).

Bestimmte Pflichtverletzungen des Entleihers, etwa vertragswidriger Gebrauch der Leihsache, berechtigen den Verleiher zur außerordentlichen fristlosen Kündigung der Leihe (§ 605 Nr. 2).

III. Beendigung der Leihe

Das Leihverhältnis endet mit Ablauf der vereinbarten Leihzeit 8 (§ 604 I). Haben sich die Parteien nicht über eine bestimmte Zeit geeinigt, so hat der Entleiher die Sache zurückzugeben, nachdem er den sich aus dem Zweck der Leihe ergebenden Gebrauch gemacht hat (§ 604 II 1). Das Leihverhältnis endet auch dann, wenn der Entleiher in der verstrichenen Zeit diesen Gebrauch machen konnte und der Verleiher die Sache zurückfordert (§ 604 II 2). Ist die Dauer der Leihe weder bestimmt noch aus ihrem Zweck zu entnehmen, kann der Verleiher die Sache jederzeit zurückverlangen (§ 604 III).

Der Verleiher kann die Leihe fristlos kündigen, wenn einer der in § 605 Nr. 1–3 genannten Gründe vorliegt.

§ 17. Darlehensrecht

Schrifttum: *Billing*, Zur AGB-rechtlichen Zulässigkeit eines Bearbeitungs- 1 entgelts bei Darlehensverträgen, WM 2013, 1777 und 1829; *Bülow*, Rechtsfragen des Immobiliar-Verbraucherkreditvertrags im neuen Recht, WM 2015, 1309; *Coester-Waltjen*, Der Darlehensvertrag, JURA 2002, 675; *Haertlein*, Die AGB-rechtliche Bewertung von Darlehensentgelten in Bausparverträgen, WM 2014, 189; *Hey*, Neues zu Sicherungsgrundschuld und Darlehen im BGB – Gefahren für Darlehensnehmer bei Kreditverkäufen?, JURA 2008, 721; *Knops*, Die Kündigung des vertragsgemäß bedienten Kredits wegen Vermögensverschlechterung, WM 2012, 1649; *Langenbucher*, Die Lösung vom Darlehensvertrag, in: Dauner-Lieb/Konzen/Schmidt, Das neue Schuldrecht in der Praxis, 2003, 569; *Mülbert*, Die Auswirkungen der Schuldrechtsmodernisierung im Recht des „bürgerlichen" Darlehensvertrags, WM 2002, 465; *Reiff*, Allgemeines Darlehensrecht und Verbraucherkreditrecht, in: Dauner-Lieb/

3 BGHZ 37, 310; **str.**

Heidel/Lepa/Ring, Das neue Schuldrecht, 2002, § 10; *Schnauder*, Sorgfalts- und Aufklärungspflichten im Kreditgeschäft, JZ 2007, 1009; *Schultheiß*, Grundfälle zum Darlehensrecht, JuS 2017, 628.

Fall a: K hat dem V zur Sicherung einer Kaufpreisforderung seine goldene Uhr als Pfand gegeben. Später vereinbaren beide, K solle den Betrag des Kaufpreises als Darlehen behalten, müsse aber 4 % Zinsen zahlen. K verlangt nun seine Uhr zurück. → Rn. 12

Fall b: A hat dem B ein verzinsliches Darlehen für fünf Jahre gegeben. Da B mit der Zinszahlung in Rückstand gerät, geht A nach § 323 vor. Nach Ablauf der dem B gesetzten Frist verlangt A von B das Darlehen nebst aufgelaufener Zinsen. B meint, § 323 sei auf einen Darlehensvertrag nicht anwendbar. → Rn. 20

Fall c: A will dem B ein Darlehen geben. Da er kein Geld „flüssig" hat, überlässt er B vereinbarungsgemäß ein Gemälde, das B verkaufen soll. Der Erlös soll dem B für ein Jahr als Darlehen zur Verfügung stehen. Das Gemälde wird vor dem Verkauf ohne Verschulden des B vernichtet. Nach einem Jahr verlangt A von B Zahlung des Wertes. → Rn. 22

Fall d: B kommt in plötzliche Geldverlegenheit und „leiht" sich von seinem Freund A 50 Euro. Als A nach einigen Tagen den B an die Rückzahlung erinnert, beruft sich dieser auf eine Kündigungsfrist von drei Monaten. → Rn. 25

Fall e: Die Bank B hat dem A ein durch eine Grundschuld gesichertes Darlehen gegeben. Vereinbart wurde eine Laufzeit von zehn Jahren und 6 % Zinsen. Kann A, der ein Jahr später wegen eines Arbeitsplatzwechsels umziehen und sein Grundstück verkaufen will, den Darlehensvertrag kündigen? → Rn. 32

Fall f: Die V hat bei der Bank B einen sog. „Hausfrauenkredit" über 3000 Euro aufgenommen. Nach dessen Auszahlung will sie von dem Kredit loskommen und die Darlehenssumme ohne die vereinbarten Zinsen an die Bank zurückzahlen. Sie meint, der Darlehensvertrag sei unwirksam, weil sie – was zutrifft – die Darlehensurkunde versehentlich nicht unterschrieben habe. Vorsorglich erklärt sie schriftlich den Widerruf des Vertrags. → Rn. 46, 51, 52

I. Begriff und Bedeutung

1. Begriff

Aufgrund des Darlehensvertrags überlässt der Darlehensgeber dem Darlehensnehmer Geld (§ 488 I) oder andere vertretbare Sachen (§ 607 I) gegen die Verpflichtung zur Rückzahlung bzw. -erstattung und in der Regel auch zur Zahlung eines Zinses oder eines anderen Darlehensentgelts. Kennzeichnend für den Darlehensvertrag ist also die Überlassung eines Kapitals zur zeitlich begrenzten Nutzung des darin steckenden Wertes.

2. Bedeutung

Darlehensverträge haben eine große praktische Bedeutung. Dabei ist nicht in erster Linie an die Vergabe von (meist kurzfristigen und zinslosen) Darlehen unter Freunden und Bekannten, sondern vor allem an den Kreditverkehr zu denken. Unter das Darlehensrecht fallen etwa die Kredite der Banken und Sparkassen, aber auch die Spareinlagen, ferner die Kredite der Genossenschaften an ihre Genossen, die Anleihen der Industrie, des Staates, der Länder und der Gemeinden. Außerdem sind die Brauereidarlehen zu nennen, welche die Brauereien den Gastwirten geben, wenn diese sich verpflichten, ihren Bierbedarf nur bei der betreffenden Brauerei zu decken. Schließlich finden die Darlehensregeln teilweise auch entsprechende Anwendung bei Finanzierungen von Teilzahlungsgeschäften (→ § 18 Rn. 6 ff.). 2

II. Abgrenzung, Arten und gesetzliche Regelung

1. Abgrenzung

Der Darlehensvertrag ist von anderen Tatbeständen abzugrenzen, bei denen entweder überhaupt kein Vertrag oder aber ein anderer Vertragstyp gegeben ist. 3

a) **Andere Gebrauchsüberlassungsverträge.** Bei anderen Gebrauchsüberlassungsverträgen wie dem **Mietvertrag** (§§ 535 ff.; §§ 10 ff.) und dem **Leihvertrag** (§§ 598 ff.; dazu → § 16) ist die gemietete oder geliehene Sache selbst am Ende der Vertragszeit zurückzugeben. Dagegen sind beim Darlehensvertrag Sachen gleicher Art, Güte und Menge (§ 607 I) bzw. ein bestimmter Geldbetrag (§ 488 I) – nicht aber die erhaltenen Geldstücke oder -scheine – zurückzuerstatten bzw. zurückzuzahlen. Im Unterschied zum Mieter und Entleiher ist der Darlehensnehmer nicht nur zum Gebrauch, sondern zum Verbrauch der Sache berechtigt. Ihm muss das Eigentum an den dargeliehenen Sachen oder an dem Geld verschafft werden.

Beispiel: Hat A sich von seinem Nachbarn B einen Kasten Bier „geliehen", so liegt keine Leihe im Rechtssinne, sondern ein Sachdarlehensvertrag vor. A ist verpflichtet, einen entsprechenden Kasten Bier dem B zurückzugeben.

b) **Verwahrung.** Bei der Verwahrung (§§ 688 ff.; dazu → § 30) hat der Verwahrer am Ende der Verwahrungszeit die in seine Obhut ge- 4 gebene Sache zurückzugeben; ihm wird also die zu verwahrende Sache nicht übereignet.

Handelt es sich dagegen um eine **unregelmäßige Verwahrung**, wird der Verwahrer Eigentümer (§ 700; → § 30 Rn. 8). Insoweit besteht also kein Unterschied zum Darlehensvertrag. Jedoch ist die Interessenlage nicht die gleiche: Die Verwahrung dient vorwiegend dem Interesse des Hinterlegers (Aufbewahrung), der Darlehensvertrag vorwiegend dem des Darlehensnehmers (Kredit).

Beispiele: Spareinlagen bei einer Bank oder Sparkasse sind regelmäßig Darlehen; das Geld ist den Geldinstituten zur zeitweiligen Nutzung (gegen Zahlung von Zinsen) überlassen. Die Verpflichtung zur Zurückzahlung von größeren Beträgen wird von einer Kündigung abhängig gemacht. Dagegen steht beim Girokonto das Interesse des Kunden im Vordergrund; dieser erhält nur geringere oder gar keine Zinsen und kann über das Guthaben jederzeit verfügen (unregelmäßige Verwahrung).

5 **c) Schenkung.** Bei der Schenkung (§§ 516 ff.; dazu → § 9) wird der Beschenkte wie der Darlehensnehmer Eigentümer der Sache. Jedoch ist er nicht zur Rückerstattung verpflichtet.

Beispiele: Gibt A dem in Geldverlegenheit befindlichen B auf dessen Bitten einen Geldbetrag, so kommt es auf die Parteivereinbarung an, ob ein Darlehensvertrag oder eine Schenkung gewollt ist. Bei der Auslegung sind alle Umstände des Einzelfalles zu berücksichtigen. Nahe Verwandtschaft, Freundschaft, geringer Wert können Indizien für eine Schenkung sein. „Leiht" Frau A sich von ihrer Nachbarin eine Prise Salz, wird man wegen des geringen Wertes eher davon ausgehen können, dass Frau A nicht zur Rückerstattung verpflichtet sein soll, als wenn es sich um einen Kasten Bier oder um ein Dutzend Eier handelt.

2. Arten und gesetzliche Regelung

6 Das Gesetz unterscheidet seit Inkrafttreten des Schuldrechtsmodernisierungsgesetzes am 1.1.2002 zwischen verschiedenen Formen des Gelddarlehens einerseits und dem Sachdarlehen andererseits.

a) Gelddarlehensvertrag. aa) Gegenstand eines Darlehensvertrags kann Geld sein. Für den Gelddarlehensvertrag gelten die allgemeinen Vorschriften §§ 488–490.

Unter dem Begriff „Darlehen" in diesen Vorschriften ist dabei entgegen dem Sprachgebrauch vor der Schuldrechtsreform nur noch der zur wirtschaftlichen Nutzung überlassene Geldbetrag zu verstehen, jedoch nicht mehr der zugrunde liegende Vertrag. Dieser wird im Gesetz (ohne den Zusatz „Geld“) als Darlehensvertrag bezeichnet.

bb) Wird ein entgeltlicher Darlehensvertrag (verzinsliches Darlehen, § 488 I 1) zwischen einem Unternehmer (§ 14) als Darlehensgeber und einem Verbraucher (§ 13) als Darlehensnehmer abgeschlossen, liegt ein **Verbraucherdarlehensvertrag** vor (§ 491). Bei den Verbraucherdarlehensverträgen unterscheidet das Gesetz zwischen Allgemein- Verbraucherdarlehensverträgen und Immobiliar-Verbraucherdarlehensverträgen (§ 491 I 2, II 1, III 1). Für diese besonderen Formen von Darlehensverträgen gelten ergänzend zu den §§ 488–490 auch die besonderen Vorschriften der §§ 491a–505d. 7

Durch diese Regelungen wurden die Vorschriften des früheren Verbraucherkreditgesetzes zum Verbraucherkredit in der Form des Darlehens in das Darlehensrecht des BGB integriert. Sie wurden durch das Gesetz zur Umsetzung der Wohnimmobilienkreditrichtlinie und zur Änderung handelsrechtlicher Vorschriften vom 11.3.2016[1] in großem Umfang geändert.

b) Sachdarlehensvertrag. Gegenstand des Darlehensvertrags können auch vertretbare Sachen sein. Das sind nach § 91 bewegliche Sachen, die im Verkehr nach Zahl, Maß oder Gewicht bestimmt zu werden pflegen (zB Einheitsbierflaschen, Kohle, Eier, Getreide). Die Begrenzung auf vertretbare Sachen hat ihren Grund darin, dass unvertretbare Sachen (zB Grundstücke, Gemälde) nicht in gleicher Art, Güte und Menge zurückgegeben werden können. Das Sachdarlehen ist in den §§ 607–609 geregelt. 8

Diese Vorschriften erfassten vor der Schuldrechtsreform zwar neben dem Sachdarlehen auch das Gelddarlehen. Da sich in der Praxis jedoch zwei voneinander getrennte Regelungsbereiche zum Gelddarlehen einerseits mit den Besonderheiten des früheren Verbraucherkreditgesetzes und zum Sachdarlehen andererseits entwickelt haben, wurde das Gelddarlehen zum 1.1.2002 in den §§ 488 ff. eigenständig geregelt.

III. (Geld-)Darlehensvertrag

1. Begründung des Darlehensverhältnisses

a) Vertragsschluss durch Einigung. Der Darlehensvertrag ist ein sog. **Konsensualvertrag.** Das bedeutet, er kommt durch zwei übereinstimmende Willenserklärungen und damit durch Einigung zustande. Diese Konstruktion des Darlehensvertrags wird in § 488 I, der die Hauptpflichten der Parteien regelt, vorgegeben. 9

1 BGBl. I 396.

Damit wurde der frühere Streit,[2] ob der Darlehensvertrag erst mit der Hingabe der Darlehensvaluta zustande kommt (= Realvertragstheorie) oder ob die Einigung allein genügt (= Konsensualvertragstheorie), vom Gesetzgeber iSd Konsensualvertragstheorie entschieden.

10 **b) Inhalt der Einigung.** aa) Die Parteien müssen sich darüber einigen, dass dem Darlehensnehmer **Geld übereignet** werden soll und dieser bei Fälligkeit des Darlehens den zur Verfügung gestellten **Geldbetrag zurückzuzahlen** hat (§ 488 I). Ferner müssen die Parteien vereinbaren, ob und in welcher Höhe der Darlehensnehmer dem Darlehensgeber die Zahlung von Zinsen schuldet (§ 488 I, II, III 3).

11 bb) Die Einigung zwischen den Vertragsparteien kann auch ein sog. **Vereinbarungsdarlehen** zum Gegenstand haben. Wer Geld aus einem anderen Grunde schuldet (zB der Käufer aus einem Kaufvertrag), kann mit dem Gläubiger (zB Verkäufer) vereinbaren, dass das Geld nicht als Kaufpreis, sondern als Darlehen geschuldet werden soll.

Dieses Vereinbarungsdarlehen war bis zum 31.12.2001 in § 607 II aF ausdrücklich normiert. Mit dem Wegfall dieser Vorschrift im Rahmen der Schuldrechtsreform hat sich an der Zulässigkeit des Vereinbarungsdarlehens nichts geändert, weil sich die Möglichkeit einer solchen Vereinbarung schon aus § 311 I ergibt.

12 Welche Rechtsfolgen die Parteien mit dem Vereinbarungsdarlehen herbeiführen wollen, muss durch Auslegung ermittelt werden.

Folgende Möglichkeiten kommen in Betracht:

(1) Die **alte Schuld bleibt bestehen**, wird aber den Regeln über den Darlehensvertrag unterworfen. Da sie nur abgeändert wird, bleiben auch die für sie bestellten Sicherheiten erhalten, und der Schuldner kann weiterhin alle gegen die alte Schuld bestehenden Einwendungen und Einreden geltend machen. Weil der Gläubiger nicht ohne weiteres bestehende Sicherheiten aufgeben und der Schuldner nicht ohne Grund Einwendungen und Einreden verlieren will, werden die Parteien bei einem Vereinbarungsdarlehen in aller Regel eine solche Schuldabänderung gemeint haben. Im **Fall a** braucht V die verpfändete Uhr nicht herauszugeben; dies sichert jetzt vielmehr die durch Vereinbarung entstandene Darlehensrückzahlungsforderung.

(2) Die alte Schuld wird völlig durch die neue Darlehensschuld ersetzt und erlischt. Bei einer solchen **Schuldersetzung** (= Novation) entfallen Sicherungsrechte und Einwendungen aus dem alten Schuldverhältnis. Da eine nicht bestehende Schuld nicht durch eine andere ersetzt werden kann, darf der Schuldner weiterhin einwenden, die alte Schuld habe gar nicht bestanden.

---

2 Dazu 26. Aufl. Rn. 225.

(3) Die Darlehensschuld soll ohne Rücksicht auf den Bestand der alten Schuld begründet werden. Bei einem solchen **konstitutiven Schuldanerkenntnis** (→ § 33 Rn. 13) bedarf die Erklärung des Schuldners der Schriftform (§ 781). Fehlt es an der alten Schuld, kann das Schuldanerkenntnis nach Bereicherungsrecht zurückgefordert werden.

c) Wirksamkeit der Einigung. Für die Einigung gelten die allgemeinen Wirksamkeitsvoraussetzungen. Von besonderer Bedeutung ist § 138 I. 13

Ein wucherischer Darlehensvertrag (zB Vereinbarung über 54 % Zinsen)[3] ist zwar schon nach § 138 II nichtig. Allerdings scheitert die Anwendbarkeit dieser Vorschrift meist daran, dass die subjektiven Voraussetzungen des Wuchers nicht vorliegen. Ein wirksamer Schutz des Darlehensnehmers wird in der Praxis durch eine weite Auslegung des § 138 I erreicht.[4]

Nach der ständigen Rechtsprechung des BGH ist ein sog. Ratenkreditvertrag sittenwidrig, wenn zwischen den Leistungen des Darlehensgebers und den Gegenleistungen des Darlehensnehmers ein objektiv auffälliges Missverhältnis besteht und der Darlehensgeber die schwache wirtschaftliche Lage des Darlehensnehmers bei der Festlegung der Vertragsbedingungen bewusst zu dessen Nachteil ausnutzt. Dieser subjektiven Voraussetzung steht es gleich, wenn der Darlehensgeber sich zumindest leichtfertig der Erkenntnis verschließt, dass der Darlehensnehmer sich nur aufgrund seiner schwächeren Lage auf die Vertragsbedingungen einlässt (wucherähnliches Ratendarlehensgeschäft).[5]

aa) Die **objektive Voraussetzung der Sittenwidrigkeit**, nämlich das auffällige Missverhältnis, kann verschiedene Ursachen haben: 14

(1) In erster Linie kommt es darauf an, ob das vom Darlehensnehmer **zu zahlende Entgelt** (insbesondere Zinsen) im Verhältnis zu dem Risiko, das der Darlehensgeber eingeht, **unverhältnismäßig hoch** ist. Das beurteilt sich nach einem Marktvergleich. Bei diesem Vergleich wird das vereinbarte dem durchschnittlichen Entgelt, wie es von allen Banken für ratenweise zurückzahlbare Darlehen verlangt wird, gegenübergestellt. Ein auffälliges Missverhältnis ist in der Regel anzunehmen, wenn das vereinbarte Entgelt das marktübliche um mehr als 100 % übersteigt.[6] Eine ähnliche Richtwertfunktion kommt

---

3 *BGH* DB 1976, 766.
4 Vgl. *BGH* NJW 1980, 2301; Erman/*Arnold* § 138 Rn. 91 ff.
5 BGHZ 80, 153 (160); 128, 257.
6 BGHZ 104, 105.

einem absoluten Zinsunterschied von 12 Prozentpunkten zwischen Vertrags- und Marktzins zu.[7]

15 Die Gegenleistung des Darlehensnehmers für die Inanspruchnahme des Darlehens wird unter Berücksichtigung aller von ihm zu zahlender Beträge ermittelt (sog. Additionstheorie). Danach sind neben den vereinbarten Zinsen und den weiteren Darlehensgebühren beim Konsumentenkredit die vollen Kosten für den eingeschalteten Darlehensvermittler zu berücksichtigen (die Einzelheiten sind streitig).[8] Die Kosten einer Restschuldversicherung in Form einer Risikolebensversicherung können dagegen nicht angerechnet werden, da diese Versicherung dem Darlehensnehmer auch Vorteile bringt.[9] Der marktübliche Zins ist den Monatsberichten der Deutschen Bundesbank zu entnehmen. Auf ihn werden 2 % der Darlehenssumme als marktübliche Vermittlungsgebühr aufgeschlagen.

16 (2) Das auffällige Missverhältnis der beiderseitigen Leistungen kann sich aber auch aus der **Vertragsgestaltung** ergeben, die häufig den Darlehensnehmer einseitig belastet. Dabei geht die Rechtsprechung von einem unbereinigten Vertragstext aus, dh sie berücksichtigt auch solche Klauseln, die nach den §§ 307 ff. unwirksam wären. Bei der Prüfung ist aber zu beachten, dass der Verstoß einzelner Klauseln gegen diese Vorschriften für sich allein grundsätzlich noch nicht ausreicht, um eine Sittenwidrigkeit des Vertrags zu begründen. Diese kann vielmehr regelmäßig nur dann bejaht werden, wenn entweder eine Vielzahl von unzulässigen Klauseln enthalten ist oder aber Umstände hinzutreten, die im Rahmen einer Inhaltskontrolle nach den §§ 307 ff. nicht hinreichend berücksichtigt werden können.

Als unzulässige Klauseln, welche die Sittenwidrigkeit begründen können, wurden etwa angesehen: Zinserhöhungen für den Fall des Verzuges (vgl. § 309 Nr. 5a), gestaffelte Mahngebühren,[10] Fälligstellung der Restdarlehenssumme für den Fall des Verzuges mit weniger als zwei aufeinanderfolgenden Raten,[11] Schufa-Klausel.[12]

17 (3) Ausnahmsweise kann sich das auffällige Missverhältnis auch noch aus den **besonderen Umständen des Vertrags** ergeben. Dagegen ist ein Darlehensvertrag nicht bereits deshalb sittenwidrig, weil er zur Ablösung eines sittenwidrigen, aber irrtümlich für wirksam gehaltenen Vertrags geschlossen wurde; in solchen Fällen sind die

7 BGHZ 110, 336.
8 Siehe zB MüKoBGB/*Berger* § 488 Rn. 107 ff.
9 *BGH* NJW 1988, 1661.
10 *BGH* NJW 1983, 115.
11 *BGH* NJW 1985, 1305.
12 *BGH* NJW 1986, 46.

Rechte des Darlehensgebers allerdings gem. § 242 auf die Ansprüche beschränkt, die ihm bei Kenntnis und Berücksichtigung der Nichtigkeit eines früheren Vertrags auch eingeräumt worden wären.[13]

bb) **Subjektive Voraussetzung für die Sittenwidrigkeit** ist, dass der Darlehensgeber Kenntnis von den Umständen hat, aus denen sich die Sittenwidrigkeit ergibt. Dabei genügt es, dass er sich zumindest leichtfertig dieser Erkenntnis verschließt. Das wird vermutet, wenn das auffällige Missverhältnis gegeben ist.[14] Es ist dann Sache des Darlehensgebers nachzuweisen, dass er den subjektiven Tatbestand tatsächlich nicht erfüllt hat. Nicht erforderlich ist, dass der Darlehensgeber selbst den Vertrag für sittenwidrig hält. 18

cc) Die **Rechtsfolge der Sittenwidrigkeit** eines ratenweise zu tilgenden Darlehens besteht darin, dass der Darlehensgeber die Darlehenssumme gem. § 812 I 1, 1. Fall zurückverlangen kann. Dem steht die Vorschrift des § 817 S. 2 nicht entgegen, da dem Darlehensnehmer nur die Nutzung des Geldes auf Zeit überlassen war. Nach richtiger Auffassung kann der Darlehensgeber das Geld aber nicht sofort, sondern nur ratenweise, wie vereinbart, zurückverlangen. Das folgt aus dem Sinn des § 817 S. 2. Für die Zeit, in der der Darlehensnehmer die Nutzung des Geldes behält, steht dem Darlehensgeber zwar nicht der überhöhte Zins, wohl aber ein angemessener Zins zu;[15] denn § 817 S. 2 hat keinen Strafcharakter. 19

Hat der Darlehensnehmer bereits mehr zurückgezahlt, als er wegen der Nichtigkeit des Vertrags schuldete, steht ihm hinsichtlich des Mehrbetrags ein Anspruch aus § 812 I 1, 1. Fall zu. Der Anspruch verjährt für jede Rate gesondert in der Frist des § 195.

2. Arten des Gelddarlehens

Das Gesetz unterscheidet zwischen Verträgen über entgeltliche (= verzinsliche) und unentgeltliche (= zinslose) Darlehen. 20

a) Verzinsliches Darlehen. Gesetzlicher und auch praktischer Regelfall ist das verzinsliche Darlehen (§ 488 I 2). Anstelle oder neben Zinsen können die Parteien aber auch andere Leistungen des Darlehensnehmers vorsehen.

Beispiele: Aufschlag auf die gegebene Darlehenssumme; Abzug von dem auszuzahlenden Darlehensbetrag (Disagio); Bierbezugsverpflichtung beim

13 *BGH* NJW 1987, 944.
14 *BGH* NJW 1984, 2292 (2294).
15 **AA** *BGH* NJW 1983, 1420 (1422f.).

Brauereidarlehen; Anteil an dem mit Hilfe des Darlehens erzielten Gewinn (= sog. partiarisches Darlehen, das oft nur schwer von einer stillen Gesellschaft abgegrenzt werden kann).[16]

Bei der Vereinbarung eines entgeltlichen Darlehens handelt es sich um einen gegenseitigen Vertrag. Der Darlehensgeber überlässt dem Darlehensnehmer das Kapital auf Zeit, weil der Darlehensnehmer zur Entrichtung des Entgelts verpflichtet ist. Kapitalüberlassung und Entgelt stehen – wie etwa beim Mietvertrag die Gebrauchsüberlassung und die Miete – im Austauschverhältnis. Deshalb sind die Vorschriften der §§ 320ff. auf das verzinsliche Darlehen anwendbar **(Fall b)**.

21 **b) Zinsloses Darlehen.** Daneben gibt es auch die Form des zinslosen Darlehens (vgl. § 488 III 3). Es spielt in der Praxis keine wesentliche Rolle. Am ehesten dürfte es beim Verwandtschaftsdarlehen vorkommen. Die Vereinbarung eines zinslosen Darlehens ist wie der Auftrag (→ § 29 Rn. 3) kein gegenseitiger Vertrag.

3. Pflicht des Darlehensgebers

22 Der Darlehensgeber ist verpflichtet, dem Darlehensnehmer einen Geldbetrag in der vereinbarten Höhe zur Verfügung zu stellen (§ 488 I 1). Das kann auf verschiedene Weise geschehen:

Regelmäßig wird die Darlehensvaluta **unmittelbar** aus dem Eigentum des Darlehensgebers **auf den Empfänger übertragen**. Dem steht die Gutschrift auf einem Konto des Empfängers gleich, weil dieser über den Betrag verfügen kann.

Der Darlehensgeber kann aber auch eine ihm zustehende **Forderung dem Darlehensnehmer abtreten** oder einen Dritten anweisen, an den Darlehensnehmer zu leisten. In diesen Fällen ist das Darlehen erst dann empfangen, wenn der Darlehensnehmer die Darlehensvaluta erhalten hat. Das kann für die Erfüllung durch den Darlehensgeber und für die Rückerstattungspflicht des Darlehensnehmers von Bedeutung sein.

Ferner kann der Darlehensgeber seine Überlassungspflicht dadurch erfüllen, dass er die Darlehensvaluta vereinbarungsgemäß **an einen Dritten leistet**. Von dieser Möglichkeit wird etwa beim finanzierten Kauf Gebrauch gemacht.

16 Vgl. *BGH* NJW 1995, 192; MüKoBGB/*Ulmer/Schäfer* Vor § 705 Rn. 108ff.

Schließlich kann der Darlehensgeber auch einen **Gegenstand** mit der Abrede **übergeben**, der Darlehensnehmer solle ihn veräußern und den Erlös als Darlehen behalten **(Fall c)**. Auch hier ist das Darlehen erst dann empfangen, wenn der Darlehensnehmer den Erlös erhalten hat. Die Höhe der Darlehensforderung richtet sich nach dem tatsächlich erzielten Erlös, da nur dieser Betrag als Darlehen empfangen ist. Der Darlehensgeber trägt also, falls nichts anderes vereinbart ist, das Risiko, wenn die übergebene Sache ohne Verschulden des Darlehensnehmers vor der Veräußerung an Wert verliert, verschlechtert wird oder untergeht **(Fall c)**.

4. Pflichten des Darlehensnehmers

a) Zinszahlungspflicht. Die Zinszahlungspflicht ist die mit der Darlehenshingabe im Gegenseitigkeitsverhältnis stehende Hauptleistungspflicht des Darlehensnehmers. Sie besteht nur bei entsprechender Vereinbarung. Andernfalls handelt es sich um ein unentgeltliches (= zinsloses) Darlehen. Die Höhe der Zinsen und ihre Fälligkeit ergeben sich in erster Linie aus der getroffenen Abmachung, hilfsweise aus dem Gesetz (Höhe: § 246; § 352 HGB; Fälligkeit: § 488 II). 23

b) Rückzahlungspflicht. Die Rückzahlungspflicht (§ 488 I 2) ist ein wesentliches Merkmal eines jeden Darlehensvertrags; andernfalls liegt überhaupt kein Darlehen vor.[17] Es handelt sich um eine einklagbare Hauptleistungspflicht[18] des Darlehensnehmers, die aber nicht im Gegenseitigkeitsverhältnis zur Überlassungspflicht des Darlehensgebers steht.[19] Die Rückzahlungspflicht setzt voraus, dass der Darlehensnehmer das Darlehen empfangen hat. Die Beweislast für die Erfüllung der Rückzahlungspflicht trägt der Darlehensnehmer.[20] 24

Die Fälligkeit richtet sich in erster Linie nach der Vereinbarung. 25

Beispiele: Bestimmter Zeitpunkt, Ablauf einer Kündigungsfrist. – Oft wird auch vereinbart, dass das Darlehen sofort in voller Höhe zurückzuzahlen ist, wenn der Darlehensnehmer mit der Zinszahlung in Verzug gerät oder die Darlehensvaluta abredewidrig verwendet. Bei Freundschaftsdarlehen, die eine augenblickliche Verlegenheit des Empfängers beheben sollen, wird in der Regel die gesetzlich vorgesehene Kündigung stillschweigend ausgeschlossen sein **(Fall d)**.

---

17 BGHZ 25, 174 (178).
18 Dazu *Brox/Walker* SchuldR AT § 2 Rn. 5 ff.
19 *Looschelders* SchuldR BT Rn. 353.
20 *BGH* NJW-RR 2007, 705 (707.).

Fehlt eine Abrede über die Fälligkeit, ist eine Kündigung einer der Vertragsparteien erforderlich.

5. Die ordentliche Kündigung des Darlehensvertrags

26 Die Voraussetzungen für eine ordentliche Kündigung des Darlehensvertrags hängen davon ab, ob für die Rückzahlung ein bestimmter Zeitpunkt vereinbart ist oder nicht.

a) Kein bestimmter Zeitpunkt für die Rückzahlung. Wenn kein bestimmter Zeitpunkt für die Rückzahlung vereinbart ist, kann der Darlehensvertrag nach § 488 III 1 von beiden Vertragsparteien ordentlich gekündigt werden. Dabei muss eine Kündigungsfrist von drei Monaten eingehalten werden (§ 488 III 2). Ein Kündigungsgrund ist nicht erforderlich. Das Recht zur ordentlichen Kündigung sowie die 3-Monats-Frist sind abdingbar. Die ordentliche Kündigung hat zur Folge, dass das zur Verfügung gestellte Darlehen zurückzuzahlen ist.

27 Ohne Kündigung darf das Darlehen grundsätzlich weder zurückgefordert noch vorzeitig zurückgezahlt werden; denn der Darlehensgeber will während der gesamten Laufzeit an den vereinbarten Zinsen verdienen. Nur ein zinsloses Darlehen darf auch ohne Kündigung jederzeit zurückgezahlt werden (§ 488 III 3); wenn der Darlehensgeber ohnehin keine Zinsen beanspruchen kann, hat er keine berechtigten Interessen, die einer vorzeitigen Rückzahlung entgegenstehen würden.

28 **b) Bestimmter Zeitpunkt für die Rückzahlung.** Wenn ein bestimmter Zeitpunkt für die Rückzahlung vorgesehen ist, hat gem. § 489 nur der Darlehensnehmer ein Recht zur ordentlichen Kündigung. Deren Zulässigkeit hängt davon ab, ob ein gebundener Sollzinssatz (§ 489 V) oder ein veränderlicher Zinssatz vereinbart ist. Falls ein **gebundener Sollzinssatz** (zB 6 % für fünf Jahre) vereinbart ist, kann der Darlehensnehmer nur dann ordentlich kündigen, wenn entweder die Zinsbindung vor der für die Rückzahlung bestimmten Zeit abläuft (§ 489 I Nr. 1; Kündigungsfrist: ein Monat) oder wenn zehn Jahre seit Empfang des Darlehens abgelaufen sind (§ 489 I Nr. 2; Kündigungsfrist: sechs Monate). Einen Darlehensvertrag mit **veränderlichem Zinssatz** (laufende Anpassung an die Marktverhältnisse) kann der Darlehensnehmer jederzeit mit einer Frist von drei Monaten kündigen (§ 489 II).

29 Zahlt der Darlehensnehmer nach einer solchen Kündigung den geschuldeten Betrag nicht innerhalb von zwei Wochen zurück, gilt

seine nach § 489 ausgesprochene Kündigung als nicht erfolgt (§ 489 III). § 489 kann nicht zum Nachteil des Darlehensnehmers abbedungen werden (§ 489 IV 1; Ausnahme: Satz 2).

6. Die außerordentliche Kündigung des Darlehensvertrags

In § 490 ist sowohl für den Darlehensgeber als auch für den Darlehensnehmer das Recht zur außerordentlichen Kündigung des Darlehensvertrags vorgesehen. 30

a) Fristlose Kündigung des Darlehensgebers. Der Darlehensgeber hat gem. § 490 I das Recht, den Darlehensvertrag fristlos, nämlich ohne Beachtung der in § 489 genannten Fristen, zu kündigen. Voraussetzung ist, dass in den Vermögensverhältnissen des Darlehensnehmers oder in der Werthaltigkeit einer für das Darlehen gestellten Sicherheit eine so wesentliche Verschlechterung eintritt oder einzutreten droht, dass der Rückzahlungsanspruch gefährdet wird. Indizien dafür können etwa verzögerte Rückzahlungen oder Zwangsvollstreckungen gegen den Darlehensnehmer sein. Der Darlehensgeber muss dabei den Eintritt der genannten Verschlechterungen nicht abwarten. Er kann daher bereits kündigen, wenn sich die Verschlechterung und die daraus folgende Gefährdung der Rückzahlung des Darlehens abzeichnet; denn Sinn des Rechts zur fristlosen Kündigung ist es gerade, den Darlehensgeber davor zu bewahren, durch die Insolvenz des Darlehensnehmers einen Vermögensverlust zu erleiden.

Die Verschlechterung der Vermögensverhältnisse oder der Werthaltigkeit der Sicherung muss aber **nach Vertragsschluss** eintreten. Unter dieser Voraussetzung kann der Darlehensgeber den Darlehensvertrag **vor Auszahlung des Darlehens** stets fristlos kündigen. Ihm ist nämlich eine Auszahlung des Darlehens nicht zuzumuten, wenn er weiß, dass er es vom Darlehensnehmer nicht mehr zurückerhalten wird. **Nach Auszahlung** besteht ein solches fristloses Kündigungsrecht des Darlehensgebers nur „in der Regel". Es ist immer eine Gesamtwürdigung der jeweiligen Kündigungssituation erforderlich, die auch die Belange des Darlehensnehmers berücksichtigen muss. So kann es dem Darlehensgeber im Einzelfall zumutbar sein, dem Darlehensnehmer die Darlehenssumme jedenfalls noch für eine vorübergehende Zeit zu belassen. Ein solcher Fall liegt zB vor, wenn sich die Vermögenssituation des Darlehensnehmers erst durch die Rückführung des Darlehensbetrags in einer Summe so verschlechtern würde, dass die Gefahr der Insolvenz bestünde, während dem Darlehensnehmer bei Belassen des Darlehens eine ratenweise Rückführung möglich wäre. 31

b) Außerordentliche Kündigung des Darlehensnehmers. Der Darlehensnehmer kann nach § 490 II 1 einen Darlehensvertrag mit 32 gebundenem Sollzinssatz und grundpfandrechtlicher Sicherung außerordentlich kündigen, wenn „seine berechtigten Interessen dies gebieten". Das ist insbesondere der Fall, wenn der Darlehensnehmer ein Bedürfnis nach einer anderweitigen Verwertung des beliehenen Objektes hat (§ 490 II 2). Auf den Beweggrund hierfür kommt es nicht an.

Ein außerordentliches Kündigungsrecht besteht daher bei einem Verkauf aus privaten Gründen (zB Ehescheidung, Krankheit, Arbeitslosigkeit, Überschuldung, Umzug – **Fall e)** ebenso wie bei der Wahrnehmung einer günstigen Verkaufsgelegenheit.

33 Liegt ein berechtigtes Interesse vor, kann der Darlehensnehmer den Darlehensvertrag frühestens sechs Monate nach dem vollständigen Empfang des Darlehens unter Einhaltung einer Kündigungsfrist von drei Monaten kündigen (§ 490 II 1 iVm § 488 III 2). § 490 II regelt also eine außerordentliche, aber trotzdem fristgebundene Kündigung.

34 Im Falle einer solchen Kündigung steht dem Darlehensgeber ein gesetzlicher Anspruch auf Ersatz des Schadens zu, der ihm aus der vorzeitigen Kündigung entsteht (sog. **Vorfälligkeitsentschädigung**; vgl. § 490 II 3).

35 **c) Weitere Möglichkeiten der außerordentlichen Kündigung.** Das Recht zur außerordentlichen Kündigung ist in § 490 nicht abschließend geregelt. Das ergibt sich aus § 490 III, wonach die Vorschriften der §§ 313 und 314 unberührt bleiben. Nach § 314 kann jede Vertragspartei außerordentlich kündigen, wenn ein sonstiger (nicht schon von § 490 erfasster) wichtiger Grund vorliegt.

Beispiel: Endgültige Zerstörung des Vertrauensverhältnisses durch Begehung einer Straftat gegenüber der anderen Vertragspartei.

Nach § 313 III 2 kommt schließlich auch eine fristlose Kündigung wegen Störung der Geschäftsgrundlage in Betracht.

IV. Verbraucherdarlehensvertrag

36 **Schrifttum:** *Ady/Paetz*, Die Umsetzung der Verbraucherkreditrichtlinie in deutsches Recht und besondere verbraucherpolitische Aspekte, WM 2009, 1061; *Buck-Heeb*, Rechtsfolgen fehlender oder fehlerhafter Kreditwürdigkeitsprüfung, NJW 2016, 2065; *Bülow*, Verbraucherkreditrecht im BGB, NJW 2002, 1145; *ders.*, Neues Verbraucherkreditrecht in Etappen, NJW 2010, 1713; *Dawirs*, Widerrufsrecht bei Verbraucherdarlehen – Ausschluss

auch bei laufenden Verträgen und Sonderwissen des Darlehensnehmers?, NJW 2016, 439; *Derleder*, Die vollharmonisierende Europäisierung des Rechts der Zahlungsdienste und des Verbraucherkredits, NJW 2009, 3195; *Duchstein*, Die Verwirkung des Widerrufsrechts bei Verbraucherdarlehen, NJW 2015, 1409; *Feldhusen*, Kündigungsjoker bei Immobiliar-Verbraucherdarlehen?, NJW 2017, 1905; *Gsell/Schellhase*, Vollharmonisiertes Verbraucherkreditrecht – ein Vorbild für die weitere europäische Angleichung des Verbraucherkreditrechts?, JZ 2009, 20; *Janal/Marschner*, Fälle zum Verbraucherdarlehensrecht, JURA 2017, 367; *Knops/Martens*, Darlehenswiderruf bei Mehrheit von Kreditnehmern, Kreditverträgen und Widerrufsrechten, WM 2015, 2025; *Metz*, Erläuterungspflichten bei Verbraucherkrediten, NJW 2012, 1990; *Omlor*, Neuregelung der Finanzierung von Wohnimmobilien, NJW 2017, 1633; *ders.*, Erlöschen des „ewigen" Widerrufsrechts bei Immobiliardarlehensverträgen, NJW 2016, 1265; *Piekenbrock/Ludwig*, Formalismus bei der Widerrufsinformation in Verbraucherdarlehensverträgen, WM 2012, 1409; *Protzen*, Keine Ausschlussfristen für das „ewige" Widerrufsrecht, NJW 2016, 3479; *Roth*, Heilung und Wirksamwerden von mit formnichtiger Vollmacht geschlossenen Verbraucherdarlehensverträgen, WM 2003, 2356; *Schnauder*, Der Kreditvertrag im Wandel der Zeit – Vom „bürgerlichen" Darlehensvertrag zum Verbraucherkreditvertrag, WM 2014, 783; *ders.*, Die Rückabwicklung eines Realkreditvertrags nach Verbraucherwiderruf, NJW 2015, 2689; *Servais*, Rechtsfolgen des Widerrufs eines Verbraucherdarlehens, NJW 2014, 3748; *Spitzer*, Das Gesetz zur Umsetzung der Wohnimmobilienkreditrichtlinie und zur Änderung handelsrechtlicher Vorschriften, MDR 2016, 425; *Stamenkovic/Michel*, Die geplante Neuregelung zum Inhalt und zur Durchsetzung der Kreditwürdigkeitsprüfung im deutschen Recht, VuR 2016, 132.

Die §§ 491 bis 505d enthalten besondere Regelungen zum sog. Verbraucherdarlehensvertrag. Ziel dieser Vorschriften ist die Sicherstellung eines Schutzes des Verbrauchers in seiner Rolle als Darlehensnehmer. Dieser Schutz darf nicht zum Nachteil des Darlehensnehmers abbedungen oder durch anderweitige Gestaltungen umgangen werden (§ 512).

Bis zum 31.12.2001 enthielt das BGB für die rechtliche Bewältigung aller Formen von Kreditgewährung der Banken, Bausparkassen und Privaten nur die §§ 607 ff., während die Besonderheiten des Verbraucherkredites im damaligen Verbraucherkreditgesetz (VerbrKrG) geregelt waren. Zwischen den §§ 607 ff. aF und dem VerbrKrG fehlte eine systematische Verbindung. Deshalb hat sich das Verbraucherkreditrecht mit der Zeit zu einem ausgesprochenen Sonderrecht entwickelt. Um zu verhindern, dass sich dieses Recht noch weiter vom allgemeinen Darlehensrecht entfernt, wurde das VerbrKrG durch das Schuldrechtsmodernisierungsgesetz in das BGB integriert. Die notwendige Umsetzung der Verbraucherkreditrichtlinie 2008/48/EG[21] führte mit

21 ABl. EU Nr. L 133, 66.

Wirkung zum 11.6.2010 zu zahlreichen Änderungen und Ergänzungen der Vorschriften über den Verbraucherkredit. Diese Änderungen innerhalb des BGB betrafen insbesondere die (vor)vertraglichen Informationspflichten, den Widerruf des Vertrags, die vorzeitige Rückzahlung des Darlehens und die dafür zu zahlende Entschädigung sowie die Kündigung des Darlehens. Sie bezweckten insbesondere die Schaffung eines echten Binnenmarktes und eines hohen Verbraucherschutzniveaus.[22] Durch Gesetz vom 20.9.2013[23] wurden zwecks Umsetzung der Verbraucherrechterichtlinie (2001/83/EU) die §§ 491 ff. mit Wirkung zum 13.6.2014 erneut geändert. Dabei handelt es sich durchgängig um Folgeänderungen, die wegen der Neuregelung des Verbraucherschutzes in den §§ 312 ff. erforderlich waren. Durch Gesetz zur Umsetzung der Wohnimmobilienkreditrichtlinie und zur Änderung handelsrechtlicher Vorschriften vom 11.3.2016[24] wurde die Unterscheidung zwischen Allgemein-Verbraucherdarlehensverträgen und Immobiliar-Verbraucherdarlehensverträgen eingeführt. Inhaltlich wurden neben einzelnen Änderungen vor allem ausführliche Regelungen zu vorvertraglichen Informationspflichten und zur Kreditwürdigkeitsprüfungspflicht des Darlehensgebers sowie zu den zivilrechtlichen Sanktionen einer Verletzung dieser Pflichten in das Gesetz eingefügt.

1. Anwendungsbereich der Vorschriften über Verbraucherdarlehensverträge

37 a) **Verbraucherdarlehensverträge.** Die §§ 491 bis 505d gelten für Verbraucherdarlehensverträge. Dazu gehören sowohl Allgemein-Verbraucherdarlehensverträge als auch Immobiliar-Verbraucherdarlehensverträge (§ 491 I 2). Ein Allgemein-Verbraucherdarlehensvertrag liegt vor, wenn ein entgeltlicher Darlehensvertrag zwischen einem Unternehmer (§ 14) als Darlehensgeber und einem Verbraucher (§ 13) als Darlehensnehmer geschlossen wird (§ 491 II 1). Immobiliar-Verbraucherdarlehensverträge sind solche entgeltlichen Darlehensverträge zwischen einem Unternehmer als Darlehensgeber und einem Verbraucher als Darlehensnehmer, die entweder durch ein Grundpfandrecht oder eine Reallast besichert sind oder (als unbesicherte Verträge) für den Erwerb oder die Erhaltung des Eigentums an Grundstücken oder Gebäuden bestimmt sind (Einzelheiten: § 491 III).

aa) Die §§ 491 ff. betreffen nur den **Gelddarlehensvertrag.** Das folgt schon aus der systematischen Stellung der Vorschriften hinter

22 BT-Drs. 16/11643, 66.
23 BGBl. I 3642.
24 BGBl. I 396.

den §§ 488ff. Nicht anwendbar sind diese verbraucherschützenden Regelungen auf den in den §§ 607ff. geregelten Sachdarlehensvertrag.

Auf den **Schuldbeitritt** zu einem Darlehensvertrag sind die §§ 491–505d entsprechend anwendbar; denn das Schutzbedürfnis des Beitretenden ist größer als das des Darlehensnehmers, weil der Beitretende trotz voller Mitverpflichtung keine Rechte gegen den Darlehensgeber erlangt.[25] Gleiches gilt für die **befreiende Schuldübernahme** (§§ 414f.) durch einen Verbraucher. – Keine Anwendung finden die §§ 491ff. aber auf die **Bestellung eines Grundpfandrechts** zwecks Sicherung eines Verbraucherdarlehens.[26] Für Immobiliar-Verbraucherdarlehensverträge gelten einzelne von den §§ 491ff. abweichende Besonderheiten (§ 497 IV). Zur Anwendbarkeit der §§ 491ff. auf eine **Bürgschaft**, wenn sich die zu sichernde Forderung aus einem Verbraucherdarlehensvertrag ergibt, → § 32 Rn. 15. 38

bb) Der **Darlehensgeber** muss **Unternehmer** sein. Diese Voraussetzung liegt vor, wenn er in Ausübung seiner gewerblichen oder selbständigen beruflichen Tätigkeit das Darlehen gewährt (vgl. § 14 I). Der **Darlehensnehmer** muss **Verbraucher** sein. Das ist jede natürliche Person, sofern sie den Darlehensvertrag nicht zu einem Zweck abschließt, der überwiegend ihrer gewerblichen oder selbständigen beruflichen Tätigkeit zugerechnet werden kann (vgl. § 13). 39

Nach hM zum früheren VerbrKrG ist Normadressat der verbraucherschützenden Vorschriften allerdings nicht nur eine einzelne natürliche Person, sondern auch eine Mehrzahl von natürlichen Personen, die sich zu einer Gesellschaft bürgerlichen Rechts zusammengeschlossen haben und in Verfolgung eines nicht kommerziellen Gesellschaftszwecks ein Darlehen aufnehmen.[27] Die Schutzwürdigkeit von Darlehensnehmern gehe nämlich nicht dadurch verloren, dass sie ein Darlehen gemeinsam aufnehmen und dabei auf gesellschaftsvertraglicher Grundlage einen gemeinsamen Zweck verfolgen. 40

Aus § 513 ergibt sich allerdings, dass der Anwendungsbereich der §§ 491ff. sich auch auf **Existenzgründerkredite** bis zu 75.000 Euro erstreckt. Existenzgründer sind natürliche Personen, die den Vertrag abschließen, um eine gewerbliche oder selbständige berufliche Tätigkeit aufzunehmen. Sie werden als ebenso schutzbedürftig angesehen wie Verbraucher. 41

Gibt jemand seinem Nachbarn ein Darlehen, so liegt kein Verbraucherdarlehensvertrag iSd §§ 491ff. vor, wenn er nicht in Ausübung seiner beruflichen 42

25 *Looschelders* SchuldR BT Rn. 365. Noch zum VerbrKrG: BGHZ 133, 71; 134, 94; *BGH* NJW 2000, 3496.
26 *BGH* NJW 1997, 1442.
27 *BGH* NJW 2001, 368 mwN; aA *Krebs* DB 2002, 517 sowie zur RiL 93/13/EWG des Rates vom 5.4.1993 *EuGH* DB 2002, 264.

Tätigkeit handelt. Diese Voraussetzung ist dagegen zu bejahen, wenn der Anwalt seinem Mandanten das Honorar stundet.

42a cc) Es muss sich um einen **entgeltlichen** Darlehensvertrag handeln. Der Darlehensnehmer muss sich also außer zur Rückzahlung des überlassenen Geldbetrags zu einer Gegenleistung verpflichten. Diese besteht in der Regel in der Zahlung von Zinsen (§ 488 I 2; → § 17 Rn. 20). Auf unentgeltliche Darlehensverträge zwischen einem Unternehmer und einem Verbraucher finden die §§ 491 ff. grundsätzlich keine Anwendung. In § 514 werden nur einzelne Regelungen für entsprechend anwendbar erklärt und dem Verbraucher wird ein Widerrufsrecht eingeräumt.

43 dd) **Ganz oder teilweise ausgeschlossen** ist die Anwendbarkeit der §§ 491a ff. in folgenden Fällen (vgl. § 491 II–IV):

(1) **Ganz ausgeschlossen** ist die Anwendbarkeit der §§ 491a ff. bei Bagatellfällen (Allgemein-Verbraucherdarlehen von weniger als 200 Euro, § 491 II 2 Nr. 1), bei Arbeitgeberkrediten mit niedrigeren als den marktüblichen Zinssätzen (§ 491 II 2 Nr. 4) sowie bei den zur Förderung des Wohnungswesens und des Städtebaus gewährten Darlehen öffentlich-rechtlicher Anstalten mit niedrigeren als den marktüblichen Zinsen (§ 491 II 2 Nr. 5). Hier fehlt es an einem Schutzbedürfnis des Darlehensnehmers. Ferner sind die §§ 491a ff. in zwei weiteren Fällen nicht anwendbar, nämlich erstens, wenn sich die Haftung des Darlehensnehmers auf eine dem Darlehensgeber zum Pfand überlassene Sache beschränkt (betrifft die Tätigkeit von sogenannten Leih- oder Pfandhäusern, § 491 II 2 Nr. 2), und zweitens bei zinsgünstigen Darlehen mit einer kurzen Laufzeit von bis zu drei Monaten (§ 491 II 2 Nr. 3).

44 (2) **Teilweise ausgeschlossen** ist die Anwendbarkeit der §§ 491a ff. nach § 491 III 2, 3, 4 und IV. Das betrifft Immobiliar-Verbraucherdarlehensverträge und solche Verbraucherdarlehensverträge, die in gerichtlichen Protokollen (zB Ratenvergleich zur Beendigung eines Zivilprozesses) oder gerichtlich festgestellten Vergleichen (§ 278 VI ZPO) mit bestimmten Mindestangaben enthalten sind. Bei den letztgenannten Darlehensverträgen ist die Beachtung der Formvorschriften der §§ 492 ff. und die Einräumung eines Widerrufsrechts nicht erforderlich; denn der Schutz des Darlehensnehmers ist schon durch die Mitwirkung des Gerichts sichergestellt.

45 **b) Zahlungsaufschub und sonstige Finanzierungshilfen.** Der Anwendungsbereich des vor dem 1.1.2002 geltenden VerbrKrG um-

fasste neben Darlehensverträgen auch Kredite in Form eines entgeltlichen Zahlungsaufschubes (Haupterscheinungsform: Teilzahlungsgeschäfte, vgl. §§ 506 III, 507) oder einer sonstigen entgeltlichen Finanzierungshilfe (dazu gehört auch das Finanzierungsleasing). Um diese Kreditformen besser vom Gelddarlehen und den dafür geltenden Regelungen unterscheiden zu können, sind sie seit dem 11.6.2010 in den §§ 506ff. (vorher §§ 499ff.) besonders geregelt. Die Vorschriften für das Verbraucherdarlehen finden jedoch auf diese Kreditformen im Grundsatz ebenfalls Anwendung (vgl. § 506 I). Einzelheiten: → § 18.

2. Vorvertragliche Informationspflichten

Seit dem 11.6.2010 gelten für den Darlehensgeber erhöhte vorvertragliche Informationspflichten. Hier lässt sich zwischen allgemeinen Informationspflichten bei Verbraucherdarlehensverträgen und solchen speziell bei Immobiliar-Verbraucherdarlehensverträgen unterscheiden. 45a

a) **Allgemeine vorvertragliche Informationspflichten.** Gem. § 491a I iVm Art. 247 § 1 EGBGB hat er den Darlehensnehmer rechtzeitig vor Abschluss eines Verbraucherdarlehensvertrags über zahlreiche Einzelheiten in Textform zu unterrichten. Dazu gehören neben den Angaben zum Darlehensgeber und zu den Hauptbedingungen des Vertrags unter anderem der Verzugszinssatz sowie sonstige Verzugskosten, Warnhinweise für den Fall ausbleibender Zahlungen, Angaben zu einem (nicht) bestehenden Widerrufsrecht und zu dem Recht auf vorzeitige Rückzahlung (vgl. Art. 247 § 3 EGBGB). Für diese Unterrichtung ist gem. Art. 247 § 2 II EGBGB in der Regel das Muster „Europäische Standardinformationen für Verbraucherkredite“ (Anlage 4 zu Art. 247 EGBGB) zu verwenden. Die genannten Informationen sollen es dem Verbraucher vor allem ermöglichen, einzelne Darlehensprodukte miteinander zu vergleichen und abzuwägen. 45b

Die vorvertraglichen Informationen gehören weitgehend auch zum notwendigen Inhalt des Vertrags (§ 492 I, II). Wenn dieser zwar wegen fehlender Angaben gem. § 494 I nichtig ist, der Formmangel aber gem. § 494 II durch Empfang des Darlehens durch den Verbraucher geheilt wird, kann die verbleibende vorvertragliche Verletzung der Informationspflicht einen Schadensersatzanspruch des Verbrauchers gem. § 311 II begründen. Dazu wird es allerdings selten kommen, weil die Verwendung des für die vorvertraglichen Informationen vorgesehenen Musters (Anlage 4 zu Art. 247 EGBGB) als Erfüllung der Informationspflichten nach § 491a gilt (Art. 247 § 2 IV 1 EGBGB).

45c Nach § 491a II 1, 2 kann der Darlehensnehmer, der grds. zum Vertragsschluss bereit ist, vom Darlehensgeber einen Entwurf des Verbraucherdarlehensvertrags verlangen. Ferner sieht § 491a III 1 die Pflicht des Darlehensgebers vor, dem Darlehensnehmer vor Vertragsschluss die einzelnen Vertragsbestimmungen angemessen zu **erläutern**. Dazu gehört auch ein Hinweis auf die finanziellen Belastungen, die aufgrund des Vertrags auf den Darlehensnehmer zukommen und möglicherweise nicht zu dessen Einkommens- und Vermögensverhältnissen passen, sowie auf mögliche andere Vertragsgestaltungen. Diese Erläuterung hat zum Ziel, dass der Darlehensnehmer anhand seiner Vermögensverhältnisse und des mit dem Vertrag verfolgten Zwecks einschätzen kann, ob der Vertrag für ihn nützlich ist oder nicht.[28] Die Erläuterungspflicht entwickelt sich inhaltlich zu einer Beratungspflicht und ist Bestandteil einer verantwortungsvollen Kreditvergabe.[29]

45d **b) Informationspflichten bei Immobiliar-Verbraucherdarlehensverträgen. Erhöhte vorvertragliche Informationspflichten** hat der Darlehensgeber **beim Immobiliar-Verbraucherdarlehensvertrag**. Wenn er ein Angebot oder einen bindenden Vorschlag für bestimmte Vertragsbestimmungen macht, muss er dem Darlehensnehmer anbieten, einen Vertragsentwurf auszuhändigen oder zu übermitteln; besteht kein Widerrufsrecht nach § 495, ist die Aushändigung oder Übermittlung verpflichtend (§ 491a II 3). Der Verbraucher soll sich frühzeitig ein Gesamtbild von dem Vertrag machen und weitere Beratungen einholen können. Falls im Zusammenhang mit einem Immobiliar-Verbraucherdarlehensvertrag Finanzprodukte oder -dienstleistungen im Paket angeboten werden, muss dem Darlehensnehmer erläutert werden, ob diese gesondert gekündigt werden können und welche Folgen die Kündigung hat (§ 491a III 3). Dem Verbraucher soll schon vor dem Vertragsschluss klar sein, inwiefern die zusätzlichen Produkte mit dem Darlehen verknüpft sind. § 491a IV regelt besondere vorvertragliche Pflichten des Darlehensgebers bei Immobiliarförderkrediten nach § 491 II 2 Nr. 5.

Nach § 511 I hat der Darlehensgeber den Darlehensnehmer über die sich aus Art. 247 § 18 EGBGB ergebenden Einzelheiten zu informieren, bevor er individuelle Empfehlungen zu einem oder mehreren Geschäften im Zusammenhang mit einem Immobiliar-Verbraucher-

28 BT-Drs. 16/11643, 79.
29 Vgl. *Derleder* NJW 2009, 3195 (3199).

darlehensvertrag erteilt. Diese individualisierten Informationen gehen über die allgemein gehaltenen nach 91a I iVm Art. 247 §§ 1, 5 EGBGB hinaus. Vor Erbringung der Beratungsleistung hat sich der Darlehensgeber über den Bedarf, die persönliche und finanzielle Situation sowie über die Präferenzen und Ziele des Darlehensnehmers zu informieren, soweit das für eine passende Empfehlung erforderlich ist (§ 511 II 1). Auf dieser Grundlage hat er dem Darlehensnehmer eines oder mehrere geeignete Produkte zu empfehlen oder ihn darauf hinzuweisen, dass er kein Produkt empfehlen kann (§ 511 III 1).

3. Form und Inhalt

a) Verbraucherdarlehensvertrag. Der Verbraucherdarlehensvertrag bedarf der schriftlichen Form (§ 492 I 1). Dieser Form ist nach § 492 I 2 genügt, wenn der Antrag und die Annahme des Verbraucherdarlehensvertrags durch die Parteien jeweils getrennt schriftlich erklärt werden. Die Erklärung des Darlehensgebers bedarf keiner Unterschrift, wenn sie mit Hilfe einer automatischen Einrichtung erstellt ist (§ 492 I 3 in Abweichung von § 126). Im **Fall f** ist das Schriftformerfordernis nicht gewahrt. 46

Die vom Darlehensnehmer zu unterzeichnende Vertragserklärung muss nach § 492 II iVm Art. 247 §§ 6–13 EGBGB neben den Angaben zum Darlehensgeber und zu den Hauptvertragsbedingungen **bestimmte Mindestangaben** enthalten wie etwa den Nettodarlehensbetrag (= den zur Auszahlung gelangenden Betrag), den Sollzinssatz, den (in § 6 PreisangabenVO definierten) effektiven Jahreszins, die Vertragslaufzeit, den Gesamtbetrag aller Teilzahlungen einschließlich Zinsen und Kosten sowie die zu bestellenden Sicherheiten. Fehlende oder unvollständige Angaben können nach Maßgabe des § 492 VI auch noch nach Vertragsschluss nachgeholt werden. 47

§ 492 gilt nicht bei **vereinbarten Überziehungsmöglichkeiten**, bei denen ein Kreditinstitut einem Darlehensnehmer das Recht einräumt, sein laufendes Konto in bestimmter Höhe zu überziehen und ihm dafür keine zusätzlichen Kosten, sondern nur Zinsen in Rechnung stellt. An die Stelle des Schriftformerfordernisses tritt eine Pflicht zur Information des Darlehensnehmers (Einzelheiten: § 504 I 1 iVm Art. 247 § 16 EGBGB). Bei einer **bloß geduldeten Kontoüberziehung** sind selbst diese Informationspflichten eingeschränkt (§ 505 I, II iVm Art. 247 § 17 EGBGB). 48

b) Vollmachtserteilung durch den Darlehensnehmer. Zudem gelten in Abweichung von § 167 II und im Gegensatz zur Rechtslage 49 vor der Schuldrechtsreform auch für eine Vollmacht, die ein Darlehensnehmer zum Abschluss eines Verbraucherdarlehensvertrags erteilt, die Regelungen über das Schriftformerfordernis und die erforderlichen Mindestangaben sowie die Berechnung des effektiven Jahreszinses vgl. § 492 IV 1). Durch diese Regelung soll er von einer übereilten Erteilung der Vollmacht, die letztlich auch zu einem übereilten Vertragsschluss führen kann, abgehalten werden. Ohne diese Erfordernisse wäre bei einer Stellvertretung nicht immer sichergestellt, dass der Darlehensnehmer im Zeitpunkt der Vollmachtserteilung Kenntnisse über die Mindestangaben hat.

Ausgenommen von diesem erweiterten Formzwang sind allerdings notariell beurkundete Vollmachten und Prozessvollmachten (§ 492 IV 2); andernfalls könnten Prozesse nicht mehr sinnvoll geführt und Vermögensverwaltungen nicht mehr effektiv durchgeführt werden.

50 c) **Rechtsfolgen von Formmängeln.** Für die Rechtsfolgen von Formmängeln bestimmt § 494:

aa) Ist die Schriftform nicht eingehalten oder fehlen bestimmte Mindestangaben, sind der **Verbraucherdarlehensvertrag** und die auf den Abschluss eines solchen Vertrags vom Verbraucher erteilte **Vollmacht nichtig** (§ 494 I).

Gleiches gilt für den Schuldbeitritt eines Verbrauchers zu einem Verbraucherdarlehensvertrag, wenn der Beitretende nicht über alle Darlehenskonditionen iSd § 492 II iVm Art. 247 §§ 6–13 EGBGB informiert wird.[30]

51 bb) Empfängt der Darlehensnehmer jedoch das Darlehen oder nimmt er es in Anspruch (zB Auszahlung der Darlehensvaluta durch den Darlehensgeber oder Vornahme von Überweisungen zu Lasten des Darlehenskontos durch den Darlehensnehmer), **wird der Vertrag gültig** (§ 494 II 1; **Fall f**). Da die Heilung nach dieser Vorschrift aber nur für den Verbraucherdarlehensvertrag gilt, bleibt eine einmal formwidrig vom Darlehensnehmer erteilte Vollmacht nichtig.

Wird der Verbraucherdarlehensvertrag gültig, ermäßigt sich der vereinbarte Sollzinssatz auf den gesetzlichen Zinssatz (§ 246), wenn die Angabe des Sollzinssatzes, des effektiven Jahreszinses oder des Gesamtbetrags fehlt (§ 494 II 2). Sofern der effektive Jahreszins zu niedrig angegeben wurde, vermindert sich der zugrunde gelegte Sollzinssatz gem. § 494 III. Fehlende Angaben im Vertrag haben weitere Rechtsfolgen. Unter anderem gilt: Nicht im Vertrag angegebene Kosten werden vom Darlehensnehmer nicht geschuldet

30 Noch zum VerbrKrG *BGH* NJW 2000, 3496.

(§ 494 IV 1). Fehlen Angaben zur Laufzeit oder zum Kündigungsrecht, ist der Darlehensnehmer jederzeit zur Kündigung berechtigt (§ 494 VI 1). Fehlen Angaben zu Sicherheiten, können solche nicht gefordert werden (§ 494 VI 2 mit Ausnahmeregelung).

4. Kreditwürdigkeitsprüfung

In den §§ 505a–505d, die erst durch Gesetz vom 11.3.2016[31] eingefügt wurden, ist die Pflicht des Darlehensgebers zur Prüfung der Kreditwürdigkeit des Darlehensnehmers bei Verbraucherdarlehensverträgen geregelt. 51a

a) Pflicht zur Prüfung der Kreditwürdigkeit. Die Prüfung hat vor dem Abschluss des Verbraucherdarlehensvertrags zu erfolgen (§ 505a I 1). Der Darlehensgeber darf den Verbraucherdarlehensvertrag nur abschließen, wenn beim Allgemein-Verbraucherdarlehen keine erheblichen Zweifel bestehen bzw. wenn es beim Immobilien-Verbraucherdarlehen wahrscheinlich ist, dass der Darlehensnehmer seinen Pflichten, die im Zusammenhang mit dem Darlehensvertrag stehen, vertragsgemäß nachkommen wird (§ 505a I 2). Allein die Kreditwürdigkeitsprüfung begründet keine weiteren Pflichten des Darlehensgebers; selbst bei positivem Ausgang hat der Darlehensnehmer keinen Anspruch auf Abschluss eines Darlehensvertrags. 51b

b) Grundlage und Durchführung der Kreditwürdigkeitsprüfung. Bei Allgemein-Verbraucherdarlehensverträgen kann die Kreditwürdigkeitsprüfung vorrangig auf Selbstauskünfte des Darlehensnehmers und subsidiär („erforderlichenfalls“) auf Fremdauskünfte solcher Stellen gestützt werden, die geschäftsmäßig personenbezogene Daten erheben, speichern, verändern oder nutzen, die zur Beurteilung der Kreditwürdigkeit verwendet werden dürfen (§ 505b I). Der Darlehensnehmer ist zur Mitwirkung bei der Kreditwürdigkeitsprüfung verpflichtet und muss die zur Beurteilung erforderlichen Informationen erteilen. Für Immobiliar-Verbraucherverträge ist der Umfang der Prüfung konkreter vorgegeben (§ 505b II). Auch hier kann der Darlehensgeber Auskünfte des Darlehensnehmers und externer Quellen verwerten. Dazu gehören auch die Auskünfte, die einem Darlehensvermittler erteilt wurden (Einzelheiten: § 505b III). Der Darlehensgeber muss das Verfahren der Kreditwürdigkeitsprü- 51c

31 Gesetz zur Umsetzung der Wohnimmobilienkreditrichtlinie und zur Änderung handelsrechtlicher Vorschriften, BGBl. I 396 (401 f.).

fung festlegen und mit den eingeholten Angaben dokumentieren und die Dokumente aufbewahren (§ 505b IV). Bei grundpfandrechtlich oder durch Reallasten besicherten Immobiliar-Verbraucherdarlehen ist der Darlehensgeber nach Maßgabe des § 505c verpflichtet, für eine fachlich kompetente objektive Bewertung der Immobilie zu sorgen. Zu den Kriterien und Methoden der Kreditwürdigkeitsprüfung können Leitlinien durch Rechtsverordnung festgelegt werden (§ 505e).

51d **c) Sanktionen bei Verstößen.** Für Verstöße des Darlehensgebers gegen seine Pflicht zur Kreditwürdigkeitsprüfung nach §§ 505a–505c sind in § 505d I folgende Sanktionen vorgesehen: Erstens ermäßigt sich ein vereinbarter gebundener oder veränderlicher Sollzins auf den marktüblichen Zins (§ 505d I 1). Zweitens kann der Darlehensnehmer das Darlehen jederzeit fristlos kündigen, ohne zu einer Vorfälligkeitsentschädigung verpflichtet zu sein (§ 505d I 3). Diese Sanktionen kommen allerdings nicht zur Anwendung, wenn bei ordnungsgemäßer Kreditwürdigkeitsprüfung der Vertrag hätte geschlossen werden dürfen (§ 505d I 5); dann fehlt es nämlich an der Kausalität zwischen der Pflichtverletzung des Darlehensgebers und dem Vertragsschluss. Hätte der Vertrag dagegen bei ordnungsgemäßer Kreditwürdigkeitsprüfung nicht geschlossen werden dürfen, stehen dem Darlehensgeber keine Ansprüche wegen Pflichtverletzung zu, wenn der Darlehensnehmer seine Vertragspflichten nicht vertragsgemäß erfüllen kann (§ 505d II). Eine nicht ordnungsgemäße Kreditwürdigkeitsprüfung wird nicht nach § 505d I, II sanktioniert, wenn sie darauf beruht, dass der Darlehensnehmer dem Darlehensgeber vorsätzlich oder grob fahrlässig Informationen unrichtig erteilt oder vorenthalten hat (§ 505d III).

5. Koppelungsverbot

51e Der Darlehensgeber darf den Abschluss eines Immobiliar-Verbraucherdarlehensvertrags nicht davon abhängig machen, dass der Darlehensnehmer oder ein Dritter weitere Finanzprodukte oder -dienstleistungen erwirbt (§ 492a I 1). Bei diesen weiteren Produkten und Dienstleistungen geht es etwa um Sparkonten, Wertpapierkäufe, Bausparverträge und Versicherungsverträge, die in der Praxis häufig zusammen mit dem Darlehensvertrag angeboten werden. Der Verbraucher soll durch dieses Koppelungsverbot vor Entscheidungen bewahrt werden, die für ihn nicht sachgerecht sind. Ein Verstoß gegen das Koppelungsverbot führt dazu, dass die Koppelungsgeschäfte nichtig sind, während die Wirksamkeit des Immobiliar-Verbraucherdarlehensvertrags davon unberührt bleibt (§ 492a II). Ausnahmen von dem Koppelungsverbot sind in § 492b geregelt.

6. Widerrufsrecht oder Bedenkzeit des Darlehensnehmers

Wegen der wirtschaftlichen und rechtlichen Tragweite des Vertrags 52
räumt § 495 I ebenso wie § 312g I dem Darlehensnehmer beim Verbraucherdarlehensvertrag ein Widerrufsrecht nach §§ 355, 356b, 356d ein. Dieses Recht muss binnen zwei Wochen ausgeübt werden (§ 355 II 1); Textform ist nicht mehr erforderlich.[32] Falls notwendige Angaben nach § 492 II iVm Art. 247 §§ 6–13 EGBGB erst nach Vertragsschluss nachgeholt werden (§ 492 VI 1), beträgt die Widerrufsfrist abweichend von §§ 495 I, 355 II 1 einen Monat (§ 356b II 3). Die Widerrufsfrist beginnt nicht vor dem Vertragsschluss (§ 355 II 2) und bevor der Darlehensgeber dem Darlehensnehmer eine Vertragsurkunde oder den schriftlichen Antrag des Darlehensnehmers mit den Pflichtangaben nach § 492 II iVm Art. 247 § 6 ff. EGBGB insbesondere zum Widerrufsrecht (Art. 247 § 6 II EGBGB) zur Verfügung gestellt hat (§ 356b II 1, 2), bei nachgeholten notwendigen Vertragsangaben also erst mit der Nachholung gem. § 492 VI. Um vor allem bei fehlerhaften Widerrufsbelehrungen ein „ewiges" Widerrufsrecht auszuschließen, bestimmt § 356b II 4, dass das Widerrufsrecht bei einem Immobiliar-Verbraucherdarlehensvertrag spätestens zwölf Monate und 14 Tage nach dem Vertragsschluss oder nach Aushändigung der für den Verbraucher bestimmten Vertragsurkunde (§ 356b I) erlischt, wenn diese Aushändigung nach dem Vertragsschluss erfolgt.

Diese Regelung gilt allerdings nur für Immobiliar-Verbraucherdarlehensverträge, die ab dem 21.3.2016 geschlossen wurden und werden. Das vorher bestehende „ewige" Widerrufsrecht bei nicht ordnungsgemäßer Widerrufsbelehrung endete für Altverträge, die zwischen dem 1.9.2002 und dem 10.6.2010 geschlossen wurden, spätestens am 21.6.2016 (Art. 229 § 38 III EGBGB). Für andere Altverträge gilt dagegen nach wie vor ein „ewiges" Widerrufsrecht, das nur unter den Voraussetzungen der Verwirkung, also bei illoyal verspäteter Ausübung, ausgeschlossen ist.[33]

Im **Fall f** kann die V den durch Heilung des Formmangels wirksam gewordenen Darlehensvertrag widerrufen. Wenn der Vertrag die nach Art. 247 § 6 II

---

32 BT-Drs. 17/12637, 62.
33 *BGH* NJW 2016, 3512 Rn. 31 ff.; 2016, 3518 Rn. 38 ff. (dazu *Timme* MDR 2016, 1366).

EGBGB erforderlichen Angaben enthält,[34] muss der Widerruf innerhalb von zwei Wochen erklärt werden (§ 355 II 1 iVm § 495 I).

52a Die **Rechtsfolgen des Widerrufs** ergeben sich aus §§ 355 III, 357a. Auf die Rücktrittsvorschriften (§§ 346 ff.) braucht anders als nach der bis zum 12.6.2014 geltenden Rechtslage nicht mehr zurückgegriffen zu werden. Nach §§ 355 III, 357a I sind die empfangenen Leistungen unverzüglich, spätestens nach 30 Tagen zurück zu gewähren. Die Pflicht des Verbraucherdarlehensnehmers zur Zahlung des vereinbarten Sollzinses für die Inanspruchnahme des Kredits bis zur Rückzahlung des Darlehens ist abschließend in § 357a III geregelt.

Im **Fall f** muss die V das empfangene Darlehen zurückzahlen (§ 355 III). Gem. § 357a III 1 muss sie auch die bis dahin angefallenen Sollzinsen zahlen.

52b Bei bestimmten **Immobiliar-Verbraucherdarlehensverträgen** hat der Verbraucher zwar kein Widerrufsrecht. Aber stattdessen ist ihm vor Vertragsschluss eine **Bedenkzeit** von mindestens sieben Tagen ab Aushändigung des Vertragsangebots einzuräumen (§ 495 III 1, 3). Während dieser Zeit kann der Verbraucher das Angebot prüfen, mit anderen Angeboten vergleichen und Rat einholen. Der Darlehensgeber ist bis zum Ablauf der Bedenkzeit an sein Angebot gebunden (§ 495 III 2). Bei der Bedenkzeit handelt es sich daher um eine Annahmefrist vergleichbar derjenigen nach § 148.

52c Bei **vereinbarten Überziehungsmöglichkeiten** in Verbraucherdarlehensverträgen mit kurzer Laufzeit oder jederzeitiger Kündigungsmöglichkeit des Darlehensgebers besteht das Widerrufsrecht nicht, wenn diese Kredite ohnehin jederzeit ohne zusätzliche Kosten zurückgezahlt werden können (§ 504 II).

52d **Unentgeltliche Darlehensverträge** werden zwar von den §§ 491 ff. und damit auch von § 495 nicht erfasst (→ Rn. 42a). Für sie ist aber in § 514 II ein eigenes Widerrufsrecht geregelt. Auch hier geht der Verbraucher nämlich finanzielle Verpflichtungen ein, so dass er durch ein Widerrufsrecht geschützt werden soll. Die Widerrufsfrist beginnt nicht, bevor der Unternehmer den Verbraucher gem. § 514 II 3 über dessen Widerrufsrecht unterrichtet hat (§ 356d S. 1). Das Widerrufsrecht erlischt spätestens nach 12 Monaten und 14 Tagen nach dem Vertragsschluss oder nach Erteilung der Widerrufsbelehrung (§ 356d S. 2).

34 Zu den Anforderungen an eine wirksame Widerrufsinformation für einen Verbraucherdarlehensvertrag *BGH* NJW 2016, 1881.

7. Informations- und Beratungspflichten des Darlehensgebers während des Vertragsverhältnisses

Die vorvertraglichen Informationspflichten des Darlehensgebers (→ Rn. 45a ff.) werden ergänzt durch zahlreiche **Informations- und Beratungspflichten während des Vertragsverhältnisses** (§ 493). Dazu gehört ua die Information, dass bei einem in Fremdwährung vereinbarten Immobiliar-Verbraucherdarlehen iSv § 503 I 1 unter bestimmten Voraussetzungen die Möglichkeit besteht, die Umwandlung des Darlehens in die Landeswährung des Darlehensnehmers zu verlangen (§§ 493 IV 2 Nr. 3, 503). Eine besondere Beratungspflicht des Darlehensgebers regelt § 504a. Sie gilt für den Fall, dass der Darlehensnehmer von einer ihm **eingeräumten Möglichkeit der Kontoüberziehung** über mehr als sechs Monate in Höhe eines Betrags von durchschnittlich über 75 % des vereinbarten Höchstbetrags Gebrauch macht. Dann muss der Darlehensgeber dem Darlehensnehmer (ggf. wiederholt, § 504a III) eine Beratung anbieten und ihn auf kostengünstigere Alternativen gegenüber der Kontoüberziehung sowie auf die Konsequenzen einer weiteren Kontoüberziehung hinweisen (§ 504a II). Entsprechendes gilt nach Maßgabe des § 505 II 2, 3 bei einer lediglich **geduldeten Kontoüberziehung**. **52e**

8. Einwendungen des Darlehensnehmers aus dem Verbraucherdarlehensvertrag

§ 496 I will den Verbraucher davor schützen, dass er durch eine Weiterübertragung der Darlehensrückzahlungsforderung Nachteile erleidet. Er soll seine Einwendungen aus dem Verbraucherdarlehensvertrag auch einem neuen Gläubiger entgegenhalten können. Ferner soll er davor geschützt werden, dass der Darlehensgeber oder ein anderer Rechte aus einem Wechsel oder Scheck geltend macht, ohne dass er – der Darlehensnehmer – Einwendungen aus dem Verbraucherdarlehensvertrag erheben kann (§ 496 III). **53**

a) Bei der Abtretung der Darlehensforderung. Bei der Abtretung einer Forderung ist der Schuldner in der Lage, dem neuen Gläubiger die Einwendungen entgegenzusetzen, die er gegen den alten Gläubiger hatte (§ 404). Er behält regelmäßig auch die Aufrechnungsmöglichkeit, die er gegen den alten Gläubiger hatte (§ 406). Auf diese Rechte kann der Schuldner grundsätzlich durch Vereinbarung verzichten. **54**

Jedoch ist eine solche Vereinbarung im Falle des Verbraucherdarlehensvertrags gem. § 496 I unwirksam. Deshalb verliert der Darlehensnehmer beim Gläubigerwegfall seine Rechte nicht. Er kann sie vielmehr auch dem neuen Gläubiger entgegenhalten.

55 **b) Bei Eingehung einer Wechselverbindlichkeit.** Das beim Verbraucherdarlehensvertrag geltende Verbot, den Darlehensnehmer zur Eingehung einer Wechselverbindlichkeit für die Ansprüche des Darlehensgebers zu verpflichten, (§ 496 III), beruht auf der Besonderheit von Wechselverbindlichkeiten. Ein Wechsel ist ein Wertpapier, das eine unbedingte Zahlungsanweisung des Ausstellers des Wechsels an den sog. Bezogenen (Zahlungspflichtigen) enthält, eine bestimmte Geldsumme an den sog. Wechselnehmer (Begünstigten) oder an dessen Order zu zahlen (vgl. Art. 1 WG). Der Wechselnehmer kann die Zahlungsforderung aus dem Wechsel nur durch dessen Vorlage beim Bezogenen geltend machen. Die Wechselforderung ist eine von dem zugrunde liegenden Kausalgeschäft (zB Kauf- oder Werkvertrag) unabhängige, abstrakte Forderung (vgl. Art. 17 WG). Sie besteht deshalb unabhängig von Mängeln des Kausalgeschäfts. Der Wechsel und damit die Zahlungsforderung aus dem Wechsel kann durch sog. Indossament übertragen werden (Art. 11 WG). Ist jemand eine Wechselverbindlichkeit eingegangen und will er gegenüber dem Anspruch aus dem Wechsel Einwendungen aus dem diesem zugrunde liegenden Geschäft (zB Mangel der Kaufsache) vorbringen, so ergeben sich für ihn Schwierigkeiten: Klagt der Gläubiger des Grundgeschäfts (zB Kaufvertrag) die Wechselforderung im Urkundenprozess (§§ 592ff. ZPO) ein, wird der Wechselschuldner die Einwendung wegen der Beschränkung der Beweismittel auf Urkunden und Parteivernehmung (§ 595 II ZPO) in aller Regel nicht mit Erfolg geltend machen können. Klagt ein anderer Wechselinhaber, also nicht der Gläubiger des Grundgeschäfts, ist die Einwendung wegen der Abstraktheit der Wechselforderung nur dann erheblich, wenn er beim Erwerb des Wechsels bewusst zum Nachteil des Schuldners gehandelt hat (vgl. Art. 17 WG).[35]

Wegen dieser Nachteile für den Darlehensnehmer darf dieser nicht verpflichtet werden, für Ansprüche des Darlehensgebers aus dem Verbraucherdarlehensvertrag eine Wechselverbindlichkeit einzugehen (§ 496 III 1). Wird eine solche dennoch verbotswidrig begründet, kann der Darlehensnehmer vom Darlehensgeber die Herausgabe des Wechsels und Ersatz des Schadens verlangen, der ihm aus einer Wechselbegebung entsteht (§ 496 III 3, 4).

35 *Brox/Henssler* HandelsR Rn. 555, 563.

c) Bei Eingehung einer Scheckverbindlichkeit. Bei einer Scheckverbindlichkeit können für den Darlehensnehmer ähnliche Nachteile entstehen. Deshalb bestimmt § 496 III 2 das Verbot, einen Scheck sicherungshalber entgegenzunehmen. Bei einem Verstoß besteht gem. § 496 III 3, 4 eine Herausgabe- und Schadensersatzpflicht. Jedoch wird dadurch die Zulässigkeit des Schecks als Zahlungsmittel nicht berührt. 56

9. Verzugszinsen

Beim Schuldnerverzug kann der Gläubiger Schadensersatz verlangen (§§ 280 II, 286). Wenn der Darlehensnehmer mit Zahlungen, die er aufgrund eines Verbraucherdarlehensvertrags schuldet, in Verzug kommt, ist der geschuldete Betrag mit fünf Prozentpunkten über dem Basiszinssatz (§ 247 I) zu verzinsen (§ 497 I iVm § 288 I); damit sollen die gewöhnlich anfallenden Refinanzierungskosten (Bundesbankdiskont zuzüglich 3 %) und der Bearbeitungsaufwand (2 %) des Darlehensgebers ausgeglichen werden. Da jedoch bei Immobiliar-Verbraucherdarlehensverträgen wegen der durch den Wert der Immobilie erhöhten Sicherheit die Refinanzierungskosten um durchschnittlich 2–3 % geringer sind als bei den Standarddarlehen, gilt für erstere ein pauschalierter Verzugszinssatz in Höhe von 2,5 Prozentpunkten über dem Basiszinssatz (§ 497 IV 1). Jedoch ist es in den Fällen von Satz 1 und 2 zulässig, dass im Einzelfall der Darlehensgeber einen höheren oder der Darlehensnehmer einen niedrigeren Schaden nachweist (§ 497 I 2). 57

Zur Entlastung des Darlehensnehmers (außer beim Immobiliar-Verbraucherdarlehen, § 497 IV 2) beschränkt § 497 II 2 den Ersatz des Verzugsschadens wegen rückständiger Zinsen, die nach Eintritt des Verzugs angefallen sind, auf den gesetzlichen Zinssatz von 4 % (§ 246). Damit diese besondere Berechnung auch tatsächlich durchgeführt wird, sind die genannten Zinsen auf einem gesonderten Konto zu verbuchen, und sie dürfen nicht in ein Kontokorrent[36] eingestellt werden (§ 497 II 1). 58

10. Tilgungsreihenfolge

Entgegen der Regelung des § 367, wonach eine Teilleistung zunächst auf die Kosten, dann auf die Zinsen und zuletzt auf die Hauptforderung anzurechnen ist, bestimmt § 497 III 1 (gilt nicht 59

36 Dazu *Brox/Henssler* HandelsR Rn. 336 ff.

beim Immobiliar-Verbraucherdarlehensvertrag, § 497 IV 2) eine andere Reihenfolge: Kosten der Rechtsverfolgung – Hauptforderung – Zinsen. Dadurch soll der Darlehensnehmer motiviert werden, durch frühere Tilgung der Hauptforderung seinen Schuldenberg abzutragen.

Dass nach dieser Regelung die Zinsen erst zuletzt getilgt werden, wird bei der Verjährung berücksichtigt. Die Verjährung der Ansprüche auf Rückzahlung des Darlehens und auf Zinsen ist vom Verzugseintritt an bis zur Titulierung iSd § 197 I Nr. 3 bis 5, längstens jedoch für zehn Jahre seit ihrer Entstehung gehemmt (§ 497 III 3). Titulierte Zinsansprüche verjähren erst in 30 Jahren (§ 497 III 4); für Ansprüche auf Rückzahlung des Darlehens bleibt es gem. § 197 II bei der regelmäßigen Verjährungsfrist von drei Jahren.

11. Kündigung des Verbraucherdarlehensvertrags

60 Für die Kündigung von Verbraucherdarlehensverträgen gelten folgende Regelungen:

a) **Kündigungsrecht des Darlehensgebers.** Eine Kündigung durch den Darlehensgeber muss auf einem dauerhaften Datenträger erfolgen (§ 492 V). Für die Frage, ob ein Recht zur Kündigung besteht, ist zwischen einer Kündigung wegen Zahlungsverzugs und einer vereinbarten Kündigung zu unterscheiden:

aa) **Wegen Zahlungsverzugs** kann der Darlehensgeber ein Teilzahlungsdarlehen (Verbraucherdarlehen, das in Teilzahlungen zu tilgen ist) nur unter folgenden Voraussetzungen kündigen (§ 498 I 1):

(1) Der Darlehensnehmer muss mit mindestens zwei aufeinanderfolgenden Teilzahlungen ganz oder teilweise und bei einer Vertragslaufzeit bis zu drei Jahren mindestens mit 10 % (bei einer Laufzeit des Vertrags von mehr als drei Jahren mit 5 %) des Nennbetrags des Darlehens oder des Teilzahlungspreises in Verzug sein.

Bei einem Immobiliar-Verbraucherdarlehensvertrag muss der Darlehensnehmer abweichend von diesen Werten mit mindestens 2,5 % des Nennbetrags des Darlehens in Verzug sein (§ 498 II).

61 (2) Der Darlehensgeber muss dem Darlehensnehmer erfolglos eine zweiwöchige Frist zur Zahlung des rückständigen Betrags mit der Androhung gesetzt haben, dass er bei Nichtzahlung innerhalb der Frist die gesamte Restschuld verlange (sog. Gesamtfälligstellung).

Außerdem soll er spätestens mit der Fristsetzung ein Gespräch über eine einverständliche Regelung anbieten (§ 498 I 2).

bb) Ein **vereinbartes Kündigungsrecht** des Darlehensgebers ist nur in ganz engen Grenzen möglich. Nach § 499 I ist die Vereinbarung in einem Allgemein-Verbraucherdarlehensvertrag über ein Kündigungsrecht unwirksam, wenn eine bestimmte Vertragslaufzeit vereinbart wurde oder bei einem unbefristeten Darlehen die Kündigungsfrist zwei Monate unterschreitet. 61a

cc) Allein **unvollständige Angaben des Darlehensnehmers** vor Vertragsschluss oder eine **nicht ordnungsgemäße Durchführung der Kreditwürdigkeitsprüfung** berechtigen den Darlehensgeber nicht zur Kündigung (§ 499 III 1). Etwas anderes gilt nur, wenn der Mangel der Kreditwürdigkeitsprüfung darauf beruht, dass der Darlehensnehmer wissentlich relevante Informationen vorenthalten oder gefälscht hat (§ 499 III 2). 61b

b) Kündigungsrecht des Darlehensnehmers. Der Verbraucher kann einen unbefristeten Allgemein-Verbraucherdarlehensvertrag ganz oder teilweise jederzeit kündigen (§ 500 I 1). Dabei darf eine gegebenenfalls vereinbarte Kündigungsfrist höchstens einen Monat betragen (§ 500 I 2). Er kann seine Verbindlichkeiten aus einem Verbraucherdarlehensvertrag jederzeit ganz oder teilweise vorzeitig zurückzahlen (§ 500 II 1). Bei einem Immobiliar-Verbraucherdarlehensvertrag mit gebundenem Sollzinssatz kann der Darlehensnehmer seine Verbindlichkeiten nur dann ganz oder teilweise vorzeitig erfüllen, wenn er daran (zB wegen eines berufsbedingten Umzugs in eine andere Stadt) ein berechtigtes Interesse hat (§ 500 II 2). 61c

Bei vorzeitiger Rückzahlung hat der Darlehensgeber unter den Voraussetzungen des § 502 I 1 einen Anspruch auf **Vorfälligkeitsentschädigung**. Das gilt grundsätzlich sowohl beim Allgemein- als auch beim Immobiliar-Verbraucherdarlehen mit gebundenem Sollzins. Im Einzelnen gibt es aber doch Unterschiede. Beim Allgemein-Verbraucherdarlehensvertrag setzt die Pflicht zur Vorfälligkeitsentschädigung voraus, dass der gebundene Sollzins bereits bei Vertragsschluss vereinbart wurde (§ 502 I 2). Außerdem ist die Entschädigung beim Allgemein-Verbraucherdarlehensvertrag in ihrer Höhe „gedeckelt" (§ 502 III Nr. 1, 2): Sie darf 1 % des vorzeitig zurückgezahlten Betrags nicht überschreiten. Falls der Zeitraum zwischen vorzeitiger und vereinbarter Rückzahlung ein Jahr nicht übersteigt, liegt die Höchstgrenze bei 0,5 % des vorzeitig gezahlten Betrags. Ferner darf der Betrag der Sollzinsen, den der Darlehensnehmer zwischen vorzeitiger und vereinbarter Rückzahlung entrichtet hätte, nicht überschritten werden. 61d

c) Rechtsfolgen einer Kündigung. Mit der Kündigung vermindern sich die Gesamtkosten um die Zinsen und sonstigen laufzeitab- 62 hängigen (= nicht verbrauchten) Darlehenskosten, die bei gestaffelter Berechnung auf die Zeit nach der Fälligkeit oder Erfüllung entfallen (§ 501).

Laufzeitunabhängige Leistungen (wie angefallene Bearbeitungsgebühren) sind also nicht erstattungsfähig.

Gelddarlehensvertrag §§ 488 ff.

I. Arten
1. verzinsliches Darlehen (§ 488 I 2)
2. zinsloses Darlehen (§ 488 III 3)

II. Hauptpflichten der Parteien
1. des Darlehensgebers (§ 488 I 1): Bereitstellung des Darlehensbetrags in der vereinbarten Höhe
2. des Darlehensnehmers (§ 488 I 2):
   a) Zinszahlungspflicht beim verzinslichen Darlehen
   b) Rückzahlungspflicht

III. Kündigung des Darlehensvertrags
1. Ordentliche Kündigung
   a) falls kein vereinbarter Rückzahlungszeitpunkt: jederzeit mit Kündigungsfrist von 3 Monaten (§ 488 III 1, 2)
   b) falls bestimmter Rückzahlungszeitpunkt vereinbart: nur durch den Darlehensnehmer unter den Voraussetzungen des § 489
2. Außerordentliche Kündigung
   a) durch den Darlehensgeber: bei Gefährdung des Rückzahlungsanspruchs insbesondere wegen Verschlechterung der Vermögensverhältnisse des Darlehensnehmers (§ 490 I)
   b) durch den Darlehensnehmer: bei berechtigten Interessen, zB Arbeitslosigkeit, Umzug (§ 490 II)
   c) durch beide Vertragsparteien: bei wichtigem Grund (§ 314) oder bei Störung der Geschäftsgrundlage (§ 313 III 2)

IV. Wichtigste Besonderheiten beim Verbraucherdarlehensvertrag (§§ 491–505d)
= entgeltlicher Darlehensvertrag zwischen einem Unternehmer (§ 14) als Darlehensgeber und einem Verbraucher (§ 13) als Darlehensnehmer

1. Arten
   a) Allgemein-Verbraucherdarlehensvertrag (§ 491 II 1)
   b) Immobiliar-Verbraucherdarlehensvertrag (§ 491 III)
2. Schriftform für den Verbraucherdarlehensvertrag und eine vom Darlehensnehmer ggf. erteilte Vollmacht (§ 492 I 1, IV 1) und Mindestinhalt (§ 492 II iVm Art. 247 §§ 6 ff. EGBGB)
   Rechtsfolgen bei Formmängeln: Nichtigkeit des Darlehensvertrags (§ 494 I) mit Heilungsmöglichkeit (§ 494 II)
3. Kreditwürdigkeitsprüfung (§§ 505a-505d)
   a) Pflicht zur Kreditwürdigkeitsprüfung vor Vertragsschluss (§ 505a)
   b) Durchführung der Kreditwürdigkeitsprüfung (§§ 505b, 505c)
   c) Sanktionen bei Verstößen (§ 505d): zB Recht des Darlehensnehmers zur außerordentlichen Kündigung ohne Verpflichtung zur Vorfälligkeitsentschädigung (§ 505d I 3)
4. Widerrufsrecht des Darlehensnehmers nach §§ 355, 356b, 356d (§ 495 I) oder Bedenkzeit vor Vertragsschluss von mindestens 7 Tagen bei bestimmten Immobiliar-Verbraucherdarlehensverträgen (§ 495 III 1)
5. Sonderregeln
   a) zur Höhe der Verzugsverzinsung bei Verzug des Darlehensnehmers beim Immobiliar-Verbraucherdarlehensvertrag (§ 497 IV ≠ § 288)
   b) zur Tilgungsreihenfolge (§ 497 III ≠ § 367)
   c) zur Kündigung des Verbraucherdarlehensvertrags
      aa) durch den Darlehensgeber (§§ 492 V, 498 I 1, 499)
      bb) durch den Darlehensnehmer (§§ 500, 502)
      cc) Rechtsfolge der Kündigung: Kostenermäßigung (§ 501)

V. Sachdarlehen

63 Das Sachdarlehen ist in den §§ 607–609 geregelt. Es hat kaum praktische Bedeutung.

1. Begründung des Sachdarlehensverhältnisses

Der Sachdarlehensvertrag ist wie der (Geld-)Darlehensvertrag ein Konsensualvertrag, bei dem sich die Parteien darüber einig sind, dass dem Darlehensnehmer die vereinbarten vertretbaren Sachen übereignet werden sollen und dieser nebst einem vereinbarten Entgelt bei Ende des Darlehens Sachen gleicher Art, Güte und Menge zurückzuerstatten hat (§ 607 I). Gegenstand eines Sachdarlehensvertrags können zB Wertpapiere (Aktien), Edelmetalle (Gold, Silber), Lebensmittel, Rohstoffe aber auch Mehrwegverpackungen sein.

2. Arten

64 Das Gesetz sieht als Regelfall die **entgeltliche** Überlassung von Sachen an (§ 607 I 2). Beim entgeltlichen Sachdarlehen handelt es sich um einen gegenseitigen Vertrag. Jedoch ist auch die Vereinbarung eines **unentgeltlichen** Sachdarlehensvertrags (zB das „Ausleihen" eines Kilos Zucker beim Nachbarn) zulässig (vgl. § 311 I). Beim unentgeltlichen Sachdarlehen handelt es sich nicht um einen gegenseitigen Vertrag iSd §§ 320ff.

3. Rechte und Pflichten der Vertragsparteien

65 **a) Pflichten des Darlehensgebers.** Der Darlehensgeber hat dem Darlehensnehmer die vereinbarte vertretbare Sache zu überlassen, dh zu übereignen und zeitweise zu belassen (§ 607 I 1).

66 **b) Pflichten des Darlehensnehmers.** Beim entgeltlichen Darlehen ist der Darlehensnehmer zur **Zahlung des vertraglichen Darlehensentgeltes** zum vereinbarten Zeitpunkt verpflichtet (§ 607 I 2). Fehlt bezüglich dieses Zeitpunktes eine Absprache, sieht § 609 als spätesten Fälligkeitszeitpunkt den Zeitpunkt der Rückerstattung der Sache vor.

Sowohl beim entgeltlichen als auch beim unentgeltlichen Darlehen hat der Darlehensnehmer bei Fälligkeit **Sachen von gleicher Art, Güte und Menge zurückzuerstatten** (§ 607 I 2). Dabei richtet sich die Fälligkeit primär nach der Vereinbarung der Parteien. Ist kein Zeitpunkt bestimmt worden, muss der Sachdarlehensvertrag zunächst von einer der Parteien gekündigt werden (§ 608 I).

4. Kündigung des Sachdarlehensvertrags

Unter welchen Voraussetzungen der Sachdarlehensvertrag gekündigt werden kann, richtet sich in erster Linie nach der Parteivereinbarung. Ist nichts vereinbart worden, haben die Parteien das Recht, einen auf unbestimmte Zeit abgeschlossenen Sachdarlehensvertrag jederzeit und fristlos zu kündigen (§ 608 II). 67

§ 18. Finanzierungshilfen und Ratenlieferungsverträge

Schrifttum: *Billing/Milsch*, Der Ratenkauf im Internet, NJW 2015, 2369; *Bülow*, Neues Verbraucherkreditrecht in Etappen, NJW 2010, 1713; *Herresthal*, Leistungsstörungen bei Sukzessivlieferungsverträgen, ZJS 2008, 1; *Limbach*, Die Subventionierung von Mobiltelefonen als sonstige entgeltliche Finanzierungshilfe gem. § 499 Abs. 1 BGB?, ZGS 2006, 332; *ders.*, Subventionierte Mobiltelefone: Ungeklärte Fragen des Widerrufs von Kauf- und Mobilfunkvertrag, ZGS 2009, 206; *ders.*, Der Widerruf subventionierender Mobilfunkverträge, NJW 2011, 3770; *Schwab*, Leistungsstörungen im Sukzessivlieferungsvertrag nach neuem Schuldrecht, ZGS 2003, 73. Siehe ferner die Nachweise zum Darlehensvertrag in → § 17. 1

Fall a: A bevollmächtigt den B mündlich zum Abschluss eines Finanzierungsleasingvertrags mit C. Als C von A die erste Rate verlangt, meint A, zur Vertragserfüllung nicht verpflichtet zu sein, da er dem B keine schriftliche Vollmacht erteilt habe. → Rn. 5

Fall b: K bestellt bei V aufgrund eines Verkaufsprospektes ein mehrbändiges Lexikon, das jeweils bei der Lieferung eines Bandes zu bezahlen ist. Weil schon der erste gelieferte Band nicht den Vorstellungen des K entspricht, verlangt er 12 Tage nach der Lieferung von V schriftlich die Rücknahme des Bandes. Einige Tage später weist V den K darauf hin, dass ein Widerruf des Vertrags nur durch Rücksendung des Bandes innerhalb von zwei Wochen nach Erhalt möglich gewesen wäre. Darüber sei K im Verkaufsprospekt deutlich informiert worden. → Rn. 21

I. Finanzierungshilfen

Finanzierungshilfen iSd §§ 506 ff. haben eine Kreditfunktion.

Sie waren deshalb in dem früheren VerbrKrG, das durch die Schuldrechtsreform in das BGB integriert wurde, zusammen mit dem Darlehen als entgeltliche Kreditverträge zwischen einem Unternehmer und einem Verbraucher geregelt. Um die Kreditform der Finanzierungshilfen besser von derjenigen des

Gelddarlehens unterscheiden zu können, wurden im Rahmen der Schuldrechtsreform für die Finanzierungshilfen eigene verbraucherschützende Vorschriften (§§ 499–504 aF) geschaffen. Die Umsetzung der Verbraucherkreditrichtlinie 2008/48/EG[1] führte mit Wirkung zum 11.6.2010 zu einer Verschiebung der Regelungen auf die §§ 506 ff. und zu einigen inhaltlichen Änderungen.

1. Begriff und gesetzliche Regelung

2 § 506 I unterscheidet zwischen dem Zahlungsaufschub und sonstigen Finanzierungshilfen. Auf beide Vertragsgestaltungen finden nach § 506 I grundsätzlich die wesentlichen Vorschriften über den Allgemein-Verbraucherdarlehensvertrag (→ § 17 Rn. 36 ff.) entsprechende Anwendung. Voraussetzung ist, dass es sich um einen **entgeltlichen** Vertrag zwischen einem Unternehmer (§ 14) und einem Verbraucher (§ 13) handelt. Unter Entgelt ist jede Art von Gegenleistung des Verbrauchers (Zinsen, Teilzahlungsaufschläge oder Finanzierungsbeiträge) zu verstehen. Auf **unentgeltliche** Finanzierungshilfen finden gem. § 515 nur § 514 und §§ 358–360 entsprechende Anwendung.

3 Die entsprechende Anwendung der Vorschriften über den Allgemein-Verbraucherdarlehensvertrag hat zur Folge, dass auch die dort genannten Ausnahmen von der Anwendbarkeit gelten (§ 506 IV iVm § 491 II 2 Nr. 1–5, III 2 und IV; → § 17 Rn. 42 ff.). Deshalb gilt zB die Bagatellgrenze (Barzahlungspreis von weniger als 200 Euro; § 491 II 2 Nr. 1) auch für Finanzierungshilfen.

4 **a) Zahlungsaufschub.** Unter einem Zahlungsaufschub ist grundsätzlich jede Vereinbarung zwischen dem Gläubiger und dem Schuldner einer Geldforderung zu verstehen, durch die die Fälligkeit der Forderung auf einen späteren als den (insbesondere in § 271) gesetzlich vorgesehenen Zeitpunkt hinausgeschoben wird. Ob der Zahlungsaufschub schon bei Vertragsschluss oder erst nachträglich vereinbart wird, ist unerheblich. Wichtigste Erscheinungsformen des Zahlungsaufschubes sind die Stundung sowie Teilzahlungsgeschäfte (§ 506 III), die allerdings nach §§ 507, 508 besonderen Regelungen unterworfen sind (→ Rn. 6 ff.).

5 **b) Sonstige Finanzierungshilfen.** Die sonstigen Finanzierungshilfen iSv § 506 I bilden einen Auffangtatbestand. Dieser soll es auch im Hinblick auf die künftige Entwicklung ermöglichen, verbraucherrelevante Erscheinungsformen eines Kredits, die sich weder beim Darle-

1 ABl. EU Nr. L 133, 66.

hensvertrag noch beim Zahlungsaufschub einordnen lassen, der verbraucherschützenden Vorschrift des § 506 I zu unterwerfen. Darunter fallen derzeit verschiedene Formen des Mietkaufes und vor allem Finanzierungsleasingverträge (→ § 15 Rn. 4). Als Finanzierungshilfen gelten auch entgeltliche Gebrauchsüberlassungsverträge zwischen einem Unternehmer und einem Verbraucher unter anderem dann, wenn vereinbart wird, dass der Verbraucher zum Erwerb des Gegenstandes verpflichtet ist (§ 506 II 1 Nr. 1).

2. Besondere Regelungen für Teilzahlungsgeschäfte

Die umfassende Verweisung des § 506 I auf das Verbraucherdarle- 6
hensrecht bezieht sich nicht auf Finanzierungshilfen in Form von Teilzahlungsgeschäften. Das sind Verträge, die die Lieferung einer bestimmten Sache oder die Erbringung einer bestimmten anderen Leistung gegen Teilzahlungen zum Gegenstand haben (§ 506 III). Teilzahlungsgeschäfte zeichnen sich also dadurch aus, dass die bei einem Beschaffungsvertrag (zB einem Kaufvertrag) zu erbringende Gegenleistung nur in Raten erbracht wird, mithin vom Unternehmer (zB dem Verkäufer) vorfinanziert wird. Nach § 507 I 1 sind nur einzelne Vorschriften über das Verbraucherdarlehen auf Teilzahlungsgeschäfte nicht anwendbar. Die §§ 507, 508 enthalten weitere Sonderregelungen, die überwiegend dem Schutz des Verbrauchers dienen.

a) Anwendbarkeit von Regelungen über das Verbraucherdarle- 7
hen. Es gilt grundsätzlich das **Schriftformerfordernis des § 492 I**. Bei Nichteinhaltung der Schriftform ist der Vertrag nichtig (§ 507 II 1). Die Formnichtigkeit wird geheilt, wenn dem Verbraucher die Sache übergeben oder die Leistung erbracht wird (§ 507 II 2).

Das Formerfordernis des § 492 I gilt gem. § 507 I 2 nicht bei **Teilzahlungsgeschäften im Fernabsatz** (§ 312b; → § 7 Rn. 41), also insbes. im Versandhandel, wenn folgende Voraussetzungen erfüllt sind: Der Verbraucher muss sein Angebot zum Vertragsschluss aufgrund eines Verkaufsprospekts oder eines vergleichbaren elektronischen Mediums (insbes. Internetseiten) abgeben. Aus diesem Prospekt oder vergleichbaren Medium müssen die nach § 507 I erforderlichen Angaben ersichtlich sein. Der Unternehmer muss dem Verbraucher den Vertragsinhalt spätestens unverzüglich nach Vertragsabschluss auf einem dauerhaften Datenträger mitteilen (§ 507 I 2 aE). Unter diesen Voraussetzungen ist der Vertrag auch ohne Einhaltung der Form des § 492 I wirksam.

Ferner steht dem Verbraucher auch beim Teilzahlungsgeschäft 8
gem. § 495 I iVm §§ 355, 357a das Recht zu, seine Willenserklärung

binnen zwei Wochen zu widerrufen.[2] Für den Anspruch des Unternehmers auf Verzugszinsen bei einer verspäteten Teilzahlung gilt § 497. Bei einem qualifizierten Zahlungsverzug (Verzug mit zwei Teilzahlungen und Rückstand in Höhe von 10 % des Barzahlungspreises) kann der Unternehmer nach erfolgloser Fristsetzung mit Kündigungsandrohung gem. § 498 I 1 Nr. 2 den Vertrag kündigen und die gesamte abgezinste Restschuld verlangen. Schließlich gilt auch § 496 über die Unwirksamkeit eines Einwendungsverzichts und über das Wechsel- und Scheckverbot.

9 **b) Mindestinhalt.** Die vom Verbraucher zu unterzeichnende Vertragserklärung muss gem. §§ 506 I, 492 II iVm Art. 247 §§ 6–13 EGBGB (vgl. §§ 506 III, 507) zum Zweck der Preisklarheit einen bestimmten Mindestinhalt haben. Angegeben sein müssen ua der Barzahlungspreis (Preis, den der Verbraucher bei einer einmaligen Zahlung zu entrichten hätte), der Gesamtbetrag (Art. 247 § 3 II EGBGB), Betrag, Zahl und Fälligkeit der einzelnen Teilzahlungen, der effektive Jahreszins, das einzuhaltende Verfahren bei Kündigungen sowie ein Hinweis auf das Bestehen oder Nichtbestehen eines Widerrufsrechts.

10 Fehlen bestimmte Mindestangaben, ist der Vertrag nichtig (§ 507 II 1). Der Mangel wird aber geheilt und das Teilzahlungsgeschäft damit gültig, wenn der Unternehmer dem Verbraucher die Sache übergibt oder die Leistung erbringt (§ 507 II 2).

Bei Nichtangabe des Gesamtbetrags oder des effektiven Jahreszinses ist der Barzahlungspreis höchstens mit dem gesetzlichen Zinssatz zu verzinsen (§ 507 II 3). Fehlt ein Barzahlungspreis, gilt im Zweifel der Marktpreis als Barzahlungspreis (§ 507 II 4). Sofern der effektive Jahreszins zu niedrig angegeben ist, vermindert sich der Gesamtbetrag entsprechend (§ 507 II 5). Beträgt zB der Gesamtbetrag 500 Euro und wurde der effektive Jahreszins mit 10 % angegeben, obwohl er bei richtiger Berechnung 12 % beträgt, wird der Gesamtbetrag um 2 % von 500 Euro = 10 Euro auf 490 Euro gekürzt.

11 Ein Barzahlungspreis und ein effektiver Jahreszins brauchen nicht angegeben zu werden, wenn der Unternehmer ausschließlich Teilzahlungsgeschäfte tätigt (§ 507 III 1). Grund: Wenn die Preiskalkulation ausschließlich an Teilzahlungen orientiert ist, wären die genannten Angaben fiktiv und für den Verbraucher ohne Informationsgehalt.

12 **c) Keine Ersetzung des Widerrufsrechts des Verbrauchers durch ein Rückgaberecht.** Nach § 508 I in seiner bis zum 12.6.2014 gelten-

---

2 Einzelheiten: *Brox/Walker* SchuldR AT § 19.

den Fassung konnte das Widerrufsrecht des Verbrauchers (§§ 506 I, 495 I iVm § 355) durch ein Rückgaberecht nach § 356 aF ersetzt werden. Dieses konnte nur durch Rücksendung der Sache auf Kosten und Gefahr des Unternehmers oder durch Rücknahmeverlangen ausgeübt werden (Einzelheiten: § 356 II aF). Diese Regelung ist mit Wirkung zum 13.6.2014 weggefallen.

d) Rücktrittsrecht des Unternehmers. Bei einem qualifizierten Zahlungsverzug des Verbrauchers kann der Unternehmer den Vertrag nicht nur nach § 498 I kündigen, sondern wahlweise gem. § 508 S. 1 auch vom Teilzahlungsgeschäft zurücktreten. Statt einer Fristsetzung mit Kündigungsandrohung ist in diesem Fall eine solche mit Rücktrittsandrohung erforderlich. Der Rücktritt führt anders als die Kündigung zu einer Rückabwicklung nach den §§ 346 ff.[3] Für diese Rückabwicklung enthält § 508 S. 3, 4 Sonderregelungen. Danach hat der Verbraucher dem Unternehmer die in Folge des Vertrags gemachten Aufwendungen zu ersetzen. Bei der Bemessung der Nutzungsvergütung ist auf die inzwischen eingetretene Wertminderung der Sache Rücksicht zu nehmen (sog. Entwertungszuschlag). 13

Nimmt der Unternehmer die gelieferte Sache wieder an sich, gilt das als Ausübung des Rücktrittsrechts. Allerdings tritt diese Rücktrittsfiktion nicht ein, wenn die Vertragsparteien sich darüber einigen, dass der Unternehmer dem Verbraucher den gewöhnlichen Verkaufswert der Sache zum Zeitpunkt der Wegnahme vergütet (§ 508 S. 5).

e) Folgen vorzeitiger Zahlung. Bei vorzeitiger Zahlung vermindern sich gem. §§ 506 I, 501 die Gesamtkosten um die Zinsen und sonstigen laufzeitabhängigen Kosten, die bei staffelmäßiger Berechnung auf die Zeit nach der Fälligkeit oder Erfüllung entfallen. 14

3. Kreditwürdigkeitsprüfung

§ 506 I 1 erklärt auch die §§ 505a–505e für entsprechend anwendbar. Deshalb ist die dort geregelte Kreditwürdigkeitsprüfung vor Abschluss eines Vertrags über einen entgeltlichen Zahlungsaufschub oder eine sonstige entgeltliche Finanzierungshilfe durchzuführen. Diese Kreditwürdigkeitsprüfung ist durch Gesetz vom 11.3.2016[4] an die früher in § 509 aF nur für Finanzierungshilfen geregelte Bonitätsprüfung getreten. 14a

---

3 *Brox/Walker* SchuldR AT § 18 Rn. 15 ff.
4 BGBl. I 396.

II. Ratenlieferungsverträge

15 Ratenlieferungsverträge unterscheiden sich von Teilzahlungsgeschäften dadurch, dass der Unternehmer bei solchen Verträgen keine Vorleistung erbringt. Die Ware wird vielmehr sofort nach jeder Lieferung vom Verbraucher bezahlt. Deshalb handelt es sich bei den Ratenlieferungsverträgen nicht um eine Form der Kreditvergabe. Trotzdem ist der Verbraucher auch hier besonders schutzwürdig, da der Abschluss von Ratenlieferungsverträgen mitunter zu einer langfristigen Bindung führt und den Verbraucher mit laufenden Zahlungsverpflichtungen belastet. Diese sind für ihn bei Abschluss des Vertrags oft nur schwer zu übersehen, weil sie erst in der Zukunft zu entrichten sind. Den Schutz des Verbrauchers gewährt § 510.[5]

1. Erfasste Verträge

16 § 510 I 1 definiert drei Arten von Ratenlieferungsverträgen, bei denen der besondere Verbraucherschutz des § 505 eingreift. Alle Arten werden von dieser Vorschrift nur dann erfasst, wenn sie entgeltlich sind, zwischen einem Unternehmer (§ 14) und einem Verbraucher (§ 13) geschlossen sind und wenn die in § 491 II–IV für Verbraucherdarlehensverträge normierten Ausnahmen (insbesondere die Bagatellgrenze von 200 Euro) nicht eingreifen.

17 **a) Verträge über die Lieferung von Teilleistungen.** Nr. 1 nennt Verträge über die Lieferung mehrerer als **zusammengehörend** verkaufter Sachen in Teilleistungen, bei denen das Entgelt für die Gesamtheit der Sachen in Teilzahlungen zu entrichten ist. Bei diesen Verträgen ist zwar der Umfang der Vertragspflichten wie bei anderen Schuldverhältnissen von Anfang an festgelegt, aber die Auslieferung und die Bezahlung weicht vom Regelfall (§§ 266, 271) ab. Sowohl der Verbraucher als auch der Unternehmer erfüllen ihre Verpflichtungen in mehreren Raten.

Beispiele: Bestellung eines mehrbändigen Lexikons, das jeweils bei der Lieferung eines Bandes zu bezahlen ist (Fall b); Lieferung von Sprachkursmaterialien, die zB aus Buch-Box, Kassetten und Übungsheft bestehen; Lieferung von genormten Bauteilen für den Eigenbau eines Wohnhauses nach Baufortschritt (sog. Bausatzvertrag).

5 Zum Zweck der Vorschrift (noch zu § 505 aF/§ 2 VerbrKrG) *BGH* NJW 2003, 1932 (1933).

Vertragsgestaltungen, bei denen der Unternehmer Teilleistungen erbringt, der Verbraucher jedoch das vereinbarte Entgelt in einer Gesamtsumme als Einmalzahlung zu entrichten hat, fallen nicht unter § 510 I 1 Nr. 1. Soll die Einmalzahlung erst nach der letzten Teillieferung erfolgen, kann aber ein Zahlungsaufschub iSv § 506 (→ Rn. 4) gegeben sein.

b) Verträge über die regelmäßige Lieferung von Sachen gleicher Art. Nach Nr. 2 gehören zu den Ratenlieferungsverträgen ferner Verträge über die **regelmäßige** Lieferung von **Sachen gleicher Art**. Sie erfordern im Gegensatz zu den unter Nr. 1 fallenden Verträgen **keine Zusammengehörigkeit** der in Teilleistungen zu liefernden Waren. Wenn deren Gesamtumfang feststeht, handelt es sich um Teillieferungsverträge, andernfalls um Sukzessivlieferungsverträge. Diese bilden den Hauptanwendungsfall der Nr. 2. Bei ihnen wird ein regelmäßig neu entstehendes Bedürfnis des Verbrauchers durch wiederholte Lieferungen befriedigt. 18

Sukzessivlieferungsverträge fallen jedoch nur dann unter die Nr. 2, wenn das Entgelt des Verbrauchers in Teilzahlungen zu erbringen ist.[6] Zwar ist im Gesetzeswortlaut im Unterschied zu Nr. 1 eine Verpflichtung zur Entrichtung des Entgelts in Teilleistungen nicht erwähnt. Jedoch besteht bei einer feststehenden Einmalzahlung die Gefahr eines übereilten Vertragsschlusses nicht in gleichem Maße wie bei Gegenleistungen, die auf eine längere Vertragslaufzeit verteilt werden. Aus diesem Grund ist der engen Auslegung der Nr. 2 der Vorzug zu geben.[7] 19

Beispiele zu Nr. 2: Abonnementverträge über Zeitungen oder Zeitschriften; Verträge über die regelmäßige Lieferung von Lebensmitteln ohne jeweils gesonderte Bestellung (zB Milchlieferungsverträge). Nicht erfasst werden dagegen Pay-TV-Abonnementverträge; denn hier werden keine Sachen gleicher Art geliefert, sondern Dienstleistungen in Form von Programmangeboten erbracht.[8]

c) Verträge mit wiederkehrender Erwerbs- oder Bezugsverpflichtung. Schließlich gehören nach Nr. 3 auch Verträge mit wiederkehrender Erwerbs- oder Bezugsverpflichtung von Sachen zu den Ratenlieferungsverträgen. Da es hierbei weder auf die Zusammengehörigkeit der verkauften Sachen (Nr. 1) noch auf die Regelmäßigkeit 20

---

6 **AA** Palandt/*Weidenkaff* BGB § 510 Rn. 3.
7 Vgl. noch zum VerbrKrG *BGH* NJW-RR 1990, 562 u. 1046; MüKoBGB/*Schürnbrand* § 510 Rn. 20.
8 *BGH* NJW 2003, 1932 ff., auch gegen eine analoge Anwendung des damaligen § 505 I Nr. 2.

der Lieferung und die Gleichartigkeit der Sachen (Nr. 2) ankommt, ist die Nr. 3 ein Auffangtatbestand. Er umfasst zB auch diejenigen Sukzessivlieferungsverträge, die einen wechselnden (d. h. nicht regelmäßigen) Bedarf des Verbrauchers betreffen oder nicht gleichartige Lieferungen zum Gegenstand haben. Den Hauptanwendungsbereich der Nr. 3 bilden Rahmenverträge. Sie binden den Verbraucher zur Deckung seines Bedarfs an einen bestimmten Lieferanten. Inhalt des Rahmenvertrags ist die Verpflichtung der Vertragsparteien, über die im Vertrag nach Art und Preis eingegrenzten Waren künftig einzelne Lieferverträge zu schließen. Umfang und Zeitpunkt der einzelnen Lieferungen werden dann durch Einzelverträge festgelegt. Auch die Nr. 3 erfasst wie die Nr. 2 nur Verträge, die die Errichtung des vom Verbraucher zu leistenden Entgeltes in Teilzahlungen vorsehen.[9]

Beispiele zu Nr. 3: Mitgliedschaft des Verbrauchers in einem Buchclub (zB mit Mindestabnahmepflicht von einem Buch pro Quartal). – Bierlieferungs- und sonstige Getränkebezugsverträge, insbesondere von Gastwirten mit Brauereien oder anderen Getränkelieferanten, sofern diese Bezugsverpflichtung für die Aufnahme einer gewerblichen Tätigkeit bestimmt ist und der Barzahlungspreis 75.000 Euro nicht übersteigt; zwar ist der Gastwirt kein Verbraucher, aber nach § 513 ist § 510 auch auf Existenzgründer anwendbar.

2. Regelungen zum Schutz des Verbrauchers

21 Zum Schutz des Verbrauchers bei Ratenlieferungsverträgen enthält § 510 drei Regelungen:

a) Widerrufsrecht des Verbrauchers. Dem Verbraucher steht bei solchen Ratenlieferungsverträgen, die im Fernabsatz oder außerhalb von Geschäftsräumen geschlossen werden, ein Widerrufsrecht zu, mit dem er sich von seiner auf den Abschluss des Vertrags gerichteten Willenserklärung lösen kann (§§ 312g, 355, 356). Aber auch für solche Verträge, die weder im Fernabsatz noch außerhalb von Geschäftsräumen geschlossen wurden, räumt § 510 II dem Verbraucher ein Widerrufsrecht nach § 355 ein (Ausnahmen: § 510 III iVm § 491 II 2 Nr. 1–5, III 2 und IV). In diesem Fall beginnt die Widerrufsfrist nicht bevor der Unternehmer den Verbraucher über sein Widerrufsrecht informiert hat (§ 356c). Für die Rechtsfolgen des Widerrufs gilt die Sonderregelung des § 357c.

9 Staudinger/*Kessal-Wulf* § 505 Rn. 19.

b) Formerfordernisse. Für den Ratenlieferungsvertrag gilt gem. § 510 I 1 das **Schriftformerfordernis** (§ 126). Ebenso wie bei den Verbraucherdarlehensverträgen ist ein Vertragsabschluss auch in elektronischer Form möglich (§ 126 III iVm § 126a), da § 510 eine solche Form nicht ausschließt. 22

Die genannten Formerfordernisse gelten jedoch gem. § 510 I 2 nicht, wenn dem Verbraucher die Möglichkeit verschafft wird, die Vertragsbestimmungen einschließlich der AGB bei Vertragsschluss abzurufen und in wiedergabefähiger Form zu speichern. Wichtig ist diese Regelung vor allem bei Vertragsabschlüssen über das Internet.

c) Mitteilung des Vertragsinhalts. Gem. § 510 I 3 ist der Unternehmer verpflichtet, dem Verbraucher den Vertragsinhalt in Textform (§ 126b) mitzuteilen. Diese Mitteilung ist zwar keine Wirksamkeitsvoraussetzung des Ratenlieferungsvertrags. Jedoch beginnt bei solchen Ratenlieferungsverträgen, die im Fernabsatz oder außerhalb von Geschäftsräumen geschlossen werden, nach § 356 III die zweiwöchige Widerrufsfrist des § 355 II 1 nicht zu laufen, bevor der Unternehmer den Verbraucher gem. Art. 246b § 2 I EGBGB über die Vertragsbestimmungen auf einem dauerhaften Datenträger unterrichtet hat. 23

3. Kapitel. Dienstvertrag und Behandlungsvertrag

§ 19. Dienstvertrag und seine Begründung

1 **Schrifttum:** *Adomeit*, Der Dienstvertrag des BGB und die Entwicklung zum Arbeitsrecht, NJW 1996, 1710; *Riesenhuber*, Auslegung und Dogmatik von § 611a BGB, JuS 2018, 103; *Rückert*, Unmöglichkeit und Annahmeverzug im Dienst- und Arbeitsvertrag, ZfA 1983, 1; *Schiemann*, Der freie Dienstvertrag, JuS 1983, 649; *Tillmanns*, Strukturfragen des Dienstvertrags, 2007; *Wendehorst*, Das Vertragsrecht der Dienstleistungen im deutschen und künftigen europäischen Recht, AcP 206 (2006), 205; *Wietfeld*, Die Rolle von Verkehrssicherungspflichten bei der Abgrenzung von Dienst- und Werkverträgen, NJW 2014, 1206.

Zum **Allgemeinen Gleichbehandlungsgesetz** (AGG): *Adomeit/Mohr*, Benachteiligung von Bewerbern (Beschäftigten) nach dem AGG als Anspruchsgrundlage für Entschädigung und Schadensersatz, NZA 2007, 179; *Kamanabrou*, Die arbeitsrechtlichen Vorschriften des Allgemeinen Gleichbehandlungsgesetzes, RdA 2006, 321; *Kania/Merten*, Auswahl und Einstellung von Arbeitnehmern unter Geltung des AGG, ZIP 2007, 8; *Wisskirchen/Bissels*, Das Fragerecht des Arbeitgebers bei Einstellung unter Berücksichtigung des AGG, NZA 2007, 169.

Zum **Arbeitsvertrag** siehe die Lehr- und Handbücher zum Arbeitsrecht.

Fall a: B bringt seinen Pkw zu dem Kraftfahrzeugmeister U, um einen Motorschaden beheben zu lassen. U betraut seinen Gesellen G mit der Reparatur. Trotz mehrstündiger Bemühungen kann G die Fehlerquelle nicht entdecken. U verlangt von B ein angemessenes Entgelt, G von U den vereinbarten Stundenlohn. → Rn. 10

Fall b: A bittet den stellenlosen B, ihm den Garten umzugraben. Nach getaner Arbeit verlangt B einen Stundenlohn von 10 Euro. A lehnt das ab, weil er ihm keinen Lohn versprochen habe. Falls aber sein Verhalten als Lohnzusage aufzufassen sei, fechte er vorsorglich wegen Irrtums an. → Rn. 19

Fall c: F stellt den N als Nachtwächter für sein Warenhaus ein. Nach acht Tagen erfährt er, dass N wegen Diebstahls und Straßenraubs vorbestraft ist. Er ficht den Vertrag an und verweigert jegliche Lohnzahlung. → Rn. 24

Fall d: A beschäftigt den B ausschließlich zu dem Zweck, gestohlenen Autos ein neues Aussehen zu verleihen. A will B anstatt der vereinbarten 20 Euro nur 10 Euro Stundenlohn zahlen. → Rn. 25

I. Begriff

Der Dienstvertrag ist ein gegenseitiger Vertrag, in dem sich der eine Teil (Dienstverpflichteter) zur Leistung der versprochenen Dienste und der andere (Dienstberechtigter) zur Gewährung der vereinbarten Vergütung verpflichtet (§ 611 I). Kennzeichnend für den Dienstvertrag ist also die Leistung von Diensten gegen Entgelt.

1. Dienste

Gegenstand des Dienstvertrags können Dienste jeder Art sein (§ 611 II). Es ist also gleichgültig, ob es sich um einmalige oder auf Dauer angelegte Tätigkeiten handelt. Auch kommt es nicht darauf an, ob die Dienste eigenverantwortlich, aufgrund besonderer Fachkenntnis, unselbständig oder in untergeordneter Stellung erbracht werden. 2

a) Freier Dienstvertrag. Hat der Verpflichtete die Tätigkeit selbständig und eigenverantwortlich auszuführen, so spricht man von sog. freien (unabhängigen) Dienstverträgen.

Beispiele: Tätigkeit des frei praktizierenden Rechtsanwalts oder Steuerberaters.

b) Arbeitsvertrag. Sind dagegen Dienste von gewisser Dauer in persönlicher und wirtschaftlicher Abhängigkeit zum Dienstberechtigten zu erbringen, so handelt es sich um einen **abhängigen Dienstvertrag.** Das ist der **Arbeitsvertrag** zwischen dem Arbeitgeber und dem Arbeitnehmer. 3

Unter welchen Voraussetzungen ein Dienstverpflichteter als Arbeitnehmer anzusehen ist, hat das Bundesarbeitsgericht in ständiger Rechtsprechung festgelegt.[1] Diese wurde mit Wirkung zum 1.4.2017 ohne inhaltliche Änderung in dem neu eingefügten **§ 611a** kodifiziert.[2] Nach § 611a S. 1 ist Arbeitnehmer, wer aufgrund eines privatrechtlichen Vertrags im Dienste eines anderen zur Leistung weisungsgebundener, fremdbestimmter Arbeit in persönlicher Abhängigkeit verpflichtet ist. Die Weisungsabhängigkeit kann sich aus Weisungen zum Inhalt, zur Durchführung, zur Zeit, zur Dauer oder zum Ort

---

1 ZB *BAG* NZA 2013, 1348 Rn. 16; 2012, 731 Rn. 13.
2 Zur Begründung der Einfügung des § 611a siehe BT-Drs. 18/9232, 12 (31 f.).

der Tätigkeit ergeben (S. 2). Für die Abgrenzung, ob es sich bei einem Vertragsverhältnis um einen selbständigen Dienstvertrag, einen Werkvertrag oder einen Arbeitsvertrag handelt, kommt es nicht auf die Bezeichnung des Vertrags und der Vertragsparteien an, sondern auf die tatsächliche Durchführung des Vertrags (S. 5).

Beispiele für Arbeitsverträge: Vertrag zwischen dem angestellten Busfahrer und der Stadtwerke AG, zwischen Assistenzarzt und Krankenhaus, zwischen einem in der Rechtsabteilung einer AG tätigen Anwalt und der Gesellschaft.

2. Vergütung

4 Zum Begriff des Dienstvertrags gehört ferner, dass dem Dienstverpflichteten als Gegenleistung für seine Dienste eine Vergütung gewährt werden soll (§ 611 I), die normalerweise in Geld besteht. Es kann aber auch eine andere Leistung, wie zB die Überlassung von Naturalien, vereinbart sein. Beim Arbeitsvertrag ist der Arbeitgeber zur Zahlung der vereinbarten Vergütung (§ 611a II) in Geld verpflichtet.

II. Bedeutung und gesetzliche Regelung

5 Der Dienstvertrag, vor allem aber der Arbeitsvertrag, ist für die meisten Menschen das weitaus wichtigste Rechtsgeschäft, weil sie regelmäßig aus der Verwertung ihrer Arbeitskraft ihren Lebens- und Familienunterhalt bestreiten müssen.

Das BGB behandelt den Dienstvertrag in den §§ 611 ff. als besonderen Schuldvertrag, für den – ebenso wie für andere Schuldverträge – im Grundsatz die Vertragsfreiheit gilt (→ Rn. 17). Mit der Vertragsfreiheit lässt sich aber nur dort ein ausgewogenes Verhältnis von Leistung und Gegenleistung erreichen, wo sich etwa gleich starke Partner gegenüberstehen. Das ist beim Arbeitsvertrag regelmäßig nicht der Fall, weil der Arbeitgeber im Allgemeinen wirtschaftlich stärker ist als der auf die Beschäftigung angewiesene Arbeitnehmer. Eine uneingeschränkte Geltung der Vertragsfreiheit würde es dem Arbeitgeber ermöglichen, nur für ihn günstige Vertragsbedingungen zu vereinbaren. Um das zu verhindern, hat der Gesetzgeber zum Schutz des Arbeitnehmers zahlreiche arbeitsrechtliche Gesetze erlassen, welche die Vertragsfreiheit einschränken (zB Jugendarbeitsschutzgesetz, Mutterschutzgesetz, Mindestlohngesetz). Eine Benachteiligung bei der Begründung und Durchführung des Arbeitsverhältnisses aus Gründen der Rasse oder wegen der ethnischen Herkunft, des Geschlechts, der Religion oder Weltanschauung, des Alters, einer Behinderung oder der sexuellen Identität soll durch die Vorschriften des AGG (→ Rn. 17) vermieden werden. Zudem wird der **Arbeitsvertrag als Verbrauchervertrag** eingeordnet.[3] Deshalb sind zugunsten des Arbeitnehmers auch die verbraucherschützenden Vorschriften wie zB § 310 III anwendbar. Danach gelten die vorformulierten Arbeitsbedingungen grundsätzlich als vom Unternehmer gestellt, und eine Inhaltskontrolle findet bei Formulararbeitsverträgen auch dann statt, wenn diese nur zur einmaligen Verwendung bestimmt sind.

Allerdings ist bei jeder Verbraucherschutzregelung zu prüfen, ob ihr Sinn und Zweck einer Anwendung auf Verträge mit Arbeitnehmern entgegensteht. Aus diesem Grund ist etwa ein Aufhebungsvertrag, den der Arbeitnehmer an seinem Arbeitsplatz außerhalb der Geschäftsräume des Arbeitgebers abschließt, möglicherweise nicht nach §§ 312b, 312g widerrufbar.[4] Zwar greift die Vorschrift nach ihrem Wortlaut ein; es kann aber bei einem Aufhebungsvertrag am Arbeitsplatz an der Überrumpelungssituation fehlen, die durch das Widerrufsrecht ausgeglichen werden soll.[5]

Die Stellung der Arbeitnehmer wird auch dadurch verstärkt, dass 6
Art. 9 III GG ihnen – ebenso wie den Arbeitgebern – das Recht gewährleistet, sich zu Koalitionen zusammenzuschließen. In ihrem Zusammenschluss zur Gewerkschaft bilden sie gegenüber den Arbeitgebern oder deren Verbänden ein Gegengewicht und sind so in der Lage, beim Abschluss von Tarifverträgen ihre Interessen zu wahren. Die im Tarifvertrag ausgehandelten Arbeitsbedingungen wirken wie ein Gesetz unmittelbar und zwingend auf das Arbeitsverhältnis der beiderseits Tarifgebundenen ein (§§ 1, 3, 4 TVG); sie können nicht zu Ungunsten des Arbeitnehmers im Einzelarbeitsvertrag abbedungen werden (§ 4 III TVG; sog. **Günstigkeitsprinzip**).

Ein weiterer wirksamer Schutz der Arbeitnehmer wird dadurch erreicht, 7
dass sie im Betrieb und Unternehmen bei bestimmten Fragen mitbestimmen können. Zu erwähnen sind hier das Betriebsverfassungsgesetz, das Mitbestimmungsgesetz, das Montan-Mitbestimmungsgesetz sowie das Mitbestimmungsergänzungsgesetz.[6]

Schon die genannten gesetzlichen Bestimmungen zeigen, dass das 8
Arbeitsrecht aus dem Dienstvertragsrecht des BGB herausgewachsen

3 *BAG* NJW 2005, 3305 (3308 f.).
4 *BAG* NZA 2004, 597 (noch zu dem bis 12.6.2014 geltenden § 312 I 1 Nr. 1).
5 *Brox/Walker* SchuldR AT § 19 Rn. 5.
6 *Brox/Rüthers/Henssler* ArbR Rn. 839 ff., 1030 ff.

ist. Rechtsprechung und Wissenschaft haben es zu einem Sonderrechtsgebiet weiterentwickelt, dessen Behandlung den Lehrbüchern und Grundrissen des Arbeitsrechts vorbehalten bleiben muss.

Für das Arbeitsverhältnis gelten die §§ 611 ff. nur subsidiär. Ihr Hauptanwendungsgebiet finden diese Bestimmungen bei den freien Dienstverträgen. Einzelne Vorschriften, namentlich die §§ 617–619, 624, 629 und 630, sind allerdings auf die weisungsgebundenen und deshalb persönlich abhängigen Arbeitnehmer (§ 611a) zugeschnitten und dürfen deshalb nicht ohne weiteres auf den Dienstvertrag mit Selbständigen angewendet werden.

III. Abgrenzung

1. Dienst- und Werkvertrag

9 Besondere Schwierigkeiten bereitet die Abgrenzung von Dienst- und Werkvertrag. Theoretisch lässt sie sich zwar leicht durchführen: Beim Dienstvertrag wird die **Dienstleistung als solche**, beim Werkvertrag hingegen ein bestimmter **Arbeitserfolg**, ein Arbeitsergebnis, versprochen. Im Einzelfall ist es aber oft schwer festzustellen, ob nur ein Arbeitseinsatz oder aber ein Arbeitserfolg geschuldet wird. Denn auch beim Dienstvertrag werden die Tätigkeiten nicht als Selbstzweck, sondern im Hinblick auf einen bestimmten Erfolg in Anspruch genommen.[7] Der wesentliche Unterschied besteht darin, dass der Verpflichtete beim Werkvertrag für die Verwirklichung des angestrebten Erfolgs einzustehen, also insoweit das Unternehmerrisiko zu tragen hat, während der aus einem Dienstvertrag Verpflichtete nicht mit dem Erfolgsrisiko belastet ist. Der Unternehmer beim Werkvertrag kann das vereinbarte Entgelt nicht beanspruchen, wenn der versprochene Erfolg ausbleibt, während der Dienstpflichtige seinen Lohn auch dann erhält, wenn der mit seiner Tätigkeit bezweckte Erfolg nicht eintritt.

Im **Fall a** hat U gegenüber B keinen Anspruch auf den Werklohn; G kann hingegen von U den vereinbarten Stundenlohn verlangen. Verträge über die Verschaffung des Zugangs zum Telefonfestnetz,[8] zum Mobilfunknetz[9] und zum Internet[10] werden von der hM als Dienstverträge eingeordnet, weil ange-

---

7 So auch *Looschelders* SchuldR BT Rn. 542.
8 *BGH* NJW 2004, 1590 f.
9 *BGH* NJW 2002, 361 f.
10 *BGH* NJW 2005, 2076 (sog. Access-Provider-Vertrag); 2013, 2021 (2022).

sichts der begrenzten Leitungskapazitäten das jederzeitige Zustandekommen einer Verbindung nicht versprochen wird und auch nicht erwartet werden kann.

Ob der eine oder der andere Vertrag vorliegt, ist unter Berücksichtigung aller Umstände des Einzelfalls durch Auslegung zu ermitteln.[11] Starre Abgrenzungskriterien lassen sich hierbei nicht aufstellen. 10

Allein aus der Art oder dem Gegenstand der geschuldeten Tätigkeit ergibt sich noch nicht, ob ein bestimmtes Werk oder nur die zu seiner Herstellung erforderlichen Dienste geschuldet sind. Ein und dieselbe Tätigkeit kann je nach den getroffenen Vereinbarungen Gegenstand eines Dienst- oder Werkvertrags sein.[12]

So würde G im **Fall a** mit der Reparatur des Motors nicht nur seine eigene Verpflichtung aus dem Dienstvertrag, sondern zugleich die Unternehmerverpflichtung des U gegenüber B aus dem Werkvertrag erfüllen.

Ebenso wenig lässt die Art, wie die Vergütung berechnet wird, zwingende Schlüsse auf den einen oder anderen Vertragstyp zu. Sowohl beim Dienst- als auch beim Werkvertrag kann die Vergütung nach der Dauer der Tätigkeit oder nach ihrem Ergebnis bemessen werden. 11

Beim Arbeitsvertrag wird der Lohn nicht selten nach der Zahl der hergestellten Stücke berechnet (Akkordlohn), während umgekehrt die Vergütung eines Werkunternehmers maßgeblich nach der aufgewendeten Zeit bemessen sein kann (zB Beseitigung eines Wasserrohrbruchs).

Schließlich lässt sich die Grenze zwischen Werk- und Dienstvertrag nicht danach ziehen, ob die Tätigkeit selbständig oder unselbständig erbracht wird. Auch der aus einem Dienstvertrag Verpflichtete kann gegenüber dem Vertragspartner durchaus eine selbständige Stellung haben. Umgekehrt kann der Werkunternehmer im Einzelfall weitgehend den Weisungen des Bestellers unterliegen. 12

So werden beispielsweise die Vorstandsmitglieder einer AG trotz ihrer Selbständigkeit regelmäßig aufgrund eines Dienstvertrags tätig. Andererseits erfolgt die Anlage eines Ziergartens durch einen selbständigen Gärtner aufgrund eines Werkvertrags, obwohl sich der Gärtner nach den Wünschen des Bestellers richten muss.

Wo aber die Tätigkeit unter fachlicher Anleitung und Mitverantwortung des Berechtigten geleistet wird, der uU auch die erforderli- 13

11 *BGH* NJW 1999, 3118; 2003, 3323.
12 So *BGH* NJW 2003, 3323 für Forschungs- und Entwicklungsleistungen.

chen Einrichtungen und Arbeitsmittel stellt, handelt es sich meistens um einen Dienst- oder Arbeitsvertrag. Hier wird der Verpflichtete wegen seiner persönlich und wirtschaftlich abhängigen Stellung im Allgemeinen nicht bereit sein, ein Unternehmerrisiko zu übernehmen.

Entsprechendes gilt, wenn der Eintritt des mit der Dienstleistung bezweckten Erfolges nicht ausschließlich von den Fähigkeiten des Verpflichteten abhängt.

14 Verträge mit Rechtsanwälten sind meistens Dienstverträge. Auch der Behandlungsvertrag mit Ärzten (§§ 630a ff.) ist ein besonderer Fall des Dienstvertrags.[13] Wie die Tätigkeit des Architekten rechtlich einzuordnen ist, war früher umstritten. Nach den §§ 650p – 650t, die am 1.1.2018 in Kraft getreten sind, ist der Architektenvertrag ebenso wie der Ingenieurvertrag ein werkvertragsähnlicher Vertrag (siehe die Überschrift von Titel 9 vor § 631).

2. Dienstvertrag und Auftrag

15 Der Unterschied zwischen Auftrag und Dienstvertrag besteht vor allem darin, dass der Auftrag unentgeltlich (§ 662), der Dienstvertrag aber entgeltlich ist.

IV. Abschluss

16 Da der Dienstvertrag ein Schuldvertrag ist, gelten für sein Zustandekommen die allgemeinen Regeln (vor allem §§ 145 ff., 104 ff.). Das Dienstvertragsrecht enthält jedoch einige Besonderheiten, die teils in den §§ 611 ff., vor allem aber in den arbeitsrechtlichen Nebengesetzen geregelt sind.

1. Einschränkung der Vertragsfreiheit

17 Soweit es sich um **freie** Dienstverträge handelt, ist die Vertragsfreiheit weder hinsichtlich der Abschluss- noch bezüglich der inhaltlichen Gestaltungsfreiheit begrenzt.

Bei den **abhängigen** Dienstverträgen (= Arbeitsverträgen) hat der Gesetzgeber hingegen zur Verhinderung von Diskriminierungen sowie zum Schutz des sozial schwächeren Arbeitnehmers die Vertragsfreiheit in verschiedener Hinsicht eingeschränkt.

---

13 BT-Drs. 17/10488, 17.

Hervorzuheben ist hier in erster Linie das am 18.8.2006 in Kraft getretene **Allgemeine Gleichbehandlungsgesetz (AGG)**.[14] Danach sind ua bei der Einstellung von Arbeitnehmern Benachteiligungen aus Gründen der Rasse oder wegen der ethnischen Herkunft, des Geschlechts, der Religion oder Weltanschauung, einer Behinderung, des Alters oder der sexuellen Identität verboten (§§ 1, 2 I Nr. 1, 6 I 2, 7 AGG). Der Arbeitgeber darf also nicht frei darüber entscheiden, ob er nur eine Frau oder einen Mann, einen jungen oder einen älteren Bewerber, einen Deutschen oder einen Ausländer einstellt, sofern nicht eine unterschiedliche Behandlung wegen eines der genannten Kriterien ausnahmsweise zulässig ist (§§ 8–10 AGG). Aus dem AGG ergibt sich für den Arbeitgeber aber kein echter Kontrahierungszwang. Ein Verstoß gegen ein Benachteiligungsverbot begründet keinen Anspruch des benachteiligten Bewerbers auf Begründung eines Beschäftigungsverhältnisses (§ 15 VI AGG). Dieser kann aber Schadensersatz wegen eines eventuellen materiellen Schadens (§ 15 I AGG) und Entschädigung wegen eines immateriellen Schadens (§ 15 II AGG) verlangen. Einzelheiten dazu gehören ins Arbeitsrecht.

Ferner gibt es verschiedene gesetzliche **Abschlussverbote** (zB Beschäftigungsverbote für Kinder, § 5 JArbSchG) wie auch **Abschlussgebote** (vgl. § 71 SGB IX zugunsten von Schwerbehinderten). Ebenso sind der Gestaltungsfreiheit durch zahlreiche Gesetze, Tarifverträge oder Betriebsvereinbarungen Grenzen gesetzt.

2. Einigung über Dienstleistung und Vergütung

Das Zustandekommen eines Dienstvertrags setzt eine Vereinba- 18
rung darüber voraus, dass der Dienstverpflichtete bestimmte Dienste leisten und der Dienstberechtigte ihm hierfür eine Vergütung gewähren soll (§ 611 I). Fehlt es an einer Einigung über diese für den Dienstvertrag wesentlichen Punkte, dann wäre der Vertrag nach allgemeinen Regeln wegen Dissenses nichtig (§§ 154, 155).

a) Fiktion der Vergütungsvereinbarung. § 612 enthält hiervon 19
eine wichtige Ausnahme: Haben die Parteien die Frage, ob und in welcher Höhe für die Dienste eine Vergütung gewährt werden soll, nicht geregelt, dann ist der Vertrag trotzdem gültig. Nach § 612 „gilt" nämlich dann eine Vergütung als stillschweigend vereinbart,

14 BGBl. I 1897.

„wenn die Dienstleistung den Umständen nach nur gegen eine Vergütung zu erwarten ist".

Auf den ersten Blick scheint § 612 etwas Selbstverständliches zu sagen, dass nämlich eine Vergütungsvereinbarung stillschweigend getroffen werden kann. Diese Bestimmung enthält jedoch keine Auslegungsregel, sondern eine unwiderlegbare Vermutung:[15] Hat sich jemand verpflichtet, Dienste zu leisten, die normalerweise nur entgeltlich erbracht werden, dann ist hierfür – auch ohne ausdrückliche oder stillschweigende Vereinbarung – **kraft Gesetzes** eine Vergütung geschuldet. Hieraus folgt, dass der Dienstberechtigte den Vertrag nicht wegen Erklärungsirrtums nach § 119 I anfechten kann, weil er sich darüber geirrt habe, dass die in Anspruch genommenen Dienste üblicherweise nur gegen Entgelt erbracht würden **(Fall b)**.

Anders wäre es dagegen, wenn § 612 nur eine Auslegungsregel für das Vorliegen einer stillschweigenden Willenserklärung enthielte; dann wäre es dem Dienstberechtigten unbenommen, seine (schlüssige) Willenserklärung nach § 119 I anzufechten.

§ 612, mit dem eine Vertragslücke geschlossen werden soll, greift dort nicht ein, wo sich die Parteien über die Unentgeltlichkeit der Dienste geeinigt haben. Hier liegt ein Auftrag nach § 662 vor.

20 **b) Höhe der Vergütung bei fehlender Vereinbarung.** Während § 612 I die Vergütungspflicht als solche anordnet, regelt § 612 II die Vergütungshöhe. Hiernach ist beim Fehlen einer entgegenstehenden gesetzlichen, kollektiv- oder einzelvertraglichen Regelung die taxmäßige Vergütung, beim Fehlen einer Taxe die übliche Vergütung als vereinbart anzusehen.

Üblich ist die Vergütung, die zur Zeit des Vertragsschlusses nach allgemeiner Auffassung der beteiligten Kreise am Ort der Leistung für Leistungen gleicher Art und Güte gewährt zu werden pflegt.[16] Taxen im Sinne des § 612 II sind nur die auf gesetzlicher Grundlage ergangenen (abdingbaren) Gebührenordnungen, zB für Rechtsanwälte und Ärzte.

Lässt sich weder eine Taxe noch die übliche Vergütung ermitteln, ist die verbleibende Vertragslücke durch ergänzende Auslegung zu schließen. Scheidet auch diese Möglichkeit aus, kann der Dienstverpflichtete als Fordernder die Höhe nach billigem Ermessen bestimmen (§§ 316, 315).[17]

---

15 Palandt/*Weidenkaff* BGB § 612 Rn. 5; hM.
16 *BGH* NJW 2006, 2472 (2473 f.); 2004, 3484 (3486) (jeweils zu § 632 II).
17 *BGH* NJW 2006, 2472 (zu § 632 II); *Brox/Walker* SchuldR AT § 6 Rn. 2 ff.

3. Form

Der Abschluss von Dienstverträgen ist regelmäßig formfrei. In Tarifverträgen wird häufig bestimmt, dass Arbeitsverträge der Schriftform bedürfen; diese soll meist nur deklaratorische Bedeutung haben.[18] 21

4. Besonderheiten bei Fernabsatzgeschäften

Falls der Dienstvertrag zwischen einem Unternehmer (§ 14) und 22 einem Verbraucher (§ 13) unter ausschließlicher Verwendung von Fernkommunikationsmitteln abgeschlossen wird, fällt er als **Fernabsatzvertrag** unter § 312c (Ausnahmen: § 312 II). Dann treffen den Unternehmer beim Abschluss des Dienstvertrags nach § 312d iVm Art. 246a §§ 1–4 EGBGB **umfassende Informationspflichten** (→ § 7 Rn. 41). Ferner steht dem Verbraucher ein **Widerrufsrecht** nach § 312g iVm §§ 355, 356 zu. Dazu kann weitgehend auf die Ausführungen zu den Fernabsatzgeschäften und ihre Bedeutung beim Kauf (→ § 7 Rn. 41) verwiesen werden, da diese grundsätzlich auch beim Dienstvertrag gelten.

Folgende Besonderheit ist erwähnenswert: Das Widerrufsrecht erlischt gem. § 356 IV 1 auch dann, wenn der Unternehmer die Dienstleistung vollständig erbracht und mit ihrer Ausführung erst begonnen hat, nachdem der Verbraucher dazu seine ausdrückliche Zustimmung gegeben und gleichzeitig seine Kenntnis davon bestätigt hat, dass er sein Widerrufsrecht bei vollständiger Vertragserfüllung durch den Unternehmer verliert. Bei einem außerhalb von Geschäftsräumen geschlossenen Vertrag muss die Zustimmung des Verbrauchers auf einem dauerhaften Datenträger übermittelt werden (§ 356 IV 2).

V. Abschlussmängel

Wie jeder Vertrag kann auch der Dienstvertrag an verschiedenen 23 Mängeln leiden, also zB nichtig oder anfechtbar sein.

1. Vor Dienstantritt

Solange die vereinbarten Dienste noch nicht geleistet sind, gelten die allgemeinen Regeln: Der nichtige Vertrag gelangt nicht zur Ent-

18 *Brox/Rüthers/Henssler* ArbR Rn. 157.

stehung, der angefochtene wird mit rückwirkender Kraft vernichtet (§ 142 I).

2. Nach Dienstantritt

24 Sind aber schon Dienstleistungen erbracht worden, dann können die Bestimmungen über die Nichtigkeit und Anfechtbarkeit nur noch eingeschränkt angewendet werden. Das gilt jedenfalls für solche Dienstverhältnisse, die auf eine gewisse Dauer angelegt sind. Hier muss das Dienstverhältnis für die Zeit, in der es bereits vollzogen ist, als wirksam behandelt werden (sog. **fehlerhaftes Arbeitsverhältnis)**, weil eine Rückabwicklung dieses Dauerschuldverhältnisses nach den allein in Betracht kommenden Bereicherungsvorschriften (vgl. vor allem § 818 III) zu schwer lösbaren Schwierigkeiten und unbilligen Ergebnissen für den Dienstverpflichteten führen würde).[19] Deshalb besteht in Rechtsprechung und Lehre trotz unterschiedlicher Begründung im Ergebnis darüber Einigkeit, dass eine Anfechtung entgegen § 142 I nur Wirkung für die Zukunft entfalten kann, so dass dem Dienstverpflichteten für bereits geleistete Dienste der vertragliche Anspruch erhalten bleibt **(Fall c)**. Ebenso kann auch die Nichtigkeit grundsätzlich nur für die Zukunft berücksichtigt werden.[20]

25 Eine Besonderheit gilt, wenn der vollzogene Vertrag wegen mangelnder Geschäftsfähigkeit einer Partei nichtig ist. Hier geht der vom Gesetz höher bewertete Schutz des Nichtgeschäftsfähigen vor; vertragliche Ansprüche gegen diesen müssen ausscheiden. Die Nichtigkeit tritt allerdings nur insoweit ein, als das zum Schutz des Nichtgeschäftsfähigen erforderlich ist. Wenn zB ein Minderjähriger aufgrund eines nichtigen Dienstvertrags in der Vergangenheit Dienstleistungen erbracht hat, dann hat er insoweit einen vertraglichen Vergütungsanspruch. – Wenn der Dienstvertrag auf eine sittenwidrige oder strafbare Handlung gerichtet ist (§§ 138, 134), muss die Nichtigkeit ebenfalls für die Vergangenheit berücksichtigt werden. Im **Fall d** kann B deshalb aus Vertrag weder einen Stundenlohn von 20 Euro noch von 10 Euro verlangen.

---

19 Näheres: *Brox,* Die Einschränkung der Irrtumsanfechtung, 1960, 231 ff., 271 ff.
20 Vgl. *Brox/Walker* SchuldR AT § 4 Rn. 71 f.

§ 20. Pflichten der Dienstvertragsparteien und Folgen einer Nicht- oder Schlechterfüllung

Schrifttum: *Alexander,* Leistungsstörungen im Dienstvertrag, JA 2015, 321; 1
Picker, Fristlose Kündigung und Unmöglichkeit, Annahmeverzug und Vergütungsgefahr im Dienstvertragsrecht, JZ 1985, 641, 693; *Preis/Hamacher,* Das Recht der Leistungsstörungen im Arbeitsverhältnis, JURA 1998, 11 u. 116; *Walker,* Die eingeschränkte Haftung des Arbeitnehmers unter Berücksichtigung der Schuldrechtsreform, JuS 2002, 736; *ders.,* Haftungsvereinbarungen im Arbeitsrecht unter besonderer Berücksichtigung der Schuldrechtsreform, FS Canaris, Bd. I, 2007, 1503.

Fall a: A schließt mit dem Rechtsanwalt R einen Dienstvertrag über die Vertretung in einem Zivilprozess. Da R im Augenblick sehr beschäftigt ist, lässt er sich bei der mündlichen Verhandlung bei Gericht von einem Kollegen vertreten. A ist damit nicht einverstanden und will deshalb kein Honorar zahlen. → Rn. 3

Fall b: Der Student S bittet die Sekretärin B, ihm zu einem Stundenlohn von 10 Euro am nächsten Wochenende seine Examenshausarbeit zu tippen. Als B bei S erscheint, erklärt er ihr, er wolle die Arbeit nicht abgeben, B könne ihm aber zum selben Stundenlohn beim Wohnungsputz helfen. B lehnt das ab und verlangt von S die vereinbarte Vergütung. → Rn. 15

I. Pflichten des Dienstverpflichteten

Der Dienstverpflichtete ist zur Leistung der versprochenen Dienste verpflichtet (§ 611 I). Daneben treffen ihn noch eine Reihe weiterer Pflichten.

1. Hauptleistungspflicht zur Dienstleistung

a) Inhalt. Der Inhalt dieser Pflicht bestimmt sich nach den einzelvertraglichen Abreden, bei den Arbeitsverhältnissen hingegen auch nach den zum Schutz des Arbeitnehmers erlassenen Gesetzen, den Tarifverträgen oder Betriebsvereinbarungen.

b) Konkretisierung der Arbeitsleistung durch Direktionsrecht 2
des Arbeitgebers. Da die Dienstleistung vor allem bei länger dauernden Arbeitsverhältnissen nicht in allen Einzelheiten vorher festgelegt werden kann, steht dem Arbeitgeber zur Konkretisierung der Arbeitspflicht ein Weisungs- oder Direktionsrecht zu (§ 611a I 1, 2,

§ 106 GewO). Das Direktionsrecht ermöglicht es dem Arbeitgeber als dem Dienstberechtigten, die in Umrissen bereits feststehende Arbeitspflicht den jeweiligen Erfordernissen anzupassen. Es berechtigt ihn aber nicht, einseitig den Pflichtenkreis des Arbeitnehmers über den vertraglich oder kollektivrechtlich gezogenen Rahmen hinaus zu erweitern.

Beispiel: Ist A als Betriebsschlosser eingestellt, dann kann ihn der Arbeitgeber B sehr wohl anweisen, im Betrieb zu einer bestimmten Zeit Maschinen zu reparieren. Es ist dem B aber nicht gestattet, A gegen seinen Willen auf einer Baustelle als Handlanger einzusetzen.

3 **c) Persönliche Erbringung.** Die Dienstleistung ist „im Zweifel" persönlich zu erbringen (§ 613 S. 1). Soweit nicht etwas anderes vereinbart ist, darf der Dienstverpflichtete also nicht die geschuldete Tätigkeit gegen den Willen des Dienstberechtigten durch einen anderen ausführen lassen **(Fall a)**. Wenn allerdings nicht R persönlich, sondern seine Kanzlei beauftragt oder dem R gestattet wurde, sich im Termin vertreten zu lassen, kann R seine vertragliche Pflicht auch dadurch erfüllen, dass er den Termin von einem Kanzleikollegen wahrnehmen lässt.

Davon abgesehen verbietet § 613 S. 1 dem Dienstverpflichteten nicht, bei der Erbringung der Dienstleistung im verkehrsüblichen Rahmen Gehilfen einzusetzen.[1]

Wegen der grundsätzlich persönlich zu erbringenden Dienstleistung braucht der Dienstverpflichtete im Fall einer Verhinderung keinen Ersatzmann zu stellen. Das Gesetz trägt hier dem Umstand Rechnung, dass die Parteien beim Dienstvertrag der Persönlichkeit und den Fähigkeiten des Partners normalerweise großes Gewicht beilegen.

Aus dem gleichen Grund ordnet § 613 S. 2 an, dass der Anspruch auf die Dienste „im Zweifel" **nicht übertragbar** ist.

4 Beim **Arbeitsverhältnis** ist das Verhältnis des Arbeitnehmers zur Person des Arbeitgebers meist von nicht so großer Bedeutung wie die Zugehörigkeit des Arbeitnehmers zum Betrieb. Deshalb sieht § 613a I vor, dass beim Übergang des Betriebs oder eines Betriebsteils durch Rechtsgeschäft auf einen anderen Inhaber dieser in die Rechte und Pflichten der bisherigen Arbeitsverhältnisse eintritt.[2] Es handelt sich um einen Fall der gesetzlichen Vertragsübernahme (vgl. die ähnliche Regelung in § 566, dazu → § 12 Rn. 5 ff.).

---

1 *Looschelders* SchuldR BT Rn. 561.
2 Vgl. *Brox/Rüthers/Henssler* ArbR Rn. 600 ff.

2. Nebenleistungspflichten und Schutzpflichten

Für das Dienstverhältnis gilt wie für jedes Schuldverhältnis das allgemeine **Gebot redlichen Verhaltens** (§ 242): Jeder Vertragspartner hat seine Leistung so zu bewirken, wie Treu und Glauben unter Beachtung der Verkehrssitte es erfordern. Außerdem ist er zur **Rücksicht auf die Rechte, Rechtsgüter und Interessen des anderen Teils** verpflichtet (§ 241 II).[3] Diese Verhaltenspflichten gewinnen beim Dienstverhältnis gesteigerte Bedeutung, weil hier im Allgemeinen eine starke persönliche Bindung der Vertragspartner auf längere Zeit besteht. Wie weit diese Pflichten im Einzelfall gehen, kann nicht für alle Dienstverhältnisse einheitlich bestimmt werden. Es kommt hierbei sehr darauf an, welche Stellung dem Dienstverpflichteten im Einzelnen eingeräumt ist. Je enger sein Verhältnis zum Dienstberechtigten ist, desto mehr hat er auf dessen Belange Rücksicht zu nehmen.[4] 5

a) Handlungspflichten. Handlungspflichten: Der Dienstverpflichtete hat die mit dem Dienstverhältnis zusammenhängenden, berechtigten Interessen des Dienstberechtigten nach besten Kräften wahrzunehmen. 6

Daraus folgt etwa die Pflicht, drohende Schäden (zB Fehler an Maschinen oder Material) anzuzeigen und gegenüber dem Dienstberechtigten richtige Angaben zu machen (zB keine falsche Spesenabrechnung, keine unwahre Entschuldigung bei Dienstversäumnis).

b) Unterlassungspflichten. Der Dienstverpflichtete hat alles zu unterlassen, was den mit dem Dienstverhältnis zusammenhängenden berechtigten Interessen des Dienstberechtigten zuwiderläuft. 7

Dem Dienstverpflichteten ist es zB nicht gestattet, andere Mitarbeiter zu veranlassen, ihre Pflichten nicht zu erfüllen. Er darf nicht den Betriebsfrieden stören. Ihn trifft eine Verschwiegenheitspflicht. Es ist ihm verboten, Schmiergeld anzunehmen oder eine Konkurrenztätigkeit auszuüben.

---

3 Zur Abgrenzung zwischen Haupt- und Nebenleistungspflichten und Schutzpflichten nach § 241 II s. *Brox/Walker* SchuldR AT § 2 Rn. 5 ff.

4 Einzelheiten: *Brox/Rüthers/Henssler* ArbR Rn. 220 ff.

II. Rechtsfolgen der Nicht- oder Schlechterfüllung durch den Dienstverpflichteten

8 Für die Nicht- oder Schlechterfüllung seiner Pflichten hat der Dienstverpflichtete nach den allgemeinen Grundsätzen einzustehen. Für das Dienstvertragsrecht werden diese Regeln in einigen Punkten modifiziert.

1. Klage auf Erfüllung

Kommt der Dienstverpflichtete seinen vertraglichen Leistungspflichten nicht nach, so kann ihn der Dienstberechtigte auf Erfüllung verklagen.

Der Dienstherr kann aber aus dem erstrittenen Urteil regelmäßig **nicht vollstrecken** (§ 888 III ZPO). Ist die Dienstleistung jedoch auch von einem anderen erbringbar, also vertretbar, dann ist eine Vollstreckung nach § 887 ZPO möglich:[5] Der Dienstberechtigte ist auf seinen Antrag hin vom Prozessgericht zu ermächtigen, die Handlung auf Kosten des Dienstverpflichteten vornehmen zu lassen.

2. Verweigerung der Lohnzahlung

9 Da die Pflicht zur Dienstleistung mit der Lohnzahlungspflicht im Gegenseitigkeitsverhältnis steht, kann der Dienstberechtigte nach § 320 I den Lohn zurückbehalten, bis der Dienstverpflichtete seine Leistung erbringt.[6]

Häufig ist die Dienstleistung allerdings nicht mehr nachholbar und deshalb unmöglich geworden, so dass der Dienstberechtigte bereits nach § 326 I von seiner Vergütungspflicht frei geworden ist.

3. Schadensersatzansprüche

10 **a) Wegen schuldhafter Nichtleistung.** Hat der Dienstverpflichtete das **Ausbleiben** oder die **Verspätung** seiner Leistung zu vertreten, so kann der Dienstberechtigte gegen ihn nach § 280 III vorgehen und unter den dort genannten Voraussetzungen Schadensersatz statt der Leistung verlangen.

5 *Brox/Walker* ZwangsVollstrR Rn. 1066 mN.
6 *Brox/Walker* SchuldR AT § 13 Rn. 12ff.

An die Stelle des in § 323 vorgesehenen Rücktrittsrechts tritt das Recht zur fristlosen Kündigung (§ 626; → § 21 Rn. 8 ff.). Falls der Dienstberechtigte (zB der Arbeitgeber) das Vertragsverhältnis außerordentlich kündigt, nachdem er dazu durch ein vertragswidriges Verhalten des Dienstverpflichteten (zB des Arbeitnehmers) veranlasst wurde, kann er nach § 628 II Schadensersatz wegen des durch die Aufhebung des Dienstverhältnisses entstehenden Schadens verlangen.

b) Wegen schuldhafter Schlechtleistung. Ebenso macht sich der 11
Dienstverpflichtete wegen Pflichtverletzung nach § 280 schadensersatzpflichtig, wenn er seine vertraglichen Pflichten schuldhaft **schlecht erfüllt**. Das dafür notwendige Verschulden des Arbeitnehmers wird allerdings entgegen § 280 I 2 nicht vermutet, sondern muss positiv festgestellt werden (§ 619a).

Zu beachten ist ferner die im Kern nahezu einhellige Ansicht in Rechtsprechung und Schrifttum, wonach der Arbeitnehmer – nicht aber ein sonstiger Dienstverpflichteter – wegen der Schädigung seines Arbeitgebers bei Durchführung einer betrieblich veranlassten Tätigkeit entgegen § 276 I nicht für jedes Verschulden einzustehen braucht. Vielmehr hat er nach den vom Großen Senat des BAG[7] entwickelten Grundsätzen nur bei einer vorsätzlichen Schädigung seines Arbeitgebers in voller Höhe Ersatz zu leisten. Bei einer grob fahrlässigen Schadensverursachung haftet er in der Regel auch voll; falls allerdings die Höhe des Schadens außer jedem Verhältnis zu dem Einkommen des Arbeitnehmers steht, ist die Haftung des Arbeitnehmers eingeschränkt, wobei sich der Umfang der Haftung nach den Umständen des Einzelfalles richtet. Bei normaler Fahrlässigkeit soll der Schaden zwischen Arbeitgeber und Arbeitnehmer aufgeteilt werden; bei dieser sog. Schadensquotelung sind die gesamten Umstände des Einzelfalles, vor allem das Alter des Arbeitnehmers, die Dauer seiner Betriebszugehörigkeit, die Höhe seiner Vergütung, die Gefährlichkeit seiner Tätigkeit und der Umfang des Schadens zu würdigen. Für einen mit lediglich leichter (= leichtester) Fahrlässigkeit verursachten Schaden haftet der Arbeitnehmer überhaupt nicht. Begründet wird diese **eingeschränkte Arbeitnehmerhaftung** mit einer analogen Anwendung des § 254: Dem Verschulden des Arbeitnehmers wird das vom Arbeitgeber zu tragende Betriebsrisiko als Schadenszurechnungsgrund gegenübergestellt.[8] Falls die Haftungseinschränkung zu-

---

7 Grundlegend BAGE 5, 1; fortgeführt in *BAG* NJW 1995, 210; siehe ferner aus der umfangreichen Rechtsprechung *BAG* NJW 2003, 377; NZA 2011, 345.
8 Einzelheiten: *Walker* JuS 2002, 736.

gunsten des Arbeitnehmers eingreift, dann gilt sie nicht nur für vertragliche, sondern auch für gesetzliche Schadensersatzansprüche, zB für denjenigen aus § 823 I.

12 Hervorzuheben ist noch einmal, dass die Haftungsmilderung nur dem Arbeitnehmer, nicht dagegen dem in einem freien Dienstverhältnis beschäftigten Dienstverpflichteten zugutekommt, weil dieser regelmäßig eines solchen Schutzes nicht bedarf. Außerdem wirkt die Haftungseinschränkung nur im Verhältnis zu dem geschädigten Arbeitgeber. Man spricht deshalb auch von einem innerbetrieblichen Schadensausgleich. Wenn der Arbeitnehmer dagegen im Rahmen seiner betrieblichen Tätigkeit einen Dritten schädigt, haftet er diesem gegenüber für jedes Verschulden. Die so genannte Außenhaftung des Arbeitnehmers ist also nicht eingeschränkt.[9] Dem Arbeitnehmer kann allerdings ein Freistellungsanspruch gegen seinen Arbeitgeber zustehen (§ 670 BGB analog).

III. Pflichten des Dienstberechtigten

13 Der Dienstberechtigte ist in erster Linie zur Gewährung der Vergütung verpflichtet (§ 611 I, § 611a II). Aus dem Dienstverhältnis ergeben sich aber noch weitere Pflichten.

1. Pflicht zur Gewährung der Vergütung

a) Art und Umfang der Vergütung. Art und Umfang der geschuldeten Vergütung richten sich nach den getroffenen Vereinbarungen, beim Fehlen einer solchen Abrede nach § 612 (→ § 19 Rn. 18 ff.). Soweit es sich um Arbeitsverhältnisse handelt, sind Tarifverträge oder Betriebsvereinbarungen zu beachten.

Üblicherweise wird die Vergütung in Geld gezahlt, was § 107 I GewO für gewerbliche Arbeitnehmer sogar vorschreibt. Dazu passt auch die Terminologie des § 611a II, wonach die Vergütung nicht zu gewähren, sondern zu zahlen ist. Die normale Vergütungsform ist der Lohn, der als Zeitlohn (zB Stundenlohn) oder Stücklohn (Akkordlohn) vorkommt. Daneben gibt es noch einige Sonderformen (zB Provision, Gratifikation, Prämie, Tantieme).[10]

14 **b) Fälligkeit der Vergütung.** Soweit nichts anderes vereinbart ist, wird die Vergütung erst **nach Leistung der Dienste fällig.** Ist sie

9 *BGH* NJW 2004, 951 (953) mwN.
10 Dazu *Brox/Rüthers/Henssler* ArbR Rn. 280 ff.

nach Zeitabschnitten bemessen, so muss der Dienstberechtigte sie nach Ablauf der einzelnen Zeitabschnitte gewähren (§ 614). Deshalb erhält der Arbeitnehmer seine Vergütung erst am Monatsende, wenn nicht im Tarifvertrag oder im Arbeitsvertrag ein anderer Zeitpunkt (zB am 15. jedes Monats) vereinbart ist. Nach § 614 ist der Dienstverpflichtete vorleistungspflichtig.

2. Vergütungspflicht ohne Dienstleistung

Nach allgemeinen Regeln braucht der Vertragspartner eines gegenseitigen Vertrags eine Leistung nicht zu erbringen, wenn der andere nicht leistet oder nicht leisten kann (§§ 320, 326 I). Das Dienstvertragsrecht kennt hiervon **drei wichtige Ausnahmen**: 15

a) Annahmeverzug des Dienstberechtigten. Nimmt der Dienstberechtigte die ihm ordnungsgemäß angebotene Dienstleistung nicht an und gerät er deshalb in Annahmeverzug (§§ 293 ff.), dann muss er dem Dienstverpflichteten die vereinbarte Vergütung gewähren, ohne von ihm die Nachleistung der Dienste verlangen zu können (§ 615 S. 1; **Fall b**). Hier führt der Gläubigerverzug ausnahmsweise zur Befreiung des Schuldners von seiner Leistungspflicht. Der Dienstverpflichtete muss sich nach § 615 S. 2 auf seinen Vergütungsanspruch allerdings das anrechnen lassen, was er „infolge des Unterbleibens der Dienstleistung erspart oder durch anderweitige Verwendung seiner Dienste erwirbt oder zu erwerben böswillig unterlässt“.

Zu den Ersparnissen gehören beispielsweise die Fahrtkosten. Böswillig iSd § 615 S. 2 handelt, wer vorsätzlich eine ihm zumutbare andere Arbeit ausschlägt.[11] Was zumutbar ist, lässt sich nur unter Berücksichtigung aller Umstände des Einzelfalls nach Treu und Glauben bestimmen. – Im **Fall c** brauchte B die ihr von S angetragene Putzarbeit nicht zu übernehmen.

b) Betriebsstörung. In Abweichung von den allgemeinen Regeln muss der Dienstberechtigte nach dem zum 1.1.2002 neu eingefügten § 615 S. 3 bei einer von keiner Seite zu vertretenden Betriebsstörung die vereinbarte Vergütung auch dann zahlen, wenn die Dienstleistung aus betrieblichen Gründen nicht erbracht werden kann. In diesen Fällen trägt der Arbeitgeber das **Betriebsrisiko**. Das entsprach schon vor der Einfügung des § 615 S. 3 allgemeiner Ansicht.[12] 16

11 Vgl. BAGE 6, 306; 14, 31 (36).
12 Vgl. nur *Brox/Rüthers/Henssler* ArbR Rn. 391.

Beispiele: Wegen eines Brandes, Ausfalls der Stromversorgung, schlechten Wetters oder eines Maschinenschadens kann nicht gearbeitet werden. Für diese Zeit muss der Arbeitgeber seinen Arbeitnehmern trotz Nichtarbeit die vereinbarte Vergütung zahlen.

17 c) **Persönliche Verhinderung und Krankheit.** Weitere Ausnahmen von dem Grundsatz „ohne Arbeit kein Lohn" ergeben sich aus § 616 und für Arbeitsverhältnisse aus dem Entgeltfortzahlungsgesetz (EFZG).

aa) § 616 gilt für alle Dienstverhältnisse. Nach § 616 S. 1 behält der Dienstverpflichtete seinen Vergütungsanspruch, wenn er für eine verhältnismäßig nicht erhebliche Zeit durch einen in seiner Person liegenden Grund ohne sein Verschulden an der Dienstleistung verhindert wird. Die Bestimmung beruht auf fürsorgerischen Erwägungen und soll gewährleisten, dass der Dienstverpflichtete nicht in Not gerät, wenn er für einige Zeit nicht seiner Arbeit nachgehen kann.[13]

18 (1) § 616 S. 1 hat folgende **Voraussetzungen**:

(a) Erstens muss die Dienstverhinderung in den **persönlichen Verhältnissen** des Dienstverpflichteten begründet sein.

Hierzu gehören vor allem Unfälle und außerordentliche Vorkommnisse in der Familie (zB Todesfall; schwere Erkrankung naher Angehöriger). Der Arbeitsausfall wegen eigener Erkrankung des Arbeitnehmers ist im EFZG (→ Rn. 22) besonders geregelt. Dagegen liegt keine Arbeitsverhinderung aus persönlichen Gründen vor, wenn der Dienstverpflichtete wegen Glatteises zu spät zur Arbeit kommt.[14] Hierbei handelt es sich um einen objektiven Hinderungsgrund.

19 (b) § 616 verlangt ferner, dass die Dienstverhinderung **nicht auf einem Verschulden des Dienstverpflichteten** beruht. Schuldhaft ist eine Arbeitsverhinderung nach dem Sinn und Zweck des § 616 nur bei einem groben Abweichen von einer Verhaltensweise, die ein vernünftiger Dienstverpflichteter in seinem eigenen Interesse einzuhalten pflegt.

20 (c) Schließlich darf sich die Dienstverhinderung nur auf eine **„verhältnismäßig nicht erhebliche Zeit„** erstrecken. Für die Konkretisierung dieses unbestimmten Rechtsbegriffs wird zT ausschließlich auf das Verhältnis zwischen der Dauer des Dienstverhältnisses und derjenigen der Verhinderung abgestellt,[15] zT werden weitere Ge-

13 *Looschelders* SchuldR BT Rn. 598.
14 *BAG* NJW 1983, 1078 f.
15 Erman/*Belling* BGB § 616 Rn. 47.

sichtspunkte wie Art und Schwere der Verhinderung berücksichtigt[16] oder anhand des jeweiligen Verhinderungsgrundes eine Angemessenheitsprüfung vorgenommen[17]. In den meisten Fällen dürften nur wenige Tage oder allenfalls Wochen noch als verhältnismäßig nicht erheblich angesehen werden. Dauert die Dienstverhinderung länger als eine verhältnismäßig nicht erhebliche Zeit, so entfällt der Vergütungsanspruch nach der Fassung des § 616 ganz.[18]

(2) Die **Rechtsfolge** des § 616 S. 1 besteht darin, dass der Dienstverpflichtete trotz Nichterbringung der Dienstleistung seinen Vergütungsanspruch behält. 21

Nach § 616 S. 2 sind Sozialversicherungsleistungen auf den Vergütungsanspruch anzurechnen. Da nach § 49 SGB V der Anspruch gegen die Krankenkasse auf Krankengeld ruht, soweit das Arbeitsentgelt weitergezahlt wird, ist die Bedeutung des § 616 S. 2 für die Leistungen der Krankenversicherung gering.

Stehen dem Dienstverpflichteten aufgrund des § 616 Ansprüche auf Fortzahlung der Vergütung zu, so wird dadurch die Schadensersatzpflicht eines Dritten, der die Dienstunfähigkeit herbeigeführt hat, nicht berührt.[19]

bb) Das EFZG gilt nur für Arbeitsverhältnisse. Wird ein Arbeit- 22
nehmer (§ 611a) durch Arbeitsunfähigkeit infolge **Krankheit** an seiner Arbeitsleistung verhindert, ohne dass ihn ein Verschulden trifft, verliert er dadurch nicht den Anspruch auf Arbeitsentgelt für die Zeit der Arbeitsunfähigkeit bis zur Dauer von sechs Wochen (§ 3 EFZG). Eine Kündigung des Arbeitnehmers aus Anlass der Arbeitsunfähigkeit lässt den Anspruch auf Fortzahlung des Arbeitsentgelts unberührt (§ 8 I 1 EFZG). Dieser Anspruch bleibt dem Arbeitnehmer auch dann erhalten, wenn er aus einem vom Arbeitgeber zu vertretenden wichtigen Grund gekündigt hat (§ 8 I 2 EFZG).

3. Sonstige Pflichten

Außer der Vergütungspflicht treffen den Dienstberechtigten zahl- 23
reiche Nebenleistungspflichten und Schutzpflichten. Im Arbeitsverhältnis spielen ua die Gleichbehandlungspflicht und die Beschäftigungspflicht eine große Rolle.[20]

---

16 ErfK/*Preis* BGB § 616 Rn. 10a.
17 MüKoBGB/*Hennssler* § 616 Rn. 60.
18 BAGE 8, 314; **aA** Zöllner/Loritz/Hergenröder, Arbeitsrecht, 6. Aufl., 2008, § 19 II 4 c.
19 BGHZ 21, 112.
20 Einzelheiten: *Brox/Rüthers/Henssler* ArbR Rn. 307 ff., 330.

a) Schutzpflichten. Aus dem zum 1.1.2002 neu eingefügten § 241 II (allgemeines Gebot zur Rücksichtnahme auf die berechtigten Belange des Vertragspartners) ergeben sich Schutzpflichten des Dienstberechtigten. Sie gewinnen vor allem bei abhängigen Dienstverhältnissen wegen der gesteigerten Schutzbedürftigkeit des Arbeitnehmers eine besondere Bedeutung.

Zu den Schutzpflichten gehört zB die Pflicht zum Schutz von Leben und Gesundheit des Dienstverpflichteten (vgl. §§ 617 ff.) sowie zum Schutz der vom Dienstverpflichteten notwendigerweise mitgebrachten Gegenstände (Kleidung, Fahrrad).

24 **b) Gleichbehandlungspflicht.** Der Arbeitgeber hat die Arbeitnehmer gleich zu behandeln (vgl. Art. 3 GG, §§ 1 ff., 7 ff. AGG).[21]

Er darf beispielsweise nicht ohne triftigen Grund bestimmte Arbeitnehmer von allgemein gewährten Zuwendungen (etwa Zahlung von Weihnachtsgeld) ausschließen.

25 **c) Beschäftigungspflicht.** Aus dem Recht auf freie Entfaltung der Persönlichkeit und aus der personalen Würde des Arbeitnehmers folgt die Pflicht des Arbeitgebers, den Arbeitnehmer nicht nur zu vergüten, sondern ihn auch tatsächlich zu beschäftigen.[22] Dabei handelt es sich um eine einklagbare Nebenleistungspflicht.

Diese Pflicht besteht nicht, wenn der Arbeitnehmer kein Interesse an der Beschäftigung hat oder wichtige Gründe (zB Diebstahlsverdacht, Auftragsmangel) der Beschäftigung entgegenstehen.

IV. Rechtsfolgen der Nicht- oder Schlechterfüllung durch den Dienstberechtigten

26 Auch hier gelten zunächst die allgemeinen Regeln. Der Dienstverpflichtete kann also den Dienstberechtigten auf Erfüllung verklagen, er kann nach § 320 seine Leistung verweigern, unter den Voraussetzungen des § 626 außerordentlich kündigen (→ § 21 Rn. 9 f.) und bei schuldhafter Verletzung der vertraglichen Pflichten Schadensersatz statt der Leistung verlangen (§ 280 III). Wird die außerordentliche Kündigung durch ein vertragswidriges Verhalten des Dienstberechtigten veranlasst, kann der Dienstverpflichtete den Auflösungsscha-

21 Einzelheiten: *Brox/Rüthers/Henssler* ArbR Rn. 307 ff.
22 Einzelheiten: *Brox/Rüthers/Henssler* ArbR Rn. 330.

den gem. § 628 II ersetzt verlangen. Besonderheiten bestehen in folgenden Punkten:

1. Verletzung der Schutzpflichten nach § 618

Hat der Dienstberechtigte gegen seine Pflichten aus § 618 verstoßen, dann richtet sich der Umfang des Schadensersatzanspruchs nach den §§ 842–846 (§ 618 III). Gem. § 253 II kann zudem Entschädigung wegen immaterieller Schäden verlangt werden. Dieser Entschädigungsanspruch setzt im Gegensatz zu dem früheren § 847 keine unerlaubte Handlung mehr voraus. Allerdings ist die Verletzung bestimmter Rechtsgüter (zB Körper- oder Gesundheitsverletzung) erforderlich. 27

2. Besonderheiten bei Arbeitsunfällen

Hat der Dienstverpflichtete infolge eines Arbeitsunfalls (§ 8 I 1 SGB VII) einen **Personenschaden** erlitten, so hat hierfür die gesetzliche Unfallversicherung einzustehen (§§ 1 ff. SGB VII). Derartige auf einem Arbeitsunfall beruhende Personenschäden können grundsätzlich weder gegen den Dienstherrn noch gegen einen Arbeitskollegen geltend gemacht werden (§§ 104, 105 SGB VII). 28

Der Dienstherr hat für schuldhaft verursachte Personenschäden nur dann einzustehen, wenn er vorsätzlich gehandelt hat oder wenn der Arbeitsunfall auf einem von der Unfallversicherung erfassten Weg entstanden ist (§ 104 I iVm § 8 II Nr. 1–4 SGB VII).[23]

§ 21. Beendigung des Dienstverhältnisses

Fall a: Der Maurer A schlägt den Polier P zusammen, weil dieser ihn wieder einmal wegen eines mehrstündig verspäteten Arbeitsbeginns zur Rede gestellt hat. Darf A fristlos entlassen werden? → Rn. 9 1

Fall b: In dem von A verlangten ausführlichen Zeugnis heißt es ua: „Herr A war wiederholt unpünktlich. Auch gelang es ihm nicht immer, gegenüber Vorgesetzten den richtigen Ton zu finden“. A verlangt ein Zeugnis ohne diesen Zusatz. → Rn. 17

Das Dienstverhältnis kann auf verschiedene Weise beendet werden. Der weitaus häufigste und wichtigste Beendigungsgrund ist die Kündigung. Daneben sind vor allem die Beendigung durch Zeitablauf

23 Einzelheiten: *Brox/Rüthers/Henssler* ArbR Rn. 356 ff.

oder durch vertragliche Aufhebung zu nennen. In diesen Fällen können sich anlässlich der Beendigung Pflichten ergeben.

I. Kündigung

2 Die Kündigung ist eine empfangsbedürftige Willenserklärung, die darauf gerichtet ist, das Dienstverhältnis sofort oder nach Ablauf einer bestimmten Frist zu beenden. Der Erklärungsempfänger muss aus ihr klar und zweifelsfrei erkennen können, dass das Dienstverhältnis aufgelöst werden soll, weil er sich auf die vom Vertragspartner einseitig herbeigeführte Rechtsänderung einstellen muss. Deshalb darf die Kündigung auch nur von solchen Bedingungen abhängig gemacht werden, deren Eintritt der Empfänger herbeiführen kann. Die Kündigung von Dienstverhältnissen ist in der Regel nicht an eine bestimmte Form gebunden; bei Arbeitsverhältnissen muss sie allerdings schriftlich erfolgen (§ 623).

Das Gesetz kennt zwei Arten der Kündigung, die ordentliche und die außerordentliche.

1. Ordentliche Kündigung

3 Die ordentliche Kündigung ist der Normalfall. Sie kommt nur bei Dienstverhältnissen in Betracht, die auf **unbestimmte Zeit** eingegangen sind.

a) **Kündigungsfristen.** Regelmäßig müssen bei ihr bestimmte Kündigungsfristen eingehalten werden, die entweder vertraglich vereinbart oder gesetzlich angeordnet sind (vgl. §§ 621, 622, 624). Oft kann die Kündigung auch nur zu einem bestimmten Termin (zB Quartalsschluss) ausgesprochen werden.

aa) Die Kündigungsfristen für **freie Dienstverhältnisse** sind in § 621 enthalten. Sie richten sich nach der Bemessung der Vergütung. Diese Fristen können von den Parteien abbedungen werden.

4 bb) Für **abhängige** Dienstverhältnisse (= Arbeitsverhältnisse, § 611a) gilt § 622, der Arbeiter und Angestellte hinsichtlich der Kündigungsfristen gleichbehandelt. Danach kann das Arbeitsverhältnis mit einer Frist von vier Wochen zum 15. oder zum Ende eines Kalendermonats gekündigt werden (§ 622 I).

Für Arbeitsverhältnisse, die länger als mindestens zwei Jahre bestanden haben, bestimmt § 622 II längere Kündigungsfristen. Während einer vereinbarten Probezeit, längstens für die Dauer von sechs Monaten, kann das Arbeitsverhältnis mit einer Frist von zwei Wochen gekündigt werden (§ 622 III).

Durch **Tarifvertrag** können abweichende Regelungen vereinbart werden. 5
Diese gelten im Geltungsbereich eines solchen Tarifvertrags auch für nichttarifgebundene Arbeitsvertragsparteien, wenn die Anwendung zwischen diesen einzelarbeitsvertraglich vereinbart ist (§ 622 IV).

Durch **Einzelarbeitsvertrag** kann eine **kürzere** Kündigungsfrist, als sie von § 622 I bestimmt wird, vereinbart werden, wenn es sich um ein Aushilfsarbeitsverhältnis oder um einen Kleinbetrieb handelt (Einzelheiten: § 622 V 1). Eine **längere** als die in § 622 I–III genannte Kündigungsfrist ist durch Arbeitsvertrag möglich (§ 622 V 3).

In jedem Fall darf die Frist für die Kündigung durch den Arbeitnehmer nicht länger sein als für die Kündigung durch den Arbeitgeber (§ 622 VI).

Zu aa) und bb): Selbst wenn ein Dienst- oder Arbeitsverhältnis für 6
die Lebenszeit einer Person oder für eine längere Zeit als fünf Jahre geschlossen wird, kann es vom Dienstverpflichteten/Arbeitnehmer nach dem Ablauf von fünf Jahren gekündigt werden (§ 624). Dadurch sollen der Dienstverpflichtete und der Arbeitnehmer vor einer übermäßig langen Bindung geschützt werden.

b) Kündigungseinschränkungen bei Arbeitsverhältnissen. Für 7
die Arbeitsverhältnisse ist das Recht zur **Kündigung** für den Arbeitgeber **weiter eingeschränkt.** Zu erwähnen sind vor allem das Kündigungsschutzgesetz,[1] §§ 102 ff. Betriebsverfassungsgesetz, § 9 Mutterschutzgesetz, § 18 Bundeselterngeld- und Elternzeitgesetz und § 85 SGB IX (Schwerbehinderte).

2. Außerordentliche Kündigung

Die außerordentliche Kündigung ist abschließend in den §§ 626, 8
627 geregelt. Diese Vorschriften gehen als Spezialregelungen für den Dienstvertrag einschließlich Arbeitsvertrag der allgemeinen Regelung des § 314 für die außerordentliche Kündigung von Dauerschuldverhältnissen vor.

a) Kündigung aus wichtigem Grund. Nach § 626 I kann das 9
Dienstverhältnis von jedem Vertragsteil aus wichtigem Grund ohne

1 Dazu *Brox/Rüthers/Henssler* ArbR Rn. 462 ff.

Einhaltung einer Kündigungsfrist gekündigt werden. § 626 gilt also für alle Dienst- und Arbeitsverhältnisse, gleichgültig, ob sie auf bestimmte oder unbestimmte Zeit eingegangen sind.

aa) Was das Gesetz unter einem **wichtigen Grund** versteht, wird in § 626 I definiert: Es müssen „Tatsachen vorliegen, aufgrund derer dem Kündigenden unter Berücksichtigung aller Umstände des Einzelfalls und unter Abwägung der Interessen beider Vertragsteile die Fortsetzung des Dienstverhältnisses bis zum Ablauf der Kündigungsfrist oder bis zu der vereinbarten Beendigung des Dienstverhältnisses nicht zugemutet werden kann".

Es kommt immer auf die Umstände des Einzelfalles an; die Interessen des einen Vertragspartners an der Beendigung und des anderen Teils an der Fortführung des Dienstverhältnisses sind gegeneinander abzuwägen. Vor allem ist zu beachten, dass es sich bei der Kündigung aus wichtigem Grund um das äußerste Mittel (sog. ultima ratio) handeln muss; sie kommt nicht in Betracht, wenn mildere Mittel (zB eine Versetzung) als Reaktion auf den wichtigen Grund ausreichen. Es muss dem Kündigenden **unzumutbar** sein, das unbefristete Dienstverhältnis bis zum Ablauf der ordentlichen Kündigungsfrist oder das befristete Dienstverhältnis bis zum vereinbarten Ende fortzusetzen.

Diese Voraussetzungen werden vor allem dann vorliegen, wenn der eine Vertragsteil seine Pflichten grob verletzt **(Fall a)**. Vor der außerordentlichen Kündigung eines Arbeitsverhältnisses muss der Arbeitgeber den Arbeitnehmer in aller Regel erfolglos **abgemahnt** haben. Eine Abmahnung, die für den Vertragspartner die Funktion einer letzten Warnung hat, ist nur bei besonders schweren Verfehlungen und bei Zwecklosigkeit entbehrlich.[2]

10 bb) Um den Vertragspartner nicht zu lange im Ungewissen zu lassen, muss eine Kündigung aus wichtigem Grund **innerhalb von zwei Wochen erklärt werden**, nachdem der Kündigende von den für die Kündigung maßgebenden Tatsachen erfahren hat (§ 626 II).

Innerhalb dieser Kündigungserklärungsfrist muss die Kündigungserklärung dem Empfänger zugegangen sein. Nach Ablauf der Frist kann eine außerordentliche Kündigung auf diese Tatsachen nicht mehr gestützt werden; es wird unwiderlegbar vermutet, dass ein möglicherweise bestehender wichtiger Grund nicht mehr geeignet ist, die Kündigung des Dienstverhältnisses wegen Unzumutbarkeit der Weiterbeschäftigung zu begründen.[3]

---

2 Einzelheiten: *Brox/Rüthers/Henssler* ArbR Rn. 488 ff.
3 BAGE 24, 383.

b) Kündigung bei Vertrauensstellung. Ein Dienstvertrag, der Dienste höherer Art (zB des Arztes, Anwalts, des Online-Partnerschaftsvermittlers[4]) zum Gegenstand hat, die nur aufgrund besonderen Vertrauens übertragen zu werden pflegen, kann jederzeit auch ohne Vorliegen eines wichtigen Grundes gekündigt werden (§ 627 I, II).[5] Das Gesetz stellt klar, dass diese Bestimmung nicht für Arbeitsverhältnisse gilt (§ 627 I). 11

c) Rechtsfolgen. Wird das Dienstverhältnis durch außerordentliche Kündigung nach § 626 oder § 627 aufgelöst, so kann der Dienstverpflichtete regelmäßig den seinen bisherigen Leistungen entsprechenden Teil der Vergütung verlangen (Einzelheiten und Ausnahmen: § 628 I 1, 2). Hat der eine Teil die Kündigung durch (schuldhaft) vertragswidriges Verhalten veranlasst, so muss er dem anderen den durch die Aufhebung des Dienstverhältnisses entstehenden Schaden ersetzen (§ 628 II). 12

II. Sonstige Beendigungsgründe

1. Aufhebungsvertrag

Die Parteien können sich jederzeit vertraglich darüber einigen, dass das Dienstverhältnis aufgelöst werden soll (vgl. § 311 I). Hier endet das Dienstverhältnis zu dem vereinbarten Zeitpunkt, ohne dass es einer Kündigung bedarf. Der Aufhebungsvertrag zur Beendigung eines Arbeitsverhältnisses muss schriftlich vereinbart werden (§ 623). 13

2. Zeitablauf

Ein Dienstverhältnis kann auch befristet abgeschlossen werden (zB für die Dauer der Zuckerrübenernte, zur Aushilfe für einen erkrankten Arbeitnehmer). Auch hier endet das Dienstverhältnis ohne besondere Erklärung mit dem Ablauf der vorgesehenen Zeit (§ 620 I). 14

Die Befristung eines Arbeitsvertrags muss schriftlich vereinbart werden (§ 623, § 14 IV Teilzeit- und Befristungsgesetz [TzBfG]). Sie ist grundsätzlich nur dann wirksam, wenn hierfür ein **sachlicher Grund** besteht (§ 14 I TzBfG); andernfalls könnte der zwingende Kündigungsschutz leicht umgangen werden. Um einen zusätzlichen Beschäftigungsanreiz zu schaffen, erleich-

---

4 *Rockstroh/Gründner* NJW 2016, 3393.
5 Zum Direktunterrichtsvertrag vgl. BGHZ 90, 280.

tert § 14 II, IIa, III TzBfG allerdings **auch ohne sachlichen Grund** eine Befristung bis zur Dauer von zwei Jahren sowie die Befristung von Arbeitsverhältnissen mit älteren Arbeitnehmern.[6]

Wird das Dienstverhältnis nach Ablauf der Frist vom Dienstverpflichteten mit Wissen des Dienstberechtigten fortgesetzt, so gilt es als auf unbestimmte Zeit verlängert, wenn nicht der Dienstberechtigte unverzüglich widerspricht (§ 625; § 15 V TzBfG).

3. Tod des Dienstverpflichteten

15 Da die Dienstleistung persönlich zu erbringen ist (§ 613 S. 1), endet das Dienstverhältnis mit dem Tod des Dienstverpflichteten.

Der Tod des Dienstberechtigten ist dagegen normalerweise kein Beendigungsgrund. Etwas anderes gilt nur dann, wenn die Dienstleistung ausschließlich auf die persönlichen Bedürfnisse des Dienstberechtigten zugeschnitten war, zB seiner Pflege diente.

Beendigung des Dienstverhältnisses
I. Kündigung (Form: § 623) 1. Ordentliche Kündigung unter Einhaltung einer Kündigungsfrist (§§ 621, 622, 624); Kündigungsbeschränkungen bei Arbeitsverhältnissen (insbes. KSchG; § 102 BetrVG; Sonderkündigungsschutz) 2. Außerordentliche Kündigung ohne Einhaltung einer Kündigungsfrist (§§ 626, 627) **II. Auflösungsvertrag (Form: § 623)** **III. Zeitablauf bei befristeten Dienstverhältnissen (§ 620 I)** Einschränkung für Befristungsvereinbarungen im Arbeitsrecht (§ 14 TzBfG) **IV. Tod des Dienstverpflichteten (arg. e § 613 S. 1)**

III. Pflichten bei der Beendigung des Dienstverhältnisses

1. Freizeitgewährung für die Stellensuche

16 Vor Beendigung eines dauernden Dienstverhältnisses ist dem Dienstverpflichteten auf Verlangen angemessene Zeit zur Stellensuche

6 Einzelheiten: *Brox/Rüthers/Henssler* ArbR Rn. 585, 587.

und zur Meldung beim Arbeitsamt zu gewähren (§ 629; § 2 II 2 Nr. 3 SGB III). Die Vergütung muss für diese Zeit weitergezahlt werden.

2. Erteilung eines Zeugnisses

Der Dienstberechtigte ist ferner verpflichtet, dem Dienstverpflichteten ein schriftliches Zeugnis zu erteilen (§ 109 GewO). Das Gesetz unterscheidet zwei Arten von Zeugnissen: das **einfache** und das **qualifizierte** Zeugnis. Während sich das erste nur auf Art und Dauer der Tätigkeit erstreckt (§ 109 I 2 GewO), bezieht sich das Letzte auch auf die Leistung und das Verhalten des Dienstverpflichteten im Arbeitsverhältnis (§ 109 I 3 GewO). In beiden Fällen darf das Zeugnis weder unrichtige Angaben enthalten noch für die Beurteilung wesentliche Umstände verschweigen. 17

Im **Fall b** waren daher, weil A ein qualifiziertes Zeugnis verlangt hatte, auch die für ihn ungünstigen Angaben aufzunehmen. Allerdings tendiert die Rechtsprechung dazu, den Arbeitnehmer möglichst weitgehend vor nachteiligen Aussagen im Arbeitszeugnis zu schützen.

Wird das Zeugnis nicht oder nicht den Tatsachen entsprechend erteilt, so kann der Dienstverpflichtete auf Erteilung oder Änderung klagen. Bei wissentlich unwahren Angaben kann der Dienstberechtigte dem späteren Vertragspartner des Dienstverpflichteten nach § 826 schadensersatzpflichtig werden;[7] daneben soll auch ein Anspruch nach vertragsähnlichen Grundsätzen in Betracht kommen.[8] 18

§ 22. Behandlungsvertrag

Schrifttum: *Conrad/Koranyi*, Die „hypothetische Einwilligung" im Zivil- und Strafrecht vor dem Hintergrund des neuen § 630h II BGB, JuS 2013, 979; *Ehlers/Broglie,* Arzthaftungsrecht, 5. Aufl., 2014; *Habermalz*, Das Akteneinsichtsrecht des Patienten und seine zivilprozessuale Durchsetzung, NJW 2013, 3403; *Katzenmeier*, Der Behandlungsvertrag – Neuer Vertragstypus im BGB, NJW 2013, 817; *Koch*, Der Behandlungsvertrag in der Fallbearbeitung, JURA 2014, 985; *Kohler,* Gewährleistung und Vergütungsanspruch in Fällen des § 323 Abs. 6 BGB – Rechtsfragen bei Mangelbehebungsverweigerung von Patienten, AcP 215 (2015), 165; *Schärtl*, Die Beweislastverteilung im Arzthaftungsprozess, NJW 2014, 3601; *Schneider*, Der Behandlungsver- 1

---

7 *BGH* NJW 1970, 2291.
8 BGHZ 74, 281.

trag, JuS 2013, 104; *Spickhoff*, Behandlungsfehler und Offenbarungspflicht: Gründe und Grenzen, JZ 2015, 15; *ders.*, Die Entwicklung des Arztrechts 2014/2015, NJW 2015, 1728.

Ausgewähltes Schrifttum zum Arztvertrag aus der Zeit vor Inkrafttreten der §§ 630a ff. über den Behandlungsvertrag: *Ballhausen*, Der Vorrang der Nacherfüllung beim Behandlungsvertrag, NJW 2011, 2694; *Deutsch/Spickhoff*, Medizinrecht, 7. Aufl., 2014; *Foerste*, Beweiserleichterung nach groben und einfachen Behandlungsfehlern, FS Deutsch, 2009, 165; *Frahm/Nixdorf/Walter*, Arzthaftungsrecht, 5. Aufl., 2013; *Geiß/Greiner*, Arzthaftpflichtrecht, 7. Aufl., 2014; *Giesen*, Arzthaftungsrecht, 5. Aufl., 2007; *Janda*, Der ärztliche Aufklärungsfehler als haftungsrechtliches Problem, JZ 2012, 932; *Laufs/Katzenmeier/Lipp*, Arztrecht, 7. Aufl., 2015; *Laufs/Kern*, Handbuch des Arztrechts, 4. Aufl., 2010; *Muthorst*, Ansprüche des Arztes gegen den säumigen Patienten, ZGS 2009, 409; *Olzen/Kaya*, Der Behandlungsvertrag, §§ 630a–h BGB, JURA 2013, 661; *Quaas/Zuck*, Medizinrecht, 3. Aufl., 2014; *Remmert*, Das Arzthaftungsrecht anhand der verschiedenen Behandlungsfehlertypen, JURA 2011, 563; *Rehborn*, Patientenrechtegesetz 2013 – Behandlungsvertrag, Mitwirkung, Information, Einwilligung, Aufklärung, MDR 2013, 497; *Rieger/Dahm/Steinhilper*, Arztrecht, Krankenhausrecht, Medizinrecht, Loseblatt, Stand 04/2011; *Spickhoff*, Grober Behandlungsfehler und Beweislastumkehr, NJW 2004, 2345; *Stremitzer*, Haftung bei Unsicherheit des hypothetischen Kausalverlaufs, AcP 208 (2008), 676; *Tamm*, Der Haftungsgrund für ärztliches Fehlverhalten im Lichte der Schuldrechtsmodernisierung und der neuen Rechtsprechung, JURA 2008, 881.

Fall a: Frau M ruft den Arzt A zu ihrem fiebrigen Kind Paul (P). A untersucht den P, stellt eine Bronchitis fest und verordnet ein Medikament. Später verlangt A sein Honorar von P, dessen Mutter M und dessen Vater V, weil die ganze Familie bei einer privaten Krankenkasse krankenversichert ist. Mit Recht? → Rn. 5

Fall b: Wie ist die Rechtslage, wenn P zusammen mit Vater und Mutter bei der Ortskrankenkasse versichert ist? → Rn. 6, 37

Fall c: Der Krankenhausarzt A injiziert dem Patienten P versehentlich ein falsches Medikament. Dadurch erleidet P einen Körperschaden, der einen langen Krankenhausaufenthalt zur Folge hat. Von wem kann P Ersatz des dadurch entstehenden Schadens verlangen? → Rn. 10, 11, 27

Fall d: Spielt es im Fall c eine Rolle, ob A Belegarzt im Krankenhaus ist? → Rn. 12, 27

Fall e: Wie ist die Rechtslage, wenn P im Fall c bei Aufnahme ins Krankenhaus ein Formular unterschrieben hat, wonach er gesondert berechenbare Leistungen des Chefarztes A begehrt? → Rn. 14, 27

Fall f: P ruft den Arzt A an und bittet wegen Bauchschmerzen um ärztliche Hilfe. A lässt sich die Krankheitssymptome schildern und verordnet Wärme sowie ein schmerzlinderndes Mittel. Später stellt sich heraus, dass es sich um eine Entzündung des Blinddarms handelte, der wegen der nicht ordnungsgemäßen Behandlung durchbrach und eine Bauchfellentzündung verursachte.

Kann P von A Schadensersatz wegen der zusätzlichen Krankenhauskosten und wegen entgangenen Gewinns als Handelsvertreter verlangen? → Rn. 16, 28

I. Parteien und Gegenstand des Behandlungsvertrags

Der Behandlungsvertrag, bei dem es in der Regel um einen Arztvertrag geht, war bis Februar 2013 nicht gesetzlich geregelt. Durch das Patientenrechtegesetz vom 20.2.2013[1] wurden die §§ 630a–630h mit Wirkung zum 26.2.2013 in das BGB eingefügt. Durch diese Vorschriften wurde im Wesentlichen die zuvor schon bestehende Rechtsprechung des BGH zum Arzthaftungsrecht gesetzlich umgesetzt. Der Behandlungsvertrag ist gem. § 630a I ein gegenseitiger Schuldvertrag zwischen dem Behandelnden und dem Patienten. **Behandelnder** ist derjenige, welcher eine medizinische Behandlung zusagt. Er muss sie nicht persönlich erbringen. Behandelnde iSv § 630a I sind vor allem Ärzte. Das können aber auch Angehörige anderer Heilberufe sein wie Psycho- und Physiotherapeuten, Hebammen, Masseure oder Heilpraktiker.[2] Der Hauptanwendungsbereich des Behandlungsvertrags ist der Arztvertrag. Nicht erfasst werden Apotheker, weil sie nicht zur Behandlung des Patienten verpflichtet sind.

Patient ist ein Mensch, der aufgrund der Vereinbarung medizinisch behandelt werden soll. Deshalb fallen Verträge mit Veterinärmedizinern nicht unter die §§ 630a ff., weil diese keine Patienten, sondern Tiere behandeln.[3]

Gegenstand des Behandlungsvertrags ist die Zusage einer medizinischen Behandlung (→ Rn. 16) gegen Gewährung der vereinbarten Vergütung.

II. Rechtliche Einordnung des Behandlungsvertrags

Der Behandlungsvertrag ist regelmäßig ein freier (unabhängiger) 2
Dienstvertrag (dazu → § 19). Deshalb ist er gesetzessystematisch auch im Titel 8 „Dienstvertrag und ähnliche Verträge“ hinter dem Dienstvertrag geregelt. Dagegen liegt kein Werkvertrag (dazu → § 23) vor, da der Behandelnde nur die sachverständige Behandlung, nicht aber die Gesundung des Patienten als Erfolg verspricht (zur

1 BGBl. I 277. Zur Begründung des Entwurfs BT-Drs. 17/10488.
2 BT-Drs. 17/10488, 18.
3 BT-Drs. 17/10488, 18.

Abgrenzung: → § 19 Rn. 9). Das gilt selbst dann, wenn der Arzt vertraglich zur Durchführung einer Operation oder zur zahnprothetischen Behandlung verpflichtet ist.[4] Deshalb sind außer den §§ 630a ff. grundsätzlich die §§ 611 ff. über das Dienstverhältnis, das kein Arbeitsverhältnis ist, anzuwenden (§ 630b). Das gilt zB für die Höhe der Vergütung, die sich gem. § 612 II nach der Gebührenordnung für Ärzte (GOÄ) oder für Zahnärzte (GOZ) richtet. Eine weitere Folge dieser Einordnung besteht darin, dass der Behandlungsvertrag von jeder Seite nach § 627 jederzeit ohne Angabe von Gründen gekündigt werden kann (→ § 21 Rn. 11).

3 Nur ausnahmsweise ist der Behandlungsvertrag nach Werkvertragsrecht zu beurteilen, etwa wenn es lediglich um die technische Anfertigung einer Prothese, zahnlabortechnische Arbeiten oder die Ermittlung bestimmter Blutwerte geht. Dann steht der bezweckte Erfolg so im Vordergrund, dass Werkvertragsregeln mit ihren Vorschriften über die Mängelhaftung anwendbar sind (vgl. §§ 23 ff.). Im Übrigen können die Vertragsparteien frei vereinbaren, ob ein medizinischer Erfolg geschuldet sein und inwieweit Dienst- oder Werkvertragsrecht gelten soll.

III. Abschluss des Vertrags

1. Vertrag mit Privatpatienten

4 Der Abschluss eines Behandlungsvertrags bedarf grundsätzlich keiner Form. Eine Ausnahme gilt gem. § 16 S. 2 BPflV iVm § 17 II 1 KHEntgG für die Vereinbarung von sog. Wahlleistungen.[5] Der Vertragsschluss erfolgt meist dadurch, dass der Privatpatient (Selbstzahler) sich in die Behandlung eines Arztes seiner Wahl begibt und dieser mit der Behandlung beginnt. Damit ist die übliche Regelung eines solchen Vertragsverhältnisses stillschweigend vereinbart, sofern die Parteien sich nicht ausdrücklich über etwas anderes einigen.

5 Regelmäßig schließen Arzt und Patient persönlich den Vertrag; Stellvertretung ist aber möglich.

Schließen Eltern einen Vertrag über die Behandlung ihres Kindes, wird das Kind Vertragspartei, wenn die Eltern in seinem Namen handeln (§ 164 I 1). Sofern aber für den Arzt nichts anderes erkennbar ist, will der das Kind zur

4 Vgl. etwa BGHZ 63, 306; *OLG Zweibrücken* NJW 1983, 2094.
5 Dazu *BGH* NJW 1998, 1778.

Behandlung bringende Elternteil im eigenen Namen handeln und selbst Vertragspartei werden, so dass zwischen ihm und dem Arzt ein Vertrag zu Gunsten des Kindes geschlossen wird (Vertrag zu Gunsten Dritter gem. § 328[6]). Der andere Ehegatte wird damit gem. § 1357 ebenfalls verpflichtet, da die Zuziehung eines Arztes für das kranke Kind zu den Geschäften zur angemessenen Deckung des Lebensbedarfs gehört[7] (zu **Fall a**).

2. Vertrag mit Kassenpatienten

Beim Kassenpatienten schließt nicht etwa die Krankenkasse mit dem Kassenarzt den Behandlungsvertrag zugunsten des versicherten Patienten. Vielmehr kommt auch hier zwischen Kassenpatient und Kassenarzt ein privatrechtlicher Behandlungsvertrag[8] iSv § 630a I zustande (vgl. § 76 IV SGB V, wonach der Arzt durch die Übernahme der Behandlung zur Sorgfalt nach den Vorschriften des bürgerlichen Vertragsrechts verpflichtet ist). Der Kassenpatient hat das Recht der freien Arztwahl; jedoch soll er nur im Notfall mit einem nicht als Kassenarzt zugelassenen Arzt einen Behandlungsvertrag schließen und innerhalb eines Kalendervierteljahres nicht ohne wichtigen Grund den Arzt wechseln (vgl. § 76 I, III SGB V). Der Kassenarzt ist kraft seiner Zulassung öffentlich-rechtlich verpflichtet, den Kassenpatienten zu behandeln, wenn dieser ihn darum bittet. 6

Der Vergütungsanspruch richtet sich in diesem Fall gegen die Kassenärztliche Vereinigung (→ Rn. 37 zu **Fall b**).

3. Kein Vertrag mit bewusstlosen Patienten

Zu dem Abschluss eines wirksamen Vertrags kommt es nicht, wenn der Arzt einen Bewusstlosen behandelt. Dann greifen die Normen über eine Geschäftsführung ohne Auftrag (§§ 677 ff.; dazu → § 35) ein. Zwar steht dem Arzt für seine Leistung kein vertraglicher Honoraranspruch, sondern nach § 683 nur ein Anspruch auf Ersatz seiner Aufwendungen zu. Weil aber die Behandlung zum Kreis seiner beruflichen Tätigkeit gehört, kann der Arzt die übliche Vergütung verlangen (§ 1835 III analog; → § 36 Rn. 54). Auf der anderen Seite soll der Arzt nach § 680 nur für Vorsatz und grobe Fahrlässigkeit einzustehen haben, wenn er den Patienten zur Abwendung einer 7

6 Dazu *Brox/Walker* SchuldR AT § 32.
7 Vgl. *Peter* NJW 1993, 1949.
8 So zB BGHZ 97, 273 (276); **aM** BSGE 59, 172 (177) (öffentlich-rechtliches gesetzliches Rechtsverhältnis).

diesem drohenden dringenden Gefahr behandelt. Diese Bevorzugung passt nicht auf Fälle, in denen der Arzt hinsichtlich seines Honorars so gestellt wird, als ob ein wirksamer gegenseitiger Vertrag geschlossen worden wäre; auch hier muss also der allgemeine ärztliche Sorgfaltsmaßstab angelegt werden, wobei die Umstände des Notfalles zu berücksichtigen sind.[9]

Bevor man aber im Einzelfall die nicht recht passenden Regeln über die Geschäftsführung ohne Auftrag anwendet, ist besonders sorgfältig zu prüfen, ob nicht doch ein Vertrag geschlossen worden ist. Das ist dann gegeben, wenn der Patient, noch bevor er das Bewusstsein verlor, zum Ausdruck gebracht hat, dass der Arzt ihn behandeln möge. Eine spätere Nachholung des Vertragsschlusses kann darin liegen, dass die Behandlung nach Beendigung der Bewusstlosigkeit fortgesetzt wird.

4. Besonderheiten bei der Krankenhausbehandlung

8 Bei der Aufnahme des Patienten ins Krankenhaus erfolgt regelmäßig kein Vertragsschluss des Patienten mit dem behandelnden Arzt (Ausnahme bei der ambulanten Krankenhausbehandlung durch dafür zugelassene Krankenhausärzte, § 116 SGB V). Nur in besonderen Fällen kommt es neben dem Vertrag mit dem Träger des Krankenhauses auch noch zu einem Vertrag mit dem Arzt. Der Krankenhausvertrag ist in den §§ 630a ff. nicht geregelt.

9 **a) Totaler Krankenhausaufnahmevertrag.** Im Regelfall schließt der stationär aufgenommene Patient nur mit dem Krankenhausträger einen Behandlungsvertrag (sog. totaler Krankenhausaufnahmevertrag). Das gilt sowohl für den Kassenpatienten als auch für den sog. Selbstzahler. Es handelt sich um einen gemischten Vertrag, in dem vornehmlich Elemente des Dienstvertrags (medizinische Behandlung und Pflege), aber auch solche der Miete (Raumüberlassung) und des Kauf- bzw. Werkvertrags (Beköstigung) enthalten sind.

10 Da der Arzt nicht Vertragspartner des Patienten ist, hat dieser keine vertraglichen Ansprüche gegen ihn aus § 630a (etwa auf Behandlung) oder aus § 280 I auf Schadensersatz wegen Vertragsverletzung. Es kann lediglich ein Schadensersatzanspruch gegen den Arzt aus unerlaubter Handlung (→ § 45 Rn. 61 ff.) in Betracht kommen (zu **Fall c**). Andererseits steht dem Arzt auch kein vertraglicher Vergütungsanspruch gegen den Patienten zu.

9 Vgl. *Laufs/Katzenmeier/Lipp*, Arztrecht, 6. Aufl., 2009, III Rn. 53..

Vertragliche Ansprüche des Patienten richten sich beim totalen Krankenhausaufnahmevertrag allein gegen den Krankenhausträger. Das gilt auch für den Anspruch auf ärztliche Versorgung. Ohne besondere Absprache kann der Patient nur die Behandlung als solche, nicht aber das Tätigwerden eines bestimmten Arztes (zB Operation durch den Chefarzt) verlangen. Für ein Verschulden des Krankenhausarztes hat der Krankenhausträger gem. § 278[10] einzustehen (zu **Fall c**). Ist der behandelnde Arzt als Organ des Krankenhausträgers anzusehen, kommen die §§ 89, 31 in Betracht. Dem Krankenhausträger steht ein Vergütungsanspruch (sog. Großer Pflegesatz) gegen den Privatpatienten bzw. bei einem Kassenpatienten gegen dessen Krankenkasse zu. 11

b) Gespaltener Krankenhausaufnahmevertrag. In zwei Fällen wird bei der Krankenhausaufnahme auch mit dem Arzt ein Vertrag geschlossen. Das gilt zunächst für den sog. gespaltenen Krankenhausaufnahmevertrag. Hier ist der Vertrag zwischen dem Patienten und dem Träger des Krankenhauses auf die pflegerischen und medizinischen Dienste mit Ausnahme der ärztlichen Leistungen gerichtet; zu diesen ist allein der Arzt aufgrund des zwischen ihm und dem Patienten geschlossenen Behandlungsvertrags iSv § 630a verpflichtet (zB Behandlung des Patienten durch den Belegarzt im Belegkrankenhaus). Da der Arzt hinsichtlich seiner ärztlichen Leistungen allein und nicht zusammen mit dem Krankenhausträger Vertragspartner des Patienten ist, steht ihm insoweit allein ein vertraglicher Vergütungsanspruch zu, während das Krankenhaus nur den sog. Kleinen Pflegesatz in Rechnung stellt. Auf der anderen Seite haftet auch nur der Arzt und nicht der Krankenhausträger für ärztliche Fehler (zu **Fall d**). 12

Oft ist es zweifelhaft, ob etwa ein nachgeordneter Arzt als Erfüllungsgehilfe des Belegarztes oder des Krankenhausträgers oder beider tätig geworden ist.

c) Totaler Krankenhausaufnahmevertrag mit Arztzusatzvertrag. Beim totalen Krankenhausaufnahmevertrag mit Arztzusatzvertrag hat der Krankenhausträger die gesamten ärztlichen und nicht ärztlichen Leistungen für den aufgenommenen Patienten zu erbringen. Hinzu tritt die selbständige Verpflichtung des Arztes zu den ärztlichen Leistungen. Diese werden also sowohl vom Krankenhausträger als auch vom Arzt geschuldet. Beide haben demnach für Fehler in diesem Bereich auch vertraglich einzustehen.[11] Im Regelfall räumt der Krankenhausträger dem von ihm angestellten Chefarzt (leitenden 13

10 *Brox/Walker* SchuldR AT § 20 Rn. 23 ff.
11 Vgl. BGHZ 95, 63 (67 ff.); *Looschelders* SchuldR BT Rn. 620.

Abteilungsarzt) ein Liquidationsrecht gegenüber sog. Privatpatienten ein. Nimmt der Patient das Angebot des Krankenhausträgers auf die Wahlleistung an, wird der Arzt aus dem Arztzusatzvertrag verpflichtet. Er ist honorarberechtigt; dem Krankenhausträger steht die Vergütung zu, von der das Honorar für den Arzt nicht abgezogen werden darf, da der Träger auch die ärztliche Behandlung schuldet.[12]

14 Im Einzelfall kann zweifelhaft sein, ob vereinbart worden ist, dass zur medizinischen Behandlung allein der Arzt (so beim gespaltenen Vertrag) oder Arzt und Krankenhausträger (so beim totalen Krankenhausaufnahmevertrag mit Arztzusatzvertrag) verpflichtet sein sollen. Das richtet sich nach den meist formularmäßigen Aufnahmeverträgen, manchmal auch mit Bezugnahmen auf die Krankenhaussatzung. Entscheidend ist, wie der Patient die Erklärungen der Krankenhausseite verstehen konnte. Wenn der Arzt allein verpflichtet sein soll, muss der Patient darauf unmissverständlich hingewiesen werden. Fehlt es an einem solchen Hinweis, ist im Zweifel davon auszugehen, dass der Patient sowohl den Arzt als auch den Krankenhausträger verpflichten will, um damit zwei Schuldner zu haben[13] (zu **Fall e**).

IV. Pflichten des Behandelnden (Arztes) und Folgen einer Pflichtverletzung

1. Pflichten

15 Den Behandelnden treffen nach den §§ 630a–630g eine Reihe von vertraglichen Pflichten gegenüber dem Patienten, nämlich die Behandlungspflicht sowie verschiedene Nebenleistungs- und Schutzpflichten.

16 **a) Behandlungspflicht (§ 630a).** Die Behandlungspflicht nach § 630a I ist die Hauptpflicht des Arztes, die sich aus dem Behandlungsvertrag ergibt. Sie umfasst alle Maßnahmen, die nach den anerkannten fachlichen Standards zur Erkennung und Behandlung der Krankheit erforderlich sind. Sie beginnt regelmäßig mit der Ermittlung der Diagnose (zB Aufnahme der Krankengeschichte, Durchführung von Untersuchungen). Nach der Art der Erkrankung richtet sich die einzuschlagende Therapie; diese kann im Einzelfall etwa in Ratschlägen zur Änderung der Lebensweise, in der Verordnung von Medikamenten, in einem ärztlichen Eingriff (zB Operation), aber

12 Vgl. *BGH* NJW 1979, 597.
13 Vgl. BGHZ 95, 63 (69); *BGH* NJW 1993, 779.

auch in einer Überweisung an einen Facharzt oder in einer Einweisung ins Krankenhaus bestehen. Bei der medizinischen Behandlung muss es nicht um diejenige einer Krankheit gehen. Sie kann auch kosmetischen Zwecken dienen, etwa bei einer Schönheitsoperation.[14] Allerdings erfassen die §§ 630a ff. nur „Behandlungen". Auf reine Pflege- und Betreuungsleistungen sind sie nicht zugeschnitten.

Der Behandelnde ist gegenüber dem Patienten verpflichtet, beim Stellen der Diagnose sowie bei der Auswahl der gebotenen Behandlungsmethode, der Durchführung der Heilmaßnahme und der Nachsorge die anerkannten fachlichen Standards (vor allem die Regeln der ärztlichen Kunst) zu beachten (zu **Fall f**). Die Parteien des Behandlungsvertrags können aber auch eine Behandlung nach neuen, noch nicht allgemein anerkannten Behandlungsmethoden vereinbaren (vgl. § 630a II aE).

b) Mitwirkungs- und Informationspflichten (§ 630c). Der Behandelnde und der Patient sollen zur Durchführung der Behandlung zusammenwirken (§ 630c I). Diese Mitwirkungspflicht soll der Begründung und Fortentwicklung des zwischen dem Behandelnden und dem Patienten bestehenden Vertrauensverhältnisses dienen, um gemeinsam eine möglichst optimale Behandlung zu erreichen.[15] 17

In diesem Zusammenhang muss der Behandelnde dem Patienten in verständlicher Weise zu Beginn der Behandlung und in deren Verlauf alle für die Behandlung wesentlichen Umstände erläutern (sog. Sicherungsaufklärung, § 630c II 1). Das gilt auf Nachfrage oder zur Abwendung gesundheitlicher Gefahren auch für mögliche Behandlungsfehler (Fehleroffenbarungspflicht, § 630c II 2).[16] Die Informationspflicht erstreckt sich gem. § 630c III auch auf die voraussichtlichen Kosten der Behandlung, wenn dem Behandelnden bekannt ist, dass eine vollständige Kostenübernahme durch die Krankenkasse nicht gesichert ist (sog. wirtschaftliche Informationspflicht). Verstößt der Behandelnde gegen diese Informationspflicht, kann der Patient dem Anspruch auf Bezahlung der Behandlungskosten diesen Pflichtverstoß entgegenhalten; der Patient muss den Pflichtverstoß beweisen.[17]

14 BT-Drs. 17/10488, 17.
15 BT-Drs. 17/10488, 21.
16 Dazu *Spickhoff* JZ 2015, 15.
17 BT-Drs. 17/10488, 22.

Ausnahmen von dieser Informationspflicht bestehen etwa bei einer unaufschiebbaren Behandlung oder bei einem (wirksamen!) ausdrücklichen Verzicht des Patienten auf Information (§ 630c IV).

18 c) **Pflicht zur Einholung der Einwilligung (§ 630d).** Vor der Durchführung einer medizinischen Maßnahme, insbesondere vor einem Eingriff in den Körper oder die Gesundheit, muss der Behandelnde die Einwilligung des Patienten dazu einholen (§ 630d I 1). Dadurch wird das Selbstbestimmungsrecht des Patienten gesichert. Während die Einwilligung im Deliktsrecht einen Rechtfertigungsgrund darstellt (→ § 45 Rn. 62), ist ihre Einholung beim Behandlungsvertrag als Vertragspflicht ausgestaltet. Ist der Patient einwilligungsunfähig, muss an seiner Stelle der dazu Berechtigte (gesetzlicher Vertreter,[18] Vormund, Betreuer, rechtsgeschäftlich Bevollmächtigter) einwilligen, sofern nicht eine Patientenverfügung nach § 1901a I 1 die Maßnahme gestattet oder untersagt (§ 630d I 2). Für die Einwilligungsfähigkeit kommt es nicht auf ein bestimmtes Lebensalter an, sondern auf die natürliche Einsichtsfähigkeit, die auch bei einem Minderjährigen vorliegen kann.[19] Es richtet sich nach den Umständen des Einzelfalles, ob die Einwilligung nur des Minderjährigen oder nur von dessen Eltern oder von beiden eingeholt werden muss. Ohne jede Einwilligung darf nur eine unaufschiebbare Maßnahme durchgeführt werden, wenn sie dem mutmaßlichen Willen des Patienten entspricht (§ 630d I 4). Die Wirksamkeit der Einwilligung setzt eine vorherige ordnungsmäßige Aufklärung des Patienten nach § 630e voraus (§ 630d II). Der Patient kann seine Einwilligung jederzeit formlos und ohne Begründung widerrufen (§ 630d III). Dadurch wird die auch nach erteilter Einwilligung fortwirkende Selbstbestimmung des Patienten gewahrt.

Eine Einwilligung in eine Operation durch einen bestimmten Operateur erstreckt sich nicht ohne Weiteres auf die Vornahme des Eingriffs durch einen anderen Operateur. Die Annahme einer hypothetischen Einwilligung (der Patient hätte auf Nachfrage auch diese erweiterte Einwilligung erteilt) wäre mit dem Schutzzweck des Einwilligungserfordernisses nicht vereinbar.[20]

19 d) **Aufklärungspflichten (§ 630e).** Der Behandelnde ist gem. § 630e I 1 zur Aufklärung des Patienten über alle für die Einwilligung

18 Zum Sonderfall der Einwilligung des gesetzlichen Vertreters in eine Beschneidung siehe § 1631d.
19 BT-Drs. 17/10488, 23.
20 *BGH* BeckRS 2016, 14551 mAnm *Schwab* JuS 2016, 1030.

wesentlichen Tatsachen verpflichtet; denn nur der aufgeklärte Patient ist in der Lage, selbst zu entscheiden, ob er sich dem Eingriff unterziehen und seine Einwilligung dazu erteilen will. Die Aufklärung soll also die Grundlage für die Ausübung des Selbstbestimmungsrechts durch den Patienten sein.[21] Deshalb spricht man insoweit auch in Abgrenzung zur Sicherungsaufklärung nach § 630c II von der Selbstbestimmungsaufklärung. Sie betrifft insbesondere Art, Umfang, Durchführung, zu erwartende Folgen und Risiken der Maßnahme, deren Dringlichkeit, Eignung und Erfolgsaussichten[22] sowie gegebenenfalls Alternativen zur Maßnahme (vgl. § 630e I 2, 3).

Die Aufklärung muss **mündlich** durch den Behandelnden oder 20
eine dazu geeignete Person erfolgen, gegebenenfalls unter ergänzender Hinzuziehung von Unterlagen (§ 630e II 1 Nr. 1). Allein eine formularmäßige Aufklärung reicht nicht, weil dann für den Patienten keine Möglichkeit für Rückfragen besteht. In einfach gelagerten Fällen reicht aber eine fernmündliche Aufklärung. Außerdem muss die Aufklärung so **rechtzeitig** stattfinden, dass der Patient noch die Gelegenheit hat, die Vorteile und Risiken der Operation abzuwägen (§ 630e II Nr. 2). Dieser Zeitpunkt lässt sich nicht generell, sondern nur unter Berücksichtigung der im Einzelfall gegebenen Umstände bestimmen. In vielen Fällen wird eine Aufklärung über die Eingriffsrisiken am Vortag der Operation noch ausreichend sein.[23] Bei normalen ambulanten Eingriffen kann eine Aufklärung erst am Tag des Eingriffs noch rechtzeitig sein. Aber es muss dem Patienten bei der Aufklärung auf jeden Fall verdeutlicht werden, dass ihm eine eigenständige Entscheidung ermöglicht werden soll, ob er den Eingriff durchführen lassen will, und dazu muss ihm auch Gelegenheit gegeben werden. Das ist nicht der Fall, wenn durch eine Aufklärung vor der Tür des Operationssaals dem Patienten der Eindruck vermittelt wird, sich nicht mehr aus einem bereits in Gang gesetzten Geschehensablauf lösen zu können.[24] Schließlich muss die Aufklärung für den Patienten **verständlich** sein (§ 630e II Nr. 3).

Die Aufklärung ist nur bei unaufschiebbaren Maßnahmen (zB 21
Notoperation eines Bewusstlosen nach Verkehrsunfall) und bei einem (wirksamen!) ausdrücklichen Verzicht des Patienten **entbehrlich** (§ 630e III). Wenn bei Einwilligungsunfähigkeit des Patienten gem.

21 *Katzenmeier* NJW 2013, 817 (820).
22 *BGH* NJW 2015, 477 f.
23 Einzelheiten: *BGH* NJW 1992, 2351.
24 *BGH* NJW 1994, 3009.

§ 630d I 2 die Einwilligung eines Berechtigten (zB des gesetzlichen Vertreters) einzuholen ist, hat die Aufklärung gegenüber dem Berechtigten zu erfolgen (§ 630e IV). Zusätzlich muss der Einwilligungsunfähige entsprechend seinem Verständnis über die wesentlichen Umstände aufgeklärt werden (Einzelheiten: § 630e V).

22 Die Rechtsprechung hat die Anforderungen an die Aufklärung des Patienten schon vor Inkrafttreten der §§ 630a ff. zunehmend verschärft. So ist über schwerwiegende Operationsrisiken auch dann aufzuklären, wenn sie sich nur selten verwirklichen.[25] Der Umfang der Aufklärungspflicht hängt von den Umständen des Einzelfalls ab[26] (zB Dringlichkeit der Behandlung,[27] mögliche Nebenwirkungen, Kenntnis des Patienten, Gefährdung des Behandlungserfolgs, neue Behandlungsmöglichkeiten, Risiken bei der Verwendung von noch nicht zugelassenen neuen Medikamenten[28] oder der Anwendung einer Außenseitermethode,[29] Ausbildung des Arztes). Über Risiken, die nur durch eine fehlerhafte Behandlung entstehen, braucht der Arzt den Patienten nicht aufzuklären.[30] Die Verharmlosung schwerwiegender Risiken in einem Aufklärungsmerkblatt wird nicht dadurch ausgeglichen, dass dem Patienten die Möglichkeit eingeräumt wird, den Arzt zu befragen, wenn er etwas nicht verstanden hat oder Einzelheiten wissen möchte.[31]

23 **e) Dokumentationspflicht (§ 630f).** Weiter trifft den Behandelnden die Pflicht zur Dokumentation der Behandlung (§ 630f). Dazu muss er eine Patientenakte in Papierform oder in elektronischer Form führen. In dieser Patientenakte sind sämtliche aus fachlicher Sicht für die derzeitige und künftige Behandlung wesentlichen Maßnahmen und Ereignisse (zB Diagnose, Untersuchungen, Befunde, Therapien, Aufklärungen, Einwilligungen, Eingriffe) aufzuzeichnen. Der Sinn der Dokumentationspflicht besteht erstens darin, eine sachgerechte Weiterbehandlung (zB durch einen anderen Behandelnden) zu gewährleisten. Ohne Dokumentation könnten Untersuchungsergebnisse verloren gehen, und es bestünde die Gefahr von unnötigen Doppeluntersuchungen. Zweitens soll die Dokumentation dem Patienten helfen, im Streitfall den Behandlungsfehler sowie dessen missliche Folgen nachzuweisen. Deshalb ist der Arzt verpflichtet, die wichtigsten Maßnahmen zur Diagnose und zur Therapie zu dokumentieren.

---

25 *BGH* NJW-RR 2010, 833 (834).
26 Vgl. BGHZ 88, 248; 90 (96, 103).
27 *BGH* NJW 2016, 563 Rn. 18 (fehlender Hinweis auf die Dringlichkeit einer Untersuchung als deliktsrechtlich relevanter Behandlungsfehler).
28 *BGH* NJW 2007, 2767 (2770); 2771 (2772).
29 *BGH* NJW 2007, 2774 (2775).
30 *BGH* NJW 1985, 2193.
31 *BGH* MDR 1994, 557.

Kommt der Arzt dieser Pflicht nicht nach oder ist die Dokumentation mangelhaft, muss er im Arzthaftpflichtprozess die sich daraus ergebenden Nachteile tragen (§ 630h III); denn es wäre unbillig, dem Patienten in einem solchen Fall das volle Aufklärungsrisiko aufzubürden. Jedoch handelt es sich bei der Dokumentation nicht nur um eine Obliegenheit; vielmehr besteht dazu eine Rechtspflicht gegenüber dem Patienten.[32]

Deshalb hat der Arzt dem Patienten den Schaden zu ersetzen, der diesem etwa dadurch entsteht, dass bei einem Arztwechsel oder bei der Aufnahme ins Krankenhaus bestimmte, schon durchgeführte Untersuchungen wegen mangelnder Dokumentation wiederholt werden müssen (zur Schadensersatzpflicht → Rn. 27).

f) Pflicht zur Gestattung der Einsichtnahme in die Patientenakte (§ 630g). Ebenfalls ist der Behandelnde aufgrund des Vertrags verpflichtet, dem Patienten auf Antrag eine unverzügliche Einsichtnahme in die Patientenakte zu gestatten (§ 630g I 1). Diese Pflicht betrifft nur die objektiven Feststellungen über den Befund, die Verordnungen und die Operationen, nicht dagegen die persönlichen Eindrücke des Arztes (zB „Querulant"). Einschränkungen dieser Pflicht können sich aus erheblichen therapeutischen Gründen (zB bei psychiatrischer Behandlung)[33] oder erheblichen Rechten Dritter (zB Persönlichkeitsrecht des an der Aufklärung beteiligten gesetzlichen Vertreters, über den sensible Informationen dokumentiert sind)[34] ergeben. Der Patient kann gegen Kostenerstattung auch elektronische Abschriften der Patientenakte verlangen (§ 630g II). Die Erfüllung dieser Pflicht hilft dem Patienten im Arzthaftpflichtprozess, seiner Behauptungs- und Beweislast nachzukommen. Aber auch unabhängig davon hat der Patient ein Recht zur Einsicht in die Krankenunterlagen; dieses setzt nämlich kein besonderes rechtliches Interesse voraus.[35] Nach dem Tod des Patienten ist die Einsichtnahme zur Wahrnehmung von Vermögensinteressen den Erben und zur Geltendmachung immaterieller Interessen den nahen Angehörigen des Patienten zu gewähren (§ 630g III). 24

Verletzt der Arzt das Einsichtsrecht und erhebt der Patient gegen ihn eine Schadensersatzklage, die er bei Einsicht in die Krankenunterlagen wegen Aus-

32 Vgl. BGHZ 72, 132 (137).
33 BGHZ 85, 339.
34 BT-Drs. 17/10488, 27.
35 *BGH* NJW 1985, 674 (675).

sichtslosigkeit nicht angestrengt hätte, so kann er die ihm entstandenen Prozesskosten vom Arzt als Schaden ersetzt verlangen.

25 **g) Schweigepflicht.** Die Schweigepflicht des Behandelnden dient nicht nur dem Interesse der Allgemeinheit an der Vertrauenswürdigkeit von Ärzten, sondern vor allem auch dem Interesse des Patienten an der Vertraulichkeit seiner Gesundheitsdaten. Sie ist in den §§ 630a ff. nicht ausdrücklich geregelt. Sie folgt aber als Schutzpflicht aus dem Behandlungsvertrag, ferner aus dem allgemeinen Persönlichkeitsrecht des Patienten und aus der Berufsordnung für die deutschen Ärzte. Beim Vertragsschluss gehen beide Parteien davon aus, dass ein besonderes Vertrauensverhältnis zwischen ihnen begründet wird, wonach der Behandelnde über das ihm Anvertraute zu schweigen hat. Das gilt umfassend und nicht nur dann, wenn es um Leiden oder Gebrechen des Patienten oder um Tatsachen geht, deren Bekanntgabe dem Patienten peinlich oder für sein Ansehen abträglich wäre.

Eine Verletzung der ärztlichen Schweigepflicht liegt zB auch dann vor, wenn der Arzt seine Honorarforderung zwecks Erstellung der Rechnung und Einziehung des Rechnungsbetrags an eine gewerbliche Verrechnungsstelle unter Übergabe der Abrechnungsunterlagen abtritt, sofern der Patient nicht zugestimmt hat.[36] Die Schweigepflicht wird selbst dadurch verletzt, dass der Arzt bei der Veräußerung seiner Praxis die Patientenkartei ohne Einwilligung der betroffenen Patienten an den Käufer übergibt.[37]

26 Allerdings kann der Patient den Arzt von seiner Schweigepflicht befreien; eine solche (stillschweigende) Einwilligung ist zB anzunehmen, wenn der Arzt im Einverständnis des Patienten einen Facharzt zuzieht; sie kann auch in AGB enthalten sein. Ferner kann die Schweigepflicht bei Gefahren für Leben und Gesundheit Dritter begrenzt sein.[38]

2. Folgen einer Pflichtverletzung (Arzthaftung)

27 **a) Schadensersatz.** Bei schuldhafter Verletzung einer vertraglichen Pflicht ist der Behandelnde dem Patienten nach den allgemeinen Regeln zum Ersatz des dadurch verursachten Schadens verpflichtet. Re-

---

36 Vgl. BGHZ 115, 123.
37 Vgl. BGHZ 116, 268.
38 So *OLG Frankfurt* NJW 2000, 875 zum Recht (und zur Pflicht) des Arztes, den Lebenspartner seines Patienten über dessen Aids-Erkrankung aufzuklären; dazu *Spickhoff* NJW 2000, 848.

gelmäßig ergibt sich die Haftung aus § 280 I. Oft kann sich der Schadensersatzanspruch (auch) aus Delikt (→ § 45 Rn. 61 ff.) ergeben (sog. Anspruchsgrundlagenkonkurrenz).

Ist der Schaden dem Patienten von einer Hilfsperson des Behandelnden (zB Assistenzarzt, medizinisch-technische Assistentin) zugefügt worden, haftet der Behandelnde als Vertragspartner für das Verschulden seines Erfüllungsgehilfen (§ 278).

Hat in den **Fällen c bis e** ein Privatassistent des A das falsche Medikament gespritzt, dann haftet A in den **Fällen d und e** dafür gem. § 278, da zwischen A und P ein Vertragsverhältnis besteht. Dagegen kommt im **Fall c** nur ein Anspruch aus § 831 (→ § 48 Rn. 3 ff.) in Betracht, da ein Schuldverhältnis zwischen A und P nicht gegeben ist.

Der Behandelnde hat – abgesehen vom Vorsatz – für jede Fahrläs- 28
sigkeit einzustehen. Es muss also geprüft werden, ob er die im Verkehr erforderliche Sorgfalt außer Acht gelassen hat (§ 276 II).[39] Es gilt der objektivierte zivilrechtliche Fahrlässigkeitsbegriff.[40] Maßstab dafür, ob die gebotene ärztliche Sorgfalt eingehalten worden ist, sind die anerkannten fachlichen Standards, insbesondere die Regeln der ärztlichen Kunst. Diese ändern sich mit den Fortschritten in der Medizin. In der Regel liegt eine Sorgfaltspflichtverletzung vor, wenn der Arzt einen **Kunstfehler** begangen hat; darunter versteht man einen Verstoß gegen die allgemein anerkannten Grundsätze der ärztlichen Wissenschaft.[41] Die höchstrichterliche Rechtsprechung dazu ist sehr umfangreich.

Im **Fall f** ist A schadensersatzpflichtig, weil er sich mit einer telefonischen Ferndiagnose begnügt hat. Er hätte den P bei den unklaren Bauchbeschwerden untersuchen müssen. Dann hätte er ihn wegen Verdachts auf Blinddarmentzündung anders behandelt oder ihn sofort ins Krankenhaus eingewiesen. Dadurch wäre ein Durchbruch vermieden worden, und der weitergehende Schaden wäre nicht entstanden.

b) Entschädigung. Nach § 253 II ist auch wegen immaterieller 29
Schäden eine billige Entschädigung in Geld zu zahlen. Voraussetzung ist, dass eines der dort genannten Rechtsgüter (Körper, Gesundheit, Freiheit, sexuelle Selbstbestimmung) verletzt wurde. Danach kann also auch die Verletzung des Behandlungsvertrags einen Schmerzensgeldanspruch auslösen. Das ist vor allem bei der Einschaltung eines

39 *Brox/Walker* SchuldR AT § 20 Rn. 14 ff.
40 *BGH* NJW 2001, 1786.
41 Vgl. BGHZ 8, 138 (140).

Gehilfen von Bedeutung, wenn wegen der Exkulpationsmöglichkeit nach § 831 I 2 (→ § 48 Rn. 6) die Voraussetzungen für eine deliktische Haftung nicht vorliegen, wohl aber die Voraussetzungen für eine vertragliche Haftung; denn im Rahmen von § 278 gibt es keine Exkulpationsmöglichkeit.

30 c) **Beweislast.** In der Praxis hat die Beweislast für den Ausgang eines Rechtsstreits über die Haftung für Behandlungs- und Aufklärungsfehler eine besondere Bedeutung. Dazu enthält § 630h mehrere Regeln zugunsten des Patienten:

31 Geht es um einen **Behandlungsfehler**, hat regelmäßig der Patient den ärztlichen Fehler und dessen Ursächlichkeit für den Schaden zu beweisen. Aber dieser Beweis wird ihm durch § 630h I erleichtert. Danach wird ein Fehler des Behandelnden vermutet, wenn sich ein allgemeines und beherrschbares Behandlungsrisiko verwirklicht (Ausfall eines medizinischen Geräts, Mängel im Hygienebereich, falsche Lagerung des Patienten)[42] und zur Verletzung des Lebens, des Körpers oder der Gesundheit des Patienten geführt hat.

32 Wenn ein **grober Behandlungsfehler** feststeht und dieser nach der Lebenserfahrung grundsätzlich geeignet ist, die Verletzung des Lebens, des Körpers oder der Gesundheit der tatsächlich eingetretenen Art herbeizuführen, wird seine Ursächlichkeit für diese Verletzung (haftungsbegründende Kausalität) vermutet (§ 630h V 1). Entsprechendes gilt bei fehlerhaft unterlassener Befunderhebung, sofern der Befund mit hinreichender Wahrscheinlichkeit Anlass zu weiteren Maßnahmen gegeben hätte, deren Unterlassung grob fahrlässig gewesen wäre (§ 630h V 2). Der Grund für diese Beweislastregelung liegt darin, dass bei einem groben Behandlungsfehler der Behandelnde „näher dran“ und ihm deshalb der Beweis eher möglich ist.[43] Steht fest, dass der Arzt aufgrund eines Behandlungsfehlers oder nach unzutreffender Aufklärung dem Patienten einen Schaden zugefügt hat, muss der Arzt beweisen, dass es zu diesem Schaden auch bei fehlerfreiem Handeln oder nach zutreffender Aufklärung des Patienten gekommen wäre.[44]

33 Die Einholung der Einwilligung und eine dem § 630e entsprechende Aufklärung des Patienten hat der Behandelnde zu beweisen (§ 630h II 1). Ohne diese Regelung müsste der Patient die Nichtein-

---

42 BT-Drs. 17/10488, 28.
43 BT-Drs. 17/10488, 30.
44 *BGH* NJW 2016, 3522 Rn. 14; 2005, 2072 f.

holung der Einwilligung als anspruchsbegründende Pflichtverletzung beweisen. Bei einer fehlenden oder fehlerhaften Aufklärung kann sich der Behandelnde zwar darauf berufen, der Patient hätte auch bei ordnungsmäßiger Aufklärung zB wegen andernfalls drohender Schmerzen oder dauerhaften Beeinträchtigungen in die Maßnahme eingewilligt (sog. hypothetische Einwilligung; § 630h II 2[45]). Allerdings besteht für den Patienten die Möglichkeit, diesen Einwand zu widerlegen. Dazu muss er nachvollziehbar darlegen, warum er bei ordnungsmäßiger Aufklärung trotz der drohenden nachteiligen Folgen nicht eingewilligt hätte.

Ein Verstoß gegen die Dokumentations- oder Dokumentationsauf- 34
bewahrungspflicht bzgl. medizinisch gebotener wesentlicher Maßnahmen nach § 630f begründet gem. § 630h III die Vermutung, dass der Behandelnde die gebotene Maßnahme nicht getroffen hat.

Wenn eine Verletzung des Lebens, des Körpers oder der Gesund- 35
heit bei einer Behandlung durch eine dazu nicht befähigte Person verursacht wurde, wird gem. § 630h IV vermutet, dass die mangelnde Befähigung dafür ursächlich war.

V. Pflichten des Patienten und Folgen einer Pflichtverletzung

1. Pflichten

a) Pflichten des Privatpatienten. Den Privatpatienten trifft – au- 36
ßer Nebenleistungs- und Schutzpflichten – vornehmlich die Pflicht zur Gewährung der vereinbarten Vergütung (§ 630a I). Deren Höhe richtet sich nach der getroffenen Vereinbarung (§ 612 I), sonst nach der Taxe (§ 612 II); das ist die Gebührenordnung für Ärzte (GOÄ) bzw. Zahnärzte (GOZ). Die Vereinbarung einer davon abweichenden Vergütung ist in einem Schriftstück zu treffen (§ 2 GOÄ, § 2 GOZ). Mündliche Vergütungsvereinbarungen sind unwirksam (§ 125 S. 1).

Die vom Arzt für seine Honorarvereinbarungen benutzten Vordrucke stellen AGB dar (§ 305 I 1);[46] deshalb ist gem. § 307 I, II Nr. 1[47] zu prüfen, ob sie den Patienten entgegen den Geboten von Treu und Glauben unangemessen

45 Dazu *Conrad/Koranyi* JuS 2013, 979.
46 *Brox/Walker* SchuldR AT § 4 Rn. 29 ff.
47 *Brox/Walker* SchuldR AT § 4 Rn. 46 ff.

benachteiligen, weil sie mit dem Leitbild der Gebührenordnung für Ärzte nicht vereinbar sind.[48]

37 **b) Pflichten des gesetzlich versicherten Patienten.** Die Pflicht des Patienten zur Gewährung der Vergütung besteht nur, soweit nicht ein Dritter zur Zahlung verpflichtet ist (§ 630a I aE). Deshalb ist der gesetzlich versicherte Patient (Kassenpatient), obwohl auch er einen privatrechtlichen Behandlungsvertrag mit dem Kassenarzt geschlossen hat (→ Rn. 6), nicht Schuldner der Vergütungspflicht, soweit die Behandlung in den Katalog der gesetzlichen Krankenversicherung fällt und der Patient keine Kostenerstattung nach § 13 II SGB V gewählt hat. Der Kassenarzt hat vielmehr einen (öffentlich-rechtlichen) Anspruch gegen die Kassenärztliche Vereinigung (zu **Fall b)**. Die gesetzlichen Krankenkassen erfüllen nämlich ihre Verpflichtung gegenüber dem Versicherten auf Heilbehandlung dadurch, dass sie mit den Kassenärztlichen Vereinigungen Verträge zugunsten ihrer Mitglieder schließen. Aufgrund solcher Verträge zahlen die Krankenkassen Gesamtvergütungen an die Kassenärztlichen Vereinigungen; die einzelne Kassenärztliche Vereinigung leitet die ihr geleistete Gesamtvergütung an die einzelnen Kassenärzte nach den erbrachten Leistungen weiter.

Insgesamt wird also das privatrechtlich einzuordnende Vertragsverhältnis zwischen dem Arzt und dem Kassenpatienten durch das Recht der gesetzlichen Krankenversicherung überlagert. Der Arzt schuldet zwar die vertraglich zugesagte Behandlung, aber der gesetzlich versicherte Patient hat keine Vergütungspflicht für solche Behandlungen, die von der Krankenversicherung erstattet werden. Zwischen dem Arzt und dem Patienten besteht also kein synallagmatisches, sondern ein einseitiges Vertragsverhältnis.[49]

Legt der Kassenpatient dem Kassenarzt die elektronische Gesundheitskarte bei der ersten Inanspruchnahme nicht vor und reicht er sie nicht innerhalb einer Frist von zehn Tagen nach, kann der Arzt eine Privatvergütung verlangen (§ 18 VIII 3 Nr. 1 BMV-Ä). Sie ist dem Patienten zurückzuerstatten, wenn dem Arzt bis zum Ende des Quartals eine gültige elektronische Gesundheitskarte oder ein anderer gültiger Anspruchsnachweis vorgelegt wird (§ 18 IX BMV-Ä).

2. Folgen einer Pflichtverletzung

38 Der Arzt kann vom Privatpatienten bei nicht rechtzeitiger Gewährung der Vergütung Schadensersatz wegen Verzugs verlangen.

---

48 *BGH* WM 1991, 2157.
49 BT-Drs. 17/10466, 19.

4. Kapitel. Werkvertrag und ähnliche Verträge

Das Werkvertragsrecht nach den §§ 631 ff. wurde durch Gesetz 1
vom 28.4.2017[50] mit Wirkung zum 1.1.2018 teilweise neu geregelt. Der Titel 9 über Werkvertrag und ähnliche Verträge (§§ 631 – 651y) ist seitdem in vier Untertitel gegliedert. Der 1. Untertitel enthält allgemeine Vorschriften zum Werkvertrag (§§ 631 – 650) sowie ergänzende Sonderregeln zum Bauvertrag (§§ 650a – 650h), zum Verbraucherbauvertrag (§§ 650i – 650n) und zur Unabdingbarkeit (§ 650o). Im 2. und 3. Untertitel wurden Regelungen über zwei werkvertragsähnliche Verträge, nämlich über den Architekten- und Ingenieurvertrag (§§ 650p – 650t) sowie über den Bauträgervertrag (§§ 650u – 650v), neu eingefügt. Im 4. Untertitel wurden durch Gesetz vom 17.7.2017[51] mit Wirkung zum 1.7.2018 alle Vorschriften zum Reisevertrag als einem weiteren werkvertragsähnlichen Vertrag unter der geänderten Bezeichnung „Pauschalreisevertrag" (§§ 651a – 651y) neu gefasst.

§ 23. Werkvertrag und seine Begründung

Schrifttum: *Bitter/Rauhut*, Vertragsdurchführungspflicht des Werkbestel- 1a
lers?, JZ 2007, 964; *Büdenbender*, Der Werkvertrag, JuS 2001, 625; *Greiner*, Grenzfragen des Erfolgsbezugs im Werkvertragsrecht, AcP 211 (2011), 221; *Leistner*, Die „richtige" Auslegung des § 651 BGB im Grenzbereich von Kaufrecht und Werkvertragsrecht, JA 2007, 81; *Mankowski*, Werkvertragsrecht – Die Neuerungen durch § 651 BGB und der Abschied vom Werklieferungsvertrag, MDR 2003, 854; *Meub*, Schuldrechtsreform: Das neue Werkvertragsrecht, DB 2002, 131; *Metzger*, Der neue § 651 BGB, AcP 204 (2004), 231; *Nietsch*, Werklieferungen im Spannungsverhältnis zwischen Vertragstypisierung und Parteiautonomie, AcP 211 (2011), 737; *Peters*, Zur Angemessenheit der Preisbildung beim Werkvertrag, JR 2014, 415; *H. Roth*, Die Reform des Werkvertragsrechts, JZ 2001, 543; *Schneidewindt*, Erwerb und Installation einer Photovoltaik-Dachanlage: Kauf- oder Werkvertrag? NJW 2013, 3751; *Schreiber*, Die Abgrenzung von Werk-, Werklieferungs- und Kaufvertrag, JURA 2013, 21; *Schudnagies*, Das Werkvertragsrecht nach der Schuldrechtsre-

---

50 BGBl. I 969.
51 BGBl. I 2394.

form, NJW 2002, 396; *Schuhmann,* Werkvertrag oder Kaufvertrag? – § 651 BGB im Lichte der Verbrauchsgüterkaufrichtlinie, ZGS 2005, 250; *Schwenker/Wessel,* Der Werkvertrag. Die allgemeinen Regeln nach der Reform des Bauvertragsrechts 2018, MDR 2017, 1093; *C. Teichmann,* Schuldrechtsmodernisierung 2001/2002 – Das neue Werkvertragsrecht, JuS 2002, 417; *Wietfeld,* Die Rolle von Verkehrssicherungspflichten bei der Abgrenzung von Dienst- und Werkverträgen, NJW 2014, 1206.

Siehe ferner die Literaturangaben zu → § 25.

Fall a: A bezeichnet den Direktor D der Stadtwerke AG in einer öffentlichen Versammlung als „absoluten Ignoranten". D ordnet daraufhin an, A nicht mehr mit den städtischen Verkehrsmitteln zu befördern. A hält diese Maßnahme für unzulässig. → Rn. 2

Fall b: U verpflichtet sich, für B ein Werbeplakat zu entwerfen. Lustlos bricht er die Arbeit ab und verlangt von B Bezahlung der bereits aufgewendeten Arbeitszeit. → Rn. 3

Fall c: B lässt sich für die geplante Reparatur seines Pkw von U einen Kostenanschlag machen. Weil ihm dieser sehr hoch erscheint, lässt er die Reparatur von einer anderen Werkstatt durchführen. Muss er dem U etwas für den Kostenanschlag bezahlen? → Rn. 7

Die allgemeinen Vorschriften zum Werkvertrag finden sich in den §§ 631 – 650. Sie enthalten seit dem 1.1.2018 Neuregelungen zur Berechnung einer Abschlagszahlung (→ Rn. 9), zur Abnahme (→ § 24 Rn. 6 ff.) und zu einem Kündigungsrecht aus wichtigem Grund (→ § 26 Rn. 5 ff.).

I. Begriff und Begründung

Der Werkvertrag ist ein gegenseitiger Vertrag, in dem sich der eine Teil (Unternehmer) zur Herstellung des versprochenen Werks und der andere (Besteller) zur Entrichtung der vereinbarten Vergütung verpflichtet (§ 631 I). „Unternehmer" ist hier nur die Bezeichnung für eine Vertragspartei; sie muss nicht die Voraussetzungen des § 14 erfüllen.

2 Ob zwei Parteien einen solchen Vertrag schließen, entscheiden sie grundsätzlich selbst (Vertragsfreiheit in Form der Abschlussfreiheit). Allerdings hat der Gesetzgeber in bestimmten Fällen für den Unternehmer einen **Kontrahierungszwang** angeordnet.[1] Es handelt sich hierbei um solche Fallgestaltungen, in denen der Besteller auf die Leistungen eines bestimmten Unternehmers an-

1 *Brox/Walker* SchuldR AT § 4 Rn. 8.

gewiesen ist, weil dieser in seinem Bereich eine Monopolstellung hat. Im **Fall a** darf D gem. § 22 Personenbeförderungsgesetz den Abschluss eines Beförderungsvertrags mit A nicht verweigern.

Für die Wirksamkeit des Vertrags gelten die allgemeinen Voraussetzungen (§§ 130, 134, 138). So kann ein Werkvertrag gegen das Gesetz zur Bekämpfung von Schwarzarbeit (SchwarzArbG) verstoßen. Danach ist Schwarzarbeit eine Ordnungswidrigkeit. Sie wird also sinngemäß verboten. Ein Verstoß dagegen führt zur Nichtigkeit des Werkvertrags gem. § 134.[2] Die Parteien haben dann keine werkvertraglichen Ansprüche gegeneinander.

1. Werk

Kennzeichnend für den Werkvertrag ist zunächst die Zusage, ein bestimmtes Werk herzustellen. Anders als beim Dienstvertrag wird hier also nicht nur ein Arbeitseinsatz, sondern ein bestimmter Arbeits**erfolg** geschuldet, für dessen Eintritt der Unternehmer das Risiko zu tragen hat (zur Abgrenzung vom Dienstvertrag → § 19 Rn. 9 ff.). 3

Im **Fall b** hat U keinen Anspruch auf die Vergütung, weil es sich hier um einen Werkvertrag handelt und er den danach geschuldeten Erfolg nicht herbeigeführt hat. Die Voraussetzungen für eine Abschlagszahlung nach § 632a liegen schon deshalb nicht vor, weil B durch die bisherige Tätigkeit die geschuldete Leistung nicht erbracht hat.

Gegenstand des Werkvertrags kann nach § 631 II einmal die **Herstellung oder Veränderung einer Sache** sein. Als Werk kommt aber auch jeder **andere durch Arbeit oder Dienstleistung herbeizuführende Erfolg** in Betracht. 4

Beispiele: Errichtung eines Bauwerks, Reparatur einer Maschine, Übersetzung eines Textes, Anfertigung von Gutachten, Beförderung von Gütern, Ankaufsuntersuchung eines Pferdes durch einen Tierarzt,[3] Haarschnitt, Freihalten einer bestimmten Fläche von Schnee und Eis (Winterdienst).[4]

Der Werkvertrag kann auch eine Geschäftsbesorgung zum Gegenstand haben (zB Inkassotätigkeit; Erfüllung der Verkehrspflichten für einen anderen[5]) und unterliegt dann in bestimmtem Umfang den Auftragsregeln (§ 675; → § 29 Rn. 42 ff.).

---

2 Vgl. *BGH* NJW 2013, 3167 ff.; dazu *Lorenz* NJW 2013, 3132; *Mäsch* JuS 2014, 355; *BGH* NJW 2014, 1805 mAnm *Korff*, EWiR 2014, 587 und Anm. *Mäsch* JuS 2014, 1123; zustimmend *Stamm* NJW 2014, 2145.
3 Vgl. *BGH* NJW 2012, 1070 und 1071 (1072).
4 Vgl. *BGH* NJW 2013, 3022 (3023) mAnm *Mäsch* JuS 2013, 1033.
5 *Wietfeld* NJW 2014, 1206 (1208 ff.).

2. Vergütung

5 Wesentlich für den Werkvertrag ist ferner, dass der Unternehmer für die Herstellung des Werks eine Vergütung erhält, die regelmäßig, aber nicht notwendig, in Geld besteht.

Die Vergütung muss nicht nach der Zahl der hergestellten Stücke, sondern kann auch nach der aufgewendeten Zeit bemessen sein.

a) Fehlen einer Vereinbarung über die Vergütungspflicht oder -höhe. Für den Fall, dass die Parteien keine Vereinbarung über die Vergütungspflicht oder die Vergütungshöhe getroffen haben, enthält § 632 folgende Regelung, die dem § 612 für das Dienstvertragsrecht (→ § 19 Rn. 18 ff.) entspricht:

aa) Eine Vergütung gilt nach § 632 I als stillschweigend vereinbart, wenn die Herstellung des Werks den Umständen nach nur gegen eine Vergütung zu erwarten ist **(Vergütungsfiktion)**. Ebenso wie bei § 612 handelt es sich also auch hier nicht nur um eine bloße Auslegungsregel (→ § 19 Rn. 19).

Kann eine Vergütungsvereinbarung nach den Umständen nicht fingiert werden, kommt mangels Entgeltlichkeit kein Werkvertrag, sondern nur ein Auftrag in Betracht.

6 bb) Fehlt es nur an einer Einigung über die **Höhe der Vergütung**, ist nach § 632 II beim Bestehen einer Taxe die taxmäßige Vergütung, beim Fehlen einer solchen die übliche Vergütung als vereinbart anzusehen. Wegen der Einzelheiten kann auf das zu § 612 II Gesagte (→ § 19 Rn. 20) verwiesen werden.

7 **b) Keine Vergütungspflicht beim Kostenanschlag.** Ein Kostenanschlag (abweichend von der gesetzlichen Terminologie spicht man allgemein eher vom Kostenvoranschlag) ist im Zweifel nicht zu vergüten (§ 632 III; **Fall c**). Diese Auslegungsregel entspricht dem allgemeinen Rechtsbewusstsein; danach bedarf eine Vergütungspflicht für einen Kostenanschlag einer eindeutigen Vereinbarung. Wird eine solche getroffen, geht sie dem § 632 III vor.

Die Vergütungsvereinbarung ist nicht formbedürftig. Eine entsprechende Klausel in den AGB des Unternehmers kann eine überraschende Klausel iSv § 305c I darstellen, so dass sie nicht Vertragsbestandteil wird. Ob sie nach § 307 III der Inhaltskontrolle unterliegt, ist umstritten.[6]

---

6 Bejahend BT-Drs. 14/6040, 260; verneinend NK-BGB/*Raab* § 632 Rn. 19.

Vorarbeiten, die über den Rahmen eines Kostenanschlages und ein bloßes Vertragsangebot hinausgehen (zB Entwürfe für das herzustellende Werk), sind beim Ausbleiben des Vertragsschlusses regelmäßig nur dann zu vergüten, wenn sie schon für sich einen selbständigen Wert haben und deshalb nur gegen eine Vergütung zu erwarten sind (§ 632).[7] 8

c) **Abschlagszahlungen.** Der Unternehmer kann von dem Besteller für eine erbrachte und nach dem Vertrag geschuldete Leistung sowie für angelieferte oder bereitgestellte Stoffe oder Bauteile eine Abschlagszahlung in der Höhe des Wertes dieser Leistung verlangen (§ 632a I 1, 6). Sind die Leistungen nicht vertragsgemäß, kann der Besteller einen Teil der Abschlagszahlung, nämlich **bis zum Doppelten der für die Mängelbeseitigung erforderlichen Kosten** (§ 641 III), verweigern (§ 632a I 2). Die Leistungen sind nur vertragsmäßig, wenn sie erforderlich und im Wesentlichen mangelfrei sind und der Unternehmer die Absicht hat, das Werk zu Ende zu führen. Die Beweislast für die Vertragsgemäßheit trägt bis zur Abnahme der Unternehmer (§ 632a I 3). Bei Bauverträgen setzt der Anspruch auf Abschlagszahlungen weiter voraus, dass der Besteller Eigentum an den Werkteilen, Stoffen oder Bauteilen erhält oder (bei fehlender Eigentumsübertragung) der Unternehmer Sicherheit (§ 232; zB durch Bankbürgschaft) leistet (§ 632a I 6). Durch die Abschlagszahlungen sollen der vorleistungspflichtige Unternehmer entlastet und die mit der Vorleistung verbundenen wirtschaftlichen Nachteile ausgeglichen werden. 9

Sonderregelungen enthalten § 650 l für Abschlagszahlungen beim Verbraucherbauvertrag (→ § 27 Rn. 21) und § 650v für solche beim Bauträgervertrag (→ § 28 Rn. 12).

II. Abgrenzung zum Kaufvertrag

Aufgrund eines Kaufvertrags schuldet der Verkäufer regelmäßig die Lieferung eines bereits vorhandenen Gegenstandes, während aufgrund eines Werkvertrags der Unternehmer das Werk erst herzustellen hat. Trotzdem ist die Abgrenzung zwischen beiden Vertragstypen nicht immer einfach. 10

Ein Kaufvertrag kann auch vorliegen, wenn der Kaufgegenstand bei Vertragsschluss noch nicht existiert und deshalb noch hergestellt

7 Dazu *BGH* NJW-RR 2005, 19.

werden muss. So ist ein Vertrag, dem die Bestellung von Standardware aus einem Warenkatalog zugrunde liegt, aus der maßgeblichen Sicht des Bestellers als Kaufvertrag einzuordnen, auch wenn die Ware beim Verkäufer noch nicht vorrätig ist.[8] Das gilt unabhängig davon, ob der Verkäufer die Kaufsache selbst herstellt oder seinerseits beim Hersteller oder einem Zwischenhändler beschafft. Wenn sich der Unternehmer dagegen verpflichtet, ein Werk aus von ihm zu beschaffenden Sachen neu herzustellen (zB Herstellung eines Serienmöbelstückes, Anfertigung eines Maßanzuges), stellt sich die Frage, ob wegen der Herstellungspflicht Werkvertragsrecht oder wegen der Pflicht zur Übereignung des (bearbeiteten) Stoffes Kaufvertragsrecht Anwendung findet.

Nach § 650 S. 1 finden auf Verträge über die Lieferung neu herzustellender oder zu erzeugender **beweglicher** Sachen grundsätzlich die Vorschriften über den Kaufvertrag Anwendung. Das gilt selbst dann, wenn der Stoff für das Werk vom Besteller geliefert wird oder wenn die bewegliche Sache dazu bestimmt ist, in eine unbewegliche Sache eingebaut zu werden.[9] Bei **unvertretbaren** beweglichen Sachen (Herstellung eines Maßanzuges) wird das Kaufrecht nur durch wenige, teils modifizierte Vorschriften aus dem Werkvertragsrecht (aber nicht die §§ 633 ff. über Mängelrechte) ergänzt (vgl. § 650 S. 3), nicht dagegen verdrängt. Der Besteller hat deshalb kein Selbstvornahmerecht (→ § 24 Rn. 34 ff.), und das Wahlrecht zwischen Nachbesserung und Nachlieferung steht nicht dem Unternehmer (→ § 24 Rn. 29), sondern dem Besteller zu (→ § 4 Rn. 41).

Anders ist die Rechtslage, wenn der Verkäufer sich verpflichtet, den bereits vorhandenen Kaufgegenstand vor der Übereignung zu verändern oder zu vergrößern. Dann findet Werkvertragsrecht Anwendung, wenn die Änderungsarbeiten ein solches Gewicht haben, dass sich der Vertrag insgesamt als Werkvertrag darstellt.

Beispiel: Der Verkäufer von Wohnungseigentum verpflichtet sich zu umfassenden Modernisierungsarbeiten sowie zur Aufstockung des Gebäudes mit zwei zusätzlichen Geschossen. Derartige Arbeiten sind nach Umfang und Bedeutung mit der Erstellung eines Neubaus vergleichbar. Deshalb findet Werkvertragsrecht auch auf solche Mängel Anwendung, die sich in der bereits vorhandenen Bausubstanz zeigen.[10]

---

8 *BGH* NJW 2014, 2183.
9 *BGH* NJW 2009, 2877 (2878); *Looschelders* SchuldR BT Rn. 626.
10 *BGH* NJW 2007, 3275 (3276).

III. Bedeutung und gesetzliche Regelung

Wegen dieser Regelung in § 650, wonach die Lieferung herzustel- 11
lender beweglicher Sachen dem Kaufrecht unterstellt ist, beschränkt sich die Anwendbarkeit des Werkvertragsrechts im Wesentlichen auf die Herstellung von Bauwerken, auf reine Reparaturarbeiten und auf die Herstellung nicht körperlicher Werke (zB Ausarbeiten von Texten, Erstellung von Gutachten).[11]

Bei Werkverträgen und werkvertragsähnlichen Verträgen mit be- 12
stimmten Leistungsgegenständen werden die §§ 631 ff. den besonderen Interessenlagen der Parteien nur unvollkommen gerecht. Das hat den Gesetzgeber veranlasst, für den Bauvertrag (§§ 650a ff.; → § 27), den Architekten- und Ingenieurvertrag (§§ 650p ff.; → § 28 Rn. 1 ff.), den Bauträgervertrag (§§ 650u f.; → § 28 Rn. 12), den Pauschalreisevertrag (§§ 651a ff.; → § 28 Rn. 13 ff.) sowie zahlreiche weitere besondere Werkverträge **Sonderregelungen** zu erlassen.

Zu erwähnen sind hier vor allem das Kommissionsgeschäft (§§ 383 ff. HGB), das Speditionsgeschäft (§§ 453 ff. HGB), das Frachtgeschäft (§§ 407 ff. HGB) sowie der Verlagsvertrag (§§ 1 ff. VerlG).

Für bestimmte Werkvertragsparteien haben sich darüber hinaus all- 13
gemeine Geschäftsbedingungen durchgesetzt. Das gilt vor allem für den Bauvertrag, dem meistens vertraglich die **Vergabe- und Vertragsordnung für Bauleistungen (VOB)** zugrunde gelegt wird. Die VOB besteht aus drei Teilen, den Allgemeinen Bestimmungen für die Vergabe von Bauleistungen (Teil A), den Allgemeinen Vertragsbedingungen für die Ausführung von Bauleistungen (Teil B) sowie den Allgemeinen technischen Vertragsbedingungen für Bauleistungen (Teil C). Für den Bauvertrag als besonderen Werkvertrag zwischen dem Bauherrn (Auftraggeber) und dem Bauunternehmer (Auftragsnehmer) ist vor allem Teil B von Bedeutung. Zu Abweichungen der VOB vom BGB → § 24 Rn. 40, 45, 55, 61; → § 24 Rn. 22, 29.

---

11 BT-Drs. 14/6040, 268; *BGH* NJW 2009, 2877 (2879).

§ 24. Pflichten des Unternehmers und Folgen einer Pflichtverletzung

Schrifttum: Siehe die Nachweise bei § 23. Ferner (nur zur Rechtslage seit der Schuldrechtsreform zum 1.1.2002): *Buchwitz*, Vorbehaltlose Abnahme einer Werkleistung in Kenntnis eines Mangels, NJW 2017, 1777; *Derleder*, Der Wechsel zwischen den Gläubigerrechten bei Leistungsstörungen und Mängeln, NJW 2003, 998; *Eichel*, Minderung und kleiner Schadensersatz im Kauf- und Werkrecht, JuS 2011, 1064; *Jaensch*, Schadensersatz wegen berechtigter Leistungsverweigerung, NJW 2013, 1121; *Katzenstein*, Kostenersatz bei eigenmächtiger Selbstvornahme der Mängelbeseitigung – ein Plädoyer für die Abkehr von einer verfestigten Rechtspraxis, ZGS 2004, 309; *Keiser*, Letztverkäufer- und Werkunternehmerregress wegen Kosten für den Aus- und Neueinbau mangelhafter Sachen im Wege der Nacherfüllung, JuS 2014, 961; von *Kiedrowski*, Gesamtschuldnerische (Mängel-)Haftung mehrerer Werkunternehmer, NJW 2016, 129; *Kohler*, Gewährleistung und Vergütungsanspruch in Fällen des § 323 Abs. 6 BGB – Rechtsfragen bei Mangelbehebungsverweigerung von Patienten, AcP 215 (2015), 165; *ders.*, Verfassungswidrigkeit des § 640 Abs. 2 BGB? oder: Handwerk und Gerechtigkeit in der Gesetzgebung, JZ 2003, 1081; *ders.*, Nutzungsvergütung in Fällen der §§ 439 Abs. 4 und 635 Abs. 4 BGB?, ZGS 2004, 48; *Lucenti*, Der „funktionale" Sachmangelbegriff des § 633 II BGB und die Aussichten auf eine Haftungsentschärfung der Beschaffenheitsvereinbarung, NJW 2008, 962; *Mehring*, Der Anspruch auf großen Schadensersatz im Werkvertragsrecht, ZGS 2009, 310; *Raab*, Der Werkvertrag, in: Dauner-Lieb/Heidel/Lepa/Ring, Das neue Schuldrecht, 2002, § 9; *Reinking*, Leistungsort der Nacherfüllung im Kauf- und Werkvertragsrecht, NJW 2008, 3608; *Reiter*, Materiell-rechtliche Problemfelder werkvertraglicher Gewährleistung, Ad Legendum 2014, 223; *Schiemann*, Vorteilsanrechnung beim werkvertraglichen Schadensersatz, NJW 2007, 3037; *Schlinker*, Die Sachmängelrechte im Kauf- und Werkvertragsrecht im Falle mangelhafter Drittleistung, AcP 207 (2007), 399; *Schwab*, Die Ablehnungserklärung im Werkvertragsrecht, JuS 2017, 964; *Schwenker*, Keine Mängelrechte vor Abnahme, NJW 2017, 1579; *Wertenbruch*, Die Anwendung des § 275 BGB auf Betriebsstörungen beim Werkvertrag, ZGS 2003, 53.

I. Pflicht des Unternehmers zur Herstellung des Werks

1 **Fall a:** B beauftragt U, eine Scheune zu errichten. B bringt in die noch nicht fertig gestellte Scheune Heu ein, das sich ohne sein Verschulden entzündet. Dabei brennt die Scheune ab. U verlangt Vergütung seiner bereits geleisteten Arbeit. → Rn. 12

Fall b: U sagt dem B die Reparatur von dessen Pkw bis zu einem bestimmten Termin zu, weil B am folgenden Tag mit dem Fahrzeug in Urlaub fahren will. Da U wegen zahlreicher anderer Aufträge nicht termingerecht fertig wird, nimmt B für seine Urlaubsreise einen Mietwagen. Kann er die Kosten (abzüglich ersparter Aufwendungen) ersetzt verlangen? → Rn. 13

1. Inhalt der Pflicht des Unternehmers

Nach § 631 I besteht eine Hauptleistungspflicht des Unternehmers in der Herstellung des versprochenen Werks (→ § 23 Rn. 1, 3). Dazu kann auch die Pflicht gehören, dem Besteller das Werk zu beschaffen. Zur Herstellung braucht der Unternehmer im Allgemeinen nicht persönlich tätig zu werden. Er kann sich bei der Erfüllung dieser Pflicht dritter Personen bedienen. Für deren Verhalten hat er allerdings nach § 278 einzustehen. Aus dem Vertrag kann sich aber ergeben, dass er selbst das Werk herstellen muss. Das wird vor allem dann anzunehmen sein, wenn die Herstellung entscheidend von den Fähigkeiten und Kenntnissen des Unternehmers abhängt (zB Komposition eines Musikstücks).

Die vertraglichen Pflichten des Unternehmers erschöpfen sich nicht in dieser Hauptleistungspflicht. Der Unternehmer ist vielmehr auch verpflichtet, dem Besteller das Werk mangelfrei zu verschaffen (→ § 24 Rn. 17). Außerdem ist er nach Treu und Glauben (§ 242) und nach § 241 II gehalten, eine sinnvolle Durchführung des Vertrags zu ermöglichen und den Besteller vor vermeidbaren Schädigungen zu bewahren. Daher trifft ihn zB die Pflicht, den Besteller fachmännisch zu beraten, die ihm zur Bearbeitung überlassenen Stoffe ordnungsgemäß aufzubewahren und für die persönliche Sicherheit des Bestellers in den Arbeitsräumen zu sorgen. Eine gesetzlich geregelte Schutzpflicht ist die Verpflichtung des Unternehmers, beim unverbindlichen Kostenanschlag (→ § 25 Rn. 18) dem Besteller eine drohende Überschreitung unverzüglich anzuzeigen (§ 649 II). 2

2. Folgen einer Pflichtverletzung

Bei Verletzung der Herstellungspflicht des Werkunternehmers ergeben sich nach den §§ 280 ff., 320 ff. für den Besteller die gleichen Rechte wie für den Käufer, wenn der Verkäufer seine Pflichten aus § 433 I 1 verletzt (siehe → § 3). 3

a) Erfüllungsanspruch des Bestellers. Solange der Werkunternehmer seine Herstellungspflicht nicht erfüllt hat, steht dem Besteller ein (klagbarer) Anspruch auf Vertragserfüllung zu. Dieser Anspruch ist allerdings ausgeschlossen, soweit die Erfüllung dem Werkunternehmer objektiv oder subjektiv unmöglich ist (§ 275 I) oder der Unternehmer nach § 275 II, III zur Leistungsverweigerung berechtigt ist.

Das Leistungsverweigerungsrecht nach § 275 III hat für den Werkunternehmer eine größere Bedeutung als für den Verkäufer, weil es beim Werkvertrag eher möglich ist, dass der Unternehmer die Leistung persönlich zu erbringen hat.

4 **b) Schicksal der Gegenleistungspflicht des Bestellers.** Für die Frage, welche rechtlichen Folgen sich aus der Verletzung der Herstellungspflicht des Werkunternehmers für die Gegenleistungspflicht des Käufers zur Zahlung der Vergütung aus § 631 I ergeben, ist zu unterscheiden:

aa) Bei Fortbestand der Leistungspflicht des Werkunternehmers.

Sofern die Leistungspflicht des Werkunternehmers noch fortbesteht und nicht nach § 275 ausgeschlossen ist, steht dem Besteller **die Einrede des nicht erfüllten Vertrags** nach § 320 zu.

Diese Einrede nützt dem Besteller allerdings nur dann etwas, wenn er die Vergütung noch nicht (vollständig) gezahlt hat. Andernfalls muss er vom Vertrag zurücktreten (§ 323 I), um die gezahlte Vergütung nach § 346 I zurückfordern zu können.

In einer **Leistungskette** zwischen Besteller, Hauptunternehmer und Nachunternehmer bestehen zwei voneinander unabhängige Werkverträge zwischen Besteller und Hauptunternehmer einerseits und dem Hauptunternehmer und dem Nachunternehmer andererseits. Wenn die Werkleistung des Nachunternehmers mangelhaft ist, besteht ihm gegenüber das Leistungsverweigerungsrecht des Hauptunternehmers unabhängig davon, ob dieser die gleiche Leistung auch dem Besteller versprochen und ob der Besteller ihm gegenüber Mängelrechte geltend gemacht hat.[1] Ferner wird das Recht des Hauptunternehmers, den Honoraranspruch des Nachunternehmers wegen dessen mangelhafter Werkleistung zu mindern, nicht dadurch ausgeschlossen, dass der Hauptunternehmer sein Honorar von dem Auftraggeber vollständig erhält.[2]

5 **bb) Bei Ausschluss der Leistungspflicht des Werkunternehmers.** (1) Wenn der Werkunternehmer nach § 275 I–III von seiner Leistungspflicht frei wird, **entfällt gem. § 326 I 1 grundsätzlich sein Anspruch auf die Gegenleistung.**

6 (2) Ausnahmsweise bleibt der Besteller in folgenden Fällen **zur Zahlung der Vergütung verpflichtet:**

---

1 Vgl. *BGH* NJW 2013, 3297 (3298) mAnm *Schwab* JuS 2014, 447.
2 *BGH* NJW 2016, 2032 Rn. 35f.

(a) der Besteller ist für den zur Unmöglichkeit führenden **Umstand allein oder weit überwiegend verantwortlich (§ 326 II 1).**

(b) Er verlangt nach § 285 vom Werkunternehmer das **stellvertretende commodum** (Herausgabe des Ersatzgegenstandes oder Abtretung des Ersatzanspruches, den der Werkunternehmer für das geschuldete Werk erhalten hat; § 326 III 1). 7

(c) Das Werk ist **nach Gefahrübergang** (Übergang der sog. Preisgefahr oder Gegenleistungsgefahr) **zufällig** (d. h. ohne Verschulden einer Vertragspartei) untergegangen. Der Zeitpunkt des Übergangs der Preisgefahr ist für den Werkvertrag in den **§§ 644, 645** besonders geregelt. 8

(aa) Gem. **§ 644 I 1** geht die Preisgefahr grundsätzlich **mit der Abnahme des Werks** auf den Besteller über. Der Unternehmer kann also seine Vergütung verlangen, wenn das Werk nach der Abnahme zufällig untergeht.

Da § 644 dem Unternehmer die Vergütung für das untergegangene Werk belässt, folgt hieraus zugleich, dass er das Werk auch dann nicht erneut herzustellen braucht, wenn das möglich ist. Insoweit enthält § 644 konkludent auch eine Regelung der Leistungsgefahr.

Ist eine Abnahme nach der Beschaffenheit des Werks ausgeschlossen (zB bei Theater- und Musikaufführungen sowie bei Beförderungsleistungen), dann geht die Preisgefahr mit der Vollendung des Werks über (§ 646).

(bb) Die Preisgefahr geht nach **§ 644 I 2** schon vor der Abnahme des Werks über, wenn sich der **Besteller im Annahmeverzug** (§§ 293 ff.) befindet. Auch dann braucht der Unternehmer das Werk nicht neu herzustellen, selbst wenn das möglich wäre. 9

(cc) Ebenso wie beim Kauf (§ 447 I; → § 3 Rn. 19 ff.) geht die Preisgefahr nach **§ 644 II** vorzeitig auf den Besteller über, wenn der Unternehmer das Werk auf dessen Verlangen **an einen anderen Ort als den Erfüllungsort versendet.** 10

Sofern aus dem vom Besteller gelieferten Stoff eine bewegliche Sache hergestellt werden soll, findet über § 650 allerdings ohnehin Kaufrecht Anwendung, so dass sich der Gefahrübergang unmittelbar aus § 447 I ergibt.

(dd) Nach **§ 645 I** kann der Unternehmer trotz des Untergangs des Werks einen seiner geleisteten Arbeit entsprechenden Teil der Vergütung und Ersatz seiner Auslagen verlangen, wenn das Werk vor der Abnahme in Folge eines **Mangels des vom Besteller gelieferten Stoffs** oder in Folge einer **vom Besteller erteilten Anweisung** unter- 11 gegangen oder unausführbar geworden ist. Diese Regelung beruht darauf, dass der Besteller die Herstellung des Werks beeinflusst und damit für sein Gelingen Mitverantwortung übernommen hat.

Trifft den Besteller an dem Untergang oder der Unausführbarkeit des Werks ein Verschulden, bleibt eine sich daraus ergebende weitergehende Haftung zB aus § 280 unberührt (§ 645 II).

12 Eine **entsprechende Anwendung des § 645** kommt in Betracht, wenn eine Handlung des Bestellers das Werk vor der Abnahme in einen Zustand oder in eine Lage versetzt, die eine Gefährdung des Werks mit sich gebracht und dessen späteren Untergang verursacht hat.[3]

Im **Fall a** kann U von B einen der bisherigen Arbeit entsprechenden Teil der Vergütung verlangen.

13 **c) Schadensersatzanspruch des Bestellers. aa) Bei Verzögerung der Leistung.** Kommt der Werkunternehmer mit der Erfüllung seiner Pflicht zur Herstellung und Verschaffung des Werks in Schuldnerverzug (§ 286), so kann der Besteller außer der Erfüllung auch Schadensersatz wegen Verzögerung der Leistung verlangen (§§ 280 I, II, 286). Auch die §§ 281 (Schadensersatz statt der Leistung) und 284 (Aufwendungsersatz) finden Anwendung.

Im **Fall b** kann B die geltend gemachten Kosten für den Mietwagen nach §§ 280 I, II, 286 ersetzt verlangen. Für den Verzug des U war eine Mahnung wegen der kalendermäßigen Bestimmtheit der Reparatur nicht erforderlich.

14 **bb) Bei Unmöglichkeit der Leistung.** Wenn die Leistung des Werkunternehmers nachträglich unmöglich geworden ist, hat der Besteller einen Schadensersatzanspruch unter den Voraussetzungen der §§ 280, 283 (zB dem Schreibbüro kommen die diktierten Kassetten abhanden). Lag die Unmöglichkeit schon bei Vertragsschluss vor, ergibt sich der Anspruch aus § 311a II 1 (zB das zu restaurierende Gemälde war bereits bei Vertragsschluss in der Werkstatt des Unternehmers durch Fahrlässigkeit eines Mitarbeiters irreparabel beschädigt worden). Insoweit gilt das Gleiche wie für den Schadensersatzanspruch des Käufers bei einer Unmöglichkeit der vom Verkäufer nach § 433 I 1 zu erbringenden Leistung (→ § 3 Rn. 31 ff.).

15 **d) Rücktrittsrecht des Bestellers. aa) Bei Verzögerung der Leistung.** Verzögert der Werkunternehmer die Erfüllung seiner Pflicht

3 BGHZ 40, 71; vgl. auch BGHZ 60, 14; 136, 303.

zur Herstellung und Verschaffung des Werks, kann der Besteller unter den Voraussetzungen des § 323 vom Vertrag zurücktreten. Der Rücktritt des Bestellers wegen Leistungsverzögerung des Werkunternehmers ist allerdings ausgeschlossen, wenn der Besteller für die Verspätung allein oder weit überwiegend verantwortlich ist oder wenn der Grund für die vom Werkunternehmer nicht zu vertretende Verspätung zu einer Zeit eintritt, in welcher der Besteller sich im Annahmeverzug befindet (§ 323 VI).

bb) Bei Unmöglichkeit der Leistung. Der Besteller kann ferner vom Werkvertrag zurücktreten, wenn der Werkunternehmer nach § 275 I–III von seiner Leistungspflicht zur Herstellung und Verschaffung des Werks frei wird (§ 326 V). Zum entsprechenden Rücktrittsrecht des Käufers → § 3 Rn. 37 ff. 16

II. Pflicht des Unternehmers zur Verschaffung eines mangelfreien Werks und Folgen eines Werkmangels

Fall a: Bauunternehmer U hat für B ein Haus errichtet, das dieser inzwischen bezogen hat. Nach einigen Monaten treten an den Wänden Risse auf. B will die noch ausstehende Vergütung erst zahlen, wenn U die Mängel beseitigt hat. → Rn. 23, 27 17

Fall b: Im Fall a lehnt U jede Nachbesserung ab. Darf B die Mängel durch einen anderen Unternehmer beseitigen lassen und die dabei anfallenden Kosten von der mit U vereinbarten Vergütung abziehen? → Rn. 36, 37, 38

Fall c: U soll auf dem Grundstück des B zwanzig Obstbäume beschneiden. Weil U einen Baum vergisst und dessen Beschneidung trotz Fristsetzung durch B wegen anderer Aufträge ablehnt, fragt B, ob er vom Vertrag zurücktreten kann. → Rn. 20, 44

Fall d: Kann B im Fall c einen Teil der bereits gezahlten Vergütung zurückverlangen? → Rn. 49, 51

Fall e: Kann B im Fall c den sog. großen Schadensersatzanspruch gegen U geltend machen? → Rn. 55

Fall f: B lässt eine in seine Fabrikhalle eingebaute Maschine von U reparieren. Wegen fehlerhafter Arbeiten löst sich, als sie in Gang gesetzt wird, ein Schwungrad und beschädigt die Verankerung. B fordert U auf, ihm die Vergütung zurückzuzahlen und den Schaden an der Verankerung zu ersetzen. → Rn. 42, 58

Fall g: U saniert für B ein Haus. Wegen fehlerhafter Abdichtungsarbeiten, die der U dem B bewusst verschweigt, dringt im Laufe der Zeit an einer Stelle langsam Feuchtigkeit in das Mauerwerk ein. Dadurch beginnen die schon vorher in dieser Mauer verlegten Heizungsrohre zu rosten, und sie werden nach sechs Jahren porös. Durch das austretende Heizungswasser wird der Parkettboden beschädigt. Kann B Schadensersatz verlangen? → Rn. 58, 63, 69

1. Pflicht zur Verschaffung des Werks frei von Sach- und Rechtsmängeln

Nach § 633 I muss der Unternehmer dem Besteller das Werk frei von Sach- und Rechtsmängeln verschaffen. Diese Verpflichtung entspricht derjenigen des Verkäufers aus § 433 I 2 (→ § 2 Rn. 7 ff.). Die Sach- und Rechtsmängelfreiheit gehört also ebenso wie für den Verkäufer (→ § 4 Rn. 1) zu den Hauptleistungspflichten des Werkunternehmers. Für die Beurteilung, ob ein Werk mangelhaft ist, kommt es auf den Zeitpunkt der Abnahme (→ § 24 Rn. 22 ff.) an.[4]

18 **a) Sachmangel.** Der Begriff des Sachmangels ist in § 633 II ähnlich definiert wie der Sachmangel beim Kauf in § 434 (→ § 4 Rn. 8 ff.). Er setzt eine Beschaffenheitsabweichung (§ 633 II 1, 2) oder die Herstellung eines anderen als des bestellten Werks bzw. eines Werks in zu geringer Menge (§ 633 II 3) voraus.

aa) Beschaffenheitsabweichung. Nach § 633 II 1 hat das Werk einen Sachmangel, wenn es die **vereinbarte Beschaffenheit** nicht hat. Die Beschaffenheitsvereinbarung kann ausdrücklich oder konkludent erfolgen. Sie ist ggf. durch Auslegung zu ermitteln.

Wird etwa ein Werkvertrag über Malerarbeiten nach Durchführung und Besichtigung eines Probeanstrichs geschlossen, ohne dass die Möglichkeit eines Vergilbungsrisikos angesprochen wird, kann hinsichtlich der Farbstabilität des Anstrichs eine konkludente Beschaffenheitsvereinbarung zustande gekommen sein.[5]

Dem § 633 II 1 liegt ebenso wie dem § 434 I 1 der sog. **subjektive Fehlerbegriff** zugrunde. Zur vereinbarten Beschaffenheit gehören alle Eigenschaften des Werks, die nach der Vereinbarung der Parteien den vertraglich geschuldeten Erfolg herbeiführen sollen. Dazu gehört auch die Tauglichkeit, die nach dem Vertrag vorausgesetzte Funktion zu erfüllen.[6]

Soweit die Beschaffenheit nicht vereinbart ist, liegt ein Sachmangel des Werks vor, wenn das Werk sich nicht für die **nach dem Vertrag**

4 *BGH* NJW 2016, 2183 Rn. 15.
5 *BGH* NJW 2017, 3590 Rn. 23 ff.
6 *BGH* NJW 2008, 511 (512) mwN (nicht hinreichend funktionierende Heizungsanlage); 2011, 3780 (3781) mAnm *Voit*.

vorausgesetzte Verwendung eignet (§ 633 II 2 Nr. 1). Haben die Parteien weder die Beschaffenheit vereinbart noch eine bestimmte Verwendung vorausgesetzt, hat das Werk einen Sachmangel, wenn es sich nicht **für die gewöhnliche Verwendung eignet** und nicht diejenige Beschaffenheit aufweist, die bei **Werken der gleichen Art üblich** ist und die der Besteller nach der Art des Werks **erwarten kann** (§ 633 II 2 Nr. 2). Wegen der Einzelheiten zur Beschaffenheitsabweichung → § 4 Rn. 9 ff.

Die Haftung für **Werbeaussagen** (zum Kauf siehe § 434 I 3) spielt im Werkvertragsrecht keine Rolle. Einen von dem Werkunternehmer zu unterscheidenden Hersteller, der eine Werbung durchführen könnte, gibt es im Werkvertragsrecht anders als im Kaufrecht nicht, da der Unternehmer selbst der Hersteller ist. Bei eigenen Werbeaussagen des Unternehmers wird regelmäßig schon eine Beschaffenheitsvereinbarung iSv § 633 II 1 vorliegen.[7] 19

bb) Aliud und Werk in zu geringer Menge. Wie im Kaufrecht (→ § 4 Rn. 26 f.) steht es auch im Werkvertragsrecht einem Sachmangel gleich, wenn der Unternehmer ein anderes als das bestellte Werk oder das Werk in zu geringer Menge herstellt. Beide Erscheinungsformen spielen aber beim Werkvertrag keine große Rolle. 20

Beispiele: Das falsche Zimmer wird tapeziert. – Von sechs antiken Stühlen werden nur fünf restauriert. Siehe auch **Fall c.**

b) Rechtsmangel. Die Mängelrechte des Bestellers nach § 634 bestehen auch dann, wenn das Werk mit einem Rechtsmangel behaftet ist (§ 633 I 1). Nach § 633 III liegt ein Rechtsmangel vor, wenn Dritte in Bezug auf das Werk Rechte, die nicht im Vertrag übernommen wurden, gegen den Besteller geltend machen können. Rechtsmängel spielen beim Werkvertrag eine geringere Rolle als beim Kaufvertrag. In erster Linie ist an Rechte aus dem Bereich des Urheberrechts und des gewerblichen Rechtsschutzes zu denken. 21

2. Folgen eines Werkmangels

a) Überblick über die Rechte des Bestellers und ihre allgemeinen Voraussetzungen 22

aa) Rechte zur Verweigerung der Abnahme und der Vergütungszahlung. Die Verschaffung eines mangelhaften Werks ist keine ordnungsgemäße Erfüllung. Der Besteller hat also weiterhin seinen

7 *Looschelders* SchuldR BT Rn. 668.

originären Erfüllungsanspruch. Er kann (außer bei unwesentlichen Mängeln) die Entgegennahme und die Abnahme eines mangelhaften Werks verweigern, ohne in Annahmeverzug (§§ 293 ff.) zu geraten. Außerdem ist er vor der Abnahme berechtigt, die Bezahlung des gesamten Kaufpreises abzulehnen, weil die Vergütung erst bei der Abnahme zu entrichten ist (§ 641 I).

23 Nach der Fälligkeit der Vergütung kann der Besteller, der noch nicht vollständig gezahlt hat, gem. § 641 III immerhin die **Zahlung eines angemessenen Teils der Vergütung verweigern** (idR das Doppelte der zur Mängelbeseitigung erforderlichen Kosten), sofern er einen Anspruch auf Mängelbeseitigung hat.

Im **Fall a** braucht B die noch ausstehende Vergütung zumindest nicht vollständig zu bezahlen. Selbst wenn er das Haus bereits abgenommen hat, darf er die Zahlung in der in § 641 III genannten Höhe verweigern.

24 **bb) Mängelrechte.** Die Mängelrechte des Bestellers ergeben sich aus den §§ 634 ff. Der Besteller kann in erster Linie Nacherfüllung verlangen (§§ 634 Nr. 1, 635). Nach dem fruchtlosen Ablauf einer dem Werkunternehmer zur Nacherfüllung gesetzten Frist kann er entweder nach §§ 634 Nr. 2, 637 den Mangel selbst beseitigen und Ersatz der erforderlichen Aufwendungen verlangen, nach §§ 634 Nr. 3, 1. Fall, 636 vom Werkvertrag zurücktreten oder nach §§ 634 Nr. 3, 2. Fall, 638 die Vergütung mindern. Rücktritt und Minderung stehen nach dem Gesetzeswortlaut in einem Alternativverhältnis zueinander. Daneben kann der Besteller nach Maßgabe der §§ 634 Nr. 4, 636 iVm §§ 280 ff. bzw. § 311a Schadensersatz oder nach § 284 Ersatz vergeblicher Aufwendungen verlangen. Schadensersatz und Aufwendungsersatz können neben Rücktritt oder Minderung geltend gemacht werden.

25 Soweit § 634 auf die allgemeinen Vorschriften zum Rücktrittsrecht, zum Schadensersatzrecht und zum Aufwendungsersatz verweist, sind also die Mängelrechte des Bestellers ebenso wie diejenigen des Käufers nach den §§ 437 ff. in das allgemeine Leistungsstörungsrecht der §§ 280 ff., 311a, 323 ff. integriert. Diese Regelungen werden lediglich durch besondere Bestimmungen für Rücktritt und Schadensersatz in § 636 ergänzt. Auch der Nacherfüllungsanspruch ist nichts anderes als der Erfüllungsanspruch des Bestellers; er ist gegenüber dem originären Erfüllungsanspruch aus § 633 I in § 635 lediglich besonders ausgestaltet. Nur die Rechte des Bestellers zur Selbstvornahme gegen Aufwendungsersatz und zur Minderung der Vergütung sind werkvertragliche Besonderheiten, die über das allgemeine Leistungsstörungsrecht hinausgehen.

cc) Voraussetzungen aller Mängelrechte. Alle Mängelrechte des Bestellers setzen neben einem wirksamen Werkvertrag[8] und dem Vorliegen eines Mangels voraus, dass sie **nicht** im Einzelfall vertraglich oder gesetzlich **ausgeschlossen** sind. 26

(1) Ebenso wie die §§ 437 ff. sind auch die §§ 634 ff. grundsätzlich abdingbar. Auf eine entsprechende **Vereinbarung** kann sich der Unternehmer jedoch nicht berufen, soweit er den Mangel arglistig verschwiegen oder eine Garantie für die Beschaffenheit des Werks übernommen hat (§ 639). Diese Regelung entspricht dem § 444 im Kaufrecht (→ § 4 Rn. 32 ff.). Haftungsbeschränkungsklauseln in AGB können insbes. nach § 309 Nr. 8b unwirksam sein.

(2) Die Mängelrechte nach § 634 können grundsätzlich **erst nach Abnahme des Werks** mit Erfolg geltend gemacht werden.[9] Für die Feststellung eines Mangels ist ebenso wie für die Fälligkeit des Werklohns (§ 641 I 1), den Übergang der Leistungsgefahr (§ 644 I 1) und die Umkehr der Beweislast für das Vorliegen von Mängeln (Vgl. §§ 363, 640 II) die Abnahme der maßgebliche Zeitpunkt. Bis dahin hat der Besteller noch seinen Herstellungsanspruch aus § 631 I, und der Unternehmer kann frei wählen, wie er den Anspruch des Bestellers auf mangelfreie Herstellung erfüllt. 26a

Von dem Erfordernis der Abnahme lässt der BGH[10] mit einer nicht einfach zu verstehenden Argumentation nur dann eine Ausnahme zu, wenn der Besteller nicht mehr die Erfüllung des Vertrags verlangen kann und das Vertragsverhältnis in ein Abrechnungsverhältnis übergegangen ist. Das sei der Fall, wenn der Besteller nach erfolgloser Fristsetzung oder bei Entbehrlichkeit einer Fristsetzung den kleinen Schadensersatzanspruch statt der Leistung (→ Rn. 55) geltend mache oder die Minderung (→ Rn. 45) erkläre; in beiden Fällen bringe der Besteller nämlich zum Ausdruck, dass er seinen Erfüllungsanspruch nicht mehr verfolge, sondern das mangelhafte Werk behalten wolle. Bei einer solchen berechtigten Erfüllungsablehnung durch den Besteller komme es auf eine Abnahme nicht mehr an. 26b

(3) Wenn der Besteller ein mangelhaftes **Werk in Kenntnis des Mangels abnimmt**, stehen ihm nach § 640 III die Mängelrechte des § 634 Nr. 1–3 nur zu, wenn er sich seine Rechte wegen des Mangels bei der Abnahme vorbehält. 27

---

8 Vgl. *BGH* NJW 2013, 3167 (3169): Keine Mängelansprüche, wenn der Werkvertrag wegen Verstoßes gegen das SchwarzArbG gem. § 134 unwirksam ist; zustimmend *Lorenz* NJW 2013, 3132; *Mäsch* JuS 2014, 355 (357).
9 *BGH* NJW 2017, 1604 Rn. 31 ff.; 2017, 1607 Rn. 24.
10 *BGH* NJW 2017, 1607 Rn. 44 ff.

Selbst wenn im **Fall a** der B das Haus bereits abgenommen hat, ohne Mängel zu rügen und sich Mängelrechte vorzubehalten, kann er Nachbesserung verlangen, sofern er die Risse in den Wänden nicht erkannt hat.

Behält der Besteller sich bei der Abnahme trotz Kenntnis eines Mangels seine Mängelrechte nicht vor, steht ihm nur der Anspruch auf Ersatz von Mangelfolgeschäden zu.[11]

28 **b) Nacherfüllung.** Falls die genannten Voraussetzungen (Sachmangel oder Rechtsmangel, kein Ausschlussgrund) vorliegen, kann der Besteller in erster Linie Nacherfüllung nach §§ 634 Nr. 1, 635 verlangen. Dagegen kommen die anderen Mängelrechte (Selbstvornahme, Rücktritt, Minderung, Schadensersatz und Aufwendungsersatz) grundsätzlich erst dann in Betracht, wenn zuvor eine dem Unternehmer gesetzte Frist zur Nacherfüllung fruchtlos verstrichen ist (→ Rn. 34, 41, 46). Mit dem Anspruch auf Nacherfüllung ist also ein Recht des Unternehmers zur zweiten Andienung verbunden.

29 **aa) Inhalt und Folgen des Nacherfüllungsanspruchs.** Verlangt der Besteller Nacherfüllung, hat der Unternehmer (anders als im Kaufrecht; → § 4 Rn. 41) nach **seiner Wahl** das Werk nachzubessern oder ein neues Werk herzustellen.

Dieses Wahlrecht des Unternehmers entspricht der Interessenlage der Parteien. Der Werkunternehmer ist mit dem Produktionsprozess selbst befasst und kann daher am besten entscheiden, auf welche Weise das Nacherfüllungsbegehren des Bestellers gleichzeitig sachgerecht und preisgünstig erfüllt werden kann. Für den Besteller ist die Art der Nacherfüllung grundsätzlich ohne Bedeutung; ihm kommt es nur darauf an, ein mangelfreies Werk zu erhalten. Wenn allerdings die Mängelbeseitigung nur auf eine bestimmte Weise möglich ist, hat der Unternehmer diese durchzuführen.[12]

30 In jedem Fall hat der Unternehmer die zum Zweck der Nacherfüllung **erforderlichen Aufwendungen** zu tragen; dabei geht es insbesondere um Transport-, Wege-, Arbeits- und Materialkosten (§ 635 II). Diese Regelung entspricht dem § 439 II im Kaufrecht.

31 Wenn der Werkunternehmer Nacherfüllung in Form der Herstellung eines neuen Werks leistet, hat er gem. § 635 IV (vergleichbar dem Anspruch des Verkäufers) nach § 439 V[13] einen Anspruch auf Rückgewähr des mangelhaften Werks nach den §§ 346–348 (nicht

---

11 *OLG Schleswig* NJW 2016, 1744 Rn. 47 ff. mAnm *Schwab* JuS 2016, 1126.
12 *BGH* NJW 2011, 1872 (1873).
13 Abs. 4 soll nach einem Gesetzentwurf der Bundesregierung vom 18.5.2016 (BT-Drs. 18/8486, 9) zu Abs. 5 werden.

nach §§ 812 ff.). Umgekehrt kann auch der Besteller Rücknahme des mangelhaften Werks verlangen.

bb) Ausschluss des Nacherfüllungsanspruchs. Der Anspruch des Bestellers auf Nacherfüllung ist ausgeschlossen, wenn diese dem Werkunternehmer nicht möglich (§ 275 I) oder von ihm nach § 275 II, III nicht zu erbringen ist. Zum Ausschluss des Nacherfüllungsanspruchs im Kaufrecht → § 4 Rn. 43 ff. Dem Besteller steht dann nur ein Schadensersatzanspruch unter den Voraussetzungen der §§ 634 Nr. 4, 283, 311a II zu (→ Rn. 54). 32

Unmöglichkeit der Nacherfüllung ist etwa dann gegeben, wenn die vereinbarte Beschaffenheit (uneingeschränkte Bruchsicherheit einer Glasfassade) technisch nicht zu verwirklichen ist.[14] Ein Fall der **Unzumutbarkeit** iSv § 275 III kann nach der Gesetzesbegründung etwa in solchen Fällen vorliegen, in denen der Mangel des Werks auf einem Verschulden eines Lieferanten des Werkunternehmers beruht und der Werkunternehmer die Mangelhaftigkeit des Werks nicht zu vertreten hat.[15]

Ferner kann der Unternehmer gem. § 635 III die Nacherfüllung verweigern, wenn sie nur mit **unverhältnismäßigen Kosten** möglich ist. Dieser Fall kann auch dann eingreifen, wenn die Voraussetzungen des § 275 III nicht vorliegen. Die Kriterien für die Unverhältnismäßigkeit entsprechen denen des § 251 II 1. Unverhältnismäßigkeit liegt vor, wenn der durch die Beseitigung des Werkmangels erzielbare Erfolg bei Abwägung aller Umstände des Einzelfalls in keinem vernünftigen Verhältnis zur Höhe des dafür erforderlichen Geldaufwands steht und es dem Unternehmer nicht zugemutet werden kann, diese Aufwendungen zu tragen.[16] 33

c) Selbstvornahme und Aufwendungsersatz. Der Besteller hat nach §§ 634 Nr. 2, 637 auch die Möglichkeit, den Mangel des Werks selbst zu beseitigen und Ersatz der dafür erforderlichen Aufwendungen zu verlangen. Eine vergleichbare Regelung enthält § 13 V Nr. 2 VOB/B. 34

aa) Erfolglose Bestimmung einer Nachfrist. Der Besteller muss dem Unternehmer grundsätzlich eine **angemessene Frist zur Nacherfüllung** gesetzt haben (§ 637 I). Diese Nachfrist muss erfolglos ab-

---

14 *BGH* NJW 2014, 3365 (3367) mAnm *Ott* und Anm. *Riehm* JuS 2015, 266.
15 BT-Drs. 14/6040, 265.
16 *BGH* NJW 2013, 370 (371) mAnm *Schwab* JuS 2013, 1133 und Anm. *Schwenker* EWiR 2013, 373; dazu auch *Jaensch* NJW 2013, 1121.

gelaufen sein; dadurch wird ebenso wie bei den Mängelrechten des Käufers (→ § 4 Rn. 50) der Vorrang des Nacherfüllungsanspruchs gegenüber den anderen Mängelrechten abgesichert. Ein erfolgloser Ablauf der Frist liegt vor, wenn der Werkunternehmer dem Nacherfüllungsbegehren nicht fristgerecht nachkommt oder wenn sein Nacherfüllungsversuch fehlschlägt.

35 Im Gegensatz zu dem vor der Schuldrechtsreform geltenden § 633 III aF ist es keine Voraussetzung des Selbstvornahmerechts mehr, dass der Unternehmer mit der Nacherfüllung in Verzug ist. Deshalb spielt es keine Rolle, ob den Werkunternehmer an der Verspätung der Nacherfüllung ein Verschulden (so § 286 IV) trifft.

36 Die **Fristsetzung** ist gem. § 637 II unter den Voraussetzungen des § 323 II (ernsthafte und endgültige Verweigerung der Nacherfüllung, **Fall b**; relatives Fixgeschäft; besondere Umstände wie zB unzumutbarer Zeitverlust bei unvollständiger Erledigung des Winterdienstes;[17] → § 4 Rn. 52) **entbehrlich**. Sie ist ferner entbehrlich, wenn die Nacherfüllung fehlgeschlagen (dazu → § 4 Rn. 54) oder für den Besteller unzumutbar ist (→ § 4 Rn. 55). Unzumutbarkeit dürfte jedoch selten vorliegen. Sie kann sich nicht auf die Nacherfüllung als solche (die der Besteller durch die Selbstvornahme ja auch herbeiführen will), sondern nur auf die Nacherfüllung gerade durch den Werkunternehmer beziehen.[18]

37 **bb) Inhalt des Anspruches.** Das Recht zur Selbstvornahme ist als solches kein Anspruch. Es besteht darin, dass der Besteller den **Mangel selbst beseitigen oder durch einen** von ihm ausgesuchten **Dritten** beseitigen lassen darf **(Fall b)**.

Um einen Anspruch geht es dagegen bei dem **Ersatz der erforderlichen Aufwendungen**. Erforderlichkeit ist gegeben, wenn ein wirtschaftlich denkender Besteller aufgrund einer sachkundigen Beratung die Aufwendungen vornehmen konnte und musste.

38 Nach § 637 III kann der Besteller von dem Unternehmer für die zur Mangelbeseitigung erforderlichen Aufwendungen einen **Vorschuss** verlangen. Mit dem Anspruch auf Vorschuss kann der Besteller gegen den Vergütungsanspruch des Unternehmers aufrechnen (§§ 387 ff.).

Im **Fall b** liegt in der Mängelbeseitigung durch einen anderen Unternehmer eine Selbstvornahme. Sofern die dabei anfallenden Kosten erforderlich sind,

17 Vgl. *BGH* NJW 2013, 3022 (3024) mAnm *Mäsch* JuS 2013, 1033.
18 *Looschelders* SchuldR BT Rn. 682.

kann B gegenüber dem Vergütungsanspruch des U aufrechnen (§§ 387 ff.), indem er diesen Betrag einbehält.

39 **cc) Ausschluss des Aufwendungsersatzanspruchs.** Das Recht zur Selbstvornahme ist niemals ausgeschlossen. Allerdings ist der Anspruch auf Ersatz der Aufwendungen ausgeschlossen, wenn der Unternehmer die Nacherfüllung zu Recht verweigert (§ 637 I). Dazu ist er unter den Voraussetzungen des § 275 II (grobes Missverhältnis zwischen Aufwand und Leistungsinteresse) und des § 275 III (Unzumutbarkeit für den Unternehmer) sowie des § 635 III (unverhältnismäßige Kosten) berechtigt.

40 **d) Rücktritt.** Der Besteller ist nach §§ 634 Nr. 3, 1. Fall, 636 unter vergleichbaren Voraussetzungen wie der Käufer nach §§ 437 Nr. 2, 440 (→ § 4 Rn. 49 ff.) zum Rücktritt vom Werkvertrag berechtigt. Aufgrund der Verweisung in § 634 Nr. 3, 1. Fall findet auf das Rücktrittsrecht des Bestellers mit § 323 die zentrale Rücktrittsvorschrift des allgemeinen Leistungsstörungsrechts Anwendung.

Im Anwendungsbereich der VOB ist ein Rücktrittsrecht des Auftraggebers wegen eines Mangels nicht vorgesehen.

Bis zum 1.1.2002 war im Werkvertragsrecht ebenso wie im Kaufrecht bei Sachmängeln kein Rücktrittsrecht, sondern ein Anspruch des Bestellers auf Wandelung vorgesehen. Die Wandelung war kein Gestaltungsrecht, sondern als Anspruch konstruiert.[19]

41 **aa) Erfolglose Bestimmung einer Nachfrist.** Der Besteller muss dem Unternehmer gem. § 323 I grundsätzlich eine **angemessene Frist zur Nacherfüllung** gesetzt haben. Die Nachfristsetzung kann **ausnahmsweise entbehrlich sein**, wenn die Voraussetzungen des § 323 II vorliegen, wenn der Unternehmer die Nacherfüllung wegen unverhältnismäßiger Kosten nach § 635 III verweigert oder wenn die Nacherfüllung fehlgeschlagen oder für den Besteller unzumutbar ist (§ 636).

42 **bb) Erklärung des Rücktritts.** Der Rücktritt ist ein Gestaltungsrecht. Er wird durch einseitige empfangsbedürftige Willenserklärung des Bestellers gegenüber dem Unternehmer ausgeübt (§ 349; „Rückzahlungsverlangen" im **Fall f)**. Bei **mehreren Bestellern oder Unternehmern** kann das Rücktrittsrecht nur von allen Bestellern und gegen alle Unternehmer ausgeübt werden (§ 351 S. 1). Erlischt das

19 Dazu 26. Aufl. Rn. 269, 78 ff.

Rücktrittsrecht für einen der Berechtigten, so erlischt es auch für die Übrigen (§ 351 S. 2).

43 cc) **Rechtsfolgen des Rücktritts.** Durch den Rücktritt erlöschen die beiderseitigen Leistungspflichten, und es entsteht ein **Rückabwicklungsschuldverhältnis**, für das nach §§ 634 Nr. 3, 1. Fall, 323 die allgemeinen Rücktrittsregeln der §§ 346ff. gelten (→ § 4 Rn. 59).[20] Die Parteien haben also insbesondere die empfangenen Leistungen Zug um Zug zurück zu gewähren (§§ 346, 348). Kann die bis zum Rücktritt empfangene Leistung nicht zurückgegeben werden, hat der Besteller insoweit Wertersatz zu leisten (§ 346 II 2). Dieser berechnet sich nach dem vereinbarten Werklohn, wobei ein etwaiger Mangel des Werks wie bei einer Minderung analog § 638 III zu berücksichtigen ist.[21] Nach Erklärung des Rücktritts ist das Minderungsrecht ausgeschlossen.

44 dd) **Ausschluss des Rücktrittsrechts.** Ebenso wie im Kaufvertragsrecht gilt auch im Werkvertragsrecht für den Rücktritt eine **Bagatellgrenze**. Der Rücktritt ist ausgeschlossen, wenn der Sachmangel unerheblich ist (vgl. § 323 V 2). Das dürfte etwa im **Fall c** anzunehmen sein, wenn U lediglich einen von zwanzig Bäumen nicht beschnitten hat. Ferner ist der Rücktritt ausgeschlossen, wenn der Besteller für den Umstand, der ihn zum Rücktritt berechtigen würde, **allein oder weit überwiegend verantwortlich** ist (§ 323 VI, 1. Fall). Schließlich kann der Besteller nicht zurücktreten, wenn der vom Unternehmer nicht zu vertretende Eintritt des Mangels zu einer Zeit eintritt, zu welcher der Besteller **im Verzug der Annahme** ist (§ 323 VI, 2. Fall). Einzelheiten → § 4 Rn. 61ff.

45 e) **Minderung.** Statt zurückzutreten kann der Besteller nach § 638 die Vergütung mindern (§ 634 Nr. 3, 2. Fall). Das Minderungsrecht ist ein besonderes Mängelrecht des Bestellers, das es im allgemeinen Leistungsstörungsrecht nicht gibt. Es entspricht dem Minderungsrecht des Käufers nach §§ 437 Nr. 2, 441.

Im Anwendungsbereich der VOB kann der Auftraggeber nur dann mindern, wenn die Mangelbeseitigung unmöglich oder für den Auftraggeber unzumutbar ist oder vom Auftragnehmer wegen unverhältnismäßig hoher Kosten verweigert wird (§ 13 VI VOB/B).

---

20 Siehe ferner *Brox/Walker* SchuldR AT § 18 Rn. 15ff.
21 *BGH* NJW 2011, 3085f.

aa) Erfolglose Bestimmung einer Nachfrist. Aus der Formulierung des § 638 I 1, wonach der Besteller „statt zurückzutreten" mindern kann, folgt, dass die Minderung ebenso wie der Rücktritt gem. § 323 I die erfolglose Bestimmung einer angemessenen Frist für die Nacherfüllung voraussetzt, sofern diese nicht ausnahmsweise entbehrlich ist (§§ 323 II, 636). 46

bb) Berechnung der Minderung. Minderung bedeutet **Herabsetzung der Vergütung** (§ 638 III 1). Die Berechnung erfolgt ebenso wie bei der Minderung im Kaufrecht (→ § 4 Rn. 71): 47

$$\frac{\text{vereinbarte Vergütung}}{\text{geminderte Vergütung (X)}} = \frac{\text{Wert des Werkes ohne Mangel}}{\text{Wert des Werkes mit Mangel}}$$

Die zu zahlende (geminderte) Vergütung X beträgt demnach:

$$X = \frac{\text{Wert des Werkes mit Mangel} \times \text{vereinbarte Vergütung}}{\text{Wert des Werkes ohne Mangel}}$$

Soweit es erforderlich ist, wird die Minderung durch Schätzung ermittelt (§ 638 III 2).

Falls der Besteller den Mangel durch eine falsche Anweisung oder durch fehlerhaftes Material mit verursacht hat, ist der Minderungsbetrag nach dem Rechtsgedanken des § 254 herabzusetzen.

cc) Geltendmachung und Folgen der Minderung. Das Minderungsrecht ist wie das Rücktrittsrecht im Gegensatz zur Rechtslage vor der Schuldrechtsreform kein Anspruch, sondern ein **Gestaltungsrecht**. Es wird durch einseitige Erklärung gegenüber dem Unternehmer ausgeübt (§ 638 I 1). Bei mehreren Bestellern oder Unternehmern kann die Minderung ebenso wie der Rücktritt nur von allen oder gegen alle erklärt werden (§ 638 II). 48

Solange die Vergütung noch nicht vollständig gezahlt ist, steht dem Besteller die Einrede der Minderung zu. Er kann dann in Höhe des Minderungsbetrags die Vergütungszahlung verweigern. Hat der Besteller dagegen bereits mehr als die verminderte Vergütung gezahlt, so ist der Mehrbetrag vom Unternehmer zu erstatten (§ 638 IV 1; 49

Fall d). Die Erstattung richtet sich nach den Rücktrittsvorschriften der §§ 346 I, 347 I (§ 638 IV 2).

50 Die Ausübung des Minderungsrechts führt in Bezug auf den jeweiligen Mangel zum Erlöschen des Nacherfüllungsanspruchs. Wenn sich die Zahlungsverpflichtung des Bestellers verringert, kann keine Verpflichtung zur mangelfreien Verschaffung des Werks mehr bestehen. Auch der Rücktritt ist durch die Minderung ausgeschlossen. Schadensersatz- und Aufwendungsersatzansprüche können dagegen grundsätzlich neben der Minderung geltend gemacht werden (§ 634 Nr. 3 aE"und"). Der Besteller kann auch nach Ausübung seines Minderungsrechts noch zur Geltendmachung des kleinen Schadensersatzanspruchs statt der Leistung übergehen; denn in beiden Fällen ist der Erfüllungsanspruch ausgeschlossen, und in dem kleinen Schadensersatzanspruch ist der Minderungsbetrag neben möglichen weiteren Schadenspositionen enthalten.[22]

51 **dd) Ausschluss des Minderungsrechts.** Da der Besteller „statt zurückzutreten" (vgl. § 638 I 1) mindern kann, ist das Minderungsrecht grundsätzlich dann ausgeschlossen, wenn dem Besteller die Ausübung des Rücktrittsrechts versagt ist (→ Rn. 44). Allerdings gilt im Gegensatz zum Rücktrittsrecht gem. § 638 I 2 nicht die Bagatellgrenze des § 323 V 2. Deshalb kann B im **Fall d** mindern.

52 **f) Schadensersatz.** Neben Nacherfüllung, Rücktritt oder Minderung kann der Besteller nach Maßgabe der §§ 636, 280, 281, 283 und 311a Schadensersatz verlangen (§ 634 Nr. 4, 1. Fall). Die Bestimmungen des allgemeinen Leistungsstörungsrechts werden durch § 636 geringfügig ergänzt. Die Voraussetzungen des Schadensersatzanspruches hängen davon ab, welchen Schaden der Besteller ersetzt verlangt.

aa) Schadensersatz statt der Leistung

53 (1) Bei einem **behebbaren Mangel** wird der Unternehmer von seiner Nacherfüllungspflicht nicht nach § 275 I–III frei. Der Besteller kann dann Schadensersatz statt der Leistung nach **§§ 634 Nr. 4, 1. Fall, 281, 280 I** verlangen. Für den Anspruch gelten die gleichen Voraussetzungen wie für den entsprechenden Schadensersatzanspruch des Käufers (→ § 4 Rn. 80 ff.). Insbesondere muss der Unternehmer die Mangelhaftigkeit des Werks **zu vertreten haben** (§ 280 I). Außerdem muss der Besteller dem Unternehmer grundsätzlich erfolglos eine **angemessene Frist zur Nacherfüllung** gesetzt haben (§§ 634 Nr. 4, 1. Fall, 281 I 1), wenn nicht ausnahmsweise die Nachfristsetzung ent-

22 *BGH* NJW 2017, 1607 Rn. 49 ff.

behrlich ist. Sie ist außer in den Fällen des § 281 II auch dann entbehrlich, wenn der Unternehmer die Nacherfüllung gem. § 635 III als unverhältnismäßig verweigert hat[23] oder wenn die Nacherfüllung fehlgeschlagen oder dem Besteller unzumutbar ist (§ 636).

Wenn der Unternehmer gem. § 275 I–III (insbesondere bei **Unbehebbarkeit des Mangels und Unmöglichkeit der Neuherstellung**) von seiner Pflicht zur Nacherfüllung frei wird, kann der Besteller ebenfalls Schadensersatz verlangen. Der Anspruch ergibt sich aus **§§ 634 Nr. 4, 311a II 1,**[24] sofern das Leistungshindernis schon bei Vertragsschluss vorlag (→ § 4 Rn. 98). Entsteht das Leistungshindernis erst **nach Vertragsschluss**, folgt der Anspruch aus **§§ 634 Nr. 4, 283, 280 I** (→ § 4 Rn. 101 ff.). In beiden Fällen kann der Besteller sofort auf das Recht zum Schadensersatz nach § 634 Nr. 4, 1. Fall übergehen, ohne vorher – wie bei behebbaren Mängeln – erfolglos eine Frist zur Nacherfüllung bestimmen zu müssen. 54

(2) Der Schadensersatz statt der Leistung soll das **Erfüllungsinteresse** des Bestellers befriedigen. Der Besteller kann wie der Käufer zwischen dem kleinen und dem großen Schadensersatzanspruch wählen. Beim **kleinen Schadensersatzanspruch** (zum Kaufrecht → § 4 Rn. 93) behält der Besteller das mangelhafte Werk und verlangt nur den mangelbedingten Schaden (insbes. den mangelbedingten Minderwert, aber auch Ersatz der Aufwendungen wie zB Kosten einer notwendigen Hotelunterbringung, die eine Mängelbeseitigung erst ermöglichen).[25] Verlangt der Besteller mangelbedingten Schadensersatz, nachdem zuvor der Unternehmer die Nacherfüllung zu Recht gem. § 635 III als unverhältnismäßig verweigert hat, besteht dieser Anspruch nicht in Höhe der unverhältnismäßigen Mangelbeseitigungskosten, sondern nur in Höhe der Verkehrswertminderung.[26] Dieser Anspruch steht dem Besteller auch dann zu, wenn er den Mangel nicht beseitigen lassen will. Beim **großen Schadensersatzanspruch** (zum Kaufrecht → § 4 Rn. 94) gibt er das mangelhafte Werk 55

23 Dazu *BGH* NJW 2013, 370 (371) mAnm *Schwab* JuS 2013, 1133 und Anm. *Schwenker* EWiR 2013, 373; dazu auch *Jaensch* NJW 2013, 1121.
24 Zu einem solchen Fall *BGH* NJW 2014, 3365 mAnm *Ott* und Anm. *Riehm* JuS 2015, 266.
25 *BGH* NJW-RR 2003, 878. Zur Berechnung der Mängelbeseitigungskosten *BGH* NJW 2013, 370 mAnm *Schwab* JuS 2013, 1133 und Anm. *Schwenker* EWiR 2013, 373; dazu auch *Jaensch* NJW 2013, 1121.
26 *BGH* NJW 2013, 370 (371) mAnm *Schwab* JuS 2013, 1133 und Anm. *Schwenker* EWiR 2013, 373; dazu auch *Jaensch* NJW 2013, 1121. Der *BGH* hat diese Entscheidung später für die vergleichbare Problematik beim Kauf bestätigt: NJW 2015, 468 (471 ff.) mAnm *Kei*, EWiR 2014, 651 und Anm. *Riehm* JuS 2014, 833.

zurück und verlangt Ersatz des Schadens, der ihm infolge Nichterfüllung des ganzen Vertrags entstanden ist. Der Besteller erhält also die bereits gezahlte Vergütung zurück und kann als Nichterfüllungsschaden zB die Kosten für eine anderweitige Herstellung, den entgangenen Gewinn oder die Freistellung von der Haftung aus einem Weiterverkauf verlangen. Der große Schadensersatzanspruch kommt jedoch **nur bei erheblichen Mängeln** in Betracht (§ 281 I 3).

Die Beschränkung auf erhebliche Mängel ist konsequent, weil über die Geltendmachung des großen Schadensersatzes ähnliche Rechtsfolgen wie beim Rücktritt ausgelöst werden, der ebenfalls bei unerheblichen Mängeln ausgeschlossen ist (§ 323 V 2). Im **Fall e** hat B daher keinen Anspruch auf den großen Schadensersatz.

Bei Bauverträgen auf Grundlage der VOB ist § 13 VII VOB/B zu beachten. Danach kommt ein Schadensersatzanspruch nur unter eingeschränkten Voraussetzungen in Betracht.

56 (3) Mit der Geltendmachung des Anspruchs auf Schadensersatz statt der Leistung **erlischt der Nacherfüllungsanspruch** (§ 281 IV) und damit **auch das Recht zur Selbstvornahme** auf Kosten des Unternehmers.

57 **bb) Schadensersatz wegen Verzögerung der mangelfreien Leistung.** Sorgt der Unternehmer erst mit Verspätung für die Mangelfreiheit des Werks, ist der darauf beruhende Verzögerungsschaden (zB Betriebsausfallschaden bis zur Mängelbeseitigung) gem. § 634 Nr. 4 iVm § 280 I, II unter den Voraussetzungen des § 286 (Schuldnerverzug des Unternehmers) zu ersetzen.[27] Die dafür grundsätzlich notwendige Mahnung dürfte in aller Regel in der Aufforderung zur Nacherfüllung in Verbindung mit der Fristsetzung zu sehen sein. Zu den Einzelheiten dieses Anspruchs s. die entsprechenden Ausführungen im Kaufrecht, → § 4 Rn. 104 ff.

58 **cc) Schadensersatz wegen Verletzung sonstiger Rechtsgüter (Mangelfolgeschaden).** Die Mangelhaftigkeit des Werks kann dazu führen, dass dem Besteller ein Schaden an anderen Rechtsgütern entsteht (Beschädigung der Verankerung im **Fall f**; Beschädigung der Heizungsrohre und des Parkettbodens im **Fall g**). Diese **Mangelfolgeschäden** kann der Besteller als **Schadensersatz** nach §§ 634 Nr. 4, 1. Fall, 280 I ersetzt verlangen. Hier geht es um die Befriedigung des **Integritätsinteresses** des Bestellers. Voraussetzung ist neben der

---

27 *Looschelders* SchuldR BT, Rn. 691.

Mangelhaftigkeit des Werks, dass der Unternehmer seine Pflichtverletzung zu vertreten hat (§ 276). Das setzt in der Regel Verschulden voraus. Zu dem ersatzfähigen Mangelfolgeschaden gehören nicht die Schadenspositionen, die allein das Erfüllungsinteresse des Bestellers betreffen (zB Minderwert, entgangener Gewinn). Diese sind vielmehr nur unter den Voraussetzungen der §§ 281, 283 zu ersetzen (vgl. § 280 III; → Rn. 52 ff.).

Durch die Verweisung des § 634 Nr. 4 auch auf § 280 hat sich die bis zur Schuldrechtsreform von der hM vertretene **Differenzierung**[28] zwischen dem sog. **nahen Mangelfolgeschaden** (ersatzfähig nach § 635 aF mit kurzer Verjährungsfrist) und dem sog. **entfernten Mangelfolgeschaden** (ersatzfähig nach den Regeln der positiven Forderungsverletzung mit langer Verjährungsfrist) erledigt.

Ein Schadensersatzanspruch wegen der Verletzung sonstiger Rechtsgüter **59** kommt auch dann in Betracht, wenn dieser Schaden gar nicht auf dem Mangel des Werks, sondern auf der Verletzung einer Schutzpflicht beruht. Anspruchsgrundlage ist dann unmittelbar § 280 I. **Beispiel:** B wartet im Einverständnis mit U in dessen Kraftfahrzeugwerkstatt, bis sein Pkw instand gesetzt ist. Durch Unachtsamkeit seines Gesellen wird B verletzt. B hat einen Schadensersatzanspruch gegen U, der für ein Verschulden seiner Mitarbeiter nach § 278 haftet. Damit ist § 280 seit der Schuldrechtsreform die einheitliche Grundlage für Schadensersatzansprüche wegen aller Arten von Pflichtverletzungen des Werkunternehmers.

g) Aufwendungsersatz. Statt Schadensersatz kann der Besteller – 60 neben Rücktritt oder Minderung – Aufwendungsersatz nach § 284 verlangen (§ 634 Nr. 4, 2. Fall). Diese Regelung entspricht dem § 437 Nr. 3, 2. Fall über den Aufwendungsersatzanspruch des Käufers (→ § 4 Rn. 112 ff.). Dem Besteller sind gem. § 284 diejenigen Aufwendungen zu ersetzen, die er im Vertrauen auf den Erhalt des mangelfreien Werks gemacht hat und billigerweise machen durfte.

28 Dazu 26. Aufl. Rn. 270.

Rechtsfolgen bei Sach- und Rechtsmängeln im Werkvertragsrecht gem. § 633 II, III

I. Erfüllungsanspruch des Bestellers und Recht zur Verweigerung der Abnahme und Bezahlung der Vergütung

II. Mängelrechte des Bestellers

1. Kein Ausschluss der Mängelrechte
   a) Ausschluss kraft Vereinbarung (beachte § 639)
   b) Ausschluss kraft Gesetzes: bei vorbehaltloser Abnahme des Werks trotz Kenntnis des Mangels (§ 640 III)
2. Arten der Mängelrechte
   a) Nacherfüllungsanspruch (§§ 634 Nr. 1, 635) = Nachbesserung oder Neuherstellung nach Wahl des Unternehmers (Ausschluss gem. §§ 275, 635 III)
   b) Recht zur Selbstvornahme mit Anspruch auf Aufwendungsersatz (§§ 634 Nr. 2, 637) (Ausschluss gem. §§ 275, 635 III)
   c) Rücktrittsrecht (§§ 634 Nr. 3, 636) (Ausschluss gem. §§ 634 Nr. 3, 323 V 2, 323 VI)
   d) Minderungsrecht (§§ 634 Nr. 3, 638) (Ausschluss gem. § 634 Nr. 3, 323 VI)
   e) Schadensersatzanspruch (§§ 634 Nr. 4, 636) (Ausschluss des großen Schadensersatzes gem. § 281 I 3)
   f) Aufwendungsersatzanspruch (§§ 634 Nr. 4, 284)

61 **h) Verjährung.** Für die Mängelrechte des Bestellers beim Werkvertrag gilt folgende Verjährungsregelung:

aa) Ansprüche auf Nacherfüllung, Schadensersatz und Aufwendungsersatz. (1) Die **Dauer der Verjährungsfrist** ergibt sich aus § 634a I, III. Gem. § 634a I gibt es für die Mängelansprüche des Bestellers nach § 634 Nr. 1, 2 und 4 auf Nacherfüllung, Schadensersatz und Aufwendungsersatz folgende Verjährungsfristen:

Bei Werken, deren Erfolg in der Herstellung, Wartung oder Veränderung einer Sache (außer Bauwerke) oder in der Erbringung von Planungs- oder Überwachungsleistungen (insbesondere von Architekten und Bauleitern) hierfür besteht, beträgt die Verjährungsfrist zwei Jahre (§ 634a I Nr. 1). Beispielsweise unterliegen also die Mängelansprüche gegen den Gartenplaner und den Gartenbauer gleichermaßen der Verjährungsfrist von zwei Jahren. Bezieht sich der geschuldete Erfolg auf Bauwerke,[29] verjähren Mängelansprüche in fünf Jahren (§ 634a I Nr. 2). Bei allen anderen als den von Nr. 1 und 2 erfassten Werken (zB Gutachten, Vertragsentwürfe, Musikkompositionen) bleibt es bei der Regelverjährung des § 195 von drei Jahren (§ 634a Nr. 3).

Unterliegt der Werkvertrag der VOB, gelten – falls nichts Abweichendes vereinbart ist – die besonderen Verjährungsfristen nach § 13 IV VOB/B (zB bei Bauwerken vier Jahre).

Wenn der Unternehmer den Mangel arglistig verschwiegen hat, gilt 62
gem. § 634a III auch in den Fällen des § 634a Nr. 1 und 2 die regelmäßige Verjährungsfrist des § 195 von drei Jahren. Das darf aber nicht zu einer Verkürzung gegenüber der 5-Jahres-Frist nach § 634a I Nr. 2 führen. Deshalb endet die regelmäßige Verjährungsfrist bei Bauwerken nicht vor Ablauf dieser 5-Jahres-Frist (§ 634a III 2).

Mit den in § 634a I erwähnten Ansprüchen nach § 634 Nr. 2 ist lediglich der Anspruch auf Ersatz der für die Selbstvornahme erforderlichen Aufwendungen gemeint. Das Recht zur Beseitigung des Mangels als solches verjährt nicht (§ 194). Eine Selbstvornahme auf eigene Kosten kann der Besteller immer vornehmen.

Die Regelverjährung des § 195 gilt auch für solche Schadensersatzansprüche des Bestellers, die nicht auf einem Mangel des Werks, sondern auf einer Schutzpflichtverletzung des Unternehmers beruhen. Für die Verjährung ist also die Unterscheidung von Mangelfolgeschäden und nicht mangelbezogenen Pflichtverletzungsschäden von Bedeutung.

(2) Der **Beginn der Verjährungsfrist** liegt in den Fällen des 63
§ 634a I Nr. 1 und 2 gem. § 634a II im Zeitpunkt der Abnahme des Werks (§ 640). Dagegen beginnt die regelmäßige Verjährungsfrist des § 195 (§ 634a I Nr. 3, III) erst mit Schluss des Jahres, in dem der Anspruch entstanden ist und der Besteller von den anspruchsbegründenden Umständen Kenntnis erlangt hat oder ohne grobe Fahrlässigkeit hätte erlangen müssen (§ 199 I).

Im **Fall g** gilt nicht die Verjährungsfrist des § 634a I Nr. 2, sondern wegen des arglistigen Verhaltens von U diejenige des Abs. 3. Sie hat gem. § 199 I erst mit Kenntnis des B von den fehlerhaften Arbeiten des U und dem daraus folgenden Schaden begonnen. Daher ist der Schadensersatzanspruch des B auch nach sechs Jahren seit dem Abschluss der Sanierungsarbeiten noch nicht verjährt.

29 Siehe zur Verjährung von Mängelrechten bei fehlerhafter Errichtung einer Photovoltaikanlage auf dem Dach einer Tennishalle *BGH* NJW 2016, 2876 Rn. 18ff.

64 (3) Sowohl die Dauer als auch der Beginn der Verjährung können unter den gleichen Voraussetzungen wie bei kaufrechtlichen Mängelansprüchen (→ § 4 Rn. 130) durch **vertragliche Vereinbarung** abweichend von § 634a geregelt werden.

65 **bb) Folge der Verjährung des Nacherfüllungsanspruchs für das Rücktritts- und das Minderungsrecht**

(1) Rücktritt und Minderung unterliegen als Gestaltungsrechte nicht der Verjährung (§ 194). Allerdings ist ihre **Ausübung** gem. § 218 **unwirksam**, wenn der Nacherfüllungsanspruch verjährt ist und der Unternehmer sich darauf beruft (§ 634a IV 1, V). Insoweit entspricht die Rechtslage derjenigen im Kaufrecht (§ 438 IV 1, V; → § 4 Rn. 131 f.).

66 (2) Wie der Käufer kann auch der Besteller trotz Unwirksamkeit des Rücktritts oder der Minderung die Zahlung der Vergütung insoweit verweigern **(Erhalt der Mängeleinrede)**, als er aufgrund des Rücktritts oder der Minderung dazu berechtigt wäre (§ 634a IV 2, V).

67 **i) Konkurrenzen.** Bei den Konkurrenzen geht es um die Frage, in welchem Verhältnis die Mängelrechte des Bestellers zu Ansprüchen aus c. i. c., wegen Verletzung eines anderen Rechtsgutes und wegen unerlaubter Handlung stehen.

aa) Culpa in contrahendo (c. i. c.). Bei schuldhafter Verletzung zB einer vorvertraglichen Aufklärungs- oder Offenbarungspflicht des Unternehmers über die sachgerechte Bedienung oder über die Gefährlichkeit des mangelfreien Werks ist der Besteller nach §§ 311 II, 280 f. ersatzberechtigt. Die Verjährung richtet sich nach § 195. Bezieht sich die verletzte Pflicht dagegen auf einen Werkmangel, findet § 280 über § 634 Nr. 4 Anwendung. Dieser Anspruch verjährt nach § 634a.

68 **bb) Verletzung eines anderen Rechtsgutes.** Verletzt der Unternehmer bei Abwicklung des Werkvertrags ein anderes Rechtsgut des Bestellers (zB Eigentums- oder Körperverletzung), haftet er ebenfalls aus § 280. Beruht die Rechtsgutverletzung auf einem Werkmangel, findet § 280 über § 634 Nr. 4 Anwendung (Verjährung nach § 634a), andernfalls gilt die Vorschrift unmittelbar (Verjährung nach § 195).

69 **cc) Unerlaubte Handlung.** Ansprüche aus unerlaubter Handlung, die zB beim weiterfressenden Mangel (→ § 45 Rn. 6) eine Rolle spielen, werden durch die §§ 634 ff. nicht ausgeschlossen. Die Haftung des Unternehmers für Hilfspersonen richtet sich dann nicht nach

§ 278, sondern nach § 831. Die deliktischen Ansprüche verjähren nicht nach § 634a, sondern nach § 195 mit Fristbeginn nach § 199 I.

Im **Fall g** hat U für die beschädigten Heizungsrohre und den Parkettschaden auch nach § 823 einzustehen. Die Verjährung würde auch dann nach §§ 195, 199 I erst mit Kenntnis der anspruchsbegründenden Umstände zu laufen beginnen, wenn U nicht arglistig gehandelt hätte.

Ausnahmsweise scheidet ein Deliktsanspruch aus, wenn der vom Unternehmer verursachte Schaden sich mit dem Mangelunwert der vertraglichen Leistung deckt. Geht es bei einer solchen Stoffgleichheit zwischen Werkmangel und Schaden allein um die Kosten für die Mangelbeseitigung, kommen nur vertragliche Ansprüche in Betracht.[30]

§ 25. Pflichten des Bestellers und Folgen einer Pflichtverletzung

Schrifttum: Siehe die Nachweise zu § 23. Ferner: *Alexander*, Gesetzliche Pfandrechte an beweglichen Sachen, JuS 2014, 1; *Bachem/Bürger*, Die Neuregelung zur Abnahmefiktion im Werkvertragsrecht, NJW 2018, 118; *Hartung*, Die Abnahme im Baurecht, NJW 2007, 1099; *Hedermann*, § 640 BGB – Eine Norm mit (un-)wesentlichen Mängeln?, NJW 2015, 2381; *Henkel*, Die Pflicht des Bestellers zur Abnahme des unwesentlich unfertigen Werks, MDR 2004, 361; *Kaiser*, Pflichtwidriges Mangelbeseitigungsverlangen, NJW 2008, 1709; *Peters*, Die Abnahme beim Kauf und im Werkvertragsrecht, ZGS 2011, 304; *Schmidt*, Aktuelle Probleme der Bauhandwerkersicherung, NJW 2013, 497; *ders.*, Neues über gesetzliche Pfandrechte an Sachen Dritter, NJW 2014, 1; *Steingröver*, Bauhandwerkersicherung nach Abnahme – das stumpfe Schwert, NJW 2004, 2490; *Temming*, Die Abnahme beim Werkvertrag, AcP 215 (2015), 17; *Wilhelm*, Durchbruch für einen gutgläubigen Erwerb des Werkunternehmerpfandrechts, DB 2014, 406. 1

Fall a: B gibt sein bei V unter Eigentumsvorbehalt gekauftes Fernsehgerät dem U zur Reparatur. Als B den vereinbarten Werklohn nicht zahlt, will U das Gerät unter Berufung auf sein Unternehmerpfandrecht versteigern lassen. → Rn. 8

Fall b: B verweigert ohne Grund auch nach Fristsetzung durch U die Abnahme des von U hergestellten Werks. Muss U ihn erst auf Abnahme des Werks verklagen, bevor er die Vergütung verlangen kann? → Rn. 3, 16

30 *BGH* NJW 2005, 1423.

I. Pflichten des Bestellers

Der Besteller ist in erster Linie zur Entrichtung der vereinbarten Vergütung, aber auch zur Abnahme des Werks und gegebenenfalls zur Mitwirkung bei der Herstellung verpflichtet.

Daneben können sich für ihn wie auch für den Unternehmer aus dem Vertrag weitere Nebenleistungspflichten und Schutzpflichten (§ 241 II) ergeben.[1] Eine gesetzlich geregelte Schutzpflicht ergibt sich aus der entsprechenden Anwendung des § 618 I. Danach hat der Besteller die Räume, Gerätschaften und Vorrichtungen, die zur Herstellung des Werks bereitzustellen sind, in einem solchen Zustand zu halten, dass der Unternehmer gegen Gefahr für Leben und Gesundheit geschützt ist.

1. Pflicht zur Entrichtung der Vergütung

2 Die wichtigste Hauptleistungspflicht des Bestellers ist die Entrichtung der vereinbarten Vergütung (§ 631 I). Art und Umfang des Entgelts richten sich nach den getroffenen Vereinbarungen. Fehlt eine dahingehende Abrede, greift § 632 ein (→ § 23 Rn. 5f.). Zur Vergütungspflicht bei Kostenanschlägen → § 23 Rn. 7f.

3 **a) Fälligkeit der Vergütung.** Die Vergütung wird grundsätzlich erst bei der Abnahme (→ Rn. 10ff.; **Fall b**, → Rn. 16) des Werks fällig (§ 641 I 1). Ist das Werk in einzelnen Teilen abzunehmen und die Vergütung für die einzelnen Teile bestimmt, so ist sie für jeden Teil bei dessen Abnahme zu entrichten (§ 641 I 2). Von diesem Zeitpunkt an ist eine in Geld festgelegte Vergütung zu verzinsen (§ 641 IV). Wenn der Besteller allerdings einen Mängelbeseitigungsanspruch (→ § 24 Rn. 24ff.) hat, kann er auch nach der Fälligkeit einen angemessenen Teil der Vergütung (in der Regel das Doppelte der voraussichtlichen Mängelbeseitigungskosten) zurückhalten (§ 641 III; → § 24 Rn. 23).

4 Abweichende Fälligkeitsregelungen enthalten § 641 II 1 und § 632a. § 641 II 1 betrifft den Fall, dass der Besteller (Hauptunternehmer) das einem Dritten (zB Bauherr) versprochene Werk seinerseits bei einem Unternehmer (Subunternehmer) bestellt (Leistungskette Subunternehmer – Hauptunternehmer – Bauherr). Der Vergütungsanspruch des Subunternehmers gegen den Hauptunternehmer wird unabhängig von der Abnahme durch den Hauptunternehmer spätestens dann fällig, wenn der Hauptunternehmer von dem Dritten für das versprochene Werk Zahlungen erhalten hat (Nr. 1), wenn der Dritte das Werk

1 *BGH* NJW-RR 2013, 543 (544) (Schutzpflichtverletzung im konkreten Fall verneint).

des Bestellers abgenommen hat (Nr. 2) oder wenn der Unternehmer dem Besteller erfolglos eine angemessene Frist zur Auskunft über die in den Nr. 1 und 2 bezeichneten Umstände bestimmt hat (Nr. 3). Nach § 632a kann der Unternehmer für vertragsgemäß erbrachte Leistungen von dem Besteller Abschlagszahlungen verlangen, ebenso für angelieferte oder bereitgestellte Stoffe oder Bauteile, sofern der Besteller Eigentümer dieser Teile geworden ist oder ihm entsprechende Sicherheit hierfür geleistet wurde (→ § 23 Rn. 9).

b) Schlussrechnung und Schlusszahlung der Vergütung nach 5
der VOB. Verlangt der Auftragnehmer bei einem der VOB unterliegenden Bauunternehmervertrag die Vergütung, so ist er verpflichtet, seine Leistung prüfbar abzurechnen (§ 14 I VOB/B). Die anzufertigende Schlussrechnung muss innerhalb feststehender Fristen eingereicht werden (§ 14 III VOB/B). Legt der Auftragnehmer eine prüfbare Rechnung nicht vor, obwohl ihm hierzu eine Frist gesetzt worden ist, so kann sie der Auftraggeber selbst auf Kosten des Auftragnehmers aufstellen (§ 14 IV VOB/B).

Leistet der Auftraggeber auf die Schlussrechnung des Auftragnehmers die Schlusszahlung und nimmt der Auftragnehmer diese vorbehaltlos an, so sind Nachforderungen des Auftragnehmers ausgeschlossen (§ 16 III Nr. 2 VOB/B). Ein Vorbehalt ist innerhalb von 24 Werktagen nach Eingang der Schlusszahlung zu erklären. Er wird hinfällig, wenn der Vorbehalt nicht innerhalb von weiteren 24 Werktagen eingehend begründet wird (§ 16 III Nr. 5 VOB/B).

c) Sicherung des Unternehmers wegen seines Vergütungsan- 6
spruchs. Der Unternehmer hat ein schutzwürdiges Interesse daran, wegen seiner Vergütungsforderung eine Sicherheit zu bekommen. Er muss nämlich nach der Konzeption des Gesetzes mit der Herstellung des Werks vorleisten. Die Vergütung wird erst bei Abnahme des Werks oder von Teilen des Werks fällig (§ 641 I); vorher sind nur unter den Voraussetzungen des § 632a Abschlagszahlungen zu leisten. Folgende Sicherheiten, die teils kraft Gesetzes entstehen, teils vom Besteller geleistet werden müssen, kommen in Betracht:

aa) Solange der Besteller die Forderung des Unternehmers nicht er- 7
füllt, steht diesem an den von ihm hergestellten oder ausgebesserten **beweglichen Sachen** ein gesetzliches Pfandrecht **(Unternehmerpfandrecht)** zu, wenn die Sachen bei der Herstellung oder zur Ausbesserung in seinen Besitz gelangt sind (§ 647).

Für dieses kraft Gesetzes entstandene Pfandrecht gelten die Vorschriften über das rechtsgeschäftliche Pfandrecht entsprechend (§ 1257). Der Unternehmer kann sich also zB durch Pfandverkauf nach §§ 1228 ff. wegen seiner Forderung befriedigen.

Das Unternehmerpfandrecht besteht nach § 647 nur, wenn der Be- 8
steller auch Eigentümer der betreffenden Sache ist („Sachen des Be-

stellers“).[2] Obwohl ein starkes wirtschaftliches Bedürfnis dafür besteht, ist ein gutgläubiger Erwerb dieses Pfandrechts nach bisher überwiegender Ansicht nicht möglich. Das wird aus dem Wortlaut des § 1257 abgeleitet, der die Regeln über das Vertragspfand nur auf ein bereits „kraft Gesetzes **entstandenes** Pfandrecht“ für entsprechend anwendbar erklärt, also auf § 1207 (gutgläubiger Erwerb bei der Begründung des Pfandrechts) gerade nicht verweist. Zum anderen lassen die Gesetzesmaterialien erkennen, dass der Gesetzgeber einen gutgläubigen Erwerb gesetzlicher Pfandrechte allgemein nicht zulassen wollte.[3] Solange sich die im Vordringen befindliche Gegenansicht nicht durchgesetzt hat, kann es aus diesem Grund für den Unternehmer ratsam sein, sich vertraglich ein Pfandrecht einräumen zu lassen, weil dabei ein gutgläubiger Erwerb vom Nichtberechtigten möglich ist.

Im **Fall a** hat U deshalb kein Unternehmerpfandrecht erworben, er kann das Gerät aber nach § 273 zurückbehalten.

9 bb) Bei **Bauverträgen** nützt das Unternehmerpfandrecht nach § 647 dem Unternehmer nichts, weil Pfandrechte nur an beweglichen Sachen des Bestellers bestehen können. Pfandrechte an Grundstücken gibt es nicht. Hier stehen dem Unternehmer nach den §§ 650e, 650f andere Sicherungsmittel zur Verfügung (→ § 27 Rn. 9ff.).

2. Pflicht zur Abnahme des Werks

10 Nach § 640 I 1 ist der Besteller verpflichtet, das **vertragsmäßig hergestellte**, dh das mangelfreie Werk (§ 633) abzunehmen. Die Abnahme ist nicht nur eine Gläubigerobliegenheit, sondern eine Hauptleistungspflicht, weil sie zu den Pflichten gehört, die dem Werkvertrag das Gepräge geben. Sie entfällt, wenn eine Abnahme nach der Beschaffenheit des Werks ausgeschlossen ist (§ 640 I 1).[4] Dagegen darf die Abnahme nicht wegen unwesentlicher Mängel verweigert werden (§ 640 I 2). Wenn eine Abnahme nach der Beschaffenheit des Werks ausgeschlossen ist (zB bei Theater- und Musikaufführungen sowie bei Beförderungsleistungen), tritt an ihre Stelle die Vollendung des Werks (§ 646).

---

2 BGHZ 34, 153; *Looschelders* SchuldR BT Rn. 661; **aA** *Schmidt* NJW 2014, 1, 4f.; *Wilhelm* DB 2014, 406.
3 Mot. II, 404f.
4 Zu einem solchen Fall *BGH* NJW 2013, 3022 mAnm *Mäsch* JuS 2013, 1033 (Winterdienst).

a) Begriff und Bedeutung der Abnahme. Unter „Abnahme" ist anders als beim Kauf nicht lediglich die **körperliche Entgegennahme des Werks** zu verstehen. Die hM verlangt für die Abnahme in aller Regel sowohl die reale Entgegennahme des Werks als auch eine ausdrückliche oder stillschweigende Erklärung des Bestellers, dass er das Werk als in der Hauptsache vertragsgemäß anerkenne.[5] Dafür spricht sowohl der landläufige Sinn des Wortes „Abnahme" (zB bei Bauwerken) als auch der Zusammenhang der gesetzlichen Regelung. Das Gesetz knüpft nämlich an die erfolgte Abnahme verschiedene wichtige Rechtsfolgen, deren Eintritt regelmäßig nur gerechtfertigt ist, wenn Entgegennahme und Billigung zusammentreffen. 11

Mit der Abnahme wird grundsätzlich die Vergütung fällig (§ 641); zugleich beginnt der Lauf der Verjährungsfrist für die Mängelansprüche (§ 634a II). Diese Rechtsfolgen erscheinen nur gerechtfertigt, wenn der Besteller das Werk wenigstens in groben Zügen als vertragsgemäß anerkannt hat. Ferner verliert der Besteller gem. § 640 III mit der vorbehaltlosen Abnahme des Werks trotz Kenntnis seiner Mangelhaftigkeit seine Mängelrechte nach § 634 Nr. 1–3. Dieser Gefahrübergang ist im Normalfall nur gerechtfertigt, wenn das Werk in die Verfügungsgewalt des Bestellers gelangt, von ihm geprüft werden kann und gebilligt wird. 12

Ist der Besteller im Besitz des Werks, zB bei Reparaturen an seinem Haus, so beschränkt sich die Abnahmeverpflichtung auf die Anerkennung vertragsgemäßer Herstellung. Für den Fall, dass eine Abnahme auch in Form der Billigung nicht möglich oder üblich ist (wie zB bei künstlerischen Darbietungen, bei der Beförderung von Personen oder bei der Leistung von Winterdienst auf einer bestimmten Grundfläche[6]) und deshalb eine dahingehende Pflicht entfällt (§ 640 I), knüpft das Gesetz die oben genannten Rechtsfolgen an die Vollendung des Werks (§ 646).

b) Abnahme nach der VOB. Besonderheiten gelten für die Abnahme eines Bauwerks, wenn die VOB (→ § 23 Rn. 13) vereinbart ist. Danach ist ein förmliches Abnahmeverfahren vorgesehen, wenn eine Vertragspartei es verlangt. Dann ist ein Abnahmeprotokoll anzufertigen, in dem alle etwaigen Vorbehalte des Auftraggebers und alle Einwendungen des Auftragnehmers niederzulegen sind. Eine Verweigerung der Abnahme kommt nur wegen wesentlicher Mängel in Betracht. Wird keine Abnahme verlangt oder verweigert sie der Auftraggeber unberechtigt, gilt die Leistung mit Ablauf von 12 Werktagen nach schriftlicher Mitteilung über die Fertigstellung der Leistung als abgenommen. Nimmt der Auftraggeber die Leistung in Benutzung, so tritt die Abnahme nach Ablauf von 6 Werktagen nach Beginn der Benutzung ein. Einzelheiten: § 12 III-V VOB/B. 13

---

5 BGHZ 48, 257; *BGH* NJW 1993, 1972.
6 Vgl. *BGH* NJW 2013, 3022 (3023) mAnm *Mäsch* JuS 2013, 1033.

3. Obliegenheit zur Mitwirkung bei der Herstellung des Werks

14 Bei bestimmten Werkverträgen lässt sich das Werk nicht ohne Mitwirkung des Bestellers herstellen (vgl. § 642). So kann zB das in Auftrag gegebene Porträt nicht vollendet werden, wenn der Besteller nicht zu den vorgesehenen Sitzungen erscheint. Der Unternehmer hat aber **keinen Anspruch** auf die Mitwirkung; es handelt sich hierbei um eine reine **Gläubigerobliegenheit**.[7]

II. Folgen einer Pflichtverletzung des Bestellers

15 Erfüllt der Besteller seine vertraglichen Verpflichtungen nicht, gelten die allgemeinen Regeln der §§ 280ff., 320ff. über Leistungsstörungen.

1. Verletzung der Vergütungspflicht

Wenn der Besteller bei Fälligkeit nicht zahlt, kann der Unternehmer seinen Vergütungsanspruch einklagen. Bei Zahlungsverzug hat der Unternehmer einen Anspruch auf Ersatz des Verzögerungsschadens (§§ 280 II, 286); außerdem ist unabhängig von einem konkreten Schaden der Vergütungsbetrag zu verzinsen (§ 288). Nach erfolgloser Bestimmung einer angemessenen Frist für die Zahlung kann der Unternehmer vom Vertrag zurücktreten (§ 323 I).

2. Verletzung der Abnahmepflicht

16 Da die Abnahme Leistungspflicht des Bestellers ist (§ 640 I), bewirkt die Nichtabnahme nicht nur Annahmeverzug (§§ 293ff.), sondern unter den Voraussetzungen der §§ 286f. zugleich Schuldnerverzug. Der Unternehmer kann dem Besteller nach Fertigstellung des Werks eine Frist für die Abnahme setzen. Wenn der Besteller nicht innerhalb dieser Frist die Abnahme unter Angabe mindestens eines Mangels verweigert hat, gilt das Werk als abgenommen (§ 640 II 1). Ist der Besteller ein Verbraucher, gilt diese Fiktion der Abnahme allerdings nur, wenn der Unternehmer ihn mit der Aufforderung zur Abnahme in Textform auf die Folgen einer nicht erklärten oder ohne Angabe von Gründen verweigerten Abnahme hingewiesen hat

7 *Brox/Walker* SchuldR AT § 2 Rn. 16.

(§ 640 II 2). Diese verbraucherschützende Regelung ist unabdingbar (§ 650o S. 1).

Im **Fall b** braucht U also nicht auf Abnahme zu klagen.

3. Verletzung der Mitwirkungsobliegenheit

Verweigert der Besteller seine zur Herstellung des Werks erforderliche Mitwirkung, gerät er in Annahmeverzug (§ 295). Der Unternehmer hat dann gem. § 304 einen Anspruch auf Ersatz der durch den Annahmeverzug entstanden Mehraufwendungen. Daneben gewährt § 642 ihm einen Anspruch auf eine angemessene Entschädigung. Außerdem ist der Unternehmer berechtigt, nach § 643 die Aufhebung des Werkvertrags herbeizuführen (→ § 26 Rn. 4). 17

§ 26. Vorzeitige Beendigung des Werkvertrags

Schrifttum: *Bitter/Rauhut*, Vertragsdurchführungspflicht des Werkbestellers?, JZ 2007, 964; *Förster*, Die Kündigung von „Internet-System-Verträgen" gem. § 649 BGB, ZGS 2011, 253; *Rudkowski*, Die vorzeitige Beendigung des Werkvertrages, JURA 2011, 567; *B. Schmidt*, Zur unberechtigten Kündigung aus wichtigem Grunde beim Werkvertrag, NJW 1995, 1313; *Ultsch*, Rückgabe von Fußball-WM-Tickets nach § 649 BGB, ZGS 2005, 261. 1

Fall a: B bringt seinen „Oldtimer" in die Werkstatt des U, der ihn gegen eine vereinbarte Vergütung von 1500 Euro fahrbereit machen soll. Als U einen Teil der Reparaturen ausgeführt hat, kündigt B den Vertrag und will nur die inzwischen vorgenommenen Arbeiten bezahlen. → Rn. 1

Fall b: Im Fall a kündigt B den Vertrag, weil U die Reparaturkosten zunächst unverbindlich mit 1500 Euro veranschlagt hat, es sich aber nachträglich herausstellt, dass sie sich auf mindestens 3000 Euro belaufen werden. → Rn. 2

Fall c: Wie wäre es, wenn U im Fall b gegenüber B die Gewähr für die Einhaltung des Kostenanschlags übernommen hätte? → Rn. 3

I. Beendigung durch Kündigung

1. Kündigung durch den Besteller

a) Jederzeitiges Kündigungsrecht. Der Besteller kann nach § 648 S. 1 bis zur Vollendung des Werks den Vertrag jederzeit kündigen. Mit der Kündigung wird das Vertragsverhältnis für die Zukunft aufgehoben. Das jederzeitige Kündigungsrecht besteht auch bei Werkverträgen, für die eine bestimmte Vertragsdauer vereinbart ist; denn an der Fertigstellung ist vorzugsweise der Besteller interessiert, und er soll deshalb bei Wegfall seines Interesses die Möglichkeit haben, sich vom Vertrag zu lösen.[1]

Demgegenüber ist der Unternehmer vorrangig an seiner Vergütung interessiert. Dieses Interesse wird dadurch geschützt, dass der Besteller auch bei einer vorzeitigen Kündigung in vollem Umfang zur Entrichtung der vereinbarten Vergütung verpflichtet bleibt **(Fall a)**. Der Unternehmer muss sich lediglich das anrechnen lassen, was er infolge der Aufhebung des Vertrags an Aufwendungen erspart oder durch anderweitige Verwendung seiner Arbeitskraft erwirbt oder zu erwerben böswillig unterlässt (§ 648 S. 2; vgl. die ähnlich lautende Bestimmung des § 615 S. 2; → § 20 Rn. 15).

2 **b) Besonderheiten bei Kündigung wegen Überschreitung eines Kostenanschlags.** Besonderheiten ergeben sich dann, wenn dem Werkvertrag ein Kostenanschlag zugrunde gelegt worden ist und das Werk nur unter wesentlicher Überschreitung dieses Anschlags ausgeführt werden kann.

aa) Hat der Unternehmer **keine Gewähr** für die Richtigkeit des Kostenanschlags **übernommen** (unverbindlicher Kostenanschlag), dann braucht der Besteller, wenn er wegen der wesentlichen Überschreitung kündigt, nur den der geleisteten Arbeit entsprechenden Teil der Vergütung zu entrichten und die darin nicht enthaltenen Auslagen des Unternehmers zu ersetzen (§§ 649 I, 645 I; **Fall b)**. Das Gesetz erleichtert dem Besteller die Lösung vom Vertrag deshalb, weil die ursprünglich angenommene Geschäftsgrundlage nachträglich weggefallen ist.

3 bb) Dem Besteller steht das Kündigungsrecht nach § 649 I jedoch nicht zu, wenn der Unternehmer **die Gewähr** für die Einhaltung des Kostenanschlags **übernommen** hat (verbindlicher Kostenanschlag). Denn hier kann er die Ausführung des Werks zur veranschlagten Summe verlangen. Kündigt er trotzdem, dann bleibt es bei der Regel des § 648; er hat also die volle veranschlagte Vergütung abzüglich etwaiger Ersparnisse des Unternehmers zu entrichten **(Fall c)**.

2. Vorzeitige Beendigung durch den Unternehmer

4 Der Unternehmer kann sich vom Werkvertrag nur unter den engen Voraussetzungen des § 643 vorzeitig lösen, wenn der Besteller eine

1 *BGH* NJW 2011, 915 (916).

für die Herstellung erforderliche Mitwirkungshandlung unterlässt. Hiernach muss der Unternehmer dem Besteller eine Frist mit der Erklärung setzen, dass er den Vertrag kündige, wenn die Handlung bis zum Ablauf der Frist nicht vorgenommen werde. Mit fruchtlosem Verstreichen der Frist gilt der Vertrag als aufgehoben (§ 643 S. 2). Der Unternehmer hat dann in entsprechender Anwendung des § 645 I 1 einen Anspruch auf einen der geleisteten Arbeit entsprechenden Teil der Vergütung (§ 645 I 2).

3. Außerordentliche Kündigung aus wichtigem Grund durch eine Vertragspartei

Werkverträge können auf längere Zeit angelegt sein. Beispiele dafür 5 sind etwa Bauverträge, Verträge über Planung und Einrichtung größerer EDV-Anlagen oder die Erstellung eines Computerprogramms nach den besonderen Anforderungen des Bestellers. Insbesondere bei solchen Dauerverträgen sind die Vertragspartner auf eine längere vertrauensvolle Zusammenarbeit angewiesen. Deshalb gewährt § 648a sowohl dem Besteller als auch dem Unternehmer ein außerordentliches Kündigungsrecht, wenn einer Vertragspartei die Fortsetzung des Werkvertrags nicht zumutbar ist.

§ 648a wurde durch Gesetz vom 28.4.2017[2] mit Wirkung zum 1.1.2018 neu 6 eingefügt. Bis zu diesem Zeitpunkt gab es keine Regelung für eine außerordentliche Kündigung des Werkvertrags. Ein solches Kündigungsrecht wurde bis dahin von der Rechtsprechung nur für die in der Regel auf längere Erfüllung angelegten Bauverträge anerkannt. § 648a wurde vom Gesetzgeber bewusst bei den allgemeinen Vorschriften zum Werkvertragsrecht eingeordnet, um auch andere auf Dauer angelegte Werkverträge erfassen zu können.[3]

a) **Voraussetzungen.** Eine außerordentliche Kündigung kommt 7 nach § 648a I nur aus **wichtigem Grund** in Betracht. Ein solcher liegt vor, wenn dem kündigenden Teil unter Berücksichtigung aller Umstände des Einzelfalls und unter Abwägung der beiderseitigen Interessen die Fortsetzung des Vertrags bis zur Fertigstellung des Werks nicht zugemutet werden kann. Diese Regelung orientiert sich an § 314 I über die allgemeine Kündigungsmöglichkeit von Dauerschuldverhältnissen aus wichtigem Grund und entspricht in der Sache dem § 626 I über die fristlose Kündigung von Arbeitsverhältnissen. Auch in § 648a I hat der Gesetzgeber bewusst davon abgesehen, ein-

2 BGBl. I 969.
3 BT-Drs. 18/8486, 50f.

zelne Kündigungsgründe aufzulisten, weil er ohnehin nicht alle in der Praxis vorkommenden Fallgestaltungen erfassen könnte.

In der Gesetzesbegründung ist klargestellt, dass die **Insolvenz des Unternehmers nicht automatisch ein wichtiger Grund** für eine außerordentliche Kündigung des Werkvertrags ist. Vielmehr ist im Rahmen der Unzumutbarkeitsprüfung zu untersuchen, ob der Insolvenzverwalter zeitnah erklärt, die Herstellung des Werks ohne wesentliche Unterbrechung fortzuführen und durch geeignete Unterlagen dokumentiert, dass er dazu auch in der Lage sein wird.[4]

8 Nach § 648a II ist auch eine **Teilkündigung** des Werkvertrags möglich. Sie muss sich dann auf einen abgrenzbaren Teil des geschuldeten Werks beziehen. Nur dann können die Parteien erkennen, welcher Teil der Werkleistungen möglicherweise noch von einem anderen Werkunternehmer erbracht werden muss.

9 Besteht der Kündigungsgrund in einer Pflichtverletzung des anderen Vertragspartners, muss vor Ausspruch der Kündigung zunächst eine **Frist zur Abhilfe** bestimmt werden (§§ 648a III, 314 II 1). Die Fristsetzung kann gem. §§ 314 II 2, 323 II Nr. 1 und 2 ausnahmsweise entbehrlich sein. Außerdem muss der Kündigende nach §§ 648a III, 314 III eine **Kündigungserklärungsfrist** einhalten. Die Kündigung kann nur innerhalb einer angemessenen Frist nach Kenntniserlangung vom Kündigungsgrund erfolgen. Wird sie zu spät erklärt, ist davon auszugehen, dass die Fortsetzung des Werkvertragsverhältnisses doch nicht unzumutbar ist.

10 **b) Rechtsfolgen.** Nach der außerordentlichen Kündigung eines Werkvertrags sind gem. § 648a IV 1 beide Vertragsparteien zu einer **gemeinsamen Feststellung des Leistungsstands** verpflichtet, wenn die andere Vertragspartei dies verlangt. Das dient der quantitativen Bewertung der bis zur Kündigung erbrachten Leistungen und soll einem späteren Streit darüber vorbeugen. Wenn eine der Vertragsparteien die Mitwirkung bei dieser Feststellung ablehnt, trifft sie die **Beweislast** hinsichtlich des Leistungsstands zum Zeitpunkt der Kündigung (§ 648a IV 2). Mit dieser Beweislastregelung hat der Gesetzgeber einen Anreiz geschaffen, um das notwendige Zusammenwirken der Vertragsparteien auch nach der Kündigung zu fördern.

11 Nach § 648a V hat der Unternehmer im Fall der Kündigung aus wichtigem Grund nur einen Anspruch auf diejenige **Vergütung**, die

4 BT-Drs. 18/8486, 50.

auf das bis zur Kündigung erbrachte Teilwerk entfällt. Das gilt unabhängig davon, wer die Kündigung erklärt hat.[5] Allerdings schließt die Regelung in Abs. 5 nicht aus, dass er zusätzlich **Schadensersatz** von dem anderen Vertragsteil verlangt (§ 648a VI). Ein solcher Schadensersatzanspruch kann etwa bestehen, wenn der wichtige Grund für die Kündigung von der anderen Partei schuldhaft herbeigeführt worden ist.

II. Beendigung durch Vereinbarung

Wie jedes Vertragsverhältnis kann auch der Werkvertrag durch Vereinbarung der Parteien einverständlich aufgehoben werden (vgl. § 311 I). 12

§ 27. Besonderheiten beim Bauvertrag und Verbraucherbauvertrag

Schrifttum: *Leinemann*, Das neue Bauvertragsrecht und seine praktischen Folgen, NJW 2017, 3113; *Schwenker/Wessel*, Der Bauvertrag. Die Neuregelung durch die Reform des Bauvertragsrechts 2018, MDR 2017, 1096. 1

Bauverträge und Verbraucherbauverträge sind besondere Werkverträge. Die §§ 650a – 650n über den Bauvertrag und den Verbraucherbauvertrag wurden durch Gesetz vom 28.4.2017[1] mit Wirkung zum 1.1.2018 neu eingefügt. Grund für die Neuregelung[2] war, dass die allgemeinen Vorschriften des Werkvertragsrechts (§§ 631 ff.) den Besonderheiten des praxisrelevanten Bauvertragsrechts und des Verbraucherschutzes bei Bauverträgen nicht hinreichend Rechnung tragen. Sie sind sehr allgemein gehalten und enthalten für die komplexen, meist auf eine längere Erfüllungsdauer angelegten Bauverträge keine hinreichend detaillierten Regelungen. Wesentliche Fragen waren daher vor Einfügung der §§ 650a ff. der Vereinbarung der Vertragsparteien und der Rechtsprechung überlassen. Das wirkte sich vor allem zum Nachteil der Verbraucherbauherren aus, die in der Regel kaum Einflussmöglichkeiten auf die Vertragsbedingungen haben.

---

5 Krit. dazu *Leinemann* NJW 2017, 3113 (3114).
1 BGBl. I 969.
2 Siehe dazu die allgemeine Begründung des Regierungsentwurfs in BT-Drs. 18/8486, 24 ff.

I. Bauvertrag

2 Bis zum 31.12.2017 waren einzelne verstreute Sonderregelungen zum Bauvertrag bei den allgemeinen Vorschriften zum Werkvertrag verortet. Sie wurden mit Wirkung zum 1.1.2018 in den §§ 650a – 650h zusammengefasst und um zusätzliche Regelungen ergänzt.

1. Definition und anwendbares Recht

3 Der Bauvertrag ist in § 650a I 1 definiert. Es handelt sich um einen (Werk-)Vertrag über die Herstellung, die Wiederherstellung, die Beseitigung oder den Umbau eines Bauwerks, einer Außenanlage oder eines Teils davon (zB Neubau, Dachreparatur). Ein Vertrag über die Instandhaltung eines Bauwerks ist nur dann ein Bauvertrag, wenn das Werk für die Konstruktion, den Bestand oder bestimmungsgemäßen Gebrauch von wesentlicher Bedeutung ist (§ 650a II). Das können etwa Verträge zur Inspektion von Brücken oder zur Pflege und Wartung von tragenden Teilen des Bauwerks sein.[3] Für den Bauvertrag gelten ergänzend zu den allgemeinen Vorschriften des Werkvertragsrechts die §§ 650b ff.

2. Änderung des Vertrags

4 Ein Bauvertrag ist in der Regel auf längere Erfüllungszeit angelegt. Während der Vertragsdurchführung kann sich der Vertrag als lückenhaft erweisen, und die Vorstellungen des Bauherrn sowie die rechtlichen Vorgaben für die Erstellung des Bauwerks können sich ändern. Daraus kann sich die Notwendigkeit von Vertragsanpassungen ergeben. Dem tragen die §§ 650b – 650d Rechnung.

5 **a) Einvernehmliche Änderung.** Wenn der Besteller eine Änderung des vereinbarten Werkerfolgs oder eine solche Änderung anstrebt, die zur Erreichung des ursprünglich vereinbarten Werkerfolgs notwendigt ist, müssen die Parteien zunächst ein Einvernehmen über die Änderung und die daraus folgende Anpassung der zu zahlenden Vergütung anstreben (§ 650b I 1). Der Unternehmer ist grundsätzlich verpflichtet, dem Besteller ein Angebot über die Mehr- oder Mindervergütung zu erstellen (§ 650b I 2). Das gilt nur dann nicht, wenn die

3 BT-Drs. 18/8486, 53.

gewünschte Änderung des Werkerfolgs für den Unternehmer zum Beispiel aufgrund fehlenden Know-hows oder fehlender technischer Möglichkeiten oder Austattung nicht zumutbar ist. Beweispflichtig für die Zumutbarkeit ist grundsätzlich der Besteller, der die Änderung wünscht (Ausnahme: § 650b I 3).

b) Anordnung des Bestellers. Falls die Vertragsparteien innerhalb 6
von 30 Tagen nach Zugang des Änderungsbegehrens kein Einvernehmen erzielen, kann der Besteller die Änderung in Textform anordnen (§ 650b II). Dieser einseitigen Änderungsanordnung muss der Unternehmer nachkommen, es sei denn, sie ist auf eine für ihn unzumutbare Änderung des Werkerfolgs gerichtet (§ 650b II 2). Die 30-Tage-Frist kann insbesondere bei mehreren Änderungswünschen zu deutlichen Verzögerungen führen.[4]

c) Vergütungsanpassung. Für den Fall der einseitigen Änderungs- 7
anordnung nach § 650b II regelt § 650c detaillierte Vorgaben für die Berechnung der Mehr- oder Mindervergütung. Die Vorschrift soll beiden Vertragsparteien dienen. Im Interesse des Unternehmers sollen zwischenzeitliche Preissteigerungen berücksichtigt werden können. Andererseits soll zum Schutz des Bestellers verhindert werden, dass der Unternehmer ungerechtfertigte Preisvorteile erzielt. Grundlage für die Berechnung sind nach § 650c I 1 die tatsächlich erforderlichen Kosten. Hinzu kommt ein angemessener Zuschlag für allgemeine Geschäftskosten, Wagnis und Gewinn. Der Unternehmer kann die Kosten allerdings wahlweise auch aufgrund der Ursprungskalkulation berechnen (§ 650c II). Für die Berechnung einer vereinbarten oder nach § 632a geschuldeten Abschlagszahlung kann der Unternehmer 80 % der von ihm errechneten Mehrvergütung ansetzen, wenn sich die Parteien über die Höhe nicht einigen (§ 650c III).

d) Erleichterte einstweilige Verfügungen. Wenn die Parteien über 8
die Rechtmäßigkeit einer Änderungsanordnung nach § 650b oder über die Vergütungsanpassung nach § 650c streiten, besteht die Gefahr, dass durch eine Fortführung der Bautätigkeit vollendete Tatsachen insbesondere zum Nachteil des Bestellers geschaffen werden. Dieser wird deshalb oft daran interessiert sein, solche Nachteile durch eine einstweilige Verfügung zu verhindern. Dafür muss er nach §§ 935, 940 ZPO einen sog. Verfügungsgrund darlegen, also

4 Deshalb kritisch zu dieser Frist *Leinemann* NJW 2017, 3113 (3116).

vortragen, warum die beantragte einstweilige Verfügung zur Abwendung wesentlicher Nachteile notwendig ist. Insoweit gewährt § 650d ihm eine Erleichterung. Danach wird nämlich das Vorliegen eines Verfügungsgrundes kraft Gesetzes vermutet.

3. Sicherung des Vergütungsanspruchs des Unternehmers

9 Der Unternehmer hat bei Bauverträgen ebenso wie bei allgemeinen Werkverträgen (→ § 25 Rn. 5) ein schutzwürdiges Interesse daran, wegen seiner Vergütungsforderung eine Sicherheit zu bekommen. Er muss nämlich nach der Konzeption des Gesetzes mit der Herstellung des Werks vorleisten und erhält lediglich Abschlagszahlungen. Die möglichen Sicherheiten für Unternehmer beim Bauvertrag sind in §§ 650e und 650f geregelt.

Diese Vorschriften sind an die Stelle der früheren §§ 648 I, 648a getreten. Sie wurden aus den allgemeinen Vorschriften über das Werkvertragsrecht ausgegliedert und in die ergänzenden Regelungen zum Bauvertrag verschoben, weil sie ausschließlich auf den Bauvertrag zugeschnitten sind.

10 **a) Sicherungshypothek.** Bei Bauverträgen hat der Unternehmer einen Anspruch darauf, dass ihm für seine vertraglichen Forderungen eine Sicherungshypothek am Baugrundstück des Bestellers eingeräumt wird (§ 650e S. 1). Die Sicherungshypothek selbst entsteht nicht kraft Gesetzes; sie muss vielmehr erst rechtsgeschäftlich begründet werden (§§ 873, 1184).

Auch wenn das Werk noch nicht vollendet ist, kann der Unternehmer bereits die Bestellung der Sicherungshypothek für einen der geleisteten Arbeit entsprechenden Teil der Vergütung verlangen (§ 650e S. 2).

11 **b) Bauhandwerkersicherung.** Da der Unternehmer durch § 650e nicht hinreichend gesichert wird, wenn das Grundstück schon hoch belastet ist oder dem Besteller nicht gehört, kann er nach § 650f I 1 vom Besteller **Sicherheitsleistung** für die auch in Zusatzaufträgen vereinbarte und noch nicht gezahlte Vergütung einschließlich dazugehöriger Nebenforderungen (10 % des zu sichernden Vergütungsanspruchs) verlangen. Diese Regelung gibt dem Unternehmer zwar keinen einklagbaren Anspruch auf Sicherheitsleistung. Aber der Unternehmer kann die Leistung verweigern oder den Vertrag kündigen, wenn der Besteller die verlangte Sicherheit nicht innerhalb der ihm gesetzten angemessenen Frist leistet (§ 650f V 1).[5] Als Sicherheit

5 *BGH* NJW 2004, 1525 (1526).

kommt – abgesehen von den in §§ 232ff. genannten Fällen – auch eine Garantie oder ein sonstiges Zahlungsversprechen eines Kreditinstituts oder Kreditversicherers in Betracht (§ 650f II).

Falls der Unternehmer sich durch Kündigung vom Vertrag löst, weil der Besteller die geforderte Sicherheit nicht fristgerecht leistet, hat er auch die Möglichkeit, die anteilige Vergütung sowie den Ersatz seines Vertrauensschadens zu verlangen (§ 650f V 1, 2, § 645 I 1).[6]

Die Regelung über die Bauhandwerkersicherung findet in den Fäl- 12
len des § 650f VI, ua beim Verbraucherbauvertrag nach § 650i, keine Anwendung (→ Rn. 23). Der Besteller ist dann also nicht verpflichtet, dem Unternehmer auf Verlangen eine Sicherheit zu leisten. Eine solche Sicherheitsleistung kann allerdings zwischen den Parteien vereinbart werden. Von dieser Möglichkeit wird in der Praxis offenbar verbreitet Gebrauch gemacht.

4. Zustandsfeststellung bei verweigerter Abnahme

Wenn es nicht zur Abnahme des Bauwerks kommt, weil die Par- 13
teien über die Abnahmereife streiten, besteht oft das Bedürfnis, den Zustand des Werks zum Zeitpunkt des Abnahmeverlangens zu dokumentieren. Dadurch soll die Sachaufklärung in einem späteren Prozess erleichtert werden. Das gilt insbesondere, wenn der Besteller das Werk ohne Abnahme in Benutzung nimmt und später Unsicherheiten entstehen, ob ein dann festgestellter Mangel aus dem Verantwortungsbereich des Unternehmers oder des Bestellers stammt. Deshalb hat nach § 650g I 1 der Besteller die **Obliegenheit**, auf Verlangen des Unternehmers **an einer gemeinsamen Zustandsfeststellung mitzuwirken**. Die Dokumentation der Zustandsfeststellung ist von beiden Seiten zu unterschreiben und soll das Datum ihrer Anfertigung enthalten (§ 650g I 2).

Wenn der Besteller einem vereinbarten oder vom Unternehmer mit einer angemessenen Frist festgesetzten Termin zur Zustandsfeststellung fernbleibt, kann der **Unternehmer** die **Zustandsfeststellung allein** vornehmen (§ 650g II 1). Er hat dann eine Kopie des von ihm unterschriebenen Dokuments dem Besteller zur Verfügung zu stellen (§ 650g II 3).

Die Zustandsfeststellung hat unter bestimmten Voraussetzungen eine **Vermutungswirkung**. Wenn das Werk dem Besteller verschafft

6 *BGH* NJW 2004, 1525 (1526).

worden ist und in der Zustandsfeststellung ein offenkundiger Mangel nicht angegeben ist, wird gem. § 650g III 1 vermutet, dass dieser erst nach der Zustandsfeststellung entstanden und vom Besteller zu vertreten ist. Diese Vermutungswirkung gilt aber nicht, wenn der Mangel nach seiner Art nicht vom Besteller verursacht worden sein kann (§ 650g III 2). Das dürfte etwa bei einem Materialfehler der Fall sein.

5. Schriftform der Kündigung

14 Die freie Kündigung des Bauvertrags (§ 648) und die Kündigung aus wichtigem Grund (§ 648a) bedürfen gem. § 650h der Schriftform. Insoweit gilt das Gleiche wie für die Kündigung des Mietvertrags (§ 568) und des Arbeitsvertrags (§ 623). Dadurch sollen die Parteien vor übereilt ausgesprochenen Kündigungen geschützt werden, die für sie mit negativen Folgen verbunden sein können (Warnfunktion der Schriftform).[7] Davon abgesehen hat die Einhaltung der Schriftform eine Beweisfunktion bei einem späteren Streit über die Kündigung.

II. Verbraucherbauvertrag

15 In den §§ 650i – 650n sind verschiedene Vorschriften zum Schutz des Verbrauchers zusammengefasst, um dessen besonderer Schutzbedürftigkeit beim Abschluss größerer Bauverträge Rechnung zu tragen. Fast alle dieser Vorschriften sind zum Schutz des Verbrauchers unabdingbar und dürfen auch nicht durch anderweitige Vertragsgestaltungen umgangen werden (§ 650o).

Nur von der Sonderregelung in § 650 m zu Abschlagszahlungen und zur Sicherheitsleistung (→ Rn. 22 ff.) kann durch Individualvereinbarung (wegen § 309 Nr. 15 nicht in AGB) abgewichen werden.

1. Definition und anwendbares Recht

16 Der Verbraucherbauvertrag ist in § 650i I definiert. Es handelt sich um einen (Werk-)Vertrag, durch den ein Unternehmer von einem Verbraucher zum Bau eines neuen Gebäudes oder zu erheblichen Umbaumaßnahmen an einem bestehenden Gebäude verpflichtet wird. Eine Umbaumaßnahme ist erheblich, wenn sie mit einem Neu-

7 BT-Drs. 18/8486, 61.

bau vergleichbar ist. Das trifft etwa bei solchen Baumaßnahmen zu, bei denen nur die Fassade eines Gebäudes erhalten bleibt.

Auf Verbraucherbauverträge finden die allgemeinen Vorschriften des Werkvertragsrechts sowie die Sonderregelungen über den Bauvertrag Anwendung. Ergänzend gelten gem. § 650i III die §§ 650j – 650n.

2. Vorvertragliche Unterrichtungspflichten des Unternehmers

Nach § 650j iVm Art. 249 EGBGB hat der Unternehmer vorver- 17
tragliche Informationspflichten. Er muss dem Verbraucher vor Abgabe von dessen Vertragserklärung eine Baubeschreibung in Textform zur Verfügung stellen, in der die wesentlichen Eigenschaften des angebotenen Werks in klarer und verständlicher Weise darzustellen sind. Das dient dem Schutz der aufgrund der Vertragsverhandlungen entstandenen Erwartungen des Bestellers. Außerdem ermöglicht ihm die Baubeschreibung eine Überprüfung der angebotenen Leistungen durch einen sachverständigen Dritten und einen Preis-Leistungs-Vergleich mit anderen Angeboten. Die Baubeschreibung hat auch verbindliche Angaben zur Bauzeit zu enthalten.

3. Formvorschrift für den Vertrag

Der Verbraucherbauvertrag bedarf der Textform (§ 650i II). Deren 18
Einhaltung richtet sich nach § 126b.

4. Notwendiger Vertragsinhalt

Die Angaben in der vorvertraglich zur Verfügung gestellten **Bau-** 19
beschreibung in Bezug auf die Bauausführung werden gem. § 650k I Vertragsinhalt. Falls das nicht dem Willen der Parteien entspricht, müssen sie ausdrücklich etwas anderes vereinbaren. Eine unklare Baubeschreibung führt nicht zur Unwirksamkeit des Vertrags. Sie ist gem. § 650k II 1 vielmehr unter Berücksichtigung aller vertragsbegleitenden Umstände, insbesondere der Komfort- und Qualitätsstandards der übrigen Leistungsbeschreibung, auszulegen. Auf diese Weise sind Unklarheiten zu bereinigen und Lücken so zu füllen, dass der Vertrag dem Leistungsniveau der Baubeschreibung im Übrigen entspricht. Auslegungszweifel bezüglich der vom Unternehmer geschuldeten Leistungen gehen zu dessen Lasten (§ 650k II 2). Das entspricht dem für die Auslegung von AGB geltenden § 305c.

20 Gem. § 650k III gehört zum notwendigen Vertragsinhalt auch eine **verbindliche Angabe zum Zeitpunkt der Fertigstellung des Werks** oder (wenn zB bei Vertragsschluss der Beginn der Arbeiten noch nicht feststeht) **zur Dauer der Bauausführung**. Fehlen solche Angaben, werden die in der Baubeschreibung vorvertraglich übermittelten Angaben zum Zeitpunkt der Fertigstellung oder zur Dauer der Bauausführung Vertragsinhalt. Diese Regelung soll dem Besteller eine verlässliche Planung etwa im Hinblick auf die Finanzierung des Bauprojekts, auf die gegebenenfalls erforderliche Kündigung eines bisherigen Mietverhältnisses und auf die Durchführung des Umzugs ermöglichen.[8] Wird die Vereinbarung des Fertigstellungszeitpunkts nicht eingehalten, gelten die allgemeinen Vorschriften zum Schuldnerverzug.

5. Eingeschränktes Widerrufsrecht des Verbrauchers

21 Nach § 650 l S. 1 steht dem Verbraucher beim Verbraucherbauvertrag ein gesetzliches Widerrufsrecht nach § 355 zu. Darüber hat der Unternehmer den Verbraucher nach Maßgabe des Art. 249 § 3 EGBGB zu belehren. Mit dieser verbraucherschützenden Regelung trägt das Gesetz dem Umstand Rechnung, dass der Verbraucher einen Verbraucherbauvertrag zumeist nur einmal im Leben schließt und dieser Vertrag für ihn mit großen finanziellen Verpflichtungen und Risiken verbunden ist. Zur Widerrufsfrist und zu den Rechtsfolgen des Widerrufs bei Verbraucherbauverträgen enthalten die §§ 356e und 357d, die ergänzend zu § 355 gelten, Sonderregelungen.

Das Widerrufsrecht besteht mangels Schutzbedürftigkeit des Verbrauchers **nicht**, wenn der Vertrag **notariell beurkundet** wird (§ 650 l S. 1). Hier ist der Verbraucher durch die Prüfungs- und Belehrungspflicht des Notars hinreichend geschützt.

6. Abschlagszahlungen, Sicherheitsleistung des Unternehmers

22 Der Anspruch des Unternehmers auf Abschlagszahlungen (§ 632a) ist bei Verbraucherbauverträgen in der **Höhe begrenzt**. Der Gesamtbetrag der Abschlagszahlungen darf 90 % der vereinbarten Gesamtvergütung einschließlich der Vergütung für Nachtragsleistungen nach § 650c nicht überschreiten (§ 650 m I). Der Restbetrag wird gem. § 641 I mit der Abnahme fällig.

8 BT-Drs. 18/8486, 62.

Der Unternehmer muss dem Besteller bei der ersten Abschlagszahlung eine **Sicherheit** in Höhe von 5 % der vereinbarten Gesamtvergütung **für die rechtzeitige und im Wesentlichen mangelfreie Herstellung des Bauwerks** leisten (§ 650 m II 1). Bei der nächsten Abschlagszahlung ist unter bestimmten Voraussetzungen eine weitere Sicherheit zu leisten (§ 650 m II 2). Das kann zB durch eine Bankgarantie geschehen (§ 650 m III). Auf Verlangen des Unternehmers kann die Sicherheit auch dadurch geleistet werden, dass der Verbraucher die Abschlagszahlungen bis zur Höhe des Gesamtbetrags der geschuldeten Sicherheit zurückhält (§ 650 m II 3). Die Sicherheitsleistung soll den Risiken des Verbrauchers Rechnung tragen, die ihm bei nicht rechtzeitiger oder mangelhafter Errichtung des Bauwerks insbesondere bei Insolvenz des Unternehmers drohen.

7. Sicherung des Unternehmers

Falls der Unternehmer Abschlagszahlungen nach § 632a verlangt, 23
mindert sich das Vorleistungsrisiko des Unternehmers und damit sein Bedürfnis, wegen seiner Vergütungsforderung abgesichert zu werden. Deshalb bestimmt § 650 m IV, dass die Vereinbarung einer Sicherheitsleistung des Verbrauchers, die dieser zwar nicht kraft Gesetzes erbringen muss (§§ 650f VI Nr. 2, 650i III), die aber zwischen den Parteien vereinbart werden kann, nur in begrenzter Höhe zulässig ist. Die vereinbarte Sicherheit darf die Höhe der nächsten Abschlagszahlung oder 20 % der vereinbarten Vergütung nicht überschreiten.

8. Pflicht des Unternehmers zur Erstellung und Herausgabe von Unterlagen

Der Bauherr kann aus verschiedenen Gründen während der Aus- 24
führung der Bauarbeiten sowie nach Fertigstellung des Werks darauf angewiesen sein, genaue Kenntnisse über die Planung und deren Durchführung zu erhalten. Das gilt etwa dann, wenn er gegenüber einer Behörde den Nachweis führen muss, dass die Arbeiten unter Einhaltung aller einschlägigen öffentlich-rechtlichen Vorschriften durchgeführt werden oder worden sind. Gleiches gilt, wenn etwa die finanzierende Bank oder ein Fördermittelgeber den Nachweis für die Einhaltung bestimmter Bedingungen verlangen. Deshalb bestimmt § 650n I – III, dass der Unternehmer dem Verbraucher die dafür benötigten Unterlagen erstellen und herausgeben muss.

§ 28. Besonderheiten bei werkvertragsähnlichen Verträgen

1 Neben den Vorschriften zum Werkvertrag (§§ 631 – 650), zu dem auch der Bauvertrag (§§ 650a – 650h) und der Verbraucherbauvertrag (§§ 650i – 650o) gehören, sind mit dem Architekten- und Ingenieurvertrag (§§ 650p – 650t), dem Bauträgervertrag (§§ 650u – 650v) und dem Pauschalreisevertrag (§§ 651a ff.) drei werkvertragsähnliche Verträge im Titel 9 des 8. Abschnitts über einzelne Schuldverhältnisse geregelt.

I. Architekten- und Ingenieurvertrag

2 **Schrifttum:** *Wessel/Schwenker*, Der Architkten- und Ingenieurvertrag. Die Neuregelungen durch die Reform des Bauvertragsrechts 2018, MDR 2017, 1155.

Der Architekten- und Ingenieurvertrag ist in den §§ 650p ff. als werkvertragsähnlicher Vertrag geregelt. Es geht dabei um Verträge über die Planung und Ausführung von Bauwerken oder von Außenanlagen (vgl. § 650p I).

1. Geltung des Werkvertragsrechts

3 Auf solche Verträge finden die allgemeinen Vorschriften über den Werkvertrag (§§ 631 – 650) sowie die meisten Vorschriften über den Bauvertrag (§§ 650b, 650e – 650h) entsprechende Anwendung (§ 650q I). Das gilt vor allem für das Recht des Bestellers zur Anordnung von nachträglichen Änderungen nach § 650b, für die Sicherungshypothek und die Bauhandwerkersicherung nach §§ 650e und 650f, für das Recht des Unternehmers auf Zustandsfeststellung bei verweigerter Abnahme nach § 650g und für das Schriftformerfordernis bei Kündigungen nach § 650h.

2. Sonderregeln

4 Zusätzlich gelten folgende Sonderregeln:

a) Vertragstypische Pflichten. § 650p definiert die vertragstypischen **Pflichten des Unternehmers** aus Architekten- und Ingenieurverträgen. Der Unternehmer muss nach § 650p I diejenigen (meist umfangreichen und komplexen) Leistungen erbringen, die nach dem jeweiligen Stand der Planung und Ausführung zur Erreichung der vereinbarten Planungs- und Überwachungsziele erforderlich sind. Darin liegt eine Konkretisierung der nach § 631 geschuldeten „Herstellung des Werks“. Wenn der Besteller lediglich vage Vorstellungen von dem zu planenden Bauwerk oder der Außenanlage hat, so dass noch keine konkreten Planungs- und Überwachungsziele vereinbart werden können, schuldet der Unternehmer nach § 650p II die Erstellung einer Planungsgrundlage zur Ermittlung dieser Ziele einschließlich einer Kosteneinschätzung für das Vorhaben.

Die **Pflicht des Bestellers** besteht in der Entrichtung der vereinbarten Vergütung. Das ergibt sich aus §§ 650q I, 631, 632. Für die Höhe der Vergütung ist die HOAI (Honorarordnung für Architekten und Ingenieure) maßgeblich, sofern der Unternehmer Leistungen schuldet, die in dieser Gebührenordnung beschrieben sind. Falls der Besteller gem. § 650b nachträgliche Änderungen des Vertrags anordnet, ist die Vergütung nach Maßgabe des § 650q II anzupassen. 5

b) Sonderkündigungsrecht. § 650r gewährt in Abs. 1 dem Besteller und in Abs. 2 dem Architekten/Ingenieur ein Sonderkündigungsrecht. Es gilt für den in § 650p II geregelten Fall, dass ein Planungs- und Überwachungserfolg noch nicht konkret vereinbart ist, sondern von dem Architekten/Ingenieur erst ermittelt werden muss. 6

aa) Kündigungsrecht des Bestellers. Wenn der Architekt/Ingenieur dem Besteller eine Planungsgrundlage mit einer Einschätzung der Kosten für das Vorhaben zur Zustimmung vorlegt und der Besteller erkennt, dass er die Kosten für das Vorhaben unterschätzt hat, kann er nach § 650r I den Vertrag kündigen und damit von dem Vorhaben Abstand nehmen. 7

Das Kündigungsrecht muss der Besteller innerhalb der Kündigungserklärungsfrist von zwei Wochen nach Vorlage der Unterlagen ausüben (§ 650r I 2). Das gilt für die Kündigung durch einen Verbraucher aber nur, wenn dieser von dem Architekten/Ingenieur ordnungsgemäß über sein Kündigungsrecht in Textform unterrichtet wurde (§ 650r I 2 aE).

bb) Kündigungsrecht des Architekten/Ingenieurs. Der Architekt/Ingenieur kann dem Besteller nach § 650r II 1 eine angemessene Frist für die Zustimmung zu der Planungsgrundlage nach § 650p II 2 setzen. Gibt der Besteller innerhalb dieser Frist keine Erklärung ge- 8 genüber dem Architekten/Ingenieur ab oder verweigert er die Zustimmung, kann auch der Architekt/Ingenieur den Vertrag kündigen (§ 650r II 2).

9 **cc) Folgen der Kündigung für die Vergütung.** Bei einer Kündigung nach § 650r I oder II, also unabhängig davon, welcher Vertragspartner sie ausgesprochen hat, steht dem Architekten/Ingenieur ein Vergütungsanspruch nur für die bis dahin erbrachten Leistungen (Erstellung der Planungsgrundlage) zu (§ 650r III).

10 **c) Verjährungsrelevante Teilabnahme.** Wenn der Architekt/Ingenieur Leistungen schuldet, die über den Abschluss der eigentlichen Bauphase hinausgehen, ist ihr Werk später vollendet als das des Bauunternehmers. Dann findet auch die Abnahme ihres Werks nach § 640 I erst später statt. Die Abnahme ist gem. § 634a II für den Beginn der Verjährungsfrist für Mängelansprüche gegen den Unternehmer maßgeblich. Das kann dazu führen, dass der Architekt/Ingenieur länger als der bauausführende Unternehmer in Anspruch genommen werden kann, mit dem er gesamtschuldnerisch haftet (§ 650t). Eine solche ungleiche Belastung des Architekten/Ingenieurs im Verhältnis zum Bauunternehmer will § 650s verhindern. Danach kann der Architekt/Ingenieur mit der Abnahme der letzten Leistung des bauausführenden Unternehmers auch eine Teilabnahme der bis dahin erbrachten eigenen Leistung verlangen. Bei einer solchen Teilabnahme beginnen und enden die Verjährungsfristen für Mängelansprüche wegen der bis dahin erbrachten Leistungen gegen den Architekten/Ingenieur einerseits und gegen den bauausführenden Unternehmer andererseits praktisch zeitgleich.

11 **d) Gesamtschuldnerische Haftung mit dem bauausführenden Unternehmer.** Der Architekt/Ingenieur und der bauausführender Unternehmer haften für einen Mangel gesamtschuldnerisch, wenn dieser sowohl von dem Bauunternehmer verursacht wurde als auch auf einem Überwachungsfehler des Architekten/Ingenieurs beruht. Besteller nehmen in solchen Fällen oft vorrangig den Architekten/Ingenieur in Anspruch, weil diese aufgrund ihrer Berufsordnung zum Abschluss einer Haftpflichtversicherung verpflichtet sind, so dass der Anspruch gegen sie leichter realisierbar ist. Ein Regressanspruch des Architekten/Ingenieurs gegen den Bauunternehmer scheitert nicht selten daran, dass dieser inzwischen insolvent geworden ist. Das führt zu einer sachlich nicht gerechtfertigten übermäßigen wirt-

schaftlichen Belastung des Architekten/Ingenieurs. Dieser soll durch § 650t abgemildert werden. Danach kann der wegen eines Überwachungsfehlers in Anspruch genommene Architekt/Ingenieur die Leistung verweigern, solange der Besteller dem ebenfalls haftenden bauausführenden Unternehmer noch nicht erfolglos eine angemessene Frist zur Nacherfüllung bestimmt hat. Der Vorrang der Nacherfüllung gilt also nicht nur im Verhältnis zwischen dem Besteller und dem Unternehmer, sondern gem. § 650t auch im Verhältnis zwischen den Gesamtschuldnern Architekt/Ingenieur und ausführendem Bauunternehmer.[1]

II. Bauträgervertrag

§§ 650u, 650v enthalten wenige Sonderregelungen zum Bauträgervertrag. Dieser besteht aus verschiedenen Elementen. Er hat die Errichtung oder den Umbau eines Hauses oder eines vergleichbaren Bauwerks zum Gegenstand (Bauwerkserrichtung) und enthält ferner die Verpflichtung des Unternehmers, dem Besteller das Eigentum an dem Grundstück zu übertragen (Grundstücksveräußerung) oder ein Erbbaurecht zu bestellen oder zu übertragen (§ 650u I 1). Diese Definition wurde aus dem bis 31.12.2017 geltenden § 632a II übernommen. 12

Hinsichtlich der Errichtung oder des Umbaus findet grundsätzlich Werkvertragsrecht Anwendung. § 650u II bestimmt, welche Vorschriften des Werk- und Bauvertragsrechts auf den Bauträgervertrag nicht anwendbar sind. § 650v enthält eine bis 31.12.2017 noch in § 632a II verortete Sonderregelung zu Abschlagszahlungen. Diese können nur nach Maßgabe der gem. Art. 244 EGBGB erlassenen HausbauVO[2] verlangt werden.

III. Pauschalreisevertrag

Schrifttum: *Fritzweiler,* Sport als Gegenstand einer Urlaubsreise – vertragliche und deliktische Haftung des Reiseveranstalters, NJW 2005, 2486; *Führich,* Das neue Pauschalreiserecht, NJW 2017, 2945; *ders.*, Reiserecht, 7. Aufl., 2015; *Kaller,* Reiserecht, 2. Aufl., 2005; *Keiler/Stangl/Pezenka*, Reise- 13

1 BT-Drs. 18/8486, 70.
2 VO über Abschlagszahlungen bei Bauträgerverträgen vom 23.5.2001, BGBl. I 981 (auszugsweise abgedruckt in *Palandt* als Anh. I zu § 650v).

recht, 2009; *Lettmaier/Fischinger*, Grundfälle zum Reisevertragsrecht, JuS 2010, 14, 99; *Lorenz*, Grundwissen – Zivilrecht: Der Reisevertrag (§§ 651aff. BGB), JuS 2014, 589; *Rodegra*, Die Haftung von Reiseveranstalter und Fluggesellschaft bei Terroranschlägen, MDR 2017, 1102; *ders.*, Reisevertragliche Schadensersatzansprüche wegen Nichterfüllung und nutzlos aufgewendeter Urlaubszeit, MDR 2004, 550; *ders.*, Kreuzfahrt mit Mängeln, NJW 2011, 1766; *ders.*, Die Abgrenzung zwischen Reisemängeln und „hinzunehmenden Unannehmlichkeiten“ in der Rechtsprechung, MDR 2012, 681; *ders.*, Verwirklichung des allgemeinen Lebensrisikos im Pauschalurlaub, NJW 2012, 3546; *Schmidt/Hopperdietzel*, Rechtsfallen im Reiserecht: Der Abfindungstrick, NJW 2009, 652; *dies.*, Darlegungs- und Beweislasten im Reiseprozess, NJW 2010, 1262; *Staudinger/Schröder*, Die Entwicklung des Reiserechts im ersten Halbjahr 2017, NJW 2017, 2797; *Staudinger/Röben*, Das Pauschalreiserecht – Ein Überblick über die wichtigsten Examensprobleme, JA 2015, 241; *Tamm*, Reiserecht im BGB, Ad Legendum 2016, 238; *Tonner*, Der Reisevertrag – Kommentar zu §§ 651a–651 l BGB, 5. Aufl., 2007; *ders.*, Vertragliche und deliktische Verkehrssicherungspflichten im Reiserecht, NJW 2007, 2738.

Fall a: R bucht beim Reisebüro B aufgrund eines Prospekts des Reiseunternehmers V eine 14-tägige Pauschalreise nach Mallorca. Da das für ihn vorgesehene Hotel des H wegen Renovierung geschlossen ist, sucht er sich ein anderes Quartier. Von wem kann er seine Mehrkosten ersetzt verlangen? → Rn. 17, 18

Fall b: Da R in dem gebuchten Hotel wegen ständigen Baulärms Tag und Nacht nicht zur Ruhe kommt, will er wissen, welche Rechte ihm gegen V zustehen. Am liebsten möchte er den Vertrag beenden, auf Kosten des V zurückfliegen und Schadensersatz insbesondere auch wegen nutzlos aufgewendeter Urlaubszeit verlangen. → Rn. 34, 36, 39, 40, 41, 43, 48, 49

Fall c: R kommt im Hotel des H auf der seit langem schadhaften Treppe zu Fall und erleidet erhebliche Verletzungen. Gegenüber dem Schadensersatzanspruch des R beruft V sich auf eine vereinbarte Haftungsbeschränkung in Höhe des dreifachen Reisepreises. → Rn. 50

Fall d: Vor Antritt der Reise teilt R dem V mit, er könne wegen Krankheit nicht teilnehmen; deshalb fahre sein Bruder mit. V lehnt das ab, weil allein R sein Vertragspartner sei, und verlangt Zahlung des vereinbarten Preises. → Rn. 19, 30

Fall e: Die Eltern des Schülers G buchen für diesen beim Reiseveranstalter V einen Gastschulaufenthalt für sechs Monate in einem anderen Land. Schon nach wenigen Tagen stellt G fest, dass seine Gasteltern Alkoholiker sind und sich in keiner Weise um ihn kümmern. Kann der Vertrag gekündigt werden, und wer trägt ggf. die Mehrkosten, die durch eine vorzeitige Rückreise entstehen? Wie ist die Rechtslage, wenn G wegen Heimweh vorzeitig den Gastschulaufenthalt abbrechen will? → Rn. 21, 58, 60, 61

1. Gesetzliche Regelung

Der Pauschalreisevertrag ist zusammen mit der Reisevermittlung und der Vermittlung verbundener Reiseleistungen in den §§ 651a–651y geregelt. Diese Vorschriften gelten ab dem 1.7.2018. Sie sind durch Gesetz vom 17.7.2017[3] an die Stelle der bis dahin geltenden Regelungen über den Reisevertrag getreten und vollständig neu gefasst worden. Dadurch ist die RL (EU) 2015/2302 des Europäischen Parlaments und des Rates vom 25.11.2015 über Pauschalreisen und verbundene Reiseleistungen[4] in nationales Recht umgesetzt worden. Die gesetzliche Regelung des Pauschalreiserechts ist inzwischen sehr detailliert. Sie wird im Folgenden nur in einem Überblick dargestellt.

2. Zweck der gesetzlichen Regelung

Die §§ 651aff. dienen insbesondere dem Schutz des Verbrauchers in seiner Eigenschaft als Reisender. Sie wurden in ihrer ursprünglichen Fassung durch das Reisevertragsgesetz vom 4.5.1979 (BGBl. I 509) mit Wirkung zum 1.10.1979 eingefügt. Sie sollten von Anfang an einen gerechten Interessenausgleich und eine schärfere Abgrenzung der Risikosphäre zwischen Reiseveranstalter und Reisendem erreichen. Insbesondere sollte der Verbraucherschutz verbessert werden. Auch die ab 1.7.2018 geltenden Änderungen bezwecken vor allem, zu einem hohen Verbraucherschutzniveau beizutragen. Deshalb kann von den Bestimmungen nicht zum Nachteil des Reisenden abgewichen werden, soweit nichts anderes bestimmt ist (§ 651y). 14

3. Begriff, Parteien und Zustandekommen des Pauschalreisevertrags

a) Begriff. Der Pauschalreisevertrag ist ein gegenseitiger Vertrag, in dem sich der eine Teil (Reiseveranstalter) zur Verschaffung einer Gesamtheit von mindestens zwei verschiedenen Arten von Reiseleistungen für den Zweck derselben Reise (Pauschalreise) und der andere (Reisende) zur Zahlung des vereinbarten Reisepreises verpflichtet (§ 651a I, II). Es handelt sich um einen Vertrag sui generis, der dem Werkvertrag ähnlich ist (vgl. die Überschrift vor § 631). 15

b) Vertragsparteien

aa) Unternehmer (Reiseveranstalter). Der Unternehmer iSv § 14 16

---

3 BGBl. I 2394.
4 Abl. L 326 vom 11.12.2015 S. 1.

(Reiseveranstalter) ist derjenige, der als Vertragspartei des Reisenden verspricht, ihm eine Gesamtheit von mindestens zwei verschiedenen Arten von Reiseleistungen für den Zweck derselben Reise zu verschaffen (§ 651a). Wer das im Einzelfall ist, ergibt sich meist aus dem Reiseprospekt. Es kommt nicht darauf an, ob der Unternehmer sich als Reiseveranstalter bezeichnet.

17 (1) Reiseveranstalter sind nicht nur die als solche bekannten Unternehmen wie „TUI" oder „Thomas Cook". Auch **ein Reisebüro**, bei dem der Reisende die Pauschalreise bucht, kann Reiseveranstalter sein **(Fall a)**. Selbst wenn das Reisebüro verschiedene Reiseleistungen (zB Flug und Hotelunterkunft) durch einzelne Leistungsträger nur vermittelt, der Reisende die verschiedenen Leistungen aber im Rahmen desselben Buchungsvorgangs auswählt, das Reisebüro diese Leistungen zu einem Gesamtpreis anbietet oder in Rechnung stellt oder die Reiseleistungen unter der Bezeichnung „Pauschalreise" bewirkt oder verspricht, ist es gem. § 651a I 1 als Reiseveranstalter anzusehen. Bei getrennten Buchungen und getrennter Bezahlung ist das Reisebüro dagegen nur Reisevermittler, für den lediglich §§ 651v, 651w sowie die allgemeinen Vorschriften gelten (§ 651b I 1).

Im **Fall a** kann R die Mehrkosten von B ersetzt verlangen (§§ 651i III Nr. 7, 651n). Das Reisebüro B ist Reiseveranstalter, weil es sich zur Verschaffung einer Pauschalreise verpflichtet hat.

18 (2) Vertragspartner des Reisenden sind **nicht die einzelnen Leistungsträger**. Damit sind diejenigen Personen gemeint, welche die einzelnen Reiseleistungen rechtlich und wirtschaftlich selbständig ausführen sollen (vgl. § 651b II; zB Fluggesellschaft, Hotelier H im **Fall a**).

Allerdings können auch Fluggesellschaften und Hoteliers eine Gesamtheit von mindestens zwei Reiseleistungen zum Zweck derselben Reise anbieten. Dann sind auch sie Reiseveranstalter, und die Verträge unterliegen den §§ 651a ff.

19 **bb) Reisender.** Reisender ist derjenige, der mit dem Reiseveranstalter den Reisevertrag schließt. Das kann sowohl ein Verbraucher als auch ein Unternehmer sein.

Der Reisende bleibt auch dann Vertragspartei, wenn statt seiner ein Dritter in die Rechte und Pflichten aus dem Pauschalreisevertrag eintritt (§ 651e; → Rn. 30; s. **Fall d**). Selbst derjenige, der den Reisevertrag im eigenen Namen abschließt, aber von vornherein die Reiseleistungen nicht persönlich in Anspruch nehmen will (zB Unternehmen, das im Rahmen einer Werbeaktion Reisen für seine Kunden bucht), ist Reisender im Sinne des Gesetzes.[5]

c) Zustandekommen eines Pauschalreisevertrags. Pauschalreiseverträge kommen dadurch zustande, dass Reisen „gebucht" werden. Dafür gibt es verschiedene Möglichkeiten. Die Buchung kann aufgrund eines Prospekts oder Katalogs im Reisebüro oder online über die Internetseite des Reiseveranstalters erfolgen. Wenn der Unternehmer mittels eines Online-Buchungsverfahrens nur einen Vertrag über eine einzelne Reiseleistung mit dem Reisenden schließt, diesen aber über einen Link zwecks Buchung mindestens einer weiteren Reiseleistung für den Zweck derselben Reise an einen anderen Unternehmer vermittelt (sog. Click-Through-Buchung), gilt er unter den Voraussetzungen des § 651c ebenfalls als Reiseveranstalter. 20

4. Pflichten der Parteien

Die vertragstypischen Pflichten der Parteien ergeben sich aus § 651a I. 21

a) Pflichten des Reiseveranstalters

aa) Verschaffung einer Pauschalreise. Der Reiseveranstalter ist verpflichtet, dem Reisenden eine Gesamtheit von mindestens zwei verschiedenen Arten von Leistungen für den Zweck derselben Reise zu verschaffen. Der Veranstalter verspricht eine bestimmte Gestaltung der Reise und übernimmt die Haftung für deren Erfolg, soweit dieser von seinen Leistungen abhängt.[6] Reiseleistungen bei Pauschalreisen können gem. § 651a III die Beförderung, die Beherbergung (Hotelunterkunft), die Vermietung insbesondere von Kraftfahrzeugen und sonstige touristische Leistungen (zB Tickets für Konzerte oder Sportveranstaltungen) sein. Auch der Vertrag über die Teilnahme an einer Kreuzfahrt ist ein Pauschalreisevertrag in diesem Sinne.[7] Unerheblich ist, ob der Reiseveranstalter das Paket von Reiseleistungen in einem Prospekt oder auf seiner Internetseite zusammenstellt oder ob der Reisende die Auswahl verschiedener Leistungen selbst bei oder nach Vertragsschluss treffen kann (§ 651a II 2). Ferner sind die meisten Regelungen der §§ 651aff. anwendbar, wenn der Vertrag einen internationalen Schüleraustausch mit Schulbesuch und Unterbringung in einer Gastfamilie zum Gegenstand hat (vgl. § 651u; **Fall e**).

---

5 *BGH* NJW 2002, 2238 (2239).
6 BGHZ 130, 128.
7 *BGH* NJW 2013, 1674.

22 Bestimmte Reisen sind gem. § 651a V vom Anwendungsbereich der §§ 651aff. ausgenommen. Das gilt etwa für Tagesreisen ohne Übernachtung, bei denen der Reisepreis 500 Euro nicht übersteigt (§ 651a V Nr. 2). Selbst dann, wenn vom Reiseveranstalter nur die Überlassung eines Ferienhauses oder einer Ferienwohnung als einzige Reiseleistung geschuldet ist, sind nach ganz hM die Vorschriften des Reisevertragsrechts insgesamt entsprechend anzuwenden.[8] Grund: Auch in diesem Fall ist der Reiseveranstalter zwischen Kunden und Leistungsträger zwischengeschaltet, und mit dem Objekt und seiner Überlassung sind ebenso wie bei einer Mehrheit von Reiseleistungen der Rahmen und die Grundzüge der ganzen Urlaubsreise (Anreise, Aufenthaltsort, Umgebung und wichtigste Urlaubsbedingungen) vorgegeben.[9] Dagegen soll bei anderen Einzelleistungen wie der Charter einer Hochseejacht durch Auslegung zu ermitteln sein, ob Reisevertragsrecht anwendbar ist (Urlaub auf der Jacht vergleichbar mit dem Urlaub in einer Ferienwohnung) oder ob ein Mietvertrag vorliegt (Jacht nur als Transport- oder Freizeitmittel im Rahmen einer nicht vom Reiseveranstalter angebotenen, sondern selbst organisierten Reise).[10]

23 **bb) Informationspflichten.** Der Reiseveranstalter hat neben der Hauptleistungspflicht zur Verschaffung einer Pauschalreise verschiedene **Informationspflichten** (§ 651d). Dadurch soll für den Reisenden eine Transparenz hinsichtlich der verschiedenen Reisekategorien und des jeweiligen Schutzniveaus hergestellt werden. Der Reiseveranstalter trägt die Beweislast für die Erfüllung der Informationspflichten (§ 651d IV).

24 **(1) Vorvertragliche Informationspflichten.** Nach § 651d I muss der Reiseveranstalter den Reisenden, bevor dieser eine Vertragserklärung abgibt, nach Maßgabe des Art. 250 §§ 1 ff. EGBGB ua über die wesentlichen Eigenschaften der Reiseleistungen (zB Reiseroute, Transportmittel, Mahlzeiten), die Kontaktdaten des Reiseveranstalters, den Reisepreis einschließlich Steuern und Gebühren, die Zahlungsmodalitäten, Pass- und Visumserfordernisse, eine etwaige Mindestteilnehmerzahl, das Rücktrittsrecht vor Reisebeginn und die Möglichkeit einer Reiserücktrittskostenversicherung informieren.[11] Die Informationspflicht umfasst auch den Hinweis auf die Obliegenheit des Reisenden, dem Reiseveranstalter einen aufgetretenen Reisemangel unverzüglich anzuzeigen (Art. 250 § 6 II Nr. 5 EGBGB). Zur Erfüllung der Informationspflicht ist dem Reisenden ein zutreffend

8 BGHZ 119, 152 (163).
9 BGHZ 130, 128 (131).
10 BGHZ 130, 128 (131 f.).
11 Dazu *BGH* NJW 2007, 2549.

ausgefülltes Formblatt nach dem in Anlage 11 zum EGBGB abgedruckten Muster zur Verfügung zu stellen.

(2) Vertragsinhalt, Reiseunterlagen. Bestimmte Informationen des Reiseveranstalters werden gem. § 651d III Inhalt des Pauschalreisevertrags. Das betrifft die Informationen nach Art. 250 § 3 Nr. 1, 3–5 und 7 EGBGB über die wesentlichen Eigenschaften der Reiseleistungen, den Reisepreis, die Zahlungsmodalitäten, eine Mindestteilnehmerzahl und das Rücktrittsrecht vor Reisebeginn. Die Parteien können allerdings etwas Abweichendes vereinbaren (§ 651d III 1, 2 Hs.). Der Reiseveranstalter hat dem Reisenden bei oder unverzüglich nach Vertragsschluss nach Maßgabe des Art. 250 § 6 EGBGB eine Vertragsabschrift zur Verfügung zu stellen (§ 651d III 2). Außerdem muss er ihm rechtzeitig vor Reisebeginn gem. Art. 250 § 7 EGBGB die notwendigen Reiseunterlagen übermitteln (§ 651d III 3). 25

b) Pflicht des Reisenden: Zahlung des Reisepreises. Der Reisende schuldet entsprechend der vom Vertragspartner geschuldeten Gesamtheit von Reiseleistungen den Reisepreis in Form eines Gesamtpreises (§ 651a I 2). Er hat nicht etwa einzelne Entgelte für die einzelnen Leistungen an verschiedene Leistungsträger zu zahlen. 26

Vorleistungen des Reisenden **(Anzahlungen)** können auch in AGB zulässig vereinbart werden, sofern sie den Reisenden nicht unangemessen benachteiligen. Der BGH sieht in Reiseverträgen grundsätzlich eine Anzahlungsquote in Höhe von 20 % des Reisepreises als zulässig an.[12]

5. Vertragsänderungen und Rücktrittsrecht

Für beide Vertragsparteien kann sich insbesondere bei einer lange im Voraus gebuchten Reise das Bedürfnis für eine Vertragsänderung ergeben. 27

a) Vertragsänderungen durch den Reiseveranstalter 28

aa) Möglicher Inhalt einer Vertragsänderung. Eine **Erhöhung des Reisepreises** kann der Reiseveranstalter bis 20 Tage vor dem Abreisetermin vornehmen, wenn dies mit genauen Angaben zur Berechnung des neuen Preises (etwa bei Erhöhung der Beförderungskosten, Steuern und Abgaben oder Wechselkursänderungen) im Vertrag vorgesehen ist (Einzelh.: § 651 f I).

12 *BGH* NJW 2017, 3297 Rn. 6 f.

Auch eine **vereinbarte Reiseleistung** kann der Reiseveranstalter bis zum Beginn der Reise **ändern**, wenn er sich diese Möglichkeit im Vertrag vorbehalten hat und die Änderung unerheblich ist (vgl. § 651f II 1).

Eine zulässige Änderung des Reisepreises oder der Reiseleistung hat der Veranstalter dem Reisenden klar und verständlich zu erklären.

29 **bb) Besonderheiten bei einer erheblichen Vertragsänderung.** Ist der Reisepreis um mehr als 8 % erhöht oder die Reiseleistung wesentlich geändert, kann der Reiseveranstalter sie nicht einseitig vornehmen (§ 651g I 1, 3). Er kann dem Reisenden jedoch eine entsprechende Vertragsänderung anbieten und ihm eine angemessene Frist für die Erklärung setzen, ob er das Angebot annimmt oder vom Vertrag zurücktritt (§ 651g I 2, 3). Der Reiseveranstalter kann wahlweise auch die Teilnahme an einer anderen Pauschalreise (Ersatzreise) anbieten (§ 651g II). Tritt der Reisende aufgrund der Preiserhöhung von mehr als 8 % oder der erheblichen sonstigen Vertragsänderung zurück, ergeben sich die Rechtsfolgen aus § 651g III.

30 **b) Vertragsübertragung durch den Reisenden.** Innerhalb einer angemessenen Frist vor Beginn der Reise kann der Reisende verlangen, dass statt seiner ein Dritter in die Rechte und Pflichten aus dem Reisevertrag eintritt (§ 651e I 1). Dazu bedarf es keines besonderen Grundes und auch nicht des Einverständnisses des Veranstalters **(Fall d).** Dessen Rechte sind hinreichend geschützt. Ihm steht unter bestimmten Voraussetzungen ein Widerspruchsrecht zu (§ 651e II). Er kann bei Eintritt des Ersatzreisenden die dadurch tatsächlich entstehenden Mehrkosten ersetzt verlangen (§ 651e III 2). Reisender und Ersatzreisender haften dem Veranstalter als Gesamtschuldner für den Reisepreis und die Mehrkosten (§ 651e III 1).

31 **c) Rücktritt vom Vertrag vor Reisebeginn**

aa) Rücktrittsrecht des Reisenden. Der Reisende hat bis zum Reisebeginn ohne besonderen Grund ein Rücktrittsrecht (§ 651h I 1); er soll nicht gegen seinen Willen die Reise antreten müssen. Im Falle des Rücktritts verliert der Reiseveranstalter den Anspruch auf den Reisepreis (§ 651h I 2). Ihm steht aber eine angemessene Entschädigung zu (§ 651h I 3), die im Reisevertrag pauschaliert werden kann (§ 651h II).

32 **bb) Rücktrittsrecht des Reiseveranstalters.** Der Reiseveranstalter kann gem. § 651h IV 1 Nr. 1 und 2 vor Reisebeginn zurücktreten, wenn die im Vertrag angegebene Mindestteilnehmerzahl nicht erreicht

wurde oder wenn er aufgrund unvermeidbarer, außergewöhnlicher Umstände an der Erfüllung des Vertrags gehindert ist. Dafür ist das früher bestehende Kündigungsrecht des Reiseveranstalters wegen höherer Gewalt (§ 651j aF) entfallen. Im Fall des Rücktritts verliert der Reiseveranstalter den Anspruch auf den Reisepreis (§ 651d IV 2). Einen schon gezahlten Reisepreis muss er unverzüglich, spätestens innerhalb von 14 Tagen nach dem Rücktritt zurück erstatten (§ 651h V).

6. Reisemangel

Nach § 651i I hat der Reiseveranstalter die Pauschalreise frei von Reisemängeln zu erbringen. Die Freiheit von Reisemängeln ist in § 651i II vergleichbar definiert wie die Sachmängelfreiheit beim Kaufvertrag in § 434 und beim Werkvertrag in § 633 II. Die Pauschalreise muss also die vereinbarte Beschaffenheit aufweisen. Falls eine Beschaffenheit nicht vereinbart ist, muss sie sich für den nach dem Vertrag vorausgesetzten Nutzen eignen. Fehlt es an einer vertraglich vorausgesetzten Nutzungseignung, muss sie für den gewöhnlichen Nutzen geeignet sein und eine bei vergleichbaren Pauschalreisen zu erwartende übliche Beschaffenheit aufweisen. Auf ein Verschulden des Reiseveranstalters kommt es für das Vorliegen eines Reisemangels nicht an.[13] 33

Als Reisemangel sind alle nach dem Vertragsschluss auftretenden Störungen der Reise anzusehen, soweit die Gründe dafür nicht allein in der Person des Reisenden liegen oder zu dessen allgemeinem Lebensrisiko gehören.[14] Dazu zählen nicht nur die Fälle der Schlechterfüllung (zB Zwei- statt Drei-Sterne-Hotel), sondern auch solche Störungen, die darauf beruhen, dass die geschuldete Leistung (ganz oder teilweise) gar nicht oder unangemessen verspätet erbracht wird (§ 651i II 3). Um einen Reisemangel handelt es sich auch dann, wenn bereits die erste Reiseleistung (zB wegen Überbuchung der Zubringermaschine oder wegen eines Unfalls bei dem vom Reiseveranstalter geschuldeten Transfer) ausfällt oder fehlerhaft erbracht wird und damit die ganze Reise vereitelt wird. Im Hinblick auf die Rechte des Reisenden kommt es daher auf die Unterscheidung zwischen Nicht- und Schlechterfüllung nicht an. 34

Beispiele für Reisemängel: Bau- oder Straßenlärm vor einem als „ruhig gelegen“ gebuchten Hotel **(Fall b)**; eingeschränkter Service wegen Streiks des

13 *BGH* NJW 2017, 958 Rn. 13 mAnm *Mäsch* JuS 2017, 552.
14 Vgl. BGHZ 97, 255 (259).

Personals; vertragswidrige Unterbrechung des Fluges zum Urlaubsort;[15] Nichtanlaufen eines vorgesehenen Hafens und dadurch bedingter Ausfall von Besichtigungen;[16] Anlaufen des Hafens zur Nachtzeit und nur kurzer Aufenthalt, so dass Besichtigungen unterbleiben müssen; Ausfall mehrerer Programmpunkte einer Kreuzfahrt;[17] Nichtbenutzbarkeit des Hotelzimmers oder des Hotelschwimmbads, weil die Fertigstellung nur bis zum Rohbau gediehen ist oder weil die Reinigung ausfiel;[18] Unfall bei dem vom Reiseveranstalter geschuldeten Transfer vom Flughafen zum Hotel mit Verletzung des Reisenden, der deshalb keine weiteren Reiseleistungen in Anspruch nehmen kann.[19]

7. Rechtsfolgen eines Reisemangels

35 Die Folgen eines Reisemangels ergeben sich allein aus den insoweit abschließenden Bestimmungen der §§ 651i ff. Durch sie werden die allgemeinen Regeln der §§ 280 ff., 323 ff. über Leistungsstörungen verdrängt.[20] Die Rechte des Reisenden bei einem Reisemangel sind in § 651i III aufgelistet. Einzelheiten dazu sind in §§ 651k ff. geregelt. Alle Rechteunterliegen nach § 651j einer **Verjährungsfrist von zwei Jahren**.

36 **a) Recht auf Abhilfe (§ 651i III Nr. 1 – 3).** Liegt ein Mangel vor, ist der Reisende berechtigt, **Abhilfe** zu verlangen (§§ 651i III Nr. 1, 651k). Der Reiseveranstalter kann aber die Abhilfe verweigern, wenn sie unmöglich ist oder einen unverhältnismäßigen Aufwand erfordert (§ 651k I 2; vgl. § 635 III). Leistet der Veranstalter nicht innerhalb einer vom Reisenden bestimmten angemessenen Frist Abhilfe, so kann der Reisende selbst Abhilfe schaffen und Ersatz der erforderlichen Aufwendungen verlangen (**Selbstabhilfe**, §§ 651i III Nr. 2, 651k II 1; vgl. § 637 I). Der Bestimmung einer Frist bedarf es nicht, wenn die Abhilfe vom Reiseveranstalter verweigert wird oder wenn die sofortige Abhilfe wegen eines besonderen Interesses des Reisenden geboten ist (§ 651k II 2; vgl. §§ 637 II, 323 II). Wenn der Reiseveranstalter die Beseitigung des Mangels verweigern kann, hat er **Abhilfe durch eine Ersatzleistung,** ggf. mit angemessener Absenkung des Reisepreises, anzubieten (§§ 651i III Nr. 3, 651k III).

15 BGHZ 85, 301.
16 BGHZ 77, 320.
17 *BGH* NJW 2013, 3170 (3171).
18 Eine Mängelübersicht findet sich zB bei MüKoBGB/*Tonner* § 651c Rn. 26 ff. mit Angaben zu weiteren Mängeltabellen.
19 *BGH* NJW 2017, 958 Rn. 7 ff. mAnm *Mäsch* JuS 2017, 552.
20 *Looschelders* SchuldR BT Rn. 760.

Im **Fall b** kann V durch ein anderes Hotel Abhilfe leisten, wenn dieses dem R zumutbar ist;[21] das Ersatzhotel muss also dem geschuldeten Hotel – etwa nach Qualität und Lage – entsprechen.

b) Kostenerstattung für notwendige Beherbergung (§ 651i III Nr. 4). Falls aufgrund des Reisemangels eine Rückbeförderung des Reisenden unvermeidbar, aber wegen außergewöhnlicher Umstände nicht möglich ist, hat der Reiseveranstalter die Kosten für eine Beherbergung des Reisenden für bis zu drei Übernachtungen (gem. § 651k V ausnahmsweise länger) in einer der vereinbarten Reiseleistung gleichwertigen Unterkunft zu tragen (§§ 651i III Nr. 4, 651k IV). 37

c) Kündigung (§ 651i III Nr. 5). Unter den Voraussetzungen des § 651 l kann der Reisende den Pauschalreisevertrag wegen des Reisemangels kündigen (§ 651i III Nr. 5). 38

aa) Voraussetzungen der Kündigung. Das Kündigungsrecht des Reisenden wegen eines Reisemangels setzt gem. § 651 l I voraus, dass die Reise **infolge des Mangels erheblich beeinträchtigt** ist (zB dauernder Baulärm im Hotel, **Fall b;** dauernder Ausfall des Aufzuges in einem für einen Gehbehinderten gebuchten Hotel). Die Erheblichkeit der Beeinträchtigung ist nach den gleichen Maßstäben zu beurteilen wie im Rahmen des Entschädigungsanspruchs nach § 651n II (→ Rn. 49). Außerdem wird regelmäßig vorausgesetzt, dass der Reiseveranstalter eine ihm vom Reisenden bestimmte angemessene Frist hat verstreichen lassen, ohne Abhilfe zu leisten (§ 651 l I 2; vgl. §§ 636, 323 I). Ausnahmsweise ist eine Fristsetzung nicht erforderlich (zB Unmöglichkeit oder Verweigerung der Abhilfe, §§ 651 l I 2, 651k II 2). 39

Unter den genannten Voraussetzungen steht dem Reisenden anders als dem Käufer **kein Rücktrittsrecht** zu (so § 634 Nr. 3). Eine Rückgängigmachung des Vertrags bereitet – wie bei anderen Dauerschuldverhältnissen – Schwierigkeiten, wenn bereits ein Teil der Reise abgewickelt ist. Deshalb gewährt das Gesetz – in Anlehnung an die Miete (§ 543) – ein Kündigungsrecht.

bb) Rechtsfolgen der Kündigung

(1) Übt der Reisende ein ihm zustehendes Kündigungsrecht aus, behält der Reiseveranstalter hinsichtlich der bereits erbrachten und zur Beendigung der Reise noch zu erbringenden Reiseleistungen den Anspruch auf den Reisepreis (§ 651 l II 1). Hinsichtlich der nicht 40

21 Str.; vgl. Staudinger/*A. Staudinger* BGB § 651c Rn. 163 ff. mwN.

mehr zu erbringenden Reiseleistungen entfällt der Anspruch; insoweit sind bereits geleistete Zahlungen dem Reisenden vom Reiseveranstalter zu erstatten (§ 651 l II 2).

Kündigt R, weil er bei der Ankunft im Hotel feststellt, dass es wegen des Baulärms unbewohnbar ist **(Fall b)**, so behält der Reiseveranstalter zwar den Anspruch auf den Reisepreis für die schon erfolgte Beförderung zum Urlaubsort (§ 651 l II 1). Insoweit kann dem R aber ein Schadens- oder Aufwendungsersatzanspruch nach § 651i III Nr. 7 zustehen (→ Rn. 48 f.).

41 (2) Auch nach Ausübung des Kündigungsrechts treffen den Veranstalter noch Rechtspflichten aus dem Vertrag. Er hat die infolge der Vertragsaufhebung notwendigen Maßnahmen zu treffen, insbesondere den Reisenden **zurückzubefördern**, falls der Vertrag die Rückbeförderung umfasste (§ 651 l III; **Fall b)**. Die entstehenden Mehrkosten (zB Rückflug mit einer Linienmaschine wegen vorzeitiger Heimkehr) hat der Veranstalter zu tragen (§ 651 l III 2), weil der Kündigungsgrund aus seiner Sphäre stammt.

42 **d) Minderung des Reisepreises (§ 651i III Nr. 6)**

aa) Mängelanzeige als Voraussetzung. Eine Minderung des Reisepreises (§§ 651i III Nr. 6, 651 m) setzt zwar keine Fristsetzung und keine Ablehnungsandrohung (so §§ 638 I, 636, 323), wohl aber eine unverzügliche Mängelanzeige voraus (§ 651o I, II Nr. 1). Darüber ist der Reisende vor Vertragsschluss vom Veranstalter zu informieren (→ Rn. 24). Dem Veranstalter soll durch die Mängelanzeige Gelegenheit gegeben werden, dem Mangel abzuhelfen. Deshalb hat die Anzeige nicht gegenüber dem Leistungsträger, sondern gegenüber dem Reiseveranstalter zu erfolgen. Eine schuldhafte Unterlassung der Mängelanzeige führt dazu, dass der Reisende keine Minderung verlangen kann (§ 651o II Nr. 1). Wenn der Reisende vom Veranstalter nicht über seine Obliegenheit zur Mängelanzeige informiert wurde, wird vermutet, dass er die Mängelanzeige nicht schuldhaft versäumt hat.[22]

Eine Anzeige ist nicht erforderlich, wenn eine Behebung des Mangels unmöglich ist.[23] Dagegen führt allein die Kenntnis des Reiseveranstalters vom Mangel nicht zur Entbehrlichkeit der Anzeige. Auch in diesem Fall wird dem Reiseveranstalter erst durch die Anzeige klar, dass der Reisende eine Beseitigung des Mangels wünscht, und ihm wird die Prüfung ermöglicht, ob er den Mangel beheben oder auf andere Weise Abhilfe schaffen kann.[24]

22 *BGH* NJW-RR 2017, 756 mAnm *Schwab* JuS 2017, 1211.
23 *BGH* NJW 2016, 3304 Rn. 16 mAnm *Mäsch* JuS 2017, 360; 1985, 132.
24 *BGH* NJW 2016, 3304 Rn. 17–21 mAnm *Mäsch* JuS 2017, 360.

bb) Berechnung der Minderung. Bei der Minderung ist entsprechend der werkvertraglichen Regelung der vereinbarte Reisepreis in dem Verhältnis herabzusetzen, in welchem zur Zeit des Vertragsschlusses der Wert der Reise in mangelfreiem Zustand zu dem wirklichen Wert gestanden haben würde (§ 651 m I 2). Die Minderung ist gegebenenfalls durch Schätzung zu ermitteln (§ 651 m I 3). Die Praxis orientiert sich hierbei an der „Frankfurter Tabelle“ zur Reisepreisminderung.[25] Besonders schwere Mängel einzelner Reiseleistungen (Beinaheabsturz des Flugzeugs) können eine Minderung rechtfertigen, die nicht auf den anteiligen Preis dieser Einzelleistung beschränkt ist.[26] Beim Ausfall mehrerer Programmpunkte einer Kreuzfahrt an verschiedenen Tagen wird die Minderung nicht für jeden Tag der Reise, sondern aufgrund einer Gesamtbetrachtung mit angemessener Gewichtung der einzelnen Reiseleistungen berechnet.[27] Wird der Reisende bereits bei dem vom Reiseveranstalter geschuldeten Transfer zum Urlaubsort so verletzt, dass er keine weiteren Reiseleistungen in Anspruch nehmen kann, mindert sich der Reisepreis auf Null.[28] 43

Wenn R im **Fall b** mindert, findet die Minderung nur wegen der Unterkunft, also wegen einer einzelnen Reiseleistung, statt. Hier ist bei der Herabsetzung des Gesamtpreises der Gesamtwert aller Reiseleistungen zugrunde zu legen.

cc) Erstattung des zu viel bezahlten Betrags. Hat der Reisende mehr als den geminderten Reisepreis gezahlt, ist ihm der Mehrbetrag vom Reiseveranstalter zu erstatten (§ 651m II 1). 44

e) Schadensersatzanspruch (§ 651i III Nr. 7) 45

aa) Voraussetzungen. Schließlich kann der Reisende gem. §§ 651i III Nr. 7, 651n I Schadensersatz wegen Nichterfüllung verlangen. Der Anspruch ist grundsätzlich verschuldensunabhängig. Er besteht nur dann nicht, wenn der Mangel der Pauschalreise auf einem vom Reisenden oder von einem Dritten zu vertretenden Umstand beruht oder durch unvermeidbare, außergewöhnliche Umstände verursacht wurde. Diese Voraussetzungen muss der Reiseveranstalter zu seiner Entlastung darlegen und im Bestreitensfalle beweisen.

Eine unverzügliche **Mängelanzeige** ist auch vor Geltendmachung des Schadensersatzanspruchs erforderlich (§ 651o I, II Nr. 2). Wie 46

---

25 NJW 1985, 113; 1994, 1639.
26 *BGH* NJW 2008, 2775.
27 *BGH* NJW 2013, 3170 (3171).
28 *BGH* NJW 2017, 958 Rn. 15 ff. mAnm *Mäsch* JuS 2017, 552.

bei der Minderung soll der Veranstalter einem Schadensersatzanspruch nur ausgesetzt sein, wenn er von dem Mangel in Kenntnis gesetzt und ihm dadurch die Möglichkeit zur Beseitigung des Mangels eingeräumt wurde.

47 Der geltend gemachte **Schaden** muss auf dem Reisemangel beruhen. Es gelten wie bei unerlaubten Handlungen die Regeln über die Kausalität und die objektive Zurechnung (→ § 45 Rn. 28 ff.).[29]

48 **bb) Verhältnis zu anderen Mängelrechten.** Der Schadensersatzanspruch kann neben Minderung und Kündigung geltend gemacht werden (§ 651n I in Anlehnung an § 536a I und §§ 634 Nr. 4, 325).

Falls V im **Fall b** nicht innerhalb einer angemessenen Frist Abhilfe leistet, kann R das Vertragsverhältnis durch Kündigung beenden und außerdem seine Schäden von V ersetzt verlangen.

49 Bei Vereitelung oder erheblicher Beeinträchtigung der Reise kann der Reisende auch eine **angemessene Entschädigung wegen nutzlos aufgewendeter Urlaubszeit** verlangen (§ 651n II; **Fall b**). Für die „Erheblichkeit" der Beeinträchtigung kommt es nicht nur auf den Anteil des Mangels im Verhältnis zur gesamten Reiseleistung an. Vielmehr ist auch zu berücksichtigen, wie gravierend sich der Mangel für den Reisenden ausgewirkt hat. Dabei können im Rahmen einer Gesamtwürdigung auch Grund, Zweck und konkrete Ausgestaltung der Reise von Bedeutung sein.[30]

Der Anspruch auf eine angemessene Entschädigung nach § 651n II ist von einem Schadensersatzanspruch wegen vertaner Urlaubszeit nach §§ 823, 249 ff. zu unterscheiden. Die Höhe des Schadensersatzanspruchs richtet sich in erster Linie nach dem mutmaßlichen Aufwand für die Verschaffung zusätzlichen (Ersatz-)Urlaubs. Nach § 651n II ist dagegen eine „angemessene Entschädigung" zu zahlen. Diese hängt nicht davon ab, ob der Reisende einer Erwerbstätigkeit nachgeht und einen Vermögensschaden erleidet; auch ein Schüler und eine Hausfrau können deshalb Entschädigung verlangen.[31] Bei deren Berechnung kann der Reisepreis berücksichtigt werden; denn er zeigt, wie viel Geld der mit der Reise verbundene immaterielle Gewinn dem Kunden wert war.[32]

50 **cc) Vertragliche Haftungsbeschränkung und Anrechnung.** Der Reiseveranstalter kann durch Vereinbarung mit dem Reisenden seine Haftung bis auf den dreifachen Reisepreis beschränken (§ 651p I).

---

29 *BGH* NJW 2005, 1420 (1421 f.).
30 *BGH* NJW 2013, 3170 (3172).
31 *BGH* NJW 1983, 35 (218); 2005, 1047 (1050).
32 *BGH* NJW 2005, 1047 (1050).

Die Haftungsbeschränkung ist aber nur für solche Schäden zulässig, die nicht Körperschäden sind und nicht schuldhaft herbeigeführt wurden.

Im **Fall c** kann sich der Reiseveranstalter V schon deshalb nicht auf den Haftungsausschluss berufen, weil es um die Haftung für einen Körperschaden des R geht.

Der Reisende muss sich auf seinen Schadensersatz-, Minderungs- 51
oder Erstattungsanspruch solche Entschädigungsleistungen anrechnen lassen, die er wegen desselben Ereignisses aufgrund von internationalen Übereinkommen oder bestimmter EU-Verordnungen erhalten hat (Einzelheiten: § 651p III).

f) Aufwendungsersatzanspruch (§ 651i III Nr. 7). Statt Schadens- 52
ersatz kann der Reisende gem. § 651i III Nr. 7 auch nach § 284 Ersatz vergeblicher Aufwendungen verlangen. Dieser Aufwendungsersatzanspruch entspricht demjenigen des Käufers nach § 437 Nr. 3, 2. Fall. Es geht dabei um solche Aufwendungen, die der Reisende im Hinblick auf die Reise getätigt hat und die sich wegen der nicht vertragsgerechten Leistung des Reiseveranstalters als nutzlos erweisen.

Beispiel: Ticketkosten für eine Veranstaltung, die der Reisende wegen einer verspäteten Beförderung nicht besuchen konnte.

Rechtsfolgen eines Reisemangels

I. Anspruch auf Abhilfe (§§ 651i III Nr. 1, 651k I) oder Recht zur Selbstabhilfe mit Aufwendungsersatzanspruch (§§ 651i III Nr. 2, 651k II) oder Abhilfe durch Ersatzleistung (§§ 651i III Nr. 3, 651k III)

II. Kostentragung für eine notwendige Beherbergung bis zu drei Übernachtungen (§§ 651i III Nr. 4, 651k IV, V)

III. Recht zur Kündigung (§§ 651i III Nr. 5, 651l)

1. Voraussetzung: Erhebliche Beeinträchtigung der Reise infolge des Mangels (§ 651l I 1)
2. Rechtsfolgen
   a) Fortbestand des Anspruchs des Veranstalters auf den Reisepreis für die schon erbrachten oder noch zu erbringenden Reiseleistungen (§ 651l II 1)

b) Verlust des Anspruchs auf den Reisepreis für die nicht mehr zu erbringenden Reiseleistungen und Verpflichtung des Veranstalters zur Rückzahlung des insoweit schon erhaltenen Reisepreises (§ 651l II 2)
c) ggf. Verpflichtung des Veranstalters zur Rückbeförderung (§ 651l III)

IV. Minderung des Reisepreises (§§ 651i III Nr. 6, 651 m)
Voraussetzung: Mängelanzeige (§ 651oI, II Nr. 1)

V. Anspruch auf Schadensersatz wegen Nichterfüllung (§§ 651i III Nr. 7, 651n)
1. Reisemangel
2. kein Ausschluss des Anspruchs aufgrund von Drittverschulden oder unvermeidbarer, außergewöhnlicher Umstände (§ 651n I)
Mängelanzeige (§ 651o I, II Nr. 2)

VI. Anspruch auf Aufwendungsersatz (§§ 651i III Nr. 7, 284)

8. Insolvenzschutz des Reisenden

53 Wenn infolge Zahlungsunfähigkeit oder eines Insolvenzverfahrens Reiseleistungen ausfallen oder dem Reisenden Aufwendungen für die Rückreise entstehen, muss gewährleistet sein, dass dem Reisenden der bereits gezahlte Reisepreis bzw. die entstandenen Aufwendungen erstattet werden.

54 § 651r legt dem Reiseveranstalter folgende Pflichten auf, um den Reisenden gegen Insolvenzrisiken abzusichern:

Der Reiseveranstalter ist **verpflichtet**, die genannten **Erstattungen sicherzustellen** (§ 651r I). Diese Verpflichtung muss er durch eine entsprechende Versicherung eines Versicherungsunternehmens oder durch ein entsprechendes Zahlungsversprechen eines Kreditinstituts erfüllen (§ 651r II). Das Risiko des Versicherungsunternehmens bzw. des Kreditinstituts kann nach § 651r III 3 auf 110 Mio. Euro pro Jahr begrenzt werden.

Der Reiseveranstalter muss dem Reisenden einen unmittelbaren **Anspruch gegen den Versicherer bzw. das Kreditinstitut verschaffen** und durch eine entsprechende Bestätigung des Unternehmens **(Sicherungsschein)** nachweisen (§ 651r IV 1).

Vor Übergabe dieses sog. Sicherungsscheines darf der Reiseveranstalter den Reisepreis nicht fordern oder annehmen (§ 651t). **Besonderheiten** gelten für die Fälle, in denen der Reiseveranstalter seine Hauptniederlassung in einem anderen Staat hat (vgl. § 651s).

9. Besonderheiten bei Verträgen über internationale Gastschulaufenthalte

Schülerreisen im Rahmen von internationalen Gastschulaufenthal- 55
ten haben zunehmende Bedeutung. Um dem besonderen Informationsbedürfnis des Gastschülers und seiner Eltern sowie ihrem Interesse Rechnung zu tragen, sich von einem auf lange Dauer (zB ein Jahr) angelegten Vertrag vorzeitig lösen zu können, hat der Gesetzgeber durch Gesetz vom 23.7.2001[33] den § 651 l in die reiserechtlichen Vorschriften eingefügt.[34]Ab 1.7.2018 findet sich die Regelung in § 651u.

a) Begriff und Parteien des Vertrags über Gastschulaufenthalte. 56
Der Vertrag über Gastschulaufenthalte im Ausland ist kein eigener Vertragstyp, sondern ein Reisevertrag. Er wird von der Sonderregelung des § 651u erfasst, sofern er einen mindestens drei Monate andauernden und mit dem geregelten Besuch einer Schule verbundenen Aufenthalt eines Gastschülers bei einer Gastfamilie in einem anderen Staat zum Gegenstand hat.

Sofern die Dreimonatsgrenze nicht erreicht wird oder der Aufenthalt nicht mit einem Schulbesuch, sondern mit einem Praktikum verbunden ist, gilt § 651u nicht kraft Gesetzes. Seine Geltung kann aber zwischen den Parteien vereinbart werden (§ 651u I 2).

Reiseveranstalter ist der Anbieter des Gastschulaufenthaltes. **Rei-** 57
sender als Vertragspartner des Veranstalters können der Gastschüler oder seine Eltern sein, falls diese den Vertrag im eigenen Namen schließen.

b) Besondere Pflichten des Reiseveranstalters. Der Reiseveran- 58
stalter ist gem. § 651u II verpflichtet, für eine nach den Verhältnissen des Aufnahmelandes angemessene Unterbringung, Beaufsichtigung und Betreuung des Gastschülers zu sorgen (Nr. 1) sowie die Voraussetzungen für einen geregelten Schulbesuch (altersgemäß, ausbil-

33 BGBl. I 1658.
34 Dazu *Führich,* NJW 2001, 3083 (3086f.).

dungsadäquat und den örtlichen Verhältnissen entsprechend)[35] zu schaffen (Nr. 2). In dieser Regelung liegt eine Konkretisierung der Veranstalterpflichten nach § 651c I.

Im **Fall e, 1. Frage** hat R seine Pflichten aus § 651u II Nr. 1 verletzt. Zwar kommt es für die Angemessenheit der Gastfamilie nicht auf die subjektiven Erwartungen des Gastschülers oder seiner Eltern an. Aber die Gastfamilie muss zumindest zur Betreuung und Beaufsichtigung erzieherisch und zeitlich bereit und in der Lage sein.

c) Rechte des Reisenden

59 **aa) Rücktrittsrecht. Vor Reisebeginn** ist ein Rücktritt jederzeit möglich (§ 651h I 1). Dann kann der Reiseveranstalter zwar nicht den Reisepreis, wohl aber eine angemessene Entschädigung verlangen (§ 651h I 2, 3). Dieser Entschädigungsanspruch besteht jedoch gem. § 651u III nicht, wenn der Rücktritt deshalb erfolgt, weil der Reiseveranstalter den Reisenden nicht spätestens zwei Wochen vor Antritt der Reise über Namen und Anschrift der Gastfamilie und über einen Ansprechpartner im Aufnahmeland, bei dem auch Abhilfe verlangt werden kann, informiert und auf den Aufenthalt angemessen vorbereitet hat.

60 **bb) Kündigungsrecht. Nach Reisebeginn** kommt ein Rücktritt mit Rückabwicklung nicht mehr in Betracht. Der Vertrag kann vom Reisenden aber jederzeit gekündigt werden (§ 651u IV 1). Besondere Gründe brauchen dafür nicht vorzuliegen, so dass auch ein Abbruch aus persönlichen Gründen (zB Heimweh) möglich ist. In diesem Fall muss der Reiseveranstalter insbesondere für die Rückbeförderung sorgen (§ 651u IV 3), falls diese Vertragsbestandteil war. Er kann den Reisepreis abzüglich ersparter Aufwendungen verlangen (§ 651u IV 2). Die durch die vorzeitige Rückreise anfallenden Mehrkosten (zB wegen eines teureren Fluges) fallen dem Reisenden zur Last (§ 651u IV 4; **Fall e, 2. Frage**).

61 Die Vorschriften über das jederzeitige Kündigungsrecht gelten nicht, wenn der Reisende wegen eines Mangels (§ 651 l) kündigen kann (§ 651u IV 5).

Im **Fall e, 1. Frage** kann der Vertrag nach § 651 l gekündigt werden, sofern R eine ihm zur Abhilfe gesetzte angemessene Frist hat verstreichen lassen. R kann dann nicht den Reisepreis, sondern nur eine Entschädigung für die erbrachten oder (zB für die Rückbeförderung) noch zu erbringenden Reiseleistungen verlangen (§ 651 l III 1). Außerdem fallen ihm die Mehrkosten zur Last (§ 651 l III 2).

---

35 BT-Drs. 14/5944, 14.

5. Kapitel. Auftrag, Geschäftsbesorgungsvertrag, Maklervertrag, Verwahrung und Gastwirtshaftung

Neben Dienst- und Werkvertrag gibt es noch andere Verträge, in denen sich der eine Teil zu einer Tätigkeit im Interesse eines anderen verpflichtet. Beim Auftrag (→ § 29 Rn. 1 ff.) wird im Gegensatz zu Dienst- und Werkvertrag die Tätigkeit unentgeltlich geschuldet. Der Geschäftsbesorgungsvertrag hat eine Verpflichtung zu einer entgeltlichen Geschäftsbesorgung zum Gegenstand (→ § 29 Rn. 42 ff.) auf ihn sind bestimmte Regeln des Auftrags anwendbar. Um die Verpflichtung zu einer speziellen Tätigkeit, nämlich die Aufbewahrung einer fremden Sache, geht es beim Verwahrungsvertrag (§ 30) je nach Parteivereinbarung wird diese Pflicht entgeltlich oder unentgeltlich übernommen. Eine entgeltliche Tätigkeit hat auch der Maklervertrag (→ § 29 Rn. 65 ff.) zum Ziel; nur besteht hier keine Verpflichtung zum Tätigwerden.

§ 29. Auftrag, Geschäftsbesorgungsvertrag, Maklervertrag

Schrifttum: *Coester-Waltjen,* Der Auftrag, JURA 2001, 742; *Giesen,* Das Recht der fremdnützigen Geschäftsbesorgung (Teil 1: Geschäftsbesorgung aufgrund eines Vertrages), JURA 1994, 352; *Lorenz*, Grundwissen – Zivilrecht: Auftrag und Geschäftsbesorgung, JuS 2012, 6; *Meyer*, Aufwendungsersatz im Privatrecht, AcP 216 (2016), 952; *Thüsing/Schneider*, Die Haftung für Rat, Auskunft, Empfehlung, JA 1996, 807. 1

Fall a: M lässt ihre Tochter T während eines Einkaufs bei der Bekannten B. T zerschlägt eine Vase und verletzt sich an den Scherben. Bestehen vertragliche Schadensersatzansprüche? → Rn. 5

Fall b: R hat sich dem Juwelier J gegenüber gesprächsweise erboten, für ihn jederzeit in Amsterdam Diamanten einzukaufen. J schickt R eine Liste der von ihm benötigten Steine. R antwortet nicht. Kann J verlangen, dass R reist? Wie, wenn vereinbart war, dass R, ohne zu antworten, sofort losfahren sollte und R auch schon die Fahrkarte gelöst hatte, ohne dann zu fahren? → Rn. 10

Fall c: A hat sich dem B gegenüber verpflichtet, ihm einen Gebrauchtwagen zu verschaffen. Da der Händler H dem A 500 Euro verspricht, wenn er einen bestimmten, schwer verkäuflichen Wagen nimmt, entscheidet sich A für diesen. B verlangt von A die erhaltenen 500 Euro heraus. → Rn. 17, 23

Fall d: Nach einem Verkehrsunfall bittet B den Autofahrer A, die verletzte Frau B ins Krankenhaus zu fahren. Später möchte A von B die Kosten für die Reinigung der blutbefleckten Polster ersetzt haben. → Rn. 30, 32

Fall e: Hat A im Fall d gegen B Ersatzansprüche, wenn er auf dem Wege zum Krankenhaus durch Verschulden eines Unbekannten einen Unfall erleidet? → Rn. 30, 32

Fall f: Bei einem Verkehrsunfall wird B aus dem Wagen geschleudert und verletzt. Er bittet den A, wertvolle Papiere aus dem bereits brennenden Auto zu holen. A erleidet Verletzungen. Kann er von B Ersatz verlangen? → Rn. 30, 32, 33

Fall g: Der gelähmte A beauftragt B, im Namen des A bei V einen Rollstuhl zu kaufen. A stirbt. Ohne Kenntnis vom Tod des A kauft B einen Rollstuhl. Der Erbe E des A will weder dem V den Kaufpreis zahlen noch dem B die Transportkosten ersetzen. Wie, wenn V bei Abschluss des Kaufvertrags wusste, dass A gestorben war? → Rn. 40, 41

I. Auftrag

1. Begriff des Auftrags

Der Auftrag, wie das BGB verkürzend den Auftragsvertrag nennt, ist ein Schuldvertrag, in dem sich der eine Teil (Beauftragter) verpflichtet, ein **Geschäft** des anderen Teils (Auftraggebers) **unentgeltlich** für diesen **zu besorgen**.

Im täglichen Leben wird das Wort „Auftrag“ häufig in anderem Sinn gebraucht. Beispiel: Der „Auftrag“ auf Lieferung bestimmter Waren ist meist ein Antrag auf Abschluss eines Kaufvertrags. Wenn das BGB vom Auftrag spricht, meint es regelmäßig nur den Auftragsvertrag, ausnahmsweise in § 662 und § 663 das Angebot des Auftraggebers auf Abschluss eines solchen Vertrags.

2 **a) Geschäftsbesorgung für einen anderen.** Unter der **Besorgung eines Geschäfts** versteht § 662 jedes Tätigwerden des Beauftragten für den Auftraggeber, also nicht nur rechtsgeschäftliches und geschäftsähnliches, sondern auch rein tatsächliches Handeln.

Beispiele: B verpflichtet sich, für A einzukaufen, dessen Schriftverkehr zu erledigen, den Kanarienvogel des verreisten A zu füttern.

Der Beauftragte besorgt ein ihm **vom Auftraggeber übertragenes Geschäft** für diesen. Daher bezieht sich der Auftrag regelmäßig nur auf Angelegenheiten des Auftraggebers oder, bei entsprechender Vereinbarung, auf Angelegenheiten eines Dritten. Wenn das Geschäft ausschließlich den Interessenbereich des Beauftragten selbst betrifft, wird den Beteiligten der Wille fehlen, einen Auftragsvertrag zu schließen.

b) Unentgeltlichkeit. Ein Auftrag liegt nur vor, wenn der Beauftragte unentgeltlich handelt. Weil der Geschäftsbesorgung kein Entgelt als Gegenleistung gegenübersteht, ist der Auftrag kein gegenseitiger Vertrag.[1] 3

2. Bedeutung und Abgrenzung des Auftrags

a) Bedeutung. Wegen der Unentgeltlichkeit ist die wirtschaftliche Bedeutung des in den §§ 662 ff. behandelten Auftragsvertrags nur gering. An Wichtigkeit gewinnt das Auftragsrecht jedoch dadurch, dass auf verschiedenen Rechtsgebieten das Handeln im Interessenbereich eines anderen durch Verweisung auf die Auftragsvorschriften geregelt wird. 4

Vergleiche insbesondere § 675 für die entgeltliche Geschäftsbesorgung, § 683 für den Geschäftsführer ohne Auftrag, ferner zB §§ 27 III, 713, 1835, 2218.

b) Abgrenzung

aa) Von einem bloßen **Gefälligkeitsverhältnis** unterscheidet sich der Auftrag dadurch, dass bei ihm die Parteien sich vertraglich verpflichten (Rechtsbindungswille vorhanden).[2] Es handelt sich etwa dann um eine bloße Gefälligkeit, die sich im außerrechtlichen Bereich abspielt, wenn minderjährige Mitglieder eines Amateursportvereins von ihren Familienangehörigen oder Angehörigen anderer Vereinsmitglieder zu Sportveranstaltungen gefahren werden.[3] 5

Im **Fall a** liegt nur ein Gefälligkeitsverhältnis vor. Vertragliche Ansprüche scheiden daher aus.[4] Es kommt nur eine Haftung aus Delikt in Betracht.

Die **Erteilung eines Rates oder einer Empfehlung** erfolgt nach der in § 675 II zum Ausdruck kommenden Vorstellung des Gesetzgebers regelmäßig als bloße Gefälligkeit. Für diesen Fall stellt § 675 II klar, dass unbeschadet der Haftung aus unerlaubter Handlung keine 6

---

1 Vgl. *Brox/Walker* SchuldR AT § 3 Rn. 2.
2 Vgl. *BGH* NJW 2015, 2880 Rn. 8 mAnm *Mäsch* JuS 2016, 70; *Brox/Walker* SchuldR AT § 2 Rn. 27 ff.
3 *BGH* NJW 2015, 2880 Rn. 8, 11 mAnm *Mäsch* JuS 2016, 70.
4 Vgl. *BGH* NJW 1968, 1874; *Looschelders* SchuldR BT Rn. 801.

vertragliche Schadensersatzpflicht besteht. Eine vertragliche Bindung kann sich aber aus besonderen Umständen (zB Entgeltlichkeit; erkennbare, erhebliche Bedeutung für den Ratsuchenden; Eigeninteresse des Rat Erteilenden) ergeben. Im Wirtschaftsverkehr besteht die Beratungspflicht häufig als Nebenverpflichtung aus einem anderen Vertrag (zB Bankvertrag). Auch aus längerer Geschäftsverbindung lässt sich eine Pflicht zur sorgfältigen Beratung ableiten.

7 bb) Vom **Dienst-, Werk- und Maklervertrag** ist der Auftrag bereits durch das Merkmal der Unentgeltlichkeit zu unterscheiden. Auch der Geschäftsbesorgungsvertrag (§ 675 I) ist im Gegensatz zum Auftragsvertrag entgeltlich.

8 cc) Mit der **Schenkung** hat der Auftrag gemeinsam, dass ein Vertragsteil sich dem anderen gegenüber verpflichtet, unentgeltlich eine Leistung zu erbringen. Diese Leistung ist beim Auftrag jedoch eine Tätigkeit, bei der Schenkung hingegen ein Vermögensopfer (vgl. § 516: „aus seinem Vermögen").

9 Das Gesetz trennt scharf zwischen Auftrag und **Vollmacht** (§§ 164 ff.). Der Auftragsvertrag betrifft die Beziehungen des Beauftragten zum Auftraggeber und legt fest, welche Geschäfte des Auftraggebers der Beauftragte zu führen verpflichtet ist. Demgegenüber gibt die Vollmacht dem Bevollmächtigten die Befugnis, rechtsgeschäftliche Erklärungen im Namen des Vollmachtgebers gegenüber Dritten abzugeben. Der Auftrag betrifft also das Schuldverhältnis zwischen Auftraggeber und Beauftragtem (Innenverhältnis), die Vollmacht dagegen das Recht des Bevollmächtigten gegenüber Dritten (Außenverhältnis).

3. Abschluss des Auftrags

10 Für den Abschluss des Auftragsvertrags gelten die allgemeinen Regeln. Die Einhaltung einer besonderen Form ist nicht erforderlich.

Bloßes **Schweigen** auf das Angebot des Auftraggebers, einen Auftragsvertrag zu schließen, kann nicht als Annahme angesehen werden. Dies gilt auch dann, wenn jemand zu bestimmten Geschäftsbesorgungen öffentlich bestellt ist oder sich öffentlich oder einem einzelnen gegenüber hierzu erboten hat (§ 663). Diese Bestimmung begründet nur die Pflicht der Ablehnungsanzeige, besagt also nicht, dass bei unterlassener Anzeige ein Vertrag zustande gekommen ist. Anders ist die Rechtslage im Fall des § 151. Nach dieser Vorschrift kommt ein Vertrag durch Annahme des Angebots zustande, ohne dass die Annahmeerklärung zugegangen ist. Der Annehmende muss aber ein Verhalten gezeigt haben, aus dem sein Wille, das Angebot anzunehmen, erkennbar wurde.

Im **Fall b, 2. Frage,** hat R ein solches Verhalten gezeigt. Der Auftragsvertrag ist zustande gekommen und R zur Reise verpflichtet. Im **Fall b, 1. Frage,** ist R nur der Antwortpflicht nach § 663 nicht nachgekommen; er braucht nicht zu reisen. Bei schuldhafter Verletzung der Anzeigepflicht muss er dem J den Vertrauensschaden ersetzen (§ 280 I).

4. Pflichten des Beauftragten und Folgen ihrer Verletzung

a) Pflicht zur Besorgung eines Geschäfts

aa) Hauptleistungspflicht des Beauftragten ist es, das ihm **übertragene Geschäft sorgfältig auszuführen** (§ 662). Was er zu tun hat, ergibt sich aus der getroffenen Vereinbarung. 11

bb) Durch den Auftragsvertrag kann der Beauftragte verpflichtet sein, Geschäftsbesorgungen, die im Vertrag nur allgemein umrissen sind, für den Auftraggeber zu übernehmen. Der Auftraggeber hat das Recht, durch Einzelweisungen den Inhalt des Auftrags näher zu bestimmen. Dieses Weisungsrecht wird von § 665 vorausgesetzt. Der Auftragnehmer muss die **Weisungen beachten.** 12

Einzelweisungen können aber dem Interesse des Auftraggebers widersprechen, etwa wenn sie aufgrund einer falschen Einschätzung der Sachlage erteilt werden. Daher gibt § 665 dem Beauftragten das Recht zur Abweichung von Weisungen. Im Einzelfall kann sogar (zB aufgrund besonderer Sachkunde des Beauftragten) eine Pflicht zur Abweichung oder doch jedenfalls eine Warnpflicht vor Ausführung einer Weisung bestehen.

Weicht der Beauftragte bei Gefahr im Verzug ohne vorherige Benachrichtigung des Auftraggebers zulässigerweise (§ 665 S. 2) von der Weisung ab, dann ist er verpflichtet, diesen nachträglich zu benachrichtigen (§ 666).

cc) Der Beauftragte hat im Zweifel die **Geschäftsbesorgung persönlich vorzunehmen** (§ 664 I 1). Er darf sich hierbei regelmäßig eines Gehilfen bedienen (arg. e § 664 I 3). 13

§ 664 I 2 geht davon aus, dass auch die **Übertragung der Auftragsausführung** gestattet sein kann (sog. Substitution)[5]. Ein Auftrag ist übertragen, wenn ein Dritter an die Stelle des Beauftragten tritt und die Verantwortung allein trägt.[6] Da zwischen Auftraggeber und Beauftragtem ein besonderes Vertrauensverhältnis besteht, wird eine Gestattung zur Übertragung, wenn sie nicht ausdrücklich im Vertrag

5 Zur Substitution siehe auch *Brox/Walker* SchuldR AT § 20 Rn. 38.
6 Vgl. RGZ 161, 68, 73; **str.**; vgl. auch *BGH* NJW 1993, 1704.

enthalten ist, nur anzunehmen sein, soweit dies dem Inhalt des Vertrags unter Berücksichtigung der Verkehrssitte entspricht.

Es kann aber auch vereinbart sein, dass der Beauftragte lediglich verpflichtet sein soll, einen Beauftragten zur Besorgung des Geschäfts auszuwählen.

Die Unterscheidungen können für Haftungsfragen von Bedeutung sein (→ Rn. 21).

14 b) **Nebenleistungspflichten und Schutzpflichten.** Durch § 666 werden dem Beauftragten drei Pflichten auferlegt, nämlich erforderliche Nachrichten zu geben, auf Verlangen über den Stand des Geschäfts Auskunft zu erteilen sowie nach Ausführung des Auftrags Rechenschaft (§ 259) abzulegen. Weitere Pflichten können sich aus § 241 II (Schutzpflichten) im Einzelfall aus dem Grundsatz von Treu und Glauben ergeben.

15 c) **Herausgabepflicht.** Nach § 667 muss der Beauftragte alles herausgeben, was er zur Ausführung des Auftrags erhalten und aus der Geschäftsbesorgung erlangt hat. Auch dabei handelt es sich um eine (einklagbare) Leistungspflicht.

aa) Der Beauftragte, der vom Auftraggeber etwas (zB Geld zum Ankauf einer Sache, Geräte zur Durchführung eines Auftrags, Urkunden) erhalten hat, muss das **vom Auftragsgeber Erhaltene** herausgeben, soweit es nicht durch die ordnungsgemäße Ausführung des Auftrags verbraucht ist.[7]

16 bb) Die gleiche Herausgabepflicht trifft ihn in Ansehung des **aus der Geschäftsbesorgung Erlangten** einschließlich des Zubehörs und gezogener Früchte.

Dabei kann es sich um Eigentum oder Besitz an Sachen sowie um Forderungen handeln. Wenn der Beauftragte Eigentum erworben hat, muss er es übertragen. Erlangte Forderungen sind abzutreten.

Dem Umfang nach ist das aus der Geschäftsbesorgung erlangt, was seine wirtschaftliche Ursache in der Durchführung des Auftrags findet, nicht dagegen, was der Beauftragte nur anlässlich der Geschäftsbesorgung erlangte.[8]

17 Wenn ein Arbeitnehmer in einem Krematorium Zahngold aus der Krematoriumsasche entnimmt, handelt es sich dabei um einen Vorteil, den er im Zu-

---

7 *BGH* WM 1991, 514.
8 *Looschelders* SchuldR BT Rn. 808.

sammenhang mit seiner Tätigkeit erlangt. Er muss es gem. § 667 analog an den Arbeitgeber herausgeben.[9] Die Abgrenzung, was „aus der Geschäftsbesorgung" erlangt ist, bereitet Schwierigkeiten bei der Zuwendung von persönlichen Sondervorteilen, insbesondere **Schmiergeldern**, an den Beauftragten durch Dritte **(Fall c)**. Der bewusst allgemein gehaltene Wortlaut des § 667[10] lässt es zu, Schmiergelder als „aus der Geschäftsbesorgung erlangt" anzusehen. Dies entspricht auch der Interessenlage. § 667 will gewährleisten, dass Beauftragte lediglich den Vorteil des Geschäftsherrn wahren und eigenen Vorteil nicht anstreben. Darüber hinaus sollen dem Geschäftsherrn, der den Anstoß zur Geschäftsbesorgung gegeben hat und ihre Risiken trägt, auch alle Vorteile zustehen.[11] Die Konkurrenz zwischen dem Anspruch des Auftraggebers auf Herausgabe der Schmiergelder (§ 667) und dem Einziehungsrecht des Staates (§ 73 StGB) löst § 73e I StGB zugunsten des privatrechtlichen Anspruchs. – Im **Fall c** hat daher A an B gem. § 667 die 500 Euro herauszugeben, ohne dass es auf einen Schaden des B ankommt.

cc) Soweit der Beauftragte Geld für sich gebraucht, das er für den Auftraggeber zu verwenden oder ihm herauszugeben hat (§ 667), trifft ihn nach § 668 eine **Verzinsungspflicht**. 18

d) Folgen der Nicht- oder Schlechterfüllung. aa) Für die Nicht- oder Schlechterfüllung seiner Pflichten hat der Beauftragte nach **allgemeinen Vorschriften über Leistungsstörungen** (vgl. §§ 280ff.) einzustehen. 19

Wenn ein Arbeitnehmer im Krematorium Zahngold aus der Asche entnimmt und veräußert, so dass er es entgegen § 667 analog nicht an den Arbeitgeber herausgeben kann, muss er diesem nach § 280 I Schadensersatz leisten.[12]

bb) Für das Auftragsrecht gelten zum Teil **Besonderheiten**: 20

(1) Der Beauftragte haftet für jede Fahrlässigkeit. Eine Haftungsminderung, wie sie in anderen Fällen einer unentgeltlichen Verpflichtung (zB §§ 521, 599, 690) besteht, sieht das Gesetz für den Auftrag nicht vor.[13]

(2) Hat der Beauftragte die Geschäftsbesorgung in Übereinstimmung mit dem Willen des Auftraggebers auf einen Dritten übertragen, so haftet er nur für ein ihm bei der Übertragung zur Last fallendes Verschulden (§ 664 I 2). Dies kann insbesondere darin bestehen, dass er bei der Übertragung unzulänglich instruiert oder einen Ungeeigneten auswählt. Aus dem Auftragsvertrag kann sich auch ergeben, 21

9 *BAG* NZA 2015, 94 (97).
10 Mot. II, 539.
11 **HM**; RGZ 99, 31.
12 *BAG* NZA 2015, 94 (97).
13 *Looschelders* SchuldR BT Rn. 809.

dass den Beauftragten nach der Übertragung noch Überwachungspflichten treffen.

Bei unerlaubter Übertragung haftet der Beauftragte für jeden Schaden, der ohne die Übertragung nicht eingetreten wäre. Auf das Verschulden des Dritten kommt es hierbei nicht an. Gleiches gilt, wenn der Beauftragte unerlaubterweise (Ausnahmefall) einen Gehilfen zuzieht. Durfte er sich jedoch eines Gehilfen bedienen (Regelfall), so haftet er gem. § 278 nur bei Verschulden des Gehilfen (§ 664 I 3).

22 (3) Verletzt der Beauftragte schuldhaft seine Pflichten aus § 665, so ist er zum Ersatz des dem Auftraggeber entstandenen Schadens verpflichtet. Macht sich jedoch der Auftraggeber bei weisungswidriger Geschäftsbesorgung die Vorteile des Geschäfts zu eigen, so kann er dem Beauftragten gegenüber keine Rechte aus der vertragswidrigen Ausführung herleiten.[14]

23 (4) Durch die Annahme von Sonderprovisionen und Schmiergeldern **(Fall c)** wird der Beauftragte in aller Regel schuldhaft gegen seine Pflichten dem Auftraggeber gegenüber verstoßen. Sofern dem Auftraggeber hierdurch ein Schaden entsteht, weil die Geschäftsbesorgung ein für ihn ungünstigeres wirtschaftliches Ergebnis hat, muss der Beauftragte den Schaden ersetzen. Der Ersatzanspruch ist unabhängig von dem Anspruch auf Herausgabe der Gelder nach § 667.

5. Pflichten des Auftraggebers und Folgen ihrer Verletzung

24 Es besteht keine Pflicht des Auftraggebers, den Beauftragten die Geschäftsbesorgung durchführen zu lassen. Das folgt aus dem Wortlaut des § 662 und daraus, dass der Auftraggeber jederzeit das Auftragsverhältnis widerrufen darf (§ 671 I).

Der Auftraggeber ist aber verpflichtet, die Aufwendungen des Beauftragten zu ersetzen (§ 670); uU muss er für die Aufwendungen Vorschuss leisten (§ 669). Daneben können ihn auch Sorgfaltspflichten treffen.

25 **a) Aufwendungsersatz.** Wichtigste Pflicht des Auftraggebers ist es, Aufwendungen zu ersetzen, die der Beauftragte zum Zweck der Ausführung des Auftrags gemacht hat, sofern sie der Beauftragte den Umständen nach für erforderlich halten durfte (§ 670). Diese Regelung hat ihren Grund darin, dass der Beauftragte nur die Tätigkeit der Geschäftsbesorgung schuldet.

14 *BGH* VersR 1968, 792.

aa) **Aufwendungen** sind Vermögensopfer, die entweder freiwillig zur Ausführung des Auftrags erbracht werden (zB Reisekosten) oder sich als notwendige Folge der Geschäftsbesorgung ergeben (zB Grunderwerbssteuer). Zu den Aufwendungen gehört auch die Eingehung von Verbindlichkeiten durch den Beauftragten (vgl. § 257). 26

Für die **eigene Arbeit** kann der Beauftragte regelmäßig keinen Aufwendungsersatz nach § 670 verlangen. Dies widerspräche der im Auftragsvertrag vereinbarten Unentgeltlichkeit. Nimmt der Beauftragte allerdings zusätzlich Leistungen nach Rückfrage bei dem Auftraggeber vor, so wird bei Einigkeit über die Entgeltlichkeit ein zusätzlicher Dienst- oder Werkvertrag geschlossen. 27

Früher wurde vertreten, § 1835 III sei analog anzuwenden, wenn der Beauftragte ohne Vereinbarung der Entgeltlichkeit anlässlich des Auftrags zusätzliche Leistungen erbringt, die zu seinem Beruf oder Gewerbe gehören.[15] Die Analogie ist jedoch nicht sachgerecht, weil § 1835 III auf einer Billigkeitserwägung beruht,[16] die im Vertragsrecht keine Entsprechung hat. Wer Leistungen erbringt, zu denen er nach dem Auftrag nicht verpflichtet ist, kann dafür jedenfalls aus Auftragsrecht kein Entgelt fordern.[17]

bb) Nach § 670 kann der Beauftragte Ersatz solcher Aufwendungen verlangen, die er den Umständen nach für **erforderlich** halten durfte. Aufwendungen, welche der Beauftragte nach sorgfältiger Prüfung unter Beachtung der Interessen des Auftraggebers für erforderlich halten durfte, sind daher auch dann zu ersetzen, wenn sie objektiv nicht erforderlich waren. 28

cc) Fraglich ist, ob der Auftraggeber dem Beauftragten **Schäden** zu ersetzen hat, die diesem bei Ausführung des Auftrags entstehen. 29

(1) Beruht der Schaden auf einer schuldhaften Vertragsverletzung des Auftraggebers, ist dieser nach allgemeinen Grundsätzen (§§ 280 ff.) schadensersatzpflichtig.

(2) Liegt jedoch keine Vertragsverletzung des Auftraggebers vor, scheidet ein Schadensersatzanspruch aus **(Fälle d, e, f)**. Es fragt sich, ob solche Schäden als Aufwendungen (§ 670) anzusehen sind. Unmittelbar ist § 670 nicht anwendbar, weil der Beauftragte die Schäden nicht freiwillig übernommen hat.[18] 30

(a) Die Lösung des Problems lässt sich vielfach durch Vertragsauslegung gewinnen. Haben die Parteien bei Vertragsschluss die Scha- 31

15 Vgl. RGZ 149, 121 (124).
16 Vgl. Mot. IV, 1181.
17 Vgl. Erman/*Berger* BGB § 670 Rn. 10 f.; Palandt/*Sprau* BGB § 670 Rn. 2; MüKoBGB/*Seiler* § 670 Rn. 19 ff., 21.
18 Vgl. *Brox* AP Nr. 6 zu § 611 BGB Gefährdungshaftung des Arbeitgebers.

densgefahr erkannt, ist zu ermitteln, wer nach dem Vertrag den Schaden tragen soll. Oft wird eine vertragliche Abwälzung der Schäden des Beauftragten auf den Auftraggeber anzunehmen sein.

32 (b) Führt die Ermittlung des realen und des hypothetischen Willens der Vertragsparteien nicht zum Ziel, ist eine analoge Anwendung des § 670 zu prüfen. Der Gesetzgeber hat die Frage, ob (unfreiwillige) Schäden unter § 670 fallen können, bewusst offen gelassen.[19] Nach der Interessenlage unter Berücksichtigung von Treu und Glauben erscheint es unbillig, wenn der (unentgeltlich tätige) Beauftragte auch noch die Schäden zu tragen hat, die aufgrund der mit der Geschäftsbesorgung verbundenen, typischen Gefahrenlage eintreten. Durch die Übernahme des Auftrags soll dem Beauftragten keine weitere Belastung als seine Tätigkeit aufgebürdet werden. Andererseits ist kein Grund ersichtlich, den Auftraggeber auch mit dem allgemeinen Lebensrisiko des Beauftragten zu belasten[20] **(Fall e)**. Wenn also der Schaden die (adäquat ursächliche) Folge des typischen Geschäftsbesorgungsrisikos ist **(Fälle d, f)**, soll ihn in analoger Anwendung des § 670 der Auftraggeber tragen.[21]

Die Problematik stellt sich auch, wenn ein Arbeitnehmer bei Ausführung einer betrieblich veranlassten Tätigkeit einen (nicht vom Arbeitgeber verschuldeten) Schaden an eigenen Sachen erleidet. Typisches Beispiel ist der Einsatz eines eigenen Pkw durch den Arbeitnehmer im Betätigungsbereich des Arbeitgebers. Wenn der Arbeitnehmer dabei einen Unfall erleidet, kann er seinen Eigenschaden analog § 670 vom Arbeitgeber ersetzt verlangen. Ein etwaiges Mitverschulden des Arbeitnehmers bei der Verursachung des Eigenschadens ist analog § 254 zu berücksichtigen, allerdings nur nach den Regeln der eingeschränkten Arbeitnehmerhaftung (→ § 20 Rn. 11 f.).[22]

33 (3) Der Beauftragte, dessen Geschäftsbesorgung darin besteht, dass er bei **Unglücksfällen** Hilfe leistet oder Menschen rettet, ist nach § 2 I Nr. 13a SGB VII ohne weiteres gegen Personenschäden unfallversichert **(Fall f)**. Außerdem hat er gem. § 13 SGB VII einen Anspruch auf Ersatz von Sachschäden und Aufwendungen gegen den zuständigen Versicherungsträger. Der Anspruch des Beauftragten aus § 670 gegen den Auftraggeber geht in diesen Fällen nach § 116 SGB X auf den Sozialversicherungsträger über.[23]

---

19 Mot. II, 541; Prot. II, 368 f.
20 **HM**; MüKoBGB/*Seiler* § 670 Rn. 14.
21 Vgl. *BAG* NJW 2007, 1486; DB 1996, 630; *BGH* DB 1972, 721.
22 Siehe zum Ganzen etwa *BAG* NJW 2007, 1486; *Walker* FS Canaris, Bd. I, 2007, 1503 ff.
23 Vgl. BGHZ 38, 270 (281).

b) Schutzpflichten. Aus § 241 II ergibt sich insbesondere die Pflicht des Auftraggebers, bei Durchführung des Auftrags den Beauftragten vor vermeidbaren Schäden zu bewahren. 34

Sofern der Auftraggeber dem Beauftragten zur Ausführung der Geschäftsbesorgung Gerätschaften überlässt, hat er für deren ordnungsgemäße Beschaffenheit zu sorgen. Bei einem Auftrag, der im Falle der Entgeltlichkeit als Dienstvertrag anzusprechen wäre, ist die unabdingbare Vorschrift des § 618 entsprechend anwendbar.[24]

c) Folgen der Nicht- oder Schlechterfüllung. Es gelten die allgemeinen Grundsätze über Unmöglichkeit, Schuldnerverzug und andere Arten der Pflichtverletzung. 35

Liegen die Voraussetzungen für eine entsprechende Anwendung des § 618 vor, so ergibt sich bei schuldhafter Nicht- oder Schlechterfüllung der dort genannten Pflichten ein vertraglicher Anspruch aus §§ 280, 282, 276.

6. Beendigung des Auftrags

Das Auftragsverhältnis wird regelmäßig durch Erfüllung beendet (§ 362). Ferner kommen neben allgemeinen Beendigungsgründen wie Aufhebungsvertrag, Zeitablauf und Bedingungseintritt beim Auftrag spezielle Erlöschensgründe in Betracht. 36

a) Widerruf und Kündigung. Jede Vertragspartei hat das Recht, das Vertragsverhältnis für die Zukunft durch einseitige empfangsbedürftige Willenserklärung jederzeit zu beenden (§ 671). Das Gesetz nennt die Erklärung des Auftraggebers Widerruf, die des Beauftragten Kündigung.

aa) Der **Widerruf** des Auftraggebers ist deshalb jederzeit möglich, weil es dem Auftraggeber freistehen muss, seine eigenen Interessen wieder selbst wahrzunehmen.

bb) Die **Kündigung** durch den Beauftragten ist jederzeit zulässig, 37
um dem unentgeltlich tätigen Beauftragten die Möglichkeit zu geben, seine Arbeitskraft anderweitig einzusetzen. Selbst eine Kündigung zur Unzeit ist wirksam; den Interessen des Auftraggebers wird aber dadurch Rechnung getragen, dass er vom Beauftragten Ersatz des Schadens verlangen kann, der ihm dadurch entsteht, dass er für die Besorgung des Geschäfts nicht auf andere Weise Fürsorge treffen kann (§ 671 II). Bei einer Kündigung aus wichtigem Grund besteht dagegen keine Schadensersatzpflicht (§ 671 II 2).

---

24 BGHZ 16, 265.

38 **b) Beendigung bei Tod oder Geschäftsunfähigkeit.** Ob der Tod oder die Geschäftsunfähigkeit eines Vertragspartners das Auftragsverhältnis beenden soll, muss durch Vertragsauslegung ermittelt werden. Das Gesetz gibt zwei Auslegungsregeln (§§ 672, 673).

aa) Beim **Tod des Beauftragten** erlischt der Auftrag im Zweifel (§ 673 S. 1), weil der Vertrag auf dem Vertrauen des Auftraggebers zum Beauftragten beruht.[25]

Der Erbe des Beauftragten hat jedoch als dessen Rechtsnachfolger gegenüber dem Auftraggeber bestimmte Fürsorgepflichten (§ 673 S. 2): Er muss den Tod dem Auftraggeber unverzüglich anzeigen, damit dieser sich entsprechend einstellen kann. Der Erbe hat sogar, wenn Gefahr mit dem Aufschub des Geschäfts verbunden ist, das Geschäft anstelle des Erblassers fortzuführen, bis der Auftraggeber anderweitig Fürsorge treffen kann; insoweit wird der Auftrag trotz Erlöschens als fortbestehend fingiert. Verletzt der Erbe schuldhaft eine dieser Pflichten, macht er sich dem Auftraggeber schadensersatzpflichtig.

39 bb) Für den Eintritt der **Geschäftsunfähigkeit des Beauftragten** fehlt eine spezielle gesetzliche Auslegungsregel. Sollte der Beauftragte ein Rechtsgeschäft oder eine geschäftsähnliche Handlung vornehmen, so ist ihm (wegen § 105) die Leistung unmöglich geworden; er wird nach § 275 von seiner Verpflichtung frei. Bei einer rein tatsächlichen Handlung bleibt die Leistung des Geschäftsunfähigen regelmäßig möglich.

40 cc) Beim **Tod oder** bei Eintritt der **Geschäftsunfähigkeit des Auftraggebers** erlischt der Auftrag im Zweifel nicht (§ 672 S. 1).

Allerdings ist stets zu prüfen, ob zwischen den Vertragsparteien ausdrücklich oder konkludent für solche Fälle nicht etwas anderes, nämlich die Beendigung des Auftrags, vereinbart ist. Das gilt vor allem, wenn es bei dem Geschäft um persönliche Belange des Auftraggebers ging **(Fall g)**.

Erlischt der Auftrag, so hat der Beauftragte dennoch, wenn Gefahr mit dem Aufschub des Geschäfts verbunden ist, die Besorgung fortzusetzen, bis der Erbe oder der gesetzliche Vertreter anderweitig Fürsorge treffen kann; insoweit gilt der Auftrag als fortbestehend (§ 672 S. 2).

41 **c) Schutz des Beauftragten bei Erlöschen des Auftrags.** Da der Auftrag erlöschen kann, ohne dass der Beauftragte davon erfährt, muss dieser geschützt werden. § 674 erreicht das durch eine Fiktion: Der Vertrag gilt zugunsten des Beauftragten als fortbestehend, bis der

---

25 Mot. II, 549.

Beauftragte vom Erlöschen Kenntnis erlangt oder das Erlöschen kennen muss. Für den Widerruf dagegen kommt es auf den Zugang der Widerrufserklärung, nicht auf deren Kenntnis an (§ 130).

Im **Fall g** ist der Auftrag durch den Tod des A erloschen. Jedoch wird B, da er vom Tod des A ohne Verschulden keine Kenntnis hat, geschützt. Er kann von E die Transportkosten nach §§ 674, 670 verlangen. Dem V steht gegen E ein Kaufpreisanspruch zu, nicht jedoch, wenn V Kenntnis vom Tod des A hatte (vgl. §§ 168, 169).

II. Geschäftsbesorgungsvertrag

1. Begriff und Bedeutung

Der Geschäftsbesorgungsvertrag ist ein Dienst- oder Werkvertrag, 42 der eine Geschäftsbesorgung zum Inhalt hat (§ 675 I). Da beim Geschäftsbesorgungsvertrag Dienste oder die Herstellung eines Werks gegen Vergütung geschuldet werden, ist er ein gegenseitiger Vertrag. Auf ihn finden nach § 675 I mehrere Vorschriften Anwendung, die unmittelbar für den (unentgeltlichen) Auftrag gelten.

a) Begriff der Geschäftsbesorgung. Was unter Geschäftsbesor- 43 gung iSd § 675 I zu verstehen ist, hat der Gesetzgeber der Wissenschaft überlassen.[26] Deshalb ist der Begriff heute noch umstritten. Nach hM liegt ein Geschäftsbesorgungsvertrag vor, wenn eine „selbständige Tätigkeit wirtschaftlichen Charakters im Interesse eines anderen innerhalb einer fremden wirtschaftlichen Interessensphäre vorgenommen wird".[27]

Wirtschaftlicher Art ist eine Tätigkeit, welche sich (unmittelbar) auf das Vermögen des Geschäftsherrn bezieht (zB Prozessführung durch den Rechtsanwalt, Pkw-Verkauf durch einen Autohändler für den Fahrzeugeigentümer,[28] Anlageberatung). Nicht vermögensbezogen ist etwa die Behandlung durch den Arzt oder die Erteilung von Privatunterricht.

Nach der Rechtsprechung muss der Geschäftsherr für jene Tätigkeit, die der Geschäftsführer vornimmt, ursprünglich selbst zu sorgen gehabt haben. Der Geschäftsführer hat hiernach bei dem Geschäftsbesorgungsvertrag eine bestehende Obliegenheit des Geschäftsherrn wahrzunehmen. Keine Geschäftsbesorgung liegt daher vor, wenn

---

26 Prot. II, 377.
27 *BGH* DB 1959, 168; vgl. ähnlich *Looschelders* SchuldR BT Rn. 821.
28 *BGH* NJW 2011, 1726.

der Aufgabenkreis des Geschäftsherrn erst mit Hilfe des Vertragspartners geschaffen werden soll (Beispiel: Vertrag zwischen dem Bauherrn und dem nur planenden Architekten).[29]

44 **b) Bedeutung des Geschäftsbesorgungsvertrags.** Der Geschäftsbesorgungsvertrag hat Bedeutung vornehmlich für den Bereich der Dienst- und Werkverträge mit stärkerem wirtschaftlichem Bezug. **Beispiele:** Verträge über Vermögensverwaltung, Rechts- oder Steuerberatung, Kreditkartenverträge, Bankverträge verschiedener Art wie zB Girovertrag, Verträge über die Anmeldung oder Registrierung zur Teilnahme an von Dritten betriebenen Gewinnspielen. Trotz der erheblichen praktischen Bedeutung dieser Verträge enthielt das BGB für sie bis zum 14.8.1999 mit § 675 aF, der dem heutigen § 675 I entspricht, nur eine einzige Regelung. Heute sind Verträge über Dienstleistungen im bargeldlosen Zahlungsverkehr in den §§ 675c–676c eingehender geregelt (→ Rn. 51 ff.).

44a **c) Form.** Für die Vielzahl von Geschäftsbesorgungsverträgen gibt es keine einheitliche Formvorschrift. § 675 III schreibt für Verträge, durch die sich der eine Teil zur Anmeldung oder Registrierung des anderen Teils an dem von einem Dritten durchgeführten Gewinnspiel verpflichtet, Textform (§ 126b) vor.

2. Rechte und Pflichten der Parteien

45 **a) Vertragliche Vereinbarungen.** Die Rechte und Pflichten der Parteien ergeben sich in erster Linie aus ihren vertraglichen Vereinbarungen. Diese sind zulässig, soweit nicht zwingende gesetzliche Vorschriften entgegenstehen (zB § 675e). Sie können auch in allgemeinen Geschäftsbedingungen getroffen werden. Dann unterliegen sie der Inhaltskontrolle nach den §§ 307 ff.

46 **b) Besondere gesetzliche Bestimmungen.** Soweit entsprechende Vereinbarungen nicht bestehen, sind die speziellen Bestimmungen der §§ 675a–676c heranzuziehen. § 675a sieht für öffentlich bestellte oder sich öffentlich anbietende Geschäftsbesorger Informationspflichten hinsichtlich der vom Auftraggeber zu erbringenden Entgelte und Auslagen vor. Die §§ 675c–676c regeln Rechte und Pflichten bei verschiedenen Verträgen über Dienstleistungen im bargeldlosen Zahlungsverkehr (→ Rn. 51 ff.).

47 **c) Auftragsrecht.** Soweit spezielle Vorschriften nicht eingreifen, ist über § 675 I im Wesentlichen Auftragsrecht anwendbar. Falls danach

29 So BGHZ 45, 223.

noch Regelungslücken verbleiben, sind je nach Art der Geschäftsbesorgung Dienst- oder Werkvertragsvorschriften ergänzend anwendbar. Folgende Abweichungen gegenüber dem Auftragsvertrag sind erwähnenswert:

aa) § 664, der den höchstpersönlichen Charakter der Verpflichtung 48
und Berechtigung bestimmt, ist in § 675 I nicht erwähnt und somit nicht anwendbar. Diese Rechtslage entspricht dem Werkvertragsrecht. Wenn allerdings beim Geschäftsbesorgungsvertrag, der einen Werkvertrag zum Gegenstand hat, ein gesteigertes Vertrauensverhältnis zwischen Unternehmer und Besteller vorliegt, wird man § 664 I 1, II dennoch entsprechend anwenden können. Liegt ein Dienstvertrag vor, ergibt sich der höchstpersönliche Charakter aus § 613.

Es fehlt eine Regelung, wonach der Geschäftsbesorger bei gestatteter Übertragung nur für ein Auswahl- und Einweisungsverschulden haftet (so § 664 I 2). Dem Gedanken einer Risikoverlagerung bei einer gestatteten Übertragung der Geschäftsbesorgung entspricht es aber, wenn man auch hier entsprechend § 664 I 2 den Geschäftsbesorger nur für ein Auswahl- und Einweisungsverschulden und nicht nach § 278 haften lässt.[30]

bb) Ob nach §§ 675 I, 670 ein Anspruch des Geschäftsbesorgers 49
auf Aufwendungsersatz besteht, hängt von den Umständen ab. Vielfach werden durch die Vergütung der Dienstleistung oder der Herstellung des Werks nach dem Willen der Vertragsparteien die Aufwendungen bereits abgegolten sein.

Zum Aufwendungsersatz bei einem nicht autorisierten Zahlungsvorgang im Zusammenhang mit der Erbringung von Zahlungsdiensten → Rn. 62.

cc) Für die Beendigung des Geschäftsbesorgungsverhältnisses gilt 50
regelmäßig in vollem Umfang Dienst- oder Werkvertragsrecht, da § 671 durch § 675 nicht für anwendbar erklärt wird. Wenn der Verpflichtete allerdings ohne Einhaltung einer Frist kündigen darf, ist zum Schutz des Geschäftsherrn § 671 II anwendbar (§ 675 I aE).

3. Besonderheiten bei Geschäftsbesorgungsverträgen über die Erbringung von Zahlungsdiensten

Schrifttum: *Borges*, Haftung für Identitätsmissbrauch im Online-Banking, 51
NJW 2012, 2385; *Derleder*, Die vollharmonisierende Europäisierung des Rechts der Zahlungsdienste und des Verbraucherkredits, NJW 2009, 3195; *Dieckmann*, Die SEPA-Überweisung: eine unterschätzte Gefahr für Banken, WM 2015, 14; *Foerster*, Nicht autorisierte Zahlungsvorgänge und Ausschluss-

30 **Str.**; im Ergebnis wie hier *BGH* LM Nr. 1 zu § 664.

frist des § 676b Abs. 2 BGB – Ausgleich in Anweisungsfällen, AcP 213 (2013), 405; *Franck/Massari*, Die Zahlungsdiensterichtlinie: Günstigere und schnellere Zahlungen durch besseres Vertragsrecht? WM 2009, 1117; *Grundmann*, Das neue Recht des Zahlungsverkehrs, WM 2009, 1109, 1157; *Hauck*, Bereicherungsausgleich bei Anweisungsfällen nach Umsetzung der Zahlungsdiensterichtlinie, JuS 2014, 1066; *Kiehnle,* Fehlüberweisung und Bereicherungsausgleich nach der Zahlungsdiensterichtlinie, JURA 2012, 895; *Köntgen*, Das neue Recht des Zahlungsverkehrs, JuS 2011, 481; *Kollrus*, Missbräuchliche Abhebung von Bargeld an Geldautomaten, MDR 2012, 377; *Laitenberger*, Das Einzugsermächtigungslastschriftverfahren nach Umsetzung der Richtlinie über Zahlungsdienste im Binnenmarkt, NJW 2010, 192; *Omlor*, Aktuelles Gesetzgebungsvorhaben: Umsetzung der zweiten Zahlungsdiensterichtlinie, JuS 2017, 626; *ders.*, Die neue Einzugsermächtigungslastschrift – Von der Genehmigungs- zur Einwilligungstheorie, NJW 2012, 2150; *Rademacher*, § 675u BGB: Einschränkung des Verkehrsschutzes im Überweisungsrecht?, NJW 2011, 2169; *Reymann*, Überweisung und SEPA-Zahlungsdienste – Basiswissen, JuS 2012, 781; *Scheibengruber/Breidenstein*, SEPA – eine Zumutung für Verbraucher, WM 2009, 1393; *Walter*, Neuregelungen zur SEPA-Lastschrift und SEPA-Überweisung, DB 2013, 385; *Zahrte*, Neuregelungen im Zahlungsdiensterecht, NJW 2018, 337.

In den §§ 675c ff. sind für Geschäftsbesorgungsverträge über die Erbringung von Zahlungsdiensten Besonderheiten geregelt. Diese Vorschriften wurden zur Umsetzung der europäischen Zahlungsdiensterichtlinie 2007/64/EG[31] mit Wirkung zum 31.10.2009 eingefügt[32]. Sie haben die früheren §§ 676a–676h ersetzt,[33] in denen mit dem Überweisungsvertrag, dem Zahlungsvertrag und dem Girovertrag verschiedene Aspekte eines Überweisungsvorgangs geregelt waren. Durch das Gesetz zur Umsetzung der Zweiten Zahlungsdiensterichtlinie vom 17.7.2017[34] wurden fast alle Vorschriften der §§ 675c ff. mit Wirkung zum 13.1.2018 geändert.

52 **a) Gegenstand und Sinn der §§ 675c ff.** Die §§ 675c ff. regeln die Rechte und Pflichten von Zahlungsdienstleistern (Kreditinstituten, E-Geld-Instituten oder Zahlungsinstitituten) und Zahlungsdienstnutzern (Zahlenden und Zahlungsempfängern). Sie gelten sowohl für rein inländische als auch für grenzüberschreitende Zahlungsverfahren (zB Überweisung, Kartenzahlung, Lastschrift). Sie sollen bargeldlose Zahlungen erleichtern und die Rechtssicherheit bei solchen Zahlungen erhöhen.

31 ABl. EU Nr. L 319, 1.
32 BGBl. I 2355 (2364 ff.).
33 BT-Drs. 16/11643, 66 (98).
34 BGBl. I 2446.

Zum 1.2.2014 wurde durch die SEPA-Einführung der bargeldlose Zahlungsverkehr in Europa vereinheitlicht. SEPA ist die Abkürzung für „Single Euro Payments Area" – einheitlicher Euro-Zahlungsverkehrsraum. Wesentliches Merkmal aller SEPA-Überweisungen und -Lastschriften ist die Verwendung einer internationalen Bankkontonummer (IBAN) und einer internationalen Bankleitzahl (BIC). Die Umstellung des bargeldlosen Zahlungsverkehrs auf SEPA erfolgte in mehreren Schritten: Seit 1.1.2014 genügte bei nationalen SEPA-Überweisungen die Angabe der IBAN. Im internationalen Zahlungsverkehr musste zusätzlich die BIC angegeben werden. Seit 1.1.2016 ist bei allen (auch grenzüberschreitenden) Überweisungen und Lastschriften nur noch die Angabe der IBAN erforderlich. Seitdem gibt es keine Unterschiede mehr zwischen dem nationalen und dem grenzüberschreitenden bargeldlosen Zahlungsverkehr. Das dient der Erleichterung und Beschleunigung des Zahlungsverkehrs und der Vermeidung höherer Kosten für Auslandsüberweisungen.

b) Begriff der Zahlungsdienste. Zu den Zahlungsdiensten gehören 53
alle Arten von Verträgen über Zahlungsvorgänge, bei denen zwischen dem Zahler und dem Zahlungsempfänger ein Zahlungsdienstleister eingeschaltet wird (vgl. § 675f I). Das betrifft vor allem Überweisungs-, Kartenzahlungs- und Lastschriftverträge, aber gem. § 675c II auch Verträge über die Ausgabe oder Nutzung von E-Geld.

c) Regelungen der §§ 675cff.

aa) § 675c I stellt klar, dass es sich auch bei Verträgen über die Er- 54
bringung von Zahlungsdiensten um Geschäftsbesorgungsverträge handelt. Auf sie finden die meisten Vorschriften des **Auftrags- und Geschäftsbesorgungsrechts** Anwendung, soweit in den §§ 675dff. nichts Abweichendes bestimmt ist.

bb) Die zahlreichen detaillierten **Sonderregelungen** der §§ 675dff. 55
betreffen vor allem folgende Regelungsgegenstände:

(1) Dem Zahlungsdienstleister obliegen gem. § 675d I iVm Art. 248 §§ 1–12, 13 I, III – V und §§ 14 – 16 EGBGB zahlreiche (vor)vertragliche **Informationspflichten**. Er trägt die Beweislast für die Erfüllung dieser Pflichten (§ 675d III). Soweit nichts anderes bestimmt ist, darf von dieser Regelung nicht zum Nachteil des Zahlungsdienstnutzers abgewichen werden (§ 675e I).

(2) § 675f regelt den **Zahlungsdienstevertrag** als neuen Typus des Ge- 56
schäftsbesorgungsvertrags. Das Gesetz unterscheidet zwischen dem auf einen einzelnen Zahlungsvorgang bezogenen Einzelzahlungsvertrag (§ 675f I) und dem auf mehrere Zahlungsvorgänge bezogenen Zahlungsdiensterahmenvertrag (§§ 675f II, 675g). Die Unterscheidung ist für den Umfang der Informationspflichten von Bedeutung (Art. 248 §§ 3ff. und §§ 8ff. EGBGB). Zahlungsvorgang ist jede Bereitstellung, Übermittlung oder Abhebung eines Geldbetrags (§ 675f IV 1).

Der Zahlungsdienstevertrag begründet die Pflicht des Zahlungsdienstleiters 57
zur Ausführung des Zahlungsvorgangs oder mehrerer Zahlungsvorgänge, also

die Herbeiführung des Zahlungserfolgs. Der Zahlungsdienstnutzer ist verpflichtet, als Gegenleistung das vereinbarte Entgelt für die Erbringung eines Zahlungsdienstes zu entrichten (§ 675f V 1). Die Kündigung des Zahlungsdienstevertrags durch den Nutzer ist jederzeit möglich, diejenige durch den Zahlungsdienstanbieter nur bei unbefristeten Verträgen und nur dann, wenn das Kündigungsrecht vereinbart wurde (§ 675h I, II).

58 (3) Die §§ 675j–675 m enthalten Regelungen zur **Autorisierung von Zahlungsvorgängen** und über **Schutzmaßnahmen**. Mit Autorisierung ist gemeint, dass der Zahlungsdienstnutzer dem Zahlungsvorgang (zB in einem PIN-Verfahren oder durch Unterschrift auf einem Überweisungsträger oder durch Einziehungsermächtigung) zugestimmt haben muss, damit der Zahlungsvorgang ihm gegenüber wirksam ist (§ 675j I). Eine vorher erteilte Einwilligung kann nur bis zum Zugang des Zahlungsauftrags beim Dienstleister widerrufen werden (§§ 675j II, 675p I). Zum Schutz vor Missbräuchen durch Dritte können für bestimmte Vorgänge Betragsobergrenzen und Sperrmöglichkeiten vereinbart werden (§ 675k). Sowohl der Nutzer als auch der Zahlungsdiensteanbieter sind verpflichtet, personalisierte Sicherheitsmerkmale vor dem unbefugten Zugriff Dritter zu schützen (Einzelheiten: §§ 675 l, 675 m).

59 (4) Im Unterkapitel 2 über „Ausführung von Zahlungsvorgängen" regeln die §§ 675n–675p Einzelheiten zum **Zugang, zur Ablehnung und zur Widerruflichkeit von Zahlungsaufträgen**. Ein Widerruf ist nach dem Zugang des Zahlungsauftrags beim Dienstleister grundsätzlich nicht mehr möglich (§ 675p I). Gem. § 675q I sind der Zahlungsdienstleister des Zahlers sowie alle an dem Zahlungsvorgang beteiligten zwischengeschalteten Stellen zur **ungekürzten Weitergabe des Zahlungsvertrags** verpflichtet. Auch der Zahlungsdienstleister des Zahlungsempfängers darf ein ihm zustehendes Entgelt nur dann abziehen, wenn die mit dem Empfänger vereinbart wurde (§ 675q II).

60 Nach § 675r I sind die Zahlungsdienstleister berechtigt, Zahlungsvorgänge ausschließlich anhand der vom Nutzer angegebenen **Kundenkennung** (§ 675r II) auszuführen. Ein Abgleich zwischen Kontonummer und Name des Empfängers ist dann nicht erforderlich.

61 Die **Ausführungsfristen für Zahlungsvorgänge** und die **Wertstellungsdaten** sind in §§ 675s, 675t geregelt. Nach § 675s muss der Zahlungsbetrag grundsätzlich spätestens am Ende des auf den Zahlungsauftrag folgenden Geschäftstags beim Zahlungsdienstleister des Empfängers eingehen. Das gilt auch für den grenzüberschreitenden Zahlungsverkehr. Der Dienstleister des Empfängers muss diesem den Zahlungsbetrag nach Eingang auf seinem Konto unverzüglich zugänglich machen (§ 675t I 1). Das gilt auch bei Bargeldeinzahlungen auf ein Zahlungskonto bei einem Zahlungsdienstleister (§ 675t II). Eine Belastung auf dem Zahlungskonto des Zahlers darf frühestens zum Wertstellungsdatum beim Empfänger erfolgen (§ 675t III).

62 (5) Die §§ 675u–676c enthalten detaillierte **Haftungsregelungen**:

Der Zahler braucht im Fall nicht autorisierter Zahlungsvorgänge dem Dienstleister keine Aufwendungen zu ersetzen (§ 675u S. 1). Der Dienstleister hat bei missbräuchlicher Nutzung eines verlorengegangenen, gestohlenen oder sonst abhanden gekommenen Zahlungsinstruments nach Maßgabe des § 675v I aber einen verschuldensunabhängigen Schadensersatzanspruch bis zu einem Betrag von 50 Euro. Der Anspruch ist ausgeschlossen, wenn der Zahlungsdienstnutzer die missbräuchliche Verwendung nicht bemerken konnte oder wenn der Verlust des Zahlungsinstruments durch einen Angestellten des Zahlungsdienstleisters verursacht wurde (§ 675v II). Zum Ersatz des gesamten Schadens ist der Nutzer nur verpflichtet, wenn er die missbräuchliche Nutzung in betrügerischer Absicht herbeigeführt oder grob fahrlässig ermöglicht hat (§ 675v III). Für den Fall, dass die Autorisierung eines Zahlungsvorgangs streitig ist, enthält § 675w eine Regelung darüber, wie der Dienstleister die Autorisierung des Zahlungsvorgangs, eine betrügerische Absicht oder eine schuldhafte Pflichtverletzung des Zahlers (nicht) nachweisen kann.

§ 675x regelt, unter welchen Voraussetzungen der Zahler gegen seinen Zah- 63
lungsdienstleister einen Anspruch auf Erstattung eines belasteten Zahlungsbetrags hat, wenn ein Zahlungsvorgang vom Zahlungsempfänger ausgelöst wird (zB bei Lastschrift). Die Haftung des Zahlungsdienstleisters bei nicht erfolgter, fehlerhafter oder verspäteter Ausführung eines Zahlungsauftrags ist Gegenstand des § 675y. Danach kann der Zahler (ohne Nachfristsetzung) die unverzügliche und ungekürzte Erstattung des Zahlungsbetrags verlangen. Die Ersatzpflicht für die von § 675y nicht erfassten Folgeschäden kann gem. § 675z durch Vereinbarung auf 12.500 Euro begrenzt werden; das gilt allerdings nicht bei Vorsatz und grober Fahrlässigkeit. Falls streitig ist, ob ein Zahlungsvorgang ordnungsgemäß ausgeführt wurde, trägt die Beweislast der Zahlungsdienstleister (§ 676). Sofern der Zahlungsdienstleister haftet, hat er unter den Voraussetzungen des § 676a einen Ausgleichsanspruch gegen eine andere in den Zahlungsvorgang eingeschaltete Stelle, in deren Verantwortungsbereich die Ursache für die Haftung liegt.

§ 676b I regelt die Verpflichtung des Zahlungsdienstnutzers, seinen Zah- 64
lungsdienstleister unverzüglich nach Feststellung eines nicht autorisierten oder fehlerhaft ausgeführten Zahlungsvorgangs zu unterrichten. Erfolgt diese Unterrichtung nicht spätestens 13 Monate nach dem Tag der Belastung mit einem solchen Zahlungsvorgang, sind Ansprüche und Einwendungen des Nutzers gegen den Zahlungsdienstleister ausgeschlossen (§ 676b II). § 676c sieht einen gesetzlichen Haftungsausschluss bei höherer Gewalt und bei Erfüllung gesetzlicher Pflichten durch den Zahlungsdienstleister vor.

III. Maklervertrag

Schrifttum: *Althammer*, Der Maklervertrag nach § 652 I BGB, JA 2006, 65
594; *Dyckerhoff/Brandt*, Das Recht des Immobilienmaklers, 11. Aufl., 2003; *Fischer*, Die Entwicklung des Maklerrechts im ersten Halbjahr 2017, NJW 2017, 3278; *ders.*, Die neue Rechtsprechung des Bundesgerichtshofs zum Maklerrecht, WM 2016, 2; *ders.*, Das Bestellerprinzip im Wohnungsvermittlungsrecht, NJW 2015, 1560; *Hamm/Schwerdtner*, Maklerrecht, 7. Aufl.,

2016; *Keim,* Maklerprovision bei arglistbedingter Wandelung des Hauptvertrages, NJW 2001, 3168; *Lange/Werneburg*, Makler und Verbraucher im Internet, NJW 2015, 193; *Magnus/Wais*, Wen interessiert's? – Der Courtageanspruch des Maklers im Interessendickicht, JZ 2016, 183; *Mutschler*, Maklerrecht, 2013; *Reuter*, Grenzen der Vertragsfreiheit im Maklerrecht, FS Picker, 2010, 653; *Schmidt,* Maklerlohn bei Vertragsaufhebung, JuS 1999, 398; *Schrader*, Grundkonstellationen des Immobilien- und Wohnungsmaklervertrages, JA 2015, 561; *Seydel/Heinbuch,* Maklerrecht, 4. Aufl., 2005; *Waibel/Reichstädter,* Maklerrecht im Überblick, JURA 2002, 649; *Weishaupt*, Der Maklervertrag im Zivilrecht, JuS 2003, 1166.

1. Begriff, Pflichten, Zustandekommen und Beendigung sowie Bedeutung

a) Begriff. Im Maklervertrag verpflichtet sich der Auftraggeber, dem Makler die vereinbarte Vergütung zu bezahlen, wenn der Auftraggeber durch Nachweis (Nachweismaklervertrag) oder Vermittlung des Maklers (Vermittlungsmaklervertrag) zum angestrebten Vertragsschluss gelangt (§ 652).

65a **b) Pflichten.** Nach § 652 handelt es sich um einen einseitig verpflichtenden Vertrag. Während der Makler zum Tätigwerden nicht verpflichtet ist, schuldet der Auftraggeber den ausdrücklich oder stillschweigend (vgl. § 653) vereinbarten Maklerlohn; der Lohnanspruch entsteht jedoch nur dann, wenn die Tätigkeit des Maklers für den beabsichtigten Vertragsschluss mitursächlich geworden ist.[35] Außerdem muss der von dem Makler nachgewiesene mit dem abgeschlossenen Vertrag identisch oder jedenfalls wirtschaftlich kongruent sein. Das ist unter Würdigung aller Umstände des Einzelfalls zu prüfen. Nach der Rechtsprechung[36] stellen Preisnachlässe in dem abgeschlossenen gegenüber dem nachgewiesenen Vertrag in Höhe von 15 % die wirtschaftliche Kongruenz im Allgemeinen nicht in Frage, wohl aber solche von über 50 %. Ob der nachgewiesene oder vermittelte Vertrag auf Dauer Bestand hat, ist für den Anspruch auf Maklerlohn nicht entscheidend. Dieser wird durch solche Umstände, die zur nachträglichen Auflösung des zustande gekommenen Vertrags führen (zB Aufhebungsvertrag, Rücktritt, Kündigung), nicht berührt.[37]

---

35 Vgl. *BGH* WM 1976, 1313; BB 1990, 1225; zu den Anforderungen an den Kausalzusammenhang vgl. auch Palandt/*Sprau* BGB § 652 Rn. 47 ff.
36 *BGH* NJW 2014, 2352 (2353).
37 *BGH* NJW 2009, 2810.

Der Anspruch ist ausgeschlossen, wenn der Makler dem Inhalt des Maklervertrags zuwider auch für den anderen Teil tätig wird (§ 654). Das folgt aus der vom Gesetz vorausgesetzten Unparteilichkeit des Maklers. Der Makler kann eine Vergütung nur dann beanspruchen, wenn der angestrebte Vertrag mit einem Dritten, also nicht mit dem Makler selbst, zustande gekommen ist. Einem Selbstabschluss des Maklers steht es gleich, wenn er Geschäfte vermittelt oder nachweist, an denen er wirtschaftlich erheblich beteiligt ist.[38]

c) Zustandekommen und Beendigung. Der Maklervertrag kommt **66**
durch Angebot und Annahme zustande. Wer sich mit einem Suchauftrag an den Makler wendet, gibt das Angebot ab. Zur Annahme genügt es, dass der Makler seine Tätigkeit aufnimmt. Der Zugang dieser konkludenten Annahmeerklärung ist gem. § 151 S. 1 nicht erforderlich.[39] Ferner wird konkludent ein Maklervertrag geschlossen, wenn ein Kaufinteressent in Kenntnis des eindeutigen Provisionsverlangens die Dienste des Maklers in Anspruch nimmt; er gibt damit nämlich in schlüssiger Weise zu erkennen, dass er das in dem Provisionsbegehren des Maklers liegende Angebot auf Abschluss eines Maklervertrags annimmt.[40] Dagegen bringt der Makler, der einem Interessenten das Exposé eines anderen Maklers übergibt, grundsätzlich nicht zum Ausdruck, dass er im Erfolgsfall selbst eine Provision beanspruchen will; er gibt dann kein Angebot auf Abschluss eines Maklervertrags mit sich selbst ab.[41]

Eine Zeitungs- oder Internetanzeige (zB bei immobilienscout24) eines Maklers ist noch kein Angebot, sondern nur eine invitatio ad offerendum an einen unbestimmten Kreis von potenziellen Interessenten.[42] In der Regel wird dann in der Kontaktaufnahme durch einen Interessenten von diesem das Angebot zu den im Inserat genannten Bedingungen gemacht, welches der Makler (ggf. konkludent) annimmt.

Wie der Auftrag (→ Rn. 36) kann der Maklervertrag grundsätzlich jederzeit durch Widerruf oder Kündigung beendet werden. Ein befristeter Vertrag endet mit Fristablauf oder vorher durch Kündigung aus wichtigem Grund.[43]

---

38 *BGH* NJW 1973, 1649.
39 *BGH* NJW-RR 2010, 257.
40 *BGH* NJW 2016, 2317 Rn. 13; 2002, 817.
41 *BGH* NJW 2016, 2317 Rn. 36.
42 Vgl. *BGH* NJW 2012, 2268 (2269).
43 Zur Beendigung insgesamt MüKoBGB/*Roth*, § 652 Rn. 87; Palandt/*Sprau*, § 652 Rn. 12.

66a **d) Bedeutung.** Von Bedeutung ist der Maklervertrag im Wesentlichen für den Bereich der Immobilien-, Wohnungs- und Kreditvermittlung. Noch größer ist das praktische Anwendungsgebiet der §§ 652 ff. im Handelsrecht, da sie ergänzend für den Handelsmakler nach §§ 93 ff. HGB[44] gelten.

2. Abweichende Vereinbarungen

67 Der Maklervertrag hat im BGB eine nur knappe Regelung erfahren. Um seine Rechtsstellung durch abweichende Parteivereinbarungen zu verbessern, verwendet der Makler häufig vorformulierte Vertragstexte oder AGB.[45] Bei Klauseln, welche die Rechtslage einseitig zum Nachteil des Auftraggebers ändern, stellt sich dann das Problem der Inhaltskontrolle nach den §§ 307 ff.

68 **a) Verpflichtung zum Tätigwerden.** Nach der gesetzlichen Regelung ist der Makler nicht verpflichtet, für seinen Auftraggeber tätig zu werden. Die Vertragsparteien können jedoch vereinbaren, dass der Makler zum Tätigwerden verpflichtet ist. Es liegt dann ein sog. Maklerdienstvertrag vor, auf den die §§ 611 ff. ergänzend anzuwenden sind.

69 **b) Alleinauftrag.** Der Makler legt oft Wert darauf, dass ihm allein „das Objekt fest an die Hand gegeben wird". Durch Vereinbarung eines „Alleinauftrages" verpflichtet sich der Auftraggeber, zum Nachweis oder zur Vermittlung nicht die Hilfe eines anderen Maklers in Anspruch zu nehmen. Eine solche Absprache ist wirksam; sie begründet jedoch die Pflicht des Maklers, im Interesse des Auftraggebers tätig zu werden.[46] Der Alleinauftrag stellt also einen gegenseitigen Vertrag dar, auf den die Regeln der §§ 320 ff. anwendbar sind.[47]

70 **c) Maklerlohn ohne Maklerleistung und Abwälzung auf den Mieter.** Vielfach wird vereinbart, dass der Anspruch auf Maklerlohn lediglich den Eintritt des beabsichtigten Erfolges ohne Rücksicht auf die Maklerleistung voraussetzt. Eine solche Klausel in Formularverträgen oder AGB ist unwirksam (§ 307 II Nr. 1).

Nach § 652 II kann vereinbart werden, dass dem Makler die durch seine Tätigkeit entstandenen Aufwendungen zu ersetzen sind. Eine

---

44 *Brox/Henssler* HandelsR Rn. 266 ff.
45 *Brox/Walker* SchuldR AT § 4 Rn. 28 ff.
46 *BGH* JZ 1966, 360.
47 **Str.**; vgl. Staudinger/*Reuter* BGB Vor §§ 652 ff. Rn. 11 ff.

entsprechende Klausel in Allgemeinen Geschäftsbedingungen ist jedoch jedenfalls dann nach § 307 II Nr. 1 unwirksam, wenn sich die Höhe des Aufwendungssatzes nach den Preisvorstellungen oder dem Wert des Objektes richten soll; denn ein so berechneter erfolgsunabhängiger Aufwendungsersatz widerspricht dem gesetzlichen Leitbild des Maklervertrags.[48]

In der Praxis haben in der Vergangenheit die vom Vermieter eingeschalteten Wohnungsmakler von dem Mieter, dem sie ein Objekt nachweisen oder vermitteln, die Maklerkosten verlangt. Das ist seit Inkrafttreten des rechtlich und politisch umstrittenen Mietrechtsnovellierungsgesetzes am 1.6.2015[49] im Regelfall nicht mehr möglich. Nach § 2 Abs. 1a des Gesetzes zur Regelung der Wohnungsvermittlung (WoVermRG) darf der Wohnungsvermittler vom Wohnungssuchenden für die Vermittlung oder den Nachweis der Gelegenheit zum Abschluss von Mietverträgen über Wohnräume kein Entgelt fordern, sich versprechen lassen oder annehmen, es sei denn, der Wohnungsvermittler holt ausschließlich wegen des Vermittlungsvertrags mit dem Wohnungssuchenden vom Vermieter oder von einem anderen Berechtigten den Auftrag ein, die Wohnung anzubieten. Der Wohnungssuchende, der sich auf ein Wohnungsinserat hin beim Vermittler meldet, darf also nicht mehr zur Zahlung verpflichtet werden. Der Gesetzgeber sieht darin eine Stärkung des **Bestellerprinzips.**[50]

d) Doppelmakler. Häufig wird im Grundstücksgeschäft vereinbart, dass der Makler zugleich für den Verkäufer und den Kaufinteressenten handelt. Ein solcher Doppelmakler ist zu strenger Objektivität verpflichtet (vgl. § 654). Vertragliche Abmachungen, die gegen diesen Grundsatz verstoßen, sind unwirksam.[51] 71

3. Sonderfälle

a) Wohnungsvermittlung. Auf dem Gebiet der Wohnungsvermittlung haben sich infolge der Wohnungsknappheit Missstände gezeigt. Um diese zu beseitigen und die Wohnungssuchenden vor übermäßigen wirtschaftlichen Belastungen zu schützen, hat der Ge- 72

48 Str.; vgl. MüKoBGB/*Roth* § 652 Rn. 213.
49 Gesetz vom 21.4.2015, BGBl. I 610.
50 Zur Begründung siehe Gesetzentwurf der Bundesregierung vom 1.10.2014 für ein Mietrechtsnovellierungsgesetz – MietNovG, S. 21, 41 f.
51 Vgl. BGHZ 61, 17; Einzelh.: Staudinger/*Reuter* BGB § 654 Rn. 5 ff.

setzgeber das Gesetz zur Regelung der Wohnungsvermittlung (WoVermRG) erlassen.[52] Dort ist detailliert geregelt, unter welchen Voraussetzungen der Vermittler eine Wohnung anbieten und für seine Tätigkeit ein Entgelt verlangen darf. Nach dem geplanten MietNovG (→ Rn. 70) soll im WoVermRG für den Vermittlungsvertrag Textform vorgesehen werden und eine Abwälzung des Maklerentgelts auf den Mieter nur zulässig sein, wenn ausschließlich dieser den Makler beauftragt hat.

73 **b) Darlehensvermittlung.** Als Darlehensvermittlungsvertrag bezeichnet § 655a I 1 einen Vertrag, in dem es ein Unternehmer (§ 14) unternimmt, einem Verbraucher (§ 13) gegen eine vom Verbraucher oder einem Dritten zu leistende Vergütung einen Verbraucherdarlehensvertrag (§ 491) oder eine entgeltliche Finanzierungshilfe (§ 506) zu vermitteln, ihm die Gelegenheit zum Abschluss eines solchen Vertrags nachzuweisen oder auf andere Weise beim Abschluss eines solchen Vertrags behilflich zu sein. Die §§ 655aff., die auch für Darlehensvermittlungsverträge zwischen einem Unternehmer und einem Existenzgründer iSv § 513 gelten (§ 655e II), regeln folgende Besonderheiten, von denen nicht zum Nachteil des Verbrauchers abgewichen werden darf (§ 655e I 1):

74 aa) Der Darlehensvermittler hat den Verbraucher vor Abschluss des Vertrags auf einem dauerhaften Datenträger insbesondere über die Höhe der von ihm verlangten Vergütung und die verlangten Nebenentgelte zu unterrichten (Einzelheiten: § 655a II iVm Art. 247 §§ 13 II und 13b I EGBGB). Bietet der Darlehensvermittler im Zusammenhang mit der Vermittlung eines Immobiliar-Verbraucherdarlehensvertrags Beratungsleistungen an, hat er vorher die gleichen Informationspflichten wie ein Darlehensgeber (§§ 655a III, 511). Die **Form** und der notwendige **Inhalt** des Darlehensvermittlungsvertrags mit einem Verbraucher ergeben sich aus § 655b I. Danach ist Schriftform erforderlich (§ 655b I 1). Der Vertrag darf nicht mit dem Darlehensantrag verbunden werden.

Ein Verstoß gegen diese Anforderungen führt zur Nichtigkeit des Darlehensvermittlungsvertrags (§ 655b II).

75 bb) Eine **Vergütungspflicht** des Verbrauchers ist erfolgsabhängig. Sie besteht nur, wenn infolge der Vermittlung, des Nachweises oder

52 Gesetz vom 4.11.1971, BGBl. I 1745 (1747), abgedruckt im Schönfelder Ergänzungsband Nr. 31.

der sonstigen Tätigkeit des Darlehensvermittlers das Darlehen an den Verbraucher geleistet wird und der Darlehensvertrag nicht mehr nach § 355 widerrufen werden kann (§ 655c S. 1).

Als Widerrufsrechte iSv § 355 kommen das Widerrufsrecht bei außerhalb von Geschäftsräumen geschlossenen Verträgen nach §§ 312b, 312g und das Widerrufsrecht bei Verbraucherdarlehensverträgen nach § 495 I in Betracht.

Falls das Verbraucherdarlehen der vorzeitigen Ablösung eines anderen Darlehens dient (Umschuldungsdarlehen) und das dem Vermittler bekannt ist, entsteht der Vergütungsanspruch nur, wenn das Neudarlehen gegenüber dem Altdarlehen nicht durch eine Erhöhung des Jahreszinses zu einer Verteuerung führt (§ 655c S. 2).

cc) Die **Vereinbarung eines Nebenentgeltes** außer der Vergütung 76
nach § 655c S. 1 sowie eines gegebenenfalls vereinbarten Entgelts für Beratungsleistungen ist **unzulässig** (§ 655d S. 1). Ein Verstoß führt zur Nichtigkeit dieser Entgeltvereinbarung, nicht dagegen zur Unwirksamkeit des ganzen Vermittlungsvertrags.

Zu den unzulässigen Nebenentgelten zählen nicht die entstandenen, erforderlichen Auslagen des Darlehensvermittlers. Deren Erstattung darf in einer vorher mitzuteilenden Höhe vereinbart werden (§ 655d S. 2, 3).

c) Heiratsvermittlung. Einen weiteren Sonderfall des Maklerver- 77
trags, nämlich den der Heiratsvermittlung, regelt das Gesetz in § 656. Hier ist der Maklerlohn als unvollkommene Verbindlichkeit[53] ausgestaltet. Er kann also nicht mit Erfolg eingeklagt werden. Andererseits kann eine geleistete Zahlung nicht zurückverlangt werden.

Beim **finanzierten Ehemaklervertrag** gewährt ein Finanzierungsinstitut dem Auftraggeber ein Darlehen, das an den Ehemakler ausgezahlt wird. Liegt zwischen Ehemaklervertrag und Darlehen eine wirtschaftliche Einheit vor, ist ein Einwendungsdurchgriff möglich. Der Auftraggeber kann der Bank aber nicht entgegenhalten, es habe nur eine unvollkommene Verbindlichkeit zur Zahlung des Maklerlohnes bestanden.

In der Praxis ist die Heiratsvermittlung weitgehend durch die sog. **Partnerschaftsvermittlung** abgelöst worden. Hier wird die Vergütung für Bemühungen um eine außereheliche Partnerschaft versprochen. Der BGH wendet § 656 entsprechend an.[54]

---

53 *Brox/Walker* SchuldR AT § 2 Rn. 24 ff.
54 BGHZ 112, 122 (126); *BGH* NJW-RR 2004, 778.

§ 30. Verwahrung

1 **Fall a:** A bittet seinen Freund F, einige signierte Kunstdrucke für ihn aufzuheben. F legt die Drucke zu seinen eigenen, die er in einer Mappe in einem Mansardenzimmer aufbewahrt. Da das Zimmer feucht ist, verderben sämtliche Drucke. A verlangt Schadensersatz. F will nicht zahlen; jedenfalls möchte er aber mit der Vergütung aufrechnen, die ihm A noch für die Aufbewahrung schulde. → Rn. 2, 9, 17

Fall b: A übergibt dem B verschlossene, unbeschriftete Kartons mit Spraydosen zur Aufbewahrung. B, der über den Inhalt der Kartons nicht informiert ist, lagert diese auf dem Dachboden. Als im Sommer die Temperatur auf dem Boden stark ansteigt, explodieren die Spraydosen. B verlangt Ersatz des am Haus entstandenen Schadens. → Rn. 23

I. Begriff und Gegenstand

Die Verwahrung ist ein Vertrag, in dem sich der Verwahrer verpflichtet, eine ihm von dem Hinterleger übergebene bewegliche Sache aufzubewahren (§ 688). Gekennzeichnet ist der Verwahrungsvertrag durch das Interesse des Hinterlegers an der sicheren Aufbewahrung.

Gegenstand der Verwahrung können nur bewegliche Sachen sein. Unbewegliche Sachen (zB Hausgrundstücke) scheiden als Objekt der Verwahrung aus; zu ihrer Bewachung kann sich jemand zB durch Dienstvertrag oder Auftrag verpflichten.

II. Abgrenzung und Arten

1. Abgrenzung

2 Der Verwahrungsvertrag ist sowohl von einem bloßen Gefälligkeitsverhältnis als auch von anderen Rechtsverhältnissen abzugrenzen.

a) Gefälligkeit. Wollen sich die Beteiligten nur eine Gefälligkeit erweisen, aber keinerlei rechtliche Bindungen eingehen, so liegt kein Verwahrungsvertrag vor.[1]

---

1 Vgl. *Brox/Walker* SchuldR AT § 2 Rn. 27ff.

Bei der Aufbewahrung wertvoller Gegenstände wird in aller Regel die rechtlich bindende Übernahme von Obhutspflichten und damit ein Verwahrungsvertrag gewollt sein **(Fall a)**.

b) Mietvertrag und Leihvertrag. Der Unterschied zum Mietvertrag und zum Leihvertrag ergibt sich aus der andersartigen Interessenlage. Während Mieter und Entleiher die Sache zum eigenen Gebrauch erhalten, geht es bei der Verwahrung in erster Linie um das Interesse des Hinterlegers an einer sicheren Aufbewahrung. Der Verwahrer hat daher regelmäßig kein Recht zum Gebrauch der Sache. 3

Abgrenzungsschwierigkeiten können auch bei der Unterscheidung zwischen Verwahrung und (Lager-)Raummiete entstehen. Verwahrung liegt vor, wenn besondere Obhutspflichten bezüglich der untergebrachten Gegenstände übernommen werden, während sich bei der Vermietung die Pflicht des einen Teils auf die Überlassung des erforderlichen Raums beschränkt.[2]

Beispiele: Die Überlassung eines Stahlfaches (Safes) bei einer Bank erfolgt durch Mietvertrag; die Bank überlässt nur einen besonders gesicherten Raum, sie übernimmt aber keine Obhutspflichten bezüglich der darin untergebrachten Gegenstände. Bei Parkplätzen und -häusern wird ebenfalls regelmäßig die entgeltliche Überlassung der Abstellfläche im Vordergrund stehen, so dass ein Mietverhältnis begründet wird. Nur wenn der Vertragsgegner ausdrücklich oder stillschweigend (wofür ein besonders hohes Entgelt sprechen kann) das Bewachungsrisiko übernommen hat, ist Verwahrung anzunehmen.[3]

c) Darlehen. Zur Abgrenzung der Verwahrung vom Darlehen 4
→ § 17 Rn. 4.

d) Aufbewahrungspflicht als Nebenleistungs- oder Schutzpflicht. Ergibt sich eine Aufbewahrungspflicht lediglich als Nebenleistungs- oder Schutzpflicht als Folge eines anderen Rechtsverhältnisses, so liegt keine Verwahrung vor. Nur wenn die Verwahrung Hauptleistungspflicht des einen Vertragspartners ist, sind die §§ 688 ff. anwendbar, bei gemischten Verträgen[4] möglicherweise neben oder ergänzend zu den Bestimmungen anderer Vertragstypen. 5

Der Uhrmacher verwahrt die ihm zur Reparatur übergebene Uhr aufgrund des mit dem Kunden geschlossenen Werkvertrags. Der Arzt oder Rechtsanwalt stellt seinen Besuchern eine Garderobe nur im Rahmen der sonstigen vertraglichen Beziehungen zur Verfügung. Anders ist es beispielsweise, wenn von

2 BGHZ 3, 200.
3 Einzelheiten: Staudinger/*Reuter* BGB Vor §§ 688 ff. Rn. 33 ff.
4 *Brox/Walker* SchuldR AT § 4 Rn. 13.

dem Besucher eines Theaters oder Museums verlangt wird, dass er bestimmte Gegenstände (Garderobe, Fotoapparat) an einem Ort ablegt oder abstellt, der seiner Aufsicht entzogen ist. Hier treffen den anderen besondere Obhutspflichten bezüglich der hinterlegten Sachen, so dass insoweit auch die Vorschriften über die Verwahrung anzuwenden sind.

2. Arten

6 **a) Unentgeltliche Verwahrung.** Die unentgeltliche Verwahrung ist, da hier keine Leistungspflichten im Austauschverhältnis stehen, kein gegenseitiger Vertrag.[5] Unentgeltlich ist die Verwahrung auch dann, wenn der vom Hinterleger gezahlte Betrag nur Aufwendungsersatz ist (zB Futterkosten für das in Verwahrung gegebene Tier; vgl. § 693).

7 **b) Entgeltliche Verwahrung.** Die entgeltliche Verwahrung ist ein gegenseitiger Vertrag (§§ 320ff.). Das Entgelt ist die Gegenleistung für die Aufbewahrung der Sachen.

Die wirtschaftlich bedeutendsten Fälle der entgeltlichen Verwahrung sind außerhalb des BGB besonders geregelt (vgl. §§ 467ff. HGB für das Lagergeschäft; das Depotgesetz für die Verwahrung von Wertpapieren).

8 **c) Unregelmäßige Verwahrung.** Eine Sonderform ist die unregelmäßige Verwahrung (Hinterlegungsdarlehen oder depositum irregulare; § 700). Hier wird der Verwahrer entweder mit der Übergabe (§ 700 I 1; zB Girokonto) oder mit der Aneignung (§ 700 I 2) Eigentümer der hinterlegten Gegenstände. Er ist verpflichtet, Sachen gleicher Art, Güte und Menge zurückzugeben. Das ist typisch für das Darlehen. Im Unterschied zum Darlehen dient die unregelmäßige Verwahrung aber vornehmlich dem Interesse des Hinterlegers an der sicheren Aufbewahrung; das ist charakteristisch für die Verwahrung. Auf diesen Typenverschmelzungsvertrag finden bei Geld die Vorschriften über den Darlehensvertrag (§§ 488ff.), bei anderen Sachen die Vorschriften über den Sachdarlehensvertrag (§§ 607ff.) Anwendung. Zeit und Ort der Rückgabe ergeben sich dagegen im Zweifel aus den Vorschriften über den Verwahrungsvertrag (§ 700 I 3 iVm §§ 695, 697).

---

5 *Brox/Walker* SchuldR AT § 3 Rn. 2.

III. Vertragsschluss

Der Verwahrungsvertrag kommt allein durch die Einigung der Parteien zustande. Die Übergabe der aufzubewahrenden Gegenstände setzt das Schuldverhältnis lediglich in Vollzug, ist aber nicht Bestandteil seiner Begründung.[6] 9

Regelmäßig hängt es von der Vereinbarung der Parteien ab, ob die Verwahrung entgeltlich oder unentgeltlich ist. Trotz Fehlens einer entsprechenden Abrede gilt aber eine Vergütung als stillschweigend vereinbart, wenn die Aufbewahrung den Umständen nach nur gegen eine Vergütung zu erwarten ist (§ 689). Das wird namentlich bei Gegenständen von größerem Wert und solchen Sachen der Fall sein, die einer besonders intensiven Aufsicht des Verwahrers bedürfen.

Im **Fall a** schuldet F auch nach § 689 kein Entgelt. Unter Freunden und bei verhältnismäßig geringem Aufwand, der für eine sichere Aufbewahrung nötig ist, kann man nicht davon ausgehen, dass diese nur gegen eine Vergütung zu erwarten ist.

Über die Höhe der nach § 689 geschuldeten Vergütung sagt das Gesetz nichts. Hier sind die §§ 612 II, 632 II, 653 II entsprechend anzuwenden. Gibt es weder eine taxmäßige noch eine übliche Vergütung, so kann der Verwahrer die Höhe der Vergütung bestimmen (§ 316). 10

IV. Pflichten des Verwahrers und Folgen ihrer Verletzung

1. Pflicht zur Verwahrung

Hauptpflicht des Verwahrers ist es, die ihm vom Hinterleger übergebenen Sachen so **aufzubewahren**, dass sie nicht wegkommen und keinen Schaden nehmen (§ 688). Der Verwahrer muss die hinterlegten Sachen notfalls (zB verderbliche Waren) auch überwachen. Zur Instandsetzung ist er in aller Regel nicht verpflichtet. 11

Zu der vom Verwahrer zu gewährenden Obhut können auch gewisse Nebenleistungen gehören, wie etwa die sachgerechte Pflege und Fütterung bei Tieren.

---

6 **Str.**; wie hier zB *Looschelders* SchuldR BT Rn. 886.

12 Im Zweifel hat der Verwahrer die Sachen **selbst aufzubewahren**; er darf sie nicht bei einem Dritten hinterlegen (§ 691 S. 1). Grund für diese Regelung ist das besondere Vertrauen, das der Hinterleger dem Verwahrer entgegenbringt. Der Verwahrer darf sich jedoch in der Regel eines Gehilfen bedienen (arg. e § 691 S. 3).

13 Grundsätzlich hat sich der Verwahrer **an die vereinbarte Art der Aufbewahrung zu halten**. Eine strikte Bindung an diese Vereinbarung könnte aber (zB bei veränderten Umständen oder unrichtiger Beurteilung der Lage) die Interessen des Hinterlegers verletzen. Daher gibt § 692 dem Verwahrer das Recht zur Änderung der vereinbarten Aufbewahrungsart.

2. Nebenleistungspflichten und Schutzpflichten

14 Hält der Verwahrer eine Änderung der vereinbarten Aufbewahrungsart für erforderlich, so muss er den Hinterleger vor der Änderung davon benachrichtigen und seine Entscheidung abwarten, es sei denn, dass die dadurch bedingte Verzögerung mit Gefahr verbunden ist (§ 692 S. 2). Der Verwahrer von Geld hat dieses zu verzinsen, soweit er es für sich verwendet (§ 698). Ihm obliegen die auch bei anderen Verträgen geltenden Schutzpflichten (§ 241 II).

3. Rückgabepflicht

15 Der Verwahrer ist zur Rückgabe der hinterlegten Sachen verpflichtet; er braucht sie aber dem Hinterleger nicht zu bringen (vgl. §§ 695, 697). Er muss sie auf Verlangen des Hinterlegers jederzeit zurückgeben, auch wenn eine bestimmte Aufbewahrungszeit vereinbart war (§ 695). Dabei ist es gleichgültig, ob es sich um eine entgeltliche oder unentgeltliche Verwahrung handelt. Denn auf die Wahrnehmung seiner Interessen durch einen anderen soll der Hinterleger jederzeit verzichten können.

4. Folgen der Nicht- oder Schlechterfüllung

16 **a) Allgemeine Vorschriften über Leistungsstörungen.** Erfüllt der Verwahrer seine Pflicht nicht oder nicht vollständig, so haftet er nach den allgemeinen Vorschriften der §§ 280 ff. Für das Verschulden seines Gehilfen hat der Verwahrer nach § 278 einzustehen (§ 691 S. 3).

17 **b) Besonderheiten des Verwahrungsrechts.** Die Regeln über die Verwahrung enthalten zwei wichtige Besonderheiten:

aa) Bei der **unentgeltlichen** Verwahrung haftet der Verwahrer nur, wenn er die **Sorgfalt** außer Acht lässt, die er **in eigenen Angelegenheiten** anzuwenden pflegt (§§ 690, 277).[7]

Im **Fall a** haftet F, der seine eigenen Drucke am selben Ort aufbewahrte, daher nicht für den entstandenen Schaden. Grobe Fahrlässigkeit, für die er auch im Rahmen des § 690 haften würde (§ 277), dürfte dem F nicht zur Last fallen.

bb) **Hinterlegt** der Verwahrer die ihm zur Aufbewahrung überlassenen Sachen **zulässigerweise bei einem Dritten**, so hat er nur das Verschulden zu vertreten, das ihn bei dieser Hinterlegung trifft (§ 691 S. 2; Auswahlverschulden). 18

Ist dagegen dem Verwahrer die Hinterlegung bei einem Dritten nicht gestattet, so haftet er für jeden durch die unbefugte Hinterlegung adäquat verursachten Schaden. Seine schuldhafte Pflichtverletzung liegt hier in der unerlaubten Hinterlegung.

V. Pflichten des Hinterlegers und Folgen ihrer Verletzung

1. Pflichten des Hinterlegers

Den Hinterleger treffen neben allgemeinen Schutzpflichten (§§ 241 II, 242) im Wesentlichen folgende Pflichten: 19

a) Vergütung. Er muss eine Vergütung für die Verwahrung zahlen, soweit sie vereinbart ist oder nach § 689 als vereinbart gilt. Die Fälligkeit regelt § 699.

Bei vorzeitiger Beendigung hat der Hinterleger, soweit nichts anderes vereinbart ist, nur den der tatsächlichen Verwahrungszeit entsprechenden Teil der Vergütung zu zahlen (§ 699 II).

b) Aufwendungsersatz. Der Hinterleger muss dem Verwahrer alle Aufwendungen ersetzen,[8] die dieser zum Zwecke der Aufbewahrung gemacht hat und nach den Umständen für erforderlich halten durfte (§ 693). Bei der entgeltlichen Verwahrung ist jeweils zu prüfen, ob der Aufwendungsersatz bereits in der vereinbarten Vergütung enthalten sein soll. 20

---

7 *Brox/Walker* SchuldR AT § 20 Rn. 19.
8 *Brox/Walker* SchuldR AT § 10.

21 **c) Unterrichtung.** Droht dem Verwahrer durch die Beschaffenheit der Sache ein Schaden, so muss der Hinterleger ihn davon unterrichten (arg. e § 694).

22 **d) Rücknahme.** Auf Verlangen des Verwahrers hat der Hinterleger die hinterlegten Sachen jederzeit zurückzunehmen, soweit keine bestimmte Verwahrungsdauer vereinbart wurde. Andernfalls ist er dazu nur verpflichtet, wenn ein wichtiger Grund vorliegt (§ 696). Auch hier muss der Hinterleger die Sache beim Verwahrer abholen (§ 697).

2. Folgen der Nicht- oder Schlechterfüllung

23 Für die Verletzung seiner Pflichten haftet der Hinterleger nach den allgemeinen Vorschriften (§§ 280 ff.).

Der Hinterleger hat alle Schäden zu ersetzen, die dem Verwahrer aufgrund der Beschaffenheit der Sache entstehen; diese Ersatzpflicht besteht nicht, wenn der Verwahrer die besondere Beschaffenheit kannte oder der Hinterleger sie selbst weder kannte noch kennen musste (§ 694).

Im **Fall b** ist A zum Schadensersatz verpflichtet, da er zumindest wissen musste, dass Spraydosen bei starker Erwärmung explodieren können.

§ 31. Beherbergung und Gastwirtshaftung

1 **Schrifttum:** *Hohloch,* Grundfälle der Gastwirtshaftung, JuS 1984, 357; *Lindemeyer,* Die Haftung des Hotelwirts für die eingebrachten Sachen des Gastes, insbesondere bei Diebstählen, BB 1983, 1504.

I. Rechtsnatur und Inhalt des Beherbergungsvertrags

Der Beherbergungsvertrag ist ein gemischter Vertrag.[1] Er enthält vor allem miet-, dienst- und kaufvertragliche Elemente.

Er begründet für den Gastwirt/Hotelier die Hauptpflicht der Gewährung von Unterkunft mit den dazu gehörenden Serviceleistungen (zB Reinigung, Aufräumen, Bedienung), ferner zur Gewährung von Verpflegung, falls das vereinbart ist. Er ist außerdem verpflichtet, sei-

1 *Brox/Walker* SchuldR AT § 4 Rn. 13.

nem Gast den gefahrlosen Zugang zu dessen Zimmer zu gewähren, auch nachts.[2] Daneben enthält der Vertrag Elemente der Verwahrung; jedenfalls begründet er besondere Schutzpflichten (hinsichtlich der beim Empfang abgegebenen Wertsachen und der vom Gast in sein Zimmer eingebrachten Sachen). Verletzt der Gastwirt oder sein Personal schuldhaft seine vertraglichen Pflichten, ist er dem Gast nach allgemeinen Vorschriften aus §§ 280 ff. schadensersatzpflichtig. Dabei haftet er gem. § 278 auch für sein Personal und andere Erfüllungsgehilfen.

Der Gast ist zur Entrichtung der vereinbarten Vergütung für Übernachtung, Frühstück und ggf. weitere Zusatzleistungen (zB Garage, Sport- oder Wellnesseinrichtungen) verpflichtet.

Dem Gastwirt steht für seine Forderungen ein (gesetzliches) Pfandrecht an den eingebrachten Sachen des Gastes zu (§ 704; → § 11 Rn. 44 zu der entsprechenden Regelung des Vermieterpfandrechts).

II. Besondere gesetzliche Haftung des Gastwirts

Unabhängig davon bestimmen §§ 701 ff. eine besondere **gesetzliche** 2
Haftpflicht des Gastwirts für eingebrachte Sachen.

1. Grund und Voraussetzungen für die gesetzliche Haftung

Diese Haftung setzt **kein Verschulden** des Gastwirts oder seines Personals voraus. Erforderlich ist auch nicht der Abschluss eines (gültigen) Beherbergungsvertrags; es genügt vielmehr die **tatsächliche Aufnahme des Gastes** in dem Betrieb des Gastwirts. Der Grund für die verschärfte Haftung des Gastwirts liegt in dem Risiko für den Gast, der seine Sachen nicht dauernd bewachen kann, während der Gastwirt und sein Personal auch bei Abwesenheit des Gastes Zugang zu dessen Zimmer haben.[3]

Die gesetzliche Haftung trifft nur den **Gastwirt, der gewerbsmä-** 3
ßig Fremde zur Beherbergung aufnimmt (§ 701 I; also den Hotelier, Pensionsinhaber, nicht den Inhaber einer Schank- oder Speisewirtschaft).

Der Gast muss **im Betrieb des Gastwirts zur Beherbergung aufgenommen** worden sein (§ 701 I). Das setzt einen dahingehenden

2 *OLG Hamm* NJW-RR 2013, 349.
3 *Looschelders* SchuldR BT Rn. 912.

Willen des Gastwirts voraus; eine Willenserklärung ist jedoch nicht erforderlich.[4]

Die verloren gegangene, zerstörte oder beschädigte **Sache** muss vom Gast **eingebracht** worden sein (vgl. dazu § 701 II, IV).

Es genügt, wenn der Gast am Bahnhof dem Hoteldiener den Koffer oder den Gepäckschein übergibt. Nicht erforderlich ist es, dass die Sache dem Gast gehört. Ist also dem Gast ein geliehenes Buch aus dem Hotelzimmer gestohlen worden, kann er den Schaden des Eigentümers liquidieren (gesetzlich geregelter Fall der Drittschadensliquidation).

2. Umfang und Ausschluss der gesetzlichen Haftung

4 Die Haftung ist ausgeschlossen, wenn der Schaden durch den Gast, dessen Begleiter oder eine Person, die der Gast bei sich aufgenommen hat, verursacht (nicht notwendig verschuldet) worden ist. Das gilt auch, wenn der Schaden durch die Beschaffenheit der Sache oder durch höhere Gewalt entstanden ist (§ 701 III).

Die Haftung ist summenmäßig beschränkt (Einzelheiten: § 702).

Der Ersatzanspruch erlischt, wenn der Gast dem Wirt den Schaden nicht unverzüglich anzeigt (Einzelheiten: § 703).

4 Staudinger/*Werner* BGB § 701 Rn. 22: geschäftsähnliche Handlung; MüKoBGB/*Henssler* § 701 Rn. 17: Realakt.

6. Kapitel. Bürgschaft und sonstige vertragliche Schuldverhältnisse

§ 32. Bürgschaft

Schrifttum: *Alexander*, Gemeinsame Strukturen von Bürgschaft, Pfandrecht und Hypothek, JuS 2012, 481; *Braun*, Von den Nahbereichspersonen bis zu den Arbeitnehmern als Bürgen: ein Überblick über die Rechtsprechung des BGH zur Sittenwidrigkeit von Bürgschaften, JURA 2004, 474; *Brinkmann*, Die Einrede der Verjährung der Hauptschuld im Bürgschaftsprozess, ZZP 130 (2017), 345; *Bülow*, Recht der Kreditsicherheiten, 8. Aufl., 2012; *Coester-Waltjen*, Die Bürgschaft, JURA 2001, 742; *Duckstein/Pfeiffer*, Die Einrede der Vor-Ausklage (§ 771 BGB), JR 2010, 231; *G. Fischer*, Die Bürgschaft zwischen Dogmatik, Verbraucherschutz und Praxis, WM 2000, 14; *Hadding/Welter*, Zur schuldrechtlichen Qualifizierung bei einer „Bürgschaft auf erstes Anfordern", WM 2015, 1545; *Hoes/Lwowski*, Die Wirksamkeit von Ehegattenbürgschaften aufgrund drohender Vermögensverschiebung?, WM 1999, 2097; *Horn*, Bürgschaften und Garantien, 8. Aufl., 2001; *Karst*, Die Bürgschaft auf erstes Anfordern im Fadenkreuz des BGH, NJW 2004, 2059; *Kiehnle*, Gibt ein Aufrechnungsrecht des Hauptschuldners dem Bürgen eine Einrede gegen den nicht aufrechnungsberechtigten Gläubiger?, AcP 208 (2008), 635; *Kollrus*, Die Sittenwidrigkeit von Angehörigenbürgschaften, MDR 2014, 1357; *Kopp*, Der Regress unter Mitbürgen bei geleisteten Teilzahlungen (§§ 774 Abs. 2, 426 Abs. 1 und 2 BGB), JR 2016, 347; *Krüger*, Sittenwidrige Mithaftung: Der Schlussstein in der Rechtsprechung des BGH, NJW 2009, 3408; *Kulke*, Der finanziell krass überforderte Bürge, ZIP 2000, 952; *Lette*, Akzessorietät contra Sicherungszweck – Rechtsfragen bei der Gestaltung von Bürgschaftserklärungen, WM 2000, 1316; *Lindacher*, Die selbstschuldnerische Bürgschaft, FS Gerhardt, 2004, 587; *S. Lorenz*, Innenverhältnis und Leistungsbeziehungen bei der Bürgschaft, JuS 1999, 1145; *Maier-Reimer/Etzbach*, Die Patronatserklärung, NJW 2011, 1110; *Musielak*, Bürgschaft, JA 2015, 161; *Peters*, Zur Zahlungspflicht des selbstschuldnerischen Bürgen „nach Aufforderung durch die Bank", NJW 2013, 2942; *Primaczenko*, Die Einrede der Aufrechenbarkeit in § 770 II BGB und § 129 III HGB, JA 2007, 173; *Reinicke/Tiedtke*, Bürgschaftsrecht, 3. Aufl., 2008; *Rieder/Rieder*, Die Bankbürgschaft, 7. Aufl., 2010; *Schlinker*, Rückgriffsansprüche des Bürgen nach Zahlung auf eine mit einer dauernden Einrede behafteten Forderung, JURA 2009, 404; *Schlößer*, Die Hemmung der Verjährung des Bürgschaftsanspruchs nach neuem Schuldrecht, NJW 2006, 645; *Schmolke*, Grundfälle zum Bürgschaftsrecht, JuS 2009, 679, 784; *ders.*, Bürgschaft und Verjährung – Zur Reichweite der Durchsetzungsakzessorietät im Bürgschaftsrecht, WM 2013, 1

148; *Chr. Schreiber*, Die Verteidigungsmittel des Bürgen, JURA 2007, 730; *Seifert*, Zur Zulässigkeit von Arbeitnehmerbürgschaften, NJW 2004, 1707; *Siems*, Globale Haftungsklauseln im Bürgschaftsrecht – BGHZ 143, 95, JuS 2001, 429; *Tiedtke*, Aus dem Hauptschuldverhältnis abgeleitete und eigene Einreden des Bürgen, JZ 2006, 940; *St. Wagner*, Die Sittenwidrigkeit von Angehörigenbürgschaften nach Einführung der Restschuldbefreiung und Kodifizierung der c. i. c., NJW 2005, 2956; *H. Weber/J.-A. Weber*, Kreditsicherungsrecht, 9. Aufl., 2012; *Graf v. Westphalen*, Unwirksamkeit der Bürgschaft auf erstes Anfordern – Wirksamkeit der Bankgarantie?, ZIP 2004, 1433; *Wiese*, Der Schutz des Bürgen durch die Einrede der Aufrechenbarkeit – am Beispiel von Aufrechnungsverboten gemäß § 394 BGB, JR 2006, 397.

Fall a: B hat sich für eine Kaufpreisschuld des S gegenüber G verbürgt. Als er von G auf Zahlung in Anspruch genommen wird, macht B geltend, S habe den Kaufvertrag angefochten, zumindest habe S noch das Recht zur Anfechtung. → Rn. 33

Fall b: Bürge B, der den G befriedigt hat, verlangt von S Ersatz. Dieser bringt vor, die Forderung des G gegen ihn sei schon verjährt gewesen und im Übrigen sei B die Bürgschaftsverpflichtung eingegangen, um ihm (S) damit eine Schenkung zu machen. → Rn. 39

Fall c: B 1 und B 2 haben sich für eine auf Zahlung von 1.000 Euro lautende Schuld des S gegenüber G verbürgt. B 1 wird von G auf Zahlung von 1.000 Euro in Anspruch genommen. Er meint, nur 500 Euro zu schulden. → Rn. 45

Fall d: Wie, wenn B sich für die Schuld des S verbürgt und wenn E seinen Ring zum Pfand gegeben hat? → Rn. 46

I. Begriff und Abgrenzung

1. Begriff

Die Bürgschaft ist ein Schuldvertrag, in dem sich der Bürge (B) gegenüber dem Gläubiger (G) eines Dritten (D) verpflichtet, für die Erfüllung einer Verbindlichkeit des Dritten einzustehen (§ 765 I). Vertragspartner sind also der Bürge und der Gläubiger, nicht aber der Dritte. Da aus dem Vertrag nur der Bürge verpflichtet wird, handelt es sich um einen einseitig verpflichtenden Vertrag.[1]

Die Bürgschaft ist ein Kreditsicherungsvertrag. Durch ihn soll der Vertragspartner des Bürgen bewogen werden, einem anderen einen Kredit zu gewähren oder zu belassen. Hat sich der Bürge zB für eine Darlehensforderung verbürgt, dann stehen dem Gläubiger folgende Rechte zu: Er kann einmal von seinem Schuldner (= Hauptschuldner) Erfüllung der Forderung (= Hauptforderung; hier: Rückzahlung des Darlehens) verlangen; zum anderen kann der

1 *Brox/Walker* SchuldR AT § 3 Rn. 4.

Gläubiger, wenn der Schuldner nicht erfüllt, von dem Bürgen (= Nebenschuldner) Befriedigung aufgrund des Bürgschaftsvertrags begehren.

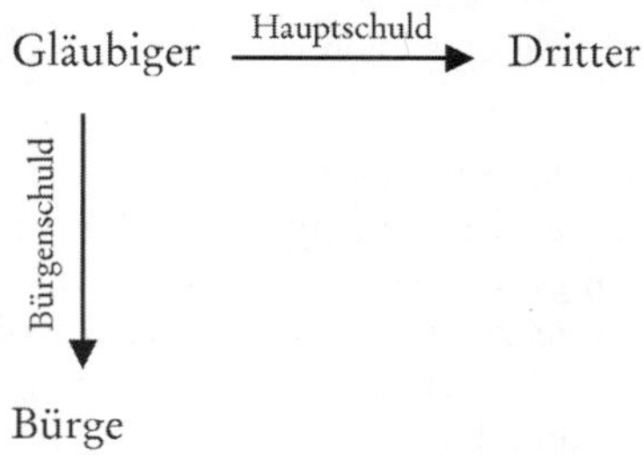

2 Der Bürge verpflichtet sich also, als Nebenschuldner für eine **fremde** Schuld (des Hauptschuldners) einzustehen. Deshalb setzt die Bürgschaft notwendigerweise eine Verbindlichkeit des Schuldners voraus. Der Gläubiger der Hauptforderung und der Bürgschaftsgläubiger müssen ein und dieselbe Person sein. Deshalb ist eine Abtretung der Rechte aus der Bürgschaft ohne die Hauptforderung unwirksam. Die Abtretung der Hauptforderung ohne die Rechte aus der Bürgschaft führt zum Erlöschen der Bürgschaft.[2]

Die Abhängigkeit von dem Bestehen einer Forderung hat die Bürgschaft mit dem **Pfandrecht** (§§ 1204 ff.) gemeinsam. Der Unterschied besteht darin, dass der Bürge für die Verbindlichkeit des Schuldners mit seinem ganzen Vermögen, der Besteller eines Pfandrechts dagegen nur mit dem verpfändeten Gegenstand haftet.

2. Abgrenzung von anderen Vertragstypen

3 **a) Schuldbeitritt.** Von der Bürgschaft ist vor allem der (gesetzlich nicht geregelte) Schuldbeitritt zu unterscheiden. Während der Bürge nur für eine fremde Schuld einstehen will, übernimmt der Beitretende beim Schuldbeitritt die Schuld als eigene, und seine Haftung ist außer in den Fällen der §§ 422–424 nicht vom Fortbestand der Haftung des Schuldners abhängig (§ 425).

Was gewollt ist, muss durch Auslegung ermittelt werden. Ein Schuldbeitritt wird in aller Regel nur gewollt sein, wenn der Beitretende damit ein eigenes wirtschaftliches oder rechtliches Interesse verfolgt. Eine bloße Gefälligkeit oder ein rein persönliches Interesse spricht im Zweifel für eine Bürgschaft.

2 BGHZ 115, 177.

4 **b) Garantie.** Ein (ebenfalls gesetzlich nicht geregelter) Garantievertrag ist nur dann vereinbart, wenn der Dritte unabhängig von dem Bestehen einer Verbindlichkeit des Schuldners auf jeden Fall für einen bestimmten Erfolg einstehen oder für einen künftigen Schaden haften will.

5 **c) Kreditauftrag.** Der Kreditauftrag ist ein Vertrag, durch den sich der eine Vertragspartner dem anderen gegenüber verpflichtet, im eigenen Namen und auf eigene Rechnung einem Dritten ein Darlehen oder eine Finanzierungshilfe zu geben (§ 778). Der Auftrag kann bis zu seiner Ausführung vom Auftraggeber widerrufen werden (§ 671 I). Gewährt der Beauftragte den Kredit, haftet ihm der Auftraggeber für die aus dem Darlehen oder der Finanzierungshilfe entstehende Verbindlichkeit des Dritten als Bürge (§ 778), so dass auch die Bürgschaftsregeln anwendbar sind.

Da der Kreditauftrag formlos gültig ist, muss er von einer formbedürftigen Bürgschaft für eine künftige Schuld abgegrenzt werden: Beim Kreditauftrag liegt ein eigenes Interesse des Auftraggebers an der Kreditgewährung vor; bei der Bürgschaft geht es primär um das Sicherungsinteresse des Gläubigers.

6 **d) Patronatserklärung.** Mit der Patronatserklärung will ein Unternehmen einen Kredit an ein meist von ihm abhängiges Tochterunternehmen absichern. Es handelt sich dabei um einen Vertrag zwischen der Muttergesellschaft (Patron) und dem Kreditgeber. Darin erklärt die Muttergesellschaft dem Kreditgeber, ihre Tochtergesellschaft (den Kreditnehmer) bei der Erfüllung ihrer Verbindlichkeiten aus dem Kreditvertrag zu unterstützen.

7 Ob solche Patronatserklärungen für den Patron überhaupt rechtliche Verpflichtungen begründen, ist durch Auslegung zu ermitteln. Eine sog. **weiche Patronatserklärung** („Unsere Tochtergesellschaft genießt unser Vertrauen."; „Es ist unser Prinzip, die Bonität unserer Tochtergesellschaft aufrecht zu erhalten.") hat mangels Rechtsbindungswillens keinen rechtsgeschäftlichen Charakter und begründet keine Ansprüche des Kreditgebers. Dagegen wird eine sog. **harte Patronatserklärung**[3] („Wir werden dafür Sorge tragen, unsere Tochtergesellschaft bis zur vollständigen Rückzahlung des Kredits finanziell so auszustatten, dass sie jederzeit in der Lage ist, ihre Verbindlichkeiten aus diesem Kredit zu erfüllen.") als Vertrag eigener Art eingeordnet.[4] Sie ist zwar ein der Bürgschaft ähnliches Sicherungsmit-

---

3 *Dazu Hauck/Rumohr* NJW 2010, 2093.
4 Dazu BGHZ 117, 127.

tel, unterscheidet sich von ihr aber dadurch, dass der Patron (die Muttergesellschaft) sich nicht zur unmittelbaren Leistung an den Gläubiger (Kreditgeber), sondern diesem gegenüber zur Leistung an den Schuldner (die Tochtergesellschaft als Kreditnehmerin) verpflichtet. Wenn der Patron diese Pflicht nicht erfüllt, ist er dem Gläubiger schadensersatzpflichtig.

Der Sinn der Patronatserklärung wird darin gesehen, dass es dem Patron überlassen bleibt, mit welchen Mitteln er für die finanzielle Ausstattung seiner Tochterfirma sorgt und dass er seine Zahlungsverpflichtung (im Gegensatz zu einer übernommenen Bürgschaft, § 251 HGB) nicht unter der Jahresbilanz vermerken muss.

II. Voraussetzungen des Bürgschaftsanspruchs

Die Inanspruchnahme des Bürgen durch den Gläubiger setzt einen 8
gültigen Bürgschaftsvertrag und das Bestehen einer fälligen Hauptforderung voraus.

1. Bürgschaftsvertrag

a) Allgemeine Wirksamkeitsvoraussetzungen. Für den Abschluss des Bürgschaftsvertrags gelten die allgemeinen Vorschriften.

Der Bürgschaftsvertrag kann also etwa wegen Unbestimmtheit, mangelnder Geschäftsfähigkeit des Bürgen (§§ 104 ff.), erfolgter Anfechtung (§§ 119 ff.), mangelnder Form (§§ 125 f.) nichtig sein. Ist nur einer von mehreren Gläubigern hinreichend bestimmt, kann die zu seinen Gunsten übernommene Bürgschaft wirksam, im Übrigen unwirksam sein.[5] Einzelne Klauseln (zB globale Haftungsklausel „für alle Forderungen" ohne konkrete Bezeichnung der verbürgten Forderungen; vollständiger Ausschluss aller Rechte des Bürgen aus § 776) können gegen die §§ 305 ff. verstoßen.[6]

b) Sittenwidrigkeit. Bei Bürgschaften, die die Leistungsfähigkeit 9
des Bürgen deutlich übersteigen, stellt sich im Zusammenhang mit den Wirksamkeitsvoraussetzungen die Frage nach der Sittenwidrigkeit (§ 138). Hierbei geht es vor allem um Bürgschaften durch einkommensschwache und vermögenslose Ehegatten, Lebenspartner, Kinder und andere Verwandte oder durch Arbeitnehmer des Schuld-

---

5 *BGH* NJW 2001, 3327.
6 Zum früheren AGBG *BGH* BB 2000, 115 f.; DB 2000, 1570 f.; *BAG* NJW 2000, 3299 (3301 f.); *BGH* NJW 2002, 295 f.; *BGH* NJW-RR 2002, 343 f.; zu §§ 305 ff. *Kuntz* AcP 209 (2009), 242.

ners. Ihre Inanspruchnahme als Bürgen kann (vorbehaltlich einer Restschuldbefreiung nach §§ 286ff. InsO) dazu führen, dass sie auf Dauer ihr gesamtes Einkommen bis zur Pfändungsgrenze (§§ 850ff. ZPO) an den Gläubiger abführen müssen und selbst dann kaum in der Lage sind, die gesicherte Forderung zu tilgen.

Solche Verträge sind nach der Rechtsprechung des BVerfG[7] am Maßstab der §§ 138 I, 242 zu messen. Unter welchen Voraussetzungen sie sittenwidrig sind oder eine Berufung auf die Bürgschaft gegen Treu und Glauben verstoßen kann, war lange Zeit im Einzelnen umstritten.[8] Heute stellt der BGH[9] bei Bürgschaftsverträgen zwischen Kreditinstituten und privaten Bürgen entscheidend auf den Grad des Missverhältnisses zwischen dem Verpflichtungsumfang und der finanziellen Leistungsfähigkeit des dem Hauptschuldner persönlich nahe stehenden Bürgen ab.

10 aa) Im Wesentlichen wird Sittenwidrigkeit unter folgenden **Voraussetzungen** angenommen:

(1) Erstens muss ein **krasses Missverhältnis zwischen der eingegangenen Verpflichtung des Bürgen und dessen Leistungsfähigkeit** bestehen. Das ist jedenfalls dann zu bejahen, wenn der Bürge voraussichtlich nicht einmal die laufenden Zinsen der Hauptschuld aus dem pfändbaren Teil seines Einkommens und Vermögens dauerhaft aufbringen kann.[10] Eine krasse Überforderung soll dagegen nicht vorliegen, wenn der Bürge die Bürgschaftsschuld durch Verwertung des von ihm selbst bewohnten Eigenheims zu tilgen vermag.[11] Ebenso fehlt es an der Sittenwidrigkeit, wenn der Bürge zwar bei Abschluss des Bürgschaftsvertrags kein zu versteuerndes Einkommen hat, eine Prognose aber ergibt, dass er zur Zeit der Inanspruchnahme aus der Bürgschaft zumindest einen erheblichen Teil aus eigenen Mitteln erfüllen kann.[12]

11 Daneben setzt die Sittenwidrigkeit in der Regel keine weiteren Umstände voraus. Wenn ein Ehegatte oder Lebenspartner[13] eine derartige Bürgschaftsverpflichtung übernimmt, spricht nämlich eine (widerlegbare) Vermutung dafür, dass er sich darauf nur aufgrund einer emotionalen Bindung an den Schuldner und infolge geschäftlicher Unerfahrenheit eingelassen und dass die

---

7 BVerfGE 89, 214; NJW 1994, 2749.
8 Siehe nur den Vorlagebeschluss des XI. Zivilsenats in NJW 1999, 2584 und den Beschluss des IX. Zivilsenats in NJW 2000, 1185.
9 *BGH* ZIP 2003, 796 (797) mwN; 2005, 432ff.
10 *BGH* NJW 2002, 2635 mwN; 2004, 161 (162); 2009, 2671 (2672); ZIP 2013, 664f.; 2003, 796 (797).
11 *BGH* NJW 2001, 2466; ZIP 2014, 1016.
12 *BGH* NJW-RR 2002, 1130.
13 *BGH* JZ 2000, 674 (676); BGHZ 136 (347, 350).

Bank dies in verwerflicher Weise ausgenutzt hat.[14] Für die Widerlegung dieser Vermutung reicht es aus, dass der Bürge zusammen mit dem Hauptschuldner ein gemeinsames Interesse an der Darlehensgewährung hat (zB Beteiligung des Bürgen an dem finanzierten Objekt).[15] Eine Vermutung der allein emotional begründeten Mitverpflichtung besteht nicht, wenn sich ein Mehrheitsgesellschafter oder Geschäftsführer für Gesellschaftsschulden verbürgt.[16]

Bei Bürgschaften von mittellosen Kindern für ihre Eltern wird vermutet, dass sie dazu von ihren Eltern unter Verstoß gegen die familiäre Rücksichtnahmepflicht (§ 1618a) veranlasst wurden und die Bank dieses missbilligenswerte Verhalten der Eltern kannte.[17] Etwas anderes kann gelten, wenn das bürgende Kind in den elterlichen Betrieb eingebunden und ihm eine Option eingeräumt ist, nach Abschluss des Studiums in das Familienunternehmen einzutreten.[18]

Für Bürgschaften von krass überforderten Geschwistern gilt Entsprechendes wie bei Bürgschaften von Ehegatten, Lebenspartnern und Kindern, wenn zwischen ihnen und dem Schuldner eine vergleichbar enge persönliche Beziehung im Zeitpunkt der Bürgschaftsvereinbarung bestanden hat.[19] Dagegen lehnt der BGH eine Anwendung dieser Grundsätze auf die Bürgschaft eines Kommanditisten für Verbindlichkeiten der KG in der Regel ab.[20]

Sittenwidrig kann auch die Bürgschaft eines krass überforderten Arbeitnehmers für Bankkredite seines Arbeitgebers sein. Zwar spricht hier keine Vermutung dafür, dass die Bürgschaftsübernahme allein aufgrund einer emotionalen Bindung erfolgt. Die Arbeitnehmerbürgschaft ist aber trotzdem sittenwidrig, wenn sie allein aus Angst um den Arbeitsplatz übernommen wird. Dafür spricht in Zeiten hoher Arbeitslosigkeit eine (widerlegbare) Vermutung.[21]

(2) Auf einer zweiten Stufe wird geprüft, ob die Bürgschaft nicht 12
trotz der krassen Überforderung des Bürgen **durch ein berechtigtes Interesse des Gläubigers** gerechtfertigt ist. Das kann etwa dann anzunehmen sein, wenn der Gläubiger sich durch die Bürgschaft vor einer drohenden Vermögensverlagerung vom Schuldner auf den Bürgen schützen wollte oder wenn beim Bürgen in der Zukunft ein konkreter Vermögenszuwachs (Erbschaft) erwartet wurde.[22] Auf ein derartiges berechtigtes Interesse soll sich der Gläubiger jedoch nur

14 *BGH* NJW 1997, 3372 (3373); 2001, 815; 2002, 2228 (2229); ZIP 2003, 796 (797); NJW-RR 2017, 241 Rn. 20.
15 *BGH* NJW-RR 2004, 337; 2005, 971 (972).
16 *BGH* NJW 2002, 1337.
17 *BGH* NJW 1997, 52.
18 *BGH* NJW-RR 1997, 1199.
19 *BGH* NJW 1998, 597.
20 *BGH* NJW 2002, 2634 (2635).
21 *BGH* NJW 2004, 161 (162).
22 *BGH* NJW 1997, 1003; JZ 2000, 674 (676) mit insoweit krit. Anm. *Tiedtke* NJW 2002, 2228 (2230).

dann berufen können, wenn dieser Zweck der Bürgschaft ausdrücklich vereinbart wurde.[23]

13 bb) Selbst wenn keine Sittenwidrigkeit nach § 138 vorliegt, kann dem Anspruch aus dem Bürgschaftsvertrag noch der **Einwand aus § 242** entgegenstehen. So ist etwa die Geschäftsgrundlage (vgl. § 313) der Bürgschaft in der Regel weggefallen, wenn mit der Ehescheidung der Grund der Bürgschaft, den Gläubiger vor den Folgen einer Vermögensverschiebung vom Schuldner auf den (bürgenden) Ehegatten zu schützen, weggefallen ist.[24] Entsprechendes gilt, wenn die Parteien des Bürgschaftsvertrags von einem Vermögensanfall (zB Erbschaft) des Bürgen ausgingen, der dann jedoch nicht eintritt.[25]

14 **c) Widerrufsmöglichkeit.** Dem Bürgen steht nach Abschluss des Bürgschaftsvertrags ein Widerrufsrecht gem. §§ 312g, 355, 356 zu, wenn der Vertrag zB als Haustürgeschäft unter § 312b fällt.[26]

15 Die Frage, ob auf den Bürgschaftsvertrag auch das Widerrufsrecht nach dem heutigen § 495 iVm § 355 (Verbraucherdarlehen) anwendbar ist, wenn der Vertrag, aus dem sich die zu sichernde Forderung ergab, seinerseits dem § 495 unterliegt, ist zu verneinen. Der Gesetzgeber hat bei der Aufhebung des bis zum 31.12.2001 geltenden VerbrKrG und der gleichzeitigen Einfügung des Verbraucherdarlehens (§§ 491 ff.) in das BGB ein dem § 495 vergleichbares Widerrufsrecht für die Bürgschaft gerade nicht eingeführt.

16 **d) Form.** Die Bürgschaftserklärung bedarf der **Schriftform** (§ 766 S. 1). Der Bürge soll vor Übereilung gewarnt werden, da eine Bürgschaft für ihn gefährlich werden kann. Dem Zweck der Formvorschrift entsprechend ist nicht für den ganzen Vertrag, sondern nur für die Erklärung des Bürgen die Schriftform erforderlich.

17 Die Bürgschaftserklärung ist nicht formbedürftig, wenn der Bürge Kaufmann und die Bürgschaft für ihn ein Handelsgeschäft ist (§ 350 HGB);[27] hier geht das Gesetz davon aus, dass der Bürge die Gefährlichkeit seines Handelns erkennt. Eines Hinweises auf die Gefahren der Bürgschaft bedarf es auch dann nicht mehr, wenn der Bürge bereits die Hauptverbindlichkeit des Schuldners erfüllt hat; deshalb wird der Formmangel durch Erfüllung geheilt (§ 766 S. 3).

18 Zur Wahrung der Schriftform ist erforderlich, dass alle wesentlichen Teile der Bürgschaftserklärung schriftlich niedergelegt werden. Die Urkunde muss also den Gläubiger, den Hauptschuldner und die

---

23 *BGH* ZIP 2003, 796 (798); NJW 2002, 2230 (2231); 1999, 58.
24 Vgl. BGHZ 128, 230; *Horn,* WM 1997, 1185.
25 *BGH* WM 1997, 467.
26 *BGH* NJW 2007, 210.
27 *Brox/Henssler* HandelsR Rn. 382 f.

zu sichernde Forderung bezeichnen sowie den Verbürgungswillen erkennen lassen.[28]

Die Vollmacht zur Erteilung einer formbedürftigen Bürgschaftserklärung bedarf – entgegen § 167 II – der Schriftform; denn sonst würde der Zweck des § 766, dem Bürgen Inhalt und Umfang seiner Haftung deutlich vor Augen zu führen, ausgehöhlt.[29] Das gilt auch für eine Genehmigung nach § 177 I.

Nicht erforderlich ist, dass der Bürge persönlich die Urkunde herstellt; es genügt, dass er die schriftliche Erklärung durch Namensunterschrift unterzeichnet (§ 126 I).

Wegen der Warnfunktion der Schriftform bedarf auch die Willenserklärung des Bürgen bei einer Abänderung des Bürgschaftsvertrags der Form, wenn die Bürgschaftsverpflichtung erweitert werden soll.[30] Dagegen greift bei einem Abänderungsvertrag, der die Verpflichtung des Bürgen einschränkt, die Formvorschrift des § 766 S. 1 nicht ein; denn hier braucht der Bürge nicht gewarnt zu werden.

Die schriftliche Erklärung muss „erteilt" sein. Erteilung ist die 19
Entäußerung der Originalurkunde. Dazu genügt nicht die Unterzeichnung des Schriftstücks; vielmehr ist es erforderlich, dass dieses dem Gläubiger – wenn auch nur vorübergehend – zur Verfügung gestellt wird. Deshalb ist die Übermittlung des Urkundeninhalts an den Gläubiger durch Telefax nicht als schriftliche Erteilung der Bürgschaftserklärung iSd § 766 S. 1 anzusehen.[31]

Eine formnichtige Bürgschaft kann nicht nach § 140 in eine form- 20
los wirksame Schuldübernahme umgedeutet werden.

2. Bestehen der Hauptforderung

Wegen ihres Sicherungszwecks ist die Bürgschaft vom **jeweiligen** 21
Bestand der Hauptforderung abhängig **(Akzessorietät der Bürgschaft**; § 767 I 1).[32]

a) Hauptforderung nicht entstanden. Ist die Hauptforderung nicht entstanden, so besteht auch keine Forderung des Gläubigers gegen den Bürgen. Zwar kann die Bürgschaft auch für eine künftige oder eine bedingte Verbindlichkeit übernommen werden (§ 765 II);

28 *BGH* NJW-RR 1991, 757; NJW 1993, 584.
29 *BGH* WM 1996, 762ff.
30 *BGH* NJW 2013, 2508 (2511) mAnm *Schmidt* JuS 2014, 71.
31 BGHZ 121, 224.
32 Dazu *BGH* NJW 2003, 59 (60); WM 1991, 1869.

solange aber diese Hauptschuld noch nicht entstanden ist, bleibt die Bürgschaft schwebend unwirksam.

Zweifelhaft ist, ob die für ein Darlehen bestellte Bürgschaft bei Nichtigkeit des Darlehensvertrags den Bereicherungsanspruch des Darlehensgebers absichert. Das hängt vom Willen der Parteien ab, die den Umfang des Bürgschaftsrisikos bestimmen und die Bürgschaft über den bezeichneten Vertragsanspruch hinaus auch auf Bereicherungs- und Ersatzansprüche erstrecken können.[33]

22 **b) Hauptforderung vermindert oder erloschen.** Vermindert sich die Hauptschuld oder erlischt sie zB durch Erfüllung, Aufrechnung, Erlass, Vergleich,[34] so ermäßigt sich oder erlischt auch die Bürgschaftsschuld.

Eine Ausnahme gilt, wenn die Hauptschuld deshalb erlischt, weil der Hauptschuldner eine juristische Person ist, die wegen Vermögenslosigkeit im Handelsregister gelöscht wird und damit als Rechtsperson untergeht. In diesem Fall geht die Bürgschaftsforderung trotz des Akzessorietätsgrundsatzes nicht unter, sondern sie besteht als nunmehr selbständige Forderung fort.[35] Es würde geradezu dem Sinn der Bürgschaft widersprechen, wenn die Vermögenslosigkeit des Hauptschuldners auch den Bürgen befreien würde. Es bleibt allerdings bei einer „fiktiven Akzessorietät“: Der Bürge kann sich gem. § 768 I 1 (→ Rn. 29) auf solche Einreden berufen, die dem (untergegangenen) Hauptschuldner gegen die (weggefallene) Hauptschuld zustehen würden (zB Einrede der Verjährung).[36]

23 **c) Hauptforderung erhöht.** Erhöht sich die Hauptschuld, so ist danach zu unterscheiden, ob diese Erhöhung auf Gesetz oder auf Rechtsgeschäft beruht.

aa) Eine **gesetzliche** Erweiterung der Hauptschuld (zB Schadensersatz aus §§ 280 f., 286) führt zu einer Erweiterung der Bürgschaftsschuld (§ 767 I 2). Der Bürge haftet auch für die vom Schuldner dem Gläubiger zu ersetzenden Kosten der Kündigung und der Rechtsverfolgung (§ 767 II).

24 Gegen eine solche Erhöhung seiner Verpflichtung kann sich der Bürge nur dadurch schützen, dass er mit dem Gläubiger vereinbart, in jedem Fall nur bis zu einem bestimmten Höchstbetrag einstehen zu wollen (**Höchstbetragsbürgschaft**). Auch zukünftige Ansprüche können Anlass für eine wirksame

---

33 Vgl. *BGH* NJW 1987, 2077.
34 Dazu *BGH* NJW 2003, 59 (60).
35 *BGH* NJW 1982, 875.
36 *BGH* NJW 2003, 1250 (1251 f.).

formularmäßige Höchstbetragsbürgschaft geben, sofern der Bürge bei Übernahme der Haftung weiß, aus welchem Grunde und bis zu welcher Höhe diese Forderungen entstehen werden.[37] Jedoch ist bei einer Höchstbetragsbürgschaft eine formularmäßige Erstreckung der Bürgenhaftung über die Forderungen, die Anlass zur Verbürgung waren, hinaus wegen Verstoßes gegen § 307 II Nr. 1 und 2 unwirksam.[38]

bb) Eine **rechtsgeschäftliche** Erweiterung der Hauptschuld (durch Vereinbarung zwischen Gläubiger und Schuldner nach Übernahme der Bürgschaft) führt **nicht** zu einer Erweiterung der Bürgschaftsschuld (§ 767 I 3). Der Bürge soll davor geschützt werden, dass Gläubiger und Schuldner ihm eine Verpflichtung auferlegen, die er nicht übernehmen wollte. 25

Der Bürge ist dagegen nicht schutzwürdig, wenn er damit einverstanden ist, dass seine Bürgschaftsschuld erhöht wird, und diese Erklärung schriftlich (§ 766) abgibt.

III. Gegenrechte des Bürgen

1. Gegenrechte aus dem Verhältnis des Bürgen zum Gläubiger

a) Allgemeine Einwendungen und Einreden. Einwendungen und Einreden gegenüber dem Gläubiger können dem Bürgen aus dem Bürgschaftsvertrag oder aus einem anderen Grund (zB Aufrechnung mit einer Gegenforderung des Bürgen gegen den Gläubiger) zustehen. Das ergibt sich zwar nicht aus den Regeln der §§ 765 ff., wohl aber aus allgemeinen Grundsätzen. 26

So kann der Bürge zB die Formnichtigkeit des Bürgschaftsvertrags (§§ 125, 766) geltend machen. Ferner kann er sich auf Verwirkung des Bürgschaftsanspruchs berufen, wenn der Bürgschaftsgläubiger die Zahlungsunfähigkeit des Hauptschuldners schuldhaft verursacht hat und einen Rückgriff des Bürgen vereitelt.[39] Er ist auch in der Lage, seine Willenserklärung unter den Voraussetzungen der §§ 119 ff. anzufechten; allerdings scheidet eine Anfechtung nach § 119 II wegen Irrtums über die Kreditwürdigkeit des Schuldners aus, da es gerade Sinn der Bürgschaft ist, dem Gläubiger gegenüber für die Schuld des Schuldners einzustehen, wenn dieser nicht leisten kann. Hat der Schuldner den Bürgen beim Abschluss des Bürgschaftsvertrags arglistig getäuscht (§ 123 I; zB über seine Kreditwürdigkeit), so kann der Bürge seine Erklärung gegenüber dem Gläubiger nur anfechten, wenn dieser die Täuschung kannte oder kennen musste (§ 123 II); der Schuldner ist nämlich Dritter iSd § 123 II.

---

37 *BGH* WM 1996, 1391.
38 *BGH* WM 1996, 766 (768), noch zum AGBG.
39 *BGH* NJW 2004, 3779.

b) Sonderfall: Einrede der Vorausklage

27 aa) Der Bürge kann die Befriedigung des Gläubigers verweigern, solange nicht der Gläubiger eine Zwangsvollstreckung gegen den Schuldner ohne Erfolg versucht hat (§ 771 S. 1; vgl. auch § 772). Er hat also die verzögerliche Einrede der Vorausklage. Sie ergibt sich aus der Subsidiarität der Bürgschaftsverpflichtung; der Bürge will normalerweise erst nach dem Schuldner haften und nur für den Fall einstehen, dass Rechtshilfe gegen den Schuldner fruchtlos versucht worden ist.[40]

Erhebt der Bürge die Einrede der Vorausklage, ist die Verjährung des Anspruchs des Gläubigers gegen den Bürgen gehemmt (§ 209), bis der Gläubiger eine Zwangsvollstreckung gegen den Hauptschuldner erfolglos versucht hat (§ 771 S. 2).

28 bb) **Ausgeschlossen** ist die Einrede der Vorausklage in folgenden Fällen:

(1) Der Bürge ist **Kaufmann**, und die Bürgschaft ist für ihn ein Handelsgeschäft (§§ 349, 343 HGB).[41] Ein solcher Bürge verfügt über die nötigen geschäftlichen Erfahrungen und ist deshalb nicht schutzbedürftig.

(2) Der Bürge hat auf die Einrede verzichtet, insbesondere sich als **Selbstschuldner** verbürgt (§ 773 I Nr. 1).

Die selbstschuldnerische Bürgschaft, die heute in der Praxis die Regel ist, schließt nur die Einrede der Vorausklage, nicht aber andere Gegenrechte des Bürgen aus. Der Verzicht auf diese Einrede bedarf der Form des § 766.[42] Der Anspruch aus einer selbstschuldnerischen Bürgschaft entsteht grundsätzlich mit der Fälligkeit der Hauptschuld und wird damit auch fällig.[43] Die Parteien können allerdings die Fälligkeit von einer Geltendmachung der Forderung abhängig machen.[44]

(3) Weitere Ausschlussgründe sind in § 773 I Nr. 2–4 enthalten.

2. Gegenrechte des Bürgen aus dem Verhältnis des Schuldners zum Gläubiger

29 **a) Einreden nach § 768.** aa) Die Einreden des Schuldners kann auch der Bürge gegenüber dem Gläubiger geltend machen (§ 768 I 1). Aus dem Grundgedanken der Akzessorietät folgt nämlich, dass der

40 Vgl. Mot. II, 667 f.
41 *Brox/Henssler* HandelsR Rn. 382 f.
42 *BGH* NJW 1968, 2332; vgl. auch NJW 2013, 2508 (2511) mAnm *Schmidt* JuS 2014, 71.
43 *BGH* NJW 2008, 1729.
44 *BGH* NJW 2013, 1803; krit. dazu *Peters* NJW 2013, 2942 (2943).

Bürge vom Gläubiger nicht mit Erfolg in Anspruch genommen werden soll, wenn der Schuldner dem Gläubiger nicht zu leisten braucht. Selbst der Verzicht des Schuldners auf eine Einrede gegenüber dem Gläubiger verschlechtert die Rechtsstellung des Bürgen gegenüber dem Gläubiger nicht (§ 768 II).

Beispiele: Der Bürge beruft sich auf die dem Schuldner zustehenden Einreden der Verjährung der Hauptschuld, des nicht erfüllten Vertrags, des Zurückbehaltungsrechts, der Bereicherung (§ 821)[45]. Auf die Einrede der Verjährung kann sich der Bürge gem. § 768 II auch dann berufen, wenn der Schuldner wirksam auf sie verzichtet hat.[46] Wenn allerdings die Verjährung des Anspruchs gegenüber dem Schuldner durch Verhandlungen zwischen Gläubiger und Schuldner gehemmt ist (§ 203 S. 1), wirkt diese Verjährungshemmung auch gegenüber dem Bürgen.[47] Dieser verliert auch dann das Recht, sich auf die Verjährung der Hauptforderung zu berufen, wenn aufgrund eines rechtskräftigen Urteils gegen den Hauptschuldner eine neue 30-jährige Verjährungsfrist in Gang gesetzt wurde (§ 197 I Nr. 3) und der Hauptschuldner sich erfolglos auf die Einrede der Verjährung berufen hatte.[48] – Auf ein Stillhalteabkommen zwischen Gläubiger und Schuldner kann sich der Bürge auch dann berufen, wenn in dem Stillhalteabkommen dem Gläubiger die Geltendmachung der Ansprüche aus der Bürgschaft ausdrücklich vorbehalten ist. Das ergibt sich aus dem Rechtsgedanken des § 768 II sowie daraus, dass dem Gläubiger gegenüber dem Bürgen nicht mehr Rechte zustehen sollen als gegenüber dem Schuldner.[49]

bb) **Ausnahmen** von der genannten Regel ergeben sich aus dem Sinn der Bürgschaft, den Gläubiger für den Fall der Leistungsunfähigkeit des Schuldners zu sichern. Wird aufgrund der wirtschaftlichen Verhältnisse des Schuldners seine Leistungspflicht eingeschränkt, dann soll der Sicherungszweck der Bürgschaft den Vorrang vor der Akzessorietät haben. 30

(1) Ist der Schuldner gestorben, so gehen seine Schulden auf den Erben über (§§ 1922 I, 1967 I). Für diese Schulden haftet der Erbe nicht nur mit dem Nachlass, sondern auch mit seinem persönlichen Vermögen. Der Erbe hat aber die Möglichkeit, die Haftung (durch Nachlassverwaltung oder Insolvenzverfahren) auf den Nachlass zu beschränken (§ 1975).[50] Ist kein Nachlassvermögen vorhanden oder ist es gering, so wird der Gläubiger nicht oder nur teilweise befriedigt. Er kann sich aber an den Bürgen halten; dieser ist nicht befugt, sich auf die **beschränkte Erbenhaftung** zu berufen (§ 768 I 2). 31

45 *BGH* ZIP 2017, 2410 Rn. 24.
46 *BGH* ZIP 2007, 2206 (2207).
47 *BGH* NJW-RR 2010, 975.
48 *BGH* NJW 2016, 3158 Rn. 15 ff. mAnm *Riehm* JuS 2017, 166; dazu auch *Brinkmann* ZZP 130 (2017), 345.
49 *BGH* ZIP 2018, 67 Rn. 21 ff.
50 Einzelheiten: *Broz/Walker* ErbR Rn. 679 ff.

32 (2) Befindet sich der Schuldner im Insolvenzverfahren und endet dieses durch Verteilung der Masse oder durch einen Insolvenzplan, so braucht der Schuldner nur die darin festgelegte Quote seiner Verbindlichkeiten zu erfüllen. Der Gläubiger kann sich aber wegen des Restes an den Bürgen wenden.

33 **b) Einreden nach § 770 I.** Kann der Schuldner das seiner Verbindlichkeit zugrunde liegende Rechtsgeschäft nach §§ 119ff. **anfechten**, so wird dadurch der Bestand der Hauptschuld und damit der Bürgschaft nicht berührt, solange er sein Anfechtungsrecht nicht ausübt.

Erklärt er die Anfechtung, so erlischt die Hauptschuld (§ 142 I) und damit nach § 767 I auch die Schuld des Bürgen **(Fall a)**.

Es wäre unbillig, wenn der Bürge während der Schwebezeit bis zur Anfechtungserklärung schon aus der Bürgschaft in Anspruch genommen werden könnte. Deshalb gibt § 770 I ihm eine verzögerliche Einrede: Da der Bürge das Rechtsgeschäft zwischen Schuldner und Gläubiger nicht anfechten kann, darf er die Befriedigung des Gläubigers verweigern, solange dem Schuldner das Anfechtungsrecht zusteht **(Fall a)**.

Wenn das Anfechtungsrecht durch Zeitablauf (vgl. §§ 121, 124) oder durch Verzicht des Schuldners erloschen ist, entfällt auch die genannte Einrede des Bürgen.

Wegen derselben Interessenlage ist eine analoge Anwendung des § 770 I dann geboten, wenn dem Schuldner ein anderes Gestaltungsrecht (zB Rücktritt) zusteht.[51]

34 **c) Einrede nach § 770 II.** Der Bürge kann auch dann seine Leistung verweigern, wenn und solange sich der Gläubiger durch **Aufrechnung** gegen eine fällige Forderung des Schuldners befriedigen kann (§ 770 II). Zahlt der Bürge aber in Unkenntnis der Aufrechnungsmöglichkeit, kann er das Geleistete nicht zurückfordern.

Die Einrede der Aufrechenbarkeit ist abdingbar. Ein formularmäßiger Ausschluss ist allerdings wegen unangemessener Benachteiligung des Bürgen gem. § 307 unwirksam, wenn er sich auch auf die Aufrechnung mit unbestrittenen oder rechtskräftig festgestellten Forderungen bezieht.[52] Ein wirksamer Verzicht des Bürgen hindert diesen nicht, sich darauf zu berufen, die Hauptforderung sei bereits durch eine tatsächlich erfolgte Aufrechnung erloschen.[53]

---

51 *Looschelders* SchuldR BT Rn. 972; MüKoBGB/*Habersack* § 770 Rn. 6 (aber Leistungsverweigerung nach Abs. 1); Palandt/*Sprau* BGB § 770 Rn. 4.
52 *BGH* ZIP 2017, 2410 Rn. 31; 2004, 843; 2003, 621 und 2193.
53 *BGH* NJW 2002, 2867 (2869).

Entsprechend seinem Wortlaut ist § 770 II nicht anwendbar, wenn nur der Schuldner aufrechnen kann.[54]

3. Keine Gegenrechte aus dem Verhältnis des Bürgen zum Schuldner

Einwendungen und Einreden, die der Bürge zB aus dem der Bürgschaft zugrunde liegenden Rechtsverhältnis (etwa Auftrag) gegen den Schuldner hat, spielen im Verhältnis des Bürgen zum Gläubiger keine Rolle. Der Bürge kann sie also **nicht** gegenüber dem Gläubiger geltend machen. 35

Voraussetzungen des Bürgschaftsanspruchs

I. Wirksamer Bürgschaftsvertrag
1. Hinreichende Bestimmtheit; ggf. §§ 305 ff.
2. Schriftform der Bürgschaftserklärung (§ 766 S. 1); Heilung eines Formmangels gem. § 766 S. 3
3. Keine Sittenwidrigkeit (§ 138) wegen krasser Überforderung des Bürgen (insb. Ehegatten- und Verwandtschaftsbürgschaften)
4. Kein Widerruf nach §§ 355 f., 312g

II. Bestehen der Hauptforderung (§§ 765, 767; Akzessorietät)

III. Keine Gegenrechte des Bürgen
1. Gegenrechte des Bürgen aus seinem Verhältnis zum Gläubiger
   a) Allgemeine Einwendungen und Einreden (zB §§ 125, 119, 123)
   b) Einrede der Vorausklage (§ 771 S. 1) = erfolgloser Vollstreckungsversuch gegen den Hauptschuldner
   Ausnahme: selbstschuldnerische Bürgschaft (§ 773 I Nr. 1)
2. Gegenrechte des Bürgen aus dem Verhältnis des Schuldners zum Gläubiger
   a) Einrede des Schuldners gegen die Hauptforderung (§ 768; zB §§ 214, 273, 320)
   b) Einreden der Anfechtbarkeit (§ 770 I) und der Aufrechenbarkeit (§ 770 II)

54 Str.; vgl. MüKoBGB/*Habersack* § 770 Rn. 10 mN; Palandt/*Sprau* BGB § 770 Rn. 3.

IV. Ansprüche des Bürgen gegen den Schuldner

36 Hat der Bürge den Gläubiger befriedigt, kann er vom Schuldner Ersatz verlangen. Aber schon vor Befriedigung des Gläubigers hat der Bürge unter bestimmten Voraussetzungen Anspruch auf Befreiung von seiner Verbindlichkeit.

1. Ersatzansprüche

a) Aus Rechtsverhältnis Bürge – Schuldner. Aus einem der Bürgschaft zugrunde liegenden Rechtsverhältnis zwischen dem Bürgen und dem Schuldner kann sich ein Ersatzanspruch des Bürgen ergeben, wenn dieser den Gläubiger befriedigt hat.

Beispiele: Auftrag (§§ 662 ff.), Geschäftsbesorgungsvertrag (§ 675), berechtigte Geschäftsführung ohne Auftrag (§§ 677 ff., 683). In diesen Fällen ergibt sich der Anspruch auf Ersatz der Aufwendungen aus § 670.

37 **b) Aus Rechtsverhältnis Gläubiger – Schuldner (gesetzlicher Forderungsübergang).** Unabhängig von einem Anspruch aus einem der Bürgschaft zugrunde liegenden Rechtsverhältnis sichert das Gesetz den Bürgen dadurch, dass es die Forderung des Gläubigers gegen den Schuldner auf den Bürgen übergehen lässt, soweit dieser den Gläubiger befriedigt (§ 774 I 1). Es handelt sich also um einen **gesetzlichen Gläubigerwechsel = gesetzlichen Forderungsübergang** (cessio legis), auf den die Vorschriften des rechtsgeschäftlichen Forderungsübergangs (Abtretung) Anwendung finden (§ 412). Der Schuldner soll durch die Leistung des Bürgen nicht von seiner Verbindlichkeit befreit sein; er braucht zwar nicht mehr an den befriedigten Gläubiger zu leisten, soll aber dem Bürgen verpflichtet sein, weil dieser für ihn die Leistung erbracht hat.

38 aa) Mit der Forderung gehen auch die Rechte, die der Sicherung dieses Anspruchs dienen (zB Pfandrechte), kraft Gesetzes auf den Bürgen als neuen Gläubiger der Forderung über (§§ 774 I 1, 412, 401).

39 bb) Durch den Forderungsübergang soll die Rechtsstellung des Schuldners nicht verschlechtert werden. Deshalb hat er alle Einwendungen, die er gegen seinen Gläubiger hatte, nunmehr auch gegen den Bürgen (§§ 774 I, 412, 404; **Fall b:** Verjährungseinrede).

Außerdem stehen dem Schuldner auch die Einwendungen zu, die sich aus dem Rechtsverhältnis zwischen ihm und dem Bürgen ergeben (§ 774 I 3).

Im **Fall b** kann S auch einwenden, B habe mit seiner Bürgschaftsverpflichtung ihm (S) eine Schenkung gemacht; dann soll B nach Befriedigung des G gerade keinen Ersatzanspruch gegen S erlangen.

cc) Der Forderungsübergang kann nicht zum Nachteil des Gläubigers geltend gemacht werden (§ 774 I 2; vgl. die entsprechende Regelung etwa in § 268 III 2).[55] 40

Beispiel: G hat gegen S eine Forderung von 1000 Euro, die durch ein Pfandrecht gesichert ist. Bürge B zahlt 700 Euro an G. Damit geht in dieser Höhe die Forderung von G auf B über; das Gleiche gilt für das Pfandrecht (§§ 774 I 1, 412, 401). Das Pfandrecht des G für dessen noch offene Forderung von 300 Euro rangiert wegen § 774 I 2 vor dem Pfandrecht des B. Werden bei einer Versteigerung des Pfandes 400 Euro erzielt, erhält G 300 Euro, so dass für B nur 100 Euro verbleiben.

2. Befreiungsanspruch

a) Voraussetzungen. Vor der Befriedigung des Gläubigers kann der Bürge vom Schuldner regelmäßig keine Befreiung von seiner Verbindlichkeit verlangen. Etwas anderes kann aber aus dem Rechtsverhältnis zwischen Bürgen und Schuldner zu entnehmen sein. Das Gesetz gibt einen solchen Befreiungsanspruch, wenn dem Bürgen nach Befriedigung des Gläubigers ein Ersatzanspruch gegen den Schuldner zustehen würde und dieser Anspruch durch bestimmte, inzwischen eingetretene Tatsachen gefährdet erscheint (vgl. § 775 I). 41

b) Erfüllung. Der Schuldner kann den Befreiungsanspruch des Bürgen dadurch erfüllen, dass er den Gläubiger befriedigt oder einen Verzicht des Gläubigers auf die Bürgschaftsforderung (zB durch eine andere Bürgschaft, ein Pfandrecht) erreicht. Ist die Hauptforderung noch nicht fällig, genügt es, wenn der Schuldner dem Bürgen Sicherheit leistet (§ 775 II). In der Praxis ist der Befreiungsanspruch meist nicht zu realisieren. 42

---

55 Dazu *Brox/Walker* SchuldR AT § 12 Rn. 6.

V. Erlöschen der Bürgschaft

1. Allgemeine Erlöschensgründe

43 Wie jede Schuld erlischt auch die Bürgschaftsschuld durch Erfüllung.[56]

2. Besondere Erlöschensgründe

44 Die Bürgschaftsschuld erlischt:

- Wenn die **Hauptschuld erlischt**. Grund: Akzessorietät der Bürgschaft.
- Wenn der Gläubiger vorsätzlich und ohne Zustimmung des Bürgen ein die Forderung **sicherndes Recht aufgibt** (§ 776; zB Hypothek, Pfandrecht). Grund: Dadurch verschlechtert der Gläubiger die Lage des Bürgen, der sich aus dem Sicherungsrecht wegen der nach § 774 auf ihn übergegangenen Forderung gegen den Schuldner hätte befriedigen können. Aus diesem Grund ist mit „Aufgabe" einer Sicherheit jede gewollte Handlung gemeint, durch die der Gläubiger auf eine Verwertungsmöglichkeit der Sicherheit verzichtet oder auf andere Weise deren wirtschaftlichen Wert beseitigt; das kann auch eine Abtretung der Sicherheit sein.[57]
- Wenn ein neuer Schuldner die Hauptschuld übernimmt (§ 418 I 1).[58] Grund: Der Bürge soll davor geschützt werden, dass er möglicherweise eher in Anspruch genommen wird, weil der neue Hauptschuldner weniger solvent ist.

Er ist jedoch dann nicht schutzwürdig, wenn er in die Schuldübernahme einwilligt; deshalb bleibt in diesem Fall die Bürgschaft bestehen (§ 418 I 3).

- Wenn der Bürge sich für eine bestimmte Zeit verbürgt hat (Zeitbürgschaft) und die **Zeit abgelaufen** ist. Einzelheiten: § 777.

VI. Besondere Arten der Bürgschaft

1. Mitbürgschaft

45 Bei der Mitbürgschaft verbürgen sich mehrere Personen für dieselbe Schuld des Schuldners gegenüber dem Gläubiger. Das kann ge-

---

56 *Brox/Walker* SchuldR AT § 14.
57 *BGH* NJW 2013, 2508 (2509) mAnm *Schmidt* JuS 2014, 71.
58 Dazu *Brox/Walker* SchuldR AT § 35 Rn. 17.

meinschaftlich (in **einem** Vertrag), aber auch unabhängig und ohne Wissen voneinander geschehen; in jedem Fall haften die Mitbürgen als **Gesamtschuldner** (§ 769). Für das Außenverhältnis gegenüber dem Gläubiger sind demnach §§ 421–425 anwendbar, für das Innenverhältnis der Mitbürgen untereinander gilt § 426,[59] was durch § 774 II bestimmt wird.

Der Gläubiger kann also nach seinem Belieben jeden Mitbürgen ganz oder teilweise in Anspruch nehmen (§ 421). Im **Fall c** muss B 1 also die ganzen 1.000 Euro zahlen. Geschieht das, wird B 2 von seiner Verpflichtung gegenüber G frei (§ 422 I). Auf den zahlenden B 1 geht die Forderung des G gegen S über (§ 774 I). Von B 2 kann B 1, soweit nichts anderes vereinbart ist, 500 Euro verlangen (§ 426 I).

Hat sich jemand verbürgt und ein anderer für dieselbe Schuld dem Gläubi- **46**
ger ein Pfandrecht bestellt **(Fall d),** so kann der Gläubiger sich nach seiner Wahl an den Bürgen oder an den Pfandeigentümer halten. Zahlt der Bürge, geht die Forderung und damit das Pfandrecht auf ihn über (§§ 774 I, 412, 401). Leistet dagegen der Pfandeigentümer an den Gläubiger, erwirbt er kraft Gesetzes die Forderung gegen den Schuldner und die Bürgschaftsforderung (§§ 1225, 412, 401). Demnach käme es für die Frage, wer letztlich den Ausfall zu tragen hat, darauf an, wer zuerst an den Gläubiger leistet; denn er würde die Forderung und das Sicherungsrecht erlangen. Das wäre unbestritten ein unbilliges Ergebnis. Der Gesetzgeber hat dieses Problem nicht gesehen. Es entspricht der gesetzlichen Wertung, Bürgen und Pfandeigentümer wie Mitbürgen, also wie Gesamtschuldner, zu behandeln, zumal auch § 1225 S. 2 auf § 774 II und dieser auf § 426 verweist. Demnach besteht auch zwischen Bürgen und Pfandeigentümern eine Ausgleichspflicht.[60] Eine andere Ansicht folgert aus § 776, dass der Bürge schutzwürdiger als der Pfandeigentümer sei, so dass der Pfandgläubiger dem Bürgen, nicht aber dieser dem Pfandgläubiger ausgleichspflichtig sei.[61] Schließlich wird auch die Auffassung vertreten, dass überhaupt kein Ausgleich stattfinde.[62]

2. Ausfallbürgschaft

Bei der Ausfallbürgschaft verpflichtet sich der Bürge, nur im Fall **47**
des endgültigen Ausfalls der Hauptforderung einzustehen. Er ist dann im Fall der Inanspruchnahme nicht auf die Einrede der Vorausklage (→ Rn. 27) angewiesen. Vielmehr ist es eine vom Gläubiger darzulegende und ggf. zu beweisende Anspruchsvoraussetzung, dass der Ausfall der Hauptforderung trotz Einhaltung der bei der Verfolgung

59 Dazu *Brox/Walker* SchuldR AT § 37 Rn. 15 ff., 28 ff.
60 BGHZ 108, 179; *BGH* NJW 1992, 3228; 2009, 437; *Larenz/Canaris* SchuldR BT II/2 60 IV 3a; *Looschelders* SchuldR BT Rn. 986; MüKoBGB/*Habersack* § 774 Rn. 29.
61 *Reinicke/Tiedtke* BürgerschaftsR Rn. 635 ff., 648.
62 *Becker* NJW 1971, 2151 (2154).

des verbürgten Anspruches gebotenen Sorgfalt (rechtzeitige Zwangsvollstreckung, Verwertung anderer Sicherheiten) eingetreten ist oder auch bei Beachtung dieser Sorgfalt eingetreten wäre.[63] Befriedigt der nur subsidiär haftende Ausfallbürge den Gläubiger der Hauptforderung, steht ihm in entsprechender Anwendung der §§ 774 II, 426 I ein interner Ausgleichsanspruch gegen den Regelbürgen zu. Dieser Regressanspruch tritt neben den nach §§ 774 I, 412, 401 mit der Forderung des Gläubigers gegen den Hauptschuldner als Nebenrecht übergegangenen Bürgschaftsanspruch des Gläubigers gegen den Regelbürgen.[64] Er ist dann von eigenständiger Bedeutung, wenn die übergegangene Forderung bereits verjährt ist.

3. Nachbürgschaft

48 Die Nachbürgschaft sichert die Bürgschaftsverpflichtung des Vor- oder Hauptbürgen. Der Nachbürge verbürgt sich dem Gläubiger für die Erfüllung der Bürgschaftsverpflichtung des Vorbürgen. Der Gläubiger soll sich also an den Nachbürgen halten können, wenn der Vorbürge seine Bürgschaftsverpflichtung nicht erfüllt. Der Nachbürge ist demnach – anders als bei der Mitbürgschaft – nicht Gesamtschuldner neben dem Vorbürgen. Vielmehr ist für ihn der Vorbürge der Hauptschuldner. Die Schuld des Nachbürgen ist akzessorisch im Verhältnis zur Schuld des Vorbürgen. Befriedigt der Nachbürge den Gläubiger, geht analog § 774 die Forderung des Gläubigers gegen den Schuldner auf den Nachbürgen über.

4. Rückbürgschaft

49 Die Rückbürgschaft sichert die Ersatzforderung des Hauptbürgen gegen den Schuldner. Der Rückbürge verbürgt sich also dem Hauptbürgen. Dieser soll sich an den Rückbürgen halten können, wenn er an den Gläubiger geleistet hat und vom Schuldner nicht den ihm zustehenden Ersatz erlangt.

Befriedigt der Rückbürge seinen Gläubiger, also den Hauptbürgen, so soll die auf den Hauptbürgen übergegangene Forderung des Gläubigers gegen den Schuldner nicht kraft Gesetzes auf den Rückbürgen übergehen, weil es bei der Rückbürgschaft an der unmittelbaren Beziehung zur Hauptforderung fehle;[65] der Rückbürge muss sich danach, um sich an den Hauptschuldner hal-

63 *BGH* NJW 1999, 1467 (1470).
64 *BGH* NJW 2012, 1946 mAnm *Merz* EWiR 2012, 515 und Anm. *K. Schmidt* JuS 2012, 1127; dazu auch *Palzer*, JURA 2013, 129
65 RGZ 146, 67.

ten zu können, die Forderung vom Hauptbürgen abtreten lassen.[66] § 774 passt nach seinem Sinn und Zweck aber auch hier, so dass eine entsprechende Anwendung dieser Bestimmung vorzuziehen ist.[67]

5. Bürgschaft zur Zahlung auf erstes Anfordern

Verpflichtet sich der Bürge gegenüber dem Gläubiger „zur Zahlung auf erstes Anfordern", ist diese Klausel regelmäßig dahin auszulegen, dass der Bürge auf Verlangen des Gläubigers sofort zu zahlen hat, ohne sich gegen das Zahlungsbegehren mit Einwendungen oder Einreden aus dem Verhältnis des Schuldners zum Gläubiger erfolgreich wehren zu können. Eine Ausnahme gilt nur dann, wenn der Gläubiger seine formale Rechtsstellung offensichtlich missbraucht, weil die materiellen Voraussetzungen für die Inanspruchnahme des Bürgen eindeutig nicht vorliegen.[68] Von diesem Ausnahmefall abgesehen soll dem Bürgen auch die Aufrechnung mit einer eigenen Forderung gegen den Gläubiger verwehrt sein, wenn diese nicht gerade mit dem Grundgeschäft zwischen Gläubiger und Hauptschuldner zusammenhängt. Durch eine solche Zahlungsklausel wird ein rasches Zugreifen des Gläubigers auf das Vermögen des Bürgen ermöglicht. Andererseits ist der Bürge nicht schutzlos. Denn er kann nach Zahlung an den Gläubiger von diesem den zu viel gezahlten Betrag nach § 812 I 1, 1. Fall zurückverlangen.[69] 50

Eine solche Bürgschaft kann nach Ansicht des BGH[70] durch AGB nur von einem Kreditinstitut oder einer Versicherungsgesellschaft übernommen werden; in anderen Fällen ist sie als gewöhnliche Bürgschaft auszulegen.[71]

6. Sicherheitsbürgschaft

Eine zwischen Gläubiger und Bürgen vereinbarte Klausel, dass die Zahlung des Bürgen nur als Sicherheit gelte, bis der Gläubiger wegen aller Ansprüche gegen den Hauptschuldner befriedigt sei, soll den Forderungs- und Sicherheitenübergang (§§ 774 I, 412, 401; → Rn. 37 ff.) auf den zahlenden Bürgen (vorläufig) ausschließen. Die Forderung und die Sicherheiten stehen also trotz Zahlung des Bürgen weiterhin dem Gläubiger zu, weil die Zahlung nicht zur Befriedigung, sondern 51

66 Palandt/*Sprau* BGB Einf. v. § 765 Rn. 10.
67 Jauernig/*Stadler* BGB Vor § 765 Rn. 8; *Reinicke/Tiedtke* BürgschaftsR Rn. 411.
68 *BGH* NJW 2002, 1493.
69 Vgl. BGHZ 74, 244; *Horn* NJW 1980, 2153; *Hahn* MDR 1999, 839; *Looschelders* SchuldR BT Rn. 974.
70 *BGH* WM 1990, 1410; NJW 2001, 1857 (1858).
71 *BGH* NJW 1992, 1446. Einzelheiten: *Reinicke/Tiedtke* BürgschaftsR Rn. 309 ff.

nur zur Sicherung des Gläubigers führt. Wenn dieser jedoch dem Bürgen gegenüber deutlich macht, dass er den gezahlten Betrag endgültig behalten will, tritt die Befriedigung und damit auch der Forderungsübergang ein.[72]

§ 33. Vergleich, Schuldversprechen und Schuldanerkenntnis

1 **Schrifttum:** *Bork*, Der Vergleich, 1988; *Chelidonis*, Einige Gedanken zur strittigen Rechtsnatur des selbständigen Schuldversprechens (§§ 780f. BGB), JURA 2014, 261; *Dehn*, Zur Form des Schuldbeitritts zu einem Schuldanerkenntnis gemäß § 781 BGB, WM 1993, 2115; *Ehmann*, Schuldanerkenntnis und Vergleich, 2005; *Lange*, Die Erlaß- bzw. Vergleichsfalle, WM 1999, 1301; *Schmid-Burgk/Ludwig*, Abstrakte Schuldversprechen in der Bankpraxis und die Reform des Verjährungsrechts, DB 2003, 1046; *Schreiber*, Schuldversprechen und Schuldanerkenntnis, JURA 2014, 28; *Wellenhofer-Klein*, Das Schuldanerkenntnis – Erscheinungsformen und Abgrenzungskriterien, JURA 2002, 505.

Fall a: V hat seine Söhne A und B testamentarisch als Erben eingesetzt. Diese streiten sich darüber, ob sie je zur Hälfte als Erben eingesetzt sind und ob ein im Nachlass befindliches Gemälde echt ist. Schließlich vereinbaren sie, dass A das Bild und B den übrigen Nachlass des V haben soll. Kann B von A das Klavier des V verlangen, das sich in der Wohnung des A befindet? → Rn. 8

Fall b: Im Fall a wird nach der Vereinbarung ein später errichtetes Testament des V gefunden, wonach A Alleinerbe sein soll (vgl. § 2258). → Rn. 11

Fall c: Im Fall a stellt sich später heraus, dass das Bild, das A für ein Original gehalten hat, eine Fälschung ist. A hält den Vergleich für unwirksam; hilfsweise ficht er ihn wegen Irrtums an. → Rn. 12

Fall d: K, der dem V aus einem Kaufvertrag 5000 Euro schuldet, gibt V in dieser Höhe ein abstraktes Schuldanerkenntnis. K ficht den Kaufvertrag wirksam an und weigert sich zu zahlen. → Rn. 21

Fall e: Nach einem Verkehrsunfall erklärt der Autofahrer A dem sehr aufgeregten Radfahrer R: „Beruhigen Sie sich; ich komme für alles auf". Später im Prozess macht A geltend, den R treffe ein erhebliches Mitverschulden. → Rn. 24

---

72 *BGH* WM 1986, 1550f.

I. Vergleich

1. Begriff und Bedeutung

a) Begriff. Der Vergleich ist ein gegenseitiger Schuldvertrag, durch den der Streit oder die Ungewissheit der Parteien über ein Rechtsverhältnis im Wege des gegenseitigen Nachgebens beseitigt wird (§ 779 I).

b) Bedeutung. Der Vergleich dient dazu, einen aus tatsächlichen 2
oder rechtlichen Gründen unklaren Rechtszustand im Einverständnis der Parteien neu zu regeln. Durch den Vergleich soll verhindert werden, dass die Parteien auf die ungewissen Rechtsbeziehungen zurückgreifen.

Beispiel: A hat den B angefahren. Sie streiten über den Umfang des dem B anzulastenden Mitverschuldens und die Höhe des entstandenen Schadens. Einigen sich beide dahin, dass A dem B zur Abgeltung aller Ansprüche aus dem Verkehrsunfall 5.000 Euro zu zahlen hat, dann kann B nur diesen Betrag verlangen. Andererseits muss A diese Summe zahlen, ohne sich mit Erfolg auf ein mitwirkendes Verschulden des B berufen zu können.

Ein Vergleich im Sinne des § 779 ist auch der **Prozessvergleich** in 3
einem anhängigen Rechtsstreit. Er ist aber zugleich Prozesshandlung und unterliegt insoweit den Regeln des Prozessrechts. Die besondere Bedeutung des Prozessvergleichs besteht darin, dass aus ihm die Zwangsvollstreckung betrieben werden kann (§ 794 I Nr. 1 ZPO).[1]

2. Voraussetzungen des Vergleichs

Der Vergleich setzt im Einzelnen voraus: 4
- Es muss **Streit oder Ungewissheit** der Parteien über ein Rechtsverhältnis bestehen. Dem gleichgestellt ist der Fall, dass die Verwirklichung eines Anspruchs – etwa wegen schlechter Vermögensverhältnisse des Schuldners – unsicher ist (§ 779 II). Eine **vermeintliche** Ungewissheit unter den Parteien genügt; es ist nicht erforderlich, dass die Ungewissheit auch bei objektiver Beurteilung durch einen Dritten besteht.
- Die Parteien müssen durch **gegenseitiges Nachgeben** den Streit 5
oder die Ungewissheit beenden.

---

1 Dazu *Brox/Walker* ZwangsVollstrR Rn. 84 ff.

Dabei ist nicht erforderlich, dass sie sich „in der Mitte treffen". Ein Nachgeben liegt zB auch dann vor, wenn eine Partei lediglich das Zugeständnis macht, dass die Zinsen herabgesetzt oder Teilzahlungen eingeräumt werden.

6 – Die Parteien müssen sich **vertraglich** geeinigt haben. Hierfür gelten die allgemeinen Regeln der §§ 104 ff.

Eine Formvorschrift besteht für den Vergleich nicht. Er bedarf lediglich dann der Form, wenn das in ihm enthaltene Geschäft formbedürftig ist (zB wegen § 311b I). Der Prozessvergleich ersetzt jede vorgeschriebene Form (vgl. § 127a).

7 – Der Vergleich darf nicht gegen zwingende gesetzliche Vorschriften verstoßen.

Beispiel: Verzicht des Teilzahlungskäufers auf unverzichtbare gesetzliche Rechte (vgl. § 512).

3. Folgen des Vergleichs

8 **a) Regelung des streitigen Rechtsverhältnisses.** Der Vergleich ordnet die streitigen Rechtsbeziehungen der Parteien neu und schließt ein Zurückgreifen auf die bisherigen Streitpunkte aus.

Im **Fall a** ist der Streit über den Erbanteil und den Wert des Bildes beigelegt. Aufgrund des Vergleichs kann B von A das Klavier verlangen.

9 **b) Schicksal des ursprünglichen Schuldverhältnisses.** Ob der Vergleich nach dem Willen der Parteien an die Stelle des alten Schuldverhältnisses treten soll, ist durch Auslegung zu ermitteln.

aa) Regelmäßig soll nach dem Willen der Parteien das ursprüngliche Rechtsverhältnis neben dem Vergleich bestehen bleiben.[2] Dann werden auch die für die ursprüngliche Schuld bestellten Sicherungsrechte (zB Bürgschaften, Pfandrechte) durch den Vergleich in ihrem Bestand nicht berührt. Der Schuldner kann weiterhin gegenüber einem Anspruch aus dem Vergleich Einwendungen aus dem ursprünglichen Schuldverhältnis erheben, soweit nicht gerade das Bestehen der Einwendung die Ungewissheit war, die zum Vergleich geführt hat.

Beispiele: War streitig, ob K die Kaufpreisschuld von 2.000 Euro schon in Höhe von 500 Euro getilgt hat, und vergleichen sich die Parteien auf eine Zahlung von 1.800 Euro, kann K gegenüber dem Anspruch auf Zahlung von 1800 Euro die Mangelhaftigkeit der Kaufsache geltend machen. Darauf vermag er

---

2 Vgl. RGZ 164, 212 (216); *BGH* NJW-RR 1987, 1426 f.; *Looschelders* SchuldR BT Rn. 995.

sich jedoch dann nicht mehr zu berufen, wenn auch der Mangel der Kaufsache einer der Streitpunkte war, welche die Parteien zum Vergleich veranlasst haben.

Eine Nachforderung über die vereinbarte Vergleichssumme hinaus ist in aller Regel ausgeschlossen. Die Rechtsprechung[3] lässt aus Billigkeitsgründen nur dann eine Ausnahme zu, wenn später erhebliche Schäden auftreten, die bei Vergleichsschluss unvorhersehbar waren (zB eine leichte Gehirnerschütterung stellt sich später als eine schwere Gehirnverletzung heraus, die zu einem langen Siechtum führt). Es handelt sich hier um einen Anwendungsfall ergänzender Vertragsauslegung.

bb) Den Parteien steht es aber auch frei, das alte Schuldverhältnis durch den Vergleich zu ersetzen (Schuldersetzung, Novation).[4] Dann erlöschen die für die ursprüngliche Schuld bestellten Sicherungsrechte; ebenso sind Einwendungen aus dem alten Schuldverhältnis ausgeschlossen. 10

4. Irrtum beim Vergleich

Welche Rechtsfolgen ein Irrtum beim Vergleich hat, richtet sich vor allem danach, ob der Irrtum sich auf den unstreitigen oder bis dahin streitigen Sachverhalt bezieht. 11

a) Irrtum über unstreitigen Sachverhalt. Entspricht der unstreitige Sachverhalt nicht der Wirklichkeit und wäre der Streit oder die Ungewissheit bei Kenntnis der Sachlage nicht entstanden, so ist der Vergleich unwirksam (§ 779 I). Hier führt also ein beiderseitiger Motivirrtum zur Nichtigkeit des Vergleichs; es handelt sich um einen Spezialfall des Fehlens der Geschäftsgrundlage (dazu § 313).

Im **Fall b** war unstreitige Grundlage des Vergleichs, dass sich die Erbfolge nach dem ersten Testament richtete. Das entsprach nicht der Wirklichkeit; denn durch das spätere Testament war das frühere aufgehoben. Beide Parteien gingen bei Abschluss des Vergleichs von einem unrichtigen Motiv aus; bei Kenntnis des späteren Testaments wäre es zu diesem Streit nicht gekommen. Der Vergleich ist unwirksam.

Keine Unwirksamkeit nach § 779 liegt vor, wenn der unstreitige Sachverhalt der Wirklichkeit nicht entsprach, der Streit oder die Ungewissheit bei Kenntnis der Sachlage aber gleichwohl entstanden wäre; es können jedoch dann die allgemeinen Grundsätze über den Wegfall der Geschäftsgrundlage (§ 313) eingreifen.[5]

---

3 Vgl. etwa *BGH* NJW 1956, 217.
4 *Brox/Walker* SchuldR AT § 17 Rn. 4 ff.
5 Vgl. *BGH* LM Nr. 24 zu § 779 BGB.

12 **b) Irrtum über streitigen oder ungewissen Sachverhalt.** Bezieht sich der Irrtum auf einen streitigen oder ungewissen Umstand, so ist der Vergleich wirksam (arg. e § 779 I); denn es ist gerade der Sinn des Vergleichs, dass er diesen Streit oder diese Ungewissheit beenden soll. Aus diesem Grund scheidet auch eine nach allgemeinen Regeln zulässige Irrtumsanfechtung aus, wenn sich der Irrtum auf einen der streitigen oder ungewissen Punkte bezieht.

Im **Fall c** ist die Echtheit oder Unechtheit des Bildes ein Streitpunkt, der zum Vergleich geführt hat. Deshalb ist der Vergleich wirksam; auch eine Anfechtung nach § 119 scheidet aus. Jedoch wäre eine Anfechtung nach § 123 zulässig; denn eine arglistige Täuschung soll nicht belohnt werden.

II. Schuldversprechen und Schuldanerkenntnis

1. Begriff

13 Schuldversprechen und Schuldanerkenntnis sind einseitig verpflichtende Verträge, durch die der Schuldner dem Gläubiger gegenüber unabhängig von einem Schuldgrund eine Leistung verspricht bzw. eine Schuld als bestehend anerkennt (§ 780: **abstraktes Schuldversprechen**; § 781: **abstraktes Schuldanerkenntnis**).

Beide Vertragstypen unterscheiden sich voneinander nur durch den Wortlaut der getroffenen Vereinbarung („Ich verspreche, 1.000 Euro zu zahlen"; „Ich erkenne an, 1.000 Euro zu schulden"). Sie brauchen nicht näher gegeneinander abgegrenzt zu werden, da sie wirtschaftlich gleiche Sachverhalte erfassen und rechtlich sowohl bei der Entstehung als auch in den Rechtsfolgen keine Unterschiede aufweisen.[6]

Kennzeichnend für beide Verträge ist es, dass sie in ihrem Bestand unabhängig von einem zugrunde liegenden Rechtsverhältnis sind. Es handelt sich also um abstrakte Verträge, so dass der Gläubiger gegen den Schuldner hieraus vorgehen kann, ohne auf das Kausalverhältnis zurückgreifen zu müssen.[7]

Beispiel für ein abstraktes Schuldversprechen: Die Zusage eines Kreditkartenunternehmens, bei Vorlage ordnungsgemäßer Belastungsbelege Zahlung an das Vertragsunternehmen zu leisten.[8]

14 Vom abstrakten ist das **kausale Schuldanerkenntnis** zu unterscheiden. Darunter versteht man einen schuldbestätigenden Vertrag nach § 311 I; die

6 *Looschelders* SchuldR BT Rn. 997.
7 *BGH* NJW 2008, 1589 (1590); 2000, 2501 (2502).
8 *BGH* NJW 2002, 2234 (2236); NJW-RR 2004, 481.

§§ 780 ff. gelten nicht (str.; → Rn. 22). Auch auf ein **negatives Schuldanerkenntnis**, durch das der Gläubiger anerkennt, dass ein Schuldverhältnis nicht besteht (§ 397 II), sind die Vorschriften nicht anwendbar. Die Erklärung des Beklagten im Prozess, er erkenne den Anspruch des Klägers an, ist kein Schuldanerkenntnis nach § 781; das **prozessuale Anerkenntnis** ist kein Vertrag, sondern eine einseitige Prozesshandlung des Beklagten.

2. Voraussetzungen

a) Vertrag zwischen Gläubiger und Schuldner. Konstitutives Schuldversprechen und -anerkenntnis setzen einen Vertrag zwischen Gläubiger und Schuldner voraus. Inhalt des Vertrags ist es, dass unabhängig von einem Schuldgrund der Schuldner eine Leistung verspricht oder eine Schuld anerkennt (§§ 780, 781). 15

Ob das gewollt ist, muss durch Auslegung ermittelt werden. Allein die Bezahlung einer Verbindlichkeit stellt in der Regel kein konkludent erklärtes Schuldanerkenntnis bezüglich der beglichenen Forderung dar; dieser Erklärungswert kann sich allenfalls aus besonderen Umständen des Einzelfalls ergeben.[9]

Bei einem nur **einseitigen Schuldanerkenntnis** fehlt es an dem erforderlichen Vertragsschluss. Das Anerkenntnis führt nur zum Neubeginn der Verjährung (§ 212 I Nr. 1) und ist im Prozess bei der Beweiswürdigung zu berücksichtigen.

b) Schriftform der Erklärung des Schuldners. Die Erklärung des Schuldners bedarf – soweit das Gesetz keine strengere Form (zB § 311b I) vorschreibt – der Schriftform (§§ 780, 781). Diese Vorschriften haben Beweis- und Warnfunktionen.[10] Nur der Schuldner muss davor gewarnt werden, eine für ihn gefährliche Erklärung leichtfertig abzugeben. 16

Es bestehen folgende **Ausnahmen von der Schriftform**: 17

aa) Die Erklärung des Schuldners ist dann formfrei gültig, wenn das Versprechen oder Anerkenntnis für ihn ein Handelsgeschäft ist; der **Schuldner** muss **Kaufmann** sein (§ 350 HGB).[11]

bb) Eine Form ist ferner dann nicht vorgeschrieben, wenn das Versprechen oder Anerkenntnis im Wege eines **Vergleichs** oder aufgrund einer **Abrechnung** erfolgt (§ 782). Abrechnung ist ein Berechnungsvertrag zwischen Gläubiger und Schuldner, wodurch aus einer Reihe von einzelnen Rechnungsposten ein Endbetrag festgestellt wird (Hauptbeispiel: Kontokorrent, § 355

---

9 *BGH* ZIP 2008, 2405 (2407); NJW 2009, 580 (581).
10 **AA** BGHZ 121, 4: keine Warnfunktion.
11 *Brox/Henssler* HandelsR Rn. 383.

HGB).[12] Der Gesetzgeber hat hier auf die Schriftform verzichtet, weil der Vergleich oder die Abrechnung mit voller Sicherheit ersehen lasse, dass eine bindende Feststellung gewollt sei.[13]

3. Folgen

18 **a) Einseitige Leistungsverpflichtung des Schuldners.** Der Vertrag nach §§ 780, 781 begründet eine einseitige Leistungsverpflichtung des Schuldners. Er hat also stets schuldbegründende (konstitutive) Wirkung. Regelmäßig bleibt auch die Schuld aus dem zugrunde liegenden Schuldverhältnis bestehen, da das Schuldversprechen oder -anerkenntnis im Zweifel erfüllungshalber gegeben wird (§ 364 II).[14] Die Parteien können aber auch vereinbaren, dass auf das ursprüngliche Schuldverhältnis nicht mehr zurückgegriffen werden soll; dann erlischt es (§ 364 I; Schuldersetzung, Novation).[15]

19 **b) Wirksamkeit trotz Mängeln beim Grundgeschäft.** Da die Verpflichtung vom Kausalverhältnis losgelöst ist, berühren Mängel des Grundgeschäfts die Wirksamkeit des Leistungsversprechens grundsätzlich nicht.

aa) Ein Schuldversprechen oder -anerkenntnis, das für die Erfüllung eines **Ehemaklerlohns**, einer **Spiel- oder Wettschuld** gegeben wird, ist nichtig (§§ 656 II, 762 II). Hier soll auch durch Abschluss eines abstrakten Vertrags keine Verbindlichkeit begründet werden können.

bb) Wenn das zugrunde liegende Geschäft **gegen ein gesetzliches Verbot oder gegen die guten Sitten verstößt** (§§ 134, 138), dann müssen auch Schuldversprechen und -anerkenntnis nichtig sein;[16] denn andernfalls könnten durch sie die zwingenden Vorschriften der §§ 134, 138 umgangen werden.

20 **c) Bereicherungsausgleich beim Fehlen des Schuldgrundes.** Beim Fehlen des Schuldgrundes kann das Schuldversprechen oder -anerkenntnis nach den Regeln der **ungerechtfertigten Bereicherung** (§§ 812 ff.) zurückgefordert werden.[17] Dieser Anspruch besteht allerdings dann nicht, wenn der Schuldner bei der Eingehung der Leistungsverpflichtung den Mangel des Rechtsgrundes kannte (§ 814); diese Vorschrift ist insbesondere dann zu beachten, wenn durch die

---

12 *Brox/Henssler* HandelsR Rn. 336 ff.
13 Prot. II, 509 f.
14 *Brox/Walker* SchuldR AT § 14 Rn. 7.
15 *Brox/Walker* SchuldR AT § 17 Rn. 4 ff.
16 MüKoBGB/*Habersack* § 780 Rn. 53; **aA** Palandt/*Sprau* BGB § 780 Rn. 9; *Looschelders* SchuldR BT Rn. 1000.
17 *BGH* NJW 2000, 2501 (2502); NJW-RR 1999, 573 (574).

Leistungsverpflichtung die Mängel der Grundverpflichtung behoben werden sollten.[18]

21 Gegenüber dem Erfüllungsanspruch aus dem abstrakten Vertrag kann der Schuldner die Bereicherungseinrede erheben (§ 821; **Fall d**). Hier zeigt sich die praktische Bedeutung eines Vertrags nach §§ 780, 781: Ohne einen solchen Vertrag müsste der Gläubiger aus dem Grundgeschäft klagen und dessen Voraussetzungen bei Bestreiten des Schuldners beweisen. Klagt dagegen der Gläubiger aus dem abstrakten Vertrag und erhebt demgegenüber der Schuldner die Bereicherungseinrede, so muss dieser bei Bestreiten des Gläubigers die Rechtsgrundlosigkeit des Leistungsversprechens beweisen.[19] Der abstrakte Vertrag führt also letztlich zu einer Umkehr der Beweislast.

4. Abgrenzung von abstraktem und kausalem Schuldanerkenntnis

22 Durch ein kausales („bestätigendes“, „deklaratorisches“) Schuldanerkenntnis soll kein neues Schuldverhältnis begründet, sondern das alte bestätigt werden; insoweit hat es nur deklaratorische Wirkung. Mit dem kausalen Schuldanerkenntnis wird bezweckt, das alte Schuldverhältnis insgesamt (oder zumindest in bestimmten Beziehungen) dem Streit oder der Ungewissheit der Parteien zu entziehen und (insoweit) endgültig festzulegen;[20] es besteht also eine gewisse Ähnlichkeit mit dem Vergleich. Der Gläubiger wird durch das kausale Schuldanerkenntnis vor Einwendungen und Einreden des Schuldners geschützt, die dieser bei Abgabe der Erklärung kennt oder mit denen er rechnet;[21] denn in dem Schuldanerkenntnis liegt ein Verzicht des Schuldners auf diese Einwendungen und Einreden. Für das kausale Schuldanerkenntnis genügt es, dass das alte Schuldverhältnis möglicherweise besteht;[22] besteht es in Wirklichkeit nicht, kann das Schuldanerkenntnis konstitutive Wirkung haben.

23 Ob ein abstraktes oder kausales Schuldanerkenntnis vorliegt, richtet sich nach dem Parteiwillen. Wollten die Parteien einen neuen, selbständigen, vom Schuldgrund losgelösten Anspruch begründen, dann handelt es sich um einen Vertrag nach § 780. Im Einzelfall ist die Auslegung oft schwierig. Wird in der Vereinbarung der Schuldgrund genannt („Ich erkenne an, dem G aus Kauf 700 Euro zu schulden“), so kann das ein Indiz gegen ein abstraktes Anerkenntnis sein;

18 *BGH* NJW 2000, 2501 (2502) mwN.
19 *Looschelders* SchuldR BT Rn. 1001.
20 BGHZ 66, 250 (253); *BGH* NJW 1995, 961; *BAG* NZA 2016, 1409 Rn. 26.
21 *BGH* NJW 2008, 3122, Rn. 12; JZ 1968, 633; *BAG* NZA 2016, 1409 Rn. 28.
22 BGHZ 66, 254; 98, 167.

ist der Schuldgrund nicht erwähnt, mag das für einen solchen Vertrag sprechen. Zwingend ist dies aber nicht. Vielmehr sind zur Erforschung des Willens alle erkennbaren Umstände heranzuziehen; vor allem ist der von den Parteien beabsichtigte Zweck des Vertrags zu beachten.

24 Bei einer Erklärung am Unfallort **(Fall e)** kann es sich um eine bloße unverbindliche Äußerung einer Rechtsansicht handeln (zB mündliche, in der ersten Aufregung abgegebene Erklärung). Möglicherweise wird nur eine Tatsache „anerkannt", was im Prozess bei der Beweiswürdigung zu berücksichtigen ist (zB Geständnis des Kraftfahrers, „bei Rot" in die Kreuzung gefahren zu sein). Eine Verbindlichkeit des Erklärenden wird nur dann begründet, wenn er für den Erklärungsempfänger erkennbar mit Rechtsbindungswillen gehandelt hat (zB er unterschreibt ein Schriftstück, wonach er für die Unfallschäden aufkomme, um den Geschädigten davon abzuhalten, die Polizei zu holen). Aber auch in diesem Fall soll regelmäßig kein neues, abstraktes Schuldverhältnis begründet, sondern lediglich das bestehende (§ 823; § 7 StVG) bestätigt werden. Damit verzichtet der Erklärende auf bekannte Einwendungen; er kann nicht mehr mit Erfolg ein Mitverschulden des Geschädigten geltend machen.[23] Es kommt also auf die Umstände des Einzelfalls an.[24]

§ 34. Spiel und Wette

1 **Schrifttum:** *Baldus,* Gewinnzusagen: Kann sich dem objektiven Empfängerhorizont etwas aufdrängen?, ZGS 2004, 297; *Gergen,* Wette oder Auslobung – Stammt „Der Zweck heiligt die Mittel" von den Jesuiten?, JA 2004, 760; *Janz,* Rechtsfragen der Vermittlung von Oddset-Wetten in Deutschland, NJW 2003, 1694; *S. Lorenz,* Gewinnmitteilungen als „geschäftsähnliche Handlungen": Anwendbares Recht, internationale Zuständigkeit und Erfüllungsort, NJW 2006, 472; *Meller-Hannich,* Bestandsaufnahme und Bewertung der Ansprüche aus Gewinnzusagen, NJW 2006, 2516; *Mörsdorf-Schulte,* Autonome Qualifikation der isolierten Gewinnzusage, JZ 2005, 770; *Oechsler/Mihaylova,* Der Kronkorkenfall – Zu Gelegenheitsgesellschaft (§ 705 BGB), Auslobung (§ 657 BGB) und Inhabermarke (§ 807 BGB), JURA 2017, 997; *Schäfer,* Lässt sich die Gewinnzusage nach § 661a BGB in das System des Bürgerlichen Rechts einordnen?, JZ 2005, 981; *Schröder/Thiessen,* Gewinnzusagen beim Wort genommen – zur Verfassungsmäßigkeit von § 661a BGB, NJW 2004, 719.

Fall a: A spielt in seiner Wohnung mit B „Siebzehn und vier"; er verliert und zahlt. Später verlangt er das Geld zurück, weil er zur Zahlung nicht verpflichtet gewesen sei. → Rn. 5

23 **Str.**; vgl. RGRK/*Steffen* BGB § 781 Rn. 19.
24 Näheres: *BGH* NJW 1984, 799.

Fall b: Wie, wenn B zum Spiel gezinkte Karten mitgebracht hätte? → Rn. 5
Fall c: Wie, wenn im Fall a das Spiel in einer Gastwirtschaft stattfand und sich auch andere Gäste daran beteiligen konnten? → Rn. 5

I. Begriff, Abgrenzung und gesetzliche Regelung

1. Begriff

Spiel und Wette sind Risikoverträge. Beim Spiel überwiegt der Zweck, sich zu unterhalten oder einen Gewinn zu erzielen; bei der Wette geht es vornehmlich um die Bekräftigung einer Behauptung.

Regelmäßig handelt es sich um gegenseitige Verträge, da sich beide Parteien unter entgegengesetzten Bedingungen gegenseitig Leistungen versprechen. Es kann aber auch sein, dass nur eine Partei etwas verspricht[1] (zB einseitige Wette: „Du bekommst 50 Euro, wenn ich Unrecht habe").

Spiele iSd § 762 sind sowohl die Glücksspiele, bei denen der Zufall die entscheidende Rolle spielt (zB Würfeln), als auch die Geschicklichkeitsspiele, bei denen es auch auf die Fähigkeit der Spieler ankommt (zB Preiskegeln).

2. Abgrenzung

Nicht unter Spiel und Wette fallen Auslobung und sportliche Kampfspiele. 2

a) Auslobung. Der Auslobende, der sich durch einseitige öffentliche Erklärung (zB Zeitungsanzeige, Anschlag) zu einer Belohnung verpflichtet, will zu einer Handlung (etwa Wiederbringen einer verlorenen Sache) anspornen und nicht eine Behauptung bekräftigen (Einzelh.: §§ 657 ff.).

Nach § 661a muss ein Unternehmer (§ 14; → § 17 Rn. 39), der Verbrauchern (§ 13; → § 17 Rn. 39) Mitteilungen über Gewinne versendet und bei einem durchschnittlichen Verbraucher in der Lage des Empfängers[2] den Eindruck erweckt, der Verbraucher habe einen Preis gewonnen, diesen Preis auch leisten. Dadurch soll die Praxis unterbunden werden, dass die angeblichen Gewinne nicht ausgehändigt werden und stattdessen versucht wird, den Verbraucher zur Abnahme von Waren zu bewegen, die er an sich nicht haben will. „Sender" von Gewinnmitteilungen können auch solche Unternehmer sein, die unter nicht existierenden oder falschen Namen oder Geschäftsbezeichnungen auftreten, sofern sie nur von einem durchschnittlichen Verbraucher als Versprechender angesehen werden.[3] § 661a begründet einen zivilrechtlichen An-

1 Vgl. RGZ 61, 153 (156).
2 *BGH* NJW 2004, 1652.
3 *BGH* NJW 2004, 3555 f.; 2005, 827; NJW-RR 2006, 701 (702).

spruch und nicht etwa eine verschuldensunabhängige und daher verfassungswidrige Strafe.[4] Die angeblichen Gewinne sind aber meist schon deshalb nicht realisierbar, weil der Unternehmer ohne ladungsfähige Anschrift (zB nur mit einer Postfachadresse im Ausland) auftritt.

3 **b) Sportliche Kampfspiele.** Sportliche Kampfspiele dienen nicht in erster Linie dem Vergnügen, sondern der körperlichen Ertüchtigung. Nach heutiger Verkehrsauffassung fallen sie nicht unter § 762, selbst wenn Gewinne winken.

3. Gesetzliche Regelung

4 **a) Kein Erfüllungsanspruch.** Aus einem Spiel- oder Wettvertrag ergibt sich kein Erfüllungsanspruch (§ 762 I 1). Der Grund für die Nichtklagbarkeit liegt nicht darin, dass solche Verträge sittlich verwerflich oder gefährlich sind; denn dann wäre es auch dem Staat versagt, etwa staatliche Lotterien einzurichten. Entscheidend ist vielmehr, dass der Staat für solche Verträge wegen ihres mangelnden sittlichen und wirtschaftlichen Zwecks keine gerichtliche Hilfe zur Verfügung stellen will.

5 **b) Kein Rückforderungsanspruch.** Deshalb kann auch das aufgrund von Spiel und Wette Geleistete nicht mit der Begründung zurückgefordert werden, eine Verbindlichkeit habe nicht bestanden (§ 762 I 2).

Im **Fall a** ist demnach ein Bereicherungsanspruch des A wegen § 762 I 2 nicht gegeben. Im **Fall b** kann A wegen arglistiger Täuschung anfechten und nach § 812 das Geleistete zurückverlangen; § 762 I 2 greift nicht ein, da hier nicht die Unverbindlichkeit der Spielschuld geltend gemacht wird.[5] Im **Fall c** ist der Spielvertrag nach § 134 nichtig, da es sich um ein strafbares **öffentliches** Glückspiel handelt (§ 284 I StGB); § 812 ist anwendbar, der Anspruch aber nach § 817 S. 2 ausgeschlossen.

6 **c) Keine Aufrechnung, kein Zurückbehaltungsrecht.** Aus dem Zweck des § 762 I folgt ferner, dass der Gläubiger einer Spiel- oder Wettschuld nicht aufrechnen und auch ein Zurückbehaltungsrecht nicht geltend machen kann.

Dagegen kann der Schuldner einer Spiel- oder Wettschuld diese nicht nur durch Zahlung, sondern auch durch Aufrechnung (zB mit einer Kaufpreisforderung) erfüllen.

---

4 *BGH* NJW 2003, 3620; *BVerfG* NJW 2004, 762.
5 Vgl. *BGH* NJW 2006, 45 (46) (nach dem Schneeballsystem organisierter Schenkkreis).

d) Unverbindlichkeit von Sicherungsrechten. Sicherungsrechte (Bürgschaft, Pfandrecht) für eine Spiel- oder Wettschuld sind wegen ihrer Akzessorietät zur Hauptschuld ebenfalls unverbindlich. Das muss auch für fiduziarische Rechtsübertragungen (zB die Sicherungsübereignung) gelten. 7

e) Neu eingegangene Verbindlichkeiten. Auch auf neue Verbindlichkeiten, die zum Zweck der Erfüllung einer Spiel- oder Wettschuld eingegangen werden, ist § 762 anwendbar. Das ergibt sich für das Schuldanerkenntnis ausdrücklich aus § 762 II, gilt aber auch etwa für das Schuldversprechen (§ 780) und für die Vereinbarung, wonach die Spiel- oder Wettschuld nunmehr als Darlehen geschuldet sein soll (sog. Vereinbarungsdarlehen);[6] denn § 762 II nennt das Schuldanerkenntnis nur als Beispiel. 8

II. Besonderheiten bei Lotterie- und Ausspielverträgen

Staatlich genehmigte Lotterie- oder Ausspielverträge sind verbindlich (§ 763 S. 1). Der Gewinner hat also einen klagbaren Rechtsanspruch auf den Gewinn. 9

Beispiele: Kauf eines Loses einer staatlichen Klassenlotterie; Abgabe und Annahme eines ausgefüllten Lotto- oder Totoscheins; Setzen bei einer öffentlichen Spielbank; Teilnahme an einem mit Spielbankerlaubnis betriebenen Online-Roulette;[7] Abschluss eines Prämiensparvertrags mit Auslosung.

Fehlt die staatliche Genehmigung, so ist § 762 anzuwenden (§ 763 S. 2). Bei einer nicht genehmigten öffentlichen Lotterie oder öffentlich veranstalteten Ausspielung sind die Verträge wegen Verstoßes gegen ein gesetzliches Verbot (§ 287 StGB) nichtig (§ 134).

6 *Looschelders* SchuldR BT Rn. 925.
7 *BGH* NJW 2008, 2026.

7. Kapitel. Geschäftsführung ohne Auftrag

§ 35. Überblick

1 **Schrifttum:** *Henssler*, Grundfälle zu den Anspruchsgrundlagen im Recht der Geschäftsführung ohne Auftrag, JuS 1991, 924; *Hey*, Die Geschäftsführung ohne Auftrag, JuS 2009, 400; *Martinek/Theobald*, Grundfälle zum Recht der Geschäftsführung ohne Auftrag, JuS 1997, 612, 805 u. 992; 1998, 27; *Oppermann*, Konstruktion und Rechtspraxis der Geschäftsführung ohne Auftrag, AcP 193 (1993), 497; *Rademacher*, Die Geschäftsführung ohne Auftrag im europäischen Privatrecht, JURA 2008, 87; *S. Lorenz*, Grundwissen – Zivilrecht: Geschäftsführung ohne Auftrag (GoA), JuS 2016, 12.

I. Begriff

Bei der Geschäftsführung ohne Auftrag (GoA) besorgt jemand (Geschäftsführer) das Geschäft eines anderen (Geschäftsherrn), „ohne von ihm beauftragt oder ihm gegenüber sonst dazu berechtigt zu sein" (§ 677). Die Bezeichnung „Geschäftsführung ohne Auftrag" ist zu eng: Nicht das Fehlen eines Auftragsvertrags, sondern das Fehlen jeden Rechtsverhältnisses zwischen den Beteiligten hinsichtlich der Geschäftsbesorgung kennzeichnet die GoA. Keine GoA liegt allerdings bei einem bloßen Gefälligkeitsverhältnis vor, bei dem es am Rechtsbindungswillen fehlt.[1]

II. Bedeutung

2 Durch die Regelung der GoA will das Gesetz einen Interessenausgleich für jene nicht seltenen Fälle schaffen, in denen jemand eine Handlung vornimmt, welche in die Rechtssphäre eines anderen gehört. Das Vorgehen des Handelnden kann dem Betroffenen erwünscht und dienlich sein. Hier ist es angebracht, den Helfer zu privilegieren, Lasten und Risiken also auf den Geschäftsherrn zu verlagern. Andererseits muss der einzelne vor „Besserwissern" ge-

1 *BGH* NJW 2015, 2880 Rn. 9 mAnm *Mäsch* JuS 2016, 70.

schützt werden. Jeder hat grundsätzlich das Recht, seine eigenen Angelegenheiten selbst zu regeln.

III. Gesetzliche Regelung

1. Echte GoA

Echte GoA liegt vor, wenn jemand **für einen anderen** ein Geschäft führt. Entsprechend der geschilderten Interessenlage unterscheidet das Gesetz zwischen **berechtigter** (dazu → § 36) und **unberechtigter** (dazu → § 37) GoA. 3

2. Eigengeschäftsführung

Behandelt jemand ein fremdes Geschäft **als eigenes**, spricht man von Eigengeschäftsführung. Hier unterscheidet das Gesetz zwischen irrtümlicher (§ 687 I; → § 38 Rn. 3) und unerlaubter (§ 687 II; → § 38 Rn. 4 ff.) Eigengeschäftsführung. 4

§ 36. Berechtigte Geschäftsführung ohne Auftrag

Schrifttum: *Buck-Heeb/Dieckmann*, Der Falschparker auf dem Supermarkt-Parkplatz, Ad Legendum 2017, 288; *Einsele,* Geschäftsführung ohne Auftrag bei nichtigen Verträgen? – BGH, NJW 1997, 47, JuS 1998, 401; *Falk,* Von Titelhändlern und Erbensuchern – Die GoA-Rechtsprechung am Scheideweg, JuS 2003, 833; *Franßen/Blatt*, Ersatzansprüche aus Geschäftsführung ohne Auftrag beim Feuerwehreinsatz, NJW 2012, 1031; *Gursky,* Der Tatbestand der Geschäftsführung ohne Auftrag, AcP 185 (1985), 13; *Gutzeit/Vrban*, Bestattung ohne Auftrag, NJW 2012, 1630; *Hau,* Geschäftsführung ohne Verbraucherauftrag, NJW 2001, 2863; *Lorenz*, Privates Abschleppen – Besitzschutz oder „Abzocke"?, NJW 2009, 1025; *Loyal*, Der fremdnützige Leistungszweck, JZ 2012, 1102; *Pfeifer,* Ureigenste Geschäfte oder typische „Auch-Gestion" – zur Behandlung unerkannt unwirksamer Verträge, JA 2008, 17; *Pöschke/Sonntag*, Fortgeschrittenen-Klausur – Zivilrecht: Besitzschutz durch Abschleppen vom Privatparkplatz, JuS 2009, 711; *Röthel*, Rechtsfolgen der Geschäftsführung ohne Auftrag, JURA 2012, 598; *B. Schmidt,* Die berechtigte Geschäftsführung ohne Auftrag, 2008; *ders.*, Der Anwendungsbereich der berechtigten Geschäftsführung ohne Auftrag, JuS 2004, 862; *Schreiber,* Das „auch-fremde" Geschäft bei der Geschäftsführung ohne Auftrag, JURA 1991, 155; *Stamm,* Die Rückführung der sog. „auch fremden Geschäfte" von der Geschäftsführung ohne Auftrag auf die Gesamtschuld, JURA 2002, 730; *Tachau,* Berechtigte Geschäftsführung ohne Auftrag 1 als unbestellte Leistung? Zur Konkurrenz von § 683 BGB und § 241a BGB, JURA 2006, 889; *Weishaupt,* Zur Geschäftsführung ohne Auftrag bei vertraglicher Pflichtbindung des Geschäftsführers, NJW 2000, 1002; *Wilke*, Gedanken zu einer normativen Bestimmung des Fremdgeschäftsführungswillens, JURA 2013, 547.

Fall a: Durch Verschulden eines Pyrotechnikers brennt beim Feuerwerk ein Kirchturm aus. Der Fiskus übernimmt aufgrund seiner vertraglichen Kirchenbaulast den Wiederaufbau und verlangt von dem Pyrotechniker Ersatz der Kosten nach § 683. → Rn. 16

Fall b: S befährt mit seinem Pkw vorschriftsmäßig die Landstraße. Der entgegenkommende Radfahrer R gerät ohne Verschulden plötzlich unmittelbar vor den Pkw. S reißt den Wagen nach rechts, fährt in einen Acker und erleidet Verletzungen. Ansprüche des S gegen R? → Rn. 4, 61

Fall c: B ist Anhänger einer Sekte, welche die Vornahme von Operationen an Menschen verbietet. Als B den Arzt A aufsucht, nimmt dieser trotz Widerspruchs des B eine kleine, unumgängliche Operation vor. Kann A von B hierfür das Honorar verlangen? → Rn. 29

Fall d: A findet den bei einem Autounfall verletzten B bewusstlos auf der Straße und bringt ihn ins Krankenhaus. Er möchte, dass B die Rechnung für die Reinigung der blutbefleckten Autopolster bezahlt. → Rn. 10, 18, 56

Fall e: Der Handelsvertreter A beteiligt sich, als er auf dem Wege zu einem Geschäftspartner ist, längere Zeit am Einfangen des entflogenen Vogels der B. Er erkennt dabei die Möglichkeit, dass durch seine Verspätung ein Vertragsschluss scheitern kann. Später verlangt er von B die ihm tatsächlich entgangene Provision. → Rn. 58

Fall f: E schreit beim Schwimmen zum Scherz laut um Hilfe. S, der E retten will, beschädigt beim eiligen Ablegen das Ruder seines Schiffes. Er begehrt von E Ersatz der Reparaturkosten. → Rn. 26, 28, 51, 59

I. Voraussetzungen

Die berechtigte GoA setzt voraus, dass jemand ein Geschäft für einen anderen besorgt, ohne von ihm beauftragt oder ihm gegenüber sonst dazu berechtigt zu sein (§ 677) und dass einer der in §§ 677 ff. genannten Berechtigungsgründe (→ § 36 Rn. 22 ff.) vorliegt.

1. Geschäftsbesorgung

2 Der Begriff der Geschäftsbesorgung in § 677 entspricht dem beim Auftrag (→ § 29 Rn. 2), so dass nicht nur rechtsgeschäftliche, sondern auch tatsächliche Handlungen erfasst werden.

Bei der GoA nimmt der Geschäftsführer Tätigkeiten im fremden Interesse und Sorgenkreis wahr. Daher fordert die überwiegende

Auffassung über den Wortlaut von § 677 hinaus, es müsse sich bei der besorgten Angelegenheit um ein **fremdes Geschäft** handeln. Das Erfordernis der Fremdheit wird jedoch zunehmend in Frage gestellt.[1] Für diese Ansicht spricht, dass der Fremdheit des Geschäfts neben dem Fremdgeschäftsführungswillen (→ Rn. 3 ff.) keine wesentliche Bedeutung zukommt, was insbesondere beim sog. subjektiv-fremden Geschäft (→ Rn. 7) offenbar wird.

2. Fremdgeschäftsführungswille

Die GoA setzt voraus, dass das Geschäft **für einen anderen** ge- 3
führt wird (§ 677). Der Geschäftsführer muss also mit Fremdgeschäftsführungswillen handeln. Dazu gehören das Bewusstsein und der Wille, eine Angelegenheit, die eigentlich der Sorge eines anderen obliegt, weil sie in dessen Rechtskreis gehört, für diesen zu besorgen. Der Geschäftsführer muss wissen und wollen, dass die Vorteile des Geschäfts dem anderen zugutekommen. Ausgeschlossen ist ein Fremdgeschäftsführungswille bei solchen Geschäften, die lediglich den eigenen Interessenkreis des Geschäftsführers betreffen. Auch bei einer Gefälligkeit fehlt es am Fremdgeschäftsführungswillen.[2] Wer eine Gefälligkeit erbringt, will kein Geschäft eines anderen führen.

Bewusstsein und Wille, ein fremdes Geschäft zu führen, können auch vor- 4
liegen, wenn die Geschäftsbesorgung in einer reflexhaften Handlung besteht. So kann bei der „Selbstgefährdung im Straßenverkehr“ **(Fall b)** ein Fremdgeschäftsführungswille selbst dann gegeben sein, wenn der Kraftfahrer in einer spontanen, also vom Bewusstsein nicht kontrollierten Reaktion das Steuer herumreißt, um einen anderen Verkehrsteilnehmer nicht zu schädigen, wobei er eine Eigenschädigung in Kauf nimmt. Nach einer Entscheidung des BGH[3] besorgt der Fahrer das Geschäft nur dann für einen anderen, wenn er zumindest auch den Zweck verfolgt, den anderen vor einem Schaden zu bewahren, und der Zusammenstoß ein durch höhere Gewalt verursachtes Ereignis (§ 7 II StVG) gewesen wäre, so dass der Fahrer nicht nur versucht, seiner eigenen Haftung nach § 7 I StVG zu entgehen.

Unerheblich ist, ob der Geschäftsführer den Geschäftsherrn kennt. 5
Es genügt, dass er für einen anderen handeln will. Daher ist auch ein Irrtum über die Person des Geschäftsherrn unschädlich (§ 686).

---

1 Soergel/*Beuthien* BGB § 677 Rn. 3.
2 *BGH* NJW 2015, 2880 Rn. 9 (auch zu anderen Begründungsmöglichkeiten) mAnm *Mäsch* JuS 2016, 70.
3 BGHZ 38, 270, allerdings noch zur früheren Fassung des § 7 StVG, die eine Haftung bei Vorliegen eines unabwendbaren Ereignisses (heute: höhere Gewalt) ausschloss.

Beispiel: Wenn A bei einem fremden Haus ausströmendes Gas bemerkt und die Feuerwehr anruft, liegt Geschäftsführung für einen anderen vor.

A braucht sich keine Vorstellungen über die Person des Hauseigentümers zu machen. Hält er aber fälschlich den B für den Eigentümer, darf ihm daraus kein Nachteil (Versagung des Anspruchs auf Aufwendungsersatz; → Rn. 53 ff.) entstehen.

6 Der Wille zur Fremdgeschäftsführung ist als innere Tatsache oft schwer nachweisbar. Daher hat die Rechtsprechung folgende **Beweislastregel** entwickelt:

a) Objektiv fremdes Geschäft. Wenn das Geschäft bereits äußerlich erkennbar zu einer fremden Interessensphäre gehört (= objektiv fremdes Geschäft), ist der Fremdgeschäftsführungswille anzunehmen, wenn dem Geschäftsführer die Fremdheit des Geschäfts bewusst ist (vgl. § 687 I) und er das Geschäft nicht nur als eigenes führen will (vgl. § 687 II). Der Fremdgeschäftsführungswille wird also bei einem objektiv fremden Geschäft vermutet;[4] für die Annahme, dass hier ausschließlich ein Eigengeschäft geführt werden soll, müssen schon besondere Umstände vorliegen.[5]

Zu den objektiv fremden Geschäften sind regelmäßig diejenigen Handlungen zu zählen, die unmittelbar darauf abzielen, fremde Rechtsgüter vor Gefahr oder Schaden zu bewahren. Aber auch die Vermietung fremder Sachen ist ein objektiv fremdes Geschäft.

Beispiele: A rettet das Kind eines anderen vor einem heranfahrenden Auto. B repariert das Dach seines Nachbarn. Der Vermieter vermietet unter Berufung auf sein Vermieterpfandrecht Sachen des Mieters; das Vermieterpfandrecht berechtigt nämlich grundsätzlich nicht zur Nutzung, sondern nur zur Verwertung der Sachen (§§ 1228 ff.). Wenn nicht ausnahmsweise ein Nutzungspfand (§ 1213) vereinbart wurde (vgl. → § 11 Rn. 53), ist die Nutzung daher für den Vermieter ein fremdes Geschäft.

7 **b) Subjektiv fremdes Geschäft.** Bei Geschäften, die nach ihrem Inhalt keinen fremden Rechtskreis betreffen, muss der Fremdgeschäftsführungswille äußerlich erkennbar in Erscheinung getreten sein[6] (subjektiv fremdes Geschäft).

Beispiel: Kauft A einen Kupferstich, so besteht objektiv keine Beziehung zu fremden Angelegenheiten. Wenn aber A dieses Bild erkennbar deshalb er-

---

4 *BGH* NJW 2012, 1648 (1650); 2007, 63 (64); NJW-RR 2004, 81 (82) mwN.
5 Vgl. *Looschelders* SchuldR BT Rn. 847.
6 *BGH* NJW-RR 2004, 81 (82) mwN.

wirbt, weil er es seinem Freud B, dem es zur Vervollständigung einer Serie fehlt, verschaffen will, handelt er iSd § 677 „für einen anderen“.

c) **Auch-fremdes Geschäft.** Wenn der Geschäftsführer neben der fremden Angelegenheit auch eine eigene mitbesorgt (= auch-fremdes Geschäft), wird sein Fremdgeschäftsführungswille ebenso wie bei einem ausschließlich fremden Geschäft vermutet.[7] 8

Beispiele: Der Mieter löscht den Wohnungsbrand. Der Eigentümer eines Reihenhauses löscht den Brand im Nachbarhaus. Der Grundstücksbesitzer lässt ein auf seinem Grundstück unberechtigt abgestelltes Fahrzeug entfernen. Dabei wird er nicht nur im eigenen Interesse, sondern auch für den Halter des abgestellten Fahrzeugs tätig. Denn dieser begeht durch das Abstellen eine verbotene Eigenmacht (§ 858) und ist nach § 862 zur Beseitigung der darin liegenden Besitzstörung verpflichtet.[8]

Allerdings ist die Vermutung eines Fremdgeschäftsführungswillens dann zweifelhaft, wenn sich das Doppelinteresse aus einer **gesetzlichen oder rechtsgeschäftlichen Verpflichtung** des Geschäftsführers ergibt. Hier wird man mit der im Schrifttum und unter den Instanzgerichten verbreiteten Gegenansicht eine GoA – wenn überhaupt – allenfalls dann annehmen können, wenn konkrete Anhaltspunkte für den Fremdgeschäftsführungswillen vorliegen. Im Einzelnen ist wie folgt zu unterscheiden: 9

aa) Besteht für den Geschäftsführer eine **allgemeine öffentlich-rechtliche Pflicht**, „für einen anderen“ tätig zu werden (zB Hilfeleistungspflicht nach § 323c StGB), wird der Wille, ein fremdes Geschäft zu führen, gegeben sein; denn mit der Erfüllung dieser Pflicht besorgt der Geschäftsführer gleichzeitig ein objektiv fremdes Geschäft **(Fall d).** 10

bb) Besteht eine **spezielle öffentlich-rechtliche Pflicht** des Geschäftsführers, erscheint es fraglich, ob er mit seinem pflichtgemäßen Handeln gleichzeitig ein Geschäft für einen anderen besorgt. 11

Beispiele: A reißt aufgrund einer Aufforderung des Ordnungsamtes die einsturzbedrohte freistehende Giebelmauer ab, die sein zerstörtes Haus mit dem Haus des B gemeinsam hatte.[9] Die Feuerwehr löscht einen Brand, der durch Funkenflug aus einer Lokomotive der Bundesbahn verursacht wurde.[10]

---

7 St. Rspr. des *BGH* NJW 2007, 63 (64); NJW-RR 2004, 81 (82) mwN.
8 *BGH* NJW 2016, 2407 Rn. 6.
9 BGHZ 16, 12.
10 BGHZ 40, 28; vgl. auch BGHZ 63, 167.

12 Hier ist die Annahme einer GoA jedenfalls dann bedenklich, wenn es um eine Geschäftsführung durch die öffentliche Hand (zB zur Gefahrenabwehr) geht. Für das Verhältnis zwischen Staat und Bürger enthalten die Verwaltungsvollstreckungs- und Kostengesetze eine abschließende Regelung über die Erstattung der Kosten einer hoheitlichen Maßnahme.[11]

13 cc) Besorgt der Geschäftsführer ein Geschäft, wozu er **aufgrund eines Vertrags mit einem Dritten diesem gegenüber verpflichtet** ist, soll nach einer zum Teil vertretenen Ansicht ein Fremdgeschäftsführungswille und damit eine GoA im Verhältnis zum Geschäftsherrn nicht ausgeschlossen sein, sofern der Geschäftsführer auch im Hinblick auf den Geschäftsherrn handelt.[12] Richtiger Ansicht nach stehen dem Geschäftsführer jedoch nur Ansprüche gegen seinen Vertragspartner zu. Selbst wenn der Vertrag nichtig sein sollte, kann sich der Geschäftsführer mit der Leistungskondiktion (dazu → § 40) an den Partner halten. Ein nur subsidiärer Anspruch wegen Bereicherung in sonstiger Weise (dazu → § 42) gegen den Geschäftsherrn scheidet aus. Diese gesetzliche Wertung würde umgangen, wenn man eine GoA bejahte.

14 dd) Sind **mehrere Schuldner verpflichtet**, den Schaden eines Dritten zu ersetzen, so fragt sich, ob im Innenverhältnis der Schuldner die Grundsätze der GoA anwendbar sind, wenn einer die Schuld begleicht. Mit der Erfüllung der eigenen Schadensersatzpflicht nimmt der Leistende nach wohl hL[13] nicht zugleich ein Geschäft des Mitschädigers vor, zumal dieser von seiner Leistungspflicht nicht befreit wird.

15 (1) Sind die Schädiger **Gesamtschuldner**, ist § 426 gegenüber den Vorschriften der GoA als abschließende Regelung des Ausgleichs im Innenverhältnis anzusehen.[14]

16 (2) Leistet einer von mehreren Verpflichteten, die **nicht Gesamtschuldner** sind, nimmt der Leistende kein Geschäft der anderen Schuldner vor.

Beispiel: A leiht ihrer Freundin B ihren Schmuck. Dieser wird der B infolge eines Verschuldens durch D gestohlen. Leistet D der A Schadensersatz, führt er kein Geschäft der B, da nicht B, sondern D den Schaden letztlich zu erset-

---

11 Vgl. Staudinger/*Bergmann* Vor §§ 677 ff. Rn. 196 mit Verweis auf StVollzG ua; *Maurer* JuS 1970, 563.
12 BGHZ 40, 31; 63, 169.
13 *Medicus/Petersen* BürgerlR Rn. 415.
14 Erman/*Dornis* BGB § 677 Rn. 22.

zen hat (vgl. § 255). Leistet umgekehrt B, so wird D nicht von seiner Schadensersatzpflicht befreit (vgl. § 255); A muss den Schadensersatzanspruch gegen D an B abtreten.

Im **Fall a** führt der Fiskus mit dem Wiederaufbau kein Geschäft des Pyrotechnikers.[15] Denn dieser wird von seiner Schadensersatzpflicht nicht frei. Der Fiskus muss sich entsprechend § 255 den Ersatzanspruch der Kirchengemeinde gegen den Pyrotechniker abtreten lassen.[16]

(3) Erbringt ein **Unterhaltspflichtiger** im Rahmen seiner Unterhaltspflicht **Leistungen zur Ausgleichung eines** dem Unterhaltsberechtigten entstandenen **Schadens**, für den der Schädiger einzustehen hat, so führt der Unterhaltspflichtige kein Geschäft des Schädigers.[17] Denn auch hier bleibt dessen Schadensersatzpflicht bestehen (zB § 843 IV; → § 52 Rn. 5). 17

3. Ohne Auftrag oder sonstige Berechtigung

Eine GoA liegt nicht vor, wenn der Geschäftsführer vom Geschäftsherrn bereits mit der Geschäftsbesorgung „beauftragt oder ihm gegenüber sonst dazu berechtigt" (§ 677) ist. Dann wird nämlich das Rechtsverhältnis zwischen den Beteiligten durch die Bestimmungen des Auftrags- oder sonstigen Berechtigungsverhältnisses geregelt. 18

Unter Auftrag iSd § 677 ist jeder verpflichtende Vertrag zu verstehen; sonstige Berechtigung ist jede gesetzlich eingeräumte Befugnis, die Geschäfte eines anderen zu besorgen (zB als Organ einer jur. Person, Eltern gegenüber Kindern). 19

Kein Auftrags- oder sonstiges Berechtigungsverhältnis wird jedoch durch allgemeine öffentlich-rechtliche Pflichten (zB Hilfeleistungspflicht gem. § 323c StGB; **Fall d)** begründet; denn diese bestehen nur gegenüber der Allgemeinheit, nicht jedoch gegenüber dem Geschäftsherrn. Deshalb kommt GoA in Betracht. 20

Nach verbreiteter Rechtsprechung finden die Regeln der GoA auch dann Anwendung, wenn der zwischen Geschäftsherrn und Geschäftsführer geschlossene Vertrag nichtig ist.[18] Gegen diese Ansicht spricht neben dem Fehlen eines Fremdgeschäftsführungswillens, dass für die Rückabwicklung rechtsgrundloser Leistungen vom Ge- 21

15 **AA** RGZ 82, 206 (Dombrandfall).
16 Str.; vgl. *Selb* NJW 1963, 2056.
17 Wie hier etwa *Esser/Weyers* SchuldR BT I § 46 II 2 d (3); *Looschelders* SchuldR BT Rn. 854; *Medicus/Petersen* BürgerlR Rn. 415; **aM** etwa MüKoBGB/*Seiler* § 677 Rn. 29.
18 BGHZ 37, 258; 39, 87; *BGH* BB 1993, 95; *BGH* NJW 2000, 72 (73).

setz nur die Leistungskondiktion (dazu → § 40) vorgesehen ist. Deshalb sind weitergehende Ansprüche aus GoA ausgeschlossen.[19]

4. Berechtigung zur Übernahme der Geschäftsbesorgung

22 Die Übernahme der Geschäftsbesorgung ist nur berechtigt, wenn einer der drei im Gesetz genannten Berechtigungsgründe vorliegt (§§ 683 S. 1, 683 S. 2, 684 S. 2). Es reicht nicht aus, dass der Geschäftsführer irrig annimmt, die Voraussetzungen dieser Berechtigungsgründe seien gegeben.

23 **a) Übernahme im Interesse und mit Willen des Geschäftsherrn.** Nach § 683 S. 1 ist die GoA berechtigt, wenn die Übernahme der Geschäftsführung dem Interesse und dem wirklichen oder mutmaßlichen Willen des Geschäftsherrn entspricht.

aa) Diese Voraussetzungen müssen im **Zeitpunkt der Übernahme** gegeben sein. Denn die Rechtmäßigkeit der GoA soll nicht von der gesamten, möglicherweise umfangreichen Ausführung der Geschäftsbesorgung abhängen. Entscheidend ist bei § 683 S. 1, dass die Übernahme der **konkreten** Geschäftsführung durch **diesen** Geschäftsführer dem Interesse und dem Willen des Geschäftsherrn entspricht.

Beispiel: Brennt im Haus des verreisten A das Licht, so entspräche es zwar dem Willen und Interesse des A, wenn die Lampen ausgeschaltet würden. Berechtigte GoA liegt aber nur vor, wenn die konkrete Art, in der dieses Ziel zu erreichen ist (etwa Öffnen mit einem Nachschlüssel, nicht Einschlagen der Tür), und die Vornahme durch die bestimmte Person (etwa den zuverlässigen Nachbarn, nicht den Landstreicher) dem Willen und dem Interesse des A entsprechen.

24 bb) Soll die GoA nach § 683 S. 1 berechtigt sein, so muss die Übernahme dem **Interesse** und dem wirklichen oder dem mutmaßlichen **Willen** des Geschäftsherrn entsprechen.

(1) Die Übernahme muss im **objektiven Interesse** des Geschäftsherrn liegen. Denn aus der Gegenüberstellung von Wille und Interesse in § 683 ergibt sich, dass das Interesse nicht subjektiv gemeint sein kann. Wäre Interesse hier gleichbedeutend mit dem, was der Geschäftsherr für wünschenswert hält, dann bestünde im Ergebnis kein Unterschied zwischen Interesse und Wille.

---

19 So etwa Erman/*Dornis* BGB § 677 Rn. 43; Larenz/*Canaris* SchuldR BT II/2 § 74 III 2; *Looschelders* SchuldR BT Rn. 853; MüKoBGB/*Seiler* § 677 Rn. 48; *Reuter/Martinek* Ungerechtfertigte Bereicherung, 1983, § 21 I 2.

Es ist also vom Standpunkt eines objektiven Betrachters aus festzustellen, ob die Übernahme dem Geschäftsherrn nützlich ist und daher in seinem wohlverstandenen Interesse liegt. Hierbei sind sämtliche Umstände zu beachten, die mit der Person des Geschäftsherrn, der Art der Geschäftsbesorgung und der Person des Geschäftsführers zusammenhängen. Deshalb entspricht es dem Interesse des Halters eines unbefugt auf einem fremden Grundstück abgestellten Fahrzeugs, dass der Grundstücksbesitzer dieses Fahrzeug entfernen lässt. Er erledigt damit nämlich eine Pflicht des Fahrzeughalters aus den §§ 859, 862 zur Beseitigung der Besitzstörung.[20] 25

(2) **Wirklicher Wille** iSd § 683 S. 1 ist nur der vom Geschäftsherrn tatsächlich zum Ausdruck gebrachte Wille. Der Geschäftsführer braucht die Willensäußerung nicht zu kennen. 26

Im **Fall f** entspricht die Rettungsaktion zwar nicht dem inneren, wohl aber dem hier allein entscheidenden geäußerten Willen des E.

Der **mutmaßliche Wille** ist von Bedeutung, falls ein wirklicher Wille nicht erkannt werden kann. Beim mutmaßlichen Willen ist danach zu fragen, ob der Geschäftsherr bei objektiver Beurteilung der Gesamtumstände der Geschäftsübernahme zugestimmt hätte. Daher wird der mutmaßliche Wille in der Regel mit dem objektiven Interesse übereinstimmen. 27

Beispiele: Zahlt A die Schuld des B bei C, so erlischt die Forderung des C (§ 362 I, § 267 I). Gleichzeitig entfällt eine etwaige Aufrechnungsmöglichkeit des B; B könnte auch keine Verjährungseinrede mehr erheben. Regelmäßig wird daher die Zahlung einer fremden Schuld dem Interesse und dem mutmaßlichen Willen des Schuldners widersprechen. Das kann anders sein, wenn etwa der Schuldner durch die Zahlung einen „unangenehmen" Gläubiger verliert;[21] dann wäre die GoA berechtigt, und A hätte gegen B einen Aufwendungsersatzanspruch nach §§ 683, 670 (→ Rn. 53 ff.). – Lässt ein Grundstücksbesitzer ein auf seinem Grundstück widerrechtlich abgestelltes Fahrzeug entfernen, entspricht das dem mutmaßlichen Willen des Fahrzeughalters; denn die Entfernung liegt in seinem objektiven Interesse (→ Rn. 25).[22]

(3) Für das **Verhältnis von Wille und Interesse** ergibt sich Folgendes: Nach dem Gesetzeswortlaut ist die Geschäftsführung nur berechtigt, wenn die Übernahme dem Interesse **und** dem wirklichen oder mutmaßlichen Willen des Geschäftsherrn entspricht. Zweifelhaft ist allerdings, ob die GoA unberechtigt ist, wenn sie zwar nicht dem Interesse des Geschäftsherrn, wohl aber seinem wirklichen oder ge- 28

---

20 *BGH* NJW 2016, 2407 Rn. 9.
21 Vgl. BGHZ 47, 370.
22 *BGH* NJW 2016, 2407 Rn. 12.

äußerten Willen entspricht. Hier ist das Vorliegen des Willens als ausreichend anzusehen.[23]

Im **Fall f** stellt also die Rettungsaktion eine berechtigte GoA dar. Zwar läuft sie dem objektiven Interesse des E zuwider; darauf kommt es aber nicht an, weil sie dem geäußerten Willen entspricht.

29 **b) Übernahme im Widerspruch zum Willen des Geschäftsherrn.** Widerspricht die Übernahme dem Willen des Geschäftsherrn, obwohl sie in seinem objektiven Interesse liegt, kann sie dennoch nach § 683 S. 2 iVm § 679 berechtigt sein.

30 aa) Der erste Fall des § 679 ist gegeben, wenn durch die Geschäftsbesorgung einer **Pflicht des Geschäftsherrn, deren Erfüllung im öffentlichen Interesse liegt** und die andernfalls nicht rechtzeitig erfüllt worden wäre, nachgekommen wird.

Es muss sich stets um eine **Rechtspflicht** handeln. Über § 679 soll nicht im Ergebnis die Erfüllung sittlicher Pflichten erzwingbar gemacht werden.[24]

31 Eine Pflicht, ärztliche Eingriffe an sich vornehmen zu lassen, besteht im Allgemeinen nicht, so dass auch etwa die notwendige Operation eines Arztes gegen den Willen des Patienten keine berechtigte GoA ist. Im **Fall c** kann A aus GoA – vertragliche Ansprüche scheiden mangels Einigung aus – kein Honorar beanspruchen.

32 An der Pflichterfüllung muss ein **öffentliches Interesse** bestehen. Dabei reicht ein nur allgemeines öffentliches Interesse an der Erfüllung nicht aus. Denn die Erfüllung von Rechtspflichten, dh die Wahrung der Rechtsordnung, liegt stets im Gemeininteresse. Vielmehr ist in § 679 ein gesteigertes öffentliches Interesse gemeint.

Beispiele: Zu den – selteneren – **privatrechtlichen** Pflichten, deren Erfüllung im öffentlichen Interesse liegt, zählen etwa Verkehrs(sicherungs)pflichten (→ § 45 Rn. 32 ff.), die Pflicht aus § 618, nicht dagegen regelmäßig die Pflicht zur Bezahlung von Schulden. **Öffentlich-rechtliche** Pflichten, an deren Erfüllung ein besonderes öffentliches Interesse besteht, sind beispielsweise die Pflichten des Störers nach dem Polizei- und Ordnungsrecht und die Pflicht eines nahen Angehörigen zur Bestattung eines Verstorbenen nach einem Landesbestattungsgesetz.[25]

---

23 *Looschelders* SchuldR BT Rn. 861; *Medicus/Petersen* BürgerlR Rn. 422; **aA** *Larenz* Schuldrecht BT II/1, § 57 I a.
24 Prot. II, 738 ff.
25 Vgl. *BGH* NJW 2012, 1648 (1650); dazu *Gutzeit/Vrban* NJW 2012, 1630.

Nicht nur die Erfüllung der Rechtspflicht, sondern auch das **Eingreifen** des Geschäftsführers muss **im öffentlichen Interesse** liegen. 33

Beispiel: Ist jemand rechtskräftig zu einer Geldstrafe verurteilt, dann liegt es im öffentlichen Interesse, dass er sie bezahlt. Dem Zweck der Strafe, dessen Erreichung im öffentlichen Interesse liegt, läuft es zuwider, wenn ein anderer zahlt.

bb) **Gesetzliche Unterhaltspflichten** iSd § 679 sind solche des Familienrechts (vgl. etwa §§ 1360f., 1601ff.) und des Erbrechts (vgl. etwa § 1969). Unterhaltspflichten, die nur auf Vertrag beruhen, scheiden hier aus. 34

cc) Die Übernahme der Geschäftsführung ist nicht allein deshalb berechtigt, weil ein entgegenstehender Wille des Geschäftsherrn gegen ein sittliches Gebot verstößt. Deshalb kommt eine analoge Anwendung des § 679 bei der Rettung eines Selbstmörders nicht ohne weiteres, sondern nur dann in Betracht, wenn dessen entgegenstehender Wille aufgrund einer Geistesstörung analog §§ 104 II, 105 unbeachtlich ist. Andernfalls kann der Retter allerdings einen Schadensersatzanspruch nach § 823 I wegen „Herausforderung" haben. 35

c) **Genehmigung durch den Geschäftsherrn.** Der dritte Grund, der eine GoA zur berechtigten macht, ist die Genehmigung durch den Geschäftsherrn (§ 684 S. 2). Sie kann bei Kenntnis des Geschäftsherrn von der Geschäftsbesorgung auch stillschweigend erfolgen,[26] was insbesondere der Fall sein wird, wenn der Geschäftsherr das aus der Geschäftsbesorgung Erlangte herausverlangt. Die in § 684 S. 2 angesprochene Genehmigung bezieht sich auf die Übernahme des Geschäftes. Ob der Geschäftsherr damit auch die Art und Weise der Ausführung des Geschäfts in die Genehmigung einbeziehen will (was für einen Schadensersatzanspruch – → Rn. 48 – von Bedeutung sein könnte), ist Tatfrage. Regelmäßig wird man dies aber annehmen können, wenn dem Geschäftsherrn die Umstände der Ausführung bekannt waren. 36

Von der Genehmigung der Übernahme der Geschäftsbesorgung (Innenverhältnis) ist die Genehmigung der Verträge, welche der Geschäftsführer als Vertreter ohne Vertretungsmacht (§ 177) mit Dritten geschlossen hat (Außenverhältnis), zu trennen. Inwieweit die Genehmigung im Innenverhältnis sich auch auf das Außenverhältnis beziehen soll, ist durch Auslegung zu ermitteln. 37

26 Zur konkludenten Genehmigung einer Kontoabbuchung im Lastschriftverfahren durch einen Unternehmer als Kontoinhaber siehe *BGH* NJW 2011, 994, und durch einen Verbraucher als Kontoinhaber siehe *BGH* NJW 2011, 2499f.

5. Geschäftsfähigkeit der Beteiligten

38 **a) Beim Geschäftsherrn.** Berechtigte GoA kann auch gegenüber einem geschäftsunfähigen oder beschränkt geschäftsfähigen Geschäftsherrn erfolgen.[27] Soweit es dabei auf den Willen des Geschäftsherrn ankommt (§ 683, § 684 – Genehmigung), ist auf den Willen des gesetzlichen Vertreters abzustellen.

39 **b) Beim Geschäftsführer.** Ob die berechtigte GoA Geschäftsfähigkeit des Geschäftsführers voraussetzt, ist streitig. Die Übernahme wird ganz überwiegend als geschäftsähnliche Handlung angesehen; auf eine solche Handlung werden regelmäßig die §§ 104ff. entsprechend angewandt. Deshalb wird teilweise angenommen, dass jedenfalls dann, wenn die Geschäftsbesorgung rechtsgeschäftliches Handeln umfassen soll, eine Übernahme durch den **Geschäftsunfähigen** nicht wirksam erfolgen könne. Der **beschränkt Geschäftsfähige** bedarf nach dieser Ansicht der Zustimmung des gesetzlichen Vertreters.

40 Diese Meinung überzeugt nicht. Eine entsprechende Anwendung der §§ 104ff. ist im Fall der Übernahme einer rechtsgeschäftlichen Geschäftsbesorgung nicht erforderlich.[28] Denn der Geschäftsunfähige oder beschränkt Geschäftsfähige kann sich selbst nicht wirksam rechtsgeschäftlich verpflichten; er haftet auch nicht als Vertreter ohne Vertretungsmacht (§ 179 III 2). Für die Übernahme rein tatsächlicher Handlungen (Rettung durch Minderjährige, Geisteskranke) erscheint eine entsprechende Anwendung der §§ 104ff. ohnehin nicht geboten. Das Schuldverhältnis der berechtigten GoA kann daher auch mit dem Geschäftsunfähigen und dem beschränkt Geschäftsfähigen entstehen, ohne dass es einer Zustimmung des gesetzlichen Vertreters bedarf (vgl. auch § 682). Die abzulehnende Meinung führt zu einer unberechtigten Schlechterstellung des Geschäftsunfähigen und des beschränkt Geschäftsfähigen; denn ihnen stünde danach niemals ein Aufwendungsersatzanspruch gem. § 683 zu, weil ihre Geschäftsführung stets unberechtigt wäre. Im Übrigen wird auch der Geschäftsherr hinreichend dadurch geschützt, dass bei der Prüfung der Frage, ob die Übernahme seinem Interesse entspricht, dieses Interesse sich auch auf die Person des Geschäftsführers erstrecken muss (→ Rn. 22).

---

27 Mot. II, 865; Prot. II, 739.
28 Ebenso *Looschelders* SchuldR BT Rn. 868.

II. Folgen der berechtigten Geschäftsführung ohne Auftrag

1. Pflichten des Geschäftsführers

a) Ordnungsgemäße Geschäftsführung. Nach § 677 hat der Geschäftsführer das Geschäft ordnungsmäßig zu führen, nämlich so, wie es das Interesse des Geschäftsherrn mit Rücksicht auf dessen wirklichen oder mutmaßlichen Willen erfordert. 41

Interesse, wirklicher und mutmaßlicher Wille sind wie in § 683 (→ Rn. 22 ff.) zu verstehen. Im Vordergrund steht bei § 677 aber das **Interesse** des Geschäftsherrn. Das ergibt sich aus einem Vergleich des Wortlauts von § 677 und § 683. Grund für die geringere Berücksichtigung des Willens ist, dass der Geschäftsführer einer berechtigten GoA bei der Ausführung freier gestellt sein soll als bei der Übernahme. 42

Aus § 677 ergibt sich **keine Pflicht zur Fortführung** der einmal übernommenen Geschäftsbesorgung. Sie kann lediglich im Einzelfall aus Treu und Glauben erwachsen. 43

Beispiel: Hat A die Ausweispapiere des B, die dieser auf einer Bank liegengelassen hat, an sich genommen, um sie ihm zurückzugeben, so ist er verpflichtet, die Papiere zu verwahren und alle notwendigen und zumutbaren Schritte zur Rückerstattung zu unternehmen.

b) Sonstige Pflichten. In § 681 werden, teils durch Verweisung auf das Auftragsrecht, die wichtigsten sonstigen Pflichten des Geschäftsführers geregelt. 44

aa) Nach § 681 S. 1 trifft den Geschäftsführer der berechtigten GoA die Pflicht, die **Geschäftsübernahme anzuzeigen**, sobald es tunlich ist, und die Entschließung des Geschäftsherrn abzuwarten, soweit nicht mit dem Aufschub Gefahr verbunden ist.

bb) Der Geschäftsführer hat **Nachricht zu geben, Auskunft zu erteilen und Rechenschaft abzulegen** (§§ 681 S. 2, 666). 45

cc) Ebenso wie der Beauftragte muss der Geschäftsführer der berechtigten GoA **das aus der Geschäftsbesorgung Erlangte herausgeben** (§§ 681 S. 2, 667); uU trifft ihn eine Verzinsungspflicht (§§ 681 S. 2, 668). Es gelten hier die gleichen Grundsätze wie im Auftragsrecht (→ § 29 Rn. 16 ff.). 46

Eine Ausnahme gilt für den geschäftsunfähigen und den beschränkt geschäftsfähigen Geschäftsführer. Da sie nur nach den Vorschriften über den Schadensersatz wegen unerlaubter Handlung und über die Herausgabe einer 47 ungerechtfertigten Bereicherung in Anspruch genommen werden können (§ 682), finden auf sie die Bestimmungen der §§ 681 S. 2, 667, 668 keine Anwendung.

Neben dem Herausgabeanspruch nach §§ 681 S. 2, 667 besteht kein Bereicherungsanspruch. Die berechtigte GoA bildet insoweit einen Rechtsgrund.

48 c) **Schadensersatzpflicht.** Verletzt der Geschäftsführer schuldhaft seine Pflichten aus § 677 oder § 681 und entsteht dem Geschäftsherrn hieraus ein Schaden, so ist der Geschäftsführer nach den allgemeinen Regeln zum Schadensersatz verpflichtet (§§ 280 ff., 823 ff.).

49 Verletzt der Geschäftsführer ohne Verstoß gegen seine Pflichten aus §§ 677, 681 ein Rechtsgut des Geschäftsherrn (der Nachbar drückt ein Fenster ein, um einen Wasserschaden zu verhindern), ist umstritten, ob die berechtigte GoA einen eigenen Rechtfertigungsgrund im Rahmen der §§ 823 ff. darstellt oder ob ein rechtfertigender Notstand anzunehmen ist.[29] Ein Schadensersatzanspruch des Geschäftsherrn wird in aller Regel jedenfalls mangels Schadens (Vorteilsausgleichung) scheitern.

50 aa) Eine Haftungsbeschränkung besteht nach § 682 für den geschäftsunfähigen oder beschränkt geschäftsfähigen Geschäftsführer, dessen Geschäftsführung der gesetzliche Vertreter nicht zugestimmt hat. Der Geschäftsführer muss hier für Pflichtverletzungen nur im Rahmen der Vorschriften über die ungerechtfertigte Bereicherung und die unerlaubte Handlung einstehen.

Bei § 682 handelt es sich (nach allerdings umstrittener Ansicht) um eine Rechtsgrundverweisung. Es muss also der Tatbestand einer unerlaubten Handlung vorliegen und Verschuldensfähigkeit nach den §§ 827, 828 (→ § 44 Rn. 7 f.) gegeben sein.

51 bb) Der Geschäftsführer hat **nur Vorsatz und grobe Fahrlässigkeit** zu vertreten, wenn die Geschäftsführung die **Abwendung einer dem Geschäftsherrn drohenden dringenden Gefahr** bezweckt hat (§ 680).

(1) Die Haftungserleichterung nach § 680 setzt voraus, dass nach der **Vorstellung** des Geschäftsführers die Geschäftsführung zur Abwendung einer drohenden Gefahr dienen sollte. Nicht erforderlich ist, dass eine solche Gefahr tatsächlich bestand (str., **Fall f**). Der Geschäftsführer muss jedoch unter Anwendung der in der konkreten Si-

29 Vgl. *Looschelders* SchuldR BT Rn. 866 (eigener Rechtfertigungsgrund); MüKoBGB/*Seiler* Vor § 677 Rn. 17 (rechtfertigender Notstand).

tuation möglichen Sorgfalt geprüft haben, ob die Gefahrenlage gegeben war. Unterließ er die gewissenhafte Prüfung, so greift § 680 nicht ein.

(2) Die dem Geschäftsherrn nach der Vorstellung des Geschäfts- 52
führers drohende Gefahr kann sich auf die **Person des Geschäftsherrn** oder auf sein **Vermögen** beziehen. Eine entsprechende Anwendung des § 680 ist gerechtfertigt, wenn der Geschäftsführer von einer Gefahr für die nächsten **Angehörigen des Geschäftsherrn** ausgehen durfte.[30]

2. Pflicht des Geschäftsherrn zum Aufwendungsersatz

Der Geschäftsherr muss dem Geschäftsführer „wie einem Beauf- 53
tragten" Ersatz seiner Aufwendungen leisten (§ 683 S. 1).

a) Erstattung der erforderlichen Aufwendungen. Dem Geschäftsführer sind also vom Geschäftsherrn sämtliche freiwilligen Vermögensopfer, die er den Umständen nach für erforderlich halten durfte, zu erstatten (§ 670; → § 29 Rn. 25 ff.).

Der Grundstücksbesitzer, der ein auf seinem Grundstück widerrechtlich 53a
abgestelltes Fahrzeug durch ein Abschleppunternehmen entfernen lässt, kann von dem Fahrzeughalter gem. §§ 683 S. 1, 670 Erstattung der an den Abschleppunternehmer zu zahlenden Kosten verlangen, sofern er diese für erforderlich halten durfte. Das sind die Kosten, die am Ort der Besitzstörung für das Abschleppen üblich sind.[31]

Für die **eigene Arbeit** kann der Geschäftsführer nach hM dann eine Vergü- 54
tung verlangen, wenn die Tätigkeit seinem Beruf oder Gewerbe angehört hat.[32] Die von der hM[33] vorgenommene analoge Anwendung des § 1835 III ist hier, anders als im Auftragsrecht (→ § 29 Rn. 27), zu billigen. Der Geschäftsführer verpflichtet sich nicht wie ein Beauftragter zu einem unentgeltlichen Tun. Sein Verhalten liegt ähnlich dem des Vormunds letztlich im öffentlichen Interesse; oft wird es von der Rechtsordnung sogar als Pflicht gefordert (§ 323c StGB). Auch kann der Geschäftsherr nicht erwarten, dass ihm Arbeitsleistungen, die er üblicherweise nur gegen Entgelt verlangen kann, umsonst erbracht werden.

Allerdings darf eine Vergütung des Geschäftsführers nicht zu Wertungswi- 55
dersprüchen führen. So bleiben nach allgemeinen Regeln eigene Aufwendungen im Vorfeld eines Vertragsschlusses unvergütet, wenn es nicht zu einem Vertragsschluss kommt; vielmehr trägt jede Seite selbst das Risiko eines Schei-

---

30 *Looschelders* SchuldR BT Rn. 865.
31 *BGH* NJW 2016, 2407 Rn. 14.
32 Vgl. BGHZ 69, 36.
33 Erman/*Dornis* BGB § 683 Rn. 11 ff.

terns der Vertragsverhandlungen. Aufgrund dieser Risikoverteilung hat auch der gewerbliche „Erbensucher“, der aus eigenem Antrieb unbekannte Erben ermittelt, gegen diese keinen Vergütungsanspruch aus GoA, selbst wenn man insoweit eine Fremdgeschäftsführung bejaht.[34]

56 Erleidet der Geschäftsführer **Schäden**, so steht ihm unter den gleichen Voraussetzungen wie beim Auftrag ein Aufwendungsersatzanspruch entsprechend § 670 zu. Denn die Interessenlage unterscheidet sich bei der GoA insoweit nicht von der des Auftrags. Der Geschäftsherr hat also für jene Schäden Ersatz zu leisten, die (wie im **Fall d)** als Folge der typischen und erkennbaren Gefahrenlage der Geschäftsbesorgung aufgetreten sind (→ § 29 Rn. 32).

57 Der Geschäftsführer ist wie der Beauftragte gegen Schäden unfallversichert, wenn die Voraussetzungen des § 2 I Nr. 13a SGB VII gegeben sind (→ § 29 Rn. 33). Der gleichzeitig bestehende Anspruch des geschädigten Geschäftsführers gegen den Geschäftsherrn gem. §§ 683, 670 geht nach hM nicht zu Lasten des Geschäftsherrn gem. § 116 I SGB X auf den Sozialversicherungsträger über, sondern er verringert sich im Umfang der Versicherungsleistungen.[35]

58 Wirtschaftliche Verluste, die der Geschäftsführer dadurch erleidet, dass er wegen der Geschäftsführung in seiner **Berufsausübung gehindert** wird, sind dann zu ersetzen, wenn es sich um Schäden handelt, in denen sich eine typische und erkennbare Gefahr verwirklicht hat. Besteht das Risiko unverhältnismäßig hoher Schäden für den Geschäftsführer, ist besonders zu prüfen, ob die Übernahme der Geschäftsbesorgung dem Interesse des Geschäftsherrn entspricht.

Im **Fall e** besteht demnach kein Aufwendungsersatzanspruch. Wenn A dagegen die B vor dem Ertrinken gerettet hätte, könnte er Ersatz des ihm entstandenen Schadens verlangen (keine Unverhältnismäßigkeit).

59 **b) Wegfall oder Einschränkung der Aufwendungsersatzpflicht.** Die Pflicht des Geschäftsherrn zum Aufwendungsersatz kann **entfallen oder eingeschränkt** sein:

Kein Anspruch auf Ersatz der Aufwendungen besteht, wenn der Geschäftsführer nicht die Absicht hatte, von dem Geschäftsherrn Ersatz zu verlangen (§ 685).

Bestand an der Geschäftsbesorgung ein **Eigeninteresse** des Geschäftsführers, so kann er auch nur anteiligen Ersatz der Aufwendungen verlangen.

---

34 *BGH* NJW-RR 2006, 656; NJW 2000, 72.
35 MüKoBGB/*Seiler* § 683 Rn. 21.

Mitwirkendes Verschulden des verletzten Geschäftsführers kann zu einer Minderung seiner Ersatzansprüche wegen erlittener Schäden führen (§ 254). Bezweckte die Geschäftsführung jedoch die Abwendung einer dem Geschäftsherrn drohenden Gefahr, so gilt die Haftungseinschränkung des § 680: Bei nur leichter Fahrlässigkeit kann ein Mitverschulden nicht angenommen werden[36] **(Fall f).** Dem Geschäftsführer soll das Risiko eigener Verluste durch spontane Hilfeleistung abgenommen werden. 60

Eine Schadensteilung kommt nach allerdings umstrittener Rechtsprechung auch in den Fällen der sog. **Selbstaufopferung im Straßenverkehr (Fall b)** in Betracht. Selbst wenn für den ausweichenden Kraftfahrer der Zusammenstoß ein durch höhere Gewalt verursachtes Ereignis (§ 7 II StVG; → § 54 Rn. 11) gewesen wäre, kann er nicht vollen Ersatz seines durch das Ausweichmanöver entstandenen Schadens verlangen. Vielmehr ist zu berücksichtigen, dass der Kraftfahrer durch den Betrieb des Kraftfahrzeuges eine Ursache für die Gefahr gesetzt hat.[37] 61

Berechtigte GoA

I. Voraussetzungen (§§ 677 ff.)

1. Geschäftsbesorgung (rechtliches oder tatsächliches Tätigwerden des Geschäftsführers für den Geschäftsherrn) (§ 677)
2. Fremdgeschäftsführungswille (§ 677; bei Fehlen: § 687)
   a) Bei objektiv fremdem Geschäft: Fremdgeschäftsführungswille wird vermutet
   b) Bei subjektiv fremdem Geschäft: Fremdgeschäftsführungswille muss nach außen erkennbar sein
   c) Bei auch fremdem Geschäft:
      aa) Fremdgeschäftsführungswille wird grundsätzlich vermutet
      bb) Bei speziellen öffentlich-rechtlichen Pflichten des Geschäftsführers zum Tätigwerden grundsätzlich kein Fremdgeschäftsführungswille und damit keine GoA
3. Ohne Auftrag oder sonstige Berechtigung

36 BGHZ 43, 188 (194); *BGH* DB 1972, 721.
37 BGHZ 38, 270; vgl. → § 46 Rn. 3 ff.

4. Berechtigung zur Übernahme der Geschäftsbesorgung
   a) Übernahme im objektiven Interesse und mit wirklichem oder mutmaßlichem Willen des Geschäftsherrn (§ 683 S. 1)
   b) Erfüllung einer Pflicht im öffentlichen Interesse oder einer gesetzlichen Unterhaltspflicht (§§ 683 S. 2, 679)
   c) Genehmigung der Geschäftsführung durch den Geschäftsherrn (§ 684 S. 2)

II. Rechtsfolgen

1. Pflichten des Geschäftsführers
   a) Ordnungsgemäße Geschäftsführung (§ 677)
   b) Nebenpflichten; insbesondere Anzeige-, Rechenschafts- u. Herausgabepflichten (§§ 681, 666–668)
   c) Schadensersatzpflicht bei Pflichtverletzungen (§§ 280 ff., §§ 823 ff., beachte §§ 680, 682)
2. Ansprüche des Geschäftsführers
   a) Ersatz von Aufwendungen (§§ 683 S. 1, 670) Ausnahme: § 685
   b) Befreiung von einer eingegangenen Verbindlichkeit (§§ 683, 670, 257)
   c) Ersatz von Eigenschäden (§§ 683 S. 1, 670 analog); ggf. Berücksichtigung von Mitverschulden

§ 37. Unberechtigte Geschäftsführung ohne Auftrag

1 **Schrifttum:** Siehe die Angaben zu §§ 35, 36 sowie *Loyal*, Die Pflichten des unberechtigten Geschäftsführers ohne Auftrag, AcP 212 (2012), 364.

I. Voraussetzungen

Die unberechtigte GoA unterscheidet sich von der berechtigten dadurch, dass ein Berechtigungsgrund fehlt; alle anderen Voraussetzungen der berechtigten GoA müssen auch hier vorliegen.

Ein Berechtigungsgrund fehlt, wenn die Übernahme dem wirklichen oder mutmaßlichen Willen des Geschäftsherrn nicht entspricht (→ § 36 Rn. 22 ff.), § 679 nicht eingreift und eine Genehmigung nicht vorliegt.

II. Folgen

1. Ansprüche des Geschäftsherrn

Ob auch durch die unberechtigte GoA ein gesetzliches Schuldverhältnis zwischen Geschäftsführer und Geschäftsherrn entsteht, so dass auch die §§ 677, 681 anwendbar sind, wurde bisher überwiegend verneint. Für die zunehmend vertretene Gegenansicht[1] spricht jedoch, dass ohne Anwendung der §§ 677, 681 der unberechtigte Geschäftsführer besser stehen würde als der berechtigte. 2

a) Ansprüche aus ungerechtfertigter Bereicherung und unerlaubter Handlung. Auf die Beziehungen zwischen den Beteiligten werden nach der bisherigen Ansicht nur die Vorschriften über die ungerechtfertigte Bereicherung (§§ 812 ff.) und über die unerlaubte Handlung (§§ 823 ff.) angewendet. Nach der im Vordringen befindlichen Gegenansicht ist der Geschäftsführer daneben zur Anzeige (§ 681 S. 1), zur Herausgabe des aus der Geschäftsführung Erlangten (§§ 681 S. 2, 667), zur Rechenschaftslegung (§§ 681 S. 2, 666) sowie zum Schadensersatz (§ 677, ggf. § 280) verpflichtet. 3

Die Vorschriften der §§ 680 und 682 zum Schutz des Geschäftsführers gelten auch bei der unberechtigten GoA.

b) Schadensersatz aus GoA. Darüber hinaus gibt § 678 einen selbständigen Schadensersatzanspruch, wenn der Geschäftsführer erkennen musste, dass die Übernahme der Geschäftsführung mit dem wirklichen oder mutmaßlichen Willen des Geschäftsherrn in Widerspruch stand. 4

aa) Entsprach die Übernahme der Geschäftsführung überhaupt nicht oder nicht in der vom Geschäftsführer vorgesehenen Weise dem wirklichen oder mutmaßlichen Willen des Geschäftsherrn, so liegt ein Widerspruch mit dem Willen des Geschäftsherrn vor. Ein solcher Widerspruch besteht auch, wenn die Übernahme durch gerade diesen Geschäftsführer gegen den (wirklichen oder mutmaßlichen) Willen verstieß. 5

Weiter ist erforderlich, dass der Geschäftsführer sich bei der Übernahme des Geschäfts bewusst über den ihm bekannten Willen des Geschäftsherrn hinweggesetzt oder infolge Fehleinschätzung oder 6

1 ZB *Looschelders* SchuldR BT Rn. 877.

Nichtbeachtung der erkennbaren Umstände fahrlässig nicht auf den entgegenstehenden (wirklichen oder mutmaßlichen) Willen geschlossen hat. Regelmäßig genügt bereits leichte Fahrlässigkeit. Anders ist dies nur, wenn die Geschäftsübernahme die Abwehr einer dem Geschäftsherrn drohenden dringenden Gefahr (§ 680) bezweckte. In einem solchen Fall muss der Geschäftsführer zumindest grob fahrlässig gehandelt haben.

7 bb) Liegen die genannten Voraussetzungen vor, so hat der Geschäftsführer jeden von ihm durch die Geschäftsführung adäquat verursachten Schaden zu ersetzen, selbst wenn er bei der Ausführung nicht schuldhaft handelte (§ 678).

2. Ansprüche des Geschäftsführers

8 Da bei der unberechtigten GoA ein Anspruch des Geschäftsführers auf Aufwendungsersatz nicht besteht, wäre es unbillig, wenn der Geschäftsherr die Vorteile der Geschäftsführung behalten dürfte. Nach § 684 hat daher der Geschäftsherr dem Geschäftsführer alles, was er durch die Geschäftsführung erlangt hat, nach den Vorschriften über die ungerechtfertigte Bereicherung herauszugeben. Hierbei handelt es sich nach hM um eine Rechtsfolgenverweisung; die Voraussetzungen der §§ 812ff. sind nicht zu prüfen.[2] Sofern die GoA im Dreipersonenverhältnis anwendbar ist (vgl. aber → § 36 Rn. 14ff.), dürfte allerdings eine Rechtsgrundverweisung anzunehmen sein (→ § 42 Rn. 10).

§ 38. Eigengeschäftsführung

Schrifttum: Siehe §§ 35, 36.

1 In § 687 regelt das Gesetz die Sachverhalte, in denen jemand ein **fremdes Geschäft als eigenes** führt. Dem Eigengeschäftsführer fehlt also der Fremdgeschäftsführungswille. Das gesetzliche Schuldverhältnis der GoA wird hier nicht begründet. Auch eine Genehmigung nach § 684 S. 2 scheidet aus, da diese Bestimmung jedenfalls das Handeln des Geschäftsführers für einen anderen voraussetzt.

2 Die Eigengeschäftsführung kann in zweifacher Weise geschehen: Entweder glaubt der Handelnde irrtümlich, er besorge ein eigenes

2 Vgl. *BGH* WM 1976, 1060.

Geschäft (§ 687 I), oder er erkennt die Fremdheit, behandelt aber das Geschäft unerlaubterweise als eigenes (§ 687 II). Aus Sinn und Wortlaut des § 687 folgt, dass es sich bei den fremden Geschäften stets nur um objektiv fremde (→ § 36 Rn. 6) handeln kann.

Beispiele: Eigentums- und Besitzverletzungen, Verletzungen von Patent-, Gebrauchs- und Urheberrechten. – Die unberechtigte Untervermietung durch den Mieter ist schon kein Geschäft des Vermieters, da dieser die Gebrauchsmöglichkeit dem Mieter eingeräumt hat.[1] Es ist in diesem Zusammenhang bedeutungslos, dass der Mieter vertragswidrig handelt (→ § 11 Rn. 38).

I. Irrtümliche Eigengeschäftsführung

Für die irrtümliche Eigengeschäftsführung stellt § 687 I klar, dass die Vorschriften der §§ 677–686 keine Anwendung finden. Vielmehr gelten für das Verhältnis zwischen dem Eigengeschäftsführer und demjenigen, dem das Geschäft objektiv zuzurechnen ist, die allgemeinen Bestimmungen über unerlaubte Handlung und ungerechtfertigte Bereicherung. Im Rahmen des § 687 I ist es unerheblich, ob der Irrtum des Handelnden verschuldet war. 3

II. Unerlaubte Eigengeschäftsführung

Bei der unerlaubten Eigengeschäftsführung (§ 687 II) führt der Handelnde ein objektiv fremdes Geschäft wissentlich ausschließlich zu seinem eigenen Vorteil. 4

1. Ansprüche des Geschäftsherrn

a) Ansprüche aus unerlaubter Handlung und ungerechtfertigter Bereicherung. Das Verhalten des Geschäftsführers ist nicht gerechtfertigt; er haftet daher nach den Vorschriften über unerlaubte Handlung und ungerechtfertigte Bereicherung. Letztere Bestimmungen können allerdings durch die §§ 987ff. ausgeschlossen sein.

Beispiel: Verkauft D das von ihm bei E gestohlene Buch zu einem Preis, der weit über dem Wert liegt, so kann E von D nach § 992 iVm § 823 I und § 823 II (§ 242 StGB) Schadensersatz verlangen; ein Anspruch aus §§ 812, 818 soll jedenfalls nach der Rechtsprechung neben den §§ 987ff. nicht bestehen

1 *BGH* NJW 1964, 1853; BGHZ 59, 51 (58).

(→ § 43 Rn. 3). E könnte daher nach den bisher erwähnten Vorschriften nur Ersatz seines Schadens erhalten, nicht jedoch den durch D erzielten Gewinn; insoweit kann aber ein Anspruch aus § 816 I gegeben sein (→ § 42 Rn. 17ff.).

5 **b) Ansprüche aus GoA.** Nach § 687 II 1 hat der Geschäftsherr die Möglichkeit, das Geschäft an sich zu ziehen, indem er die Rechte eines Geschäftsherrn der GoA (§§ 677, 678, 681, 682) geltend macht. Zu diesen Rechten gehört insbesondere der Anspruch auf Herausgabe des durch die Geschäftsbesorgung Erlangten (§§ 687 II 1, 681 S. 2, 667).

Im obigen **Beispiel** kann E daher nach § 687 II 1 Herausgabe des Gewinns fordern; dieser Anspruch wird nicht durch die §§ 987ff. ausgeschlossen.

2. Ansprüche des Geschäftsführers

6 Macht der Geschäftsherr die in § 687 II 1 genannten Ansprüche geltend, so ist er seinerseits dem Geschäftsführer nach § 684 S. 1 verpflichtet (§ 687 II 2); danach haftet er dem Geschäftsführer nach den Vorschriften über die ungerechtfertigte Bereicherung. Dies bedeutet nun nicht, dass der Geschäftsherr die Vorteile, die ihm die Geschäftsbesorgung bringt, wieder verliert; denn dann wäre die Verweisung in § 687 II 1 insoweit sinnlos. Vielmehr wird der Geschäftsherr durch §§ 687 II 2, 684 S. 1 verpflichtet, die Aufwendungen des Geschäftsführers bis zur Höhe der Bereicherung zu ersetzen.

8. Kapitel. Ungerechtfertigte Bereicherung

§ 39. Überblick über das Bereicherungsrecht

Schrifttum: *Gödicke,* Bereicherungsrecht und Dogmatik, 2002; *Grigoleit/Auer,* Schuldrecht III Bereicherungsrecht, 2. Aufl., 2016; *Gursky,* 20 Probleme aus dem BGB-Bereicherungsrecht, 6. Aufl., 2010; *Kohler,* Geschäftsunfähigkeit und wechselseitiger Bereicherungsausgleich, NJW 1989, 1849; *Koppensteiner/Kramer,* Ungerechtfertigte Bereicherung, 2. Aufl., 1988; *Loewenheim,* Bereicherungsrecht, 3. Aufl., 2007; *Lorenz/Cziupka,* Grundwissen – Zivilrecht: Bereicherungsrecht – Grundtypen der Kondiktionen, JuS 2012, 777; *Peters,* Die Erstattung rechtsgrundloser Zuwendungen, AcP 205 (2005), 159; *Reuter/Martinek,* Ungerechtfertigte Bereicherung, 1983; *Schildt,* Konkurrenzprobleme im Bereicherungsrecht, JuS 1995, 953; *Thier,* Grundprobleme der bereicherungsrechtlichen Rückabwicklung gegenseitiger Verträge, JuS 1999, L 9; *Walker,* Die bereicherungsrechtliche Rückabwicklung des Weiterbeschäftigungsverhältnisses, DB 1988, 1596; *Wieling,* Bereicherungsrecht, 4. Aufl., 2007; *Zimmermann,* Grundstrukturen eines Europäischen Bereicherungsrechts, 2005. 1

Fall a: V hat dem K ein Bild verkauft und übereignet. Später ficht K den Kaufvertrag nach § 119 I wirksam an. V verlangt von K das Bild zurück. → Rn. 2

Fall b: Das Vieh des B dringt in die Weide des A ein und grast sie ab. A verlangt von B Ersatz. → Rn. 3

Fall c: A hat sein Buch dem B geliehen. Dieser verkauft und übereignet es für 20 Euro an C, der gutgläubig den B für den Eigentümer des Buches hält. Rechte des A? → Rn. 4

I. Grundtatbestände

Die in §§ 812ff. geregelten Bereicherungsansprüche dienen dem Ausgleich nicht gerechtfertigter Vermögensverschiebungen. Die Vorschriften gehen auf das römische Recht zurück; deshalb spricht man auch heute noch von Kondiktionen. Bei der ungerechtfertigten Bereicherung geht es nicht wie beim Schadensersatz darum, die Einbuße, die der „Entreicherte“ an seinen Gütern erlitten hat, auszugleichen; vielmehr soll die Vermögensmehrung beim „Bereicherten“ zugunsten des „Entreicherten“ wieder beseitigt werden.

§ 812 I 1 unterscheidet zwei Grundtatbestände, nämlich Bereicherung „durch die Leistung eines anderen“ (= Leistungskondiktion) und Bereicherung „in sonstiger Weise“ (Eingriffs-, Rückgriffs- und Verwendungskondiktion).

Von dieser Unterscheidung gehen das Gesetz und die heute herrschende Lehre aus.[1] Man hat zutreffend erkannt, dass es nicht möglich ist, einen einheitlichen Tatbestand der ungerechtfertigten Bereicherung aufzustellen; insbesondere das Merkmal „ohne rechtlichen Grund“ kann nicht für die verschiedenen in Betracht kommenden Fallgruppen einheitlich bestimmt werden. Die Leistungskondiktion hat grundsätzlich Vorrang vor der Bereicherung „in sonstiger Weise“; sie ist daher stets zuerst zu prüfen (→ § 42 Rn. 1).

1. Leistungskondiktion

2 Bei der Leistungskondiktion geht es darum, eine Leistung, die ohne gültiges Kausalgeschäft erbracht oder die sonst fehlgeschlagen ist, wieder rückgängig zu machen (Einzelheiten: §§ 40, 41). Ein Hauptanwendungsfall ergibt sich aus der rechtlichen Trennung des (kausalen) Verpflichtungsgeschäfts von dem Verfügungsgeschäft (Abstraktionsprinzip). Wegen dieser Trennung kann es vorkommen, dass das Verfügungsgeschäft (zB die Übereignung einer Sache) gültig ist, während es an einem wirksamen Kausalgeschäft (zB Kaufvertrag) mangelt.

Im **Fall a** hat V keinen Kaufpreisanspruch nach § 433 II, weil es an einem Kaufvertrag fehlt (§ 142 I). V kann das Bild auch nicht nach § 985 von K herausverlangen, da dieser Eigentümer des Bildes geworden ist (§ 929 S. 1). Auch Ansprüche aus § 1007, § 861 und § 823 scheiden aus. Es ist aber nicht gerechtfertigt, dass K das Bild behalten darf, ohne dafür bezahlen zu müssen. Hier hilft § 812 I 1: Da K durch die Leistung des V das Eigentum und den Besitz am Bild ohne rechtlichen Grund (der Kaufvertrag ist nichtig) erlangt hat, ist er dem V zur Herausgabe verpflichtet. K muss also dem V das Bild zurückübereignen.

2. Nichtleistungskondiktion (Bereicherung in sonstiger Weise)

3 Unter die Bereicherung in sonstiger Weise fallen ganz verschiedenartige Tatbestände. Sie haben gemeinsam, dass die Bereicherung nicht auf einer Leistung beruht (sog. Nichtleistungskondiktionen). Die Bereicherung in sonstiger Weise kann durch den Bereicherten sowie den Entreicherten, aber auch durch einen Dritten und sogar ohne menschliches Zutun entstanden sein (dazu → § 42).

1 Vom *BGH* erstmals in BGHZ 40, 272 aufgegriffen.

Im **Fall b** besteht die Bereicherung des B darin, dass er Fütterungskosten erspart hat. Da das Vieh des B in die Weide eingedrungen ist, liegt eine Bereicherung in sonstiger Weise vor. Das gilt auch dann, wenn ein Dritter oder B selbst das Vieh auf die Weide des A gelassen hat, da es hier ebenfalls an einer Leistung des A fehlt. Selbst wenn A das Abweiden in der irrigen Annahme verursacht hat, es handele sich um sein eigenes Vieh, liegt eine Bereicherung in sonstiger Weise vor, da A keine Leistung an B erbringen wollte.

Bei der Bereicherung in sonstiger Weise hat der Bereicherte den Vermögensvorteil ohne rechtlichen Grund erlangt, wenn er ihn nach der Rechtsordnung gegenüber dem Entreicherten nicht endgültig behalten darf.

Einen wichtigen Sonderfall der Bereicherung in sonstiger Weise 4
enthält § 816 I 1: Trifft ein Nichtberechtigter über einen Gegenstand eine Verfügung, die dem Berechtigten gegenüber wirksam ist, so ist er dem Berechtigten gegenüber zur Herausgabe des dabei Erlangten verpflichtet (→ § 42 Rn. 17ff.).

Im **Fall c** erwirbt C Eigentum an dem Buch (§§ 929, 932). A kann es also von ihm nicht nach § 985 herausverlangen. Ihm steht ein Bereicherungsanspruch auf Zahlung der 20 Euro gegen B zu (§ 816 I 1).

II. Umfang des Bereicherungsanspruchs

Das Gesetz regelt den Umfang des Bereicherungsanspruchs in 5
§§ 818ff. (dazu → § 43). Es unterscheidet zwischen normaler und verschärfter Haftung des Bereicherungsschuldners. Diese Differenzierung ist für die Frage von Bedeutung, ob der Schuldner sich mit Erfolg auf den Wegfall der Bereicherung berufen kann.

III. Verweisungen auf das Bereicherungsrecht

Das Gesetz verweist verschiedentlich auf die Bereicherungsvor- 6
schriften. In einigen Fällen wird damit das Bestehen eines Anspruchs vom Vorliegen der Voraussetzungen der §§ 812ff. abhängig gemacht. Hier wird also nicht nur hinsichtlich des Umfangs, sondern schon hinsichtlich der Voraussetzungen auf die Bereicherungsregeln verwiesen **(Rechtsgrundverweisung).**

Beispiel: B verwendet für seinen Hausbau versehentlich Steine des Nachbarn A. Dadurch verliert A das Eigentum an den Steinen zugunsten des B

(§ 946). Er kann von dem durch die Rechtsänderung bereicherten B Vergütung in Geld nach den Vorschriften über die Herausgabe einer ungerechtfertigten Bereicherung fordern (§ 951 I 1).

In zahlreichen anderen Gesetzesbestimmungen wird dagegen nur für den Umfang des Anspruchs auf die Regeln der §§ 818ff. verwiesen (**Rechtsfolgenverweisung; Beispiel:** § 682).

Im Einzelfall ist durch Auslegung zu ermitteln, welche Art der Verweisung gemeint ist.

§ 40. Grundtatbestand der Leistungskondiktion

1 **Schrifttum:** *Bälz,* Leistung – Rückgriff – Durchgriff, FS Gernhuber, 1993, 3; *Böckmann/Kluth,* Direktkondiktion bei irrtümlicher Doppelausführung eines Überweisungsauftrags?, ZIP 2003, 656; *Canaris,* Der Bereicherungsausgleich bei Bestellung einer Sicherheit an einer rechtsgrundlos erlangten oder fremden Sache, NJW 1991, 2513; *Dörner,* Kondiktion gegen den Zedenten oder gegen den Zessionar?, NJW 1990, 473; *Flume,* Der Bereicherungsausgleich in Mehrpersonenverhältnissen, AcP 199 (1999), 1; *Fornassier,* Der Bereicherungsausgleich bei Fehlüberweisungen und das europäische Recht der Zahlungsdienste, AcP 212 (2012), 410; *Hauck,* Bereicherungsausgleich bei Anweisungsfällen nach Umsetzung der Zahlungsdiensterichtlinie, JuS 2014, 1066; *Kamionka,* Der Leistungsbegriff im Bereicherungsrecht, JuS 1992, 845, 929; *Kiehnle,* Fehlüberweisungen und Bereicherungsausgleich nach der Zahlungsdiensterichtlinie, JURA 2012, 895; *Kropf,* Abkehr vom Veranlasserprinzip seitens des BGH beim bereicherungsrechtlichen Ausgleich im Überweisungsverkehr, WM 2016, 67; *Kupisch,* Gesetzespositivismus im Bereicherungsrecht, JZ 1997, 213; *Leitmeier,* Die Zweckkondiktion – eigentlich Treu und Glauben?, NJW 2010, 2006; *Lieb,* Zur bereicherungsrechtlichen Rückabwicklung bei der Zession, JURA 1990, 359; *S. Lorenz,* Bereicherungsrechtliche Drittbeziehungen, JuS 2003, 729, 839; *Martinek,* Der Bereicherungsausgleich bei veranlaßter Drittleistung auf fremde nichtbestehende Schuld, JZ 1991, 395; *Peters,* Die Erstattung rechtsgrundloser Zuwendungen, AcP 205 (2005), 159; *ders.,* Die Entbehrlichkeit der Figur der Leistungskondiktion, JR 2014, 319; *Reymann,* Überweisung und SEPA-Zahlungsdienste – Basiswissen, JuS 2012, 781; *Röthel,* Die Kondiktion wegen Zweckverfehlung, JURA 2013, 1246; *Schall,* Leistungskondiktion und „Sonstige Kondiktion", 2003; *ders.,* Abrüstung der Bereicherungsdogmatik im Dreipersonenverhältnis, JZ 2013, 753; *Schlinker,* Zur Kondiktion der Leistung bei Unkenntnis der Einrede aus § 275 II BGB, JA 2008, 423; *Schnauder,* Die Sonderrechtsprechung zum Bereicherungsausgleich im neuen Zahlungsdiensterecht, JZ 2016, 603; *ders.,* Leistung ohne Bereicherung? – Zu Grundlagen und Grenzen des finalen Leistungsbegriffs –, AcP 187 (1987), 142; *ders.,* Der kausale Schuldver-

trag im System der Güterbewegung, JZ 2002, 1080; *Sorge*, Condictio ob rem und Rückabwicklung gemeinschaftsbezogener Zuwendungen in nichtehelichen Lebensgemeinschaften, JZ 2011, 660; *Stolte*, Der Leistungsbegriff: ein Gespenst des Bereicherungsrechts?, JZ 1990, 220; *Tiedtke*, Bereicherungsschuldner bei der Sicherungsabtretung einer nur vermeintlich bestehenden Forderung, WM 1999, 517; *von Proff*, Der Ausgleich unentgeltlicher Leistungen an die Eltern der Lebensgefährtin, NJW 2015, 1482; *Walker*, Rückabwicklung gemeinschaftsbezogener Zuwendungen nach dem Scheitern der Gemeinschaft, FS Rüßmann, 2013, 355; *Weyer*, Leistungskondiktion und Normzweck des Verbotsgesetzes, WM 2002, 627; *Wilhelm*, „Upon the cases" bei der Leistungskondiktion in Dreiecksverhältnissen?, JZ 1994, 585.

Fall a: Der unerkannt geisteskranke V verkauft, übereignet und übergibt sein Grundstück an K. Der später bestellte Betreuer will alles rückgängig machen. → Rn. 3

Fall b: A verkauft ein Gemälde an B, der es an C weiterverkauft. Auf Bitten des B übereignet A das Bild direkt an C. Später stellt sich heraus, dass der Kaufvertrag A – B nichtig war. Hat A Ansprüche gegen B oder C? Wie ist die Rechtslage, wenn der Kaufvertrag B – C nichtig war? Wie bei Nichtigkeit beider Kaufverträge? → Rn. 13, 14

Fall c: F parkt seinen Pkw trotz eines Verbotsschildes auf dem Grundstück des E. Dieser lässt den Pkw durch den Abschleppunternehmer U abschleppen, wofür er dem U 200 Euro zahlen muss. U gibt dem F dessen Pkw erst heraus, nachdem dieser die Abschleppkosten und zusätzlich 100 Euro, also insgesamt 300 Euro, bezahlt. Von wem kann F Rückzahlung der 300 Euro oder wenigstens von 100 Euro verlangen? → Rn. 13

Fall d: K zahlt an V die aufgrund eines Kaufvertrags geschuldeten 500 Euro. Später fordert er sie zurück, weil er durch Betrug des V zum Vertragsschluss bewogen worden sei. Abgesehen davon stehe ihm die Einrede aus § 320 zu; schließlich sei die Kaufpreisforderung auch verjährt gewesen. → Rn. 25

Die Leistungskondiktion nach § 812 I 1 setzt voraus, dass jemand durch die Leistung eines anderen (II.) ohne rechtlichen Grund (III.) etwas erlangt hat (I.).

I. Bereicherung des Schuldners

Der Schuldner des Bereicherungsanspruchs muss „**etwas erlangt**„ haben. Man versteht darunter gemeinhin jeden Vermögensvorteil. Allerdings besteht weitgehend Einigkeit darüber, dass dem Bereicherungsgegenstand nicht notwendig ein materieller Wert zukommen muss.[1] Er kann daher nicht im Wege einer abstrakten Vermögensdif- 2

1 *Larenz/Canaris* SchuldR BT II/2, § 71 I 1; **aA** noch *BGH* NJW 1952, 417 für eine Ehrenerklärung.

ferenzrechnung, sondern nur konkret bestimmt werden. Folgende Bereicherungsgegenstände kommen in Betracht:

1. Erwerb einer Rechtsposition

3 Hierher gehören vor allem der Erwerb eines dinglichen oder persönlichen Rechts (zB Eigentum; Pfandrecht; Forderung; vertragliches Schuldanerkenntnis, § 812 II). Es braucht sich aber nicht um ein Vollrecht zu handeln; auch ein Anwartschaftsrecht oder die bloße Verstärkung eines Rechts (zB Vorrangeinräumung für eine Hypothek)[2] stellen einen Vermögensvorteil dar. Ferner ist der (unmittelbare und mittelbare) Besitz zu nennen **(Fall a)**, selbst wenn man ihn nicht als Recht ansieht; denn jedenfalls handelt es sich um eine rechtlich geschützte Position, durch die das Vermögen vergrößert wird. Das gilt auch für eine bloße Buchposition wie etwa eine Eintragung als Eigentümer im Grundbuch **(Fall a**; vgl. § 891), da der Eingetragene über das Grundstück wirksam verfügen kann (§ 892). Schließlich kann die Rechtsposition auch aus einer Gesamtheit von materiellen und immateriellen Vermögenswerten bestehen, die zB zu einem Unternehmen gehören.[3]

2. Befreiung von Schulden und Lasten

4 Das Vermögen wird nicht nur dadurch verbessert, dass ein Aktivposten hinzukommt, sondern auch dadurch, dass ein Passivposten verschwindet oder verkleinert wird. Zu nennen sind etwa Schulderlass, negatives Schuldanerkenntnis (§ 812 II), Befreiung des Schuldners von einer Verbindlichkeit oder einer dinglichen Last (zB Verzicht des Gläubigers auf sein Pfandrecht).

3. Gebrauchsvorteile und Dienstleistungen

5 Ein Vermögensvorteil ist nach früher hM[4] schließlich auch bei demjenigen gegeben, der ohne die Leistung des anderen Aufwendungen gemacht hätte, um den gleichen Erfolg zu erreichen. Man denke an die Ausnutzung fremder Arbeit (zB Ausschachten eines Grundstücks aufgrund nichtigen Vertrags). Ohne die Leistung des anderen

---

2 RGZ 146, 355.
3 *BGH* NJW 2006, 2847 (2849) (Steuerberaterpraxis).
4 BGHZ 55, 128 (130f.).

hätte der Schuldner etwa Geld ausgeben, eine andere Leistung erbringen oder eine Schuld begründen müssen.

Demgegenüber ist mit der heute hL davon auszugehen, dass Gebrauchsvorteile sowie geleistete Dienste immer als – nicht gegenständlicher – Vermögensvorteil iSd § 812 I 1 anzusehen sind. Ob Aufwendungen erspart wurden, spielt erst beim Umfang des Bereicherungsanspruchs (§ 818; dazu → § 43) eine Rolle.[5]

Ist also jemandem eine Flugreise ohne Beförderungsvertrag geleistet worden,[6] hat er die Beförderungsleistung als Vermögensvorteil erlangt. Wenn er dadurch Aufwendungen erspart hat, ist das Erlangte wertmäßig noch in seinem Vermögen vorhanden, so dass er den Wert herauszugeben hat. Sofern er keine Aufwendungen erspart hat, fehlt es an einem bleibenden Vermögensvorteil, so dass ein Wegfall der Bereicherung in Betracht kommt (§ 818 III; → § 43 Rn. 6 ff.); im Fall des § 819 (→ § 43 Rn. 18) bleibt er jedoch zum Wertersatz verpflichtet. Der BGH, nach dessen Rechtsprechung schon gar nichts erlangt ist, kommt zum selben Ergebnis, da er bereits bei der Feststellung des Bereicherungsgegenstandes § 819 analog anwendet.

II. Leistung des Gläubigers

1. Begriff der Leistung

a) Bewusste und zweckgerichtete Mehrung fremden Vermögens. Die Bereicherung des Schuldners muss durch Leistung des Gläubigers eingetreten sein. Die Rechtsprechung und die hM verstehen heute unter einer Leistung iSd § 812 I eine bewusste und zweckgerichtete Vermehrung fremden Vermögens.[7] Die Vermögensmehrung kann sowohl durch eine rechtsgeschäftliche Verfügung als auch durch tatsächliches Handeln herbeigeführt werden. Dabei wird im Gegensatz zur älteren Lehre, die eine gewollte Vermögensmehrung ausreichend sein ließ, entscheidend auf deren Zweckrichtung abgestellt. Für eine Leistung genügt es danach also nicht, dass der Gläubiger die Vermögensverschiebung bewusst herbeiführt (zB Zahlung eines Geldbetrags); erforderlich ist außerdem, dass er damit einen bestimmten Zweck verfolgt (zB Tilgung seiner Schuld). 6

---

5 Ebenso *Looschelders* SchuldR BT Rn. 1020.
6 Vgl. BGHZ 55, 128.
7 Vgl. etwa BGHZ 58, 188; *BGH* NJW 1999, 1393 (1395); 2005, 60; Palandt/*Sprau* BGB § 812 Rn. 3 mN.

Die Zweckbestimmung hat zumindest rechtsgeschäftsähnlichen Charakter.[8] Der Leistende muss daher geschäftsfähig sein.

7 Der Leistungszweck ist in mehrfacher Hinsicht von Bedeutung. Zunächst kann die Leistung – abgesehen von § 817 S. 1 – nur dann kondiziert werden, wenn der Leistungszweck verfehlt wurde. Zweitens werden Gläubiger und Schuldner des Bereicherungsanspruchs mit Hilfe des Leistungszwecks ermittelt.[9] Das zeigt sich etwa im Fall einer „Leistungskette":

Beispiel: A will eine ihm gehörende Sache verkaufen. Er schaltet den B ein und übereignet ihm die Sache. B verkauft und übereignet die Sache im eigenen Namen für Rechnung des A (also als mittelbarer Stellvertreter) an C. Da sich herausstellt, dass das Kausalgeschäft zwischen A und B nichtig ist, verlangt A die Sache von C nach § 812 I heraus. Ein solcher Anspruch besteht nicht. Denn C ist schutzwürdig. Er darf auf die Wirksamkeit des Kaufvertrags zwischen ihm und B vertrauen; die Nichtigkeit des Kausalgeschäftes A – B soll ihn nicht berühren.

Dieses interessengemäße Ergebnis ergibt sich aus dem zweckorientierten Leistungsbegriff. Mit der Übereignung der Sache von A an B wird der Zweck verfolgt, das Kausalverhältnis A – B zu erfüllen. Zweck der Übereignung von B an C ist die Erfüllung des zwischen diesen Personen bestehenden Kaufvertrags. Ein „Leistungsverhältnis", das mit der Leistungskondiktion rückgängig gemacht werden könnte, besteht also zwischen A und B sowie zwischen B und C, nicht aber zwischen A und C. Deshalb scheidet eine Leistungskondiktion zwischen A und C aus. Eine Nichtleistungskondiktion kommt ebenfalls nicht in Betracht, weil sie gegenüber der Leistungskondiktion subsidiär ist (→ § 42 Rn. 1).

8 Auf der Grundlage dieses Leistungsbegriffs scheidet eine Leistungskondiktion aus, wenn die Vermögensmehrung unbewusst oder ohne Leistungszweck erfolgt.

Beispiele: Füttert A mit eigenem Futter das Vieh des B in der irrigen Annahme, das Futter gehöre dem B, so fehlt es an einer Leistung des A, weil dieser unbewusst fremdes Vermögen mehrt. In Betracht kommt nur eine Bereicherung „in sonstiger Weise".

Überweist die Bank B auf Weisung ihres Kunden, des Schuldners S, an die Bank des Gläubigers G 500 Euro, so vermehrt B zwar bewusst das Vermögen des G. Aber eine Leistung der B an G liegt nicht vor, weil B gegenüber G keinen Leistungszweck verfolgt. Zweckgerichtet ist die Überweisung im Verhältnis der B zu S, da B den Vertrag mit S erfüllen will. Eine Leistung liegt auch

8 BGHZ 106, 163 (166); 111, 382 (386).
9 *Looschelders* SchuldR BT Rn. 1026.

im Verhältnis des S zu G vor, da S mit Hilfe der Bank zB seine Kaufpreisschuld gegenüber G tilgen will.

b) Kritik am Leistungsbegriff und wertungsmäßige Korrekturen. Der von der hM vertretene Leistungsbegriff ist zunehmender Kritik ausgesetzt, weil sich allein mit seiner Definition nicht alle Fallgestaltungen bei Mehrpersonenverhältnissen sachgerecht lösen lassen.[10] Dennoch spricht viel dafür, bei der Lösung eines bereicherungsrechtlichen Falles zunächst von diesem Leistungsbegriff auszugehen.[11] Allerdings verbietet sich jede schematische Lösung.[12] Vielmehr muss bei der Frage, zwischen wem und wie bei Mehrpersonenverhältnissen die Rückabwicklung erfolgt, immer geprüft werden, ob die Anknüpfung an den Leistungsbegriff aufgrund gesetzlicher Wertentscheidungen zu korrigieren ist (zB → Rn. 12f.). Dabei geht es vor allem um folgende **Wertungen**:[13] 9

(1) Bei der bereicherungsrechtlichen Rückabwicklung müssen jeder Partei des fehlerhaften Rechtsverhältnisses ihre Einwendungen gegen den Vertragspartner erhalten bleiben und dürfen nicht durch Inanspruchnahme durch Dritte verloren gehen.

(2) Der Bereicherungsgläubiger darf bei seinem Anspruch keinen Einwendungen ausgesetzt sein, die seinem Vertragspartner gegen Dritte zustehen.

(3) Jede Partei muss nur das Insolvenzrisiko ihres von ihr selbst ausgesuchten Vertragspartners tragen, nicht dagegen das Risiko der Zahlungsunfähigkeit eines Dritten.

2. Leistung bei Beteiligung Dritter

Gläubiger des Kondiktionsanspruchs ist der Leistende, Schuldner ist der Leistungsempfänger; zwischen beiden muss ein Leistungsverhältnis gegeben sein. Anspruchsberechtigt ist also nicht schon derjenige, der die Vermögensverschiebung tatsächlich vorgenommen hat, und als Anspruchsverpflichteter kommt nicht schon der in Betracht, welcher den Gegenstand in Empfang genommen hat. Daraus folgt: 10

10 Siehe nur *Larenz/Canaris* SchuldR BT II/2, § 70 VI 2.
11 Siehe auch BGHZ 89, 376 (378); *Medicus/Petersen* BürgerlR Rn. 686.
12 *BGH* NJW 1999, 1393 (1394).
13 Herausgearbeitet von *Canaris* FS Larenz, 1973, 799ff.; siehe dazu ferner *Looschelders* SchuldR BT Rn. 1026; *Medicus/Petersen* BürgerlR, Rn. 667.

11 **a) Beteiligung einer Hilfsperson.** Wird eine Hilfsperson bei der Vermögensverschiebung tätig, so ist sie nicht Leistende bzw. Leistungsempfängerin.

Beispiel: Der Bevollmächtigte X des V übereignet dem K das Bild, das V dem K verkauft hat. Ist der Kaufvertrag nichtig, so steht dem V der Bereicherungsanspruch zu. X ist nicht Leistender, weil er dem K gegenüber keinen eigenen Leistungszweck verfolgt. K ist auch dann Leistungsempfänger, wenn Y als Vertreter des K das Bild in Empfang genommen hat.

12 **b) Beteiligung mehrerer bei einer Leistungskette.** Im Falle der Leistungskette (→ Rn. 7) erfolgt die bereicherungsrechtliche Rückabwicklung im jeweils defekten Kausalverhältnis. Sind beide Kausalgeschäfte nichtig (Doppelmangel),[14] kann A gleichfalls nur bei B kondizieren; denn nur an ihn hat er geleistet. Die Rückabwicklung in der jeweiligen Leistungsbeziehung („übers Eck") ist auch interessengerecht. Jeder Vertragspartner behält seine Einwendungen gegen den jeweils anderen und ist nur dessen Einwendungen ausgesetzt. Jeder trägt das Risiko der Zahlungsunfähigkeit seines gewählten Vertragspartners.

Streitig ist, ob der Anspruch des A gegen B gemäß § 818 I auf Abtretung des Bereicherungsanspruchs B gegen C (Kondiktion der Kondiktion)[15] oder gemäß § 818 II auf Wertersatz (→ § 43 Rn. 5) gerichtet ist.[16] Bei Berücksichtigung der in → Rn. 9 genannten Wertungen muss B Wertersatz leisten. Bei einer Kondiktion der Kondiktion müsste A nämlich den von B abgetretenen Bereicherungsanspruch gegen C direkt gegen diesen geltend machen und dabei das Insolvenzrisiko des C tragen, obwohl zu diesem kein Leistungsverhältnis bestand. Außerdem müsste A sich gem. § 404 die Einwendungen des C gegen B entgegenhalten lassen.

Sofern allerdings im Verhältnis A – B auch die Übereignung unwirksam ist und C wegen Abhandenkommens oder Bösgläubigkeit das Eigentum nicht gutgläubig erworben hat, hat A gegen C einen Herausgabeanspruch nach § 985. Hier sollte er auch direkt kondizieren können (§ 812 I 1, 2. Fall). Denn aus der Wertung der §§ 932 II, 935 folgt, dass A schutzwürdiger ist als C.

13 **c) Beteiligung mehrerer im Dreiecksverhältnis.** Wird der Leistungszweck gegenüber einem anderen verfolgt als dem, der die tat-

14 Dazu RGZ 86, 343 (347); BGHZ 48, 70 (72); *BGH* NJW 2001, 2880 (2881).
15 So *BGH* NJW-RR 1990, 750 (751); NJW 1989, 2879 (2881).
16 So zB *Larenz/Canaris* SchuldR BT II/2, § 70 II 2b; *Looschelders* SchuldR BT Rn. 1145; MüKoBGB/*Schwab* § 812 Rn. 56.

sächliche Zuwendung erhält (Leistung im Dreiecksverhältnis), richtet sich der Kondiktionsanspruch nicht gegen den Empfänger der Zuwendung, sondern gegen den Leistungsempfänger. Hier gilt Entsprechendes wie bei der Leistungskette.

Im **Fall b** übereignet A das Bild an C. Damit will er aber den Kaufvertrag mit B erfüllen. Es erfolgt also keine Leistung von A an C. Deshalb kommt eine Leistungskondiktion zwischen A und C nicht in Betracht.

Im **Fall c** hat F 100 Euro ohne Rechtsgrund gezahlt, weil er gem. §§ 823 II, 858 nur zum Ersatz der tatsächlichen Abschleppkosten in Höhe von 200 Euro an E verpflichtet war (→ § 46 Rn. 6). Unmittelbarer Zahlungsempfänger war zwar der U. Bereicherungsrechtlich hat F aber nicht an U geleistet, sondern an E; denn der Zweck der Zahlung bestand darin, seine Schadensersatzverpflichtung gegenüber E zu erfüllen. U war nur Zahlstelle; ihm gegenüber verfolgte F keinen Zweck. Folglich kann F gem. § 812 I 1, 1. Fall 100 Euro von E zurückverlangen.[17] U muss die erhaltenen 300 Euro aufgrund der Vereinbarung mit E an diesen herausgeben. – Die bereicherungsrechtliche Rückabwicklung hat nach der Rechtsprechung[18] selbst dann im Verhältnis zwischen F und E zu erfolgen, wenn E seinen Schadensersatzanspruch gegenüber F an U abgetreten hatte. Das lässt sich allerdings nicht allein mit dem Leistungsbegriff begründen; denn in diesem Fall war U nicht nur Zahlstelle, sondern als Zessionar Gläubiger des von F zu erfüllenden Schadensersatzanspruches. Der BGH folgert dieses Ergebnis vielmehr aus einer sachgerechten Verteilung der Insolvenzrisiken (→ Rn. 9): Dem F sei es eher zuzumuten, bei seiner Rückforderung das Insolvenzrisiko des E zu tragen, gegen den er verbotene Eigenmacht (§ 858) verübt habe. Würde sich der Bereicherungsanspruch gegen U richten, müsste er das Risiko von dessen Insolvenz tragen, obwohl er auf die Auswahl des U durch E keinen Einfluss gehabt habe. Das Insolvenzrisiko des U müsse vielmehr der E als dessen Auftraggeber tragen.

Bei Dreiecksverhältnissen sind folgende Fallgestaltungen zu unterscheiden:

aa) Bei einem „**Anweisungsfall**“ sind (wie bei der Leistungskette) 14
mehrere Verträge über denselben Leistungsgegenstand hintereinander geschaltet; der Schuldner erbringt die vertragliche Leistung aber nicht gegenüber seinem Gläubiger, sondern unmittelbar auf dessen Anweisung an einen Dritten, dem wiederum der Gläubiger zur Leistung verpflichtet ist (Übereignung des A an C im **Fall b**). Obwohl hier die unmittelbare Vermögensverschiebung im Verhältnis zwischen Schuldner und Drittem erfolgt, liegt gleichwohl eine Zweckvereinbarung im Verhältnis von Schuldner und Gläubiger vor; denn dieser

17 Zum Ganzen *BGH* NJW 2009, 2530ff.
18 Dazu *BGH* NJW 2012, 3373f. mit krit. Anm. *Mäsch* JuS 2013, 356 (357f.) und *Staake* LMK 2012, 340107.

wollte durch die Leistung an den Dritten von seiner Verpflichtung gegenüber dem Gläubiger frei werden.

Im **Fall b** hat A also durch Übereignung an C eine Leistung gegenüber B erbracht.

(1) Bei Nichtigkeit des Vertrags A – B (Deckungsverhältnis) besteht ein Bereicherungsanspruch des A gegen B.

(2) Bei Nichtigkeit des Kaufvertrags B – C (Valutaverhältnis) ist dieses Kausalverhältnis rückabzuwickeln. Die Übereignung durch A an C ist im Verhältnis zwischen B und C als Leistung des B anzusehen; denn durch die Anweisung des A wollte B seinen Kaufvertrag mit C erfüllen. B kann also von C nach § 812 I 1 Übereignung des Bildes an sich verlangen.

(3) Sind beide Kaufverträge nichtig (Doppelmangel), so kann wie bei der Leistungskette der A nur gegen B kondizieren. Ein Durchgriff des A gegen C ist ausgeschlossen,[19] da zwischen ihnen kein Leistungsverhältnis besteht; er führte zu einem ungerechtfertigten Ausschluss der Einwendungen des C gegen B und B gegen A. A hat einen Bereicherungsanspruch gegen B, dieser einen solchen gegen C.[20] Einen Durchgriff sieht das Gesetz **nur** in § 822 vor (→ § 42 Rn. 24 ff.).

15 bb) Sonderfälle ergeben sich bei der **fehlerhaften Banküberweisung.**[21] Diese stellt einen Zahlungsvorgang iSd § 675 f IV dar, der auf Grundlage der §§ 675 c ff. (→ § 29 Rn. 51 ff.) erfolgt. In der Terminologie des § 675 f I ist der Anweisende der Zahler (Kontoinhaber) und die angewiesene Bank ist Zahlungsdienstleister, die einen Geldbetrag aufgrund eines Zahlungsauftrags (Anweisung, Überweisungsauftrag) an den Zahlungsempfänger übermittelt. Bei einer solchen Überweisung sind ebenfalls zwei verschiedene Leistungsverhältnisse zu unterscheiden: Zum einen erbringt die angewiesene Bank eine Leistung im Verhältnis zu ihrem Kunden (dem Zahler = Kontoinhaber); zugleich stellt sich die Gutschrift aus der Sicht des Inhabers des Empfängerkontos (des Zahlungsempfängers) als eine Leistung seines Schuldners (des Zahlers) dar. Der Bereicherungsausgleich vollzieht sich grundsätzlich innerhalb des jeweils gestörten Leistungsverhältnisses, also im Deckungsverhältnis zwischen dem Zahler und der angewiesenen Bank oder im Valutaverhältnis zwischen dem Zahler und dem Zahlungsempfänger.[22]

---

19 **Str.**; vgl. Palandt/*Sprau* BGB § 812 Rn. 67.
20 Vgl. BGHZ 48, 70.
21 *Dazu Hauck* JuS 2014, 1066.
22 *BGH* NJW 2001, 2880 (2881) mwN; 2004, 1315 (1316); 2005, 3213 (3214); 2006, 1965; 2008, 2331 (2332); NJW-RR 2010, 858 (860); NJW 2011, 66 (69); 2011, 1434 (1435).

Von diesem Grundsatz der Rückabwicklung im jeweiligen Leistungsverhältnis hat die Rechtsprechung **Ausnahmen** im Sinne einer Direktkondiktion der überweisenden Bank gegen den Zahlungsempfänger entwickelt. Sie beruhen vor allem auf der Wertung, dass im Dreiecksverhältnis derjenige die Risiken einer bereicherungsrechtlichen Rückabwicklung tragen soll, der die fehlerhafte Überweisung veranlasst hat, und das kann eben auch die Bank sein. Wer den Fehler der Überweisung nicht veranlasst hat, soll aus der Rückabwicklung herausgehalten werden; das kann auch der Zahler sein. Andererseits ist stets zu prüfen, ob der gutgläubige Zahlungsempfänger ein schutzwürdiges Interesse hat, sich doch nur mit seinem Vertragspartner (Zahler) bereicherungsrechtlich auseinandersetzen zu müssen, um diesem Einwendungen aus dem zu ihm bestehenden Rechtsverhältnis entgegensetzen zu können. Das führt zu folgender Differenzierung bei verschiedenen Fallgruppen, wobei viele Einzelheiten streitig sind: 15a

(1) Die Überweisung erfolgt trotz **Fehlens einer wirksamen Anweisung (eines Zahlungsauftrags)**. Ursache kann ein anfängliches Fehlen des Zahlungsauftrags, dessen Fälschung durch einen Dritten, Geschäftsunfähigkeit[23] des anweisenden Zahlers oder Erteilung des Zahlungsauftrags durch einen Vertreter ohne Vertretungsmacht[24] sein. In solchen Fällen besteht ein Direktanspruch der Bank aus Nichtleistungskondiktion gegen den Zahlungsempfänger, wenn es an einer Leistung des Zahlers fehlt. Das ist etwa der Fall, wenn der Zahlungsempfänger das Fehlen der Anweisung kennt;[25] dann durfte er den Zahler nicht als Leistenden ansehen. Aber selbst wenn der Zahlungsempfänger das Fehlen einer Anweisung nicht kannte, kann die Zahlung dem vermeintlichen Zahler nicht als Leistung zugerechnet werden,[26] weil dieser den Rechtsschein der Leistung nicht zurechenbar gesetzt, also den Fehler nicht veranlasst hat. Der Zahlungsempfänger hat dann die Gutschrift überhaupt nicht durch Leistung erlangt. Die vermeintlich angewiesene Bank hat dann einen Direktanspruch aus § 812 I 1, 2. Fall (Nichtleistungskondiktion) gegen den Zahlungsempfänger. Diese Direktkondiktion ist sachgerecht; denn 15b

---

23 *BGH* NJW 1990, 3194 (3195); 2008, 2331 (2332); 2011, 66 (69); NJW-RR 2010, 858 (860).
24 *BGH* NJW 2001, 1855 (1856); 2015, 1948; 2015, 2725 (auch wenn eine ursprünglich erteilte Vollmacht dem Zahlungsdienstleister gegenüber widerrufen wurde).
25 *BGH* NJW 2011, 66 (69); 2008, 2331 (2332); 2003, 582 (584); 2001, 2880 (2881); 1984, 483.
26 *BGH* NJW 2015, 3093 (3094); 2011, 66 (69); 2008, 2331 (2332); 2008, 2331; 2006, 1965; 2005, 3213 (3214); 2004, 1315 (1316); 2003, 582 (583).

kondizieren muss die Bank als alleinige Veranlasserin, und der Zahler, dessen Konto zu Unrecht belastet wurde, ist nicht auf eine Kondiktion gegen den Zahlungsempfänger angewiesen. Er hat vielmehr nach § 675u S. 2 einen Anspruch gegen die Bank auf Erstattung (Gutschrift) des Betrags, der durch den nicht autorisierten Zahlungsvorgang von seinem Konto abgebucht wurde.

15c Diese Grundsätze zum Bereicherungsausgleich bei Überweisung ohne wirksame Anweisung wendet der BGH[27] auch bei der Zahlung mittels **Lastschrift** im Einziehungsermächtigungslastschriftverfahren an. Fehlt es an einer Autorisierung der Lastschrift durch den Schuldner, hat dieser auch nicht geleistet. Die Bank hat dann einen unmittelbaren Bereicherungsanspruch gegen den Zahlungsempfänger (Gläubiger). Sie muss dem Kontoinhaber gem. § 675u S. 2, 3 den Betrag, mit dem sie sein Konto aufgrund einer nicht autorisierten Lastschrift belastet hat, erstatten. Entsprechendes gilt, wenn die Bank eine **Auszahlung** an einen Kontobevollmächtigten vornimmt, obwohl dessen Vollmacht ihr gegenüber bereits widerrufen worden war. Der Bereicherungsausgleich vollzieht sich als Nichtleistungskondiktion zwischen der Bank und dem Zahlungsempfänger.[28]

15d (2) Gleiches wie für die Überweisung trotz fehlender Anweisung gilt nach der Rechtsprechung des BGH für die **irrtümliche doppelte Ausführung einer Anweisung (eines Zahlungsauftrags)** durch die Bank.[29] Der zweiten Überweisung liegt keine Autorisierung durch den Zahler zugrunde und sie ist ihm nicht mehr zuzurechnen. Sie liegt vielmehr allein im Risiko- und Einflussbereich der Bank. Diese kann direkt beim Zahlungsempfänger kondizieren. Sie muss den Betrag der zweiten Überweisung gem. § 675u S. 2 dem Konto des Zahlers wieder gutschreiben.

15e (3) Beruht dagegen das Fehlen einer wirksamen Anweisung (eines Zahlungsauftrags) darauf, dass ein Überweisungsauftrag zwar ursprünglich erteilt, aber rechtzeitig **widerrufen** wurde, hat der BGH lange eine andere Lösung vertreten. Der Zahler habe anders als beim ursprünglichen Fehlen einer Anweisung durch den Überweisungsauftrag die Gutschrift beim Zahlungsempfänger veranlasst. Falls dieser beim Empfang der Gutschrift gutgläubig gewesen sei und eine Leistung des Zahlers angenommen habe, sei er in diesem Vertrauen schutzbedürftiger als der Zahler. Er habe dann ein berechtigtes Interesse an einer bereicherungsrechtlichen Abwicklung mit dem Zahler,

27 *BGH* NJW 2011, 1434 (1435); 2006, 1965.
28 *BGH* NJW 2015, 2725 Rn. 14 ff. mAnm *K. Schmidt* JuS 2016, 72.
29 *BGH* NJW 2011, 66 (69) mit insoweit krit. Anm. *Kiehnle* EWiR 2010, 485.

um ihm ggf. Einwendungen aus dem mit ihm bestehenden Rechtsverhältnis entgegenhalten zu können. Eine Direktkondiktion der Bank gegen den Zahlungsempfänger scheide dann aus.[30] Sie komme nur in Betracht, wenn der Empfänger den Widerruf des Überweisungsauftrags kannte oder kennen musste, weil er dann nicht schutzwürdig sei.[31]

Diese maßgeblich auf Veranlasser- und Rechtsscheinhaftung abstellende Lösung hält der BGH[32] seit Inkrafttreten der §§ 675 ff. am 30.10.2009 im Anschluss an eine im Schrifttum vertretene Ansicht nicht mehr aufrecht. Aus den §§ 675j und 675u ergebe sich, dass ein Zahlungsvorgang einem Zahler ohne dessen Autorisierung niemals als Leistung zugerechnet werden könne. Das gelte unabhängig davon, ob der Zahlungsempfänger Kenntnis von der fehlenden Autorisierung habe und wie sich der Zahlungsvorgang von seinem Empfängerhorizont darstelle. Mangels eines Leistungsverhältnisses begründe auch im Fall des Widerrufs eines Überweisungs- oder Dauerauftrags ein nicht autorisierter Zahlungsvorgang eine Nichtleistungskondiktion des Zahlungsdienstleisters gegen den Zahlungsempfänger. Der Zahlungsdienstleister muss eine zu Unrecht erfolgte Kontobelastung beim Zahler wieder rückgängig machen (§ 675u S. 2).

(4) Wenn die angewiesene Bank den Betrag aufgrund einer vom **15f**
Zahler falsch angegebenen Kontonummer an den **falschen Zahlungsempfänger** überweist, muss der Zahler selbst bei dem Empfänger kondizieren. Er hat zwar (auch aus Sicht des Empfängers) keine Leistung an diesen erbracht, aber den Fehler veranlasst, so dass ihm die Zahlung als Leistung zuzurechnen ist.[33] Die Bank, die den Zahlungsvorgang ordnungsgemäß ausgeführt hat (§ 675r I 2), braucht sich an der Rückabwicklung nicht zu beteiligen.

Dagegen ist eine vorsätzliche Überweisung der Bank an den falschen Empfänger vom Zahler nicht veranlasst und ihm auch nicht zuzurechnen.[34] Die Bank muss dann dem Zahler den falsch überwiesenen Betrag gem. § 675u S. 2 erstatten und ist auf eine Nichtleistungskondiktion gegen den falschen Zahlungsempfänger angewiesen.

30 *BGH* NJW 2011, 66 (69); 2008, 2331.
31 *BGH* NJW 2011, 66 (69); 2008, 2331 (2332).
32 *BGH* NJW 2015, 3093 (3094 f.) mit krit. Anm. *Kiehnle* und im Ergebnis zust. Anm. *Jansen* JZ 2015, 952.
33 *BGH* NJW 2006, 503.
34 *BGH* NJW 2008, 2331.

15g (5) Wenn zwar eine Anweisung (ein Überweisungsauftrag) vorliegt, die Bank aber **irrtümlich zu viel** an den Zahlungsempfänger überwiesen hat und der Zahlungsempfänger gutgläubig davon ausgegangen ist, die Überweisung sei vollständig von der Anweisung gedeckt, dann hat nach der früheren Rechtsprechung aus Empfängersicht der anweisende Zahler auch die Zuvielüberweisung geleistet. Diese Leistung sei dem Zahler aufgrund der (wenn auch im Umfang geringeren) Anweisung zuzurechnen. Wegen dieser Leistung des Zahlers scheide eine Nichtleistungskondiktion der Bank gegen den Zahlungsempfänger aus.[35] Ein unmittelbarer Bereicherungsanspruch der Bank gegen den Zuwendungsempfänger komme in solchen Fällen nur in Betracht, wenn diesem die Zuvielüberweisung bekannt sei; denn dann fehle es aus der maßgeblichen Empfängersicht an einer Leistung seines Vertragspartners.[36] Das Interesse des Zahlers, aus einer Rückabwicklung herausgehalten zu werden, wurde also gegenüber dem Interesse des Empfängers an einer Rückabwicklung in seiner rechtlichen Beziehung zum Zahler als schutzwürdiger angesehen.

Diese Rechtsprechung wird vom BGH[37] ebenso wie diejenige zur Rückabwicklung beim Widerruf eines Zahlungsauftrags (→ Rn. 15e) nicht mehr aufrechterhalten. Auch in der Zuvielüberweisung liegt in Höhe des zuviel Gezahlten ein nichtautorisierter Zahlungsvorgang, der dem Zahler nach den Wertungen der §§ 675j und 675u nicht zugerechnet werden kann. Da kein Leistungsverhältnis besteht, hat der Zahlungsdienstleister einen Direktanspruch nach § 812 I 1, 2. Fall gegen den Zahlungsempfänger.

16 cc) Den Anweisungsfällen stehen wirtschaftlich die **Abtretungsfälle** nahe. Hat der vermeintliche Gläubiger G seine (nicht existierende) Forderung gegen den Schuldner S sicherungshalber an den Dritten D abgetreten und stellt sich nach der Zahlung des S an D heraus, dass die Forderung des G gegen S überhaupt nicht bestand, so richtet sich der Bereicherungsanspruch des S grundsätzlich gegen den G und nicht gegen den D. Denn durch die Abtretung darf die Stellung des S nicht verschlechtert werden; S will regelmäßig mit der Leistung an D auch seine im Vertrag mit G vermeintlich übernommene Verpflichtung erfüllen.[38]

---

35 *BGH* NJW 2011, 66 (69); 2008, 2331.
36 *BGH* NJW 2011, 66 (69); 2008, 2331 (2332).
37 *BGH* NJW 2015, 3093 (3094 f.) mit krit. Anm. *Kiehnle*.
38 BGHZ 105, 365; 122, 46 (50 f.); NJW 2005, 1369; *Larenz/Canaris* SchuldR BT II/2, § 70 V 1 mN.

Dagegen lässt der BGH eine Direktkondiktion gegen den Zahlungsempfänger zu, wenn der Schuldner auf eine tatsächlich existierende Forderung gezahlt und sich lediglich in der Person des Gläubigers geirrt hat.[39] Maßgeblich für dieses auf den ersten Blick nicht einleuchtende Ergebnis[40] ist wohl der Gesichtspunkt, dass der wahre Gläubiger, der den Irrtum des Schuldners nicht veranlasst hat, nicht in den Bereicherungsausgleich einbezogen werden soll.

dd) Bei der **Zahlung fremder Schulden** ist zu unterscheiden, ob die fremde Schuld nicht besteht oder ob sie zwar besteht, der Leistende sich aber irrtümlich selbst für verpflichtet hält. 17

(1) Die Schuld besteht nicht: Wenn Onkel D, ohne hierzu verpflichtet zu sein, für seinen Neffen S bei dessen Vermieter G eine Mietzinsschuld bezahlt, die inzwischen schon getilgt worden war, so ist umstritten, ob dem S oder dem D ein Bereicherungsanspruch gegen G zusteht. D will mit der Zahlung nicht etwa eine eigene Verbindlichkeit gegenüber S erfüllen; vielmehr bezweckt er die Tilgung der Mietzinsschuld des S gegenüber G (Leistung durch einen Dritten, § 267). Er handelt dabei aus eigenem Antrieb, verfolgt also gegenüber G einen eigenen Leistungszweck. War dieser Zweck für den Empfänger (G) erkennbar, dann besteht zwischen D und G ein Leistungsverhältnis. Rechtsgrund der Leistung sollte die Schuld des S gegenüber G sein. Da sie nicht besteht, kann der Leistende (D) vom Leistungsempfänger (G) den Geldbetrag zurückverlangen. – War dagegen für G nicht erkennbar, dass D mit der Leistung einen eigenen Zweck verfolgte, ist aus der maßgeblichen Sicht des Empfängerhorizontes nicht D, sondern S Leistender.

(2) Die Schuld besteht, der zahlende Dritte (D) hält sich für den Schuldner, während in Wirklichkeit ein anderer (S) dem Gläubiger (G) schuldet: Wenn etwa D meint, sein Hund habe den G gebissen, deshalb Schadensersatz leistet und sich später herausstellt, dass der Hund des S den G gebissen hat, so besteht zwischen D und G ein Leistungsverhältnis. D will erkennbar eine eigene Verpflichtung erfüllen. Er hat deshalb wegen Fehlens des Rechtsgrundes einen Bereicherungsanspruch gegen G; dieser ist durch § 818 III (Wegfall der Bereicherung; → § 43 Rn. 6 ff.) hinreichend geschützt. Eine andere, später noch zu behandelnde Frage ist es, ob D gegen S wegen dessen Bereicherung „in sonstiger Weise“ vorgehen kann (vgl. → § 42). 18

ee) Beim **echten Vertrag zu Gunsten Dritter** (§ 328 I) verfolgt der Versprechende (S) im Regelfall wegen § 335 gegenüber dem Verspre- 19

39 *BGH* NJW 2006, 1731.
40 *K. Schmidt* JuS 2006, 756 f.

chensempfänger (E) und wegen § 328 auch gegenüber dem Dritten (D) einen Leistungszweck. Nach den oben (→ Rn. 12) aufgezeigten Wertungen erfolgt bei Unwirksamkeit des Vertrags der Bereicherungsausgleich aber auch hier grundsätzlich nur im Verhältnis zwischen dem Versprechenden und dem Versprechensempfänger.[41]

Beispiel: S vereinbart mit E in einem echten (Kauf-)Vertrag zugunsten des D, die Kaufsache dem D zu liefern, da E die Sache dem D weiterverkauft hat. Wird der Kaufvertrag S – E angefochten, hat S einen Bereicherungsanspruch nur gegen E, nicht gegen D (Fall der Leistungsverkürzung, ähnlich dem Anweisungsfall).

20 Ausnahmsweise kann ein Bereicherungsanspruch gegen den Dritten bestehen, wenn die Zweckrichtung der Leistung ausschließlich auf ihn bezogen ist. Das ist etwa der Fall, wenn der Versprechensempfänger nicht berechtigt sein soll, die Leistung an den Dritten zu fordern.

Beispiel: S schließt mit E einen Kaufanwärtervertrag und verpflichtet sich im Vertrag, dem D, der den Vertragsabschluss gefördert hat, eine Provision zu zahlen. Nach Anfechtung des Vertrags kann S von D die Provision zurückfordern.[42]

21 **d) Leistungsbestimmung aus Sicht des Empfängerhorizontes.** Im Einzelfall kann es zweifelhaft sein, zwischen welchen Personen ein Leistungsverhältnis besteht. Kauft beispielsweise K beim Installateur I einen Warmwasserspeicher, der in sein Haus eingebaut werden soll, und kauft I, ohne von K bevollmächtigt zu sein, als dessen Vertreter das Gerät beim Fabrikanten F, so geht dieser bei der Lieferung davon aus, dass er damit seine Verpflichtung aus einem Kaufvertrag mit K erfülle; aus der Sicht des F ist also er selbst Leistender.

Andererseits muss K, wenn ihm nichts anderes bekannt ist, annehmen, F erbringe die Leistung gegenüber I; denn K hat nicht mit F, sondern mit I einen Vertrag geschlossen. Wenn F an K liefert, kann K davon ausgehen, damit wolle I seine Vertragspflichten ihm gegenüber erfüllen; aus der Sicht des K ist also I Leistender.

Nach hM[43] ist grundsätzlich nicht die Sicht des Zuwendenden, sondern die eines objektiven Dritten in der Person des Empfängers entscheidend. Danach kommt es darauf an, wen der Empfänger (K) vernünftigerweise als Leistenden ansehen durfte. Es wird also ent-

---

41 *Medicus/Petersen* BürgerlR Rn. 681.
42 Vgl. BGHZ 58, 184.
43 So zB BGHZ 40, 274; 72, 249; 105, 365 (369); 122, 46 (50f.); *BGH* NJW 1999, 1393 (1395); 2005, 60; NJW-RR 2009, 345.

sprechend der gesetzlichen Wertung bei der Willenserklärung (§§ 133, 157) auf den objektiven Empfängerhorizont abgestellt. Somit scheidet eine Leistungskondiktion des F gegen K aus, wenn dieser die Zuwendung für eine Leistung des I halten durfte. F geht daher leer aus, wenn seine Ansprüche (etwa aus § 179) gegen I wegen dessen Vermögenslosigkeit nicht zu realisieren sind.

Diesem Ergebnis ist zuzustimmen, weil K schutzwürdiger ist als F, 22
wenn er (K) im Vertrauen auf die Leistung, die sich aus seiner Sicht als eine Leistung des I darstellt, an I gezahlt hat. F hat diese Vertrauenslage geschaffen, indem er es unterließ, bei der Leistung dem K gegenüber zum Ausdruck zu bringen, dass er an ihn (K) leisten wolle. Deshalb ist es berechtigt, wenn K nicht noch einmal (nämlich an F) zahlen muss.

Die hM geht aber zu weit, weil sie den Empfänger (K) vor einem Bereicherungsanspruch des F auch dann schützt, wenn er (K) noch nicht oder wenn er schon vor der Lieferung an I gezahlt hat. In beiden Fällen verdient K keinen Schutz, weil er in seinem Vertrauen nicht enttäuscht worden ist. Außerdem ist der Empfängerhorizont dann nicht maßgeblich, wenn derjenige, den der Empfänger als Leistenden ansieht, den Rechtsschein der Leistung nicht zurechenbar veranlasst hat.[44] An einer solchen Veranlassung fehlt es etwa in den Anweisungsfällen, wenn der vermeintlich Anweisende gar keine Weisung erteilt hat (→ Rn. 15).

III. Mangel des rechtlichen Grundes

Die Leistungskondiktion setzt außer einer Bereicherung des 23
Schuldners durch Leistung des Gläubigers einen Mangel des rechtlichen Grundes voraus. Mit der Leistungskondiktion soll nur eine solche Leistung wieder rückgängig gemacht werden, die fehlgeschlagen ist. Ob eine Leistung fehlgeschlagen ist, muss anhand des Leistungszwecks ermittelt werden.

Streitig ist, ob der Rechtsgrund mit der herkömmlichen Ansicht objektiv als das zu erfüllende Schuldverhältnis (zB Kaufvertrag) oder mit einer im Vordringen befindlichen Ansicht subjektiv als der vom Leistenden bestimmte Zweck (Erfüllungs-, Schenkungszweck) zu bestimmen ist.[45] Für die Falllösung

---

44 *BGH* NJW 2006, 1731 (1732f.); 2006, 1965f.; 2003, 582 (584).
45 Nachw. bei *Larenz/Canaris* Schuldrecht BT II/2, § 67 III 1a und *Looschelders* SchuldR BT Rn. 1030f.

ist der Streit nicht ergiebig. Das zeigt sich bei der Leistung zwecks Erfüllung einer Verbindlichkeit. Hier ist nach beiden Theorien zu prüfen, ob das Schuldverhältnis, dessen Erfüllung der Leistende bezweckt, besteht.

Nicht erreicht ist der Leistungszweck einmal beim Fehlen des rechtlichen Grundes (§ 812 I 1: „ohne rechtlichen Grund"), zum anderen beim späteren Wegfall des rechtlichen Grundes und bei Nichteintritt des bezweckten Erfolges (§ 812 I 2).

Die gesetzliche Unterscheidung ist für einen etwaigen Ausschluss des Bereicherungsanspruchs (§§ 814, 815, 817 S. 2) und für eine Haftungsverschärfung (§§ 819f.) bedeutsam.

1. Fehlen des Rechtsgrundes

24 **a) Nichtbestehen oder Nichtdurchsetzbarkeit eines Anspruches.** Der Rechtsgrund fehlt, wenn der Anspruch, der mit der Leistung erfüllt werden sollte, nicht besteht.

Beispiele: V übereignet die Kaufsache an K in Erfüllung eines nichtigen Kaufvertrags. A hat ein Huhn überfahren und zahlt Schadensersatz (§ 823 I) an B, weil er ihn irrtümlich für den Eigentümer des Huhnes hält. Der Schuldner einer Forderung leistet an den falschen Gläubiger, weil er unzutreffend davon ausgeht, diesem sei die Forderung abgetreten worden.

Die Leistung ist also nicht rechtsgrundlos, wenn dem Leistungsempfänger gegen den Leistenden ein rechtsgeschäftlicher oder gesetzlicher Anspruch auf diese Leistung zustand.

Für das Fehlen eines Rechtsgrundes trägt zwar grundsätzlich derjenige die **Beweislast**, der einen Bereicherungsanspruch geltend macht.[46] Beruft sich der Leistungsempfänger gegenüber dem Bereicherungsanspruch auf ein formell unwirksames Schenkungsversprechen, muss er nur nachweisen, dass die Leistung mit Wissen und Wollen des Leistenden bewirkt und der Formmangel damit geheilt worden ist (vgl. § 518 II).[47] Aber der Anspruchsgegner kann gehalten sein, die Umstände darzulegen, aus denen er ableitet, das Erlangte behalten zu dürfen (zB einen Kauf- oder Schenkungsvertrag).[48] Außerdem macht die Rechtsprechung eine Ausnahme, wenn die Leistung als Vorauszahlung in Erwartung der Feststellung einer Forderung erbracht wird; dann muss der Empfänger beweisen, dass die Feststellung der Forderung (des Rechtsgrundes) tatsächlich erfolgt ist oder erfolgen müsste.[49]

46 *BGH* NJW 2014, 2275 (2276); NJW-RR 2009, 1424; NJW 1999, 2887.
47 *BGH* NJW 2014, 2275 (2276).
48 *BGH* NJW-RR 2007, 488 (489).
49 *BGH* NJW-RR 2009, 1424 (1425).

Selbst wenn der Anspruch besteht, aber **mit einer dauernden Einrede behaftet** ist, kann das zum Zweck der Erfüllung Geleistete zurückgefordert werden (§ 813 I 1). Denn die mit einer dauernden (nicht einer bloß vorübergehenden) Einrede belastete Forderung ist, wenn der Schuldner die Einrede erhebt, so anzusehen, als ob die Forderung rechtlich nie bestanden hätte.[50] Allerdings begründet die Verjährungseinrede, obwohl sie eine dauernde ist, keinen Bereicherungsanspruch (§§ 813 I 2, 214 II). Das ist die Konsequenz daraus, dass die Verjährung nicht zum Untergang des Anspruchs führt und dieser weiterhin erfüllbar bleibt. § 214 II gilt allerdings nur, wenn der Schuldner den verjährten Anspruch freiwillig erfüllt. Deshalb ist der Rückforderungsanspruch nach § 813 I 1 nicht nach § 214 II ausgeschlossen, wenn wegen einer verjährten Forderung vollstreckt worden ist oder der Schuldner nur zur Abwendung der drohenden Vollstreckung gezahlt hat.[51] 25

Im **Fall d** kann K seinen Kondiktionsanspruch nur auf die Einrede stützen, dass V die Forderung durch eine unerlaubte Handlung erlangt habe (§ 853). Die Einrede des nicht erfüllten Vertrags (§ 320) ist keine dauernde, die Einrede der Verjährung bleibt nach § 813 I 2 unberücksichtigt. – Wenn ein Bürge an den Gläubiger zahlt, obwohl ihm wegen Unwirksamkeit der Hauptverbindlichkeit nach § 768 I 1 (→ § 32 Rn. 29) die dauernde Einrede der Bereicherung (§ 821; → § 43 Rn. 24) zustand, kann er das Geleistete nach § 813 I 1 vom Gläubiger zurückverlangen.[52]

Die Erfüllung einer nur betagten Verbindlichkeit vor deren Fälligkeit begründet nach § 813 II keine Kondiktion, damit ein Hin- und Herschieben der Leistung vermieden wird.

b) Ausschluss der Leistungskondiktion. Trotz Nichtbestehens einer Verbindlichkeit ist in folgenden Fällen die Leistungskondiktion ausgeschlossen:[53] 26

aa) Ein Bereicherungsanspruch besteht gem. § 814, 1. Fall nicht, wenn der Leistende im Zeitpunkt der Leistung **wusste, dass er zur Leistung nicht verpflichtet war**. Hier verdient der Leistende keinen Schutz.

---

50 Mot. II, 832.
51 *BGH* NJW 2013, 3243 (3244) mAnm *Walker/Storck* LMK 2013, 353033.
52 *BGH* ZIP 2017, 2410 Rn. 15 ff.
53 § 814 ist dagegen nicht anwendbar auf Nichtleistungskondiktionen (*BGH* NJW 2005, 3213 (3215)).

§ 814 ist eine Ausprägung des Grundsatzes von Treu und Glauben, der widersprüchliches Verhalten verbietet. Deshalb muss die Kenntnis von der Nichtschuld beim Leistenden selbst vorliegen. Eine Zurechnung der Kenntnis Dritter entsprechend § 166 I scheidet aus.[54] Es schadet nur positive Kenntnis der Sach- und Rechtslage, nicht dagegen grobfahrlässige Unkenntnis oder Zweifel. Zahlt der Schuldner unter Vorbehalt, greift § 814 nicht ein. § 814 ist nicht anwendbar bei Kenntnis des Leistenden von der Anfechtbarkeit des Kausalgeschäfts, solange die Anfechtung noch nicht erfolgt ist.[55]

27 bb) Die Leistungskondiktion ist gem. § 814, 2. Fall auch dann nicht gegeben, wenn die Leistung einer **sittlichen Pflicht** oder einer **auf den Anstand zu nehmenden Rücksicht** entsprach.

Beispiele: Jemand leistet Unterhalt an seine arme Schwester in der irrigen Annahme, dazu gesetzlich verpflichtet zu sein (sittliche Pflicht). Bei der Hingabe eines üblichen Trinkgeldes meint er, eine Rechtspflicht zu erfüllen (Anstandspflicht).

28 cc) Einen weiteren Ausschlussgrund enthält § 817 S. 2 (→ § 41 Rn. 6 ff.).

2. Späterer Wegfall des Rechtsgrundes

29 Ein Rechtsgrund fehlt auch dann, wenn er zwar zur Zeit der Leistung vorgelegen hat, später aber endgültig (nicht nur vorübergehend) wegfällt (§ 812 I 2, 1. Fall; condictio ob causam finitam). Folgende Fallgruppen gehören hierher:

a) Wegfall aufgrund Parteivereinbarung. Der Rechtsgrund ist aufgrund Parteivereinbarung weggefallen.

Beispiel: Beim Eintritt einer vereinbarten auflösenden Bedingung oder eines Endtermins ist die vorher erbrachte Leistung nach Bereicherungsrecht zurück zu gewähren, wenn die Parteien das Rechtsverhältnis nicht den Rücktrittsregeln mit der strengeren Haftung unterstellen wollten.

30 **b) Wegfall aufgrund einseitiger Erklärung.** Die Willenserklärung einer Partei hat den Wegfall des Rechtsgrundes bewirkt.

Beispiele: Widerruf einer Schenkung (§§ 530, 531 II). Auch die Anfechtung des der Leistung zugrunde liegenden Kausalgeschäfts gehört hierher.[56] Zwar vernichtet die Anfechtung das Rechtsgeschäft rückwirkend (§ 142 I), so dass auch ein Fehlen des Rechtsgrundes angenommen werden könnte; jedoch ist

---

54 *BAG* NZA 2011, 219 (220).
55 *BGH* NJW 2008, 1878.
56 Palandt/*Sprau* BGB § 812 Rn. 26.

das Geschäft bis zur Anfechtungserklärung als wirksam zu behandeln. Im Übrigen spielt es für das Ergebnis keine Rolle, ob die Vernichtung des Rechtsgrundes durch Anfechtung einer Willenserklärung beim Fehlen oder beim Wegfall des Rechtsgrundes eingeordnet wird. Jedenfalls ist § 814 nicht anwendbar; denn trotz Kenntnis der Anfechtbarkeit ist der Leistende bis zur Anfechtung zur Leistung verpflichtet. Wenn der Leistende selbst anfechtungsberechtigt ist und er in Kenntnis dieses Rechts die Leistung erbringt, wird regelmäßig eine Bestätigung des anfechtbaren Rechtsgeschäfts vorliegen, so dass eine Anfechtung ausgeschlossen ist (§ 144) und damit ein Bereicherungsanspruch entfällt. – Bei Ausübung eines (vertraglichen oder gesetzlichen) Rücktrittsrechts durch Rücktrittserklärung greifen die strengeren Vorschriften der §§ 346 ff.[57] ein.

3. Nichteintritt des bezweckten Erfolges

Rechtsgrundlosigkeit des Erwerbs liegt schließlich auch dann vor, wenn der mit einer Leistung nach dem Inhalt des Rechtsgeschäfts bezweckte Erfolg nicht eintritt (§ 812 I 2, 2. Fall; condictio causa data causa non secuta oder condictio ob rem). **31**

a) **Voraussetzungen.** Folgende Voraussetzungen müssen vorliegen:

aa) Mit der Leistung muss ein Erfolg bezweckt sein. Damit ist nicht der Erfolg „Schuldtilgung" gemeint, den jemand bezweckt, wenn er zur Erfüllung einer Verbindlichkeit leistet; wird **dieser** Erfolg nicht erreicht, weil die Verbindlichkeit nicht besteht, greift schon § 812 I 1 ein. Hierher gehört auch nicht der Fall, dass jemand in Erfüllung eines gegenseitigen Vertrags leistet, um die Gegenleistung des Vertragspartners zu erlangen; dieser Tatbestand ist in §§ 320 ff. speziell geregelt.[58]

Raum für einen Bereicherungsanspruch wegen Nichteintritts des bezweckten Erfolges besteht nur dort, wo jemand eine Leistung erbringt, die nicht der Erfüllung einer bestehenden Verpflichtung dienen soll, und mit welcher der **Leistende ein nicht geschuldetes Tun oder Unterlassen des Empfängers bezweckt.** **32**

Beispiele: A zahlt einen Geldbetrag dem B, um diesen zu einer Erbeinsetzung zu veranlassen.[59] Ein Steuerberater finanziert einem Mitarbeiter die Ausbildung ausschließlich im Hinblick auf eine mit ihm nach Erlangung der Qua-

---

57 *Brox/Walker* SchuldR AT § 18 Rn. 7 ff.
58 Mot. II, 842.
59 *BGH* NJW 2013, 2025 mAnm *Kroppenberg* JZ 2014, 50; Anm. *Wellenhofer* JuS 2014, 172.

lifikation geplante Sozietät.[60] Ein Partner einer nichtehelichen Lebensgemeinschaft leistet erhebliche Vermögenswerte, die deutlich über das zum täglichen Zusammenleben Erforderliche hinausgehen, an den anderen Partner in der Erwartung, die Lebensgemeinschaft werde auf Dauer Bestand haben und er könne selbst langfristig an den Vermögenswerten partizipieren.[61] Entsprechendes gilt bei größeren finanziellen Zuwendungen unter Ehegatten.[62]

Nach Ansicht des BGH kommt ein Anspruch gem. § 812 I 2, 2. Fall auch dann in Betracht, wenn der Mieter/Pächter das gemietete oder gepachtete Grundstück in der berechtigten Erwartung des späteren Eigentumserwerbs bebaut und sich diese Erwartung nicht erfüllt.[63] Das ist jedoch zweifelhaft. Zwar tritt in der Tat der bezweckte Erfolg nicht ein, wenn der Mieter/Pächter nicht Eigentümer des bebauten Grundstücks wird. Aber es dürfte schon an einer Leistung fehlen.[64] Der Bauherr bezweckt nicht, fremdes Vermögen des Grundstückseigentümers zu mehren. Er will vielmehr in der Erwartung, das bebaute Grundstück zu erwerben, sein eigenes Vermögen mehren. Wenn man aus diesem Grund eine Leistung verneint, kommt eine Kondiktion nach § 812 I 2, 2. Fall in Form der Verwendungskondiktion in Betracht (→ § 42 Rn. 12 f.) – Ferner hält der BGH eine bereicherungsrechtliche Rückabwicklung wegen Zweckverfehlung auch dann für möglich, wenn die Schwiegereltern ihrem Schwiegersohn einen Geldbetrag zwecks Finanzierung eines Hauses zuwenden, das von ihm und seiner Ehefrau (Tochter der Schwiegereltern) gemeinsam bewohnt werden soll, und die Ehe dann geschieden wird.[65] Nach hier vertretener Ansicht greifen in diesem Fall allein die Regeln vom Wegfall der Geschäftsgrundlage ein; denn der mit der Zuwendung verfolgte Zweck ist nicht Bestandteil des Schenkungsvertrags, sondern nur dessen Geschäftsgrundlage.[66]

33 bb) Die Parteien müssen sich **über den Zweck** (wenigstens stillschweigend) **verständigt** haben.[67] Ein einseitiges Motiv des Leistenden reicht nicht aus. Es genügt aber, dass der Empfänger die Erwartung des Leistenden kennt und durch die Annahme zu verstehen gibt, dass er die Zweckbestimmung billigt.[68] Eine solche Zweckvereinbarung kann etwa bei Zuwendungen (zB zur Finanzierung eines Hau-

60 *BGH* NJW 2004, 512.

61 *BGH* NJW 2011, 2880 (2882) (dazu *Wellenhofer* JuS 2012, 74); 2010, 998 (1000); 2008, 3277 f. (3280); *Scherpe*, JZ 2014, 659 (666); *Sorge*, JZ 2011, 660; *Walker* FS Rüßmann, 355 (362).

62 *Walker* FS Rüßmann, 355 (359).

63 *BGH* NJW 2001, 3118; 2013, 2187 ff. mAnm *Wellenhofer* JuS 2014, 76; 2013, 3364 mit krit. Anm. *Omlor* LMK 2013, 352013.

64 *Omlor* LMK 2013, 352013.

65 *BGH* NJW 2012, 523 (525) mAnm *Kroppenberg* JZ 2014, 50.

66 *Walker* FS Rüßmann, 355 (366); siehe auch *Brox/Walker* SchuldR AT § 27 Rn. 5.

67 Vgl. zur Zweckvereinbarung BGHZ 44, 321; *BGH* NJW 2001, 3118; 2004, 512 (513); JZ 2008, 312 (314); NJW 2010, 998 (1000).

68 *BGH* NJW 2008, 3277 (3280) (Willensübereinstimmung bei erheblichen Vermögenszuwendungen im Rahmen einer nichtehelichen Lebensgemeinschaft).

ses) an einen Ehegatten oder Partner einer nichtehelichen Lebensgemeinschaft anzunehmen sein, die aus Sicht aller Beteiligten auch dem Zuwendenden selbst (gemeinsame Nutzung als Familienheim) zugutekommen sollen.

Die Leistung erfolgt also nicht auf eine Verpflichtung hin. Der Empfänger ist nicht zu der bezweckten „Gegenleistung" verpflichtet. Er will sich nicht rechtlich verpflichten; vielfach kann er es auch gar nicht (zB Erbeinsetzung wegen § 2302).

Nach richtiger Ansicht gehören hierher nicht die Tatbestände, in 34
denen der bezweckte, über die Erfüllung hinausgehende Erfolg Vertragsinhalt geworden ist; dann greifen nämlich beim Nichteintritt des Erfolges die §§ 280 ff. (Unmöglichkeit wegen Zweckverfehlung) ein. Sofern der Zweck nicht zum Vertragsinhalt gehört, der Vertrag aber zu einem bestimmten Zweck geschlossen wurde und dieser Zweck entfällt (zB Schenkung zur bevorstehenden Heirat, die dann jedoch nicht stattfindet), sind die Regeln über die Geschäftsgrundlage (§ 313) heranzuziehen.[69]

Hat der Leistende bei der Zahlung zum Ausdruck gebracht, dass er den Empfänger damit zur Erbeinsetzung bewegen wolle, und nimmt der Empfänger die Leistung entgegen, ohne zum Ausdruck zu bringen, dass er sich für die Erbfolge nicht festlegen wolle, so liegt eine entsprechende Verständigung vor.

cc) Der bezweckte Erfolg darf nicht eingetreten sein. 35

Beispiele: Der Empfänger des Geldes setzt den Schenker nicht zum Erben ein. Die Ehe oder nichteheliche Lebensgemeinschaft, die Grundlage für eine erhebliche Vermögenszuwendung eines Partners an den anderen war, endet durch Scheidung oder Trennung; endet sie dagegen durch Tod, liegt nach der Rechtsprechung des BGH[70] keine Zweckverfehlung, sondern ein Erreichen des Zwecks vor, sofern nicht eine über den Tod hinaus reichende Zweckvereinbarung getroffen wurde.

b) Regeln über die Geschäftsgrundlage. Ein Bereicherungsan- 36
spruch aus § 812 I 2, 2. Fall scheidet aus, wenn jemand zur Erfüllung einer bestehenden Verbindlichkeit leistet und sich herausstellt, dass die Geschäftsgrundlage fehlte oder inzwischen weggefallen ist; denn die Leistung ist mit Rechtsgrund erbracht. Hier sind allein die Regeln über die Geschäftsgrundlage (§ 313) anwendbar.

---

69 *Larenz/Canaris* SchuldR BT II/2, § 68 I 3d; vgl. auch *BGH* JZ 1975, 330.
70 *BGH* NJW 2010, 998 (1000); 2013, 2025.

Verkauft ein Förderer des Sports sein Grundstück zu einem besonders günstigen Preis an die Stadt und gehen beide Vertragsparteien davon aus, dass die Stadt auf dem Grundstück einen Sportplatz anlegt, so ist die Geschäftsgrundlage weggefallen, wenn der Sportplatzbau unterbleibt. Der Verkäufer kann das Grundstück nicht nach Bereicherungsrecht zurückfordern. Vielmehr kann er gem. § 313 I eine Anpassung des Vertrags an die veränderten Umstände verlangen. Wenn die Parteien vorausgesehen hätten, dass kein Sportplatz gebaut wird, wäre möglicherweise das Grundstück zum ortsüblichen Preis verkauft worden. Falls eine Anpassung des Vertrags nicht möglich oder einem Teil nicht zumutbar ist, kann der benachteiligte Teil (Verkäufer) vom Vertrag zurücktreten (§ 313 III 1).

Die Regeln vom Wegfall der Geschäftsgrundlage können ferner anwendbar sein, wenn der mit der Leistung verfolgte Zweck nicht auf einer Willensübereinstimmung beruht, sondern nur auf einer einseitigen Erwartung vom Vorliegen oder Fortbestand eines Umstandes, sofern der Vertrag bei Kenntnis vom Wegfall dieses Umstandes nicht (so) geschlossen worden wäre und ein Festhalten am Vertrag für den Zuwendenden unzumutbar ist.[71]

Zuwendungen der Schwiegereltern an ihren Schwiegersohn, die um der Ehe des eigenen Kindes willen erfolgen und auch diesem zugutekommen sollen (zB Geldleistung zur Finanzierung eines Familienheims), können nach dem Scheitern der Ehe wegen Wegfalls der Geschäftsgrundlage anzupassen oder rückabzuwickeln sein.[72] Voraussetzung dafür ist, dass unter Berücksichtigung aller Umstände (zB Dauer der Ehe) ein Festhalten an der Schenkung unzumutbar ist.[73] Dagegen wird bei internen Zuwendungen zwischen den Partnern einer Ehe oder einer eheähnlichen Lebensgemeinschaft der mit der Zuwendung verfolgte Zweck zum Inhalt der Vereinbarung zwischen den Parteien und kann deshalb nicht gleichzeitig deren Geschäftsgrundlage sein; deshalb kommt eine Rückabwicklung hier allein nach § 812 I 2, 2. Fall in Betracht (→ Rn. 32, 33, 35).[74]

37 **c) Ausschluss der Leistungskondiktion.** Trotz Nichteintritts des bezweckten Erfolges ist in zwei Fällen die Leistungskondiktion ausgeschlossen (§ 815):

aa) Wenn **der Erfolgseintritt von Anfang an unmöglich** war und der **Leistende dies gewusst hat.** Der Leistende handelt hier in einer Weise, die keinen Schutz verdient.[75]

71 *Brox/Walker* SchuldR AT § 27 Rn. 4 ff.
72 *BGH* NJW 2012, 523 (525); 2010, 2884 f.; *Walker* FS Rüßmann, 355 (364 f.).
73 *BGH* NJW 2015, 1014 (1015).
74 *Scherpe* JZ 2014, 659 (666); *Sorge*, JZ 2011, 660 (663); *Walker* FS Rüßmann, 355 (358 f., 361 f.); **aM** *BGH* NJW 2011, 2880 (2881), wonach sowohl § 313 als auch § 812 I 2, 2. Fall anwendbar sein sollen.
75 Prot. II, 701.

bb) Wenn **der Leistende den Erfolgseintritt wider Treu und Glauben verhindert hat.** Der Gesetzgeber hat hier die gleiche Wertung getroffen, wie bei einer unzulässigen Verhinderung des Eintritts einer Bedingung (§ 162 I).

Leistungskondiktionen

I. Voraussetzungen
1. Etwas erlangt = jeder Vermögensvorteil
2. Durch Leistung des Gläubigers = jede bewusste und zweckgerichtete Mehrung fremden Vermögens (Probleme bei Leistungsketten und Dreiecksverhältnissen)
3. Ohne rechtlichen Grund
   a) Ursprüngliches Fehlen eines Rechtsgrundes (§ 812 I 1, 1. Fall) = condictio indebiti (auch bei dauernder Einrede, § 813 I)
   Ausnahmen: §§ 814, 817 S. 2
   b) Späterer Wegfall des Rechtsgrundes (§ 812 I 2, 1. Fall) = condictio ob causam finitam
   c) Nichteintritt des bezweckten Erfolges (§ 812 I 2, 2. Fall) = condictio causa data causa non secuta = condictio ob rem
   Ausnahme: § 815

II. Rechtsfolgen
1. Herausgabe des Erlangten (§§ 812 I, 818)
2. Bereicherungseinrede (§ 821)

§ 41. Leistungskondiktion wegen verwerflichen Empfanges

1 **Schrifttum:** *Armgardt,* Der Kondiktionsausschluss des § 817 S. 2 BGB im Licht der neuesten Rechtsprechung des BGH, NJW 2006, 2070; *Heinemeyer,* § 817 BGB und das römische Recht, JZ 2017, 918; *Klöhn,* Die Kondiktionssperre gem. § 817 S. 2 BGB beim beidseitigen Gesetzes- und Sittenverstoß, AcP 210 (2010), 804; *Möller,* Leistungskondiktion trotz beiderseitiger Sittenwidrigkeit? – Die Einschränkung des § 817 S. 2 BGB durch den BGH, NJW 2006, 268; *Müller/Eckel,* Grundfälle zur Rückabwicklung sittenwidriger „Schenkkreise", JuS 2013, 966; *Schmidt-Recla,* Von Schneebällen und Dreh-

krankheiten – Vergleichende Überlegungen zur Restitutionssperre des § 817 S. 2 BGB, JZ 2008, 60; *Wazlawik*, § 817 Satz 2 BGB – Eine systemwidrige Vorschrift?, ZGS 2007, 336.

Eine Leistungskondiktion ist auch dann gegeben, wenn nach dem Zweck der Leistung der Leistungsempfänger durch Annahme der Leistung gegen ein gesetzliches Verbot oder gegen die guten Sitten verstoßen hat (§ 817 S. 1; condictio ob turpem vel iniustam causam).

Fall a: A schenkt dem für ihn zuständigen Beamten B des Finanzamtes ein Bild, weil B ihm bei der Abgabe einer ordnungsgemäßen Steuererklärung geholfen hat. Später verlangt er das Bild zurück. Zu Recht? → Rn. 3, 6

Fall b: Wie ist es, wenn B ihn zwecks Steuerhinterziehung bei einer falschen Steuererklärung unterstützt hat? → Rn. 6, 8

I. Bedeutung und Voraussetzungen

1. Bedeutung

2 Die Bedeutung des § 817 S. 1 ist sehr gering. Das einer Leistung zugrunde liegende Kausalgeschäft, das gegen ein gesetzliches Verbot oder gegen die guten Sitten verstößt, ist regelmäßig nach §§ 134, 138 nichtig. In diesen Fällen ist die erbrachte Leistung wegen Fehlens des Rechtsgrundes schon nach § 812 kondizierbar, so dass § 817 S. 1 daneben keine selbständige Bedeutung hat. Zwar kann der Bereicherungsanspruch nach § 812 wegen § 814 (→ § 40 Rn. 26f.) oder § 815 (→ § 40 Rn. 37) ausgeschlossen sein, während diese Vorschriften einem auf § 817 S. 1 gestützten Anspruch nicht entgegenstehen.[1] Aber § 817 S. 1 greift nur ein, wenn der Leistende bezweckt, dass der Empfänger gegen ein gesetzliches Verbot oder die guten Sitten verstößt. Bei einer solchen Zwecksetzung wird der Leistende in aller Regel auch selbst gegen ein gesetzliches Verbot oder gegen die guten Sitten verstoßen. Dann ist der Anspruch unabhängig davon, ob man ihn auf § 812 oder auf § 817 S. 1 stützt, gem. § 817 S. 2 ausgeschlossen (→ § 41 Rn. 6ff.). Bei der Herbeiführung eines Vertrags durch Täuschung oder Drohung seitens des Leistungsempfängers verstößt zwar nur dieser gegen ein gesetzliches Verbot, so dass das Kausalgeschäft wirksam ist und § 812 I 1, 1. Fall nicht eingreift; in solchen Fällen wird jedoch der Leistende den Verstoß des Empfängers gegen ein gesetz-

1 BGHZ 106, 169 (171).

liches Verbot nicht bezwecken, so dass die Voraussetzungen des § 817 S. 1 ebenfalls nicht vorliegen. Fälle, in denen der Anspruch aus § 817 S. 1 zu bejahen ist, dürften deshalb kaum vorkommen.

Früher wurde als Schulbeispiel zu § 817 S. 1 vor allem die Vorteilsannahme 3
durch einen Beamten als Gegenleistung für eine bereits vorgenommene Diensthandlung genannt **(Fall a)**. In diesem Fall machte sich nur der Amtsträger gem. § 331 I StGB wegen Vorteilsannahme strafbar. Dagegen verstieß der andere Teil nicht gegen ein gesetzliches Verbot, weil § 333 I StGB aF nur die Vorteilsgewährung für künftige Diensthandlungen unter Strafe stellte. Dieses Beispiel passt heute jedoch nicht mehr. Denn seit der Neufassung des § 333 I StGB durch Gesetz vom 13.8.1997[2] ist auch die Vorteilsgewährung für eine zurückliegende Dienstausübung strafbar. Wenn aber bei einer solchen Vorteilsgewährung sowohl der Empfänger als auch der Leistende gegen ein gesetzliches Verbot verstoßen (§§ 331 I, 333 I StGB), ist das zugrunde liegende Kausalgeschäft unwirksam, so dass mangels Rechtsgrundes für die Leistung auch die Voraussetzungen des § 812 I 1, 1. Fall vorliegen. Außerdem ist der Bereicherungsanspruch gem. § 817 S. 2 ausgeschlossen.

2. Voraussetzungen

Der Schuldner muss eine **Leistung** des Gläubigers angenommen 4
haben.

„Leistung“ ist auch hier als bewusste und zweckgerichtete Vermehrung fremden Vermögens aufzufassen (→ § 40 Rn. 6).

Zweck der Leistung muss es gewesen sein, dass der Schuldner **durch die Annahme gegen ein gesetzliches Verbot oder gegen die guten Sitten verstieß.**

Beispiele: Der Amtsträger nimmt für eine Amtshandlung ein Geschenk an (§ 331 I StGB). X lässt sich von Y ein Geschenk machen, damit er gegen ihn keine Strafanzeige erstattet. Dagegen dürfte die Zahlung von Lösegeld in einem Entführungsfall nicht von § 817 S. 1 erfasst werden; denn der Zahlende bezweckt damit nicht den Verstoß des Annehmenden gegen ein Gesetz oder gegen die guten Sitten, sondern er will die Freilassung des Entführten erreichen.

Streitig ist, ob der Empfänger bei der Annahme auch schuldhaft 5
gehandelt haben muss. Entgegen der Rechtsprechung ist eine positive Kenntnis des Schuldners vom Gesetzes- oder Sittenverstoß nicht erforderlich. § 817 S. 1 hat keinen Strafcharakter. Die Vorschrift will nur solche Leistungen zurückgewähren, die der Empfänger nicht hätte annehmen dürfen. Ein objektiver Verstoß genügt.[3]

---

2 BGBl. I 2038.
3 *Looschelders* SchuldR BT Rn. 1050; MüKoBGB/*Schwab* § 817 Rn. 67.

II. Ausschluss des Bereicherungsanspruchs

6 Die Kondiktion wegen verwerflichen Empfangs ist ausgeschlossen, wenn dem Leistenden gleichfalls ein Verstoß gegen ein gesetzliches Verbot oder gegen die guten Sitten zur Last fällt (§ 817 S. 2; **Fall a, Fall b)**. Im Gegensatz zu Satz 1 ist diese Regelung praktisch bedeutsam. Sie wird im Schrifttum vielfach als verfehlt angesehen. Deshalb mangelt es nicht an Versuchen, ihren Anwendungsbereich einzuschränken. Dabei sind eine Reihe von Streitfragen entstanden. Sie müssen aus der Wertung gelöst werden, die der Gesetzgeber mit § 817 S. 2 getroffen hat.

1. Sinn des § 817 S. 2

7 Wie bei § 817 S. 1 ist auch hier der **Strafcharakter abzulehnen**, da eine „bürgerlich-rechtliche Strafvorschrift“[4] im Bereicherungsrecht nichts zu suchen hat. Richtiger Ansicht nach geht es bei § 817 S. 2 um die Versagung eines bereicherungsrechtlichen Anspruchs (Kondiktionssperre).[5] Die Rechtsordnung will demjenigen keinen Schutz gewähren, der sich selbst rechts- oder sittenwidrig verhalten hat.

8 Ist das Verhalten beider Parteien gleich vorwerfbar und verdienen sie deshalb keinen Schutz, so dürfte keine von ihnen bevorzugt werden; § 817 S. 2 trifft die Entscheidung aber immer zugunsten des Leistungsempfängers, der die Leistung behalten darf.

Beispiel: Bei der Bestechung für eine pflichtwidrige Handlung des Beamten **(Fall b)** wiegt die Tat des Beamten schwerer als die des Schenkers (vgl. § 332 I mit § 334 I StGB). Dennoch bevorzugt § 817 S. 2 den Beamten.

9 Ein solches Ergebnis ist im höchsten Maße unbefriedigend, wenn den Empfänger gar ein größerer Vorwurf trifft als den Leistenden. Im Einzelfall kann der Anwendung des § 817 S. 2 der Schutzzweck der Nichtigkeitssanktion[6] oder der Grundsatz von Treu und Glauben (§ 242) entgegenstehen.[7]

Beispiele: A beteiligt sich an einem nach dem **Schneeballsystem** organisierten Schenkkreis. Dieser ist pyramidenartig aufgebaut. An der Spitze steht der

---

4 So RGZ 161, 52 (60).
5 *BGH* NJW 2006, 45.
6 *BGH* NJW 2014, 1805 (1806) mAnm *Korff* EWiR 2014, 587 und Anm. *Mäsch* JuS 2014, 1123; zustimmend *Stamm* NJW 2014, 2145; NJW 2006, 45 (46).
7 *BGH* NJW 2014, 1805 (1806); BGHZ 111, 308.

Empfängerkreis, der von den ihm nachgeordneten Geberkreisen Geldbeträge erhält. Die Beschenkten scheiden aus dem Spiel aus, und die anderen Ebenen rücken auf, bis sie selbst zum Empfängerkreis gehören. Nachdem A 1250 Euro gezahlt hatte, merkte er, dass das System nicht funktioniert, weil auf der untersten Ebene nicht mehr genügend Geber zu gewinnen waren. A kann Rückzahlung nach § 812 I 1, 1. Fall verlangen. Die Vereinbarung eines Schenkkreises mit wenigen sicheren „Gewinnern" und vielen ausgenutzten, leichtgläubigen Mitspielern, die nur ihren Einsatz verlieren, ist sittenwidrig iSd § 138.[8] Damit fehlt es für die Zahlung an einem Rechtsgrund. § 817 S. 2 steht dem Anspruch nicht entgegen, weil andernfalls die Initiatoren und die auf sie folgenden Empfängerpersonen[9] solcher Schenkkreise gerade zum Weitermachen eingeladen würden. Das würde dem Schutzzweck der Nichtigkeitssanktion des § 138 widersprechen.[10]

Dagegen hat der BGH die bereicherungsrechtliche Rückabwicklung eines sittenwidrigen Kaufvertrags über ein in Deutschland verbotenes **Radarwarngerät** wegen der Kondiktionssperre des § 817 S. 2 abgelehnt.[11] Ferner steht dem Unternehmer gegen den Besteller wegen § 817 S. 2 kein bereicherungsrechtlicher Anspruch auf Wertersatz zu, wenn der Werkvertrag wegen Verstoßes gegen das Gesetz zur Bekämpfung von Schwarzarbeit (ohne-Rechnung-Abrede) gem. § 134 nichtig ist. Der BGH[12] hat eine einschränkende Auslegung in solchen Fällen ausdrücklich abgelehnt. Der Ausschluss eines bereicherungsrechtlichen Anspruchs und die daraus folgende abschreckende Wirkung sei ein geeignetes zivilrechtliches Mittel, der Schwarzarbeit entgegenzuwirken. Auch umgekehrt steht dem Besteller, der den Werklohn bereits bezahlt hat, wegen § 817 S. 2 kein Rückzahlungsanspruch aus ungerechtfertigter Bereicherung zu.[13] § 817 S. 2 hat also zur Folge, dass ein Schwarzarbeitsgeschäft für beide Seiten riskant ist.

2. Einzelfragen

- Das Gericht hat § 817 S. 2 nicht nur dann zu berücksichtigen, 10
  wenn der Beklagte sich darauf beruft. Es handelt sich vielmehr um eine (von Amts wegen zu beachtende) **Einwendung**.
- § 817 behandelt nicht den Fall, dass **nur der Leistende** gegen ein gesetzliches Verbot oder gegen die guten Sitten verstoßen hat. Ent-

8 *BGH* NJW 1997, 2314 f.; NJW-RR 2009, 345.
9 *BGH* NJW 2008, 1942.
10 *BGH* NJW 2006, 45 (46) (bestätigt in NJW 2008, 1942 mAnm *Martinek* in JZ 2009, 364); *Müller/Eckel* JuS 2013, 966 (967); *Schmidt-Recla* JZ 2008, 60.
11 *BGH* NJW 2005, 1490 (1491); ebenso *BGH* NJW 2010, 610 (Bereicherungsanspruch ohne weitere Begründung abgelehnt, aber im konkreten Fall ein Widerrufsrecht des Käufers nach § 312d aF [heute § 312g] bejaht).
12 *BGH* NJW 2014, 1805 (1806 f.) mAnm *Korff* EWiR 2014, 587 und Anm. *Mäsch* JuS 2014, 1123; zustimmend *Stamm* NJW 2014, 2145.
13 *BGH* NJW 2015, 2406 mit zust. Anm. *Stamm*.

sprechend seinem Sinn muss § 817 S. 2 hier analog angewandt werden.[14]

11 – Die vom Gesetz bezweckte Versagung des materiellen Anspruchs kann nicht dadurch umgangen werden, dass der Kläger, der bei der Leistung gegen das Gesetz oder die guten Sitten verstoßen hat, seinen Bereicherungsanspruch auf § 812 stützt. Vielmehr schließt § 817 S. 2 als Spezialvorschrift nicht nur den Anspruch nach § 817 S. 1, sondern auch die Leistungskondiktion nach § 812 aus (→ § 41 Rn. 2). Auf die Nichtleistungskondiktion gem. § 812 I 1, 2. Fall (→ § 42 Rn. 3 ff.) findet § 817 S. 2 dagegen keine Anwendung.[15]

12 – Das Gesetz geht davon aus, dass das Erfüllungsgeschäft regelmäßig von der Nichtigkeit des Kausalgeschäfts unberührt bleibt. Wenn nun aber nach § 134 beispielsweise nicht nur der Kaufvertrag, sondern auch die Übereignung der Kaufsache nichtig ist, könnte der Verkäufer die Sache vom Käufer nach § 985 herausverlangen, obwohl ihm ein Bereicherungsanspruch wegen § 817 S. 2 nicht zusteht. Nach der Rechtsprechung soll § 817 S. 2 einen dinglichen Anspruch nicht ausschließen.[16] Das lässt sich mit dem Sinn des § 817 S. 2 nicht vereinbaren.[17] Abgesehen davon führt die abgelehnte Meinung zu untragbaren Ergebnissen: Ist nur das Verpflichtungsgeschäft (Kaufvertrag) nichtig, scheidet ein Rückforderungsanspruch wegen § 817 S. 2 aus; ist aber ausnahmsweise auch das Erfüllungsgeschäft (Übereignung) nichtig, also in besonders schweren Fällen, dann soll dem Leistenden ein Anspruch (§ 985) zustehen.

13 Folgendes ist jedoch zu beachten: Vermietet jemand einem anderen beispielsweise eine Wohnung zu einem wucherischen Mietzins, so ist der Mietvertrag nach § 138 II nichtig. Hier schließt § 817 S. 2 den Herausgabeanspruch nach § 985 nicht aus; denn die zweckgerichtete Leistung des Vermieters besteht nicht in der dauernden Überlassung der Wohnung, sondern nur in der zeitweiligen Gebrauchsüberlassung. Aus § 817 S. 2 folgt also nur, dass der Vermieter die Wohnung für die vereinbarte Mietzeit nicht herausverlangen kann. Die vereinbarten Wuchermietzinsen stehen ihm nicht zu, da der Mietvertrag nichtig ist. Sehr streitig ist, ob der Vermieter für die zeitweilige Gebrauchsüberlassung wenigstens einen angemessenen „Mietzins" verlangen kann; das dürfte zu bejahen sein, da anderenfalls dem § 817 S. 2 Strafcharakter zukäme

---

14 *BGH* NJW 2014, 1805 mwN.
15 *BGH* NJW 2003, 582 (584).
16 Vgl. BGHZ 63, 369.
17 Ebenso *Looschelders* SchuldR BT Rn. 1055.

(→ Rn. 7) und der Bewucherte eines so weitgehenden Schutzes nicht bedarf, dass er die Leistung des Wucherers unentgeltlich erhält.[18]

§ 42. Ansprüche wegen Bereicherung in sonstiger Weise

Schrifttum: *Bayreuther/Arnold,* Der praktische Fall – Bürgerliches Recht: Rückabwicklung einer rechtsgrundlosen Verfügung durch einen minderjährigen Nichtberechtigten, JuS 2003, 769; *Balthasar,* Eingriffskondiktion bei unerlaubter Nutzung von Persönlichkeitsmerkmalen – Lafontaine in Werbeannonce, NJW 2007, 664; *Canaris,* Das Verhältnis der §§ 994 ff. BGB zur Aufwendungskondiktion nach § 812 BGB, JZ 1996, 344; *Falk,* Der alte Kampf. Eine Fallstudie zu § 822 BGB, FS Nehlsen, 2008, 610; *Jülch,* Der Bereicherungsausgleich im 3-Personen-Verhältnis nach § 816 II BGB, JA 2013, 324; *ders.,* Obligatorische Schwäche dinglichen Rechts am Beispiel des § 816 I 2 BGB, JA 2012, 326; *Koch/Wallimann,* Die Gebrauchsüberlassung an Dritte aus bereicherungsrechtlicher Sicht, JZ 2016, 342; *Kohler,* Dritthaftung gem. § 816 I 2 BGB oder § 822 BGB nach Rücktritt, JuS 2013, 769; *Linardatos,* Die Bereicherungshaftung gem. § 822 BGB, JuS 2017, 816; *Loyal,* Der fremdnützige Leistungszweck, JZ 2012, 1102; *Petersen,* Die Leistung an den Nichtberechtigten, JURA 2010, 281; *Röthel,* Die Bereicherungshaftung des unentgeltlichen Empängers gemäß § 822 BGB, JURA 2016, 613; *Thomale/Zimmermann,* Der Vorrang der Leistungsbeziehung – eine rechtsrealistische und rechtsdogmatische Kritik, AcP 217 (2017), 246; *Tommaso/Weinbrenner,* Bereicherungsrechtliche Mehrpersonenverhältnisse nach § 822 BGB, JURA 2004, 649; *Wilhelm,* Ersitzung als Rechtsgrund?, NJW 2017, 193; *Würdinger,* Die bereicherungsrechtliche Rückabwicklung bei einem Widerspruch des Zahlenden im Einzugsermächtigungsverfahren, JuS 2007, 418. 1

Fall a: Firma F verwendet ein Bild des bekannten Schauspielers X ohne dessen Einverständnis zu Reklamezwecken. X verlangt eine Vergütung. → Rn. 5

Fall b: Da D irrtümlich annimmt, ein von seinem Haus herabgefallener Dachziegel habe G verletzt, zahlt er diesem Schadensersatz. Später erfährt er, dass der Ziegel vom Haus des Nachbarn S stammte. Gegen wen hat D einen Bereicherungsanspruch? → Rn. 3, 11

Fall c: D hat dem E dessen Fahrrad gestohlen und neu angestrichen. Als E den D auf Herausgabe des Fahrrades in Anspruch nimmt, verlangt D von E Verwendungsersatz. → Rn. 15

Fall d: B hat die dem A gestohlene Uhr an den gutgläubigen C verkauft und veräußert. Rechte des A? → Rn. 20

---

18 Vgl. *Medicus/Petersen* BürgerlR Rn. 700.

Unter den Begriff der Bereicherung in sonstiger Weise fallen alle Bereicherungstatbestände, die nicht zur Leistungskondiktion gehören.

I. Verhältnis zur Leistungskondiktion

Bevor untersucht wird, ob eine Bereicherung in sonstiger Weise gegeben ist, muss zunächst geprüft werden, ob nicht eine Bereicherung durch Leistung vorliegt; denn diese schließt nach hM hinsichtlich desselben Bereicherungsgegenstandes eine Bereicherung in sonstiger Weise grundsätzlich aus **(Vorrang der Leistungskondiktion).**[1]

Hat der Bauunternehmer (B) an den Grundstückseigentümer (E) dadurch geleistet, dass er von seinem Lieferanten (L) gelieferte Steine zum Bau des Hauses verwendet, so steht dem L – etwa bei Vermögenslosigkeit seines Vertragspartners B – kein Bereicherungsanspruch gegen E zu. Denn zwischen L und E besteht kein Leistungsverhältnis (→ § 40 Rn. 12). Durch Lieferung der Steine leistet L an seinen Vertragspartner B, und B leistet durch Einbau der Steine an E. Der Lieferant L hat sich B als seinen Vertragspartner selbst ausgesucht; deshalb kann er sich nur an B halten. L muss damit das Risiko tragen, dass B zahlungsunfähig wird. Auch wenn der Kaufvertrag L – B nichtig ist, kommt nur eine Rückabwicklung des fehlgeschlagenen Rechtsverhältnisses zwischen diesen beiden Personen im Wege der Leistungskondiktion in Betracht. Ein Bereicherungsanspruch des L gegen E ist ausgeschlossen.

Wenn aber dem B die eingebauten Steine nicht von L geliefert worden sind, sondern B sie vom Lagerplatz des L gestohlen hat, dann ist aus der Wertung des § 935 zu entnehmen, dass L gegen E einen Bereicherungsanspruch (§§ 951 I 1, 812 I 1, 2. Fall) hat. Hätte nämlich B die Steine dem E übereignet, so wäre dieser wegen § 935 nicht Eigentümer geworden, so dass L die (noch nicht verbauten) Steine nach § 985 von E hätte herausverlangen können. E darf nicht besser stehen, wenn er durch den Einbau der Steine nach § 946 Eigentum erlangt hat.

2 Der Grundsatz vom Vorrang der Leistungskondiktion gilt – wie das letzte Beispiel zeigt – nicht uneingeschränkt. Vielmehr ist für die Erzielung sachgerechter Ergebnisse die Wertung zu berücksichtigen, die sich aus den §§ 932, 935 BGB, § 366 HGB ergibt (vgl. auch § 816 I 2).

---

1 Vgl. BGHZ 40, 278; 56, 240; *BGH* NJW 2005, 60; 2013, 2519 (2520).

II. Einzeltatbestände

Zu den Ansprüchen wegen Bereicherung in sonstiger Weise gehören vor allem die Eingriffs-, Rückgriffs- und Verwendungskondiktion. 3

1. Eingriffskondiktion

a) Begriff und Bedeutung. Eine Eingriffskondiktion kommt in Betracht, wenn der Bereicherte selbst durch eigene Handlung in das Recht eines anderen eingreift und auf diese Weise ohne rechtlichen Grund sein Vermögen vermehrt (§ 812 I 1, 2. Fall).

Eine Eingriffskondiktion ist aber auch dann gegeben, wenn der Eingriff durch einen Dritten oder ohne menschliches Zutun (Naturereignis) erfolgt (Beispiel: **Fall b** in → § 39 Rn. 3).

Der Grund für einen Anspruch aus Eingriffskondiktion liegt nicht in der Rechtswidrigkeit des Eingriffs; denn es geht nicht darum, ob der Eingriff verboten ist, was ua Voraussetzung für einen Schadensersatzanspruch aus unerlaubter Handlung wäre. Entscheidend ist vielmehr, dass der erlangte Vorteil (etwa des Gebrauchs, Verbrauchs) von der Rechtsordnung einem anderen „zugewiesen" ist (Eingriff in den Zuweisungsgehalt eines Rechtsguts, dessen wirtschaftliche Verwertung dem Kondiktionsgläubiger vorbehalten ist).[2] So steht etwa dem Eigentümer einer Sache das Recht zu, mit dieser nach Belieben zu verfahren (§ 903), sie also zu nutzen, zu gebrauchen und zu verwerten.

b) Voraussetzungen

aa) Etwas erlangt 4

Wie bei jedem Bereicherungsanspruch muss der Schuldner „etwas erlangt" haben **(Bereicherung des Schuldners**; → § 40 Rn. 2 ff.)

bb) In sonstiger Weise 5

Die Bereicherung muss „in sonstiger Weise" – also nicht durch „Leistung" des Gläubigers (→ § 40 Rn. 6 ff.) – und zwar hier durch **Eingriff in das Recht des Gläubigers entgegen dem Zuweisungsgehalt** entstanden sein. Eingriffsobjekt können die Rechtspositionen sein, deren wirtschaftliche Verwertung nach der Rechtsordnung dem

2 BGHZ 107, 117 (120); *BGH* NJW 2007, 216 (217); *Reuter/Martinek* Ungerechtfertigte Bereicherung, 1983, § 7 mwN.

Gläubiger zusteht. Hierbei kann man sich am deliktischen Güterschutz orientieren.

Beispiele: Der Schuldner gebraucht oder verbraucht eine dem Gläubiger gehörende Sache. Der Vermieter kommt durch berechtigte Kündigung des Mietverhältnisses vorzeitig in den Genuss der wertsteigernden Bauinvestitionen, die der Mieter im Hinblick auf das langfristig angelegte Mietverhältnis getätigt hat.[3] Gegenstand des Eingriffs können aber auch ein beschränkt dingliches Recht (Nießbrauch), der Besitz und ein Immaterialgüterrecht (Patentrecht, Urheberrecht) sein. Nach einer Mindermeinung löst ein Eingriff in das allgemeine Persönlichkeitsrecht (→ § 45 Rn. 21 ff.) keine Eingriffskondiktion aus. Verkauft etwa ein Arzt die Krankengeschichte seines prominenten Patienten an eine Illustrierte, so soll danach ein Bereicherungsanspruch des Patienten gegen den Arzt nicht bestehen. Das Ergebnis ist angesichts der fortschreitenden Kommerzialisierung des Persönlichkeitsrechts zweifelhaft. Richtigerweise kommt bei der unbefugten Nutzung der vermögenswerten Bestandteile des allgemeinen Persönlichkeitsrechts sowie des Namens und des Rechts am eigenen Bild ein Bereicherungsanspruch aus Eingriffskondiktion in Betracht.[4] – Der Besteller eines Architektenplans hat gegen den Architekten, der denselben Plan auch noch an einen anderen Auftraggeber gegen Honorarzahlung überlässt, keinen Bereicherungsanspruch nach § 812 I 1, 2. Fall. Der Besteller hat zwar gegen den Architekten einen schuldvertraglichen Anspruch auf Unterlassung der Zweitverwertung, und das daraus folgende Unterlassungsgebot hat der Architekt verletzt. Aber ein lediglich schuldrechtlich begründeter Anspruch besitzt keinen bereicherungsrechtlichen Zuweisungsgehalt, so dass kein „Eingriff" vorliegt.[5] – Im **Fall a** ist ein Bereicherungsanspruch zu bejahen.[6] Da entsprechend der in Künstlerkreisen weitgehend herrschenden Übung die Verwertung des eigenen Bildes nur gegen Zahlung einer Vergütung gestattet wird, hätte F das Bild nur gegen Entgelt benutzen dürfen; diese Vergütung hat F auf Kosten des X erspart.

6 **cc) Auf Kosten des Anspruchstellers**

Anders als bei der Leistungskondiktion ist bei der Eingriffskondiktion stets zu prüfen, ob der Eingriff in das Recht eines anderen „auf dessen Kosten" erfolgt ist. Damit ist nach richtiger Ansicht nicht gemeint, dass bei dem anderen eine Vermögensminderung eingetreten sein muss.[7] Denn beim Bereicherungsrecht geht es nicht – wie beim Schadensersatzrecht – darum, eine Vermögensminderung auszugleichen, sondern eine Bereicherung rückgängig zu machen, die dem Bereicherten nicht gebührt. Das Merkmal „auf Kosten" dient also dazu,

3 *BGH* NJW 2009, 2374 (dazu *Walker* LMK 2009, 284366); NJW-RR 2010, 86.
4 *BGH* NJW 2008, 3782.
5 *BGH* NJW 2013, 781 (783) mAnm *Schwab* JuS 2013, 1135.
6 BGHZ 20, 345; *BGH* NJW 1992, 2084.
7 *Looschelders* SchuldR BT Rn. 1069.

den Bereicherungsgläubiger bei der Eingriffskondiktion zu bestimmen. Das ist der Träger derjenigen Rechtsposition, in die eingegriffen wurde, dem also das Gut von der Rechtsordnung zugewiesen ist.

Beispiel: Hat A unbefugt die Räume des verreisten Mieters B benutzt, besteht ein Bereicherungsanspruch des B gegen A. Abzustellen ist auf den Wert des Erlangten (der Benutzung). A hat also dem B den Betrag zu entrichten, der für die Benutzung der Räume gewöhnlich gezahlt wird.

dd) Ohne rechtlichen Grund 7

Die Bereicherung muss „ohne rechtlichen Grund" erlangt sein. Das ist dann der Fall, wenn der erlangte **Vorteil nach der Rechtsordnung einem anderen gebührt.**

Wenn das Gesetz einen nicht rechtsgeschäftlichen Eigentumserwerb vorsieht, so ist zu prüfen, ob nur die sachenrechtliche Zuordnung der Sache zu einer Person geregelt werden soll oder ob damit gleichzeitig auch ein Rechtsgrund für den Erwerb bestimmt und folglich ein Bereicherungsanspruch ausgeschlossen ist. So erwirbt zB der Finder unter den Voraussetzungen des § 973 das Eigentum an der gefundenen Sache; er ist aber noch drei Jahre lang einem Bereicherungsanspruch ausgesetzt (§ 977). Auch die §§ 946 ff. stellen keinen Rechtsgrund dar, weil § 951 auf das Bereicherungsrecht verweist. Dagegen ist aus § 937 I zu entnehmen, dass der Eigentumserwerb bei der Ersitzung in dieser Vorschrift seinen Rechtsgrund hat und demnach eine Eingriffskondiktion ausscheidet.[8] Durch die Ersitzung soll eine endgültige Zuordnung der Sache eintreten. Daher kommt auch eine Leistungskondiktion nicht in Betracht, wenn die Besitzerlangung auf einer rechtsgrundlosen Leistung beruht.[9]

2. Rückgriffskondiktion

Eine Rückgriffskondiktion kommt in Betracht, wenn ein Dritter 8
den Schuldner von dessen Verbindlichkeit gegenüber seinem Gläubiger befreit (Tilgung fremder Schuld; § 267).[10]

Einem solchen Rückgriff vergleichbar ist der Fall, dass ein Grundstückseigentümer, der gegen seinen Nachbarn einen Anspruch gem. § 1004 I auf Beseitigung von über die Grundstücksgrenze wachsenden Baumwurzeln hat, diese Beseitigung mangels Bereitschaft des Nachbarn selbst vornimmt. Zwar tilgt der Grundstückseigentümer keine fremde Schuld gegenüber einem Dritten, sondern er bringt im Wege der Selbstvornahme die ihm selbst gegenüber bestehende Verpflichtung des Nachbarn zum Erlöschen. Aber darin liegt bereicherungsrechtlich kein wesentlicher Unterschied. Der BGH[11] gewährt in

---

8 Vgl. RGZ 130, 69; *Baur/Stürner* SachenR § 53 Rn. 91.
9 *BGH* NJW 2016, 3162 Rn. 39 ff.; dazu *Buchwitz*, JuS 2016, 1067 und krit. *Wilhelm* NJW 2017, 193.
10 *Brox/Walker* SchuldR AT § 12 Rn. 2 ff.
11 *BGH* NJW 2004, 603 (604) mwN.

diesen Fällen einen Anspruch gem. § 812 I 1, 2. Fall wegen Bereicherung in sonstiger Weise. Der Anspruch ist auf Ersatz der Kosten gerichtet, die der Nachbar zur Erfüllung des Beseitigungsanspruchs hätte aufwenden müssen.

Für die Rückgriffskondiktion bleibt nur ein enger Anwendungsbereich. Deshalb wird sie zum Teil als eigene Fallgruppe abgelehnt. In vielen Fällen sichert das Gesetz den zahlenden Dritten dadurch, dass es den Anspruch des Gläubigers gegen den Schuldner auf den Dritten übergehen lässt (zB § 268 III;[12] § 774 I, → § 32 Rn. 37). Einen besonderen Ausgleichsanspruch begründet das Gesetz in § 426 I für den leistenden Gesamtschuldner.

9 Hat der Dritte als Beauftragter des Schuldners oder als berechtigter Geschäftsführer ohne Auftrag gehandelt, steht ihm ein Aufwendungsersatzanspruch gegen den Schuldner zu (§ 670; §§ 683, 670). Daneben kommt ein Bereicherungsanspruch gegen den Schuldner nicht in Betracht, weil ein Rechtsgrund für die Vermögensverschiebung gegeben ist. Beim Auftrag liegt dieser in dem Vertragsverhältnis. Die berechtigte GoA ist nach ihrer gesetzlichen Regelung Rechtsgrund für jede Vermögensmehrung, die durch das Tätigwerden des Geschäftsführers beim Geschäftsherrn eintritt.

10 Führt der Dritte mit der Zahlung einer fremden Schuld ein Geschäft des Schuldners, ohne dass die Voraussetzungen einer berechtigten GoA (§ 683) vorliegen, so hat er nach §§ 684, 818 ff. einen Bereicherungsanspruch gegen den Schuldner. Dieser Anspruch wird als Rückgriffskondiktion bezeichnet; dabei handelt es sich jedoch nicht um eine Rechtsgrundverweisung, sondern um eine Rechtsfolgenverweisung (anders im Dreipersonenverhältnis).[13]

11 Will der Dritte mit der Zahlung für den Gläubiger erkennbar eine eigene Schuld begleichen, weil er sich irrtümlich für den Schuldner hält **(Fall b)**, hat er die Leistungskondiktion gegen den Gläubiger; eine Rückgriffskondiktion des Dritten gegen den Schuldner scheidet schon deshalb aus, weil dieser nicht bereichert ist, da seine Schuld durch die Zahlung des Dritten nicht getilgt wird.

Der Dritte, der eine vermeintlich eigene Schuld bezahlt **(Fall b)** und deshalb eine Leistungskondiktion gegen den Gläubiger hat, kann ein Interesse daran haben, statt des (zB jetzt zahlungsunfähigen) Gläubigers den wirklichen Schuldner in Anspruch zu nehmen. Diese Möglichkeit hätte er, wenn er seine irrtümliche Zahlung nachträglich als Erfüllung der Verbindlichkeit des

---

12 *Brox/Walker* SchuldR AT § 12 Rn. 6.
13 Dazu *OLG Hamm* NJW 1974, 951.

Schuldners gelten lassen könnte. Deshalb wird von einem Teil des Schrifttums dem Dritten ein Wahlrecht eingeräumt: Dieser kann es bei der Leistungskondiktion gegen den Gläubiger belassen. Er darf aber auch erklären, dass die Zahlung als für den Schuldner bewirkt behandelt werden soll, so dass damit die Schuld des Schuldners getilgt ist. In diesem Fall käme eine Rückgriffskondiktion gegen den Schuldner in Betracht. Jedoch lässt sich ein solches Wahlrecht aus dem Gesetz nicht begründen. Zudem würde eine nachträgliche Änderung der Leistungsbestimmung durch den Dritten dem Schuldner eine Bereicherung aufdrängen, die den Interessen des Schuldners entgegensteht, wenn dieser seine Schuld gegenüber dem Gläubiger, zB durch Aufrechnung mit einer Gegenforderung gegen den Gläubiger, hätte tilgen können. Allenfalls ist an eine Anfechtung der rechtsgeschäftsähnlichen Tilgungsbestimmung zu denken, falls die Voraussetzungen eines Irrtums vorliegen.[14]

3. Verwendungskondiktion

a) Rechtsgrundlose Verwendungen. Verwendungen auf fremdes Gut können einen Bereicherungsanspruch auslösen, wenn das Vermögen des anderen ohne Rechtsgrund vermehrt wird. 12

Das kann durch Aufwendung von Sachen (etwa bei Verbindung, Vermischung; vgl. §§ 946 ff.), aber auch durch Einsatz der Arbeitskraft geschehen. In vielen Fällen wird eine solche Vermögensmehrung aufgrund einer vertraglichen Verpflichtung erfolgen; dann liegt der Rechtsgrund in dem Vertrag, so dass ein Bereicherungsanspruch ausscheidet. Ist der Vertrag nichtig, kommt eine Leistungskondiktion in Betracht, weil die Verwendungen zwecks Erfüllung einer vermeintlichen Verpflichtung getätigt wurden. Fehlt es dagegen an einem Rechtsgrund und ist die Vermögensmehrung des Bereicherten nicht durch „Leistung" entstanden, ist der Tatbestand der Verwendungskondiktion gegeben. Daneben können aber auch Verwendungsersatzansprüche aus dem Eigentümer-Besitzer-Verhältnis (§§ 994 ff.) bestehen.[15]

Beispiele: Hat der Winzer A vom Hubschrauber aus nicht nur seinen Weinberg, sondern aus Versehen auch den des Nachbarn N mit Schädlingsbekämpfungsmitteln besprüht, so kann er aus dem Gesichtspunkt der Verwendungskondiktion seine Aufwendungen von N vergütet verlangen. §§ 994 ff. kommen nicht in Betracht, weil kein Eigentümer-Besitzer-Verhältnis gegeben war; denn A hat den Weinberg des N nicht in Besitz genommen. Ansprüche aus GoA scheiden deshalb aus, weil A kein fremdes, sondern gutgläubig ein eigenes Geschäft geführt hat (§ 687 I). Eine Leistungskondiktion ist mangels

---

14 BGHZ 106, 163.
15 Str.; vgl. *Baur/Stürner* SachenR § 11 Rn. 55.

Leistung (= bewusste und zweckgerichtete Vermehrung fremden Vermögens) auszuschließen.

Falls der Beschenkte den geschenkten Gegenstand infolge Widerrufs der Schenkung wegen groben Undanks wieder herausgeben muss (§§ 530f.; → § 9 Rn. 21), kann er einen Verwendungsersatzanspruch gem. § 812 I 1, 2. Fall (Verwendungskondiktion) haben, wenn er den Wert des Gegenstandes (zB durch Arbeitsleistung) erhöht hat und diese Wertsteigerung bei Rückgabe des Geschenks noch vorhanden ist.[16]

Wenn der Mieter/Pächter das gemietete/gepachtete Grundstück in der berechtigten Erwartung bebaut, Eigentümer dieses Grundstücks zu werden, und sich diese Erwerbserwartung nicht erfüllt, kann ihm ein bereicherungsrechtlicher Anspruch auf Wertersatz gem. §§ 812 I 1, 2. Fall, 818 II zustehen. Die Höhe des Anspruchs besteht in dem durch die Bebauung eingetretenen Wertzuwachs des Grundstücks. Der BGH[17] gewährt zwar in solchen Fällen einen Bereicherungsanspruch wegen Zweckverfehlung nach § 812 I 2, 2. Fall (→ § 40 Rn. 32). Es ist aber zweifelhaft, ob der Bauherr wirklich eine Vermehrung fremden Vermögens des Grundstückseigentümers bezweckt.[18] Wenn er angesichts der Erwartung, Eigentümer des bebauten Grundstücks zu werden, die Vermehrung seines eigenen Vermögens bezweckt, fehlt es an der für die Zweckverfehlungskondiktion erforderlichen Leistung.

13 **b) Gesetzlicher Fall der Verwendungskondiktion.** Einen Spezialfall der Verwendungskondiktion regelt § 951 I: Bei Verbindung, Vermischung, Verarbeitung kann der Eigentümer einer Sache sein Eigentum verlieren (vgl. §§ 946ff.). Nach § 951 I hat er dann das Recht, von dem, zu dessen Gunsten die Rechtsänderung eingetreten ist, Vergütung in Geld nach den Vorschriften über die Herausgabe einer ungerechtfertigten Bereicherung zu verlangen; die Wiederherstellung des früheren Zustandes kann jedoch nicht begehrt werden. Die Bestimmung gibt also einen Bereicherungsanspruch, wenn die infolge der §§ 946–950 eingetretene Bereicherung ohne rechtlichen Grund erfolgte. Hatte der Grundstückseigentümer etwa einen vertraglichen Anspruch auf Lieferung der auf seinem Grundstück verbauten Steine eines anderen, dann hat er mit Rechtsgrund das Eigentum an den Steinen erworben. Fehlt es an einem Rechtsgrund und liegt auch keine Leistung vor, besteht ein Bereicherungsanspruch nach §§ 951, 812 (Rechtsgrundverweisung). Jedoch geht dieser nicht dahin, den früheren Rechtszustand wiederherzustellen. Das ist nämlich vielfach unmöglich (zB bei Vermischung) oder aber wirtschaftlich unvernünf-

16 Dazu *BGH* NJW 1999, 1626 (1630).
17 Dazu *BGH* NJW 2013, 3364f.
18 *Omlor* Anm. zu *BGH* NJW 2013, 3364f., LMK 2013, 352013.

tig (zB Abbruch des mit fremden Steinen gebauten Hauses). Deshalb wird immer nur eine Vergütung in Geld geschuldet.

Streitig ist, ob §§ 951, 812 durch §§ 994 ff., die die Verwendungsansprüche des **Besitzers** einschränkend regeln, ausgeschlossen werden.[19] Bei einem Ausschluss des Bereicherungsanspruchs nach § 951 würde der Besitzer schlechter behandelt als jemand, der als **Nichtbesitzer** Verwendungen macht; das ist aber nicht einzusehen (vgl. auch den Wortlaut des § 951 II 1).[20] Allerdings wird damit die stark differenzierende Regelung der §§ 994 ff. illusorisch.[21] 14

c) Keine Verwendungskondiktion bei aufgedrängter Bereicherung. Hat jemand die Bereicherung einem anderen **aufgedrängt (Fall c)**, wollte dieser sie also gar nicht haben, so muss ein Bereicherungsanspruch regelmäßig entfallen. Dieses Ergebnis wird teilweise mit einer subjektiven Wertbestimmung nach § 818 II, von anderen mit § 818 III begründet. Teilweise wird aus § 996 und § 687 II der Grundsatz entnommen, dass der bösgläubige Besitzer sowie der unechte Geschäftsführer auch aus § 812 keinen Wertersatz verlangen können. 15

III. Sondertatbestände

Sondertatbestände der Eingriffskondiktion enthält § 816. Diese Vorschrift ist vor § 812 zu prüfen (Spezialität). Das Gesetz unterscheidet drei Tatbestände: entgeltliche Verfügung eines Nichtberechtigten (§ 816 I 1), unentgeltliche Verfügung eines Nichtberechtigten (§ 816 I 2) und Leistung an einen Nichtberechtigten (§ 816 II). 16

1. Entgeltliche Verfügung eines Nichtberechtigten

a) Bedeutung. In der Regel kann nur der Rechtsinhaber wirksam über sein Recht verfügen. Im Interesse der Sicherheit des Rechtsverkehrs sieht das Gesetz in manchen Fällen jedoch vor, dass auch die Verfügung eines Nichtberechtigten über ein fremdes Recht wirksam ist. Hier erleidet der Rechtsinhaber einen Vermögensverlust, während der Nichtberechtigte, wenn er gegen Entgelt verfügt hat, einen Vermögenszuwachs erlangt. Dieses unbillige Ergebnis soll durch § 816 I 1 korrigiert werden. 17

---

19 So BGHZ 41, 157.
20 *Looschelders* SchuldR BT Rn. 1097; *Medicus/Petersen* BürgerlR, Rn. 895 ff.
21 *Baur/Stürner* SachenR § 11 Rn. 55.

Beispiel: Verkauft und übereignet der Entleiher das geliehene Buch des Verleihers (Eigentümers) an einen gutgläubigen Dritten **(§ 39 Fall c)**, erwirbt dieser nach §§ 929, 932 das Eigentum, so dass der Eigentümer (Verleiher) von ihm das Buch nicht nach § 985 herausverlangen kann. Ein Bereicherungsanspruch des Eigentümers gegen den Dritten scheidet schon deshalb aus, weil dieser das Buch durch „Leistung" des Entleihers erlangt hat (Subsidiarität der Eingriffskondiktion; → Rn. 1). Ein Schadensersatzanspruch des Eigentümers gegen Entleiher setzt ein Verschulden des Entleihers, ein Anspruch auf den Verkaufserlös aus § 687 II das Wissen des Entleihers voraus, dass er ein Geschäft des Eigentümers ohne Berechtigung führt. § 816 I 1 gibt dem Eigentümer einen von diesen Voraussetzungen unabhängigen Bereicherungsanspruch gegen den Entleiher: Dieser hat als Nichtberechtigter über das Buch eine Verfügung getroffen, die dem Berechtigten (Eigentümer) gegenüber wirksam ist; deshalb ist der Entleiher dem Eigentümer zur Herausgabe des durch die Verfügung Erlangten verpflichtet.

b) Voraussetzungen

18 **aa) Gläubiger und Schuldner des Anspruches**

Gläubiger des Anspruchs ist der **Berechtigte**, also derjenige, der als Rechtsinhaber zu der Verfügung befugt gewesen wäre (zB der Eigentümer, Pfandgläubiger).

Schuldner des Anspruchs ist der **Nichtberechtigte**, also derjenige, der weder Inhaber des Rechts noch zur Verfügung über das Recht befugt war.

19 **bb) Verfügung des Nichtberechtigten**

Der Nichtberechtigte muss über einen Gegenstand eine Verfügung getroffen haben. Verfügung ist jedes Rechtsgeschäft, durch das unmittelbar auf den Bestand eines Rechts im Sinne einer Rechtsminderung oder eines völligen Rechtsverlustes eingewirkt wird (Übertragung, Aufgabe, Belastung oder Inhaltsänderung). Ein schuldrechtliches Rechtsgeschäft über eine fremde Sache wie zB die Vermietung ist keine Verfügung;[22] deshalb ist die dabei erzielte Miete nicht nach § 816 I herauszugeben.

20 **cc) Wirksamkeit der Verfügung**

Dem Berechtigten gegenüber muss die Verfügung wirksam sein. In Betracht kommen die Fälle, in denen jemand kraft guten Glaubens vom Nichtberechtigten erwirbt (zB §§ 932 ff., 892 f., 1207 f., 2366 f.; § 366 HGB). Eine Wirksamkeit der Verfügung nach diesen Vorschriften scheidet allerdings aus, wenn der nichtberechtigt Verfügende geschäftsunfähig war.[23]

---

22 *BGH* NJW 2007, 216 (217).
23 *BGH* NJW 2014, 1095 (1097) mAnm *Fervers* und Anm. *Schmidt* JuS 2014, 548.

Im **Fall d** ist die Verfügung des B nicht wirksam, weil C wegen § 935 I kein Eigentum erworben hat. A kann also nach § 985 gegen C vorgehen. Das nützt aber dann nichts, wenn C die Uhr nicht mehr hat oder C nicht auffindbar ist. In einem solchen Fall wäre es für A besser, wenn die Verfügung des B wirksam gewesen wäre; denn dann könnte er von B den erlangten Kaufpreis nach § 816 I 1 verlangen. Die Wirksamkeit der Verfügung ist dadurch zu erreichen, dass A diese genehmigt (§ 185 II). Dann ist die Anwendung des § 816 I 1 interessengemäß.[24] Konstruktive Bedenken etwa derart, dass die Genehmigung rückwirkend den Verfügenden zum Berechtigten mache, müssen demgegenüber außer Betracht bleiben.

dd) Entgeltlichkeit der Verfügung 21

Die Verfügung muss entgeltlich erfolgen. Ihr muss also zB ein Kauf oder Tausch (nicht eine Schenkung) zugrunde liegen (arg. e § 816 I 2). Denn nur dann erlangt der Nichtberechtigte etwas, das er dem Berechtigten herausgeben kann.

c) Folgen. Nach § 816 I 1 ist der Nichtberechtigte „zur Herausgabe des durch die Verfügung Erlangten verpflichtet“. Die Formulierung ist insofern ungenau, als der Nichtberechtigte durch die Verfügung selbst nichts erlangt hat. Als erlangt ist vielmehr das anzusehen, was er durch das der Verfügung zugrunde liegende Geschäft (zB Kauf) erworben hat (das Entgelt). Zwei Fälle sind hier zu unterscheiden: 22

- Ist das Entgelt **geringer** als der Wert des Gegenstandes, so ist nur das herauszugeben; denn mehr hat der Nichtberechtigte nicht erlangt.
- Ist das Entgelt **größer** als der Wert des Gegenstandes, so ist streitig, ob das Entgelt oder nur der Wert herauszugeben ist. Schon der Wortlaut des § 816 I 1 spricht für die erste Lösung; denn das Entgelt ist das „Erlangte“. Selbst wenn also der Nichtberechtigte beim Verkauf der fremden Sache aufgrund seiner Geschäftstüchtigkeit einen Preis erzielt hat, der über dem Wert der Sache liegt, hat er diesen Preis an den Berechtigten herauszugeben. Dieses Ergebnis hat das Gesetz bewusst in Kauf genommen. Nach der gesetzlichen Wertung folgt aus dem Zuweisungsgehalt des Eigentums, dass auch ein bei der Veräußerung erzielbarer Erlös dem Eigentümer gebührt.[25] In besonders krassen Fällen will der BGH mit § 242 helfen.

24 **HM**; Erman/*Buck-Heeb* BGB § 816 Rn. 7.
25 BGHZ 29, 157; im Ergebnis zustimmend *Looschelders* SchuldR BT Rn. 1084.

2. Unentgeltliche Verfügung eines Nichtberechtigten

23 **a) Bedeutung und Voraussetzung des § 816 I 2.** Hat der Nichtberechtigte unentgeltlich (zB aufgrund einer Schenkung) über den Gegenstand eines anderen verfügt, so scheidet ein Anspruch aus § 816 I 1 aus. Hier hat der Nichtberechtigte nichts erlangt, was er herausgeben könnte. Ist die Verfügung wirksam, weil zB der Beschenkte gutgläubig das Eigentum an der übereigneten Sache erworben hat, so kommt ein Herausgabeanspruch (§ 985) des bisherigen Eigentümers gegen den Erwerber nicht in Betracht. Auch ein Bereicherungsanspruch nach § 812 besteht nicht, weil der Beschenkte durch „Leistung" des Schenkers die Sache erworben hat. Da der Beschenkte aber selbst keine Vermögensaufwendungen für den Erwerb gemacht hat, wäre es unbillig, wenn er den Gegenstand behalten dürfte und der Eigentümer einen endgültigen Verlust hinnehmen müsste. Hier hilft § 816 I 2: Der Beschenkte ist zwar Eigentümer der Sache geworden; das Eigentum ist aber kondizierbar.

§ 816 I 2 setzt wie § 816 I 1 eine wirksame Verfügung des Nichtberechtigten voraus (→ Rn. 19f.); an die Stelle der Entgeltlichkeit (→ Rn. 21) tritt die Unentgeltlichkeit. Schuldner des Bereicherungsanspruchs ist derjenige, der aufgrund der Verfügung unmittelbar einen rechtlichen Vorteil erlangt hat.

24 **b) Abgrenzung des § 816 I 2 von § 822.** § 816 I 2 stellt einen Sonderfall im Bereicherungsrecht dar, weil hier jemand, der aufgrund gültigen Kausalgeschäfts unentgeltlich etwas erlangt hat, einem Kondiktionsanspruch ausgesetzt ist. Einen ähnlichen Sonderfall enthält auch § 822. Nach dieser Bestimmung muss ein Dritter, der von einem Bereicherungsschuldner aufgrund wirksamen Kausalgeschäfts den Bereicherungsgegenstand unentgeltlich[26] erworben hat, dem Bereicherungsgläubiger das Erlangte herausgeben. § 816 I 2 und § 822 ist gemeinsam, dass sich der Bereicherungsanspruch gegen einen Dritten richtet, der etwas durch Leistung, aber unentgeltlich erlangt hat. Beide Vorschriften beruhen auf der Erwägung, dass der unentgeltliche Erwerb nicht ebenso schutzwürdig ist wie der entgeltliche.

25 Sie unterscheiden sich dadurch, dass § 816 I 2 die unentgeltliche Verfügung eines **Nichtberechtigten** voraussetzt, während nach § 822 die unentgeltliche Verfügung eines **Berechtigten** vorliegen muss.

---

26 Zur Unentgeltlichkeit iSv § 822 siehe *BGH* NJW 2000, 134.

Hat B das geliehene Buch des A an den gutgläubigen C verschenkt, so hat er als Nichtberechtigter über das Buch eine unentgeltliche Verfügung getroffen, die dem A gegenüber (wegen § 932) wirksam ist (Fall des § 816 I 2).

Wenn B das Buch dagegen aufgrund eines nichtigen Kaufvertrags von A zu Eigentum erworben hat und es an C verschenkt, so erwirbt C das Eigentum nach § 929 vom Berechtigten (Fall des § 822).

c) Voraussetzungen des § 822. § 822 setzt also voraus: 26

- Der Gläubiger (A) muss gegen den ersten Empfänger (B) einen Bereicherungsanspruch haben. – Im letztgenannten Fall hat A gegen B die Leistungskondiktion, da B ohne Rechtsgrund (nichtiger Kaufvertrag) das Eigentum am Buch erworben hat.
- Der Bereicherungsschuldner (B) muss dem Dritten (C) das Erlangte unentgeltlich zugewandt haben. – Im Beispielsfall hat B das Buch dem C schenkungsweise übereignet.
- Durch die Zuwendung des Bereicherungsschuldners (B) muss gegen diesen der Bereicherungsanspruch des Gläubigers (A) ausgeschlossen sein; denn die Haftung des Dritten nach § 822 ist nur subsidiär. – In dem genannten Beispiel ist B wegen der unentgeltlichen Verfügung nicht mehr bereichert (§ 818 III; → § 43 Rn. 6 ff.). Denn durch Übereignung an C hat er das Eigentum an dem Buch verloren, und er hat auch nichts dafür erlangt. – Kannte B dagegen bei der Veräußerung des Buches an C den Mangel des Rechtsgrundes (die Nichtigkeit des Kaufvertrags), so haftet er dem A nach §§ 812, 819 I, 818 IV (→ § 43 Rn. 18 ff.). Deshalb besteht kein Bereicherungsanspruch des A gegen C.

d) Keine analoge Anwendung des § 816 I 2 bei rechtsgrundlosen Verfügungen. § 816 I 2 greift nach seinem Wortlaut nur ein, wenn der Nichtberechtigte unentgeltlich verfügt. Es fragt sich, ob eine rechtsgrundlose Verfügung (zB der zugrunde liegende Kaufvertrag ist nichtig) der unentgeltlichen gleichzustellen ist, weil der rechtsgrundlose Erwerber letztlich für seinen Erwerb kein Entgelt zu entrichten hat.[27] Ein Teil der Literatur bejaht diese Frage und gibt dem Berechtigten gegen den Erwerber einen unmittelbaren Anspruch auf Herausgabe des erworbenen Gegenstandes analog § 816 I 2 **(Einheitskondiktion)**.[28] Die Gleichsetzung von unentgeltlicher und rechtsgrundloser Verfügung ist jedoch abzulehnen. Es sind vielmehr bei diesen Fällen zwei Kondiktionsansprüche gegeben: Dem Nichtberechtigten steht aus § 812 I 1 ein Bereicherungsanspruch gegen den Erwerber zu; der Berechtigte hat gem. § 816 I 1 gegen den Nichtberechtigten einen Anspruch auf Herausgabe des Erlangten, dh auf 27

27 So BGHZ 37, 368.
28 So etwa *Grunsky* JZ 1962, 207 mN.

Abtretung des dem Nichtberechtigten gegen den Erwerber zustehenden Bereicherungsanspruchs **(Doppelkondiktion).**[29]

Hat B das geliehene Buch des A aufgrund eines nichtigen Kaufvertrags an C übereignet, so kann A nach der abzulehnenden Ansicht gem. § 816 I 2 von C das Buch herausverlangen. Dieses Ergebnis berücksichtigt aber nicht die schutzwürdigen Belange des C. Hat dieser bereits den Kaufpreis an B gezahlt, so könnte er gegenüber einem Bereicherungsanspruch des B ein Zurückbehaltungsrecht wegen des zurückzuzahlenden Kaufpreises geltend machen, was ihm gegenüber einem eigenen Bereicherungsanspruch des A verwehrt ist. Interessengemäßer ist es, wenn A von B nach § 816 I 1 das durch die Verfügung Erlangte verlangen kann, also die Abtretung des Bereicherungsanspruchs des B gegen C. Macht A dann den ihm abgetretenen Anspruch des B gegen C geltend, so kann C sich wegen § 404 auch gegenüber A auf ein Zurückbehaltungsrecht wegen des Kaufpreises berufen. – Erhält B aufgrund seines Kondiktionsanspruchs das Buch von C zurück, so erwirbt er von C nicht das Eigentum, sondern nur den Besitz; das Eigentum fällt unmittelbar an A zurück (str.). B darf nämlich durch Rückabwicklung des fehlgeschlagenen Kausalgeschäfts mit C nicht mehr erhalten, als er vorher hatte.

3. Leistung an einen Nichtberechtigten

28 Bei einer Leistung an einen Nichtberechtigten, die dem Berechtigten gegenüber wirksam ist, hat der Nichtberechtigte nach § 816 II dem Berechtigten das Geleistete herauszugeben.

Beispiel: Leistet der Schuldner in Unkenntnis der Abtretung an den bisherigen Gläubiger, so leistet er zwar an den falschen; aber der neue Gläubiger muss diese Leistung gegen sich gelten lassen (§ 407 I). Hier hat der alte Gläubiger auf Kosten des neuen Gläubigers etwas erlangt, was er herauszugeben hat.

Nichtleistungskondiktionen

A. § 812 I 1, 2. Fall

I. Voraussetzungen

1. Etwas erlangt = jeder Vermögensvorteil
2. In sonstiger Weise (keine Leistung) auf Kosten des Gläubigers
   a) Eingriffskondiktion = Eingriff in ein fremdes Recht entgegen dessen Zuweisungsgehalt
   b) Rückgriffskondiktion = Leistung auf fremde Schulden (des Anspruchsgegners)

29 *Looschelders* SchuldR BT, Rn. 1087; Staudinger/*Lorenz* BGB § 816 Rn. 16ff.

c) Verwendungskondiktion = Verwendung auf fremde Sachen (des Anspruchsgegners)
3. Ohne rechtlichen Grund
II. Rechtsfolge: Herausgabe des Erlangten (§§ 812 I, 818)

B. § 816 I 1 (geht dem § 812 I 1, 2. Fall als Spezialregelung vor)
I. Voraussetzungen
1. Verfügung eines Nichtberechtigten
2. Wirksamkeit der Verfügung gegenüber dem Berechtigten (zB §§ 932 ff., 892 ff., 185 II 1, 2. Fall)
3. Entgeltlichkeit der Verfügung

II. Rechtsfolge: Herausgabe des durch die Verfügung Erlangten durch den Verfügenden

C. § 816 I 2 (geht dem § 812 I 1, 2. Fall als Spezialregelung vor)
I. Voraussetzungen
1. Verfügung eines Nichtberechtigten
2. Wirksamkeit der Verfügung gegenüber dem Berechtigten
3. Unentgeltlichkeit der Verfügung

II. Rechtsfolge: Herausgabe des Erlangten durch den Verfügungsempfänger

D. § 816 II (geht dem § 812 I 1, 2. Fall als Spezialregelung vor)
I. Voraussetzungen
1. Leistung an einen Nichtberechtigten
2. Wirksamkeit der Leistung gegenüber dem Berechtigten (zB §§ 407, 408)

II. Rechtsfolge: Herausgabe des Erlangten durch den nicht berechtigten Leistungsempfänger

E. § 822
I. Voraussetzungen
1. Bereicherungsanspruch des Anspruchstellers gegen den ersten Empfänger
2. Unentgeltliche Verfügung des ersten Empfängers (als Berechtigter ≠ § 816 I 2) an den Dritten
3. Ausschluss des Bereicherungsanspruchs gegen den ersten Empfänger wegen der unentgeltlichen Weiterverfügung (§ 818 III)

II. Rechtsfolge: Herausgabe des Erlangten durch den Dritten

§ 43. Umfang des Bereicherungsanspruchs

1 **Schrifttum:** *Armbrüster,* Bereicherungsrechtliche Rückabwicklung von Lebensversicherungen, NJW 2015, 3065; *Bockholdt,* Die Übertragbarkeit rücktrittsrechtlicher Wertungen auf die bereicherungsrechtliche Rückabwicklung gegenseitiger Verträge, AcP 206 (2006), 769; *Büdenbender,* Die Berücksichtigung der Gegenleistung bei der Rückabwicklung gegenseitiger Verträge, AcP 200 (2000), 769; *Fervers/Gsell,* Bereicherungsrechtliche Verpflichtung zur Herausgabe von Nutzungen, NJW 2013, 3607; *Finkenauer,* Vindikation, Saldotheorie und Arglisteinwand, NJW 2004, 1704; *Flume,* Die Saldotheorie und die Rechtsfigur der ungerechtfertigten Bereicherung, AcP 194 (1994), 427; *ders.,* Die Rückabwicklung nichtiger Kaufverträge nach Bereicherungsrecht, JZ 2002, 321; *Gursky,* Zur Mitherausgabe von Gebrauchsvorteilen bei der Sachkondiktion, JR 1998, 7; *Halfmeier,* Inhalt des Kondiktionsanspruchs und Wegfall der Bereicherung, JA 2007, 492; *Kohler,* Rücktritts-, Bereicherungs- und Vindikationshaftung für ohnedies fortfallende gezogene und pflichtwidrig nicht gezogene Nutzungen?, JR 2013, 479; *Konzen,* Schuldrechtsreform, Rücktritt und Wegfall der Bereicherung bei gescheiterten Austauschverhältnissen, FS Canaris, Bd. 1, 2007, 605; *W. Lorenz,* Die bereicherungsrechtliche Rückabwicklung gegenseitiger Verträge, FS Canaris, Bd. 1, 2007, 793; *Mankowski/Schreier,* Zum Begriff des Wertes und des üblichen Preises, insbesondere in § 818 Abs. 2 BGB, AcP 208 (2008), 725; *Medicus,* Die verschärfte Haftung des Bereicherungsschuldners, JuS 1993, 705; *S. G. Müller,* Die Bösgläubigkeit des Minderjährigen im Falle des § 819 BGB, JuS 1995, L 81; *Musielak,* Zum Inhalt und Umfang des Bereicherungsanspruches, JA 2017, 1; *J. Prütting,* Die verschärfte Haftung im Bereicherungsfolgenrecht, AcP 216 (2016), 459; *Röthel,* Die „verschärfte Haftung" des Bereicherungsschuldners, JURA 2016, 260; *H. Roth,* Rücktrittsrecht und Leistungskondiktion, FS Canaris, Bd. 1, 2007, 1131; *Schur,* Verknüpfung wechselseitiger Leistungen, JuS 2006, 673.

Fall a: B hat das aufgrund nichtigen Kaufvertrags von A erworbene Bild, das einen Wert von 700 Euro hat, für 800 Euro an C verkauft und übereignet. A selbst hätte es für 750 Euro verkaufen können. Was kann er von B verlangen? → Rn. 5

Fall b: S will G den aufgrund eines nichtigen Kaufvertrags erworbenen Pudel nur gegen Ersatz der Schurkosten und der Schäden, die der Hund in seiner Wohnung angerichtet hat, zurückgeben. → Rn. 9

Fall c: V hat an K ein Bild mit einem Wert von 700 Euro zum Preis von 800 Euro verkauft. Bei K wird das Bild durch Zufall vernichtet. Dann stellt sich heraus, dass der Kaufvertrag nichtig war. → Rn. 11, 12, 14, 15

I. Gegenstand der Bereicherung

Ist ein Bereicherungsanspruch gegeben, muss der Bereicherte das Erlangte herausgeben (§§ 812 I 1, 816, 817 S. 1, 818 I). Sofern das nicht möglich ist, hat er Wertersatz zu leisten (§ 818 II).

1. Herausgabe

a) Das Erlangte. Primär wird die Herausgabe des Erlangten in natura geschuldet (§§ 812 I 1, 816, 817 S. 1, Ausnahme: § 951 I).

Beispiele: Die rechtsgrundlos übereignete Sache ist zurück zu übereignen, die abgetretene Forderung zurückabzutreten. Ist der unmittelbare Besitz kondizierbar, muss dem Gläubiger die tatsächliche Sachherrschaft wieder eingeräumt werden. Ein rechtsgrundlos übertragenes Unternehmen ist als betriebswirtschaftliche Einheit und in der Gestalt an den Bereicherungsgläubiger herauszugeben, in der es sich zur Zeit der Herausgabe befindet.[1]

b) Die gezogenen Nutzungen. Herausgegeben werden müssen 2
auch die aus dem erlangten Gegenstand vom Bereicherungsschuldner gezogenen Nutzungen (§ 818 I). Das sind nach § 100 die Früchte und Gebrauchsvorteile.

Beispiele: Das Kalb der Kuh; die Zinsen, welche die ohne Rechtsgrund abgetretene Forderung erbracht hat, aber auch der Gewinn eines Unternehmens.[2] Bereicherungsansprüche gegen eine Behörde sind grundsätzlich nicht gem. § 818 I zu verzinsen; denn der Staat legt öffentlich-rechtlich erlangte Einnahmen in der Regel nicht gewinnbringend an, sondern verwendet sie im Interesse der Allgemeinheit.[3]

Herauszugeben sind nur die tatsächlich gezogenen Nutzungen. Der objektive Wert der bloßen Nutzungsmöglichkeit braucht nicht erstattet zu werden. Das gilt nach der BGH-Rechtsprechung[4] auch dann, wenn die Nutzungen primärer Bereicherungsgegenstand (Möglichkeit zur Nutzung eines DSL-Anschlusses) nach § 812 I sind und nicht unter § 818 I fallen. Das folgt aus der Funktion des Bereicherungsrechts, nur den rechtsgrundlos tatsächlich erlangten Vermögensvorteil abzuschöpfen.

---

1 *BGH* NJW 2006, 2847 (2849) (Steuerberaterpraxis).
2 *BGH* NJW 2006, 2847 (2853); LM Nr. 7 zu § 818 Abs. 2 BGB.
3 *BGH* NJW 2004, 1315.
4 *BGH* NJW 2013, 2021 (2023) (str.); dazu teilweise kritisch *Fervers/Gsell* NJW 2013, 3607 (3610 f.).

3 Streitig ist, ob § 818 I neben den Vorschriften über das Eigentümer-Besitzer-Verhältnis anwendbar ist. Das muss entgegen der Rechtsprechung[5] bejaht werden.

Wäre der Bereicherungsschuldner nur um den Besitz bereichert, könnte er bei Gutgläubigkeit die Nutzungen der Sache behalten (§ 993). Hat er dagegen außer dem Besitz auch das Eigentum an der Sache erlangt, liegt kein Eigentümer-Besitzer-Verhältnis vor, so dass in diesem Fall § 818 I nicht ausgeschlossen ist und demnach die Nutzungen herauszugeben sind. Allerdings gelangt die Rechtsprechung zur Anwendung des § 818 I, indem sie bei § 988 den rechtsgrundlosen Besitzerwerb dem unentgeltlichen gleichstellt.[6]

4 c) **Surrogate.** Die Herausgabepflicht erstreckt sich auch auf die Surrogate, also auf die Gegenstände, die an die Stelle des Erlangten getreten sind.

§ 818 I nennt einmal das, was der Empfänger aufgrund eines erlangten Rechtes erhält (zB die Geldsumme durch Einziehung der kondizierbaren Forderung). Ferner erwähnt das Gesetz das als Ersatz für die Zerstörung, Beschädigung oder Entziehung des erlangten Gegenstandes Erworbene (zB die Versicherungsforderung, Versicherungssumme, Schadensersatzforderung). – Nach hM gehört zu den Surrogaten nicht das, was der Bereicherungsschuldner durch ein von ihm abgeschlossenes Rechtsgeschäft (zB Verkauf, Tausch) anstelle des kondizierbaren Gegenstandes erworben hat.[7] Wenn er beispielsweise das ohne Rechtsgrund erlangte Pferd gegen einen Pkw getauscht hat, braucht er diesen nicht nach § 818 I herauszugeben; er hat Wertersatz für das Pferd nach § 818 II zu leisten.

2. Wertersatz

5 Bei Unmöglichkeit der Herausgabe hat der Bereicherungsschuldner, sofern § 818 III nicht eingreift, nach § 818 II Wertersatz zu leisten. Geschuldet wird der gemeine Wert (Verkehrswert), nicht der Veräußerungserlös (anders: § 816; → § 42 Rn. 22) und erst recht nicht Ersatz des dem Gläubiger entstandenen Schadens. Maßgeblicher Zeitpunkt für die Berechnung des Wertersatzes ist grundsätzlich der Zeitpunkt, in dem der Bereicherungsanspruch entsteht; wird allerdings die Herausgabe in Natur erst zu einem späteren Zeitpunkt unmöglich, ist dieser maßgebend.[8]

---

5 BGHZ 14, 7 (9); 41, 157.
6 Vgl. *Baur/Stürner* SachenR § 11 Rn. 38.
7 *BGH* NJW 2004, 1314 mwN.
8 *BGH* NJW 2006, 2847 (2851 f.).

Beispiele: Für geleistete Arbeit ist deren Wert (übliche, hilfsweise angemessene Vergütung) zu ersetzen.[9] – An die Stelle der veräußerten Sache tritt deren objektiver Wert, nicht der erzielte Kaufpreis, wobei dieser allerdings einen Anhalt für den Verkehrswert geben kann. – Im **Fall a** kann A nach § 818 II nur 700 Euro verlangen. – Hat der Bereicherungsschuldner rechtsgrundlos erlangten Besitz zurück zu übertragen (Besitzkondiktion) und wird ihm die Herausgabe wegen Besitzverlustes unmöglich, ist er nicht mehr bereichert (§ 818 III); er braucht dann auch keinen Wertersatz zu leisten.[10] – Der Bereicherungsschuldner, der ein Grundstück zurück zu übereignen hat, das er zwischenzeitlich mit Grundpfandrechten belastet hat, muss für die Belastungen Wertersatz leisten.[11] – Die Höhe des Wertersatzes für einen ungerechtfertigt erlangten Kundenstamm richtet sich insbesondere nach dem mit diesem in der Vergangenheit erzielten Umsatz.[12]

II. Wegfall der Bereicherung

1. Bedeutung und Voraussetzungen

a) Bedeutung des Wegfalls der Bereicherung. Die Bereicherungs- 6
vorschriften bezwecken, eine Vermögensmehrung beim Bereicherten rückgängig zu machen; sie sollen nicht zu einer Vermögensminderung des Bereicherungsschuldners über den Betrag der Bereicherung hinaus führen.[13] Deshalb ist die Verpflichtung zur Herausgabe oder zum Wertersatz ausgeschlossen, soweit der Empfänger nicht (oder nicht mehr) bereichert ist (§ 818 III).

**b) Voraussetzungen für die Beachtlichkeit des Bereicherungs- 7
wegfalls.** § 818 III greift nur dann ein, wenn folgende Voraussetzungen gegeben sind:

aa) Der Schuldner darf nicht mehr bereichert sein. Das kann beispielsweise der Fall sein, wenn der erlangte Gegenstand untergegangen ist, der Schuldner ihn verbraucht oder verschenkt hat. Da die Bereicherung aber nach wirtschaftlichen Gesichtspunkten zu beurteilen ist, muss geprüft werden, ob das ursprünglich Erlangte selbst oder sein Wert im Vermögen des Bereicherungsschuldners ganz oder teilweise noch vorhanden ist.

---

9 So *BGH* NJW 2009, 2590 für rechtsgrundlos erbrachte Schönheitsreparaturen eines Mieters; dazu *Lorenz* NJW 2009, 2576.
10 *BGH* NJW 2014, 1095 (1096) mAnm *Fervers* und Anm. *Schmidt* JuS 2014, 548.
11 *BGH* WM 1991, 516.
12 *BGH* NJW 2002, 1340 (1342).
13 BGHZ 1, 75 (81).

Bei Veräußerung der Sache ist das Vermögen des Schuldners um den Veräußerungserlös vergrößert. Hat der Schuldner die erlangte Sache in seinem Haushalt verbraucht oder an einen Freund verschenkt, ist zu ermitteln, ob er dadurch Aufwendungen für seinen Haushalt bzw. für ein anderes Geschenk erspart hat. Wenn der Schuldner etwa nur ein billigeres Geburtstagsgeschenk für den Freund gekauft hätte, dann ist er nur insoweit bereichert. Wenn der Schuldner mit dem rechtsgrundlos erlangten Geldbetrag eine Verbindlichkeit getilgt hat, die er sonst nicht getilgt hätte, ist er in Höhe der Tilgung bereichert.[14]

Hat jemand eine Luxusreise erlangt, die er sonst nicht unternommen hätte,[15] ist ein Bereicherungsanspruch wegen § 818 III ausgeschlossen. Der mit der Reise erlangte Vermögensvorteil ist nämlich nicht mehr in seinem Vermögen vorhanden, weil er keine Aufwendungen erspart hat (→ § 40 Rn. 5). Dagegen führt der Verbrauch von rechtsgrundlos erlangtem Geld etwa für die Begleichung von Arztrechnungen nicht zum Wegfall der Bereicherung; denn diese Rechnungen hätte der Bereicherungsschuldner sonst mit anderen Mitteln beglichen, so dass er um ersparte Aufwendungen bereichert ist.[16]

Bei Arbeitnehmern, die rechtsgrundlose Gehaltsüberzahlungen bekommen haben, ohne das zu erkennen, unterscheidet die Rechtsprechung:[17] Arbeitnehmer mit kleinen und mittleren Einkommen brauchen die Entreicherung nicht konkret nachzuweisen. Bei ihnen wird vermutet, dass sie die Überzahlung zur Verbesserung ihres Lebensstandards ausgegeben haben, so dass keine Bereicherung verbleibt. Diese Erleichterung bei der Geltendmachung des Bereicherungseinwandes kommt dagegen den Besserverdienenden nicht zugute. Bei ihnen wird angenommen, dass sie die Überzahlung nicht verbraucht, sondern als noch vorhandene Bereicherung (zB durch Ersparnisse, Anschaffungen, Schuldentilgung) ihrem Vermögen einverleibt haben. Sie müssen im Streitfall beweisen, dass sich ihr Vermögensstand durch die Überzahlung nicht verbessert hat.

8 bb) Zugunsten des Schuldners ist der Wegfall der Bereicherung lediglich dann zu berücksichtigen, wenn der Schuldner schutzwürdig ist. Dies ist er nicht, sofern der Bereicherungsanspruch bereits rechtshängig ist (§ 818 IV) oder der Schuldner den Mangel des rechtlichen Grundes kennt (§ 819 I); in diesen Fällen greifen die Besonderheiten der verschärften Haftung ein (→ Rn. 18 ff.).

2. Berücksichtigung von Einbußen des Schuldners

9 Da die Kondiktion beim Bereicherungsschuldner nicht zu einer Vermögensminderung über den Betrag der Bereicherung hinaus führen darf, sind zugunsten des Schuldners bestimmte Einbußen zu be-

14 *BGH* NJW 2015, 2725 (2726) mAnm *K. Schmidt* JuS 2016, 72; 1992, 2415.
15 Vgl. BGHZ 55, 128 zum Flugreise-Fall.
16 *BGH* NJW 2003, 3271 f.
17 BGHZ 118, 383; *BAG* NJW 2001, 2907 (2908).

rücksichtigen, die im Zusammenhang mit dem Erwerb des Bereicherungsgegenstandes stehen. Mindestvoraussetzung für einen Wegfall der Bereicherung ist ein adäquater Kausalzusammenhang zwischen Bereicherung und Vermögenseinbuße.[18] Danach sind im **Fall b** Schurkosten und Schäden zu berücksichtigen. Eine reine Kausalitätsbetrachtung gewährleistet allerdings keine sachgerechte Begrenzung des Bereicherungswegfalls. Die herrschende Lehre sieht daher den Bereicherungsschuldner nur insoweit als schutzwürdig an, als ihm die Nachteile wegen seines Vertrauens auf die Endgültigkeit des Erwerbs entstanden sind.[19] Im **Fall b** wäre also der Hund Zug um Zug gegen Erstattung der Schurkosten, nicht der angerichteten Schäden, herauszugeben.

Hat jemand als Nichtberechtigter verfügt und muss er nach § 816 I 1 den 10
erzielten Erlös herausgeben, kann er nach hM nicht das abziehen, was er für den Erwerb der Sache seinerseits als Entgelt an einen Dritten geleistet hat.[20] Wenn also der gutgläubige Uhrmacher U eine Uhr von einem Dieb erhalten und an einen unbekannten Kunden veräußert hat, so kann der Eigentümer diese Veräußerung genehmigen (→ § 42 Rn. 20) und von U gem. § 816 I 1 den erzielten Erlös verlangen. U kann den an den Dieb gezahlten Kaufpreis nicht als Wegfall der Bereicherung abziehen. Dies folgt aus der Wertung des § 935 I: Der Eigentümer hätte die Uhr von U vor dem Weiterverkauf nach § 985 (wegen § 935 I kein gutgläubiger Erwerb) herausverlangen können. Gleiches muss auch gelten, wenn der Eigentümer statt der Sache selbst nach § 816 I 1 den Erlös herausverlangt.

3. Berücksichtigung der Gegenleistung

Ist ein gegenseitiger Vertrag nichtig und sind die Leistungen der 11
Vertragsparteien bereits erbracht worden, so fragt sich, ob bei der Kondiktion der eigenen Leistung die empfangene Gegenleistung zu berücksichtigen ist. Zwei Theorien stehen sich in dieser Frage gegenüber.

a) Zweikondiktionentheorie. Die (ältere, heute aber zunehmend wieder vertretene) Zweikondiktionentheorie geht davon aus, dass nach § 812 I 1 jede Partei einen selbständigen Bereicherungsanspruch gegen den Partner hat.

So kann bei einem nichtigen Kaufvertrag der Verkäufer Rückübereignung und Rückgabe der gelieferten Sache und der Käufer Rückzahlung des geleisteten Kaufpreises verlangen.

---

18 BGHZ 118, 383 (386); *BGH* NJW 1999, 1626 (1630).
19 Vgl. Palandt/*Sprau* BGB § 818 Rn. 35 ff.; MüKoBGB/*Schwab* § 818 Rn. 122 ff.
20 *BGH* NJW 1970, 2059; 1971, 612 (615).

Hat K wegen der Zerstörung der von ihm für 800 Euro von V gekauften Sache vom Schädiger 900 Euro als Schadensersatz erhalten, so richtet sich der Bereicherungsanspruch des V gegen K auf Zahlung von 900 Euro (§ 818 I). Daran ändert sich nichts dadurch, dass V seinerseits die als Kaufpreis gezahlten 800 Euro dem K nach § 812 I 1 zurückzuzahlen hat. Allerdings kann K (wie auch V) durch Aufrechnungserklärung bewirken, dass die Forderungen in Höhe von 800 Euro erlöschen und damit nur eine Forderung von 100 Euro des V gegen K übrig bleibt.

Die Zweikondiktionentheorie führt dann zu einem ungerechten Ergebnis, wenn bei einem nichtigen gegenseitigen Vertrag die Bereicherung einer Partei weggefallen ist (§ 818 III). So muss nach dieser Theorie im **Fall c** der V den bereits gezahlten Kaufpreis an K zurückzahlen, während dem V gegen K kein Bereicherungsanspruch zusteht, sofern K nicht verschärft haftet (→ Rn. 18 ff.) oder wegen Vernichtung der Kaufsache einen Ersatzanspruch erworben hat. Solche unbilligen Ergebnisse können nach der Zweikondiktionentheorie nur dann vermieden werden, wenn dem Bereicherungsschuldner analog §§ 819 I, 818 IV eine Berufung auf den Wegfall der Bereicherung versagt wird.

12 **b) Saldotheorie.** Die (wohl noch herrschende) Saldotheorie wurde von der Rechtsprechung entwickelt. Sie geht davon aus, dass auch bei einem nichtigen gegenseitigen Vertrag die von den Parteien erbrachten Leistungen durch den Austauschzweck wirtschaftlich miteinander verknüpft sind. Deshalb müssen bei der Ermittlung der Vermögensmehrung des Bereicherten dessen erbrachte Gegenleistung sowie alle Vermögensminderungen, die mit dem Erwerbsvorgang in einem ursächlichen Zusammenhang stehen, als Abzugsposten mitberücksichtigt werden.

Im **Fall c** ist der Wert der Kaufsache (700 Euro) vom Kaufpreis (800 Euro) abzuziehen, so dass K nur den Saldo (100 Euro) verlangen kann. Dagegen hat V keinen Bereicherungsanspruch.

Im Gegensatz zur Zweikondiktionentheorie stehen sich also bei der Saldotheorie nicht zwei Kondiktionsansprüche gegenüber. Es besteht vielmehr von Anfang an nur **ein** Bereicherungsanspruch. Nur derjenige kann kondizieren, zu dessen Gunsten sich ein positiver Saldo ergibt.[21]

---

21 *BGH* NJW 1951, 270; 1995, 454; 2000, 3064; 2001, 1127 (1131); 2001, 1863 (1864); JZ 2002, 299 f.

Betrug im **Fall c** der Wert des Bildes 1 000 Euro, war er also größer als der gezahlte Kaufpreis (800 Euro), so war allein K bereichert; da die Bereicherung des K wegen der Zerstörung des Bildes aber weggefallen ist (§ 818 III), hat V keinen Bereicherungsanspruch gegen K.

Stehen sich bei der Rückabwicklung eines fehlgeschlagenen gegen- 13
seitigen Vertrags nicht Geldbeträge, sondern ungleichartige Leistungen gegenüber (zB nichtiger Tausch eines Pferdes gegen einen Esel), so bleibt es zwar dabei, dass jede Vertragspartei den Anspruch auf Rückgewähr ihrer Leistung hat. Die beiden Ansprüche bestehen allerdings nur Zug um Zug gegen Rückgewähr der Gegenleistung; dafür bedarf es nicht der Geltendmachung eines Zurückbehaltungsrechts nach § 273.

Hat V durch nichtigen Kaufvertrag eine Sache, die 700 Euro wert ist, für 700 Euro an K verkauft, so ergibt sich zwar rechnerisch kein Saldo. Das heißt aber nicht, dass keine Partei kondizieren kann. Denn dann würden letztlich beide Parteien an dem nichtigen Vertrag festgehalten, was das Gesetz gerade nicht will. Richtig ist, dass V Rückübereignung der gelieferten Sache und K Rückzahlung der gezahlten 700 Euro verlangen kann.

c) Ausnahmen von der Saldotheorie. Selbst bei der Rückabwick- 14
lung gleichartiger Leistungen im Rahmen gegenseitiger Verträge führt die Saldotheorie allerdings nicht immer zu sachgerechten Ergebnissen. Sie ist deshalb zunehmender Kritik ausgesetzt. Wenn man trotzdem im **Grundsatz** an der **Saldotheorie** festhält, sind jedenfalls in folgenden Fallgruppen **Ausnahmen** zu machen:

aa) Die Saldotheorie ist insbesondere dann **nicht anzuwenden**, wenn der Bereicherungsgläubiger **nicht voll geschäftsfähig** ist (Beispiel: K ist im **Fall c** minderjährig). Aus §§ 104 ff. ist zu entnehmen, dass derjenige, der nicht (voll) geschäftsfähig ist, vor den Folgen seines rechtsgeschäftlichen Handelns geschützt werden soll. Dieser gesetzlichen Wertung würde es nicht entsprechen, wenn der Bereicherungsanspruch um den Wert der Gegenleistung gekürzt würde.[22]

bb) Entsprechendes muss gelten, wenn der Bereicherungsgläubiger 15
durch **arglistige Täuschung oder widerrechtliche Drohung** zum Vertragsabschluss bestimmt worden ist **(Beispiel:** V hat den K durch arglistige Täuschung zum Kauf eines Bildes bewogen, das später bei K durch Zufall untergeht). Ficht der Getäuschte oder Bedrohte den Vertrag wirksam an, so entstehen Bereicherungsansprüche wegen der erbrachten Leistungen. Würde hier der Wert der Gegenleistung

22 Vgl. RGZ 86, 343; *BGH* NJW 1994, 2021 (2022); 2000, 3562.

bei der Berechnung der Bereicherung des Täuschenden oder Drohenden abgezogen, würde man dem Getäuschten oder Bedrohten den gesetzlichen Schutz nehmen.[23] Der kriminelle Vertragspartner darf nicht besser stehen, als er beim Rücktritt stünde. Beim gesetzlichen Rücktrittsrecht schuldet der Berechtigte keinen Wertersatz, wenn der empfangene Gegenstand durch Zufall untergegangen ist (§ 346 III 1 Nr. 3).[24] Nur eine tatsächlich verbleibende Bereicherung ist herauszugeben (§ 346 III 2).

Ist beim arglistig getäuschten Bereicherungsgläubiger die übergebene Sache durch dessen Verschulden (Verletzung der eigenüblichen Sorgfalt)[25] untergegangen (Beispiel: Im **Fall c** wird das Bild durch grobe Fahrlässigkeit des von V arglistig getäuschten K zerstört), so darf diese Tatsache nach der Rechtsprechung des BGH bei der anzuwendenden Zweikondiktionentheorie nicht außer Betracht bleiben. In derartigen Fällen ist von dem zurückzuzahlenden Kaufpreis unter Anwendung des § 242 ein Betrag abzuziehen, dessen Höhe sich nach den Umständen des Einzelfalls richtet.[26] Hier wäre es richtiger, nach der Saldotheorie von dem Anspruch auf Rückzahlung des gezahlten Preises den Wert des Bildes abzuziehen. Das entspräche auch der Regelung beim gesetzlichen Rücktritt; in diesem Fall entfiele die Wertersatzpflicht des Berechtigten (§ 346 II 1 Nr. 3) nicht, weil K die eigenübliche Sorgfalt nicht beobachtet hat (vgl. § 346 III 1 Nr. 3).

16 cc) Wie bei der arglistigen Täuschung wendet der BGH die Saldotheorie nicht zum Nachteil desjenigen Bereicherungsgläubigers an, der durch ein wucherähnliches und nach **§ 138 sittenwidriges Geschäft**, das bereicherungsrechtlich rückabgewickelt wird, benachteiligt ist.[27] Die benachteiligte Partei kann deshalb ihren Bereicherungsanspruch geltend machen und sich im Hinblick auf den Bereicherungsanspruch der anderen Partei auf § 818 III berufen.

Die Saldotheorie könne ebenso wie bei der arglistigen Täuschung keine Geltung beanspruchen, wenn die mit ihr verbundene Bevorzugung des Bereicherungsschuldners der Billigkeit widerspreche. § 138 bezwecke den Schutz des Übervorteilten vor einem Missbrauch der Vertragsfreiheit. Deshalb seien wucherähnliche Geschäfte unwirksam. Es gebe keinen nachvollziehbaren Grund, den Schutz der übervorteilten Partei durch die Anwendung der Saldotheorie und die mit ihr verbundene Einschränkung des Anwendungsbereichs von § 818 III zu schwächen.

---

23 Vgl. BGHZ 53, 144; *BGH* NJW 2001, 1127 (1131).
24 *Brox/Walker* SchuldR AT § 18 Rn. 27.
25 *Brox/Walker* SchuldR AT § 20 Rn. 19.
26 BGHZ 57, 137.
27 *BGH* NJW 2001, 1127 (1131) (extrem niedriger Preis für ein verkauftes Grundstück); zustimmend *Bork* JZ 2001, 1138; *Looschelders* SchuldR BT Rn. 1138; kritisch *Flume* ZIP 2001, 1621.

dd) Die Saldotheorie ist auch in den sog. **Vorleistungsfällen** nicht sachgerecht. Geht der vorgeleistete Kaufgegenstand durch ein Verhalten des Käufers unter, ist angesichts der Wertung in § 346 III 1 Nr. 3 nicht recht einzusehen, warum der Verkäufer dann leer ausgehen soll, nur weil es nichts zu „saldieren" gibt. Hier wird man dem Käufer die Berufung auf § 818 III verwehren müssen.[28] 17

ee) Eine weitere komplizierte Einschränkung der Saldotheorie ergibt sich in der **Insolvenz des Bereicherungsgläubigers.**[29] Wenn dieser wegen einer Leistung aufgrund eines unwirksamen Vertrags einen Bereicherungsanspruch gegen den Leistungsempfänger hat, gehört dieser Anspruch zur Insolvenzmasse (§ 35 InsO). Falls dem Anspruchsgegner gleichfalls ein Bereicherungsanspruch zusteht, der nicht nach den §§ 94ff. InsO aufgerechnet werden kann, handelt es sich dabei um eine einfache Insolvenzforderung. Der Gegner kann sie zur Insolvenztabelle anmelden (§§ 174ff. InsO). Er wird dann wie die übrigen Insolvenzgläubiger lediglich mit der (idR sehr niedrigen) Insolvenzquote befriedigt. Die Anwendung der Saldotheorie würde dazu führen, dass die bloße Insolvenzforderung des Anspruchsgegners faktisch die Wirkung einer Masseforderung erhielte und der Anspruchsgegner nicht nur mit der Insolvenzquote, sondern vollständig vorweg befriedigt würde. Das wäre mit den Regelungen und Wertungen der Insolvenzordnung nicht vereinbar. 17a

III. Besonderheiten bei verschärfter Haftung

1. Voraussetzungen

Das Gesetz nennt mehrere Tatbestände, in denen der Bereicherte sich nicht auf den Wegfall der Bereicherung berufen kann, weil er nicht darauf vertrauen durfte, das Erlangte behalten zu können: 18

a) Kenntnis des Empfängers von der Rechtsgrundlosigkeit. Der Empfänger kennt den Mangel des rechtlichen Grundes oder erfährt ihn später (§ 819 I). Verlangt wird positive Kenntnis der Rechtsgrundlosigkeit oder der Anfechtbarkeit (§ 142 II); Kennenmüssen reicht nicht aus. Jedoch hat Kenntnis vom Mangel des rechtlichen Grundes bereits derjenige, der die für diesen Mangel maßgebenden Tatsachen kennt und sich der Einsicht in die Nichtigkeit des Ver-

28 Ebenso *Looschelders* SchuldR BT Rn. 1133.
29 *BGH* NJW 2005, 884.

pflichtungsgeschäfts bewusst verschließt.[30] Die Kenntnis eines Vertreters des Empfängers wird diesem analog § 166 I zugerechnet.[31]

19 Ist der Empfänger minderjährig, so ist bei einer an ihn erbrachten Leistung analog §§ 106 ff. nicht auf die Kenntnis des Minderjährigen, sondern auf die des gesetzlichen Vertreters abzustellen. Nur so wird dem Minderjährigenschutz Rechnung getragen. Aus den §§ 106 ff. lässt sich nämlich entnehmen, dass der Minderjährige nur bei Zustimmung seines gesetzlichen Vertreters vertraglichen Vergütungsansprüchen ausgesetzt ist. Dieser Wertung steht eine Belastung mit bereicherungsrechtlichen Wertersatzansprüchen entgegen, wenn der Minderjährige nicht bereichert ist.

Hat der Minderjährige die Bereicherung in sonstiger Weise (also nicht durch Leistung) erlangt, ist streitig, ob analog §§ 106 ff. im Rahmen des § 819 I auf die Kenntnis des gesetzlichen Vertreters oder entsprechend § 828 III bei Deliktsfähigkeit des Minderjährigen auf dessen Kenntnis abzustellen ist. Der BGH[32] hat § 828 III analog zumindest dann bejaht, wenn der Minderjährige den Bereicherungsgegenstand durch eine vorsätzliche unerlaubte Handlung erlangt hat. Die Anwendung des § 828 ist hier zweifelhaft, weil es im Bereicherungsrecht nicht um den Ausgleich von Schäden geht, die der Minderjährige verschuldet hat. Deshalb geht es zu weit, über § 828 III eine Einstandspflicht des Minderjährigen dann anzunehmen, wenn es an einem Schaden fehlt.[33]

Die verschärfte Haftung nach § 819 I entfällt trotz Kenntnis des Empfängers von der Rechtsgrundlosigkeit, wenn auch der Leistende den Mangel des Rechtsgrundes kennt und deshalb nach § 814 nicht kondizieren kann oder der Empfänger eine solche Kenntnis des Leistenden jedenfalls annimmt und somit davon ausgeht, wegen § 814 nicht zur Herausgabe verpflichtet zu sein.[34]

20 **b) Rechtshängigkeit des Bereicherungsanspruches.** Der Bereicherungsanspruch ist rechtshängig (§ 818 IV). Wenn dem Empfänger etwa die Klageschrift zugestellt worden ist (§§ 261, 253 ZPO), muss er damit rechnen, dass er herauszugeben oder zu zahlen hat.

21 **c) Verstoß des Empfängers gegen die guten Sitten.** Der Empfänger verstößt durch die Annahme der Leistung gegen ein gesetzliches Verbot oder gegen die guten Sitten (§ 819 II).

22 **d) Ungewisser Erfolgseintritt.** Mit der Leistung war von beiden Teilen ein Erfolg bezweckt, dessen Eintritt als ungewiss angesehen

30 *BGH* NJW 2014, 2790 (2793) mAnm *Schmidt* JuS 2015, 73; NJW 1996, 2652.
31 *BGH* NJW 2014, 1294 mAnm *Schwab* JuS 2014, 1032.
32 BGHZ 55, 128: erschlichene Flugreise.
33 Vgl. *Looschelders* SchuldR BT, Rn. 1120; *Medicus/Petersen* BürgerlR, Rn. 176.
34 *BGH* NJW 2014, 2790 (2794) mAnm *Schmidt* JuS 2015, 73.

wurde, und dieser Erfolg tritt nicht ein (§ 820 I 1). Dem steht der Fall gleich, dass die Leistung aus einem Rechtsgrund erfolgt, dessen Wegfall nach dem Inhalt des Rechtsgeschäfts als möglich angesehen wurde, und der Rechtsgrund tatsächlich wegfällt (§ 820 I 2).

2. Folgen

Liegt eine der genannten Voraussetzungen vor, haftet der Empfänger (auch bei Wegfall der Bereicherung) nach den allgemeinen Vorschriften (§ 818 IV). Das bedeutet: 23
- Von einer **Geldschuld** wird der Bereicherungsschuldner nicht frei[35]; er hat sie nach § 291 zu verzinsen (beachte auch § 820 II).
- Hat der Bereicherungsschuldner einen **bestimmten Gegenstand** herauszugeben, so hat er nach §§ 292, 989 Ersatz zu leisten, wenn der Gegenstand durch sein Verschulden verschlechtert wird, untergeht oder nicht herausgegeben werden kann; bei Verzug haftet er auch für Zufall (§ 287 S. 2). Sogar für schuldhaft nicht gezogene Nutzungen hat er einzustehen (§§ 292, 987; beachte § 820 II). Andererseits sind nur notwendige Verwendungen auf den Gegenstand anrechnungsfähig (§§ 292, 994 II).

IV. Bereicherungseinrede

Das Bereicherungsrecht gibt nicht nur einen Bereicherungsanspruch, sondern auch eine Bereicherungseinrede. Ist jemand ohne rechtlichen Grund eine Verbindlichkeit (zB abstraktes Schuldversprechen oder Schuldanerkenntnis) eingegangen, so kann er deren Erfüllung verweigern.[36] Diese Einrede steht ihm auch dann zu, wenn der Bereicherungsanspruch auf Befreiung von der Verbindlichkeit bereits verjährt ist (§ 821). 24

Umfang des Bereicherungsanspruchs
I. Herausgabe des Erlangten (§§ 812 I 1, 816, 817 S. 1, 822) **II. Herausgabe der gezogenen Nutzungen (§§ 818 I, 100)** **III. Herausgabe von Surrogaten (§ 818 I)**

35 BT-Drs. 14/6040, 132; BGHZ 83, 293 noch zu § 279 aF.
36 Dazu *BGH* NJW 2000, 2501 (2502).

IV. Wertersatz (§ 818 II)
1. Bei Unmöglichkeit der Herausgabe wegen Beschaffenheit des Erlangten
2. Bei Unmöglichkeit der Herausgabe aus anderen Gründen

V. Ausschluss des Anspruchs bei Wegfall der Bereicherung (§ 818 III)
1. Wegfall des Erlangten und dessen Wertes im Vermögen des Schuldners
2. Berücksichtigung von Einbußen des Bereicherungsschuldners
   a) Vermögenseinbußen im Vertrauen auf die Endgültigkeit des Erwerbs
   b) Nicht: Erwerbskosten bei Anspruch aus § 816 I 1
   c) Nur bei Leistungskondiktion: Berücksichtigung der vom Bereicherungsschuldner erbrachten Gegenleistung
      aa) Grundsatz: Saldotheorie
      bb) Ausnahmen: Zweikondiktionentheorie
         (1) Nicht gleichartige Leistungen
         (2) Schutz des nicht voll geschäftsfähigen Bereicherungsgläubigers
         (3) Arglistige Täuschung oder widerrechtliche Drohung durch den Schuldner
         (4) Wucher oder Sittenwidrigkeit
         (5) Verschuldeter Untergang der vorgeleisteten Sache
         (6) Insolvenz des Bereicherungsgläubigers
3. Keine Berufung auf Wegfall der Bereicherung bei verschärfter Haftung
   a) Rechtshängigkeit des Bereicherungsanspruchs (§ 818 IV iVm §§ 261, 253 ZPO)
   b) Kenntnis des Empfängers von der Rechtsgrundlosigkeit (§ 819 I iVm § 818 IV)
   c) Verstoß des Empfängers gegen ein gesetzliches Verbot oder gegen die guten Sitten (§ 819 II)
   d) Ungewisser Erfolgseintritt oder für möglich gehaltener Wegfall des Rechtsgrundes (§ 820 I)

9. Kapitel. Unerlaubte Handlungen

§ 44. Überblick über das Deliktsrecht

Schrifttum: *v. Bar,* Gemeineuropäisches Deliktsrecht, Bd. 1, 1996, Bd. 2, 1999; *Buschbell,* Radfahrer im Straßenverkehr: Haftungs- und versicherungsrechtliche Aspekte, NJW 2011, 3605; *Canaris,* Grundstrukturen des deutschen Deliktsrechts, VersR 2000, 577; *Deutsch/Ahrens,* Deliktsrecht, 6. Aufl., 2014; *Ehmann,* Deliktsrecht, 2014; *Fuchs/Pauker,* Delikts- und Schadensersatzrecht, 8. Aufl., 2012; *Geigel,* Der Haftpflichtprozess, 27. Aufl., 2015; *Grigoleit/Riehm,* Schuldrecht IV, Deliktsrecht und Schadensersatzrecht, 2011; *Grüneberg,* Die (Mit-)Haftung von Kindern und Jugendlichen bei Verkehrsunfällen, NJW 2013, 2705; *Kilian,* Die deliktische Verantwortlichkeit Minderjähriger nach § 828 BGB n. F., ZGS 2003, 168; *Kötz/Wagner,* Deliktsrecht, 13. Aufl., 2016; *Oechsler,* Die Unzurechnungsfähigkeit von Kindern in Verkehrssituationen, NJW 2009, 3185; *Spickhoff,* Die Grundstruktur der deliktischen Verschuldenshaftung, JuS 2016, 865; *Wagner,* Schuldrechtsreform und Deliktsrecht, in: Dauner-Lieb/Konzen/Schmidt, Das neue Schuldrecht in der Praxis, 2003, 203; *Walker,* Verschulden im Zivilrecht, Ad Legendum 2015, 109; *Wussow,* Das Unfallhaftpflichtrecht, 16. Aufl., 2014. 1

I. Bedeutung

Beim Deliktsrecht geht es, anders als beim Bereicherungsrecht, nicht um die Beseitigung einer Vermögensvermehrung, sondern um die Wiedergutmachung eines Schadens. Die Schadensersatzpflicht wird ausgelöst, wenn unerlaubte Eingriffe in einen fremden Rechtskreis unter den Voraussetzungen der §§ 823 ff. oder einiger Sondertatbestände (zB § 18 I StVG) erfolgen. Diese Bestimmungen setzen kein bereits bestehendes Schuldverhältnis voraus; vielmehr begründen sie ein solches, wenn einer der genannten Tatbestände erfüllt ist. Schadensersatzpflichten kommen allerdings auch in Betracht, falls Pflichten aus einem Schuldverhältnis (zB Vertrag) verletzt werden. Ein bestimmter Sachverhalt kann sowohl einen Schadensersatzanspruch aus Vertrag, als auch einen solchen aus §§ 823 ff. auslösen. Insoweit besteht Anspruchskonkurrenz.[1]

---

1 Vgl. *Brox/Walker* SchuldR AT § 3 Rn. 15 f.

Von unerlaubten Handlungen spricht man auch in den Fällen der sog. Gefährdungshaftung (dazu → § 54). Die Tatbestände der Gefährdungshaftung begründen eine Ersatzpflicht für solche Schäden, die durch eine zwar erlaubte, aber für andere gefährliche Betätigung oder Anlage verursacht werden (zB Betrieb eines Kraftfahrzeugs; Kernkraftwerk). Ein Verschulden braucht nicht vorzuliegen.

II. Gesetzliche Regelung

2 Das BGB ist nicht dem Vorbild anderer Rechtsordnungen gefolgt, die für das Deliktsrecht eine Generalklausel kennen, wonach derjenige ersatzpflichtig ist, der einem anderen rechtswidrig und schuldhaft einen Schaden zufügt. Vielmehr schuf der Gesetzgeber in den §§ 823 ff. einzelne Deliktstatbestände; er fürchtete Unsicherheiten in der Rechtsprechung, wenn dem Richter nur eine Generalklausel an die Hand gegeben würde. Das Gesetz enthält neben einer Reihe von Sondertatbeständen (dazu → § 50) drei Grundtatbestände, nämlich:

- Verletzung bestimmter Persönlichkeitsgüter, des Eigentums und sonstiger absoluter Rechte (§ 823 I; dazu → § 45),
- Verstoß gegen ein Schutzgesetz (§ 823 II; dazu → § 46),
- Vorsätzliche sittenwidrige Schädigung (§ 826; dazu → § 47).

Nur im letzten Fall handelt es sich um eine Generalklausel.

Die Rechtsprechung hat den Tatbestand des § 823 I zu einer Generalklausel ausgedehnt, indem sie den Kreis der „sonstigen Rechte" weit gezogen hat. So sind beispielsweise das „Recht am eingerichteten und ausgeübten Gewerbebetrieb" (→ § 45 Rn. 15 ff.) sowie das „allgemeine Persönlichkeitsrecht" (→ § 45 Rn. 21 ff.) als sonstige Rechte iSd § 823 I anerkannt. Außerdem hat die Rechtsprechung den Anwendungsbereich des § 823 I dadurch vergrößert, dass sie Verkehrssicherungspflichten (besser: Verkehrspflichten) entwickelte, deren schuldhafte Verletzung eine Schadensersatzpflicht auslöst (→ § 45 Rn. 32 ff.).

III. Aufbau des Tatbestandes

3 Ein Schadensersatzanspruch aus §§ 823 ff. wird herkömmlicherweise in folgender Reihenfolge geprüft:

1. Objektiver Tatbestand

Erforderlich ist eine Verletzungshandlung, durch die ein Schaden des anderen verursacht worden ist.

Jemand muss durch sein Verhalten eines der in § 823 I genannten Rechtsgüter oder Rechte eines anderen verletzt haben.

a) Menschliches Verhalten.
Tatbestandsmäßig kann jedes menschliche Verhalten (Tun oder Unterlassen) sein, sofern es vom Willen beherrschbar ist.[2]

Beispiele: Missachtung einer auf Rot geschalteten Verkehrsampel. Faustschlag in das Gesicht.

Wo eine Bewusstseinskontrolle und deshalb eine Willenslenkung nicht möglich ist (zB im Schlaf, Zustand der Bewusstlosigkeit), scheidet eine unerlaubte Handlung aus.

Eine rechtlich relevante Handlung kann jedoch schon darin liegen, dass der Schädiger einen Zustand schafft, in dem er sein Verhalten nicht mehr willentlich beeinflussen kann. Beschädigt beispielsweise der volltrunkene A im Hinfallen eine Vase, so liegt die „Handlung" nicht im Zerschlagen, sondern im Sichbetrinken. Eine Schadensersatzpflicht des A kann sich über § 827 S. 2 ergeben.

b) Rechts- oder Rechtsgutverletzung. Ein Verhalten ist nur dann tatbestandsmäßig, wenn es die Verletzung einer der durch §§ 823 ff. geschützten Rechtspositionen adäquat verursacht hat. Man spricht von Rechts- oder Rechtsgutverletzung (→ § 45 Rn. 1 ff.). 4

Beispiele: Beschädigung eines fremden Pkw bei einem Verkehrsunfall. Körperverletzung durch Faustschlag.

c) Haftungsbegründende Kausalität. Zwischen dem Verletzungsverhalten und der Rechtsgutverletzung muss ein adäquater Kausalzusammenhang bestehen. Man spricht von haftungsbegründender Kausalität (→ § 45 Rn. 28 ff.). 5

Beispiele: Verursachung der Beschädigung des Pkw durch die Nichtbeachtung der roten Ampel. Verursachung der Körperverletzung durch den Faustschlag.

2. Rechtswidrigkeit

Die Schadensersatzpflicht aus unerlaubter Handlung setzt außer der Erfüllung des objektiven Tatbestands weiter voraus, dass die Ver- 6

---

2 Vgl. BGHZ 39, 103.

letzungshandlung widerrechtlich ist, was in § 823 I ausdrücklich hervorgehoben wird. Wenn aber der objektive Tatbestand gegeben ist, indiziert die Tatbestandsmäßigkeit regelmäßig (Einzelheiten: → § 45 Rn. 50) die Rechtswidrigkeit. Diese ist jedoch zu verneinen, wenn ein Rechtfertigungsgrund (zB Notwehr, § 227; Notstand, § 228) vorliegt.

Beispiel: War der Faustschlag als Verteidigung erforderlich, um einen gegenwärtigen rechtswidrigen Angriff von sich abzuwehren, ist der Faustschlag nicht widerrechtlich (§ 227), so dass ein Schadensersatzanspruch aus § 823 I ausscheidet. Es wäre falsch, noch die weiteren Voraussetzungen (Verantwortlichkeit, Schaden) zu untersuchen.

3. Verantwortlichkeit

7 a) **Verschuldenshaftung.** Der Schädiger muss die tatbestandsmäßige und rechtswidrige Handlung auch **zu vertreten** haben. Das setzt Verschuldensfähigkeit und Verschulden voraus.

aa) Bei der **Verschuldensfähigkeit** ist zwischen verschuldensunfähigen, beschränkt verschuldensfähigen und verschuldensfähigen Personen zu unterscheiden (§§ 827 f.).[3]

Beispiel: War der Faustschlag in das Gesicht eines anderen nicht gerechtfertigt, kommt es darauf an, ob der Schläger verschuldensfähig war. Dies ist nicht der Fall, wenn er jünger als sieben Jahre war (§ 828 I). Gleiches gilt, sofern er das siebente, aber nicht das achtzehnte Lebensjahr vollendet hat und bei Begehung der Handlung nicht die zur Erkenntnis der Verantwortlichkeit erforderliche Einsicht hatte (§ 828 III).[4] In diesen Fällen braucht er den Schaden grundsätzlich nicht zu ersetzen (Ausnahme: § 829).

Nach § 828 II sind Kinder vor Vollendung des 10. Lebensjahres von einer Haftung für Schäden bei einem Unfall mit einem Kraftfahrzeug, einer Schienen- oder Schwebebahn grundsätzlich freigestellt.[5] Darin liegt eine partielle Heraufsetzung der Deliktsfähigkeit. Die Vorschrift greift allerdings nach ihrem Zweck nur ein, wenn sich eine typische Überforderungssituation des Kindes durch die besonderen Gefahren des motorisierten Verkehrs verwirklicht hat. Daran fehlt es zB, wenn ein Kind mit einem Kickboard oder Fahrrad ein ordnungsgemäß[6] parkendes Fahrzeug beschädigt;[7] das hat der Geschädigte

---

3 *Brox/Walker* SchuldR AT § 20 Rn. 4 f.; *Goecke* NJW 1999, 2305; *Rolfs* JZ 1999, 233; *Walker* Ad Legendum 2015, 109 (110).
4 Vgl. *BGH* NJW 1984, 1958 (noch zu § 828 II aF).
5 Dazu ausführlich *Grüneberg* NJW 2013, 2705; *Oechsler* NJW 2009, 3185.
6 Nach *BGH* NJW-RR 2009, 95 (96) kein ordnungsmäßiges Parken bei geöffneten Türen.
7 *BGH* NJW 2005, 354; NJW-RR 2005, 327.

gegebenenfalls zu beweisen.[8] Ferner gilt die Vorschrift nicht bei vorsätzlich herbeigeführten Schäden (§ 828 II 2); auch hier liegt die Schadensursache nicht in einer Überforderungssituation.[9]

bb) Außer der Verschuldensfähigkeit ist **Verschulden** des Täters erforderlich. Es umfasst regelmäßig Vorsatz und Fahrlässigkeit. Bei § 826 genügt Fahrlässigkeit nicht; es muss Vorsatz gegeben sein. Vorsatz bedeutet Wissen und Wollen des Erfolges und Bewusstsein der Rechtwidrigkeit.[10] Fahrlässig handelt, wer die im Verkehr erforderliche Sorgfalt außer Acht lässt (§ 276 II).[11] 8

b) Billigkeitshaftung. Von der Regel, dass nur der Verschuldensfähige schadensersatzpflichtig ist, macht § 829 aus Billigkeitsgründen zugunsten des Geschädigten eine Ausnahme (Billigkeitshaftung). Danach ist zum Schadensausgleich auch derjenige verpflichtet, der für den von ihm verursachten Schaden nicht verantwortlich ist. 9

aa) § 829 setzt voraus, dass der Handelnde einen der Tatbestände der §§ 823–826 erfüllt und die Handlung rechtswidrig ist. Ein Verschulden (Vorsatz oder Fahrlässigkeit) ist nicht erforderlich; hätte jedoch ein Schuldfähiger anstelle des Schuldunfähigen gehandelt und könnte man ihm keinen Schuldvorwurf machen, dann scheidet auch die Haftung des Schuldunfähigen nach § 829 aus.

bb) Die Billigkeitshaftung soll nur hilfsweise eintreten; deshalb fordert § 829, dass Schadensersatz nicht von einem aufsichtspflichtigen Dritten erlangt werden kann. Es ist unerheblich, weshalb ein Schadensersatz nicht zu erhalten ist. Daher spielt es keine Rolle, ob ein Aufsichtspflichtiger gar nicht vorhanden ist, ob er sich entlasten kann (§ 832 I 2) oder aber zur Schadensersatzleistung außerstande ist. 10

cc) Die Billigkeit muss nach den Umständen, insbesondere nach den Verhältnissen der Beteiligten, eine Schadloshaltung erfordern. Dem Schuldunfähigen dürfen jedoch nicht die Mittel entzogen werden, derer er zum angemessenen Unterhalt sowie zur Erfüllung seiner gesetzlichen Unterhaltspflichten bedarf. 11

---

8 *BGH* NJW 2009, 3231.
9 BT-Drs. 14/7752, 16, 27.
10 *Brox/Walker* SchuldR AT § 20 Rn. 7 f.
11 *Brox/Walker* SchuldR AT § 20 Rn. 14.

4. Schaden

12 Durch die Rechtsgutverletzung muss ein Schaden entstanden sein.

a) **Ersatzfähiger Schaden.** Als ersatzfähiger Schaden kommt zunächst jeder **Vermögensschaden** in Betracht.

Beispiele: Reparaturkosten bei Beschädigung eines Pkw. Behandlungskosten bei Körperverletzung.

Nach § 253 II (→ § 52 Rn. 14)[12] sind unter den dort genannten Voraussetzungen auch sog. **immaterielle Schäden** ersatzfähig.

Beispiele: Durch Verkehrsunfall verursachte Schmerzen, Schlaflosigkeit, Depression.

13 b) **Haftungsausfüllende Kausalität.** Zwischen Rechtsgutverletzung und Schaden muss ebenfalls ein adäquater Kausalzusammenhang bestehen. Das ist die haftungsausfüllende Kausalität (→ § 45 Rn. 60).

Beispiel: Die Kosten für die Reparatur beruhen auf der Beschädigung des Pkw, diejenigen für die ärztliche Behandlung auf der Körperverletzung.

§ 45. Verletzung von Rechtsgütern und absoluten Rechten (§ 823 I)

1 **Schrifttum:** *Armbrüster*, Auswirkungen von Versicherungsschutz auf die Haftung, NJW 2009, 187; *Chr. Becker*, Schutz von Forderungen durch das Deliktsrecht, AcP 196 (1996), 439; *Croon-Gestefeld*, § 823 Abs. 1 BGB: Die geschützten Rechte und Rechtsgüter, JURA 2016, 1007; *Deckert*, Grundprobleme und Einzelfragen zum Delikts- und Schadensrecht, JuS 1998, L 1, 17, 25 u. 33; *Deutsch*, Die Medizinhaftung nach dem neuen Schuldrecht und dem neuen Schadensrecht, JZ 2002, 588; *Dörr*, Die Erstattungsfähigkeit von Schockschäden, MDR 2015, 1209; *Eckert*, Der Begriff Freiheit im Recht der unerlaubten Handlungen, JuS 1994, 625; *Foerste*, Weiterfresser- und Produktionsschäden in neuem Licht, FS Graf v. Westphalen, 2010, 161; *Gsell*, Deliktsrechtlicher Eigentumsschutz bei „weiterfressendem" Mangel, NJW 2004, 1913; *J. Hager*, Der Schutz der Ehre im Zivilrecht, AcP 196 (1996), 168; *Janda*, Der ärztliche Aufklärungsfehler als haftungsrechtliches Problem, JZ 2012, 932; *Jansen*, Das Problem der Rechtswidrigkeit bei § 823 Abs. 1 BGB, AcP 202 (2002), 517; *Küppersbusch/Höher*, Ersatzansprüche bei Personenschaden, 12. Aufl., 2016; *Mylich*, Die Eigentumsverletzung – Fallgruppen

12 Siehe ferner *Brox/Walker* SchuldR AT § 29 Rn. 4 ff.

und Ansprüche, JuS 2014, 298 und 398; *Picker*, Die Nutzungsbeeinträchtigung ohne Substanzverletzung als systemrelevantes Deliktsrechtsproblem, NJW 2015, 2304; *Taupitz*, Der deliktsrechtliche Schutz des menschlichen Körpers und seiner Teile, NJW 1995, 745; *P. W. Tettinger*, Wer frißt wen? Weiterfresser vs. Nacherfüllung, JZ 2006, 641; *Vogenauer*, Die zivilrechtliche Haftung von Inlineskatern im Straßenverkehr, VersR 2002, 1345 u. 1478; *Walker*, Die zivilrechtliche Haftung des Fußballspielers und seines Vereins für Verletzungen eines Gegenspielers, FS Tolksdorf, 2014, 143; *ders.*, Die Entschädigung für immaterielle Schäden nach deutschem Zivilrecht, FS Ulusan, 2016, Bd. III, 743.

Zum Gewerbebetrieb: *Sack*, Das Recht am Gewerbebetrieb, 2007; *Schildt*, Der deliktische Schutz des Rechts am Gewerbebetrieb, WM 1996, 2261; *R. Schaub*, Äußerungsfreiheit und Haftung, JZ 2007, 548; *K. Schmidt*, Integritätsschutz von Unternehmen nach § 823 BGB – Zum „Recht am eingerichteten und ausgeübten Gewerbebetrieb", JuS 1993, 985.

Zum Persönlichkeitsrecht: *Becker*, Die Bedeutung des allgemeinen Persönlichkeitsrechts im Deliktsrecht, JuS 1998, L 9; *Beuthien*, Was ist vermögenswert, die Persönlichkeit oder ihr Image?, NJW 2003, 1220; *Diederichsen*, Der deliktische Schutz des Persönlichkeitsrechts, JURA 2008, 1; *Bubovitskaya/Gehlen*, Fortgeschrittenenklausur – Zivilrecht: Postmortaler Persönlichkeitsschutz und Haftung von eBay-Account-Inhabern, JuS 2013, 528; *Glasmacher/Pache*, Geldentschädigungsanspruch bei Persönlichkeitsrechtsverletzungen, JuS 2015, 303; *Gounalakis*, Geldentschädigung bei vorverurteilenden Äußerungen durch Medien oder Justiz, NJW 2016, 737; *ders.*, Geldentschädigung bei zu eigen gemachten ehrverletzenden Äußerungen Dritter im Internet, NJW 2014, 2000; *Gounalakis/Klein*, Zulässigkeit von personenbezogenen Bewertungsplattformen, NJW 2010, 566; *Heldrich*, Persönlichkeitsschutz und Pressefreiheit nach der Europäischen Menschenrechtskonvention, NJW 2004, 2634; *Hoffmann-Riem*, Die Caroline II-Entscheidung des BVerfG, NJW 2009, 20; *Jansen/Hartmann*, Straining und Mobbing im Lichte des Persönlichkeitsschutzes, NJW 2012, 1540; *Kühling*, Im Dauerlicht der Öffentlichkeit – Freie Fahrt für personenbezogene Bewertungsportale!?, NJW 2015, 447; *Ladeur/Gostomzyk*, Der Schutz von Persönlichkeitsrechten gegen Meinungsäußerungen in Blogs, NJW 2012, 710; *Lauber-Rönsberg*, Das Recht am eigenen Bild in sozialen Netzwerken, NJW 2016, 744; *Lettmair*, Das allgemeine Persönlichkeitsrecht in der zivilrechtlichen Fallbearbeitung, JA 2008, 566; *Miserre*, Der deliktische Schutz des Persönlichkeitsrechts, JA 2003, 252; *G. Müller*, Der Schutzbereich des Persönlichkeitsrechts im Zivilrecht, VersR 2008, 1141; *Neuner*, Der privatrechtliche Schutz der Persönlichkeit, JuS 2015, 961; *Paal*, Persönlichkeitsrechtsschutz in Online-Bewertungsportalen, NJW 2016, 2081; *Pabst*, Der postmortale Persönlichkeitsschutz in der neueren Rechtsprechung des BVerfG, NJW 2002, 999; *Petersen*, Postmortaler Persönlichkeitsschutz, JURA 2008, 271; *Quante*, Das allgemeine Persönlichkeitsrecht juristischer Personen, 1999; *Schertz*, Der Schutz des Individuums in der modernen Mediengesellschaft, NJW 2013, 721; *Schultheiß*, Fortgeschrittenenklausur – Zivilrecht: Persönlichkeitsrechtsverletzungen im Internet – Anonymous, JuS

2015, 719; *Seifert,* Postmortaler Schutz des Persönlichkeitsrechts und Schadensersatz – zugleich ein Streifzug durch die Geschichte des allgemeinen Persönlichkeitsrechts, NJW 1999, 1889; *Staake/von Bressensdorf*, Grundfälle zum deliktischen Schutz des allgemeinen Persönlichkeitsrechts, JuS 2015, 683 und 777; *Stender-Vorwachs*, Veröffentlichung von Fotos minderjähriger Kinder von Prominenten, NJW 2010, 1414; *Wiese*, Bewertungsportale und allgemeines Persönlichkeitsrecht, JZ 2011, 608.

Zur Verkehrs(sicherungs)pflicht: *Duhme,* Verkehrssicherungspflichten für waldtypische Gefahren, NJW 2013, 17; *Edenfeld,* Grenzen der Verkehrssicherungspflicht, VersR 2002, 272; *Fellmer,* Die Haftung bei Sportveranstaltungen, MDR 1995, 541; *Förster*, Verkehrssicherungspflichten, JA 2017, 721; *Gerecke*, Haftungsbegrenzungen und -intensivierungen bei der Verkehrspflicht, VersR 2008, 1595; *Möllers,* Verkehrspflichten gegenüber Kindern, VersR 1996, 153; *ders.*, Verkehrspflichten des Händlers beim Vertrieb von gefährlichen Produkten, JZ 1999, 24; *Hitpaß/Kappus*, Winterdienst & Co., NJW 2013, 565; *Mergner/Matz*, Anforderungen an die Erfüllung praxisrelevanter Verkehrssicherungspflichten, NJW 2014, 186; *Raab,* Die Bedeutung der Verkehrspflichten und ihre systematische Stellung im Deliktsrecht, JuS 2002, 1041; *Rebler*, Haftungsgrundlage der Verletzung von Verkehrsregelungs- und Verkehrssicherungspflichten, MDR 2016, 345; *Rothe,* Verkehrssicherung um jeden Preis? – Keine Haftung für explodierende Limonadenflasche, NJW 2007, 740; *Tonner*, Vertragliche und deliktische Verkehrssicherungspflichten im Reiserecht, NJW 2007, 2738; *Voss*, Die Verkehrspflichten, 2007; *Weller,* Die Haftung von Fußballvereinen für Randale und Rassismus, NJW 2007, 960; *Wesser*, Verkehrssicherung: Kein Kinderspiel, NJW 2008, 3761.

Zur Produzentenhaftung: *Bischoff,* Warnpflichten des Produzenten – auch bei Schokoladenriegeln?, VersR 2003, 958; *Foerste/Graf v. Westphalen,* Produkthaftungshandbuch, 3. Aufl., 2012; *Franzen,* Deliktische Haftung für Produktionsschäden, JZ 1999, 702; *Fuchs/Baumgärtner*, Ansprüche aus Produzentenhaftung und Produkthaftung, JuS 2011, 1057; *Katzenmeier*, Entwicklungen des Produkthaftungsrechts, JuS 2003, 943; *Klindt/Handorn*, Haftung eines Herstellers für Konstruktions- und Instruktionsfehler, NJW 2010, 1105; *R. Koch,* „Mängelbeseitigungsansprüche“ nach den Grundsätzen der Produzenten-/Produkthaftung, AcP 203 (2003), 603; *Mergner/Matz*, Gefahrenquellen und Verkehrssicherungspflichten, NJW 2015, 197; *Molitoris/Klindt*, Aktuelle Entwicklungen im Produktsicherheits- und Produkthaftungsrecht, NJW 2017, 1582; *Raue*, Haftung für unsichere Software, NJW 2017, 1841; *Staudinger/Czaplinski,* Rückruf- und Kostentragungspflicht bei In- wie Auslandssachverhalten, JA 2008, 401; *Timme,* Zur deliktischen Produzentenhaftung innerhalb komplexer Produktionsprozesse, JA 1999, 848.

Fall a: Arzt A nimmt bei Frau F eine Bluttransfusion vor und infiziert sie dabei mit einer schweren Krankheit. Drei Monate (ein Jahr) später bringt F ein ebenfalls mit dieser Krankheit infiziertes Kind K zur Welt. F und K verlangen von A Schadensersatz. → Rn. 3

Fall b: Unternehmer U verlangt Schadensersatz wegen Produktionsausfall, weil seine Maschine von A beschädigt wurde, – weil sein Vorarbeiter von B bei einer Wirtshausrauferei krankenhausreif geschlagen wurde, – weil das zu seinem Betrieb führende fremde Stromkabel von C versehentlich zerrissen wurde, – weil 20 Streikposten drei Tage lang den Betrieb lahm legten. U meint, sein Recht am Gewerbebetrieb sei verletzt worden. → Rn. 18, 20

Fall c: A hält ohne Wissen des B dessen Telefongespräch auf einem Tonband fest. Später lässt er es im Freundeskreis abspielen. B verlangt Ersatz seines dadurch entstandenen immateriellen Schadens. → Rn. 23, 57

Fall d: Die Frau des M ist mit D durchgebrannt. M verlangt von D Ersatz der Kosten, die ihm durch den Scheidungsprozess und die Einstellung einer Haushälterin entstanden sind. → Rn. 27

Wer vorsätzlich oder fahrlässig das Leben, den Körper, die Gesundheit, die Freiheit, das Eigentum oder ein sonstiges Recht eines anderen widerrechtlich verletzt, ist nach § 823 I dem anderen zum Ersatz des daraus entstehenden Schadens verpflichtet. Die Vorschrift verlangt die Verletzung eines der genannten Rechtsgüter oder Rechte durch ein rechtswidriges und schuldhaftes Verhalten sowie einen dadurch verursachten Schaden.

I. Schutzobjekte des § 823 I

Nicht jeder Eingriff in den Bereich eines anderen führt zu einer 2
Schadensersatzpflicht. § 823 I schützt vielmehr nur bestimmte Rechtsgüter sowie das Eigentum und sonstige Rechte.

1. Rechtsgüter

Das Gesetz nennt vier Rechtsgüter, bei deren Verletzung Schadensersatz in Betracht kommt, nämlich Leben, Körper, Gesundheit und Freiheit.

a) Leben. Verletzung des Lebens bedeutet Tötung eines Menschen. Schadensersatzberechtigt sind nur bestimmte mittelbar Geschädigte (§§ 844 f.; → § 52 Rn. 21 ff.).

b) Körper, Gesundheit. Eine Verletzung des Körpers bzw. der Ge- 3
sundheit liegt bei jedem äußeren Eingriff in die körperliche Unversehrtheit bzw. bei einer Störung der inneren Lebensvorgänge vor. Die Körper- oder Gesundheitsverletzung muss feststehen; der bloße Verdacht einer Verletzung ist dagegen noch keine Rechtsgutverlet-

zung. Deshalb können die Kosten einer ärztlichen Untersuchung, die allein zur Klärung eines solchen Verdachts angefallen sind, nicht gem. § 823 I ersetzt verlangt werden.[1] Eine genaue Abgrenzung zwischen beiden Tatbestandsmerkmalen erübrigt sich, da keine unterschiedlichen Rechtsfolgen daraus hergeleitet werden.

Beispiele: Im **Fall a** hat A sowohl den Körper der F als auch den des K verletzt. K erwirbt jedoch einen Schadensersatzanspruch erst dann, wenn er lebend zur Welt kommt (§ 1). Es ist unerheblich, dass A die Transfusion bereits vor der Geburt bzw. der Zeugung des K vorgenommen hat; erforderlich ist nur, dass K ohne diese Handlung gesund zur Welt gebracht worden wäre.[2] – Eine HIV-Übertragung stellt schon dann eine Gesundheitsbeeinträchtigung dar, wenn es noch nicht zum Ausbruch von Aids gekommen ist.[3]

Einen Sonderfall bilden sog. **Schockschäden von nahen Angehörigen**. Überfährt etwa ein Autofahrer ein Kind und erleidet dessen Mutter beim Anblick des Kindes einen Nervenzusammenbruch oder psychische Störungen,[4] so verletzt er den Körper des Kindes und außerdem die Gesundheit der Mutter. Dabei spielt es keine Rolle, dass der Nervenzusammenbruch der Mutter erst durch den Unfall des Kindes ausgelöst wird; entscheidend ist allein, ob auch der Gesundheitszustand der Mutter dem Fahrer zuzurechnen ist.[5] Die Mutter kann eine Entschädigung für den aufgrund ihres Schocks erlittenen immateriellen Schaden verlangen (§ 253 II). Der BGH begrenzt die Ersatzfähigkeit von solchen Schockschäden bei mittelbar Verletzten allerdings auf nahe Angehörige des unmittelbar Verletzten.[6] Außerdem hält der BGH[7] Schockschäden nur dann für ersatzfähig, wenn sie medizinisch fassbar sind und über die gesundheitlichen Beeinträchtigungen hinausgehen, denen Hinterbliebene im Todesfall typischerweise ausgesetzt sind. Es reicht deshalb nicht aus, dass der Schock durch den Erhalt einer Unfallnachricht ausgelöst wurde; er muss vielmehr darauf beruhen, dass der Geschädigte den Unfall mi-

---

1 *BGH* NJW 2013, 3634 (3635).
2 Vgl. BGHZ 8, 243.
3 *BGH* NJW 1991, 1948; 2005, 2614 (2615).
4 *BGH* NJW 2015, 1451; 2007, 2764: traumatisch bedingte psychische Störungen als Gesundheitsverletzung.
5 *BGH* NJW 2015, 1451.
6 Vgl. etwa *BGH* NJW 2007, 2764 ff. mAnm *Elsner* (kein deliktischer Schadensersatzanspruch für Polizisten, die als Helfer am Unfallort psychische Gesundheitsbeeinträchtigungen erlitten haben); 2012, 1730 mAnm *Huber* LMK 2012, 336116 und Anm. *Mäsch* JuS 2012, 841 (kein Schmerzensgeld des Tierhalters für Schockschäden nach Tötung seines Hundes). Zur Erstattungsfähigkeit von Schockschäden auch *Dörr* MDR 2015, 1209; *Walker* FS Ulusan, 2016, Bd. III, 743.
7 *BGH* NJW 2015, 1451 f.

terlebt hat. – Erleidet eine Schwangere bei der Nachricht von der lebensbedrohlichen Verletzung eines nahen Angehörigen einen Schock und kommt deshalb das Kind mit einem Gesundheitsschaden zur Welt, haftet der Verletzer auch für den Gesundheitsschaden des Kindes.[8]

Die unter engen Voraussetzungen bestehende Ersatzfähigkeit von Schockschäden behält auch nach Einführung des **Hinterbliebenengeldes** gem. § 844 III (→ § 52 Rn. 26a) ihre Bedeutung. Wenn gleichzeitig die Voraussetzungen für die Ersatzfähigkeit von Schockschäden nach §§ 823 I, 253 II und diejenigen für das Hinterbliebenengeld nach § 844 III vorliegen, geht der Anspruch auf Ersatz der Schockschäden vor. § 844 III hat aber dann eine eigenständige Bedeutung, wenn eine messbare eigene Gesundheitsverletzung des Hinterbliebenen nicht feststellbar ist.[9]

c) Freiheit. Eine Verletzung der Freiheit ist bei der Beeinträchti- 4
gung der körperlichen Bewegungsfreiheit gegeben. Gemeint sind die Fälle, in denen der objektive Tatbestand der Freiheitsberaubung (§ 239 StGB) erfüllt ist. Schadensersatzpflichtig macht also nicht jede Beeinträchtigung der Willens- und Entschlussfreiheit.[10]

Wer einen anderen einschließt, fesselt oder hypnotisiert, hindert ihn an der freiwilligen Ortsveränderung. Eine Verletzung der Freiheit kann auch bei einer Strafanzeige, die zu einer Verhaftung führt, nicht aber bei einer Beeinträchtigung der wirtschaftlichen Betätigung gegeben sein.

2. Absolute Rechte

Den Rechtsgüterverletzungen stellt § 823 I die Verletzung des Ei- 5
gentums und eines „sonstigen Rechts" gleich.

a) Eigentum. Eine Verletzung des Eigentums liegt vor, wenn jemand den Eigentümer in einer diesem durch § 903 eingeräumten Befugnis beeinträchtigt. Nach dieser Bestimmung kann der Eigentümer mit der Sache grundsätzlich nach Belieben verfahren und andere von jeder Einwirkung ausschließen.

In Betracht kommen Einwirkungen auf die Substanz der Sache (Zerstören, Beschädigen, Verunstalten), aber auch dauernde oder zeitweilige Entziehung (Wegnehmen), Gebrauchsbeeinträchtigung[11] (zB durch Immissionen) und vertragswidrige Verwendung („Fremdbefüllung von entliehenen Gasbehältern,

8 *BGH* NJW 1985, 1390.
9 BT-Drs. 18/11397, 12.
10 **HM**; Soergel/*Spickhoff* BGB § 823 Rn. 53.
11 *BGH* NJW 2015, 1174 (1175); NJW-RR 2017, 219 Rn. 17.

deren Befüllung sich der Eigentümer vorbehalten hat).[12] Eine Gebrauchsbeeinträchtigung ohne Eingriff in die Substanz der Sache ist aber nur dann eine Eigentumsverletzung, wenn sie durch Einwirkung auf die Sache selbst erfolgt. Deshalb liegt keine Verletzung des Eigentums an einer Autobahnraststätte vor, wenn aufgrund eines schweren Unfalls die Autobahn und damit die Zufahrt zur Raststätte für mehrere Tage gesperrt werden muss. Der Raststätteneigentümer hat keinen Anspruch gegen den Unfallverursacher auf Ersatz seines entgangenen Gewinns.[13] Das Eigentum wird auch dadurch verletzt, dass ein Nichtberechtigter über die Sache verfügt und einem Dritten etwa ein Pfandrecht bestellt oder das Eigentum verschafft (§ 1207; §§ 929, 932; sog. Zuordnungsverletzung).

6 Ob eine Eigentumsverletzung vorliegt, wenn eine mangelhafte Kaufsache geliefert wird und der Mangel später zur Zerstörung der Sache führt, ist umstritten. Beispiel: Ein gebrauchter Sportwagen wird mit vorschriftswidriger Bereifung verkauft, und später führt das Platzen eines Reifens zur Zerstörung des ganzen Fahrzeugs.[14] Grundsätzlich begründet der Mangel einer Sache keine Eigentumsverletzung; der Käufer erwirbt das Eigentum vielmehr an einer von Anfang an mit einem Mangel behafteten Sache. Sofern der Mangel sich aber zunächst auf einen abgegrenzten Teil der Sache beschränkt und später zur Zerstörung der gesamten Sache führt (sog. **weiterfressender Mangel**), soll sich nach Auffassung des BGH ein Schadensersatzanspruch für den Verlust der Sache aus § 823 I ergeben.[15] Der Käufer habe in diesen Fällen bereits teilweise mangelfreies Eigentum erworben, so dass hinsichtlich dieses Teils eine Verletzung des deliktsrechtlich geschützten Integritätsinteresses vorliege. Anders hat der BGH dagegen entschieden, wenn der Käufer ein von vornherein mangelhaftes (weil mit nicht raumbeständiger Schlacke aufgefülltes) Grundstück erwirbt und darauf ein Gebäude errichtet, das wegen des Grundstücksmangels später beschädigt wird.[16] Grund: Hier war der Schaden des Gebäudes bereits bei dessen Errichtung angelegt, so dass der Bauherr niemals Eigentümer eines mangelfreien Gebäudes war.

7 Eine Gebrauchsbeeinträchtigung kann eine Eigentumsverletzung oder nur eine – nicht durch § 823 I geschützte – Vermögensbeeinträchtigung darstellen. Entscheidend ist, ob der bestimmungsgemäße Gebrauch der Sache unmittelbar entzogen wird. **Beispiel:** Ein Reeder kann vertraglich übernommene Transporte von einer Mühle mit seinen Schiffen nicht mehr durchführen, weil die Mühle durch den Einsturz einer Ufermauer längere Zeit vom Wasser-

---

12 *BGH* NJW 2003, 3702.

13 *BGH* NJW 2015, 1174 (keine Verletzung des berechtigten Besitzes des Raststättenbetreibers) mAnm *Wagner* JZ 2015, 682.

14 BGHZ NJW 1978, 2241.

15 BGHZ 67, 359 – Schwimmschalter; vgl. auch BGHZ 86, 256 – Gaszug; *BGH* NJW 1983, 812 – Hebebühne, dazu *Schlechtriem* JA 1983, 255; *Schmidt-Salzer* BB 1983, 534; *BGH* NJW 1985, 2420 – Kompressor, dazu *Reinicke/Tiedtke* NJW 1986, 10; *Foerste* VersR 1989, 455; *Looschelders* SchuldR BT Rn. 182; noch weitergehend: BGHZ 117, 183 – Kondensator, dazu *Hinsch* VersR 1992, 1056; BGHZ 138, 230 – Transistor, dazu *Timme* JuS 2000, 1154; *BGH* NJW 2004, 1032 – geplatzter Reifen.

16 *BGH* JZ 2001, 876.

weg abgeschlossen ist. Ein Schiff wird zwischen Mühle und Einbruchstelle eingeschlossen; die anderen Schiffe sind vom Anlaufen der Mühle ausgeschlossen. Nach BGH[17] liegt eine Eigentumsverletzung nur hinsichtlich des eingeschlossenen Schiffes, nicht hinsichtlich der ausgeschlossenen Schiffe vor. Diese Unterscheidung ist gerechtfertigt, da es zum Schutzbereich des Eigentums an einem Schiff gehört, dass das Schiff überhaupt fahren kann, nicht aber, dass das Schiff für ganz bestimmte Transporte einsetzbar ist.[18]

Liegt ein Eigentümer-Besitzer-Verhältnis vor, so ist bei Eigentumsverlet- 8
zungen zunächst zu prüfen, ob die Spezialvorschriften der §§ 989 ff. die Anwendung des § 823 ausschließen (vgl. § 992).

b) Sonstige Rechte. Die Verletzung eines „sonstigen Rechts" ist 9
nicht bei der Beeinträchtigung eines jeden Rechts gegeben. Wenn § 823 I „Eigentum" und „sonstiges Recht" nebeneinander aufführt, ist daraus zu folgern, dass das sonstige Recht dem Eigentum ähnlich sein muss. Da das Eigentum von jedermann zu beachten ist und von jedermann verletzt werden kann, sind auch nur solche Rechte, die diese Eigenschaft aufweisen (= absolute Rechte), sonstige Rechte iSd § 823 I.

Aus diesem Grund scheiden Forderungs-, aber auch Gestaltungsrechte hier aus. Auch das „Recht am Arbeitsplatz" ist kein absolutes Recht;[19] denn es besteht nur aus schuldrechtlichen Beziehungen zwischen den Arbeitsvertragsparteien ohne rechtliche Wirkung gegenüber Dritten. Das Vermögen als Ganzes ist ebenfalls kein „sonstiges Recht".[20] Das Gesetz will nicht jede Vermögensbeschädigung generalklauselartig erfassen. Vermögensschäden sollen nur dann ersetzt werden, wenn sie die Folge der Verletzung eines Rechtsguts oder Rechts (§ 823 I) bzw. eines Schutzgesetzes (§ 823 II; zB Betrug, § 263 StGB) sind oder wenn Vorsatz iSd § 826 bzw. der Spezialfall des § 839 gegeben ist.

aa) Alle **dinglichen Rechte** sind „sonstige Rechte". 10

Beispiele: Hypotheken, Grund- und Rentenschulden, Reallasten, Erbbaurechte, dingliche Vorkaufsrechte, Dienstbarkeiten an Grundstücken, Pfandrechte an beweglichen Sachen und Rechten. – Da die dinglichen **Anwartschaftsrechte** ebenso wie die dinglichen Rechte unmittelbar gegen jedermann wirken, fallen sie ebenfalls unter § 823 I. Hauptbeispiel: Eigentumsanwartschaft des Vorbehaltskäufers[21] (→ § 7 Rn. 31). Auch der anwartschaftsberech-

17 BGHZ 55, 153.
18 Ebenso zu einem ähnlichen Fall (Einsperren eines Schiffs) *BGH* NJW-RR 2017, 219 Rn. 17 ff.
19 Str.; wie hier *OLG Koblenz* NJW 2003, 1673 f.; zweifelnd auch *BAG* NJW 1999, 164; offen gelassen von *BAG* NZA 2007, 1168.
20 BGHZ 41, 123.
21 BGHZ 55, 20.

tigte Käufer eines Grundstücks ist deliktsrechtlich etwa gegen unzulässige Vertiefungen des Nachbargrundstücks geschützt.[22] Ebenso sind ausschließliche **Aneignungsrechte** (wie im Jagd-, Fischerei- oder Bergrecht) als absolute Rechte anerkannt.

11 bb) **Immaterialgüterrechte** wie Patent-, Urheber- und Gebrauchsmusterrechte sowie Marken fallen ebenfalls unter § 823 I.

Auch die Firma (= Name des Kaufmanns; § 17 HGB),[23] die gegenüber jedermann geschützt wird, gehört hierher.

12 cc) **Mitgliedschaftsrechte** wie Geschäftsanteile an einer GmbH, Aktien oder Mitgliedschaftsrechte an einem Verein sind als „sonstige Rechte" anerkannt, die deliktsrechtlich gegen mitgliedschaftsbezogene Eingriffe geschützt sind.[24]

13 dd) Schließlich ist nach hM der unmittelbare sowie der mittelbare **Besitz** in bestimmten Fällen als „sonstiges Recht" anzusehen.[25]

Der unmittelbare Besitz als rein tatsächliche Herrschaft ist allerdings kein absolutes Recht. Es wäre nicht verständlich, wollte man etwa dem Dieb, dessen Besitz an der gestohlenen Sache durch §§ 858 ff. zwecks Erhaltung des Rechtsfriedens vor Entziehung und Störung geschützt wird, bei Verletzung seines Besitzes einen Schadensersatzanspruch nach § 823 I geben. Jedoch ist nicht zu verkennen, dass der Besitzer in vielen Fällen die Sache auch gebrauchen oder sonst nutzen darf (zB bei der Miete). Ein solcher Besitz ist dem Eigentum ähnlich und deshalb einem absoluten Recht gleichzustellen. Demnach ist nicht der unmittelbare Besitz schlechthin, sicherlich aber der berechtigte unmittelbare Besitz, der dem Besitzer eine bestimmte Nutzung ermöglichen soll, ein „sonstiges Recht". Das gilt auch für den bloßen Mitbesitz, und zwar nicht nur im Verhältnis des Mitbesitzers gegenüber Dritten, sondern auch gegenüber anderen Mitbesitzern.[26]

14 Der Schutz des § 823 I wird nach hM grundsätzlich auch dem **mittelbaren Besitzer** (§ 868) zuteil.[27] Das gilt jedoch nicht im Verhältnis des mittelbaren Besitzers zum unmittelbaren Besitzer.[28] Weil dem

---

22 Vgl. *BGH* NJW 1991, 2019.
23 *Brox/Henssler* HandelsR Rn. 104 ff.
24 *BGH* NJW 1990, 2877 (2878 f.); MüKoBGB/*Wagner* § 823 Rn. 234; Palandt/*Sprau* BGB § 823 Rn. 21.
25 *BGH* NJW 2015, 1174 (1175); *Medicus/Petersen* BürgerlR, Rn. 607 f.
26 **HM**; BGHZ 62, 243 (248).
27 Soergel/*Spickhoff* BGB § 823 Rn. 99.
28 BGHZ 32, 194 (204 f.).

mittelbaren Besitzer gegen den unmittelbaren Besitzer keine Besitzschutzansprüche zustehen (vgl. § 869 S. 2), kann er auch nicht aus § 823 I gegen ihn vorgehen. Der mittelbare Besitzer ist zudem durch die sich aus den schuldrechtlichen Beziehungen zum unmittelbaren Besitzer ergebenden Ansprüche hinreichend geschützt.[29]

ee) Das **Recht am eingerichteten und ausgeübten Gewerbebetrieb** wird von der höchstrichterlichen Rechtsprechung seit langem[30] als „sonstiges Recht" aufgefasst. Durch dieses Recht soll der Unternehmer in seinem gesamten gewerblichen Tätigkeitsbereich vor Störungen Dritter bewahrt werden. Geschützt sind nach der Rechtsprechung etwa der Kundenstamm, die Geschäftsbeziehungen und die Organisationsstruktur. **15**

(1) Die Rechtsprechung hat den Gewerbebetrieb als „sonstiges Recht" anerkannt, weil der Gesetzgeber den Unternehmer nicht hinreichend geschützt hat. Wenn nämlich die schädigende Handlung nicht zu Wettbewerbszwecken erfolgt, ist das Wettbewerbsrecht (vor allem das UWG) nicht anwendbar. Liegt zudem eine kredit- oder erwerbsgefährdende unwahre Tatsachenbehauptung nicht vor, scheidet auch ein Ersatzanspruch nach § 824 (dazu → § 50) aus. Es bliebe lediglich ein Anspruch aus § 826 (→ § 47 Rn. 1 ff.) übrig, der jedoch nur bei vorsätzlicher sittenwidriger Schädigung eingreift. Wird der eingerichtete und ausgeübte Gewerbebetrieb als sonstiges Recht iSd § 823 I angesehen, so erhält der Unternehmer auch bei einer bloß fahrlässigen Schädigung einen Schadensersatzanspruch. **16**

Beispiel: Die Pflicht zum Ersatz von Streikschäden wurde früher aus § 826 hergeleitet. Nun ist aber nicht jeder rechtswidrige Streik auch sittenwidrig. Ferner wird Vorsatz, der bei § 826 alle Schadensfolgen umfassen muss, nicht immer vorliegen (zB bei Rechtsirrtum) oder nicht nachweisbar sein, so dass in vielen Fällen ein Schadensersatzanspruch nach § 826 nicht gegeben ist. Da nach heute hM die fahrlässige, rechtswidrige Schädigung durch Streik als Verletzung des Rechts am Gewerbebetrieb angesehen wird,[31] besteht nunmehr auch hier eine Schadensersatzpflicht, wenn ein Dritter durch einen rechtswidrigen Streik in den Gewerbebetrieb eingreift.

Im Schrifttum werden Bedenken gegen die Annahme eines Rechts am Gewerbebetrieb geltend gemacht. Vor allem wird hervorgehoben, dass dieses Recht kaum eindeutig bestimmbar sei; da es weder über- **17**

---

29 Vgl. Prot. III, 226 (332).
30 RGZ 58, 24 (30).
31 Vgl. *Brox*, in: Brox/Rüthers, Arbeitskampfrecht, 2. Aufl., Rn. 335, 369.

tragen noch gepfändet werden könne, sei es auch nicht eigentumsähnlich.

18 (2) Für einen Eingriff in das Recht am eingerichteten und ausgeübten Gewerbebetrieb müssen nach der Rechtsprechung folgende **Voraussetzungen** vorliegen:

(a) Es darf **keine andere Rechtsgrundlage** für einen Schadensersatzanspruch gegeben sein. Die Haftung wegen Verletzung des Rechts am bestehenden Gewerbebetrieb hat subsidiären Charakter; sie greift nur ein, wenn eine Lücke besteht.[32] Ist also ein in § 823 I genanntes Rechtsgut oder Recht verletzt, der Tatbestand des § 823 II oder des § 824 gegeben, scheidet eine Verletzung des Rechts am bestehenden Gewerbebetrieb aus.[33] Auch die wettbewerbsrechtlichen Sondervorschriften gehen vor.[34]

Beispiele: Im **Fall b** hat A das Eigentum des U verletzt. Deshalb ist er, wenn die übrigen Voraussetzungen des § 823 I gegeben sind, zum Ersatz des Schadens verpflichtet, der dem U durch die Reparatur der Maschine sowie durch den Produktionsausfall entstanden ist. – C zerreißt ein fremdes Stromkabel, das zum Geflügelbrutbetrieb des U führt; infolge des Stromausfalls verderben die Bruteier in den Brutmaschinen. C haftet U aus § 823 I wegen Beschädigung der Bruteier.[35] Da eine Eigentumsverletzung vorliegt, braucht auf das Recht am Gewerbebetrieb nicht zurückgegriffen zu werden. Dagegen liegt im **Fall b** eine Verletzung des Eigentums des U wegen Zerstörung des Stromkabels nicht vor, so dass hier zu prüfen ist, ob das Recht am Gewerbebetrieb verletzt wurde.

19 (b) Es muss ein eingerichteter und ausgeübter **Gewerbebetrieb** vorliegen. Darunter versteht man einen auf Dauer angelegten und auf Gewinnerzielung gerichteten Betrieb.

Eine freiberufliche Tätigkeit (zB Praxis eines Arztes oder Anwalts) ist zwar kein Gewerbebetrieb. Da die Tätigkeit in den freien Berufen (Ärzte, Rechtsanwälte, Profisportler) aber auch auf Erwerb ausgerichtet ist, muss sie ebenso wie der eingerichtete Gewerbebetrieb geschützt werden.[36] Gleiches gilt für die freiberufliche Tätigkeit eines Sporttrainers.[37]

---

32 *BGH* ZIP 2014, 1591 (1592); BGHZ 36, 252 (257); 38, 200 (204); 45, 296 (307).
33 Zur Subsidiarität der Haftung wegen Eingriffs in das Recht am Gewerbebetrieb gegenüber einer Haftung aus § 824 *BGH* NJW 2006, 830 (839) mwN.
34 BGHZ 36, 252 (257); 43, 359 (361).
35 Vgl. BGHZ 41, 123.
36 *OLG Hamburg* NJW-RR 1999, 1060; *OLG München* NJW 1977, 1106.
37 *BGH* NJW 2012, 2579 (2580) mAnm *Katzenmeier* LMK 2012, 340098.

Wie das Eigentum soll auch das Recht am Gewerbebetrieb nicht nur in seinem Bestand, sondern auch in seinen einzelnen Erscheinungsformen vor Störungen geschützt werden.[38]

Beispiele: Außenstände, Geschäftsverbindungen, Kundenstamm, Warenbezeichnungen.[39] Jedoch darf der Schutzbereich des Rechts am Gewerbebetrieb nicht unangemessen ausgedehnt werden.[40]

(c) Es muss sich um einen **unmittelbaren Eingriff** in den gewerblichen Tätigkeitskreis handeln.[41] 20

Könnte U im **Fall b** von B Schadensersatz verlangen, weil B durch die Verletzung des Vorarbeiters einen Gewinnausfall des U verursacht hat, so wäre ein nur mittelbar Geschädigter schadensersatzberechtigt. Damit würde aber die gesetzliche Wertung umgangen, wonach nur in eng begrenzten Ausnahmefällen ein Schadensersatzanspruch von besonders schutzwürdigen mittelbar Geschädigten (§§ 844 f.; → § 52 Rn. 21 ff.) zugelassen wird.[42]

Der Eingriff muss danach gegen den Betrieb als solchen gerichtet, also **betriebsbezogen** sein[43] und darf nicht vom Gewerbebetrieb ohne weiteres ablösbare Rechte oder Rechtsgüter betreffen.[44]

Das unverlangte Zusenden von Werbe-E-Mails kann einen solchen betriebsbezogenen Eingriff darstellen, weil dadurch regelmäßig der Betriebsablauf des Unternehmens beeinträchtigt wird.[45] Im **Fall b** hat C das Eigentum des Elektrizitätswerks am Kabel fahrlässig verletzt. Das kann aber nicht auch als betriebsbezogener Eingriff in den Tätigkeitskreis des Gewerbebetriebs des U angesehen werden, weil dies über den Schutzbereich des Gewerbebetriebes hinausginge.[46] Durch den zeitweiligen Produktionsausfall ist dem U lediglich ein Vermögensschaden entstanden, dessen Ersatz nur bei Verletzung eines Schutzgesetzes iSd § 823 II verlangt werden kann (siehe § 46). – Die Verletzung eines Arbeitnehmers bei einem Verkehrsunfall ist kein betriebsbezogener Eingriff in das Recht an dem Gewerbebetrieb, in dem der Arbeitnehmer beschäftigt ist.[47] – Bei der Tätigkeit der Streikposten im **Fall b** handelt es sich dagegen um einen betriebsbezogenen Eingriff.

---

38 Vgl. BGHZ 3, 270.
39 BGHZ 28, 320.
40 *BGH* NJW 1969, 2047.
41 BGHZ 29, 65.
42 Vgl. BGHZ 7, 30.
43 Siehe nur *BGH* NJW 2015, 1174 (1176); ZIP 2014, 1591 (1592); NJW 2012, 2579 (2580); 2009, 355 f.; 2003, 1040.
44 Vgl. ZIP 2014, 1591 (1592); BGHZ 86, 152 (156).
45 *BGH* NJW 2017, 2119 Rn. 15; 2009, 2958 (2959).
46 BGHZ 29, 65.
47 *BGH* NJW 2003, 1040; 2001, 971 (972); BeckRS 2016, 112172 Rn. 9 mAnm *Walker* LMK 2017, 388008.

21 ff) Das **allgemeine Persönlichkeitsrecht**, das seit 1954 von der höchstrichterlichen Rechtsprechung als „sonstiges Recht" anerkannt wird,[48] ist als das Recht des einzelnen auf Achtung und Entfaltung seiner Persönlichkeit zu verstehen.

(1) **Grund** für die Anerkennung eines solchen Rechts ist, dass das BGB die Persönlichkeit des einzelnen nicht hinreichend schützt. So ist etwa die Ehre in § 823 I nicht genannt. Zwar können Ehrverletzungen unter § 823 II iVm §§ 185 ff. StGB fallen; die Strafbestimmungen setzen aber Vorsatz des Täters voraus. Wenn § 823 I auch die Ehre als Teil des Persönlichkeitsrechts erfasst, besteht – über den Spezialfall des § 824 hinaus – bei jeder fahrlässigen Ehrverletzung eine Schadensersatzpflicht. Bestimmte Beeinträchtigungen der Persönlichkeit, etwa die des Namens oder des Rechtes am eigenen Bild, werden allerdings schon durch Sondervorschriften (§ 12; §§ 22 ff. Kunsturhebergesetz – KUG) erfasst. Nicht berücksichtigen konnte der Gesetzgeber aber solche Schädigungen, die erst durch die Fortschritte der Technik ermöglicht wurden (Abhöranlagen, Tonbandgeräte, Spezialkameras). Der Schutz durch § 826, der Vorsatz verlangt, reicht nicht aus. Deshalb bejaht die Rechtsprechung ein allgemeines Persönlichkeitsrecht, das sie als sonstiges Recht iSd § 823 I ansieht.

22 Im Schrifttum wird die Verstärkung des Persönlichkeitsschutzes begrüßt. Sie ist auch bei verfassungskonformer Rechtsanwendung unter Berücksichtigung der Art. 1 und 2 GG geboten, welche die Würde des Menschen und die freie Entfaltung der Persönlichkeit schützen. Zu Recht wird aber die Auffassung beanstandet, das allgemeine Persönlichkeitsrecht sei ein „sonstiges Recht". In Wirklichkeit handelt es sich beim Persönlichkeitsrecht um die begriffliche Zusammenfassung einer Reihe schutzwürdiger Aspekte der Persönlichkeit (zB die Privatsphäre bei Tagebuchaufzeichnungen, Krankenblättern). Sie stehen den vier in § 823 I genannten Rechtsgütern näher als dem Eigentum oder den eigentumsähnlichen Rechten. Deshalb bietet sich eine Analogie zum Schutz von Leben, Körper, Gesundheit und Freiheit an, die auch Teile der Persönlichkeit sind.

Mit Hilfe einer solchen Analogie könnten schrittweise Einzeltatbestände zum Schutz einzelner Persönlichkeitsgüter entwickelt werden. Der BGH ist den umgekehrten Weg gegangen: Er hat ein allgemeines Persönlichkeitsrecht bejaht und damit eine Generalklausel geschaffen, die der Konkretisierung bedarf.

---

48 BGHZ 13, 334.

(2) Eine Verletzung des allgemeinen Persönlichkeitsrechts kommt nach der bisherigen Rechtsprechung bei folgenden **Fallgruppen** in Betracht:[49] 23

(a) Eindringen in die Privatsphäre

Beispiele: Heimliche Bildaufnahme im privaten Bereich,[50] der nicht auf den häuslichen Bereich beschränkt ist;[51] Überwachung eines Arbeitnehmers durch einen vom Arbeitgeber beauftragten Detektiv ohne konkrete Verdachtstatsachen für ein rechtswidriges Arbeitnehmerverhalten,[52] Ausspähen eines fremden Lebensbereichs unter Überwindung bestehender Hindernisse mit geeigneten Hilfsmitteln wie Teleobjektiv oder Flugzeug;[53] (vermeintliche) Beobachtung durch Überwachungskamera auf dem Nachbargrundstück;[54] Stalking im Sinne eines absichtlichen und wiederholten Verfolgens und Belästigens einer Person, unbefugtes Öffnen fremder Post;[55] Tonbandaufnahme ohne Zustimmung.[56] Zur Freiheit und Selbstbestimmung des Menschen gehört auch die Befugnis, selbst darüber zu bestimmen, ob seine Worte einzig seinem Gesprächspartner, einem bestimmten Kreis oder der Öffentlichkeit zugänglich sein sollen, und erst recht, ob seine Stimme mittels eines Tonträgers festgehalten werden darf.[57] Allerdings liegt schon tatbestandsmäßig keine Verletzung der Persönlichkeit vor, wenn die Tonbandaufnahme lediglich eine telefonische Durchsage wie Bestellungen oder Börsennachrichten festhalten soll; in einem solchen Fall steht das Moment der Feststellung einer objektiven Gegebenheit derartig im Vordergrund, dass der Zusammenhang mit der Persönlichkeit des Sprechers weitgehend als gelöst erscheint. Von solchen Besonderheiten abgesehen, wird regelmäßig durch eine Tonbandaufnahme das allgemeine Persönlichkeitsrecht verletzt **(Fall c)**. Besonders sorgfältig ist jedoch hier – wie in allen Fällen der Persönlichkeitsverletzung – die Frage der Widerrechtlichkeit durch Abwägung der sich gegenüberstehenden Interessen der Beteiligten zu prüfen (→ Rn. 52, 55).

(b) Weitergabe von Angelegenheiten aus fremder Privatsphäre

Beispiele: Veröffentlichung von Privatbriefen, Tagebuchaufzeichnungen[58] oder rechtswidrig erlangter privater E-Mails;[59] Veröffentlichung von Äußerungen in einer nichtöffentlichen Vernehmung eines Fernsehmoderators über 24

49 Einzelheiten: Palandt/*Sprau* BGB § 823 Rn. 83ff. Siehe auch *Neuner* JuS 2015, 961 und die Fälle bei *Staake/von Bressensdorf* JuS 2015, 683 und 777.
50 BGHZ 24, 200.
51 *BVerfG* NJW 2000, 1021; NJW 2006, 2836 (Hubschrauberaufnahmen der räumlichen Privatsphäre, die den Blicken der Öffentlichkeit entzogen ist).
52 *BAG* NJW 2015, 2749 (2751).
53 *BGH* NJW 2004, 762f. und 766f.
54 *BGH* NJW 2010, 1533.
55 *BGH* WM 1990, 1167.
56 BGHZ 27, 284; 33, 20.
57 BGHZ 27, 284.
58 BGHZ 13, 334; 15, 249.
59 Dazu *BGH* NJW 2015, 782 (783f.) mAnm *Gounalakis* LMK 2015, 366674.

seine Sexualvorlieben;[60] Bekanntgabe einer ärztlichen Bescheinigung über den Gesundheitszustand an einen Dritten, für den sie nicht bestimmt ist;[61] unbefugte Veröffentlichung des für ein Biologiebuch vorgesehenen Nacktfotos im Fernsehen;[62] negative, insbesondere verfälschte Darstellung eines Lebensbildes in Presse, Funk oder Fernsehen[63] oder in Form einer Romanfigur, in der die reale Person erkennbar ist;[64] Verwendung von Bildern, Wappen, Namen zu Werbezwecken.[65] In allen Fällen geht es um die Befugnis des Einzelnen, grundsätzlich selbst darüber zu entscheiden, ob, wann und innerhalb welcher Grenzen persönliche Lebenssachverhalte offenbart werden.[66]

(c) Verletzung der Ehre

25 **Beispiele:** In einer Zeitschrift wird über eine Fernsehansagerin geschrieben, sie sehe aus wie eine ausgemolkene Ziege, bei deren Anblick den Zuschauern die Milch sauer werde.[67] In einer satirischen Zeitschrift wird ein Rollstuhlfahrer als Krüppel bezeichnet.[68] In einem Presseartikel wird von einem bestimmten Anwalt behauptet, er bagatellisiere NS-Verbrechen und stehe den Gedankengängen des Nationalsozialismus heute noch nahe.[69] Über einen ehemaligen Leiter einer Rechtsabteilung wird im Internet in verdeckter Form ua verbreitet, er sei pädophil veranlagt, habe ein sexuelles Verhältnis mit einer Minderjährigen, sei korrupt und Teil eines kriminellen Netzwerks.[70] Ein früherer Sportarzt der DDR wird als „Mengele des DDR-Doping-Systems" bezeichnet.[71] Die Darstellung einer Person in einer Zeitschrift erfolgt durch ein technisch manipuliertes Bild, das den Anschein erweckt, ein authentisches Abbild der Person zu sein, tatsächlich aber die Person entstellend wiedergibt.[72] Auch durch die unrichtige oder verfälschte Wiedergabe von Äußerungen kann das Persönlichkeitsrecht verletzt sein.[73] Das BVerfG sieht eine Persönlichkeitsbeeinträchtigung ferner darin, dass Bilder von Prominentenkindern in der Presse mit „der gleiche sinnliche Mund und der gleiche stolze Blick wie die Mutter" kommentiert werden.[74] Zum Schutz der Persönlichkeitsentwicklung von Kindern gehöre auch, dass sie nicht aus Furcht vor einer Medienberichterstattung und der medialen Zuschreibung von persönlichen Eigenschaften

---

60 *BGH* NJW 2013, 1681 ff. mAnm *Mäsch* JuS 2014, 73.
61 BGHZ 24, 72.
62 *BGH* NJW 1985, 1617.
63 BGHZ 31, 308; 36, 77; 50, 133.
64 *BGH* NJW 2005, 2844; 2008, 2587; vgl. auch *BVerfG* NJW 2008, 39.
65 BGHZ 26, 349; 30, 7; 35, 363; *BGH* NJW 1971, 698; 2000, 2195 (2197).
66 *BGH* NJW 2014, 2276 (2277).
67 BGHZ 39, 124.
68 *BVerfG* NJW 1992, 2073.
69 BGHZ 31, 308, wo ausgeführt wird, dass der zivilrechtliche Deliktsschutz auch eingreifen könne, wenn Äußerungen eines anderen entstellt oder wesentlich verkürzt wiedergegeben werden.
70 *BGH* NJW 2014, 2029; dazu *Gounalakis* NJW 2014, 2000.
71 *BVerfG* NJW 2006, 3266.
72 *BVerfG* NJW 2005, 3271.
73 *BVerfG* NJW 2008, 747 (748).
74 *BVerfG* NJW 2005, 1857 f.; siehe auch *BGH* NJW 2010, 1454 (1455) mwN.

oder Charakterzügen die Öffentlichkeit meiden oder sich in einer nicht altersentsprechend kontrollierten Weise verhalten müssen. Wenn bei der Eingabe eines Namens in eine Internetsuchmaschine mit Suchwortergänzungsfunktion der Name mit persönlichkeitsrechtsverletzenden Begriffen (zB Scientology, Betrug) ergänzt wird, liegt darin eine Verletzung des Persönlichkeitsrechts des Namensinhabers.[75]

Keine Verletzung der Ehre und damit kein unzulässiger Eingriff in das allgemeine Persönlichkeitsrecht soll in der anonymen Bewertung von Lehrern in dem Schülerportal „spickmich.de" liegen.[76] Bei diesen Bewertungen handele es sich um Werturteile, die in den Schutzbereich des Grundrechts auf Meinungsfreiheit nach Art. 5 I GG fielen. Eine Abwägung zwischen der Meinungsfreiheit der Schüler und dem Persönlichkeitsrecht der Lehrer ergebe ein Übergewicht der Meinungsfreiheit, die nicht durch eine Untersagung der Bewertung eingeschränkt werden dürfe. Die Grenze für die Zulässigkeit von solchen Lehrerbewertungen im Internet liege dort, wo es sich um reine Schmähkritik oder um Formalbeleidigungen handele.

(3) Umstritten ist, ob die Persönlichkeitswerte, die zu Lebzeiten einer Person unter den Schutz des allgemeinen Persönlichkeitsrechts fallen, auch nach dem Tode des Rechtsträgers vor Beeinträchtigungen zu bewahren sind. Ein solcher **postmortaler Persönlichkeitsschutz** ist in gewissem Umfang zu bejahen.[77] 26

Die vermögenswerten Bestandteile des Persönlichkeitsrechts (zB kommerzielle Nutzbarkeit von Name und Bild) sind vererblich. Der Erbe hat daher bei einer Verletzung dieses Rechts nicht nur Abwehr-, sondern auch Schadensersatzansprüche.[78] Bestanden dagegen in der Person des Verstorbenen keine kommerziellen Interessen, die auf den Erben übergehen konnten, steht den Angehörigen wegen Verletzung des postmortalen Persönlichkeitsschutzes kein Anspruch auf Geldentschädigung, sondern nur ein Abwehranspruch zu.[79] Die Schutzdauer der vermögenswerten Bestandteile des postmortalen Persönlichkeitsrechts ist nach der Rechtsprechung wie das Recht am eigenen Bild (§ 22 S. 3 KUG) auf zehn Jahre nach dem Tod der Person begrenzt.[80]

gg) Bestimmte **Familienrechte** wie das Recht der elterlichen Sorge und das Recht auf eheliche Lebensgemeinschaft sind absolute Rechte iSv § 823 I.[81] 27

---

75 *BGH* NJW 2013, 2348 (persönlichkeitsrechtsverletzende Autocomplete-Vorschläge bei Google) mAnm *Ladeur* JZ 2013, 792 und Anm. *Mäsch* JuS 2013, 841.
76 *BGH* NJW 2009, 2893; *OLG Köln* NJW-RR 2008, 203 (204 f.); zu Recht kritisch *Wiese* JZ 2011, 608.
77 *BGH* NJW 2009, 751; 2006, 605 (606); 2000, 2195 (2197 ff.) – Marlene Dietrich; Einzelheiten: *Brox/Walker* ErbR Rn. 16; siehe auch *Looschelders* SchuldR BT Rn. 1243.
78 *BGH* NJW 2007, 684 (685); 2000, 2195 (2198 f.); *BVerfG* NJW 2006, 3409 (3410).
79 *BGH* NJW 2006, 605 ff.; 2009, 751 ff.
80 *BGH* NJW 2007, 684 (685).
81 Vgl. BGHZ 111, 168.

Deshalb umfasst der Schadensersatzanspruch wegen Verletzung des Sorgerechts die Detektivkosten, die der Ermittlung des Aufenthalts des dem Sorgeberechtigten entzogenen Kindes dienen.

Der BGH gibt zwar dem Ehepartner einen Beseitigungs- und Unterlassungsanspruch gegen den anderen Partner und dessen in die Ehewohnung aufgenommenen Geliebten,[82] aber er lehnt in ständiger Rechtsprechung Schadensersatzansprüche aus § 823 I wegen Verletzung des Rechts auf eheliche Lebensgemeinschaft ab. Er meint, die Ehe werde nur als ideelles Rechtsgut geschützt; die vermögensrechtlichen Ansprüche gegen den anderen Ehegatten seien im Familienrecht abschließend geregelt und der Dritte (Ehestörer) könne die nur zwischen den Ehegatten bestehenden persönlichen Verpflichtungen nicht verletzen.[83] Dem BGH ist nicht zu folgen. Zwar wird man zum Schutz der Ehe während ihres Bestehens einen Schadensersatzanspruch gegen den Ehegatten ausschließen müssen. Das hindert aber nicht daran, einen Anspruch aus unerlaubter Handlung gegen den Dritten (Ehestörer) und nach Auflösung der Ehe auch gegen den Ehepartner zu geben.[84] Dieser Anspruch kann jedoch nicht darauf gerichtet sein, wirtschaftlich so gestellt zu werden, als wenn die Ehegemeinschaft noch fortgeführt würde. Zu ersetzen sind nicht die „Bestands-“, sondern nur die „Abwicklungsinteressen“[85] – Im **Fall d** kann M von D wohl die durch die Auflösung der Ehe entstandenen Kosten, nicht aber Ersatz des Verlustes von Vorteilen verlangen (str.).

II. Haftungsbegründende Kausalität

28 Ein Schadensersatzanspruch nach § 823 I setzt weiter voraus, dass die Rechtsgutverletzung (→ Rn. 1 ff.) durch ein Verhalten des Anspruchsgegners verursacht worden und diesem zuzurechnen ist (haftungsbegründende Kausalität). Bei diesem Verhalten kann es sich um eine Handlung oder um ein Unterlassen handeln (→ § 44 Rn. 3).

1. Kausalität nach der Äquivalenztheorie

Kausalität ist nach der Äquivalenztheorie gegeben, wenn die Handlung nicht hinweggedacht werden kann, ohne dass die Rechtsgutverletzung entfiele (conditio sine qua non). Ein Unterlassen ist dann ursächlich, wenn die unterlassene Handlung nicht hinzugedacht werden kann, ohne dass der Erfolg mit an Sicherheit grenzender Wahrscheinlichkeit entfiele. Es handelt sich um eine Kausalität im naturwissenschaftlichen Sinne.

---

82 BGHZ 6, 360; 34, 80.
83 BGHZ 23, 215 (279); 57, 229.
84 *E. v. Hippel* NJW 1965, 664.
85 *Gernhuber/Coester-Waltjen,* Familienrecht, 6. Aufl., 2010, § 17 III.

Beispiel: Die Überschreitung der zulässigen Höchstgeschwindigkeit ist für einen Verkehrsunfall kausal iSd Äquivalenztheorie; denn das Fahrzeug wäre bei Einhaltung der Höchstgeschwindigkeit erst zu einem späteren Zeitpunkt an den Unfallort gelangt (→ Rn. 31).

2. Objektive Zurechnung

Die Äquivalenztheorie führt zu einer besonders weitgehenden Zurechnung, da sie auch völlig unwahrscheinliche Kausalverläufe und weit entfernte Ursachen erfasst. Deshalb sind Kriterien entwickelt worden, die vorliegen müssen, damit dem Verursacher die Folgen seines Verhaltens auch wertungsmäßig zugerechnet werden können. So kann die objektive Zurechenbarkeit ua nach der Adäquanztheorie und der Lehre vom Normzweck, unter den Gesichtspunkten des rechtmäßigen Alternativverhaltens, der hypothetischen Kausalität, der Verursachungsbeiträge des Geschädigten selbst oder eines Dritten, aber auch aus sonstigen Gründen (→ Rn. 32 ff.) ausgeschlossen sein. Einzelheiten werden im Allgemeinen Schuldrecht im Kapitel über die Schadensersatzpflicht unter „Verursachung und Zurechnung des Schadens"[86] erläutert. Folgende Zurechnungskriterien sind bei unerlaubten Handlungen häufiger von Bedeutung: 29

a) Adäquanztheorie. Nach der Adäquanztheorie ist dem Handelnden eine Rechtsgutverletzung nur dann zuzurechnen, wenn die von ihm gesetzte Bedingung im allgemeinen und nicht nur unter ganz besonders eigenartigen, ganz unwahrscheinlichen und nach dem regelmäßigen Verlauf der Dinge außer Betracht zu lassenden Umständen zur Herbeiführung der Rechtsgutverletzung geeignet war.[87] Als alleiniges Zurechnungskriterium ist die Adäquanztheorie allerdings unzureichend; denn es gibt sowohl Fälle, in denen die Rechtsgutverletzung dem Verursacher trotz vorhandener Adäquanz nicht zuzurechnen ist, als auch solche, in denen die Zurechnung trotz fehlender Adäquanz zu bejahen ist. 30

So ist es etwa nach einem von A verursachten Unfall nicht außerhalb aller Wahrscheinlichkeit, dass die nachfolgenden Pkw, da die Straße blockiert ist, über den Rad- und Fußweg fahren und diesen erheblich beschädigen. Dennoch ist dem A diese Eigentumsverletzung nicht zuzurechnen.[88] Andererseits ist trotz fehlender Adäquanz die Zurechenbarkeit zu bejahen, wenn der Han-

---

86 *Brox/Walker* SchuldR AT § 30 Rn. 7 ff.
87 Vgl. RGZ 133, 126.
88 BGHZ 58, 162.

delnde die inadäquate Folge gerade will, zB die gezielte Kugel trifft, obwohl dies bei der weiten Entfernung völlig unwahrscheinlich war.

Deshalb lehnt ein Teil der Lehre die Adäquanztheorie ganz ab.[89] Dagegen will die hM das Merkmal der Adäquanz als eines von mehreren Zurechnungskriterien beibehalten.[90]

31 **b) Schutzzweck der Norm.** Die Lehre vom Schutzzweck der Norm ist deshalb neben der Adäquanztheorie als weiteres wertendes Zurechnungskriterium anerkannt. Wenn diese Lehre auch überwiegend im Rahmen der haftungsausfüllenden Kausalität (→ Rn. 60) entwickelt worden ist, muss sie doch auch bei der haftungsbegründenden Kausalität beachtet werden. Sie geht davon aus, dass das Gesetz den Rechtsgütern und deren Trägern keinen absoluten Schutz, sondern nur Schutz vor bestimmten Arten von Beeinträchtigungen gewähren will.

Flieht etwa der Schwarzfahrer S vor dem ihn verfolgenden Bahnbetriebsaufseher B und verletzt sich dieser bei der Verfolgung, so folgt aus dem Schutzzweck des § 823 I, dass S sich nur solche Rechtsgutverletzungen des B zurechnen lassen muss, die durch das gesteigerte Verfolgungsrisiko (zB Sturz auf steiler Bahnhofstreppe),[91] nicht jedoch durch das allgemeine Lebensrisiko (Zerrung infolge besonderer Anfälligkeit) veranlasst sind.

Ein Verkehrsunfall kann allein wegen Überschreitung der zulässigen Höchstgeschwindigkeit dem Fahrer nicht schon deshalb zugerechnet werden, weil das Fahrzeug bei Beachtung der Höchstgeschwindigkeit erst später an den Unfallort gelangt wäre. Der Schutzzweck der Geschwindigkeitsregelung besteht nämlich nicht darin zu verhindern, dass ein Fahrzeug zu einem bestimmten Zeitpunkt an einen bestimmten Ort gelangt. Vielmehr setzt eine objektive Zurechnung voraus, dass bei Einhaltung der zulässigen Geschwindigkeit zum Zeitpunkt des Eintritts der kritischen Verkehrssituation der Unfall vermeidbar gewesen wäre. Es muss sich also gerade die auf das zu schnelle Fahren zurückzuführende Gefahrenlage aktualisiert haben.[92]

Wenn nach einem Auffahrunfall der Fahrer des vorausfahrenden Fahrzeugs aussteigt, um sich über die Unfallfolgen zu informieren, dabei auf eisglatter Fahrbahn ausrutscht und sich verletzt, fallen diese Unfallfolgen nach Ansicht des BGH[93] noch in den Schutzbereich derjenigen Vorschriften der StVO, die der auffahrende Fahrzeugführer verletzt hat (zu hohe Geschwindigkeit, zu geringer Sicherheitsabstand). Der Schutzzweck erstreckt sich auf die Verhütung

89 Vgl. etwa *Huber* JZ 1969, 683.
90 *BGH* NJW 1968, 2287.
91 *BGH* NJW 1971, 1980; siehe auch NJW 2012, 1951 (1952).
92 *BGH* NJW 2003, 1929 (1930).
93 *BGH* NJW 2013, 1679 (1680).

von Unfallrisiken und allen damit in einem inneren Zusammenhang stehenden Gesundheitsschäden.

Hat ein Arzt durch einen Behandlungsfehler eine Zweitbehandlung durch einen anderen Arzt erforderlich gemacht, haftet er unter dem Gesichtspunkt des Schutzzwecks der Norm nicht für einen durch die Zweitbehandlung verursachten Schaden, wenn der Erstbehandlungsfehler sich auf diesen Schaden nicht ausgewirkt hat.[94]

c) Verkehrs(sicherungs)pflichten. Eine Einschränkung der objektiven Zurechnung der Rechtsgutverletzung zu dem Verhalten einer Person ist schließlich auch dann erforderlich, wenn dieses Verhalten zwar adäquat zur Herbeiführung der Rechtsgutverletzung beigetragen hat, aber nicht die unmittelbar zur Verletzung führende Ursache war. Das gilt für die lediglich **mittelbare Herbeiführung des Verletzungserfolges** sowie für die **Verletzung durch Unterlassen.** 32

Beispiel für eine mittelbare Verletzung: Wer eine fehlerfreie, aber gefährliche Sache (Autos, Werkzeuge) in Verkehr bringt oder daran mitwirkt, setzt zwar eine mittelbare und wegen der Gefährlichkeit auch adäquate Ursache für eine mögliche Verletzung aufgrund eines späteren Unfalls mit dieser Sache. Es wäre aber nicht sachgerecht, diesen Verletzungserfolg jeder Person, die an dem Inverkehrbringen beteiligt war, zuzurechnen.

Beispiel für eine Verletzung durch Unterlassen: Wenn ein Fußgänger bei Glatteis stürzt, weil der Gehweg nicht gestreut war, wäre es sinnlos, die Körperverletzung jedem Menschen zuzurechnen, der ein Streuen unterlassen hat.

In diesen Fallgruppen kann der Verletzungserfolg nur demjenigen zugerechnet werden, der verpflichtet war, die Verletzungsgefahr zu vermeiden (bei der mittelbaren Verletzung) oder den Verletzungserfolg zu verhindern (bei der Verletzung durch Unterlassen). Rechtsgrund dafür können insbesondere die von der Rechtsprechung entwickelten **Verkehrspflichten (= Verkehrssicherungspflichten)** sein.

aa) Mit dem **Begriff der Verkehrspflicht** bezeichnet man die Pflicht dessen, der eine Gefahrenquelle schafft oder unterhält, die notwendigen und zumutbaren Vorkehrungen zu treffen, um Schäden anderer zu verhindern.[95] Diese Pflicht kann auf ein positives Tun (zB Streupflicht) oder auf ein Unterlassen (zB des Inverkehrbringens eines fehlerhaft produzierten und wegen dieses Fehlers gefährlichen Werkzeugs) gerichtet sein und dementsprechend durch Unterlassen oder positives Tun verletzt werden. 33

---

94 Vgl. *BGH* NJW 2012, 2024 (2025).
95 *BGH* NJW 2017, 2905 Rn. 6; 2013, 48 mAnm *Mäsch* JuS 2013, 258; 2008, 3775 (3776); 2007, 762 (763); 2006, 3268 (3269); 2004, 1449 (1450) mwN.

Der Gesetzgeber des BGB hat das Problem der allgemeinen Verkehrspflichten nicht gesehen. Er hat sich mit Regelungen von Teilbereichen wie etwa in § 836 (→ § 48 Rn. 25 ff.) und in § 823 II (→ § 46 Rn. 1 ff.) begnügt. Vor allem Schutzgesetze iSd § 823 II können Pflichten zum Handeln enthalten (zB eine die Streupflicht regelnde Polizeiverordnung oder Gemeindesatzung). Die neben den Spezialregelungen bestehenden allgemeinen Verkehrspflichten sind heute gewohnheitsrechtlich anerkannt. Sie führen bei einer bloß mittelbaren Rechtsgutverletzung und bei einer Verletzung durch Unterlassen dazu, dass der Vorwurf der Erfüllung eines Deliktstatbestandes auf einen engeren Personenkreis als bei einer Bestimmung allein nach der Adäquanztheorie beschränkt wird.

34 bb) Es gibt zahlreiche, nicht abschließend aufzulistende **Gründe für die Entstehung von Verkehrspflichten**. Je größer – ua infolge des raschen technischen Fortschritts – die Gefahren werden, desto umfangreicher wird die Zahl der Verkehrspflichten. Die Rechtsprechung ist kaum überschaubar. Einige Fallgruppen seien beispielhaft erwähnt:

35 (1) Wer Grund und Boden dem Verkehr für Menschen eröffnet, hat ihn in gefahrlosem Zustand zu halten.

Beispiele: Straßen, Wege, Hauszugänge, das Innere von Gebäuden (Treppe, Fahrstuhl etc.). Zur Pflicht gehören etwa die Instandhaltung, Beleuchtung, Reinigung, Winterdienst,[96] insbesondere das Streuen bei Glatteis[97], die Sicherung des Baumbestandes gegen Umsturzgefahr.[98] Allerdings besteht für einen Waldbesitzer keine Verkehrspflicht für waldtypische Gefahren (zB naturbedingter Astbruch); denn die Benutzung des Waldes erfolgt nach den Waldgesetzen der Länder auf eigene Gefahr.[99] Welche Vorkehrungen erforderlich und zumutbar sind, richtet sich nach dem Einzelfall (Größe der Gefahr, örtliche und zeitliche Verhältnisse). Strenge Anforderungen sind an die Sorgfaltspflichten bei Kaufhäusern und Verbrauchermärkten hinsichtlich der Auswahl und der Unterhaltung des Fußbodens zu stellen.[100] Mangelnde finanzielle Leistungsfähigkeit schließt die Zumutbarkeit nicht aus. Der Veranstalter einer Sportveranstaltung muss für einen verkehrssicheren Zustand des Stadions sorgen und alle notwendigen und zumutbaren Maßnahmen treffen, um eine Schädigung der Besucher zu vermeiden.[101]

---

96 Überblick bei *Hitpaß/Kappus* NJW 2013, 565.
97 Zur Beweislast für die Voraussetzungen der Streupflicht und die Kausalität zwischen Pflichtverletzung und Schädigung *BGH* NJW 2009, 3302.
98 Dazu *BGH* NJW 2003, 1732 (1733); 2004, 1381.
99 *BGH* NJW 2013, 48 ff. mAnm *Mäsch* JuS 2013, 258.
100 *BGH* NJW 1994, 2617.
101 *OLG Nürnberg*, NJW-RR 2016, 33 Rn. 17 (Vorkehrungen gegen abirrende Eishockeypucks).

(2) Wer gefährliche Gegenstände gebraucht, hat – soweit es ihm zumutbar ist – andere vor Gefahren zu bewahren. 36

Beispiele: Maschinen und gewerbliche Anlagen, Fahrzeuge, Starkstromleitungen, Gifte, Industriemüll.

(3) Wer einen Gewerbebetrieb oder Beruf ausübt, kann daraus sich 37
ergebende besondere Verkehrspflichten haben.

Beispiele: Der Verkäufer eines giftigen Pflanzenschutzmittels verletzt seine Verkehrspflicht und handelt damit tatbestandsmäßig, wenn er das Mittel in einer Bierflasche abgefüllt verkauft. Er ist nach § 823 I jedem schadensersatzpflichtig, der aus der Flasche trinkt und dadurch einen Körperschaden erleidet (beachte aber § 254). – Der Konzertveranstalter hat die Verkehrspflicht, die Konzertbesucher vor Gehörschäden durch übermäßige Lautstärke der dargebotenen Musik zu schützen.[102] – Ein Bauunternehmer trägt die Verkehrssicherungspflicht auf der Baustelle und muss deshalb zB für die Sicherung einer Baugrube oder eines Baugerüstes sorgen.[103] – Zur Verkehrspflicht des Betreibers einer Freizeit-Trampolinanlage gehört zumindest, dass er auf mögliche Gefahren schwieriger Sprünge deutlich hinweist.[104] – Den Reiseveranstalter trifft bei der Vorbereitung und Durchführung der von ihm veranstalteten Reisen eine eigene Verkehrssicherungspflicht, zu der auch die Überprüfung der Sicherheit in den Hotelanlagen gehört.[105] – Ein Bewachungsunternehmen muss sich vor der Einstellung eines Wachmannes, dem während des Dienstes eine Waffe ausgehändigt wird, einen lückenlosen Lebenslauf des Bewerbers vorlegen und belegen lassen, um die Zuverlässigkeit des Bewerbers überprüfen zu können.[106] – Dagegen braucht eine Brauerei nicht auf ihren Bierflaschen vor den Gefahren übermäßigen Alkoholkonsums zu warnen; denn diese Gefahren sind ohnehin allgemein bekannt.[107] – Ein Einzelhändler haftet nicht bei der Explosion einer Limonadenflasche, wenn er diese Gefahr auch als gewissenhafter Angehöriger seiner Verkehrskreise nicht durch wirtschaftlich zumutbare Maßnahmen verhindern konnte.[108]

(4) Ein besonderer Fall der Haftung wegen Verletzung von Ver- 38
kehrspflichten ist die sog. **Produzentenhaftung**: Der Produzent hat für Schäden einzustehen, die jemand durch Benutzung des Produkts erleidet. Wegen des gesteigerten Schutzbedürfnisses des Verbrauchers

102 *BGH* NJW 2001, 2019; *OLG Koblenz* NJW-RR 2001, 1604 f.
103 *BGH* NJW 1997, 582 (583).
104 *BGH* NJW 2008, 3775.
105 Sehr weitgehend *BGH* NJW 2006, 3268, wonach der Reiseveranstalter auch eine nicht im Reisekatalog erwähnte und nur gegen besonderes Entgelt nutzbare Wasserrutsche auf ihre Sicherheit kontrollieren muss.
106 *BGH* NJW 2001, 2023 f.
107 *OLG Hamm* NJW 2001, 1654 f.
108 *BGH* NJW 2007, 762 (763).

hat die Rechtsprechung besondere Regeln entwickelt, die an die Art der verletzten Verkehrspflicht anknüpfen.

39 (a) Einmal kann der Benutzer einer Ware dadurch Schäden erleiden, dass das vom Produzenten in Verkehr gebrachte **Produkt fehlerhaft** ist.

Der Fehler kann dabei konstruktionsbedingt (zB mangelhafte Bremsanlage oder fehlerhaft auslösender Airbag[109] bei einer bestimmten Kfz-Serie), materialbedingt (zB Verwendung abfärbenden Leders) oder fabrikationsbedingt (zB schadhafte Isolation einzelner Bügeleisen aus sonst fehlerfreier Produktion) sein. Dem ist der Fall gleichzustellen, dass das Produkt selbst zwar unschädlich, aber ungeeignet ist, seinen Zweck zu erfüllen, so dass der Verbraucher einen Schaden erleidet, weil er es unterlässt, ein wirksames Produkt zu verwenden (zB wirkungsloses Pflanzenschutzmittel).[110]

40 In diesen Fällen kann der Geschädigte das Verschulden des Produzenten bei der Verletzung der Verkehrspflicht regelmäßig nur schwer nachweisen. Daher ist für diesen Bereich die **Beweislast umzukehren**; das Verschulden des Produzenten wird vermutet, so dass nicht der Geschädigte das schuldhafte Handeln des Unternehmers zu beweisen braucht, sondern dieser sich entlasten muss.[111] Dabei gilt ein strenger Maßstab. Der Produzent muss beweisen, dass weder ihn noch einen verfassungsmäßig berufenen Vertreter oder ein Organ ein Verschulden trifft, dass kein Organisationsmangel vorliegt und dass jeder einzelne Bedienstete, der mit der Herstellung des fehlerhaften Produkts befasst war, sorgfältig ausgewählt und überwacht worden ist.[112]

Eine Beweislastumkehr zugunsten des Geschädigten kann auch eingreifen, wenn streitig ist, ob ein Produktfehler im Bereich des Herstellers entstanden ist. Eine solche Umkehr der Beweislast ist gerechtfertigt, wenn der Hersteller im Interesse des Verbrauchers gehalten war, das Produkt auf seine fehlerfreie Beschaffenheit zu überprüfen und den Befund zu sichern, er dieser Verpflichtung aber nicht nachgekommen ist.[113]

41 (b) Zum anderen kann sich eine Schädigung des Verbrauchers daraus ergeben, dass das Produkt zwar fehlerlos ist, aber auch bei sachgerechter oder aber jedenfalls nahe liegender Benutzung Gefahren

109 *BGH* NJW 2009, 2952; dazu *Klindt/Handorn* NJW 2010, 1105.
110 BGHZ 80, 186.
111 BGHZ 51, 91; 116, 104; *BGH* NJW 1993, 528; 1999, 1028.
112 *BGH* NJW 1973, 1602.
113 *BGH* NJW 1988, 2611: Unaufklärbarkeit der Ursache für das Bersten einer Mehrweg-Limonadenflasche.

aufweist, die der Verwender nicht ohne weiteres erkennen kann. Auf diese Gefahren muss der Produzent hinweisen.[114] Das gilt auch dann, wenn sich die **Gefährlichkeit des Produkts** erst nach einer gewissen Benutzungszeit zeigt; denn den Produzenten und den Alleinimporteur ausländischer Artikel[115] treffen Produktbeobachtungspflichten. Unter Umständen kann dann auch eine Verpflichtung zum Rückruf des Produkts bestehen.[116]

Die Instruktions- und Warnpflichten des Herstellers sind jedoch beim Inverkehrbringen solcher Produkte deutlich herabgesetzt, die nur von Fachpersonal bedient werden.[117]

(c) Der Abnehmer muss nur den objektiven Pflichtverstoß des Produzenten nachweisen (fehlender Hinweis trotz Gefährlichkeit). Das **Verschulden** wird dann **vermutet**. Zu seiner Entlastung muss der Produzent beweisen, dass er keine Erkenntnismöglichkeit über die Gefahr hatte und auch nicht haben konnte.[118] 42

(d) Ein Anspruch auf Ersatz von bloßen Vermögensschäden kann sich aus § 823 II ergeben, wenn ein **Schutzgesetz verletzt** ist (dazu → § 46); als Schutzgesetze kommen etwa die Vorschriften des Lebensmittel- und Arzneimittelgesetzes, der Straßenverkehrszulassungsordnung und des Gerätesicherheitsgesetzes in Betracht. Fehlt es jedoch am Verschulden, scheidet ein Anspruch aus unerlaubter Handlung aus. 43

Neben der Produzentenhaftung aus unerlaubter Handlung kann auch ein Anspruch nach dem Produkthaftungsgesetz (→ § 54 Rn. 28 ff.) bestehen. Trotz dieser verschuldensunabhängigen Haftung bleibt die Haftung aus § 823 schon deshalb weiterhin bedeutsam, weil die neue gesetzliche Regelung einen Haftungshöchstbetrag vorsieht. 44

cc) Die Verkehrspflicht ist übertragbar. Überträgt jemand die Erfüllung einer ihm obliegenden Verkehrspflicht auf einen Dritten (zB der Hauseigentümer überträgt seine Streupflicht dem Hausmeister oder einem Unternehmen für Winterdienst[119]), so führt das nicht zu einer Haftungsbefreiung; die Verkehrspflicht wandelt sich vielmehr nach hM in eine **Aufsichts- und Überwachungspflicht** um.[120] Wird 45

---

114 *BGH* NJW 1972, 2217; 1987, 372; BGHZ 116, 60: Milupa; *BGH* NJW 1994, 932; 1995, 1286: Kindertee und Kinderfruchtsäfte; *BGH* NJW 2009, 2952; Gegenbeispiel bei *OLG Düsseldorf* ZLR 2003, 340: Mars und Snickers, mAnm *Foerste*.
115 *BGH* NJW 1987, 1009.
116 *BGH* NJW 1990, 2560; 2009, 1080 (dazu *Molitoris*, NJW 2009, 1049).
117 *BGH* NJW 1992, 2016.
118 Zur Beweislast: *Reinicke/Tiedtke* KaufR Rn. 915 ff.
119 Vgl. *BGH* NJW 2013, 3022 mAnm *Mäsch* JuS 2013, 1033.
120 Vgl. Palandt/*Sprau* BGB § 823 Rn. 50, 52.

diese verletzt, kommt eine Schadensersatzpflicht nach § 823 I in Betracht.

Eine besonders umfassende Sorgfaltspflicht obliegt den Herstellern umweltgefährdenden Industriemülls bei der Auswahl und Überwachung von Abfallbeseitigungsunternehmen.[121]

Ein Spezialfall der Aufsichtspflicht ist die Organisationspflicht, die vor allem bei Großbetrieben besteht. Hier muss die Erfüllung der Aufsichtspflicht durch eine ausreichende Organisation gesichert werden. Liegt ein Organisationsmangel vor und wird deshalb eine Verkehrspflicht nicht erfüllt, kommt für den Unternehmer eine Haftung nach § 823 I in Betracht; eine juristische Person haftet nach §§ 31, 823 I.

46 dd) An welcher **Stelle im Fallaufbau** die Verkehrspflichten zu prüfen sind, ist umstritten. Verbreitet werden sie im Rahmen der Rechtswidrigkeit, teilweise im Rahmen des objektiven Tatbestandes und verschiedentlich an beiden Stellen geprüft.[122] Nach hier vertretener Ansicht ist der objektive Tatbestand die richtige Stelle, so dass bei einer mittelbaren Rechtsgutverletzung oder einer Verletzung durch Unterlassen schon tatbestandsmäßig nur derjenige schadensersatzpflichtig sein kann, der eine Verkehrspflicht verletzt.[123]

Wenn etwa ein Fußgänger sich durch einen Sturz verletzt, weil der Gehweg nicht gestreut war, wäre es gekünstelt, für jeden, der nicht gestreut hat, zunächst tatbestandsmäßig eine Rechtsgutverletzung durch Unterlassen zu bejahen und erst auf der Ebene der Rechtswidrigkeit zu prüfen, bei wem mangels Verpflichtung zum Streuen eine Haftung entfällt.

III. Rechtswidrigkeit

47 § 823 I setzt für einen Schadensersatzanspruch außer einer Verletzungshandlung und einem dadurch verursachten Schaden weiter voraus, dass der Täter eine der geschützten Rechtspositionen „widerrechtlich verletzt" hat.

1. Erfolgsunrecht oder Verhaltensunrecht

Nach herrschender Lehre und Rechtsprechung ist bei einem Eingriff in ein Rechtsgut, das Eigentum oder ein sonstiges Recht die Wi-

121 Vgl. *BGH* NJW 1976, 46.

122 Zum Meinungsstand siehe *Medicus/Petersen* BürgerlR, Rn. 642 f.; *Musielak/Hau* GK BGB Rn. 1215 ff.

123 Ebenso *Larenz/Canaris* SchuldR BT II/2 § 75 II 3c, § 76 III 2 d; *Looschelders* SchuldR BT Rn. 1177; *Medicus/Petersen* BürgerlR, Rn. 647.

derrechtlichkeit zu bejahen, sofern nicht ausnahmsweise ein Rechtfertigungsgrund (zB Notwehr) vorliegt **(Lehre vom Erfolgsunrecht).** Die Tatbestandsmäßigkeit indiziert demnach die Rechtswidrigkeit.

Eine abweichende Lehre beurteilt die Rechtswidrigkeit nicht nach 48
dem eingetretenen Verletzungserfolg, sondern prüft, ob die Handlung des Täters gegen die Rechtsordnung verstößt und deshalb rechtswidrig ist **(Lehre vom Handlungsunrecht).**[124] Rechtswidrigkeit liegt danach nur vor, wenn das Verhalten gegen ein Gebot, Verbot oder die im konkreten Fall zu beachtende Sorgfalt verstößt.

Beispiel: A fährt mit seinem Pkw in einer Rechtskurve ordnungsgemäß auf der rechten Straßenseite. Es kommt zum Zusammenstoß mit dem Fahrrad des entgegenkommenden B, der die Kurve schneidet. Wird B dabei verletzt, so scheidet ein Ersatzanspruch des B nach der neuen Auffassung deshalb aus, weil A die im Verkehr erforderliche Sorgfalt beachtet, also nicht rechtswidrig gehandelt hat. Der BGH spricht von „verkehrsrichtigem Verhalten".[125] Die herkömmliche Lehre dagegen bejaht die Rechtswidrigkeit, weil A trotz verkehrsrichtigen Verhaltens nicht berechtigt ist, einen anderen Verkehrsteilnehmer zu verletzen. Aber auch sie verneint einen Schadensersatzanspruch, da den A kein Verschulden trifft.

Beide Ansichten führen – wie das Beispiel zeigt – bei § 823 I regel- 49
mäßig nicht zu unterschiedlichen Ergebnissen. Die Lehre vom Handlungsunrecht schränkt die Rechtswidrigkeit ein und kommt deshalb in vielen Fällen mangels Rechtswidrigkeit nicht mehr zur Prüfung des Verschuldens. Die Lehre vom Erfolgsunrecht bejaht die Rechtswidrigkeit, lässt aber einen Schadensersatzanspruch am Verschulden scheitern, wenn der Handelnde die im Verkehr erforderliche Sorgfalt angewandt hat. Die unterschiedlichen Auffassungen von der Rechtswidrigkeit spielen jedoch dann für das Ergebnis eine entscheidende Rolle, wenn es auf das Verschulden des Täters nicht ankommt (zB beim Anspruch auf Unterlassung oder Beseitigung, dazu → § 53, oder bei der Haftung für Verrichtungsgehilfen gem. § 831, → § 48 Rn. 3 ff.).

Für die Lehre vom Handlungsunrecht mag vieles sprechen. § 823 I unterscheidet aber deutlich zwischen Tatbestandsmäßigkeit, Rechtswidrigkeit und Schuld. Ob die im Verkehr erforderliche Sorgfalt beachtet oder außer Acht gelassen worden ist, darf nach dem Willen des

124 Vgl. BGHZ 24, 21; *Kupisch/Krüger* Deliktsrecht, 1983, § 5.
125 BGHZ 24, 21.

Gesetzes nicht bei der Rechtswidrigkeit, sondern muss erst bei der Schuld des Täters geprüft werden (vgl. §§ 823 I, 276 I, II).[126] Wer also bei „verkehrsrichtigem Verhalten" einen Menschen verletzt oder tötet, führt diesen Erfolg nicht erlaubtermaßen, sondern rechtswidrig herbei. Aber dieses „Unrechtsurteil" enthält kein „Unwerturteil". Denn wer die im Verkehr erforderliche Sorgfalt anwendet, handelt nicht fahrlässig (§ 276 II), so dass mangels Verschuldens ein Anspruch aus § 823 I ausscheidet.

2. Fallgruppen

50 Bei der Rechtswidrigkeit sind mE folgende Fälle zu unterscheiden:

a) Unmittelbare Rechts(gut)verletzung. Der unmittelbare Eingriff in ein Rechtsgut, das Eigentum, ein beschränkt dingliches Recht, ein Immaterialgüterrecht oder den Besitz ist nach der Lehre vom Erfolgsunrecht widerrechtlich, sofern nicht ein Rechtfertigungsgrund vorliegt.

Als Rechtfertigungsgründe kommen etwa in Betracht:

aa) Notwehr (§ 227), Verteidigungsnotstand (§ 228), Angriffsnotstand (§ 904), Selbsthilfe (§ 229).

bb) Einwilligung des Verletzten (wichtig zB bei einem ärztlichen Eingriff; → Rn. 62). Die Einwilligung in die Tötung rechtfertigt diese aber nicht, weil das Rechtsgut Leben nicht disponibel ist (vgl. § 216 StGB). Bei der Einwilligung zur Körperverletzung ist zu prüfen, ob die Tat trotzdem gegen die guten Sitten verstößt (vgl. § 228 StGB). Ist die Einwilligung (zB wegen Abwesenheit, Bewusstlosigkeit des Verletzten) nicht zu erlangen, kann die mutmaßliche Einwilligung (vgl. §§ 677 ff.) Rechtfertigungsgrund sein.

cc) Gesetzliche Ermächtigung. **Beispiel:** das Recht zur vorläufigen Festnahme, § 127 StPO. Dagegen lässt sich aus der heutigen Fassung des § 1631 ein Züchtigungsrecht der Eltern nicht mehr herleiten. § 1631 II räumt vielmehr den Kindern ein Recht auf gewaltfreie Erziehung ein und erklärt ua körperliche Bestrafungen ausdrücklich für unzulässig.

dd) Wahrnehmung berechtigter Interessen bei Ehrverletzungen (§ 193 StGB).

51 **b) Mittelbare Rechts(gut)verletzung.** Falls die Rechtsgutverletzung lediglich **mittelbar** oder **durch ein Unterlassen verursacht** wurde, wird die Rechtswidrigkeit häufig davon abhängig gemacht, dass der Schädiger eine Verkehrs(sicherungs)pflicht verletzt hat. Das ist dann konsequent, wenn die Verkehrspflicht nicht bereits im Rah-

---

126 *Brox/Walker* SchuldR AT § 20 Rn. 14.

men der objektiven Zurechenbarkeit auf der Tatbestandsebene geprüft wurde. Falls man jedoch der hier vertretenen Ansicht folgt und schon für die Tatbestandsmäßigkeit einer lediglich mittelbaren Rechtsgutverletzung oder eines Unterlassens den Verstoß gegen eine Verkehrspflicht verlangt (→ Rn. 32 ff.), sind die Verkehrspflichten im Rahmen der Rechtswidrigkeit nicht noch einmal anzusprechen. Wenn jemand ein durch § 823 I geschütztes Recht oder Rechtsgut durch Verstoß gegen eine Verkehrspflicht verletzt, wird die Rechtswidrigkeit indiziert; sie kann allenfalls durch Rechtfertigungsgründe entfallen.[127]

c) Verletzung von Rahmenrechten. Die Regel, dass die Tatbe- 52
standsmäßigkeit die Rechtswidrigkeit indiziert, passt nicht für die Erweiterungen des § 823 I auf das Recht am eingerichteten und ausgeübten Gewerbebetrieb und das allgemeine Persönlichkeitsrecht, weil sie als **Rahmenrechte** weit gefasst sind.

Beispiele: Wenn A ein Konkurrenzunternehmen zu dem des B aufmacht und für sein Unternehmen wirbt, beeinträchtigt er den Gewerbebetrieb des B. Hier darf aus der Tatbestandsmäßigkeit nicht die Rechtswidrigkeit gefolgert werden; denn sonst würde man den freien Wettbewerb unterbinden. – Wäre jede kritische Äußerung über eine Person in der Presse ohne Vorliegen eines besonderen Rechtfertigungsgrundes eine rechtswidrige Verletzung des Persönlichkeitsrechts, würde das zu einer unerträglichen Einschränkung der Meinungs- und Pressefreiheit führen.

Liegt ein Eingriff in das Recht am Gewerbebetrieb oder das Persönlichkeitsrecht vor, ist die Rechtswidrigkeit in jedem Einzelfall besonders zu prüfen. Dabei ist eine umfassende Abwägung der im Einzelfall kollidierenden Güter und Interessen vorzunehmen. Der Eingriff in das Recht am Gewerbebetrieb oder in das Persönlichkeitsrecht ist nur dann rechtswidrig, wenn das Schutzinteresse des Betroffenen die schutzwürdigen Belange der anderen Seite überwiegt.[128]

aa) Beim **Eingriff in den Gewerbebetrieb** stehen sich das Interesse 53
des einen an ungestörter gewerblicher Betätigung und das des anderen an freier Betätigung und Entfaltung sowie gegebenenfalls das Recht auf freie Meinungsäußerung und andere Rechtspositionen gegenüber.[129]

---

127 Vgl. *Larenz/Canaris* SchuldR BT II/2, § 75 II 3c; *Medicus/Petersen* BürgerlR Rn. 647 aE

128 *BGH* ZIP 2014, 1591 (1592); NJW 2014, 2029 (2031); 2014, 2276 (2277); 2012, 2579 (2581).

129 ZB *BGH* NJW 2006, 830 (840) mwN.

Nicht jede geschäftsschädigende Kritik (zB negatives Urteil bei einem vergleichenden Warentest) ist bereits rechtswidrig. Zugunsten des Kritikers sind das Recht der freien Meinungsäußerung und die Pressefreiheit (Art. 5 GG) zu berücksichtigen. Das gilt bei berechtigter Kritik selbst dann, wenn sie scharf und überzogen formuliert ist.[130] Ferner darf das Interesse der Öffentlichkeit an Information nicht außer Acht bleiben. Andererseits muss die Kritik auf einer sorgfältigen Prüfung beruhen; so dürfen bei Vergleichen nicht unterschiedliche Maßstäbe angelegt werden und Unterschiede (zB in den Preisen) nicht unberücksichtigt bleiben. Auch die Art der Darstellung darf nicht über das gebotene Maß hinausgehen.[131]

54 Ein Teil der Lehre hat den im Strafrecht entwickelten Begriff der Sozialadäquanz ins Zivilrecht übernommen. Danach sind Handlungen, die sich im Rahmen der geschichtlich gewordenen sozialethischen Ordnung des Gemeinschaftslebens bewegen und von ihr gestattet werden, sozialadäquat und damit nicht widerrechtlich. Zweifelhaft ist die Verwertbarkeit dieser Formel in der Praxis; jedenfalls erspart dieser Begriff nicht die Interessenabwägung im Einzelfall.

55 bb) Auch bei einem Eingriff in das **Persönlichkeitsrecht** muss im Einzelfall eine Güter- und Interessenabwägung vorgenommen werden.[132] Geht diese zum Nachteil des Eingreifenden aus, ist die Widerrechtlichkeit gegeben.

Auf Seiten des Verletzten genießt zB die Intimsphäre einen größeren Schutz als die sonstige Privatsphäre. Zum Kernbereich der Intimsphäre gehört grundsätzlich auch die Freiheit, die eigenen Ausdrucksformen der Sexualität für sich zu behalten und sie in einem dem Zugriff anderer entzogenen Freiraum zu erleben.[133] Auf diesen Schutz kann sich der Grundrechtsträger aber nicht berufen, wenn er diesen Kernbereich der privaten Lebensgestaltung (zB als Darsteller in kommerziellen Pornofilmen) von sich aus der Öffentlichkeit zugänglich macht.[134] – Personen, die im politischen Leben eine Rolle spielen, sowie sonstige „Personen des Zeitgeschehens“ (zB Monarchen, Staatsoberhäupter) müssen sich etwa hinsichtlich einer Veröffentlichung aus ihrem privaten Bereich mehr als andere Personen gefallen lassen, zumal, wenn die in der Presse erörterte Angelegenheit für die Allgemeinheit eine große Bedeutung

---

130 *BGH* NJW 2002, 1192.
131 Vgl. auch BGHZ 45, 296.
132 ZB *BGH* NJW 2013, 2348 (2349); 2013, 1681 (1682); 2012, 3645; 2011, 2285 (2286); 2011, 744; 2010, 1454 (1455); ZIP 2009, 2152 (2153 f.); NJW 2007, 686 (687 f.); 2005, 2844 (2846); *BVerfG* NJW 2012, 756 und 1500; 2009, 3357 (am Beispiel eines Unterlassungsanspruchs nach § 1004 analog iVm §§ 823 I, II); NJW 2009, 1793 (Bildberichterstattung über Caroline von Hannover); NJW 2009, 1872 (1873) (Fraport-Manila). Vgl. auch *EGMR* NJW 2014, 1645; 2014, 3291.
133 Vgl. *BVerfG* NJW 2009, 3357.
134 Vgl. *BGH* NJW 2012, 767.

hat.[135] Zu diesen Personen des öffentlichen Interesses können auch die durch Fernsehauftritte bekannten Entertainer(innen) gehören.[136] Für den Verletzer ist vor allem das Recht zur freien Meinungsäußerung (evtl. Pressefreiheit) zu berücksichtigen.[137] Dieses Recht ist aber nicht schrankenlos. Bedeutsam ist etwa der Zweck einer Veröffentlichung (zB Information, Unterhaltung) sowie das Verhältnis zwischen dem erstrebten Zweck und der Beeinträchtigung des Verletzten.[138] Der Bereich, in dem Kinder von Prominenten vor Abbildungen in den Medien geschützt werden müssen, ist größer als bei ihren prominenten Eltern; denn sie müssen sich erst zu eigenverantwortlichen Personen entwickeln und werden durch mediale Darstellung in ihrer Persönlichkeitsentwicklung empfindlicher gestört als Erwachsene.[139] Die Meinungsfreiheit muss zurücktreten, wenn eine Äußerung die Menschenwürde eines anderen antastet.[140] Die Veröffentlichung einer Nacktaufnahme einer bekannten Sportlerin kann gerechtfertigt sein, wenn damit ein Informationszweck verfolgt wird und die abgebildete Person sich damit einverstanden erklärt hat, dass die Fotos – wenn auch auf anderem Weg – der Öffentlichkeit zugänglich gemacht werden.[141] – Die anonymen Bewertungen einer Lehrerin mit Namensnennung durch Schüler im Internet (www.spickmich.de) sollen zulässig sein, weil das Persönlichkeitsrecht der Betroffenen hinter der Meinungs- und Informationsfreiheit zurückstehen müsse.[142] Werden in einem allgemein zugänglichen Bewertungsportal wahre Tatsachenbehauptungen über das Geschäftsgebaren eines namentlich Genannten ausgesprochen (zB konkret dargelegte schlechte Zahlungsmoral), ist das als Ausdruck der Meinungsfreiheit zulässig, solange damit nicht eine Persönlichkeitsbeeinträchtigung verbunden ist, die außer Verhältnis zu dem Interesse an der Verbreitung der Wahrheit steht.[143]– Bei der Berichterstattung über Straftäter, etwa über eine Vergewaltigung durch einen ehemaligen Bundesliga-Fußballspieler, verdient nach der Rechtsprechung des BVerfG[144] und des BGH[145] das Informationsinteresse der Öffentlichkeit im Allgemeinen Vorrang gegenüber dem Persönlichkeitsrecht des Straftäters. Allerdings kann mit zunehmendem zeitlichem Abstand das Interesse des Täters,

---

135 ZB *BGH* NJW 2008, 3134 (3135) (Heide Simonis); 2008, 3141 (Caroline von Hannover); *EGMR* NJW 2014, 1645 (Caroline von Hannover Nr. 3).
136 *BGH* NJW 2012, 3645 (3646).
137 Siehe nur *BVerfG* NJW 2011, 740 (742); 2000, 2189 ff.; 2004, 762 (764); 2008, 3782 (3783); *EGMR* NJW 2004, 2647 und 2012, 1053.
138 Vgl. *BVerfG* NJW 2001, 1921 (1922) zur Veröffentlichung von Bildern von Ernst August von Hannover.
139 *BGH* NJW 2010, 1454 (1455) mwN.
140 *BVerfG* NJW 2006, 3266 (3267) (Bezeichnung eines früheren Sportarztes der DDR als „Mengele des DDR-Doping-Systems").
141 *OLG Frankfurt a.M.* NJW 2000, 594 f.
142 *BGH* NJW 2009, 2893; zu Recht kritisch *Wiese* JZ 2011, 608.
143 *BVerfG* NJW 2016, 3362 f.
144 *BVerfG* NJW 2009, 3357 (3358); vgl. ergänzend auch *BVerfG* NJW-RR 2010, 1195.
145 *BGH* NJW 2010, 2728 (2729); siehe auch *BGH* NJW 2011, 2285 (2287) zur Zulässigkeit der namentlichen Nennung eines verurteilten Straftäters (Mordfall Sedlmayr) in Kurzmeldungen, die im Internet bereitgehalten werden, sowie in einem nur begrenzt zugänglichen Internetarchiv.

vor einer wiederholten namentlichen Nennung im Zusammenhang mit der Straftat verschont zu bleiben, überwiegen.[146] – Tatsachenbehauptungen dürfen nicht ungeprüft oder entstellt wiedergegeben werden. Selbst eine wahrheitsgemäße Berichterstattung kann durch die Art der Darstellung (zB Formalbeleidigung) widerrechtlich sein. Die Bezeichnung als „Terroristentochter" kann zulässig sein, wenn die Betroffene in der Terrorismusdiskussion selbst die Öffentlichkeit gesucht und dabei ihre Abstammung nicht geheim gehalten, sondern ihre gewöhnlich als privat geltenden Angelegenheiten der Öffentlichkeit zugänglich gemacht hat.[147] Vom Fernsehen verlangt der BGH,[148] dass es nicht einseitig über die von dritter Seite erhobenen Vorwürfe berichtet, ohne zugleich die entkräftenden Umstände zu recherchieren und mitzuteilen. Bereits das Verbreiten dessen, was ein Dritter geäußert hat, ist rechtlich als eigene Äußerung des Erklärenden zu werten, wenn es an einer eigenen und ernsthaften Distanzierung des Erklärenden fehlt.[149] Die Rechtsprechung lässt einen Eingriff in das allgemeine Persönlichkeitsrecht durch Wortberichterstattung in größerem Umfang zu als einen solchen durch Bildberichterstattung.[150]

56 Beim Eingriff in ein Persönlichkeitsrecht können aber auch die klassischen Rechtfertigungsgründe (zB Einwilligung des Verletzten, Notwehr, Wahrnehmung berechtigter Interessen) von Bedeutung sein. Liegt ein solcher Rechtfertigungsgrund vor, kann auf die geschilderte Abwägung verzichtet werden.

57 Eine heimliche Tonbandaufnahme **(Fall c)** dürfte in der Regel rechtswidrig sein (vgl. auch § 201 I 1 Nr. 1 StGB). Etwas anderes könnte gelten, wenn damit zB eine Erpressung durch den Anrufer festgehalten werden sollte. Selbst wenn aber die Aufnahme (zB durch Einverständnis des B) rechtmäßig ist, muss weiter geprüft werden, ob das auch für das Abspielen im Freundeskreis gilt; die Einwilligung des B in die Aufnahme umfasst nicht ohne Weiteres dieses Abspielen.

IV. Verantwortlichkeit

58 Ist der objektive Tatbestand des § 823 I erfüllt und liegt auch Rechtswidrigkeit vor, muss noch ein Verschulden des Täters gegeben sein, wenn dem Geschädigten ein Schadensersatzanspruch nach § 823 I zustehen soll. Verschulden des Täters setzt dessen Verschuldensfähigkeit voraus (→ § 44 Rn. 7). Als Formen des Verschuldens verlangt § 823 I Vorsatz oder Fahrlässigkeit (→ § 44 Rn. 8). Beide müssen sich, wie sich aus dem Wortlaut der Bestimmung ergibt, auf die Verletzung eines der von der Vorschrift erfassten Rechtsgüter oder Rechte eines anderen beziehen, nicht dagegen auf den Schaden.

146 *BGH* NJW 2010, 2728 (2729); 2011, 2285 (2287).
147 *BGH* NJW 2007, 686 (688).
148 *BGH* NJW 1997, 1148.
149 Vgl. BGHZ 132, 13.
150 *BVerfG* NJW 2011, 740 (742); *BGH* NJW 2011, 744.

Hat A eine Sache des B in der irrigen Annahme beschädigt, es handele sich um seine eigene, scheidet Vorsatz aus, da der Vorsatz des A sich nicht auf das Tatbestandsmerkmal „eines anderen" bezog. Zu prüfen ist aber, ob § 823 I nicht deshalb erfüllt ist, weil A fahrlässig handelte. – Wusste A, dass es eine fremde Sache war, und nahm er irrig an, er sei zur Beschädigung der Sache berechtigt, fehlt es ebenfalls am Vorsatz, zu dem auch das Bewusstsein der Rechtswidrigkeit gehört.[151] Auch hier kommt möglicherweise Fahrlässigkeit in Betracht. – An einer für Fahrlässigkeit erforderlichen Sorgfaltsverletzung fehlt es, wenn ein Fußballspieler bei regelgerechtem Einsatz einen Gegenspieler verletzt.[152] Wenn schon Fahrlässigkeit bejaht werden kann, brauchen keine Überlegungen zum Vorsatz angestellt zu werden, da nach § 823 I die Rechtsfolgen bei beiden Schuldformen gleich sind.

V. Schaden

Durch die rechtswidrig und schuldhaft verursachte Rechtsgutverletzung muss ein Schaden entstanden sein. Zur Ersatzfähigkeit des Vermögensschadens und uU auch des immateriellen Schadens → § 44 Rn. 12. Dazu gehört der Verletzungsschaden (Primärschaden), aber auch der Schaden, der aus dem Verletzungsschaden folgt, also durch ihn verursacht ist. Man spricht insoweit von einem Folgeschaden. 59

Beispiele: Wegen der Schusswunde am Bein (Verletzungsschaden) kann der Verletzte seinen bisherigen Beruf nicht mehr ausüben, wodurch er einen Verdienstausfall erleidet (Folgeschaden). Infolge der durch die Schussverletzung verursachten Gehbehinderung kommt B zwei Jahre später zu Fall und bricht sich dabei den Arm (Folgeschaden).

VI. Haftungsausfüllende Kausalität

Während es bei der haftungsbegründenden Kausalität (→ Rn. 28 ff.) um die Ursächlichkeit des menschlichen Verhaltens für die Rechts(gut)verletzung geht, betrifft die haftungsausfüllende Kausalität den Kausalzusammenhang zwischen der Rechts(gut)verletzung und dem Schaden. Auch für die haftungsausfüllende Kausalität gelten die für die haftungsbegründende Kausalität dargestellten Zurechnungskriterien (→ Rn. 29 ff.). 60

151 *Brox/Walker* SchuldR AT § 20 Rn. 11.
152 *BGH* NJW 2010, 537 (538).

Voraussetzungen eines Schadensersatzanspruchs nach § 823 I

I. Objektiver Tatbestand
1. Menschliches Verletzungsverhalten (Tun oder Unterlassen)
2. Rechts- oder Rechtsgutverletzung
   a) Rechtsgüter (Leben, Körper, Gesundheit, Freiheit)
   b) Absolute Rechte
      aa) Eigentum (≠ Vermögen)
      bb) Sonstige Rechte, insbes.
         (1) Berechtigter Besitz
         (2) Recht am eingerichteten und ausgeübten Gewerbebetrieb
         (3) Allgemeines Persönlichkeitsrecht
3. Haftungsbegründende Kausalität zwischen Verletzungsverhalten und Rechts(gut)verletzung
   a) Äquivalenztheorie (conditio sine qua non)
   b) Einschränkungen der objektiven Zurechnung
      aa) Adäquanztheorie
      bb) Schutzzweck der Norm
      cc) Rechtmäßiges Alternativverhalten
      dd) Hypothetische Kausalität (Reserveursache)
      ee) Bei mittelbarer Verletzung und bei Verletzung durch Unterlassen: Verstoß gegen Verkehrs(sicherungs)pflicht erforderlich
      ff) Eigenes Verhalten des Verletzten (Herausforderungsfälle)

II. Rechtswidrigkeit
1. Bei Verletzung konkreter Rechtsgüter oder Rechte:
   a) Rechtswidrigkeit wird indiziert (Lehre vom Erfolgsunrecht)
   b) Keine Rechtfertigungsgründe (zB §§ 227, 228, 229, 904, Einwilligung)
2. Bei Verletzung von sog. Rahmenrechten (Persönlichkeit, Gewerbebetrieb):
   a) Güterabwägung erforderlich
   b) Keine Rechtfertigungsgründe

III. Schuld
1. Verschuldensfähigkeit (§§ 827, 828)
2. Vorsatz oder Fahrlässigkeit (§ 276 II)

3. Ausnahme vom Verschuldenserfordernis bei Billigkeitshaftung (§ 829)

IV. Schaden

1. Vermögensschaden
2. Immaterieller Schaden
   a) § 253 II
   b) Bei Persönlichkeitsrechtsverletzung unmittelbar § 823 I

V. Haftungsausfüllende Kausalität zwischen Rechts(gut)verletzung und Schaden

1. Äquivalenztheorie
2. Einschränkungen der objektiven Zurechnung

VII. Deliktische Arzthaftung

Schrifttum: → § 22 Rn. 1.

61 Der ärztliche Eingriff erfüllt in jedem Fall den objektiven **Tatbestand der Körperverletzung**, selbst wenn er nach den Regeln der ärztlichen Kunst vorgenommen wird.[153] Deshalb kommt grundsätzlich eine deliktische Haftung des Arztes gem. § 823 I in Betracht. Diese steht neben der vertraglichen Arzthaftung wegen Verletzung der Pflichten aus dem Behandlungsvertrag nach §§ 630a ff. (→ § 22 Rn. 27 ff.).

62 Die Handlung des Arztes ist jedoch in der Regel durch **Einwilligung** des Patienten **gerechtfertigt**. Während die Einholung der Einwilligung im Zusammenhang mit dem Behandlungsvertrag (§§ 630a ff.) als Vertragspflicht des Arztes vorgesehen ist (§ 630d; → § 22 Rn. 18), stellt sie im Deliktsrecht einen Rechtfertigungsgrund dar. Wegen der weittragenden Folgen einer solchen Einwilligung und der häufigen Unkenntnis des Patienten über medizinische Zusammenhänge setzt die Wirksamkeit der Einwilligung eine Aufklärung über die beabsichtigte medizinische Maßnahme voraus (zur Aufklärungspflicht beim Behandlungsvertrag § 630e ff.; → § 22 Rn. 19 ff.). Sind Aufklärung und Einwilligung nicht möglich (zB bewusstloses Unfallopfer), kommt die mutmaßliche Einwilligung als Rechtfertigungsgrund in Betracht.

153 **HM**; BGHZ 29, 179 f.; **aA** zB *Laufs* NJW 1974, 2025.

Bei Verletzung der Aufklärungspflicht kommt eine Haftung des Arztes aus § 823 I selbst dann in Betracht, wenn dieser nur die Aufklärung über die von einem anderen Arzt durchzuführende Operation übernommen hat; denn die Aufklärung ist Teil der ärztlichen Behandlung.[154] Das gilt sogar, wenn der Eingriff erfolgreich war;[155] jedoch wird es regelmäßig an einem materiellen Schaden fehlen, so dass nur ein Anspruch auf Entschädigung wegen immaterieller Schäden nach § 253 II gegeben sein kann. Ist der Eingriff misslungen, können Schadensersatzansprüche wegen der rechtswidrigen Körperverletzung bestehen, weil infolge der unterbliebenen oder mangelhaften Aufklärung die Einwilligung des Patienten unwirksam war. Ein Mangel der Aufklärung wird auch nicht dadurch beseitigt, dass sich aufgrund nachträglicher Befunde eine Indikation für den ohne wirksame Einwilligung vorgenommenen Eingriff ergibt. Die persönliche Entscheidungsfreiheit des Patienten ist nämlich nicht durch das, was aus ärztlicher Sicht notwendig oder sinnvoll ist, begrenzt.[156] Eine Aufklärungspflichtverletzung kann auch dann zu einer Schadensersatzpflicht führen, wenn ein Schaden darauf beruht, dass der Patient eine Behandlung abgelehnt hat, sofern der Patient über die Risiken der Nichtbehandlung nicht hinreichend aufgeklärt wurde.[157]

63 Trotz wirksamer Einwilligung kommt eine Haftung des Arztes in Betracht, wenn der Körperschaden auf einem Fehler bei der Diagnose, der Behandlung oder der Nachsorge beruht.

Beispiele: Der Arzt unterlässt eine erforderliche Blinddarmoperation; bei einer Operation lässt er einen Tupfer in der Bauchhöhle zurück; er verschreibt irrtümlich ein für den Patienten schädliches Medikament.

Den Beweis dafür, dass ein Behandlungsfehler vorliegt, hat grundsätzlich der Patient zu führen.[158] Dieser befindet sich aber häufig in einem Beweisnotstand, da die Schadensursache im Gefahrenbereich des Arztes liegt. Deshalb galt schon vor Einführung der §§ 630a ff. über den Behandlungsvertrag, dass im Einzelfall geprüft werden muss, ob dem Patienten eine solche Beweislastverteilung zugemutet werden kann.[159] Steht ein grober Behandlungsfehler fest, führt das zu einer Umkehr der Beweislast für den ursächlichen Zusammenhang zwischen dem Behandlungsfehler und dem Gesundheitsschaden, sofern der Behandlungsfehler generell geeignet ist, den Schaden herbeizuführen.[160] Bei der Unterlassung einer gebotenen Befunderhebung erfolgt eine Beweislastumkehr hinsichtlich der haftungsbegründenden Kausalität, wenn bereits

154 *BGH* NJW 2015, 477 (478).
155 Vgl. *Deutsch* NJW 1965, 1985.
156 *BGH* NJW 2003, 1862 (1863).
157 *BGH* NJW 2009, 2820.
158 *BGH* NJW 1969, 553.
159 *BGH* NJW 1978, 2337; 1984, 1403; BVerfGE 52, 146 ff.; Palandt/*Sprau* BGB § 823 Rn. 161.
160 *BGH* NJW 2012, 2653; 2004, 2011; 2005, 427 (428) (auch zu Ausnahmen von dieser Regel).

die Unterlassung einen groben ärztlichen Fehler darstellt.[161] Ist dem Patienten durch einen Behandlungsfehler, durch eine mangels Einwilligung rechtswidrige Operation oder nach unzutreffender Aufklärung über die Risiken ein Schaden zugefügt worden, muss der Arzt beweisen, dass es zu diesem Schaden auch bei fehlerfreiem ärztlichem Handeln oder nach zutreffender Aufklärung gekommen wäre.[162] Steht fest, dass die Schädigung des Patienten auf Hygienemängeln in der Arztpraxis beruht und damit aus dem vom Arzt voll beherrschbaren Risikobereich stammt, liegt nach dem Rechtsgedanken des § 280 I 2 die Beweislast für die Verschuldensfreiheit auf der Seite des Arztes.[163] Zur Beweislast bei der vertraglichen Arzthaftung[164] siehe § 630h; → § 22 Rn. 30 ff.

Ein deliktsrechtlich relevanter Behandlungsfehler kann nicht nur in dem ärztlichen Eingriff liegen, sondern auch darin, dass der Arzt von einer Behandlung absieht. Das ist nicht erst dann der Fall, wenn eine „zwingend gebotene“ Maßnahme unterbleibt. Vielmehr reicht es aus, wenn die Maßnahme nach den im Zeitpunkt der Behandlung bestehenden medizinischen Standards zu erwarten war.[165] **63a**

Falls der Patient im Krankenhaus stationär behandelt wird, kann neben die deliktische Haftung des Arztes eine Schadensersatzpflicht des Krankenhausträgers für vermutetes eigenes Verschulden gem. § 831 treten, wenn der Arzt Verrichtungsgehilfe des Trägers ist (→ § 48 Rn. 3).[166] **64**

Das kommt in Betracht, wenn der Krankenhausträger neben der Unterbringung und Verpflegung auch die ärztliche Behandlung schuldet (sog. totaler Krankenhausaufnahmevertrag; → § 22 Rn. 9 ff.). Dagegen ist der Arzt kein Verrichtungsgehilfe, sofern er selbst dem Patienten die Behandlung schuldet, während der Krankenhausträger die übrigen Leistungen zu erbringen hat (sog. gespaltener Krankenhausaufnahmevertrag; → § 22 Rn. 12).

§ 46. Verletzung eines Schutzgesetzes (§ 823 II)

Schrifttum: *Canaris,* Schutzgesetze – Verkehrspflichten – Schutzpflichten, FS Larenz, 1983, 27; *Coester-Waltjen,* Die Haftung nach § 823 Abs. 2 BGB, JURA 2002, 102; *Deutsch,* Schutzgesetze aus dem Strafrecht in § 823 Abs. 2 BGB, VersR 2004, 137; *Karollus,* Funktion und Dogmatik der Haftung aus 1

161 *BGH* NJW 2014, 688; 2016, 1447 Rn. 4.
162 *BGH* NJW 2016, 3522 Rn. 14; 2005, 2072 f.
163 *BGH* NJW 2007, 1682 (1683).
164 *Schärtl* NJW 2014, 3601.
165 *BGH* NJW 2016, 713 Rn. 8.
166 Vgl. *BGH* NJW 1986, 776.

Schutzgesetzverletzung, 1992; *Maier-Reimer*, Schutzgesetze – Verhaltensnormen, Sanktionen und ihr Adressat, NJW 2007, 3157; *Witt*, Der Dieselskandal und seine kauf- und deliktsrechtlichen Folgen, NJW 2017, 3681.

Fall a: A nimmt unbefugt das Fahrrad des B in Gebrauch und beschädigt bei einem Zusammenstoß den Mantel des Fußgängers C sowie das Fahrrad. B und C verlangen Schadensersatz nach § 823 II iVm § 248b StGB. A meint, eine Schadensersatzpflicht entfalle schon deshalb, weil eine Bestrafung mangels Strafantrags nicht erfolgen könne. → Rn. 5, 11

Fall b: F parkt seinen Pkw trotz eines Verbotsschildes auf dem Grundstück des E. Dieser lässt den Pkw durch den Abschleppunternehmer U abschleppen. Kann er die Abschleppkosten, die er an U zahlen muss, von F ersetzt verlangen? → Rn. 6

Schadensersatzpflichtig ist nach § 823 II derjenige, der rechtswidrig und schuldhaft „gegen ein den Schutz eines anderen bezweckendes Gesetz verstößt" und dadurch dem anderen einen Schaden zufügt. Mit dieser Bestimmung sollen vor allem die Fälle erfasst werden, in denen der Täter gerade kein Rechtsgut oder Recht iSd § 823 I verletzt, sondern das Vermögen eines anderen, allerdings durch Verstoß gegen ein „Schutzgesetz", schädigt.

Der Betrüger beispielsweise erfüllt nicht den Tatbestand des § 823 I; denn das Vermögen, das er verletzt, ist kein „sonstiges Recht" (→ § 45 Rn. 9). Er verstößt aber gegen ein „den Schutz eines anderen bezweckendes Gesetz", nämlich § 263 StGB, und ist deshalb nach § 823 II dem Betrogenen schadensersatzpflichtig.

I. Tatbestand

2 Der Täter muss durch Verstoß gegen ein Schutzgesetz einen Schaden verursacht haben.

1. Schutzgesetz

Schutzgesetz ist jede Rechtsnorm, die dem Schutz der Interessen anderer dienen soll.

a) **Rechtsnorm.** Gemeint ist nicht nur ein Gesetz im formellen Sinn, sondern jede Rechtsnorm (vgl. Art. 2 EGBGB).

In Betracht kommen also außer Bundes- und Landesgesetzen beispielsweise auch Rechtsverordnungen (zB Polizeiverordnungen) und Ortssatzungen (etwa über die Streupflicht).

b) Zweck: Schutz eines anderen. Die Norm muss den Schutz eines anderen bezwecken. Das ist nach ständiger Rechtsprechung dann der Fall, wenn sie – sei es auch neben dem Schutz der Allgemeinheit – gerade dazu dienen soll, dem einzelnen Schutz vor Verletzung seiner Rechte, Rechtsgüter oder rechtlich geschützten Interessen zu gewähren.[1] 3

Auszuschließen sind danach solche Normen, die **nur** die Allgemeinheit, insbesondere den Staat, schützen sollen (wie etwa die Strafbestimmungen über Hoch- und Landesverrat), selbst wenn sie mittelbar auch dem einzelnen zugute kommen können. Maßgebend ist vielmehr, ob das Gesetz gerade einen Rechtsschutz, wie er wegen der behaupteten Verletzung in Anspruch genommen wird, zugunsten von Einzelpersonen oder Personenkreisen gewollt oder doch zumindest mit gewollt hat.[2] 4

aa) Zu den Schutzgesetzen gehören die meisten Strafvorschriften. 5

Beispiele: Hausfriedensbruch (§ 123 StGB), unerlaubtes Entfernen vom Unfallort (§ 142 StGB), falsche Verdächtigung (§ 164 StGB), Beleidigungsdelikte (§§ 185 ff. StGB), Körperverletzungen (§§ 223 ff. StGB), Delikte gegen die persönliche Freiheit (§§ 234 ff. StGB), Vermögensdelikte (§§ 242 ff., 263 StGB, also auch der unbefugte Gebrauch von Fahrzeugen, § 248b StGB; **Fall a)**, unterlassene Hilfeleistung (§ 323c StGB).[3]

bb) Schutzgesetze können auch Vorschriften der Verfassung, des bürgerlichen Rechts, des Handels- und Arbeitsrechts, ferner des Prozessrechts sowie des sonstigen öffentlichen Rechts sein. 6

Beispiele: Koalitionsfreiheit (Art. 9 III GG), Pressefreiheit (Art. 5 GG), verbotene Eigenmacht (§ 858) als Schutzgesetz zugunsten des unmittelbaren Besitzers,[4] Verbot von Beeinträchtigungen des Grundeigentums (§§ 906 ff.), Pflichten des Arbeitgebers gegenüber dem Arbeitnehmer nach der Gewerbeordnung, Verbot der Überpfändung in der Zwangsvollstreckung (§ 803 I 2 ZPO), Verbot der Benutzung eines nicht zugelassenen Kraftfahrzeuges (§§ 1, 22 StVG), Anzeigepflicht nach dem Viehseuchengesetz. – Keine Schutzgesetze zugunsten der einzelnen Abnehmer sind jedoch die Bestimmungen der Bauordnungen, welche Versorgungsleitungen (Stromkabel, Wasserleitung) betreffen.[5]

Im **Fall b** hat F durch das unbefugte Abstellen seines Pkw auf dem Grundstück des E eine verbotene Eigenmacht iSd § 858 I verübt. Dagegen durfte E

1 Vgl. BGHZ 12, 146; 116, 13; *BGH* NJW 2015, 1174; 2004, 356 (357); 2014, 64.
2 Vgl. BGHZ 12, 146.
3 *BGH* NJW 2014, 64.
4 Vgl. *BGH* NJW 2009, 2530 (2531).
5 Vgl. BGHZ 66, 388.

sich im Wege der Selbsthilfe nach § 859 I wehren, indem er das Fahrzeug abschleppen ließ. Da § 858 ein Schutzgesetz zugunsten des unmittelbaren Besitzers ist, kann E die Abschleppkosten gem. § 823 II als Schadensersatz von F ersetzt verlangen.[6]

2. Verstoß gegen ein Schutzgesetz

7 Der Täter muss gegen ein Schutzgesetz verstoßen haben. Handelt es sich dabei um ein Strafgesetz, ist nach den Regeln des Strafrechts zu prüfen, ob der Täter den Tatbestand der Strafnorm erfüllt hat und ob Rechtswidrigkeit sowie Schuld gegeben sind.[7]

Beispiele: Sachbeschädigung ist nur bei Vorsatz strafbar (§ 303 StGB), so dass bei bloß fahrlässiger Sachbeschädigung § 303 StGB nicht erfüllt ist; ein Schadensersatzanspruch nach § 823 II iVm § 303 StGB scheidet somit bei Fahrlässigkeit aus. Hat der Täter einen fremden Mantel in der Annahme, es sei sein eigener, weggenommen, ist § 242 StGB nicht gegeben, da sich der Vorsatz des Täters nicht auf das Tatbestandsmerkmal „fremd" erstreckte. In beiden Fällen kann § 823 I (fahrlässige Eigentumsverletzung) in Betracht kommen. – Im **Fall a** hat A gegen die Bestimmung des § 248b StGB verstoßen. Daran ändert auch die Tatsache nichts, dass kein Strafantrag (vgl. § 248b III StGB) gestellt wurde und wegen Fehlens dieser Prozessvoraussetzung keine Bestrafung erfolgen darf. Denn für § 823 II ist allein entscheidend, dass A die strafbare Handlung des § 248b StGB begangen hat.

8 Handelt es sich bei dem Schutzgesetz um eine Norm, die bloß auf einen objektiven Verstoß abstellt, so ist an dieser Stelle auch nur zu prüfen, ob ein solcher Verstoß vorliegt. Damit ist dann bereits der Verstoß gegen ein Schutzgesetz festgestellt (beachte aber → Rn. 13 f.).

3. Schadenszurechnung

9 **a) Adäquat verursachter Schaden.** Durch den Verstoß gegen das Schutzgesetz muss ein **Schaden adäquat verursacht** worden sein.

10 **b) Persönlicher und sachlicher Schutzbereich des Schutzgesetzes.** Der Schutz des § 823 II geht nicht weiter, als das Schutzgesetz schützen soll. Es ist also der **Schutzzweck** dieser Norm zu ermitteln.[8] Deren Schutzbereich muss die Person des Geschädigten und den erlittenen Schaden umfassen (→ § 45 Rn. 31).

---

6 Zum Ganzen *BGH* NJW 2009, 2530 ff.
7 Siehe zB *BGH* NJW 2017, 2463 Rn. 16; 2002, 1643.
8 Vgl. *BGH* NJW 2015, 1174 f.; Palandt/*Sprau* BGB § 823 Rn. 58.

aa) Bei dem **persönlichen Schutzbereich** geht es darum, welche Person oder Personengruppe durch das Schutzgesetz geschützt werden soll. 11

Beispiele: § 248b StGB will den Gebrauchsberechtigten vor dem unbefugten Gebrauch des Fahrzeuges schützen, nicht aber den Verkehrsteilnehmer.[9] Das ergibt sich aus dem Wortlaut und der Stellung dieser Norm im Gesetz. Deshalb kann im **Fall a** nur B, nicht aber auch C aus § 823 II iVm § 248b StGB Schadensersatz verlangen.

bb) Durch den **sachlichen Schutzbereich** wird bestimmt, vor welchen Gefahren die Norm schützen soll. 12

Beispiele: § 319 StGB bezweckt die Abwendung von Gefahren für Leben oder Gesundheit, die infolge einer Verletzung von Regeln der Baukunst entstehen. Wer also durch eine solche Verletzung lediglich einen Sach- oder Vermögensschaden erlitten hat, kann seinen Ersatzanspruch nicht mit Erfolg auf § 823 II iVm § 319 StGB stützen.[10] Wenn ein Arbeitnehmer wegen Beleidigung durch einen Arbeitskollegen eine Eigenkündigung ausspricht, hat er gegen den Kollegen keinen Anspruch gem. § 823 II iVm § 185 StGB auf Ersatz des Schadens wegen Verlustes seines Arbeitsplatzes; denn solche Schäden fallen nicht unter den Schutzbereich des Beleidigungstatbestandes.[11]

II. Rechtswidrigkeit und Verantwortlichkeit

Vielfach sind Rechtswidrigkeit und Verantwortlichkeit schon im Rahmen des Tatbestands zu prüfen. Handelt es sich bei dem Schutzgesetz beispielsweise um ein Strafgesetz, so hat der Täter nur dann gegen dieses Schutzgesetz verstoßen, wenn er den Straftatbestand erfüllt hat; dazu aber gehören außer der Tatbestandsmäßigkeit auch Rechtswidrigkeit und Schuld. 13

Im Übrigen gilt für die Rechtswidrigkeit, dass sie in der Regel mit dem objektiven Verstoß gegen die Schutznorm vorliegt.

Setzt das Schutzgesetz kein Verschulden voraus, so kommt die Verschuldenshaftung nach § 823 II nur dann in Betracht, wenn den Täter ein Verschulden, also mindestens Fahrlässigkeit, trifft (§ 823 II 2). Das Verschulden braucht sich aber nur auf den Verstoß gegen das Schutzgesetz zu beziehen, nicht jedoch auf den dadurch verursachten Schaden.[12] 14

---

9 BGHZ 22, 293.
10 Vgl. BGHZ 39, 366 zu § 323 StGB aF.
11 *BGH* NZA 2007, 1167 (1168).
12 *Looschelders* SchuldR BT Rn. 1287.

§ 47. Sittenwidrige Schädigung (§ 826)

1 **Schrifttum:** *Oechsler*, Rückabwicklung des Kaufvertrags gegenüber Fahrzeugherstellern im Abgasskandal, NJW 2017, 2865; *Sack*, Der subjektive Tatbestand des § 826 BGB, NJW 2006, 945.

Fall a: V verkauft und übereignet K ein Bild zum Preis von 200 Euro. Später stellt er fest, dass es sich um ein Originalgemälde mit einem Wert von 5.000 Euro handelte. Beim Verkauf hatte er sich auf ein Gutachten des Sachverständigen S verlassen, von dem das Bild als Kopie bezeichnet worden war, obwohl S mit der Echtheit des Bildes rechnete. Dieser hatte die Unrichtigkeit seines Gutachtens in Kauf genommen, um dem V eins auszuwischen. Ansprüche des V gegen S? → Rn. 2, 7, 12

Nach § 826 ist schadensersatzpflichtig, wer in einer gegen die guten Sitten verstoßenden Weise einem anderen vorsätzlich Schaden zufügt. Auch diese Bestimmung setzt Tatbestandsmäßigkeit, Rechtswidrigkeit und Verantwortlichkeit voraus. Zum Tatbestand gehört die Verursachung eines Schadens durch eine sittenwidrige Handlung. Daneben hat die Rechtswidrigkeit keine besondere Bedeutung. Ist nämlich ein Rechtfertigungsgrund gegeben, dürfte es regelmäßig schon an der Sittenwidrigkeit, also am Tatbestand, fehlen. Bei der Verantwortlichkeit verlangt § 826 außer der Verschuldensfähigkeit (→ § 44 Rn. 7) Vorsatz des Täters. Demnach sind bei § 826 drei Voraussetzungen zu prüfen: Schadenszufügung (I.) durch eine sittenwidrige Handlung (II.) und Vorsatz (III.) des Täters.

Auch eine juristische Person kann nach § 826 schadensersatzpflichtig sein. Sie haftet gem. § 31 für solche Schäden, die ein Organmitglied oder ein anderer verfassungsmäßig berufener Vertreter durch eine unerlaubte Handlung einem Dritten zufügt. Im Rahmen von § 826 muss deshalb ein derartiger Vertreter den objektiven und subjektiven Tatbestand der Norm erfüllt haben.[1] Dafür soll es nach der Rechtsprechung des BGH nicht ausreichen, dass Mitarbeiter „im Hause" von den für den Sittenwidrigkeitsvorwurf maßgeblichen Umständen Kenntnis hatten. Ihr Wissen sei den verfassungsmäßig berufenen Vertretern nicht zuzurechnen.

1 *BGH* NJW 2017, 250 Rn. 13f. mAnm *Schwab* JuS 2017, 354 und Anm. *Wagner* JZ 2017, 522.

I. Schaden

Der Anspruchsberechtigte muss einen Schaden erlitten haben. Es braucht hier nicht – wie nach § 823 I – ein Rechtsgut oder ein Recht und auch nicht – wie nach § 823 II – ein Schutzgesetz verletzt zu sein. Unter § 826 fällt vielmehr jeder Schaden, auch ein bloßer Vermögensschaden **(Fall a)**. Insoweit ist also der Tatbestand des § 826 weiter als die Tatbestände des § 823. 2

Der Käufer eines mit Abgas-Manipulationssoftware ausgestatteten Kraftfahrzeugs erleidet einen Vermögensschaden, weil das Fahrzeug den für ein mangelfreies Fahrzeug gebildeten Kaufpreis nicht wert ist. Ob dieser Schaden durch Erstattung des Kaufpreises (abzüglich von Nutzungsvorteilen) gegen Rücknahme des Fahrzeugs zu ersetzen ist oder auch durch Nachrüstung mit einem Software-Update oder Erstattung des Minderwerts ersetzt werden kann, ist umstritten und bisher nicht höchstrichterlich geklärt.

II. Sittenwidriges Verhalten

1. Begriff

Der Schaden muss durch ein sittenwidriges Verhalten des Täters verursacht worden sein. Sittenwidrig ist ein Verhalten, wenn es nach seinem Gesamtcharakter gegen das „Anstandsgefühl aller billig und gerecht Denkenden" verstößt.[2] Damit soll zum Ausdruck gebracht werden, dass es nicht auf die moralisch besonders hochstehende Auffassung bestimmter Kreise ankommt, andererseits aber laxe Anschauungen ebenfalls nicht zum Maßstab genommen werden dürfen. Der zur Entscheidung angerufene Richter darf bei der Beurteilung auch nicht einfach von seinem eigenen Anstandsgefühl ausgehen. Er hat vielmehr auf die Anschauungen des „anständigen Durchschnittsmenschen" abzustellen. Bei der Bewertung einer konkreten Handlung, die nur für einen begrenzten Personenkreis bedeutsam ist (zB Wettbewerbshandlung), muss die Auffassung dieses Kreises (zB der Gewerbetreibenden) berücksichtigt werden. Hier bildet das Anstandsgefühl des betreffenden Personenkreises den Maßstab, sofern nicht die Allgemeinheit einen strengeren Maßstab anlegt. Diese Ein- 3

2 Mot. II, 727.

schränkung ist deshalb geboten, weil sonst etwa die in einer Branche eingerissenen Unsitten entscheidend wären.

4 Nicht jeder Verstoß gegen vertragliche oder gesetzliche Pflichten und nicht jede als unbillig erscheinende Handlung ist auch schon sittenwidrig. Die Bejahung der Sittenwidrigkeit enthält vielmehr einen moralischen Vorwurf. Deshalb muss eine besondere **Verwerflichkeit** des Verhaltens hinzukommen.[3] Bei der Beurteilung des Verhaltens sind alle Umstände des Einzelfalles zu einer Gesamtwürdigung heranzuziehen.[4] Das Verwerfliche kann in dem **Zweck** der Handlung (zB Existenzvernichtung) sowie in dem angewandten **Mittel** (zB Täuschung), in der zutagetretenden Gesinnung oder den eingetretenen Folgen liegen.[5] Auch aus der **Verknüpfung** eines an sich erlaubten Mittels mit einem nicht zu beanstandenden Zweck kann sich die Sittenwidrigkeit ergeben.

2. Fallgruppen

5 Die Rechtsprechung zur Generalklausel des § 826 ist kaum überschaubar. Es haben sich Fallgruppen herausgebildet, von denen einige erwähnt werden sollen.

a) Arglistiges Verhalten zwecks Abschlusses eines Vertrags. Bei arglistiger Täuschung ergibt sich eine Schadensersatzpflicht aus § 826, meist auch aus § 823 II, wenn nämlich ein Betrug (§ 263 StGB) vorliegt. Daneben kann der Vertrag nach § 123 angefochten werden. Zu dieser Fallgruppe wird von verschiedenen Instanzgerichten auch der Verkauf von Kraftfahrzeugen mit Abgas-Manipulationssoftware gezählt.[6] Dafür haftet der Hersteller als juristische Person aber nur, wenn ein verfassungsmäßig berufener Vertreter iSv § 31 den Käufer sittenwidrig geschädigt hat (Rn. 1).

6 **b) Verleiten zum Vertragsbruch.** Bewegt jemand den Eigentümer einer bereits an einen anderen verkauften Sache, diese ihm zu überlassen, so reicht das allein für die Bejahung der Sittenwidrigkeit nicht aus (str.), da die Erfüllung eines abgeschlossenen Kaufvertrags nur Sache des Verkäufers, nicht aber des Dritten ist. Dessen Verhalten ist jedoch anstößig, wenn besondere Umstände (verwerfliche Mittel, verwerflicher Zweck) hinzukommen.[7]

7 **c) Erteilen wissentlich falscher Auskünfte.** Eine bewusst unrichtige Auskunft über die Kreditwürdigkeit veranlasst eine Bank, einen Kredit zu ge-

---

3 *BGH* NJW 2014, 1380.
4 Vgl. BGHZ 70, 277.
5 *BGH* ZIP 2013, 2466 (2467).
6 ZB *LG Hildesheim* ZIP 2017, 332 (334f.); vgl. auch *LG Krefeld* ZIP 2017, 1671 (1677).
7 Zur Sittenwidrigkeit der Verleitung zum Vertragsbruch *BGH* ZIP 2013, 2466 (2467); FamRZ 1992, 1401 (1402); Erman/*Schiemann* BGB § 826 Rn. 28.

ben. – Das falsche Gutachten über ein Gemälde **(Fall a)** beeinflusst den Inhalt eines Kaufvertrags über das Bild. – Ein unwahres Zeugnis über die Leistungen des Arbeitnehmers führt zur Einstellung bei einem anderen Arbeitgeber; diesem haftet der frühere Arbeitgeber jedoch uU auch nach vertragsähnlichen Grundsätzen.[8]

d) Ausnutzen einer formalen Rechtsstellung zur Schädigung. 8
Dass die Ausübung eines Rechts nicht schrankenlos zulässig ist, folgt schon aus § 226; eine Handlung, die nur den Zweck hat, einen anderen zu schädigen, ist sittenwidrig. Wer etwa eine ihm eingeräumte Vertretungsmacht zur Schädigung des Vertretenen missbraucht, handelt sittenwidrig.

Hat der Kläger in einem Zivilprozess gegen den Beklagten ein rechtskräfti- 9
ges, aber unrichtiges Urteil erstritten und betreibt er daraus in Kenntnis der Unrichtigkeit die Zwangsvollstreckung, erfüllt er den Tatbestand des § 826. Zwar hat die ZPO die Beseitigung falscher rechtskräftiger Urteile in den Bestimmungen über die Wiederaufnahme des Verfahrens geregelt. Danach ist die Durchbrechung der Rechtskraft im Interesse der Rechtssicherheit an enge Voraussetzungen geknüpft (vgl. §§ 580ff. ZPO). Daneben ist in solchen Fällen aber die Anwendung des § 826 (ebenfalls unter engen Voraussetzungen) weitgehend (vor allem von der Rechtsprechung) anerkannt.[9] Der Anspruch kann auf Herausgabe des Urteils, Unterlassen der Zwangsvollstreckung oder Ersatz des durch die Vollstreckung erlittenen Schadens gehen.

Andererseits reicht allein das Betreiben eines Rechtsstreits, dessen Aus- 10
sichtslosigkeit der Kläger erkennt, für die Anwendung des § 826 nicht aus. Die Inanspruchnahme eines gesetzlich geregelten Verfahrens der Rechtspflege ist grundsätzlich nicht sittenwidrig. Dafür müssen vielmehr besondere Umstände vorliegen, aus denen sich ergibt, dass der Kläger das staatliche Verfahren zur Schädigung des Gegners oder eines Dritten missbraucht.[10]

e) Ausnutzen einer wirtschaftlichen Machtstellung. Infolge Feh- 11
lens von Konkurrenten beliefert ein Unternehmer die Kunden nur zu außerordentlich ungünstigen Bedingungen. – Die Ablehnung eines Vertragsangebots auf Versorgung mit lebenswichtigen Gütern (Wasser, Elektrizität) durch den Unternehmer kann nach § 826 zum Schadensersatz verpflichten und zum Abschlusszwang führen.[11] – Ein Boykottaufruf, durch den unter Ausnutzung einer wirtschaftlichen Machtstellung eine Meinungsäußerung unterdrückt werden soll, kann sittenwidrig sein.[12]

---

8 BGHZ 74, 281.
9 Vgl. BGHZ 13, 71; 26, 391; *Brox/Walker* ZwangsVollstrR Rn. 1328a; *Walker* FG 50 Jahre BGH, 2000, Bd. III, 368.
10 *BGH* NJW 2003, 1934 (1935).
11 *Brox/Walker* SchuldR AT § 4 Rn. 8, 10.
12 BVerfGE 25, 256.

III. Vorsatz

12 § 826 setzt voraus, dass der Täter den Schaden vorsätzlich zufügt. Demnach reicht selbst grobe Fahrlässigkeit nicht aus. Der Vorsatz muss sich – im Gegensatz zu § 823 – auf den Schaden erstrecken, wobei es allerdings nicht erforderlich ist, dass der Täter die genaue Höhe des Schadens vorhergesehen hat. Es genügt auch bedingter Vorsatz,[13] dieser ist zu bejahen, wenn der Täter sich den Schaden als möglich vorgestellt und ihn billigend in Kauf genommen hat **(Fall a)**.

13 Ein Sachverständiger erstattet ein fehlerhaftes Gutachten über den Verkehrswert eines zur Versteigerung anstehenden Grundstücks. Auf Grundlage dieses Gutachtens erwirbt ein Interessent dieses Grundstück für einen überhöhten Betrag, und er erleidet deshalb einen Vermögensschaden. Ihm haftet der Sachverständige nur dann nach § 826, wenn er bei der Erstellung des Gutachtens (etwa aufgrund nachlässiger Ermittlungen oder Angaben „ins Blaue hinein") leichtfertig und gewissenlos und mindestens mit bedingtem Vorsatz gehandelt hat.[14]

14 Zum Vorsatz gehört auch die Kenntnis der Tatumstände, welche die Sittenwidrigkeit ausmachen. Das Wollenselement des Vorsatzes und die Kenntnis der die Sittenwidrigkeit begründenden Umstände müssen nach der Rechtsprechung des BGH in derselben Person vorliegen.[15] Reichen also die dem Täter bekannten Umstände für die Sittenwidrigkeit nicht aus, liegen die Voraussetzungen des § 826 nicht vor. Anderseits ist das Bewusstsein der Sittenwidrigkeit nicht zu fordern; denn dann wäre der Schädiger mit einer laxen Moralauffassung nicht nach § 826 schadensersatzpflichtig.

§ 48. Haftung für vermutetes eigenes Verschulden

1 **Schrifttum:** *Kupisch,* Die Haftung für Verrichtungsgehilfen (§ 831 BGB), JuS 1984, 250; *Leßmann,* Haftung für schädigendes Drittverhalten, JA 1980, 193; *ders.,* Besondere Deliktstatbestände, JA 1988, 585; *Medicus,* Zur deliktischen Eigenhaftung von Organpersonen, FS W. Lorenz, 1991, 155; *Schreiber,* Die Haftung für Hilfspersonen, JURA 1987, 647; *Walker,* Die zivilrechtliche

13 *BGH* NJW 2014, 1380 (1381); *Brox/Walker* SchuldR AT § 20 Rn. 9.
14 *BGH* NJW 2003, 2825 (2826).
15 *BGH* NJW 2017, 250 Rn. 25 f. mAnm *Schwab* JuS 2017, 354 und Anm. *Wagner* JZ 2017, 522.

Haftung des Fußballspielers und seines Vereins für Verletzungen eines Gegenspielers, FS Tolksdorf, 2014, 143; *ders.*, Verschulden im Zivilrecht, Ad Legendum 2015, 109.

Fall a: Der Patient P wird in der Privatklinik des Augenarztes A behandelt, wo das linke Auge operativ entfernt werden soll. Der mit der Operation beauftragte Assistenzarzt B entfernt versehentlich das rechte Auge. P verlangt von A Schadensersatz, insbesondere Schmerzensgeld. → Rn. 3, 5, 6

Fall b: Das vierjährige Kind K, das von seiner Mutter M während eines Einkaufs bei der Oma O abgegeben worden ist, spielt mit einem Ball auf dem Bürgersteig vor dem Haus der O. Als der Ball auf die stark befahrene Fahrbahn fliegt, rennt K ihm nach und bringt dabei den ordnungsgemäß fahrenden Radfahrer R zu Fall. R nimmt K, M und O auf Schadensersatz in Anspruch. → Rn. 15, 16, 17

Fall c: Infolge Motorenlärms scheut das Reitpferd, das der Reiter R für zwei Stunden aus dem Reitstall des H gemietet hat. Das Pferd verletzt den Fußgänger F, der von H und R Schadensersatz verlangt. → Rn. 20, 21, 22, 23

Neben den Grundtatbeständen enthält das Gesetz eine Reihe von Sondertatbeständen der Verschuldenshaftung. Dazu gehört zunächst die Haftung für vermutetes eigenes Verschulden (§§ 831 ff., → Rn. 3 ff.; § 18 I StVG).

Ebenso wie die §§ 823–826 setzen die §§ 831–838 eine tatbestands- 2
mäßige, rechtswidrige und schuldhafte Handlung voraus. Die §§ 831–838 haben jedoch eine Besonderheit gemeinsam: Der Geschädigte braucht das Verschulden des Inanspruchgenommenen nicht zu behaupten und zu beweisen; vielmehr muss dieser nachweisen, dass ihn kein Verschulden trifft. Wenn also eine tatbestandsmäßige, rechtswidrige Handlung vorliegt, wird vom Gesetz ein Verschulden des Inanspruchgenommenen vermutet; dieser ist nur dann nicht schadensersatzpflichtig, wenn er sich entlasten (exkulpieren) kann. Demnach halten auch die §§ 831 ff. am Verschuldensgrundsatz fest; sie sind (mit Ausnahme des § 833 S. 1) nicht Fälle einer bloßen Gefährdungshaftung.

I. Haftung für Verrichtungsgehilfen (§ 831)

Nach § 831 haftet derjenige, der einen anderen zu einer Verrich- 3
tung bestellt hat, für den Schaden, den der Verrichtungsgehilfe in Ausführung der Verrichtung einem Dritten widerrechtlich zufügt.

1. Voraussetzungen

a) Verrichtungsgehilfe. Der Täter muss Verrichtungsgehilfe des Geschäftsherrn sein. Verrichtungsgehilfe ist derjenige, dem vom Geschäftsherrn in dessen Interesse eine Tätigkeit übertragen worden ist und der von den Weisungen des Geschäftsherrn abhängig ist.

Die Tätigkeit kann sein: tatsächlicher (Decken eines Daches) oder rechtlicher (Abschluss eines Vertrags) Natur, entgeltlich oder unentgeltlich, auf Dauer (als Arbeitnehmer) oder vorübergehend (einmalige Besorgung), niederer (Umgraben eines Gartens) oder höherer (Operation; **Fall a)** Art.

Da die Haftung des Geschäftsherrn ua darauf beruht, dass er den Gehilfen nicht sorgfältig überwacht hat, muss dieser bis zu einem gewissen Grad den Weisungen des Geschäftsherrn unterworfen sein. Das ist vor allem beim Arbeitsverhältnis gegeben **(Fall a)**. An der erforderlichen Abhängigkeit fehlt es demgegenüber regelmäßig bei Werkverträgen mit selbständigen Handwerkern und Unternehmern,[1] selbst wenn diese in einen Konzern eingebunden sind.[2]

4 **b) Objektiv tatbestandsmäßige und rechtswidrige unerlaubte Handlung.** Der Verrichtungsgehilfe muss den objektiven Tatbestand einer unerlaubten Handlung nach den §§ 823 ff. rechtswidrig erfüllt haben. Ein Verschulden der Hilfsperson ist grundsätzlich nicht erforderlich; denn § 831 begründet eine Haftung des Geschäftsherrn für **eigenes** Verschulden.

Im **Fall a** hat B den Körper des P rechtswidrig verletzt und dadurch den Schaden des P verursacht. Die Frage, ob B auch schuldhaft gehandelt hat, spielt im Rahmen des § 831 keine Rolle; sie ist selbstverständlich dann zu beantworten, wenn ein Schadensersatzanspruch gegen B nach § 823 geprüft wird.

Von dem Grundsatz, dass es auf ein Verschulden des Verrichtungsgehilfen nicht ankommt, gibt es Ausnahmen. Soweit über das allgemeine Verschulden hinaus subjektive Elemente Voraussetzung der unerlaubten Handlung sind, müssen diese Voraussetzungen auch in der Person des Verrichtungsgehilfen erfüllt sein.[3] Geht es etwa um die Haftung des Geschäftsherrn nach § 831 für eine unerlaubte Handlung des Verrichtungsgehilfen nach § 826, muss dieser vorsätzlich sittenwidrig gehandelt haben.

5 **c) In Ausführung der Verrichtung.** In Ausführung der Verrichtung muss der Schaden verursacht sein. Zwischen der aufgetragenen

1 Vgl. auch BGHZ 45, 311.
2 *BGH* NJW 2013, 1002 (1003).
3 *BGH* ZIP 2013, 2466 (2468).

Verrichtung und der Schadenszufügung muss ein innerer Zusammenhang bestehen.[4]

Dabei ist nicht erforderlich, dass gerade die Handlung, die den Schaden verursacht hat, dem Gehilfen aufgetragen war; es genügt, dass die schädigende Handlung in den Kreis der Maßnahmen fällt, welche die Ausführung der Verrichtung darstellen.[5] So handelt auch im **Fall a** der Assistenzarzt in Ausführung der Verrichtung, wenn er anstelle des kranken linken Auges irrtümlich das gesunde rechte entfernt. – Auszuscheiden haben jedoch solche Schäden, die nicht in Ausführung, sondern nur **bei Gelegenheit der Ausführung** zugefügt werden (zB B bestiehlt den P bei der Behandlung).

2. Ausschluss der Haftung

a) Exkulpationsbeweis. Die Ersatzpflicht tritt nicht ein, wenn den Geschäftsherrn kein Verschulden trifft. Nach § 831 I 2 liegt kein Verschulden vor, wenn der Geschäftsherr bei der Auswahl des Verrichtungsgehilfen, bei der Beschaffung von Vorrichtungen und Gerätschaften und bei der Leitung der Ausführung der Verrichtung die im Verkehr erforderliche Sorgfalt beobachtet hat. Je größer die mit der Verrichtung verbundenen Gefahren sind, desto größere Anforderungen sind an die Sorgfaltspflichten des Geschäftsherrn zu stellen. Andererseits ist es dem Geschäftsherrn bei größeren Betrieben oft nicht möglich oder jedenfalls nicht zumutbar, sein Personal selbst auszuwählen und zu überwachen. Hier muss es genügen, wenn der Geschäftsherr seinen Betrieb sorgfältig organisiert und die zur Auswahl und Überwachung bestellten „Zwischenpersonen" (zB Abteilungsleiter, Meister) sorgfältig auswählt und überwacht (sog. dezentralisierter Entlastungsbeweis); diese Zwischenpersonen können aber nach § 831 selbst ersatzpflichtig sein (§ 831 II). 6

Im **Fall a** genügt es zur Entlastung des A nicht, dass B sein Staatsexamen mit „sehr gut" bestanden hat; er muss auch die Facharztqualifikation haben. A hat den B zu belehren, dass er vor der Operation das zu entfernende Auge zu kennzeichnen hat, um Verwechslungen auszuschließen. A hat ferner durch geeignete Maßnahmen zu überwachen, ob derartige Sicherungsvorkehrungen eingehalten werden. Er hat den B von Operationen auszuschließen, wenn er feststellt, dass B in letzter Zeit häufiger angetrunken zum Dienst erschienen ist. Trifft A infolge Fahrlässigkeit eine solche Feststellung nicht, ist die Entlastung misslungen.

---

4 BGHZ 11, 151; *BGH* NJW 1971, 31; NJW-RR 1989, 723.
5 *BGH* MDR 1955, 282.

7 Die Tatsachen, die gegen ein Verschulden des Geschäftsherrn sprechen, hat dieser zu behaupten und bei Bestreiten des Geschädigten auch zu beweisen. Deshalb spricht man vom **Exkulpationsbeweis** oder **Entlastungsbeweis** des Geschäftsherrn; dieser hat die Verschuldensvermutung des § 831 I 1 zu widerlegen. Da vor allem bei Großbetrieben der Entlastungsbeweis häufig gelingt, wird die Regelung des § 831 I 2 vielfach als verfehlt angesehen. Deshalb versucht man, die Entlastungsmöglichkeit zu erschweren oder gar auszuschalten. Das geschieht einmal dadurch, dass bei den Auswahl- und Überwachungspflichten höhere Anforderungen gestellt werden.

8 Außerdem werden die im Rahmen des § 823 zu prüfenden Verkehrspflichten des Geschäftsherrn (→ § 45 Rn. 32 ff.) verschärft.

Ohne Entlastungsmöglichkeit haftet der Geschäftsherr direkt aus § 823 I, wenn die sorgfältige Auswahl und Überwachung des Verrichtungsgehilfen infolge mangelhafter Organisation unterblieben ist (sog. Organisationsverschulden; → § 45 Rn. 40).

9 Ferner wird über weitgehende vertragliche Schutzpflichten der Weg zu der Einstandsnorm des § 278 eröffnet. Schließlich versucht man, durch eine weite Auslegung des Begriffs „verfassungsmäßiger Vertreter" iSd § 31 diese Vorschrift anzuwenden und damit die Entlastungsmöglichkeit nach § 831 auszuschließen (→ Rn. 12).

10 **b) Widerlegung der Kausalitätsvermutung.** Eine Ersatzpflicht tritt ferner dann nicht ein, wenn der Schaden auch bei Anwendung der erforderlichen Sorgfalt entstanden wäre (§ 831 I 2aE).

Das Gesetz geht davon aus, dass die Sorgfaltspflichtverletzung den Schaden verursacht hat. Diese Ursächlichkeitsvermutung hat der Geschäftsherr zu widerlegen, um nicht schadenersatzpflichtig zu sein. Das kann etwa durch den Nachweis geschehen, dass auch ein sorgfältig ausgewählter und überwachter Gehilfe den Schaden angerichtet hätte.

3. Konkurrenzen

11 § 831 kann mit anderen Vorschriften konkurrieren:

a) Verhältnis zu § 278. § 278 setzt ein **bestehendes Schuldverhältnis** voraus und begründet eine Haftung für **fremdes** Verschulden.[6]

---

6 Gegenüberstellung der Unterschiede zwischen § 278 und § 831: *Brox/Walker* SchuldR AT § 20 Rn. 39 ff.

Der Anspruch aus einem bestehenden Schuldverhältnis iVm § 278 und der Anspruch aus § 831 können nebeneinander bestehen.

Im **Fall a** ist A dem P nach §§ 831, 823 schadensersatzpflichtig, wenn ihm der Entlastungsbeweis nicht gelingt. Außerdem hat er wegen Vertragsverletzung für das Verschulden des B einzustehen. Schmerzensgeld erhält P von A über §§ 831, 253 II.

b) Verhältnis zu §§ 31, 89. §§ 31, 89 führen zu einem Schadensersatzanspruch **gegen eine juristische Person** des privaten oder öffentlichen Rechts. Voraussetzung ist, dass der Vorstand, ein Vorstandsmitglied oder ein anderer verfassungsmäßig berufener Vertreter in Ausführung der ihm zustehenden Verrichtungen eine zum Schadensersatz verpflichtende Handlung (zB Vertragsverletzung, unerlaubte Handlung) begeht. Eine Entlastungsmöglichkeit der juristischen Person besteht nicht. Für die Anwendung des § 831 ist kein Raum. 12

c) Verhältnis zu § 839, Art. 34 GG. Zum Verhältnis von § 831 zu § 839, Art. 34 GG → § 49 Rn. 21, 28. 13

Haftung für Verrichtungsgehilfen (§ 831)
I. Deliktstäter = Verrichtungsgehilfe (Weisungsabhängigkeit)
II. Schädigung eines Dritten durch objektiv tatbestandsmäßige und rechtswidrige unerlaubte Handlung des Verrichtungsgehilfen (Verschulden des Verrichtungsgehilfen nicht erforderlich)
III. Schadenszufügung in Ausführung der Verrichtung (≠ bei Gelegenheit)
IV. Verschulden des Geschäftsherrn
1. Verschuldens- und Ursächlichkeitsvermutung
2. Widerlegung der Vermutung = Exkulpationsbeweis des Geschäftsherrn (§ 831 I 2)
a) Bei sorgfältiger Auswahl und Überwachung des Verrichtungsgehilfen
b) Bei fehlender Kausalität zwischen Auswahl-/Überwachungsverschulden und Schaden

II. Haftung für Aufsichtsbedürftige (§ 832)

14 **Schrifttum:** *Bernau*, Haftet die Patchwork-Familie aus § 832 BGB?, FamRZ 2006, 82; *Brand*, Die Haftung des Aufsichtspflichtigen nach § 832 BGB, JuS 2012, 673; *Großfeld/Mund*, Die Haftung der Eltern nach § 832 I BGB, FamRZ 1994, 1504; *Haberstroh*, Haftungsrisiko Kind – Eigenhaftung des Kindes und elterliche Aufsichtspflicht, VersR 2000, 806; *Hartmann*, „Unmittelbare" und „mittelbare" Aufsichtspflicht in § 832 BGB – pflichtenbeschränkende Übertragung der Verkehrssicherung auf Dritte?, VersR 1998, 22.

Nach § 832 haftet der kraft Gesetzes oder Vertrags Aufsichtspflichtige für den Schaden, den der Aufsichtsbedürftige einem Dritten widerrechtlich zufügt. Die Bestimmung enthält wie § 831, dem sie nachgebildet ist, eine Haftung für vermutetes Verschulden mit der Möglichkeit der Entlastung.

1. Voraussetzungen

15 – Ein Minderjähriger oder eine wegen ihres geistigen oder körperlichen Zustandes der Beaufsichtigung bedürftige Person muss einem anderen einen Schaden zugefügt haben (§ 832 I 1).
– Der Aufsichtsbedürftige muss den objektiven Tatbestand eines der §§ 823 ff. rechtswidrig erfüllt haben.

Im **Fall b** liegt eine rechtswidrige Körperverletzung des R durch K vor. Dass K mangels Verschuldensfähigkeit (§ 828 I) kein Verschulden trifft, ist bei § 832 unerheblich. – Wegen fehlenden Verschuldens ist K selbst nach § 823 nicht schadensersatzpflichtig; in Betracht kommt höchstens eine Billigkeitshaftung des K nach § 829, sofern von einem Aufsichtspflichtigen Schadensersatz nicht verlangt werden kann (→ § 44 Rn. 9).

16 – Schuldner des Anspruchs aus § 832 ist der kraft Gesetzes oder Vertrags Aufsichtspflichtige (§ 832 I 1, II).

Bei Minderjährigen kommen als kraft Gesetzes aufsichtspflichtig die Eltern, der Vormund, bei Volljährigen der Betreuer in Betracht. Kraft Vertrags können zur Aufsicht Stiefeltern, Pflegeeltern, Aufsichtspersonen eines Kindergartens, Internats verpflichtet sein. – Bei beamteten Aufsichtspersonen ist § 839 zu beachten, der als Spezialvorschrift die Anwendung des § 832 ausschließt.[7] – Im **Fall b** ist O weder kraft Gesetzes noch kraft Vertrags aufsichtspflichtig. Zwar kann ein Vertrag auch stillschweigend geschlossen worden sein; jedoch muss ein entsprechender Verpflichtungswille festgestellt werden können. Da-

7 Vgl. BGHZ 13, 25.

ran fehlt es bei kurzfristiger, rein tatsächlicher Übernahme der Aufsicht durch Verwandte.[8]

2. Ausschluss der Haftung

Die Ersatzpflicht tritt nach § 832 I 2 nicht ein, wenn der Aufsichtspflichtige seiner Aufsichtspflicht genügt hat (= Widerlegung der Verschuldensvermutung) oder der Schaden auch bei gehöriger Aufsichtsführung entstanden sein würde (= Widerlegung der Ursächlichkeitsvermutung). Vergleiche die entsprechende Regelung in § 831 I 2 (→ Rn. 6ff.). 17

Ob der Aufsichtspflichtige die erforderliche Sorgfalt angewandt hat, hängt von den Umständen des Einzelfalles ab;[9] dabei sind zB das Alter, der Charakter und die Eigenarten des Aufsichtsbedürftigen, das örtliche Umfeld, das Ausmaß der drohenden Gefahren, die Vorhersehbarkeit des schädigenden Verhaltens sowie die Zumutbarkeit der Aufsichtsmaßnahmen für den Aufsichtspflichtigen zu berücksichtigen.[10] Die Grenze der erforderlichen und zumutbaren Maßnahmen richtet sich danach, was verständige Eltern nach vernünftigen Anforderungen in der konkreten Situation tun würden, um Schädigungen Dritter durch ihr Kind zu verhindern.[11] So würde es zB im **Fall b** nicht ausreichen, dass die Mutter das Kind auf die Gefährlichkeit des Straßenverkehrs aufmerksam gemacht hat, wenn Belehrungen und Ermahnungen bisher wenig gefruchtet haben. In diesem Fall wäre die Mutter nur dann entlastet, wenn sie ausreichende Vorsorge getroffen hätte, um das Ballspielen auf dem Bürgersteig zu verhindern. Ein Kind im Alter von fünfeinhalb Jahren, das sich auf einem Spielplatz aufhält, muss nach Ansicht des BGH regelmäßig in Abständen von höchstens 30 Minuten vom Aufsichtspflichtigen kontrolliert werden.[12] Ein 13-jähriges, normal entwickeltes Kind braucht ohne konkrete Anhaltspunkte für eine rechtswidrige Nutzung des Internetanschlusses in seinem Internetverhalten nicht ständig überwacht oder eingeschränkt zu werden. Vielmehr genügen die Eltern ihrer Aufsichtspflicht bereits dadurch, dass sie das Kind über die Rechtswidrigkeit der Teilnahme an Internettauschbörsen belehren und ihm die Teilnahme daran verbieten.[13]

---

8 Vgl. *BGH* NJW 1968, 1874.
9 Vgl. *BGH* NJW 1980, 1044; 1984, 2574.
10 *BGH* NJW 2013, 1233; 2013, 1441.
11 BGHZ 111, 285; *BGH* NJW 1993, 1003.
12 *BGH* NJW 2009, 1952; ähnlich NJW 2013, 1233 (regelmäßige Kontrolle in kurzen Abständen).
13 *BGH* NJW 2013, 1441.

III. Haftung für Schäden durch Tiere (§§ 833, 834)

18 **Schrifttum:** *Deutsch,* Die Haftung des Tierhalters, JuS 1987, 673; *Eberl-Borges,* Die Tierhalterhaftung des Diebes, des Erben und des Minderjährigen, VersR 1996, 1070; *Fellner,* Pferdehalterhaftung – Besondere Risiken bei der Überlassung eines Reitpferdes an einen Dritten, MDR 2016, 742; *Kipp,* Haftung des Tierhalters gem. § 833 S. 1 BGB trotz Selbstgefährdung des Geschädigten?, VersR 2000, 1348; *Rebler,* Die Haftung bei Verkehrsunfällen mit Tieren, MDR 2012, 1204.

Nach § 833 haftet der Tierhalter, nach § 834 der Tieraufseher für Personen- und Sachschäden, die ein Tier verursacht. Wie sich aus § 833 S. 2 und § 834 S. 2 ergibt, handelt es sich bei der Haftung des Tieraufsehers immer um eine Haftung für vermutetes Verschulden, bei der des Tierhalters dagegen nur dann, wenn der Schaden von einem Haustier herrührt, das dem Beruf, der Erwerbstätigkeit oder dem Unterhalt des Tierhalters zu dienen bestimmt ist. Denn nur in den genannten Fällen wird ein Entlastungsbeweis zugelassen. Demgegenüber bestimmt das Gesetz bei Tieren, die keine Haustiere oder nicht einem der genannten Zwecke zu dienen bestimmt sind, eine Gefährdungshaftung des Tierhalters. Der Grund für die strenge Gefährdungshaftung liegt in dem unberechenbaren oder instinktgemäßen tierischen Verhalten und der dadurch hervorgerufenen Gefährdung von Leben, Gesundheit und Eigentum Dritter, also der verwirklichten Tiergefahr.[14] Neben der Haftung nach §§ 833 f. können auch Ansprüche nach §§ 823, 826 in Betracht kommen.

Für die Erfüllung der tatbestandlichen Voraussetzungen des § 833 S. 1 ist es grundsätzlich unerheblich, ob der Inhaber der tatsächlichen Sachherrschaft über das Tier mit dessen Benutzung durch den Verletzten einverstanden war oder nicht.[15] Nach Ansicht des BGH kommt die Tierhalterhaftung nach § 833 auch dem Reiter zugute, dem das Pferd aus Gefälligkeit überlassen wird.[16] Jedoch passt die Vorschrift hier nicht, weil sie grundsätzlich nur vor solchen Risiken schützen soll, denen der Betroffene nicht ausweichen kann.[17] Zu einem möglichen Mitverschulden des Tierführers → Rn. 24a.

---

14 *BGH* NJW 2014, 2434.
15 *BGH* NJW 2013, 2661.
16 *BGH* NJW 1992, 2474; 1993, 2611.
17 *Larenz/Canaris* SchuldR BT II/2, § 84 II 1e mN.

1. Voraussetzungen

a) Schadensverursachung durch ein Tier. Sowohl bei der Gefährdungshaftung als auch bei der Haftung für vermutetes Verschulden setzen § 833 S. 1 und § 834 S. 1 voraus, dass durch ein Tier ein Personen- oder Sachschaden verursacht worden ist. 19

Der Schaden muss auf der spezifischen Tiergefahr beruhen (zB Bellen; Anspringen; Beißen; Scheuen; Durchgehen; Entlaufen; Decken).[18] Dabei spielt es keine Rolle, ob der Ausbruch der tierischen Natur eine Reaktion auf äußere Reize (zB Motorengeräusche, flatternde Wäsche) ist. Von einer spezifischen Tiergefahr kann jedoch keine Rede sein, wenn das Tier nur wie ein mechanisches Werkzeug oder Hindernis wirkt (zB als „Wurfgeschoss" oder „Stolperstein"). Das Gleiche gilt, wenn das Tier lediglich dem Willen und der Leitung einer Person folgt (zB der Reiter lenkt das Pferd in eine Menschenmenge, wobei jemand verletzt wird); in diesen Fällen sind allein die §§ 823, 826 zu prüfen. – Im **Fall c** ist das Pferd nicht dem Willen des Reiters gefolgt; der Schaden beruht also auf einer spezifischen Tiergefahr.

b) Tierhalter oder Tieraufseher. Der Inanspruchgenommene muss Tierhalter oder Tieraufseher sein. 20

aa) **Tierhalter** (§ 833 S. 1) ist nach der Verkehrsanschauung derjenige, der das Tier im eigenen Interesse in seinem Hausstand oder Wirtschaftsbetrieb – nicht nur ganz vorübergehend – verwendet.[19] Das Eigentum ist für die Haltereigenschaft nicht ausschlaggebend.

Wer für Obdach und Unterhalt des Tieres sorgt, wird regelmäßig als Halter anzusehen sein. Das gilt selbst bei länger dauernder Überlassung des Tiers an einen Dritten, zB an eine Hundepension.[20] Demnach ist im **Fall c** allein H, nicht aber R Halter des Pferdes. – Da das Tierhalterverhältnis unmittelbaren oder mittelbaren Besitz voraussetzt, endet es mit dem Besitzverlust (zB durch Diebstahl).

bb) **Tieraufseher** (§ 834 S. 1) ist, wer die Aufsicht über das Tier durch Vertrag übernommen hat. 21

Erforderlich ist ein gewisses Maß von Selbständigkeit bei der Betreuung des Tieres. Wer nur auf Anweisung des Dienstherrn handelt (wie etwa ein Bierkutscher, Pferdeknecht), ist kein Tieraufseher. – Im **Fall c** kommt für den Mieter R eine Haftung aus § 834 in Betracht.

---

18 BGHZ 67, 129.
19 RGZ 62, 79; *BGH* NJW-RR 1988, 655.
20 *BGH* NJW 2014, 2434 (2435).

2. Ausschluss der Haftung

22 **a) Ausschluss der Tierhalterhaftung.** Die Haftung des Tierhalters ist ausgeschlossen, wenn zwei Voraussetzungen vorliegen (§ 833 S. 2):

aa) Es muss sich um ein **Haustier** handeln, das dem Beruf, der Erwerbstätigkeit oder dem Unterhalt des Tierhalters zu dienen bestimmt ist (sog. Nutztier im Gegensatz zum sog. Luxustier).[21]

Haustiere sind zahme Tiere, die vom Menschen in seiner Wirtschaft gezogen und gehalten werden.[22] Gezähmte Tiere (zB Reh, Gepard) sind keine Haustiere, selbst wenn sie im Haus gehalten werden. – Das Haustier muss einem der in § 833 S. 2 genannten Zwecke (Beruf, Erwerbstätigkeit, Unterhalt) zu dienen bestimmt sein (Beispiele: Jagdhund des Försters; Schlacht- und Zuchtvieh des Bauern; Pferd, das regelmäßig bei Holzarbeiten eingesetzt und kaum für Reitzwecke verwendet wird[23]). Unter Erwerbstätigkeit iSv § 833 S. 2 ist jede Tätigkeit zu verstehen, die objektiv darauf angelegt und subjektiv von der Absicht getragen ist, Gewinn zu erzielen.[24] Wird das Tier zu anderen Zwecken gehalten, scheidet eine bloße Haftung für vermutetes Verschulden aus, selbst wenn es sich um ein Haustier handelt (zB Luxusreitpferd); hier greift vielmehr die Gefährdungshaftung nach § 833 S. 1 ein. Der BGH versagt eine Entlastungsmöglichkeit über das sog. Nutztierprivileg auch einem Idealverein, der Pferde hält, um seiner satzungsmäßigen Aufgabe der Reittherapie von Behinderten nachzukommen.[25] – Im **Fall c** kommt ein Haftungsausschluss nur dann in Betracht, wenn H den Reitstall zu Erwerbszwecken und nicht ausschließlich aus Liebhaberei betreibt.[26]

23 bb) Der Tierhalter hat zu behaupten und bei Bestreiten zu beweisen, dass er bei der Aufsicht des Tieres die im Verkehr erforderliche Sorgfalt beobachtet hat (= **Widerlegung der Verschuldensvermutung**) oder der Schaden auch bei Anwendung dieser Sorgfalt entstanden wäre (= **Widerlegung der Ursächlichkeitsvermutung**).

Auch hier kommt es auf die Umstände des Einzelfalls an. War im **Fall c** das Pferd etwa als leicht erregbar bekannt und wurde es nach längerer Ruhepause erstmalig wieder geritten, so mussten besondere Vorsichtsmaßnahmen getroffen werden.

23a cc) Dagegen ist die Haftung des Tierhalters **nicht ausgeschlossen**, wenn der Geschädigte das Tier (zB Hund) für mehrere Tage in seine

---

21 Zum Sinn und zur Verfassungsmäßigkeit der Haftungsprivilegierung des Nutztierhalters *BGH* NJW 2009, 3233.
22 RGZ 79, 246.
23 *OLG Nürnberg* NJW-RR 2010, 1248.
24 *BGH* NJW-RR 2017, 725 Rn. 13 mAnm *Mäsch* JuS 2017, 1116.
25 *BGH* NJW 2011, 1961 (1962).
26 Vgl. *BGH* NJW 1986, 2501 f.

Obhut (Hundepension) aufgenommen und für diese Zeit die Beaufsichtigung des Tiers übernommen hat.[27] Der Tierhalter haftet vielmehr auch gegenüber dem Tieraufseher, weil sich auch ihm gegenüber die typische Tiergefahr verwirklichen kann, für die der Halter einzustehen hat.

b) Ausschluss der Tieraufseherhaftung. Die Haftung des Tieraufsehers ist ausgeschlossen, wenn er die Vermutung seines Verschuldens oder die Ursächlichkeitsvermutung widerlegt (§ 834 S. 2), gleichgültig, ob es sich um ein Haustier handelt oder nicht. 24

3. Mitverschulden

Der Geschädigte muss sich ein eventuelles Mitverschulden nach § 254 entgegenhalten lassen. In diesem Rahmen kann auch berücksichtigt werden, ob etwa derjenige, der von einem Pferd stürzt, mit oder ohne Einverständnis des Inhabers der tatsächlichen Sachherrschaft reiten wollte.[28] Einem Mitverschulden steht es gleich, wenn der dem Verletzten durch ein Tier zugefügte Schaden auch von seinem eigenen Tier mit verursacht wurde.[29] 24a

Wird etwa der Halter eines Hundes bei einem Gerangel zwischen dem eigenen und einem fremden Hund von diesem gebissen, ist bei der Schadensentstehung die typische Tiergefahr des eigenen Hundes mitursächlich geworden. Der Schadensersatzanspruch nach § 833 S. 1 ist dann entsprechend §§ 254 I, 833 S. 1 wegen der von dem eigenen Hund ausgehenden mitwirkenden Tiergefahr gemindert.[30] § 254 I ist allerdings nicht entsprechend anwendbar, wenn der Schädiger nicht nur nach § 833 S. 1 (Gefährdungshaftung), sondern nach § 823 I (Verschuldenshaftung) ersatzpflichtig ist; denn dann tritt nach dem Rechtsgedanken des § 840 III (→ § 51 Rn. 15a) die mitwirkende Tiergefahr auf Seiten des Geschädigten hinter der Verschuldenshaftung des Schädigers zurück.[31]

Falls es sich bei dem Geschädigten um einen Tierführer handelt (etwa um den Reiter eines Pferdes), gilt gegenüber der Haftung des Tierhalters aus § 833 für das Mitverschulden die Beweislastregel des § 834; der geschädigte Tierführer (zB Reiter) muss also den Vorwurf des Mitverschuldens ausräumen.[32] Diese Beweislastregel gilt auch ge-

27 *BGH* NJW 2014, 2434 f.
28 *BGH* NJW 2013, 2661.
29 *OLG Naumburg* NJW-RR 2015, 346 (348).
30 *BGH* NJW 2016, 2737 Rn. 9.
31 *BGH* NJW 2016, 1589 Rn. 26 mAnm *Mäsch* JuS 2016, 650.
32 *BGH* NJW 1992, 2474 f.

genüber einem minderjährigen Tierführer, sofern er (zB als erfahrener Reiter) die zur Erkenntnis der Verantwortlichkeit erforderliche Einsicht hat (vgl. § 828 III).[33]

IV. Haftung für Schäden durch Gebäude (§§ 836–838)

25 Nach §§ 836–838 können Personen- und Sachschäden ersetzt verlangt werden, die von Gebäuden herrühren. Es handelt sich um Sonderfälle der Verletzung von Verkehrspflichten (→ § 45 Rn. 32 ff.). Der Schadensersatzanspruch kann hier auch auf § 823 I gestützt werden; nur muss der Geschädigte dann das Verschulden des Schädigers behaupten und beweisen, wogegen nach §§ 836 ff. das Verschulden vermutet wird.

1. Voraussetzungen

26 – Der **Einsturz** eines Gebäudes, eines anderen mit einem Grundstück verbundenen Werks oder die **Ablösung von Teilen des Gebäudes** oder Werks muss den Personen- oder Sachschaden verursacht haben (§ 836 I 1).

Beispiele: Einsturz einer Ruine, eines Baugerüstes; Umfallen einer Straßenlaterne, eines Grabsteins; Herabfallen eines Dachziegels; Einbrechen einer Zimmerdecke. – Nicht hierher gehören: herabfallende, noch nicht verbaute Steine, Dachlawinen, da sie nicht mit dem Grundstück verbunden sind (§ 823 ist zu prüfen!).

27 – Der Einsturz oder die Ablösung muss die **Folge fehlerhafter** Errichtung **oder mangelhafter Unterhaltung sein** (§ 836 I 1).

Es wird also nur für die Mangelhaftigkeit des Werks gehaftet. – Außergewöhnliche Naturereignisse (zB Blitz, Überschwemmung) lösen keine Ersatzpflicht nach §§ 836 ff. aus; möglich ist die Haftung nach § 823 wegen Verletzung der Verkehrspflicht (zB bei Nichtanbringen eines Blitzableiters).

28 – Der Personenkreis der Ersatzpflichtigen ergibt sich aus §§ 836–838.

2. Ausschluss der Haftung

29 Der Schadensersatzanspruch ist ausgeschlossen, wenn der Verpflichtete zur Abwendung der Gefahr die im Verkehr erforderliche

33 *OLG Köln* NJW-RR 2012, 1374 f.

Sorgfalt beobachtet hat (§ 836 I 2). Das Verschulden des Verpflichteten wird also vermutet; er hat sich zu entlasten, um der Ersatzpflicht zu entgehen (Besonderheit für den früheren Eigenbesitzer in § 836 II, III).

V. Haftung des Kfz-Führers

Nach § 18 I StVG iVm § 7 I StVG hat der Führer eines Kraftfahrzeugs die Schäden zu ersetzen, die dadurch entstanden sind, dass bei dem Betrieb des Fahrzeugs ein Mensch getötet oder verletzt oder eine Sache beschädigt worden ist. Dieser Anspruch geht insoweit über denjenigen nach § 823 I hinaus, als das erforderliche Verschulden des Fahrzeugführers nicht nachgewiesen werden muss, sondern kraft Gesetzes vermutet wird. Das folgt aus der Formulierung des § 18 I 2 StVG, wonach die Ersatzpflicht nur dann ausgeschlossen ist, wenn der Schaden nicht durch ein Verschulden des Führers verursacht ist. Eine eigenständige Bedeutung hat § 18 I StVG, wenn der Fahrzeugführer nicht gleichzeitig der Halter des Fahrzeugs ist; denn als Halter unterliegt er schon der verschuldensunabhängigen Gefährdungshaftung nach § 7 StVG. Zu den Voraussetzungen des § 7 I StVG, auf den § 18 I 1 StVG verweist, → § 54 Rn. 4 ff. 30

Bei Personen- und Sachschäden aufgrund von Verkehrsunfällen mit Kraftfahrzeugen haftet neben dem Fahrzeugführer (§ 18 StVG) und dem Fahrzeughalter (§ 7 StVG) auch der Haftpflichtversicherer des Halters. Gegen diesen hat der Geschädigte einen sog. **Direktanspruch** (§ 115 I Nr. 1 VVG). Dabei handelt es sich um einen gesetzlichen Fall des Schuldbeitritts. Der Halter und der Versicherer haften als Gesamtschuldner. In der Praxis ist der Direktanspruch gegen den Versicherer für den Geschädigten der wichtigste Anspruch, weil mit dem Versicherer auf jeden Fall ein zahlungsfähiger Schuldner zur Verfügung steht. 31

§ 49. Amtspflichtverletzung

Schrifttum: *Coester-Waltjen,* Die Anspruchsgrundlagen und Abgrenzungen bei Amtshaftung und Organhaftung, JURA 1995, 368; *Foerste,* Amtshaftung bei Vereitelung redlichen Erwerbs – BGH, NJW 1986, 1687, JuS 1988, 261; *Förster,* Verschuldensvermutung bei der Amtshaftung – Aufsichtspflicht von Kindergartenpersonal, NJW 2013, 1201; *Karpenstein/Johann,* Der Honeywell-Beschluss – Staatshaftung für unanwendbare Gesetze?, NJW 2010, 3405; *Lörler,* Die Subsidiaritätsklausel in der Amtshaftung, JuS 1990, 544; 1

Saenger, Staatshaftung wegen Verletzung europäischen Gemeinschaftsrechts, JuS 1997, 865; *Schlick*, Die Rechtsprechung des BGH zur Amtshaftung, NJW 2014, 2915; *Smid,* Zum prozeßrechtlichen Grund des Haftungsausschlusses nach § 839 Abs. 2 S. 1 BGB, JURA 1990, 225; *Stangl,* Die Subsidiaritätsklausel des § 839 I 2 BGB in der Rechtsprechung des Bundesgerichtshofes, JA 1995, 572; *Wittreck/Wagner,* Der Amtshaftungsanspruch nach Art. 34 S. 1 GG/§ 839 I 1 BGB, JURA 2013, 1213; *Wurm,* Drittgerichtetheit und Schutzzweck der Amtspflicht als Voraussetzungen für die Amtshaftung, JA 1992, 1.

Fall a: Gerichtsvollzieher B pfändet aufgrund eines Urteils, wonach der Schuldner S an den Gläubiger G 3.000 Euro zu zahlen hat, bei S nur ein Klavier, das bei der Versteigerung 600 Euro erbringt. Wegen des erlittenen Schadens nimmt G den Gerichtsvollzieher sowie den Justizfiskus in Anspruch. → Rn. 4, 6, 9, 12, 14, 19, 20

I. Bedeutung des § 839 und des Art. 34 GG

Verletzt ein Beamter schuldhaft die ihm einem Dritten gegenüber obliegende Amtspflicht, so hat er dem Dritten den daraus entstehenden Schaden zu ersetzen (§ 839 I 1). Diese Haftung ist weiter als die nach §§ 823 ff., weil eine schuldhafte Amtspflichtverletzung auch dann vorliegen kann, wenn keiner der Tatbestände der §§ 823 ff. erfüllt ist. Andererseits ist die Haftung nach § 839 auch enger: Der Beamte, dem lediglich Fahrlässigkeit zur Last fällt, kann nur in Anspruch genommen werden, sofern der Verletzte nicht auf andere Weise Ersatz zu erlangen vermag (§ 839 I 2). Die Ersatzpflicht ist stets ausgeschlossen, wenn der Verletzte es schuldhaft unterlassen hat, den Schaden durch Gebrauch eines Rechtsmittels abzuwenden (§ 839 III).

2 § 839 muss im Zusammenhang mit Art. 34 GG gesehen werden. Nach dessen Satz 1 ist dann, wenn jemand in Ausübung eines ihm anvertrauten öffentlichen Amtes die ihm einem Dritten gegenüber obliegende Amtspflicht verletzt, der Staat oder die Körperschaft, in deren Dienst er steht, schadensersatzpflichtig. Diese Staatshaftung kommt nur in Betracht, wenn der Beamte im hoheitlichen Bereich tätig wird. Handelt der Beamte dagegen im rein fiskalischen Bereich, scheidet Art. 34 GG aus, und es bleibt bei der Haftung nach § 839. Die Unterscheidung ist deshalb wichtig, weil nach § 839 der Beamte selbst schadensersatzpflichtig ist **(Eigenhaftung)**, während nach

Art. 34 GG nur die Anstellungskörperschaft des Beamten an dessen Stelle dem Geschädigten Ersatz zu leisten hat **(Staatshaftung)**.

II. Haftung bei hoheitlichem Handeln

1. Allgemeine Voraussetzungen

a) Hoheitliches Handeln. Nach Art. 34 GG muss „jemand in Ausübung eines ihm anvertrauten öffentlichen Amtes" gehandelt haben. Ein solches Amt übt aus, wer hoheitlich handelt. Deshalb scheiden für die Haftung nach Art. 34 GG iVm § 839 solche Tätigkeiten aus, die der Handelnde in Wahrnehmung rein fiskalischer Interessen der öffentlich-rechtlichen Körperschaft ausübt. 3

Zum hoheitlichen Handeln gehört nicht nur die Tätigkeit unter Einsatz staatlicher Zwangsmittel (zB des Gerichtsvollziehers, **Fall a**; des Polizeibeamten), sondern auch die Amtsausübung im großen Bereich der Leistungsverwaltung (zB des Arztes beim Gesundheitsamt, des Lehrers an einer öffentlichen Schule, der Erzieherinnen einer in öffentlicher Trägerschaft stehenden Kindertagesstätte[1]). Die Abgrenzung zwischen hoheitlichem und fiskalischem Handeln kann im Einzelfall schwierig sein. Nach höchstrichterlicher Rechtsprechung ist das Verhalten dann als Ausübung eines öffentlichen Amtes iSd Art. 34 GG zu werten, wenn die Zielsetzung der Tätigkeit dem Bereich hoheitlicher Betätigung zuzurechnen ist und zwischen dieser Zielsetzung und der schädigenden Handlung ein innerer Zusammenhang besteht.[2] 4

Beispiele: Fährt der Gerichtsvollzieher mit dem Pkw zum Schuldner, um dort zu pfänden, so gehört, da die Zielsetzung (Pfändung) hoheitsrechtlicher Art ist, auch die Teilnahme am Straßenverkehr zur Ausübung des öffentlichen Amtes. Denn der gesamte Tätigkeitsbereich muss als Einheit beurteilt werden; er darf nicht in Einzelakte (teils hoheitsrechtlicher, teils bürgerlichrechtlicher Art) aufgespalten werden.[3] Verletzt also der Gerichtsvollzieher bei einem von ihm verschuldeten Verkehrsunfall einen Dritten, so ist das Land als Anstellungskörperschaft des Gerichtsvollziehers nach Art. 34 GG iVm § 839 schadensersatzpflichtig. Dabei spielt es keine Rolle, ob der Gerichtsvollzieher einen Dienstwagen oder sein eigenes Fahrzeug benutzt.[4] Neben dem Anspruch

---

1 *BGH* NJW 2013, 1233.
2 BGHZ 42, 176; 108, 232; *BGH* NJW 1992, 1227.
3 Vgl. BGHZ 42, 176; str.
4 Vgl. BGHZ 29, 38.

aus Art. 34 GG iVm § 839 kann ein Anspruch aus §§ 7, 12 StVG (→ § 48 Rn. 30) bestehen.[5]

5 Für die Haftung nach Art. 34 GG iVm § 839 ist nicht erforderlich, dass der Handelnde Beamter im staatsrechtlichen Sinne ist; er braucht also nicht unter Aushändigung einer Urkunde in das Beamtenverhältnis berufen zu sein. Es genügt, dass er hoheitliche Aufgaben ausübt (sog. **Beamter im haftungsrechtlichen Sinne**). Obwohl ein Angestellter im öffentlichen Dienst kein Beamter im staatsrechtlichen Sinne ist, kann seinetwegen eine Haftung nach Art. 34 GG iVm § 839 in Betracht kommen, wenn er in Wahrnehmung von Hoheitsaufgaben tätig wird.

6 **b) In Ausübung eines öffentlichen Amtes.** Der Täter muss in Ausübung eines ihm anvertrauten öffentlichen Amtes gehandelt haben. Die eigentliche Zielsetzung der Handlung muss hoheitlicher Tätigkeit zuzurechnen sein, und zwischen dieser Zielsetzung und der schädigenden Handlung muss ein solcher Zusammenhang bestehen, dass die Handlung ebenfalls als noch zum Bereich hoheitlicher Tätigkeit gehörend angesehen werden muss.[6] Die Schädigung erfolgt nicht in Ausübung eines öffentlichen Amtes, wenn die schädigende Handlung lediglich bei Gelegenheit der Amtsausübung vorgenommen wird.[7]

Bestiehlt B im **Fall a** den S bei der Durchführung der Pfändung, so mag ein äußerer Zusammenhang zwischen der Amtshandlung und dem Diebstahl bestehen. Es fehlt jedoch ein erforderlicher innerer Zusammenhang, so dass Art. 34 GG insoweit nicht eingreift.

7 **c) Verletzung einer Amtspflicht gegenüber dem Geschädigten.** Der Beamte muss eine ihm gegenüber dem Geschädigten obliegende Amtspflicht verletzt haben.

aa) Die **Amtspflichten** ergeben sich aus Gesetzen, Dienst- und Verwaltungsvorschriften, dienstlichen Weisungen und Befehlen von Vorgesetzten. Der Beamte hat die Pflicht, die Vorschriften zu beachten, sein Amt sachlich und unparteiisch auszuüben sowie sich gegenüber jedem rücksichtsvoll zu verhalten.

8 Pflichtverletzungen liegen vor, wenn der Beamte seine Zuständigkeit überschreitet, die Amtsverschwiegenheit nicht beachtet, Strafgesetze verletzt oder

5 BGHZ 50, 271.
6 *BGH* NJW 2014, 1666 (1667).
7 Vgl. Jauernig/*Teichmann* BGB § 839 Rn. 14.

sonst eine unerlaubte Handlung (§§ 823 ff.) begeht. – Hat der Beamte die Wahl zwischen mehreren Entscheidungsmöglichkeiten, so ist nicht schon dann eine Amtspflichtverletzung gegeben, wenn er eine zwar unzweckmäßige Entscheidung fällt, diese sich aber noch im Rahmen seines Ermessens hält.[8]

bb) Die Amtspflicht muss **gegenüber** dem **geschädigten** Dritten 9
bestehen. Ob das der Fall ist, muss aus dem Zweck entnommen werden, dem die Amtspflicht dienen soll. Besteht sie ausschließlich im öffentlichen Interesse, scheiden § 839 und Art. 34 GG aus. Das nimmt die Rechtsprechung im Regelfall bei der Tätigkeit der gesetzgebenden Organe an.[9] Eine im Interesse der Allgemeinheit liegende Pflicht kann aber gleichzeitig auch den Schutz einzelner, uU sogar verschiedener Personen[10] bezwecken. Die Amtspflicht besteht gegenüber dem Geschädigten, wenn er zu dem Kreis der zu schützenden Personen gehört.[11]

Beispiele: Die dem Träger der öffentlichen Jugendhilfe obliegende Amtspflicht, anspruchsberechtigten Kindern einen Kita-Platz zu Verfügung zu stellen (§ 24 II SGB VIII), besteht auch gegenüber den personensorgeberechtigten Eltern des Kindes.[12] Diese können bei Verletzung der Amtspflicht einen Schadensersatzanspruch (zB auf Ersatz von Verdienstausfall) haben. Der Polizeibeamte hat die Amtspflicht zur Verhütung strafbarer Handlungen. Diese Pflicht besteht nicht nur im Interesse der Allgemeinheit, sondern auch gegenüber den gefährdeten Einzelnen. Schreitet der Polizeibeamte gegen eine ihm bekannte Räuberbande nicht ein und bricht diese in der nächsten Nacht bei X ein, hat der Beamte den Schaden des X durch Verletzung einer diesem gegenüber obliegenden Amtspflicht verursacht. – Die Bediensteten einer Justizvollzugsanstalt haben eine Amtspflicht zum Schutz des Lebens und der körperlichen Unversehrtheit der Gefangenen auch vor drohenden Schäden durch Mitgefangene.[13] – Die Justizbehörden haben die drittgerichtete Amtspflicht, ihre Gerichte (zB die dort vorhandenen Grundbuchämter) personell so auszustatten, dass diese die anstehenden Verfahren (zB Eintragungen im Grundbuch) ohne vermeidbare Verzögerungen abschließen können.[14] – Die Amtspflichten der Sachverständigen bei der TÜV-Prüfung nach § 21 I 3 StVZO dienen nicht dem Schutz des Vermögens des zukünftigen Erwerbers des ge-

8 Zum Ermessen vgl. *Maurer* Allgemeines Verwaltungsrecht 18. Aufl., 2011, § 7 Rn. 7 ff.
9 *BGH* NJW 2007, 830 (832) mwN.
10 *BGH* NJW-RR 2002, 307 f.
11 Vgl. BGHZ 110, 1 (9); *BGH* NJW 1991, 2696 mN; NJW 2013, 604 (605); 2017, 397 Rn. 21.
12 *BGH* NJW 2017, 397 Rn. 15 ff.
13 *BVerfG* NJW 2016, 1081 Rn. 11.

prüften Kfz.[15] – Im **Fall a** hatte B gegenüber G die Amtspflicht, für die Forderung des G so viel bei S zu pfänden, dass der Erlös aus der Versteigerung die Forderung des G und die Kosten der Zwangsvollstreckung deckte. Voraussetzung war selbstverständlich, dass S weitere pfändbare Sachen hatte.

10 **d) Rechtswidrigkeit.** Die Handlung muss rechtswidrig sein. Eine Amtspflichtverletzung ist regelmäßig widerrechtlich, wenn nicht ausnahmsweise ein Rechtfertigungsgrund vorliegt.

11 **e) Verschulden.** Der Täter muss schuldhaft (vorsätzlich oder fahrlässig) gehandelt haben. Das Verschulden braucht sich nur auf die Amtspflichtverletzung, nicht aber auf den Schaden zu beziehen. Geht es um Amtshaftung wegen Verletzung der Aufsichtspflicht (zB durch Erzieherinnen in einer Kindertagesstätte), kommt dem geschädigten Anspruchsteller die Beweislastregel des § 832 (→ § 18 Rn. 17) zugute.[16]

Liegt eine Amtspflichtverletzung vor, fehlt es aber am Verschulden, scheidet ein Schadensersatzanspruch nach Art. 34 GG iVm § 839 aus. In diesen Fällen billigt die Rechtsprechung dem Geschädigten einen **Entschädigungsanspruch aus enteignungsgleichem Eingriff** oder aus **Aufopferung** zu, sofern es sich um eine Beeinträchtigung bestimmter geschützter Rechtspositionen (zB Eigentum, Körper, Gesundheit) handelt, die sich als ein besonderes, anderen nicht zugemutetes Opfer für die Allgemeinheit darstellt.[17] Der Aufopferungsanspruch wegen eines hoheitlichen Eingriffs in die körperliche Unversehrtheit ist nicht auf den Ersatz materieller Schäden beschränkt, sondern umfasst auch nichtvermögensrechtliche Nachteile des Betroffenen.[18]

12 **f) Schaden.** Die Amtspflichtverletzung muss einen Schaden verursacht haben. Gemeint ist jeder Vermögensschaden, der eine adäquate Folge der Verletzungshandlung ist und vom Schutzzweck der Amtspflicht erfasst ist.[19]

Kann G im **Fall a** seine Restforderung von 2.400 Euro gegen S nicht mehr realisieren, weil S jetzt kein pfändbares Vermögen mehr hat, so ist dieser Schaden des G durch B verursacht, wenn B bei der Pfändung des Klaviers weitere Sachen hätte pfänden können.

---

15 *BGH* NJW 2004, 3484.
16 *BGH* NJW 2013, 1233; dazu *Förster* NJW 2013, 1201.
17 Näheres: *Maurer* Allgemeines Verwaltungsrecht 18. Aufl., 2011, §§ 25 ff.
18 *BGH* NJW 2017, 3384 Rn. 16 f. (Schmerzensgeld wegen einer Körperverletzung im Rahmen eines Polizeieinsatzes zur Identitätsfeststellung).
19 *BGH* NJW-RR 2009, 601 (602); NJW 2009, 1207; 2007, 830 (833) (enteignungsgleicher Eingriff durch verzögerte Grundbucheintragung); NJW-RR 2002, 307 (308).

g) Sonderfall: Nicht rechtzeitige Umsetzung einer EU-Richtlinie. Ein Anspruch aus § 839 iVm Art. 34 GG kann sich auch daraus ergeben, dass der Gesetzgeber es unterlassen hat, eine EU-Richtlinie (früher: EG-Richtlinie) rechtzeitig in nationales Recht umzusetzen (sog. unionsrechtlicher Staatshaftungsanspruch). 13

Beispiel: Nach der EG-Pauschalreise-Richtlinie v. 13.6.1990 hat der Reiseveranstalter die Rückzahlung von Anzahlungen und die Rückreise für den Fall seiner Zahlungsunfähigkeit sicherzustellen. Die Umsetzung in nationales Recht sollte spätestens bis zum 31.12.1992 geschehen sein, erfolgte aber erst durch Gesetz v. 14.6.1994. Inzwischen hatten einige tausend Touristen durch Konkurs ihres Reiseveranstalters Schäden erlitten; für diese haftete die Bundesrepublik Deutschland wegen nicht rechtzeitiger Umsetzung der Richtlinie.[20]

2. Besondere Voraussetzungen

a) Unmöglichkeit anderweitigen Ersatzes. Bei Fahrlässigkeit des Beamten setzt § 839 I 2 als weiteres (negatives) Tatbestandsmerkmal die Unmöglichkeit eines anderweitigen Ersatzes voraus. Die Haftung der Anstellungskörperschaft ist also bei bloßer Fahrlässigkeit nur subsidiär. Dabei kommt es nicht darauf an, nach welcher Rechtsgrundlage der Geschädigte Ersatz von einem anderen zu erlangen vermag. 14

Schuldet also im **Fall a** dem G außer dem S noch ein Dritter (D) den genannten Betrag und ist die Forderung gegen D realisierbar, scheidet ein Anspruch gegen das Land wegen Amtspflichtverletzung aus.

Die Unmöglichkeit anderweitigen Ersatzes hat im Streitfall der Geschädigte darzulegen und zu beweisen.[21]

Die **Subsidiaritätsklausel** des § 839 I 2 wird heute weithin als veraltet angesehen; deshalb besteht die Tendenz, sie einschränkend auszulegen.[22] Nimmt der Beamte in Ausübung des öffentlichen Amtes am Straßenverkehr teil und verursacht er dabei fahrlässig einen Unfall, so gebührt dem Grundsatz der haftungsrechtlichen Gleichbehandlung aller Verkehrsteilnehmer der Vorrang gegenüber dem Privileg des § 839 I 2. Der mit dieser Klausel verfolgte Zweck, die Entschlussfreude des Beamten zu stärken, tritt ohnehin zurück, wenn der Beamte wie jeder andere Verkehrsteilnehmer den für alle 15

20 *EuGH* NJW 1996, 3141; vgl. auch *Kemper* NJW 1993, 3293; *Tonner* ZIP 1993, 1205.
21 Dazu *BGH* NJW 2002, 1266.
22 Vgl. BGHZ 123, 102.

gültigen Verkehrsregeln unterworfen ist und daher insoweit allen anderen Verkehrsteilnehmern gleichsteht.[23]

Beispiel: Der zwecks Pfändung zum Schuldner fahrende Gerichtsvollzieher stößt mit dem Pkw des A zusammen, wobei dessen Beifahrer B verletzt wird. Da der Unfall vom Gerichtsvollzieher und dem A fahrlässig zu gleichen Teilen verursacht worden ist, verweist das in Anspruch genommene Land den B auf eine andere Ersatzmöglichkeit, da er den A in Anspruch nehmen könne. Nach der zu billigenden Ansicht des BGH ist jedoch § 839 I 2 hier nicht anwendbar.

16 § 839 I 2 greift hingegen ein, wenn ein Amtsträger Sonderrechte wahrnimmt (zB Fahren mit Blaulicht); hier hat dieser nämlich gerade nicht die gleichen Rechte und Pflichten wie andere Verkehrsteilnehmer.[24]

17 **b) Urteilsprivileg.** Hat ein Richter beim Urteil eine Amtspflichtverletzung begangen, ist die Staatshaftung an noch engere Voraussetzungen geknüpft. Nach § 839 II 1 muss die Pflichtverletzung mit einer im Wege des gerichtlichen Strafverfahrens zu verhängenden öffentlichen Strafe bedroht sein. Als Straftatbestände kommen Rechtsbeugung (§ 339 StGB) und Richterbestechlichkeit (§ 332 II StGB) in Betracht; beide setzen Vorsatz des Richters voraus.

3. Ausschluss der Haftung

18 Die Schadensersatzpflicht ist nach § 839 III ausgeschlossen, wenn der Verletzte es schuldhaft unterlassen hat, den Schaden durch Gebrauch eines Rechtsmittels abzuwenden. Die Bestimmung ist eine Spezialvorschrift zu § 254 II. Sie lässt eine Abwägungsmöglichkeit, wie sie § 254 vorsieht, nicht zu, sondern führt stets zum völligen Haftungsausschluss. Rechtsmittel sind nicht nur die Rechtsmittel iSd Prozessrechts (Berufung, Revision, Beschwerde), sondern „alle Rechtsbehelfe, die sich gegen die eine Amtspflichtverletzung darstellende Handlung oder Unterlassung richten und sowohl deren Beseitigung oder Berichtigung als auch die Abwendung des Schadens zum Ziel haben und herbeizuführen geeignet sind".[25] Im Einzelfall ist besonders zu prüfen, ob der Verletzte schuldhaft (vorsätzlich oder fahrlässig) den Rechtsbehelf unterlassen hat und ob dieser den Schaden verhindert oder jedenfalls gemindert hätte. Das hängt davon ab, wie

23 BGHZ 68, 217; 113, 164.
24 BGHZ 85, 225; 113, 164.
25 BGHZ 28, 104; 173, 98 mAnm *Walker/Kraft* LMK 2007, 240366.

das Gericht bei dem Gebrauchmachen von dem Rechtsmittel richtigerweise hätte entscheiden müssen.[26] Wenn der Rechtsbehelf den Schaden nur teilweise hätte abwenden können, entfällt der Ersatzanspruch aber nur zu einem entsprechenden Teil.[27]

Bei Verwaltungsakten kommen Widerspruch und Anfechtungsklage bzw. Verpflichtungsklage in Betracht. – Im **Fall a** hätte G Erinnerung gegen die Art und Weise der Zwangsvollstreckung einlegen können (§ 766 ZPO). Weil er das unterlassen hat, ist die Haftung ausgeschlossen. 19

4. Folgen

a) Schadensersatzpflicht des Staates oder der Anstellungskörperschaft. Schadensersatzpflichtig ist nicht der Täter, sondern nur der Staat oder die Körperschaft, in deren Dienst er steht (Art. 34 S. 1 GG). Gemeint ist – von Sonderfällen abgesehen – die Anstellungskörperschaft.[28] 20

Im **Fall a** würde sich der Anspruch nicht gegen B, sondern gegen das Land, in dessen Dienst er steht, richten. Eine Klage wäre vor dem Landgericht zu erheben (Art. 34 S. 3 GG, § 71 II Nr. 2 GVG).

Hat der Schädiger hoheitlich gehandelt, kommt nur eine Haftung nach Art. 34 GG iVm § 839 in Betracht. Diese Spezialregelung schließt die Anwendung insbesondere der §§ 31, 89, 831 aus. 21

b) Schadensersatz in Geld. Der Schadensersatzanspruch ist regelmäßig nur auf Ersatz in Geld gerichtet, nicht auf Naturalrestitution. Denn der Staat haftet, soweit der Schädiger haften würde. Dieser aber könnte als Privatperson Schadensersatz in natura (zB Erlass des Hoheitsaktes) nicht leisten. Zudem könnte andernfalls im Prozess über Schadensersatz wegen Amtspflichtverletzung uU die Aufhebung eines rechtswidrigen Verwaltungsaktes oder die Vornahme eines rechtswidrig unterlassenen Verwaltungsaktes begehrt werden; dafür aber gibt es den Rechtsweg vor den Verwaltungsgerichten.[29] Jedoch bestehen keine Bedenken gegen eine Naturalrestitution, wenn der Anspruch auf Lieferung vertretbarer Sachen gerichtet ist.[30] 22

---

26 BGHZ 173, 98 zur gleichen Problematik bei der Sachverständigenhaftung nach § 839a mAnm *Walker/Kraft* LMK 2007, 240366.
27 *BGH* NJW 1986, 1924.
28 BGHZ 99, 330.
29 Vgl. ferner BGHZ 34, 99.
30 BGHZ 5, 102.

23 **c) Rückgriffsmöglichkeit des Staates.** Der Staat oder die Körperschaft hat die Möglichkeit des Rückgriffs gegen den Beamten, wenn dieser vorsätzlich oder grobfahrlässig gehandelt hat (Art. 34 S. 2 GG; vgl. § 75 BBG sowie die Beamtengesetze der Länder).

III. Beamtenhaftung bei fiskalischem Handeln

1. Voraussetzungen

24 Die Voraussetzungen für eine Eigenhaftung des Beamten nach § 839 unterscheiden sich nur in zwei Punkten von denen der Haftung der öffentlichen Körperschaft nach Art. 34 GG iVm § 839.

25 **a) Beamter im staatsrechtlichen Sinne.** Der Schädiger muss Beamter im staatsrechtlichen Sinne sein. Dazu ist erforderlich, dass ihm eine Urkunde ausgehändigt worden ist, welche die Worte „unter Berufung in das Beamtenverhältnis" enthält (vgl. zB § 10 II BBG). Die Einschränkung des Beamtenbegriffs ergibt sich aus einer Gegenüberstellung von § 839 und Art. 34 GG.

Ist der Täter kein Beamter im staatsrechtlichen Sinne, sondern zB Angestellter im öffentlichen Dienst, kommen für sein Handeln im fiskalischen Bereich Ansprüche aus §§ 823 ff. in Betracht.

26 **b) Wahrnehmung fiskalischer Interessen.** Der Schädiger muss in Wahrnehmung rein fiskalischer Interessen der öffentlich-rechtlichen Körperschaft tätig geworden sein. Er darf also keine hoheitlichen Aufgaben wahrgenommen haben (→ Rn. 3).

2. Folgen

27 **a) Haftung des Beamten.** Schadensersatzpflichtig ist der Beamte selbst. Der Anspruch richtet sich regelmäßig auf Schadensersatz in Geld.

28 **b) Haftung der Körperschaft.** Neben dem Beamten haftet auch die Körperschaft aus § 831 bzw. §§ 31, 89, sofern die pflichtwidrige Handlung des Beamten einen der Tatbestände der §§ 823–826 erfüllt. Denn beim fiskalischen Handeln soll die Haftung der öffentlichen Hand nicht schärfer sein als die einer Privatperson. Bei Verletzung eines bestehenden Schuldverhältnisses haftet die Körperschaft über § 278.

Diese Ansprüche gegen die Körperschaft schließen eine Haftung des Beamten gegenüber dem Geschädigten aus, wenn der Beamte lediglich fahrlässig seine Pflichten verletzt hat (§ 839 I 2).

Schadensersatz wegen Amtspflichtverletzung

I. Haftung des Staates (Anstellungskörperschaft) gem. Art. 34 S. 1 GG iVm § 839 bei hoheitlichem Handeln

1. Hoheitliches Handeln eines Beamten im haftungsrechtlichen Sinne (auch eines Angestellten)
2. Schadenszufügung in Ausübung eines öffentlichen Amtes
3. Verletzung einer Amtspflicht gegenüber dem Geschädigten
4. Rechtswidrigkeit
5. Verschulden
6. Adäquat kausaler Schaden
7. Besondere Voraussetzungen:
   a) Bei Fahrlässigkeit des Beamten: Unmöglichkeit anderweitigen Ersatzes (§ 839 I 2; Subsidiaritätsklausel, von der hM einschränkend ausgelegt)
   b) Bei Amtspflichtverletzung in einem gerichtlichen Urteil: Haftung nur bei Straftat (§ 839 II iVm §§ 332 II, 339 StGB; sog. Richterspruch- oder Urteilsprivileg)
8. Ausschluss der Haftung bei schuldhaft unterlassener Schadensabwendung durch Rechtsmittel (§ 839 II)
9. Eingeschränkte Rückgriffsmöglichkeit des Staates gegen den Beamten (Art. 34 S. 2 GG; vgl. § 75 BBG)

II. Persönliche Haftung des Beamten gem. § 839 bei fiskalischem Handeln

1. Fiskalisches Handeln eines Beamten im staatsrechtlichen Sinne (Ernennungsurkunde)
2. Verletzung einer Amtspflicht gegenüber einem Dritten
3. Schadenszufügung in Ausübung fiskalischer Tätigkeit (arg. e Art. 34 S. 1 GG)
4. Rechtswidrigkeit
5. Verschulden
6. Adäquat kausaler Schaden
7. Haftungsbeschränkungen (§ 839 I 2, II)
8. Haftungsausschluss (§ 839 III)

IV. Haftung des gerichtlichen Sachverständigen

29 **Schrifttum:** *Kilian,* Die Haftung des gerichtlichen Sachverständigen nach § 839a BGB, VersR 2003, 683; *ders.*, Zweifelsfragen der deliktsrechtlichen Sachverständigenhaftung, ZGS 2004, 220; *Schöpflin*, Probleme der Haftung des gerichtlichen Sachverständigen nach § 839a BGB, ZfS 2004, 241; *Thole*, Die Haftung des gerichtlichen Sachverständigen nach § 839a BGB, 2004.

Nach § 839a, der mit Wirkung zum 1.8.2002 eingefügt wurde, haftet ein vom Gericht ernannter Sachverständiger für ein von ihm vorsätzlich oder grob fahrlässig erstattetes unrichtiges Gutachten. Die Vorschrift wird analog auch angewendet auf einen nicht vom Gericht, sondern von der Staatsanwaltschaft beauftragten Sachverständigen.[31] Der Sachverständige ist zum Ersatz des Schadens verpflichtet, der einem Verfahrensbeteiligten durch eine gerichtliche Entscheidung entsteht, die auf diesem unrichtigen Gutachten beruht. Erforderlich ist also ein zweiaktiger Geschehensablauf, nämlich ein unrichtiges Gutachten, das Eingang in eine unrichtige gerichtliche Entscheidung gefunden hat, die ihrerseits den Schaden herbeiführt.

Beispiel: In einem Zwangsversteigerungsverfahren bewertet der vom Gericht bestellte Sachverständige den Verkehrswert des zu versteigernden Grundstücks zu hoch. Den Zuschlag durch gerichtliche Entscheidung erhält der Meistbietende, der bei richtiger Wertermittlung das Grundstück zu einem niedrigeren Gebot hätte ersteigern können.[32]

30 Die persönliche Haftung des Sachverständigen ist ausgeschlossen, wenn er in Ausübung eines ihm anvertrauten öffentlichen Amtes tätig wird; dann haftet gem. § 839 iVm Art. 34 GG der Staat bzw. die Anstellungskörperschaft. § 839 ist gegenüber § 839a die vorrangige Regelung.[33] Die Schadensersatzpflicht des Sachverständigen ist ebenso wie diejenige wegen Amtspflichtverletzung ausgeschlossen, wenn der Verletzte es schuldhaft unterlassen hat, den Schaden durch Gebrauch eines Rechtsmittels abzuwenden (§§ 839a II, 839 III; → Rn. 18).

---

31 *BGH* NJW 2014, 1665 (1666).
32 *BGH* NJW-RR 2006, 1733.
33 *BGH* NJW 2014, 1666 (1667).

§ 50. Sonstige Sondertatbestände der Verschuldenshaftung

Schrifttum: *Messer,* Der Anspruch auf Geldersatz bei Kreditgefährdung, § 824 und Anschwärzung, § 14 UWG, FS Steffen, 1995, 347. 1

Fall a: A erzählt im Bekanntenkreis, B sei unverschuldet zahlungsunfähig geworden. Das stimmt nicht; doch A selbst glaubt es, weil ein anderer ihm das mitgeteilt hat. Die Bank entzieht dem B wegen des Gerüchtes den Kredit, den B zur Durchführung eines Geschäfts benötigt. Da das Geschäft unterbleibt, verlangt B von A Schadensersatz. → Rn. 2, 5

I. Kredit- und Erwerbsschädigung

§ 824 schützt vor Beeinträchtigungen des Kredits und vor Nachteilen für Erwerb oder Fortkommen. Werden solche Nachteile durch eine strafbare Ehrverletzung verursacht, kann sich eine Schadensersatzpflicht auch aus § 823 II iVm §§ 185 ff. StGB ergeben.

§ 824 verlangt eine kredit- oder erwerbsschädigende Tatsachenäußerung, die unrichtig ist und deren Unrichtigkeit der Handelnde schuldhaft nicht erkannt hat. Wesentlich für eine Tatsachenbehauptung ist, ob die Richtigkeit der Aussage mit Beweismitteln überprüfbar ist. Für diesen Fall enthält § 824 eine abschließende Haftungsregelung. Wenn dagegen wahre Tatsachen oder Werturteile verbreitet werden, greift § 824 nicht ein. Dann ist ein Anspruch aus § 823 I wegen Eingriffs in das Recht am eingerichteten und ausgeübten Gewerbebetrieb nicht subsidiär.[1]

1. Objektiver Tatbestand

Es muss eine Tatsache behauptet oder verbreitet werden, die unwahr und objektiv geeignet ist, den Kredit eines anderen zu gefährden oder sonstige Nachteile für dessen Erwerb oder Fortkommen herbeizuführen. 2

Tatsachen iSd § 824 sind objektiv feststellbare Vorgänge und Zustände (zB Zahlungsunfähigkeit; **Fall a)**, nicht dagegen Werturteile (zB „Schwindelfirma", „billiger Schmarren"). Auch Bonitätsbeurteilungen von Wirtschafts-

1 *BGH* NJW 2006, 830 (839).

auskunfteien („langsame und schleppende" Zahlungsweise) können wertende Meinungsäußerungen sein.[2] Unwahr ist die Tatsache, wenn sie im Zeitpunkt der Äußerung mit der Wirklichkeit nicht übereinstimmt. Außerdem muss die Tatsache geeignet sein, wirtschaftliche Nachteile herbeizuführen; sie braucht jedoch nicht ehrenrührig zu sein (**Fall a:** unverschuldete Zahlungsunfähigkeit). Keine Tatsachenbehauptungen sind Slogans und schlagwortartige Bezeichnungen, die ohne Weiteres als unvollständig und ergänzungsbedürftig erkannt werden. Deshalb hat der BGH[3] die Bezeichnung „Gen-Milch" für Milch von Kühen, die auch mit gentechnisch veränderten Futtermitteln gefüttert werden, nicht als konkrete Tatsachenbehauptung angesehen.[4]

3 Um den Täter nicht einer Vielzahl von Schadensersatzansprüchen auszusetzen, verlangt der BGH, dass sich die Tatsachenbehauptung gerade mit dem Geschädigten befasst oder doch in enger Beziehung zu seinen Verhältnissen, seiner Betätigung oder seinen gewerblichen Leistungen steht.[5]

Wenn zB jemand behauptet, elektronische Orgeln seien für kirchliche Zwecke nicht geeignet, kann er von Herstellern und Händlern solcher Orgeln nicht nach § 824 in Anspruch genommen werden.

2. Rechtswidrigkeit

4 Wie bei allen Tatbeständen der unerlaubten Handlung ist auch § 824 nur erfüllt, wenn die Handlung rechtswidrig ist. Daran fehlt es bei Wahrnehmung berechtigter Interessen (§ 824 II).[6] Voraussetzung ist allerdings, dass dem Täter die Unwahrheit nicht bekannt ist. Wer vorsätzlich handelt, kann sich ebenso wenig auf § 824 II berufen wie derjenige, der sich leichtfertig über Wahrscheinlichkeitszweifel hinwegsetzt, obwohl er sie mit einfachen Mitteln hätte aufklären können. Der Täter handelt in Wahrnehmung berechtigter Interessen, wenn sein Interesse an der Äußerung gegenüber dem des Verletzten am Unterlassen der Äußerung überwiegt. Bei der Abwägung ist vor allem das Grundrecht der freien Meinungsäußerung (Art. 5 GG) zu berücksichtigen.[7]

§ 824 II kann zB eine Rolle spielen, wenn Fernsehmagazine oder Warentester mit objektiv falschen Tatsachenbehauptungen die Verbraucher zum Schutz ihrer Gesundheit vor der Verwendung bestimmter Produkte warnen. Auch

---

2 *BGH* NJW 2011, 2204.
3 *BGH* NJW 2008, 2110.
4 Nach *BVerfG* NJW 2010, 3501 verfassungsrechtlich nicht zu beanstanden.
5 Vgl. *BGH* NJW 1963, 1871; DB 1989, 921.
6 **Str.**; vgl. MüKoBGB/*Wagner* § 824 Rn. 41 ff.
7 BVerfGE 7, 198 – Lüth; *BVerfG* NJW 2000, 199 f.

dann setzt allerdings die Wahrnehmung berechtigter Interessen voraus, dass die Tatsachenbehauptungen nicht ungeprüft und leichtfertig verbreitet werden.[8]

3. Verschulden

Subjektiv reicht **fahrlässige Unkenntnis** des Täters von der Unwahrheit der behaupteten Tatsache aus. 5

Im **Fall a** durfte A nicht auf die Mitteilung eines anderen vertrauen. Er hätte vielmehr Erkundigungen einziehen müssen, bevor er über eine Zahlungsunfähigkeit des B im Bekanntenkreis redete.

4. Schaden

Die Behauptung oder Verbreitung der Tatsache muss einen Schaden des anderen verursacht haben. Schadensersatz in natura führt zum Widerruf der Äußerung. Bei einem Vermögensschaden kommt Ersatz in Geld in Betracht. 6

Im **Fall a** kann B von A Widerruf der Äußerung und Ersatz des entgangenen Gewinns verlangen.

II. Verletzung des Rechts auf sexuelle Selbstbestimmung

Schrifttum: *Kilian*, Schadensersatz bei Verletzung des Rechts auf sexuelle Selbstbestimmung: Der reformierte § 825 BGB, JR 2004, 309; *Strätz,* Wundersame Entwicklung: § 825 BGB neuer Fassung, JZ 2003, 448; *Wagner*, Zivilrechtliche Haftung für sexuelle Belästigung am Arbeitsplatz, GS Heinze, 2005, 969. 7

Nach § 825 begründet die Bestimmung zur Vornahme oder Duldung sexueller Handlungen durch unlautere Mittel (Hinterlist, Drohung, Missbrauch eines Abhängigkeitsverhältnisses) eine Schadensersatzpflicht. Für den immateriellen Schaden kann eine Geldentschädigung nach § 253 II verlangt werden.

Eine Schadensersatzpflicht kann sich auch aus § 823 II (iVm §§ 174 ff., 176 ff. StGB) und aus § 823 I (Körper, Gesundheit, allg. Persönlichkeitsrecht) ergeben. Soweit § 825 erfüllt ist, geht er als Spezialvorschrift vor. Ein Schadensersatzanspruch wegen vorsätzlicher Verletzung der sexuellen Selbstbestimmung unterliegt der besonderen Verjährungsfrist von 30 Jahren (§ 197 I Nr. 1).

---

8 *BGH* NJW 1978, 210.

§ 51. Haftung mehrerer Personen

1 **Schrifttum:** *Adam,* § 830 Abs. 1 S. 2 und die Gefährdungshaftung, VersR 1995, 1291; *Becker/Weidt,* Die deliktische Haftung mehrerer, JuS 2016, 481; *Benicke,* Deliktische Haftung mehrerer nach § 830 BGB, JURA 1996, 127; *Dimski,* Wer haftet für Tumultschäden?, VersR 1999, 804; *Eberl-Borges,* § 830 BGB und die Gefährdungshaftung, AcP 196 (1996), 491; *dies.*, Vertragliche Haftungsbestände im Rahmen des § 830 I 2 BGB, NJW 2002, 949; *v. Hein*, Neutrale Beihilfe im Zivilrecht, AcP 204 (2004), 761; *v. Heitmann,* Massenunfälle als haftungsrechtliches Problem, VersR 1994, 135; *Henne,* Eine fragwürdige Karriere des § 830 Abs. 1 S. 2 BGB: Analoge Anwendung beim vertraglichen Schadensersatzanspruch?, VersR 2002, 685; *G. Kirchhoff,* Der Verkehrsunfall im Zivilprozess: Haftungseinheit und Gesamtschau, MDR 1998, 377; *Kruse*, Haftung bei alternativer Kausalität nach § 830 BGB, ZGS 2007, 135; *G. Müller,* Haftungsrechtliche Probleme des Massenschadens, VersR 1998, 1181; *T. Müller,* Haftung von Erst- und Zweitschädiger bei ungeklärtem Kausalverlauf, NJW 2002, 2841; *Röpke/Pasch*, Anfängerklausur – Zivilrecht: Deliktische Beteiligung mehrerer und Schadenszurechnung – Cave Equos!, JuS 2014, 520; *Sedemund,* Zur Haftung von Nebentätern bei Mitverschulden des Geschädigten, ZGS 2003, 337.

Fall a: A, B und C lauern gemeinsam ihrem Feind D auf, um ihn zu verprügeln. Als D kommt, hält A ihn fest, B schlägt zu und C steht „Schmiere“. Wer muss den Schaden des D ersetzen? → Rn. 2

Fall b: A, B und C spucken um die Wette aus verschiedenen Fenstern Kirschkerne auf die Straße. D kommt – womit A, B und C nicht gerechnet hatten – auf einem Kern zu Fall und verletzt sich. Wer muss ihm die Arztkosten ersetzen? → Rn. 6, 8, 9

In § 830 ist im Wesentlichen geregelt, wer für den aus einer unerlaubten Handlung entstandenen Schaden verantwortlich ist, wenn mehrere Personen als Schädiger in Betracht kommen; § 840 legt fest, wie die Verantwortlichen nach außen gegenüber dem Geschädigten haften und wie ein Innenausgleich zwischen den Verantwortlichen zu erfolgen hat.

I. Verantwortlichkeit von Teilnehmern, Beteiligten und Nebentätern

1. Teilnehmer

Jeder Teilnehmer einer unerlaubten Handlung ist dem Geschädigten für den vollen Schaden verantwortlich (§ 830 I 1, II); Teilnehmer sind Mittäter, Anstifter und Gehilfen. 2

a) Mittäter. Mehrere Personen begehen eine unerlaubte Handlung als Mittäter („gemeinschaftlich", § 830 I 1), wenn sie in bewusstem und gewolltem Zusammenwirken den angestrebten Erfolg herbeiführen[1] **(Fall a)**. Ebenso wie beim Mittäter im Strafrecht (§ 25 II StGB) ist also vorsätzliches Handeln erforderlich. Auf das „Gewicht" des Tatbeitrages des Einzelnen kommt es nicht an. So reicht es auch aus, wenn ein Mittäter lediglich geistigen Einfluss nimmt (Tatplan) oder einen psychischen Beitrag leistet (Sicherung der Handelnden, zB durch Schmierestehen).

b) Anstifter. Anstifter ist, wer vorsätzlich in einem anderen den Tatentschluss zu einer vorsätzlichen unerlaubten Handlung hervorruft (vgl. § 26 StGB). 3

c) Gehilfe. Gehilfe ist, wer, ohne einen eigenen Täterwillen zu haben, dem Täter in irgendeiner Form bei einer vorsätzlichen unerlaubten Handlung vorsätzlich Hilfe leistet (vgl. § 27 StGB). 4

Da Anstifter und Gehilfen nach § 830 II den Mittätern gleichgestellt sind, ist hier die im Strafrecht schwierige Abgrenzung zwischen den Teilnahmeformen bedeutungslos.

2. Beteiligte

Ist nicht zu ermitteln, wer von mehreren Beteiligten den Schaden durch seine Handlung verursacht hat, so ist nach § 830 I 2 jeder der Beteiligten für den Schaden verantwortlich. Mit dieser Bestimmung trägt das BGB der Tatsache Rechnung, dass bei einem gefährdenden Verhalten mehrerer Menschen nicht immer geklärt werden kann, wer letztlich die Ursache für den Schadenseintritt gesetzt hat. Der Geschädigte soll seinen Ersatzanspruch nicht dadurch verlieren, dass er 5

1 *BGH* NJW 1972, 40.

den Kausalitätsnachweis einem Einzelnen gegenüber nicht führen kann. § 830 I 2 ist also eine Beweislastregel, aber keine selbständige Anspruchsgrundlage.[2]

6 a) **Kein Teilnehmer.** Negative Voraussetzung für die Annahme einer Beteiligung iSd § 830 I 2 ist, dass die in Frage kommenden Personen nicht als Mittäter, Anstifter oder Gehilfen den Schaden verursacht haben und nicht festzustellen ist, wer den Schaden herbeigeführt hat.

Im **Fall b** scheidet eine Teilnahme aus, da die Körperverletzung des D nicht vorsätzlich verursacht wurde.

§ 830 I 2 ist auch nicht anwendbar, wenn einer der Beteiligten erwiesenermaßen haftet, da es hier an der typischen Beweisnot fehlt.[3]

7 b) **Rechtswidriges und schuldhaftes Handeln.** Positiv setzt das Beteiligungsverhältnis ein selbständiges, rechtswidriges und schuldhaftes gefährliches Handeln mehrerer voraus. Es muss feststehen, dass der Schaden durch einen oder mehrere der Beteiligten herbeigeführt wurde und dass das Verhalten jedes Einzelnen den ganzen Erfolg möglicherweise verursacht hat.

aa) Beteiligt ist der, dessen gefährdendes Verhalten möglicherweise den Erfolg verursacht hat. Das Tun muss typischerweise zu solchen Schäden, wie sie eingetreten sind, führen können; der Schaden muss adäquate Folge der Gefährdung sein.

Eine Beziehung der Beteiligten zueinander ist nicht erforderlich, ebenso nicht, dass die möglichen Schädiger gleichzeitig handeln.[4]

8 bb) Eine Anwendung des § 830 I 2 kommt nur in Betracht, wenn sicher ist, dass jedenfalls eine der gefährdenden Handlungen den Schaden herbeigeführt hat.

Im **Fall b** muss also feststehen, dass D auf einem Kirschkern ausgerutscht und nicht etwa nur auf holprigem Pflaster ins Stolpern geraten war.

9 cc) Die Verursachungsvermutung des § 830 I 2 kann jeder Beteiligte durch den Nachweis entkräften, dass sein Handeln den Schaden nicht herbeigeführt hat.

Weist A im **Fall b** nach, dass von seinem Fenster aus ein Kirschkern unmöglich an die Unglücksstelle gelangen konnte, haftet er nicht.

---

2 **AA** BGHZ 67, 14; 72, 355.
3 BGHZ 72, 355 (363).
4 BGHZ 33, 286; 55, 86; im Einzelnen sehr str.; vgl. Jauernig/*Teichmann* BGB § 830 Rn. 10.

dd) § 830 I 2 ersetzt lediglich den Nachweis der Ursächlichkeit für die Schadenszufügung durch eine unerlaubte Handlung.[5] Steht einem der möglichen Verursacher ein Rechtfertigungsgrund zur Seite (zB Notwehr), scheidet seine Haftung gem. § 830 I 2 aus. Fehlt Verschuldensfähigkeit oder Verschulden eines der Beteiligten, so haftet er nach § 830 I 2 nur, sofern er im Falle seiner Verursachung des Schadens nach Deliktsrecht haften würde (**Beispiel:** Deliktsunfähiger nach § 829). 10

Soweit ein Beteiligter auch ohne Verschulden haftet (zB nach § 7 I StVG; → § 54 Rn. 3 ff.), bleibt er nach § 830 I 2 zum Schadensersatz verpflichtet. Denn § 830 I 2 gilt auch für die Gefährdungshaftung.[6]

ee) Ist nicht auszuschließen, dass der Geschädigte sich selbst verletzt hat, scheidet § 830 I 2 ebenfalls aus.[7] Diese Vorschrift setzt nämlich voraus, dass gegen jeden Beteiligten – abgesehen von der Ursächlichkeit – ein Schadensersatzanspruch bestünde; daran fehlt es, wenn die Möglichkeit besteht, dass der Geschädigte sich selbst verletzt hat, da es einen Anspruch des Geschädigten gegen sich selbst nicht gibt. 11

3. Nebentäter

§ 830 lässt jene Fälle ungeregelt, in denen mehrere Personen, ohne Teilnehmer zu sein, jeweils durch unerlaubte Handlungen den Schaden verursacht haben (= Nebentäter). 12

Beispiel: A und B flößen, ohne voneinander zu wissen, dem C Gift ein, woraufhin C stirbt. Es stellt sich heraus, dass der Tod des C auf die Gesamtmenge des Giftes zurückzuführen ist; die Einzeldosen hätten nicht ausgereicht. A und B sind mangels gemeinschaftlichen Handelns nicht Mittäter; Beihilfe scheidet ebenfalls aus, da keiner die Tat des anderen bewusst förderte. Beteiligung nach § 830 I 2 liegt nicht vor, denn es steht fest, dass sowohl A als auch B den Tod des C verursacht haben.

Nach wohl allgemeiner Ansicht hat jeder Nebentäter als Gesamtschuldner den ganzen Schaden zu ersetzen.[8]

Im Beispielsfall haften A und B den Hinterbliebenen nach §§ 844 f.

---

5 Zu den Grenzen der Verursachungsvermutung im Falle einer Großdemonstration vgl. *BGH* NJW 1984, 1226.
6 Str.; vgl. BGHZ 55, 96; *BGH* NJW 1969, 2136.
7 *BGH* NJW 1973, 1283.
8 *Looschelders* SchuldR BT Rn. 1389.

II. Gesamtschuldnerschaft

1. Außenverhältnis

13 Im Außenverhältnis gegenüber dem Geschädigten haften die Täter einer unerlaubten Handlung, die nebeneinander verantwortlich sind, nach § 840 I als Gesamtschuldner (vgl. § 421).[9]

Der Begriff der unerlaubten Handlung in § 840 I ist weit zu verstehen. Er umfasst alle Fälle einer gesetzlich angeordneten Schadensersatzpflicht aus Verschuldens- und aus Gefährdungshaftung.[10] Gesamtschuldnerisch können beispielsweise haften: Teilnehmer und Beteiligte nach § 830; Nebentäter nach §§ 823 ff., auch wenn der eine vorsätzlich, der andere fahrlässig gehandelt hat; Geschäftsherr nach § 831 und Verrichtungsgehilfe nach §§ 823 ff.; Kfz-Halter nach § 7 I StVG und -Führer nach § 18 StVG oder §§ 823 ff. Zu beachten ist aber, dass dort, wo eine Haftungsbegrenzung besteht (zB § 12 StVG), auch bei §§ 840 I, 421 ff. über diese Grenze hinaus nicht gehaftet wird.

Wenn die volle Haftung jedes Gesamtschuldners im Außenverhältnis wegen eines **Mitverschuldens** des Geschädigten nach § 254 oder § 17 StVG gemindert ist, ist die Mitverantwortung gegenüber jedem in Anspruch genommenen Schädiger gesondert abzuwägen **(Einzelabwägung)**. Insgesamt kann der Geschädigte jedoch von allen Gesamtschuldnern nicht mehr als den Betrag fordern, der bei einer Gesamtschau des Geschehens den zusammengerechneten Verantwortungsanteilen sämtlicher Schädiger im Verhältnis zur Mitverantwortung des Geschädigten entspricht **(Gesamtabwägung)**.[11]

Beispiel: Bei einem Verkehrsunfall wird G durch S^1 und S^2 geschädigt, die als Gesamtschuldner haften. Gegenüber S^1 muss G sich ein Mitverschulden von 20 %, gegenüber S^2 von 40 % anrechnen lassen. Wenn G den S^2 in Anspruch nimmt, haftet dieser aufgrund der erforderlichen Einzelabwägung nur mit einer Quote von 60 %. Nimmt G den S^1 in Anspruch, würde dieser aufgrund einer Einzelabwägung zwar mit einer Quote von 80 % haften, aber die Gesamtabwägung führt nur zu einer Minderung der Haftung auf 30 %, falls diese Quote sich bei einer Gesamtabwägung ergibt.

2. Innenverhältnis

14 **a) Anteilige Haftung aller Gesamtschuldner.** § 426 I begründet ein **Ausgleichsschuldverhältnis** unter den Gesamtschuldnern, damit

9 Dazu *Brox/Walker* SchuldR AT § 37 Rn. 12 ff.
10 *BGH* NJW 2006, 896 f.
11 *BGH* NJW 2006, 896 (897).

nicht derjenige Schuldner, den der Gläubiger zufällig in Anspruch nimmt, letztlich den gesamten Schaden zu tragen hat. Nach der genannten Bestimmung sind die Gesamtschuldner im Verhältnis zueinander zu gleichen Anteilen verpflichtet, soweit das Gesetz nicht ein anderes bestimmt.

b) Alleinige Verpflichtung einzelner Gesamtschuldner. Von der Regel des § 426 I abweichende Bestimmungen sind für die Gesamtschuldner des § 840 I in § 840 II, III enthalten. 15

Beispiel: Dachdeckermeister M hat den Gesellen G mit dem Decken eines Daches betraut. G lässt grobfahrlässig Ziegel auf die Straße fallen und verletzt A. Hier haftet G nach § 823 I und M, sofern er sich nicht entlasten kann, nach § 831. Da G von M wegen seiner groben Fahrlässigkeit nicht Befreiung von den Schadensersatzansprüchen des A aus dem Gedanken der beschränkten Arbeitnehmerhaftung verlangen kann (→ § 20 Rn. 11), hat G im Verhältnis zu M nach § 840 II den Schaden allein zu tragen.

Der Rechtsgedanke aus § 840 III kann auch Bedeutung für die entsprechende Anwendung des § 254 zu Lasten des Geschädigten haben. Wenn ein Hundehalter nicht nur nach § 833 S. 1 (Gefährdungshaftung), sondern nach § 823 I (Verschuldenshaftung) zum Schadensersatz verpflichtet ist, weil sein nicht angeleinter Hund einen anderen Hund verletzt hat, braucht sich der geschädigte Halter des verletzten Hundes nicht in entsprechender Anwendung der §§ 254 I, 833 S. 1 die Tiergefahr seines eigenen Hundes (→ § 48 Rn. 24a) entgegenhalten zu lassen; denn nach dem Rechtsgedanken des § 840 III tritt die Gefährdungshaftung des Geschädigten hinter der Verschuldenshaftung des Schädigers zurück.[12] 15a

Aus dem **Rechtsgedanken des § 254** kann ebenfalls eine andere als die in § 426 I regelmäßig vorgesehene Schadensverteilung folgen. Das ist von Bedeutung, wenn die Gesamtschuldner mit verschiedenen Verschuldensgraden gehandelt haben. 16

Beispiel: A verbreitet, um seinen Konkurrenten C zu schädigen, bewusst unwahre Tatsachenbehauptungen über die Kreditwürdigkeit des C. B glaubt fahrlässigerweise daran und gibt die Äußerungen weiter. Erleidet C einen Schaden, so richtet sich sein Ersatzanspruch gegen A (etwa aus § 826) und B (etwa aus § 824) als Gesamtschuldner (§ 840 I). Im Innenverhältnis wiegt die vorsätzliche Handlung des A so schwer, dass er gegenüber dem fahrlässig handelnden B den ganzen Schaden zu tragen hat.

---

12 *BGH* NJW 2016, 1589 Rn. 26 mAnm *Mäsch* JuS 2016, 650.

§ 52. Schadensersatz bei unerlaubter Handlung

1 **Fall a:** A hat den Studenten S wider besseres Wissen einer Straftat beschuldigt, so dass S zu einer Freiheitsstrafe von mehreren Jahren verurteilt wurde. Nach seiner Freilassung kann S sein Studium aus wirtschaftlichen Gründen nicht mehr aufnehmen. Er verlangt nach Klärung seiner Unschuld von A als Schadensersatz eine Rente in Höhe des ihm entgehenden Mehrverdienstes. → Rn. 4

Fall b: Infolge einer von B verschuldeten Verletzung kann der wohlhabende Musikliebhaber K mehrere Monate nicht zusammen mit seinen Freunden musizieren. Nur wegen dieser Beeinträchtigung seines Wohlbefindens verlangt er Schmerzensgeld. B meint, K habe durch das neu angeschaffte Fernsehgerät genügend Anregung gehabt. → Rn. 8, 10

Fall c: A wird bei einem von B verschuldeten Autounfall schwer verletzt. Drei Wochen nach dem Unfall kommt der erste Sohn (S 1) des A, zwei Jahre später der zweite Sohn (S 2) zur Welt. Ein halbes Jahr nach dessen Geburt stirbt A an den Nachwirkungen des Unfalls. Die Ehefrau E des A und die Söhne verlangen von B eine Rente nach § 844 II. → Rn. 24

Ist ein Anspruch aus unerlaubter Handlung gegeben, richten sich Art und Umfang der Schadensersatzpflicht nach den allgemeinen Vorschriften der §§ 249 ff. Teilweise treffen jedoch die §§ 842–851 Sonderregelungen. Hier ist zwischen den Ansprüchen wegen Personen- und wegen Sachschäden zu unterscheiden (§§ 842–846 bzw. §§ 848–851). Weitere Besonderheiten des deliktischen Schadensersatzanspruches ergeben sich aus den §§ 852, 853 und aus dem Zusammenspiel mit anderen Ansprüchen (= Anspruchsgrundlagenkonkurrenz).

I. Ersatzansprüche des unmittelbar Geschädigten bei Personenschäden

2 **Schrifttum:** *Arntz*, Das Schmerzensgeld im Lichte der empirischen Glücksforschung, NJW 2017, 3329; *Ebbing*, Ausgleich immaterieller Schäden, ZGS 2003, 223; *Foerste*, Schmerzensgeldbemessung bei brutalen Verbrechen, NJW 1999, 2951; *Glasmacher/Pache*, Geldentschädigungsanspruch bei Persönlichkeitsrechtsverletzungen, JuS 2015, 303; *Hacks/Wellner/Häcker*, Schmerzensgeldbeträge 2017, 35. Aufl., 2016; *Hofmann/Fries*, Der äußerungsrechtliche Geldentschädigungsanspruch im digitalen Zeitalter, NJW 2017, 2369; *Keiser*, Schadensersatz und Schmerzensgeld bei Stalking?, NJW 2007, 3387; *Kern*, Die Genugtuungsfunktion des Schmerzensgeldes – ein pönales Element im

Schadensrecht?, AcP 191 (1991), 247; *Küppersbusch/Höher,* Ersatzansprüche bei Personenschaden, 12. Aufl., 2016; *Scheffen/Pardey,* Schadensersatz bei Unfällen mit Kindern und Jugendlichen, 2. Aufl., 2003; *Schulze/Stippler-Birk,* Schmerzensgeldhöhe in Presse- und Medienprozessen, 1992; *Slizyk,* Beck`sche Schmerzensgeld-Tabelle, 12. Aufl., 2016; *Steffen,* Schmerzensgeld bei Persönlichkeitsverletzungen durch Medien, NJW 1997, 10; *Walker,* Die Entschädigung für immaterielle Schäden nach deutschem Zivilrecht, FS Ulusan, 2016, Bd. III, 743.

1. Nachteile für Erwerb oder Fortkommen

Nach § 842 erstreckt sich die Schadensersatzpflicht wegen einer gegen die Person gerichteten unerlaubten Handlung auch auf die Nachteile, welche die Handlung für den Erwerb oder das Fortkommen des Verletzten herbeiführt. Die Bestimmung stellt klar, dass unter den nach §§ 249 ff. zu ersetzenden Vermögensschaden auch Nachteile für Erwerb oder Fortkommen des Verletzten fallen.

a) Unerlaubte Handlung gegen die Person. Eine unerlaubte 3
Handlung ist gegen die Person gerichtet, wenn sie deren persönliche Rechtsgüter (zB Gesundheit, Ehre, Freiheit, Persönlichkeitsrecht) verletzt. Trotz des Wortlauts von § 842 („gerichtet“) ist nicht erforderlich, dass die Handlung des Schädigers auf eine Verletzung der Person abzielt; daher fällt auch die fahrlässige Begehung einer unerlaubten Handlung unter § 842.

b) Nachteile für den Erwerb oder das Fortkommen. Nach § 843 I 4
ist der Schadensersatz in Form einer **Rente** zu leisten, wenn eine Körper- oder Gesundheitsverletzung zur Aufhebung oder Minderung der Erwerbsfähigkeit oder zur Vermehrung der Bedürfnisse des Verletzten geführt hat. Dieser kann nach § 843 III bei wichtigem Grund eine Kapitalisierung der Rente verlangen.

§ 843 behandelt zwar nur die Schäden wegen Beeinträchtigung der Erwerbsfähigkeit, muss aber auch für Schäden im Fortkommen gelten. Denn einmal sind beide Schadensarten nur schwer voneinander zu trennen. Zum anderen ist § 843, der nur die Art des Schadensersatzes näher regelt, im Zusammenhang mit § 842 zu sehen. Daher wird zu Recht angenommen, dass die Beschränkung des § 843 auf Körper- und Gesundheitsverletzungen zu eng ist. Man wird die genannte Bestimmung in jenen Fällen analog anwenden können, in denen die Verletzung eines anderen Rechtsguts zu dauernden Nachteilen führt. S kann daher im **Fall a** wegen der Freiheitsberaubung eine Rente verlangen.

5 **c) Höhe und Dauer der Rente.** Bei der Feststellung der Rentenhöhe wegen Beeinträchtigung des Erwerbs oder Fortkommens ist zu fragen, welches Einkommen der Verletzte ohne das schadenstiftende Ereignis nach dem regelmäßigen Verlauf der Dinge jetzt und künftig gehabt haben würde.[1] Im Prozess erfolgt hier zumeist eine Schätzung nach § 287 I ZPO.[2] Von der ermittelten Summe sind die tatsächlich erzielten oder – wegen der Schadensminderungspflicht nach § 254 II – zumutbarerweise erzielbaren Einnahmen abzuziehen.

Beispiel: Ist die Erwerbsfähigkeit des Verletzten abstrakt auf 50 % vermindert, so erhält er nach § 843 dennoch keine Rente, wenn er bei gleichem Verdienst und zu gleichen Bedingungen weiterhin tätig ist.

Soweit es um die **Höhe der Rente wegen Vermehrung von Bedürfnissen** geht, muss geprüft werden, ob die Verletzung auf Dauer erhöhte Bedürfnisse verursacht, zu deren Befriedigung Mehraufwendungen erforderlich sind.

Beispiel: Kosten für eine Pflegerin; unter engen Voraussetzungen auch Ersatz für Betreuungsleistungen durch nahe Angehörige.[3]

Erhält der Geschädigte von Dritten zur Ausgleichung der in § 843 I genannten Nachteile Zuwendungen, so können diese nach allgemeinen Regeln auf die Rentenzahlungspflicht des Schädigers angerechnet werden. Eine Anrechnung erfolgt nur, wenn die **Vorteilsausgleichung** dem Sinn und Zweck der Schadensersatzpflicht entspricht. Für Unterhaltsleistungen schließt § 843 IV bereits ausdrücklich eine Anrechnung aus.

6 Die **Dauer** der Rentenzahlung richtet sich danach, wie lange die Erwerbsfähigkeit ohne das schadenstiftende Ereignis voraussichtlich bestanden hätte.

2. Ersatz immaterieller Schäden (Schmerzensgeld) nach § 253 II

7 Die Schadensersatzpflicht geht nach § 249 I auf Naturalrestitution. Diese ist bei Verletzung einer Person regelmäßig nicht möglich. Daher kann hier der Geschädigte vom Schädiger gem. § 249 II 1 den Betrag verlangen, der zur Wiederherstellung erforderlich ist (zB Arztkosten). Nach § 251 I ist der Schuldner gehalten, dem Verletzten Ersatz in Geld zu leisten, wenn die Herstellung nicht – auch nicht

1 Zur Berechnung *BGH* NJW 1999, 3711.
2 *BGH* NJW 2009, 206.
3 *BGH* NJW 1999, 2819.

über § 249 II 1 – möglich oder genügend ist. Eine Geldentschädigung für immaterielle Schäden (Schmerzensgeld) kann allerdings gem. § 253 I nur in den durch das Gesetz bestimmten Fällen gefordert werden. Ein solcher Fall ist in § 253 II geregelt. Diese Vorschrift ist am 1.8.2002 an die Stelle des früheren § 847 getreten. Dadurch hat sich die Rechtslage hinsichtlich der Ersatzfähigkeit immaterieller Schäden wesentlich geändert.

a) Begriff des immateriellen Schadens. Nach § 253 I ist der imma- 8
terielle Schaden ein solcher, der nicht Vermögensschaden ist. Das sind Einbußen am körperlichen oder seelischen Wohlbefinden. Hierher gehören körperliche Schmerzen, Kummer, Ängste, Einschränkung des Lebensgefühls durch Beeinträchtigung der Sinne oder den Verlust der Möglichkeit, Tätigkeiten (zB Musizieren; **Fall b)** auszuüben, welche bis zur Verletzung ausgeübt wurden.

b) Funktion des Schmerzengeldes. Das Schmerzensgeld als Ersatz 9
eines immateriellen Schadens hat nach hM[4] drei Funktionen: In erster Linie soll es die **Einbußen am Wohlbefinden ausgleichen**. Außerdem soll es der **Genugtuung** des Verletzten für das erlittene Unrecht dienen.[5] Schließlich soll es jedenfalls bei der Verletzung des allgemeinen Persönlichkeitsrechts künftige Verletzungen dieser Art verhindern **(Präventionsfunktion**; → Rn. 20).

In seiner **Ausgleichsfunktion** soll das Schmerzensgeld dem Verletzten zu 10
materiellen Mitteln verhelfen, mit denen er sich erhöhten Lebensgenuss verschaffen kann. Zur **Genugtuung** ist eine Entschädigung insbesondere dann zu leisten, wenn der Verletzte selbst die erforderlichen Sachmittel hat, mit denen er sich mehr Lebensfreude verschaffen kann **(Fall b)**. Das Genugtuungsbedürfnis fällt auch dann nicht weg, wenn der Schädiger wegen der Tat zu einer Freiheitsstrafe verurteilt wird;[6] denn der Strafanspruch dient in erster Linie dem Interesse der Allgemeinheit, den Täter strafrechtlich zur Verantwortung zu ziehen, während die Genugtuungsfunktion die besondere Beziehung des Geschädigten zum Schädiger berücksichtigt.

Das Abstellen auf die Ausgleichs- und Genugtuungsfunktion darf 11
entgegen der früheren Rechtsprechung nicht dazu führen, dass nur eine symbolhafte Entschädigung gewährt wird, wenn es etwa zu einem schweren Hirnschaden mit weitgehendem Verlust von Wahrnehmungs- und Empfindungsfähigkeit und damit zu einer Zerstörung

4 Seit BGHZ 18, 149.
5 Vgl. *BGH* NJW 1976, 1147.
6 BGHZ 128, 117 (122): Bankraub.

der Persönlichkeit kommt. Vielmehr ist auch dieser immaterielle Schaden durch eine Geldentschädigung auszugleichen. Das folgt aus Art. 1 und 2 GG. Beeinträchtigungen von solchem Ausmaß verlangen nach einer eigenständigen Bewertung dessen, was als Entschädigung für diesen immateriellen Verlust iSv § 253 II „billig" ist.[7] In einem solchen Fall kann der Richter bei der Schmerzensgeldberechnung das Verschulden des Schädigers und dessen wirtschaftliche Leistungsfähigkeit berücksichtigen.[8]

Daneben können auch die wirtschaftliche Situation sowie persönliche Eigenschaften des Geschädigten (Alter, Schmerzempfindlichkeit) und andere Umstände des Einzelfalles in die Berechnung einfließen.

12 **c) Voraussetzungen.** Die Ersatzfähigkeit eines immateriellen Schadens setzt gem. § 253 II voraus, dass wegen einer Verletzung des Körpers, der Gesundheit, der Freiheit oder der sexuellen Selbstbestimmung Schadensersatz zu leisten ist. Unerheblich ist, auf welcher Rechtsgrundlage diese Schadensersatzpflicht beruht. Der Schmerzensgeldanspruch kommt also sowohl bei einer von einem Verschulden abhängigen deliktischen und vertraglichen Schadensersatzhaftung als auch bei der (verschuldensunabhängigen) Gefährdungshaftung (dazu → § 54) in Betracht. Das ist den entsprechenden Regelungen in zahlreichen anderen Gesetzen (zB § 87 S. 2 AMG; § 11 S. 2 StVG; § 6 S. 2 HPflG; § 36 S. 2 LuftVG; § 32 V 2 GenTG; § 8 S. 2 ProdHaftG; § 13 UmweltHG; § 29 II AtomG) zu entnehmen.

Im Gesetzgebungsverfahren zu § 253 II war noch vorgesehen, dass die Verletzung entweder vorsätzlich herbeigeführt sein oder einen Schaden verursacht haben muss, der unter Berücksichtigung seiner Art und Dauer nicht unerheblich ist. Diese Erheblichkeitsschwelle oder Bagatellgrenze bei nicht vorsätzlichen Verletzungen hätte ein Schmerzensgeld etwa für Kopfschmerzen, Schürfwunden, einfache Prellungen und Zerrungen ausgeschlossen. Der Gesetzgeber hat auf diese Voraussetzung dann aber bewusst verzichtet.

13 In der Gewährung des Schmerzensgeldanspruches auch bei der Haftung wegen vertraglicher Pflichtverletzungen liegt ein wesentlicher Unterschied zwischen § 253 II und dem früheren § 847, der ein Schmerzensgeld nur bei der Haftung wegen unerlaubter Handlung vorsah. Diese Erweiterung wirkt sich insbesondere bei der Einschaltung eines Gehilfen aus. Wenn die Voraussetzungen für eine delikti-

7 So noch zu § 847 aF BGHZ 120, 1 (5).
8 *BGH* NJW 1993, 1531.

sche Haftung wegen des nach § 831 I 2 möglichen Exkulpationsbeweises (→ § 48 Rn. 6f.) nicht vorliegen, wohl aber die Voraussetzungen für eine vertragliche Haftung, weil im Rahmen von § 278 eine Exkulpation nicht möglich ist, muss der Schädiger gem. § 253 II auch den immateriellen Schaden ersetzen. Dagegen hätten die Voraussetzungen des § 847 aF bei einer nur vertraglichen Haftung nicht vorgelegen.

d) Rechtsfolge. Die Rechtsfolge des § 253 II besteht darin, dass auch wegen eines Schadens, der nicht Vermögensschadens ist, eine **billige Entschädigung in Geld** gefordert werden kann. 14

Die Genugtuungsfunktion des Schmerzensgeldes spielt zwar bei der verschuldensunabhängigen Gefährdungshaftung keine Rolle. Aber im Bereich der verschuldensabhängigen vertraglichen Haftung kann sie bei der Bemessung der Entschädigung berücksichtigt werden.

3. Geldentschädigung bei Verletzungen des allgemeinen Persönlichkeitsrechts

a) Anspruchsgrundlage. Nach dem Wortlaut des § 253 II kann Schmerzensgeld nur bei der Verletzung der dort genannten, abschließend aufgezählten Rechtsgüter verlangt werden. Das inzwischen anerkannte allgemeine Persönlichkeitsrecht (→ § 45 Rn. 21 ff.) ist nicht erwähnt. Ersatz in Geld wegen eines Schadens „am Persönlichkeitsrecht" könnte daher wegen der Regelung in § 253 I eigentlich nicht gefordert werden. Das wird von der Rechtsprechung und der Lehre schon seit langem als unbillig angesehen. 15

Beispiel: In einer Zeitung werden Tatsachen aus der Intimsphäre des Charakterdarstellers X veröffentlicht, die geeignet sind, ihn lächerlich zu machen. Erleidet X aus Erregung hierüber einen Herzinfarkt, so hat er Anspruch auf Ersatz der Arztkosten wegen einer Gesundheitsverletzung nach §§ 823 I, 249. Für die erlittenen körperlichen Schmerzen kann er nach § 253 II Schmerzensgeld verlangen. Würde X aufgrund des Artikels lediglich kein Engagement erhalten, so führt die Anerkennung des allgemeinen Persönlichkeitsrechts als sonstiges Recht oder Rechtsgut iSd § 823 I dazu, dass er diesen Schaden gem. § 842 ersetzt bekommt. Geldentschädigung wegen der Beeinträchtigung seines seelischen Wohlbefindens durch den Verlust an Ansehen stünde ihm jedoch in keinem Fall zu.

Der BGH hat sich über die durch § 253 I gezogene Grenze hinweggesetzt und erkennt seit langem in ständiger Rechtsprechung einen Anspruch auf Geldentschädigung auch bei Verletzung des allgemeinen Persönlichkeitsrechts an. Das Schrifttum folgt zumindest im 16

Ergebnis überwiegend dieser Rechtsprechung, die verfassungsrechtlich nicht zu beanstanden ist.[9]

Begründet hat der BGH dieses Ergebnis zunächst mit einer Analogie zu § 847 aF, indem er die freie Selbstbestimmung der Persönlichkeit dem Rechtsgut der körperlichen Freiheit gleichsetzte.[10] Später[11] betrachtete er das Gebot des § 253, nur in den gesetzlich bestimmten Fällen für immaterielle Schäden Geldersatz zu gewähren, als nicht mehr zwingend, nachdem das Grundgesetz in Art. 1 und 2 eine Entscheidung für Wert und Schutz der Persönlichkeit getroffen habe. Der Schutz durch § 823 I sei zu gering, wenn die Verletzung des allgemeinen Persönlichkeitsrechts keine der ideellen Beeinträchtigung adäquate Sanktion, dh keinen Entschädigungsanspruch, zur Folge hätte.

Der Anspruch auf Geldentschädigung wegen Persönlichkeitsrechtsverletzung hat seine **Grundlage also in § 823 I iVm Art. 1 und 2 I GG.**[12] Diese dogmatische Einordnung des Anspruchs hat den Gesetzgeber auch veranlasst, in § 253 II (→ Rn. 14) das allgemeine Persönlichkeitsrecht nicht bei den Rechtsgütern zu nennen, deren Verletzung einen Schmerzensgeldanspruch auslösen kann. Der Anspruch ergibt sich unabhängig von § 253 unmittelbar aus § 823 I iVm dem Schutzauftrag aus Art. 1 und 2 I GG.

Der Anspruch auf Geldentschädigung dient dem Schutz der ideellen Bestandteile des Persönlichkeitsrechts. Er ist daher nach der Rechtsprechung unauflöslich an den Träger des Persönlichkeitsrechts gebunden und als höchstpersönlicher Anspruch nicht übertragbar und nicht vererblich.[13] Das gilt selbst dann, wenn der Anspruch noch zu Lebzeiten des Geschädigten eingeklagt wurde.[14]

17 **b) Voraussetzungen.** Folgende Voraussetzungen müssen nach der Rechtsprechung des BGH, die das BVerfG[15] als verfassungsrechtlich unbedenklich ansieht, gegeben sein:

aa) Der Schädiger muss das **Persönlichkeitsrecht** des Anspruchstellers[16] **rechtswidrig und schuldhaft verletzt** haben (→ § 45 Rn. 21 ff., 55 ff.).

---

9 BVerfGE 34, 269; NJW 2004, 591.
10 BGHZ 26, 349 – „Herrenreiter"-Urteil: „Freiheitsentziehung im Geistigen".
11 ZB in BGHZ 35, 363 – „Ginsengwurzel"-Urteil.
12 BVerfG NJW 2000, 2187; BGH NJW 2014, 2871 (2872) mAnm *Mäsch* JuS 2014, 1037 und Anm. *Schubert* JZ 2014, 1056; NJW 2006, 605 (606); 2005, 215 (216); 2000, 2195 (2197); 1996, 984 (985); 1996, 985 (987); 1995, 861; BAG NJW 2015, 2749 (2750).
13 *BGH* NJW 2017, 800 Rn. 8; 2014, 2871 f. mAnm *Mäsch* JuS 2014, 1037 und Anm. *Schubert* JZ 2014, 1056.
14 *BGH* NJW 2017, 3004 Rn. 13 mAnm *Fölsing* EWiR 2017, 595.
15 *BVerfG* NJW 2004, 591.
16 Nur dem unmittelbar Verletzten kann der Anspruch zustehen, nicht auch demjenigen, der durch die Verletzung des Persönlichkeitsrechts eines anderen nur mittelbar belastet wird. Dazu *BGH* NJW 2012, 1728.

bb) Nur **schwerwiegende Beeinträchtigungen** des Persönlichkeitsrechts können den Entschädigungsanspruch auslösen.[17] Diese Einschränkung ist erforderlich, da der Tatbestand der Persönlichkeitsverletzung viel unbestimmter ist als etwa derjenige einer Körperverletzung, so dass Grenzfälle häufiger auftreten werden. 18

Schwerwiegend ist die Beeinträchtigung, wenn den Schädiger schwere Schuld trifft oder das Persönlichkeitsrecht in erheblichem Grade verletzt wird.[18] Es sind die gesamten Umstände des Einzelfalles, zB auch die Beweggründe des Verletzers, die Dauer der Beeinträchtigung und deren physischen und psychischen Folgen,[19] zu würdigen. So dürfte ein Schmerzensgeld wegen Stalkings grundsätzlich nur in Betracht kommen, wenn das Opfer nicht unerhebliche psychische Gesundheitsbeeinträchtigungen erleidet.

cc) Der Anspruch auf Geldentschädigung ist jedoch **ausgeschlossen**, wenn der Geschädigte **auf andere Weise ausreichend Genugtuung** vom Schädiger erlangen kann.[20] 19

Dies wird bei Ehrverletzungen, insbesondere in Presseveröffentlichungen, durch Widerruf (→ § 53 Rn. 10ff.) der aufgestellten Behauptung häufig möglich sein.[21] Der BGH hat bei einer schweren Persönlichkeitsverletzung durch einen Roman („Esra“) neben dem gerichtlichen Verbreitungsverbot eine Geldentschädigung abgelehnt, weil das Verbot des Romans mit allen schwerwiegenden Folgen für den Autor schon so stark in die Kunstfreiheit eingreife, dass eine zusätzliche Geldzahlung zum Schutz des Persönlichkeitsrechts nicht erforderlich sei.[22] Wenn der Verletzte bereits ein Unterlassungsurteil mit Vollstreckungsmöglichkeit bei einer erneuten Persönlichkeitsverletzung erwirkt hat, kann das gegen die Zubilligung einer Geldentschädigung sprechen.[23] Das gilt vor allem dann, wenn die Persönlichkeitsrechtsverletzung zwar schwerwiegend war, aber (zB durch SMS) nur im persönlichen Umfeld ohne Breitenwirkung in der Öffentlichkeit erfolgt ist.[24]

c) Maßstab für die Höhe des Anspruches. Liegen die Voraussetzungen für den Anspruch vor, so ist eine billige Entschädigung in Geld zu gewähren. Für die schwierige Bemessung gelten zum Teil andere Grundsätze als bei § 253 II. Insbesondere soll die Höhe der Ent- 20

17 So zB BGHZ 35, 363; 39, 124; 132, 13 (27); *BGH* NJW 2010, 763; 2005, 215 (217); NJW-RR 2016, 1136 Rn. 9; *BAG* NJW 2015, 2749 (2750).
18 BGHZ 35, 363.
19 *BGH* NJW 2005, 58 (59) (verneint bei zweitägiger menschenunwürdiger Unterbringung in einer Justizvollzugsanstalt).
20 BGHZ 132, 13 (27); *BGH* NJW 2005, 215 (217).
21 Vgl. aber auch BGHZ 66, 182.
22 *BGH* NJW 2010, 763ff. mit zust. Anm. *Ladeur.*
23 *BGH* NJW-RR 2016, 1136 Rn. 9.
24 *BGH* NJW-RR 2016, 1136 Rn. 9f.

schädigung **präventiv** wirken und einen echten Hemmeffekt für eine rücksichtslose Verletzung des Persönlichkeitsrechts entfalten. Deshalb fallen solche Entschädigungsansprüche insbesondere in medienbezogenen Prozessen oft höher aus als Schmerzensgeldansprüche zB wegen psychischer Gesundheitsbeeinträchtigungen.[25]

Wenn der Eingriff in das Persönlichkeitsrecht durch eine Illustrierte vorsätzlich mit dem Ziel der Auflagensteigerung und Gewinnerzielung erfolgt, dann gebietet der Gedanke der Prävention, die Gewinnerzielung als Bemessungsfaktor in die Entscheidung über die Höhe der Geldentschädigung einzubeziehen.[26]

II. Ersatzansprüche mittelbar Geschädigter bei Personenschäden

21 **Schrifttum:** *Bischoff,* Schmerzensgeld für Angehörige von Verbrechensopfern, MDR 2004, 557; *Diederichsen*, Ansprüche naher Angehöriger von Unfallopfern, NJW 2013, 641; *Katzenmeier*, Hinterbliebenengeld, JZ 2017, 869; *Medicus,* Der Tod als Schaden, ZGS 2006, 103; *Scheffen,* Erwerbsausfallschaden bei verletzten und getöteten Personen (§§ 842–844 BGB), VersR 1990, 926; *Schubel,* Ansprüche Unterhaltsberechtigter bei Tötung des Verpflichteten zwischen Delikts-, Familien- und Erbrecht, AcP 198 (1998), 1; *Wagner*, Schadensersatz in Todesfällen – Das neue Hinterbliebenengeld, NJW 2017, 2641; *Walker*, Die Entschädigung für immaterielle Schäden nach deutschem Zivilrecht, FS Ulusan, 2016, Bd. III, 743.

Auch im Bereich der unerlaubten Handlung ist regelmäßig nur derjenige berechtigt, Schadensersatz zu fordern, in dessen Person der Tatbestand einer die Schadensersatzpflicht aussprechenden Vorschrift erfüllt ist (= unmittelbar Geschädigter). Die §§ 844, 845 bilden daher ebenso wie die Ersatzfähigkeit von Schockschäden naher Angehöriger (→ § 45 Rn. 3) eine Ausnahme im Schadensrecht, wenn sie bei einer Personenverletzung bestimmten nur **mittelbar Geschädigten** einen Anspruch zubilligen.

Es handelt sich um Spezialregelungen, die nur für den Bereich der unerlaubten Handlungen nach §§ 823 ff. und nur für die in §§ 844 f. genannten Personen und Rechtsgüter gelten. Sie sind jedoch in verschiedenen Fällen für entsprechend anwendbar erklärt (zB in § 618 III).

---

25 Gebilligt von *BVerfG* NJW 2000, 2187.
26 BGHZ 128, 1; *BGH* NJW 2005, 215 (218); 1996, 984: Caroline von Monaco; *BVerfG* NJW 2000, 2187 (2188).

1. Beerdigungskosten (§ 844 I)

Nach § 844 I hat im Fall einer Tötung der Ersatzpflichtige die Beerdigungskosten demjenigen zu ersetzen, der diese Kosten zu tragen hat. In der Regel wird das der Erbe sein (§ 1968). 22

2. Unterhalt (§ 844 II)

Wurde durch eine unerlaubte Handlung jemand getötet, der einem anderen gegenüber aufgrund Gesetzes unterhaltspflichtig war oder werden konnte, so muss der Ersatzpflichtige dem Dritten, dem durch die Tötung das Recht auf Unterhalt entzogen ist, Schadensersatz in Form einer Rente leisten. § 843 II–IV ist entsprechend anwendbar (§ 844 II 1). 23

a) Gesetzliche Unterhaltspflicht des Getöteten. Der Anspruch auf Rente nach § 844 II steht nur solchen Personen zu, denen gegenüber der Getötete kraft Gesetzes unterhaltspflichtig war oder werden konnte.

Eine gesetzliche Unterhaltspflicht sehen zB § 1360 für den Ehegatten und §§ 1601 ff. für Verwandte in gerader Linie vor. Musste etwa der Getötete seinem Kind wegen dessen Bedürftigkeit Unterhalt leisten, so hat statt seiner jetzt der Schädiger für den Unterhalt aufzukommen (§ 844 II 1). Brauchte der Getötete seinem Kind wegen Fehlens der Bedürftigkeit im Zeitpunkt der Verletzung keinen Unterhalt zu gewähren, wird der Schädiger erst dann ersatzpflichtig, wenn das Kind bedürftig wird (§ 844 II 1).

b) Im Zeitpunkt der Verletzung. Die Unterhaltspflicht muss im Zeitpunkt der Verletzung bestanden haben; der Augenblick des Todes ist also nicht entscheidend. War jedoch zu diesem Zeitpunkt ein Kind bereits gezeugt (wie S 1 im **Fall c**), so ist es berechtigt, Schadensersatz zu fordern, selbst wenn der verletzte Elternteil vor oder nach der Geburt des Kindes stirbt (§ 844 II 2). 24

Der Anspruch nach § 844 II steht daher nicht dem Kinde zu, das erst nach der Verletzung gezeugt wurde (S 2 im **Fall c**), und auch nicht der Ehefrau, die der Verletzte nach der Verletzung geheiratet hat.

c) Unerheblichkeit der Unterhaltspflicht einer anderen Person. Wird durch die Tötung eine andere Person unterhaltspflichtig, so ändert dies an der Schadensersatzpflicht des Verletzers nichts (§§ 844 II 1, 843 IV). 25

26 **d) Höhe der Schadensersatzrente.** Die Höhe des in Form einer Rente zu leistenden Schadensersatzes richtet sich danach, welche Unterhaltsleistungen der Verpflichtete mit einer gewissen Wahrscheinlichkeit erbracht hätte. Obere Grenze ist die gesetzliche Unterhaltspflicht.

Ist bei einem Unfall die Ehefrau eines Körperbehinderten getötet worden, kann sich der Anspruch des Ehemanns aus § 844 II auf den Aufwand für die erforderliche und besondere Pflege und Betreuung erstrecken, welche die Frau ihrem behinderten Mann bisher unentgeltlich geleistet hat; solche Leistungen können im Rahmen der einverständlich geregelten Lebensgestaltung der Eheleute einen Teil des gesetzlich geschuldeten Beitrags der nicht erwerbstätigen Frau zum Familienunterhalt darstellen.[27]

3. Hinterbliebenengeld (§ 844 III)

26a Nach § 844 III 1[28] hat im Fall der Tötung der Ersatzpflichtige dem Hinterbliebenen, der zur Zeit der Verletzung zu dem Getöteten in einem besonderen persönlichen Näheverhältnis stand, für das dem Hinterbliebenen zugefügte seelische Leid eine **angemessene Entschädigung in Geld** zu leisten. Der Hinterbliebene hat also einen Anspruch auf Entschädigung für einen immateriellen Schaden. Für die Anspruchshöhe enthält das Gesetz keine Vorgaben. Sie ist vom Gericht im Einzelfall unter Berücksichtigung des Zwecks des § 844 III (Ausgleich für seelisches Leid) zu bestimmen. Ein Mitverschulden des Getöteten (§ 254) ist auch bei der Bemessung des Hinterbliebenengeldes zu berücksichtigen. Der Anspruch ist (anders als der Anspruch auf Ersatz von Schockschäden naher Angehöriger; → § 45 Rn. 3) nicht von einer eigenen Körperverletzung des Hinterbliebenen abhängig. Er kommt insbesondere den Hinterbliebenen von Unfallopfern (zB bei schuldhaft herbeigeführtem Flugzeugabsturz) zugute.

26b Ein **besonderes persönliches Näheverhältnis** zwischen dem Hinterbliebenen und dem Getöteten wird gem. § 844 III 2 vermutet, wenn der Hinterbliebene der Ehegatte, der Lebenspartner, ein Elternteil oder Kind des Getöteten war. Die enge familiäre Beziehung ist also ein Indiz für ein besonderes persönliches Näheverhältnis. Diese Vermutung ist widerlegbar. So kann es trotz eines formalen Bandes zwischen Ehegatten an einem persönlichen Näheverhältnis fehlen,

---

27 *BGH* NJW 1993, 124.
28 Eingefügt durch Gesetz vom 17.7.2017 mit Wirkung zum 22.7.2017 (BGBl. I 2421).

wenn die Ehegatten getrennt leben und die Scheidung beantragt ist. Umgekehrt kann der Getötete auch zu anderen als den im Gesetz aufgeführten Personen in einem besonderen persönlichen Näheverhältnis gestanden haben. Das ist etwa bei zusammenlebenden Geschwistern oder Mitgliedern einer sog. Patchwork-Familie vorstellbar.[29] Sind mehrere Hinterbliebene in diesem Sinne vorhanden, wie es bei fremdverschuldeten Tötungen häufig der Fall sein wird, hat jeder von ihnen einen Anspruch auf Hinterbliebenengeld.

4. Entgangene Dienste (§ 845)

Der Schadensersatzanspruch des mittelbar Geschädigten nach 27
§ 845 wegen entgangener Dienste, die zu leisten der Verletzte gesetzlich verpflichtet war, enthält insoweit eine Erweiterung gegenüber § 844, als nicht nur eine Tötung den Anspruch auslösen kann. Vielmehr reichen auch Körper- oder Gesundheitsverletzungen oder eine Freiheitsentziehung aus.

a) Pflicht zur Dienstleistung gegenüber dem Verletzten. Der Anspruch auf die nach § 845 zu leistende Rente kann nur dem zustehen, dem gegenüber der Verletzte aufgrund Gesetzes zur Leistung von Diensten verpflichtet war. Hier kommen vor allem die zum elterlichen Hausstand gehörenden Kinder in Betracht (vgl. § 1619). Die Frage, ob Ehegatten gegenseitig zur Leistung von Diensten verpflichtet sind, ist umstritten.

Die Haushaltstätigkeit der Ehefrau ist vom BGH zu Recht nicht als Dienstleistung iSd § 845 angesehen worden;[30] denn nach §§ 1356, 1360 stellt die Haushaltstätigkeit des Ehegatten einen Beitrag zum Unterhalt der Familie dar. Der Ehemann kann im Fall der Tötung seiner Frau aber einen Anspruch aus § 844 haben. Wurde die Ehefrau nicht getötet, sondern nur verletzt, hat allein sie einen Anspruch aus § 843.[31]

b) Wertersatz für die entgehenden Dienste. Nach § 845 S. 1 ist 28
der Wert der entgehenden Dienste in Form einer Geldrente zu ersetzen; es gilt die Regelung des § 843 II–IV (§ 845 S. 2). Bei der Bemessung der Rente kommt es nicht auf die tatsächlich geleisteten, sondern auf die vom Verletzten gesetzlich geforderten Dienste an.

---

29 BT-Drs. 18/11397, 14.
30 BGHZ 50, 304; 51, 109.
31 BGHZ 38, 55; 50, 304.

5. Mitverschulden und Schadensminderungspflicht

29 Für die Renten nach § 844 und nach § 845 bestimmt § 846 die Anwendbarkeit des § 254, wenn bei der Entstehung des Schadens, den der mittelbar Geschädigte erleidet, ein Verschulden des Verletzten mitgewirkt hat. Soweit der mittelbar Geschädigte selbst den Schaden mitverursacht oder er es unterlassen hat, den Schaden zu mindern, greift § 254 unmittelbar ein.

Zur Schadensminderungspflicht kann im Fall des § 844 II auch gehören, dass der Geschädigte sich um eine Erwerbstätigkeit bemüht, sofern ihm das aufgrund seiner Lebenssituation (jung, kinderlos, arbeitsfähig) zumutbar ist. Fehlt es an einem solchen Bemühen oder nimmt der Geschädigte die Möglichkeit, einer zumutbaren Erwerbstätigkeit nachzugehen, nicht wahr, sind die erzielbaren fiktiven Einkünfte auf den Schaden anzurechnen.[32]

III. Ersatzansprüche bei Sachschäden

30 Die §§ 848–851 enthalten einige von den allgemeinen Bestimmungen abweichende Vorschriften über den Ersatz von Sachschäden, die durch unerlaubte Handlungen entstanden sind.

IV. Verjährung

31 **Schrifttum** *Grote*, Aushebelung der dreijährigen Verjährungsfrist bei Forderungen aus unerlaubter Handlung durch den BGH?, NJW 2011, 1121.

Die Verjährung von Schadensersatzansprüchen aus unerlaubten Handlungen war bis zum 31.12.2001 in § 852 besonders geregelt. Danach verjährten diese Ansprüche in drei Jahren von dem Zeitpunkt an, in welchem der Verletzte von dem Schaden und der Person des Ersatzpflichtigen Kenntnis erlangt, ohne Rücksicht auf diese Kenntnis in dreißig Jahren von der Begehung der Handlung an. Seit Inkrafttreten des Schuldrechtsmodernisierungsgesetzes am 1.1.2002 unterfallen auch Deliktsansprüche den allgemeinen Verjährungsregeln der §§ 195 ff.

1. Verjährungsfristen

32 **a) Sonderverjährung.** Für Schadensersatz- und Entschädigungsansprüche, die auf einer vorsätzlichen Verletzung des Lebens, des

32 *BGH* NJW 2007, 64 (65).

Körpers, der Gesundheit, der Freiheit oder sexuellen Selbstbestimmung beruhen, gilt eine Sonderverjährungsfrist von 30 Jahren (**§ 197 I Nr. 1**). Insbesondere misshandelte Kinder und Jugendliche sollen ausreichend Zeit haben, um ihre zivilrechtlichen Ansprüche geltend zu machen. Das ist vor allem in solchen Fällen wichtig, in denen Ansprüche zunächst aus Scham oder wegen Abhängigkeit vom Schädiger nicht verfolgt werden. Die 30-Jahres-Frist beginnt gem. § 200 mit der Entstehung des Anspruchs. Da bei Ansprüchen wegen Verletzung der sexuellen Selbstbestimmung die Verjährung gem. § 208 bis zur Vollendung des 21. Lebensjahres gehemmt ist, kann es bei der Misshandlung eines Kleinkindes über 50 Jahre dauern, bis der Anspruch verjährt ist.

b) Regelverjährung. Für alle anderen Ansprüche aus unerlaubter **32a**
Handlung gilt die Regelverjährungsfrist des **§ 195** von drei Jahren. Diese Frist beginnt mit dem Schluss des Jahres, in dem der Anspruch entstanden ist und der Gläubiger von den den Anspruch begründenden Umständen und der Person des Schuldners Kenntnis erlangt oder ohne grobe Fahrlässigkeit erlangen müsste (§ 199 I).

Der Verjährungsbeginn hängt also von einer objektiven und einer subjektiven Voraussetzung ab. Mit der „Entstehung" des Anspruches ist dessen Fälligkeit gemeint.[33]

Die positive „Kenntnis" von den anspruchsbegründenden Umständen muss sich auf alle Tatsachen erstrecken, die für eine erfolgreiche Schadensersatzklage (oder eine Klage auf Feststellung der Ersatzpflicht)[34] vorliegen müssen. Dazu gehört auch die Kenntnis vom Vorliegen eines Schadens; insoweit genügt es, wenn der Geschädigte wenigstens in Grundzügen von ihm weiß.[35] **Beispiel:** Wird dem schlafenden A während einer Bahnfahrt die Brieftasche gestohlen, so hat A mit der Entdeckung des Verlustes Kenntnis vom Schaden. A muss weder den genauen Geschehensablauf kennen, noch wissen, wie groß die erlittene Einbuße ist. Bei unvorhersehbaren Spätschäden beginnt die Verjährung erst, wenn der Geschädigte Kenntnis von diesen Schäden erlangt.[36] Kenntnis von der Person des Schuldners hat der Anspruchsberechtigte dann, wenn ihm der Name und die ladungsfähige Anschrift des Schuldners bekannt sind.[37]

„Grob fahrlässige Unkenntnis" liegt vor, wenn der Gläubiger die im Verkehr erforderliche Sorgfalt in ungewöhnlich hohem Maße verletzt und dasje-

33 BT-Drs. 14/7052, 178.
34 *BGH* DB 2000, 1512 (1513).
35 Vgl. *BGH* WM 1991, 2136.
36 *BGH* NJW 2000, 861.
37 *BGH* NJW 1998, 988.

nige nicht beachtet hat, was im gegebenen Fall jedem hätte einleuchten müssen.

Beispiel: Dem Gläubiger ist die Person des Schuldners nicht bekannt, obwohl er sich dessen Name und Anschrift ohne besondere Mühe und ohne langwierige Nachforschungen hätte besorgen können.

Die Jahresschlussverjährung statt des taggenauen Verjährungsbeginns bedeutet eine Erleichterung für den Rechtsverkehr, weil eine ständige Fristenkontrolle während des gesamten Jahres nicht erforderlich ist.

33 c) **Hemmung der Verjährung.** Solange der Schuldner und der Gläubiger über den Anspruch aus unerlaubter Handlung Verhandlungen führen,[38] ist die Verjährung gehemmt (§ 203). Gleiches gilt ua dann, wenn der Anspruch bei Gericht eingeklagt wird (§ 204 I). Bei Ansprüchen wegen Verletzung der sexuellen Selbstbestimmung ist die Verjährung bis zur Vollendung des 21. Lebensjahres gehemmt; bei einer häuslichen Lebensgemeinschaft zwischen Gläubiger und Schuldner dauert die Hemmung bis zur Beendigung der häuslichen Gemeinschaft (§ 208). Die Wirkung der Hemmung besteht darin, dass der Zeitraum, während dessen die Verjährung gehemmt ist, in die Verjährungsfrist nicht eingerechnet wird (§ 209).

2. Verjährungshöchstfristen

34 Falls der Geschädigte ohne grobe Fahrlässigkeit die nach § 199 I erforderliche Kenntnis von den anspruchsbegründenden Umständen und der Person des Schuldners nicht erlangt, verjährt der Anspruch dennoch innerhalb bestimmter Höchstfristen. Nach § 199 II beträgt diese Verjährungshöchstfrist für Schadensersatzansprüche, die auf der Verletzung des Lebens, des Körpers, der Gesundheit oder der Freiheit beruhen, 30 Jahre. Diese Frist ist insbesondere bei nicht vorsätzlichen Rechtsgutverletzungen von Bedeutung, die nicht schon nach § 197 I Nr. 1 der Sonderverjährungsfrist von 30 Jahren unterliegen. Sie beginnt mit der Begehung der unerlaubten Handlung. Für sonstige Schadensersatzansprüche aus unerlaubten Handlungen, die auf einer Verletzung anderer als der in § 199 II genannten Rechtsgüter beruhen, beträgt nach § 199 III 1 Nr. 1 die Verjährungshöchstfrist zehn Jahre ab Entstehung des Anspruchs oder 30 Jahre ab Begehung der unerlaubten Handlung. Maßgeblich ist die früher endende Frist (§ 199 III 1 Nr. 2). Diese Verjährungshöchstfristen beginnen nicht erst am Ende des Jahres, sondern taggenau.

38 Zum Begriff der Verhandlungen *BGH* DB 2001, 2649.

Beispiel zu § 199 II: Stürzt das 1968 erbaute Haus des A im Jahr 2000 in Folge fehlerhafter Errichtung ein und erleidet B dadurch eine Körperverletzung, so ist die Verjährung eingetreten. Daran ändert nichts, dass der Schadensersatzanspruch des B gegen A aus § 836 bei Ablauf der Verjährungshöchstfrist (1998) noch gar nicht entstanden war.

3. Verjährung bei Anspruchskonkurrenz

Wenn bei der Abwicklung eines Vertragsverhältnisses der eine Vertragspartner ein durch § 823 geschütztes Rechtsgut des anderen Vertragspartners verletzt, hat dieser sowohl einen Schadensersatzanspruch aus § 823 I als auch einen solchen aus § 280 I. Beide Ansprüche unterliegen grundsätzlich der Regelverjährung nach den §§ 195, 199 I. Für beide gilt die Verjährungshöchstfrist des § 199 II. Falls die Ansprüche auf einer von § 197 I Nr. 1 erfassten vorsätzlichen Rechtsgutverletzung beruhen, unterliegen sowohl der deliktische als auch der vertragliche Anspruch der Sonderverjährungsfrist von 30 Jahren. 35

Wenn dagegen ein deliktischer Schadensersatzanspruch mit einem kaufrechtlichen Schadensersatzanspruch wegen eines Sachmangels konkurriert, stellt sich die Frage, ob die besondere Verjährungsregelung des § 438 auch für den deliktischen Anspruch gilt und die Vorschriften über die Regelverjährung insoweit verdrängt.[39] Diese Problematik stellt sich etwa in den Fällen, in denen der deliktische Anspruch durch einen sog. weiterfressenden Mangel ausgelöst wird (→ § 4 Rn. 142, → § 45 Rn. 6). Bis zum Inkrafttreten der Schuldrechtsreform am 1.1.2002 wurde allgemein vertreten, dass Mängelansprüche und deliktische Ansprüche getrennt voneinander nach ihren eigenen Regeln verjähren,[40] zumal Sachmangel und Eigentumsverletzung keinesfalls typischerweise, sondern nur ausnahmsweise zusammenfallen. Es spricht einiges dafür, dass die Rechtsprechung auch nach der Neuregelung des Sachmängelrechts daran festhält, obwohl dadurch die vom Gesetzgeber gewollte kaufrechtliche Privilegierung des Verkäufers (Recht zur zweiten Andienung, kürzere Verjährung von Schadensersatzansprüchen) ausgehöhlt wird. 36

4. Deliktischer Bereicherungsanspruch

Eine Sonderregelung für die Verjährung eines Schadensersatzanspruches aus unerlaubter Handlung enthält § 852. Wenn der Ersatz- 37

39 NK-BGB/*Mansel/Stürner* § 195 Rn. 73 f.
40 BGHZ 66, 315 (319).

pflichtige durch eine unerlaubte Handlung auf Kosten des Verletzten etwas erlangt hat, ist er nach § 852 S. 1 auch nach Eintritt der Verjährung des Schadensersatzanspruches zur Herausgabe nach den Vorschriften über die ungerechtfertigte Bereicherung verpflichtet. Der Geschädigte hat also einen „deliktischen Bereicherungsanspruch". Dadurch soll verhindert werden, dass der Schädiger die Vorteile, die er aus einer unerlaubten Handlung gezogen hat, nach Eintritt der Verjährung behalten kann.

Bei dem Anspruch nach § 852 S. 1 handelt es sich trotz der Verweisung auf das Bereicherungsrecht um einen Schadensersatzanspruch aus unerlaubter Handlung. Die Vorschrift ist eine Rechtsfolgenverweisung. Die §§ 812ff. finden also nur hinsichtlich des Anspruchsumfangs Anwendung; ihre tatbestandlichen Voraussetzungen brauchen nicht vorzuliegen.

Für den Anspruch aus § 852 enthält Satz 2 eine eigene Verjährungsregelung, die von der Regelverjährung abweicht. Danach verjährt der Anspruch in zehn Jahren von seiner Entstehung an, ohne Rücksicht auf die Entstehung in 30 Jahren von der Begehung der Verletzungshandlung oder dem sonstigen, den Schaden auslösenden Ereignis an.

V. Konkurrenzen

1. Anspruch aus Vertrag und Delikt

38 Ein Schadensersatzanspruch kann sowohl aus Vertrag (zB wegen Pflichtverletzung, § 280 I) als auch aus unerlaubter Handlung begründet sein.

a) Grundsatz: Anspruchskonkurrenz. Regelmäßig bestehen die Ansprüche nebeneinander. Jede Anspruchsgrundlage ist zu prüfen; denn es kann sein, dass die eine für den Geschädigten günstiger ist als die andere.

Beispiele: Bei der Haftung aus Delikt hat der Verletzte bei Bestreiten des Gegners das Vorliegen aller Tatbestandsmerkmale, also regelmäßig auch des Verschuldens, zu beweisen; bei der Haftung wegen Pflichtverletzung enthält § 280 I 2 hinsichtlich des Verschuldens eine andere Verteilung der Beweislast. Die vertragliche Haftung für Gehilfen richtet sich nach § 278, die deliktische nach § 831, der einen Entlastungsbeweis vorsieht.[41] Die Verjährungsfristen für Ansprüche aus unerlaubter Handlung (§§ 195, 199; § 197 I Nr. 1) und solche

41 *Brox/Walker* SchuldR AT § 20 Rn. 39.

aus Vertrag (zB § 438 bei Mängelansprüchen im Kaufrecht) können verschieden sein.

b) Auswirkungen des Vertragsverhältnisses auf die deliktische Haftung. In folgenden Fällen wirkt sich das Vertragsverhältnis auf die Haftung aus unerlaubter Handlung aus: 39

aa) Ist nach dem Vertrag der vorgenommene Eingriff gestattet, entfällt wegen fehlender Rechtswidrigkeit auch ein Anspruch aus Delikt.

bb) Besteht beim vertraglichen Anspruch kraft Vereinbarung oder kraft Gesetzes eine mildere Haftung (zB nur für Vorsatz und grobe Fahrlässigkeit; vgl. etwa §§ 521, 599, jeweils iVm § 276 I 1), so muss das auch beim Anspruch aus unerlaubter Handlung gelten; andernfalls würde die Haftungsmilderung vereitelt.

cc) Wenn sich der Mangelunwert einer vertraglichen Leistung mit dem Schaden am Eigentum des Bestellers deckt, so dass es allein um die Kosten der Mangelbeseitigung geht, besteht neben den vertraglichen Mängelansprüchen kein deliktischer Anspruch.[42]

2. Anspruch aus Geschäftsführung ohne Auftrag und Delikt

a) Berechtigte GoA. Da die berechtigte GoA (dazu → § 36) einen Rechtfertigungsgrund für die Übernahme des Geschäfts darstellt, ist insoweit ein deliktischer Anspruch mangels Rechtswidrigkeit ausgeschlossen. Verletzt der Geschäftsführer jedoch bei der Durchführung des Geschäfts schuldhaft seine Pflichten, kann sich ein Schadensersatzanspruch aus §§ 280ff., aber auch aus Delikt ergeben (→ § 36 Rn. 48ff.). 40

b) Unberechtigte GoA. Bei unberechtigter GoA (dazu → § 37) entsteht das gesetzliche Schuldverhältnis der berechtigten GoA nicht. Schadensersatzansprüche aus Delikt kommen in Betracht (→ § 37 Rn. 3). Außerdem gibt § 678 einen selbständigen Schadensersatzanspruch (→ § 37 Rn. 4).

c) Irrtümliche Eigengeschäftsführung. Auf die irrtümliche Eigengeschäftsführung (→ § 38 Rn. 3) finden die Vorschriften der §§ 677–686 keine Anwendung (§ 687 I), so dass sich kein Konkurrenzproblem ergibt.

d) Unerlaubte Eigengeschäftsführung. Bei der unerlaubten Eigengeschäftsführung hat der Geschäftsherr die Wahl, ob er aus

42 *BGH* NJW 2005, 1423.

§§ 687 II, 678 oder aus Delikt Schadensersatz verlangt (→ § 38 Rn. 4 f.).

3. Anspruch aus Bereicherung und Delikt

41 Ein Anspruch (zB auf Rückgabe einer bestimmten Sache oder auf Zahlung eines Geldbetrags) kann als Schadensersatzanspruch aus Delikt sowie als Anspruch auf Herausgabe des Erlangten aus Bereicherung begründet sein. Auch hier sind beide Anspruchsgrundlagen zu prüfen; sie schließen sich nicht gegenseitig aus.

4. Anspruch aus §§ 989 ff. und Delikt

42 Die schwierigen Konkurrenzprobleme zwischen den Ansprüchen des Eigentümers aus dem Eigentümer-Besitzer-Verhältnis (§§ 989 ff.) und aus Delikt sind erst nach Kenntnis des Sachenrechts verständlich. Hier soll nur Folgendes angedeutet werden:

a) Kein Konkurrenzproblem bei Nichtvorliegen eines EBV. Das Problem stellt sich nicht, sofern kein Eigentümer-Besitzer-Verhältnis vorliegt.

aa) Verletzt der **rechtmäßige Besitzer** das Eigentum eines anderen, kommen die Spezialregeln der §§ 989 ff. nicht in Betracht. Diese Bestimmungen setzen **unrechtmäßigen** Besitz voraus. Denn nur der unrechtmäßige Besitzer kann in Bezug auf die Nichtberechtigung zum Besitz redlich oder unredlich sein, und auf diesen Unterschied stellen die §§ 990 ff. entscheidend ab. Bei einem rechtmäßigen Besitzer wäre die Unterscheidung sinnlos.

bb) Wird durch eine unerlaubte Handlung das Eigentümer-Besitzer-Verhältnis erst begründet, scheiden die §§ 989 ff. aus, da sie ein solches Verhältnis bereits voraussetzen (vgl. auch § 992).

43 **b) Konkurrenzverhältnis bei Vorliegen eines EBV.** Liegt ein Eigentümer-Besitzer-Verhältnis vor, so ist das Konkurrenzproblem wie folgt zu lösen:

aa) Der **redliche (gutgläubige und unverklagte) Besitzer** haftet weder aus §§ 989 ff. noch aus Delikt. Dass ein Anspruch aus dem Eigentümer-Besitzer-Verhältnis ausgeschlossen ist, ergibt sich aus den §§ 989, 990. Diese Bestimmungen wollen den redlichen Besitzer vor Schadensersatzansprüchen bewahren. Den Schutz würde man ihm versagen, wenn man ihn einem Schadensersatzanspruch aus unerlaubter Handlung aussetzte. Wer redlicherweise auf sein vermeintliches Besitzrecht vertraut, soll eben mit der fremden Sache verfahren können, wie es ihm beliebt, ohne dass er sich schadensersatzpflichtig macht. Deshalb bestimmt § 993 I aE, dass der redliche Besitzer „im Übrigen" (also auch nach § 823) nicht zum Schadensersatz verpflichtet ist.

Beispiel: K hat von dem geisteskranken V eine Vase erworben, die er in einem Wutanfall zerschlägt. V ist Eigentümer geblieben (§§ 104 f.); K haftet dann nicht auf Schadensersatz, wenn er die Geisteskrankheit infolge nur leichter Fahrlässigkeit nicht erkannt hat und sich deshalb für den Eigentümer und damit für besitzberechtigt hielt (= redlicher Besitzer).

bb) Der **unredliche Besitzer** haftet nach §§ 990, 989 für den Schaden, der dem Eigentümer durch schuldhafte Verschlechterung der Sache oder daraus entsteht, dass die Herausgabe schuldhaft unmöglich geworden ist. Ob daneben die Ansprüche aus Delikt bestehen, ist umstritten. Nach der wohl hM sind die §§ 989 ff. für Schadensersatzansprüche gegen den unredlichen Besitzer abschließend.[43] Gute Gründe sprechen für die Gegenansicht.[44] Die Regelung der §§ 990, 989 ist nämlich nicht deshalb getroffen worden, um den unredlichen Besitzer vor Schadensersatzansprüchen aus unerlaubter Handlung zu bewahren, sondern um eine Schadensersatzverpflichtung auch für solche Fälle festzulegen, in denen eine unerlaubte Handlung nicht vorliegt.[45] Lediglich der redliche (und unverklagte) Besitzer soll nicht den deliktischen Ansprüchen ausgesetzt sein. Nach dieser Ansicht kann beim unredlichen Besitzer also auch ein Anspruch aus §§ 823 ff. in Betracht kommen. 44

cc) In den Fällen des sog. **Fremdbesitzerexzesses** sind nach hM die §§ 823 ff. anwendbar.[46] 45

Beispiel: Der Mieter ist rechtmäßiger Fremdbesitzer. Verschlechtert er schuldhaft die Mietsache, ist er aus Vertrag und Delikt schadensersatzpflichtig. Ist der Mietvertrag aus irgendeinem Grunde nichtig und weiß der „Mieter" das nicht, so ist er redlicher unrechtmäßiger Fremdbesitzer. Er darf aber bei einer Verschlechterung der „Mietsache" nicht besser stehen als der aufgrund eines gültigen Mietvertrags (also rechtmäßig) Besitzende. Er stünde aber besser, wenn § 993 I aE eingreifen würde. Deshalb wendet man die §§ 823 ff. an.

---

43 Ausschließlichkeitstheorie; zB Jauernig/*Berger* BGB Vor §§ 987–993 Rn. 10, 12.
44 ZB *Prütting*, Sachenrecht, Rn. 542.
45 *Brox*, JZ 1965, 516.
46 Vgl. *Baur/Stürner* SachenR § 11 Rn. 27, 32; *Prütting* Sachenrecht, Rn. 540.

§ 53. Unterlassungs- und Beseitigungsanspruch

1 **Schrifttum:** *Armbrüster,* Eigentumsschutz durch den Beseitigungsanspruch nach § 1004 I 1 BGB und durch Deliktsrecht, NJW 2003, 3087; *Bezzenberger,* Der negatorische Beseitigungsanspruch und die Kosten der Ersatzvornahme, JZ 2005, 373; *Buchholz/Radke,* Negatorische Haftung und Billigkeit, JURA 1997, 454; *Fritzsche,* Der Beseitigungsanspruch nach § 1004 I BGB und seine Abgrenzung zum Schadensersatz (§§ 823 I, 249 I BGB), Ad Legendum 2016, 1; *Herrmann,* Die Haftungsvoraussetzungen nach § 1004 BGB – Neuere Entwicklung und Lösungsvorschlag, JuS 1994, 273; *Horst,* Videoüberwachungskameras im Nachbarrecht, NJW 2009, 1787; *Katzenstein,* Störerhaftung des Mieters wegen rechtswidrig umgebauter Wohnung, JZ 2008, 1129; *ders.*, Bereicherungsausgleich bei eigenmächtiger „Selbsterfüllung" negatorischer Ansprüche, ZGS 2005, 424; *ders.*, Der Beseitigungsanspruch nach § 1004 Abs. 1 Satz 1 BGB, AcP 211 (2011), 58; *Lohse,* § 1004 BGB als Rechtsgrundlage für Zahlungsansprüche, AcP 201 (2001), 902; *Mylich,* Die Eigentumsverletzung – Fallgruppen und Ansprüche, JuS 2014, 298 und 398; *v. Pechstaedt,* Zivilrechtliche Abwehrmaßnahmen gegen Stalking, NJW 2007, 1233; *Peifer,* Auskunftsansprüche bei Persönlichkeitsrechtsverletzungen, NJW 2014, 3067; *ders.*, Beseitigungsansprüche im digitalen Äußerungsrecht, NJW 2016, 23; *Seyfarth,* Der Einfluß des Verfassungsrechts auf zivilrechtliche Ehrschutzklagen, NJW 1999, 1287; *Specht/Müller-Riemenschneider,* Der Unterlassungsanspruch bei mehrdeutigen Äußerungen, NJW 2015, 727; *Stickelbrock,* Angleichung zivilrechtlicher und öffentlichrechtlicher Haftungsmaßstäbe beim Störerbegriff des § 1004 BGB, AcP 197 (1997), 456; *Waas,* Zur Abgrenzung des Beseitigungsanspruchs gem. § 1004 Abs. 1 S. 1 BGB von dem Anspruch auf Schadensersatz wegen unerlaubter Handlung, VersR 2000, 1205; *Walker,* Bundesweite Stadionverbote auf dem Prüfstand des Zivilrechts, FS Schapp, 2010, 491; *Weick,* Sturmschäden – ein unbewältigtes Haftungsproblem, JR 2011, 6; *ders.*, Die rechtliche Bewältigung von Schäden durch Bäume, NJW 2011, 1702.

Fall a: In einer Zeitschrift der Regenbogenpresse wird unzutreffend behauptet, Prinzessin C habe Heiratsabsichten. Rechte der C? → Rn. 6, 22

Fall b: Ein von A gepflanzter Baum stürzt bei einem Sturm auf das benachbarte Grundstück des B. Dieser verlangt von A Beseitigung des Baumes und Schadensersatz wegen des durch den Baum zerstörten Gartenzaunes. → Rn. 10, 17, 23

Fall c: A behauptet wahrheitswidrig, aber ohne fahrlässig zu handeln, der Geschäftsmann B habe bereits zweimal „Konkurs" angemeldet. Im Schadensersatzprozess des B gegen A erklärt dieser, er sei im Besitz so überzeugender Unterlagen, dass er auch in Zukunft alle seine Bekannten vor dem „Konkursmacher" B warnen werde. B klagt nun zusätzlich auf Unterlassung. Mit Erfolg? → Rn. 17

Fall d: Kunsthändler A hat ein Gemälde, das B in lächerlicher Pose zeigt, ins Schaufenster gestellt. B verlangt von A Entfernung des Bildes. → Rn. 19, 20

I. Überblick

Die Ersatzansprüche nach §§ 823 ff. bieten dem Inhaber eines Rechtsgutes oder eines absoluten Rechts nur einen eingeschränkten Schutz. Sie bezwecken lediglich, einen eingetretenen Vermögensschaden wieder gut zu machen. Dagegen bieten sie keine Möglichkeit, den Eintritt einer drohenden Beeinträchtigung bereits von vornherein zu verhindern. Außerdem kann eine Rechts- oder Rechtsgutverletzung durch deliktische Ansprüche nur unter bestimmten Voraussetzungen im Wege der Naturalrestitution beseitigt werden; ein deliktischer Beseitigungsanspruch setzt nämlich voraus, dass der Anspruchsgegner die Beeinträchtigung verschuldet hat und dass die Beeinträchtigung zu einem ersatzfähigen Vermögensschaden geführt hat.

Beispiele: Benutzt A häufig die Grundstückseinfahrt seines Nachbarn B zum Wenden seines Pkw und beschädigt er dabei mehrfach die Rosenbeete des B, so kann dieser den ihm jeweils entstandenen Schaden gem. § 823 Abs. 1 ersetzt verlangen. Das Interesse des B an einem Schutz vor künftigen Wendemanövern des A wird jedoch in § 823 I nicht berücksichtigt. – Wenn ein von A gepflanzter Baum bei einem Sturm auf das benachbarte Grundstück des B stürzt, kann dieser nach § 823 I nicht Beseitigung des Baumes verlangen, weil A die Beeinträchtigung des B nicht verschuldet hat **(Fall b)**.

Das Gesetz gibt daher dem Rechtsinhaber in verschiedenen Vorschriften einen Unterlassungsanspruch gegen drohendes gefährdendes Verhalten, um dem Schadenseintritt vorbeugen zu können, sowie einen Anspruch auf Beseitigung einer bereits eingetretenen Beeinträchtigung. Die wichtigste Vorschrift ist § 1004 zum Schutz des Eigentums (zur analogen Anwendung bei anderen Rechtspositionen → Rn. 5). Sie wird ergänzt durch spezielle Regelungen etwa zum Schutz des Namens (§ 12) und zum Schutz des Besitzes (§ 862). Der Unterlassungs- und Beseitigungsanspruch aus § 1004 dient der unmittelbaren Verwirklichung des Eigentumsschutzes. Er ist nicht von einem Verschulden des Antragsgegners abhängig. Daher handelt es sich auch nicht um einen deliktischen, sondern ebenso wie bei dem Herausgabeanspruch aus § 985 um einen dinglichen Anspruch. Deshalb ist er auch im Sachenrecht im Abschnitt über das Eigentum ge- 2 regelt. Hier soll ein Überblick über die Voraussetzungen und Rechtsfolgen genügen:

II. Unterlassungsanspruch

3 Wenn eine Beeinträchtigung des Eigentums in anderer Weise als durch Entziehung oder Vorenthaltung des Besitzes droht, kann der Eigentümer auf Unterlassung klagen (§ 1004 I 2 iVm S. 1).

1. Voraussetzungen

Die Voraussetzungen dieses Anspruchs ähneln denjenigen des Herausgabeanspruchs aus § 985. Der Antragsteller muss Eigentümer sein, der Antragsgegner muss bei § 985 Besitzer, bei § 1004 Störer sein, und er darf beim Herausgabeanspruch kein Recht zum Besitz (§ 986), beim Unterlassungsanspruch kein Recht zur Störung (§ 1004 II) haben.

4 **a) Betroffenheit des Eigentums oder anderer absoluter Rechte oder Rechtsgüter.** Nach dem Wortlaut des § 1004 I und dessen systematischer Stellung greift die Vorschrift nur bei einer Beeinträchtigung des Eigentums ein. Unerheblich ist, ob das Eigentum einer beweglichen oder einer unbeweglichen Sache betroffen ist und ob es um Allein- oder Miteigentum geht.

5 Jedoch besteht kein sachlicher Grund, von den in § 823 I geschützten Rechtsgütern und absoluten Rechten nur das Eigentum zusätzlich zu dem Schadensersatzanspruch noch durch einen vorbeugenden Unterlassungsanspruch zu schützen. Vielmehr besteht nach allgemeiner Ansicht ein Bedürfnis, den Schutz der Unterlassungsklage auch dann zu gewähren, wenn eine rechtswidrige Verletzung der anderen von § 823 erfassten Rechtspositionen (drohende Verletzung eines der in § 823 I genannten Rechtsgüter [→ § 45 Rn. 2 ff.], eines sonstigen Rechts wie des allgemeinen Persönlichkeitsrechts [→ § 45 Rn. 21 ff.] und des Rechts am Gewerbebetrieb [→ § 45 Rn. 15 ff.] oder eines Schutzgesetzes iSv § 823 II [→ § 46]) droht. Der Inhaber des geschützten Rechts oder Rechtsgutes soll ebenso wenig wie der Eigentümer gezwungen sein, erst eine Verletzung abzuwarten, um dann nur noch seinen Schaden liquidieren zu können.

Diese Erweiterung des § 1004 über seinen Wortlaut hinaus lässt sich mit dem Rechtsgedanken begründen, der hinter dieser Vorschrift sowie zahlreichen anderen Regelungen wie zum Beispiel § 862 I, § 12, § 139 I PatG steht. Diese Ausdehnung ist inzwischen gewohnheitsrechtlich anerkannt.

Begrifflich unterscheidet man meist zwischen dem **negatorischen** und dem **quasi-negatorischen** Unterlassungsanspruch. Ersterer ist gegeben bei der drohenden Beeinträchtigung absoluter Rechte wie dem Eigentum, Letzterer bei drohender Beeinträchtigung von Rechtsgütern und rechtlich geschützten Interessen. Die Terminologie ist insoweit allerdings nicht ganz einheitlich. Aus dieser Unterscheidung ergeben sich auch keine Rechtsfolgen. Soweit nicht das Eigentum, sondern eine andere Rechtsposition betroffen ist, wird § 1004 analog angewendet. 6

Eine praktisch wichtige Rolle spielt der Unterlassungsanspruch schon seit langem bei der **Verletzung des allgemeinen Persönlichkeitsrechts**.[1] Im **Fall a** wird durch die unzutreffende Tatsachenbehauptung in der Presse das Persönlichkeitsrecht der C verletzt. Diese kann analog § 1004 I 2 Unterlassung künftiger Berichte dieser Art verlangen. Im Fall einer schweren Beeinträchtigung steht ihr ferner gem. § 823 I ein Anspruch auf Ersatz ihres immateriellen Schadens zu (→ § 52 Rn. 16 ff.). Bei persönlichkeitsrechtsverletzenden Inhalten einer Internetseite (zB Bewertung von Ärzten) kann dem Betroffenen ein Unterlassungsanspruch gegen den Diensteanbieter zustehen.[2] In einem anderen Fall, in dem in einem Internet-Portal über eine Vergewaltigung durch einen ehemaligen Fußballspieler berichtet wurde, hat das Bundesverfassungsgericht einen Unterlassungsanspruch mit der Begründung verneint, das Informationsinteresse der Öffentlichkeit sei höher zu bewerten als das Persönlichkeitsrecht des Straftäters.[3] Wenn in den Medien über die Sexualvorlieben eines Fernsehmoderators berichtet wird, kommt grundsätzlich ein Unterlassungsanspruch wegen Persönlichkeitsrechtsverletzung in Betracht, solange diese Informationen aus einer nichtöffentlichen Verhandlung während eines Strafverfahrens stammen.[4] Zum Anspruch auf Widerruf → Rn. 22.

Einen modernen Anwendungsfall des § 1004 bilden die **Stadionverbote**, die von den Sportveranstaltern gegen Hooligans wegen der Störung von Eigentum und/oder Besitz des Veranstalters ausgesprochen werden.[5]

b) Drohende Störung. Es muss eine Beeinträchtigung des Eigentums auf andere Weise als durch Entziehung oder Vorenthaltung des 7

1 *BGH* NJW 2013, 2348 (Unterlassungsanspruch gegen Google wegen persönlichkeitsrechtsverletzender Namensergänzung bei Nutzung der Internetsuchfunktion) mAnm *Ladeur* JZ 2013, 792 und Anm. *Mäsch* JuS 2013, 841.
2 *BGH* NJW 2014, 2651 (2653) (aber kein Auskunftsanspruch über personenbezogene Daten; dazu *Peifer*, NJW 2014, 3067).
3 *BVerfG* NJW 2009, 3357.
4 *BGH* NJW 2013, 1681 ff. mAnm *Mäsch* JuS 2014, 73.
5 Dazu *BGH* NJW 2010, 534; *Walker* FS Schapp, 2010, 491 (493 ff.).

Besitzes oder die Beeinträchtigung eines sonstigen geschützten Rechtsguts oder Rechts drohen.

aa) Die für § 1004 I relevante Beeinträchtigung lässt sich mit dem Begriff der **Störung** zusammenfassen. Das kann jede dem Rechtsinhaber nachteilige Einwirkung sein. Lediglich die Entziehung oder Vorenthaltung des Besitzes, ist vom Anwendungsbereich des § 1004 ausgenommen, weil der Eigentümer bei solchen Beeinträchtigungen schon durch § 985 geschützt ist.

Beispiele für Beeinträchtigungen: Benutzung eines fremden Grundstücks; „Zuparken“ der Einfahrt zu einem fremden Grundstück, dessen Eigentümer das Grundstück erreichen oder verlassen will;[6] Zuschauergewalt im Stadion; Einwurf unerwünschter Werbung; (vermeintliche) Videobeobachtung des Nachbarn, sofern zumindest ernsthafte Anhaltspunkte für eine solche Beobachtung bestehen;[7] Geruchsbelästigungen durch einen Gewerbebetrieb oder einen Gartengrill auf dem Nachbargrundstück; Geräuschbelästigungen durch Sport- oder Musikbetrieb auf dem Nachbargrundstück.

8 bb) Nach § 1004 I 2 setzt der Unterlassungsanspruch voraus, dass weitere Beeinträchtigungen zu besorgen (gemeint ist „zu befürchten“) sind. Die Vorschrift geht davon aus, dass eine Störung bereits stattgefunden hat und eine **Wiederholungsgefahr** besteht.

Beispiel: Regelmäßige Belästigungen durch laute Musik auf dem Nachbargrundstück an den Wochenenden lassen auf eine Wiederholung auch an künftigen Wochenende schließen. Hooligans, die schon in der Vergangenheit mehrfach durch Gewaltanwendung in Fußballstadien auffällig wurden, lassen vergleichbare künftige Störungen befürchten. Schon das einmalige Abstellen eines Fahrzeugs auf einem fremden Grundstück begründet die tatsächliche Vermutung dafür, dass sich die Beeinträchtigung wiederholt.[8] Dagegen fehlt es an einer Wiederholungsgefahr etwa dann, wenn ein Grundstückseigentümer dadurch beeinträchtigt ist, dass der einzige Baum auf dem Nachbargrundstück bei einem Sturm auf sein Grundstück gestürzt ist. Hier kann der beeinträchtigte Eigentümer einen Beseitigungsanspruch haben, aber mangels Wiederholungsgefahr keinen Unterlassungsanspruch.

9 Es ist jedoch nicht einzusehen, warum der vorbeugende Rechtsschutz vor Beeinträchtigungen nur dann möglich sein soll, wenn eine Rechtsverletzung bereits mindestens einmal stattgefunden hat. Entscheidend ist nur, dass eine Störung droht. Deshalb kann auch eine **Erstbegehungsgefahr** ausreichen.[9]

---

6 *BGH* NJW-RR 2011, 1476 (1477).
7 *BGH* NJW 2010, 1533 ff.
8 *BGH* NJW 2016, 863, Rn. 25; 2012, 3781 (3782).
9 *BGH* NJW 2007, 2636 (2639); so auch schon *BGH* NJW 1951, 843.

Beispiel: Sagt A seinen Bekannten, er werde den B bei nächster Gelegenheit zusammenschlagen, und ist dies unter Berücksichtigung aller Umstände als ernsthafte Drohung aufzufassen, liegt eine Erstbegehungsgefahr vor. Gleiches gilt etwa dann, wenn zum Beispiel nächtliche Lärmbelästigungen durch laute Musik angekündigt sind.

c) Störereigenschaft des Anspruchsgegners

aa) Der Anspruchsgegner muss Störer sein. Er kann **unmittelbarer oder mittelbarer Störer** sein. 10

(1) Wer die Rechtsbeeinträchtigung selbst verursacht hat, ist **unmittelbarer Störer**. Er braucht die Beeinträchtigung zwar nicht verschuldet zu haben, aber sie muss ihm zurechenbar sein. Unerheblich ist, ob der Anspruchsgegner Handlungsstörer ist, weil er die Beeinträchtigung unmittelbar durch sein Verhalten verursacht hat, oder ob er Zustandsstörer ist, weil ihm die vom Zustand einer Sache ausgehende Beeinträchtigung zuzurechnen ist.

Der Betreiber eines Internetportals ist im Hinblick auf die dort eingestellten, persönlichkeitsrechtsverletzenden Äußerungen (zB Bewertungen über andere Personen) unmittelbarer Störer, wenn die Äußerungen von ihm selbst stammen oder wenn er sich die von einem Dritten in das Portal eingestellten Äußerungen zu eigen macht. Von einem Zu-Eigen-Machen geht der BGH[10] dann aus, wenn der Portalbetreiber nach außen erkennbar die inhaltliche Verantwortung für die auf seiner Internetseite veröffentlichten Inhalte übernommen hat. Dafür spreche es, wenn er eine inhaltlich-redaktionelle Überprüfung der auf seinem Portal eingestellten Nutzerbewertungen auf Vollständigkeit und Richtigkeit vornehme.

(2) Als Störer kann **auch der nur mittelbare Störer** in Anspruch genommen werden. Das ist derjenige, der zwar die Störung nicht unmittelbar verursacht hat, aber in irgendeiner Weise willentlich und adäquat kausal zur Beeinträchtigung des Rechtsguts beiträgt (zB Unterstützung oder Ausnutzung der Handlung des unmittelbaren Störers).[11] Mittelbarer Störer kann etwa ein sog. Hostprovider sein, der eine Internetplattform betreibt und anderen Nutzern für die Einstellung von Inhalten zur Verfügung stellt, sofern diese zu einer unmittelbaren Rechtsbeeinträchtigung bei Dritten führen. Voraussetzung für die Einordnung des Hostproviders als mittelbarer Störer ist allerdings, dass dieser verpflichtet ist, die von den Nutzern eingestellten Inhalte vor ihrer Veröffentlichung auf mögliche Rechtsbeeinträchti- 10a

---

10 *BGH* NJW 2017, 2029 Rn. 18 mAnm *Mäsch* JuS 2018, 72.
11 *BGH* ZIP 2016, 869 Rn. 21 f.

gungen zu prüfen. Das wird vom BGH[12] zwar grundsätzlich verneint. Er wird aber dann als Störer angesehen, wenn er von einer Rechtsbeeinträchtigung etwa durch Hinweis oder Beschwerde eines Betroffenen Kenntnis erlangt. Dann muss er im Rahmen des Möglichen und Zumutbaren die eingestellten Inhalte auf eine Rechtsbeeinträchtigung prüfen, sie ggf. löschen und zukünftige Störungen dieser Art verhindern.

In dem vom BGH entschiedenen Fall hatte sich ein Arzt gegen eine extrem schlechte Bewertung durch einen angeblichen Patienten in einem Arztbewertungsportal gewehrt, weil es naheliege, dass dieser Bewertung kein tatsächlicher Behandlungskontakt zugrundeliege. Der BGH hat den Hostprovider als verpflichtet angesehen, den Bewertenden zur Auskunft darüber aufzufordern, ob und wie die bewertete angebliche Behandlung stattgefunden habe, und das auch zu belegen.[13]

10b bb) Der Störer kann **Handlungs- oder Zustandsstörer** sein.

(1) Beispiele für Handlungsstörer: Benutzer eines fremden Grundstücks; Verursacher von lauter Musik bei einer Gartenparty; Verursacher von Steinschlag durch Sprengungen; gewalttätiger Fußballfan. Auch der bloße „Mitläufer“ einer Gruppe von gewalttätigen Fans kann Handlungsstörer sein, wenn er durch sein Dabeisein der Gruppe ein Gefühl der Stärke und einzelnen Mitgliedern die Möglichkeit des Untertauchens in der Anonymität der Gruppe gibt.[14] Der Betreiber einer Internetsuchmaschine mit Suchwortergänzungsfunktion ist Störer bzgl. der Persönlichkeitsrechtsverletzung durch automatische Verknüpfung des gesuchten Namens mit ehrverletzenden Begriffen (zB Scientology, Betrug).[15] Dagegen ist der Betreiber einer Internetplattform, auf welcher ein Dritter Fotos von fremden Grundstücken ohne Genehmigung verwertet und dadurch das Grundstückseigentum eines Dritten beeinträchtigt, nicht Handlungsstörer, sofern er die Fotos weder angefertigt noch eingestellt hat und sie auch nicht selbst vermarktet.[16]

10c **(2) Beispiele für Zustandsstörer:** Der von einem Grundstückseigentümer gepflanzte Baum ist bei einem Sturm auf das Nachbargrundstück gefallen **(Fall b)**. Die Wurzeln eines Baumes dringen auf das Nachbargrundstück ein.[17] Der Halter eines Fahrzeugs ist Zustandsstörer, wenn er dieses einer anderen Person überlässt, die es unberechtigt auf einem fremden Grundstück abstellt.[18] Mittelbarer Zustandsstörer in diesem Sinne ist auch der Betreiber eines Internetforums, in das ein Dritter einen ehrverletzenden Beitrag eingestellt

12 *BGH* ZIP 2016, 869 Rn. 23.
13 *BGH* ZIP 2016, 869 Rn. 43.
14 *Walker*, FS Schapp, 2010, 491 (498 f.).
15 *BGH* NJW 2013, 2348 (2350) mAnm *Ladeur* JZ 2013, 792 und Anm. *Mäsch* JuS 2013, 841.
16 *BGH* NJW 2011, 753 mAnm *Marly/Habermann* LMK 2011, 315428.
17 *BGH* NJW 2004, 603.
18 *BGH* NJW 2012, 3781.

hat, sofern dem Betreiber die Rechtsverletzung bekannt ist. Indem er es trotz dieser Kenntnis unterlässt, den als unzulässig erkannten Beitrag zu entfernen, verfestigt er die Persönlichkeitsrechtsverletzung des Betroffenen und kann von diesem auf Unterlassung und Beseitigung in Anspruch genommen werden.[19] Die nicht genehmigte Verwertung von Fotos eines fremden Grundstücks auf einer Internetplattform kann dem Betreiber dieser Plattform nur dann als mittelbare Störung zugerechnet werden, wenn ihm die darin liegende Beeinträchtigung des Grundstückseigentümers erkennbar ist.[20] Dem Betreiber einer solchen Plattform ist es allerdings nicht zuzumuten, jedes Angebot vor Veröffentlichung im Internet auf eine mögliche Rechtsverletzung hin zu prüfen.[21]

cc) Dagegen **fehlt es an der Störereigenschaft**, wenn die Beein- 11
trächtigung niemandem zugerechnet werden kann, weil sie zum Beispiel ausschließlich auf einem Naturereignis beruht.[22]

Beispiel: Bei einem Unwetter wird von einem Hanggrundstück Erde abgeschwemmt und gelangt auf das darunter gelegene Nachbargrundstück.

d) Rechtswidrigkeit der Störung. Die Störung muss rechtswidrig 12
sein. Das folgt aus § 1004 II. Danach ist der Anspruch ausgeschlossen, wenn der Eigentümer oder Inhaber eines anderen geschützten Rechts oder Rechtsguts zur Duldung der Störung verpflichtet ist. Eine solche Duldungspflicht bedeutet, dass die Störung erfolgen darf, also nicht rechtswidrig ist. Duldungspflichten können sich aus Gesetz, aus dinglichen Rechten und aus Vertrag ergeben.

aa) **Gesetzliche Duldungspflichten** lassen sich zunächst aus allen 13
gesetzlichen Rechtfertigungsgründen ableiten. Wenn etwa nach § 904 (aggressiver Notstand) oder nach § 228 (defensiver Notstand) die Beschädigung oder Zerstörung einer fremden Sache gerechtfertigt ist, folgt daraus, dass der Eigentümer diese Beeinträchtigung nicht verbieten darf, wie es in § 904 ausdrücklich formuliert ist. Er muss sie also dulden.

Im BGB sind weitere Duldungspflichten etwa in § 905 S. 2 (Beein- 14
trächtigung des Grundstücks in großer Höhe oder Tiefe), in § 906 I (unwesentliche Immissionen zum Beispiel von einer benachbarten Bäckerei), in § 906 II (ortsübliche Beeinträchtigungen wie zum Beispiel das Düngen von Feldern in einer landwirtschaftlichen Gegend),

19 *BGH* NJW 2007, 2558 (2559).
20 *BGH* NJW 2011, 753 (754).
21 *BGH* NJW 2012, 2345 f.
22 Zu den Voraussetzungen für eine Störerhaftung bei Naturereignissen *BGH* NJW 2004, 1037.

in § 912 I (unverschuldeter Überbau über die Grundstücksgrenze) und in § 917 (Duldung der Grundstücksbenutzung als Notweg) geregelt. Aber auch aus öffentlich-rechtlichen Vorschriften wie zum Beispiel § 14 S. 1 BImSchG (Duldung von behördlich genehmigten Einwirkungen auf ein Grundstück) können sich Duldungspflichten ergeben.

15 bb) Ferner kann ein **dingliches Recht** des Störers den Eigentümer zur Duldung der Beeinträchtigung verpflichten. Hierbei ist etwa an das umfassende Nutzungsrecht aufgrund eines Nießbrauchs (§§ 1030 ff.) und an das eingeschränkte Nutzungsrecht aufgrund einer Grunddienstbarkeit (§§ 1018 ff.) oder einer beschränkten persönlichen Dienstbarkeit (§§ 1090 ff.) zu denken.

16 cc) Schließlich kann sich der Eigentümer oder Inhaber eines sonstigen durch § 1004 geschützten Rechts auch **durch Vertrag** zur Duldung von Beeinträchtigungen verpflichten. Typisches **Beispiel** ist der Miet- oder Pachtvertrag, in dem der Eigentümer einer Sache als Vermieter oder Verpächter dem Mieter oder Pächter den Gebrauch der Sache gewährt (→ § 11 Rn. 1 ff., → § 14 Rn. 3). Aufgrund des Vertrags muss er dann den Gebrauch der Sache dulden.

17 e) **Kein Verschulden erforderlich.** Anders als die deliktischen Schadensersatzansprüche setzt der Unterlassungsanspruch nach § 1004 ein Verschulden des Störers nicht voraus. Eine solche Verringerung der Anspruchsvoraussetzungen ist interessengemäß. Die weniger belastende Sanktion (Unterlassung einer Störung) gegen den Störer rechtfertigt die Abweichung vom Verschuldenserfordernis der §§ 823 ff.

Im **Fall b** und im **Fall c** wird die Schadensersatzklage des B nach § 823 oder § 824 jeweils mangels Verschuldens des A abgewiesen. Im **Fall b** ist allerdings ein nachbarrechtlicher Ausgleichsanspruch analog § 906 II 2[23] zu prüfen. Im **Fall c** wird die Unterlassungsklage erfolgreich sein, da A den Tatbestand des § 824 I erfüllt hat und ein Rechtfertigungsgrund (insbesondere der nach § 824 II), der zu einer Duldungspflicht führen könnte, nicht vorliegt.

2. Rechtsfolge

18 Nach § 1004 I 2 kann der gestörte Eigentümer auf Unterlassung „klagen". Trotz dieser prozessualen Formulierung handelt es sich nach ganz hM bei § 1004 I 2 um eine Anspruchsgrundlage. Mit dem

23 Dazu *BGH* NJW 2004, 3701.

Klagerecht ist das materielle Recht, Unterlassung zu „verlangen" (so auch die Formulierung der Rechtsfolge in Satz 1) verbunden. Der Anspruch ist auf Unterlassung der Störung (zum Beispiel Unterlassung von Musikveranstaltungen an bestimmten Tagen und zu bestimmten Uhrzeiten) gerichtet.

In dem eingangs (→ Rn. 1) genannten Beispielsfall wird B mit der Klage auf Unterlassung des Befahrens der Einfahrt Erfolg haben. Falls der A trotz der entsprechenden Verurteilung weiterhin in gleicher Weise das Grundstück des B befährt, kann das Gericht ihn zu einem Ordnungsgeld oder zu Ordnungshaft verurteilen (§ 890 ZPO).[24]

III. Beseitigungsanspruch

Der Anspruch des Eigentümers auf Beseitigung der Störung ergibt sich aus § 1004 I 1. 19

Beispiel: Hat A seinen Abfall unerlaubt, aber ohne Verschulden auf das Grundstück des B geworfen, so steht dem B ein Anspruch auf Beseitigung des Unrats nach § 1004 I 1 zu.

1. Voraussetzungen

Die Voraussetzungen des Beseitigungsanspruchs entsprechen weitgehend denjenigen des Unterlassungsanspruchs: **Erstens** muss das Eigentum oder (über den Gesetzeswortlaut hinaus) ein anderes über § 823 I geschütztes absolutes Recht oder Rechtsgut betroffen oder ein Schutzgesetz im Sinne von § 823 II verletzt sein. **Zweitens** ist eine Beeinträchtigung erforderlich, die beim Eigentum nicht in der Entziehung oder Vorenthaltung des Besitzes besteht. **Drittens** muss der Antragsgegner Störer sein. Statt der nur beim Unterlassungsanspruch erforderlichen Wiederholungs- oder Erstbegehungsgefahr (§ 1004 I 2) setzt der Beseitigungsanspruch **viertens** voraus, dass die Störung noch fortwirkt. Für den Verletzten muss „eine stetig sich erneuernde Quelle" der Rechtsverletzungen vorliegen.[25] Dagegen reicht es nicht aus, dass irgendwann einmal eine Störung vorgelegen hat, sofern sie schon wieder beendet ist; dann gibt es nichts mehr zu beseitigen.

Im **Fall d** wirkt die Verletzung des Persönlichkeitsrechts ständig fort, so lange das Bild im Fenster steht. Mit der Beseitigungsklage kann B die Herausnahme des Bildes aus dem Schaufenster erreichen.

24 Dazu *Brox/Walker* ZwangsVollstrR Rn. 1092 ff.
25 RGZ 170, 317; vgl. auch *BGH* NJW 2001, 1069.

20 **Fünftens** muss die Störung rechtswidrig sein; der Rechtsinhaber darf nicht zur Duldung verpflichtet sein (§ 1004 II). Ein Verschulden ist auch für den Beseitigungsanspruch nicht erforderlich.

Beispiel: Hat A im **Fall d** ohne Verschulden angenommen, der auf dem Bild Dargestellte sei eine Phantasiefigur des Malers, ist zwar ein Schadensersatzanspruch des B wegen Verletzung seines Persönlichkeitsrechts nicht gegeben; dagegen kann B gem. § 1004 I 1 Beseitigung verlangen.

2. Rechtsfolge

21 Der Anspruch ist auf Beseitigung der Störung (zum Beispiel Wegräumen des auf das Nachbargrundstück gestürzten Baumes; Beschneiden der in das Nachbargrundstück eindringenden Wurzeln) gerichtet. Die Kosten für die Beseitigung muss der Störer tragen.

Nach Ansicht des BGH kann der Schuldner unter den Voraussetzungen des § 275 II[26] wegen unverhältnismäßigen Aufwands die Beseitigung verweigern.[27]

22 Wird durch eine **unrichtige Tatsachenbehauptung** des Störers das allgemeine Persönlichkeitsrecht oder die Kreditwürdigkeit beeinträchtigt, richtet sich der Beseitigungsanspruch auf **Widerruf** oder auf **Richtigstellung,**[28] bei fortdauernder Rufbeeinträchtigung durch im Internet abrufbare Tatsachenbehauptungen auf deren Löschung.[29] Dieser Anspruch setzt voraus, dass für den Äußernden im Zeitpunkt der Äußerung eine zumutbare Möglichkeit bestand, die Unwahrheit zu erkennen.[30] Falls zur Zeit der Veröffentlichung zulässigerweise von dem Verdacht einer Straftat berichtet und dieser Verdacht später ausgeräumt wird, kann der Betroffene zwar keine Richtigstellung, wohl aber eine Mitteilung verlangen, dass der Verdacht nach Klärung des Sachverhalts nicht mehr aufrechterhalten werde.[31] Von seinen **wertenden Äußerungen** braucht sich dagegen niemand loszusagen; das wäre mit dem Grundrecht auf freie Meinungsäußerung (Art. 5 GG) nicht vereinbar.[32]

Beispiele: Im **Fall a** kann C von dem Zeitschriftenverlag den Widerruf der unwahren Behauptung über ihre angeblichen Heiratsabsichten verlangen.

26 Dazu *Brox/Walker* SchuldR AT § 22 Rn. 18ff.
27 *BGH* NJW 2008, 1022; dazu *Kolbe* NJW 2008, 3618.
28 ZB *BGH* NJW 2008, 2262.
29 *BGH* NJW 2016, 56ff.
30 *BVerfG* NJW 2003, 1855.
31 *BGH* NJW 2015, 778ff.
32 Vgl. *BGH* NJW 2008, 2262 (2263).

Falls diese unwahre Behauptung in einer Schlagzeile auf dem Titelblatt der Zeitschrift abgedruckt war, muss die Richtigstellung in gleicher Weise erfolgen. – Erklärt A überall, er halte den B für einen unseriösen Geschäftsmann (Wertung), so kann B sich wegen der Beleidigung mit einer Schadensersatzklage oder mit strafrechtlichen Mitteln gegen A wenden. Ein Widerruf der wertenden Erklärung, er halte B für einen unseriösen Geschäftsmann, kann von A dagegen nicht verlangt werden.

3. Abgrenzung vom Schadensersatzanspruch

Schwierigkeiten bereitet die Abgrenzung des Beseitigungsanspruchs vom Schadensersatzanspruch.[33] Die Unterscheidung, Schaden sei eine Gütereinbuße, die (zu beseitigende) Beeinträchtigung dagegen ein Zustand des fortwirkenden erzwungenen Verzichts auf Gütergenuss, führt nicht weiter. Denn auch der Schaden erzwingt einen fortwirkenden Verzicht. Da das Gesetz Schadensersatzansprüche in der Regel nur bei Verschulden gibt, muss der Inhalt des Beseitigungsanspruchs, weil er kein Verschulden voraussetzt, begrenzt werden. Daher ist der Störer nach hM lediglich verpflichtet, die Störungsquelle zu beseitigen.[34] 23

Beispiele: Macht A schuldlos kreditschädigende Äußerungen, muss er analog § 1004 nur die Äußerungen widerrufen, nicht dadurch entgangene Gewinne ersetzen. – Falls durch den umgestürzten Baum oder die auf das Nachbargrundstück eindringenden Wurzeln auch Schäden an dem beeinträchtigten Grundstück (zum Beispiel Beschädigung des Grundstückszaunes **[Fall b]** oder von im Wurzelbereich verlegten Abwasserleitungen) entstanden sind, können diese nicht nach § 1004 I ersetzt verlangt werden. Das Verschuldenserfordernis des § 823 I darf nicht dadurch umgangen werden, dass an Stelle von Schadensersatz in Form der Naturalrestitution Beseitigung nach § 1004 gewährt wird.

33 Dazu *Weick* JR 2011, 6 am Beispiel von Sturmschäden.
34 Vgl. *Baur* AcP 160 (1961), 489; str.: **aM** etwa *Weick* JR 2011, 6, 11 f., der für eine erweiternde Auslegung des § 1004 auch auf unmittelbare Folgeschäden der primären Störung plädiert.

Unterlassungs- und Beseitigungsanspruch nach § 1004

I. Voraussetzungen
1. Beeinträchtigung (außer Entziehung oder Vorenthaltung) des Eigentums oder eines anderen absoluten Rechts oder Rechtsgutes (dann § 1004 analog)
2. Störereigenschaft des Anspruchsgegners (Handlungs- oder Zustandsstörer)
3. Drohende Störung = Wiederholungs- oder Erstbegehungsgefahr (beim Unterlassungsanspruch) oder Fortdauer der Störung (beim Beseitigungsanspruch)
4. Rechtswidrigkeit der Störung = keine Duldungspflicht (§ 1004 II)
   a) aus Gesetz (zB §§ 228, 904, 905 S. 2, 906 I, II, 912 I, 917)
   b) aus dinglichem Recht (§§ 1030 ff., 1018 ff., 1090 ff.)
   c) aus Vertrag

II. Rechtsfolgen
1. Anspruch auf Unterlassung zukünftiger Beeinträchtigungen und/oder
2. Anspruch auf Beseitigung der Beeinträchtigung

§ 54. Gefährdungshaftung

1 **Schrifttum:** *Coester-Waltjen,* Beweiserleichterungen und Gefährdungshaftungen, JURA 1996, 608; *Geigel,* Der Haftpflichtprozess, 27. Aufl., 2015; *Jaeger,* Bemessung des Schmerzensgeldes bei der Haftung aus Gefährdungstatbeständen, ZGS 2004, 217; *Mattis,* Die Haftung des Fahrzeughalters und Fahrzeugführers nach §§ 7, 18 StVG, JA 1997, 45; *ders.,* Mitverursachung und Mitverschulden beim Straßenverkehrsunfall mit einzelnen Haftungsquoten, JA 1997, 141; *Medicus,* Gefährdungshaftung im Zivilrecht, JURA 1996, 561; *Röthel,* Gefährdungshaftung, JURA 2012, 444; *Walker,* Verschulden im Zivilrecht, Ad Legendum 2015, 109; *Zech,* Gefährdungshaftung und neue Technologien, JZ 2013, 21.

Fall a: E leiht sein Auto gegen Erstattung der Benzinkosten dem F für eine Fahrt in die 10 km entfernte Stadt. F beschädigt dort auf einem Parkplatz durch unachtsames Öffnen der Wagentür den Pkw des A. Dieser verlangt Schadensersatz von E und F. → Rn. 5, 8, 9, 10, 15

Fall b: H wird am Steuer seines Lkw plötzlich und unvorhersehbar bewusstlos. Der Lkw fährt in die Schaufensterfront eines Kaufhauses. Inhaber A verlangt von H 310.000 Euro Schadensersatz. → Rn. 10, 12, 16

Fall c: Fahrgast A kommt im Gedränge auf dem Bahnsteig zu Fall und verletzt sich. Ist die Deutsche Bahn AG schadensersatzpflichtig? → Rn. 25

Fall d: Haftet der Betriebsunternehmer, wenn A durch eine bei voller Fahrt von einem Fahrgast aus der Straßenbahn geworfene Bierdose verletzt wird? → Rn. 24

Fall e: Infolge eines Sprengstoffanschlags entgleist eine Straßenbahn. Dabei wird der Fußgänger A verletzt. Der Betriebsunternehmer der Straßenbahn weigert sich, Ersatz zu leisten. → Rn. 24, 25

Fall f: A und B sind Zulieferer des C, der Kraftfahrzeuge herstellt. A liefert Bremsanlagen, B Benzintanks. Die Bremsen weisen einen Konstruktionsfehler auf. Infolgedessen verursacht X, der bei C einen Pkw gekauft hatte, einen Unfall. Dabei werden X schwer verletzt, der Pkw und ein darin befindlicher Koffer (Wert 1.000 Euro) zerstört. Von wem kann X Schadensersatz verlangen? → Rn. 32, 37, 39, 52

Fall g: Durch Explosion einer Zeitbombe verliert ein Flugzeug während des Fluges ein Triebwerk. Ein herabfallendes Triebwerksteil verletzt den Fußgänger A schwer. Muss der Halter des Flugzeugs Schadensersatz leisten? → Rn. 55

I. Grundgedanke der Gefährdungshaftung

Neben der bisher behandelten Haftung für rechtswidriges und schuldhaftes Verhalten kennt unser Recht auch eine Ersatzpflicht für solche Schäden, die durch eine rechtmäßige, aber für andere mit Gefahren verbundene Betätigung verursacht werden (Gefährdungshaftung).

Beispiele: Haftung des Kraftfahrzeughalters (§ 7 I StVG), des Bahnbetriebsunternehmers (§ 1 HaftpflG), des Inhabers einer Atomenergieanlage (§ 25 AtomG), des Herstellers eines Produkts (§ 1 ProdHaftG).

Die Gefährdungshaftung beruht auf dem Gedanken, dass derjenige, der erlaubterweise eine gefährdende Betätigung ausübt oder eine gefährliche Anlage betreibt und daraus Nutzen zieht, auch die Schäden zu tragen hat, die Außenstehende dadurch erleiden, dass die Gefahr sich verwirklicht.

Wenn in einer modernen Industriegesellschaft das Wirtschaftsleben und der technische Fortschritt nicht übermäßig behindert werden sollen, müssen bestimmte Tätigkeiten und Anlagen (zB der Betrieb eines Kraftfahrzeuges, einer Eisenbahn, einer Energieanlage) zugelassen werden, auch wenn damit gewisse

Gefahren für die Umwelt verbunden sind. Verwirklicht sich jedoch die mit diesen Betätigungen verbundene Gefahr und werden dabei Rechtsgüter eines Dritten verletzt, so wäre es unbillig, diesen den Schaden tragen zu lassen. Hier ist es ein Gebot der ausgleichenden Gerechtigkeit, dass für diese Schäden derjenige einzustehen hat, der die Gefahrenquelle beherrscht und dem die wirtschaftlichen Vorteile der gefährlichen Betätigung zufließen.

2 Die Gefährdungshaftung bedarf jedoch einer Begrenzung, um für den Verpflichteten tragbar zu sein. Es geht nicht an, den Halter oder Betriebsunternehmer für alle Unglücksschäden haften zu lassen, die irgendwie in einem Zusammenhang mit der Gefahrenquelle stehen. Die Haftung ist daher in vielen Fällen auf die dem Betriebskreis eigenen Risiken beschränkt; sie besteht in der Regel nicht, wenn der Schaden durch eine betriebsfremde Ursache hervorgerufen wurde. So entfällt zB die Haftung des Kraftfahrzeughalters, wenn der Unfall durch höhere Gewalt verursacht wurde (§ 7 II StVG). Auch der Eisenbahnunternehmer haftet nicht, wenn der Schaden durch höhere Gewalt verursacht wurde (§ 1 II HaftpflG; → Rn. 23).

Das den Halter oder Betriebsunternehmer treffende Haftungsrisiko wird in der Regel auch dadurch eingeschränkt, dass eine Schadensersatzpflicht nur für solche Schäden besteht, die durch Tötung oder Verletzung eines Menschen oder durch Beschädigung einer Sache entstanden sind. Der Risikobegrenzung dient schließlich auch die Beschränkung der Haftung auf bestimmte Höchstbeträge (vgl. etwa § 12 StVG, § 10 HaftpflG, § 31 AtomG). Diese Begrenzung der Schadensersatzpflicht ermöglicht es dem Halter oder Betriebsinhaber, zu wirtschaftlich tragbaren Bedingungen eine Haftpflichtversicherung abzuschließen, damit er den Schaden nicht selbst zu tragen braucht.

Die Gefährdungshaftung ist in einer Reihe von Einzelvorschriften in verschiedenen Gesetzen geregelt, die jeweils auch einen Anspruch auf Entschädigung wegen immaterieller Schäden vorsehen.

II. Haftung des Kraftfahrzeughalters

3 **Schrifttum:** *Böhme/Biela,* Kraftverkehrs-Haftpflicht-Schäden, 25. Aufl., 2013; *Coester-Waltjen*, Die Haftung nach § 7 StVG, JURA 2004, 173; *Garbe/Hagedorn,* Die zivilrechtliche Haftung beim Verkehrsunfall, JuS 2004, 287; *Greger/Zwickel,* Haftungsrecht des Straßenverkehrs, 5. Aufl., 2014; *Hentschel/König/Dauer,* Straßenverkehrsrecht, 43. Aufl., 2015; *Hirte/Heber*, Haftung bei Gefälligkeitsfahrten im Straßenverkehr, JuS 2002, 241; *Kunschert*, Die Haftung des Kfz-Halters gegenüber seinem Partner und seiner Familie als Insassen, NJW 2003, 950; *Lutz*, Autonome Fahrzeuge als rechtliche Herausforderung, NJW 2015, 119; *Neumann*, Die Haftung bei Verkehrsunfällen

– eine Einführung, JA 2016, 167; *Nugel*, Haftungsquote und Anscheinsbeweis beim Verkehrsunfall mit Kraftfahrzeugen, NJW 2013, 193; *Schreiber/Strupp*, Die Haftung bei Verkehrsunfällen, JURA 2007, 594; *Vogel*, „Höhere Gewalt" und Haftungsbeschränkungen im StVG nach der Schadensersatzreform, ZGS 2002, 400; *Wille*, Einführung in die Straßenverkehrshaftung, JA 2008, 210.

Nach § 7 I StVG (Schönfelder Nr. 35) hat der Halter eines Kraftfahrzeuges die Schäden zu ersetzen, die dadurch entstanden sind, dass bei dem Betrieb des Fahrzeuges ein Mensch getötet oder verletzt oder eine Sache beschädigt worden ist. Diese Ersatzpflicht des Kraftfahrzeughalters ist ein Fall der Gefährdungshaftung. Bei der Schadensersatzpflicht des Fahrzeugführers nach § 18 I StVG handelt es sich dagegen um eine Haftung für vermutetes Verschulden (→ § 48 Rn. 30). Neben dem Fahrzeughalter und dem Fahrzeugführer haftet dem Geschädigten noch der Haftpflichtversicherer des Halters (→ § 48 Rn. 31).

1. Voraussetzungen der Halterhaftung

a) **Halter eines Kraftfahrzeuges.** Der Inanspruchgenommene muss Halter eines Kraftfahrzeuges sein. 4

aa) **Kraftfahrzeuge** iSd § 7 I StVG sind nach § 1 II StVG alle Landfahrzeuge, die mit Maschinenkraft bewegt werden und nicht an Bahngleise gebunden sind. Die Gefährdungshaftung gilt jedoch nicht für Kraftfahrzeuge, die auf ebener Bahn nicht schneller als 20 km in der Stunde fahren können (§ 8 StVG).

bb) **Halter** des Kraftfahrzeuges ist, wer die tatsächliche Verfügungsgewalt über das Fahrzeug besitzt und es für eigene Rechnung gebraucht.[1] Die Eigentumsverhältnisse sind für die Haltereigenschaft nicht entscheidend;[2] sie können aber einen wesentlichen Anhaltspunkt für die Bestimmung des Halters geben. Die tatsächliche Verfügungsgewalt setzt keinen unmittelbaren Besitz voraus; mittelbarer Besitz reicht aus. Für eigene Rechnung gebraucht derjenige ein Kraftfahrzeug, der die Betriebskosten trägt und die Vorteile aus dem Betrieb zieht. 5

Im **Fall a** ist E und nicht F Halter des Pkw, weil F das Fahrzeug nur für kurze Zeit und lediglich für eine bestimmte Fahrt erhalten hat.[3]

1 BGHZ 13, 351.
2 *Looschelders* SchuldR BT Rn. 1449.
3 Vgl. BGHZ 32, 331.

6 **b) Tötung oder Verletzung einer Person oder Beschädigung einer Sache.** Es muss eine Person getötet oder verletzt oder eine Sache beschädigt worden sein. Ein reiner Vermögensschaden begründet keine Ersatzpflicht des Halters. Auch Personen- und Sachschäden sind nicht immer zu ersetzen:

War der Verletzte bei dem Betrieb des Kraftfahrzeuges tätig (zB als Arbeitnehmer, aber auch als freiwilliger Helfer), so ist der Halter nicht ersatzpflichtig (§ 8 Nr. 2 StVG).

War der Verletzte ein Insasse des Kraftfahrzeuges und handelte es sich um eine unentgeltliche, nicht geschäftsmäßige Personenbeförderung, so kann die Haftung nach § 7 I StVG ausgeschlossen werden (arg. e § 8a StVG).

Bei entgeltlicher, geschäftsmäßiger Personenbeförderung kann dagegen die Haftung des Halters wegen Tötung oder Verletzung beförderter Personen auch nicht durch Vereinbarung ausgeschlossen oder beschränkt werden (§ 8a S. 1 StVG).

7 **c) Bei dem Betrieb eines Kraftfahrzeuges.** Die Tötung/Verletzung der Person oder die Sachbeschädigung muss bei dem Betrieb des Kraftfahrzeuges erfolgt sein. Erforderlich ist also, dass das Kraftfahrzeug zur Zeit des Unfalls in Betrieb war und ein ursächlicher Zusammenhang zwischen dem Betrieb und der Rechtsgutverletzung besteht. Entsprechend dem Zweck des § 7 I StVG, die Verkehrsteilnehmer vor den Gefahren des Kraftverkehrs zu schützen, ist mit der hL und der Rechtsprechung das Tatbestandsmerkmal „bei dem Betrieb" weit auszulegen.[4]

Die Haftung des Halters setzt nicht voraus, dass der Unfall sich auf öffentlichen Straßen oder Plätzen ereignet.[5]

8 aa) In **Betrieb** ist ein Kraftfahrzeug so lange, wie der Betriebsvorgang, also die Fahrt, noch nicht endgültig abgeschlossen ist.[6] Unterbrechungen der Fahrt zählen noch zum Betrieb, auch wenn der Motor (zB durch eine Start-Stopp-Automatik) abgestellt wird. Der Betrieb endet erst dann, wenn das Fahrzeug am Ende der geplanten Fahrt angelangt ist und dort endgültig in Ruhe versetzt wird.

Der Betrieb eines Kraftfahrzeuges dauert also fort, wenn dieses zum Be- oder Entladen hält oder wenn es infolge Motorschadens auf der Straße liegen bleibt. Mit dem Abstellen des Motors ist der Betriebsvorgang noch nicht be-

4 Vgl. *BGH* NJW 2012, 1951 (1952); NJW-RR 2008, 764; BGHZ 29, 163; 105, 66; 107, 366; NJW 2013, 1679 (1680).
5 Vgl. BGHZ 5, 318.
6 HM; *Medicus/Petersen* BürgerlR, Rn. 633.

endet; denn zum Betrieb gehört auch das Aussteigen **(Fall a)**. Selbst das Entladen eines abgestellten Fahrzeugs mit Transportfunktion rechnet der BGH[7] heute[8] noch zum Betrieb des Kraftfahrzeugs. Deshalb haftet der Halter eines Tanklastwagens, wenn beim Entladen von Heizöl wegen einer Undichtigkeit des Schlauches die Straße und das Hausgrundstück des Bestellers beschädigt werden. Das lässt sich mit dem Zweck der Gefährdungshaftung des Halters begründen: Diese ist der Ausgleich dafür, dass dem Halter die Benutzung der mit seinem Fahrzeug verbundenen erhöhten Gefahrenquelle erlaubt wird.

bb) **Bei dem Betrieb** des Kraftfahrzeuges ist die Rechtsgutverletzung entstanden, wenn der Unfall in einem unmittelbaren, örtlichen und zeitlichen Zusammenhang mit den Betriebsvorgängen oder mit bestimmten Betriebseinrichtungen des Fahrzeuges steht. Es genügt jeder ursächliche Zusammenhang **(Fall a)**; der Unfall braucht also nicht auf Gefahren zu beruhen, die nur dem Kraftfahrzeugbetrieb eigentümlich, anderen Verkehrsmitteln aber fremd sind. Deshalb beruht auch die Körperverletzung, die sich ein Unfallbeteiligter deshalb zuzieht, weil er nach einem Unfall aus seinem Fahrzeug aussteigt und auf dem eisglatten Untergrund ausrutscht, noch auf dem Betrieb eines Kraftfahrzeugs.[9] Andererseits reicht es nicht aus, wenn ein ordnungsgemäß parkendes Kfz vorsätzlich in Brand gesetzt wird und durch ein Übergreifen des Brandes ein anderes Kfz beschädigt wird; denn das Übergreifen steht nicht in einem ursächlichen Zusammenhang mit einem Betriebsvorgang.[10] 9

2. Ausschluss der Halterhaftung

a) **Höhere Gewalt.** Die Halterhaftung war nach der bis zum 31.7.2002 geltenden Fassung des § 7 II StVG ausgeschlossen, wenn der Unfall durch ein unabwendbares Ereignis verursacht wurde. 10

Ein unabwendbares Ereignis lag dann vor, wenn der Unfall durch Vorgänge verursacht wurde, die von außen auf den Kraftfahrzeugbetrieb einwirkten, und weder der Halter noch der Fahrer selbst bei der höchstmöglichen Sorgfalt den Unfall verhindern konnten. Schon ein geringfügiges Verschulden des Halters oder Fahrers **(Fall a)** schloss die Annahme eines unabwendbaren Ereignisses aus.

Ein unabwendbares Ereignis war etwa gegeben, wenn ein Fußgänger vor ein Kraftfahrzeug läuft, ohne dass damit gerechnet werden musste. Dagegen

---

7 *BGH* NJW 2016, 1162 Rn. 11 ff.
8 Anders noch BGHZ 71, 212.
9 *BGH* NJW 2013, 1679 (1680).
10 *BGH* NJW-RR 2008, 764 (765).

wurde das schuldlose Versagen des Kraftfahrzeugführers, wenn es nicht auf äußere Einwirkungen zurückzuführen war, nicht als unabwendbares Ereignis anerkannt[11] **(Fall b)**.

11 In der zum 1.8.2002 geänderten Fassung des § 7 II StVG wurde die Voraussetzung des „unabwendbaren Ereignisses" durch diejenige der „höheren Gewalt" ersetzt. Damit war nicht nur eine terminologische Änderung, sondern eine Haftungsverschärfung verbunden. Als höhere Gewalt wird nämlich nur ein betriebsfremdes, von außen durch elementare Naturkräfte oder durch Handlungen dritter Personen herbeigeführtes Ereignis anerkannt, das nach menschlicher Einsicht und Erfahrung unvorhersehbar ist, mit wirtschaftlich erträglichen Mitteln auch durch die äußerste nach der Sachlage vernünftigerweise zu erwartende Sorgfalt nicht verhütet oder unschädlich gemacht werden kann und auch nicht wegen seiner Häufigkeit in Kauf zu nehmen ist.[12]

12 Der früher als unabwendbares Ereignis anerkannte Fall, dass ein durch ein parkendes Fahrzeug verdeckter Fußgänger auf die Straße läuft und von einem fahrenden Pkw erfasst wird, ist keine höhere Gewalt. Der Halter kann sich in solchen Fällen also seit dem 1.8.2002 nicht mehr auf den Haftungsausschluss des § 7 II StVG berufen. Erst recht wurde im **Fall b** der Unfall nicht durch höhere Gewalt verursacht.

13 **b) Schwarzfahrt.** Die Haftung des Halters aus § 7 I StVG ist ferner dann ausgeschlossen, wenn jemand das Fahrzeug ohne Wissen und Wollen des Halters benutzt (§ 7 III 1 StVG, Schwarzfahrt). In diesem Fall haftet der Schwarzfahrer anstelle des Halters.

Der Halter bleibt aber neben dem Schwarzfahrer zum Ersatz des Schadens verpflichtet, wenn er die unbefugte Ingebrauchnahme des Kraftfahrzeuges schuldhaft ermöglicht hat (zB durch Nichtabschließen des Tür- und Lenkradschlosses). Der Ausschluss der Halterhaftung nach § 7 III 1 StVG greift auch dann nicht ein, wenn der eine Schwarzfahrt vornehmende Fahrzeugführer von dem Fahrzeughalter für den Betrieb des Kraftfahrzeuges angestellt worden ist oder der Halter ihm das Kraftfahrzeug überlassen hat (§ 7 III 2 StVG).

14 **c) Versäumung rechtzeitiger Schadensanzeige.** Der Anspruch aus § 7 I StVG erlischt bei nicht rechtzeitiger Schadensanzeige des Geschädigten (Einzelheiten: § 15 StVG).

11 BGHZ 23, 90; **str.**
12 BT-Drs. 14/7752, 30; vgl. auch BGHZ 7, 338 (339); 62, 351 (354) (jeweils zum Haftpflichtgesetz).

3. Umfang des Ersatzanspruchs

Der Umfang des Schadensersatzanspruchs aus § 7 I StVG ist in §§ 10 ff. StVG geregelt. Nach §§ 10, 11 StVG sind bei Tötung oder Verletzung eines Menschen nur bestimmte Schäden zu ersetzen. Nach § 11 S. 2 StVG besteht bei der Gefährdungshaftung nach § 7 I StVG auch ein Entschädigungsanspruch für immaterielle Schäden. Die Schadensersatzansprüche nach dem StVG sind auf **Höchstbeträge** beschränkt (vgl. § 12 StVG). Wurden bei einem Kraftfahrzeugunfall mehrere geschädigt und übersteigen die Ansprüche zusammen die Haftungssumme, so sind die Ansprüche der Geschädigten verhältnismäßig herabzusetzen (vgl. § 12 II StVG). 15

Im **Fall b** kann A die gesamten 310.000 Euro gem. § 7 I StVG von H ersetzt verlangen; die früher bei Sachschäden geltende Haftungshöchstgrenze von 300.000 Euro wurde inzwischen auf eine Million Euro angehoben (vgl. § 12 I Nr. 2 StVG). Werden gefährliche Güter befördert und verursacht deren Gefährlichkeit den Schaden, gelten besondere Höchstbeträge nach § 12a StVG.

4. Mitverschulden des Verletzten

Hat der Verletzte bei der Entstehung oder Vergrößerung des Schadens schuldhaft mitgewirkt, so ist § 254 anwendbar (§ 9 StVG). Ist eine Sache beschädigt worden, so steht ein Verschulden desjenigen, der die tatsächliche Gewalt über die Sache ausgeübt hat, dem Verschulden des Geschädigten gleich (§ 9 StVG). 16

§ 9 StVG und damit § 254 greifen jedoch erst dann ein, wenn der Halter (§ 7 I StVG) oder der Fahrer (§§ 18 I, 7 I StVG) ersatzpflichtig ist; das Verhalten des Verletzten darf also keine höhere Gewalt (§ 7 II StVG) darstellen.

Im **Fall a** kann A, da er den Unfall nicht mitverschuldet hat, vollen Ersatz seines Schadens von E (§ 7 I StVG) und F (§§ 18 I, 7 I StVG) als Gesamtschuldner verlangen.

Für die Berücksichtigung des Mitverschuldens von Kindern vor Vollendung des zehnten Lebensjahres bei Unfällen mit Kraftfahrzeugen ist der Haftungsausschluss nach § 828 II (→ § 44 Rn. 7) zu beachten.

5. Ausgleichspflicht bei Schadensverursachung durch mehrere Kraftfahrzeuge

§ 17 StVG enthält Sonderregelungen für verschiedene Fälle, in denen ein Schaden nicht nur durch ein Kraftfahrzeug verursacht wurde. 17

Erleidet ein Dritter (zB Fußgänger) durch mehrere Kraftfahrzeuge einen Personen- oder Sachschaden und sind ihm alle Halter (Fahrer,

§ 18 III StVG) zum Ersatz verpflichtet, haften diese als Gesamtschuldner. Im Verhältnis der Halter untereinander ist ausschlaggebend, in welchem Ausmaß das einzelne Fahrzeug für das Schadensereignis ursächlich geworden ist **(§ 17 I StVG)**. Diese Vorschrift ist eine anderweitige Bestimmung iSv § 426 I 1 zum Gesamtschuldnerausgleich.

17a § 17 I StVG gilt auch dann, wenn es nicht um den Gesamtschuldnerausgleich zwischen mehreren Kfz-Haltern geht, die gegenüber einem geschädigten Dritten haften, sondern um den wechselseitigen Ausgleich zwischen mehreren bei einem Unfall geschädigten Haltern **(§ 17 II StVG**, Sonderregelung gegenüber § 254 I) oder Fahrern (§ 18 III StVG). Hier ist also der Geschädigte gleichzeitig Halter (Fahrer) eines am Unfall beteiligten Kraftfahrzeugs. Bei der Abwägung der Verursachungsbeiträge ist das jeweilige Verschulden nur einer von mehreren Faktoren.[13] Daneben muss sich der geschädigte Halter, der von dem anderen Schadensersatz begehrt, in der Regel die sogenannte **allgemeine Betriebsgefahr** seines Fahrzeugs anspruchsmindernd anrechnen lassen. Darunter versteht man die Summe der Gefahren, die der (auch vorschriftsmäßige) Betrieb eines Kraftfahrzeugs durch seine Eigenart in den Verkehr trägt.[14] Diese allgemeine Betriebsgefahr bleibt nur dann außer Betracht, wenn der Unfall eindeutig allein von einem anderen Beteiligten verursacht wurde. Sie kann aber auch erhöht sein etwa durch eine verkehrswidrige oder jedenfalls gefahrträchtige Fahrweise oder durch technische Mängel des Fahrzeugs **(besondere Betriebsgefahr)**.

Wenn der geschädigte Halter seinen Schaden nach § 823 I ersetzt verlangt, greift zwar § 17 II StVG nicht ein. Aber dann wirkt sich die Betriebsgefahr seines Fahrzeugs in erweiternder Auslegung des § 254 ebenfalls anspruchsmindernd aus, wenn er seinerseits dem Schädiger gegenüber verschuldensunabhängig nach § 7 I StVG haftet.[15]

17b Gem. **§ 17 III StVG** ist die Ersatzpflicht eines Halters nach § 17 I, II StVG allerdings ausgeschlossen, wenn der Unfall durch ein **unabwendbares Ereignis** verursacht wird. Unabwendbarkeit setzt voraus, dass das Ereignis weder auf einem Fehler in der Beschaffenheit des Fahrzeugs noch auf einem Versagen seiner Vorrichtungen beruht und dass der Halter und der Führer des Fahrzeugs die nach den Umständen des Falles gebotene Sorgfalt beobachtet haben **(Fall a)**.

---

13 *BGH* NJW 2013, 3235 (3236) mAnm *Mäsch* JuS 2014, 268.
14 Palandt/*Grüneberg* BGB § 254 Rn. 60.
15 *BGH* NJW 2013, 3235 (3237) mAnm *Mäsch* JuS 2014, 268.

Die Haftungs- und Ausgleichsregelung des § 17 I–III gilt auch, wenn der Schaden außer durch ein Kraftfahrzeug auch noch durch einen Anhänger, ein Tier oder eine Eisenbahn verursacht worden ist (**§ 17 IV StVG**). 17c

6. Konkurrenzen

Schadensersatzansprüche nach dem BGB oder aus anderen Gesetzen werden durch die Ansprüche nach dem StVG **nicht ausgeschlossen** (§ 16 StVG). Trifft den Halter oder Fahrer also ein Verschulden, so kommt neben der Haftung nach dem StVG eine Schadensersatzpflicht aus §§ 823 ff. und uU auch aus § 280 I in Betracht. Für diese Ansprüche gelten die Höchstbeträge des § 12 StVG nicht. Ist eine Schadensersatzpflicht aus § 823 begründet, kann nach § 253 II auch ein Schmerzensgeldanspruch gegeben sein. 18

Die Gefährdungshaftung nach § 7 StVG für Schadenszufügungen im Straßenverkehr verdrängt gesetzliche Haftungsprivilegierungen. So haftet zwar nach § 708 ein Gesellschafter einer GbR bei der Erfüllung der ihm obliegenden Pflichten nur für die Verletzung derjenigen Sorgfalt, die er in eigenen Angelegenheiten anzuwenden pflegt (diligentia quam in suis).[16] Gleiches gilt gem. § 1359 auch für die Haftung von Ehegatten bei der Erfüllung der sich aus dem ehelichen Verhältnis ergebenden Pflichten sowie gem. § 1664 I für die Haftung der Eltern bei der Anwendung der elterlichen Sorge gegenüber ihrem Kind. Alle genannten Haftungsprivilegierungen greifen aber nicht ein bei Schadenszufügungen durch Unfälle im Straßenverkehr, selbst wenn diese im Zusammenhang mit der Erfüllung von Pflichten aus dem Gesellschaftsvertrag oder der Ehe oder mit der Ausübung der elterlichen Sorge stehen.[17] Im Straßenverkehr ist kein Raum für verschiedene Sorgfalts- und Haftungsmaßstäbe.

III. Haftung nach dem Haftpflichtgesetz

Schrifttum: *Filthaut*, Haftpflichtgesetz, Kommentar, 8. Aufl., 2010; *Tschersich*, Die Haftung (auf) der Schiene – Anwendungsbereich des HpflG innerhalb des internen Bahnbetriebs, VersR 2003, 962. 19

Die Gefährdungshaftung des Schienen- und Schwebebahnunternehmers und des Inhabers von Elektrizitäts- und Rohrleitungsanla-

16 Dazu *Brox/Walker* SchuldR AT § 20 Rn. 19.
17 *BGH* NJW 1967, 558; 1992, 1227 (1228); Palandt/*Götz* BGB § 1664 Rn. 4; *Walker* JuS 2015, 865 (868).

gen ist im HPflG (Schönfelder Nr. 33) geregelt. Sie ähnelt der Haftung des Kraftfahrzeughalters. Hinsichtlich der Voraussetzungen bestehen jedoch einige Unterschiede zur Kraftverkehrshaftpflicht.

1. Haftung des Bahnunternehmers

20 **a) Voraussetzungen der Haftung.** Nach § 1 I HPflG haftet der Betriebsunternehmer einer Schienen- oder Schwebebahn für alle Schäden, die dadurch entstanden sind, dass bei dem Betrieb der Bahn ein Mensch getötet oder verletzt oder eine Sache beschädigt worden ist.

aa) **Betriebsunternehmer** ist, wer die Bahn für eigene Rechnung betreibt und wem die Verfügung über den Bahnbetrieb zusteht.[18]

Soweit der Fahrbetrieb und die Infrastruktur der Bahn rechtlich getrennt sind und bei verschiedenen Unternehmen liegen, sind neben den Verkehrsunternehmen auch die Infrastrukturunternehmen Betriebsunternehmer iSv § 1 HPflG.[19]

21 bb) **Schienen- oder Schwebebahnen** sind alle dem öffentlichen Verkehr dienenden Transportmittel, die sich auf oder in Schienen bewegen. Für die dem privaten Verkehr dienenden Bahnen (zB Werksbahnen) gilt das HPflG, wenn mit ihrem Betrieb die gleichen Gefahren verbunden sind wie mit dem öffentlicher Bahnen.

22 cc) Der Unfall muss sich **bei dem Betrieb der Bahn** ereignet haben. Der Bahnbetrieb umfasst den gesamten technischen Betrieb und den Beförderungsvorgang. Der Betriebsbegriff ist weit auszulegen. Beim Bahnbetrieb ist ein Unfall dann entstanden, wenn ein unmittelbarer, zeitlicher und örtlicher Zusammenhang mit den Betriebsvorgängen oder Einrichtungen der Bahn besteht.

23 **b) Haftungsausschluss bei höherer Gewalt.** Die Haftung des Betriebsunternehmers ist grundsätzlich ausgeschlossen, wenn der Unfall durch höhere Gewalt verursacht worden ist (§ 1 II HPflG). Höhere Gewalt ist gegeben, wenn folgende Voraussetzungen erfüllt sind:

24 aa) Es muss ein **Ereignis von außerhalb auf den Bahnbetrieb eingewirkt** haben, das nicht mit den Betriebsvorgängen in ursächlichem Zusammenhang steht (zB Erdbeben, Blitzschlag). Das Versagen von technischen Einrichtungen ist somit niemals höhere Gewalt. Handlungen dritter Personen können betriebsfremde Ereignisse sein, soweit diese Personen nicht am Bahnbetrieb

18 RGZ 75, 7.
19 *BGH* NJW-RR 2004, 959.

beteiligt sind. Das Hinauswerfen von Gegenständen aus der Bahn durch Fahrgäste steht in einem ursächlichen Zusammenhang mit dem Bahnbetrieb und ist daher keine höhere Gewalt **(Fall d).** Ein Attentat **(Fall e)** ist dagegen ein von außen wirkendes Ereignis.

bb) Es muss sich um ein **außergewöhnliches Ereignis** gehandelt haben, also um einen Zwischenfall, mit dem der Betriebsunternehmer und sein Personal nicht zu rechnen brauchten. Ein außergewöhnliches Ereignis ist zB ein Blitzschlag oder ein Sprengstoffattentat **(Fall e).** Zu den normalen Zwischenfällen, mit denen der Unternehmer rechnen muss, gehören dagegen etwa kopfloses Verhalten von Fußgängern oder Fahrgästen und ein Gedränge auf dem Bahnsteig **(Fall c).** Sind in einer Gegend häufig Überschwemmungen, so ist auch eine Beschädigung der Bahnanlage durch Hochwasser kein außergewöhnliches Ereignis. 25

Weitere Haftungsausschließungsgründe: § 1 III HPflG.

c) Haftungshöchstbeträge. Ebenso wie die Haftung nach dem StVG ist auch diejenige nach dem HPflG auf **Höchstbeträge** begrenzt (§§ 9, 10 HPflG). In dem am 1.8.2002 in Kraft getretenen § 6 S. 2 HPflG ist vorgesehen, dass auch billige Entschädigung in Geld für einen immateriellen Schaden beansprucht werden kann. 26

2. Haftung bei Elektrizitäts- und Rohrleitungsanlagen

Auch für Unfälle bei Elektrizitäts- und Rohrleitungsanlagen ordnet § 2 HPflG eine Gefährdungshaftung des Inhabers der Anlage an. Der Unfall muss auf den Wirkungen der Elektrizität, der Gase, Dämpfe oder Flüssigkeiten beruhen, die von einer Anlage zur Fortleitung der Elektrizität oder einer Rohrleitung ausgehen. Die Haftung kann nach § 2 III HPflG (ua bei Verursachung durch höhere Gewalt) ausgeschlossen sein. 27

IV. Haftung nach dem Produkthaftungsgesetz

Schrifttum: *B. Buchner,* Die Produkthaftung der Tabakindustrie, VersR 2000, 28; *Cahn,* Produkthaftung für verkörperte geistige Leistungen, NJW 1996, 2899; *Foerste/Graf v. Westphalen,* Produkthaftungshandbuch, 3. Aufl., 2012; *Franzen,* Deliktische Haftung für Produktionsschäden, JZ 1999, 702; *Fuchs/Baumgärtel,* Ansprüche aus Produzentenhaftung und Produkthaftung, JuS 2011, 1057; *Katzenmeier,* Entwicklungen des Produkthaftungsrechts, JuS 2003, 943; *Koch,* „Mängelbeseitigungsansprüche" nach den Grundsätzen der Produzenten-/Produkthaftung, AcP 203 (2003), 603; *Kullmann,* Produkthaftungsgesetz, 6. Aufl., 2010; *Landrock,* Das Produkthaftungsrecht im Lichte 28 neuerer Gesetzgebung und Rechtsprechung, JA 2003, 981; *Looschelders,* Neuere Entwicklungen des Produkthaftungsrechts, JR 2003, 309; *Molitoris/Klindt,* Aktuelle Entwicklungen im Produktsicherheits- und Produkthaftungsrecht, NJW 2017, 1582; *Rohlfing/Thiele,* Die Haftung des Tabakwarenproduzenten, VersR 2000, 289; *P. Schmidt,* Die Haftung des Produzenten für Schäden Dritter – dargestellt am Beispiel einer gescheiterten Nierentransplantation, JURA 2007, 572; *Wagener/Wahle,* Hersteller, Quasi-Hersteller und Lieferant im Produkthaftungsgesetz, NJW 2005, 3179; *Wagner,* Der Fehlerverdacht als Produktfehler, JZ 2016, 292; *Wieckhorst,* Vom Produzentenfehler zum Produktfehler des § 3 ProdHaftG, VersR 1995, 1005.

Das Produkthaftungsgesetz (ProdHaftG vom 15.12.1989, Schönfelder Nr. 27) bestimmt eine verschuldensunabhängige Haftung des Herstellers für Produktschäden. Die Ersatzpflicht nach diesem Gesetz ist unabdingbar; sie darf im Voraus weder ausgeschlossen noch beschränkt werden (§ 14 ProdHaftG).

1. Voraussetzungen

29 **a) Hersteller eines fehlerhaften Produkts.** Der Inanspruchgenommene muss Hersteller eines fehlerhaften Produkts sein (§ 1 I ProdHaftG).

aa) **Produkte** iSd ProdHaftG sind nach § 2 ProdHaftG alle beweglichen Sachen, auch wenn sie einen Teil einer anderen (beweglichen oder unbeweglichen) Sache bilden, sowie die Elektrizität. Auf eine besondere Gefährlichkeit, die Herstellungsart oder den Verwendungszweck kommt es nicht an.

Unter den Begriff fallen auch Gas, Leitungswasser, Blutkonserven, Maschinen sowie jedes ihrer Einzelteile **(Fall f:** Pkw, Bremsanlage, Benzintank).

30 Landwirtschaftliche Naturprodukte sowie Jagderzeugnisse stehen auch dann, wenn sie noch nicht einer ersten Verarbeitung unterzogen worden sind, den hergestellten Produkten gleich. Die frühere Herausnahme dieser Rohprodukte aus der Haftung wurde durch die Aufhebung des § 2 S. 2 ProdHaftG aF durch Gesetz vom 2.11.2000 beendet.

Beispiele: Auch unverarbeitete Pilze, Beeren und Fische gehören zu den Produkten iSv § 2 ProdHaftG.

31 bb) **Fehler** bedeutet hier nicht mangelnde Gebrauchstauglichkeit des Produkts; es geht vielmehr darum, den Verbraucher in seiner körperlichen Integrität und in seinem persönlichen Eigentum zu schüt-

zen. Deshalb ist ein Produkt dann fehlerhaft, wenn es nicht die Sicherheit bietet, die unter Berücksichtigung aller Umstände berechtigterweise erwartet werden kann (§ 3 I ProdHaftG). Maßgeblich ist insoweit die in dem entsprechenden Bereich herrschende Verkehrsauffassung.[20]

Das Gesetz nennt als mögliche erwartungsbegründende Umstände: die Darbietung des Produkts (zB Werbung, Gebrauchsanweisung), den Gebrauch, mit dem billigerweise gerechnet werden kann (einschl. des vorhersehbaren oder üblichen Fehlgebrauchs), den Zeitpunkt, in dem das einzelne Produkt in den Verkehr gebracht wurde (geringerer Sicherheitsgrad bei einem älteren gegenüber einem neueren Produkt). Nach der Rechtsprechung sind medizinische Geräte wie Herzschrittmacher schon dann fehlerhaft, wenn bei anderen Geräten derselben Produktgruppe ein erhöhtes Ausfallrisiko festgestellt wurde, ohne dass bei dem konkret implantierten Schrittmacher ein Fehler festgestellt werden muss.[21] Dagegen kann vom Hersteller nicht verlangt werden, für alle theoretisch denkbaren Fälle eines sachwidrigen Umgangs mit dem Produkt Vorsorge zu treffen.[22]

Ein späteres Inverkehrbringen eines verbesserten Produkts (durch denselben oder einen anderen Hersteller) führt nicht dazu, das frühere Produkt nunmehr als fehlerhaft anzusehen (§ 3 II ProdHaftG).

cc) Als **Hersteller** bestimmt § 4 ProdHaftG den tatsächlichen Her- **32**
steller, den Quasi-Hersteller, den Importeur und den Lieferanten.

(1) **Tatsächlicher Hersteller** ist derjenige, der das Endprodukt, einen Grundstoff oder ein Teilprodukt hergestellt hat (§ 4 I 1 ProdHaftG).

Der Hersteller eines Teilprodukts haftet für den Schaden, der durch einen Fehler dieses Teilprodukts verursacht worden ist **(Fall f:** A als Hersteller der Bremsanlage). Da das fehlerhafte Teilprodukt durch seinen Einbau auch das Endprodukt **(Fall f:** den Pkw) fehlerhaft macht, haftet der Endhersteller für den Schaden **(Fall f:** C als Hersteller des Autos); dagegen haftet der Produzent eines fehlerfreien Teilprodukts nicht **(Fall f:** B als Hersteller des Benzintanks).

(2) **Quasi-Hersteller** (= „Als ob"-Hersteller) ist, wer sich durch **33**
das Anbringen seines Namens, seiner Marke oder eines anderen unterscheidungskräftigen Kennzeichens als Hersteller ausgibt (§ 4 I 2 ProdHaftG). Er wird dem tatsächlichen Hersteller gleichgestellt, weil er durch sein Verhalten den Eindruck erweckt, dass er der Hersteller sei.

20 *EuGH* NJW 2015, 1163 mAnm *Mäsch* JuS 2015, 556; dazu auch *Wagner* JZ 2016, 292; *BGH* NJW 2013, 1302 (1303).
21 *BGH* NJW 2015, 3096 (3097) im Anschluss an *EuGH* NJW 2015, 1163.
22 *BGH* NJW 2013, 1302 (1303).

Beispiel: Das Warenhaus W verkauft Waschmaschinen, die von A hergestellt und von W mit seinem Namen und Zeichen versehen worden sind.

Durch die Haftung des Quasi-Herstellers soll der Geschädigte – meist Verbraucher – von den Mühen entlastet werden, den tatsächlichen Hersteller ermitteln zu müssen.[23]

34 (3) **Importeur** ist, wer ein Produkt zum Zweck des Vertriebs im Rahmen seiner geschäftlichen Tätigkeit in den Geltungsbereich des Abkommens über den Europäischen Wirtschaftsraum aus einem Land außerhalb dieses Raumes einführt oder verbringt (§ 4 II ProdHaftG). Diese Haftung des Importeurs soll dem Geschädigten die Rechtsverfolgung erleichtern, weil diese in Drittstaaten regelmäßig unüberwindbare Probleme bereitet.

Als Vertrieb im Rahmen einer geschäftlichen Tätigkeit können das Verkaufen, Vermieten, Verleasen, nicht aber das Verschenken oder Verleihen anzusehen sein.

35 (4) Wenn der Hersteller nicht festgestellt werden kann, gilt sogar der **Lieferant** als Hersteller (§ 4 III ProdHaftG). Dadurch soll der Verbraucher davor geschützt werden, dass er seinen Anspruch nicht durchsetzen kann, weil ihm der Hersteller unbekannt ist.

Die Regelung ist als Druckmittel gegen den Lieferanten gedacht, damit er den Hersteller oder wenigstens den Vorlieferanten preisgibt.[24] Er kann sich von der sog. Auffanghaftung entlasten, wenn er dem Geschädigten innerhalb eines Monats nach dem Zugang einer entsprechenden Aufforderung den Hersteller oder Vorlieferanten benennt.

Entsprechendes gilt, wenn sich der Importeur (→ Rn. 34) nicht feststellen lässt, selbst wenn der in einem Drittstaat ansässige Hersteller bekannt ist (§ 4 III 2 ProdHaftG).

36 **b) Tötung oder Verletzung eines Menschen oder Beschädigung einer Sache.** Durch den Fehler des Produkts muss ein Mensch getötet, an Körper oder Gesundheit verletzt oder eine Sache beschädigt worden sein (§ 1 I 1 ProdHaftG). Es muss also ein ursächlicher Zusammenhang zwischen dem Fehler und der Rechtsgutverletzung bestehen.[25] Daran fehlt es, wenn die Rechtsgutverletzung zB auf einer sachwidrigen Bedienung des Produkts beruht. Ein Verschulden ist nicht erforderlich.

23 *BGH* NJW 2005, 2695 (2696).
24 *BGH* NJW 2005, 2695 (2697).
25 *BGH* NJW 2013, 1302 (1304).

Die Behauptungs- und Beweislast für den Fehler, den Schaden und die Ursächlichkeit des Fehlers für den Schaden trägt der Geschädigte (§ 1 IV 1 ProdHaftG).

aa) Bei **Tötung, Körper- oder Gesundheitsverletzung** wird jeder Geschädigte geschützt; dabei ist es ohne Bedeutung, ob dieser etwa ein gewerblicher oder privater Käufer, ein mit dem Produkt arbeitender Arbeitnehmer oder gar ein zufällig betroffener Dritter ist.

bb) Bei einer **Sachbeschädigung** ist die Haftung durch § 1 I 2 **37** ProdHaftG mehrfach eingeschränkt:

(1) Es muss **eine andere Sache** als das fehlerhafte Produkt beschädigt worden sein. Die Ersatzpflicht nach dem ProdHaftG gilt also nicht für solche Schäden, die an dem Produkt selbst eintreten; diese werden von den Sachmängelregeln etwa des Kauf- oder Werkvertragsrechts erfasst.

Es liegt keine andere Sache vor, wenn von Anfang an ein Teil des Produkts fehlerhaft ist **(Fall f**: Bremsanlage) und dieser Teil später das ganze Produkt zerstört **(Fall f**: Pkw). Dagegen ist der Fall anders zu beurteilen, wenn das Teil erst später in die restlichen Teile einer Sache eingefügt worden ist; denn dann bestand vor dem Einbau bereits eine schützenswerte Rechtsposition des später Geschädigten.

(2) Die andere Sache muss gewöhnlich **für den privaten Ge- oder** **38** **Verbrauch** bestimmt und hierzu von dem Geschädigten hauptsächlich verwendet worden sein. Geschützt wird also nur der Verbraucher in seinem privaten Bereich.

Bei einem Gebrauch im beruflichen oder gewerblichen Bereich kann der Geschädigte seinen Schadensersatzanspruch auf die deliktische Produkthaftung (→ § 45 Rn. 38 ff.) stützen (§ 15 II ProdHaftG).

(3) Das Gesetz sieht eine **Selbstbeteiligung des Geschädigten** bis **39** zu einer Höhe von 500 Euro (§ 11 ProdHaftG) vor. Dadurch soll die verschuldensunabhängige Haftung auf große Schäden beschränkt werden.

Im **Fall f** kann X wegen des Schadens am Koffer nach dem ProdHaftG nur (1.000 Euro – 500 Euro =) 500 Euro verlangen.

In diesen Fällen besteht die Möglichkeit, den Schadensersatzanspruch – auch in Höhe des Selbstbeteiligungsbetrags – auf andere Vorschriften zu stützen (§ 15 II ProdHaftG).

2. Ausschluss der Haftung und Erlöschen des Anspruchs

40 **a) Ausschluss.** Ausgeschlossen ist die Ersatzpflicht des Herstellers, wenn dieser behauptet und bei Bestreiten beweist (vgl. § 1 IV 2 ProdHaftG), dass einer der folgenden, in § 1 II, III ProdHaftG genannten Tatbestände erfüllt ist:

aa) Der Hersteller hat das Produkt **nicht in den Verkehr gebracht** (§ 1 II Nr. 1 ProdHaftG). Wenn ihm das Produkt etwa gestohlen oder auf andere Weise seiner Verfügungsmacht entzogen wurde, dann ist dem Hersteller die Schädigung nicht zurechenbar.

41 bb) Der Hersteller hat das Produkt zwar in den Verkehr gebracht, es hatte aber **beim Inverkehrbringen noch nicht den Fehler**, der den Schaden verursacht hat (§ 1 II Nr. 2 ProdHaftG). Beweist also der Hersteller, dass der Fehler nach dem Inverkehrbringen etwa durch unsachgemäße Behandlung von einem Dritten oder dem Geschädigten verursacht wurde, haftet er nicht. Weil dieser Beweis oft schwer zu erbringen ist, genügt der Nachweis einer überwiegenden Wahrscheinlichkeit, dass der Fehler beim Inverkehrbringen der Sache noch nicht vorlag.

42 cc) Der Hersteller hat das Produkt **weder** für einen Vertrieb **mit wirtschaftlichem Zweck noch im Rahmen seiner beruflichen Tätigkeit hergestellt oder vertrieben** (§ 1 II Nr. 3 ProdHaftG). Der Ausschlusstatbestand ist nur erfüllt, wenn keines der beiden Merkmale vorliegt. Das ist etwa der Fall, wenn eine Hausfrau selbstgebackenen Kuchen für eine Wohltätigkeitsveranstaltung stiftet. Stellt dagegen ein Bäcker Kuchen für diesen Zweck zur Verfügung, erfolgt die Herstellung im Rahmen seiner beruflichen Tätigkeit, so dass § 1 II Nr. 3 ProdHaftG nicht eingreift.

43 dd) Der **Fehler des Produkts beruht auf einer zwingenden Rechtsvorschrift** (§ 1 II Nr. 4 ProdHaftG). Wenn der Hersteller eine solche Norm befolgt und infolgedessen fehlerhaft produziert, kann ihm kein Vorwurf pflichtwidrigen Verhaltens gemacht werden.

44 ee) Als der Hersteller das Produkt in den Verkehr brachte, **konnte der Fehler nach dem Stand der Wissenschaft und Technik nicht erkannt werden** (§ 1 II Nr. 5 ProdHaftG). Das Entwicklungsrisiko soll der Hersteller (anders als der Hersteller von Arzneimitteln gem. §§ 84 ff. AMG) nicht tragen.

§ 1 II Nr. 5 ProdHaftG schließt also nur die Haftung für sog. Entwicklungsrisiken (= Konstruktionsfehler), nicht dagegen für Fabrikationsfehler aus.[26]

ff) Der Fehler ist **durch die Konstruktion des Produkts, in welches das Teilprodukt eingearbeitet wurde, oder durch die Anleitungen des Endherstellers** des Produkts verursacht worden (§ 1 III 1 ProdHaftG). Im ersten Fall haftet der Hersteller nicht, weil sein Teilprodukt nicht fehlerhaft ist, und im zweiten Fall ist der Hersteller des Endprodukts für den Fehler des Teilprodukts verantwortlich. Entsprechendes gilt für den Hersteller eines Grundstoffs in Bezug auf das Teilprodukt. 45

b) Erlöschen. Der Anspruch nach dem ProdHaftG erlischt zehn Jahre nach dem Zeitpunkt, in dem der Hersteller das Produkt in den Verkehr gebracht hat (§ 13 I 1 ProdHaftG). Jedoch gilt das nicht, wenn über den Anspruch ein gerichtliches Verfahren anhängig, er rechtskräftig festgestellt oder über ihn eine außergerichtliche Einigung erzielt worden ist (§ 13 I 2, II ProdHaftG). 46

Vom Erlöschen ist die **Verjährung** des Anspruchs zu unterscheiden. Gemäß § 12 ProdHaftG verjährt der Anspruch nach dem ProdHaftG in drei Jahren. Das entspricht der regelmäßigen Verjährungsfrist nach § 195. Die Verjährungsfrist beginnt nicht nur bei Kenntnis von dem Schaden, dem Fehler und der Person des Ersatzpflichtigen, sondern auch schon bei fahrlässiger Unkenntnis (§ 12 I ProdHaftG).

3. Mitverschulden des Geschädigten

Hat bei der Entstehung des Schadens ein Verschulden des Geschädigten mitgewirkt, ist **§ 254** anwendbar (§ 6 I, 1. Halbs. ProdHaftG). Bei einer Sachbeschädigung steht – wie gem. § 9 StVG (→ Rn. 15) – dem Verschulden des Geschädigten das Verschulden dessen gleich, der die tatsächliche Gewalt über die fehlerhafte Sache ausübt (§ 6 I, 2. Halbs. ProdHaftG). 47

4. Umfang des Ersatzanspruchs

Der Umfang des Schadensersatzanspruchs richtet sich danach, ob ein Mensch getötet oder verletzt worden ist oder ob eine Sache beschädigt worden ist. 48

26 BGHZ 129, 353; Mineralwasserflasche.

a) Bei der Tötung eines Menschen. Bei der Tötung eines Menschen können Ansprüche wegen Kosten der Krankenhausbehandlung, Minderung der Erwerbsfähigkeit und Vermehrung der Bedürfnisse während der Krankheit entstehen (vgl. § 7 I 1 ProdHaftG); solche Ansprüche des Getöteten gehen kraft Erbrechts auf die Erben über (§ 1922 I).

In zwei Fällen stehen auch dem mittelbar Geschädigten (→ § 52 Rn. 21 ff.) Schadensersatzansprüche zu: Die Beerdigungskosten sind dem zu ersetzen, der diese Kosten zu tragen hat (§ 7 I 2 ProdHaftG). Vor allem aber haben die Personen, denen der Getötete kraft Gesetzes unterhaltspflichtig war (zB Ehegatte, Kinder), einen Schadensersatzanspruch wegen Entziehung des gesetzlichen Unterhaltsanspruchs (§ 7 II ProdHaftG). Dieser Schadensersatz ist durch eine Geldrente zu leisten (§ 9 I ProdHaftG).

49 **b) Bei der Verletzung eines Menschen.** Bei Verletzung des Körpers oder der Gesundheit sind gem. § 8 ProdHaftG die Heilungskosten sowie die Vermögensnachteile wegen Aufhebung oder Minderung der Erwerbstätigkeit und wegen Vermehrung der Bedürfnisse zu ersetzen. Ein Körperverletzungsschaden kann auch in den Kosten liegen, die für den Austausch eines implantierten fehlerhaften Medizinprodukts (Herzschrittmacher) anfallen.[27]

Nach § 8 S. 2 ProdHaftG kann auch eine billige Entschädigung in Geld für immateriellen Schaden verlangt werden.

Zu (a) und (b): Die Haftung für Personenschäden ist auf einen Höchstbetrag von 85 Millionen Euro begrenzt (§ 10 I ProdHaftG). Sind mehrere Personen geschädigt und überschreitet die Gesamtschadenssumme den Höchstbetrag, verringern sich die Ansprüche der einzelnen Geschädigten verhältnismäßig (§ 10 II ProdHaftG).

50 **c) Bei Sachbeschädigungen.** Für Sachbeschädigungen gilt die Höchstbetragsregelung des § 10 ProdHaftG nicht; jedoch sieht § 11 ProdHaftG eine Selbstbeteiligung vor (→ Rn. 39).

27 *BGH* NJW 2015, 3096 (3097) im Anschluss an *EuGH* NJW 2015, 1163 mAnm *Mäsch* JuS 2015, 556; dazu auch *Wagner* JZ 2016, 292.

5. Konkurrenzen

Das ProdHaftG ist nicht anzuwenden, wenn die Arzneimittelhaftung nach dem AMG (→ Rn. 69ff.) eingreift (§ 15 I ProdHaftG). Das gilt auch für die Haftung nach dem Atomgesetz. 51

Im Übrigen werden Schadensersatzansprüche nach dem BGB oder aus anderen Gesetzen durch die Ansprüche nach dem ProdHaftG nicht ausgeschlossen (§ 15 II ProdHaftG).

In Betracht kommen ein Anspruch wegen Verletzung einer Vertragspflicht (§ 280), aus §§ 823ff. sowie aus einer anderen Gefährdungshaftung. Eine solche Haftung hat besondere Bedeutung, wenn das ProdHaftG ausscheidet, weil zB die durch ein fehlerhaftes Produkt beschädigte Sache zum nicht-privaten Bereich des Geschädigten gehört (vgl. § 1 II ProdHaftG; → Rn. 38), Ersatz auch in Höhe des Selbstbeteiligungsbetrags von 500 Euro verlangt wird (vgl. § 11 ProdHaftG; → Rn. 39) oder bei der Körperverletzung der Schaden den Höchstbetrag übersteigt (vgl. § 10 ProdHaftG; → Rn. 49).

6. Ausgleichspflicht mehrerer Hersteller

Mehrere schadensersatzpflichtige Hersteller haften dem Geschädigten als Gesamtschuldner (§ 5 S. 1 ProdHaftG). Im Verhältnis der Hersteller untereinander hängt der Ausgleich und die Höhe des Ausgleichsanspruchs von den Umständen, insbesondere davon ab, inwieweit der Schaden vorwiegend von dem einen oder anderen Teil verursacht worden ist (§ 5 S. 2 ProdHaftG). 52

Hat im **Fall f** der Endhersteller C dem X den Schaden ersetzt, wird er bei A Rückgriff nehmen, da der Fehler des Autos auf dem Fehler der Bremsanlage beruht.

V. Sonstige Fälle der Gefährdungshaftung

1. Tierhalter- und Wildschadenshaftung

Schrifttum: *Deutsch,* Die Haftung des Tierhalters, JuS 1987, 673; *Eberl-Borges,* Die Tierhalterhaftung des Diebes, des Erben und des Minderjährigen, VersR 1996, 1070; *Terbille,* Der Schutzbereich der Tierhalterhaftung nach § 833 S. 1 BGB, VersR 1994, 1151. 53

Bei der Haftung des Tierhalters nach § 833 S. 1 (→ § 48 Rn. 18, 20, 23a) handelt es sich um den einzigen Fall der Gefährdungshaftung, der heute noch im BGB geregelt ist.

54 Die Haftung für Wildschäden nach §§ 29ff. des Bundesjagdgesetzes ist kein typischer Fall der Gefährdungshaftung. Sie beruht nämlich nicht auf dem Ge-

danken, dass jemandem die Folgen seiner rechtmäßigen, aber für andere gefährlichen Betätigung zugerechnet werden. Die Ersatzpflicht stellt vielmehr einen Ausgleich dafür dar, dass es dem Geschädigten aufgrund des allgemeinen Jagdverbotes untersagt ist, sich selbst vor Wildschäden zu schützen.

2. Luftverkehrshaftpflicht

55 **Schrifttum:** *Giemulla/van Schyndel,* Recht der Luftfahrt, 5. Aufl., 2007; *Schwenk/Giemulla,* Handbuch des Luftverkehrsrechts, 4. Aufl., 2013; *Wagner/Bsaisou,* Schadensersatz für die Opfer von Flugzeugabstürzen – eine Tragödie als Prüfungsaufgabe, JURA 2016, 579.

In den §§ 33 ff. LuftVG (Schönfelder Ergänzungsband Nr. 36) ist die Haftung für Unfälle im Luftverkehr geregelt.

Der **Halter eines Luftfahrzeuges** haftet nur für Schäden solcher Personen und Schädigungen solcher Sachen, die nicht mit dem Luftfahrzeug befördert werden (§ 33 LuftVG). Der Halter ist selbst dann ersatzpflichtig, wenn der Unfall auf höherer Gewalt beruht **(Fall g).** Die strenge Gefährdungshaftung des Halters greift aber nur gegenüber solchen Geschädigten ein, die am Betrieb des schadenstiftenden Luftfahrzeugs in keiner Weise beteiligt sind.[28] Deshalb scheidet eine Haftung des Halters für Schäden der Passagiere oder des Betriebspersonals bzw. für Beschädigungen der beförderten Sachen aus.

56 Der **Luftfrachtführer** haftet gem. §§ 44 ff. LuftVG auf Schadensersatz wegen Tötung oder Verletzung eines Fluggastes durch einen Unfall oder der verspäteten Beförderung eines Fluggastes sowie wegen der Beschädigung, der Zerstörung, des Verlustes oder der verspäteten Beförderung seines Reisegepäcks bei einer vertraglich geschuldeten Luftbeförderung.

57 Nach §§ 36 S. 2, 49 LuftVG kann vom Halter und vom Luftfrachtführer auch für immaterielle Schäden eine billige Entschädigung in Geld verlangt werden. Der Haftungsumfang nach dem LuftVG ist in verschiedenen Vorschriften auf **Höchstbeträge** begrenzt.

3. Haftung nach dem Atomgesetz

58 **Schrifttum:** *Ziegler,* Atomgesetz mit Verordnungen, 34. Aufl., 2016.

Eine Haftung für Schäden durch **Kernenergie** bestimmen die §§ 25 ff. AtomG (Sartorius Nr. 835). Hier sind zwei Haftpflichttatbestände zu unterscheiden.

---

28 *BGH* NJW-RR 1991, 281.

Den **Inhaber einer ortsfesten Anlage** zur Erzeugung, Spaltung oder Aufbereitung von Kernbrennstoffen trifft eine Gefährdungshaftung für alle Personen- und Sachschäden, die durch die Wirkung des Kernspaltungsvorganges oder durch Strahlen radioaktiver Stoffe verursacht werden (§ 25 AtomG). Für den Inhaber besteht keine Entlastungsmöglichkeit; er haftet selbst für höhere Gewalt.

Der **Besitzer von radioaktiven oder Kernspaltungsstoffen** haftet 59
für Personen- und Sachschäden, sofern diese Schäden außerhalb fester Anlagen durch solche Stoffe entstanden sind (§ 26 AtomG). Der Besitzer haftet nicht, wenn der Unfall auf einem unabwendbaren Ereignis beruht.

4. Haftung nach dem Wasserhaushaltsgesetz

Schrifttum: *Czychowski/Reinhardt,* Wasserhaushaltsgesetz, 11. Aufl., 2014; 60
Dinkler, Das Wasserhaushaltsgesetz und die Anlagenverordnungen, 2. Aufl., 2001; *Sieder/Zeitler,* Wasserhaushaltsgesetz, Loseblatt.

§ 89 des Wasserhaushaltsgesetzes (WHG; Sartorius Nr. 845) bestimmt eine Schadensersatzpflicht für solche Schäden, die jemand (zB ein Fischereiberechtigter) durch eine nachteilige Veränderung des Wassers oberirdischer Gewässer oder des Grundwassers erleidet. Die Vorschrift unterscheidet zwischen einer Handlungshaftung (Abs. 1, Einbringen oder Einleiten von schädlichen Stoffen) und einer Anlagenhaftung (Abs. 2). In beiden Fällen handelt es sich um eine Gefährdungshaftung. Zu ersetzen sind nicht nur Personen- und Sachschäden, sondern auch reine Vermögensschäden. Eine Haftung ist ausgeschlossen, wenn der Schaden durch höhere Gewalt verursacht wurde.

5. Haftung nach dem Umwelthaftungsgesetz

Schrifttum: *Deutsch,* Umwelthaftung: Theorie und Grundsätze, JZ 1991, 61
1097; *Salje/Peter,* Umwelthaftungsgesetz, 2. Aufl., 2005; *Steffen,* Verschuldenshaftung und Gefährdungshaftung für Umweltschäden, NJW 1990, 1817; *Taupitz,* Das Umwelthaftungsgesetz als Zwischenschritt auf dem Weg zu einem effektiven Umwelthaftungsrecht, JURA 1992, 113.

Das Gesetz über die Umwelthaftung vom 10.12.1990 (Schönfelder Nr. 28) begründet eine anlagenbezogene Haftung und soll eine Lücke schließen, die bisher wegen des beschränkten Regelungsbereichs der § 2 HaftPflG (→ Rn. 27), §§ 25 ff. AtomG (→ Rn. 58 f.), § 89 WHG

(→ Rn. 60), § 114 Bundes-BergG, § 14 Bundes-ImmissionsschutzG und § 906 bestand.

62 Die Haftung setzt voraus, dass durch eine **Umwelteinwirkung, die von einer bestimmten Anlage ausgeht**, jemand getötet, sein Körper oder seine Gesundheit verletzt oder eine Sache beschädigt worden ist; schadensersatzpflichtig ist der Inhaber der Anlage (§ 1 UmweltHG). Welche **Anlagen** der Umwelthaftung unterliegen, ergibt sich aus Anhang 1 zu § 1 UmweltHG. Zu den Anlagen gehören nicht nur ortsfeste Einrichtungen wie Betriebsstätten und Lager, sondern auch Nebeneinrichtungen und sogar etwa Maschinen sowie Fahrzeuge, sofern sie im technischen Zusammenhang mit einer im Anhang 1 genannten Anlage stehen (§ 3 II, III UmweltHG). Selbst für eine noch nicht fertig gestellte oder nicht mehr betriebene Anlage kann eine Haftung in Betracht kommen (§ 2 UmweltHG).

63 Der **Schaden** muss durch Stoffe, Erschütterungen, Geräusche, Druck, Strahlen, Gase, Dämpfe, Wärme oder sonstige Erscheinungen über einen „Umweltpfad" (Boden, Luft, Wasser) verursacht worden sein (§ 3 I UmweltHG). Die Haftung umfasst nicht nur Störfallschäden, sondern auch solche Schäden, die infolge eines rechtmäßigen Normalbetriebs (vgl. § 6 II UmweltHG) entstehen, und – im Gegensatz zu § 1 II Nr. 5 ProdHaftG (→ Rn. 44) – sogar Entwicklungsrisiken.[29]

64 Ausgeschlossen ist die Haftung, soweit der Schaden durch höhere Gewalt verursacht wurde (§ 4 UmweltHG). Auch die Haftung für Sachschäden ist ausgeschlossen, wenn die Anlage bestimmungsgemäß betrieben worden ist (Normalbetrieb gem. § 6 II UmweltHG) und die Sache nur unwesentlich oder in einem (nach den örtlichen Verhältnissen) zumutbaren Maß beeinträchtigt wurde (§ 5 UmweltHG).

65 Der **Umfang des Schadensersatzanspruchs** richtet sich nach §§ 249 ff. und §§ 12 ff. UmweltHG; die Haftungshöchstgrenze beträgt 85 Millionen Euro (Einzelheiten: § 15 UmweltHG). Die Haftung umfasst gem. § 13 S. 2 UmweltHG auch **Schmerzensgeld**, im Falle der Tötung auch Hinterbliebenengeld (§ 12 III UmweltHG).

6. Haftung nach dem Gentechnikgesetz

66 **Schrifttum:** *Deutsch*, Haftung und Rechtsschutz im Gentechnikrecht, VersR 1990, 1041; *Koch*, Aspekte der Haftung für gentechnische Verfahren und Produkte, DB 1991, 1815; *Luttermann*, Gentechnik und zivilrechtliches

29 BT-Drs. 11/7104, 15.

Haftungssystem, JZ 1998, 174; *Müllensiefen,* Die Entwicklung des Gentechnikrechts seit der Novellierung 1993, NJW 1999, 2564.

a) Voraussetzungen der Haftung. Das Gesetz zur Regelung von Fragen der Gentechnik vom 20.6.1990 (Sartorius Nr. 270) bestimmt wegen der besonderen Gefahren im Bereich der Gentechnik eine **Gefährdungshaftung des Betreibers** (§ 32 I GenTG). Die Haftung greift ein, wenn infolge von Eigenschaften eines Organismus, die auf gentechnischen Arbeiten beruhen, ein Mensch getötet, an Körper oder Gesundheit verletzt oder eine Sache beschädigt worden ist. Betreiber ist nach § 3 Nr. 7 GenTG diejenige Person oder Personenvereinigung, die eine gentechnische Anlage (vgl. § 3 Nr. 4 GenTG) errichtet oder betreibt, gentechnische Arbeiten (vgl. § 3 Nr. 2a u. b GenTG) oder Freisetzungen (vgl. § 3 Nr. 5 GenTG) durchführt oder Produkte, die gentechnisch verändertes Material enthalten, erstmalig in Verkehr bringt (vgl. § 3 Nr. 6 GenTG).

Der Schaden muss **durch gentechnisch veränderte Organismen** 67
verursacht worden sein, was vom Geschädigten bei Bestreiten nachgewiesen werden muss.

b) Umfang der Haftung. Zu ersetzen sind die **Schäden, die sich** 68
aus der Verletzung der in § 32 I GenTG genannten **Rechtsgüter** ergeben, nicht jedoch reine Vermögensschäden. Im Falle der Körper- oder Gesundheitsverletzung sind die Heilungskosten und die Vermögensnachteile wegen Aufhebung oder Verminderung der Erwerbsfähigkeit und wegen Vermehrung der Bedürfnisse zu ersetzen (§ 32 V 1 GenTG). Gem. § 32 V 2 GenTG ist auch eine billige Entschädigung in Geld für immaterielle Schäden vorgesehen. Insgesamt ist die Haftung auf 85 Millionen Euro begrenzt (§ 33 GenTG).

7. Haftung nach dem Arzneimittelgesetz

Schrifttum: *Deutsch/Lippert,* Kommentar zum Arzneimittelgesetz, 69
3. Aufl., 2010; *Etmer/Lundt/Schiwy,* Deutsches Gesundheitsrecht, Loseblattausgabe; *Kloesel/Cyran/Feiden/Pabel,* Arzneimittelrecht, Kommentar, Loseblattausgabe; *Körner/Patzak/Volkmer,* Betäubungsmittelgesetz, 8. Aufl., 2016; *Kügel/Müller/Hofmann*, Arzneimittelgesetz, 2. Aufl., 2016; *Rehmann,* Arzneimittelgesetz, 4. Aufl., 2014.

§ 84 des Arzneimittelgesetzes (AMG; Sartorius Ergänzungsband Nr. 272) bestimmt eine **Haftung für Arzneimittelschäden**. Danach haftet der pharmazeutische Unternehmer, wenn infolge der Anwendung eines zum Gebrauch bei Menschen bestimmten Arzneimittels ein Mensch getötet oder der Körper oder die Gesundheit eines Menschen nicht unerheblich verletzt wird, auf Ersatz des daraus entstandenen Schadens. Pharmazeutischer Unternehmer ist, wer das Arzneimittel unter seinem Namen in Verkehr bringt. Das kann der Hersteller, aber auch der Vertriebsunternehmer und sogar der Apotheker sein, der eine sog. Hausspezialität abgibt.

Es haftet derjenige, dessen Namen etwa auf dem Arzneimittel bzw. auf der Verpackung angegeben ist oder der sonstwie gegenüber dem Abnehmer zum Ausdruck bringt, dass er für das Inverkehrbringen die Verantwortung übernimmt. Die Haftung greift auch dann ein, wenn das Arzneimittel im Ausland hergestellt und im Inland an den Verbraucher abgegeben wird.

70 Die Ersatzpflicht besteht jedoch nur in **zwei Fällen**: Entweder muss das Arzneimittel bei bestimmungsgemäßem Gebrauch schädliche Wirkungen haben, die über ein nach den Erkenntnissen der medizinischen Wissenschaft vertretbares Maß hinausgehen (§ 84 I 2 Nr. 1 AMG). Oder der Schaden ist infolge einer nicht den Erkenntnissen der medizinischen Wissenschaft entsprechenden Kennzeichnung, Fachinformation oder Gebrauchsinformation eingetreten (§ 84 I 2 Nr. 2 AMG).[30]

71 Der Umfang der Ersatzpflicht bei Tötung (§ 86 AMG) und bei Körperverletzung (§ 87 AMG) entspricht dem gem. §§ 7f. ProdHaftG (→ Rn. 48). Das gilt auch für die Erstreckung auf Schmerzensgeld nach § 87 S. 2 AMG.

§ 88 AMG setzt **Höchstbeträge für die Haftung** fest: Kapitalbetrag von 600.000 Euro oder jährlicher Rentenbetrag von 36.000 Euro bei Tötung bzw. Verletzung eines einzigen Menschen; Kapitalbetrag von 120 Mio. Euro oder jährlicher Rentenbetrag von 7,2 Millionen Euro bei Tötung bzw. Verletzung mehrerer Menschen durch dasselbe Medikament.

30 Dazu *BGH* NJW 2008, 2994.

Paragrafenregister

Die **fett** gesetzten Zahlen verweisen auf die Paragrafen des Buches, die mageren auf deren Randnummern.

BGB §§

Sachregister

Die **fett** gesetzten Zahlen verweisen auf die Paragrafen des Buches, die mageren auf deren Randnummern.